Isabel Synnatschke
Hans-R. Grundmann

KANADA
Südwest

USA
Nordwest

Totempfahl im
Stanley Park/Vancouver

Isabel Synnatschke
Hans-R. Grundmann

Kanada Südwest/ USA Nordwest

1. Auflage 2019
ist erschienen im

Reise Know-How Verlag

© Dr. Hans-R. Grundmann GmbH
Sartoriusgang 8
26122 Oldenburg

ISBN 978-3-89662-284-6

Gestaltung

Umschlag: Hans-R. Grundmann, Isabel Synnatschke, Ulf Behrmann, Carsten Blind
Satz und Layout: Isabel Synnatschke, Hans-R. Grundmann
Karten: map solutions, Karlsruhe, beigelegte Karte: Kartographie Peh & Schefcik GbR
Bildredaktion: Isabel Synnatschke

Fotos: Nachweis auf den Seiten 778f

Druck

MediaPrint, Paderborn

Dieses Buch ist in jeder Buchhandlung
in Deutschland, Österreich und der Schweiz erhältlich.
Die Bezugsadressen für den Buchhandel sind

– Prolit Gmbh, 35463 Fernwald
– AVA, CH-8910 Affoltern
– Mohr & Morawa GmbH, A-1230 Wien
– Barsortimenter

Wer im lokalen Buchhandel Reise Know-How-Bücher nicht findet,
kann diesen und andere Titel der Reihe auch im Buchshop des
Verlages im Internet bestellen: **www.reise-know-how.de**

Zur Konzeption dieses Reiseführers

Dieses Buch wendet sich in erster Linie an Leser, die den Südwesten Kanadas und/oder den Nordwesten der USA **auf eigene Faust** entdecken möchten. Es stellt praktische Fragen, wie sie sich bei Planung/Vorbereitung und immer auch unterwegs im »touristischen Alltag« ergeben, konsequent in den Vordergrund. Die einführenden Kapitel (**»rote« Griffmarken**) liefern alle relevanten Informationen zu beiden Reiseländern, erläutern die wesentlichen Möglichkeiten der Urlaubsgestaltung und weisen auf die besten Reisetermine und -regionen hin. Auch das Kapitel **Flüge** (nach Kanada und in die USA) und die Abschnitte über die **Art des Reisens** (Wohnmobil/Pkw/SUV, Motel oder Zelt, nur eventuell per Bus/Eisenbahn) gehen in ihrer Ausführlichkeit und Aktualität weit über das gewohnte Maß hinaus. **Kostenvergleichsrechnungen** erleichtern die Entscheidungsfindung. Viele Tipps und Hinweise helfen, **unterwegs in Nordamerika** problemlos zurechtzukommen und unnötige Ausgaben, Zeitverlust und Ärger zu vermeiden.

Beide Länder können entweder einzeln bereist oder zu einer größeren mehrwöchigen Rundtour kombiniert werden. An den jeweiligen Grenzstationen sind dabei in der Regel nur geringfügige Verzögerungen zu erwarten. Im **Reiseteil** findet sich ein dichtes Routennetz ausgehend von den Metropolen **Vancouver, Calgary, Seattle, San Francisco, Salt Lake City** oder **Denver**, denen ausführliche City-Kapitel gewidmet sind. Die Teilstrecken wurden so gewählt, dass sie sich auch anders als beschrieben im Baukastensystem zusammenstellen lassen und Abstecher ins Nachbarland sowie grenzübergreifende Routen ermöglichen. Um die Urlaubsplanung zu erleichtern, sind Sehenswürdigkeiten, Streckenabschnitte, Quartiere und Campingplätze in diesem Buch nicht nur aufgelistet und erläutert, sondern – wo immer möglich und sinnvoll – mit Wertungen versehen (ohne »rosarote Brille«). Großer Wert gelegt wurde auch auf Wanderziele und -empfehlungen.

Die 70 **Karten** und die separate **Gesamtübersicht (Beileger)** sind auf den Text abgestimmt. Unterschiedlich gefärbte **Griffmarken** (Strecken durch Kanada »blau«, in den USA »grün«), das **Stichwortverzeichnis** ganz hinten im Buch (➤ Seite 786ff) und das **Routennetz** wie auch **Kartenschnittverzeichnis** in den Umschlagklappen unterstützen das rasche Auffinden der Beschreibungen. Zusätzlich zu den im Text verfolgten Routen runden regionen- und grenzübergreifende **Tourenvorschläge** die Reisekapitel ab (➤ Seite 766ff).

Wissenswertes zu den kanadischen Provinzen und US-Bundesstaaten wird im einleitenden Kapitel sowie im Anhang behandelt. Darüber hinaus stehen immer wieder **Themenkästen** an geeigneter Stelle im laufenden Text.

Alle Details zu Konzeption und Aufbau des Reiseführers samt Bedeutung der **Piktogramme** finden sich auf den Seiten 162ff.

Eine gute Reise wünschen Ihnen

Isabel Synnatschke und Hans-R. Grundmann

PLANUNG, VORBEREITUNG UND ORGANISATION
einer Reise nach Nordamerika

- Bed & Breakfast   129   • Privatzimmer   129
- Jugendherbergen   130   • Studentenwohnheime   130

- Staatliche Plätze   135   • Kommerziell betriebene Plätze   138

Reiseplanung

1

Vorbereitung

2

Unterwegs

3

DURCH DEN WESTEN NORDAMERIKAS

Vancouver

1

BC-Routen

2

Rocky Mountains

3

BC-Routen

4

*Freilichtmuseum
Heritage Park in Calgary*

AB-Routen

6

Vancouver Island

7

Calgary

5

Seattle

1

Start in Seattle

2

Denver

3

Start in Denver

4

San Francisco

6

ANHANG

ID-/OR-Routen

5

TOP 75
BEST of the WEST

(* jeweils auf dem Foto links abgebildet)

NP = National Park, PP = Provincial Park
NM = National Monument, SP = State Park

TOP Kanada-Parks

Banff NP* Seite 240

Jasper NP 232

Yoho NP 260

Mount Robson PP 226

Strathcona PP 397

Pacific Rim NP 389

TOP US-Parks

Yellowstone NP* 573

Glacier NP 482

Olympic NP 448

Mount Rainier NP 498

Redwoods Parks 751, 757

TOP Scenic Highways
in Kanada:

Icefields Parkway* 235

Kananaskis Trail 275

**Smith Dorrien/
    Spray Trail 272**

**Abstecher nach Hyder/
    Alaska und zum
    Salmon Glacier 415**

TOP Scenic Highways
in den USA:

Going-to-the-Sun Rd 483

**Hwy #101 an der
    Oregon-Küste 672**

**Hwy #1 in Nord-
    kalifornien 745**

**North Cascades
    Hwy #20 468**

Howland Hill Road* 763

TOP Wanderwege
in Kanada:

Mount Assiniboine 273

Lake O'Hara* 261

**Bergwelt rund um
    Lake Louise 246**

West Coast Trail 376

Berg Lake Trail 227

TOP Wanderwege
in den USA:

Olympic Coast 451, 453, 454

Grinnell Lake/Glacier* 487

Enchantments 475

**Regenwälder am
    Hoh River Trail 455**

Oregon Coast 675, 686, 689

Columbia River Gorge 517

TOP Städte

TOP Museen

TOP Wasserfälle

TOP Wüstenareale

TOP Rafting-Trips

TOP Canyons

TOP Badestellen

TOP Strände

Planung, Vorbereitung und Organisation

einer Reise nach Nordamerika

Ob per Wohnmobil, mit dem Zelt, zwischendurch vielleicht auch mal auf Schusters Rappen, auf dem Pferderücken oder im Kanu, Naturerlebnis und Lagerfeuerromantik gehören zu den selbstverständlichen »Zutaten« jeder Nordamerika-Reise; hier am Ufer des Upper Joffre Lake in British Columbia/Kanada

1.   REISEPLANUNG

So ziemlich alle Klischees, die man als Europäer vor seinem inneren Auge hat, werden im Westen des nordamerikanischen Kontinents tatsächlich bedient: Glasklare, türkisblaue oder smaragdgrüne Seen vor himmelhoch ragenden Gipfeln, moosbehangene Regenwälder und wild zerklüftete Küsten, heiße Quellen, dampfende Geysire und gletscherüberzogene Feuerberge, dazu noch Bären, Bisons, Elche sowie andere Wildtiere allerorten – eine abwechslungsreiche Vielfalt, die ihresgleichen sucht. Vor allem Kanada gilt als Inbegriff für unberührte Wildnis und Abenteuer fernab der Zivilisation, aber auch die Einwohner des US-Nordwestens leben im Einklang mit der Umwelt und profitieren im hohen Maße vom Tourismus, der durch die Fülle an einzigartigen und großflächigen Schutzgebieten generiert wird.

So viel augenscheinlich »intakte Natur« kennt man aus Mitteleuropa kaum – und schon gar nicht so leicht zugänglich wie in Übersee. Nicht weiter verwunderlich also, dass man mancherorts auf schier zahllose Gleichgesinnte trifft, die ebenso dem »Ruf der Wildnis« folgten. Früher packte das Goldfieber im »Wilden Westen« Abenteurer aus aller Herren Länder, heute sind es die spannenden und entspannenden Momente in Nordamerikas **»Great Outdoors«**, die alljährlich Millionen von Touristen anlocken. Zur Hochsaison kann es so selbst in den Weiten Nordamerikas schon mal eng werden. Bei entsprechender Vorausplanung, wird aber auch das kaum die Idylle und Urlaubsfreude trüben. In diesem Buch geht es daher nicht nur um die reine Auflistung und Beschreibung von Sehenswürdigkeiten, es soll den Leserinnen und Lesern auch einen Überblick vermitteln, wo sie zu welcher Jahreszeit jene Reiseziele finden, die am besten mit ihren persönlichen Wünschen und Vorstellungen vereinbar sind.

Viel besucht und traumhaft schön, der Moraine Lake in den kanadischen Rockies

Multi-Kulti-Metropole Vancouver

1

Wobei keinesfalls überall zivilisationsferne Attraktionen im Vordergrund stehen müssen. Auch die Citys der Region versprühen Charme, so zum Beispiel **Victoria**, »britisches Musterstädtchen« und Regierungssitz von British Columbia. **Vancouver** landet meist auf den ersten Plätzen im Ranking der Metropolen mit der höchsten Lebensqualität weltweit. Zwischen Meer und Küstengebirge gelegen und mit Badestränden in Zentrumsnähe, Resten von Regenwald in seinen Parks und Skipisten unweit der nördlichen Vororte ist diese Stadt tatsächlich schwer zu toppen, wenngleich der südliche Nachbar **Seattle** ebenfalls einiges zu bieten hat und **San Francisco** noch immer Hippie-Flair ausstrahlt. Die Präriezentren **Edmonton**, das Tor zum Norden, und **Calgary** als Ölhauptstadt Albertas und Heimat der größten Rodeo-Show Amerikas sowie die »Mile High City« **Denver** besitzen den Vorzug einer kurzen Distanz zu den Rocky Mountains.

In den drei einleitenden Kapiteln werden für die optimale Reiseplanung zunächst alle wichtigen Punkte erörtert, die man z.T. noch **vor** der Flug- und Fahrzeug-Buchung oder Festlegung der Route bedenken sollte. Nach der »Einkreisung« dessen, was man in Übersee unbedingt sehen und erleben möchte, betrifft das vor allem die **ideale Reisezeit** sowie das optimale **Transportmittel** (Pkw, SUV, Wohnmobil etc.) und – damit verbunden – auch die Art der **Übernachtung** (H/Motel, B&B, Jugendherberge, Camping) einschließlich der jeweils zu erwartenden Kosten.

Außerdem sollen die folgenden Abschnitte neben einer kurzen Einführung in die Geographie, Fauna und Flora der Region einen Einblick geben, was die Länder – neben dem reinen »Sightseeing« – noch so an möglichen Urlaubsaktivitäten und Ferienspaß zu bieten haben. Die Palette ist groß und in ähnlicher Breite kaum anderswo zu finden – schon gar nicht zum Null- oder moderaten Pauschaltarif wie in Nordamerika öfters der Fall.

1.1   Allgemeines zum Reiseziel Nordamerika

1.1.1   Kanadas Südwesten und der Nordwesten der USA als zusammenhängende Reiseregion

Im *Oregon Treaty* von 1846 teilten sich das Vereinigte Königreich und die USA den bis dahin kaum besiedelten »Wilden Westen« auf. Der **49. Breitengrad** (Karlsruhe) wurde zur Trennlinie zwischen Kanada und seinem südlichen Nachbarn – nur das noch etwas weiter nach Süden reichende Vancouver Island bildete dabei eine Ausnahme. Dieser Reiseführer macht jedoch an dieser von Menschen geschaffenen Barriere nicht halt, sondern umfasst beiderseits der Grenze die Region zwischen Pazifik und den Prärien des Mittleren Westens: die südliche Hälfte der zwei großen kanadischen Provinzen **British Columbia** und **Alberta** sowie die benachbarten US-Bundesstaaten **Washington**, **Idaho** und **Montana**, außerdem **Oregon** und **Wyoming** mit Abstechern in den nördlichen Teil von **Kalifornien**, **Utah**, **Colorado** und ins westliche **Nebraska** sowie **South** bzw. **North Dakota**.

Bevölkerung

Unglaubliche Weiten kennzeichnen das zweit- und drittgrößte Land der Welt. Kanada umfasst eine Fläche von **9,98 Mio. km^2**, zählt aber nur **36,3 Mio.** Einwohner. In den USA (**9,83 Mio. km^2**) sind es zwar **326 Mio.** Menschen, aber nur ein Bruchteil von ihnen lebt im Westen (77 Mio.) und davon gut die Hälfte an den Küsten Kaliforniens (40 Mio.). Während Deutschland auf 231 Menschen pro km^2 kommt (Schweiz 205, Österreich 105), weisen die westlichen US-Staaten und kanadischen Provinzen eine relativ geringe **durchschnittliche Bevölkerungsdichte** (Einwohner/km^2) auf:

- British Columbia 4,8 und Alberta 6,4
- Colorado 20, Idaho 7, Kalifornien 93, **Montana 2 (!)**, Nebraska 9, North Dakota 4, Oregon 16, South Dakota 4, Utah 14, Washington 41 und **Wyoming 2 (!)**.

West Thumb Geyser Basin im Yellowstone Nationalpark

Angesichts dieses recht plastischen Vergleichs wird klar, wie dünn die immense Ausdehnung zwischen den Gebirgen der Sierra Nevada, den Kaskaden und den *Great Plains* besiedelt ist. Dass im Westen Nordamerikas die Natur abseits der großen Städte noch weitgehend »in Ordnung« scheint und sich ökologische Schäden in Grenzen halten, ist auch darauf zurückzuführen.

Geographie

Landschaft

Die **geographischen und landschaftlichen Ähnlichkeiten** beider Länder sind in diesem Bereich auffällig. Topographie und Vegetationszonen entsprechen sich größtenteils. Mächtige, parallel von Nordwesten nach Südosten verlaufende Gebirgsketten verbinden die USA und Kanada: Die 4.800 km langen **Rocky Mountains** (kurz: *Rockies*) reichen vom nördlichen British Columbia bis hinunter nach New Mexico und **Küstengebirge** erstrecken sich von Kanada bis nach Nordkalifornien. Nationalparks schützen beiderseits der Grenze die fantastischen Bergwelten und bilden im Falle des *Glacier/Wateron Lakes National Park* sogar ein gemeinsames *International Peace*-Biosphärenreservat und Weltnaturerbe.

Rocky Mountains

Die *Rockies* im Grenzbereich der Provinzen Alberta (AB) und British Columbia (BC) sind erklärte Lieblingsziele ausländischer Touristen. Dort befinden sich mit **Banff** und **Jasper** zwei der populärsten Nationalparks Nordamerikas. Ähnlich südlich der Grenze, wo der einzigartige **Yellowstone Nationalpark** mit seinen niemals ruhenden Geysiren, brodelnden farbigen Pools und Schlammtöpfen alljährlich ebenfalls einige Millionen Besucher anzieht.

Prominenteste Erhebung in den kanadischen Rocky Mountains ist der **Mount Robson** (**3.954 m**), er wird in den USA gleich mehrfach getoppt. Am höchsten empor ragt der **Mount Elbert** (**4.401 m**) südwestlich von Denver. Die majestätischen Gipfel sind vielerorts zum Greifen nah. So wird z.B. der Moraine Lake (➤ Foto Seite 16) gleich von zehn 3.000ern umschlossen und der **Grand Teton** (4.197 m) mit seinen Nachbarn (➤ Foto Seite 26) wirkt von der Parkstraße nur deshalb nicht so gewaltig hoch, weil man sich selber schon in einem auf 2.000 m hohen gelegenen Talkessel befindet.

Beachtliche Höhen lassen sich in Übersee auch bequem mit dem Auto erklimmen. Kanadas höchster Straßenpass, der *Highwood Pass*, liegt mit 2.206 m vergleichsweise niedrig und wird in den USA weit übertroffen: So führt die *Trail Ridge Road* im Rocky Mountains Nationalpark auf **3.713 m**, noch höher hinauf geht es auf dem *Mount Evans Scenic Byway* (Parkplatz auf **4.310 m**!).

Continental Divide

Parallel zum Bergkamm der *Rockies* verläuft nicht nur die südliche Grenze der kanadischen Provinzen British Columbia und Alberta, sondern auch die kontinentale Wasserscheide. Östlich der **Continental Divide** münden alle Flüsse in den Atlantik, westlich davon in den Pazifischen Ozean. Mächtige Ströme durchziehen das Land, versorgen die Bevölkerung mit Trinkwasser, dienen zur Stromerzeugung sowie künstlichen Bewässerung und bieten an zahlreichen aufgestauten Badeseen jede Menge Erholung und Ferienspaß.

Westen der USA/Kanadas Landschaftliche Gliederung

N

Prince Rupert

Continental Divide

Cariboo Mountains

Coastal Range

Edmonton

Saskatchewan

R O C K Y

Calgary

The Prairies

Monashee Mountains

Selkirk Mountains

Purcell Mountains

Okanogan

Columbia River

Vancouver Island

Vancouver

KANADA
USA

Seattle

Cascade Range

Columbia River Basin

Spokane

Snake River

Great Plains

Missouri

Yellowstone River

M O U N T A I N S

Absaroka Ranges

Bighorn Ranges

Columbia River

Portland

Cascade Range

Blue Mountains

Bitterroot Ranges

Saw-tooth

Boise

Snake River

Great Basin

Wasatch Mountains

Coast Range

Sierra Nevada

Great Salt Lake

Wasatch Mountains

Salt Lake City

Colorado River

Denver

San Francisco

Der knapp 2.000 km lange, weit ausladende **Columbia River**, der die Grenze zwischen den US-Bundesstaaten Oregon und Washington markiert, bevor er in den Pazifik mündet, entspringt in Kanada im südlichen Columbia Valley. Sein größter Zufluss ist der **Snake River**, der den *Hells Canyon* (mit über 2.400 m tiefste Schlucht Nordamerikas!) ausgebildet hat. Der **Fraser River** verläuft von der AB/BC-Grenze zunächst in nördliche Richtung, um schließlich im Süden von Vancouver auf den Pazifik zu treffen.

Auch der **Colorado River**, der weite Teile des US-Südwestens mit Wasser versorgt, entspringt als kleiner Gebirgsbach im Rocky Mountains Nationalpark bei Denver. Der längste Strom der USA (4.087 km), der **Missouri River**, fließt von seinen Quellflüssen beim Yellowstone Nationalpark ostwärts durch die Dakotas und mündet bei St. Louis in den Mississippi.

Die *Rockies* sind kein durchgehendes Gebirge, sie bestehen vielmehr aus einer ganzen Reihe von häufig nicht einmal direkt miteinander verbundenen Teilformationen (Bighorn Mountains in Wyoming, Bitterroot und Sawtooth Mountains in Idaho, Wasatch Mountains in Utah und San Juan Mountains in Colorado).

Columbia Mountains

Ähnliches gilt für die **Columbia Mountains** im südöstlichen British Columbia, die sich bis hinunter nach Washington, Idaho und Montana erstrecken und eine **eigenständige Gebirgskette** bilden. Auch sie setzten sich wiederum aus diversen Abschnitten zusammen (Cariboo, Monashee, Selkirk und Purcell Mountains).

Küstengebirge

Das Landschaftsbild des Westens wird außerdem durch Küstengebirge geprägt, dazu zählen die kanadischen **Coast Mountains** sowie ihre südlichen Fortsetzungen, die US-amerikanische **Kaskadenkette** und zusätzlich noch die **Oregon Coast Range** jenseits des Columbia River. Diese Gebirgszüge umfassen einige der **mächtigsten Vulkane** des nordamerikanischen Kontinents, darunter der erst 1980 ausgebrochene **Mount St. Helens** (2.549 m) wie auch die gletscherbedeckten »**Mounts**« **Rainier** (4.394 m), **Baker** (3.286 m), **Adams** (3.743 m) und **Hood** (3.429 m) – alle in bedrohlicher Distanz zu den US-Metropolen Seattle oder Portland.

Intermontane Zone

Zwischen Küstengebirge und Rocky Mountains erstrecken sich **intermontane Hochebenen**, die in ihren südlichen Ausdehnungen durchweg ariden, sommerheißen Gebieten gleichen und wegen ihres geringen landwirtschaftlichen Wertes menschenleer blieben,

Der weithin sichtbare Mount Rainier von Gig Harbor am Puget Sound nordwestlich von Tacoma

darunter der Südosten Oregons mit dem knochentrockenen Wüstengebiet *Alvord Desert* oder das nordwestliche Utah mit dem großen Salzsee, der sich vor den Toren von Salt Lake City ausbreitet (➢ Foto Seite 34). Beide sind bereits Teil des **Great Basin**, zu dem auch das berühmte *Death Valley* weiter im Süden zählt.

Nach einer Unterbrechung durch die Blue Mountains, die im zentralen Osten Oregons die Kaskaden und Bitterroot Mountains (Teil der *Rockies*) verbinden, gelangt man in eine durch Trockenheit und hohe sommerliche Temperaturen gekennzeichnete Tafellandschaft. Das vulkanische **Columbia Plateau** reicht bis weit nach Kanada hinauf und unterliegt einer intensiven landwirtschaftlichen Nutzung dank eines ausgeklügelten, grenzübergreifenden Systems von Staudämmen, die für ausreichend Bewässerung und nie versiegende Wasservorräte sorgen. Weizenfelder enormen Ausmaßes bestimmen das Bild im Norden Oregons sowie im benachbarten Washington. Die sonnenverwöhnten Obst- und Weinanbaugebiete setzen sich auch noch weit hinein ins zentrale British Columbia fort. Im Tal des **Okanagan River** wartet eine Art kanadisches »Oberitalien« mit warmen Badeseen, hübschen Weinterrassen und Obst in Hülle und Fülle. Auf dem **Fraser Plateau**, einer bewaldeten Hügel- und Seenlandschaft noch weiter nördlich in BC, sind die heißen Sommer nur mehr von kurzer Dauer.

Die Prärien   Östlich der Rocky Mountains erstrecken sich in beiden Ländern weitläufige Prärielandschaften – in den USA **Great Plains** genannt und in Kanada einfach nur **The Prairies** – mit spärlichen Niederschlagsmengen von 500 mm oder weniger pro Jahr. Sie werden im Norden durch den Kanadischen Schild begrenzt und reichen im Süden fast bis an den Golf von Mexico. Im Bereich dieses Buches umfassen die *Plains* die US-Bundesstaaten Nebraska, North Dakota, South Dakota, den Großteil Montanas, die östlichen Regionen von Colorado und Wyoming sowie den südlichen Bereich der kanadischen Provinz Alberta.

Einst Heimat riesiger Bisonherden, dienen sie heute primär als **Weidegrund** für die Viehzucht sowie als **Kornkammer** beider Länder. Nur hier und da werden die scheinbar endlosen Ebenen von farbenfrohen **Badlands** unterbrochen, die reich an Dinosaurierknochen sind und mit ihren »Steinpilzen« (*Hoodoos*) sehr an den US-Südwesten erinnern. Seit Mitte des letzten Jahrhunderts erfuhren einige Prärieregionen einen großen Aufschwung durch den Ölboom. Mancherorts hat sich das Landschaftsbild auch im 21. Jahrhundert noch dramatisch verändert, so z.B. das nordwestliche North Dakota durch intensives *Fracking*.

Nur wenige isolierte Bergketten erheben sich aus den *Great Plains*, darunter die über 2.200 m hohen **Black Hills** in South Dakota. Die schneebedeckten Gipfel der Rocky Mountains lassen sich vielerorts schon aus großer Entfernung ausmachen, vollkommen abrupt erfolgt der Übergang zwischen Prärie und Hochgebirge z.B. im kanadischen *Waterton Lakes National Park*.

Pazifikküste/ Inseln

Der Westküste bei Seattle/Vancouver vorgelagert ist eine kaum zu beziffernde Menge an Inselchen, das Archipel der **San Juan Islands** und **Gulf Islands**, sowie **Vancouver Island**, die größte und bedeutendste Insel Kanadas. Mit einer Fläche von **31.285 km²** besitzt Vancouver Island die Ausmaße eines kleinen europäischen Staats und stellt mit den unterschiedlichsten Klimazonen und Landschaftsformen ein »**Kanada im Miniaturformat**« dar. Während im Südosten flache Sandstrände sogar Badegäste anziehen, ist die auch im Sommer verregnete Pazifikküste im Nordwesten der Insel mit nahezu undurchdringlichen Regenwäldern kaum erschlossen. Des Weiteren warten auf Vancouver Island bis zu 2.200 m hohe Berggipfel, schillernde Gletscher, langgezogene Fjorde und sogar Kanadas höchster Wasserfall (*Della Falls* 440 m).

Eine touristisch eher untergeordnete Rolle spielt die nur mit etwas Aufwand zu erreichende Inselgruppe der **Haida Gwaii**, die auch heute noch überwiegend von der *First Nation*, den Ureinwohnern Nordamerikas (➤ Seite 50), bewohnt wird und sagenhafte Naturschätze birgt. Noch weiter nördlich an der Pazifikküste passieren die Alaskafähren an der *Inside Passage* tief eingeschnittene Fjorde, raue Gebirgszüge und kalbende Gletscherfelder.

Die malerische, teils nur über längere Wanderwege zugängliche Küste im Olympic Nationalpark kann sich mit jener auf Vancouver Island messen. Auch Oregon und Kalifornien halten traumhafte Pazifikabschnitte bereit, sind nur vielerorts durch menschliche Besiedlung stärker gekennzeichnet.

Küste bei Elk in Nordkalifornien

1.1.2   Flora und Fauna im Westen Nordamerikas

Unterwegs informieren die Besucherzentren der *National*, *Provincial* und *State Parks* immer wieder ausführlich über die Pflanzen- und Tierwelt des jeweiligen Gebiets. Ein Besuch deren Ausstellungen und ein Blick in die dort verfügbaren Publikationen lohnt sich immer, ebenso die meist kostenlose Teilnahme an Multivisionsshows oder oft guten, themenspezifischen von *Rangern/ Warden* geführten Touren. In diesem Kapitel soll es vorrangig Hinweise zu Pflanzen und Tieren geben, die typisch für den Westen und unübersehbar sind oder wegen ihres besonderen Charakters sowieso auf der Liste dessen stehen, was man dort sehen möchte. Zusätzliche Einzelheiten zu der jeweiligen Flora und Fauna finden sich auch noch an entsprechender Stelle im Reiseteil.

Pflanzenwelt

So facettenreich die Landschaften in Nordamerikas Westen, so vielfältig auch die dort heimische Flora. In Abhängigkeit klimatischer und topographischer Gegebenheiten präsentiert allein British Columbia bereits die ganze Palette von üppig grünen Bergregionen und urwüchsigen Regenwäldern bis hin zur staubtrockenen Kakteenwüste. Die **Baumgrenze** liegt in Übersee mancherorts jenseits der 3.000 m und somit deutlich höher als in den Alpen.

Wälder

Während die **Laub- und Nadelwälder** durchaus an Europa erinnern können und große Gebiete in Kalifornien von *Chaparral* (ähnlich wie am Mittelmeer) bedeckt sind, so trifft man gerade dort auch auf so manchen interessanten Rekordhalter aus dem Pflanzenreich, darunter die höchsten Lebewesen der Erde: Einzelne Vertreter der Küstenmammutbäume (**Coastal Redwoods**) bringen es auf über

110 m Höhe. Für ihr Wachstum benötigen sie feuchtes, nebliges Meeresklima wie in Nordkalifornien. Besuchenswerte Bestände findet man – neben dem oft überlaufenen *Muir Woods Nat'l Monument* unweit von San Francisco – vor allem an der Grenze zu Oregon (bewahrt vor den Sägen der Holzfällerindustrie im *Redwood National* bzw. in diversen *State Parks*) sowie an der *Avenue of the Giants*.

Unterwegs zwischen riesigen Küstenmammutbäumen im Muir Woods Nat'l Monument

Ende Mai bis Mitte Juni sorgen die Blüten **wild wachsender Rhododendren** für hübsche Farbtupfer zwischen den Baumriesen.

Nicht unerwähnt bleiben dürfen die **gemäßigten Regen(ur)wälder** (*rain forests*) noch etwas weiter nördlich. Niederschlagsmengen von gut 4.000 mm im Jahr und der unaufhaltsam vom Ozean aufziehende Nebel sorgen für sattgrüne, über und über mit Moos behangene Märchenwälder, die sich nahezu undurchdringlich über weite Teile des westlichen British Columbias und der Olympischen Halbinsel ausbreiten (besonders schön der *Hoh Rain Forest*!). Auch im Landesinneren sind sie vereinzelt noch zu finden, u.a. in Oregon in der *Columbia River Gorge* und im *Silver Falls State Park* oder auch beim kanadischen Mount Revelstoke Nationalpark.

Anders als ihr tropischer Namensvetter setzt sich der nördliche Regenwald in erster Linie aus Nadelbäumen zusammen. Die dominierenden Sitka-Fichten (**Sitka Spruce**), Helmlocktannen (**Western Hemlock Spruce**), Douglasien (**Douglas Fir**) und Riesenlebensbäume (**Western Red Cedar**) können auch beachtliche Dimensionen annehmen. Die Umgebung von Quinault (*Olympic National Park*) sowie Port Renfrew auf Vancouver Island hat gleich etliche Rekordbäume hervorgebracht.

Nach Norden hin nimmt die Baumgröße generell immer mehr ab und das Wuchsbild verschmälert sich zusehends. Auffällig sind bereits im *Jasper Nat'l Park* die gertenschlanken Felsengebirgstannen (**Subalpine Fir**) sowie Schwarzfichten (**Black Spruce**).

Fall Foliage Im Herbst liefern die **Laubwälder** ein lebhaftes Farbenspiel vor imposanter Bergkulisse. Mitte September vergolden sich u.a. die Lärchen (**Larch**) in den Kaskaden bei Leavenworth und oberhalb des Moraine Lake sowie die Espen (**Aspen**) im Rocky Mountains Nationalpark und am *Icefields Parkway*. Wenig später sind dann die Bäume im Grand Teton Nationalpark an der Reihe. Der Großblättrige Ahorn (**Big Leaf Maple Tree**) in den Regenwäldern erreicht in der Regel seinen *Fall Foliage Peak* erst Ende Oktober.

Tundra Auch die Beerensträucher der **Tundra**, die sich jenseits der Baumgrenze bis ans Nordpolarmeer ausbreitet, sorgen Anfang September u.a. beim *Wilcox Pass* am *Icefields Parkway* für einen unglaublichen Farbrausch. Trotz der ausgesprochen kurzen Wachstumsperiode und allgemein widrigen Bedingungen konnte sich selbst in diesen Höhen eine bemerkenswert vielfältige Vegetation durchsetzen.

Buschsteppe Für ebenfalls nur karges Wachstum sorgen Trockenheit und hohe Sonneneinstrahlung in der nordamerikanischen Buschsteppe. Im Regenschatten der Kaskaden reichen die Ausläufer der **Shrub Steppe** bis hinauf in die kanadischen Provinzen. In Grenznähe gedeihen dort sogar Kakteen und Palmen. Semi-aride Witterungen herrschen im Okanagan Valley bis nach Kamloops und westlich davon, die bewässerten Weinberge täuschen darüber hinweg.

Prärien Ähnliches trifft auf die **Kurzgrasprärien** östlich der Rocky Mountains in Alberta sowie im Mittleren Westen der USA zu – sofern sie nicht dem Weizenanbau oder der Viehaufzucht weichen mussten.

Wildblumen im Westen Nordamerikas

Wer im Frühjahr oder Sommer im Westen Nordamerikas unterwegs ist, wird sicher fündig – irgendwo blüht es immer! Ab März zeigen sich erste Frühblüher in tieferen Lagen rund um den Puget Sound und an der *Sonoma Coast* leuchtet der Goldmohn (*California Poppies*) in der Sonne. Die Anhöhen der Columbia River Gorge sind ab Mitte April überzogen von gelben Balsamwurzen (*Balsamroot*) und blauen *Lupines* (Dog Mt, Rowena Plateau, ➤ Seite 520/522). Anfang Mai schmücken sich die sonst so kargen Lehmhügel der *Painted Hills* in Oregon mit zahllosen gelben Tupfern (*golden bee plants*) und Ende Mai verzaubern zart rosa blühende Rhododendren die Besucher in den kalifornischen *Redwood*-Wäldern.

Bereits Anfang Juni hält der Sommer Einzug in das Tal des *Grand Teton Nat'l Park*, die ausgedehnten Wiesen zu Füßen der Berge sind dann traumhaft schön (➤ Foto unten). Bis Anfang Juli gesellen sich dort noch allerhand bunte Blümchen dazu, u.a. Lupinen, Rittersporn (*Larkspur*) und *Indian Paintbrush* (➤ Foto Seite 506). Blauer Eisenhut (*Monkshood*) und rosarote Weideröschen (*Fireweed*) bevorzugen es etwas schattiger und gedeihen in Waldnähe.

In noch höheren Lagen ist die Saison kurz. Etwa Mitte Juli erreicht die Bärengrasblüte (*Beargrass*) ihren Höhepunkt und das im wahrsten Sinne des Wortes: Bis über 1 m hoch ragen die dekorativen lilienartigen Gewächse aus den Wiesen im US-Nationalpark *Glacier*. Nicht zu toppen sind aber die bunten Teppiche, die sich unterhalb der mächtigen Vulkankegel ausbreiten, allen voran im *Mount Rainier Nat'l Park* unweit von Seattle (➤ Foto Seite 498). Während die Winterschneedecke langsam schmilzt, überziehen dort Abertausende von weißen Gletscherlilien (*Avalanche Lilies*) und gelben Hunds-Zahnlilien (*Glacier Lilies*) die Bergwiesen. Kurz darauf, Ende Juli, folgt dann ein Potpourri aus knallrotem *Paintbrush*, lilafarbenen *Alpine Astern*, blauen *Lupines*, gelben Butterblumen (*Buttercup*), weißen *Western Anemones*, roten Akeleien (*Columbines*) u.v.m. In etwa zur gleichen Zeit präsentieren sich auch die Anhöhen beim *Mount Revelstoke* von ihrer buntesten Seite, jene im kanadischen *Glacier Nat'l Park* erst Mitte August. Danach klingt die Wildblumensaison überall allmählich ab.

Balsamwurzen vor den majestätischen 4000er-Gipfeln der Grand Teton Bergkette

Solch imposante Schaufeln bilden sich meist erst im 5. Lebensjahr aus, bis zu dem Zeitpunkt tragen auch Elchbullen nur ein »normales« Stangengeweih

Tierwelt

Aus mitteleuropäischer Sicht ist die Anzahl an wild lebenden Tieren, denen man während eines Aufenthalts im Westen Nordamerikas begegnet, mitunter überwältigend. Dies gilt insbesondere für die höher gelegenen, gebirgigen Regionen sowie für Nationalforste. Schon beim ersten Picknick in der Natur macht fast jeder Bekanntschaft mit bettelnden Zieseln (**Ground Squirrel**) und Streifenhörnchen (**Chipmunk**), Verwandte der oft auch frechen Eichhörnchen (**Squirrel**). Ebenso wie die auffällig blauen Diademhäher (**Steller's Jay**) und die mit ihrer »Banditenmaske« über den Augen unverkennbaren Waschbären (**Raccoon**) haben sie es meistens auf die Essensreste und Vorräte der Camper abgesehen.

Berg- und Waldbewohner

Zahlreich in ihrem Vorkommen sind auch nordamerikanische Hirscharten, zu denen die mächtigen Wapitis (**Elks**), der Weißwedelhirsch (**White-tailed Deer**) und die Maultierhirsche (**Mule Deer**) mit ihren etwas überdimensionierten Ohren zählen. Sie teilen sich Nationalforste/-parks mit etwas scheueren Füchsen (**Fox**), Dachsen (**Badger**), Stinktieren (**Skunk**), Rotluchsen (**Bobcat**) und Kanadischen Luchsen (**Lynx**). In den felsigen Gebirgsregionen sind außerdem weiße Schneeziegen (**Mountain Goat**), kleine hamsterähnliche Pfeifhasen (**Picas**) und Dickhornschafe (**Bighorn Sheep**) weit verbreitet, im nördlichen British Columbia auch eine dunkle Unterart der Dall Schafe (**Dall's Sheep**). Zurückgezogen in der Bergwelt Westkanadas leben zudem Rentierherden (**Caribous**).

Wolfsrudel (**Wolve packs**) sind in Kanada vielerorts anzutreffen, mit etwas Glück kann man sie aber auch im Yellowstone Nationalpark bei der Jagd beobachten. Die in den Rocky Mountains beiderseits der Grenze beheimateten Elche (**Moose**) ernähren sich den Sommer über vorwiegend von Wasserpflanzen und stehen dann nicht selten bis zum Bauch eingetaucht in Teichen oder Flussläufen, wo auch Albertas Wappentier, die einst bedrohten Biber (**Beaver**), meist nicht lange auf sich warten lassen.

Bären

Schwarz- und Braunbären halten sich bevorzugt abseits des gro-ßen Rummels im Hinterland auf. Zur **Beerensaison** im Hoch-sommer (meist Mitte Juli bis Ende August) sieht man sie – allen voran in Kanada – auch vermehrt direkt am Straßen-rand, umgeben von wohlschmeckenden *buffaloberries*. Bis zu 200.000 Beeren können dann an nur einem Tag in ihrem Bauch landen! Ausführliches zu den Verhaltensmaßnahmen bei Begegnungen mit Bären ➤ Exkurs Seite 30.

Pumas

Für Menschen ebenfalls nicht ganz ungefährlich sind Pumas (***Cougar*** oder ***Mountain Lion***). Diese große Raubkatze liebt die einsa-men Bergregionen der Nationalparks, ist aber ausgesprochen an-passungsfähig und dringt bisweilen bis in bewohnte Gebiete vor.

Büffel

Nahezu ausgerottet waren einst die Büffel, die vor Eintreffen des Weißen Mannes zu Millionen die Prärien des Westens bevölkerten. Aus den damals noch knapp 800 lebenden Exemplaren wuchs dank erfolgreicher Schutzmaßnahmen der Bestand auf wieder mehrere Hunderttausend. Inzwischen sind Präriebisons sogar zu begehrten Fleischlieferanten geworden. Als wild lebende Tiere sind sie in grö-ßeren Herden u.a. in den Nationalparks Badlands, Yellowstone und Grand Teton zu sehen, außerdem in Montanas *Bison Range*, im *Custer State Park* in Süddakota, auf Antelope Island bei Salt Lake City sowie im kanadischen *Waterton Lakes NP*. Im *Elk Island NP* östlich von Edmonton hat man zudem die Gelegenheit, die zwei Arten (***Wood*** und ***Plains Bison***) unterscheiden zu lernen.

Prärie-bewohner

Weniger offensichtlich ist die Anwesenheit der Fauna in den wei-ten Prärieebenen. Dabei existieren dort ganze »Städte«, sog. ***Prairie Dog Towns***. Die geselligen Präriehunde gehören zu den Erdhörn-chen und leben in Kolonien. Sie teilen sich ihre unterirdischen Bauten mit Kaninchenkauzen (***Burrowing Owl***) und – etwas unfrei-willig – mit Klapperschlangen (***Rattlesnake***). Diese für erwachsene Menschen zwar nur in den seltensten Fällen tödlichen, aber den-noch hochgiftigen Reptilien können nicht nur in den Grasländern, sondern auch im südlichen Okanagan Valley/British Columbia so-wie in nahezu allen tiefergelegenen Regionen des US-Westens anzutreffen sein. Bisse sind jedoch sehr selten, denn meist machen sie mit unverkennbarem Rasseln rechtzeitig auf sich aufmerksam.

Bei allzu großer Hitze zeigen sich viele Bewohner in den wüstenartigen Gebieten nur nachts sowie in den Morgen- oder Abendstunden. Wahre Überlebenskünst-ler sind dort neben eleganten Gabelantilopen (***Prong-horn***) und Kojoten (Nordamerikanischer Präriewolf, ***Coyote***) auch zwei Hasenarten: Das Verbreitungsge-biet der langohrigen Eselhasen (***Jackrabbit***) reicht bis ins südliche Alberta und die etwas gedrungeneren, niedlichen ***Cottontail Rabbits*** hoppeln mit ihrem na-mensgebenden buschigen weißen Schwanz durch na-hezu den gesamten Westen der USA.

Gabel-antilope (Pronghorn)

Bisons sorgen regelmäßig für Verkehrsbehinderungen im Yellowstone Nat'l Park

**Meeres-
bewohner**

Bei Niedrigwasser können sich mancherorts an der Pazifikküste Gezeitenbecken (**Tide Pools**) mit unglaublichen Mengen an bunten Seesternen (**Starfish**) ausbilden, allen voran auf den Haida Gwaii Islands, aber auch viel leichter zugänglich beim *Haystack Rock* von Cannon Beach/Oregon oder auf der Olympischen Halbinsel.

Auf größere Strand- und Meeresbewohner wie Seehunde, -löwen und -elefanten (**Seal**, **Sea Lion** und **Elephant Seal**) stößt man bei Fahrten entlang der Küste fast automatisch, auch außerhalb zivilisationsnaher Ruhezonen wie etwa *Pier 39* in San Francisco oder am Hafen von Newport/Oregon. Gelegentlich gesellen sich die immer noch gefährdeten Seeotter (**Sea Otter**) zu ihnen.

Besonders gute Aussichten auf ein erfolgreiches **Whale Watching** hat man bei den San Juan Islands und generell in den Gewässern zwischen Seattle und Vancouver Island. Schwertwale (**Orcas**) zählen dort neben Schweinswalen (**Porpoise**) von Mitte Mai bis Mitte Oktober zu den Dauergästen. Auch Grau- (**Gray Whale**), Blau- (**Blue Whale**) und Buckelwale (**Humpback Whale**) ziehen an der Pazifikküste entlang und verweilen dann schon mal länger in nährstoffreichen Gewässern, u.a. bei Depot Bay/Oregon.

**Migration
der Lachse**

Ein einzigartiges Naturschauspiel ereignet sich jedes Jahr im Sommer/Herbst in Westkanada sowie in den US-Bundesstaaten Oregon, Washington und Idaho. Dann kämpfen sich **Abermillionen von Lachsen** zu den Oberläufen der Flüsse bis zu ihren Laichgründen (*spawning grounds*) durch – vom großen Königslachs (*Chinook* bzw. *King Salmon*) über den Silberlachs (*Coho*), Ketalachs (*Chum* bzw. *Dog*) und roten Blaurückenlachs (*Sockeye*; ➤ Foto Seite 208) bis hin zum kleineren Buckellachs (*Pink Salmon*). Der **Fraser/Thompson/Adams River Salmon Run**, der nach knapp 500 km im *Tsútswecw Provincial Park* in British Columbia endet, ist einer der beeindruckendsten. Auch die Region rund um Tête Jaune Cache bietet einige Beobachtungsplätze, so kann man dort z.B. den wendigen Fischen beim Überwinden der **Rearguard Falls** zusehen.

Im Reiseteil des Buches mit Fischsymbol gekennzeichnet

You are in Bear Country!

Von den drei großen in Nordamerika beheimateten Bärenarten (Schwarz-, Braun- und Eisbären) leben nur die zwei Erstgenannten in dem von diesem Reiseführer abgedeckten Gebiet. In den Wald- und Bergregionen beiderseits der Grenze begegnet man immer wieder **Schwarzbären** (*Black Bear*), auch die Strände von Vancouver Island (➤ Foto Seite 395) oder der Olympischen Halbinsel sind beliebte Reviere. In West-Kanadas einsamem Hochgebirge und an unberührten Küstenabschnitten (mit Ausnahme von Vancouver Island) muss zudem allerorten mit der Anwesenheit von **Braunbären** (*North American Brown* bzw. *Grizzly Bear*) gerechnet werden. In den USA beschränkt sich ihr Verbreitungsgebiet auf die nördlichen Rocky Mountains und den North Cascades Nationalpark. Beide Bärenarten kommen sich aufgrund ihrer unterschiedlichen Lebensgewohnheiten selten in die Quere.

Allein in British Columbia leben ca. 15.000 Braun- und an die 150.000 Schwarzbären, wobei Vancouver Island die dichteste Population an Schwarzbären aufweist (man schätzt sie auf über 7.000). Die vielerorts einschlägigen Warnhinweise sind ernst zu nehmen. Je weiter man in einsame Gebiete vordringt, umso größer sind die Chancen – oder das Risiko, wie man's nimmt – auf »Meister Petz« in freier Wildbahn zu treffen. Sie können dank ihres ausgeprägten Geruchssinns Menschen bis zu einer Entfernung von 3 km wahrnehmen und suchen dann im Normalfall das Weite. Beim Lachsfang oder Beerennaschen sind sie allerdings manchmal unachtsamer und können leichter unangenehm überrascht werden.

Als Wanderer sollte man daher auf der Hut sein und wissen, wie man sich im Notfall zu verhalten hat. Dabei ist es sinnvoll, die beiden **Bärenarten voneinander unterscheiden** zu können, denn je nachdem ob einem dann ein Braun- oder Schwarzbär gegenüber steht, gibt es andere Verhaltensempfehlungen. Ihr Name täuscht: Der Pelz der Schwarzbären kann sogar **hellbraun** gefärbt sein und ihr Körperbau ist zwar meist kleiner und schlanker, nimmt aber auch beachtliche Dimensionen an (bis zu 400 kg; Grizzlys bis zu 680 kg). Am leichtesten zu identifizieren sind die dicken Brummer durch den ausgeprägten muskulären **Höcker** (*hump*) zwischen den Schultern, den nur Braunbären haben, ➤ Fotos unten. Zudem weisen Schwarzbären ein eher geradliniges Profil zwischen den Ohren und der Schnauze auf, während das Gesicht der Grizzlys zwischen Nase und Ohren deutlich gewölbter ist. Die wesentlich längeren Klauen der Braunbären hinterlassen außerdem unverwechselbare Fußspuren.

Schwarzbär

Grizzly

Bär

Wandern im »Reich der Bären«

Wanderwege in den Rocky Mountains führen oft durch Bärengebiete. Bimmelnde Glöckchen (*bear bells*) werden dort gerne an den Rucksack gehängt, alternativ reicht auch eine mit Kieselsteinen gefüllte Getränkedose um Bären rechtzeitig auf einen aufmerksam zu machen. Noch besser dafür geeignet ist allerdings die menschliche Stimme. In unübersichtlichem Gelände werden **laute Unterhaltungen** empfohlen (ggf. auch Selbstgespräche, Singen, Klatschen oder Trillerpfeife). Dabei sollte der Geräuschpegel möglichst immer Wind und rauschendes Wasser übertönen. Den besten Schutz – sogar gegen Grizzlys – bieten **Wandergruppen von 4 Personen oder mehr** (➢ Seite 246).

Begegnet man trotz aller Vorsichtsmaßnahmen einem Bären, hilft nur **besonnenes Verhalten**. Panisches Wegrennen lädt Meister Petz zur Verfolgung ein. Die tapsig wirkenden Tiere erreichen Sprintgeschwindigkeiten bis zu 56 km/h (selbst *Usain Bolt* hat hier keine Chance!). Zuflucht auf dem nächsten Baum ist allenfalls bei Grizzlys im Erwachsenenalter eine Lösung (*nur woher weiß man, wie erwachsen der aufgetauchte Bär ist?*), vorausgesetzt man kommt selber hoch genug und wird nicht wieder heruntergeschüttelt... Die schweren Grizzlys klettern nicht mehr gerne, aber jüngere Artgenossen und Schwarzbären erklimmen Bäume erstaunlich elegant und schnell zwecks Futtersuche oder manchmal zum eigenen Schutz. Denn auch das kann der Fall sein: Auf dem Foto ➢ oben hat ein scheuer Schwarzbär am *Icefields Parkway* die Flucht vor den (viel zu neugierigen) Menschen ergriffen. *Park Wardens* mussten ihn dann aus seiner misslichen Lage befreien, indem sie den Zugang zum Wald vorübergehend gesperrt haben.

Bei einem plötzlichen Zusammentreffen beim Wandern wird geraten, **gelassen zu bleiben**, kleine Kinder sofort aufzuheben und **langsam (!)** den **Rückzug** anzutreten, dabei **Augenkontakt meiden** und den Bären klar machen, dass man ein Mensch und keine Beute ist (am besten **im ruhigen Ton ansprechen**).

Als Wunderwaffe und letzte Notbremse gilt *Bear Spray* (www.nps.gov/yell/learn/nature/bearspray.htm), das indes nicht ganz billig ist. Sein Wirkstoff, der von Chilischoten (*Capsicum*) stammt, greift umgehend Nase, Ohren und Augen des Bären an. Bei kranken, verletzten oder hungrigen Tieren, deren Verhalten nicht berechenbar ist, bleiben – wenn man Pech hat – alle genannten Maßnahmen wirkungslos. Gleiches gilt für Bärinnen mit Jungen, wenn man versehentlich zwischen Mutter und Nachwuchs gerät.

Attacken von Schwarz- oder Braunbären soll man unterschiedlich begegnen, es gilt die Devise »*If it's black, attack. If it's brown, lay down!*«.

- Bei **Schwarzbären** kann man sich angeblich (vor allem in einer Gruppe) einigermaßen gut wehren (Steine in Richtung Augen/Nase werfen usw.). Wer sich nicht doch noch an einen sicheren Ort bringen kann (Fahrzeug, Hütte etc.), dem raten die *Park Ranger/Wardens*: »*Fight back!*«, um den Tieren verständlich zu machen, dass man keine »leichte Beute« ist. Damit darf man indessen erst beginnen, wenn klar wird, dass der Bär keinen **defensiven Scheinangriff** inszeniert, bei dem er nur wenige Meter vor dem Menschen stoppt und in letzter Sekunde dann doch noch abdreht.

- Bei einem starken **Grizzly**, der sich selbst, seine Jungen oder Futterplatz verteidigt, hilft absolut keine Gegenwehr. Hat das Spray seine Wirkung verfehlt und greift der Bär an, kann man sich nur noch »**tot stellen**«: mit dem Bauch auf dem Boden einkugeln und dabei Gesicht, Kopf und Nacken mit den Armen schützen und den Angriff über sich ergehen lassen. Zumindest hat man so eine gute Chance, mit dem Leben davonzukommen, wenngleich mit sehr schweren Verletzungen zu rechnen ist.

Generell empfiehlt es sich, eine **Mindestdistanz von 100 m** einzuhalten, auch wenn man den Bären beim Vorbeifahren zwischen den Büschen am Straßenrand entdeckt. Gewöhnen sich die Tiere an die Anwesenheit der Menschen, werden sie schnell zu »**Problembären**«, was oftmals ihr Todesurteil bedeutet. Jedes Jahr sterben zahllose Tiere im von neugierigen Touristen verursachten Stau/Verkehrchaos, andere müssen aus Sicherheitsgründen in weit entfernte Wildnisgebiete deportiert werden oder ihr Leben in Gefangenschaft fortführen (➤ Seite 583).

Campen im Bärengebiet

Um die »kulinarischen Verlockungen« zu minimieren, findet man im Bärengebiet immer **verriegelte Abfallcontainer**. In etlichen Parks wurden auf den Campingplätzen zusätzlich bärensichere Kästen aufgestellt, sog. *Food Locker*, in die man nachts sämtliche potentiellen »Gefahrenstoffe« einschließen muss (➤ Foto rechts). Nicht nur Nahrungsmittel üben eine starke Anziehungskraft auf Bärennasen aus, auch im Zelt befindliche Kosmetika und Zahnpasta oder angebrannte *Marshmellows* in der Asche des Lagerfeuers werden schnell zum Objekt ihrer Begierde.

Wildniscamper nehmen entweder einen *Bear Canister* zur Proviantsicherung mit oder hängen ihre Lebensmittel nachts für Bären unerreichbar an ein Seil zwischen zwei Bäume. Beim Kochen sollte man Abstand zum Zelt halten und darauf achten, dass der Wind die Essensdüfte nicht in Richtung Schlafplatz weht. Keine schlechte Idee sind auch ein Wäschewechsel vor dem Schlafengehen und ein generell sparsamer Umgang mit Parfüms oder Deos in Bärengebieten.

Ausführlicheres zu dem Thema findet sich im Internet unter folgenden Links: www.nps.gov/subjects/bears/safety.htm oder www.pc.gc.ca/en/pn-np/mtn/oursbears/securite-safety/ours-humains-bears-people.

Zu den Laichgründen im *George Hicks Regional Park* schaffen es nur die allergrößten Königslachse (bis zu 1,6 m lang und 57 kg schwer!), denn der Platz liegt knapp 1.300 km vom Pazifik entfernt. Beachtliche 1.450 km ist auch der *Sockeye Salmon Run* bis zum **Sawtooth Valley** in Idaho. Rekordhalter ist aber der *Teslin River Salmon Run* an der Yukon/BC-Grenze, wo die *Chinook* sagenhafte 3.200 km im Süßwasser zurücklegen.

Vögel

An fischreichen Gewässern (auch Forellen usw.) im Binnenland und der Küste erfreuen sich gleichermaßen Angler wie Weißkopfseeadler (**Bald Eagle**). Gute Chancen, dem **Wappentier der USA** zu begegnen, hat man im Yellowstone Nationalpark, an einsameren Küstenabschnitten sowie vielerorts in Kanada zu Zeiten des Lachszugs.

Ebenfalls nicht wegzudenken aus den bergigen Regionen ist sein naher Verwandter, der Steinadler (**Golden Eagle**), den man im Flug leicht mit dem nur wenig kleineren, weit verbreiteten Truthahngeier (**Turkey Vulture**) verwechseln kann. Bei genauem Hinsehen offenbart sich aber der knallrote Geierkopf. Allgegenwärtig sind auch die Nester der Fischadler (**Osprey**), man sieht sie immer wieder auf eigens für sie errichteten Masten neben der Straße oder sogar auf Brückenkonstruktionen. In weniger besuchten Gebieten entlang der Küsten nisten außerdem Wanderfalken (**Peregrin Falcon**) sowie allerlei andere kleinere Falkenarten (**Hawk**).

Eine wahre Augenweide sind die zierlich kleinen Kolibris (**Hummingbird**), die wie funkelnde Edelsteine von Blüte zu Blüte flattern. 6-7 Unterarten leben in den feuchten Küstenwäldern von Kalifornien bis ins nördliche British Columbia, aber auch in trockeneren Gebieten weiter im Ladesinneren. »*Feeder*« (Nektarspender) und ihre Lieblingsblumen locken sie in Gärten und auf *Campgrounds*.

Zu den faszinierendsten Vögeln im Westen zählen außerdem Gelbschopflunde (**Tufted Puffin**), die man im Sommer u.a am *Hackstack Rock*/Oregon oder beim Cape Flattery beobachten kann. Wunderschön sind auch die markanten Rufe der Eistaucher (**Common Loon**; auf der kanadischen $1-Münze abgebildet), die in der Nähe klarer Bergseen oftmals weit durch die Täler hallen.

Gelbschopflunde (Tufted Puffin) nisten auf den Felsen und vorgelagerten Inseln entlang der gesamten nördlichen Pazifikküste

*Weite Salz-
flächen breiten
sich im Westen
des Great Salt
Lake aus*

<u>**1.1.3**</u>   **Klima und Reisezeiten**

Die klimatischen Gegebenheiten

Wetterextreme Westwinde am Pazifik und stabile Hochdrucklagen im Zentrum
prägen im großen Maße das Klima im Westen Nordamerikas. Die
regionalen Unterschiede sind – wie bei einem so riesigen Gebiet
nicht anders zu erwarten – extrem. Von kurzen Schneefällen bis
angenehmen Badetemperaturen und sengender Hitze, alles ist im
Hochsommer zwischen Küste, Hochgebirge und Prärien möglich.

Höhenlagen Der Frühling kehrt erst spät in die Bergregionen ein. Tiefere Lagen
sind dort meist ab Mai eisfrei, die Täler erstrahlen dann im frischen
Grün. Weiter oben ist die Saison sehr kurz: Die ersten weißen Flo-
cken lassen ab Mitte September nicht mehr lange auf sich warten
und vielerorts bleibt der Schnee dann bis in den Juli hinein liegen.
Für unliebsame Überraschungen gut sind grundsätzlich alle Hochlagen (> 3.000 m) der Rocky Mountains und Küstengebirge. An sich
überwiegende Schönwetterperioden mit Tagestemperaturen jenseits der 20°C können dort auch recht unstabil ausfallen und durch
einige ungemütliche Regentage in Folge unterbrochen werden.

Zentrale Täler Während Wolkenfelder an den windzugewandten Seiten der Gebirgsketten auch im Juli/August häufig kühle Witterung und Regen mit sich bringen, fühlt es sich es in geschützten Tälern richtig
hochsommerlich an. So z.B. im kanadischen Okanagan Valley,
wo dann regelmäßig die 30°C-Marke geknackt wird und die Badesaison bis in den September hinein reicht. Noch etwas heißer wird
es in den Trockengebieten des nördlichen Utahs sowie des südlichen Idahos und östlichen Oregons. In der Salzpfanne des Great
Salt Lake flimmert die Luft von Mai bis September, ähnlich beim
Dinosaur Nat'l Monument. In diesen intermontanen **Gutwetter-
gebieten** sind Regenperioden meist nur von kurzer Dauer.

Prärien An den Flanken der Rocky Mountains, der Klimascheide des westlichen Nordamerikas, regnen sich die feuchten Westwinde endgültig ab. Dahinter, in den Prärien, bleibt es daher relativ trocken mit
Jahresniederschlägen um die 400 mm. Verantwortlich für das Wettergeschehen ist dort das »**Kanadische Hoch**«. Es erlaubt kontinental-arktischen Luftmassen aus dem Norden den ungehinderten
Zugang nach Süden bis tief in die USA hinein. Da keine von Ost

nach West verlaufenden Gebirgszüge existieren, die sie aufhalten könnten, dominieren nach einem meist frühen Wintereinbruch trockene Witterungen und Temperaturen, die um ca. 20°C tiefer liegen als in Europa auf demselben Breitengrad.

Ein Winterphänomen sind auch die kräftigen Fallwinde. Der *Chinook* an der Ostseite der *Rockies* vermag innerhalb weniger Stunden einen Temperaturanstieg von bis zu 40°C oder mehr zu bewirken und dabei 30 cm dicke Schneedecken über Nacht verschwinden zu lassen. Er trägt daher auch den Spitznamen »snow-eater«. Böen mit über 120 km/h können dann Sattelschlepper umkippen oder Züge entgleisen lassen. Betroffen davon sind neben Calgary und Denver vor allem der Süden Albertas sowie der US-Bundesstaat Montana, außerdem die Ostflanke der Black Hills.

Im Sommer verzeichnen die Prärien oft wochenlang stabiles Hochdruckwetter mit Höchstwerten durchgehend um die 30°C. Selbst im Norden Albertas klettert das Thermometer im Juli/August meist deutlich über 20°C und nahe der Grenze zu den USA ist es ähnlich heiß wie im Okanagan Valley. Prallen Ausläufer feuchtwarmer Strömungen aus dem Süden auf die trockenen kontinental-arktischen Luftmassen, bilden sich vorübergehend gewittrige **Sturmwetterlagen**, die aber mit den vorherrschenden Westwinden meist rasch nach Osten weiterziehen.

Eine Region im (Klima-)Wandel

Auch mächtige Bergketten wie die Rocky Mountains bleiben vom Klimawandel nicht verschont – mit deutlich kürzeren Wintern, früher einsetzender Schneeschmelze und spürbar heißeren Sommern. Zudem fallen Niederschläge vermehrt in Form von Regen anstelle von Schnee. Die Auswirkungen lassen sich inzwischen in Zahlen fassen und sind durchaus besorgniserregend: So soll z.B. laut Forschern bereits 2030 das letzte »ewige Eis« aus dem US-Nationalpark *Glacier* gewichen sein, der Anfang des 20. Jahrhunderts gegründet und nach seinen zahlreichen Gletschern (damals an die 150!) benannt wurde. Schon heute haben Landwirte in der Umgebung mit großen Herausforderungen zu kämpfen. Unvorstellbar die Tragweite, wenn dann dort – in nicht allzu ferner Zukunft – die meisten Wasserläufe im Sommer versiegen! Das so etwas schneller gehen kann, als man glaubt, zeigte der mächtige *Kaskawulsh Glacier* in Nordkanada. Er hat sich inzwischen so weit zurückgezogen, dass 2016 sein nördlicher Abfluss innerhalb von nur vier Tagen verschwand. Das Schmelzwasser fließt seither in südliche Richtung und lässt den größten See Yukons (Kluane Lake) langsam austrocknen.

Die Sommertouristen erleben mancherorts den Wandel bereits hautnah mit. Immer wieder werden größere Bereiche der Nationalforste bzw. -parks wegen Waldbränden vorübergehend für die Öffentlichkeit gesperrt. Die zurückbleibenden, abgebrannten Flächen sind dann jahrzehntelang nicht zu übersehen. Trockenheit und ein konstanter Anstieg der durchschnittlichen Höchsttemperaturen während der letzten 100 Jahren verschärfen die Lage. So hat sich die Anzahl der Sommertage im Glacier Nationalpark mit über 32°C in dem Zeitraum verdreifacht. Die Tabellen auf den ➢ Seiten 43ff beruhen auf Langzeitmessungen, die Durchschnittswerte der letzten Jahre können daher inzwischen eine Spur höher liegen.

Pazifik-region Alaska- und Kalifornienstrom sorgen für ein mildes Klima in der Küstenregion, das Thermometer zeigt dort nur selten Werte unter dem Gefrierpunkt. Dafür wird es auch im Hochsommer nicht richtig heiß. Die Meerestemperatur überschreitet die 15°C nicht und begünstigt – bei gleichzeitig hoher Sonneneinstrahlung und Hitzeentwicklung im Landesinneren – die Bildung von **Nebelbänken** und mitunter länger anhaltend trübes Wetter. Nur ohne Bewölkung ist es an der Pazifikküste nördlich von San Francisco erfreulich warm. Ungleich bessere Aussichten auf angenehme, sonnige Tage hat man in Nordkalifornien meist im September.

Auch wenn in den Küstenregenwäldern auf **Vancouver Island** der Sommer die »trockene« Jahreszeit ist, muss dort sowie allgemein im Einzugsbereich des Pazifiks selbst im Juli/August jederzeit mit **Regen** gerechnet werden. *Estevan Point* an der Westküste der Insel bringt es auf rekordverdächtige 3.200 mm Niederschlag/Jahr. Im Windschatten der insularen Gebirgszüge bekommen Nanaimo und Vancouver nur noch ein 1/3 dieser Regenmenge ab, wobei ein Großteil davon auf die Wintermonate entfällt. Im Sommer regnet es in Vancouver vergleichsweise wenig. Nur 100 km östlich der Stadt verzeichnet Hope an den Westhängen der Kaskaden aber wieder erhöhte Niederschlagswerte (ca. 2.000 mm). Regenreichste Stadt auf dem kanadischen Festland ist **Prince Rupert** mit fast 2.600 mm.

Eine Sonderstellung nimmt **Victoria** ein: Es erfreut sich durchweg sonniger Sommer, im Juli/August werden tagsüber oft über 25°C gemessen. Die Wintermonate sind ebenso erstaunlich angenehm mit im Schnitt gerade mal einem Tag Frost. Auch Vancouver hat in der Regel nur drei Tage, an denen die Temperatur unter 0°C fällt.

Nicht zu unterschätzen sind die **Herbst- und Winterstürme**. Von Oktober bis Mai herrscht an der Küste *Storm Season*, dann türmen sich vor Vancouver Island und Oregon (u.a. *Shore Acres*) nicht nur wahre Monsterwelle auf, sondern es regnet mitunter »*cats and dogs*« (wie aus Eimern und das nahezu unentwegt). Die Regengüsse klingen dann erst im späten Frühjahr allmählich wieder ab.

Die Übersicht auf den Seiten 43-45 zeigt durchschnittliche Höchst- und Tiefsttemperaturen sowie die Verteilung der Regenmenge über das Jahr an ausgewählten Orten.

Urlaubzeit der Nordamerikaner

Hochsaison Die Hauptsaison (*tourist* bzw. **high season**) dauert von Mitte Juni bis Mitte September. In diesen Zeitraum fallen traditionell die Universitätsferien sowie mit unterschiedlicher Länge die Sommerferien der Schulen. Der »inner-nordamerikanische« Urlaubsboom beginnt Ende Juni, nimmt in der zweiten Augusthälfte schon wieder spürbar ab und endet mit dem *Labo(u)r Day* schlagartig.

Wochenende Eine große Ausnahme bilden dabei die Wochenenden. Denn wegen der aus unserer Sicht teils sehr kurzen Urlaubszeiten in Übersee (nur wenige Berufstätige haben oder nehmen sich dort mehr als 2-3 Wochen Ferien pro Jahr) spielt das *Weekend* eine weit größere Rolle

Sommer ist Badesaison, jeder warme Stau- und Bergsee oder Flusslauf wird dafür genutzt, hier am Firehole River im Yellowstone Nationalpark

1

als bei uns. Die Bereitschaft, für den Wochenendspaß lange Strecken zu fahren, Ausgaben und Anstrengungen auf sich zu nehmen, ist deutlich ausgeprägter als unter Europäern. Bei gutem Wetter ist dann überall mit viel Betrieb und den daraus resultierenden Problemen zu rechnen: überfüllte Parkplätze an touristischen Brennpunkten, ausgebuchte Quartiere und Höchsttarife, vor Mittag schon besetzte Campingplätze, Wochenend-Rückreiseverkehr in Richtung der großen Citys etc. Verlängerte Wochenenden (**Victoria Day** und **Memorial Day Weekend**, beide Ende Mai), andere nordamerikanische Feiertage und größere Events/Veranstaltungen verschärfen mancherorts die Situation, Übersicht ➢ Seite 150 bzw. 68.

Tipps zur Hauptreisezeit

Generell empfiehlt sich während der Hauptsaison, die **Top-Sehenswürdigkeiten möglichst vormittags an Werktagen anzusteuern**. An Orten wie dem Lake Louise oder Moraine Lake ist dann nahezu immer mit Stau und dauerbesetzten Parkplätzen zu rechnen, aber außerhalb der zwei berühmtesten Nationalparks Banff und Jasper wird man im Westen Kanadas nur selten einen – nach unseren Begriffen – starken Andrang erleben.

Weniger bekannte Gebiete wie z.B. der *Juan de Fuca Provincial Park* auf Vancouver Island können selbst im Hochsommer in weiten Teilen einer Ruheoase gleichen. Und wer sich im *Banff/Jasper Nat'l Park* etwas abseits der touristischen Hauptpfade hält, entkommt auch meist erfolgreich dem allergrößten Trubel.

Ähnlich in den USA: In Nationalparks wie *Mount Rainier*, *Glacier*, *Yellowstone*, *Grand Teton* oder *Rocky Mountains* sichert man sich den Parkplatz am Ausgangspunkt populärer Wanderwege selbst werktags am besten gleich früh morgens. Überall sonst verlaufen sich die Leute meist recht gut. Vor allem wer sich ins Hinterland von Oregon (z.B. *Leslie Gulch*), Idaho (*Gooding City of Rocks*) oder Wyoming (*Hell's Half Acre*) begibt, wird nur noch wenige andere Touristen/Einheimische antreffen. Auf solche Optionen wird im Reiseteil (blaue/grüne Griffmarken) immer wieder hingewiesen.

Die beste Reisezeit

Das im vorliegenden Buch beschriebene Gebiet unterliegt größeren klimatischen Schwankungen (➢ Seite 34), so dass es keine Reisezeit gibt, die überall als optimal angesehen werden kann. Als Vor- bzw. Nachsaison (*shoulder season*) gilt der Zeitraum April-Mai oder Mitte September-Oktober. Dann schont man zwar den Geldbeutel, muss aber jede Menge Kompromisse eingehen und hinsichtlich *Outdoor*-Aktivitäten (➢ Seite 54) Abstriche machen.

Vorsaison

Liegt das Augenmerk auf der **US-Küste**, ist man zeitlich etwas flexibler. Die Winterniederschläge klingen im **April/Mai** langsam ab und die Tagestemperaturen – vorausgesetzt die Sonne scheint – liegen im Mai schon im angenehmen Bereich (über 15°C). Ähnliches gilt für **Vancouver Island**, wo auf Stränden wie *Long Beach* im Mai bereits einiges los sein kann (Surfer!). Im Frühjahr zeigen sich sämtliche Wasserfälle in tieferen Lagen von ihrer schönsten Seite, nicht nur auf der Insel, sondern auch in den US-Bundesstaaten Washington und Oregon (*Columbia River Gorge, Silver Falls State Park* usw.). Auch die spontane Quartiersuche bereitet bis Mitte Mai – mit nur wenigen Ausnahmen – eher keine Probleme.

In den **Prärien** fällt der meiste Jahresniederschlag in den Monaten Mai/Juni. Dann herrschen noch kühle/angenehme Wandertemperaturen und die saftig grünen Graslandschaften z.B. im **Badlands Nationalpark** bilden einen herrlichen Kontrast zu den kargen Lehmhügeln (im Sommer werden die Gräser genauso graubraun).

In den Bergen

Steht das **Naturerlebnis in der Bergwelt** im Vordergrund, eignet sich der Zeitraum **Juni bis Mitte September** am besten dafür. Vorher bzw. nachher muss man je nach Region mit witterungsbedingte Unbilden rechnen (längere Regenperioden bzw. in den Höhenlagen Schnee+Eis). Im Winter entstandene Straßenschäden sind oft im Mai, gelegentlich auch erheblich später, noch nicht beseitigt.

Außerhalb der Hauptsaison genießt eine Schneeziege den Ausblick auf den Hidden Lake im Glacier Nationalpark

Gravel und speziell *Dirt Roads* können bis zum Frühsommer nicht befahrbar sein (zu den Straßenkategorien ➢ Seite 114). Auch asphaltierte Strecken werden mitunter relativ spät für den Verkehr freigegeben, so z.B. in manchen Jahren die *Going-to-the-Sun Road* im Glacier Nationalpark erst Anfang Juli und die dicke Schneedecke bei der Gipfelstraße des Mount Revelstoke ist bisweilen erst Ende Juli/Anfang August geschmolzen. Mancherorts schneien bei Schlechtwettereinbrüchen selbst im Juni Straßen vorübergehend wieder zu, so u.a. Abschnitte des *Icefields Parkway* in Kanada.

Noch oder bereits **geschlossene Einrichtungen** (Seilbahnen, Campingplätze, Berghütten oder andere Unterkünfte) und stark eingeschränkte bzw. eingestellte Angebote (Boots-, Fahrrad- und Pferdeverleih, Veranstaltungen in Nationalparks, Wildwasserfahrten) beeinträchtigen in der Vor-/Nachsaison die Urlaubsfreude in den Bergen. Oberhalb der Baumgrenze können Wanderwege bis in den Juli hinein verschneit/unzugänglich bleiben.

Wer die Nächte im Freien verbringen und dabei möglichst selten frieren möchte, sollte die Hauptreisemonate Juli und August favorisieren. Denn selbst an heißen Sommertagen kann in Höhenlagen ab 2.000 m **Nachtfrost** auftreten. Zelten in den Bergen zur Nebensaison ist eher nur etwas für abgehärtete Naturen. In Wohnmobilen hingegen sind Minusgrade ein geringeres Problem.

Bei Reiseplänen, die den *Yellowstone* einschließen, erweist sich der Hochsommer als günstig, zumal dann die heißen Quellen am wenigsten dampfen und sich von ihrer buntesten Seite zeigen. Mit entsprechend vielen anderen Besuchern teilt man sich dann allerdings die Brettersteige durch die Geothermalgebiete. Unterkünfte in oder bei den bekanntesten Naturschutzgebieten sollten so früh wie nur möglich reserviert werden (mitunter über ein Jahr im Voraus).

Rechtzeitig zur Touristensaison tritt außerdem nahezu überall ein mehr oder minder lästiges **Mückenproblem** auf (➢ umseitig). Die Plage nimmt erst im Laufe des Augusts langsam ab und spätestens im September setzen Nachtfröste den Quälgeistern ein Ende. Hinzu kommen großflächige **Waldbrände**, die den Sommer über in den USA und Kanada wüten können. Immer wieder sind Parks oder zumindest Bereiche davon betroffen. In den umliegenden Gebieten lassen Luftqualität sowie Fernsicht dann auch zu wünschen übrig.

Reisestart Mitte August

Vorausgesetzt das Wetter spielt mit, kann ein Reisestart Mitte August für einen **Urlaub in den Rocky Mountains** optimal sein. Denn nicht nur die Zahl der Besucher, Mücken und Waldbrände sinkt, mancherorts purzeln langsam auch die Preise und wer einen Abstecher in die heißen Trockengebiete unternehmen möchte, entgeht so der allergrößten Hitze. In den Bergen ist es tagsüber im Allgemeinen noch recht angenehm und man kann die Natur in aller Ruhe genießen. Auf den Campingplätzen trifft man überwiegend europäische Touristen oder kanadische wie US-Rentner mit ihren Wohnmobilen an. Und gelegentlich findet sich dann auch schon mal ein ganzes Seeufer ohne »Nachbarn«.

Blutsauger allerorten (von Juni bis September)

Von Anfang Juni bis etwa Mitte September sind sie in Kanada und im Nordwesten der USA allgegenwärtig, die Stechmücken (*Mosquitos*), Kriebelmücken (*Black Flies*, sehen wie kleine Fliegen aus) und Bartmücken/Gnitzen (*Sand Flies* oder *No-see-ums*; 1-4 mm groß, man sieht sie kaum!). Alle Quälgeister bevorzugen zwar Feuchtregionen und schattige Waldgebiete, aber vor allem im Juni/Juli entgeht man ihnen praktisch nirgendwo. Selbst in höheren Gebirgslagen und am offenen Wasser, bei Wind und Kälte suchen sie nach Opfern.

Schwarze Fliegen sind immer hungrig, sie beißen auch tagsüber. Stechmücken greifen vorzugsweise im Morgengrauen und abends in der Dämmerung an, wenn der Urlauber – gemütlich vor dem Camper oder Zelt sitzend – die Abendstimmung in Ruhe genießen möchte. Ein Lagerfeuer bringt nur Entlastung, wenn es ordentlich qualmt. Aber dann vertreibt es meist nicht nur die Insekten. Mit kleinen regionalen Unterschieden lässt die Plage ab August spürbar nach und verschwindet mit den ersten Nachtfrösten ganz.

Europäische Sprays und Lotionen richten gegen nordamerikanische Mosquito-Damen (nur sie stechen) wenig aus. Am besten hält man sie sich mit einheimischen **Insect Repellents** wie dem bewährten *Off*, *Muskol*, *Repel* oder *Cutter* vom Leibe. Der darin enthaltene Anti-Mücken-Wirkstoff **DEET** greift indessen auch Haut, Kleidung, Uhren-Armbänder etc. an. Weitab städtischer Zivilisation sind die ohnehin schon saftigen Preise für den *Mosquito*-Schutz am höchsten. Es empfiehlt sich daher, rechtzeitig an die Anschaffung zu denken. Hilfreich für Camper sind *Mosquito Coils*, Mücken-Spiralen, die im Freien vor sich hinkokeln. Summgeräte und andere technische Neuerungen scheinen Mücken in Übersee nicht sonderlich zu beeindrucken. Auch Kleidung bietet nur begrenzten Schutz. Was ein richtiger *Mosquito* ist, der sticht sogar durch relativ dicke Stoffe wie Zeltwände und Jeans. Empfehlenswert sind weite Textilien, die indessen an Hals, Handgelenken und Knöcheln dicht anliegen sollten.

Trotz gewissenhaften Einreibens, Sprayens und anderer Maßnahmen wird ein Urlaub in Nordamerikas Westen kaum ganz ohne Mückenstiche ablaufen. Kratzen gegen den Juckreiz hilft bekanntlich nicht, sondern verschlimmert ihn nur. Doch auch dagegen gibt es geeignete Präparate. Beruhigend ist immerhin, dass diese *Mosquitos* im Gegensatz zu ihren tropischen Verwandten im Allgemeinen keine Krankheiten übertragen, wiewohl in den letzten Jahren das sog. **West-Nile-Virus** eingeschleppt wurde. Infizierte Mücken können den Erreger auf den Menschen übertragen. Die dadurch ausgelösten Symptome reichen von Fieber bis Meningitis. Eine Impfung oder Medikation dagegen ist nicht bekannt. 2017 wurden in ganz Kanada 200 Fälle gemeldet, die meisten im Osten des Landes; www.canada.ca/en/public-health/services/diseases/west-nile-virus.html.

Zecken: Nicht unbedenklich sind Begegnungen mit Zecken (*Ticks*). Die Palette an Krankheitserregern, die sie beim Blutsaugen übertragen können, ist in Übersee größer als in Mitteleuropa – neben der Borreliose *(Lyme Disease)* sind dies allerlei Arten von Rückfall- und Fleckfieber *(Relapsing* bzw. *Spotted Fever)*, die eine lange Antibiotikabehandlung erfordern, sowie die durch Toxine verursachte Lähmung *(Tick Paralysis)*. Am aktivsten sind Zecken meist im späten Frühjahr.

Herbst   Mitte September setzt das **Herbstlaub** entlang des *Icefields Parkway* neue Akzente, ebenso die Lärchen auf den Plateaus oberhalb vom Lake O'Hara bzw. Moraine und im Kaskadengebirge Washingtons. Die **Tundra** in Gletschernähe verfärbt sich bereits Anfang September wunderbar. In den südlicheren Abschnitten der *Rockies*, z.B. beim Grand Teton Nationalpark, fällt der Höhepunkt des »Goldrausches« meist in die letzte Septemberwoche. Erste Schneeverwehungen, Straßenglätte und frostige Nächte gehören dann aber in allen Höhenlagen schon zu den Begleiterscheinungen.

Ab Oktober werden Routen wie die *Going-to-the-Sun Road* im Glacier Nationalpark, die *Trail Ridge Road* im *Rocky Mountain NP* oder der Rundparcours am Crater Lake sowie die Zufahrten in den Yellowstone nach und nach unpassierbar.

Spätestens Anfang November führen nur noch wenige Straßen durch die Bergwelt. Der *Icefields Parkway* im Banff sowie Jasper Nationalpark bleibt ganzjährig geöffnet, von November bis Ende März sind Winterreifen aber Pflicht (ggf. auch Schneeketten). Am *Trans-Canada Hwy* muss im Bereich des *Roger Pass* von Dezember bis Mai aus Lawinenschutzgründen mit zeitweiligen Sperrungen gerechnet werden.

Winter   Wer nicht **Wintersport** betreiben (➤ Seite 62) oder das *Winter Wonderland* des Yellowstone Nationalpark mit dem Schneemobil erkunden möchte, sollte die kältere Jahreszeit in den Bergen lieber meiden. Die meisten Parks haben zwar ganzjährig geöffnet, aber außerhalb der Saison bleiben die Mehrzahl der Einrichtungen für Besucher geschlossen und etliche Bereiche unzugänglich.

Als zusätzliche Hilfestellung zur Entscheidung für die persönlich optimale Reisezeit sind im Kasten ➤ umseitig alle relevanten Charakteristika der Reisebedingungen für Früh-, Hoch- und Spätsommer nochmals zusammengefasst.

Erste Schneefälle am Bow Lake in den kanadischen Rocky Mountains Mitte September

Das späte Frühjahr (Ende Mai bis Anfang Juli)

- Besonders lange Urlaubstage, in Jasper geht die Sonne im Juni um 5.30 Uhr auf und erst gegen 22.30 Uhr wieder unter. Ausgedehnte Dämmerlichtzeiten mit guten Möglichkeiten zur Tierbeobachtung – zahlreiche Jungtiere!
- Wasserfälle sind am imposantesten, Regenwälder und Prärien saftig grün
- Blütezeit der Wildblumen in tieferen Lagen
- Bergspitzen sind noch hübsch verschneit, aber Schneefelder können in größeren Höhen noch Straßenpässe und Wanderwege blockieren.
- Das Wetter neigt zu Schauer- und Gewitterbildung.
- Zahllose *Black Flies* und *Mosquitos* vergällen bisweilen die Ferienfreude.

Hochsommer (Mitte Juli bis Mitte August)

- Nebenstrecken und Wanderwege sind nun weitesgehend schneefrei.
- Ende Juli/Anfang August: Höhepunkt der alpinen Blumenblüte
- Höchste Temperaturen – angenehm in den Bergen, in tieferen Lagen im Landesinneren mitunter sehr heiß, vor allem in den Prärien Kanadas und den Trockengebieten des US-Nordwestens
- Immer wieder hartnäckiger Seenebel an der nördlichen US-Pazifikküste
- Alle Attraktionen haben bis in den Abend hinein geöffnet.
- An beliebten Ausflugszielen herrscht großer Andrang.
- Motels und Campingplätze sind in populären Urlaubsgebieten (Nationalparks und Umgebung) meist ausgebucht; Hochsaisonpreise
- Heerscharen von *Black Flies* und *Mosquitos* allerorten
- Seen und Flussläufe vielerorts mit Badetemperaturen
- Waldbrandsaison; gesperrte Parkbereiche und weiträumig schlechte Luft und katastrophale Fernsicht sind in Kanada/USA dann keine Seltenheit

Spätsommer/Frühherbst (Ende August bis Anfang Oktober)

- Die Urlaubstage werden gegen Ende des Sommers spürbar kürzer, so dass man auch weniger Programm schafft.
- Viele Campingplätze in den Bergen schließen mit dem *Labo(u)r Day*.
- Nach den ersten Nachtfrösten (ab Anfang Sept.) leuchten die Laub- und Lärchenwälder farbenprächtig. Das Röhren der brunftigen Wapiti-Hirsche hallt durch die Täler im *Rocky Mountains NP* und am Athabasca River.
- Sämtliche Blutsauger erlahmen in ihrer Angriffslust.
- Im Allgemeinen darf man noch mit einer relativ stabilen Gutwetterlage rechnen. Die Nächte sind schon kühl; über 1.000 m liegen die Nachttemperaturen unter dem Gefrierpunkt. Ab Mitte September kann es in höheren Lagen (ab 2.000 m) den ersten Schnee geben.
- Wasserfälle und Wildbäche führen nur noch wenig Wasser; Stauseen stehen oft halbleer. Feuchtgebiete liegen trocken, ganze Landstriche (nicht nur die Prärien) wirken wie ausgedörrt.
- Im Herbst wird die Luft in den Bergen allmählich klarer und die Weitsicht besser, denn die Waldbrandsaison klingt dann langsam ab. Endgültig endet sie aber erst mit dem Einsatz der ersten Schneefälle.

Banff

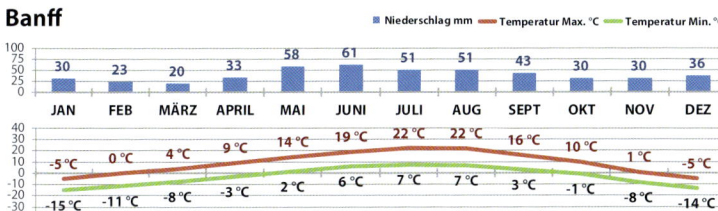

Calgary

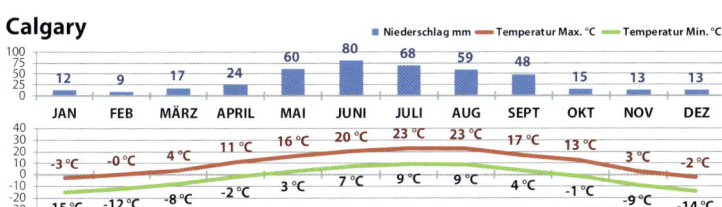

Edmonton

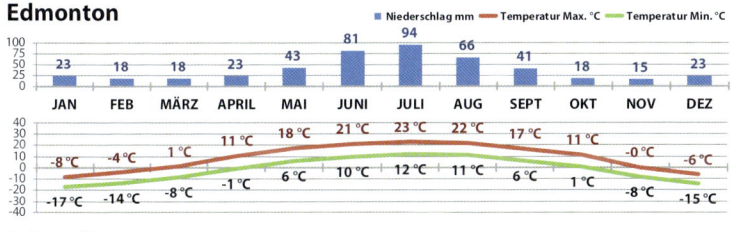

Prince George

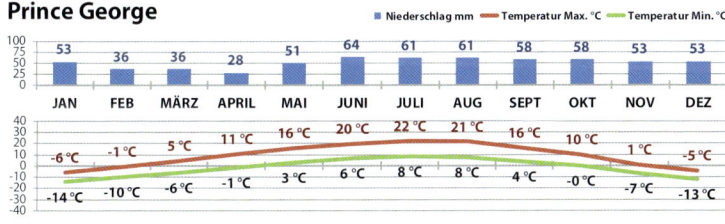

Prince Rupert

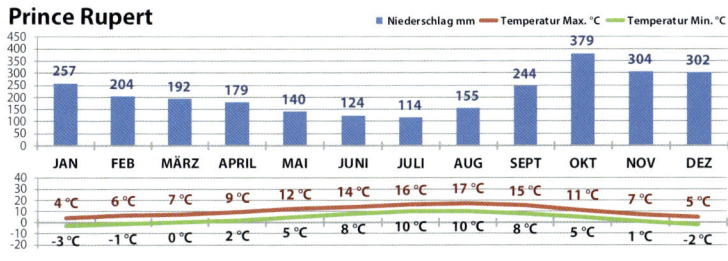

Südliches Okanagan Valley

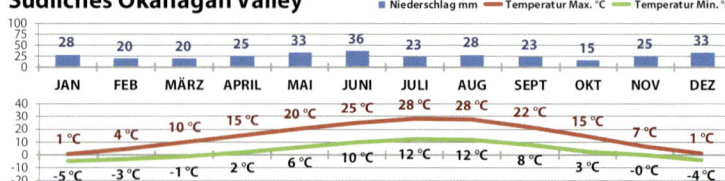

Vancouver

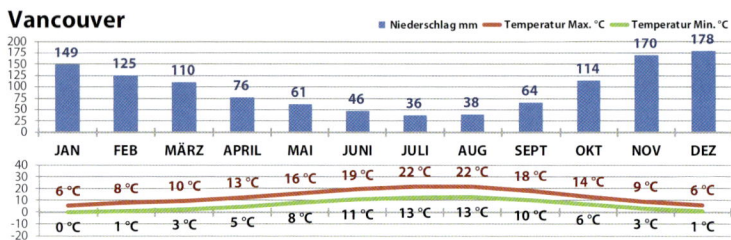

Victoria

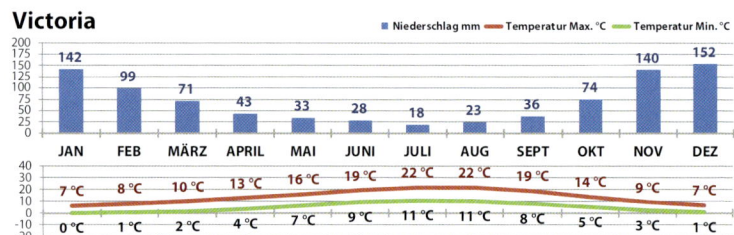

Badlands Nationalpark

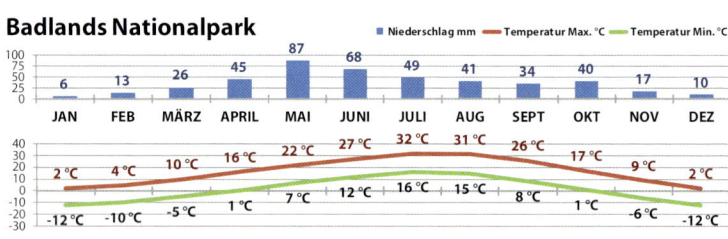

Denver

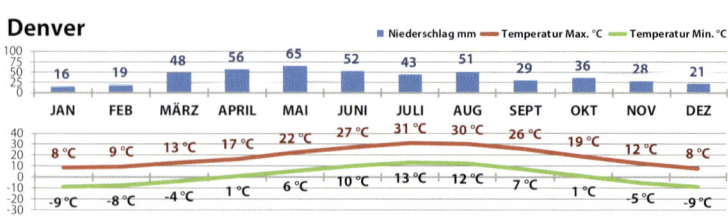

Portland

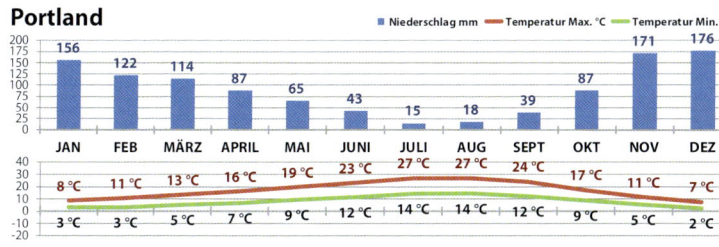

San Francisco

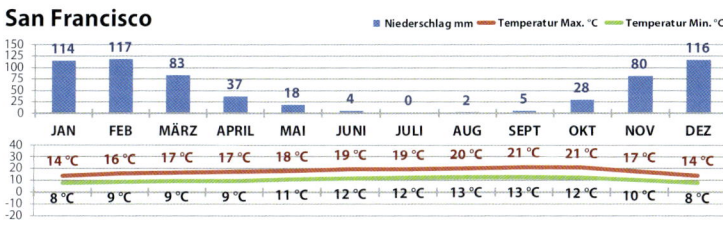

Seattle

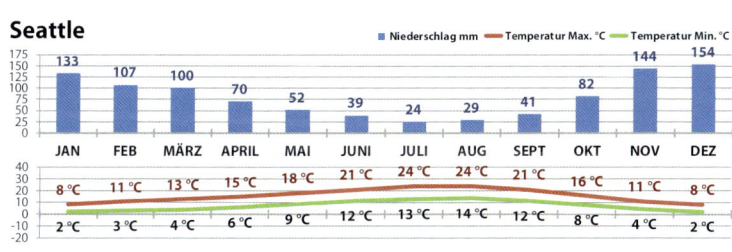

West Glacier

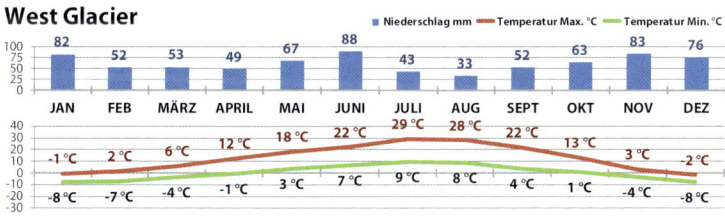

Yellowstone Nationalpark

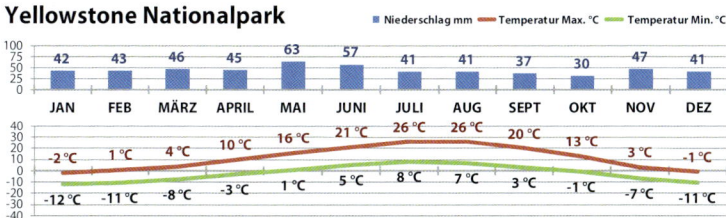

1.2   Naturschutzgebiete
1.2.1   Nationalparks in den USA und Kanada

Das Nationalparkkonzept Kanadas verfolgt wie das der USA zwei Ziele: zum einen geht es um den Schutz außergewöhnlicher Natur sowie historisch bedeutsamer Stätten vor kommerzieller Ausbeutung, zum anderen dienen die Parks als Erholungs- und Freizeitlandschaft. In Kanada stehen diese Gebiete unter der Obhut von **Parks Canada**, in den Vereinigten Staaten werden sie vom **National Park Service** (**NPS**) verwaltet. Beide Organisationen haben die Nationalpark-Idee in absolut vorbildlicher und weltweit nachgeahmter Weise in die Praxis umgesetzt. Der erste seiner Art und bis heute wohl berühmteste von allen ist der 1872 gegründete Yellowstone Nationalpark. Erst 13 Jahre später folgte Banff als erster kanadischer Nationalpark.

Unterschiedliche Schutzgebiete

Bei den **National Parks** (**NP**) handelt es sich meist um größere Gebiete, die geographische, biologische und/oder geologische Besonderheiten aufweisen. Wird eine Lokalität wegen ihrer historischen Bauwerke oder wichtiger Ereignisse für schützenswert befunden, nennt man sie **National Historic Site** (**NHS**) bzw. **Nat'l Historic Park** (**NHP**). In den USA gibt es zusätzlich noch:

- **National Monuments** (**NM**), die sowohl landschaftlich oder historisch bedeutende Plätze unter Naturschutz stellen, und
- **National Recreation Area**s (**NRA**), die mehrheitlich um die größten Stauseen entstanden, aber auch Dünen (*Oregon Dunes*) oder Schluchten (*Hells Canyon*) umfassen können.

Besonders geschützte Bereiche an den Küsten fallen in den USA unter die Kategorie **National Seashore**, das kanadische Pendant sind die **National Marine Conservation Areas** (**NMCA**). Gemeinsam mit der *First Nation* verwaltete Parks werden in Kanada auch als **National Park Reserve** bezeichnet.

Verkehrsanbindung der NPs

Die meisten Nationalparks liegen abseits der großen urbanen Zentren und lassen sich in der Regel nur mit dem Auto problemlos erreichen. Busverbindungen existieren nur zwischen besonders populären Parks und den jeweils nächstgelegenen Ortschaften. Auch Schienenanschlüsse gibt es mit Ausnahme des *Jasper NP* (Kanada) und *Glacier NP* (USA) keine.

In den USA sind bereits die Einfahrtsschilder in die Parks oftmals ein beliebtes Fotomotiv

Auf ein Fahrzeug ist man erst recht innerhalb der Parks angewiesen, denn dort gibt es mit nur wenigen Ausnahmen keine Busverbindungen zwischen den oft weit auseinanderliegenden Sehenswürdigkeiten, Wanderwegen und Campingplätzen.

Eintritt
Der Besuch der Schutzgebiete kostet Eintritt. In Kanada zahlt man für **Tagespässe bis zu CAD 10/Person** (Kinder bis 17 Jahre frei). Sie sind **bis 16 Uhr (!) des Folgetages** gültig. Zusätzlich gibt es Gruppentickets für bis zu 7 Personen in einem Fahrzeug für **CAD 20**. Wichtig zu wissen: Die zusammenhängenden *Jasper*, *Banff*, *Yoho* und *Kootenay NPs* werden dabei wie ein Park behandelt.

In den USA verlangt man bis zu USD 35 für eine private Wagenladung (Pkw/Kleinbus bis 6 Personen, max. 4 Erwachsene).

Jahrespässe
Für sämtliche Nationalpark-Einrichtungen (*National Parks*, *National Monuments*, *National Historic Sites* etc.) gibt es in beiden Ländern jeweils einen Jahrespass (gültig immer für 12 Monate ab Kaufdatum), den man am besten vor Ort gleich beim ersten Parkbesuch bei der Einfahrt erwirbt:

• **In Kanada:** Der *Parks Canada Discovery Pass* kostet CAD 67,70 pro Kopf. Kinder zahlen seit 2018 keinen Eintritt. Mehrere Personen im Auto fahren ggf. preiswerter mit einem Gruppenpass für CAD 136,40; www.pc.gc.ca/en/voyage-travel/admission.

• **In den USA:** Der *America the Beautiful* oder *Interagency Pass* für USD 80 gilt für zwei Passinhaber, die weder verwandt noch miteinander verheiratet sein müssen, sowie deren im selben Fahrzeug sitzenden Begleitpersonen (Kinder unter 16 Jahre frei). Anerkannt wird der Pass außerdem auf den *Federal Recreational Lands* des *National Forest Service*, *Bureau of Land Management* etc.; www.nps.gov/fees_passes.htm.

Während sich in Kanada die Anschaffung eines Jahrespasses bei kürzeren Aufenthalten nicht immer bezahlt macht (meist erst ab dem 7. Tag in *NP*-Gebieten), so lohnt sich der *Interagency Pass* in den USA oftmals schon, wenn man nur drei Parks besuchen möchte. Allein der Eintritt in den *Yellowstone* gemeinsam mit dem *Grand Teton NP* beläuft sich auf USD 70!

Besucherzentren
Im Eintritt eingeschlossen ist überall ein Faltblatt mit Karte des Parks/Monuments und Basisinformationen zu Geschichte, Entstehung, Fauna/Flora und spezifischen Einzelheiten, das man entweder gleich bei der Einfahrt oder im so gut wie immer vorhandenem **Visitor Center** (Kanada: **Centre**) erhält. Diese machen zudem meist eindrucksvoll durch Schaubilder und Ausstellungen mit Geschichte, Geologie, Flora, Fauna und Höhepunkten des Schutzgebiets vertraut. In stärker frequentierteren Parks gehören Filme/Videos oder Multivision-Shows zum Standardprogramm, gelegentlich erhält man dort sogar ergänzende Broschüren in deutscher oder anderen Sprachen. **Park Ranger** (in Kanada: **Park Warden**) sind Aufsichtsbeamte und Besucherbetreuer zugleich sowie Wanderführer, Vortragsredner und Ansprechpartner für sämtliche »ihren« Park betreffende Fragen.

Camping/
Aktivitäten

In den Nationalparks Nordamerikas ist das **Campen** ausgesprochen **populär**. Die meisten Plätze sind dort erfreulich in Bezug auf Lage und Anlage, aber selten superkomfortabel, ➢ Seite 135. Die Palette an weiteren Aktivitäten in den Parks ist groß, einen kleinen Überblick liefert Kapitel 1.4, ➢ Seite 54.

Internet

Offizielle Informationen findet man im Internet unter

- www.pc.gc.ca für alle kanadischen Parks
- www.nps.gov für sämtliche US-Nationalparks.

1.2.2   State & Provincial Parks

State Parks

Was zu den Nationalparks angemerkt wurde, gilt im Wesentlichen auch für die **State Parks** (*SP*). Naturschutz und Erholung stehen dort ebenso im Vordergrund wie Bewahrung und Pflege interessanter historischer Stätten. Ihre Verwaltung obliegt jedoch nicht einer nationalen Behörde, sondern den jeweiligen US-Bundesstaaten.

Felsbogen im
Salt Point
State Park

Diese Parks schützen teils ausgesprochen attraktive Landstriche (z.B. *Smith Rock State Park* oder *Samuel H. Boardman State Scenic Corridor* etc.), aber nicht selten verstecken sich hinter dem Begriff nichts weiter als gepflegte öffentliche Anlagen mit Badestränden (**State Beach**), Bootsanleger- sowie Angelstellen, Picknicktischen oder – meist großzügig und komfortabel gestaltete – **Campgrounds**. Sofern es sich nicht um reine Rastplätze oder Strandzugänge handelt, zahlt man in *State Parks* **bis zu $15 Eintritt** für den sogenannten **day-use** (Tagsüber-Nutzung).

Aus Geldmangel wurden in den letzten Jahren immer wieder etliche weniger frequentierte, defizitäre *State Parks* vorübergehend oder sogar komplett geschlossen, allen voran in Kalifornien. Zugleich wurden vielerorts Eintritts- und Campinggebühren erheblich angehoben.

Provincial
Parks

Das kanadische Pendant zu den *State Parks* sind die **Provincial Parks (PP)**, die von der jeweiligen Provinz verwaltet werden. Hinsichtlich landschaftlicher Highlights können gleich etliche von ihnen mit den Nationalparks mithalten. Herausragende Beispiele sind u.a. *Mount Assiniboine, Wells Gray, Mt. Robson, Manning* oder *Barkerville* in British Columbia sowie *Peter Lougheed* oder *Dinosaur* in Alberta. Viele Provinzparks verfügen über **Campingplätze**. Eine Besonderheit von British Columbia sind reine **Campgrounds** unter Provinzverwaltung. Sie tragen allesamt, ob groß oder klein, überdurchschnittlich reizvoll oder nur durchschnittlich gelegen, ebenfalls die Bezeichnung *Provincial Park*.

Beliebt bei
Kletterer,
die steilen
Felswände im
Smith Rock
State Park
im zentralen
Oregon

1.2.3 _____ **National Forests**

Unberührte Natur findet man außerdem in **Nationalforsten (NF)**. Sie stehen den Nationalparks oft diesbezüglich in nichts nach. In vielen Fällen setzen sich die typischen landschaftlichen Merkmale der Parks in den umgebenden *National Forests* fort. Diese sind dann vor allem in der Hochsaison Geheimtipp für alle, die sich gerne zwischendurch auch etwas abseits der Haupt-Besucherströme halten möchten. Die meisten Straßen durch Nationalforste (**Forest Roads**) erfreuen fast immer mit schöner Streckenführung und geringer Verkehrsdichte, soweit sie nicht gleichzeitig als Zufahrt zu bekannteren touristischen Zielen dienen.

Der **National (NFS)** bzw. **Canadian Forest Service (CFS)**, die die riesigen Nationalforste verwalten, das **Bureau of Land Management** (**BLM**), eine für viele andere US-Ländereien (speziell Wüstengebiete) verantwortliche Organisation, das **Corps of Engineers** (**CoE**, Pioniereinheit der US-Armee) und weitere Bundesbehörden erheben oft **Gebühren** auf den von ihnen betreuten Arealen. Wer also wandern, in heißen Quellen baden oder einen Picknickplatz benutzen möchte, wird ziemlich lückenlos zur Kasse gebeten. Gelegentlich findet man »Minitresore« zum Einwurf von Bargeldumschlägen, oft aber lediglich Gebührentafeln mit Hinweisen, wo Parkausweise zu erstehen sind (selten unter $5/Tag bzw. Einmalnutzung und oft meilenweit weg). Inhaber eines **Interagency Pass** brauchen sich in den USA darum in der Regel nicht zu kümmern, denn der Pass gilt durchweg auch in den Nationalforsten (➢ Seite 47).

Camping

Die riesigen Wälder Nordamerikas und *BLM*-Wildnisgebiete sind außerdem ein tolles Ziel für Camper mit zahllosen preiswerten und hervorragend gelegenen, ruhigen Plätzchen. In kanadischen Erholungsgebieten (**Recreation Sites**) darf »wild« gecampt werden (überwiegend rustikale Anlagen mit Toilettenhäuschen, aber ohne Trinkwasser oder Strom). In den USA zahlt man an ausgewiesenen *NF-Campgrounds* normalerweise eine geringe Gebühr, nur etwas abseits davon oft schon nichts (*Boondocking*; Details ➢ Seite 139).

1.3   ## Die Ureinwohner Nordamerikas

Als Kolumbus 1492 die Neue Welt entdeckte und sich in Indien wähnte, nannte er die dort beheimateten Menschen irrtümlicherweise *Indians*. In den USA werden sie mittlerweile gern respektvoller als *Native Americans/People* bezeichnet, in Kanada ist vorrangig von den *First Nations* die Rede. Zu ihnen zählen geschätzte 6,5 Mio. Menschen in Nordamerika; sie bilden die kleinste ethnische Gruppe. Die überwiegende Mehrheit wohnt – vom »durchreisenden« Besucher meist unbemerkt – in Regionen und Städten außerhalb der Reservate. In den USA nehmen die *Indian Reservations* eine Gesamtfläche von 227.000 km^2 ein, etwa die Größe von Idaho. Zu ihrer Haupteinnahmequelle wurde die Spielwut der Amerikaner. Seit 1988 ein US-Bundesgesetz das Glücksspiel dort erlaubte, gibt es faktisch keine Reservate mehr ohne **Spielkasino(s)**.

In Kanada gehören heute etwa 700.000 Menschen den »ersten Nationen« an. Die Liste der offiziell anerkannten Indianerstämme ist lang (über 600!) und die Anzahl der »Schutzgebiete« ebenso beachtlich (rund 3.000 *Indian Reserves*). Überwiegend sind die Indianer in Kanada auch integriert und ein Teil der Gesellschaft, wenngleich – wie in den Staaten – mehrheitlich auf den unteren Sprossen der Sozialhierarchie.

1.3.1   ### Geschichte der Ureinwohner

Als Kolumbus eintraf, war Nordamerika zwar dünn, aber – in den klimatisch gemäßigten, warmen Zonen – weiträumig besiedelt durch zahlreiche kleine und größere Indianervölker unterschiedlichster ökonomischer, sozio-kultureller und sprachlicher Ausprägung. Im heutigen US-Südwesten lebten sie in vergleichsweise hoch

entwickelten gemeinschaftlichen *Pueblo*-Dorfanlagen, in den Pazifikregionen des heutigen Oregon, Washington, British Columbia und des südlichen Alaska ebenfalls in Siedlungen. Die *Haida* und andere Küstenbewohner konzentrierten sich auf Jagd und Fischfang, errichteten Plankenhäuser und hatten reichlich Zeit für die »Höhere Kunst« (Schnitzerei etc.).

Sesshaft waren auch die *Nez Percé* und *Spokane* auf dem *Columbia Plateau*, Halbnomaden hingegen die *Flathead* in West-Montana. Im *Great Basin* schweiften nur wenige Sammler und Kleintierjäger herum, darunter die *Shoshone* und *Paiute*.

Indianertradition, oftmals eher mit den USA in Verbindung gebracht, gibt es auch in Kanada: hier ein Tänzer beim Pow-Wow der Blackfoot in Waterton

**Die Prärie-
indianer**

In den Prärien Nordamerikas hielten sich überwiegend vom Acker-
bau lebende Indianervölker auf (*Cheyenne*, *Dakota*, *Apache*, *Co-
manche* und *Blackfoot* bzw. in den USA *Blackfeet*). Einige widme-
ten sich bereits der **Bisonjagd**, in dem sie die Tiere geschickt in die
Nähe steiler Klippen trieben. Das *Head-Smashed-In Buffalo Jump*,
heute *UNESCO*-Welterbestätte auf kanadischem Boden, ist das
beste Beispiel für solch einen Jagdplatz. Erst mit Pferden und Gewehren (beides wurde durch die Europäer nach Übersee gebracht!)
folgten einzelne Stämme den Herden als Nomaden. Sie sind es, die
unser Indianerbild in so starker Weise prägten: Berittene, Büffel ja-
gende Krieger und im Hintergrund ihre traditionellen *Teepee*-Zelte
(oft auch *Tipi* geschrieben). Die über ein Stangengestell gespannten
Büffelhäute (oft mit kunstvollen Applikationen) bildeten die perfekte mobile Behausung für die rasche Verlegung der Dörfer.

Bei der »Eroberung des Westens« lief die organisierte Unterwerfung und Vertreibung der Urbevölkerung in beiden Ländern recht
unterschiedlich ab. Während man in Kanada stets um möglichst
friedliche Lösungen bemüht war und es – dank Einwirken der
Mounted Police (➤ Exkurs Seite 332) – nur wenige blutige Auseinandersetzungen gab, kam es in den Vereinigten Staaten immer
wieder zu wahren »Gemetzeln«:

**Indianer-
kriege**

Mit dem *Indian Removal Act* (1830) wurden zunächst die Stämme im Südosten in unwirtliche Gebiete westlich des Mississippi
zwangsumgesiedelt. Im US-Westen folgten ab Mitte des 19. Jahrhunderts einige der schlimmsten Kämpfe. Die Prärieindianer er-
wiesen sich als besonders »hartnäckige Störenfriede«, die *Sioux
Wars* dauerten von 1854 bis 1890 an. Nach ihren Niederlagen
wurden sie – wie alle anderen Stämme auch – in für sie geschaffene Reservate weggesperrt. Ein ähnliches Schicksal ereilte die
Nez-Percé, die sich unter Chief Joseph 1877 zunächst erfolgreich
zur Wehr setzten, aber nach einigen Monaten auf der Flucht doch
geschlagen geben mussten (*Nez-Percé-Krieg*). Als letzter großer
Sieg der Indianer ging die **Schlacht am Little Bighorn River** in die
Geschichte ein. Angeführt von Sitting Bull, Crazy Horse und
Gall gelang es ihnen, die US-Kavallerie unter General *Custer* am
25./26. Juni 1876 zu bezwingen. Mit dem Massaker von **Wounded Knee**, wo am 29. Dezember 1890 geschätzt 300 wehrlose
Indianer (überwiegend Frauen und Kinder) niedergemetzelt wurden, war der Widerstand der Ureinwohnern endgültg gebrochen.

Chief Joseph

**Situation
heute**

Mit der **Deportation in die Reservate** endet ihr Leidensweg jedoch
noch nicht. In den USA wie auch in Kanada fand bis ins 20. Jahrhundert hinein eine **Zwangsassimilation** statt. So wurden z.B. Jugendliche in Internate geschickt, wo man ihnen verbat ihre Sprache
und Kultur auszuüben. Erst seit den 1970er-Jahren verbesserten sich
allmählich die Selbstbestimmungsmöglichkeiten der Indianer, aber
viele fristen noch – wenn auch stammabhängig sehr unterschiedlich – ein Dasein am Rande der Gesellschaft in Armut, Arbeitslosigkeit und mit erhöhter Kriminalität und Alkoholismus.

1.3.2 Kultur der Ureinwohner

Die vergangene wie gegenwärtige Kultur der Ureinwohner Nordamerikas wird in unterschiedlicher Weise gewürdigt. So unterhalten die Indianer auch **eigene Museen** (dazu zählt z.B. das Museum der *Warm Springs*) oder ihnen werden Ausstellungen in den Besucherzentren der *National/State/Provincial Parks* gewidmet bzw. spezielle Abteilungen in Geschichte-, Kunst- oder Naturkundemuseen (➤ Liste rechts). Indianische Kunstgegenstände und Symbole einstiger Größe (Totempfähle, Skulpturen) sind allgegenwärtig, ebenso Felsmalereien/-ritzungen (***Pictographs*/*Petroglyphs***; ➤ Foto Seite 548). Aufwändig präparierte Tanzmasken, Stickereien, bemalte Kleidung und Schuhe (***Moccasins***) und Federschmuck bekommt man vielerorts bei den Tanzfesten der Indianer zu sehen.

Ein Denkmal kolossalen Ausmaßes haben sie sich mit dem ***Crazy Horse Memorial*** in den Black Hills selbst gesetzt. An dem aus Spenden finanzierten Ebenbild des *Oglala*-Häuptlings hoch zu Ross wird seit 1948 gemeißelt (Fertigstellung vermutlich erst in 100 Jahren).

Totempfähle und ihre Bedeutung

Geprägt von *Karl Mays* Abenteuern denkt man unweigerlich an Marterpfähle, ***Totem Poles*** hatten jedoch eine ganz andere Funktion. Sie dienen seit je als Markierung von Stammesgebieten und Gräbern oder stehen vor traditionellen Langhäusern (***Longhouses***). Jedes der darauf oftmals sehr schemenhaft dargestellten Tiere verkörpert unterschiedliche Eigenschaften, und zusammen erzählen sie eine Geschichte (wie mächtig und wohlhabend ein Klan war, woher die Hausbewohner kamen usw.). Totempfähle »liest« man von unten nach oben. So steht beispielsweise der Adler für Macht und Klugheit, der Biber für Fleiß, der Lachs für Ausdauer und Langlebigkeit oder der Rabe für List und Schadenfreude. Dem Schwarzbär kam eine besondere Bedeutung als Beschützer zu, er schafft eine spirituelle Verbindung zwischen Mensch und Tier. Der Schwertwal drückt Stärke und Würde aus, kann aber auch als Reinkarnation des großen Häuptlings angesehen werden. Weit verbreitet ist ebenso der Donnervogel (***Thunderbird***) als Symbol für die Weisheit der Urahnen (➤ ganz oben auf dem Foto links). Auch Häuptlinge oder Sonnen werden mitunter dargestellt. Das Zusammenspiel der einzelnen Figuren ergibt eine Botschaft, diese ist allerdings nur dem Schnitzer sowie den Familienmitgliedern bekannt und sonst kaum zu entziffern.

An ihrem Originalstandort kann man alte Totempfähle u.a. im ***Gitanyow Village*** am *Cassiar Hwy* sehen (einige davon sind Replikas, die Originale befinden sich z.T. im *Royal British Columbia Museum* in Victoria). Beeindruckend sind sie auch im **'Ksan Village** bei Hazelton am *Yellowhead Hwy* sowie in **Kispiox** nur wenige Kilometer nördlich davon. Aus den ***Namgis Burial Grounds*** auf Cormorant Island ragt der weltgrößte Totempfahl 52,7 m in die Höhe. Der Rekord ist allerdings umstritten, zumal er nicht aus einem sondern gleich aus zwei *Red Cedar*-Stämmen angefertigt wurde.

Sehenswerte Museen

- *Glenbow Museum*, ➢ Seite 321
- *Royal BC Museum*, ➢ Seite 364
- *Denver Art Museum*, ➢ Seite 532
- *Seattle Art Museum*, ➢ Seite 434
- *Buffalo Bill Center*, ➢ Seite 594
- *Museum of the Plains*, ➢ Seite 490
- *...of Anthropology*, ➢ Seite 183
- *...of Northern BC*, ➢ Seite 411
- *...at Warm Springs*, ➢ Seite 659

Weitere tolle Sammlungen findet man in Vancouver in der hohen lichten Halle des **Museum of Anthropology** sowie unter freiem Himmel im **Stanley Park**, an der Sunshine Coast in **Sechelt** sowie in Victorias **Thunderbird Park**. Duncan, ebenfalls auf Vancouver Island, trägt nicht umsonst den Beinamen »City of Totem«. Etwas abgeschiedener stehen die Totempfähle auf dem **Haida Gwaii**-Archipel (in Old Massett, beim *Haida Heritage Centre* in Skidegate und stark verwittert in der *UNESCO*-Welterbestätte *Ninstints*).

Die hohe Kunst des Schnitzens wurde vor allem von den Küstenindianern zelebriert, wo meist Nahrung in Hülle und Fülle und mehr Zeit für die Erschaffung von Meisterwerken vorhanden war. Die Pfähle errichtete man in der Regel im Zuge eines **Potlatch**. Bei diesen Festlichkeiten wurden in ritueller Weise wertvolle Geschenke verteilt oder ausgetauscht, um die Hierarchie der Stammesmitglieder festzulegen oder zu bestätigen. Von 1884 bis 1951 waren *Potlatchs* in Kanada verboten, viele *Totems* wurden während dieser Zeit umgestürzt und entfernt.

Pow Wows

An den öffentlichen Zusammentreffen der Ureinwohner, den sog. **Pow Wows** (Aussprache: »pauwaus«), kann man auch als Tourist teilnehmen. Fast jedes Wochenende erklingen den ganzen Sommer über die Trommeln und Gesänge der Indianer an einem anderen Ort in den USA oder Kanada. Lässt sich einer der **Pow Wow**-Termine mit der Reiseplanung vereinbaren, so sollte man sich den Besuch dieser überaus farbenfrohen und abwechslungsreichen Tanz- und Musikfestivitäten nicht entgehen lassen.

Die größten Pow Wows

Zu den meistbesuchten *Pow Wows* in Nordamerika zählen:

- März: *Denver March Pow Wow*
- Juni: *Victoria Indigenous Cultural Festival* in Victoria/BC
- Juli: *Julyamsh* in Coeur d'Alene/ID
- Anfang August: *Kamloopa Pow Wow* in Kamloops/BC, eines der größten seiner Art in West-Kanada
- Mitte August: *Shoshone-Bannock Indian Festival*, 4 Tage andauernde Festivitäten in Fort Hall/ID

Teils werden sie nur im kleineren privaten Rahmen ausgetragen, meist aber während großer mehrtägiger Feiern (mit Rodeos, Miss-Wahlen etc.). Am kanadischen **National Indigenous Peoples Day** (21. Juni) finden z.B. landesweit Festivitäten statt sowie Anfang Juli bei der *Calgary Stampede* und Ende Juli bei den *Edmonton K-Days*; ➢ auch Seite 68. Sämtliche Termine auf dem nordamerikanischen Kontinent lassen sich unter https://calendar.powwows.com einsehen. Das Fotografieren oder Filmen ist bei den Tanzaufführungen oftmals erlaubt, wenn respektvoll und nicht zu aufdringlich. Am besten aber, man fragt vorher um Erlaubnis.

1.4   Naturerlebnis und Abenteuer

In Kanada ebenso wie im »Land der unbegrenzten Möglichkeiten«, wie sich die USA gern bezeichnen, lassen sich aktive Ferien so abwechslungsreich wie kaum irgendwo gestalten. *Outdoor Activities*, also sportliche Betätigungen an frischer Luft, stehen überall hoch im Kurs. Das Angebot reicht vom klassischen Wandern, Bergsteigen, Reiten, Schwimmen, Angeln oder Kanupaddeln bis hin zum actionreichen Ziplining, Bungee-Springen oder Heliskiing. Alles ist in Übersee machbar und oftmals zu relativ gemäßigten Tarifen.

Wandern

Dem Wanderfreund stehen buchstäblich alle Wege offen. Insbesondere in den *National*, *Provincial* und *State Parks* findet man hervorragende *Hiking Trails*, Wanderwege aller Schwierigkeitsgrade und in unterschiedlichster Länge. Kürzere Naturlehrpfade (*Interpretive* oder *Nature Trails*) führen durch Bereiche im erschlossenen Teil eines Parks, deren geologische Beschaffenheit und/oder Flora besondere Aufmerksamkeit verdient. Am *Trailhead* (Startpunkt) gibt es meist einen Überblick und ggf. Begleitbroschüren.

Backpacking

Längere anspruchsvolle *Backpacking Trails* verlaufen durch das Hinterland der Parks und Nationalforste. Für das Übernachten/Zelten entlang dieser Routen ist nicht nur ein *backpack* (Rucksack), sondern oftmals auch ein *Permit* (Genehmigung) erforderlich. Man erhält es nach Erläuterung seiner Pläne und der unvermeidlichen Belehrung durch einen *Ranger/Warden* in den Besucherzentren. Diese Maßnahme dient einerseits dazu, den Zutritt zu kontrollieren/begrenzen, um Wanderern eine gewisse »Wildnis-Erfahrung« zu garantieren und die Natur nicht übermäßig zu belasten. Andererseits möchte man auch so manchen »City Slicker« von allzu ehrgeizigen Plänen abhalten und ggf. Anhaltspunkte über deren möglichen Verbleib haben. Die *Permits* kosten in der Regel unter €10/Nacht/Person, mitunter werden sie sogar umsonst ausgestellt.

Bei besonders beliebten Wanderdestinationen kommt es jedes Jahr aufgrund der Zugangsbeschränkungen zu Engpässen. Im Reiseteil wird darauf hingewiesen, wo Urlauber sich die Bewilligung schon früh im Jahr besorgen müssen.

Auf Schusters Rappen kann man selbst zur Hochsaison schnell den »großen Massen« entfliehen; so am Hole-in-the-Wall der Rialto Beach im Olympic NP (nur 2,5 km vom Parkplatz entfernt)

Davon betroffen sind nicht ausschließlich Mehrtagestrips wie der *West Coast Trail* auf Vancouver Island und der *Wonderland Trail* rund um den Mount Rainier oder die Route durch die *Enchantments*/Washington, sondern **auch Tagesausflüge** wie z.B. im Bereich des Lake O'Hara im Yoho Nationalpark.

Mit guter Kondition sind mehrtägige und sogar mehrwöchige Touren auf eigene Faust kein Problem. Man sollte aber bestens vorbereitet sein (geeignete Ausrüstung und Wanderkarten!), denn in der Wildnis des *Backcountry* (Hinterland) sind die Pfade oft nur rudimentär markiert und teils überwuchert. Auch mit der Überquerung von Wildbächen sowie **Wildtierbegegnungen** (Grizzlys, Pumas, Wölfe etc.) muss vielerorts gerechnet werden.

Zu den berühmtesten Fernwanderrouten auf dem nordamerikanischen Kontinent zählt der **Pacific Crest Trail**, der von Kanada bis hinunter nach Mexiko verläuft (4.265 km lang). Im Bereich dieses Buches verbindet er – immer den Höhenzügen der Kaskaden folgend – den Crater Lake in Südoregon mit dem *Manning Provincial Park* im Südwesten Kanadas; www.pcta.org.

Bergsteigen/ Klettern

Wer hoch hinaus will, findet in Übersee auch sonst fabelhafte Möglichkeiten zum Bergsteigen – vor allem in den kanadischen Nationalparks *Banff*, *Jasper*, *Kootenay* und *Yoho* sowie in den *Provincial Parks Bugaboos* oder *Mount Assiniboine*. In den USA locken die Gipfel im *Grand Teton* und *Glacier Nat'l Park*, sogar aktive Vulkane lassen sich erklimmen (Mount Rainier und St. Helens).

Besonders beliebt unter **Kletterern** sind neben dem *Grand Teton NP* auch die Steilwände im *Smith Rock State Park*/Oregon und die Granitfelsen in der *City of Rocks National Reserve* in Idaho.

Bootstouren

So manches Ziel in entlegenen Bergtälern ist am einfachsten per Boot zu erreichen, so z.B. das kanadische Postkartenmotiv *Spirit Island* im *Jasper Nat'l Park* (➤ Foto Seite 233) oder der Südostzipfel des *North Cascades NP* am Chelan/Washington. Im *Grand Teton* oder *Glacier Nat'l Park* kürzt die Fahrt übers Wasser manche Wanderung signifikant ab. Zur Hochsaison sollte man sich aber möglichst im Voraus seinen Platz im Boot sichern.

Bootsausflug auf den Lake Maligne im Jasper Nat'l Park

Kajaks/
Kanus

Wer selber das Paddel in die Hand nehmen möchte, hat in den Parks auch reichlich Gelegenheit dazu. Zahllose Seen und Flüsse bieten hervorragende Bedingungen für Anfänger, Fortgeschrittene und Wildnisenthusiasten. Auch die Meeresstraßen zwischen den San Juan Islands vor den Toren von Seattle sind ein tolles Revier für meerestüchtige Kajaks (Delfin und Orca-*Watching* sind dort häufig inklusive). Und wer es noch etwas abenteuerlicher mag, paddelt in der völligen Abgeschiedenheit des Gwaii Haanas Nationalparks oder im Nootka Sound auf Vancouver Island.

Kanada ist das Mutterland des **Kanusports**. Man unterscheidet zwischen *canoes* (=Kanadier, offene Boote mit Stechpaddel) und *kayaks* mit Sitzluke(n) und Doppelpaddel. Traditionell knien die Indianer in offenen, aus ausgehöhlten Baumstämmen oder Baumrinden konstruierten Booten und bewegen es per Stechpaddel. In solchen »Einbaumkanus« gingen die beim *Olympic NP* beheimateten *Makah* sogar auf Walfang.

Populär sind in Kanada auch mehrtägige Kanutrips. Zu den besten Gebieten zählen der **Bowron Lake** sowie **Wells Gray Provincial Park** in British Columbia. Die Miettarife beginnen bei €30/Tag. Zusätzliche Ausrüstung (z.B. Zelte, Regenponchos, Kocher etc.) lässt sich normalerweise gleich mitausborgen. Für längere Touren in der Hochsaison (Juli bis Mitte August) empfiehlt es sich, Boot und Zubehör frühzeitig zu reservieren.

Rafting

Wer **Wildwasser-Abenteuer** im Schlachboot sucht, kommt in Nordamerika ebenso auf seine Kosten. **White Water Rafting** wird mit den Schwierigkeitsgraden von I (kaum Hindernisse oder Stromschnellen) bis VI (nahezu unbefahrbar) bewertet. Kommerzielle Veranstalter bieten in der Regel Touren von Grad II (mittlere, kindergeeignete Stromschnellen) über III (lange, hohe Stromschnellen und enge Passagen) bis IV (anspruchsvolles Wildwasser) an. Ab ca. €100 für die Halbtagestour (mit Vorbereitung sowie Hin- und Rücktransport) ist man dabei und der Nervenkitzel garantiert. Kurze Trips lassen sich auch vor Ort mit einem Tag Vorlauf buchen. Wer aber einen festen Reiseplan besitzt oder *Rafting* mit Zwischenübernachtung plant, ist gut beraten schon vorher zu reservieren. **Fraser River** (*Hell's Gate*!) und **Thompson River** sind die populärsten Gewässer in Kanada mit dem Ort Lytton an deren Zusammenfluss als bestem Ausgangspunkt. Weitere *White Water Rafting* Anbieter findet man am **Kicking Horse River** bei Golden (westlich des *Yoho Nat'l Park*) sowie am **Fraser River** und am **Clearwater River** in den *Provincial Parks Mount Robson* bzw. *Wells Gray*.

In den Rocky Mountains von Alberta werden im *Jasper Nat'l Park* ruhigere Fahrten auf dem **Athabasca River** oder etwas wildere auf dem **Sunwapta River** angeboten. Abenteuerliches *Rafting* versprechen außerdem der **Snake River** im *Hells Canyon*/Idaho oder unweit von Jackson/Wyoming sowie der **Rogue River** in Südoregon. Zu den landschaftlich reizvollsten zählen die Touren durch die einsamen Canyons des *Dinosaur Nat'l Monument* (**Yampa** und **Green River**) und auf dem **Middle Fork of Salmon River**, die ab Stanley in die nahezu unberührte Wildnis des zentralen Idahos entführen.

Jetboats Abgerundet wird das Wildwasser-Abenteuer durch *Jetboat Excursions*, rasante Fahrten durch teils enge, hohe Schluchten, so z.B. ab Hope oder Harrison Hot Springs durch das *Hell's Gate*, ab Grants Pass/Oregon durch den *Hellgate Canyon* oder ab Lewiston/Idaho durch den nicht minder »höllischen« *Hells Canyon*.

Hausboote Ein schönes, wenn auch sehr kostenintensives Urlaubsvergnügen ist die Anmietung eines *Houseboats* (ab ca. €1.500/3 Tage ist man dabei). Beste Voraussetzungen bietet das Seengebiet **Shuswap Lake** mit den Orten Sicamous und Salmon Arm in BC oder der **Lake Roosevelt** im östlichen Washington. Im Hochsommer ein Boot der gewünschten Größe und Ausstattung zu finden, ist schwierig (auf jeden Fall langfristig vorbuchen!). Im Juni bzw. nach dem *Labo(u)r Day* im September sind Boote meist vor Ort verfügbar, die Miettarife liegen deutlich niedriger und man kann die »schwimmenden Ferienwohnungen« vor der Anmietung in Augenschein nehmen. Der Spätsommer und Frühherbst kann auf den dann relativ einsamen Gewässern ein besonders intensive Erlebnis sein. Tagsüber ist es noch angenehm warm, und die kühleren Nächte stören im komfortablen Hausboot ohnehin nicht.

Anstelle der für europäische Hausbootreviere typischen kleinen Uferdörfer mit urigen Kneipen, darf man sich in Übersee auf idyllische Buchten und romantische Abende am Lagerfeuer freuen, wo dann der selbstgefangene Fisch in der Pfanne brutzelt.

Angeln Neben der geeigneten **Ausrüstung** (kann ggf. zu günstigen Preise drüben erworben werden) wird noch ein Angelschein benötigt. Eine *Fishing License* (USA) oder *Angling Licence* (Kanada) erhält man meist noch in kleinsten Ortschaften – im Lebensmittelladen, an der Tankstelle usw. Allerdings wird in jedem Bundesstaat und in jeder Provinz eine neue Lizenz fällig, zudem in **Nationalparks** noch eine extra kostenpflichtige Genehmigung. Die jeweils unterschiedlichen Regeln sollte man sich vorab genauestens durchlesen und sorgsam beachten. Andernfalls drohen saftige Geldstrafen und das Konfiszieren der Ausrüstung, ggf. sogar des Bootes/Campmobils.

In British Columbia gibt es z.B. die *Non-Tidal Angling Licence* für $20/Tag, $50/8 Tage bzw. $80/Jahr (Süßwasser: www.cnv.gov.bc.ca/fw/fish/licences) und die *Tidal Water Fishing Licence* $7,35/Tag, $19,95/3 Tage, $32,55/5 Tage, $106/Jahr (Salzwasser: www.pac.dfo-mpo.gc.ca/fm-gp/rec/licence-permis/application-eng.html).

Schwimmen

Nordamerika hat hervorragende Wassersportreviere. Viele Seen locken mit schönen Sandstränden. So wetteifert etwa der **Osoyoos** mit dem **Christina Lake** am *Crowsnest Highway* um die Ehre des wärmsten kanadischen Sees (im Hochsommer ca. 24°C). Ähnlich viele Besucher verzeichnen die Gewässer weiter nördlich im Okanagan Valley sowie die *Kitsilano* und *Wreck Beach* in Vancouver. Vielfältig sind auch die Schwimmmöglichkeiten in den USA: von städtischen Badeseen, diversen riesigen aufgestauten Reservoirs bis hin zu traumhaften Bergseen. Im Sommer ist nahezu überall viel los. Selbst in von Geothermalquellen angewärmten Flussläufen tummeln sich dann die Badegäste (➤ Foto Seite 37). Und am Great Salt Lake kann man (im modrig riechenden Wasser) das Schweben in scheinbarer Schwerelosigkeit ausprobieren.

Der Ozean bleibt selbst in Nordkalifornien immer kalt. Nur an den populären Küstenabschnitte zwischen Nanaimo und Qualicum Beach im Südosten von Vancouver Island erwärmt sich das flache Wasser im Sommer bis auf angenehme 21°C.

Surfen/ Kiteboarden

Angesagt ist der Pazifik in erster Linie bei Wellenreitern. *Hot Spots* der Surfer-Szene sind u.a. die Strände unmittelbar südlich von **Tofino** auf Vancouver Island und bei San Francisco die **Ocean Beach** und die Bay unterhalb der *Golden Gate Bridge* beim **Fort Point**. **Kiteboarding** wird u.a. im Howe Sound bei Squamish/BC sowie am Columbia River bei Hood River/Oregon ausgeübt.

Inner Tubing

Großer Beliebtheit erfreut sich auch das **Inner Tubing**, ein bei uns kaum bekanntes Vergnügen. Die Amerikaner benutzen Schläuche (*inner tubes*) aus LKW-Reifen und daraus entwickelte Schwimmringe mit Boden, um sich auf Flüssen und Bächen durch die Landschaft treiben zu lassen. Diese Gewässer zeichnen sich durch geringe Tiefen, wenige Stromschnellen ohne ernste Gefahrenstufen und – im Sommer – angenehme Wassertemperaturen aus. *Rental Companies* vermieten nicht nur *tubes* und kleine Schlauchboote, sondern transportieren ihre Kunden per *Shuttle* zum etliche Kilometer entfernten Start-/Endpunkt. Fürs *Inner Tubing* wie geschaffen sind z.B. der Deschutes River (durch die *Lava Lands* im zentralen Oregon) oder in British Columbia der *Okanagan River Channel* bei Penticton sowie der Cowichan River auf Vancouver Island.

Surfer an der Cox Beach bei Tofino

Jeder der fünf von Steinen eingerahmten Pools der Cougar Hot Springs in Oregon weist eine andere Temperatur auf; der oberste hat etwa 44°C, der unterste nur noch 32°C

Hot Springs

Verteilt über den gesamten Westen existieren wohltemperierte Thermalquellen, etliche an oder in der Nähe touristisch interessanter Strecken. Größere Pool-Anlagen, wo entsprechend viel los ist und üblicherweise etliche Dollar Eintritt verlangt werden, findet man bei **Jasper** (*Miette Hot Springs*), in **Banff** (*Upper Hot Springs*) oder in **Resorts**, darunter der fabelhafte *Halcyon Hot Springs*-Komplex, die Becken bei *Sol Duc* im Olympic Nationalpark oder im *Warm Springs*-Indianerreservat. Auch manche Stadtnamen weisen explizit auf die heißen Quellen hin, denen nicht selten ihre Gründung zu danken ist (z.B. **Radium**, **Fairmont** oder **Lava Hot Springs**).

Zudem verstecken sich in den gemäßigten Regenwäldern Oregons noch zahlreiche **natürliche Felsbecken**, in die das heiße Wasser sprudelt, so beispielsweise bei den auf steilen Terrassen angeordneten *Umpqua Hot Springs* oder ebenso herrlichen *Cougar Hot Springs*; Liste unter www.soakoregon.com. Die Nutzung dieser meist kleineren Pools kostet nur wenige Dollar oder ist mitunter sogar gratis. Anders als in den sonst so prüden USA sind Badesachen dort nicht überall üblich (»*nudity is common/clothing optional*«). Einzigartig sind auch die heißen Badeplätze mit Wasserfällen im abgeschiedenen *Maquinna Marine Provincial Park*, den man ab Tofino/Vancouver Island nur per Boot oder Wasserflugzug erreicht.

Reiten/ Horseback Riding

Das Reiten, **Horseback Riding** genannt und im Western-Stil betrieben, ist in beiden Ländern überaus populär. In vielen touristisch erschlossenen Regionen gibt es herrliche Reitgelände, so im *Banff* und *Jasper Nat'l Park* sowie rund um Jackson/Wyoming, aber ebenso vielerorts in Idaho oder Montana. An der Oregon-Küste in Florence sind sogar *Beach*, *Dune Trails* oder *Sunset Rides* möglich. Die Stundensätze liegen vielerorts unter den Tarifen in Europa.

Ab den **Riding Stables** (Reitställen) stehen geführte Ausritte stunden- oder tageweise auf dem Programm. Daran kann man häufig spontan und ohne langfristige Voranmeldung teilnehmen. Leihpferde für geübte Reiter und individuelle Unternehmungen lassen sich ebenfalls relativ leicht auftreiben. Im Voraus organisiert werden müssen **Horsepacking** (mit Übernachtung in Hütten/Zelten)

Unterwegs auf den Gerüstpfeiler-viadukten (Trestles) der ausgedienten Kettle Valley Railway im zentralen Süden von British Columbia

oder komplette **Horse Riding Holidays** (Reitferien) auf **Guest Ranches** mit Mehrtagestouren in die Wildnis. Ein unvergessliches Erlebnis sind z.B. Ausflüge ins entlegene *Tonquin Valley* im *Jasper NP*.

Bei einer sog. **Working Ranch** wird man in den Tagesablauf eingebunden. Der Gast erlebt die Arbeit der Cowboys/-girls hautnah und meist auf sehr familiäre Weise mit. Im Frühjahr/Herbst darf er/sie auch bei den *Cattle Drives* helfen, wenn die Rinderherden von der Ranch auf höher gelegene Weideplätze verlegt werden oder umgekehrt. *Working Ranches* gibt es vor allem in Wyoming und Montana. Bei Interesse wendet man sich am besten an Spezialisten wie *Argus Reisen*: www.argusreisen.de/working-ranches-nordamerika.

Radfahren/ Biking

Derselbe Ausdruck wird auch fürs Fahrrad verwendet. »**Riding a bike**« – oder auch **Bicycling**, **Cycling** und **Biking** – ist in Nordamerika eine ausgesprochen beliebte Freizeitaktivität, speziell seit der Erfindung der **Mountain Bikes** (**MTB**) am Mount Tamalpais bei San Francisco in den 1970er-Jahren. Verleihstationen (*Rent-a-Bike*) findet man in jeder größeren **Stadt**, aber auch in vielen **Naturparks** oder **Nationalforsten**. Nicht selten lässt sich vieles besser mit dem Fahrrad als per Auto erkunden. Vancouvers *Seaside Bicycle Route* durch den *Stanley Park* und um die English Bay per Zweirad kann gar nicht genug empfohlen werden, ebenso eine Tour durch die *Golden Gate Recreation Area* in San Francisco oder in Boulder, einem Vorort von Denver, wo es ebenso massig *Bike Trails* gibt. Vor allem für Bus- und Zugreisende ist *Biking* eine gute Ergänzung. Da die meisten Städte keine Radwege besitzen und Autofahrer insgesamt nicht so gut auf Leute, die das Fahrrad als Fortbewegungsmittel benutzen, eingestellt sind, ist ein wenig mehr Vorsicht als hierzulande angebracht.

Ein Highlight ist der **Myra Canyon** mit seinen zahlreichen verwegenen Brückenkonstruktionen und Tunneln bei Kelowna im Süden von British Columbia. Er ist Teil des **Kettle Valley Rail Trail** von Hope bis Castlegar, ein 650 km langes Wegesystem entlang einer stillgelegten Eisenbahntrasse. Obwohl mit nur 2,2% Maximalsteigung prinzipiell gut befahrbar ist der *KVR Trail* wegen

Trassenschäden sowie gelegentlich steiler Umleitungen bei zerstörten Brücken/Tunnels mancherorts Mountainbikern vorbehalten.

Die populärsten Treffpunkte für **MTB-Fahrer** sind in Kanada aber der *Calgary Olympic Park*, der *Silver Star Mountain* bei Vernon, der *Whistler Mountain*, das *Mount Washington Alpine Resort* auf Vancouver Island und – obwohl ohne Sommerliftbetrieb – auch die Bergwelt rund um Rossland. Eine tolle Sache ist in den USA u.a. der anspruchsvolle **McKenzie River Trail**, der westlich von Bend/Oregon 40 km lang durch raues Terrain, vorbei an vulkanischen Formationen sowie durch phantastische Regen(ur)wälder mit kristallklaren Seen und rauschenden Wasserfällen führt.

Noch mehr übers *Mountain Biking* und Radwandern vermittelt der *Reise Know-How*-Spezialtitel »**Bikebuch USA/Canada**«.

Backroads/ Hinterland- Straßen

Ausgesprochen beliebt in Übersee sind (Auto-)Fahrten über sogenannte **Backroads**, kleine, aber in der Regel ohne Einschränkungen befahrbare Straßen, die abseits der Hauptverbindungsrouten, durch das Hinterland (=*Backcountry*) führen. Vergleichbares gibt es in Mitteleuropa kaum. In abgelegenen Ebenen der intermontanen Plateaus können solche Strecken recht langweilig sein, andernorts aber durch landschaftliche Kleinode führen, die in keinem Reiseführer verzeichnet sind. An ihnen findet man das *Good Old America* und idyllische Dörfer, in denen die Zeit fast stehengeblieben zu sein scheint. Sehr schöne *Backroads* gibt es z.B. in Oregon durch die Nationalforste *Umqua* oder *Willamette*.

4x4 Trails

Weitaus abenteuerlicher ist das »*4-Wheeling*«. Hierbei bewältigen geländegängige *Jeeps* oder andere *Off-Road*-Fahrzeuge **4x4-Trails**, bei denen man es z.T. nie für möglich halten würde, dass sie sich tatsächlich noch mit vier Rädern befahren lassen. Die *Rockies* in Colorado werden von zahlreichen Pisten dieser Art durchzogen.

ATVs/ ORVs

Etwas familientauglicher sind die kleineren *Buggies*, mit denen man sich auf Sandflächen und -dünen austoben darf. Bei uns unter dem Begriff »Quad« geläufig, werden sie drüben **All Terrain** oder **Off-Road Vehicle** (**ATV** bzw. **ORV**) genannt. Sie wiegen nicht viel, sind simpel in der Handhabung und verfügen dank geringer Untersetzung und Grobprofilen auf den Ballonreifen über ein sagenhaftes Steigvermögen. Ein Festfahren ist fast unmöglich, und wenn, dann kann meist eine Person die Maschine ohne Probleme wieder aus dem Sand/Matsch ziehen. *ORV*-Fahren bringt einen Mordsspaß, oft sind schon die Kleinsten dabei. Wo Krach und Flurschäden noch nicht zu Verboten geführt haben, lassen sich die Vehikel zu hohen Stunden- und Tagessätzen mieten. Beliebte *ORV*-Areale findet man an der Oregon-Küste in der *Oregon Dunes NRA* oder in Wüstenregionen wie den *Killpecker Sand Dunes* in Wyoming.

Hochseil- und Kletterparks

Hochseil- und Kletterparks haben sich in bevölkerungsnahen Waldgebieten und Gebirgsregionen Nordamerikas in den letzten Jahren rasant ausgebreitet mit Bezeichnungen wie *Zipline Canopy Tours*, *Treetop Trekking*, *High Ropes* oder *Aerial Adventures*. Im Bereich dieses Buches gibt es Dutzende solcher Einrichtungen. Eine gute Übersicht bietet das Portal www.ziplinerider.com.

Sonstiges

Soviel zu den gängigsten Sommeraktivitäten in der Natur, aber auch ausgefallenere Urlaubswünsche lassen sich in Nordamerika realisieren, vom Heißluftballon (*Ballooning*), Drachenfliegen (*Hang Gliding*) bis hin zum *Survival* – nichts ist unmöglich. Hinweise finden sich in nahezu allen Touristeninfos.

Wintersport

Sogar fürs Skifahren muss man nicht zwangsweise im Winter anreisen. Die *Timberline Lodge* beim **Mount Hood** in Oregon hat ganzjährig geöffnet und Sessellifte befördern die Sommergäste hinauf zum *Palmer Glacier* direkt unterhalb des Vulkangipfels.

Das Bergpanorama kann sich vielerorts sehen lassen, einige der schönsten Wintersportorte der Welt befinden sich in Nordamerika. Die kanadischen Skigebiete **Lake Louise** oder **Whistler & Blackcomb** (Olympische Spiele 2010) sind über die Landesgrenzen hinweg bekannt, dasselbe gilt für Aspen, Beaver Creek oder Vail (alle westlich von Denver/Colorado). Unübertroffen für den Ski-Jetset ist aber *Sun Valley* im zentralen Idaho, das »St. Moritz der USA«. Die Saison startet meist im November und reicht bis in den April, gelegentlich bis in den Mai hinein. Selbst auf Vancouver Island muss man nicht auf den Skispaß verzichten, im *Mount Washington Alpine Resort* sind die Abfahrten sogar überdurchschnittlich lang.

Utah hat – laut Eigenwerbung – den »*Greatest Snow on Earth*«. Damit gemeint ist der federleichte Pulverschnee von **Park City**. Dieser auch als *Champagne Powder* bezeichnete Schnee liegt aber vielerorts in den Rocky Mountains (z.B. in den Tetons bei **Jackson Hole** in Wyoming) und ebenso in der *Big White Ski Area* in den Monashee Mountains bei Kelowna/BC. Die geringe Feuchtigkeit und Höhenluft sorgen dafür, dass er in den nordamerikanischen Skigebieten über lange Zeit extrem trocken bleibt. Hinzu kommt, dass die Pisten drüben im Allgemeinen nicht so voll sind, die Wintesportler verteilen sich meist deutlich besser als in den Alpen.

Nur absolute Profis dürfen sich an mit »double black diamond«-Schildern ausgewiesene Pisten heranwagen (maximaler Schwierigkeitsgrad, unglaublich steil und voller Buckel/Felsabbrüche). »Green circles« markieren die Abfahrten für Anfänger, der »blue square« jene für mäßig Fortgeschrittene.

Snowboarden

Die schneereichste *Ski Area* in den USA liegt am **Mount Baker**/Washington und ist überaus beliebt unter **Snowboardern**. Die Saison dauert dort in der Regel von November bis in den April. Im Januar findet am Mount Baker der *Legendary Banked Slalom* statt.

Langlaufen

Die besten Loipen für **Langläufer** findet man östlich von Vancouver im *Manning Provincial Park* sowie nördlich der Stadt bei Whistler oder in den drei Skigebieten innerhalb des Banff Nationalparks (Lake Louise, Sunshine Village und Mount Norquay).

Schneemobil-Touren

Nicht unerwähnt bleiben darf das Winterwunderland des **Yellowstone Nationalparks**. Der Anblick mystisch dampfender Geysire, Pools und Flüsse ist Teilnehmern **geführter** *Snowmobile-* **und** *Snowcoach*-**Touren** vorbehalten. Übersicht der Anbieter unter: www.nps.gov/yell/planyourvisit/snowmobiles-snowcoaches.htm.

1.5   Entertainment und Veranstaltungen

Water/
Amusement
Parks

Das Kontrastprogramm zum Ferienerlebnis in freier Natur bieten die kommerziellen Anlagen für Urlaubs-, Feierabend- und Wochenendspaß im Umfeld großer Städte und an den Hauptschlagadern des Tourismus – von zahlreichen, kleineren **Aqua Parks** mit Wasserrutschen aller Art bis hin zu größeren **Amusement Parks** wie z.B. bei San Francisco **Six Flags** (ein Tier- und *Rollercoaster*-Park) oder **California's Great America** (jahrmarktähnliches Areal mit den üblichen *Thrill Rides*, Karussells u.v.m.).

Shopping
Malls

Selbst Einkaufszentren erhalten in Nordamerika mehr und mehr Freizeitpark-Charakter. Der Begriff»**Mall**« kennzeichnet das überdachte *Shopping Center*. Integrierte Entertainmentkomponenten mit Programm und Unterhaltung bis in die späten Abendstunden sorgen für totales »**Shoppertainment**«. Ein Komplex gigantischen Ausmaßes ist die **West Edmonton Mall** in der Hauptstadt von Alberta mit über 800 Geschäften und 100 Restaurants, *IMAX*-Kino, *Indoor-Bungee-Jumping*-Turm, *Looping*-Achterbahn und Wellenschwimmbecken im *World Waterpark*.

Outlet Malls/
Center

Für Touristen von Interesse sind auch *Outlet Center/Malls*, die konventionellen Einkaufszentren ähneln, aber Waren »direkt ab Hersteller« anbieten. Die Preise für Markenartikel aller Art, vor allem für Textilien und Sportschuhe sind oft erstaunlich niedrig (*Nike, Adidas, Levi's Jeans, Guess, Victoria's Secret* etc.). *Outlets* liegen meist direkt an *Interstate*-Autobahnen oder Ausfallstraßen großer Städte, sind aber nicht immer gut ausgeschildert:

- bei **Denver** je 2x an der I-70 und I-25, ➢ Seite 531
- bei **Seattle** u.a. an der I-5 und I-80, ➢ Seite 431
- bei **Salt Lake City** an der I-25 und I-80, ➢ Seite 555.
- Besonders günstig sind die Einkäufe in **Oregon** (u.a. in Bend, Woodburn, Troutdale, Seaside und Lincoln City), weil dieser US-Bundesstaat keine Mehrwertsteuer erhebt.

»Shop till you drop«
zu Fabrikpreisen
in den Outlets;
hier die Premium Outlets
nördlich von Seattle

Alle Infos dazu auch auf den Portalen der zwei größten Betreiber (www.simon.com/mall und www.tangeroutlet.com), eine Übersicht mit Karte bietet www.outletbound.com/outlet-malls.

In Kanada hat sich das Konzept der **Factory Stores** (noch) nicht so etabliert, aber immerhin locken in Calgary die **CrossIron Mills** mit zahlreichen *Outlet*-Schnäppchen.

Western/Ghost Towns und Freilichtmuseen

Spannend für alle Urlauber – egal ob männlich oder weiblich, ob noch ganz jung oder schon etwas älter – sind sicherlich die diversen Wildwest-Dörfer, die entweder als authentische Geistertstadt (**Ghost Town**) oder als Freilichtmuseum (**Living Museum**) mit zeitgemäß kostümierten Darstellern und reichlich Action die Erinnerung an die Pionier- und Goldrauschära wach halten.

Und auch das gibt es noch, die echten Städtchen und Straßenzüge, die wie aus dem Bilderbuch des Wilden Westens aussehen. Sie überstanden in mehr oder minder restaurierter Form – und vielleicht um ein paar originalgetreue Nachbauten ergänzt – die Jahre im Rahmen eines funktionierenden Gemeinwesens. Trotz der unvermeidlichen »Touristifizierung« besitzen sie durchaus ihren Reiz. Für einen Besuch braucht man keinen Eintritt zu entrichten, sondern kann einfach durch die Straßen bummeln, in einem urigen **Saloon mit Live-Musik** einen Whiskey durch die Kehle spülen oder ein **Wild West Theater** besuchen, die in der Touristensaison teils gute Melodramen, *Can-Can* und andere Shows präsentieren. Eine ausgelassene Stimmung herrscht z.B. immer im **Jackson Hole Playhouse**, ➢ Seite 567.

Wie es sich für eine richtige *Western Town* gehört, werden für die Gäste auch regelmäßig **Gunfights** bzw. **Shoot-outs** auf den Straßen inszeniert. Zu festgesetzten Zeiten während der Saison geraten *Sheriff* und Gangster aneinander. Es folgt der übliche Handlungsablauf: Sie wechseln ein paar Worte und Schüsse (Platzpatronen), der Bösewicht endet »hinter Gittern/am Galgen« oder er liegt niedergestreckt im Staub und erwacht kurz darauf wieder zum Leben, um mit seinem Cowboy-Hut bei den Zuschauern Spenden einzusammeln. Und wer es noch actionreicher mag: An Bord des von Hill City nach Keystone verkehrenden **1880 Train** erlebt man einen Zugüberfall »hautnah« mit (➢ Seite 606), ebenso in der **Kettle Valley Steam Railway** bei Summerland im Okanagan Valley/BC (➢ Seite 298).

Western Towns

Hübsche Bilderbuch-Städtchen:

- **Nevada City**/MT, ➢ Seite 494
- **Virginia City**/MT, ➢ Seite 494
- **Deadwood**/SD, zusätzlich zu den *Main Street Shoot-outs*, wird auch die Ermordung von *Wild Bill* nachgestellt, ➢ Seite 601
- **Republic**/WA, Goldrausch-siedlung mit teils noch intakten Minen, ➢ Seite 473
- **Idaho City**/ID, ➢ Seite 636
- **Cody**/CO, ➢ Seite 592
- **Black Hawk/Central City**/CO, ➢ Seite 537
- **Jackson**/WY; mit *Shoot-out*, aber ohne »echte Wildwest-Vergangenheit«, ➢ Seite 567
- **Cheyenne**/WY; mit *Shoot-out*, ➢ Seite 587

Echte Ghost Towns

Zu den sehenswertesten Geisterstädtchen im Westen gehören:

- **South Pass City State Historic Site**/WY, wunderbar erhalten, teils noch mit Mobiliar, ➤ Seite 589
- **Garnet Ghost Town**/MT, tolle Holzhäuschenansammlung mit Inneneinrichtung, ➤ Seite 481
- **Bannack State Park**/MT, gut erhaltenes Örtchen mit Goldrausch-Flair, ➤ Seite 495
- **Shaniko Ghost Town**/OR, kleines *Old West*-Relikt, ➤ Seite 650

Living Museum

Authentische Pionier-Atmosphäre
schnuppern lässt sich u.a. in:

- **Barkerville**/BC, ➤ Seite 212
- **Fort Steele**/BC, ➤ Seite 270
- **Bar U Ranch**/AB ➤ Seite 276
- **Fort St. James** (bei Prince George/BC), ➤ Seite 420
- **Heritage Park Historical Village**, liebevoll gestaltetes Museums-städtchen mit Schaufelraddam-pfer in Calgary/AB, ➤ Seite 325
- **Fort Edmonton Park**, sehr große Anlage, sogar mit Straßenbahn in Edmonton/AB, ➤ Seite 345
- **Burnaby Village**, kl. Museums-dorf nördlich von Vancouver in Burnaby/BC, ➤ Seite 186
- **Old Trail Town**, Originalhäuser aus ganz Montana, teils mit Inventar, zusammengestellt in Cody/WY ➤ Seite 594
- **This is the Place** in Salt Lake City/UT (den ersten Mormonen-Siedlern gewidmet), ➤ Seite 557
- **Museum of the Rockies** mit einem *Living History Farm House* in Bozeman/MT, ➤ Seite 493

So mancher Ort hat sich auch erst nachträglich einen typischen **Western Town-
Look** zugelegt, um mehr Touristen an-
zulocken. Dazu zählt z.B. Winthrop am
North Cascades Highway (➤ Seite 470).

Echte, lange verlassene Siedlungen aus
der zweiten Häfte des 19. bis zu den An-
fängen des 20. Jahrhunderts verteilen
sich praktisch über den gesamten Westen Nordamerikas. Etliche liegen hoch
oben verborgen in den Bergen, einige
aber nicht weit entfernt von den Haupt-
routen. In den Gold- und Silber-Boom-
jahren entstanden, wurden sie nach ver-
geblicher Suche oder rascher Erschöpfung zunächst vielversprechender Funde
oftmals schnell wieder aufgegeben. Auflistung aller **Ghost Towns** mit Beschreibung unter www.ghosttowns.com.

Viele von ihnen sind stark verfallen; bei
weitem nicht alle im Wüstenwind knar-
renden Holzgerippe sind sehenswert,
aber einige stechen besonders hervor.
Die im Kasten (➤ links) gelisteten Geisterstädte sind gut erhalten und haben
teils musealen Charakter. Mancherorts
sind noch die alte Einrichtung in den
Holzhäuser sowie die Schürfgeräte und
Planwagen, die die abziehenden Prospektoren zurück ließen, zu sehen.

Der Übergang zu einem **Living Museum**
kann fließend sein. Wie die *Ghost Towns*
schmiegen sich auch die originalge-
treuen Rekonstruktionen historischer
Dörfer und Befestigungsanlagen meist
perfekt in die Landschaft und zählen
mit ihren »Bewohnern«, die die Tätig-
keiten der Siedler möglichst authentisch
nachstellen, zu den besonderen Sehenswürdigkeiten Nordamerikas. Nur schwer
zu toppen sind die *Historic Town of Barkerville* (Hauptort des *Cariboo*-Goldrau-
sches im zentralen British Columbia)
und die *Fort Steele Heritage Town* (60
Gebäude!) im Südosten der Provinz, absolut sehenswert auch die zwei weitläufigen Museumsdörfer in Calgary und Edmonton, in denen man jeweils fast einen
ganzen Tag zubringen kann.

Weitere Aktivitäten im »Wilden Westen«

Rodeos

Aus populären Touristenzielen in den Cowboy-Staaten ebenso nicht wegzudenken sind **Rodeos** – entweder in Form von mehrtägigen Großveranstaltungen wie das *Pendleton Round-up* und die *Calgary Stampede* oder auch als zur Hauptsaison öfter abgehaltenes, kleineres Event wie z.B. die allabendlichen *Nite Rodeos* in Cody. Auch bei anderen Dorf- und Kleinstadtrodeos mit Amateuren und Jugendlichen kann man als Zuschauer für nur wenige Dollar Eintritt viel Spaß haben. Sie vermitteln mitunter sogar mehr »echte Atmosphäre« als die überregional bekannten Wettbewerbe. Was auf dem Lande im Sattel gezeigt wird, kann sich oft genug sehen lassen und messen mit den Leistungen der Profis. Auch für viel Abwechslung ist gesorgt: in Buffalo/Wyoming kommen z.B. dienstags immer die *Cowgirls* zum Zug.

Wo und wann Rodeos in den USA stattfinden, kann man u.a. dem Portal www.rodeoz.com entnehmen, einige ausgewählte Events mit Terminen auch der Übersicht ➤ Doppelseite 68/69.

Chuckwagon Dinner

Gern besucht werden auch ***Chuckwagon Dinner*** oder **Supper**, die auf echten oder für diesen Zweck geschaffenen *Ranches* etwas außerhalb der Ortschaften angeboten werden – im Sommer nicht selten allabendlich. Unter freiem Himmel oder bei kühler Witterung und Regen in einfachen Hallen oder Zelten sitzen die Gäste an langen Tischen und verzehren auf Blechtellern eine Portion Bohnen mit Steak oder gegrilltem Huhn, für die meist am Planwagen (*Chuckwagon*) angestanden werden muss. Als *Beverages* gibt's buntes Zuckerwasser und Kaffee; Alkohol ist allgemein verpönt – zumal viele Kinder teilnehmen. Nach dem Essen steigt die große **Western-Show** mit (sprachlich) schwer verständlicher Cowboy-Blödelei und *Country*-Musik. Amerikaner amüsieren sich dabei prächtig. Die Preise inklusive **Dinner** bewegen sich im Bereich €20-€40. Angebote für *Cowboy-/Chuckwagon Shows* findet man u.a. in Jackson/WY und in den Black Hills.

Goldwaschen/ Gold Panning

Neben den historischen Goldrauschgebieten – Sierra Nevada (1848), Colorado (1858), Black Hills (1874) und Klondike River (1896) – gilt ein breiter Streifen von Mexiko bis in den hohen Norden als **Gold Country**. Kurze und längere Boomperioden gab es in fast allen US-Weststaaten, und so stößt man vielerorts auf verlassene Minen und verrottete Gerätschaften. Auch an **Gold Panning**-Angeboten für Touristen mangelt es nicht. Mit **Pay Dirt** in den Waschpfannen, die entsprechend präpariert wurden, sind sogar Ungeübte erfolgreich und können hauchdünne Goldflocken (**Flakes**) finden.

Old Tyme Fotos

Im oft nicht weit davon entfernten **Old Tyme Photo Shop** kann man für die Lieben daheim in die Rolle eines verruchten *Can-Can-Girls* schlüpfen oder sich als indianische *Squaw*, abenteuerlustiges *Cowgirl* mit Gewehr oder zugeknöpft als anständige Bürgersfrau vor geeignetem Hintergrund ablichten lassen. Für die Herren liegt die zeitgenössische Garderobe von Sheriffs, Bankräubern, Indianerhäuptlingen, Cowboys oder Bürgerkriegsoffizieren bereit, natürlich mit der passenden und echt aussehenden Bewaffnung.

Kettle Valley Steam Railroad im Okanagan Valley/ British Columbia

Dampf-lokomotiven

Eisenbahn-Fans kommen während der Reise garantiert auf ihre Kosten. Vor allem in Kanada schnauben die auf Hochglanz polierten Loks regelmäßig durch schöne Umgebung; ➤ Übersicht unten.

Historische und prächtig restaurierte Dampflokomotiven stehen zum Teil auch in Museen oder Parks, darunter eine der größten weltweit: die **Big Boy No. 4004** der *Union Pacific Railroad* im *Holliday Park* von Cheyenne/Wyoming. Kleiner, aber immer noch beeindruckend sind die **CP 5468** der *Canadian Pacific Railway* im **Railway Museum** von Revelstoke/BC und die *Royal Hudson* im **West Coast Railway Heritage Park** von Squamish, wo auch noch eine ganze Reihe von weiteren Loks ausgestellt ist.

Nostalgische Eisenbahnen

Dampflokomotiven »in Aktion« sieht man an folgenden Orten:
- **Golden Spike NHS**, nachgestelltes Zusammentreffen der Loks bei der Fertigstellung der ersten transkontinentalen Verbindung in Utah, ➤ Seite 561
- **Skunk Train**, Fahrt durch *Redwood*-Wälder in Fort Bragg/CA, ➤ Seite 749
- **Kamloops Heritage Railway** in Kamloops/BC, ➤ Seite 204
- **Fort Edmonton**/AB, Lok dreht eine kleine Runde im Park, ➤ Seite 345
- **Heritage Park**, Lok auf dem Museumsareal in Calgary/AB, ➤ Seite 325
- **Fort Steele**, tägliche Fahrten durch das historische Fort/BC, ➤ Seite 270
- **BC Forest Discovery Centre**, Schmalspurlok in Duncan/BC, ➤ Seite 380
- **McLean Mill NHS**, Ausflug zur Sägemühle bei Port Alberni/BC, ➤ Seite 387
- **Oregon Coast Scenic Railroad** an der Küste bei Rockaway Beach, ➤ Seite 677
- **Mt Rainier Railroad** mit *Logging Museum* in Elbe/Washington, ➤ Seite 497

Fahrten mit inszenierten Raubüberfällen:
- **1880 Train** von Hill City nach Keystone/South Dakota, ➤ Seite 606
- **Kettle Valley Steam Railway** ab Summerland/BC, ➤ Seite 298
- **Sumpter Valley Railway** ab Sumpter/Oregon, ➤ Seite 647
- **Mount Hood Railroad** ab Hood River/Oregon, ➤ Seite 521

Interessante Veranstaltungen und Großevents im Westen Nordamerikas

Januar
- Mitte Januar: *National Western Stock Show*, Rodeos+Paraden in Denver/CO
- Ende Januar: *Sundance Film Festival* in Park City bei Salt Lake City/UT

Februar
- Beginn des *Oregon Shakespeare Festival* in Ashland/Oregon (bis Oktober)

März
- Ende März *Spring Whale Watching Week* in Depoe City/OR

April
- *Tulip Festival* in Mount Vernon/WA (ganzer April)

Mai
- *Victoria Day*: bunte Paraden in einigen kanadischen Städten, allen voran in Victoria/BC
- Mitte/Ende Mai: *Cloverdale Rodeo* in Surrey bei Vancouver/BC
- *Memorial Day*: zahlreiche Paraden in vielen US-Städten
- *Memorial Day Weekend*: *Swiftsure Race*, Segelregatta bei Victoria/BC
- *Memorial Day Weekend*: *Sasquatch!*, Indie-Musik-Event bei der Columbia River Gorge in George/WA
- *Memorial Day Weekend*: *Kinetic Grand Championship*, verrücktes Rennen mit selbstgebastelten/-betriebenen Amphibienfahrzeugen bei Arcata/CA

Juni
- Ende Mai-Mitte Juni: *Rose Festival* in Portland/OR
- Anfang Juni: *Rocky Pro Rodeo* in Rocky Mountain House/AB
- Mitte Juni: *Innisfail Professional Rodeo* in Innisfail/AB
- Ende Juni: *Dragon Boat Festival* in Vancouver/BC
- Ende Juni: *International Jazz Festival* in Vancouver/BC
- Ende Juni/Anfang Juli: *Williams Lake Stampede*, größtes Rodeo in BC
- Ende Juni/Anfang Juli: *Ponoka Stampede*, südl. von Edmonton in Ponoka/AB

Juli
- *Canada Day*: Straßenfeste allerorten in Kanada (1. Juli)
- Anfang Juli: *Calgary Stampede*, 10-tägige »Greatest Show on Earth«
- Anfang Juli: *Cody Stampede*, 4-tägiges Rodeo in Cody/WY
- *Independence Day*: viele Straßenfeste in den USA (4. Juli)
- Mitte Juli: *Snake River Stampede*, großes Rodeo in Nama/ID
- Mitte Juli: *Bathtub Race*, Badewannen-Rennen in Nanaimo/BC
- Mitte Juli: *Sheridan WYO Rodeo*, 4 Tage Rodeo-Wettbewerbe in Sheridan/WY
- Mitte/Ende Juli: *K-Days*, 10-tägige Feierlichkeiten mit Rodeos, *Pow Wows*, Jahrmarkt und viel Musik in Edmonton/AB
- Ende Juli: *Oregon Brewers Festival* in Portland/OR

- Ende Juli: *Last Chance Stampede*, 4-tägiges Rodeo-Event in Helena/MT
- Ende Juli: *Frontier Days*, 10-Tage Rodeos, *Pow Wows* usw. in Cheyenne/WY
- Ende Juli: *Comox Valley Classic Cruisers*, Oldtimer-Show in Courtenay/BC
- Ende Juli: *Days of 76,* 5-tägige Event mit Paraden, Rodeo in Deadwood/SD
- Ende Juli/Anfang August: *Vancouver Celebration of Light*, Feuerwekswettbewerb am Hafen von Vancouver/BC

August

- Anfang August **Motorcycle Rally** in Sturgis/SD
- Anfang August: **Squamish Days Logger Sports** in Squamish/BC
- Anfang August: **Heritage Day Festival** in Edmonton und Calgary/AB
- Mitte August: **Caldwell Night Rodeo** in Caldwell/ID
- Mitte August: **Salmon Festival** in Campbell River/BC
- Mitte August: **International Airshow** in Abbotsford/BC
- Mitte August: **Speed Week** auf den Bonneville Salt Flats/UT
- Mitte/Ende August: **Pacific National Exhibition**, 2-wöchige Landwirtschaftsausstellung mit *Country*-Musik, Jahrmarkt etc. in Vancouver/BC
- Mitte/Ende August: **Pub Crawl**, *Nightlife*-Event in San Francisco/CA
- Ende August: **Whoop-Up Days**, 4 Tage Volksfest mit Rodeo in Lethbridge/AB
- Ende August: **Interior Provincial Exhibition** mit Rodeo in Armstrong/BC
- Ende August/Anfang September: **Mustang Rally** in Sturgis/SD

September

- Anfang September: **Bumbershoot Arts Festival** in Seattle/WA
- Anfang September: **Ellensburg Rodeo** großes Event in Ellensburg/WA
- Mitte September: **Pendleton Round-up**, 4 Tage langes Rodeo-Event, eines der größten überhaupt; in Pendleton/OR
- Mitte September: **World of Speed** auf den Bonneville Salt Flats/UT
- Ende September-Anfang Okt.: **Fall Wine Festival** in Kelowna/BC
- Ende September-Anfang Okt.: **Great American Beer Festival** in Denver/CO

Oktober

- *Thanksgiving*: **Yellowstone Ski Festival** in West Yellowstone/WY
- Mitte Oktober: **Litquake Festival**, Literatur-Fest in San Francisco/CA
- 31. Oktober: **Halloween**, Feierlichkeiten und verrückte Dekos allerorten

November

- Anfang November: **Canadian Finals Rodeo**, Meisterschaft in Red Deer/AB
- Ende November: **Wine Country Thansksgiving**,Tag der offenen Türen/Tore bei den Weingütern im Willamette Valley/OR

Dezember

- **Weihnachtsbeleuchtungen** allerorten, zu den buntesten und verrücktesten gehören sicherlich jene im *Shore Acres State Park*/Oregon und in den *Butchart Gardens* auf Vancouver Island/BC

2. REISEVORBEREITUNG UND -ORGANISATION

2.1 Formalitäten, Finanzen und Versicherungen

2.1.1 Einreise nach Kanada

Zur Einreise benötigen Deutsche, Österreicher und Schweizer nur den für die Reisezeit, besser aber noch mindestens sechs Monate gültigen Reisepass. Direkt aus Übersee einfliegende Touristen mit **Rückflugticket** und genügend Bargeld bzw. Reiseschecks und/oder Kreditkarten erhalten im Normalfall vom kanadischen *Immigration Officer* den erforderlichen Sichtvermerk für eine **Aufenthaltsdauer bis zu max. 6 Monaten**.

eTA Ausländische Staatsangehörige, die nicht visapflichtig sind, müssen sich außerdem vorab registrieren, d.h., eine sog. *electronic Travel Authorization* (*eTA*) für **7 CAD** beantragen, die dann für max. 5 Jahre gilt bzw. bis der darin angegebene Reisepass abgelaufen ist. Das Formular muss online unter www.canada.ca/en/immigration-refugees-citizenship/services/visit-canada/eta.html ausgefüllt werden, die Bestätigung und *eTA*-Genehmigung erhält man meist innerhalb von nur wenigen Minuten per E-Mail. Alle Details dazu in deutscher Sprache unter www.canada.ca/en/immigration-refugees-citizenship/services/visit-canada/eta/facts-de.html.

Selbst wer sich **auf der Durchreise** befindet und auf einem kanadischen Flughafen nur umsteigen möchte, benötigt *eTA*!

APIS Kanada und die USA verlangen von allen Fluggästen noch die Übermittlung weiterer Daten (u.a. der ersten Adresse in Übersee), die unter dem Begriff **APIS** (*Advance Passenger Information System*) zusammengefasst werden. Man gibt sie meist vorab auf der *Airline*-Webseite oder erst beim Online-Check-in bzw. am Flughafenschalter/-automaten an.

Für die Einreise mit der Fähre (z.B. hier mit der Coho Ferry von Port Angeles nach Victoria) gelten dieselben Modalitäten wie auf dem Landweg

Einreise auf dem Landweg
Mit dem Auto von Kanada in die USA (oder umgekehrt)

Wer eine Reise in den US-Nordwesten oder Südwesten von Kanada plant, liebäugelt nicht selten mit einem Abstecher ins Nachbarland. Nur rund 200 km Autobahn trennen die zwei Metropolen Seattle und Vancouver, spannend ist auch die grenzüberschreitende Fährfahrt durch die Juan-de-Fuca-Straße. Ähnliches gilt für den *Waterton-Glacier International Peace Park*, wo der Besuch des jeweiligen benachbarten Nationalparks einfach dazu gehört.

Auch **Spontanabstecher** lassen sich meist problemlos und unkompliziert bewerkstelligen. **Auf dem Landweg** oder **mit der Fähre** ist derzeit (Stand Ende 2018) **weder *eTA* noch *ESTA* Pflicht**. Eine Vorabregistrierung vereinfacht aber die Formalitäten und kann an so mancher Grenzstation das **Einreiseprozedere signifikant beschleunigen**. Früher musste an der *US Border* nur ein kleines grünes Formular ausgefüllt werden, neuerdings hat es sich zu einem zweiseitigen A4-Blatt ausgeweitet mit ähnlichen Fragen wie bei *ESTA*. Während jeder einzelne Tourist einen Antrag ausfüllt (jeweils **6 USD** Bearbeitungsgebühr!) und Familien eine gemeinsame Zollerklärung unterschreiben, kontrollieren die Beamten stichprobenartig die Fahrzeuge, ob sich darin keine »verbotenen Dinge« befinden. Heikel sind in erster Linie frisches Obst und Gemüse oder bei der Einreise nach Kanada manche Sorten von US-Bärenspray, zumal das Mitführen von Pfefferspray-Dosen in Kanada gemäß Waffengesetz illegal ist. Auch auf die Höchstmenge an Alhokol, Zigaretten etc. muss geachtet werden.

Ein **mehrmaliges Ein-/Ausreisen** während des Urlaubs verläuft meist unproblematisch. In der Regel wird man am *Port of Entry* beim zweiten Mal relativ rasch durchgewunken, zumal man schon im System zu finden ist. Auf der Webseite https://apps.cbp.gov/bwt/mobile.asp kann man sich über die Öffnungszeiten der einzelnen Grenzposten informieren und z.B. unter »*Blaine*«/»*Lynden*« (ggf. »*Sumas*«) auch über die aktuellen Wartezeiten sowie Anzahl der geöffneten Fahrstreifen an den Stationen auf der Strecke Seattle–Vancouver/*Trans-Canada Highway*. Das kanadische Pendant lautet: https://travel.gc.ca/returning/border-times. Die angeführten *Waiting Times* gelten allerdings für die eigenen Staatsbürger. Das Aussteigen (!) und Vorsprechen bei den *Immigration Officers* (in Kanada geht das meist schnell, in den USA dauert es – je nach Andrang – oft eine Stunde oder länger) wird bei dieser Zeitangabe nicht berücksichtigt.

Bei der **Einreise mit der Fähre** empfiehlt es sich, überpünktlich zum Check-in zu erscheinen bei der Abfahrt in Victoria/BC oder Sydney/BC (mindestens 90 Minuten vorher!), zumal man von der *US Homeland Security* noch auf kanadischem Boden kontrolliert wird. In der Gegenrichtung – von den USA nach Kanada – läuft alles etwas entspannter ab, die *Canada Customs* und *Immigration* finden erst nach dem Anlegen der Fähre auf Vancouver Island statt.

Den Grenzübertritt ins Nachbarland (USA/Kanada) mit dem **Mietfahrzeug** untersagen die allerwenigsten Verleihfirmen. Man sollte aber lieber vor der Buchung sicherstellen, dass keinerlei Einschränkungen bestehen. Für die Ein-/Ausreise erhält man gelegentlich einen Auslands-Versicherungsbeleg. Wagenpapiere oder Führerschein werden oftmals nicht einmal kontrolliert. Ein Nachweis über die in Kanada vorgeschriebene Haftpflichtversicherung muss erst bei Unfällen und manchmal bei Verkehrskontrollen erbracht werden.

2

2.1.2   Einreise in die USA

Ohne Visum

Schon Ende der 1980er-Jahre wurde der Visumzwang für Deutsche und andere Westeuropäer aufgehoben. Voraussetzung einer (visumfreien) Einreise mit dem Flugzeug oder Kreuzfahrtschiff im Rahmen des sog. *Visa Waiver Program* (*VWP*) ist

- ein maschinenlesbarer **biometrischer Reisepass**, der für die Dauer des Aufenthalts gültig ist,
- eine *APIS*- (➢ Seite 70) und *ESTA*-**Anmeldung** (➢ unten)
- sowie ein **Rückflugticket** innerhalb der 90-Tage-Frist.

Für Personen, die mit *ESTA*-Autorisierung einreisen, braucht der Pass – theoretisch – nur für die Dauer des geplanten Aufenthalts gültig zu sein. Vorsichtshalber sollte aber auch ein 2-Wochen-Tourist auf minimal 90 Tage Restlaufzeit des Passes achten, denn offizielle Regelung und Vorstellungen von Grenzbeamten sind u.U. zweierlei, von Erkrankung und verpassten Flügen nicht zu reden.

ESTA

Die Registrierung bei *ESTA* (*Electronic System for Travel Authorization*) auf dem Internet-Portal https://esta.cbp.dhs.gov/esta muss **spätestens 72 Stunden vor der Abreise** erfolgen, damit man noch rechtzeitig seine Genehmigung erhält. Die elektronischen Formulare sind in sämtlichen wichtigen Sprachen verfügbar. Es gilt eine Vielzahl von Daten einzugeben – Passnummer (deutsche enthalten nie den Buchstaben »O«!), Eltern, Arbeitgeberadresse etc. – und abschließend per Kreditkarte oder *PayPal* noch eine Gebühr von **14 USD** zu entrichten. Mit Versand des Formulars bekommt jede/r Antragsteller/in zunächst einen Zugangscode, unter der sie sich später nochmal einloggen und nachschauen können, ob sie autorisiert wurden, in die USA einzureisen. Die erfolgreiche Registrierung bei der **US-Homeland Security** kann auch die Fluglinie beim Check-in aufrufen. Für den Fall, dass der *ESTA*-Antrag nicht bewilligt wurde, muss man sich ein Visum besorgen; ➢ rechts.

Eine erfolgreiche *ESTA*-Genehmigung gilt für eine beliebige Anzahl an Einreisen im Zeitraum von zwei Jahren bzw. bis der darin angegebene Reisepass abläuft.

Umsteigen in den USA

Ähnlich wie in Kanada, ist *ESTA* **auch im Transitverkehr Pflicht**! In den USA müssen allerdings die Koffer am ersten Ankunftsflughafen vom Gepäckband (*Baggage Claim*) abgeholt und kurz darauf wieder **neu eingecheckt** werden (*Baggage Drop-off*). Alle Passagiere, die auf dem Luftweg amerikanischen Boden betreten, durchlaufen dasselbe *Immigration*-Prozedere:

Kontroll- prozedur bei der Einreise

Am Ankunftsterminal werden sie meist zuerst zu einem **Automaten** geleitet, bei dem selbstständig der Pass sowie alle 10 Finger gescannt und ein Gesichtsfoto gemacht werden muss. Mit dem Automaten-Ausdruck geht es dann weiter zum Schalter, wo der *Immigration Officer* alles nochmal kurz kontrolliert und die Ankömmlinge üblicherweise kurz zu ihren Reiseplänen befragt (*Business, Tourism, Visiting Friends* o.ä.). Bei normalen Urlaubsabsichten erteilt er die Höchstaufenthaltsdauer von 90 (bzw. 180 Tagen mit Visum). Er fragt aber schon mal nach Rückflugticket, Barmitteln

Zollbestimmungen USA/Kanada

Beschränkungen gibt es nicht nur bei der Einfuhr von Alkoholika, Zigaretten, Geschenken oder Bargeld, sondern – je nach Flughafen oder Grenzübergang – auch bei Obst- und Gemüsesorten sowie Fleischwaren. Alle Details unter:

USA ➢ https://help.cbp.gov/app/answers/detail/a_id/3619/~/travelers-bringing-food-into-the-u.s.-for-personal-use

Kanada ➢ http://inspection.gc.ca/food/information-for-consumers/travellers/what-can-i-bring-into-canada-/eng/1389648337546/1389648516990

und Kreditkarte und kann die Einreise sogar verweigern, falls ihn die Auskünfte des Touristen nicht befriedigen. Der einmal genehmigte 90-Tage-Aufenthalt für die USA bleibt auch bei Wiedereinreise (z.B. nach einem Kanada-Abstecher) weiter gültig.

Formulare USA-Besucher mit Visum müssen zwei weitere Formulare ausfüllen: Einreisepapier *(Arrival/Departure Record)* und die Zollerklärung *(Customs Declaration). ESTA*-Einreiser brauchen nur die Zollerklärung auszufüllen:

Zollerklärung Bei der **Customs Declaration** lautet die kategorische Antwort auf »Ich habe noch Früchte, Gemüse, Fleischwaren etc. dabei und war kürzlich auf einem Bauernhof«: **No**! Wer wursthaltige Marschverpflegung oder Obst von daheim in der Tasche hat, muss alles spätestens im Ankunftsflughafen entweder essen oder vernichten. Die Zollbeamten machen unter dem Schild »Nothing to declare« **Stichproben**, wollen aber in jedem Fall das Zollpapier stempeln.

Einreise mit Visum Bei Urlaubsplänen, die 90 Tage Aufenthalt in Nordamerika und in Mexico übersteigen, und auch, wenn eine zweite Einreise in die USA (aus Kanada/Mexico) nach diesen 90 Tagen liegt, benötigt man immer ein Visum (engl. **Visa**), das alle Antragsteller über 13 und unter 80 Jahren nur nach einem **persönlichen Interview** im zuständigen US-Konsulat in Berlin, Frankfurt oder München bzw. in die US-Botschaft (A und CH) erhalten.

Vorneweg muss der ausgefüllte **Antrag DS-160** (https://de.usembassy.gov/de/visa/tourismus-und-reisen/) samt farbigem Passfoto (digital 50 x 50 mm) elektronisch übermittelt werden und die Gebühr von zur Zeit ca. **$160** beglichen werden, die auch bei Ablehnung nicht erstattet wird (Stand: Ende 2018). Den Interview-Termin darf man dann im Rahmen der Möglichkeiten selbst definieren (*»Schedule my Appointment«*). Erläuterungen zum Prozedere z.B. unter www.ustraveldocs.com/de. Immer ein Visum beantragen müssen auch **bei uns lebende Bürger aller Staaten, die nicht am** »**Visa Waiver Program**« (**VWP**) **teilnehmen**, sowie alle Personen, die sich **nach dem 1. März 2011 in Syrien, Irak, Iran, Sudan, Libyen, Jemen oder in Somalia** aufgehalten haben bzw. eine doppelte Staatsangehörigkeit in Verbindung mit einem dieser Länder besitzen.

Letzte Instanz bei der Einreise bleibt der *Immigration Officer* auf US-Territorium. Er vergibt bei Visainhabern bis zu 180 Tagen, kann aber die Einreise im Extremfall trotz Visums verweigern.

2.1.3   Reiseversicherungen

Kranken-versicherung

Eine Reise nach Nordamerika ohne umfassende Krankenversicherungsschutz anzutreten, wäre leichtsinnig. Denn ärztliche Behandlung und Krankenhausaufenthalte sind in Übersee extrem teuer. Nur einige private Krankenversicherer bieten ihren Versicherten weltweiten Vollschutz. Wer nicht mit der Erstattung von in Nordamerika angefallenen Behandlungskosten rechnen kann – das sind u.a. alle gesetzlich Versicherten –, dem ist dringend zum Abschluss einer eigenen **Auslandskrankenversicherung** zu raten.

Im Jahresbeitrag für »**Edelversionen**« **von Kreditkarten** ist ein Versicherungsschutz für Auslandsreisen oft bereits enthalten.

Versicherter Zeitraum

Ein **wichtiger Punkt** bei Auslands-Krankenversicherungsverträgen ist der **maximal versicherte Zeitraum** bei ununterbrochener Abwesenheit; überwiegend beschränkt sich der Schutz auf 6-8 Wochen. Bei längeren Reisen muss ein gesonderter Vertrag über die gesamte Reisezeit abgeschlossen werden.

Kosten

Preisgünstig sind Verträge bis zu 2 Monaten Gültigkeit. Für kurze Fristen ist auch die Auswahl groß. Das Spektrum der Angebote beginnt bei nur €12,50 für Reisen bis zu 8 Wochen (*Hallesche*; www.al-h.de; ab 60 Jahre teurer). Günstige Tarife bietet u.a. auch die *HUK-Coburg* (www.huk24.de).

Behandlung und Zahlung

Im Krankheitsfall wird in Nordamerika häufig **vor** der Behandlung ein **Nachweis der Zahlungsfähigkeit** verlangt. Eine **Kreditkarte** ist dabei hilfreich bzw. fast unabdingbar. Ohne ausreichende Mittel und/oder Kreditkarte muss man sich bei teuren Behandlungen ggf. per Fax oder Telefon an seine Auslandskrankenversicherung wenden und um Vorschuss bzw. Kostenübernahme bitten. Die **Kopie des Vertrags** und die Rufnummer der Versicherung sollte man daher vorsorglich mitführen.

Erstattung

Wer Arzt- und Rezeptkosten vorstreckt, muss für die spätere Erstattung in der Heimat **detaillierte Aufstellungen** anfertigen mit Datum, Namen der behandelnden Ärzte, Behandlungsbericht etc.

Behandlungskosten, die aufgrund **chronischer Leiden** oder wegen Erkrankungen vor Reisebeginn anfallen, sind durch Reiseversicherungen nicht gedeckt. Zweifelsfälle sollten vor der Reise mit der Krankenversicherung erörtert werden.

Weitere Reiseversicherungen

Inwieweit man über die Krankenversicherung hinaus weiteren Versicherungsschutz benötigt, hängt von den bereits in der Heimat bestehenden Versicherungen und dem individuellen Risikoempfinden ab. Vor dem Abschluss spezieller **Reiseunfall-** oder **-haftpflichtversicherungen** sollte man schon vorhandene Versicherungsverträge prüfen, ob sie außerhalb Europas Deckung bieten.

Gepäck-versicherung

Über den Nutzen der **Reisegepäckversicherung** sind die Meinungen geteilt. Bei sorgfältiger Lektüre des »Kleingedruckten« erkennt man, dass die Fälle des Haftungsausschlusses ziemlich zahlreich sind. Etwa gilt das **Zelten** versicherungstechnisch als ein besonders riskantes Unterfangen.

**Reise-
rücktritts-
kosten-
Versicherung**

Eine Reiserücktrittskosten-Versicherung ist in Pauschalreise-preisen bisweilen schon enthalten. Ebenso ist das der Fall für Be-sitzer bestimmter Kreditkarten, teilweise sogar unabhängig von der Kartenzahlung. Sie kann auch separat abgeschlossen werden. Aber die Prämien dafür sind relativ hoch. Der *ADAC* hat nicht nur für Mitglieder (die aber etwas billiger) eine derartige Versi-cherung für alle anfallenden Reisen gegen eine Jahrespauschale.

2.1.4   Die Finanzen

Bargeld

**Offizielle
Kürzel:**

Kanadische
Dollar **CAD**

US-Dollar **USD**

Bargeld (*cash*) spielt im Zahlungsverkehr Kanadas und der USA insgesamt eine deutlich untergeordnetere Rolle als in Europa. Nordamerikaner begleichen oft auch niedrige Beträge per Kredit-karte oder mit Scheck (*check*). Touristen brauchen daher keine größeren USD- oder CAD-Beträge in bar mitzunehmen. Es macht Sinn, Banknoten (und Münzen) zunächst nur für die ersten Aus-gaben bereitzuhalten.

**Bargeld
abheben**

Flächendeckend kann man aus nordamerikanischen Bargeldauto-maten (*ATM* = *A*utomatic *T*eller *M*achines; »*Teller*« ist das eng-lische Wort für Bankschalter) mit einer Bankkarte Dollars ziehen, sofern diese das **Maestro-Logo** zeigt und man die Geheimzahl parat hat. Die Kosten sind im Allgemeinen niedriger als bei Bargeld-beschaffung mit einer regulären Kreditkarte.

Münzen

Kleine Münzen sind in **Kanada und USA** vom Aussehen her ähnlich und in der Größe so gut wie identisch. Kanada verwendet aber keine *Pennies* (1 Cent-Münzen) mehr, sondern rundet auf 5 Cents auf:

5 Cents: *Nickel*   10 Cents: *Dime*
25 Cents: *Quarter*

In **Kanada** sind darüber hinaus **$1- und
$2-Münzen** im Umlauf. Auch für sie gibt
es umgangssprachliche Bezeichnungen:

1 CAD: *Loonie*   2 CAD: *Toonie*

Die in den **USA** kursierenden 50-Cent-
und 1-USD-Münzen sind sehr selten.

Quarters werden am Getränkeautomaten und im Wasch-salon und in der Telefonzelle benötigt. Ein Vorrat davon ist praktisch. Banken haben Rollen zu je 40 *Quarters* ($10).

Münzen braucht man auch in den öffentlichen Verkehrsmitteln der Großstädte. Die Fahrgäste werfen den abgezählten Fahrpreis in einen gut gesicherten Behälter. Die Fahrer verfügen als Vorsichts-maßnahme gegen Überfälle grundsätzlich nicht über Wechselgeld.

Banknoten

Dollarnoten in den USA – die Scheine lauten auf 1, 2, 5, 10, 20, 50 und 100 USD – unterscheiden sich nicht in der Größe und wiesen früher immer dieselbe Farbe auf: Zahlseite grauschwarz, Rück-seite grün. Beim Herausgeben ist deshalb mehr Aufmerksamkeit als hierzulande geboten. Seit ein paar Jahren gibt es Banknoten, denen auf der »grauen« Seite ein rosa Farbton unterlegt wurde.

Der US-Dollar wird umgangssprachlich oft **Buck** genannt. Beim Bezahlen auf Märkten etc. heißt es dann »**Five bucks, please!**«.

Die US-Währung wird in Kanada weitgehend akzeptiert, meist aber zu einem ungünstigeren Wechselkurs als in der Bank. Euros und Franken lassen sich ausschließlich in Großstädten und auch dort nur in wenigen Banken und an internationalen Flughäfen (zu schlechten Kursen) umtauschen.

Kanadische Geldscheine – 5, 10, 20, 50 und 100 CAD – haben auch eine einheitliche Größe, lassen sich allerdings dank unterschiedlicher Farben und Grafik besser auseinanderhalten. Das Papiergeld wurde weitgehend durch Banknoten aus einer Plastikfolie (**Polymer Bank Notes**) ersetzt. Sie sind extrem glatt und waschbar, verknittern nicht, lassen sich kaum falten und vor allem nicht fälschen, sagt die kanadische Zentralbank.

Cash only!   Trotz der großen Bedeutung der Kreditkarten, gibt es Situationen, wo sie nicht weiterhelfen und unbedingt mit **Cash** zu zahlen ist: Für Touristen sind dies in erster Linie die **Campingplätze** in *Nat'l*, *State* und *Provincial Parks* und Nationalforsten, wo die Übernachtungskosten meist bar und abgezählt ohne Wechselmöglichkeit in einem Umschlag deponiert werden müssen. Einige wenige Tankstellen akzeptieren keine *Credit Cards* und auch wer in den USA zu *Discount*-Preisen tanken möchte, braucht Banknoten.

Nötige   Einen gewissen **Barbestand** sollte man also unbedingt dabei haben,
Bardollars   am besten **in relativ kleinen Scheinen bis maximal $50**. Denn mit $100-Banknoten gibt es nicht selten Probleme bei der Annahme. Ein **Vorrat an $1-Noten** darf ebenfalls nicht fehlen, denn die werden u.a. allerorten fürs Trinkgeld (*tip*) benötigt.

Achtung: Unter Umständen Problem mit Bankkarten

Auch wer alles richtig macht, erhält nicht an jedem *ATM* Bargeld. Insbesondere die Automaten kleinerer Banken verweigern schon mal die Auszahlung gegen ausländische Karten. Es macht daher Sinn, Dollars nicht erst besorgen zu wollen, wenn der Bestand schon gegen Null geht, sondern wenn man eine der Filialen national operierender Institute passiert, die sich auch in Kleinstädten finden.

Ein weiteres Problem sind ggf. neue Karten mit dem sog. **EMV-Chip**, die zwar im europäischen Ausland funktionieren, aber nicht weltweit, sofern sie nicht zusätzlich einen **Magnetstreifen** besitzen, der **freigeschaltet** worden sein muss. Anscheinend ist das nicht immer der Fall. Inhaber solcher Karten, selbst wenn die einen Magnetstreifen haben, sollten sich bei der Ausgabeinstitution vergewissern, ob und dass die Karte auch in Nordamerika funktioniert.

Direktzahlungen in Läden sind mit EC-Karte **nicht** möglich.

Kreditkarten

In Nordamerika gehört die Zahlung per Kreditkarte mehr als bei uns zum täglichen Leben. Die meisten Kanadier und US-Amerikaner nutzen gleichzeitig mehrere davon. *Visa* und *Mastercard* werden fast überall akzeptiert. Relativ weit verbreitet ist auch noch die *American Express Card*, aber eher bei Unternehmen für Waren und Dienstleistungen des sogenannten »gehobenen« Bedarfs.

Kreditkarten machen das Reisen in Kanada und in den USA nicht nur erheblich unkomplizierter, sie werden in einigen Fällen sogar erwartet: Im Hotel etwa ersetzt die Kreditkarte eine Überprüfung der Bonität des Kunden; Leute ohne »Plastik« gelten als weniger vertrauenswürdig. Ohne Vorlage einer Kreditkarte wird man in Übersee auch keinen Leihwagen bekommen. Mietautos, Fährpassagen, Campingplätze und sogar Arzttermine (!) lassen sich verbindlich nur unter Angabe einer Kreditkartennummer reservieren.

Die **Anschaffung einer Kreditkarte**, sollte man noch keine besitzen, ist daher vor einer Nordamerikareise **mit Nachdruck zu empfehlen**.

Kosten

Der heute für viele »normale« Kreditkarten ohne Vergoldung und Sonderleistungen geforderte **Jahresbeitrag** ist so niedrig, dass er sich – unabhängig vom Einsatz unterwegs – schon durch die damit eingekaufte Sicherheit rentiert, selbst wenn man die Karte den Rest des Jahres kaum benötigt. Darüber hinaus bieten selbst »einfache« Karten oft geldwerte Zusatzleistungen, welche allein die Kosten wieder aufwiegen können.

Die individuell beste Karte lässt sich u.a. auf folgendem Portal ermitteln: www.cardscout.de. Gratis ist z.B. die *Advanzia Mastercard* von www.gebuhrenfrei.com.

Bargeld per Kreditkarte

Sofern kein Guthaben bei der Kartenorganisation gehalten wird, entstehen bei der Barentnahme mit Kreditkarten relativ hohe Kosten. *Cashing* wird meist auch **umgehend** dem heimischen Konto belastet. Speziell eine häufige Entnahme kleiner Beträge ist nicht ratsam, da überwiegend (unabhängig von der Summe) eine Minimum- oder fixe Basisgebühr anfällt.

Es beruhigt, nicht nur auf eine Karte angewiesen zu sein. So ist man auf der sicheren Seite, falls nur Visa oder MC akzeptiert wird sowie bei einer Beschädigung des Magnetstrifens etc. – die jeweiligen Karten am besten getrennt aufbewahren!

Kreditkartenverlust

Bei Verlust einer Kreditkarte ist die Haftung in allen Fällen auf €50 beschränkt, gleichgültig, welcher Schaden zwischen Verlust und Benachrichtigung der Organisation eintritt. Nach der Verlustmeldung entfällt jede Haftung. Telefonnummern können in Nordamerika gebührenfrei angerufen werden, sollte die Kreditkarte verlorengehen oder sonst irgendein Problem auftauchen:

American Express	✆ 1-800-528-4800
Mastercard	✆ 1-800-627-8372
VISA	✆ 1-800-847-2911

Für alle in Deutschland ausgestellten Karten gibt es die zentrale Telefonnummer ✆ 116116; bei Anruf aus Übersee muss man 01149 vorwählen.

»Edelkarten«
Inhaber von **Gold-**, **Platin**- und anderer »Edelkarten« dürfen zu teureren Jahresgebühren meist **höhere Bargeldabhebungen** vornehmen und genießen automatisch bei Zahlung mit Karte weitreichenden **Versicherungsschutz** (Auslandskrankenversicherung, Aufstockung unzureichender Haftpflicht-Versicherungssumme u.v.m.). Allerdings sind nicht alle Versicherungen im Einzelfall von Bedeutung, da mancher Kunde bereits gleichartige Versicherungen anderweitig besitzt.

Prepaid Kreditkarten
Für alle, die keine Kreditkarte haben oder erhalten (etwa Jugendliche), sind *Prepaid*-**Kreditkarten** eine Option. Sie müssen vor der Nutzung mit einem Guthaben aufgeladen werden. Die Jahresgebühren variieren mit dem Anbieter und den jeweiligen Zusatzleistungen. Inhaber der *ADAC*-Clubmobil-Karte genießen sogar 1% Tankrabatt weltweit. Eine Übersicht der gängigsten, online erwerblichen *Prepaid Cards* findet man im Internet unter: www.cardsscout.de/prepaid-kreditkarte-ohne-schufa.

Aber Achtung: Die *Prepaid*-Karten eignen sich nur für den unmittelbaren Zahlungsverkehr. Verbindliche Buchungen im Internet (Hotels, Flüge etc.) sind damit meistens nicht möglich.

Reisechecks

Früher sehr beliebt, können *Travelers Cheques* heutzutage **bestenfalls** als **eiserne Reserve** punkten. Sie werden nur noch in den wenigsten Geschäften wie Bargeld akzeptiert und viele Banken verweigern die Barauszahlung von Reiseschecks oder verlangen ordentliche Gebühren für deren Einwechslung.

Immerhin: Falls Reisechecks verloren gehen, bekommt man für sie im Gegensatz zum Bargeld Ersatz, sofern die Seriennummern der Schecks vorliegen, zu belegen durch die – selbst unterschriebene – Kopie der Empfangsbestätigung. Die muss man also dabei haben und separat aufbewahren. Zusätzlich sollten die Nummern der Schecks an einem sicheren Ort hinterlegt sein, falls ggf. auch die Empfangsbestätigung abhanden kommt.

Geldbeschaffung im Notfall   ➢ Seite 152

2.2   Die Flugbuchung

2.2.1   Der Flug nach Nordamerika

Flugtickets lassen sich eigenständig im **Internet** buchen, auf Nordamerika spezialisierte Reiseagenturen können sie bei gleichzeitiger Mietwagen-Buchung mitunter aber deutlich preiswerter anbieten (➢ Kasten umseitig).

Flugdauer

Ein entscheidendes Kriterium bei der Buchung ist die **Flugdauer**. *Non-Stop*, d.h. ohne Zwischenlandung ab Mitteleuropa in den Westen der USA oder Kanadas, dauert es in der Regel ca. 10-11 Stunden, zurück etwas kürzer. Mit Zubringerflug von 60-90 min und ausreichender Umsteigezeit (in Europa mindestens 90 min) sind daher Verbindungen mit **14-15 Stunden Gesamtdauer optimal**. Alles jenseits der 20 Stunden sollte meiden, wer nicht fix und fertig an- bzw. zurückkommen möchte.

Umsteigen in Übersee

Bedenken sollte man auch, dass bei einem **Umsteigen in Übersee** nicht nur die *Immigration* zu erledigen ist, sondern in den USA auch das **Gepäck entgegen genommen und wieder eingecheckt werden muss**, inklusive Zollkontrolle, Terminalwechsel und anschließender Warteschlange bei der *Security*. Bei zu knapp bemessenen Umsteigezeiten (unter zwei Stunden) riskiert man, den Anschlussflieger zu verpassen. Heimwärts ist das Umsteigen weniger problematisch (Koffer geht direkt nach Europa!). Eine längere Flugunterbrechung in einer nordamerikanischen City (**Stopover**) ist manchmal möglich, die Zusatzkosten sind abh. von der *Airline*.

Flüge nach West-Kanada

Die beiden Großstädte Westkanadas (Calgary und Vancouver) erreicht man ab Deutschland oder der Schweiz **non-stop** mit:

- *Lufthansa*: ab FRA oder MUC nach YVR
- *Air Canada*: ab FRA nach YYC oder YVR, ab Zürich nach YVR
- *Condor*: von FRA nach YVR (Mai-Oktober)
- *Edelweiss Air*: im Sommer von Zürich nach YYC oder YVR

Ab Österreich geht es mit **Austrian Airlines** nach Vancouver oder Calgary nur **über Toronto** (**YYZ**), dem größten kanadischen Flughafen, der nahezu auch von allen bedeutenden europäischen *Airlines* bedient wird.

FRA
Frankfurt

MUC
München

YVR
Vancouver

YYC
Calgary

Air Canada Maschine nach dem Start in Vancouver

Flugbuchung im Internet

Zahlreiche **Internetseiten** bieten heute eine scheinbar komplette Information zu Flügen weltweit und das passende Buchungstool gleich mit, empfehlenswert z.B. www.expedia.de. Portale wie www.check24.de, www.billiger-reisen.de, www.kayak.de oder www.swoodoo.com vergleichen zudem die Angebote zahlreicher Agenturen und listen sie nach Tarifen geordnet. Man sollte meinen, es sei damit ein Leichtes, für den eigenen Flugwunsch das passende und zugleich preisgünstigste Angebot herauszufiltern. Tatsächlich aber ist ein Großteil der vorgeschlagenen Verbindungen nach Nordamerika ab einem heimatnahen Flughafen oft völlig außerhalb jeder Diskussion mit Flug- plus Wartezeiten auf *Airports* in Europa und in Übersee von weit über 20 bis 35 Stunden und mehrfachem Umsteigen, teilweise Übernachten. Für richtig gute Ergebnisse werden Suche und Buchung in Eigeninitiative im Internet leicht zum zeitaufwendigen Unterfangen. Wobei die Mühe nicht immer mit Erfolg belohnt wird.

Hinzu kommt, dass Flugportale mitunter nicht sämtliche Gebühren gleich zu Beginn der Preisabfrage auflisten. Laut einer EU-Richtlinie wären sie eigentlich dazu verpflichtet, dies ist dennoch nicht immer der Fall. Nur allzu oft werden erst am Ende des Buchungsvorgangs – nachdem man versucht hat, dem Kunden noch allerlei Versicherungen »unterzujubeln« – zusätzliche Service-Gebühren fällig.

Es empfiehlt sich, die gewünschten Flugdaten auch **direkt** auf den Webportalen der *Airlines* (➢ Liste Seite 82) einzugeben. So bekommt man oft gleich die besseren Verbindungen zu günstigeren Tarifen angezeigt (Best-Preis-Garantie).

Wer Zeit und Arbeit sparen möchte, kann die Flugbuchung bequemer und sicherer durch eine auf Nordamerika spezialisierte Reiseagentur erledigen lassen, ohne dass dies notwendigerweise teurer wird. Dies betrifft in erster Linie **günstige Angebote** für Flug und Mietwagen, die online nicht oder nur schwer zu finden sind. Wer kein passendes **Reisebüro** um die Ecke hat, kann für USA-Reisen z.B. Kontakt aufnehmen (telefonisch/per E-Mail) mit www.flywest.de, www.usareisen.com oder www.trans-amerika-reisen.de und für Kanada z.B. mit www.sktouristik.de, www.trans-canada-touristik.de oder http://kanadareisen.de. Schweizer sind u.a. bei www.globetrotter.ch gut aufgehoben. Die **persönliche Beratung** kann Gold wert sein und der richtige (!) Zielflughafen die Gesamtkosten maßgeblich reduzieren. Ob z.B. San Francisco oder das nahegelegene San José bzw. Vancouver oder Seattle angesteuert wird, macht mitunter einen großen Unterschied, ebenso die Reihenfolge bei Gabelflügen (Wegfall der Mietwagen-Einweggebühren; ➢ Seite 87). Beachtliche Abweichungen gibt es auch bei den RV-Anmietstationen, so dass ein preislich attraktiver Camper schon mal ausschlaggebend bei die Wahl des Zielgflughafens sein kann.

Weitere Verbindungen aus Europa

Preislich interessant können auch die Möglichkeiten über die großen *Airports* europäischer Nachbarländer sein: *KLM* bietet z.B. gleich drei *Non-stop*-Verbindungen in den Westen von Kanada – von Amsterdam nach Vancouver, Calgary oder Edmonton (*YEG*). *British Airways* ab London steuert Vancouver und Calgary an, *Air France* ab Paris nur Vancouver. Ob der Zubringerflug aus Dresden nun nach München oder Amsterdam, London oder Paris geht (und von dort *non-stop* nach Übersee), ist zeitlich kein großer Unterschied und bei hohen Tarifdifferenzen durchaus erwägenswert.

Mit bis zu 509 Passagieren an Board auf dem Weg von Frankfurt nach San Francisco, der Riesen-Jet »Airbus A380« von Lufthansa

Flüge in den US-Nordwesten

Die Zahl der **Non-stop-Verbindungen** in den US-Nordwesten im Sommerhalbjahr ab Deutschland/Österreich/Schweiz ist relativ groß (Stand Ende 2018):

DEN
Denver

FRA
Frankfurt

MUC
München

PDX
Portland

SEA
Seattle

SFO
San Francisco

SJC
San José

- **Lufthansa**: ab FRA/MUC nach SFO und DEN sowie von FRA nach SEA und SJC (*Silicon Valley* südlich von San Francisco)
- **Eurowings**: ab Köln/Bonn nach SEA
- **United Airlines**: ab FRA nach SFO; im Sommer auch von MUC und Zürich nach SFO
- **Condor**: von FRA nach SEA und PDX; von MUC nach SEA
- **Swiss**: ab Zürich nach SFO
- **Edelweiss Air**: von Zürich nach DEN

Ähnlich wie bei der Destination Kanada (➢ links) locken auch in diesem Fall wieder weitere europäische Fluglinien mit besonders niedrigen Ticketpreisen bei Start von einem deutschen Flughafen. Dazu zählen **British Airways** sowie die im *Sky Team* miteinander kooperierenden **KLM** und **Air France**.

Für Reisen in den *Yellowstone National Park* eventuell auch von Interesse ist der Flughafen von **Salt Lake City** (*SLC*), der von Paris und Amsterdam von *KLM/Delta* direkt angeflogen wird.

TIPP für »Sparfüchse« – Flug über Island

Icelandair hat ab **Frankfurt, München, Hamburg** und **Zürich** auffällig günstige Flüge im Angebot (selbst zur Hochsaison unter €1.000 nach **Denver, Seattle, Portland, Vancouver** oder **Edmonton**; www.icelandair.de). Voraussetzung ist allerdings meist eine langfristige Buchung, gut 9-12 Monate im Voraus! Ähnliches gilt für Islands *Low-Cost*-Fluglinie **WOW Air**; https://wow-air.de. Wer dort ein *Special* ergattert, zahlt im Sommer (inkl. aller Gebühren für Gepäck, Essen, Sitzplatzreservierung etc.) oft nur knapp €700 von **Berlin Schönefeld, Frankfurt, Düsseldorf** oder **Salzburg** nach **San Francisco**.

Das dabei jeweils erforderliche **Umsteigen in Reykjavík** verläuft in der Regel unproblematisch, da bei Verspätung der Anschlussflieger wartet, und Island ohnehin fast auf der »Idealroute« in den US-Nordwesten oder Kanada liegt.

Zubringer-flüge

Aber egal wo der Zwischenstopp eingelegt wird – ob in Deutschland oder im Ausland – wichtig ist, dass man den **Transatlantik-Flug immer gemeinsam mit dem Zubringerflug** bucht. Wer eigenständig anreist bzw. getrennte Tickets hat und dabei den Anschlussflieger verpasst, darf nicht darauf hoffen, von der *Airline* kostenfrei umgebucht zu werden.

Information

Übersicht der wichtigsten internationalen Fluglinien mit Destinationen im US-Nordwesten oder in West-Kanada (mit gebührenfreien Telefonnummern und Internetadressen):

Airline	✆ USA/Kanada	Internetadresse
Air Canada	1-888-247-2262	www.aircanada.com
Air France	1-800-237-2747	www.airfrance.com
Air Transat	1-877-872-6728	www.airtransat.com
Alaska Airlines	1-800-252-7522	www.alaskaair.com
American Airlines	1-800-433-7300	www.aa.com
Austrian Air	1-800-843-0002	www.austrian.com
British	1-800-247-9297	www.britishairways.com
Condor	1-866-960-7915	www.condor.com
Delta Air Lines	1-800-221-1212	www.delta.com
Edelweiß	0041-438165060	www.eurowings.com
Eurowings	(845) 709-8332	www.eurowings.com
KLM	1-800-618-0104	www.klm.com
Lufthansa	1-800-645-3880	www.lufthansa.com
SWISS	1-877-359-7947	www.swiss.com
United	1-800-864-8331	www.united.com

Toll-free numbers sind von jedem US-Telefon aus zu erfragen: ✆ **1-800-555-1212** oder im Web unter www.inter800.com

Koffer und Handgepäck

Jede Fluggesellschaft hat ihre eigenständigen Hand-, Frei- und Übergepäckregelungen, die – je nach Buchungsklasse – wiederum deutlich variieren können und immer wieder angepasst/geändert werden. Die aktuellen Infos (Menge, Gewicht, Abmessungen) entnimmt man daher am besten den jeweiligen Internetportalen, eine gute Gesamtübersicht für die *Airlines* mit Flügen nach Nordamerika liefert z.B. auch www.canusa.de/freigepaeckgrenze.html.

Im Handgepäck sind **spitze Gegenstände** (Taschenmesser, Nagelscheren etc.) verboten. **Flüssigkeiten sowie wachs- oder gelartige Stoffe** dürfen nur in Flaschen oder Dosen mit einem maximalen Fassungsvermögen von 100 ml mitgeführt werden, die sich alle in einem transparenten, wiederverschließbaren Plastikbeutel (mit max. 1 Liter Volumen) befinden müssen. Am besten verwendet man dafür Gefrierbeutel mit Zipp-Verschluss.

Gepäckstücke werden im Transatlantikverkehr in großen Stichproben geöffnet und durchsucht. Verschlossene Koffer »knackt« man dabei einfach. Also entweder alles von vornherein unverschlossen lassen oder – besser – *Travel Safe Locks* verwenden, Zahlenschlösser in unterschiedlichsten Ausführungen und gesicherte Gepäckgurte, die von der amerikanischen Checkinstanz *TSA* mit einem Spezialwerkzeug geöffnet werden können. Erhältlich sind sie in Ausrüstungs-, Sport- sowie Gepäckshops ab ca. €10/Stück. Es gibt mittlerweile auch Koffer und Reisetaschen mit integrierten **TSA Locks**.

_____ **Allgemeines zu den Flügen nach Nordamerika**

Tarife

In der **Nebensaison** kann man schon ab ca. €600-€700 inklusive aller Zuschläge in den Westen Kanadas/der USA und zurück fliegen. In der **Hochsaison** muss mit Tarifen deutlich über €1.200 (*Economy Class*) nicht nur bei den Liniengesellschaften, sondern selbst bei den Charterern gerechnet werden.

Für Kinder zwischen **2 und 11 Jahren** werden von ab Deutschland fliegenden Gesellschaften überwiegend 3/4 des Vollzahlertarifs berechnet. **Kleinkinder unter 2 Jahren** kosten ohne Sitzplatzanspruch zwischen €25 und 10%-15% des Ticketpreises der Eltern. Es empfiehlt sich eine möglichst frühzeitige Buchung, so dass man noch Chancen auf einen **Familienplatz** hat mit ausreichend Freiraum für ein (kostenlos dazu reservierbares) **Babybett**. Andernfalls stellt sich die Frage, ob man nicht besser auch für die ganz Kleinen ein Kinderticket mit Sitzplatzanspruch lösen sollte.

Gebühren/ Zuschläge

In den Ticketkosten sind bis über €200 Flughafen- und Sicherheitsgebühren (*one-way*) enthalten, die bei identischen Zielen und Zeiten je nach *Airline* erstaunlich unterschiedlich ausfallen können. **Flüge zu Ferienzeiten** sind durchweg mit kräftigen Zuschlägen belegt, auch an **Wochenenden** ist mit erhöhten Preisen zu rechnen.

Tarifvergleich

Beim Tarifvergleich ist es nicht ganz unwichtig, die »Nebenbedingungen« zu beachten. Das beginnt bei den **Umbuchungs- und Stornokosten** bei Datenänderung und eventuellem Rücktritt. Auch errechnen sich versteckte Preisunterschiede für alle, die nicht in der Nähe der Großflughäfen wohnen, aus den Anreisekonditionen und ggf. Abflugzeiten (Übernachtung notwendig?) sowie den Parkgebühren am Flughafen. Speziell von kleineren deutschen *Airports* können die Tarife der *Lufthansa/Eurowings* daher letztlich preiswerter sein als günstige Tickets der Konkurrenz.

Gabelflüge

Gabelflüge mit unterschiedlichen ***Airports*** für Hin- und Rückflug kosten oftmals nicht mehr als normale Flüge. Interessant wäre in Kanada beispielsweise die Strecke Vancouver -> Calgary, zumal in diese Fahrtrichtung einige Auto-/Camper-Vermieter keine/geringere Einweggebühren erheben. Im US-Nordwesten ist u.a. die Variante »Hinflug Denver/Heimflug San Francisco« eine Überlegung wert oder San Francisco -> Seattle. Bei Letztgenannter entfallen – bei ausgewählten Veranstaltern – nicht nur die Einweggebühren sondern auch die für den Zusatzfahrer. Wer mit einem Gabelflug liebäugelt, sollte sich daher unbedingt vorher mit den Bedingungen der Vermieter vertraut machen; ➢ auch Seite 87.

Economy Premium, Comfort etc.

Viele Fluglinien haben in den letzten Jahren ihre Flotten umgerüstet und eine **verbesserte *Economy Class*** eingeführt, die je nach *Airline* eine andere Bezeichnung trägt und unterschiedliche Merkmale hat. Dazu zählen meist ein höherer Komfort (breitere Sitze, mehr Beinfreiheit etc.), eine bessere Verpflegung und/oder höhere Freigepäcksgrenzen. Die Extras gibt es zuweilen für einen geringen Aufpreis (bei kurzfristiger Buchung mitunter ab ca. €100), sie können aber auch bis zu €800/Ticket ausmachen.

2.3   Die individuelle Reise mit dem Auto

Beurteilung

Für Rundreisen im Westen Kanadas und der USA gibt es **zum Auto keine echte Alternative**. Das Streckennetz der öffentlichen Verkehrsmittel ist äußerst dünn. D.h., **mit Bus oder Bahn** (➢ Seite 108) lassen sich nur Ziele entlang der Hauptstraßen bzw. weniger Schienenstränge ansteuern. Wegen der durchweg niedrigen Verkehrsfrequenz (eine Abfahrt pro Tag, mitunter weniger) ist ein flexibles Reisen selbst in erschlossenen Bereichen kaum möglich und eine genaue Zeitplanung und -einhaltung erforderlich. Viele der schönsten Gebiete in Übersee – so die meisten *National*, *State* und *Provincial Parks* – sind ausschließlich per Fahrzeug zu erreichen, sieht man ab von kleineren *Airlines*, die in Kanada für heftige Tarife selbst noch die entlegenste Ortschaft anfliegen.

2.3.1   Die Pkw-/SUV-Miete

Mindestalter

Voraussetzung jeder Automiete in Nordamerika – neben dem nationalen/internationalen Führerschein[*] – ist, dass der Fahrer das **21. Lebensjahr** vollendet hat (Ausnahme: bei *Hertz* bereits ab 20 Jahren). Für jeden **Fahrer unter 25 Jahren** wird immer ein **Zuschlag** von bis zu €50/Tag (plus Steuern) berechnet. Die Gebühr hängt vom jeweiligen Verleiher und auch Anmietort ab.

Sondertarif »U-25«

Bei der Firma *Alamo* gibt es ein Sonderpaket, »*Under 25*« oder »*Underage*« genannt, für 21- bis 24-Jährige. Diese zahlen – bei Entfall des Tageszuschlags – so etwa ab €140/Woche mehr als Mieter ab 25 Jahren (bei nur einem Fahrer unter 25 Jahren wird's ggf. etwas preiswerter). **Wichtig**: Dieser Tarif ist nur erhältlich bei Vorausbuchung, nicht vor Ort am Schalter.

Kreditkarte

Eine weitere Voraussetzung, ohne die es bei der Miete vor Ort nicht geht, ist eine **Kreditkarte**. Auch im Fall der Buchung und Zahlung bereits in der Heimat wird bei der Übernahme die Vorlage einer Kreditkarte zur Abdeckung der Kaution und erst vor Ort fälliger Zahlungen erwartet (Steuern, Zusatzversicherungen, Einwegzuschlag etc.). Zu beachten ist darüber hinaus, dass Mieter und Kreditkarteninhaber identisch sein müssen.

Fahrzeugbuchung und Kosten

Bei hiesigen Reiseveranstaltern, Automobilclubs, zahlreichen Internetagenturen und Mietwagenvermittlern kann man für beide Länder Nordamerikas alle gängigen Fahrzeuge buchen. So z.B. bei *holiday autos*, **Sunny Cars, CarDelMar** (in Reisebüros, aber auch im Internet unter www.holidayautos.de, www.sunnycars.de bzw.

---

[*] Im Westen Kanadas/der USA genügt der nationale Führerschein (bei einigen Vermietern muss er **mind. 1 Jahr alt** sein!). Sofern man nicht im Besitz eines neueren Führerscheins im Kreditkartenformat ist, dessen Aussehen in etwa dem amerikanischen Pendant entspricht, macht es Sinn, **zusätzlich** (!) eine *Internat'l Driver's License* mitzunehmen. Denn Regierungsabkommen und die Vorstellungen eines Sheriffs auf dem Land sind zweierlei. Bei Kontrollen oder Unfall leuchtet dem diese trotz der Symbolik eher ein als das deutschsprachige Pendant. Auch manch kleinerer Autoverleiher vor Ort fragt gern nach dem Internationalen Führerschein.

www.cardelmar.de) und ***billiger-mietwagen*** (www.billigermiet wagen.de) wie auch direkt bei den Verleihfirmen. Überwiegend wird dabei mit international bekannten **Rental Car Companies** wie *Avis, Hertz, Alamo/National, Enterprise* etc., aber auch mit bei uns weniger bekannten Firmen wie *Dollar* zusammen gearbeitet (teilweise »Töchter« der Marktführer).

Es kann dennoch nicht schaden, sich auch einmal die Portale kleinerer Veranstalter anzusehen wie www.trans-canada-touristik.de, www.sktouristik.de oder http://kanadareisen.de.

Pkw-Kategorien

Pkw und Vans können nach Größenklassen von *Economy/Subcompact* (*Ford Fiesta*-Klasse) über *Compact* (wie *Ford Focus*) bis *Fullsize/Premium* (*Ford Lincoln*) und nach Gattungskriterien wie **Convertible** (Cabrio), **SUV** oder **Minivan** gebucht werden. **Einzelne Marken/Typen lassen sich nicht reservieren.** Einige Vermieter führen überwiegend bestimmte Hersteller (z.B. Avis: *General Motors*, Hertz: *Ford*), aber in allen Flotten befinden sich auch koreanische und japanische Autos. **Dieselfahrzeuge** gibt es normalerweise nicht.

Ausstattung

Amerikanische Mietwagen sind oft etwas komfortabler und besitzen immer ein **Automatikgetriebe**, **Air Condition (AC)** und **Radio/ CD-Player**, häufig mit Anschluss für **USB-Sticks**. Ihr **Verbrauch** ist höher als bei ähnlichen Typen in Europa, die Kosten halten sich aber dank günstiger Benzinpreise in erträglichen Grenzen.

Größe

Bei der Wahl der Größe sollte man sich nicht zu sehr vom Preis leiten lassen; die Unterschiede sind bei den Pkw von Größenklasse zu Größenklasse meist gering (€20-€50 pro Woche). Bei einem etwas geräumigerer Wagen ist der Kofferraum auch nicht ganz so knapp bemessen. Ab zwei Personen ist ein **SUV** von Vorteil.

2

Tipp: Sport Utility Vehicle

Ideal (nicht nur) für Zelturlauber sind SUVs, *Sport Utility Vehicles* mit/ohne Vierradantrieb. Sie bieten viel Platz, hohe Sitzposition und komfortable Be-/Entladung hinten. In den größeren Modellen (*Standard/Full Size*) kann man zur Not auch – etwas unbequem – schlafen. Die kleine Version, sog. **Midsize SUVs** wie beispielsweise *Ford Escape* oder *Toyota RAV4*, handliche, ordentliche Autos mit erträglichem Benzindurst, gibt es bei einigen Vermittlern ab ca. €330 pro Woche, also kaum teurer als ein Oberklasse-Pkw. An großen Stationen von *Alamo/National* darf man sich bei einer *Choice Line* das Wunschfahrzeug oft sogar selber aus dem Bestand aussuchen.

Standard SUV
Hyundai Santa Fe

Ab drei Personen sollte man – speziell auf längeren Reisen – auch an einen **Minivan** denken (ab ca. €400/Woche).

Tarife und Kostenvergleich

Bei vielen Anbietern kosten in der Hochsaison **kleine Pkw ca. €280 pro Woche**, etwas größere Pkws €330/Woche, **Midsize SUVs** (*Ford Escape* etc.) **€330/Woche**. Die Angebote von Reiseveranstaltern, Vermittlungsportalen und *Rental Car Companies* für Standard-Modelle gleichen sich in der Regel. Ein Preisvergleich lohnt dennoch immer, vor allem bei Cabrios und Minivans. Dabei sollte genau auf das »Kleingedruckte« geachtet werden, damit das vermeintlich tolle Schnäppchen nicht letztlich teuer kommt.

Kostenunterschiede USA/Kanada

Generell macht es keinen substanziellen Unterschied, ob man Pkw, SUV, Minivan in den USA oder in einer der westkanadischen Citys anmietet. Wechselkurs bedingt waren die Tarife in € für Leihfahrzeuge in Kanada lange Jahre höher als in den USA. Derzeit (2018) zahlt man in Vancouver/Calgary aber oftmals etwas weniger – bei Kombi-Tarifen inkl. Flüge kann die Differenz auch schon ’mal einige Hundert Euro betragen. Vergleichen lohnt sich!

Zuschläge

Für Anmietungen in den Monaten Juli/August werden in beiden Ländern **Hochsaison-Zuschläge** verlangt, die schnell €35/Woche oder mehr betragen können.

Eine Besonderheit stellt auch der Zeitraum Mitte August-Mitte September in **San Francisco** dar, dort sind dann Wohnmobile wegen dem *Burning Man Festival* besonders gefragt und in der Regel deutlich teurer als normal.

Bei Anbietern wie *Jucy Rental* wird bei Fahrten in nördlichere Provinzen oder nach Alaska außerdem ein **Nordzuschlag** fällig.

Konditionen und Versicherungen

Tarifelemente

Bei **Vorausbuchung** sind – unabhängig vom Vermieter – auch im günstigsten Tarif üblicherweise bereits die **Basiskosten**, Umsatz- und Lokalsteuern, **Haftpflicht-** und **Vollkaskoversicherung** enthalten, außerdem **unlimitierte Meilen bzw. Kilometer**. In Katalogen und auf den gängigen Internetportalen werden sämtliche Details recht übersichtlich gelistet.

Leistungspakete

Fast alle Tarife sind in **Leistungspakete** unterteilt, mit unterschiedlichen Bezeichnungen (je nach Anbieter »Standard«/»Premium«, »Spar Plus«/«Inklusiv Plus« o.ä.), aber durchweg fast identischen Inhalten. Die etwas teureren »besseren« Pakete umfassen neben den oben angeführten Punkten Zusatzversicherungen, Gebührenentfall für den zweiten Fahrer und ggf. einen vollen Tank »gratis« (der kommt beim günstigeren Paket vor Ort gerne zum Höchstpreis auf die Rechnung). Bei »*full/empty*« erhält man den Wagen vollgetankt und gibt ihn »leer« ab (für Restbenzin erfolgt meist keine Rückerstattung). Am besten fährt es sich mit der Variante »*full/full*«, u.a. von *FTI* oder *Sunny Cars* angeboten.

Die **Eintragung des Zusatzfahrers** kann selbst im kleineren Paket schon inklusive sein. Bevor man den Vermieter/Vermittler endgültig wählt, sollte man die jeweiligen Tarifinhalte gut studiert haben.

Es ist nützlich, dabei auch noch Folgendes zu wissen:

Vollkasko CDW, SCDW und LDW

Für etwaige Schäden am eigenen Mietwagen wird unterschieden zw. *CDW* (»*collision damage waiver*« mit reduzierter Haftung oder Haftungsbefreiung), *SCDW* (»*super CDW*« ohne oder mit sehr geringem Selbstbehalt) und *LDW* (»*loss damage waiver*« mit Haftungsbefreiung auch bei Diebstahl/Verlust). Bei fast allen hiesigen Anbietern ist die **Vollkaskoversicherung ohne Selbstbeteiligung** für amerikanische Mietwagen längst Standard; anders aber bei **Buchung vor Ort**, in dem Fall ist Vorsicht geboten (➤ umseitig).

»Unbefestigte« Straßen

Der Versicherungsschutz bei den großen, international agierenden Vermietern erlischt bei einem **nicht angemeldeten Fahrer** oder **abseits befestigter Straßen**. Wobei der Begriff »*unpaved*« bzw. «unbefestigt« sehr dehnbar ist: Während einige Firmen mit einer »*graded*«, »*improved*« oder »*maintained*« **Gravel Road** mitunter noch kein Problem haben, lehnen andere sämtliche nicht asphaltierten Straßen strikt ab (selbst für 4WD-Mietfahrzeuge!), so dass man dort entstandene Schäden am Auto selbst tragen darf. Hinweise im »Kleingedruckten« der Mietverträge (*prohibited use of the vehicle*) beachten oder ggf. nachfragen!

Grenzübertritt

Die großen Vermieter gestatten in aller Regel den **Grenzübertritt zwischen Kanada und den USA**, mit Bedenken hilft der Blick in die Mietbedingungen (➤ »Einreise auf dem Landweg«, Seite 71).

Einwegmiete

Alle Tarife gelten zunächst unter der Voraussetzung, dass das Fahrzeug an den Ausgangsort zurückgebracht wird. Im Fall von Einwegmieten (z.B. bei Gabelflügen) werden **Rückführungsgebühren** (*one-way service fee*) berechnet, die sich zwar an der Entfernung zwischen Anmiet- und Abgabestation orientieren, aber je nach Anbieter recht unterschiedlich ausfallen und schnell €200-400 betragen können. Interessant sind hier die **kostenlosen Sonderangebote** bei einigen Vermietern, z.B. zwischen Städten innerhalb eines Bundesstats/einer Provinz oder von Vancouver nach Calgary/Edmonton (u.a. bei *Hertz*) sowie die Strecken San Francisco -> Seattle (u.a. bei *Alamo*) und Denver -> San Francisco (u.a. bei *Hertz*). Entscheidend dabei ist allerdings oft die **Fahrtrichtung**!

Sogar **grenzübergreifende Einwegmieten** sind mit einigen Modellen und bei bestimmten Städten möglich, z.B. zwischen Seattle und Vancouver/Calgary. Sie verursachen aber immer Zusatzkosten.

Egal wohin, *one-way* muss von dem Verleiher immer ausdrücklich bestätigt werden. Auch sind nicht alle Fahrzeugkategorien dafür zugelassen, Minivans/Cabrios davon oft ausgenommen.

Zusatzkosten vor Ort

Neben den Gebühren für Einwegmieten sind u.a. noch folgende Positionen **bei der Fahrzeugübernahme** zu begleichen: **Aufschläge** für junge/zusätzliche Fahrer, Mietkosten eines **Navi/Kindersitzes**, ein *Upgrade* **auf die nächsthöhere Fahrzeugkategorie** oder ggf. die Kunden am Schalter gerne angebotenen, aber oft unnötigen **Zusatzversicherungen**. Zu den jeweils genannten Nettokosten kommen **immer** die *Sales Tax* (für Staat/Provinz + lokale Zuschläge) hinzu.

Die Deckungssumme der Haftpflichtversicherung

Die Frage der Haftpflichtdeckung ist bei Mietwagen in Übersee ein wichtiger Punkt. Es gibt drüben (sofern vor Ort gebucht wird) Miettarife, die lediglich die gesetzeskonforme **Minimaldeckung** beinhalten, die je Bundesstaat variieren und bei lächerlichen USD 5.000 liegen kann. In Kalifornien muss nicht mal diese in den regulären Miettarifen zu finden sein. Selbst in Kanada können günstigere Angebote eine maximale Haftpflichtdeckung von CAD 200.000 enthalten. Ohne Zusatzversicherung haftet man persönlich, wenn bei einem selbstverschuldeten Unfall der gegnerische Sach- und Personenschaden diesen Betrag überschreitet.

Aufstockung der Deckung auf $1 Mio. oder mehr

US-Haftpflichtversicherungen sind **personen- oder haushaltsbezogen**, d.h., Amerikaner bringen meist ihre persönliche (bessere) Versicherung mit, die unabhängig vom Fahrzeug gilt. Der ausländische Tourist muss die **Erhöhung der Haftpflicht-Deckungssumme** erst erwerben, eine sog. *Extended Protection* (**EP**), *Liability Insurance Supplement* (**LIS**) oder *Additional Liability Insurance* (**ALI**) ab $12/Tag (+ *tax*). Die Reiseveranstalter/-portale bei uns bieten ihren Kunden eine durchweg bereits im Basistarif enthaltene **Zusatzversicherung über mind. $1 Mio** an, teilweise auch €1,7-€2 Mio. Bei **Sunny Cars** sind Automieter seit Jahren über die *Allianz AG* sogar bis €7,5 Mio zusatzversichert, dafür liegen die Miettarife nicht im absolut niedrigsten Bereich.

Bei einigen Anbietern beinhaltet das teurere Leistungspaket oft auch die *Underinsured Motorist Protection* (**UMP**), die wirksam wird, wenn der Unfallgegner unzureichend oder gar nicht versichert ist (in den USA kein Einzelfall!) oder Fahrerflucht begeht.

Aufstockung über die Kreditkarte

Inhaber einiger **goldener Kreditkarten** genießen teilweise eine Kfz-Zusatz-Haftpflichtversicherung für Mietwagen. Die **Mastercard Premium** der **Netbank** umfasst Haftpflichtaufstockung wie auch Vollkasko für den Leihwagen, die **Lufthansa Card Gold** nur Kaskoversicherung, aber keine Aufstockung. Voraussetzung solcher Deckungen per Kreditkarte ist natürlich immer die Zahlung der Mietkosten mit Karte. Wer die Karte einsetzen möchte und Wert auf die Zusatzhaftpflicht legt, sollte »seine« **Kreditkarten-Bedingungen** daraufhin genau überprüfen.

Fazit

Vorbuchen oder Eigeninitiative vor Ort?

Vergleicht man die Möglichkeiten in Kanada/USA mit hiesigen Angeboten, ist man mit **Vorausbuchung** meist besser beraten. Die in Katalogen ausgewiesenen €Preise beinhalten alle Steuern und Gebühren. Bei Buchung/Zahlung vor Ort fallen auch auf sämtliche Nebenkosten Umsatzsteuern plus Sonderabgaben an, die speziell auf Flughäfen hoch und in Summe **bis zu 30%** betragen können. Außerdem gehen niedrige Basistarife drüben oft mit hohen Versicherungsprämien einher, die nur Inhaber bestimmter Kreditkarten negieren können, ➢ oben. Weitere Vorteile der Vorbuchung: das reservierte Fahrzeug steht bei Ankunft mit Sicherheit bereit und bei Reklamationen hat man den Vertragspartner im Heimatland.

2.3.2 Die Miete eines Campmobils

Grundsätzliches

Führerschein Klasse 3 oder Klasse B

Campmobile, so heißt es, dürfen alle mit **Pkw-Führerschein** bewegt werden. Kaum ein Veranstalter oder Vermittler fragt, ob der soeben eingetroffene Tourist jemals vorher hinterm Steuer eines vergleichbaren 8 m-Ungetüms saß und welchen Führerschein er besitzt. Nur mit einem Führerschein der alten deutschen **Klasse 3** darf man Fahrzeuge bis zu 7,5 t bewegen. Das Limit des Führerscheins **Klasse B** (seit 1999!) liegt bei 3,5 t, einem Gewicht, das große Campmobile locker übertreffen. Der *ADAC* warnte daher bereits, dass Klasse B-Inhaber ungeklärte Risiken eingehen, wenn sie mit einem Fahrzeug über 3,5 t losfahren.

Altersgrenze

Im Gegensatz zum Pkw gibt es im Allgemeinen keinen Aufschlag für Fahrer zwischen 21 und 25 Jahren. Einige Firmen setzen aber die Altersgrenze bei 24-25 Jahren an.

Campertypen

RVs

In Übersee gelten Camper vom kleinsten Modell bis zum Riesen-*Motorhome* als *Recreational Vehicle* bzw. *RV* (sprich: »Arwí«). Sie verfügen in der Regel über großvolumige 8-12-Zylinder-Motoren, automatisches Getriebe, Servolenkung und -bremsen sowie eine motorabhängige und zusätzliche netzbetriebene 110 V-Klimaanlage. Damit verbunden ist ein ausgeprägter Benzindurst, der trotz niedriger Spritpreise (➤ Seite 120) die Urlaubskasse oft ganz schön strapaziert. Campmobile mit Dieselmotoren sind selten.

Kategorien

Schaut man in die Kataloge/Internetportale der Reiseveranstalter oder auf die Webseiten der amerikanischen/kanadischen Vermieter, findet man folgende grundsätzlich unterschiedliche Typen:

• *Van Camper* (**Motorhome Class B**)
• *Motorhomes Class C* und *Class A*
• *Pick-up-* bzw. *Truck-Camper* (nur in Kanada)
• seit Sommer 2018 auch *Jeep Wrangler* mit *Trailer*/Wohnwagen beim Anbieter *Best Time* ab San Francisco oder Point Roberts (bei Vancouver); Fahrzeuglänge 11-12 m.

19-Fuß RV von Cruise America am Tunnel Mountain Trailer Court Campground in Banff

Übersicht der großen Wohnmobilvermieter

Mit Anmietstationen in USA und KANADA

Ein Spezialfall sind die Stationen in Point Roberts auf winzigem US-Gebiet südlich von Vancouver auf der Tsawwassen-Landzunge (➤ rechts).

Best Time (https://rental.besttimerv.com): Calgary, San Francisco (in Hayward), Vancouver (Tsawwassen/BC und in Point Roberts/USA)

Escape (www.escapecampervans.com):
San Francisco (in Hayward), Seattle (in Des Moines), Vancouver

Jucy Rental (www.apollorv.com):
San Francisco (beim *Oakland Airport*), Vancouver (in Point Roberts/USA)

KANADA

CanaDream (www.canadream.com):
Calgary, Edmonton (in Acheson), Vancouver (in Delta)

Cruise Canada (www.cruisecanada.com): Calgary, Vancouver (in Delta)

Four Seasons RV Rentals (www.fourseasonsrvrentals.ca):
Calgary (in Airdrie), Edmonton (in Leduc), Vancouver (in Abbotsford)

Fraserway RV (www.fraserway.com):
Calgary (in Airdrie), Edmonton (in Leduc), Vancouver (in Delta)

Meridian RV Rental (www.meridianrv.com): Port Coquitlam bei Vancouver

Traveland (www.travelandrvcanada.com):
Calgary (in Airdrie), Vancouver (in Langley)

Westcoast Mountain Campers (www.wcmcampers.com): Calgary, Vancouver

Wild West Campers (www.wildwestcampers.ch): Calgary, Vancouver

USA

Alaska Motorhome Rentals (www.bestofalaskatravel.com): Seattle

Apollo RV Rental (www.apollorv.com):
Denver (Aurora), San Francisco (in San Leandro), Seattle (bei Tacoma)

Britz Motorhomes (www.britz-usa.com):
Denver, San Francisco (in San Leandro), Seattle

Campervan North America (www.campervannorthamerica.com):
Denver (in Northglenn), Seattle

Cruise America (www.cruiseamerica.com):
Denver, Salt Lake City, Seattle (in Everett), San Francisco (in Newark)

El Monte RV (www.elmonterv.com): Denver (in Louviers), Seattle (grenznah in Ferndale; fernab von *SeaTac*), Salt Lake City, San Francisco (in Dublin 40 mi vom *SFO*)

Go North (www.gonorth-alaska.com): Seattle (beim *SeaTac Airport*)

Road Bear RV Rental (www.roadbearrv.com): Denver (in Commerce City), San Francisco (in San Leandro), Seattle (in Tukwila)

Star RV Rental (www.starrv.com):
Denver (in Aurora), San Francisco (in San Leandro), Seattle (bei Tacoma)

Ein wesentlicher Aspekt bei der Anmietung von Wohnmobilen im Grenzbereich **Seattle/Vancouver** ist die Lage der *Rental Stations*. Bei zwei US-Vermietern wird nur ein Transfer ab Vancouver angeboten: So ist bei *El Monte* bei Flug nach Seattle die 125 mi entfernte Station in Ferndale (unweit der kanadischen Grenze) nur auf Eigeninitiative zu erreichen. Ähnliches gilt für alle, die einen Camper bei *Best Time* mit Übernahme in **Point Roberts** gebucht haben. Es handelt sich um eine US-Exklave 30 km südlich des Vancouver *Airport*. D.h., bei Anmietung in Point Roberts müssen unbedingt die Einreisebestimmungen beider Länder beachtet werden. Nach der Landung und *Canadian Immigration* durchläuft man im südlichen Bereich der Tsawwassen-Halbinsel die *US Immigration*, um anschließend mit dem RV wieder nach Kanada zurückzukehren.

Die Fahrzeuge der Vermieter in der Übersicht (➤ links) werden überwiegend auch von europäischen Reiseveranstaltern angeboten wie z.B. www.fti.de/suchen-buchen/camper.html, www.canusa.de, www.trans-canada-touristik.de, www.crd.de, www.sktouristik.de, www.kanadareisen.de, oder www.cu-camper.com. Die Internetportale und Online-Kataloge vermitteln schnell eine Marktübersicht. Unter Berücksichtigung von Versicherungen, Steuern und Nebenleistungen sind sie oftmals günstiger als bei Direktbuchung. Auch unter dem Aspekt von möglichen Umbuchungen und im Fall ggf. auftauchender Probleme nach Unfall, Beschädigung o.ä. ist ein Vertrags- und Ansprechpartner in der Heimat von Vorteil.

Unter den angegebenen Webadressen der Vermieter sind die Fahrzeuginformationen aber oft detaillierter als beim hiesigen Veranstalter. Sie eignen sich daher gut zur Vorinformation und Entscheidungsfindung, auch wenn viele Campfahrzeuge sich technisch, im Grundriss und Aufbau sowie in der Ausstattung stark ähneln.

Welcher Anbieter hat das beste Preis-Leistungs-Verhältnis? Objektiv haltbare Urteile sind dazu kaum möglich. Man darf aber davon ausgehen, dass die von deutschen Veranstaltern vermittelten Fahrzeuge der großen Wohnmobilverleiher im Allgemeinen technisch einwandfrei sind und unterwegs selten Ärger machen. Es gibt zwar Qualitätsunterschiede, die aber nicht auf den einzelnen Buchungsfall zutreffen müssen. Eine interessante Kundenbewertung mitsamt Ranking der wichtigsten Vermieter in Kanada findet sich unter www.trans-canada-touristik.de/kanada_wohnmobil/kanada_wohnmobil_bewertung.php und für die USA unter www.trans-amerika-reisen.de/usa_wohnmobil/usa_wohnmobil_bewertung.php.

Hier ein paar grundsätzliche Hinweise zu den Fahrzeugtypen:

Van Camper/Conversion (US: Motorhome Class B)

Der *Van Camper* (➤ Foto Seite 95) entspricht in seinen Ausmaßen etwa den auch bei uns bekannten Kompaktcampmobilen mit Stehhöhe im Innenraum. Bei 1,90-2 m Breite gibt es ihn als Mietfahrzeug in Längen 17-21 Fuß (5,75-6,40 m) und diversen Ausstattungsvarianten. Gasherd, Spüle und Kühlschrank fehlen nie; Klimaanlage, Heizung, Mikrowelle meist ebenso nicht. Eine tragbare Chemietoilette gehört selbst zum einfachsten *Van*. Die meisten besitzen außerdem eine Spültoilette, ab 19 Fuß oft sogar ein Mini-Duschbad mit Warmwasserversorgung.

Größere Modelle haben – wie auch fast alle *Motorhomes* – ein nominelles »Doppelbett« über der Fahrerkabine. Den Abstand zwischen Matratze und Dach werden dort aber viele erwachsene Schläfer als zu gering empfinden. Die zweite (oft schmalere) Schlafgelegenheit besteht entweder aus einem Klappsofa oder aus der umzubauenden Sitzecke. Die meisten *Vans* sind für **zwei, maximal drei Personen** ausgelegt.

Neuwertige *Van Camper* werden im nordamerikanischen Westen u.a. von *Apollo, Star RV, Best Time RV* und *Campervan North America* angeboten. Die Mietraten sind kaum bis gar nicht geringer als für weit größere *Motorhomes*, teilweise sogar teurer.

Ältere Vans   Preisgünstiger als neue bzw. nur wenige Jahre alte *Vans* in Kanada sind die älteren Modelle der schweizer Firma **Wild West Campers** (www.wildwestcampers.ch) oder des US-Unternehmens **Adventures on Wheels** (buchbar hierzulande unter www.usareisen.com).

Besonders auffällig sind die peppig bemalten umgebauten **Minivans** der Firma *Escape* mit Stationen u.a. in San Francisco, Seattle oder Vancouver. Es handelt sich um ältere Vans von *Ford* oder *GM*, die als Gebrauchtwagen gekauft werden. Die Umrüstung zum **Einfachcamper** mit *Flowerpower*-Look erfolgt jeweils bei Anschaffung neu durch *Escape*. Die hintere Sitzbank für ggf. zwei zusätzliche Passagiere wird nachts zum Doppelbett. Ein Zelt kann dazugemietet werden. Weitere Details finden sich unter www.escapecampervans.com oder www.usareisen.com.

Jucy Champ   Ebenfalls im Angebot stehen die Campmobile von *Jucy*, knallgrüne **Chrysler Minivans mit »Dachbett«**. Ähnlich ausgebaut wie die *Escape Vans* handelt es sich hier aber um neuere Fahrzeuge. Als Clou haben sie einen aufklappbaren »Kasten« mit einem 1,20 m breiten Bett auf dem Dach, *Penthouse* genannt. Zwei Personen haben dadurch viel Platz auf einem Raum von nur ca. 5 m Länge, das Fahrzeug ist aber noch für 3-4 Personen geeignet, ➢ Foto unten. Alle Details unter www.jucyrentals.com, ebenso z.B. bei www.trans-amerika-reisen.de.

Zwei Camper gleich nebeneinander am Parkplatz der Norris Basin im Yellowstone Nationalpark: ein Jucy Champ und ein Escape Minivan

31 Fuß Class C Motorhome »Leprechaun« von Roadbear mit zwei ausgefahrenen »Slide-outs«im Wohn- und Schlafzimmer Ende Mai im Crater Lake National Park

Compact RV und Motorhome Class C

Die **technische Basis** eines *Compact RV* (19 ft) und von *Class C-Motorhomes* (23-31 ft) ist ein *Light Truck* amerikanischer Hersteller mit Stahlträgern unterschiedlicher Länge und – bis auf den *Compact RV* – Zwillingsreifen, auf den die verschiedenen, meist 2,60 m breiten »Campingkästen« montiert werden. Sie zeichnen sich durch einen weit über die Fahrerkabine hinausragenden **Dachüberhang** aus. In ihm verbirgt sich ein breites Bett, das als Stauraum tagsüber praktisch ist (die kleine Kletterpartie nach oben bereitet halbwegs gelenkigen Mietern keine Schwierigkeiten). **Nachteilig** ist die durch diese Bauweise **eingeschränkte Sicht nach oben**, z.B. im Stadtverkehr wegen gelegentlich höher hängender Ampeln und im Gebirge wegen des Ausblicks.

Einrichtung

Ab 22-Fuß-Fahrzeugen gilt: Gasherd, Mikrowelle, Spüle und Kühlschrank haben Haushaltsgröße, Schränke und Schubladen ebenso. Dusche und Toilette sind geräumig genug, um sich nicht »verbiegen« zu müssen. Sie wachsen mit der Länge des Fahrzeugs, das immer gute Stehhöhe hat. Ein Doppelbett füllt das Achterschiff zusätzlich zur immer auch zum Bett umzubauenden Sitzecke. Bequeme Sessel ergänzen die Inneneinrichtung. Erkauft wird dieser Komfort mit einem Gewicht, das der Straßenlage nicht gut tut, und langen Überständen über die hintere Achse, die bei RVs ab 25 Fuß abenteuerlich wirken; ➢ Videos der Vermieter im Internet.

Anschlüsse

Ein *Motorhome* ist nur dann so richtig komfortabel, wenn es auf dem Campingplatz voll angeschlossen werden kann (*full hook-up*): Wasserschlauch, armdickes flexibles Abwasserrohr und ein mindestens 7 m langes fest mit dem RV verbundenes Gummikabel liegen bereit, eventuell auch noch die Leitung für den TV-Kabel-anschluss, wenn es nicht sowieso eine Satellitenschüssel gibt. Und sollte mal in der Wildnis kein Strom da sein, hilft der Generator, dessen Betrieb extra kostet. Mit den Wasser- und Abwassertanks kommt man zur Not 2-3 Tage auch ohne Anschluss hin.

Slide-out

Bereits für die C-Klasse ab 23 Fuß gibt es **Slide-out**-Versionen, die den Sitzbereich auf komfortable »Wohnzimmergröße« (ca. 3x3 m) ausdehnen, wenn der Campingplatz erreicht ist. Aber das *Slide out* ist schwer und kostet noch mehr Benzin als das Gefährt sowieso schon braucht. Für Mieter, die viel fahren, ist daher *Slide-out* kein Vorteil, nur für den Vermieter, der gebrauchte Camper mit *Slide-out* besser verkaufen kann.

Compact RV 19 Fuß

Der **19-Fuß-RV** von **Cruise America** bzw. **Canada** vereinigt Vorzüge der *Vans* mit denen der Wohnmobile. In ihm sind die Einbauten nicht ganz so wuchtig wie im Standard-*Motorhome* und auch das hintere Bett entfällt. Dafür gibt's einen Sessel extra. Das Fahrzeug wurde eigens für ausländische Mieter konzipiert und kann saisonabhängig auch schon mal teurer als ein 24-Fuß-Großcamper sein.

Motorhome Class A

Kenn-zeichnung

Ab 30 Fuß Länge wird aus dem typischen *Motorhome* ein **Riesen-Campingbus**, den man *Class A* nennt. Die Überhänge verschwinden zugunsten eines integrierten Cockpits über die volle Breite von ca. 2,50 m mit viel besserer Rundumsicht als in den »kleinen« Modellen. An die Stelle eines Alkovenbetts tritt ein Doppelbett, das nachts über den Vordersitzen abgesenkt werden kann. Das Schlafzimmer hinten ist vom Wohnbereich separiert, die Nasszelle wird darin zum echten Badezimmer.

Pick-up oder Truck Camper

Pick-up oder *Truck Camper* sind **Kleinlastwagen**, auf deren Ladefläche ein **Campingaufsatz** montiert ist – erhältlich in den Vereinigten Staaten bei **Cruise America** und bei kanadischen Verleihern in den verschiedensten Varianten, teilweise sogar mit Dieselmotor, beispielsweise bei **Fraserway**.

Ausstattung

Die zur Vermietung stehenden *Truck Camper* reichen von beengt bis hochkomfortabel mit **Slide-out** (> oben) im Wohnbereich. Die größeren Modelle besitzen die übliche **RV-Ausstattung** mit allen Schikanen und einem riesigen Alkoven über dem Fahrerhaus, zu dem **kein Durchgang** besteht (Eingang im Heck oder im hinteren Überhang seitlich). Ein Nachteil ist weiterhin die geringe Übersicht aus dem Innenraum heraus, denn der Blick durch die Windschutzscheibe auf Park- und Campingplatz entfällt; die Fenster sind in der Regel klein und liegen hoch.

Die **Fahrerposition** ist eher ungünstig, die Sicht auch von dort rundum ziemlich eingeschränkt. Üblich ist eine 4-türige Fahrer-Doppelkabine mit Platz für 2 Erwachsene und 2 Kinder.

Bewertung

Straßenlage und **Windempfindlichkeit** sind eher schlechter als bei anderen *RVs*. Der eigentliche **Vorteil** des *Pick-up* liegt in der möglichen Trennung von Fahrzeug und Aufsatz, die aber meist wegen fehlender dazu nötiger Ausrüstung entfällt, und der größeren **Bodenfreiheit und Robustheit** auf schlechten Pisten (einige Modelle mit **4-Rad-Antrieb**!). Davon hat der Mieter in den meisten Fällen aber wenig, wird ihm doch die Nutzung unbefestigter Straßen überwiegend untersagt. Immerhin bieten *Truck Camper* **viel Platz fürs Geld** und sparen ggf. mit **Dieselmotor** Spritkosten. Aber nur wegen des etwas geringen Verbrauchs, denn Diesel ist in Kanada kaum, in den USA nicht billiger als Benzin, in einigen Staaten sogar teurer.

Welchen Camper?

Größenwahl Motorhome

Bei der Entscheidung für die individuell richtige Größe darf man seine Urlaubsabsichten nicht aus dem Auge verlieren. Je größer das *Motorhome*, umso weniger eignet es sich für Abstecher auf engen Straßen zu mitunter besonders reizvollen Zielen oder Campingplätzen und in verkehrshektischen Bereichen. Wer mit einem *Van* nicht auskommt, sollte deshalb die Miete des 19-Fuß *Compact RV* von *Cruise America/Canada* erwägen. Es sei denn, ruhiges Reisen mit langen Verweilperioden und/oder höherer Komfort- und Platzbedarf (mehr als 2 Personen) stehen im Vordergrund.

Benzinkosten

Ein weiteres Kriterium für die Entscheidung könnten auch die Benzinkosten sein. Im Sommer 2018 kostete die Gallone Normalbenzin im **US-Nordwesten** im Mittel etwa **3,00 USD** also ca. 0,80 USD/Liter bzw. € 0,68/Liter (bei einem angenommenen Wechselkurs von 1,00 USD = € 0,85), in **West-Kanada** durchschnittlich **1,30 CAD/Liter**, also € 0,86/Liter (bei 1,00 CAD = € 0,66). Kleine Ungenauigkeiten an dieser Stelle beeinflussen die Gesamtrechnung kaum. Bei Campmobilen sollte man – außer bei den *Vans* und *Compact RVs* (da um 16 l/100 km) – nicht unter 22 l/100 km kalkulieren. **Die Spritkosten pro 100 km stellen sich dann auf ca. €15 in den USA und ca. €19 in Kanada**. Bei einer 4.000-km-Rundtour sind das dann immerhin beachtliche €600 respektive €760.

Dieser 20-Fuß-Van Camper gilt als »Mercedes« seiner Klasse und ist als Chrysler (Benzinmotor) und auch mit Dieselmotor verfügbar, dann aber recht teuer (nur Kanada)

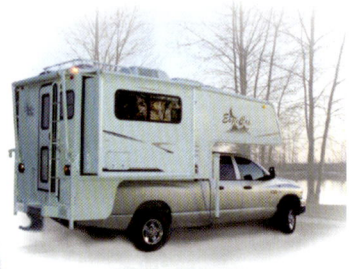 

Konditionen

Einweg-mieten

Einwegmieten (**one-way**) erlauben u.U. attraktivere Reiserouten als eine Rückkehr zum Ausgangspunkt. Insbesondere die Strecke Vancouver–Calgary ist beliebt und bei allen Verleihern zugelassen, die dort Stationen besitzen. Die Zuschläge dafür sind recht unterschiedlich und reichen von €300 bis etwa €1.000. Es gibt aber Ausnahmen, so verlangt der Anbieter *Go North* bei seinen Frühjahr- und Herbst-Specials für alle Stationen keine Einwegmieten. Nicht möglich ist *one-way* Kanada–USA bzw. USA–Kanada.

Haftpflicht

Die **Haftpflichtversicherungssumme** kann ein problematischer Punkt sein, aber eher, was in den USA angemietete Fahrzeuge angeht. Wer dort bucht, sollte einen Veranstalter wählen, der seine Kunden zusätzlich absichert, ➤ Seite 88. Bei **Miete in Kanada** stellt sich das Problem weniger. Abgesehen von den bei Vorbuchung über hiesige Veranstalter vorhandenen Zusatzdeckungen, sind in Kanada zugelassene Campmobile deutlich besser haftpflichtversichert als in den USA.

CDW

Die **Abkürzungen *CDW/LDW*** (*Collision* bzw. *Loss Damage Waiver*) suggeriert Freistellung von Kosten im Schadensfall. Faktisch ist sie in den Wohnmobil-Miettarifen enthalten, beinhaltet aber eine Eigenbeteiligung bei Schäden am Fahrzeug. D.h., unabhängig davon, wer der schuldige Verursacher sein mag, zahlt der Mieter zunächst immer). Bei bestimmten Schäden, die nicht auf Verkehrsunfälle zurückgehen (vom Dach »abrasierte Klimaanlage, Unterboden etc.) oder auf unbefestigten/nicht öffentlichen Straßen eintreten (z.B. bei der Zufahrt zum Campingplatz), haftet der Mieter auch mit vorhandener *CDW*.

VIP

Die **Zusatzversicherung** mit der schönen Bezeichnung *VIP* (*Vacation Interruption Policy*) ergänzt *CDW/LDW*. Sie kostet vor Ort bis zu €20/Tag, ist aber heute ebenfalls in vielen bei uns angebotenen Tarifen enthalten (worauf man achten sollte!). Sie reduziert von *CDW* nicht abgedeckte Schäden und in anderen Fällen die Selbstbeteiligung. Letztere kann durch eine Sonderversicherung (€4/Tag) über den Veranstalter (nicht vor Ort) weiter reduziert bis ganz eliminiert werden. Im Fall grober Fahrlässigkeit – was immer das sein mag – haftet der Mieter meist selbst mit *VIP*.

Die Detailregelungen bezüglich der Versicherungen etc. stehen »kleingedruckt« in den Unterlagen, die der Mieter bei Übernahme des Fahrzeugs – meist ungelesen – unterschreibt. Wer es vorab genau wissen will, findet die AGBs auch im Internet.

Kaution

Die Höhe der Kaution hängt nicht nur vom Fahrzeugmodell, sondern von den jeweils abgeschlossenen Zusatzversicherungen ab. Sie fällt auch bei Vorbuchung aus dem Ausland an und kann üblicherweise nicht in bar geleistet werden, sondern nur per Blankounterschrift auf einem Kreditkartenformular bzw. -ausdruck vor der Übernahme des Campers.

Vorteil Vorbuchung

Nicht zuletzt die relativ komplizierten **Miet- und Haftungskonditionen sprechen für eine Buchung vor der Reise**. Denn zunächst einmal hat man Zeit zum Vergleich. Und außerdem ist Vertragspartner der heimische Veranstalter, mit dem man sich ggf. nach der Reise auseinandersetzen kann. Bei Buchung vor Ort kann es sogar schwer sein, während der Reise aufgetretene Mängel mit Erfolg zu reklamieren oder gar Erstattungen durchzusetzen.

In der Hauptsaison (Mitte Juni bis Ende August) hat man ohnehin kaum Aussichten einen RV vor Ort aufzutreiben. Zu achten ist speziell auf eine ausreichende **Haftpflichtdeckungssumme**, ganz besonders, wenn die Miete **in den USA** erfolgen soll. Zu bedenken ist auch, dass bei Buchung in Übersee lokale Umsatzsteuern, *CDW/VIP* und ggf. Deckungsaufstockung immer zum ausgewiesenen Basistarif hinzu kommen, und damit selbst scheinbar günstige Tagesmieten zu erheblichen Gesamtkosten führen können.

RV-Miete auf eigene Faust vor Ort mögen die Autoren auch außerhalb der Hochsaison letztlich nur Leuten raten, die über sehr gute Englischkenntnisse und Reiseroutine im Ausland verfügen.

Kosten

Hauptsaison

Wohnmobile sind in Nordamerika außer in der absoluten Nebensaison (Mitte Oktober bis Mitte April) ein ziemlich **teures Vergnügen**. Zu den – dank ausgeklügelter Computerprogramme täglich schwankenden – Basis-Tagestarifen kommen Übergabegebühren, Endreinigungskosten, Pauschalen für die Ausstattung des Wagens mit Campingutensilien und Bettwäsche, Zusatzversicherungen, Zuschläge für Wochenend- und Vormittagübernahme u.a.m.

Meilen und Meilenpakete

Die **Standardtarife** beziehen sich auf eine bestimmte Anzahl an Freikilometer/-meilen pro Tag. Es können aber noch zusätzliche Distanz-Pakete gebucht werden, auch **unbegrenzte km/mi** sind zum Pauschaltarif oder als Tageszuschlag auf den Grundtarif erhältlich. **Diese Pakete und Pauschalen sind allerdings vor Ort nicht verfügbar und müssen von zu Hause vorgebucht werden.**

Truck Camper sieht man allerorten in Kanada; CanaDream und Fraserway vermieten auch Modelle mit Vierradantrieb

*In der Nebensaison sind RVs in Kanada billiger, aber
Bergstraßen können vereist und rutschig sein –
sofern nicht überhaupt gesperrt*

Das bedingt eine sorgfältige Planung mit einer relativ genauen Abschätzung der Gesamtdistanz. Für nicht verbrauchte km/mi gibt es keinen Ersatz, ebensowenig bei der unlimitierten Variante, wenn man am Ende mit der Abrechnung der km/mi besser gefahren wäre. Und wer die Gesamtzahl an Freikilometer/-meilen überschreitet, wird nachträglich (ordentlich) zur Kasse gebeten.

**Internet-/
Frühbuchung**

Frühbucher erhalten bei allen Vermietern unterschiedliche, z.T. erstaunlich hohe Rabatte. Zusätzlich kann oft auch die Buchung übers Internet die Kosten spürbar senken.

Nebensaison

Während in der Hauptsaison die **Miettarife in Kanada** in etwa denen **in den USA** entsprechen, sind zu anderen Zeiten Campmobile in Kanada oftmals billiger. Von Anfang Juni bis zum Beginn der Hauptsaison und danach bis Mitte/Ende September gelten bereits **erheblich niedrigere Tarife,** wobei die genauen saisonalen Abgrenzungen vom jeweiligen Vermieter abhängen. Für den Rest des »touristischen« Jahres (Oktober und April-Mai) sinken die Tagestarife auf 50% der Hochsaisonrate und darunter, bei allerdings identischen Kilometerkosten.

**Gesamt-
kosten-
ermittlung**

Es ist heute nicht mehr nötig, zum Preisvergleich mühsam Tarife und Nebenkosten zu addieren, denn Reiseveranstalter nehmen dem potenziellen Kunden die Mühe der Endpreisermittlung ab. Auf einer Reihe von Internetportalen führt die Eingabe der Daten und das Anklicken aller gewünschten Extras (Zusatzversicherung, Meilenpakete etc.) rasch zum Ergebnis.

Kosten

Der **Kostenvergleich** auf ➢ Seite 105 erhält der besseren Übersicht halber bereits Steuern, Übergabegebühren, Endreinigungskosten, Pauschalen für *Camping-Kit* – Geschirr, Decken, Axt etc. – und die *VIP*-Zusatzversicherung (➢ Seite 97).

Die Tabelle erklärt sich weitgehend von selbst. Sie berücksichtigt die z.Zt. bestehenden Möglichkeiten der Tarifgestaltung. In Europa vorausbezahlte Kosten verstehen sich inklusive Steuern.

2.3.3   Übernahme/Rückgabe des Mietfahrzeugs

Pkw/SUV/Minivan

Die Übernahme eines Leihwagens geht rasch über die Bühne: *Voucher* des Veranstalters, Pass, nationalen Führerschein vorlegen, ggf. noch Beschlussfassung über Zusatzversicherungen (**Achtung: gerne werden Kunden unnötige Versicherungen aufgeschwatzt**, auch wenn der Vertrag bereits Vollkasko und Haftpflichtaufstockung etc. enthält, ➤ Seite 87), Unterschrift und Hinterlassung der Kaution (Kreditkarte erforderlich!). An großen internationalen Flughäfen sind die reservierten Autos sehr häufig noch nicht bestimmten Kunden zugewiesen. Die dürfen dann in einer **Choice Line** aus dem Fahrzeugbestand der gebuchten Klasse selbst wählen. Die formale Zuordnung in den Papieren erfolgt so erst bei der Ausfahrtkontrolle.

Navi/ Kindersitze

Spätestens dann sollte man den Stadtplan/ein Navi zur Hand haben. Letzteres wird vor Ort am Schalter (oft sogar mit deutscher Sprachführung) zu hohen Tagesgebühren angeboten, besser man hat sein eigenes Gerät mit USA-Karte oder Smartphone+App dabei. **US-Kindersitze** (Details ➤ Seite 111) müssen immer schon bei der Reservierung des Wagens angefordert werden.

Letzte Checks

Vorm Losfahren empfiehlt sich auch noch ein Blick in das Handschuhfach, wo sich eine **Bedienungsanleitung** befinden sollte, sowie auf das **Reserverad** und das **Werkzeug** zum Reifenwechseln. Bei einigen *SUV*-Modellen ist die Entnahme des Reserverads recht knifflig. Und sollte die Eigenart – etwa der Zündschloss- oder Anlassersperre (beim Anlassen ggf. Bremspedal treten, sonst rührt sich nichts) etc. – nicht einleuchten, muss man ausdrücklich fragen. Erklärt wird im Normalfall bei der Übernahme nichts.

Rückgabe

Auch die Rückgabe ist i.d.R. **unkompliziert** und rasch ohne bürokratischen Aufwand erledigt.

Die Übernahme des Campmobils

Camper- miete/ Abholung

Beim **Camper** dauert die Übernahmeprozedur erheblich länger, denn die **Wagenübernahme***) darf aus versicherungstechnischen Gründen in der Regel nicht am **Tag der Ankunft** nach dem Transatlantikflug erfolgen. Manche Unternehmen holen ihre Kunden auf Wunsch und meist gegen Gebühr im Hotel ab. War es früher bei den Camperverleihern üblich, den Vormittag weitgehend für die Rückgabe einlaufender Wagen zu reservieren und die Neukunden erst ab 11-13 Uhr »anzukarren«, ist heute der garantierte vormittägliche *Check-out* bei allen großen Vermietern möglich (Sonderregelung, meist mit Zusatzkosten verbunden).

Formales

Mehr oder weniger identisch ist bei allen Firmen das Formale. Die Kaution bzw. Blanko-Kreditkartenunterschrift deckt nicht nur Risiken ab, sondern bezieht sich auf eine lange Liste von Extrakosten (Übergabegebühren, Zusatzversicherungen, Mehrmeilen, ev. noch

---

*) Wer dagegen direkt von Nordamerika aus in die Stadt der Fahrzeugübernahme einfliegt, z.B. von Toronto nach Vancouver, und rechtzeitig genug eintrifft, hat mit dieser Regelung keine Probleme und darf noch am selben Tag in »seinen« Camper steigen.

nicht bezahlte *Convenience Kits*, Kindersitze, Generator, Steuern und ggf. Schäden. Die Abrechnung erfolgt erst nach der Rückgabe.

Inspektion Nach Klärung der Formalitäten erfolgt die **Inspektion des Fahrzeugs** verbunden mit einer **Einweisung**. Schließlich muss der Kunde wissen, was es mit Umbauliegen, Nebenaggregaten, Wasser- und Schmutzwassertanks, Gasherd, Kühlschrank, Dachklima etc. auf sich hat. Bei Andrang sind die unter Zeitdruck gegebenen Erläuterungen nicht immer optimal. Aber die Bedienungsanleitungen wurden in den letzten Jahren von den größeren Verleihern stark verbessert und liegen meist auch auf Deutsch vor.

Fragen kann man auch nach **Unterleghölzern**, die beim Niveauausgleich und gegen eine schlafstörende Schieflage des RVs helfen.

Ratsam ist, sich nach der Einweisung noch einmal gründlich mit der Technik des Fahrzeugs vertraut zu machen und die wichtigen Funktionen zu checken, bevor man den Hof verlässt. Wenn sich erst später herausstellt, dass der Kühlschrank nicht richtig funktioniert, der Wasserschlauch fehlt oder die Bremsen schief ziehen, ist das nicht nur ärgerlich, sondern ein Zurückfahren in Anbetracht des damit verbundenen – möglicherweise erheblichen – Zeitverlustes oft problematisch.

Checkliste Unter www.womo-abenteuer.de/Downloads/PDFs/Uebenahmeliste_Nordamerika.pdf gibt es eine ausführliche Checkliste für die Wohnmobilübernahme. Mit deren Hilfe kann nichts mehr schiefgehen. Eine Kontrollliste ist auch hilfreich für den täglichen Aufbruch. Denn vor jeder Abfahrt muss allerhand verstaut, verzurrt und/oder festgemacht sein, auch außen 'rum darf nichts hängengeblieben sein oder noch offenstehen. Der folgende *Check* vor der Abfahrt **nach jedem Stopp** wird rasch zur festen Gewohnheit:

- Ist im Innenraum alles wieder rutschfest verstaut?
- Ist die Kühlschranktür gesichert?
- Ist das Dachfenster geschlossen?
- Ist das Gas abgedreht? (muss nicht, ist aber keine schlechte Idee)
- Ist der Tritt unter der hinteren Tür (automatisch) eingeklappt?

Typische »full hookup«-Station für Wohnmobile mit Steckdose sowie Anschlüssen für Frisch- und Abwasser

Wartung	Ebensowenig wie bei der Pkw-Miete sind Wartungsfragen bei den Campmobilen normalerweise ein Thema. Nur bei sehr langen Mietzeiten können Ölwechselintervalle schon mal überschritten werden. In dem Fall erhält der Mieter bei der Übernahme dazu Anweisungen. Bei großer Hitze (und daher höherem Verbrauch des Kühlaggregats) und Kälte (hoher Verbrauch für die Heizung) müssen Mieter unterwegs gelegentlich **Gas auffüllen** lassen. Das geht problemlos auf vielen Campingplätzen und an Tankstellen.
Reparaturen	Reparaturen dürfen – wenn sie minimale Kosten übersteigen – **erst nach Rücksprache mit der Verleihfirma** ausgeführt werden. Dazu gehört auch der Ersatz unterwegs verschlissener Reifen. Die größeren *Rental Companies* haben Verträge mit landesweit operierenden Reifenfirmen wie ***Goodyear*** oder ***Canadian Tire***, die nicht nur aufs Reifengeschäft fixiert sind, sondern auch gängige Routinereparaturen durchführen. Deren Ableger sind sogar in relativ kleinen Ortschaften zu finden. Der Mieter kann sie ggf. von sich aus anlaufen. Das hat den Vorteil, dass die Kommunikation mit dem Vermieter von der Werkstatt übernommen wird.
Pannen	Spätestens bei der ersten Panne wird man feststellen, dass es **kaum Bordwerkzeug** gibt. Es gibt Verleiher, die sogar Wagenheber und Radschlüssel entfernen. Hintergrund dafür ist, dass der Vermieter über die dann notwendige Hilfe durch den *AAA/CAA*-Pannendienst oder eine lokale Werkstatt objektiv erfährt, wo und wie die Panne erfolgte. Der Mieter darf sie also ggf. selber bezahlen, sollte er z.B. unbefestigte Straßen befahren haben. Das hört sich dramatisch an, bleibt aber die Ausnahme. Ernster Ärger mit den überwiegend ziemlich neuen und bei jeder Miete wieder neu durchgecheckten Fahrzeugen (das versichert man zumindest) der großen Vermieter tritt eher selten auf.
Rückgabe des Campers	Vor der Abreise steht die Rückgabe des Campers meistens am Vormittag an. Möchte man **Endreinigungskosten vermeiden**, muss das Wohnmobil besenrein und mit entleerten Abwassertanks zurückgegeben werden, auch mit gefülltem Frischwasser- und Benzintank, so man sie voll übernommen hat. Die Vermieter akzeptieren im Allgemeinen äußerlich »normal verschmutzte« Fahrzeuge. Es wird aber erwartet, dass der Kunde groben Dreck (an einer der vielen Waschanlagen mit Druckreinigern) vor der Rückgabe entfernt hat. Andernfalls bittet man zur Kasse. Ist nichts beschädigt, sind die **Formalitäten** (Inspektion des Wagens, Abrechnung von Mehrmeilen, Steuern etc.) rasch erledigt.
Flughafen-Transfer	Der Vermieter sorgt für den Transport zum Hotel bzw. zum *Airport*. Bei Planung von **Rückgabe und Abflug am selben Tag** sollte auf reichlich Zeit geachtet werden: besser nicht unter 4 Stunden zwischen Ankunft in der Station und Abflug bei einer angenommenen **Transferzeit** von etwa 1 Stunde. Denn gelegentlich entstehen Wartezeiten, etwa auf andere Kunden, die im selben Fahrzeug oder zu anderen Zielen transportiert werden müssen. Auch Verkehrsstaus sind in den großen Citys immer möglich. Am entspanntesten verläuft die Rückgabe einen Tag vor Abflug.

2.3.4   Reiseformen im Vergleich

Pkw mit Zelt, SUV/Motel oder Campmobil

Die Vor- und Nachteile des Reisens per Pkw/Zelt, *SUV*/Motel oder im Campmobil lassen sich nur begrenzt verallgemeinern. Denn zu unterschiedlich sind individuelle Vorstellungen und Ansprüche. Aber es gibt einige in Nordamerika wichtige, teilweise eventuell nicht offenkundige Aspekte, die vor der Entscheidung für die eine und gegen eine andere Reiseform bedacht werden sollten. Die recht unterschiedlichen **Kosten der drei Alternativen** klären vielleicht schon im Vorfeld, welche Möglichkeit in Frage kommt – ganz unabhängig von weiteren Überlegungen:

Die Aufschlüsselung der Kosten

Ein Kostenvergleich zwischen Reiseformen muss generalisieren und Annahmen machen, die im Einzelfall nicht immer ganz zutreffen. Das folgende Schema kann aber leicht mit saisonal und/oder aktuell veränderten Zahlen modifiziert und so für die persönliche Reiseplanung und -dauer zugrundegelegt werden. Für den Vergleichszweck (Tabelle ➢ Seite 105) sei ausgegangen von:

- einem **4-Wochen-Urlaub** (28 Übernachtungen) für **2 Personen** in der **Hauptsaison**, die in Nordamerika bezüglich der Hotel-/Motelkosten die vollen Monate Juli und August umfasst. Für die Campmobilmiete ist dies nur teilweise der Fall; die hier unterstellten Preise gelten bei einigen Verleihern in Kanada nur in einer 6-wöchigen »Kernzeit« von ca 10.07 bis 20.08 (davor und danach liegen die Miettarife oftmals niedriger)
- **Pkw-Miete** (unlimitierte Kilometer, Zusatzgebühr für Zweitfahrer) und **Campermiete** zum Neufahrzeugtarif; in der Praxis sind Pkw maximal 1 Jahr alt, Camper maximal 3 Jahre
- **Campertarifen mit 250 Freikilometern/Tag**; bei 27 Tagen also 6.750 km in Summe (in den meisten Fällen ausreichend)
- saldierten **Mietkosten** mit Langzeitermäßigung, die bereits Erstausstattung mit Toilettenchemikalien und Propangas, Geschirr, Bettwäsche usw.,Transfer ab/bis Flughafenhotel, Steuern und *VIP*-Versicherung beinhalten, wichtige Kostengrößen, die in vielen Katalogen separat ausgewiesen werden
- einem **Benzinpreis von ca. €0,75/l** – grob geschätzt für beide Länder (➢ Seite 120); ist man ausschließlich oder überwiegend in Kanada unterwegs müssen die Benzinkosten leicht nach oben korrigiert werden, bei längerem Aufenthalt in den USA sind sie im Normalfall etwas niedriger als in der Tabelle angegeben
- einer mitgebrachten **Ausrüstung bei Zelturlaubern**; wer damit die Freigepäckgrenze von 23 kg/Person überschreitet, kann die Ausrüstung auch in Übersee bei *Wal-/K-Mart* oder *Target* relativ günstig erwerben/komplettieren (Extrakosten dann für Schlafsack für Temperaturen über 0°C ab ca. €20, Luftmatraze für zwei Personen mit Pumpe ab €35, Zelt ab €40 usw.)

- Übernachtung auf **gebührenpflichtigen Campingplätzen** bei **Zeltcamping** ca. €15 pro Nacht und bei **Campercamping** (mit nur seltener Nutzung eines *full hook-up*-Anschlusses) können im Schnitt €30/Nacht ausreichen; ➢ auch Seite 133ff
- **Hotelübernachtung** für Camper- und Pkw-Urlauber erste/letzte Nacht im *Airport*/City-Hotel (€140, Nebensaison €100). Zusätzlich **25 Nächte in Mittelklasse-H/Motels** (durchschnittlich €100 inkl. Steuern, Zwischensaison €80 möglich) bei **Pkw-Hotel-Urlaub**. Im Fall von **Pkw-Zelt-Camping** drei Nächte zu €100, in der Nebensaison €80 in preiswerteren Bleiben an Schlechtwettertagen oder in Städten; ➢ auch Seite 123ff
- **Verpflegung bei Camping** nicht unter €50/Tag (für 2 Personen) einschließlich gelegentlichem *Fast Food*, aber **ohne** Alkoholika, Restaurant- und Kneipenbesuche.
- bei der **Variante SUV/Hotel** sind €70/Tag für beide Reisepartner zusammen nur schwer zu unterbieten, da nur begrenzte Möglichkeiten zur Selbstverpflegung (mit wenig *Fast Food* und häufigeren **Restaurantbesuchen** wird es leicht mehr!)
- **Eintrittsgelder**, die ja unabhängig von der jeweiligen Reiseform anfallen, persönliche **Nebenkosten, Einkäufe** günstiger Artikel (Jeans etc.), Kosten für **Souvenirs, Mitbringsel** etc. sind in den Zahlen der folgenden Tabelle nicht explizit berücksichtigt und noch individuell zu addieren.

Kosten Fahrzeug-miete

Die Zahlen für die **Fahrzeugkosten** basieren auf typischen Veranstalterpreisen 2019. Für die Miete wurden die Tarife international bekannter Verleiher zugrundegelegt: *Compact* für Zeltcamper, *Midsize SUV* für Motelübernachter, *Motorhome* 22 Fuß für die RV-Variante. Gleichartige Fahrzeuge können je nach Veranstalter und Vermieter auch etwas preiswerter oder teurer sein.

Interpretation der Tabellenwerte

Die **Kostenunterschiede** zwischen Urlaub im Pkw oder Wohnmobil sind eklatant. Das *Motorhome* ist selbst **im Juni** und **September** noch die mit Abstand teuerste Reiseform. Mit dem in der Tabelle (➢ rechts) errechneten Budget sollte man aber gut hinkommen.

Anders sieht es beim **Hotelurlaub** aus, dort können die Preise in der Hauptsaison noch immer zu tief angesetzt sein. Das gilt insbesondere dann, wenn viele Tage Aufenthalt in touristisch populären (und teuren) Gebieten wie etwa in Banff und Jasper oder beim Yellowstone Nationalpark geplant sind. Die **Kostendifferenz zur Zeltalternative** kann dann noch um vieles höher ausfallen. In der Nebensaison stellt sich die Situation etwas anders dar: Bei den Übernachtungen lassen sich bis Mitte Juni bzw. ab Mitte September gut 20-30% sparen, noch mehr wird man aber wohl nur mit Mühe und/oder erheblichen Komfortabstrichen erreichen können.

Die extrem hohen Kosten für die **Campermiete** in der Hauptsaison **verzerren** diesen Vergleich insgesamt sehr. Bei der Anmietung großer Camper spart man bei ein wenig zeitlicher Flexibilität oft viele

Kostenvergleich Amerika-Urlaub für 2 Personen und 6.750 km in €*)

4 Wochen Hauptsaison Juli/August und Zwischensaison Juni bzw. September

Kostenart	Pkw[1] /Zelt	SUV[2] /Hotel	Motorhome[3] 22 Fuß
Fahrzeugkosten[4]			
Hauptsaison	1.121	1.323	4.710
Zwischensaison	764	928	2.312
Benzinkosten	405	506	1.114
Übernachtung			
Hauptsaison	910	2.700	1.030
Zwischensaison	770	2.200	950
Verpflegung etc.	1.350	1.890	1.350
Gesamtkosten			
Hauptsaison	3.786	6.499	8.204
Zwischensaison	3.289	5.524	5.726

*) **ohne Flugkosten**, die in jedem Fall die Gesamtsumme um gut €2.000 erhöhen (ggf. auch etwas weniger in der Zwischensaison oder mehr in der Hochsaison), und ohne Eintrittsgelder und sonstige Nebenkosten.

Anmerkungen

Zugrundegelegter Kurs: 1 CAD = €0,66 bzw. 1 USD = €0,85

1) Kompakte oder untere Mittelklasse (z.B. Ford Focus); der Verbrauch wurde hier mit in Kanada/USA realistischen 8 l/100km angenommen

2) Mittelklasse (wie Ford Mondeo o.ä. oder kleiner SUV); Verbrauch etwa 10 l/100km

3) **mit Frühbucherrabatt**; bereits ab 21 Fuß bei gutem Grundriss ausreichend Platz auch für 4 Personen; Modelle größer als 23 Fuß bringen nach Meinung der Autoren kaum Zusatznutzen, jedoch eingeschränkte Wendigkeit, höhere Mietkosten und höheren Verbrauch, Annahme: 22 l/100 km. Neuere Modelle bis 23 Fuß weniger

4) Basis für alle Zahlen sind bei Pkw Tarife Paket A. Bei den Campern Gesamtkosten inklusive Steuern, VIP-Versicherung, Transfer und üblicher Neben(zusatz)kosten

hundert Euros: In der Neben- bzw. Zwischensaison kosten *Motorhomes* beim selben Vermieter mitunter über 30% weniger. Ebenso Einsparpotential bietet die Wahl der nächst kleineren Wagenkategorie, die in der Regel nur minimal weniger Komfort bietet.

Vor- und Nachteile der einzelnen Reiseformen

Zeltcamping   Unter dem Aspekt der **Kostenminimierung** ist die Kombination Pkw und Zelt-Camping ab zwei Personen im Auto selbst dann unschlagbar, wenn ab und zu mal ein Motel aufgesucht wird. Die grundsätzlichen Nachteile des Zeltens müssen nicht näher erörtert werden – bekanntermaßen handelt es sich in erster Linie um Komfortmängel, speziell bei Regen (häufig in Pazifiknähe). In Nordamerikas Westen sind zudem die **Höhenlagen** vieler Reiseziele ein ungemütlicher Aspekt. Mitten im Sommer können auf 2.000 m selbst bei tagsüber angenehmen Temperaturen Nachtfröste auftreten. Und bis Mai/ab September wird es nach Sonnenuntergang bei Höhenlagen über 1.000 m immer empfindlich kühl.

Campmobile Unbilden der Witterung lassen Wohnmobilfahrer dagegen kalt. Sie sitzen trocken und warm. Hinzu kommt der für RVs typische Komfort, der bis zu eigenem Generator, Mikrowelle und Satelliten-TV reichen kann. Einen langweiligen Abend gibt's im Campmobil kaum. Auch der Kontakt zu anderen Reisenden fällt leichter. Geselligkeit, so man sie sucht, ergibt sich zwanglos.

Unabhängigkeit, Mobilität und **Bequemlichkeit** sind die Vorzüge, die sich in Nordamerika ideal mit Landschafts- und Naturerlebnis kombinieren lassen. Und nichts hindert den Campmobilisten, seinen *Afternoon Tea* auf der Terrasse des *Fairmont Banff Springs* genauso zu genießen, wie der Hotelgast. Ob man dabei mit *Van Camper* oder *Motorhome* vorfährt, spielt keine Rolle, ist vielmehr eine Frage persönlicher Präferenzen.

Ohne Kostenüberlegung ist ein RV das optimale Fahrzeug für eine Nordamerika-Rundreise, allen voran für Familien mit Kindern.

Die Handhabung der Fahrzeuge erfordert auf normalen Straßen keine besondere Übung, lediglich eine kurze Eingewöhnungsphase, soweit man sich mit einem Modell begnügt, das nicht über 22 Fuß Länge aufweist. Für 2-3 Personen bietet diese Größe immer ausreichend Platz und – eine sinnvolle Innenaufteilung vorausgesetzt – auch für Eltern mit zwei kleineren Kindern.

Größere Modelle (über 23 Fuß Länge) mit enormen Hecküberhängen sind keineswegs unproblematisch, so z.B. beim Rangieren auf Campingplätzen, Parken vorm Supermarkt oder bei Wendemanövern, wenn man sich verfahren hat. Auch kleinere, landschaftlich besonders reizvolle Straßen können damit schweißtreibend eng sein. So manche kurvenreiche Bergstrecke ist mitunter aber selbst mit einem kleineren Wohnmobil grenzwertig oder nicht machbar.

Ebenso darf nicht verschwiegen werden, dass wenn man den mitbezahlten Komfort richtig genießen möchte, allerlei Schläuche und Kabel zu entrollen, festzumachen und wieder einzupacken sind, Frischwasser- und Abwassertanks kontrolliert, aufgefüllt bzw. abgelassen werden wollen und man die Strom-/Gasversorgung nicht außer Acht lassen darf. Es empfiehlt sich auch den Einkaufszettel penibelst abzuarbeiten. Voll angeschlossen am Campingplatz darf nichts fehlen, denn dann nochmal wieder los...?

PKW/Motel Signifikant weniger zahlen **H/Motelübernachter** für ihren Komfort, sehen sich aber nicht selten mit einem höherem Maß an **Unflexibilität** konfrontiert. Die Bleibe im Umfeld populärer Parks muss langfristig vorreserviert werden, durch die Buchung kann man dann aber unterwegs schlechter auf neue Eingebungen oder widriges Wetter reagieren. Die spontane Suche nach einer geeigneten Unterkunft zur Hochsaison artet oftmals in Stress und Frust aus. Campingplätze können zwar auch voll belegt sein, aber die Ausweichmöglichkeiten sind meist besser.

Hinzu kommt, dass außer in Großstädten und touristischen Brenn-punkten die Zentren vieler Orte faktisch wie ausgestorben sind und selbst *Shopping Malls* meist nur bis 21 Uhr geöffnet haben. Nach dem Abendessen bleiben so oft nur Fernseher oder Laptop als Zer-streuung, während der Campingreisende gemütlich am Lagerfeuer sitzt. Aber das muss nicht zwangsläufig so sein! Jeder kann einen Grill im Kofferraum mitführen und ihn im nächsten Stadtpark oder Strand aufstellen und den Tag dort ausklingen lassen. An vielen schönen Orten und Naturschutzgebieten findet man ohnehin kos-tenlose Picknickplätze mit Tischbänken und Grillrost.

Kontakte zu anderen Reisenden ergeben sich in H/Motels ohne Service-Einrichtungen eher selten, weil der einzelne Gast ziemlich isoliert ist. Ganz anders sieht es hingegen in eher familiär betrie-benen **B&Bs** (meist teurer als Hotels der unteren Mittelklasse) wie auch in *Hostels* aus. Letztere Variante schließt auch noch weitere Vorteile ein:

PKW/Hostel Wer überwiegend in **Jugendherbergen** im Mehrbettzimmer absteigt, bewegt sich kostenmäßig nur geringfügig über dem Zelturlauber (im Schnitt €20/Nacht). Selbst bei Nutzung von Einzel-/Doppel-zimmern (ab €50/Nacht) zahlt man noch immer deutlich weniger als in H/Motels, aber mehr als für einen RV-Stellplatz.

Längere Mietdauer

Ebenso wie eine Mindestmietdauer bei Leihfahrzeugen vorge-schrieben ist (Pkws meist vier oder fünf aufeinander folgende Tage und Camper sieben Tage), so gibt es auch einen maximalen Miet-zeitraum. Man kann das Auto meist dann zwar noch länger fah-ren, muss aber – je nach Anbieter – spätestens nach 30-56 Tagen zurück zu einer Vermiet-Station und einen neuen Vertrag unter-schreiben (mit oder ggf. auch ohne Fahrzeugwechsel).

Ein **Autokauf** in Nordamerika rentiert sich in der Regel erst ab dem 3. Monat. Der Aufwand (Suche, Anmeldung, Wiederverkauf etc.) sollte dabei nicht unterschätzt werden, allen voran das Abschließen einer Haftpflichtversicherung, die man als Ausländer nur schwer und/oder zu extrem hohen Tarifen bekommt. Firmen wie www. wheels9.com bieten garantierten Rückkauf (*buyback*) an.

Beim Zelten in den Bergen darf auch im Sommer nachts nicht mit gemütlichen Temperaturen gerechnet werden; hier im North Cascades Nationalpark

2.4   Nordamerika per Bus oder Bahn

Wie bereits näher erläutert (➢ Seite 84) ist das öffentliche Ver-
kehrssystem lange nicht so flächendeckend angelegt wie in Europa.
Eisenbahn- und Busnetze sind in Nordamerika sehr »weitmaschig«
und weisen eine recht niedrige Verkehrsfrequenz auf. Bei dieser
Art zu Reisen bleiben die meisten Nationalparks und die schönsten Plätze in der Natur unerreichbar oder können nur mit viel
Aufwand und beachtlichen Extrakosten besucht werden. Hinzu
kommt, dass Eisenbahnfahrten per Einzelticket und ohne *Rail-
pass* ein teurer Spaß sind. Der Trip durch den Westen per Schiene
macht nur für eingefleischte Eisenbahn-Fans Sinn, sonst kaum.
Auch *Greyhound* stellt als Transportmittel für individuelle Reisen unter ökonomischem Aspekt seit der Abschaffung der Bus-
pässe keine echte Alternative mehr da.

2.4.1   Greyhound-Busse

Bei Reisen mit der fast monopolistischen Fernbuslinie *Greyhound*
(»Windhund«) muss man die **Tickets** mit Sitzplatzreservierung für
die geplanten Teilstrecken vorab kaufen. Frühbucher finden im
Internet Rabatte und recht variable Tarife je nach Wochentag, Start-
zeit, Auslastung etc. Wer viel Mühe in die Suche und Routenplanung steckt, kann mit dem *Greyhound* immer noch relativ preiswert unterwegs sein, aber der Aufwand dafür ist sehr groß. Wer
flexibel bleiben möchte und erst vor Ort spontan bucht, darf überwiegend deutlich tiefer in die Tasche greifen. Meist sind daher
selbst Alleinreisende unter 25, die bei der Automiete höhere Kosten in Kauf nehmen müssen, so nicht günstiger unterwegs.

Moderne Busse bieten Komfort wie *Wifi* und Steckdosen an jedem
Platz, sie werden dennoch primär von der ärmeren Bevölkerungs-
schicht genutzt. Jeder, der es sich in Nordamerika nur irgendwie
leisten kann, fliegt oder benutzt sein eigenes bzw. gemietetes Auto.
Fahrplaninfo für beide Länder unter www.greyhound.com.
Tipp: *HI-Hostel*-Mitglieder erhalten jeweils 25% Rabatt.

2.4.2   Eisenbahn: VIA Rail und AMTRAK

Kanada   Das Streckennetz, auf dem kanadische Eisenbahnen unter der Ver-
bundbezeichnung *VIA Rail* Personen befördern, beträgt heute nur
noch 10.300 km. Dabei bezieht sich weit über die Hälfte dieser
Gesamtdistanz auf die Transkontinentalverbindung **Halifax–Montréal–Toronto–Vancouver**. Ab Toronto fährt Kanadas berühmtes-
ter Zug, der *Canadian*, die 4.466 km über Edmonton und Jasper
nach Vancouver in nur 86 Stunden. Im Westen bieten einige
Streckenabschnitte immerhin viel fürs Auge, speziell gilt das auf
der Fahrt durch die Rocky Mountains und weitere Bergketten in British Columbia. Wer allerdings die Reise für einen Zwischenstopp
unterbricht, wartet mindestens zwei Tage auf den nächsten Zug.

Ein Highlight ist die **Skyline Dome Car**, ein verglaster Aussichtswa-
gen in den Transkontinentalzügen – zugänglich für jeden Fahrgast

Luxuszug »Rocky Mountaineer«　www.rockymountaineer.com

Eine Sonderstellung nimmt der **Rocky Mountaineer** ein. Dieser Luxuszug fährt bei der Route »First Passage to the West« in zwei Tagen von **Vancouver** über die Nationalparks Glacier, Yoho und Banff **nach Calgary**. Der Preis für die 2x wöchentlich stattfindende Tour schließt Verpflegung und Übernachtung in Kamloops ein (in der Hochsaison ab CAD 1.950/Person). Die Streckenführung durch die **Canadian Rockies** ist attraktiver als die **VIA Rail**-Route von Kamloops nach Edmonton über Jasper.

Hier wird der rote Teppich ausgerollt, der Rocky Mountaineer in Jasper

unabhängig von der Ticketklasse. Reserviert werden müssen Einzel- und Doppelabteile mit Nasszelle, die nachts zu privaten Schlafzimmern umgebaut werden können, Liegeabteile (*berth*) und die *Coach*-Klasse (abteillose Großraumwagen).

Da einzeln gebuchte Fahrstrecken teuer sind, rentiert sich der *CANRAILPASS* relativ bald – gültig auf dem gesamten Streckennetz in der *Coach Class* (Plätze in Liege- oder Schlafabteilen sind in den *CANRAIL*-Tarifen nicht enthalten). Mit ihm darf man an 60 aufeinander folgenden Tagen ab der ersten Nutzung sieben (CAD 761) oder zehn Einzelfahrten unternehmen (CAD 989). Für die Version *Unlimited* zahlt man CAD 1.429; www.viarail.ca.

USA　Ähnlich die Situation beim südlichen Nachbarn: Die Einzeltickets des Passagier-Schienenverbundes **AMTRAK** sind meist eine ziemlich kostspielige Angelegenheit, für Rundreisen kommt daher bestenfalls ein für das gesamte US-Netz gültiger **Rail Pass** in Frage: $459 für 15 Tage (mit 8 frei wählbaren Teilstrecken), $689 für 30 Tage (12 Teilstrecken) oder $899 für 45 Tage (18 Teilstrecken). Für einen Liegewagenplatz kommen noch Zuschläge dazu.

Man kann den *Rail Pass* online (www.amtrak.com) oder über die Hotline ☎ 1-800-872-7245 bestellen, muss den Pass dann allerdings vor Ort am Bahnhofsschalter abholen. Aber **ohne Fahrausweis** (werden immer extra ausgestellt!) und ohne **Reservierung** darf man nicht in den Zug steigen. Mit anderen Worten, für spontane Entschlüsse bleibt nur wenig Raum. Einfach zum Bahnhof gehen, rasch ein Ticket kaufen und in den Zug springen, funktioniert im Allgemeinen nicht oder nur mit Glück.

Eine interessante Route könnte der **Cascades**-Zug sein, der die Städte Vancouver, Seattle, Portland, Salem und Eugene verbindet.

Buchung in Deutschland　*VIA Rail*- und *AMTRAK*-Auskünfte und Buchungen auch bei *CDR Nordamerikareisen* in Hamburg; ☎ (040) 30061670, www.crd.de.

2.5   Was muss mit, was nicht?

In den Koffer gehört alles, was man auch für eine ähnliche Reise in Europa mitnehmen würde – klimabezogen und aktivitätsabhängig. Wenn trotzdem etwas vergessen wurde, dann lässt es sich in Nordamerika meist leicht nachbeschaffen.

Speicherchips   Speicherkarten für Digitalkameras findet man zum Beispiel in den Fotoabteilungen der Kaufhäuser wie *Target, K-* oder *Walmart* und in den Läden der Elektronik-Kette *Best Buy*.

Steckdosen-/   Anders sieht es bei den **Adaptern** für die amerikanische Steckdose
Kfz-Adapter   aus, diese findet man bei uns problemlos in *Travel Shops* oder Kaufhäusern, nicht so in Übersee. Unbedingt mitnehmen! Zu beachten ist auch, dass einfache Elektrogeräte wie Föhn oder Rasierapparat sich nur benutzen lassen, wenn sie auf **110/125 V** umschaltbar sind.

Als sehr praktisch erweisen sich auch **USB-KFZ-Adapter** (ggf. mit Dual Port) zum Laden von Smartphones und Digitalkameras während der Fahrt. Alternativ kann man dafür jeweils ein **Ladegerät fürs Auto** (12 V) mitnehmen; der Stecker passt auch drüben.

Medika-   Die Reiseapotheke lässt sich in ***Drugstores*** wie *Walgreens* oder
mente   *CVS*, aber auch in ganz normalen Supermärkten wie *Safeway* mit umfangreichem und preiswertem Sortiment an rezeptfreien Medikamenten, komplettieren (Selbstbedienung sogar bei manchem Präparat, das es bei uns nur auf Rezept gibt). Wer **rezeptpflichtige Medikamente** benötigt, sollte unterwegs lieber nicht auf nordamerikanische Ärzte angewiesen sein, sondern einen ausreichenden Vorrat dabei haben. Außer in Notfällen (➤ Seite 152) ist ein Arzttermin für durchreisende Touristen schwer zu bekommen.

Medikamente, die abhängig machende Stoffe enthalten, können bei der Einreise zu Problemen führen. In diese Kategorie fallen etliche Herzmittel, Schlafmittel, Antidepressiva usw. Es schadet in solchen Fällen nicht, wenn man eine schriftliche Erklärung zur »medizinischen Notwendigkeit« des Hausarztes bei sich hat.

Brille   Brillenträgern sei empfohlen, neben einer **Reservebrille** den **Brillenpass** mitzunehmen. Damit kann man notfalls ohne den Umweg über einen Augenarzt (obligatorisch drüben) direkt einen Optiker aufsuchen. In großen Optikerläden gibt es angestellte Augenärzte.

Drogerie-   Recht teuer sind Drogerie-Artikel wie Zahnpasta, Shampoo, Hand-
Artikel   creme, Sonnenschutzmittel u.ä. Den Reisebedarf mitzubringen schadet nicht. Gegen Mücken und andere Quälgeister helfen Essenzen aus Europa nicht gut. Mit (hautschädlicheren) amerikanischen Mitteln hält man sich sämtliche Biester deutlich besser vom Leib.

Bekleidung/   Textilien und (Sport-)Schuhe sind in den USA allgemein recht preis-
Schuhe   wert, selbst Markenware von *Nike, Puma, Columbia* oder *Hugo Boss* gibt's in den **Outlet Malls** im Umfeld größerer Städte unter den bei uns gewohnten Preisen. Dort zahlt man etwa für ***Levi's Jeans*** bisweilen kaum mehr als die Hälfte wie hierzulande. Daher packt man hier am besten weniger als »eigentlich« benötigt ein; Größentabellen für Kleider und Schuhe ➤ Seite 154 bzw. 156.

Autokinder-sitze

Autokindersitze fallen nicht unter die Gewichtsbeschränkung fürs Gepäck und sind bei Kleinkindern auch praktisch im Flugsessel. Zu bedenken ist allerdings, dass es bei Mitnahme des eigenen Kindersitzes im Falle eines Unfalls ggf. zu **Problemen mit der Versicherung** kommen kann. Deutsche Kindersitze sind nordamerikanischen Mietsitzen zwar meist qualitativ überlegen, haben dort aber in der Regel keine Zulassung. Wer auf Nummer sicher gehen möchte, besorgt sich daher vor Ort einen (gebrauchten) Kindersitz oder bucht sie beim Autoverleiher für teures Geld dazu.

Zu bedenken für WoMo-Mieter

Für eine Campingreise könnte man außer ohnehin selbstverständlichen Utensilien ggf. noch Folgendes einpacken, sofern das Freigepäck dies zulässt (bzw. je Zusatzs- oder Übergepäckkosten):

• Einen **Erste-Hilfe-Kasten** wird man im Leihwagen/Wohnmobil meist vergeblich suchen und das, was man im *Drugstore* für $10-$20 findet, ist im allgemeinen dürftig ausgestattet und mit unserer vorgeschriebenen Ausrüstung nicht vergleichbar.

• Eine **Taschenlampe** ist für Autofahrer bei einer Panne in der Dunkelheit unverzichtbar; ebenso beim Camping (mitbringen oder ggf. drüben preiswert erstehen).

• Ein aus der heimischen Werkzeugkiste zusammengestelltes **Schraubenzieher- und Schlüsselset** plus einer **Zange** für eventuelle kleine Reparaturen ersparen vielleicht lange Stunden Wartezeit auf den Notdienst am Straßenrand. **Vielzwecktaschenmesser** (mit Dosenöffner) erweisen sich in mancher Situation auch als außerordentlich hilfreich.

• Eigene **Bestecke** (und ggf. ein bisschen persönliches Geschirr + Gläser). Denn was von den Camper-Verleihern im teuer extra berechneten *Convenience* oder *Camping Kit* in dieser Hinsicht geboten wird, erreicht kaum untere Kantinenqualität.

• Individuell wichtigen (leichten!) **Kleinkram** für die Küche, z.B. Salz-/Pfefferfässchen, Knoblauchpresse, Schnapsgläser (gibt's in den USA so gut wie nicht!), Salatbestecke etc. Man verliert Geld und Zeit für den Einkauf von Gegenständen, die unterwegs fehlen, aber nach wenigen Wochen obsolet sind und am Ende weggeworfen werden, da sich die Mitnahme nicht lohnt.

• **Eigenen Schlafsack und Bettwäsche.** Die in den Campmobilen vorhandenen Decken (üblicherweise im *Kit* enthalten) können ebenfalls häufig nicht befriedigen. Da die Camper-Vermieter meist nur Laken liefern (jeweils zwei davon pro Schläfer), sind außerdem eigene Bettbezüge für viele sicher eine gute Idee.

• Wer Laptop, digitale Kamera und mehr dabei hat, das per Akku versorgt wird, könnte sich vor der Reise einen **Spannungsumwandler** beschaffen (im Internet recht preiswert), der aus 12 V aus der Autosteckdose 110-230 V macht und während der Fahrt die Geräte wieder auflädt. Das ist ein wesentlicher Aspekt für Zelturlauber, die sonst ab und zu teurere Campingplätze mit Stromanschluss oder ein Motel buchen müssten. Es gibt auch kleine Solarzellenladegeräte, die für Handys etc. geeignet sind.

Unterwegs
in Nordamerika

*Going to the
Sun Road im
Glacier National-
park/Montana*

3.   UNTERWEGS IN NORDAMERIKA

3.1   Autofahren

3.1.1   Das nordamerikanische Verkehrsnetz

Ähnlich wie bei uns setzt sich das Verkehrsnetz in Übersee aus *National Roads* (Bundesstraßen), regionalen *State* bzw. *Provincial Roads* (Landesstraßen) und *County Roads* (Kreis-/Gemeinde-straßen) sowie weiteren Untergruppierungen wie z.B. *Forest Roads* (Forststraßen) zusammen. Keinerlei Unterschied besteht zwischen einer **Road (Rd)** und einem **Highway (Hwy)**, auch wenn man einen kleinen Feldweg normalerweise nicht als *Hwy* bezeichnen würde.

Autobahnen

Für *Interstates* (Verbindungen zwischen benachbarten US-Bundesstaaten) oder andere autobahnartig ausgebaute Fernstraßen in Nordamerika existiert zudem der Begriff **Freeway** *(Free* im Sinne von freie Fahrt/keine Kreuzungen). Etwas ungewöhnlich am *Freeway*-System sind Auf- und Ausfahrten auf der linken Seite.

Im Südwesten Kanadas gibt es nur wenige Autobahnen, darunter den **Coquihalla Hwy** (Entlastungsroute des *Trans-Canada Hwy* zwischen Hope und Kamloops), einige Teilabschnitte des **Trans-Canada Highway (TCH)**, der **Queen Elizabeth II Hwy** in Alberta sowie Umgehungsstraßen und Zubringer in das Okanagan Valley.

Bei **Toll Roads** oder **Tollways** handelt es sich um Straßen auf denen eine Gebühr (*toll*) fällig wird. Auch die Benutzung einzelner schnellerer Fahrspuren (*HOV Lanes*, ➢ Seite 117) auf einer Autobahn kann zahlungspflichtig sein.

Picnic Areas

Häufig anzutreffen sind großzügig angelegte **Rastplätze** (*Picnic* bzw. *Rest Areas*), nicht nur mit Toiletten, sondern ähnlich wie Campingplätze **mit Picknicktischen und Grillrosten** ausgestattet. Übernachten darf man dort aber nicht.

Gravel Roads

Für uns ungewohnt sind **Gravel** oder **Unpaved Roads**. In den West-Staaten/-Provinzen existieren erstaunlich viele Ortschaften, die nur über **Schotterstraßen** erreicht werden können. Bei anhaltender Trockenheit sind sie mitunter grausam staubig, bei Nässe rutschig und nach längerem Regen voller »Sumpflöcher«. Frequentiertere Strecken werden durch **Grading** regelmäßig instand gesetzt.

Durch die Bergwelten Kanadas führen viele Gravel Roads; hier der Smith-Dorrien Trail bei Canmore

Dirt Roads

Der niedrigsten Stufe in der Straßenqualität entspricht die ***Dirt Road***. Die »Dreckstraße« ist in der Regel ein besserer Feldweg, der sich bei Trockenheit manchmal angenehmer befahren lässt als eine *Gravel Road*, jedoch bei Regen verschlammen kann und dann selbst mit Vierradantrieb schnell **unpassierbar** wird.

Logging Roads

Die größeren **privaten Schotterstraßen der Holzindustrie** sind meist gut befahrbar, kleinere oft nur mit Vierradantrieb zu bewältigen. *Logging Trucks* haben dort immer Vorfahrt. Man benutzt sie außerdem auf eigenes Risiko. D.h., der Betreiber ist nicht haftbar zu machen, wenn etwa am Hang die Straße abrutscht.

Restrik-tionen

Das **Befahren nicht geteerter Straßen** wird von den meisten Verleihfirmen im »Kleingedruckten« untersagt oder mit Zuschlägen belegt. Bei Schönwetter, guter Straßenwartung und zurückhaltender Fahrweise ist übertriebene Sorge kaum angebracht – auch *Motorhomes* »überstehen« kurze *Gravel*-Ausflüge gut. Ganz vermeiden lässt sich Schotter ohnehin nicht, z.B. bei Straßenbauarbeiten, wenn die Autoschlange einem sog. *Pilot Car* über »Stock und Stein« folgen muss. Außerdem sind gleich eine ganze Reihe von **Nat'l Monuments**, **State** oder **Provincial Parks** sowie etliche **Campingplätze** oder **Trailheads** nur über *Gravel Roads* zugänglich.

Passiert mit diesen Mietfahrzeugen auf Schotterstraßen etwas (Unfall/technische Probleme), hat man vor allem hinsichtlich Versicherungen meist »schlechte Karten«. Nicht unterschätzen darf man das **Schleuderrisiko** – besonders für RVs. Auf *Gravel* und *Dirt Roads* bilden sich gerne waschbrettartige Rillen quer zur Fahrbahn aus, auf denen man leicht die Bodenhaftung verliert. Wer zu schnell unterwegs ist, dem droht das Heck seitlich wegzudriften.

Systematik

Zur Orientierung dient in erster Linie die **Nr (#)** in Verbindung mit der **Himmelsrichtung**. Bei einer Fahrt etwa auf dem *Trans-Canada Hwy* von Vancouver nach Osten folgt man der Ausschilderung ***#1 East*** und braucht auf die Ortsnamen nicht mehr zu achten. In den USA verlaufen *Interstates* mit **geraden Ziffern** in Ost-West- und mit **ungeraden** in Nord-Süd-Richtung. **3-stellige Ziffern** mit gerader Anfangszahl bezeichnen Stadtumgehungs-*Freeways*, mit ungerader Anfangszahl in die Zentren führende Stich(schnell)straßen. Jeder US-Bundesstaat und jede kanadische Provinz besitzt ihr eigenes Straßennummerierungssystem, so dass grenzüberschreitende Routen normalerweise die Bezeichnung wechseln. Ausnahme sind hier nur *Interstates* oder wichtige Verkehrsverbindungen wie der *Trans-Canada* oder *Yellowhead Highway*. Wenn zwei Straßen aufeinandertreffen und dann gemeinsamen über das Land führen, können sie sogar zwei oder mehr Nummern tragen.

Einige historisch relevante *Highways* haben zudem einen hübschen Beinamen und sind mit extra Schildern gekennzeichnet wie z.B. das unternalte Ahornblatt beim *Trans-Canada Hwy*.

km-/mi-Angaben

Entfernungen/Geschwindigkeiten werden in den USA in **Meilen (mi)** angegeben, in Kanada gilt das metrische System. Auch die Nummern der Autobahn-Ausfahrten *(Exits)* zeigen i.d.R. die Entfernung in mi/km ab der Grenze bzw. dem Beginn der Straße an.

3

3.1.2   Orientierung in Städten

Highways werden innerhalb kleinerer Städte oft zur **Main Street** (Hauptstraße). Zusätzlich erleichert eine meist schachbrettartige Anordnung der Straßen die Orientierung. Vielerorts verlaufen **Streets (St)** in Nord-Süd- und **Avenues (Ave)** in Ost-West-Richtung. Nicht selten werden Citys in **vier Quadranten** unterteilt. Alle Adressen, die z.B. südöstlich des Zentrums liegen, erhalten dann den Zusatz »SE« (*Southeast*). Meist werden Straßen mit aufsteigenden Ziffern bis zu den Stadtgrenzen durchnummeriert, so dass die erste nordwestlich des Zentrums **1st Street NW** heißt und östlich davon in die **1st Street NE** übergeht.

Dieses Grundschema wird mitunter aber auch variiert. In Edmonton z.B. beginnt die Nummerierung nicht in *Downtown*, sondern läuft durchgehend von Stadtrand zu Stadtrand. Manchmal können auch *Streets* Ost-West- und *Avenues* Nord-Süd-Verbindungen sein und Namen tragen anstelle der Nummern. Zusätze für die Himmelsrichtung bleiben aber auch meist ihnen erhalten.

Adressen   Die Adressen sind mancherorts analog zum Straßensystem aufgebaut. Häuser werden nicht wie bei uns durchnummeriert, sondern ihre Ziffern zeigen häufig die Distanz (in Fuß oder Metern) bis zum nächstgelegenen Stadtzentrum an. Hausnummern können daher 4- oder 5-stellig sein und nicht selten beginnt an jeder Querstraße ein neuer 100er-Abschnitt. Durch die vier »Stadt-Quadranten« können oft zwei Gebäude mit der gleichen Hausnummer auf derselben *Avenue* bzw. *Street* stehen, die sich nur am Zusatz der Himmelsrichtung unterscheiden.

In einigen kanadischen Städten ist das System noch leichter zu durchschauen: In Vancouver oder Calgary stehen z.B. an erster Stelle die Ziffern der vorangegangenen Querstraße, dann erst folgt die eigentliche zweistellige Hausnummer. Die Adresse »**2566, 7th Street SW**« kennzeichnet also das Hauses mit der Nr. 66 auf der 7. Straße, südlich der 25the Ave bzw. zwischen 25th und 26th Ave.

3.1.3   Abweichende Verkehrsregeln

Europäer finden sich im nordamerikanischen Straßenverkehr gut zurecht. Man gewöhnt sich schnell an die Tempolimits sowie an die meist deutlich gelassenere und rücksichtsvollere Fahrweise. Verkehrszeichen und -regeln (www.drivinglaws.aaa.com) entsprechen weitgehend den europäischen, es gibt aber einige wichtige Unterschiede, die man unbedingt beachten muss:

Vorfahrt   Das **Stoppschild** hat zwar dieselbe Bedeutung wie bei uns, aber an vielen Kreuzungen weisen alle Straßen solch ein Zeichen auf (*4-way* oder *all-way stop*). Dort gilt: »Wer zuerst kommt, fährt zuerst!« Es müssen alle Verkehrsteilnehmer anhalten und sie dürfen nur in **Reihenfolge der Ankunft** weiterfahren. Bei aufgestautem Verkehr zählt das Erreichen des weißen Fahrbahnbalkens. Das Anhaltegebot gilt auch bei leeren Querstraßen und wird strikt befolgt. Unklarheiten löst man in Übersee stets durch Zuvorkommenheit.

Schulbus

Eine der wichtigsten bei uns nicht bekannten Regeln betrifft die gelben, meist nostalgisch wirkenden **Schulbusse**: Sie dürfen weder überholt noch vom Gegenverkehr passiert werden, wenn sie anhalten und Kinder ein-/aussteigen lassen. Warnblinkleuchten an allen Ecken der Busse und ausgeklappte Schilder markieren die Stopp-Phasen, die einer roten Ampel gleichzusetzen sind. Ein Nichtbeachten gilt als schweres Verkehrsdelikt. Generell ist bei Fußgängern besondere Vorsicht geboten, denn die »schwächeren Verkehrsteilnehmer« haben Vorrecht und Autofahrer sind bei Zwischenfällen praktisch immer schuld.

Bei ROT rechts abbiegen

Zeigt eine **Ampel rot** (sie sind meistens erst hinter den Kreuzungen aufgestellt!), darf unter Beachtung der Vorfahrt des Querverkehrs rechts abgebogen werden, es sei denn, ein Schild »*No Turn on Red*« untersagt dies ausdrücklich. Im Fall einer gesonderten Abbiegerspur **muss** sogar bei Rot abgebogen werden, solange dies der Querverkehr zulässt. Die Lichterfolge an der Ampel ist Grün-Gelb-Rot-Grün; die Rot/Gelb-Phase vor dem Grün entfällt.

Rechts überholen

Auf mehrspurigen Straßen wird in Nordamerika **legal rechts überholt**. Daran muss man sich erst gewöhnen und den rechten Fahrspuren auf den Autobahnen hohe Aufmerksamkeit schenken. Außer in Bereichen mit einem der eher selten anzutreffenden »Slower Traffic Keep Right«-Schilder empfiehlt es sich in der mittleren Spur zu verweilen, die linke nur zum Überholen und die rechte nur zum Abfahren zu nutzen. Unmotivierter Fahrbahnwechsel kann sogar geahndet werden (*Stay in Lane*), über ein stures Spurhalten sollte man sich also nicht wundern. Auf stark befahrenen Straßen ist aber dadurch ein Spurwechsel oftmals schwieriger als bei uns.

Carpool/Fast/ Diamond/ HOV/HOT/ Express Lanes

Zwecks Förderung von Fahrgemeinschaften während der Stoßzeiten (*Rush Hour*) wurden auf Stadtautobahnen ganz links **High-Occupancy Vehicle (HOV)**, **Diamond** (mit Rautenzeichen), **Fast** oder **Carpool Lanes** eingerichtet. Sie dürfen zu definierten Zeiten

ausschließlich von Bussen, Taxis und »besser belegten« Fahrzeugen benutzt werden; »HOV-3«-Spuren beispielsweise nur ab drei Insassen.

Mancherorts kann man selbst als Einzelperson **Express Lanes** nutzen, muss dafür aber zahlen. Mit digitalen Anzeigetafeln werden die oftmals variierenden Gebühren auf diesen **High-Occupancy Toll (HOT)**

Verhalten bei Polizeikontakt

Polizeiliche Verfolgungen – z.B. wegen einer Geschwindigkeitsübertretung – laufen in Nordamerika so ab, wie wir es aus Fernsehserien und Filmen kennen. Der Streifenwagen schaltet seine rot-blaue Rundumleuchte ein und das kurze Aufheulen der Sirene ist das unmissverständliche Zeichen zum »Rechtsranfahren«. Auch nach dem Anhalten bleibt der Sheriff hinter dem gestoppten Auto. Der Übeltäter wartet mit **beiden Händen gut sichtbar auf dem Lenkrad**, bis der *Police Officer* kommt (das kann mitunter etwas dauern!). Auf keinen Fall darf man währenddessen hektisch nach Papieren suchen, das könnte als Griff zur Schusswaffe missdeutet werden. Aussteigen wird einem Fluchtversuch gleichgesetzt.

Gewöhnlich ist die Polizei bei Kontrollen zuvorkommend und höflich. Von einem Strafmandat (*Ticket*) für geringfügige Übertretungen wird bei ausländischen, sich kooperativ verhaltenden Touristen schon 'mal abgesehen. Aber zu arg darf man es nicht getrieben haben. Polizisten in Touristengebieten sind »deutsche Raser« bekannt und verpassen daher gelegentlich auch knallharte Denkzettel. *Speeding* kann in Nordamerika richtig teuer werden! Die Eröffnung eines ernsthaften Disputs mit einem Ordnungshüter ist in Anbetracht seiner (für uns) erstaunlichen Machtbefugnis nicht ratsam. Die respektvollen Anreden lauten »Officer« oder »Sir«. In Nationalparks besitzen die *US-Ranger* oder kanadischen *Warden* einen ähnlichen Status wie außerhalb die Polizei.

Wer ein *Ticket* erhält, darf im beigelegten Umschlag Dollars bar verschicken oder bei einer Bank per *Money Order* das Bußgeld einzahlen. Bei Versäumnis hat der Autovermieter die Angelegenheit bald auf dem Tisch. Da er die Kreditkartennummer seiner sündigen Kunden kennt, werden deren Karten belastet (zuzüglich einer ordentlichen Bearbeitungsgebühr).

Driving under the Influence (DUI)

Gegenüber **Drogen** am Steuer gilt *Zero Tolerance* und auch **Alkohol** wird härter bestraft als bei uns. Die Promillegrenze liegt zwar bei **0,8** (**in British Columbia bei 0,5**, Fahrer unter 21 Jahre 0,0‰), aber die geringste Auffälligkeit genügt auch bei weniger Alkohol im Blut für jede Menge Ärger. Angetrunkene oder gar trinkende Beifahrer neben einem stocknüchternen *Driver* zählen bereits zum Tatbestand »Alkohol im Verkehr«. Sogenannte *Open Container* (nicht originalverpackte alkoholische Getränke, selbst ungeöffnete Einzelflaschen) müssen im Kofferraum transportiert werden. Theoretisch ist nicht einmal die bereits entkorkte, noch nicht vollständig geleerte Weinflasche vom Vorabend im Kühlschrank des Campers erlaubt. Weitere Details sind staats- und landkreisabhängig. Wer hinsichtlich Drogen/Alkohol auffällt, wird registriert und je nach Schwere des Delikts in Zukunft nicht wieder ins Land gelassen – *ESTA/eTA* weiß alles. Daher lieber kein Risiko eingehen und nur nüchtern fahren.

Lanes angezeigt. Mit Glück entgeht man so einem Stau, muss sich aber beim Abfahren von der Autobahn vorher durch 3-6 dicht besetzte Normalspuren kämpfen. Schnellspuren dürfen nur an bestimmten Stellen verlassen werden, im ungünstigsten Fall nicht beim vom Navi angezeigten *Exit*.

Linie/ Doppellinie

Durchgezogene **Fahrbahn-Trennmarkierungen** dürfen zum Überholen oder Abbiegen überfahren werden. Die Funktion der bei uns und in ganz Europa einfachen Linie übernimmt in Übersee eine auf keinen Fall zu überfahrende Doppellinie.

Tempolimits

In den **USA** gelten auf *Interstates* und autobahnähnlichen Straßen *speed limits* von 65-80 mph (105-129 km/h). Auf allen anderen Straßen sind 55 mph das Limit und innerörtlich 30 mph (48 km/h), sofern nicht ausdrücklich anderes erlaubt bzw. vorgeschrieben.

In **Kanada** beträgt die zulässige Höchstgeschwindigkeit auf Autobahnen meist 110-120 km/h, auf anderen Straßen 80 km/h (gelegentlich bis zu 100 km/h) und innerorts 50 km/h.

Stationäre Radargeräte sind selten, die Einhaltung des Tempos wird überwiegend aus Polizeifahrzeugen kontrolliert (auch in entgegen kommender Richtung). Wer zu schnell am Sheriff vorbeibrettert, hat bald einen Wagen mit »Christbaumbeleuchtung« im Rückspiegel und muss rechts ranfahren, ➢ Exkurs links.

Move-Over Laws

Gesetzlich vorgeschrieben ist in West-Kanada sowie in den US-Bundesstaaten auch das Ausweichen, wenn am Straßenrand ein **blinkendes Fahrzeug** (Polizeiauto, Rettungs- oder Abschleppwagen etc.) steht. Wer in solch einem Fall nicht abbremst und die **Spur wechselt**, wird schnell zur Kasse gebeten. Nur wenn das Verkehrsaufkommen zu groß für solch ein Manöver ist, darf man langsam (!) daran vorbeifahren; www.moveoveramerica.com.

Parken

Die **Parkvorschriften** in Nordamerika sind streng und tunlichst zu beachten. Die Polizei ist ständig unterwegs, verteilt *Tickets* oder lässt abschleppen (Gebühr in Citys leicht €200 und mehr). Wer auf Plätzen ohne Parkuhr die maximal erlaubte Zeit überschreitet, handelt sich ebenfalls schnell einen teuren Strafzettel ein, auch dort wird kontrolliert.

Innerstädtische **Parkverbote** sind in den USA mit einem »*No parking any time*«-Schild und/oder durch farbig markierte Bordsteine gekennzeichnet: **Rot** signalisiert ein absolutes Halteverbot, **Gelb** = Ladezonen (mit Zeitangaben), **Weiß** = Kurzzeitparken zum *Drop-off* von Passagieren, **Blau** kennzeichnet die *Accessible Parking Zone* (nur für Behinderte), **Grün** = zeitlich begrenzte Parkerlaubnis. Als *Tow Away Zones* (Abschleppzonen) sind Straßenabschnitte gekennzeichnet, auf denen abgestellte Fahrzeuge ohne »Vorwarnung« sofort abgeschleppt werden.

Auch **Hydranten** – sie stehen in Nordamerika alle naselang – dürfen nicht zugeparkt werden: Rund 5 Meter müssen auf beiden Seiten frei bleiben, sonst drohen in kürzester Zeit der Abschleppwagen und ein hohes Bußgeld.

3

3.1.4   Tanken und Pannen

Benzin

Benzintarife in Nordamerika schwanken mit dem Rohölpreis und je nach Region stark. *Regular*, *Plus/Mid* oder *Premium Unleaded Gas* (unverbleites Benzin mit unterschiedlicher Oktanzahl) ist aber überall deutlich günstiger als bei uns. Leihwagen kommen meistens sogar mit der billigsten Sorte (*Regular*) zurecht.

Aktuelle **Benzinpreise** in den USA entnimmt man der Karte unter www.gasbuddy.com/GasPriceMap und die kanadischen Städte sind unter www.gasbuddy.com/GasPrices/BC bzw. /Alberta gelistet. Im Herbst 2018 kostete im US-Nordwesten die **Gallone (3,785 Liter)** *Regular* zwischen 2,50 USD in South Dakota und 3,90 USD in San Francisco (in Euro/Liter: 0,55 bzw. 0,86). In Kanada wird Benzin nach Litern berechnet, dort zahlte man durchschnittlich 1,29 CAD in Alberta und 1,47 CAD in British Columbia (€0,83 bzw. €0,96).

Self Service

Wegen der enormen Preisunterschiede zu *Full-Service Stations* ist Selbstbedienung die Regel, mit Ausnahme von Oregon (nur der Tankwart darf dort die Einfüllpistole halten). Wer selbst tankt, muss Vorkasse leisten und dann zunächst einen Hebel an der Tanksäule ziehen, drücken oder umlegen, sonst fließt kein Sprit.

Cash or Credit

Der Benzinpreis in Kanada ist meist noch unabhängig von der Zahlungsweise. In den USA unterscheidet man mittlerweile immer mehr zwischen *Credit* und *Cash*. Barzahlung ist dann gleich um etliche *Cents* billiger. Gelegentlich fragt der Zapfsäulen-Computer nach der Postleitzahl der Rechnungsadresse. Wenn er sich mit dem korrekten deutschen oder einem x-beliebigen amerikanischen Code (z.B. 90210) zufrieden gibt, wird man an die Kasse gebeten (*See* »*Cashier*«=Kassierer). Nach Barzahlung oder Abbuchung eines bestimmten Betrags erhält man die Freigabe der Zapfsäule. Überschüssige Vorauszahlung wird anschließend abgerechnet.

Reifendruck

Einen Druckluftservice, wie bei uns selbstverständlich, vermisst man an den meisten Tankstellen. Wo vorhanden, springt ein schwachbrüstiger Münzkompressor gegen *Quarters* ein paar Minuten an. Das Ventil des Schlauchs gibt unter Druckbelastung eine Skala frei, oder man muss selbst mit eigenen, billig zu erwerbenden Prüfern im Kugelschreiberformat nachchecken.

Die Reifendruckempfehlung des Herstellers findet man bei amerikanischen Fahrzeugen meistens an Türrahmen oder Tür der Fahrerseite, gelegentlich auch im Deckel des Handschuhfachs.

Wartung/ Ölwechsel

Nur bei sehr langfristig ausgeliehenen Fahrzeugen stellt sich die Wartungsfrage. Bei Wagen von *Avis, Hertz* etc. überlässt man das nicht den Mietern, sondern macht mehrere Verträge hintereinander, bei deren Ablauf die Stationen der Firmen anzufahren sind und das Fahrzeug gewechselt wird. Die eigenständige Wartung (insbesondere der **Ölwechsel**) wird bei Langzeitmiete ggf. beim Campmobil verlangt. Ist die entsprechende Meilenzahl erreicht, läuft man eine der allerorten vorhandenen **Service-Stationen** mit Bezeichnungen wie *Quick Lube* an (*to lube* = abschmieren/ölen).

Neben Öl- und Filterwechsel werden dort auch alle anderen wichtigen Checkpunkte abgeprüft und erledigt (z.B. Bremsflüssigkeit, Getriebeöl auffüllen). Die dafür anfallenden Kosten verrechnet der Vermieter bei der Rückgabe.

Pannenhilfe
Auto- und Campervermieter geben ihren Kunden die Nummer der meist Tag und Nacht besetzten Notfallzentrale mit auf den Weg, die bei Pannen/Unfällen angerufen werden muss.

AAA/CAA Straßendienst
Ebenfalls bei Pannen helfen können die amerikanischen Automobilclubs **AAA** und **CAA** (➤ unten), die beide einen **Emergency Road Service** unterhalten. Einsatzwagen patrouillieren wie bei uns auf Autobahnen und vielbefahrenen Strecken. Im Ernstfall wählen Mitglieder europäischer Automobilclubs in beiden Ländern gebührenfrei ✆ **1-800-222-4357** und erfahren dort die lokale **Emergency Number**. Wer seine *ADAC-/ÖAMTC-/ACS*-Karte vorweisen kann, wird *AAA/CAA*-Mitgliedern weitgehend gleichgestellt.

Der *ADAC* unterhält gemeinsam mit dem *AAA* auch einen **Notruf in deutscher Sprache** für Urlauber in ganz Nordamerika. Bei Anruf in der rund um die Uhr besetzten *ADAC*-Notrufzentrale in München wird man weiterverbunden:

✆ **011 49 89 222222** (bei Fahrzeugschäden) oder

✆ **011 49 89 767676** (bei Verletzungen).

3.1.5 Die Automobilclubs

Die Mitgliedskarten (*membership card*) europäischer Automobilclubs werden auch vom dem **CAA** (*Canadian Automobile Association*, www.caa.ca) und **AAA** (*American Automobile Association*, kurz **Triple A**, www.aaa.com) akzeptiert.

Gratis Infos
Für alle Provinzen Kanadas und US-Staaten liegen in den klubeigenen Shops u.a. gratis Stadtpläne (*City Maps*), Straßenkarten (*Road Maps*) und Reisehandbücher *(TourBooks)* aus. Auch Reiseliteratur ist dort meist preiswerter als in Buchläden. Geschäftsstellen von *CAA* bzw. *AAA* findet man in allen Orten ab mittlerer Größe.

Discounts
Mitglieder erhalten zudem zahlreiche Vergünstigungen bei Hotelbuchungen, Restaurants und Attraktionen. Vor Ort auf die **Show your card** & **save**-Aufkleber achten! Am besten druckt man sich schon zu Hause die **AAA Discount Card** aus: www.adac.de/mitglied schaft/mitglieder-vorteilsprogramm/international/amerika.aspx.

3.1.6 Straßenkarten und Atlanten

Für die erste Grobplanung der Nordamerikareise genügen die Karten dieses Reiseführers und das Internet. Mit **Google Maps** ist das Erstellen der ganz persönlichen Tour am Bildschirm ein Kinderspiel, ebenso mit **Mapquest**. Dort kann man das Ergebnis samt Entfernungen auch ausdrucken und sich noch Hotels/Restaurants en route empfehlen lassen. Bei den Zeitangaben ist jedoch bei beiden Anwendungen etwas Vorsicht geboten.

**Straßen-
atlanten**

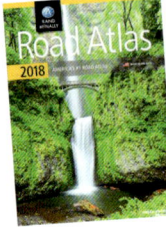

Sich bereits vor der Reise für teures Geld Karten anzuschaffen, lohnt daher kaum. Der jährlich neue *Rand McNally Road Atlas* ist für die USA unschlagbar und er enthält auch das südliche kanadische Straßennetz. Den Marktführer findet man hierzulande in geographischen Buchhandlungen, in Globetrott-Shops sowie im Internet. In Übersee kostet er 15 USD, als verbilligter Sonderdruck in Kaufhausketten wie *Wal Mart*, *K-Mart* oder *Target* ab 7 USD; www.randmcnally.com/publishing.

Zur Not tun es die *Official Hwy Maps* der Tourismusbehörde, die in den Besucherzentren oder *Welcome Centers* fast aller Staaten/ Provinzen gratis oder gegen geringe Gebühr verteilt werden. Besser aber sind die detaillierten *Road Maps* der Automobilclubs *AAA* und *CAA*, die drüben in den Filialen auch Mitgliedern europäischer Clubs kostenlos überlassen werden. Die Karten für die einzelnen Staaten/Provinzen kann man außerdem in Buchläden, an Tankstellen, Besucherzentren usw. kostenpflichtig erwerben.

Von guter Qualität sind auch die *Topographic Recreational Maps* (begrenzt auf die USA). Auf ihnen sind jede Menge Attraktionen, *Campgrounds* und Pisten durchs Hinterland eingezeichnet. Praktisch ist auch die Übersicht auf der Rückseite mit den in Parks oder Nationalforsten vorhandenen Einrichtungen wie Picknick- und Campingplätzen oder Badestränden. Die Karten kosten allerdings 4,95 USD pro US-Bundesstaat; www.gtrmapping.com. Für eine größere Rundreise durch den US-Nordwesten ist man daher mit dem *Rand McNally Road Atlas* besser bedient.

**Karten fürs
Smartphone**

Für Android können die Straßenkarten sämtlicher US-Bundesstaaten gratis unter www.openandromaps.org heruntergeladen und auf dem Smartphone mit einer entsprechenden Karten-Viewer-App geöffnet werden (*Locus* oder *OruxMaps*). Das kostenpflichtige *GPS Navigation Sygic* hilft aber besser bei der *Offline*-Navigation vor Ort. Fürs *iPhone* gibt es Programme wie zum Beispiel *Navfree GPS Live USA* (gratis) oder das noch bessere *CoPilot Premium USA*.

Zimmer mit »shared bathroom« (Gemeinschaftsbad) wie im The Cube-Boutique Hotel in Revelstoke/Kanada sind meist deutlich günstiger, aber eher unüblich in Nordamerika

3.2   Unterkünfte

3.2.1   Hotels und Motels

H/Motels konzentrieren sich in Nordamerika unübersehbar an den Ausfallstraßen von Städten und Ortschaften, an typischen Ferienrouten, in der Nähe der Flughäfen und in bestimmten Bereichen der großen Citys. Touristen wird auch die spontane Suche nach einer geeigneten Unterkunft leicht gemacht: Bei vielen Motels leuchten Schilder mit **Vacancy**/**No Vacancy**, **Welcome**/**Sorry** oder **Yes**/**No**, so dass meist klar ist, ob die Nachfrage nach einem freien Zimmer lohnt. Wobei man sich aber nicht nach einem – sprachlich naheliegendem – »free room« erkundigen sollte (=gratis Zimmer!).

Die Begriffe **Hotel**, **Motel** und **Motor Inn** werden in Kanada genau wie in den USA ohne klare Abgrenzung verwendet. Für die Qualitätseinstufung spielen sie eher eine nachrangige Rolle.

Motel

Motels verfügen typischerweise über ebenerdige oder doppelstöckige ohne weiteres von außen unkontrolliert zugängliche Zimmertrakte. Das Fahrzeug kann dort meist nahe am gemieteten *room* abgestellt werden. Der Gästeservice beschränkt sich auf Getränke-/Snacktütenautomaten sowie Eiswürfelmaschinen. Auf dem Lande besteht manches Motel aus einer Ansammlung von *Cabins* oder *Cottages*, zimmergroße Holzhäuschen meist mit eigenem Bad und teils sogar mit Küchenzeile ausgestattet.

Motor Inn

Motor Inns sind vom Standard her im Schnitt etwas höher angesiedelt. Oft verfügen sie über Restaurant/Bar und der Zutritt zu den Zimmern erfolgt teils wie im Hotel über die Rezeption.

Hotel

Eine allgemein zutreffende Kennzeichnung wie im Fall der *Inns* und Motels lässt sich für die **Hotels** nicht formulieren. Zwischen den »Absteigen« in Randbezirken und oft nur wenige Blocks entfernten Luxusherbergen liegen Welten. Gemeinsames Merkmal fast aller Hotels ist die zum Haus gehörende Gastronomie und die Erhältlichkeit von Alkoholika (nie in Motels, bedingt in *Motor Inns*). Bei innerstädtischen Hotels werden oft **hohe Gebühren für bewachte Parkplätze** berechnet und beim sog. *valet parking* durch Hotelpersonal fällt noch zusätzlich Trinkgeld an.

Lodge

Vor allem in landschaftlich reizvollen Gebieten und Nationalparks nennen sich Hotels gerne *Lodges* und signalisieren damit, dass **Aktivitäten** wie Reiten, Fischen, Kanufahren, *White Water Rafting* etc. geboten werden oder im Umfeld möglich sind.

Resort

Ähnliches gilt für *Resorts*, die mit ihren meist großzügigen Anlagen voll auf Familien- und Sporturlaub zugeschnitten sind.

Zur Art der Zimmer

Üblich sind in der Mehrheit der H/Motels heute **smoking** und **non-smoking rooms**. Für viele bedeutsam ist auch die Alternative **first** oder **second floor** (= 1. Stock). In Motels mit Außenkorridoren liegt das Erdgeschoss mit Auto vor der Tür »gepäckgünstig«. Das Obergeschoss ist meist ruhiger, erfordert aber manchmal erhebliche Gepäckschlepperei über entfernte Treppen. **Connecting Rooms** (Zimmer mit Verbindungstür) sind nur für Familien ideal.

Ausstattung   Die Innenausstattung amerikanischer Unterkünfte zeichnet sich durch eine **weitgehende Uniformität** aus: Je nach Größe des Raums ein *king* (1,93 x 2,03 m) bzw. *queen bed* (1,52 x 2,03 m) oder *two queens* bzw. *doubles* (1,35 x 1,90 m), gegenüber der Fernseher, ggf. eine kleine Schreibplatte, in der Ecke Sessel/Stühle plus Tischchen; oft auch Kühlschrank, Kaffeemaschine/Mikrowelle. Man schläft zwischen zwei Laken unter einer Wolldecke, deren Zustand (nicht nur) in billigen Unterkünften schon mal zu wünschen übrig lässt.

Ein **eigenes Bad (*ensuite*)** ist – unabhängig vom Preis – Standard in Hotels/Motels, mit nur wenigen Ausnahmen in Citys. In sommerheißen Gebieten darf außerdem überall mit einer **Klimaanlage** gerechnet werden, die aber in einfachen Quartieren oft laut ist. Unterschiede im Preis drücken sich weniger in generell vorhandenem Mobiliar und Zimmergröße als in Qualität/Gediegenheit der Ausstattung und Grad der Abnutzung aus. Neuere Häuser der oberen Mittelklasse bieten bereits einen Raumkomfort, der denen in weitaus teureren Hotels meist kaum nachsteht.

EZ/DZ   Mancherorts wird in der Werbung der günstigste Preis herausgestellt, nämlich für Einzelbelegung. Dann steht ein kleines »sgl« für *single occupancy* hinter der Zahl. Tatsächlich gibt es in Nordamerika aber so gut wie nirgends »echte« Einzelzimmer, mindestens steht ein Doppelbett im Raum. Der DZ-Preis liegt dann nur wenig über dem fürs Einzel oder ist sogar identisch. In Zimmern mit zwei *Queen*- oder *Kingsize*-Betten können meist bis zu vier Personen übernachten, ohne dass dafür immer ein Aufgeld verlangt wird. **Kinder** sind – oft bis zum Alter von 16/18 Jahren – im Zimmer mit ihren Eltern normalerweise »frei«.

Tarife   **Alle Preisangaben sind netto.** Hinzu kommt immer die **Sales Tax**, die im Hotelgewerbe häufig höher liegt als sonst (bis zu 16%).

Die Zimmerpreise unterliegen erheblichen regionalen und saisonalen **Schwankungen**. Aber sieht man ab von großen Citys (vor allem San Francisco, Seattle und Vancouver), bestimmten Brennpunkten des Tourismus zur jeweiligen Saison (z.B. *Yellowstone*, *Glacier* oder *Banff National Park*) werden noch durchaus moderate Tarife verlangt. Es gibt nach wie vor eine relativ große Zahl einfacher Motels, die bei Belegung mit zwei Personen auch in der Hochsaison nur bis zu €80 pro Nacht und Zimmer fordern – vor allem auf dem Land und in kleinen Ortschaften. Diese Quartiere findet man allerdings oft nicht über die gängigen Buchungsmaschinen.

Die Mehrheit der Unterkünfte in der (durchaus akzeptablen) Mittelklasse liegt preislich bei €80-€150. Nur selten berechnen diese Motels ohne Sonderfaktoren wie Airportnähe, Wochenende, Großveranstaltung etc. über €150 fürs Zimmer.

Senioren   **Für Senioren** gibt es oft Nachlässe, wobei man auch schon mal ab 55 Jahren so definiert wird. In den meisten Hotels beginnt der discountberechtigende Seniorenstatus aber mit 63.

Trinkgeld   Auch H/Motelangestellte sind in Nordamerika nicht gut bezahlt und erwarten ein *tip*; alle Details dazu ➤ Seite 156.

Discount Coupons
(nur USA)

In den Touristeninformationen, aber auch in Restaurants wie *Denny's* oder *Burger King* liegen in den USA zur freien Bedienung sogenannte **Coupon Guides** voller Rabattgutscheine (*Coupons*) für Unterkünfte. Sie beziehen sich überwiegend auf Häuser der Ketten an *Interstates*, in Städten und rund um touristische Attraktionen; im Web unter www.hotelcoupons.com/find-a-guide/view-guide.

Ein Anspruch auf diesen Vorzugspreis besteht indessen nicht; es kommt auf die jeweilige Auslastung und auf das Kontingent an »Billigzimmern« an. Beim *Check-in* empfiehlt es sich zuerst nach dem Tagestarif zu fragen (»*What's your best rate today?*«) und bei vorhandener Automobilclub-Mitgliedschaft ggf. auch noch nach der »*Triple A Rate*« (*AAA* bringt meist 10% Rabatt!). Gelegentlich liegt die genannte Summe auch schon mal unter dem *Coupon*-Angebot. Ist das nicht der Fall, bringt man den Gutschein ins Spiel.

Frühstück

Ein Frühstück, wie wir es aus Mitteleuropa kennen, ist selten im Zimmerpreis enthalten. Das gängige **Free Continental Breakfast**, mit dem viele H/Motels – oft vollmundig – werben, ist meist dürftig und kann auch nur aus gewöhnungsbedürftigem Pumpkannen-Kaffee im Styroporbecher mit einem klebrigsüßen *Donut* oder *Muffins* bestehen. Zum **Free Hot Breakfast** gehört i.d.R. ein Waffeleisen zur Selbstbedienung, in gehobenen Häuser ggf. noch Rührei oder Omeletts. *Oatmeal* (Haferbrei), Toastbrot, Bagels, Joghurt, Äpfel, Bananen oder Orangen fehlen dort ebenfalls nicht.

Falls im Quartier kein Frühstück angeboten wird, geht der Gast ins nächste **Tim Horton's**, **Denny's**, **IHOP** o.ä., ➢ Seite 143.

Pay TV

Gratisfilme am laufenden Band (fast) ohne Werbeunterbrechung gibt es auf den Kanälen des **Cable-TV**, das manche Motels abonniert haben. Bessere Häuser bieten als Hausprogramm eine Auswahl neuester Produktionen (teils gegen Gebühr!).

WLAN/Wifi

Ab unterer Mittelklasse, speziell, was die Ketten betrifft, finden **Laptop- und Tablet-Nutzer** in der Mehrheit der H/Motels freien Zugang zum Internet (**free Wifi**), nur gelegentlich – und dann eher in teuren Häusern – fallen dafür Gebühren an. Das Passwort, so überhaupt notwendig, wird beim Einchecken ausgehändigt.

Typisches »Hot Breakfast Buffet« in Mittelklasse-Motels mit einem Waffeleisen (links), ein paar Muffins, Orangensaft, Milch und Cerealien (rechts).

Finden und Reservieren von Unterkünften

Unterkünfte findet man auch ohne Hotelverzeichnis oder Navi in den USA relativ leicht, indem man sich an der Werbung entlang von Autobahnen, an Ausfallstraßen oder in Flughäfen orientiert.

**Hotelver-
zeichnisse**

Wer nicht ganz auf sein Glück vertrauen möchte und Wert auf ein gutes Preis-Leistungs-Verhältnis bei der Übernachtung legt, besorgt sich das *CAA TourBook Western Canada* und die entsprechenden *AAA TourBooks* für die jeweiligen US-Bundesstaaten. Sie enthalten ziemlich umfassende **Unterkunftsverzeichnisse** mit aktuellen Preisen und Daten für Häuser ab der unteren Mittelklasse mit Rabatt-Angeboten für Klubmitglieder, ➢ Seite 121.

Auch die in vielen *Welcome* oder *Visitor Centers* gratis ausliegenden regionalen *Accommodation* bzw. *Hotel Guides* (Unterkunftsführer) sind hilfreich, ebenso die *Coupon Guides*, ➢ umseitig.

Buchung

Eine gute Übersicht liefern zudem im **Internet** Buchungsportale wie www.booking.com, www.expedia.com oder www.hotels.com. **Unabhängige Häuser** locken dort manchmal mit günstigeren Tarifen als bei Direktkontakt, **Kettenhotels** bucht man lieber mit Best-Preis-Garantie über deren Internetpräsenzen oder gebührenfreie Telefonnummern (➢ Seite 128). Dabei kommen Mitglieder der europäischen Automobilclubs in den Genuss des *AAA*-Rabatts (➢ Seite 121). Der *AAA*-Code für den deutschen *ADAC* lautet »00383« oder nur »383« für den *ÖAMTC* »00396« bzw. »396«.

Trotz der ansprechenden Fotos im Web sieht man aber natürlich immer erst vor Ort, ob die getroffene Wahl glücklich war. Denn mitunter entsprechen *Tripadvisor*-Beurteilungen (www.tripadvisor.com) oder ins Netz gestellte Bilder nicht so ganz den wirklichen Gegebenheiten. Das Ranking bei *booking.com* ist diesbezüglich meist verlässlicher und aktueller, zumal dort nur »echte Gäste« Bewertungen abgeben dürfen, die schon nach kurzer Zeit wieder verjähren.

Es empfiehlt sich, bei Buchungen immer auf die *refundable rate* zu achten, um im Fall einer Änderung/Stornierung Kosten zu vermeiden, wenn nicht ohnehin erst vor Ort zu zahlen ist.

Doppelzimmer im Motel 6: kaum Elektrogeräte außer Flachbildfernseher und ggf. Radiowecker. Kühlschrank, Föhn, Kaffeemaschine, oder Mikrowelle gehören so gut wie nie zur Standardausstattung dieser Low-Budget-Kette

Tipp: Weiß man schon, wo am nächsten Tag übernachtet werden soll, kann eine kurzfristige telefonische oder Internet-/App-Reservierung vorab nicht schaden. In der Regel genügt es aber, wenn man **am nicht zu späten Nachmittag** mit der Quartiersuche beginnt. Es gibt aber auch **Ausnahmen** wie besonders populäre Resort-Hotels, typische Wochenendziele, Regionen/Orte mit begrenztem Angebot, Veranstaltungstage etc.; ➤ Seite 131 (»**Vorbuchen von Unterkünften**«).

Kettenhotels bzw. -motels

Die Verteilung und Dichte von H/Motels der verschiedenen Ketten ist regional sehr unterschiedlich. Die **Ober- und Luxusklasse** konzentriert sich eher auf Großstädte, während die Mittelklasse (*Super 8, Econo Lodge, Ramada, Travelodge, Days Inn, Best Western, HI Express, Comfort/Quality Inn*) nahezu an allen wichtigen Orten und Verkehrsknotenpunkten vertreten ist.

Tarife

Die Ketten in der Übersicht (➤ umseitig) sind nach **Ober-, Mittel-** und **Untere Preisklasse** aufgeteilt, wobei die Grenzen insbesondere zwischen den letzten beiden fließend verlaufen. Die angegebenen Tarife dienen nur als **Anhaltspunkt** und können je nach Lage, Saison und Auslastung unter-, aber auch deutlich überschritten werden.

Qualität

Während die Oberklasse und gehobenere Mittelklasse (*Country Inn, Holiday Inn, Best Western* etc.) in den meisten Fällen einen Standard bieten, der den Erwartungen und dem Preis (im jeweiligen lokalen/saisonalen Rahmen) gerecht wird, so trifft das bei Weitem nicht auf alle Häuser der unteren Mittel- und Budgetklasse zu.

In der Mittelklasse gibt es große Abweichungen innerhalb einer Gruppe. So sind bei *Choice Hotels* etwa die *Comfort Suites* eindeutig der oberen Mittelklasse zuzuordnen, eine *Econo Lodge* oder ein *Rodeway Inn* hingegen ist mitunter kaum besser als so manches renovierte und gut geführte *Motel 6* (untere Preisklasse). Nicht selten werden Unterkünfte nach einigen Jahren (und mit schon deutlich sichtbarer Abnutzung) innerhalb der Hotelgruppe herabgestuft. So kann es passieren, dass ein vormals gutes *Comfort Inn* zu einer eher mittelmäßigen *Econo Lodge* wurde.

Auch in verschiedenen Häusern ein- und derselben Kette, die an sich überall einen in etwa identischen Standard aufweisen sollten, findet man in der Praxis erhebliche Unterschiede – ganz in Abhängigkeit davon wie strikt die Vorgaben des übergeordneten Franchise-Unternehmens hinsichtlich Zimmergröße, -ausstattung etc. sind. Während man z.B. in allen *Holiday Inn (Express)* Unterkünften mit einer vergleichbaren Zimmerqualität rechnen darf, gibt es bei den billigeren Ketten der *Choice* (*Econo Lodge, Rodeway Inn* u.a.) oder *Wyndham*-Gruppe (*Travelodge, Super 8* u.a.) mächtige Schwankungen bei Qualität/Sauberkeit zwischen den Standorten. Primär hängt das vom jeweiligen Hotelmanagement ab.

Ähnliches gilt auch für Ketten wie *Canadas/Americas Best Value Inn, Red Lion* oder *Vagabond Inn*, bei denen die ganze Palette des Kundenurteils von »tadellos« bis »nie wieder!« vertreten ist.

3

Die wichtigsten Hotel-/Motelketten in Nordamerika:

Kettenbezeichnung	toll-free ©	www.
Obere Preisklasse (€150 bis >€400)		
Doubletree/Hilton*1)	1-800-HILTONS	3.hilton.com
Hyatt (alle *Brands*)*2)	1-800-233-1234	hyatt.com
Marriot*3)	1-888-236-2427	marriott.com
Radisson US	1-800-967-9033	radisson.com
CAN	1-800-333-3333	
Starwood Hotels*4)	1-877-STARWOOD	starwoodhotels.com
Mittlere Preisklasse (€80-€200)		
Best Western	1-800-780-7234	bestwestern.com
Choice Hotels*5) US	1-877-424-6423	choicehotels.com
CAN	1-800-424-6423	
Country Inn & Suites	1-800-830-5222	countryinns.com
Holiday Inn/IHG*6)	1-800-HOLIDAY	ihg.com
La Quinta	1-800-SLEEPLQ	lq.com
Ramada Worldwide	1-800-854-9517	ramada.com
Red Lion Hotels*7)	1-844-248-7467	redlion.com
Shilo Inn	1-800-222-2244	shiloinns.com
Vagabond Inn	1-800-522-1555	vagabondinn.com
Wyndham*8)	1-800-407-9832	wyndhamhotelgroup.com
Untere Preisklasse (€50-€120)		
Budget Host	1-800-BUDHOST	budgethost.com
Motel 6	1-800-899-9841	motel6.com
Red Roof	1-800-733-7663	redroof.com

Wer ein bestimmtes Hotel einer Kette telefonisch reservieren möchte, kann auch über die im Reiseteil angegebenen individuellen gebührenfreien Nummern (nicht alle Häuser haben eine) direkt das gewünschte Quartier anrufen.

---

*) weist darauf hin, dass unter der identischen zentralen Telefonnummer und Internetseite die Häuser weiterer Ketten zu buchen sind, die ggf. auch ein eigenes Webportal haben können

*1) Doubletree/Hilton, Hilton Garden, **Mittelklasse**: Embassy Suites & Hampton Inn

*2) Hyatt und alle Ableger wie Hyatt Regency u.a.m.

*3) Renaissance/Marriott & Marriott Courtyard, Mittelklasse: Fairfield Inn u.a.m.

*4) Starwood Hotels mit Meridien, Westin, Mittelklasse: Sheraton Four-Points u.a.m.

*5) Choice Hotels mit Clarion, Comfort Inn, Comfort Suites, Econo Lodge, Quality Inn, Rodeway Inn, Sleep Inn u.a.m.

*6) Holiday Inn & Express, Intercontinental, Oberklasse: Crowne Plaza 1-800-227-6963

*7) RLH Coperation: Americas/Canadas Best Value Inn 1-888-315-2378, America's Best Inn & Suites 1-855-537-4573; Knights Inn (untere Mittelklasse)

*8) Wyndham Hotels (Oberklasse) sowie Mittelklasse: Baymont Inn & Suites 1-800-337-0550, Days Inn 1-800-225-3297, Howard Johnson 1-800-221-5801, Microtel 1-800-337-0050, Ramada 1-800-854-9517, Super 8 1-800-454-3213, Travelodge 1-800-525-4055

3.2.2   Sonstige Unterkünfte

Bed & Breakfast

Attraktive Übernachtungsmöglichkeiten bieten ***Bed & Breakfast Places***, sowohl in Privathäusern wie auch als Pensionen. In ländlichen Regionen wird man **B&B-Schilder** häufiger entdecken als in größeren Städten, wo manche Gastgeber ihr Angebot nicht am Haus annoncieren. In größeren *Bookstores* gibt es regionale B&B-Führer und sogar Bildbände für Bed & Breakfast in exzellent gelegenen und/oder architektonisch/historisch besonderen Anwesen. Der Übergang zum ***Country Inn***, faktisch einem Hotel, ist dabei fließend. Hier und dort sind auch **Listen mit allen B&Bs** einer Stadt/Gegend in den *Tourist Information*-Büros erhältlich.

Internet   Informationen und Buchungsmöglichkeit zu B&B in Kanada und in den USA findet man u.a. auf den Internetportalen: www.bedandbreakfast.com und bbcanada.com.

Regionale Webseiten sind u.a. www.bcsbestbnbs.com (British Columbia), www.bbalberta.com (Alberta), www.cabbi.com (Kalifornien), www.idahobba.com (Idaho), www.mtbba.com (Montana), www.obbg.org (Oregon), www.wbbg.com (Washington).

Kosten   B&Bs sind weder in Kanada noch in den USA eine billige Alternative zum Motel. Das Preisniveau liegt im Rahmen der Mittelklasse, aber oft auch höher (ab ca. €120/DZ inkl. Frühstück). Für manchen reizvoll an B&Bs mag auch der »Familienanschluss« sein.

Privatzimmer

Günstigere Angebote – allen voran in den großen Citys – findet man bei Privatzimmer-Vermittlern wie www.airbnb.com, www.homeaway.com oder www.windu.com. Neben den »Schnäppchen« für Sparfüchse findet sich dort viel Originelles wie die Kabine auf der Segelyacht oder gleich ein ganzes Hausboot. Der Kontakt zu Einheimischen ist dabei meist inklusive.

*George Washington Inn, Mount Vernon Replika
und Luxus B&B auf der Olympischen
Halbinsel bei Port Angeles*

HI Rampart Creek am Icefields Parkway

Jugendherbergen

Im Vergleich zu Europa ist das Jugendherbergswesen in Kanada und den USA zwar unterentwickelt, aber einige Herbergen befinden sich in günstiger Lage im Brennpunkt der Citys oder in einem besonders attraktiven Umfeld (z.B. am *Icefields Parkway* im Jasper Nationalpark). Die Kosten (inkl. Küchenbenutzung) sind **für Einzelreisende** konkurrenzlos billig, selbst wenn man an Touristen-Hotspots bis zu €40 fürs Bett im Mehrbettzimmer hinlegen muss. Ab zwei Personen kann manche Jugendherberge schon teurer als die untere Motelkategorie sein. Es werden in Hostels auch vermehrt EZ/DZ angeboten, teilweise sogar mit einem eigenem Bad.

Buchung   Jugendherbergen sind überaus beliebt, gute Häuser in den Großstädten oder in der Nähe touristisch bedeutsamer Ziele (Nationalparks/Pazifikküste) müssen in der Regel viele Monate im Voraus gebucht werden. Bei *Hostelling International* (**HI Hostels**) kann auch gleich zentral reserviert werden:

- in den USA: www.hiusa.org, ☎ 1-888-464-4872
- für Kanada: www.hihostels.ca, ☎ 1-800-663-5777

Eine **Alternative** zu den traditionellen Jugendherbergen von *Hostelling International* bieten viele unabhängige Häuser unter freier Trägerschaft. Bei ihnen geht es tendenziell (noch) etwas lockerer zu als in den *HI Hostels*. Im Internet findet man sie mit sämtlichen Buchungsdetails unter www.hostels.com, www.hostelsclub.com oder www.hostelworld.com.

Backpackers Hostels Canada ist ein weiterer Hostelverbund neben *Hostelling International* in Kanada: www.backpackers.ca.

Studentenwohnheime

Übernachtungsmöglichkeiten bieten auch die in den Sommermonaten (Ende Mai bis einschließlich August) teilweise leerstehenden Studentenwohnheime, die **University Residences** oder **College Dormitories**. Fast jede größere Stadt verfügt über mindestens ein *College*. Das **Department of Housing** der jeweiligen Institution ist zuständig für die Vermietung, wobei die Bedingungen (z.B. keine Einzelübernachtungen) und Preise stark variieren.

3.2.3   Vorbuchen von Unterkünften

Eine Fahrt ins Blaue oder besser das Gros der Übernachtungen vorab buchen – vor dieser Entscheidung stehen viele Nordamerika-Urlauber, sobald sie ihre Reiseroute grob zusammengestellt haben. Ein gewisses Maß an Flexibilität möchte man sich bewahren und abends trotzdem nicht stundenlang ein Quartier suchen müssen. Wer die Hochsaison (➢ Seite 36, »Hauptreisezeit der Amerikaner/Kanadier«) meidet, sollte in der Regel ohne größere Probleme ein passendes Nachtquartier finden. Bei großen Touristenmagneten muss man selbst in der Nebensaison eine gewisse örtliche/preisliche Flexibilität mitbringen. Abseits der »Hotspots«, im Umfeld kleinerer nordamerikanischer Städte, kann es – saisonabhängig – sogar Überkapazitäten geben mit erfreulichen Auswirkungen auf die Effektivpreise, die dann meist unter den Listentarifen der offiziellen Hotelverzeichnisse liegen. Dann profitiert man von der »best rate« oder den *Coupons* (➢ Seite 125) und übernachtet dort ohne Vorbuchung preiswerter.

Es gibt aber auch gleich **eine ganze Reihe von Ausnahmen**, bei denen man sich gar nicht früh genug um die Unterkunft kümmern kann, dazu zählen folgende Gebiete:

Rund um die beliebtesten Nationalparks

Zur (kurzen) Sommersaison ist in und rund um die berühmtesten Parks des nordamerikanischen Kontinents meist die »Hölle« los. Stark betroffen sind vor allem der *Banff* und *Jasper NP* in Kanada sowie der *Yellowstone, Grand Teton* und *Glacier NP* in den USA. Orte wie **Lake Louise**, **Banff**, **Jasper**, **Jackson** und **West Yellowstone** sind dann in der Regel lange im Voraus hoffnungslos ausgebucht. Und wer das Glück hat, kurz vorher dort doch noch ein Quartier zu ergattern, staunt meist nicht schlecht über die Tarife.

3

Weltbekanntes Hotel Chateau Lake Louise mit »Frühbucherspartarifen« um die 900 CAD fürs Zimmer mit Seeblick und trotzdem den Sommer über immer voll belegt

Noch prekärer ist die Situation in den Parks selbst. Die Zimmer oder *Cabins* der **Park Lodges** bucht man am besten mit einem Jahr Vorlauf. Ein Sonderfall ist der **Yellowstone Nat'l Park**, dort können die parkeigenen Unterkünfte **ab 1. Mai des Vorjahres** online reserviert werden. Sind die Reisedaten bereits bekannt, sollte man nicht lange zögern, wenn man ein Zimmer im berühmten *Old Faithful Inn* oder eine der etwas preiswerteren *Cabins* beziehen möchte. Ähnlich die Situation im **Glacier NP**, wo die Buchungsportale für die *Lodges*/Motels meist 13 Monate vorher freigeschaltet werden (*Apgar Village* oftmals sogar schon im Frühling des Vorjahres!). Ebenso immer begehrt sind die Zimmer im »Paradies« unterhalb des **Mount Rainier**, im *Prince of Wales Hotel* (**Waterton Lakes NP**) oder bei den Präsidentenköpfen des **Mount Rushmore**.

Generell gilt: Die preislich attraktiveren Unterkünfte **im weiten Umfeld** der beliebtesten Parks füllen sich nach dem Freischalten der Buchungsseiten oft sehr rasch. Bei knapp bemessener Zimmerkapazität betrifft das auch weniger überlaufene Parks, dazu zählen u.a. kleinere Ortschaften wie **Forks** beim *Olympic NP* oder **Estes Park** beim *Rocky Mountains Nat'l Park*.

Selbst das Bett in den **HI Hostels** am **Icefields Parkway** sollte man sich unbedingt vorab sichern, wenn auch nicht ganz so langfristig – einige Monate vor der Reise reicht in dem Fall meistens aus.

Wo und wann noch vorbuchen?

Richtig teuer kann es ohne rechtzeitige Vorreservierung in den **Big Citys** San Francisco, Seattle und Vancouver wie auch in deren Einzugsgebiet werden. Jede für sich gilt als nationale wie internationale Touristenattraktion und sie sind nicht nur im **Sommer** über stark gebucht, sondern generell zwischen den zwei verlängerten amerikanischen Wochenenden rund um den **Memorial/Victoria Day** und **Labo(u)r Day** (letzter Montag im Mai bis erster Montag im September). Ganz besonders heikel sind die Termine rund um die **Nationalfeiertage** (**1. Juli** in Kanada und **4. Juli** in den USA).

Ähnliches trifft auf bestimmte populäre Orte wie **Victoria** (Vancouver Island), **Cannon Beach** an der Oregon-Küste und Bereiche mit begrenzter Kapazität wie z.B. die *Redwood Parks* zu. Auch in **Coeur d'Alene** und **Sun Valley** (beide Idaho) sowie **Cody** (Wyoming) findet man dann – falls überhaupt – Zimmer nur zu Höchstpreisen.

Bei Events
➢ Seite 68

Problematisch wird es auch in Zeiten sportlicher Superevents, vielbesuchter Messen sowie spezieller **Großveranstaltungen** wie z.B. die *Calgary Stampede*, das *Pendleton Round-up* in Oregon, die *K-Days* in Edmonton oder die *Motorcycle Rally* in den Black Hills.

Erste/letzte Nacht

Ein Bett für die **erste Nacht in Übersee** sollte man nach dem langen Flug sicher haben (diese erste »Adresse« wird in den USA ohnehin bei der Einreise verlangt und auch Wohnmobile dürfen in der Regel nur am Folgetag übernommen werden). **Heimische Veranstalter haben für City- und Flughafen-Hotels** oft günstigere Tarife als bei Buchung vor Ort. Falls der Rückflug schon am Vormittag anliegt, empfiehlt es sich auch, die **letzte Nacht** in *Airport*-Nähe zu verbringen.

3.3   Camping in Nordamerika

In den Wäldern, Bergen und der unendlichen Weite ihres Landes genießen Kanadier wie auch US-Amerikaner die *Great Outdoors* – Camping und Freizeitaktivitäten draußen in der Natur. Daran teilzuhaben, gehört zu den besten Erfahrungen jeder Nordamerika-Reise und kann gar nicht genug empfohlen werden. Bei uns in Mitteleuropa gibt es nichts Vergleichbares.

3.3.1   Nordamerika hat es besser

Ausstattung der Plätze

Nordamerika bietet dem Camper alles, was sein Herz begehrt, sei es komfortabel im RV oder im Zelt weitab der Zivilisation. Platz ist genug, und so sind auch die meisten *Campgrounds* angelegt. Ein **Stellplatz** fürs Wohnmobil oder Zelt beschränkt sich nicht auf wenige Quadratmeter Wiese oder Heidelandschaft, sondern umfasst durchweg ein eigenes **Areal mit Picknicktisch, Feuerstelle und separatem Grillrost**. Auf staatlichen *Campgrounds* ist so ein Platz bisweilen mehrere hundert Quadratmeter groß, und die »Nachbarn« geraten schon mal aus dem Blickfeld. Dann künden nur noch abendlicher Feuerschein und appetitanregende Grilldüfte von der Anwesenheit anderer. Zwar sind nicht alle Plätze so großzügig angelegt, aber **Lagerfeuer und *Barbecue* (*BBQ*)** gehören zur nordamerikanischen Campingtradition. Gelegentlich liegt schon grobes **Feuerholz** geschlagen und gratis bereit, in Nationalparks ggf. nur mit ***Fire Permit***, in den kanadischen *Rocky Mountain Parks* obligatorisch auf allen Plätzen mit Feuerstellen.

Camping-führer

Die im ***Play*** bzw. ***iTunes Store*** verfügbaren **Camping Apps** sind meist den gedruckten Listungen in allen Belangen überlegen. Neben dem Blick auf »*All Campgrounds*« können selektiv auch Plätze nur für Zeltcamper, nur für Wohnmobile, nur in Nationalparks etc. aufgerufen werden. Hinter den Kurzinformationen der

Zelten an einem der faszinierendsten Küstenabschnitte im Pazifischen Nordwesten – der Point of Arches am Südende von Shi Shi Beach ist bei Niedrigwasser voller bunter Seesterne und Weißkopfseeadler nisten gleich nebenan

App-Liste steht damit auf dem Monitor jeweils das ganze Paket mit allen Detailinformationen einschließlich Anfahrtskarten zur Verfügung; www.allstays.com.

Verbreitet und in vielen Miet-RVs vorhanden ist der **Good Sam RV Travel Guide**, ein stark auf Komfortcamping und kommerziell betriebene Plätze ausgerichteter Führer. Sein Aufbau und die ganze darin enthaltene Werbung machen die Benutzung mühsam. Viele Plätze – so des *Corps of Engineers*, *National Forest Service* und *BLM* – bleiben in diesem telefonbuchdicken Band unerwähnt. Die Camper-Vermieter versorgen ihre Kunden oft auch mit dem **KOA-Atlas** (➤ Seite 138) und Broschüren privater Platzbetreiber.

In den Besucherinformationen der kanadischen Provinzen erhält man zudem gratis die jährlich aktualisierten **Verzeichnisse** aller auf öffentlichen Straßen erreichbaren Campingplätze (mit Ausnahme von *Forest Campgrounds*).

Die **CAA** bzw. **AAA Woodall´s Campground Guides** bekommen Automobilclub-Mitglieder in den *AAA-/CAA*-Shops (➤ Seite 121) zu reduziertem Preis. Die einzelnen Regionalführer umfassen jeweils mehrere US-Staaten und kanadische Provinzen. Es gibt sie auch in der Variante »ganz Kanada« oder für die Region »Far West« (von Oregon über BC bis hinauf nach Alaska); www.woodalls.com.

Gebühren   Auf **staatlichen Plätzen** gilt eine pauschale Einheitsgebühr (*fee*) pro Stellplatz unabhängig von der Personenzahl (in der Regel bis zu 6 Personen mit 2 Zelten und einem Fahrzeug). Die Gebühren werden auf **Public Campgrounds** überwiegend im sog. **Self-Registration**-Verfahren erhoben. Die Camper schieben das Geld in einen bereitliegenden (auszufüllenden) Umschlag und werfen ihn in eine Metallbox. Ehrlichkeit wird groß geschrieben. **Auf privaten Plätzen** überwiegt die **Basisgebühr für 2 Personen** plus Aufschlag für jeden zusätzlichen Gast. Viele Besitzer von Campfahrzeugen glauben, ihren eingebauten Komfort nur dann voll nutzen zu können, wenn auf dem Campingplatz Wasseranschluss, Abflussrohr und Steckdose vorhanden sind.

Hook-ups   Die meisten Privatplätze und einige Plätze in *National, State* und *Provincial Parks* verfügen über den sogenannten **full hook-up**, einen Dreifach-Anschluss. Häufig trifft man ebenso auf **semi-serviced campsites** (nicht mit allen Anschlüssen versehene Stellplätze) meist mit Elektrizität und/oder Wasser, aber ohne Abfluss (**hook-up**). Bei einiger Aufmerksamkeit kommen Campmobilfahrer aber ganz gut ohne *full hook-up* aus. Denn auf vielen *Campgrounds* ohne Anschlüsse an den Stellplätzen befinden sich **dump, sani oder sewage stations**, wo gegen moderate Gebühr oder auch gratis Schmutzwasser abgelassen und Trinkwasser aufgefüllt werden kann.

Reservierung Außerhalb der Monate Juni bis August braucht man normalerweise nur an bestimmten Wochenenden (*Memorial/Victoria* und *Labor Day*) zu reservieren. Im Hochsommer findet auf *first-come, first-served campgrounds* noch Platz, wer nicht zu spät am Tage ankommt.

3.3.2   Zu den Campingplätzen

Staatliche Plätze – Public Campgrounds

National-
parks

Die Campingplätze in Einrichtungen des kanadischen und US-Nationalparksystems liegen überwiegend in reizvoller Umgebung und zeichnen sich durch großzügige Aufteilung aus. Einige sind wegen des Massenandrangs in der Hochsaison von erheblichen Ausmaßen. Die Mehrheit der *National Park Campgrounds* verfügt nur über **einfache sanitäre Anlagen**. Teilweise sind Duschen bzw. Wasser- und Stromanschlüsse an den ***campsites*** (Stellplätzen) vorhanden. Nur Großkomplexe (etwa in Banff) bieten mehr Komfort. Die Kosten betragen **bis zu ca. €40/Nacht**.

Sog. ***Walk-in-Sites***, wo das Auto weitab vom Zelt parken muss, sind meist gratis oder sehr preiswert (**bis zu €10/Nacht**). Für ihre Benutzung benötigt man allerdings noch ein *Camping-Permit*, das in Besucherzentren und *Ranger/Warden Stations* ausgestellt wird.

Die Stellplätze in populären Nationalparks sind meist viele Monate im Voraus ausgebucht, sofern sie nicht auf *first-served, first-come* Basis vergeben werden. Reservieren kann man sie unter:

• ***National Park Service***: www.recreation.gov, ✆ 1-888-444-6777
• ***Parks Canada***: www.reservation.pc.gc.ca, ✆ 1-877-737-3783.

Dafür wird je Platz eine fixe Zusatzgebühr erhoben, egal ob eine oder mehrere Nächte reserviert werden.

Provincial/
State Parks

Alle Provinzen unterhalten **Provincial Parks**, in den USA entsprechen ihnen die **State Parks**. Beide sollen zur Erholung der Bürger dienen. Daher gibt es auch Parks mit reinem *day-use*-Charakter (Spielplatz, Badestrand, Natur- und Joggingpfade etc.), zu den meisten gehört aber mindestens ein Campingplatz. Diese können die unterschiedlichsten Komfortmerkmale aufweisen. Manche verfügen über beste sanitäre Einrichtungen mit Wasser- und Stromanschluss an allen Stellplätzen (zunehmend auch mit *free Wifi*!), andere gleichen eher Einfachstcampgrounds.

3

Auf einigen staatlichen Campgrounds kann man
die Nacht auch in einer Jurte
(yurt) verbringen

Ebenso variieren die Übernachtungskosten; sie liegen aber in etwa in derselben Größenordnung wie in den Nationalparks. Lage wie Anlage der *State/Provincial Park*-Areale sorgen meist für sehr **erfreuliche Campingbedingungen** zu passablen Preisen. Sie sind außerdem ausnahmslos in Campingführern verzeichnet und auf den meisten Karten deutlich markiert.

Reservierung der kanadischen *Provincial Parks Campgrounds*:

Alberta   ✆ 1-800 689-9025, www.reserve.albertaparks.ca
Brit. Columbia ✆ 1-800 689-9025, www.discovercamping.ca

Die staatlichen Campingplätze des US-Westens können auf dem Portal www.reserveamerica.com reserviert werden. Diese Adresse gilt auch für viele der kommerziell betriebenen *Campgrounds* (nicht nur *KOA*). Überwiegend ist eine Gebühr pro Buchung fällig (unabhängig von der Anzahl der Nächte). Der einmal beglichene Stellplatz wird gehalten, egal, wie spät man ankommt.

Toll-Free-Nummern können auch von Europa aus angerufen werden, kosten aber die normale Auslandsgebühr

Zentrale Reservierungs-Telefonnummern für die *US State Parks*:

Colorado	✆ 1-800-678-CAMP (2267)
Idaho	✆ 1-888-922-6743
Montana	✆ 1-855-922-6768
Nebraska	✆ 1-877-444-6777
Oregon	✆ 1-800-452-5687
Utah	✆ 1-800-322-3770

Folgende Staaten haben eigene separate Buchungsportale:

Kalifornien: ✆ 1-800-444-7275, www.reservecalifornia.com
Nebraska: ✆ (402) 471-1414, www.OutdoorNebraska.org
South Dakota: ✆ 1-800-710-2267, https://travel.campsd.com/Reserve-A-Campsite
North Dakota: ✆ 1-800-807-4723, https://apps.nd.gov/pnr/sp/services/public/main.htm
Washington: ✆ 1-888-226-7688, http://parks.state.wa.us/223/Reservations
Wyoming: ✆ 1-877-996-7275, http://wyoparks.state.wy.us.

Overflow Areas

Bei Andrang öffnet die Parkverwaltung z.B. in den *Alberta Rocky Mountain Parks* Reserveplätze, sogenannte **Overflow Areas**. Sind auch sie voll, bleibt nur, das Naturschutzgebiet zu verlassen. Das Campen oder Übernacht-Parken außerhalb offizieller Plätze ist in *National*, *State* und *Provincial Parks* streng untersagt.

Cities & Counties

Auch **Städte** und **Landkreise** unterhalten Campingplätze (**Municipal** bzw. **County Campgrounds**) recht unterschiedlicher Güte. Die **Kosten** variieren entsprechend. Auch Organisationen wie der *Lions Club* gehören gelegentlich zu den Trägern.

National Forste

In den riesigen Wäldern haben der **National** und **Canadian Forest Service** sowie die **Provincial Forestry Departments** und teils auch die Holzkonzerne unzählige Campingplätze der – sanitär gesehen – Einfachkategorie angelegt. Unter ihnen befinden sich

traumhafte Anlagen inmitten sonst unberührter Natur. Ein paar Extrameilen auf Forststraßen lohnen sich fast immer für alle, die ein hübsches, ruhiges Plätzchen für die Nacht suchen.

Forest-Plätze sind nur sehr sporadisch in den konventionellen Campingführern verzeichnet, dafür aber lückenlos in den erwähnten **Camping Apps** (➢ Seite 133) und z.T. – soweit es gratis und niedrigpreisige Plätze betrifft – unter www.freecampgrounds.com. Markierungen in den **Karten der Bundesstaaten** und im empfohlenen **Rand McNally Atlas** (➢ Seite 122) weisen oft auf deren ungefähre Lage hin. Genaue Karten erhält man in den regionalen Büros der Forstbehörden. Für British Columbia listet das Portal www.sitesandtrailsbc.ca selbst noch den kleinsten *Campground*.

Die **Übernachtungskosten** richten sich weniger nach der Ausstattung – die über Kaltwasserhähne/Wasserpumpe und Plumpsklos/Chemietoiletten (*Pit/Chemical Toilets*) selten hinausgeht – als nach ihrer verkehrstechnischen Lage. Am teuersten sind die leicht erreichbaren Plätze. Nur zu Fuß zugängliche Areale »weitab vom Schuss« können auch schon mal gratis sein.

Selbst in der Hochsaison sind abgelegenere **Forest-Campgrounds** nur in Ausnahmefällen voll belegt. Und wenn, dann dürfen Reisende mitunter gleich nebenan kostenlos übernachten, ➢ Seite 139, Regeln fürs **Boondocking**.

BLM
(nur USA)

Das *Bureau of Land Management* (des US-Innenministeriums) unterhält **sanitär einfache** *Campgrounds* auf Ländereien, die nicht in die Zuständigkeit des *National Forest Service* fallen. Sie liegen vielfach in Wüstengebieten abseits großer Straßen mit bisweilen sehr rauen Zufahrten. Die Gebühren für solche Plätze sind im Allgemeinen niedrig; Details unter www.blm.gov.

Corps of
Engineers
(nur USA)

Die von den **Pionieren der US-Armee (CoE)** an *Reservoirs* im gesamten Westen angelegten Plätze gehören meist zur preiswerten Einfachkategorie und eignen sich für Zwischendurchübernachtungen; www.rv-camping.org/COECampgrounds.html.

Slocum Creek – Einfachstcampground auf einsamen BLM-Land (Leslie Gulch, Oregon)

Über dasselbe Portal und alternativ www.reserveamerica.com sind auch alle Campplätze des **National Forest Service**, des **Bureau of Land Management** und des **US-Army Corps of Engineers** zu buchen, die nicht *first-come, first-served* vergeben werden.

Wie findet man diese Plätze?

Die Plätze des **BLM**, des **CoE** und der **Cities & Counties** erfahren eine sehr unterschiedliche Dokumentation in den Campingführern. Im **Good Sam Guide** und anderen findet man sie bis auf die städtischen und kreiseigenen Plätze so gut wie gar nicht, wohl aber in den *Camping Apps*. Die Preiswerteren unter ihnen werden aber in den Webportalen für Billig-/Gratisplätze ebenfalls lückenlos berücksichtigt: ➤ Exkurs rechts.

Kommerziell betriebene Plätze

Ausstattung und Preise

Bei den privat betriebenen Campingplätzen überwiegen solche mit **hook-up**-Angebot und knapperem Zuschnitt der Stellplätze als bei den *Public Campgrounds*. Die Tarifgestaltung orientiert sich an der Ausstattung und der Nähe zu touristischen Reiserouten und -zielen. Die **preisliche Untergrenze** für simple oder abgelegene Privatplätze liegt bei **etwa €20**. Im Umfeld von Attraktionen (Nationalparks, Badeorte etc.) und im Einzugsbereich großer Citys wird es rasch teurer (**ab €40/Nacht** oder mehr). Grundsätzlich dürfen die Campmobilsten dort dafür mit Duschen, Waschautomaten, Pool, Minishop, Fernsehraum, *free Wifi* etc. rechnen. Der Zustand der Sanitäreinrichtungen ist aber trotz hoher Tarife oft ein recht wunder Punkt.

Lage

Zur Sicherstellung hoher Auslastung liegen viele Privatplätze in verkehrstechnisch günstiger Position, also **an vielbefahrenen Straßen**. Ist der Lärmpegel auf solchen Plätzen selbst im Camper noch hoch, überschreitet er im Zelt oft das erträgliche Maß. Die Kunden der Privaten sind auch deshalb mehrheitlich Wohnmobilbesitzer, für die es in erster Linie auf den Vollanschluss ankommt. Von den großartigen Camp-Möglichkeiten in Nordamerikas *Great Outdoors* lassen solche Anlagen, speziell RV-Parks, nichts ahnen. Denn in puncto landschaftlicher Einbettung und Attraktivität können es nur wenige kommerziell geführte *Campgrounds* mit der staatlichen Konkurrenz aufnehmen.

Camping-Ketten

Ähnlich wie in der Hotel- und Restaurantbranche existieren Campingplatz-Ketten wie **KOA** (www.koa.com, ℂ 1-888-562-0000) und **Good Sam** (www.goodsamclub.com).

Während man bei *Good Sam* nur als loser Verbund privater Betreiber zusammenarbeitet und die Einhaltung bestimmter Richtlinien garantiert, gehören knapp 500 Plätze in den USA und Kanada zum Franchise-Geber **Kampgrounds of America**. Die Kette bietet ihren Kunden einen relativ hohen Komfort und Sanitär-Standard.

KOA kooperiert mit Campmobilvermietern und lockt deren Kunden mit der gratis **KOA-Value Card,** die einen **10%-igen Rabatt** verspricht und ab der 4. Nacht (Vor- und Nachsaison oft von Anfang an) auf vielen Plätzen sogar 25%. Aber *KOA*-Plätze sind auch

BOONDOCKING – Übernachten »for free«

Wer auf Schotterstraßen in die Einsamkeit der *National* oder *Provincial Forests* vordringt, findet dort mit ein bisschen Glück ein Fleckchen Erde am Gebirgsbach oder an einem einsamen See, wo man wunderbar die Nacht oder sogar einige Tage verbringen kann. Auf öffentlichem Land (*National Forest* in den USA, *Provincial Crown Land* in British Columbia, *Public Lands* in Alberta) darf meist auch abseits offizieller Campingplätze **kostenlos übernachtet** (*dispersed camping*) werden. In den USA muss man dabei mind. 400 m Abstand zum nächsten ausgewiesenen *Forest-Campground* halten (auch die Distanz zu Tier-Tränken beachten!). Im Umkreis großer Städte sowie in speziellen Naturschutzzonen ist das »wilde Campen« verboten; Details erläutern die Forstbehörden.

Ähnliches gilt in den USA für Gebiete unter der Obhut des *Bureau of Land Management* (*BLM*) und des *National Park Service*. Für sog. *Primitive Campsites* wird oft nur ein (gratis) *Overnight Permit* benötigt, das man sich zuvor im Besucherzentrum besorgen muss. Solche Plätze sind mit einem Wohnmobil größer als *Van Camper* bisweilen nur schwer oder gar nicht erreichbar.

Mit ihnen darf man dafür ganz offiziell bei **Truck Stops** wie **Flying J** im Umfeld der *Interstates* (laut, aber relativ sicher) über Nacht stehen, ebenso auf den **Parkplätzen einiger Walmart-Filialen.** Unter www.walmartlocator.com/no-park-wal marts erfährt man, welche *Wal Marts* diesen Service einschließlich Toilettenbenutzung des Hauses zu den Öffnungszeiten nicht (mehr) bieten. Wer in den Abendstunden einen weitgehend autofreien Parkplatz vor einem Supermarkt oder *K-Mart, Target, Sam's Club* oder *Cracker Barrel* etc. mit ein paar einsamen RVs passiert, darf eine *Overnight*-Parkerlaubnis vermuten – fragen sollte man aber den Manager trotzdem sicherheitshalber!

In Großstädten sollte man davon absehen, das Übernachten abseits der offiziellen *Campgrounds* in städtischen Parks oder auf Parkplätzen ist nicht nur gefährlich, sondern illegal. Wichtig ist auch das Respektieren von Privatbesitz, denn in ganz Nordamerika besitzt *Private Property* einen hohen Stellenwert.

Kostenloses Camping heißt in Nordamerika **Boondocking** (*in the boondocks* = »in der Pampa«), die Bezeichnungen **dry**, **wild** oder **dispersed camping** sind ebenso weit verbreitet. Die Online-Plattform www.freecampsites.net liefert für beide Länder tolle Infos zu diesem Thema (mit Kartenansichten!), eine weitere gute Adressen für RVler ist auch www.campendium.com.

damit nicht eben billig. Auch mit *Discount* bleibt *KOA* in der preislichen Oberklasse **ab €20** (Zelte) bzw. ab €35 (RVs) und häufig ganz erheblich mehr. Der Erfolg von *KOA* lässt sich neben gutem Marketing und der verkehrstechnisch günstigen Lage vieler Plätze am besten mit der sanitären Nachlässigkeit der Konkurrenz erklären. Bei *KOA* kann man sicher sein, dass **Toiletten- und Duschanlagen** einen zumindest akzeptablen, meist guten Standard aufweisen.

Eine (nicht nur) *KOA*-Spezialität sind kleine Blockhäuser, **Cabins** (auf 90% aller *KOA*-Anlagen) und **Cottages**, für bis zu 4 Personen für €50-€180/Nacht (die teuren Varianten verfügen über Badezimmer und Küche). Der Schlafsack ist selbst mitzubringen.

»Save-on-Foods« Supermarkt in Victoria/Vancouver Island

3.4   Essen und Trinken
3.4.1   Selbstverpflegung
Lebensmittel

Supermärkte Die Selbstversorgung in Nordamerika ist unproblematisch. Supermärkte *(Food Marts)* von oft kolossalen Ausmaßen findet man praktisch an jeder Ecke. In größeren Ortschaften sind sie häufig an den Ausfallstraßen in *Shopping Plazas* integriert und haben fast ausnahmslos **bis 21 Uhr** geöffnet, oft sogar »**24/7**« (rund um die Uhr, 7 Tage die Woche).

Bestens präsent sind in den USA die Ketten **Albertsons, Smith's**, oder **Fred Meyer** und in den beiden kanadischen Provinzen die Filialen von **Save-on-Foods**, **IGA Supermarket** und **Real Canadian Superstore**. Sehr gut vertreten in beiden Ländern ist auch **Safeway**. Bei einigen dieser Ketten kommt man selbst als Tourist mit einer **Kundenkarte** in den Genuss der Club-Sonderpreise – einfach an der Kasse danach fragen oder sich beim »service desk« unter einer beliebigen Adresse (etwa der des Autovermieters) registrieren lassen. €5-10 Ersparnis/Einkauf sind damit eher die Regel als die Ausnahme. Außerdem reduziert sich so bei den supermarkteigenen Tankstellen (z.B. bei *Safeway*) der Spritpreis um ein paar Cents.

Vielfach in den Supermärkten zu finden sind schöne Salatbars zur Selbstbedienung (an der Kasse wird nach Gewicht abgerechnet) sowie eine Auswahl an heißen Suppen, Grillhähnchen und anderen relativ preiswerten Gerichten zum Sofortverzehr.

Die genannten Supermärkte haben – je nach Standort – auch ein gutes Angebot an Bio-Waren (*Organic Food*) zu etwas günstigeren Preisen als die darauf spezialisierten **Whole Foods Markets** oder die *Aldi*-Tochter **Trader Joe's**.

Walmart Supercenter umfassen immer auch einen *Discount Supermarkt*, dessen Preisniveau liegt zwar unter dem der reinen *Food Mart*-Ketten, dennoch nicht vergleichbar mit z.B. *Aldi* oder *Lidl*.

Sonstige Läden	Lebensmittel, aber kaum Obst, Gemüse und Frischfleisch, führen die oft rund um die Uhr betriebenen **Mini-Mart**s. Sie sind vergleichsweise teuer, mit Tankstellen kombiniert und fungieren mit *Soft Drinks, Coffee, Ice Cream, Hot Dogs* und Snacks primär als Versorgungsstationen für Autofahrer. In manchen Dörfern stößt man auch noch auf den **General Store**, den klassischen ländlichen Gemischtwarenladen, der von der Milch bis zum Angelhaken alles führt, was die Kunden im Einzugsbereich so brauchen.
Preisniveau	Lebensmittel sind in Übersee im Schnitt **20-30% teurer** als in Deutschland. Viel höher sind die Preise insbesondere für **Gemüse** und **Obst**, sieht man von Erntezeiten im Anbaugebiet ab. Vor allem mit wachsender Entfernung von den Bevölkerungszentren steigen die Kosten für Frischprodukte.

Getränke

Erfrischungsgetränke	Als **Soda** oder **Pop** werden sämtliche **Soft Drinks** bezeichnet, von *Sprite, Coke* bis hin zum *Mountain Dew* mit einem noch höheren Koffeinanteil. Sog. **Root Beer** gilt in Nordamerika als Erfrischungsgetränk, ist aber alkoholfrei, klebrigsüß und erinnert an Medizin.
Trinkwasser	Das **Leitungswasser** in Nordamerika fällt geschmacklich oft eher in die Kategorie »Schwimmbad«. Für den perfekten Kaffee- oder Tee-Genuss kauft man sich am besten **Purified Water** in 1- bis 2-Gallonen-Behältern. Wirklich schmecken tut aber selbst das nicht. Wer zu Hause gerne reines Wasser trinkt, probiert am besten **Spring Water**. Mit **Kohlensäure versetztes Mineralwasser** wurde früher drüben eher selten getrunken, mittlerweile findet man **Sparkling Water** immer öfter selbst in kleineren Läden auf dem Land.

3

Alkoholika

In den Supermärkten in British Columbia/Alberta sind lediglich **alkoholfreie** Bier- und Weinsorten erhältlich, aber auch in in einigen US-Staaten (Utah!) muss man für Hochprozentiges einen **Liquor Store** aufsuchen. Diese staatliche Monopolläden, selbst im kleinsten Dorf noch zu finden, sind bestens sortiert und führen alles, was auf dem Weltmarkt alkoholisch Rang und Namen hat, wiewohl zu extrem hohen Preisen. Die Öffnungszeiten der *Liquor Stores* variieren stark und passen sich an die Nachfrage an. In der Touristenhochburg Banff z.B. schließt das *Townhouse Liquor Store* erst um 2 Uhr morgens. Mancherorts ist der Alkoholverkauf am Vormittag oder am Abend untersagt bzw. an Sonn- und Feiertagen.

Überall in den USA verboten ist die Abgabe von Alkohol an **Personen unter 21 Jahren** (in **Alberta unter 18**, in **British Columbia 19**). Auf die Einhaltung dieser Vorschriften wird überall streng geachtet.

Kanadische Biere weisen mehr Würze auf als die geschmacklich indifferenteren, leichten US-Sorten (unter den teureren finden sich aber auch bessere wie z.B. *Samuel Adams*). Kanadas Biermarkt wird von zwei Konzernen dominiert, die bereits 1786 in Montréal gegründete *Molson*-Gruppe und der *Labatt*-Konzern (seit 1847 aus London/Ontario). *Labatts* Premiummarke in West-Kanada ist **Kokanee** aus der *Columbia Brewery* in Creston/BC.

In vielen Orten wurde die alte Tradition kleiner Brauereien wiederbelebt. Diese *Microbreweries* – meist mit eigenen Kneipen und Restaurants – erzeugen heute qualitativ gute, teilweise auch ungewöhnlich schmeckende Biere. Voll im Trend liegen stark hopfenbetonte *Craft Beer*-Sorten wie das *India Pale Ale* (*IPA*) von diversen Brauereien.

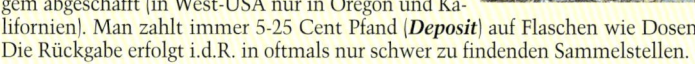

Alkoholische Getränke (vor allem in Restaurants, Bars etc.) sind meist ein **teurer Spaß**. Ein *draft beer* (Zapfbier) unter €4/0,35 l (=12 oz) gibt es kaum noch, selbst wenn es aus einem Plastikbecher getrunken werden muss. Beliebt sind *Pitcher* (Karaffen mit 48 oder 60 oz), aus denen sich eine fröhliche Runde selbst Bier einschenkt. Das *Glas of Wine* (*red or white* ohne weitere Unterscheidung) beginnt bei €5.

In Kanada ist die Einwegverpackung für Bier seit langem abgeschafft (in West-USA nur in Oregon und Kalifornien). Man zahlt immer 5-25 Cent Pfand (*Deposit*) auf Flaschen wie Dosen. Die Rückgabe erfolgt i.d.R. in oftmals nur schwer zu findenden Sammelstellen.

Kanadische Weine stammen vorwiegend aus dem heißen, südlichen Okanagan Valley oder von der Niagara-Halbinsel im klimatisch begünstigten Süd-Ontario. Besser schmecken die edlen **kalifornischen Tropfen**, die es ohne weiteres mit europäischen Produkten aufnehmen können. Auch Erzeugnisse aus Oregon und Washington werden sehr geschätzt. Sie sind aber allesamt nicht ganz billig.

Den nordamerikanischen *Whiskey* (US-Schreibweise, in Kanada ohne »e«) gibt es in drei Spezifikationen. Aus den USA kommen der aus mind. 50% Mais gebrannte *Bourbon* (stammt fast immer aus den Bundesstaaten Kentucky und Tennessee) und der aus wenigstens 51% Roggen gebrannte *American Rye*, aus Kanada der *Canadian Rye*, der aus Roggen, Mais und Gerste unterschiedlicher Zusammensetzung gebrannt wird. Die Angabe der Prozente (*proof*) bei den Spirituosen entspricht dem doppelten der in Deutschland üblichen Kennzeichnung; *84 proof* sind also 42 Volumenprozente.

Alkoholika dürfen nur auf privaten Grundstücken (dazu gehören auch der Stellplatz auf dem *Campground* und das *Open-air* Lokal an der Straße) **und in Räumen** konsumiert werden. Öffentlicher Alkoholgenuss ist in Nordamerika *prohibited by law* und etwa beim Picknick im Park/am Strand ein klares »NO GO«. Details zum Thema »Driving under the Influence« ➤ Exkurs Seite 118.

3.4.2   Restaurants

Neben den angeführten Möglichkeiten in Supermärkten (➤ Seite 140) haben Hungrige in Übersee die Wahl zwischen *Fast Food*, *Family* und »richtigen« Restaurants:

Fast Food

Von der Kleinstadt aufwärts besetzen *Fast Food*-Lokale die Straßen des Hauptverkehrs in dichter Folge. Die großen Ketten (*McDonald's, Burger King, Kentucky Fried Chicken, Pizza Hut, Subway* etc.) kennt man auch hierzulande, sie haben schon vor langer Zeit den Sprung über den Ozean geschafft und müssen nicht näher erläutert werden. Sie locken ihre Kunden nicht nur mit überaus günstigen *Menus* an (preiswerter als bei uns), sondern auch mit übergroßen Kinderspielplätzen, *free Wifi* und sog. *free refill* für Limonaden. Automaten für *Coke, Fanta* etc. stehen meist frei zugänglich im Lokal zur (mehrmaligen) Selbstbedienung.

Burger

Auffällig gut im Westen der USA ist die Hamburger-Kette **Carls Jr.**, die mit ihren »*Charbroiled Burgers*« (vom Holzkohlegrill) und ausgefalleneren Kreationen mit Guacamole, Jalapenos etc. die Marktführer qualitativ in Schach hält. Ebenfalls gut vertreten in dieser Sparte sind **Wendy's** sowie **Jack-in-the-Box** und in Kanada die Kette **A&W**, deren Essen allerdings eher durch originelle Namen als durch besonderen Geschmack hervorsticht. Dort verkauft man z.B. *Uncle, Baby, Mama* oder *Grandpa Burgers*. Bei *Arby's* liegen in den runden Brötchen keine Hackfleisch-Pattys, sondern Roastbeef oder Geflügel-Wurstscheiben.

SONIC-Lokale erinnern an Tankstellen. Dort hält man an »seiner Zapfsäule«, rollschuhfahrende Mitarbeiter bringen das bestellte Essen (Hamburger, *Hot Dogs* etc.) direkt ans Auto. Diesen Service nennt man *carhop* (gibt es auch bei einigen *A&W*-Filialen).

Tim Hortons

Eine Sonderstellung nimmt **Tim Hortons** ein, die größte Schnellrestaurant-Kette Kanadas – landesweit über 4.600 Filialen, an zweiter Stelle folgt dort *Subway* mit knapp 3.300 und erst dahinter *McDonald's* mit gerade mal 1.450 Niederlassungen. 1964 gründete der gleichnamige Eishockeystar in Ontario sein erstes *Donut Café* und startete damit eine kanadische Erfolgsgeschichte. An den ersten Spezialitäten von damals – **frisch gebrühter Kaffee**, *Apple Fritters* (Hefeteig mit Apfelstückchen/Zimt-Füllung) und *Dutchies* (Hefeteig mit Rosinen und Zuckerglasur) – hat sich bis heute nichts verändert. Rund um die Uhr frische *Donuts, Muffins, Bagels, Timbits* (*Donut*-Kügelchen) sowie Suppen, Sandwiches und Burger ergänzen das Speiseangebot.

Frühstück

Der Konkurrent aus den USA, **Dunkin' Donuts**, der ebenfalls Kaffee und eine unglaubliche Vielfalt an Hefegebäckkringel anbietet, ist wie **Tim Hortons** und die *Family Restaurants* **Denny's** und **IHOP** ein ausgesprochen beliebter Platz fürs Frühstück.

A&W, »Home of the Burger Family« in Kanada

Dairy Queen

Auf *Dairy Queen*-Lokale stößt man in Nordamerika auch allerorten. Ursprünglich spezialisiert auf Milch-Mixgetränke, **Softeis** und Joghurt, bietet die selbsternannte »Königin der Milchprodukte« obendrein allerlei **Hamburger**-Varianten. *Dairy Queen* ist weniger einheitlich aufgemacht, die Bandbreite reicht von der simplen Dorf-Cafeteria bis hin zum modern gestylten Plastikschuppen.

Mexikanisches

Ausgehend vom Südwesten der USA haben sich die Lokale mit mexikanischen Spezialitäten wie *Taco Bell* bis hinauf nach Kanada ausgedehnt. Basis ihrer Gerichte sind *Tortillas*, Mais- oder Weizenfladen, die mit Hackfleisch, Püree aus roten Bohnen, Salat, Guacamole, *Sour Cream* (Sauerrahm) und Käse gefüllt werden. Man rollt die weichen Teigfladen zu **Burritos, Enchiladas** oder **Soft Tacos**. Kross fritierte *Tortillas* belegt man mit den oben genannten Zutaten zu **Tostadas** oder klappt sie zu **Tacos** zusammen. Die Variationen sind ausgesprochen preiswert. Kaum irgendwo sonst lässt sich für so wenig Geld der Magen füllen – dasselbe gilt für Konkurrenten wie etwa **DelTaco** oder **Taco Time**.

Eisdielen

Erwähnenswert ist noch **Baskin-Robbins**, eine der weltgrößten *Ice Cream*-Ketten mit hervorragendem, aber sehr teurem Eis (bis zu 35 Sorten!). Eiskuchen und Eiskaffee ergänzen das Sortiment.

Weitere Gaststätten

Durchaus empfehlenswert können die Essmöglichkeiten der **Truck Stops** an großen *Highways* sein, die oft rund um die Uhr herzhafte Portionen zu bezahlbaren Preisen servieren. Selbst **Breakfast** schmeckt dort oftmals nicht schlechter als in *Family Restaurants*. Ähnliches gilt für die kleinen *Delis*, Bistros und *Coffee Shops*.

Kaffee und Coffee Houses

Ausgehend von Seattle eroberte die Kaffeehaus-Kette *Starbucks* die Welt und sorgte dafür, dass der nordamerikanische **Cup of Coffee** nun in aller Munde ist. Dabei spaltet dieser vielerorts in USA und Kanada (z.B. beim Frühstück im Hotel oder Restaurant) Besucher aus Europa regelrecht in zwei Lager: Die einen empfinden ihn nur als »braune Plörre«, die anderen genießen ihn wie die Amerikaner gleich literweise, zumal ein **refill** – ein-, zwei- oder mehrmals nachgeschenkt – in *Family* und *Full Service* Restaurants überwiegend kostenlos ist.

Ab den 1990er-Jahren schossen **Coffee Houses** (oder **Shops**) allerorten wie Pilze aus dem Boden, darunter auch viele Unabhängige. Vor allem entlang der nördlichen US-Pazifikküste stehen die kleinen *Drive-thru*-Häuschen, die außen wie innen recht originell aussehen können, praktisch an jeder Ecke. Neben aromatisierten Kaffeesorten wird dort **Espresso, Cappuccino** oder **Caffe Latte** zum *Muffin*, *Donut* oder *Croissant* gereicht. Und selbst der teuerste Edelkaffee kommt meist nur im Papp- oder Plastikbecher.

How do you want your eggs?

Während bei uns die Frage meist schnell beantwortet ist, wird es in Nordamerika schon am frühen Morgen richtig kompliziert: **Soft** oder **hard boiled**, weich oder hart gekochte Eier, werden eher selten gegessen, dafür schätzt man sie umso mehr **scrambled** (Rührei) oder mit der Sonnenseite nach oben (**sunny side up** = klassisches Spiegelei). Bei **over easy** oder **over light** werden die **fried eggs** (Spiegeleier) einmal gewendet, das Eigelb bleibt dabei noch flüssig. **Over medium eggs** werden etwas länger gebraten und bei **over well** ist der Dotter dann durch bzw. fest, aber noch intakt (ganz anders als bei der Variante **over hard**, bei der er sich mit Eiweiß etwas vermengt!). Intakt und weich bleibt der Dotter bei den **poached eggs** (in Wasser ohne Schale gegart) sowie bei den **Eggs Benedict**, dem amerikanischen Frühstücksklassiker schlechthin, bei dem die *poached eggs* auf einem halbierten englischen *Muffin*-Weißbrot mit einer dicken Scheibe Schinkenspeck (*ham*) oder Speck (*bacon*) und Sauce Hollandaise serviert werden.

Family Restaurants

Familienrestaurants sind zwischen *Fast Food* und *Full Service*-Lokalen anzusiedeln. Man wird dort in der Regel am Tisch bedient – wie in »richtigen« Restaurants, aber schneller – und zu relativ moderaten Preisen, so dass sich auch Familien der unteren Mittelklasse mit Kindern noch das Essengehen leisten können. Eine Lizenz zum Alkoholausschank haben die allerwenigsten von ihnen.

Denny's
Das **klassische Family Restaurant** im alten »American Diner« Stil ist **Denny's**. Filialen gibt es nahezu überall in den USA, auch in Vancouver und Calgary ist *Denny's* gut vertreten. Sie sind oftmals Tag und Nacht geöffnet und servieren dann Reichhaltiges sowie typisches **American Breakfast** zu jeder (!) Uhrzeit.

IHOP
Alles was den Tag versüßt, wird auch im »International House of Pancakes« **IHOP** zubereitet – von *Pancakes* (Eierkuchen) mit Ahornsirup *(Maple Syrup)* oder billigerem Zuckersirup, Crepes, Waffeln, *Hash browns* (kleine Kartoffelrösties), *Omelettes* bis hin zu den unterschiedlichsten *French Toast*-Varianten. Wer es gesünder mag, bekommt dort auch Salat, Suppen oder ein Sandwich.

Weitere Ketten
In die Kategorie *Family Restaurant* fallen im US-Westen noch **Cracker Barrel** (rustikal eingerichtet und meist mit *Old Country Gift Store*) sowie **Shoney's** oder **Village Inn** (auch auf Frühstück spezialisiert). **Red Robin** rühmt sich in beiden Ländern *Gourmet Burger* zu servieren, dazu gibt's Cocktails sowie frischgezapftes Bier. Auch im **Sizzler Steakhouse** kann man zu seinem *hand-cut steak* ein Glas Bier oder Wein ordern.

All-you-can-eat
All-you-can-eat-Buffets stehen ebenfalls hoch im Kurs bei Amerikanern. Dazu zählt auch die Kette **Golden Corral** mit Niederlassungen im US-Nordwesten u.a. in Spokane, Boise oder Great Falls. Das Angebot reicht dort vom *homemade cooking* und mexikanischen Spezialitäten, Steaks (!) und Salat bis hin zum »Schokobrunnen«, in den man zur Nachspeise Erdbeeren tunken kann.

Full service Restaurants

In den Großstädten ist die Vielfalt enorm, während sich in Kleinstädten und auf dem Lande das Angebot nicht selten auf die typischen Hamburger- (auch im Restaurant!) und Steakgerichte beschränkt, eventuell noch erweitert um Pizza, Spaghetti, *Mexican
Food* und die verbreitete chinesische Küche.

Seafood

An den Küsten sind **Seafood Restaurants** meist zahlreich. Der
Catch of the Day bezeichnet das fangfrische, wechselnde Tagesan-
gebot und ist oft eine gute Option. Da Lachs mit fünf Gattungen an
der Pazifikküste vertreten ist, werden *Chinook (King) Salmon,
Chum (Dog), Coho, Pink (Humpback)* und *Sockeye Salmon,* dazu
der *Kokanee Salmon* (kleinerer, nicht wandernder Süßwasserver-
treter des *Sockeye*) vielerorts zu relativ moderaten Preisen serviert.

Fleisch

Ebenfalls eine Spezialität – frisch von den Weiden auf den Tisch –
sind saftige **Rindersteaks** (*Sirloin* = Rumpsteak; *Rib-Eye* = stark
marmoriertes Steak aus der Hochrippe; *tenderloin* = allerfeinstes
Filet; *New York Strip Steak* = beliebtes Lendenstück mit sichtba-
rem Fettrand; *T-Bone-* und *Porterhouse Steak* = flaches Stück Roastbeef mit T-förmigen Knochen). **Prime Rib** ist ein hervorragendes
Stück Rinderbraten, das sehr langsam bei niedriger Temperatur
gegart wird. **Bisonfleisch** (von Zuchtfarmen) schmeckt ebenfalls
fein, ist sehr mager und nicht so marmoriert wie das vom Rind.

**Restaurant-
ketten**

Wie bei *Fast Food* existieren auch für »richtige« Restaurants Ketten, so sind z.B. Niederlassungen vom **Outback Steakhouse** oder
Bubba Gump Shrimp Company Restaurants weit verbreitet. Sehr
beliebt in Kanada ist auch die **Old Spaghetti Factory**, in der Pasta
im nostalgischem Ambiente früherer Lagerhäuser serviert wird.

Rund ums Restaurant - wichtig zu wissen:

**Please wait
to be seated**

Üblicherweise werden in Nordamerika Restaurantbesucher »plat-
ziert«. Auch bei vorhandenen freien Plätzen wartet der geduldige
Gast, bis sich ein **Waiter/Host** oder eine **Waitress/Hostess** seiner
annimmt und einen Tisch zuweist. Ist keiner frei oder noch nicht
abgeräumt, werden die Namen der ankommenden Gäste notiert

*Die Filialen
der Old Spa-
ghetti Factory
begeistern
Besucher durch
ihr liebevoll
gestaltetes
Interieur; hier
in Gastown/
Vancouver auch
mit Esstischen
in einer
ausrangierten
Straßenbahn*

und der Reihe nach aufgerufen. »*Muller, party of three!*« heißt, dass für den Gast Müller mit zwei Begleitpersonen nun alles bereit ist. Mancherorts bekommt man einen *Buzzer* in die Hand, der, wenn es so weit ist, blinkt und vibriert. Bis dahin können sich die »Müllers« die Zeit mit einem *Drink* an der Bar vertreiben, so vorhanden. **Warteschlangen** vor Lokalen sind in Übersee kein ungewöhnliches Bild.

Speisekarte

Die Speisekarte heißt **Menu**, sprich: »Mänjuh«. Vorspeisen sind **Appetizers** oder **Starters**, Hauptgerichte **Entrees** und die Beilagen dazu **Side Dishes/Orders**. Nach dem Hauptgericht fragt man den Gast, ob er noch **Sweets** oder **Dessert** wünscht.

Free Refills

Anders als in Deutschland werden in vielen Restaurants nicht nur **Eiswasser** und **Kaffee**, sondern auch **Soft Drinks** wie Cola oder Sprite kostenlos nachgeschenkt (*free refills*).

Alkohol-ausschank

Lediglich **Licensed Restaurants** dürfen alkoholische Getränke ausschenken und das auch nur in Verbindung mit einer Mahlzeit. Dazu reicht zwar oft ein preiswerter *Appetizer* oder die *Intention of Order*, also die Absicht ein Gericht zu bestellen. Ausgedehnteres Verweilen und der Wunsch nach alkoholischem Nachschub, wenn die Mahlzeit eigentlich beendet ist, ruft Befremden hervor. D.h., wer noch ein paar Gläser mehr konsumieren möchte, geht dazu besser an die Bar oder in die *Cocktail Lounge* desselben Hauses oder in einen **Pub,** wo Drinks auch ohne Essen serviert werden dürfen.

Auf dem Lande sind gemütliche Lokale für den Abend oftmals nicht leicht zu finden, aber hier und dort sorgen *Country*-Bands in originellen Western-**Saloons** für gute Unterhaltung. In Großstädten lässt die vielfältige Bar- und Clubszene meist kaum Wünsche offen. Insbesondere in BC und in Portland, Seattle oder Bend haben sich **Hausbrauereien** mit eigenem Bier (➤ Seite 142), Restaurant und *Live Music* zu Anziehungspunkten entwickelt.

Ende der Veranstaltung

Ein Restaurantbesuch in USA/Kanada ist keine abendfüllende Angelegenheit. Selbst nach einem üppigen Mahl mit Vor-, Haupt- und Nachspeise hat es die Bedienung gelegentlich störend eilig, dem Gast nach dem letzten Bissen zu signalisieren, dass das Vergnügen nun beendet sei. Nach einem knappen, eher rhetorischen »*Anything else*?« wird rasch die Rechnung präsentiert.

Rechnung/ Trinkgeld

In Kanada sind die Steuern in Esslokalen mitunter schon der Speisekarte zu entnehmen, in den USA werden immer nur Netto-Preise ausgezeichnet. Erst die Rechnung (**check**) weist dort sämtliche Steuern aus (ca. 6%-11% *sales tax* inkl. lokal unterschiedlicher Aufschläge). Der Service ist in beiden Ländern nie im Preis enthalten (außer beim Vermerk »Tip is included«). Ein für europäische Verhältnisse **üppiges Trinkgeld** (**tip** oder **gratuity**) ist in der heutigen amerikanischen Dienstleistungsgesellschaft fester Bestandteil des Entlohnungssystems; alle Details dazu ➤ Seite 156. Die Effektivkosten des Essengehens lassen sich nicht so leicht abschätzen, in der Regel muss man in den USA **rund 21%-26% dazu addieren**. Restaurantbesuche in Nordamerika sind daher – außer bei *Fast Food* oder *All-you-can-eat*-Buffets – meist kein billiges Vergnügen.

3.5   Alles Weitere von A bis Z

Apotheken

Reine Apotheken (***Pharmacies***), wiewohl hier und dort vorhanden, findet man relativ selten. Meistens ist den *Drugstores* der großen Ketten (*CVS, Walgreens* u.a.) und auch Supermärkten eine *Pharmacy* zugeordnet. Dort gibt es nicht verschreibungspflichtige Medikamente in Selbstbedienung und rezeptpflichtige Medikamente an einer Sondertheke für ***Prescriptions***.

Ärzte und Zahnärzte

Für den Eventualfall einer auf Reisen notwendigen Behandlung sollte vorgesorgt sein. Es gibt Fälle, in denen die medizinische Versorgung auch im Notfall verzögert oder sogar abgelehnt wird, wenn unklar ist, wie und ob sie bezahlt werden kann, ➢ Seite 74.

Trotz einer insgesamt hohen Dichte bei der ärztlichen und zahnärztlichen Versorgung ist es in Nordamerika für Touristen bisweilen nicht einfach, einen kurzfristigen Termin bei einem Arzt (***Physician***, auch »*Medical Doctor*«) oder Zahnarzt (***Dentist***) zu bekommen. Das gilt nicht für **Ambulatorien**, die man in großen und auch kleineren Städten als Gemeinschaftspraxis verschiedener Spezialisten findet. Mit **akuten Beschwerden** und Verletzungen kann man sich direkt zum ***Emergency Room*** (der Notfallaufnahme) im nächsten Hospital begeben. Vor (!) Behandlungsbeginn wird immer die Vorlage einer Kreditkarte verlangt.

Notfälle 911   Die in den USA und Kanada gültige Telefonnummer für **Notfälle aller Art** *(Emergencies)* ist 911, ➢ auch Seite 152.

Banken

Bankfilialen gibt es in Nordamerika noch im kleinsten Ort und haben Mo-Fr (manchmal auch Sa) ab 9 Uhr geöffnet bis mind. 14/16 Uhr. Geldautomaten (***ATM***, *Automated Teller Machine*) stehen für Abhebungen mit Kreditkarte oder mit *Maestro*-Logo auch per EC-Karte rund um die Uhr zur Verfügung; alle Details ➢ Seite 75).

Weit verbreitet sind ***Drivethru ATMs***, an denen man das Auto nicht verlässt.

Amerikaner erledigen auch ihre Geldangelegenheiten gern mal am Drive-thru-Schalter

Deutsche Generalkonsulate in den US-Weststaaten und BC/AB:
(www.auswaertiges-amt.de, Menüpunkt »*Auslandsvertretungen weltweit*«)

Los Angeles   zuständig für Südkalifornien, Arizona, Nevada, Utah und
Colorado: 6222 Wilshire Blvd, Suite 500; ✆ (323) 930-2703

San Francisco   zuständig für Nordkalifornien und nordwestliche US-Staten:
1960 Jackson Street, ✆ (415) 775-1061

Vancouver   Suite 704, World Trade Centre, 999 Canada Place, Vancouver;
✆ (604) 684-8377

Kontaktadressen für Österreicher und Schweizer:

CH-Botschaft   2900 Cathedral Ave NW, Washington DC, ✆ (202) 745-7900

5 Marlborough Ave, Ottawa/Kanada; ✆ (613) 235-1837

Generalkonsulate   Pier 17, Suite 600 San Francisco, ✆ (415) 788-2272

World Trade Centre 790-999 Canada Place, Vancouver;
✆ (604) 684-2231

4053 Edgevalley Landing NW, Calgary; ✆ (403) 208 32 96

Ö-Botschaft   3524 Internat'l Court NW, Washington DC; ✆ (202) 895-6700

445 Wilbrod Street, Ottawa/Kanada; ✆ (613) 789 14 44

Generalkonsulate   11859 Wilshire Boulevard, Suite 501 Los Angeles;
✆ (310) 444-9310

Hilfreich sind im Verlustfall **Fotokopien** oder im Web hinterlegte **Scans** der abhanden gekommenen Dokumente. Mit einer Hilfeleistung ggf. verbundene
Aufwendungen holt sich der Staat später in der Heimat zurück.

3

─────────────   **Botschaften und Konsulate**

Die diplomatischen Vertretungen des eigenen Landes in den USA
sind für Touristen normalerweise nur bei Verlust der Finanzen
und der Papiere von Interesse. Sind Kreditkarten abhanden gekommen, helfen die ausgebenden Organisationen und Eigeninitiative, ➢ Seiten 78+152. Ist der **Reisepass weg**, lässt sich der Gang
zu den Konsulaten nicht vermeiden; Kontakte ➢ oben.

─────────────   **Datum**

In Nordamerika lautet die Reihenfolge beim Datum **Monat/Tag/
Jahr**. Der 30. September 2019 schreibt sich daher 09/30/2019.

─────────────   **Elektrischer Strom**

Kanada und USA verfügen über ein **120 Volt-Wechselstromnetz**
von 60 Hertz. Apparaten, die sich auf 110/125 V umschalten lassen, schadet der Frequenzwechsel von 50 auf 60 Hertz nicht; Ra-
sierapparate laufen etwas rascher. Viele elektronische Geräte passen sich automatisch an (*Laptops*).

Steckdosen-   Stecker aus Europa passen nicht in nordamerikanische Steckdosen
Adapter   (die auch in Wohnmobilen eingebaut sind). Reiseadapter findet
man bei uns in Elektroläden oder Kaufhäusern. In Übersee sind
Foreign Travel Adapter ungleich schwerer aufzutreiben.

Feiertage

An Feiertagen bleiben Banken, Postämter und öffentliche Verwaltungen geschlossen. Private Geschäfte (Supermärkte, Einkaufszentren etc.) brauchen ein Feiertagsgebot nicht zu beachten.

Feiertage in Kanada

New Year's Day	1. Januar
Family Day	2. Mo im Februar (nur in British Columbia)
Alberta Family Day	3. Mo im Februar (nur Alberta)
Good Friday	Karfreitag
Easter Monday	Ostermontag
Victoria Day	Montag vor dem 25. Mai
Canada Day	1. Juli (Nationalfeiertag)
Civic Holiday	1. Mo im August
Labour Day	1. Montag im September
Thanksgiving	2. Montag im Oktober
Remembrance Day	11. November (Volkstrauertag)
Christmas Day	25. Dezember
Boxing Day	26. Dezember

Feiertage in den USA
(auf Sonntag fallende Feiertage werden am folgenden Montag nachgeholt)

New Year's Day	1. Januar
Martin Luther King Day	3. Montag im Januar
President's Day	3. Montag im Februar
Seward's Day	letzter Montag im März (nur in Alaska)
Good Friday	Karfreitag (nur in einigen Staaten, u.a. in North Dakota)
Memorial Day	letzter Montag im Mai
Independence Day	4. Juli (Unabhängigkeitstag, wichtigster Feiertag)
Labor Day	1. Montag im September
Columbus Day	2. Montag im Oktober (nur in einigen Staaten, teils auch als »Indianertag« gefeiert)
Alaska Day	18. Oktober (nur in Alaska)
Veteran's Day	11. November
Thanksgiving	4. Donnerstag im November
Christmas Day	25. Dezember

Internet

Free Wifi   Die meisten H/Motels und viele Campingplätze werben mit ***free Wifi*** (***wir****eless* **fi***delity* = WLAN). Gratis Zugang zum Netz gewähren auch viele Lokale und Supermärkte (*Starbucks, Safeway* etc.).

Surfen unterwegs

Prepaid-**Daten-SIM-Karten** für das Smartphone holt man sich am besten schon hierzulande; nur Datenvolumen oder in Kombination mit Gesprächsguthaben z.B. bei www.simlystore.com. Die einst sehr lückenhafte **Netzabdeckung** im US-Westen (*AT&T, Verizon, T-Mobile*) hat sich in den letzten Jahren deutlich verbessert, in den endlosen Weiten Kanadas gibt es aber auch bei *Bell*, *Rogers* oder *Telus* noch viele »weiße Flecken«. Probleme können auch die unterschiedlichen LTE-/UMTS-Bänder beim Zugriff auf das Internet bereiten; hier sollte man sich vorab schlau machen, ob das eigene Smartphone die richtigen Frequenzen unterstützt.

Kleidergrößen/Umrechnungstabellen

Damen DE	32	34	36	38	40	42	44	46	48
Damen USA	4	6	8	10	12	14	16	18	20
	XS	XS	S	S	M	M	L	L	XXL
Herren DE	44	46	48	50	52	54	56	58	60
Herren USA	34	36	38	40	42	44	46	48	50
	S	S	M	M	L	L	XL	XL	XXL

Maße & Gewichte

Kanada

Kanada führte bereits in den 1970er-Jahren das metrische System ein. Wegweiser und Karten zeigen daher alle Entfernungen in Kilometern an, Benzin wird nach Litern verkauft und die Geschwindigkeit in km/h gemessen. Auch Getränkebehälter definiert man eigentlich in Litern, dennoch enthalten Getränkedosen weiterhin 12 oz (Flüssigunzen, *Fluid Ounces* = 355 ml), und die Preise bei Fleisch, Obst und Gemüse beziehen sich im Supermarkt noch immer auf das *Pound* (1 lb = 454 g). An der Kasse wird dann in Kilogramm ausgewogen und umgerechnet; dazu multipliziert man den Pfund-Preis mit dem Faktor 2,2. Auch bei Werkzeugen oder Ersatzteilen hat sich das metrische System nicht durchgesetzt, denn in den USA gefertigte Autos dominieren den kanadischen Markt.

Polizei-parade mit traditionellen »Rotröcken« (Mounties) bei den Canada Day Festivitäten am 1. Juli

Deren »Innenleben« wird in *Inches* (Zoll) gemessen. Die passenden Schraubenschlüssel sind mit Bruchteilen eines Zolls abgestuft, z.B. 5/16 inch (entspricht 10/32 inch), 11/32 inch etc., die selten mit glatten Millimetern übereinstimmen. Mit metrischem Werkzeug reißt man Muttern und Schraubenköpfe leicht kaputt.

In den Vereinigten Staaten gelten *Miles, Gallons, Ounces, Pounds* usw.; Übersicht der US-Maßeinheiten:

1 inch		2,54 cm
1 foot	12 inches	30,48 cm
1 yard	3 feet	91,44 cm
1 mile	1760 yards	1,609 km
1 acre	4840 square yards	0,40 ha
1 square mile	640 acres	2,59 km^2
1 fluid ounce		29,57 ml
1 pint	16 fluid ounces	0,47 l
1 quart	2 pints	0,95 l
1 gallon	4 quarts	3,785 l
1 barrel	42 gallons	159 l
1 ounce		28,35 g
1 pound (lb)	16 ounces	453,59 g
1 ton	2000 pounds	907,18 kg

Notfälle   Notfall-Rufnummer ✆ 911

Krankheit/ Unfall

In dringenden Notfällen, gleich ob man in erster Linie einen Arzt, den Unfallwagen oder die Polizei benötigt, ruft man die ✆ **911** an. Sollte die **Emergency Number** ausgefallen sein, wählt man die »Amtsleitung« Null, der *Operator* verbindet dann weiter. Vor jedem Notfall-Anruf sollte man sich über den eigenen **Standort** vergewissern und für Rückrufe die Nr. des Apparates, von dem aus man telefoniert, parat haben. In Kanada/USA besitzen auch Münzfernsprecher eine Nummer und können angerufen werden.

Notfall-Service der nordamerikanischen Automobilklubs ✆ 1-800-222-4357 (=CAA-HELP bzw. AAA-HELP)

Dort kann man Tag und Nacht gebührenfrei die Telefonnummer des lokal zuständigen Straßendienstes erfahren. An den Autobahnen stehen kaum **Notrufsäulen** *(Motorist Aid Call Boxes).* Fahrer liegengebliebener Vehikel signalisieren durch die **geöffnete Motorhaube**, dass sie Hilfe benötigen.

Verlust von Reisepass/ Zahlungsmittel

• Bei Passverlust helfen die nächstgelegenen diplomatischen Vertretungen (➤ Seite 149) und ggf. auch die Notfallzentralen der Kreditkartenunternehmen.

• Verlust Kreditkarte ➤ Seite 78, Reisechecks ➤ Seite 78

Geldtransfer im Notfall

Sind alle Unterlagen und auch die Kreditkarten abhanden gekommen, hilft u.a. **Western Union** (Büros in vielen Städten der USA) in Kooperation mit der deutschen **Postbank** und der **ReiseBank** (Filialen in Flughäfen und Bahnhöfen deutscher Großstädte).

Die Geldüberweisung auf diesem Weg ist zwar teuer, aber funktioniert rasch und sicher. Schon wenige Minuten nach Einzahlung bei der *Post-/ReiseBank* kann der Empfänger in einem *Western Union Office* seiner Wahl über den Betrag verfügen. Die gebührenfreie Nummer von *Western Union* in Nordamerika ist ✆ 1-800-325-6000, www.westernunion.de.

Einen ähnlichen Service bietet auch **MoneyGram**; ✆ 1-800-666-3947, www.moneygram.de.

Post

Postämter stehen in Nordamerika noch im kleinsten Dorf und sind dank der zu den Schalterstunden (Zeiten ungefähr wie bei uns) immer aufgezogenen Nationalflaggen selten schwer zu finden; www.usps.com bzw. www.canadapost.ca.

Postkarten/Briefe nach Übersee kosten ab Kanada 2,50 CAD und von den USA aus 1,15 USD (Stand 2018). Für Briefmarken (**Stamps**) aus Automaten z.B. in Supermärkten oder Einkaufszentren muss ein Aufpreis gezahlt werden. Die Laufzeit nach Europa beträgt **6-10 Tage** (**Airmail**), ein Paket auf dem Land- und Seeweg (**Surface Mail**) braucht mind. 6 Wochen (Zollfreigrenzen beachten, ➢ Seite 159).

Adressen in Nordamerika schreibt man wie folgt:

Mr./Mrs. + Vorname + Nachame des Empfängers
Hausnummer + Straßennamen
Stadt + Abkürzung des US-Staats/der Provinz + Postleitzahl
United States of America oder Canada

Die Postleitzahl besteht in den USA (**Zip Code**) aus 9 Ziffern, in Kanada (**Postal Code**) – ähnlich wie in Großbritannien – aus einer sechsstelligen Buchstaben- und Ziffernkombination.

Postlagernd Briefe von zu Hause kann man sich postlagernd mit dem Zusatz **General Delivery** schicken lassen, muss aber dabei unbedingt auf die Reihenfolge bei der Adresse achten und die exakte Postleitzahl oder Bezeichnung des Postamtes vorher eruieren.

Rauchen

Tabakwaren sind deutlich teurer als in Europa, und Raucher haben es auf dem nordamerikanischen Kontinent generell schwerer. Ein striktes Rauchverbot gilt nicht nur in öffentlichen Verkehrsmitteln, Mietfahrzeugen und sämtlichen öffentlichen Gebäuden (Flughäfen, Restaurants, Bars etc.), sondern manchmal selbst an Stränden, in Naturschutzgebieten, Parks sowie in der Nähe von Schulen oder Kinderspielplätzen. Einige Städte in den USA verbieten es sogar auf sämtlichen Fußwegen oder Straßen. Am besten man fragt vor Ort oder macht sich schon vorher im Internet schlau:

USA ➢ https://en.wikipedia.org/wiki/List_of_smoking_bans_in_the_United_States

Kanada ➢ https://en.wikipedia.org/wiki/Smoking_in_Canada

Senioren

Der Begriff des *Senior* für alle älteren Mitbürger ist eine amerikanische Erfindung, die sich auch bei uns durchgesetzt hat. Wichtig ist, dass es in Amerika für vieles **Seniorenrabatt** gibt, auf die Eintrittspreise in Museen, beim Camping, in *Family Restaurants* und auch in Hotels. In den **USA** gilt oft schon als Senior, wer **60 Jahre** alt ist, bisweilen genügen sogar 50 Jahre (z.B. beim *Furnace Creek Resort* im *Death Valley*). Ca. 10-30% Rabatt wird mancherorts gewährt, d.h., es macht durchaus Sinn bei Dienstleistungen und Eintrittsgeld nach dem **Senior Discount** zu fragen.

Schuhgrößen/Umrechnungstabellen

Damen DE	35	36	37	38	39	40	41	42
Damen USA	4	5	6	7	8	9	10	11
Herren DE	40	41	42	43	44	45	46	47
Herren USA	6,5	7,5	8,5	9,5	10,5	11,5	12,5	13,5

(können bei Sportschuhen je nach Hersteller aber leicht abweichen)

Telefon (national und international)

System

Nordamerika inklusive Mexiko verfügt über ein vereinheitlichtes Telefonsystem. Jeder US-Bundesstaat und jede Provinz besitzt eine 3-stellige Vorwahl (*Area Code*), dicht besiedelte haben sogar mehrere davon. Dieser ersten Vorwahl folgt eine **zweite, 3-stellige Zahl**, die sich auf das Dorf, einen Landkreis oder Stadtteil bezieht, sowie die Anschlussnummer aus vier Ziffern. Bereits Anrufe beim Nachbarn, der eine abweichende zweite Vorwahl besitzt, sind »Ferngespräche«. Statt des Ortsgesprächstaktes gilt dann der Minutentakt. Bei Gesprächen über den regionalen *Area Code* hinaus muss die »1« **vorgewählt** werden, dasselbe gilt für gebührenfreie Nummern.

toll free Nummern

1-800/ 833/844/ 855/866/ 877/888

Bei **toll free** Nummern gehen in der Regel die Kosten zu Lasten des Angerufenen. Sie sind mit der Vorwahl 001 (statt »1«) auch vom Ausland zu erreichen, allerdings kommt dann der Anrufer für die Gebühren auf. Großer Beliebtheit erfreuen sich leicht zu merkende »*vanity numbers*«, wo die Ziffern durch Buchstaben/Wörter ersetzt werden, z.B. 1-800-

1	2 ABC	3 DEF
4 GHI	5 JKL	6 MNO
7 PQRS	8 TUV	9 WXYZ

FLOWERS. Auskunft zu gebührenfreien Nummern erhält man unter ✆ 1-800-555-1212 bzw. www.tollfreeda.com oder inter800.com.

1-900

Das Gegenteil der 800-Nummern sind **900-Nummern**, für die im Minutentakt eine **Honorierung für den Angerufenen** fällig wird.

International

Über die Vorwahl »011« öffnet man den Zugang zum internationalen Netz. Mit »49« für Deutschland (43 für Österreich, 41 für die Schweiz) und die um die Null reduzierte Ortsvorwahl sind Verbindungen in die Heimat (von Privattelefonen aus) leicht hergestellt.

In Zeiten von Smartphones haben Münztelefone ausgedient

Auf die amerikanischen Münzfernsprecher (**Pay Phones**) sollte man, wenn möglich, dabei nicht angewiesen sein. Nicht nur, weil deren Anzahl seit Jahren stark rückläufig ist und man sie nicht mehr »an jeder Ecke« findet, sondern auch wegen der Preispolitik ihrer Betreiber. Für ein kurzes Telefonat nach Europa benötigt man **rollenweise (!) Quarters**, und auch das Telefonieren mit Kreditkarte kann mit diesen Apparaten **exorbitante Kosten** verursachen.

Am besten nutzt man dafür **Phone** oder **Calling Cards** (Verkauf in Kaufhäusern, Tankstellen etc.). Die **Minutenpreise** bei den verschiedenen Karten sind dabei verblüffend unterschiedlich – hier sollte man vergleichen! Im Hotel oder am öffentlichen Telefon wählt man die 800-Nummer für die jeweils gewünschte Sprachansage (selten deutsch) und tippt dann nach Anweisung die Codenummer der Karte ein, wählt die Nummer und fertig. Noch verfügbare Restminuten werden jeweils angesagt. Aber Achtung: Beim Einsatz an öffentlichen Telefonen werden mitunter hohe fixe Zusatzgebühren pro Gespräch fällig. Ein paar vergebliche Versuche und zack ist die Karte leer.

Im Hotel
Im H/Motel ist ebenfalls mit Aufschlägen zu rechnen. Selbst vermeintliche Anrufe zum **Nulltarif** (**800-Nummern** etc.) werden gelegentlich mit einer Zusatzgebühr belegt. Besser man erkundigt sich, bevor man zum Hoteltelefon greift.

No-contract-Phones
Bei einem längeren Aufenthalt oder für Vieltelefonierer im inneramerikanischen Netz kommt ggf. die Anschaffung eines Billig-Handys (**mobile phones** in Kanada bzw. **cell phones** in den USA) in Betracht. Dieses kostet ab ca. €40 (*unlocked*, d.h. ohne Vertragsbindung). In USA erhält man *Prepaid Cell Phones* u.a. bei **Best Buy** oder in *Department Stores* wie **Walmart** und **K-Mart**. Mit dem Kauf verbunden sind jede Menge Freiminuten. Für Auslandsgespräche muss man es aber meist freischalten lassen.

Telefonieren mit dem eigenen Handy

Wer sein eigenes Tri- oder Quadband-Handy mitnimmt und einfach drauflos telefoniert, sieht sich – sofern man kein Auslandspaket gebucht hat – nach der Reise nicht selten mit einer recht sehr hohen Rechnung konfrontiert.

Prepaid SIM-Karte
Handy-Komfort zu moderaten Gebühren verspricht dagegen eine **Prepaid-SIM-Karte**, die man für die Dauer des Urlaubs ins eigene Handy einsetzt. Man kann sie bereits in Europa erwerben z.B. unter www.simlystore.com. Faktisch hat man damit eine nordamerikanische Rufnummer, unter der man drüben auch jederzeit von der Heimat aus erreicht werden kann.

3

Die Lieferung erfolgt noch vor der Abreise an die deutsche Heimatadresse. Pünktlich zu Urlaubsbeginn wird sie dann automatisch freigeschaltet und enthält je nach »*Plan*« (amerikanisch für »Tarif«) **Gesprächsguthaben** und/oder ein **Datenvolumen**, ➤ auch »Internet« auf Seite 150.

Kosten-minimierung Wer auf sein eigenes Handy (mit der heimischen Nummer) wegen der leichteren Erreichbarkeit nicht verzichten möchte, führt ausgehende Gespräche billiger mit *Calling Cards* (➤ umseitig).

Telefonieren übers Internet Am günstigsten telefoniert man nach wie vor über das Internet. Wer Laptop, Tablet oder Smartphone dabei hat, kann von unterwegs – wo immer *free Wifi* verfügbar ist – mit **Skype** preiswert ins deutsche Festnetz bzw. Mobilnetz oder sogar völlig **kostenfrei** andere *Skype*-Nutzer anrufen; www.skype.de. Die Möglichkeit gratis und unkompliziert übers Internet zu kommunizieren bieten auch ähnliche Anbieter wie **WhatsApp** an; www.whatsapp.com. Sofern es die Qualität des Anschlusses erlaubt, kann man mit diesen Programmen **Videotelefonie** auch transatlantisch betreiben.

Temperaturen

In Kanada werden Temperaturen in °Celsius (**C**) gemessen, in den USA in °Fahrenheit (**F**). Die Formel für die Umrechnung von Celsius (**C**) in Fahrenheit und umgekehrt lautet:

°F = 32° + 1,8 x°C   bzw.   °C = (°F – 32°) : 1,8

Näherungsformel: °F = 30° + 2 x°C   bzw.   °C = (°F – 30°) : 2

Celsius	-15°	-10°	-5°	0°	5°	10°	15°	20°	25°	30°	35°	40°
Fahrenheit	5°	14°	23°	32°	41°	50°	59°	68°	77°	86°	95°	104°

Trinkgeld

Ein kleines Problem ist für europäische Touristen oft die Frage der »richtigen« Trinkgeldbemessung. Da nordamerikanische Hotel- und Restaurantangestellte in höherem Maße vom Trinkgeld (*tip* oder *gratuity*) abhängig sind als ihre europäischen Kollegen, wird es auch bei nahezu allen Dienstleistungen erwartet. Dies gilt u.a. auch im Taxigewerbe, bei einer Stadtrundfahrt oder im Supermarkt, sofern der höfliche junge Mann hinter der Kasse beim Transport der Tüten zum Wagen behilflich ist. Nur in *Fast Food*-Lokalen mit Selbstbedienung und ähnlichen Einrichtungen gibt man kein *tip*.

Im Restaurant Die Höhe des Trinkgelds in der Gastronomie richtet sich nach dem **Netto**-Rechnungsbetrag (exkl. Steuern): **15%** sind normal, bei guter Bedienung sogar **20%**. Selbst bei miserabler Bedienung (selten!) zahlen Amerikaner üblicherweise noch 10%. Das Trinkgeld hinterlässt man dabei immer bar auf dem Tisch, selbst wenn an einer Kasse gezahlt wird. Man sollte es auch besser nicht auf den Kreditkarten-Beleg dazuaddieren, da Restaurants bei Kartenzahlung mitunter einen Verwaltungsanteil einbehalten.

Der Drink abends in der Kneipe oder Bar ist um einiges teurer als der erste Blick auf die Cocktailkarte vermuten lässt, denn in Übersee kommen immer noch über 20% in Form von Steuern und Trinkgeld dazu

Achtung: Steht »Tip is included« auf der Rechnung, hat man vermutlich mit Touristen bereits schlechte Erfahrungen gemacht. Unbedingt die Rechnung genauer anschauen, sonst zahlt man doppelt!

Im Hotel

Bei allen Dienstleistungen im Hotel wird ebenso Trinkgeld erwartet. Der *Bellhop* (Hotelpage) erhält fürs Koffertragen nicht unter $1/Gepäckstück, der *Doorman* (Portier) $2 fürs Taxiholen und die *Room Maid* (Zimmermädchen) $2-$3, die man ihr täglich hinterlässt. Und nutzt man das in großen Hotels oftmals angebotene *Valet Parking*, bekommt der *Attendant*, der den Wagen in die Tiefgarage fährt, üblicherweise $3-$5 dafür.

Anderorts

So klare Regeln gibt es anderorts nicht, außer dass Münzgeld selten ausreicht. Eine **Dollarnote** muss es selbst bei kleinen Handreichungen schon sein. Eine recht hilfreiche Übersicht zum Thema Trinkgeld liefert: http://money.cnn.com/pf/features/lists/tipping.

Uhrzeit

In Kanada/in den USA steht »**am**« (*ante meridiem*, vormittags) oder »**pm**« (*post meridiem*, nachmittags) hinter einer Zeitangabe:

> 9 Uhr = 9 am   21 Uhr = 9 pm

Besonders zu beachten ist:

> 12.00 Uhr = 12:00 pm oder ***noon***
> 12.20 Uhr = 12:20 pm
> 24.00 Uhr = 12:00 am oder ***midnight***
> 0.20 Uhr = 12:20 am

In **Fahrplänen** stehen »am-Zeiten« häufig in Normalschrift, »pm-Zeiten« in Fettschrift.

Umsatzsteuer/Sales Tax

Kanada

Bis auf wenige Ausnahmen (z.B. Benzin und selten auch in Restaurants) werden in Kanada nur **Netto-Preise** ausgezeichnet. Erst an der Kasse addiert man die im ganzen Land einheitliche nationale Mehrwertsteuer (***GST***, ***Goods and Services Tax***) von 5%

dazu sowie die Umsatzsteuer der jeweiligen Provinz (**PST, Provincial Sales Tax**). In Ontario und den maritimen Provinzen gilt eine sogenannte **Harmonized Sales Tax** (anstelle von *PST+GST*). In Summe betragen die Steuersätze in West-Kanada zur Zeit:

• 12% in British Columbia   • 5% in Alberta (keine *PST!*)

Auf Kosten von Übernachtung, Alkohol und Fahrzeugen fallen oft gesonderte Zusatzsteuern an, und in Flughäfen werden auf Leihwagentarife gern bis zu 29% Nebenkosten erhoben. Die meisten **Lebensmittel** in Supermärkten sind in Kanada aber – anders als beim südlichen Nachbarn – umsatzsteuerbefreit (*tax exempted*).

USA In den USA hat man es nahezu überall **ausschließlich** mit **Netto**-Preisen (also *before tax*) zu tun. Je nach Bundesstaat gelten unterschiedliche Steuersätze (+lokale Zuschläge) **bis über 8%**, die erst an der Kasse auf die Preise aufgeschlagen werden.

Eine Ausnahme im US-Westen bilden **Alaska**, **Oregon** und **Montana**, wo keine *sales tax* erhoben wird. Die Kleidung und Sportwaren sind daher in den *Outlets Mall* in Oregon (z.B. in Bend, Woodburn, Troutdale, Seaside, Lincoln City) noch günstiger als anderswo. Eine *room/lodging tax* fällt allerdings auch in diesen Bundesstaaten an, ebenso verlangen einige Städte regionale Abgaben bei Restaurant-Besuchen.

Waschmaschinen und -salons

Bei Campern und auch bei vielen Motelübernachtern gehört zur Reise unvermeidlich gelegentliches Wäschewaschen, wenn die Reisezeit zwei Wochen überschreitet. Münzwaschautomaten stehen auf den meisten kommerziellen Campingplätzen. In Dörfern und Städten sind **Coin Laundries** oder **Laundromats** an den Ausfallstraßen kaum zu übersehen. In den dort installierten Maschinen bewegt sich aber immer noch statt der Trommel eine Art Propeller hin und her und quirlt die Wäsche durch. Egal, ob Trommel oder Quirl: die Einstellung »*hot*« heißt nicht etwa 90°C, sondern entspricht der Temperatur des zulaufenden Heißwassers (keine Nachheizung in der Maschine); »*warm*« bezeichnet halb heiß/halb kalt. Nach ca. 30 min ist der Vorgang beendet und das Ergebnis entsprechend. Bei höheren Ansprüchen an den Grad der Sauberkeit fügen Amerikaner dem Waschmittel (**detergent**) die bei uns als »Extra« längst vergessene Bleiche zu (**bleach**).

W(ireless)LAN bzw. Wifi ➢ »Internet« auf Seite 150

Zeitzonen

Im Westen der USA sowie den zwei kanadischen Provinzen BC/AB gelten zwei Zeitzonen: **Mountain** und **Pacific Time** liegen 8 bzw. 9 Stunden hinter der Mitteleuropäischen Zeit zurück (*MEZ*; drüben *CET* für *Central European Time*). Zum Beispiel entspricht 15 Uhr in Deutschland 6 Uhr morgens in Seattle oder Vancouver.

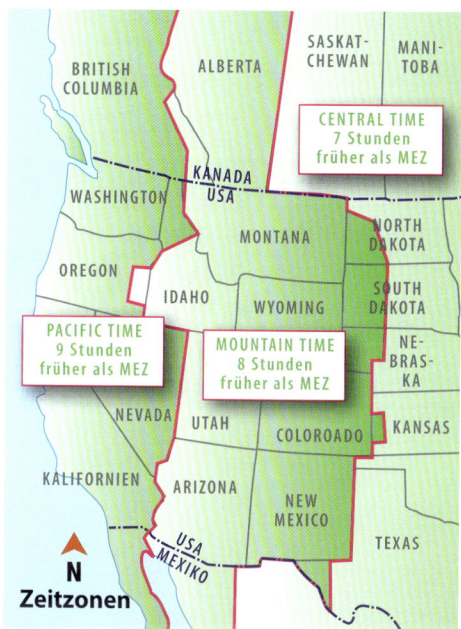

Zur **pazifischen Zeitzone** (**PT**) gehören Kalifornien, Washington, das Gros von Oregon, das nördliche Idaho und in Kanada British Columbia bis auf einen schmalen Streifen im Osten.

Die *Mountain Time* (*MT*) gilt in ganz Colorado, Utah, Wyoming, Montana, im südlichen Idaho, im Westen der beiden Dakotas und von Nebraska sowie in Alberta.

Beim Übergang von einer Zeitzone zur anderen gibt es vor Ort nicht immer Hinweisschilder.

Sommerzeit

In Nordamerika beginnt die Sommerzeit (*Daylight Saving Time*, *DST*) am zweiten Sonntag im März, die Uhren werden dann um eine Stunde vorgestellt. Sie endet am ersten Sonntag im November.

Zoll bei der Rückkehr aus Nordamerika

Wer aus Nordamerika **nach Deutschland** zurückkehrt, braucht bis zu folgenden Grenzwerten weder Zoll noch Umsatzsteuer zu entrichten (www.zoll.de): **Mitbringsel** im Wert bis zu **€430 pro Person** (für Reisende unter 15 Jahren nur **€175**), daher unbedingt Kaufbelege aufbewahren!

Unabhängig davon max. **500 g Kaffee**, **50 g Parfüm**, **200 Zigaretten** (oder 100 Zigarrillos oder 50 Zigarren oder 250 g Rauchtabak oder ein rechnerisch anteiliger Mix aus allen) und **1 l Spirituosen** (2 l bei unter 22% Alkohol), **außerdem noch 4 l Wein** und **16 l Bier** (Einfuhr nur von Personen ab einem Alter von 17 Jahren).

Bei **Warenwerten bis €700 pro Person** zahlt man eine **Pauschalabgabe** von 17,5%. Erst darüber kommen die vollen Sätze Zoll (überwiegend gering) zum Tragen, die mit der Warenart etwas variieren, immer aber sind dann 19% Einfuhrumsatzsteuern auf den (nachzuweisenden, sonst wird geschätzt!) Warenwert plus Zoll fällig.

Wer mitgebrachte Waren im Wert über €430 nicht deklariert und erwischt wird, zahlt neben Zoll und Umsatzsteuern eine deftige Geldbuße, die als Vorstrafe aktenkundig wird. Also Vorsicht!

Zu den Zollbestimmungen bei der **Einreise in die USA** und **nach Kanada** ➢ Seite 73.

*Mt Robson (3.954 m) vom
Yellowhead Hwy*

Reisen durch den Südwesten Kanadas und den Nordwesten der USA

ZUR KONZEPTION DES REISETEILS
Wichtige Aspekte der Routenplanung

Der kanadische Südwesten wie auch der US-Nordwesten bieten mit ihrer enorm großen Dichte an Sehenswürdigkeiten und attraktiven Strecken viele Möglichkeiten für die Routenzusammenstellung. In Abhängigkeit von Jahreszeit, Reisedauer und persönlichen Präferenzen können selbst Besucher mit identischen Hauptzielen auf unterschiedlichsten Wegen unterwegs sein. Dieser Reiseführer bietet nicht nur feste Vorschläge, sondern hilft auch bei der Erstellung einer **individuell optimalen Reiseroute**. Drei wichtige Aspekte gilt es dabei zu beachten:

Distanzen

• **die zur Verfügung stehende Zeit und maximale Strecke:**

Das Prinzip »weniger ist mehr« lässt sich erfahrungsgemäß in Nordamerika nur schwer realisieren. Zu groß ist die Zahl der Ziele, die man unbedingt sehen »muss«. Wer die Natur in Ruhe genießen und die Städte intensiver erleben und nicht nur einfach abhaken möchte, sollte sich dennoch nicht zu viel vornehmen.

Ein guter Maximalwert für eine 3-Wochen-Reise sind 3.100 mi/ 5.000 km (100 mi = 160 km). Wobei man aber unbedingt berücksichtigen sollte, dass zu den rein rechnerisch aus *Google Maps* oder Straßenkarten ermittelten Distanzen erfahrungsgemäß **noch 20-30%** dazukommen: spontane Umwege, Anfahrten zu Unterkünften, Campingplätzen und Einkaufszentren, Straßen innerhalb der Nationalparks usw. dürfen nicht unterschätzt werden. Zu bedenken gilt auch, dass man selbst auf nordamerikanischen Autobahnen und Fernstraßen wegen der geringeren Tempolimits, zwar entspannter, aber nicht ansatzweise so flott wie in Deutschland an sein Ziel kommt – geschweige denn auf kurvenreichen, engen Straßen in den Bergen oder im Hinterland. Mehr als 200 mi (bzw. 320 km) pro Tag – im Schnitt und Ruhetage nicht mitgerechnet – sollte man sich lieber nicht zumuten.

Ziele

• **die Auswahl der Reiseziele im Einzelnen:**

Wegen dieser Zeit- und Meilenproblematik sollte man nach dem Einkreisen der »unverzichtbaren« Ziele und Überschlagen der vermutlichen Gesamtdistanz einer zunächst optimal erscheinenden Route bei Überschreiten des oben genannten Richtwertes (ca. 1.050 mi/1.700 km pro Woche) erwägen, das eine oder andere Zwischenziel zu streichen. Erhebliche Mehrmeilen führen am Ende leicht dazu, dass die Reise in Hetzerei ausartet.

Haupt- und Alternativ-Routen

• **die Verbindungsrouten zwischen Citys und Landschaftsparks:**

Vor allem dieser Punkt wird in manchen Reiseführern vernachlässigt, dabei kann er entscheidend für das Reiseerlebnis sein. Populäre Eckpunkte sind meist gut über **touristische Hauptpfade** zu erreichen, aber nicht selten auch über weniger belebte, **reizvolle Alternativstrecken**. Nur mit Straßenatlas oder Navigerät vor Augen kann man vielleicht die verkehrstechnisch sinnvollste Route bestimmen, selten aber die beste oder ergiebigste.

Die Kennzeichnung der Straßen mit schöner Streckenführung auf den üblichen Karten helfen da auch nicht immer. Denn sie werden – wie es scheint – mitunter nach dem »Gießkannenprinzip« verteilt und berücksichtigen **Nebenrouten** kaum. Es kann daher gar nicht genug empfohlen werden, der **Routenplanung besonders hohe Aufmerksamkeit** zu schenken. Nicht nur die großen Nationalparks bestimmen die Intensität des Nordamerika-Erlebnisses, sondern auch die vielen Eindrücke und bisweilen überraschenden »kleinen Sensationen« am Weg dorthin.

Zu den beschriebenen Routen

Ankunfts-Citys und Startrouten

Der Reiseteil dieses Buches umfasst ein dichtes Routennetzwerk, das durch die touristisch wichtigsten Regionen in **Kanadas Südwesten** (blaue Griffmarken, ➢ Seite 166-421) und im **Nordwesten der USA** (grüne Griffmarken, ➢ Seite 422-763) verläuft. Die Erfassung aller besuchenswerten Ziele und interessanten Straßenverläufe erfolgt ab den wichtigsten Ankunfts-Airports über sinnvoll ausgearbeitete **Rundstrecken**, die sich voll oder teilweise für die eigenen Pläne übernehmen lassen.

Rundreise durch SW-Kanada

Als Ausgangspunkt für eine Tour durch Kanadas Südwesten sind die Großstädte mit Direktverbindung ab europäischen Flughäfen prädestiniert: **Vancouver** und **Calgary**. Die im Buch beschriebenen Startrouten ab Vancouver führen auch nach Calgary, so dass man ebenso gut von dort losfahren kann. Dass die berühmten Rocky Mountains-Nationalparks Banff und Jasper praktisch schon vor Calgarys »Haustür« liegen, kann für Kurzurlauber sogar von großem Vorteil sein. Auch **Edmonton**, als Non-stop-Flugziel von *KLM*, ist nur mit einem kleinen Schlenker einfach und schnell in eine Kanada-Rundfahrt integriert. Dasselbe gilt für **Seattle/USA** (nur 200 km südlich von Vancouver).

Alle Details zu den alternativen Startmöglichkeiten ab Vancouver finden sich auf Seite 193ff, ab Calgary/Edmonton auf Seite 326 und ab Seattle auf Seite 461.

Rundreise im US-Nordwesten

Der Nordwesten der USA lässt sich am besten ausgehend von den großen Metropolen **Seattle**, **Denver** und **San Francisco** besuchen; ggf. auch ab **Portland** (Non-stop-Flugziel von *Condor*) oder **Salt Lake City** (Direktverbindung mit *KLM* ab Amsterdam oder *Delta Air Lines* ab Paris). Strenggenommen liegen San Francisco und Denver nicht im US-Nordwesten, beide Städte sind aber aufgrund guter Fluganbindungen und ihrer Nähe zu den Sehenswürdigkeiten ein idealer Ausgangspunkt – kurze, schöne Verbindungsroute von San Francisco hinauf zur Oregon-Küste, und Denver ist faktisch das »Tor« zum südlichen Abschnitt der Rocky Mountains in den USA.

Alles zu den Startrouten ab Seattle steht auf Seite 424f, zu den Rundstrecken ab Denver auf Seite 526f und der Reisebeginn ab San Francisco wird auf Seite 735 erläutert.

Unterschiedliche Einheiten: Nur in Kanada wird das auch bei uns übliche metrische System benutzt, in den USA sind Entfernung in Meilen ausgewiesen (1 mi=1,609 km) und Geschwindigkeiten in mph (Meilen pro Stunde), daher finden sich auch in den zwei Buchteilen unterschiedliche Einheiten. Wanderwege sind durchgehend mit den uns vertrauten Kilometern beschrieben, so dass man die Entfernungen leichter einschätzen kann. Ähnliches gilt für die **Preisangaben** im Buch: in Kanada (blaue Griffmarken) sind sämtliche Kosten in kanadischen Dollar ($, 1CAD=€0,66; aktueller Wechselkurs) angeführt und in den USA (grüne Griffmarken) in US-Dollar ($, 1USD=€0,85). Für die wichtigsten Abkürzungen ➤ Seite 801.

Grenzüber-greifende Touren

Bei populären **Reisezielen** wie den Metropolen Seattle und Vancouver oder die Nationalparks Glacier/USA und Waterton Lakes/Kanada ist man vom jeweils anderen Land nur einen »Katzensprung« entfernt, so dass ein Abstecher zum Nachbarn nahe liegt. Ähnliches gilt für Vancouver Island und die Olympische Halbinsel, die über die Juan-de-Fuca-Straße und eine spannende Fährfahrt miteinander verbunden sind.

Durch Einbeziehen von Anlaufpunkten in beiden Ländern lassen sich auch größere grenzübergreifende **Rundtouren** mit gleichem Ausgangs- und Endpunkt besonders reizvoll gestalten; siehe hierzu z.B. Routenvorschlag Nr. 3 (➤ Seite 769), der viele der schönsten kanadischen und US-Nationalparks über möglichst abwechslungsreiche Etappen miteinander kombiniert.

Die mehrmaligen Grenzüberquerungen verlaufen in der Regel unkompliziert (➤ Einreise auf dem Landweg, Seite 71) und stoßen bei den gängigen Auto-/Wohnmobil-Vermietern nur in Ausnahmefällen auf Hindernisse. Sicherheitshalber sollte man aber seine Reiseabsichten bereits bei der Buchung erläutern und sich vergewissern, dass der Grenzübertritt ohne Aufpreis gestattet ist. Zu beachten sind dann auch die Einreisemodalitäten beider Länder, ➤ Seite 70 bzw. 72.

Bei **Start ab Seattle/Vancouver** lohnt sich ein **Preisvergleich** – derzeit sind die Angebote für Flug+Pkw-/SUV-Miete in Kanada oft um €200-300 günstiger, andersrum eher seltener (Stand Ende 2018). Hinsichtlich Wohnmobile bieten kanadische Vermieter meist eine größere Auswahl an Modellen – speziell was kompakte *Van Camper* oder *Truck Camper* mit 4WD betrifft. Außerdem haben sie aufgrund geringerer Nachfrage vor Juni bzw. nach dem *Labo(u)r Day* (Anfang September) mitunter interessante *Offseason*-Angebote. In den USA sind Herbst und Frühsommer im Allgemeinen besser gebucht.

Übersicht aller Routen

Die **Karte in der vorderen Umschlagklappe** zeigt alle im vorliegenden Buch erfassten Teilstrecken in vereinfachter Form und nennt die Seitenzahl unter der die Beschreibung zu finden ist. Alle Etappen schließen aneinander an und können auch anders kombiniert werden, oft durch Überspringen weniger Seiten. Im Anhang finden sich zusätzliche, von den im Reiseteil verfolgten Rundstrecken teils abweichende **Routenvorschläge** (➤ Seite 766ff) inklusive Kilometer-/Meilenangabe und idealem Zeitbedarf.

Karten und Piktogramme in diesem Buch

Karten

Alle Karten wurden **eigens für dieses Buch** angefertigt. Sie sind geographisch so korrekt wie möglich, erheben jedoch keinen Anspruch auf Vollständigkeit. Sie enthalten aber mindestens alle wichtigen Straßen, Orte, *National* & *Provincial Parks*, Gewässer, Sehenswürdigkeiten und Wanderwege, wie sie auch im Text erwähnt werden.

Die **Regionenkarten** sind in erster Linie gedacht zur Orientierung bei der Lektüre dieses Buches. Darüber hinaus leisten sie in **Ergänzung zur separaten Gesamtübersicht** gute Dienste bei der Reiseplanung. Rot gekennzeichnete Straßen entsprechen weitgehend den beschriebenen Routen und möglichen Alternativen.

Die Stadt- und Nationalparkpläne vermitteln ein ausreichend klares Bild von den Gegebenheiten vor Ort; dort bezieht sich die rote Kennzeichnung auf Hauptstraßen. Genaue Ortskarten ersetzen sie nicht. Die gibt es überall gratis in den *Tourist Info*-Büros.

Piktogramme

Auf mehrheitlich persönlicher Erfahrung der Autoren beruhen die **Empfehlungen**. Die Bedeutung der nebenstehenden **drei Campingsymbole** dürfte klar sein. Die meisten Plätze eignen sich für Campmobile und Zelte; einige ausschließlich für Zelte, andere nur für Wohnmobile. Die positive Einschätzung bezieht sich überwiegend auf landschaftliche Einbettung und Großzügigkeit der Anlage, berücksichtigt aber auch die relative Höhe der Übernachtungskosten. Die Qualität sanitärer Anlagen und anderer zivilisatorischer Einrichtungen standen bei der Empfehlung nicht im Vordergrund.

Das Piktogramm des Wanderers weist vor allem auf tolle **Tageswanderungen** von kurzer bis mehrstündiger Dauer hin.

Die **Quartierempfehlungen** beziehen sich auf außergewöhnliche Unterkünfte, solche mit gutem Preis-Leistungs-Verhältnis und auf günstige Einfachquartiere. Das Piktogramm findet sich auch, wenn eine lokale Unterkunftssituation nur generell erläutert wird.

Die weiteren Symbole sind ebenso leicht zu deuten: Die oberen beiden kennzeichnen die Aussicht auf eine **Kaffeepause**, einen **Drink** oder eine **Kneipe**. In der zweiten Reihe geht's links um einen guten Snack oder *Fast Food* bzw. rechts um ein empfehlenswertes **Restaurant**.

Die Schwimmerpiktos beziehen sich auf **Badegelegenheiten** in Seen sowie Flüssen, selten im Ozean und – mit Leiter – in öffentlichen Pools, heißen Quellen oder Aquaparks. Die Kamera weist auf besonders lohnenswerte Ausflüge und **tolle Fotostandorte** hin.

Um bei der Fülle der Ziele und Routen dem Leser die Auswahl zumindest zu erleichtern, dürfen **bewertende Aussagen** nicht fehlen. Dieser Reiseführer beschränkt sich daher nicht auf die reine Beschreibung, sondern liefert auch Beurteilungen. Obwohl Leser sicher nicht in allen Fällen mit der Einschätzung der Autoren, wo sie explizit erfolgt, übereinstimmen werden, sind doch nach kurzer Benutzung des Buches deren Urteilskriterien in Bezug auf die eigene Position einigermaßen nachvollziehbar.

Vancouver aus der Luft

Vancouver und Startrouten

1.   VANCOUVER

Vancouver ist für viele die attraktivste Metropole Kanadas – ihre Lage zwischen Küstengebirge, Fraser River und Meer bleibt unübertroffen. Strände und grüne Parks prägen das Bild und vor den Toren der Stadt beginnt bereits die einzigartige Natur Kanadas – Wildnis zum Greifen nah. Hier kann man an nur einem Tag surfen, Ski fahren und durch gemäßigte Regen(ur)wälder spazieren. Und die Vielseitigkeit setzt sich in der Bevölkerung fort. Dieser Multikulti-Schmelztiegel und die vorherrschende lockere Atmosphäre tragen ebenso dazu bei, dass Vancouver stets hoch oben im Ranking der »lebenswertesten Städte der Welt« zu finden ist.

1.1   Klima und Geschichte

Klima

Da ein Großteil der vom Pazifik kommenden Wolken schon an den vorgelagerten Bergen von Vancouver Island abregnet, bleibt Vancouver von den ärgsten Niederschlägen verschont – zumindest im Sommer. Im Juli/August hält sich die Anzahl der Regentage (7) in Grenzen. Eine durchschnittliche Tageshöchsttemperatur von 22°C sorgt dann für ein recht warmes Klima.

Auch Juni und September sind im Allgemeinen angenehme Monate, wenn auch mit ein wenig mehr Regen und kühleren Abenden. Dabei differieren die Witterungsbedingungen oft erheblich: Während etwa an der *Wreck Beach* im Südwesten der Stadt Sonnenschein und Wärme vorherrschen, kann North Vancouver am Fuße der Küstenberge wolkenverhangen und ungemütlich kühl sein.

Bis zu 21 Tage mit Niederschlägen zählt man in den Monaten November bis Januar. Aber im ganzen Winter gibt's nur rund 25 Tage Schneefall. Deshalb fanden die Ski- und Rodeldisziplinen der Olympischen Winterspiele 2010 nicht etwa im Skigebiet oberhalb von North Vancouver statt, sondern im meistens schneesicheren Whistler, gut 100 km weiter in den Bergen.

Geschichte

Bereits **1792** steuerte der britische Kapitän **George Vancouver** auf der Suche nach der legendären Nordwestpassage sein Schiff in das Burrard Inlet, eine tief ins Land reichende Bucht zwischen der heutigen *Downtown* und North Vancouver. 1808 erforschte der Pelzhändler **Simon Fraser** den Fluss, der heute seinen Namen trägt, und gelangte dabei auch an sein Mündungsdelta im Süden der Metropole. Die erste Siedlung gründeten erfolglose Goldsucher 1858 am Ufer des **Burrard Inlet**.

Als »Stadtgründer« gilt ***Gassy Jack*** (John Deighton), der bei seinem Eintreffen 1867 ein Fass Whisky im Reisegepäck hatte und sogleich einen *Saloon* eröffnete. Die zunächst nach ihm benannte Siedlung *Gastown* erhielt drei Jahre später die offizielle Bezeichnung Granville. An den geschwätzigen (=*gassy*) *Jack* erinnert bis heute ein Denkmal im Stadtteil *Gastown*, das ihn auf einem Whiskyfass darstellt.

Im Jahre 1886 wurden dem mittlerweile 1.000 Einwohner zählenden Granville die Stadtrechte und der ehrenvollere Name des **Captain Vancouver** verliehen. Nur wenige Wochen später zerstörte ein Feuer die Kleinstadt, ein zur damaligen Zeit, als noch alle Gebäude überwiegend aus Holz bestanden, keineswegs seltenes Unglück. Die Siedlung erholte sich jedoch rasch und besaß bald mehr Einwohner als vor der Brandkatastrophe.

Entwicklung

Als im folgenden Jahr der erste Zug aus den Ostprovinzen in Vancouver einlief, waren wortwörtlich die Weichen für den wirtschaftlichen Aufschwung der jungen Stadt gestellt. Viele Chinesen, die beim **Bau der Eisenbahn** mitgewirkt hatten, wurden in Vancouver sesshaft und begannen erste Handelsbeziehungen mit Asien. Bereits 1891 segelten drei Schiffe der *Canadian Pacific Line* regelmäßig von Vancouver zu fernöstlichen Märkten. Gleichzeitig entwickelte sich die rasch wachsende Stadt zum wichtigsten Verkehrsknotenpunkt im westlichen Kanada.

Für Abertausende von Goldsuchern war Vancouver in den Jahren 1897/98 neben Seattle der Ausgangspunkt und die Hauptversorgungsbasis für die Schiffsreise zu den Goldfeldern am Klondike River im *Yukon Territory*. Zur Jahrhundertwende besaß Vancouver daher bereits knapp 40.000 Einwohner.

Altstadt

Gastown, der ursprüngliche Ortskern, verkam im Laufe der ersten Hälfte des 20. Jahrhunderts allmählich zu einem slumartigen Stadtteil am Rande des Geschäftszentrums. Nur knapp entging er Ende der 1960er-Jahre einer »Totalsanierung«, und man erklärte ihn zur **denkmalgeschützten *Heritage Site.*** Nach seiner – mittlerweile abgeschlossenen – Restaurierung gehört er zu den touristischen Hauptanziehungspunkten.

Expo 1986 und Stadt-entwicklung

Vancouver war 1986 Schauplatz einer Weltausstellung/*EXPO.* Sie bescherte der Stadt gleich eine ganze Reihe architektonischer Highlights wie z.B. das Kongresszentrum **Canada Place** und den **SkyTrain,** ein modernes U- und S-Bahn-System.

Nach der Expo entstand dort **Concord Pacific Place** mit 50 türkisfarbenen gläsernen Hochhäusern am Ufer des False Creek (*Yaletown*), ein Glanzpunkt der Stadtsilhouette (➤ Exkurs umseitig).

Metropolitan Vancouver

Das Wachstum der Stadt hält unvermindert an. Mittlerweile konzentriert sich über die Hälfte der Bevölkerung von British Columbia im Großraum von *Metropolitan Vancouver* (2,6 Mio. Einwohner), der die *City of Vancouver* und über 20 Vorstädte umfasst. Davon lebt rund ein Viertel im eigentlichen Citybereich.

Bevölkerungs-entwicklung

Diese Entwicklung ging einher mit einer **Umstrukturierung der Bevölkerung**. Während der letzten drei Dekaden, besonders nach der Wiedereingliederung Hongkongs in China, wuchs der Anteil der chinesischen Einwohner massiv. Und man geht davon aus, dass diese Zahlen noch weiter steigen werden: Derzeit stammen ca. 65% aller Einwanderer nach British Columbia aus Asien.

Vancouver auf dem Weg zur chinesischen Stadt?

Die ersten Chinesen lockten 1858 der *Fraser* und 1862 der **Cariboo Gold Rush** (➤ Seite 201 bzw. 212) nach Britisch-Kolumbien. Ab 1880 halfen sie beim Bau der ersten Transkontinentalverbindung. Bis zu 16.000 Chinesen lebten dabei unter miserablen Bedingungen in Zeltstädten und verrichteten die gefährlichsten Arbeiten für einen Bruchteil der Löhne für Weiße. Viele von ihnen kamen dabei um. Als das letzte Gleis verlegt war, gab es für die verbliebenen Chinesen keine Arbeit mehr. Um zu überleben, nahmen sie jeden Job zu Minimallöhnen an. Wegen dieses Lohndumping entstanden immer wieder Unruhen mit der Folge des **Chinese Exclusion Act**, der 1923-1947 jede Einwanderung von Chinesen nach Kanada untersagte. Die Bevölkerung in Vancouvers **Chinatown** halbierte sich dadurch auf 6.000 Einwohner bis zum Ende des 2. Weltkrieges.

Mit der Lockerung der Einwanderungsgesetze in den Nachkriegsjahren, als man dringend Arbeitskräfte benötigte, und der im Zeitablauf immer weiteren Spezifizierung der Voraussetzungen für eine Einwanderung nach Kanada verschob sich die Herkunft der chinesischen Immigranten, die nun vor allem aus Taiwan und Hongkong kamen und kommen. Sie brachten berufliche Qualifikation und/oder genug finanzielle Mittel zum Aufbau einer selbständigen Existenz mit. Die neue Generation der betuchten Immigranten sucht nicht mehr preiswerten Wohnraum in der engen *Chinatown* Vancouvers, sondern – wie die weiße Bevölkerung – Apartments und Eigenheime in den Vororten. So entstanden z.B. in **Richmond** und **Burnaby** ganz **neue *Chinatowns***.

Die tagsüber lebhafte, aber nachts eher verlassen wirkende **alte *Chinatown*** hat nur noch nostalgischen Charakter. Pompöse Festivitäten, wie die Einweihung des neuen Stadtbogens (**Millennium Gate**) widersprechen gelegentlich diesem Anschein, aber die Entwicklung der Bewohnerstruktur und der Zustand der Bausubstanz oberhalb der Farbenpracht und Wohlgerüche der Läden im Erdgeschoss spricht eine andere Sprache. Selbst Chinesen machen heute eher einen Bogen um *Chinatown* wie etwa der Hongkonger Multi-Milliardär Li Ka-Shing. Er investierte Ende des 20. Jahrhunderts das Kapital seines Immobilienfonds **Concord Pacific** lieber in ein riesiges seit der Weltausstellung 1986 ungenutztes Areal am False Creek (in Yaletown) nur einen Kilometer von Chinatown entfernt. Inzwischen hat er dort über 10.000 Wohnungen gebaut. Chinesen stellen heute die zahlenstärkste Minderheit; im Vorort Richmond sind es sogar 48%. Dort erlebt man – eine Querstraße von der *Richmond-Brighouse Station* entfernt – auf dem **Richmond Public Market** (8260 Westminster Hwy) richtiges chinesisches Einkaufsflair.

Neujahrsparade in Chinatown Vancouver

1.2   Information, Orientierung und Verkehrsmittel

Information   Kartenmaterial und Broschüren zu den Sehenswürdigkeiten der Stadt und British Columbia gibt es unweit des *Canada Place* im *Visitor Centre* (Plaza Level, 200 Burrard St, ✆ (604) 683-2000; www. tourismvancouver.com) oder in **North Vancouver** bei der *Chamber of Commerce* (102-124 West First St, ✆ (604) 987-4488, www. nvchamber.ca) und im **Infocentre** beim *Lonsdale Quay Market* (123 Carrie Cates Court, ✆ (604) 656-6491, www.nvtourism.ca).

Günstige Tickets   ***Tickets Tonight*** im Besucherzentrum beim *Canada Place* ist die einzige offizielle Verkaufsagentur von **Halbpreistickets** am Aufführungstag für Kunst- und Kulturveranstaltungen im Großraum Vancouver. Andere Showtickets sind dort auch erhältlich, aber meist zum Normalpreis, www.ticketstonight.ca.

Verkehr und Straßen   Zur hohen Lebensqualität der Stadt trägt insbesondere der autobahnlose Innenstadtbereich bei. Während in anderen Städten *Downtown* zwischen Bürotürmen und *Freeway*-Schluchten abends und am Wochenende häufig verödet, kennt Vancouver diese Problematik nicht.

Von Südosten und von Norden her ist die Stadt bequem über den **Trans-Canada Highway** (kurz: **TCH**) zu erreichen. Er läuft über die *Second Narrows Bridge*, eine der beiden Brücken, die nach North Vancouver hinüberführen. Mit den südwestlichen Vororten ist *Downtown* durch die *Burrard Bridge* und die *Granville Bridge* verbunden. Zur **Rush Hour** ist in den Brückenbereichen oft alles »dicht«. Man sollte Autofahrten in die City von 7-9 Uhr und 15-18 Uhr daher möglichst vermeiden.

Die wichtigste **Nord-Süd-Achse** ist die **Straße #99**, eine Fortsetzung der US-amerikanischen *Interstate* #5, die von der mexikanischen bis zur kanadischen Grenze verläuft. Der Autobahnausbau endet in der Vorstadt Richmond. Danach führt die #99 als Granville Street in die Innenstadt und weiter über die *Lions Gate Bridge*, North Vancouver und West Vancouver (verlaufsidentisch mit dem *TCH*) bis Horseshoe Bay und weiter nach Nordosten.

Orientierung   Die im Schachbrettmuster angeordneten Straßen von *Downtown* heißen alle **Street** und werden meist als Einbahn geführt. Außerhalb der Innenstadt verlaufen **Avenues** in Ost-West-Richtung und **Streets** von Norden nach Süden. *Streets* tragen in Vancouver immer einen Namen, die *Avenues* dagegen sind nur nummeriert. Den Anfang macht die *1st Avenue* südlich der City.

Flughafen   Der **Vancouver International Airport** (*YVR*), www.yvr.ca, ✆ (604) 207-7077, liegt im Vorort Richmond, ca. 12 km südwestlich der Innenstadt, Flughafenzufahrt von *Downtown* (26 min) mit der **Canada Line** des **SkyTrain**. Die *Canada Line* erhebt in Fahrtrichtung *Stadtmitte* einen Zuschlag (*YVR AddFare*) von $5 für alle am Flughafen erworbene Tickets und Pässe.

Öffentlicher Nahverkehr   Das öffentliche Nahverkehrssystem **TransLink** ist gut ausgebaut. Innerhalb des Stadtgebiets (Tarifzone Vancouver) gilt ein **Einheitstarif** von $2,95 – egal, ob Bus, Bahn oder Schiff. **TransLink** bedient neben *Downtown* diverse Vororte wie North Vancouver, Horse-shoe Bay und Burnaby mit weiteren Tarifzonen. Den Tagespass für $10,25 bekommt man u.a. in den *Safeway*-Supermarktfilialen, in den Mini-Märkten *7-Eleven* (blaues Schild »FareDealer« im Fenster!) sowie an den *SeaBus*- bzw. *SkyTrain-Ticket Machines*.

SkyTrain

Die drei Linien des *SkyTrain*-Systems starten von der **Waterfront Station** in der Nähe des *Canada Place*. Die **Expo Line** verkehrt im 6-min-Takt (zu den *Rush Hours* alle 2-4 min) über New Westminster bis zur **Endstation *King George*** in Surrey südlich des Fraser River. Zwischen den ersten vier Haltestellen in *Downtown* läuft der *Sky-Train* unterirdisch, dann aber oberirdisch *(elevated)*. Die **Canada Line** zum *Airport* fährt tagsüber im 7-min-Takt, die **Millennium Line** dreht einen *Loop* um Burnaby und New Westminster alle 6 Minuten.

Der **SkyTrain** lohnt sich **auch für Touristen** allein schon wegen der während der Fahrt oft tollen Aussicht auf Meer, Berge und die *Skyline*, z.B. von der *Suspension Bridge* über den Fraser River (östlich *Columbia Station*), westlich der *Namaimo Station* oder östlich der *Stadium Station*. Unbedingt einplanen!

Parken in der City

In diesem Fall parkt man das Fahrzeug am besten bei einer **Sky-Train Station** außerhalb von *Downtown* und fährt per Bahn ins Zentrum. Das spart Zeit und Geld, denn die Parkgebühren für einen ganzen Tag übersteigen in der Innenstadt leicht die Kosten für's Ticket oder sogar eines *DayPass* für mehrere Personen.

Per Boot nach Downtown

Relativ citynah liegt u.a. der **Parkplatz** des *Vancouver Museum* an der English Bay. Von dort gelangt man per Bus oder **False Creek Ferry** vom Anleger am *Maritime Museum* rasch nach *Downtown*.

Auch **North Vancouver** ist ein guter Ausgangspunkt für die Stadtbesichtigung: Die Personenfähre **SeaBus** pendelt tagsüber alle 15 min (abends im 30-min-Takt) vom **Lonsdale Quay** (Restaurant-/Shoppingkomplex, *Info Centre* + Parkplätze) über das Burrard Inlet nach

Downtown zur **SeaBus Station** an der Waterfront Road (östlich vom *Canada Place*). Dieser 12-min-Trip mit Blick auf die *Skyline* gehört zu den Höhepunkten eines Besuchs.

*Neben den False Creek Ferries befördern auch **regenbogenfarbene Aquabusse** Besucher zw. den Anlegestellen im schmalen Meeresarm: von der Science World über Yaletown und Granville Island bis zur Hornby Street*

1.3   Unterkunft und Camping

Situation

Wie in vielen Großstädten sind auch in Vancouver freie Zimmer zu halbwegs erschwinglichen Preisen im Hochsommer meist ausgebucht. Für Juli/August sollte man daher langfristig reservieren, aber auch sonst ist es ratsam. Campingplätze in City-Nähe sind ziemlich teuer, die besseren liegen relativ weit außerhalb.

Hostels

Mitten in *Downtown* stehen gleich vier Jugendherbergen mit zahlreichen Kneipen direkt vor der Haustür:

• die *HI Hostels Vancouver Central* (1025 Granville Street, Betten ab $50, komfortable Doppelzimmer ab ca. $100) und *Vancouver Downtown*, (1114 Burnaby Street; Betten ab $41, DZ $130; modernes Haus); beide reservierbar unter ✆ 1-866-762-4122 bzw. online: www.hihostels.ca/en/destinations/british-columbia/

• die *The Cambie Hostels Downtown* (515 Seymour St; ✆ 1-866 623 8493) und *Gastown* in einem 100 Jahre alten Bau mit *Saloon* (300 Cambie St; ✆ 1-877-395-5335); beide mit Betten ab ca. $38, DZ ab ca. $75; www.cambiehostels.com.

In Toplage am *Jericho Beach Park* direkt am Meer, ca. 6 km von *Downtown* entfernt (Zufahrt mit Buslinie #4 UBC - Powell, Ausstieg an der West 4th Avenue/NW Marine Dr.) befindet sich das

• *HI Vancouver Jericho Beach,* 1515 Discovery St; $34/Bett, DZ ab $77; betagtes Haus mit sehr gutem Preis-Leistungs-Verhältnis, Radverleih, Restaurant; nur Mai-September geöffnet; ✆ 1-866-762-4122, www.hihostels.ca/en/destinations/british-columbia/hi-vancouver-jericho-beach.

YWCA Hotel

Eine **Sonderrolle** spielt das zum fast normalen Hotel umgestaltete *YWCA*, das in Vancouver – im Gegensatz zu anderen Städten – nicht nur Frauen offen steht; gute City-Randlage an der 733 Beatty St; EZ $105, DZ ab $140; ✆ 1-800-663-1424; www.ywcahotel.com.

Universities

Ebenfalls preiswert sind die Quartiere bei den (weit von *Downtown* entfernten) Universitäten. Von Mitte Mai bis Mitte August sind auch EZ/DZ in den Wohnheimen (*Dormitories*) zu haben:

• *University of British Columbia Pacific, Spirit Hostel*, 51935 Lower Mall; EZ $37, DZ ab $74; ✆ 1-888-822-1030, www.ubcconferences.com/accommodati.ons/pacific-spirit.

• Dasselbe gibt es auch in **Burnaby** bei der *Simon Fraser University*, 8888 University Drive; 800 Betten; EZ ab $42 und DZ/Bad $95; ✆ (778) 782-4503, www.sfu.ca/stayhere.

H/Motels

Im zentralen Bereich der City findet man hauptsächlich Hotels der gehobenen Preisklasse. Etwas preiswerter sind:

• *Days Inn Downtown*, 921 W Pender St; ab ca $140, beim Fährterminal; ✆ 1-877-681-4335, www.daysinnvancouver.com

• *City Centre Motor Hotel*, 2111 Main St; sehr schlichte DZ und 1 km südlich von *Science World*; im Sommer ab $120; ✆ 1-800-707-2489, www.citycentermotorhotel.com

Vororte

In den Vororten selber gibt es nicht viele Häuser der Mittelklasse. Die meisten liegen entlang der **südlichen Einfallstraßen #99** (in Flughafennähe) und an der **#1A/99A/Kingsway** (im Bereich Victoria Dr).

Relativ citynah, aber ein wenig preiswerter als in *Downtown* kommt man in **North Vancouver** (Marine Drive) unter, viele Unterkünfte gibt es in den nördlichen Stadtteilen aber nicht. Zu den »besseren« Möglichkeiten zählen dort das

- **North Vancouver Hotel**, 1800 Capilano Road; ab $130; ✆ 1-800-836-6111, www.northvancouverhotel.ca, und das
- **Lonsdale Quay Hotel**, 123 Carrie Cates Court; ab $170; ✆ (604) 986-6111, www.lonsdalequayhotel.com.

B&B

Eine Alternative zu den H/Motels sind auch in Vancouver **Bed & Breakfast**-Quartiere. Zu empfehlen ist u.a. das

- **Windsor Guest House**, 325 W 11th Ave, ab $125; viktorianisches B&B in einer ruhigen Nachbarschaft, 1,5 km südlich des False Creek; ✆ 1-888-872-3060; www.dougwin.com

Camping

An der Nordwest-Zufahrt zur tagsüber oft verstopften *Lions Gate Bridge* liegt der teure und oft sehr volle

- **Capilano River RV Park**; 295 Tomahawk Avenue, zahlreiche Stellplätze mit *partial* oder *full hook-up* ab ca. $60 im Sommer; gratis *Wifi*; ✆ (604) 987-4722; www.capilanoriverrvpark.com.

In **Surrey**, rund 30 km südöstlich der Innenstadt, gibt es mehrere private Campingplätze zu erträglicheren Tarifen:

- Ein etwas lauter, aber guter Platz ist der kleine **Plaza RV Park**, 8266 King George Blvd (Hwy 99A); *full hook-up* ca-$50; ✆ (604) 594-4440; www.plazarvpark.ca.

- Noch etwas weiter von Vancouver entfernt, ca. 10 km vor der Grenze zu den USA, liegt der **Peace Arch RV Park**, 14601 40th Ave, Abfahrt #10 von der Autobahn #99; Zelte $38, *full hook-up* $42-$52; ✆ (604) 594-7009; www.peacearchrvpark.ca.

Ein komfortabler Platz in relativer Citynähe ist der

- **Burnaby Cariboo RV Park** am 8765 Cariboo Place in Burnaby (*Exit #37* vom *TCH*); großer Platz, aber viele Stellplätze sind recht eng, zudem kommt es zu nächtlicher Ruhestörung durch die nahe Eisenbahnlinie; Zelte $42-$47, *full hook-up* $66-$71; ✆ (604) 420-1722; www.bcrv.com.

Nördlich von Horseshoe Bay (Straße #99) und über 40 km von *Downtown* entfernt liegt sehr schön am Howe Sound der

- **Porteau Cove Provincial Park**; die Stellplätze (überwiegend am Wasser) sind im Sommer meist früh belegt; $35, mit *hook-up* $43; *Walk-in*-Zeltplätze auf einer Landzunge $20. Von Ende März bis Anfang Oktober ist eine Reservierung (➤ Seite 136) notwendig. Auch in diesem Park stören nachts die vorbei fahrenden Güterzüge gleich hinter den Stellplätzen; ✆ 1-800-689-9025; www.env.gov.bc.ca/bcparks/explore/parkpgs/porteau.

1.4   Stadtbesichtigung

1.4.1   Citybereich

Stanley Park   In Vancouver kann man großstädtischer Hektik rasch entfliehen. Nur wenige Gehminuten westlich von *Downtown* liegt der über 4 km² große **Stanley Park**. Die von dichter Regenwaldvegetation bedeckte Landzunge zwischen English Bay und Burrard Inlet wurde 1889, wenige Jahre nach Stadtgründung, als Erholungsraum reserviert und nach dem Gouverneur **Lord Stanley** benannt.

Wegesystem   Im östlichen Teil wirkt der Park heute wie ein gepflegter Stadtwald, im Westteil dagegen blieb der Urwald weitgehend erhalten. Das Wegesystem des Parks besitzt eine Länge von 81 km und wird von Joggern, Skatern und Bikern stark genutzt. Mietstationen findet man im Bereich Denman St/Robson St (z.B. **Bayshore Rentals**, 745 Denman St, Fahrrad ab $29/Tag; www.bayshorebikerentals.ca).

Auf der **Seawall Promenade**, einem ausgebauten Rad- und Wanderweg von 9 km Länge am Wasser entlang, genießt man wunderbare Ausblicke auf City und Hafen, auf die Coast Mountains und über die English Bay. Schöne **Strände** befinden sich an der Westseite des Parks; besonders beliebt ist die **Third Beach**.

Totem Poles im Stanley Park

Der *Stanley Park* lässt sich auch **per Auto** erkunden: ein Einbahn-Rundkurs (Anfahrt auf der Georgia Street/Straße #99, am *Vancouver Rowing Club* rechts ab; Fahrtrichtung gegen den Uhrzeiger; ebenso für Biker und Skater auf der *Seawall Promenade*) verläuft überwiegend als Uferstraße. Auf ihr passiert man neben vielen Aussichtspunkten gleich eingangs eine Gruppe hoher **Totempfähle**; die meisten davon Replicas alter *Totems* der *Haida*-Indianer (➤ Seite 407) aus dem Nordwesten von British Columbia. Sie gehören zu den unverzichtbaren Stopps sämtlicher Stadtrundfahrt-Busse.

Gleich östlich der *Totem Poles* liegt **Brockton Point**, wo ein kleiner Leuchtturm als attraktiver Vordergrund für zahlreiche Panoramafotos dient. Jenseits der *Lions Gate Bridge* lohnt sich noch der kurze Fußweg zum **Prospect Point** mit schönem Blick auf die Brücke, ➤ Foto Seite 187.

An der Parkwestspitze beim **Ferguson Point** serviert das **The Teahouse**, 7501 Stanley Park Dr, ✆ (604) 669-3281, gutes Essen in einem schönen Ambiente; www.vancouverdine.com/teahouse.

Aquarium

Im Park befindet sich auch das *Vancouver Aquarium*. Die Stars dort sind Seelöwen, Seeotter, Belugawale und Delphine; ein Haifischbecken fehlt ebenfalls nicht. Als weitere Attraktion prasselt im üppigen »Amazonas-Regenwald« stündlich ein Gewitter auf Fische, Pflanzen und Schmetterlinge herab. 845 Avison Way; im Sommer 9.30-18 Uhr, sonst 10-17 Uhr, $38/$21-$30; www.vanaqua.org.

City of Vancouver

Downtown **Vancouver** ist begrenzt durch den *Stanley Park*, das Burrard Inlet, die English Bay und – östlich – den False Creek. In den letzten Jahren wurde die City völlig umstrukturiert. Nicht so sehr Museen oder einzelne herausragende Bauten machen den Reiz der Stadt aus, als vielmehr das **Arrangement neuerer Glashochhäuser** (vornehmlich für Wohnzwecke), die mit dem Tageslicht ihre Farbe wechseln. Die Investoren mussten sich verpflichten, Grünanlagen, breite Gehwege und **Spazier-/Skate/Rad-Wege in den Uferzonen** am False Creek und am Burrard Inlet zu schaffen.

Seaside Bicycle Route: 29 km rund um die City

Vom *Canada Place* verläuft die Uferpromenade – vorbei an *Coal Harbour* und großen Marinas – bis zum *Stanley Park*. Gegen den Uhrzeigersinn wird der Park auf der *Seawall* umrundet, danach geht es weiter an der English Bay und *Sunset Beach* entlang bis Yaletown. Dort wurden ehemalige Lagerhallen zu Kneipen/Restaurants und schicken Boutiquen umgestaltet – eine Art kleineres »Soho« (wie in New York City). Anschließend folgt man dem *False Creek* über die *Plaza of Nations* zur *Science World* und – auf dem südlichen Ufer des Flusses am olympischen Dorf der Winterspiele 2010 vorbei – bis nach *Granville Island*. Weiter geht es entlang des südlichen Ufers der English Bay. Westlich der *Burrard Bridge* passiert man den *Vanier Park* mit seinen Museen, *Kitsilano Beach* und weitere populäre Strände bis zum Endpunkt an der *Spanish Banks Beach*. **Radfahrer** und **Skater** schaffen die Runde ohne weiteres an einem Tag. Von vielen Punkten entlang der Strecke hat man die hübsche *Skyline* der Stadt im Blick; gute Karten unter www.translink.ca/en/Getting-Around/Cycling.aspx bzw. http://vancouver.ca/parks-recreation-culture/seawall.aspx.

Seawall Promenade im Stanley Park

Canada Place ist Anlegestelle für Kreuzfahrtschiffe sowie Austragungsort von Messen und Konferenzen

Die 9 km rund um den *Stanley Park* eingeschlossen ist jetzt auf ca. 29 km die gesamte *Downtown* verkehrsfrei zu Fuß oder per Bike zu umrunden, ➢ Kasten links. Am Wege liegen zahlreiche Cafés und Restaurants mit *Open-air*-Terrassen.

Ausflugsboote

Direkt neben dem *Stanley Park* startet von der *Harbour Cruise Marina* an der 501 Denman Street die 60-min. **Vancouver Harbour Tour** durch das Burrard Inlet, $39/$12-$33, von Mai bis Sept. täglich 11, 12.15, 13.30, 14.45 Uhr; ✆ 1-800-663-1500; www.boatcruises.com.

Canada Place

Am Nordrand der City fällt vor allem der an ein riesiges Segelschiff erinnernde Komplex **Canada Place** (www.canadaplace.ca) an der *Waterfront* auf (Nordende Howe St). Dieses Wahrzeichen der Stadt, als kanadischer Pavillon zur Expo 1986 eingeweiht, beherbergt das **Convention Centre** mit dem luxuriösen **Pan Pacific Hotel** – unbedingt hineingehen! Längsseits machen die Kreuzfahrtschiffe fest; www.panpacific.com/vancouver.

An der Spitze des *Canada Place* bietet der Flugsimulator **FlyOver Canada** die Möglichkeit die Nation von Küste zu Küste in der Vogelperspektive zu überqueren – eine originelle Idee. Täglich 10-21 Uhr; $28/$20-$23, online $33/$23-$27; www.flyovercanada.com.

Ein hipper Fotospot versteckt sich unweit an der 439 Seymour St: eine schmale Seitengasse mit knalligen Farben (**Pink Alley**).

Shopping/ Nightlife

Zahlreiche Läden und Shoppingzentren konzentrieren sich auf die Robson St und den Bereich zwischen Burrard und Seymour St von der *Waterfront* bis zur Nelson St. Der **Commodore Ballroom** an der 868 Granville St ist ein angesagter Live-Musik- und Tanzclub. Der **Granville Street Entertainment District** bis zur Brücke über den False Creek rühmt sich zu Recht als **Vancouvers bester Nightspot** (auch empfehlenswert: die *Kits Region*, ➢ Seite 183).

Die größten **Farmers Markets** der Region findet man in Trout Lake und Kitsilano; www.eatlocal.org. In den Außenbezirken sind insbesondere die ausgedehnte **Metropolis at Metrotown** in Burnaby (größte *Mall*) und der **Richmond Public Market** tolle Shopping-Ziele.

Robson Square

Ein populärer Treffpunkt ist der größtenteils unter Straßenniveau angelegte Robson Square zwischen Hornby und Howe St. Bunte Blumenbeete, Kaskaden und Springbrunnen schmücken diesen Platz, der sich über zwei City-Blocks erstreckt.

Map of Vancouver Downtown with labels:

Lost Lagoon · Stanley Park/ Horseshoe Bay/ Whistler · North Vancouver · Lagoon Drive · Harbour Cruises · Burrard Inlet · Coal Harbour · Canada Place Kreuzfahrt- Schiffe · Pan Pacific Hotel Vancouver · **Vancouver Downtown** · 0 N 200 m · Empire Landmark Hotel · Georgia St. · Coal Harbour Rd. · W. Pender St. · SeaBus Terminal · Denman St. · Nelson St. · Robson St. · Trump Int'l Hotel · Steam Clock · Gastown · Shangri-La Hotel · Davie St. · Jervis St. · Burnaby St. · The Private · Vancouver Lookout · Water St. · Powell St. · Cordova St. · Pacific St. · Robson Square/ Vancouver Art Gallery · Pacific Centre Mall · The Centre In Vancouver For Performing Arts · E. Hastings St. · Pender St. · Chinatown · English Bay · Sheraton Vanc. Wall Centre · Howe St. · Hornby St. · Chinatown Millenium Gate · Chinese Cultural Centre · Vancouver Maritime Museum · SUNSET BEACH PARK · Int'l Hostel · Burrard St. · Seymour St. · HI-Hostel · Public Library · Dr. Sun Yat-Sen Gardens · Main St. · Prior St. · Museum of Vancouver · Aquatic Centre · Granville St. · B.C. Place Stadium · Cambie St. · Skytrain Expo Line · Via Rail Train Station · Mac Millan Space Centre · Chestnut St. · VANIER PARK · Burrard Bridge · Skytrain Canada Line · Science World · Greyhound · Terminal Ave. · Granville Island Public Market · Granville Bridge · Y A L E T O W N · Pacific Blvd · Cambie Bridge · Olympic Village · W. 1st Ave. · Burrard St. · 1st Ave. · 99 · Granville Island Hotel · False Creek · W. 2nd Ave. · 4th Ave. · Granville Island · Seaside Bicycle Route · Seawall Promenade

Kunst-museen	An seinem nördlichen Ende steht die *Vancouver Art Gallery* (750 Hornby St; tägl. 10-17 Uhr, Di bis 21 Uhr, $24/$7; www.vanartgallery.bc.ca). Die permanente Gemälde-Kollektion konzentriert sich auf Kunst aus BC, insbesondere auf die aus Victoria stammende *Emily Carr*, und nordamerikanische Maler der Gegenwart. Wechselnde Programme ergänzen die Ausstellung. Auf der Terrasse des *Gallery Café* speist man stilvoll mit klassischer Musik. Gleich nebenan in der 639 Hornby St befindet sich die sehenswerte *Gallery of Northwest Coast Art* des *Haida First Nation*-Künstlers Bill Reid; im Sommer 10-17 Uhr; $13/$6-$8; www.billreidgallery.ca.

Auf der anderen Seite des Robson Square haben die **Law Courts** (Gerichte) ihren Sitz in einer Konstruktion aus Stahl und Glas.

Robson Street	Die Robson Street westlich des Platzes etwa bis zum *Empire Landmark Hotel* ist mit Boutiquen und Restaurants eine Art »Flaniermeile« für einen Schaufensterbummel, den Nachmittagskaffee und einen Drink zur Abendstunde in einem der zahlreichen Cafés.

Ebenfalls östlich des Robson Square im *Theater District* steht die interessante, dem *Kolosseum* von Rom nachempfundene *Central Library* der Stadt, 350 W Georgia St, die **Moshe Safdie**, einer der bedeutendsten Architekten Kanadas entworfen hat; www.vpl.ca.

Einkaufs-zentren	Mehrere **Underground Shopping Malls** bieten Einkaufsvergnügen bei jedem Wetter. Die mit Abstand größte von ihnen ist die **Pacific Centre Mall** mit über 90 Geschäften an der 701 W Georgia St.

Die *Pacific Centre Mall* erstreckt sich zusammen mit dem Kaufhaus **Holt Renfrew** über drei Blocks zwischen Granville, Howe, Robson und Pender Street. Als Gegenpart steht auf der anderen Seite der Granville Street das Kaufhaus **The Bay** (#674).

»Weitblick«

Die *Skyline* von Vancouver hat sich in den letzten 15 Jahren vollständig gewandelt. In diesem Zeitraum entstanden einige der höchsten Gebäude der Stadt, u.a. das **Living Shangri-La** (201 m).

Eine vergleichsweise kleine 2-stöckige *Mall* ist das **Harbour Centre** gegenüber dem *SeaBus*-Anleger (555 West Hastings; www.harbourcentre.com). Zum Gebäudekomplex gehört der 167 m hohe **Harbour Tower** mit Aussichtsplattform (**Vancouver Lookout**) im 40. Stockwerk (Mai-Sept. täglich 8.30-22.30 Uhr, sonst 9-21 Uhr; $17,50 inklusive Multimedia-Show; www.vancouverlookout.com. **Tipp:** Das Ticket gilt für beliebig viele Besuche am Kauftag.

Den Eintritt spart, wer die Aussicht vom Restauranttisch des **Top of Vancouver**, ℂ (604) 669-2220; www.topofvancouver.com, aus genießt (eine Runde pro Stunde). **Tipp:** An Wochentagen nach der üblichen *Lunchtime* so ab ca. 13.30 Uhr ist es nicht mehr voll. Die Küche dort oben ist ausgezeichnet; dafür nicht zu teuer!

Hoch hinauf geht's auch im Hotel **Empire Landmark**. Im 42. Stockwerk dreht sich das **Restaurant Cloud 9** um die eigene Achse (1400 Robson St, ℂ (604) 687-0511; www.cloud9restaurant.ca), schlägt aber Blick, Küche und Ambiente des **Top of Vancouver** nicht.

West End

Die Robson Street endet in **West End**. Das Herz dieses Wohnviertels schlägt in der **Denman Street**, einer Flaniermeile mit vielen Restaurants auf acht Straßenblocks zwischen English Bay und Burrard Inlet. Ebenfalls ein **West-End-Szenetreff** sind die Kneipen und Restaurants im **Davie Village** (Davie Street zwischen Jervis und Burrard Street; www.davievillage.ca).

Westlich des Canada Place starten und landen am Coal Harbour die Wasserflugzeuge nach Vancouver Island

Gastown

Der älteste Bezirk Vancouvers, die **Gastown**, umfasst den Bereich **Water Street östlich des *Harbour Centre*** bis zur Columbia Street; www.gastown.org. Dieser einst ganz heruntergekommene Stadt-

Dampf betriebene Standuhr in Gastown

teil wurde perfekt für Touristen aufpoliert und hat heute hinter den auf nostalgisch getrimmten neuen Fassaden jede Menge Krimskrams-Souvenir-Shops und eine attraktive gastronomische wie Nachtclub-Szene. Unbedingt einen Blick hineinwerfen sollte man in die Galerie *Hill's Native Art* (165 Water St), mit einer Ausstellung indianischen Kunsthandwerks der Spitzenklasse. Leider gilt das auch für die dortigen Preise.

Gleich nebenan steht die vom zentralen Heizungssystem angetriebene **Steam Clock** (Ecke Cambie Street), die 1/4-stündlich pfeift und 1x pro Stunde Dampf ablässt. Das zweite Wahrzeichen von *Gastown*, die Statue des berühmt-berüchtigten Stadtgründers **Gassy Jack** mitsamt Whiskyfass, schmückt 400 m weiter östlich den *Maple Tree Square*.

In der ersten (1970) kanadischen Filiale der Restaurantkette **Old Spaghetti Factory** speist man in einem ausgedienten Straßenbahnwagen oder anderen liebevoll gestalteten Räumlichkeiten; 53 Water St (➤ Foto Seite 146).

Chinatown

An *Gastown* grenzt südöstlich die **Chinatown** (Hauptbereich: Pender Street zwischen Carrall und Gore St; www.vancouver-chinatown.com). Sie ist nicht mehr das Zentrum der Chinesen, die heute überall in der Stadt (hauptsächlich in Richmond) ihre Einkaufszentren und Supermärkte besitzen, ➤ Kasten Seite 170. Die **Atmosphäre** des Viertels ist dennoch (und trotz des Tourismus) relativ **authentisch**. Tagsüber kann man dort in den verwinkelten chinesischen Läden stöbern und in vielen **Restaurants** unverfälschte fernöstliche Küche probieren. Der Handel spielt sich größtenteils auf der Straße ab; die Auslagen vieler Lebensmittelshops sind ein Fest für die Augen. Nach Ladenschluss indessen ist *Chinatown* reizlos. Die Restaurants schließen alle früh.

Chinese Garden

Der kleine **Dr. Sun Yat-Sen Classical Chinese Garden**, 578 Carrall Street (Mitte Juni-August tägl. 9.30-19 Uhr, sonst 10-16.30/18 Uhr; Eintritt $14; Familie $28; www.vancouverchinesegarden.com) ist eine Idylle inmitten von Geschäftigkeit und bildet einen Kontrast zu den Beton- und Glasstrukturen der City, ist aber reichlich teuer.

Nebenan in der 555 Columbia Street befindet sich ein **Chinese Garden** mitsamt **Cultural Centre Museum**, in dem oft Kunstausstellungen laufen (Di-So 11-17 Uhr, Eintritt frei www.cccvan.ca). Die Problemviertel östlich von *Chinatown* entlang der Hastings Street (Straße #7A) sollte man besser meiden.

Granville Island

Südlich der City mitten im False Creek Meeresarm liegt Granville Island unter der gleichnamigen Brücke. Die 1913 aufgeschüttete künstliche (Halb-)Insel diente bis in die 1970er-Jahre hinein als Industriestandort. Auf diesem Areal eröffnete 1979 in alten Lagerhallen der **Granville Island Public Market** (täglich 9-19 Uhr) zunächst für landwirtschaftliche Produkte aus der Provinz. Später erweiterte sich Granville Island langsam zu einem Komplex mit Restaurants, Kunstgalerien und der *Emily Carr University of Art & Design*, einer Kunsthochschule (www.ecuad.ca).

Mit Yachthafen, Park samt Abenteuerspielplatz, Wohnquartieren an und auf dem Wasser sowie dem **Granville Island Hotel** (DZ ab ca. $350; www.granvilleislandhotel.com) mit eigener Hausbrauerei **Dockside Brewery** (www.docksidevancouver.com) bietet die Insel heute ein facettenreiches Ambiente. Auf den **Restauranterrassen** und an **Food Stands** gibt's Genüsse aus aller Welt mit Blick hinüber auf die *Skyline* von Vancouver. Es lohnt sich auch die etwas alternative **Railspur Alley** entlang zu schlendern.

Fähren nach Granville Island

Von einer Anfahrt mit dem eigenen Auto (unterhalb der Granville Bridge über die W 2nd Ave auf die Anderson Street) ist abzuraten, da die Parkplätze auf Granville Island und in der Umgebung immer überfüllt sind. Von der City nimmt man am besten:

- den **Aquabus** ab Anleger Hornby Street am Nordende Burrard Bridge oder Davie Street in Yaletown (6.45-22 Uhr, im 5-min-Takt; Tickets $3,50-$4,50, Kinder $2-$2,50, Tagespässe $15/$13; www.theaquabus.com) oder

- die **Falls Creek Ferries** ab *Aquatic Centre* hinüber zur Anlegestelle am *Public Market* (jeweils Pendelverkehr alle 5 Minuten Mitte Mai-*Labour Day* täglich 7-22 Uhr, sonst kürzer; $5,50/$2 retour, Tagespässe $16; www.granvilleislandferries.bc.ca).

Tipp: Ein besonderes Erlebnis ist die Fahrt mit dem *Aquabus* von Yaletown bis English Bay kurz vor Sonnenuntergang, wenn die »**City of Glass**« wie 1.000 Diamanten funkelt.

Blick von der Granville Bridge auf die Marinas am False Creek und die Burrard Street Bridge

Geodesic Dome des Omnimax Kinos als Teil der Telus Science World; im Hintergrund das BC Place Stadion

Vanier Park

Ebenfalls am Ufer des False Creek eingangs der English Bay liegt der *Vanier Park*, der drei Museen beherbergt. Zu Fuß sind es vom *Aquatic Centre* über die *Burrard Bridge* dorthin 15 min. Der große **Parkplatz** vor dem Museum ist gebührenfrei.

Geschichts-museum

Mit sehenswerten Ausstellungen informiert das **Museum of Vancouver** lebendig über die Geschichte Britisch Kolumbiens mit Schwerpunkt Vancouver; 1100 Chestnut Street, im Sommer täglich 10-17 Uhr, Do 20 Uhr, Fr+Sa bis 21 Uhr; $19, Kinder $9-$16; www.museumofvancouver.ca. Dazu thematisieren vier großartige Galerien die Gründungsgeschichte, den Blick nach Asien sowie die 1950er- und 1970er-Jahre. Im benachbarten **Space Centre** befinden sich ein Museum, das *Ground Station Canada Theatre* und das moderne **Planetarium Star Theatre**; im Sommer täglich 10-17 Uhr, sonst wochentags kürzer; www.spacecentre.ca.

Maritimes Museum

Im Mittelpunkt des benachbarten **Vancouver Maritime Museum** steht das originalgetreu restaurierte Patrouillenboot **St. Roch**; 1905 Ogden Ave; im Sommer täglich 10-17, Do bis 20 Uhr; $14/$10; www.vancouvermaritimemuseum.com. Mit diesem kleinen Holzschiff wurde Anfang der 1940er-Jahre erstmalig die Nordwestpassage in beiden Richtungen bezwungen. Als man es nach Halifax/Nova Scotia verlegte, führte die Reise durch den Panamakanal. Die *St. Roch* hatte damit als erstes Schiff ganz Nordamerika voll umrundet. Ansonsten bietet das betagte Museum eher wenig.

False Creek/ Science World

Am südöstlichen Rand von *Downtown* Vancouver liegt das ehemalige Expo-Gelände (1986) am False Creek zwischen Granville Bridge und Main Street, heute ein attraktives Wohnviertel mit zahlreichen Hochhäusern und Stadtparks.

Neben *SkyTrain* und *BC Place Stadium* blieb nur das *Expo Center* von den Gebäuden der Weltausstellung übrig (1455 Quebec Street). Es beherbergt das sehr anschauliche naturwissenschaftliche Museum **Telus World of Science**; www.scienceworld.ca.

Geöffnet im Sommer täglich 10-18 Uhr, Do bis 20 Uhr; Okt.-März Mo geschlossen; $26/$18; ***Omnimax Theatre*** Zuschlag $6.

Omnimax

Zum Gebäudekomplex gehört der auffällige ***Geodesic Dome***, eine kreisrunde Konstruktion nach Art des Brüsseler Atomiums. Das Innere der Kugel dient als riesige Projektionsfläche für die Filme im *Omnimax*. Programminformation/Zeiten der Vorstellungen unter © (604) 443-7440 und www.scienceworld.ca/omnimax.

BC Place Stadium

Im *BC Place Stadium*, einem knapp 55.000 Zuschauer fassenden geschlossenen Stadion mit einer **Zeltkonstruktion als Dach**, fanden die eindrucksvollen Eröffnungs- und Schlusszeremonien der olympischen Winterspiele 2010 statt (777 Pacific Boulevard). Zum Komplex gehört die ***BC Sports Hall of Fame and Museum*** (Eingang Gate A), täglich 10-17 Uhr, Eintritt $15/$12; Touren $20 pro Person; www.bcsportshalloffame.com.

Das Sportmuseum ist aber nur etwas für absolute Fans, die sich auch für kanadische bzw. nordamerikanische und regionale Besonderheiten interessieren.

1.4.2   Südwestliche Vororte

Kitsilano Beach

Vom *Vanier Park* und seinen Museen an der English Bay war bereits die Rede (➤ links). Nur wenige hundert Meter weiter westlich erstreckt sich im Anschluss an den kleinen ***Hadden Park*** die ***Kitsilano Beach*** (kurz *Kits Beach*), der populärste Strand der Stadt. Dort findet man alle erdenklichen Einrichtungen für aktive Freizeitgestaltung: geheiztes Salzwasser-Schwimmbad für alle, denen es im Meer zu kalt ist (***Kitsilano Pool***, 2305 Cornwall Street, Mai bis Mitte September), eine Surfschule, Tenniscourts, Basket- und Volleyballplätze, Duschen und Picknicktische.

Die Umgebung der hippen ***Kits Beach*** gehört zu den besten Ausgehvierteln der Stadt. Shops, Restaurants und anderswo selten in Wohngebieten vorhandene Kneipe (sog. ***Neighbourhood Pubs***) sind dort zahlreich. Man findet sie vor allem entlang der 4th Avenue, der Hauptstraße zwischen Burrard und Highbury.

West Marine Drive

Westlich der *Kits Beach* stößt man am Ufer des ***Jericho Beach Park*** auf Yachthäfen und eines der drei offiziellen *HI-Hostels* (➤ Seite 173). Ab der ***Locarno Beach*** rund um die ***University Peninsula*** läuft der Marine Drive. Die Küstenstraße passiert zunächst die langgestreckte ***Spanish Banks Beach***. Ab hier beginnt die Steilküste und es geht hinauf zum höhergelegenen Campus der ***University of British Columbia*** (*UBC*; www.ubc.ca). Oben versperrt dichter Regenwald den Blick über die Strait of Georgia, die Meeresstraße zwischen Festland und Vancouver Island.

First Nations Museum

An der Spitze der Halbinsel (6393 NW Marine Dr) liegt das – innen wie außen – sehenswerte ***Museum of Anthropology (MOA)***. Glanzvoll in einer hohen lichten Halle werden dort einige der ältesten und schönsten **Totempfähle** Kanadas präsentiert. Auch in der Gartenanlage rund um den modernen Bau aus viel Glas und Beton stehen zahlreiche *Totem Poles* und *Haida*-Langhäuser.

Besonderes Gewicht liegt auf den Arbeiten von *Bill Reid*, einem bekannten *Haida*-Schnitzer und Kanubauer. Ein ganzer Raum (Rotunda) ist der Arbeit »*The Raven and the First Men*« gewidmet. Den Schwerpunkt der Ausstellung bildet die umfangreiche Kollektion von Kunst- und Gebrauchsgegenständen der Nordwestküsten-Indianer. Mit begrenzteren Sammlungen sind auch Zivilisationen anderer Kontinente vertreten. Empfehlenswert! Geöffnet Mitte Mai bis Oktober täglich 10-17 Uhr und Do bis 21 Uhr, sonst Mo geschlossen; Eintritt $18; www.moa.ubc.ca.

Gärten   Ebenfalls direkt am Marine Drive liegt in der Nähe des anthropologischen Museums der hübsche japanische **Nitobe Memorial Garden** der *UBC*; 1895 Lower Mall; April-Oktober täglich 10-16.30 Uhr, $13/$7; www.botanicalgarden.ubc.ca/visit/nitobe-memorial-garden.

Wreck Beach   Vom steilen Südwestufer der *University Peninsula* führen Pfade vom Marine Drive durch die üppige Vegetation hinab zur 8 km

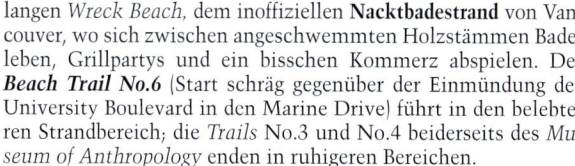

langen *Wreck Beach,* dem inoffiziellen **Nacktbadestrand** von Vancouver, wo sich zwischen angeschwemmten Holzstämmen Badeleben, Grillpartys und ein bisschen Kommerz abspielen. Der **Beach Trail No.6** (Start schräg gegenüber der Einmündung des University Boulevard in den Marine Drive) führt in den belebteren Strandbereich; die *Trails* No.3 und No.4 beiderseits des *Museum of Anthropology* enden in ruhigeren Bereichen.

Universitäts-parks

Die *University of British Columbia* (*UBC*), der diese Halbinsel ihren Namen verdankt, ist nicht nur Eigentümer von Grund und Boden des Campus, der mitsamt ausgedehnten Wohnanlagen für Studenten und Einfamilienhaus-Siedlungen für den Lehrkörper über 400 ha bedeckt. Ihr gehören darüberhinaus ausgedehnte unbebaute **University Endowment Lands** weiter südlich und östlich der genutzten Fläche.

Ein Teil davon ist ein durch **Trails** und (wenige) Straßen erschlossenes **Parkgelände** größer als der citynahe *Stanley Park,* der Rest bildet eine Art »ökologische Nische«. Am südwestlichen Rand der *Endowments Lands* passiert man beidseitig des Marine Dr den **Botanischen Garten der UBC**. Beide Areale sind durch eine Unterführung (nur für Fußgänger) miteinander verbunden.

Speziell der **David C. Lam Asian Garden** lohnt einen Spaziergang; er ist weit mehr als die Bezeichnung vermuten lässt: nämlich eher ein **Arboretum** voller im Regenwald heimischer Bäume und Sträucher; 6804 SW Marine Drive; geöffnet April-Oktober täglich 10-16.30 Uhr, Eintritt $9/$7; www.botanicalgarden.ubc.ca.

Van Dusen Garden

Größer und insgesamt noch attraktiver ist der **Van Dusen Botanical Garden,** einige Kilometer östlich der *UBC,* 5251 Oak St, Juni-August täglich 9-20.30 Uhr, sonst bis zur Dämmerung; $12/$6; www.vandusengarden.org. Auf dem Weg von der *UBC* zum unverzichtbaren **Queen Elizabeth Park** kann man im *Van Dusen Garden* einen Stopp einlegen; das schöne **Shaughnessy Restaurant** im Grünen lädt auch zur Pause ein; www.shaughnessyrestaurant.com.

Queen Elizabeth Park

Der (kostenlose) Besuch des **Queen Elizabeth Park** ist Programmpunkt aller geführten Stadtrundfahrten. Fein und mit herrlichem Weitblick über Vancouver (dafür gar nicht mal übermäßig teuer) speist man dort im **Seasons in the Park Restaurant** (33rd Avenue) mit kreativer Westküstenküche und Sonnenterrasse. Reservierung ist dort selbst zur *Lunchtime* zu empfehlen: ℂ (604) 874-8008; www.vancouverdine.com/seasons.

Oben auf dem **Little Mountain**, der mit 150 m höchsten Erhebung der Stadt, steht mit dem **Bloedel Conservatory** ein architektonisch reizvolles Gewächshaus mit vielen tropischen Pflanzen; 4600 Cambie St; im Hochsommer täglich Mo-Fr 9-20, sonst kürzer; Eintritt $8, Kinder $4,25-$5,50; www.vandusengarden.org.

Der schönste Aussichtspunkt mit tollem Panorama auf *Downtown* liegt zwischen Restaurant und *Conservatory*, viele übersehen den unscheinbaren Zugang.

Burnaby Village Museum

1.4.3   Sehenswertes östlich der City

Burnaby

Von der **Burnaby Mountain Conservation Area**, rund 15 km östlich von *Downtown* (erreichbar auf der Hastings St/Straße #7A in Richtung Coquitlam), fällt der Blick aus größerer Entfernung über ganz Vancouver und die *Strait of Georgia* nach Westen. Am Aussichtspunkt an der Westseite des Parks am Centennial Way belohnt ein herrlicher Sonnenuntergang die weite Anfahrt. Gute Übersichtskarten gibt es unter: www.burnaby.ca/Things-To-Do/Explore-Outdoors/Parks/Burnaby-Mountain-Conservation-Area.html.

Dort ragen am Kamui Mintara (Gottes Spielplatz) japanische *Totems* in die Höhe. Das benachbarte **Horizons Restaurant** (100 Centennial Way, www.horizonsrestaurant.com) serviert edle Westküstenküche (speziell *Seafood*) mit bestem Panorama.

Auf dem 370 m hohen Berg liegt das Gelände der **Simon Fraser University**. Von Lage und Großzügigkeit auch dieses Campus' können deutsche Studenten und Professoren nur träumen.

Village Museum

Vom Mountain Park ist es nicht sehr weit zum **Burnaby Village Museum**. Es liegt unweit des *Trans-Canada Hwy* durch Burnaby (*Exit #33/Kensington Ave South*). Das regionaltypische Dorf im Stil des ausgehenden 19. und frühen 20. Jahrhunderts ist im Vergleich zu anderen »lebenden Museen« zwar recht klein, vermittelt aber mit liebevoll gepflegter Kulisse und kostümierten Darstellern ein stimmiges Bild der Zeit; 6501 Deer Lake Avenue; geöffnet von Anfang Mai bis Anfang September Di-So 11-16.30 Uhr; Eintritt frei; www.burnabyvillagemuseum.ca.

Deer Lake Park

Ebenfalls im Stadtpark am Deer Lake präsentiert die **Burnaby Art Gallery** im **Ceperley House** Werke des 20. Jahrhunderts unter Berücksichtigung der lokalen Kunstszene; 6344 Deer Lake Avenue unweit des *Village Museum* am See; Di-Fr 10-16.30 Uhr, Sa+So 12-17 Uhr; www.burnabyartgallery.ca. Gleich nebenan lohnt im **Century Gardens** ein Spaziergang durch die Rhododendren.

Metrotown

Und wenn man ohnehin schon mal in Burnaby weilt oder vielleicht nur deshalb dorthin fährt: Der **größte Shopping- und Entertainment-Komplex** von British Columbia mit fast 400 Läden liegt in Burnaby *Downtown* an der 1A/99A.

Die **Metropolis at Metrotown** besteht aus drei mehrstöckigen, durch Fußgängerbrücken verbundene **Malls** und bietet neben dem totalen Konsumtrip auch noch Vorstellungen in den 10 Kinosälen der *Silver City Metropolis Cinemas* (www.cineplex.com) sowie eine Auswahl an Restaurants. Jede Menge Parkraum und eine eigene *SkyTrain Station* erleichtern die Anfahrt; 4700 Kingsway; www.metropolisatmetrotown.com.

Rodeo in Surrey

Ende Mai *(Victoria Day Weekend)* findet das viertägige **Cloverdale Rodeo** (www.cloverdalerodeo.com) in **Surrey** statt, einem südöstlichen Vorort. Es handelt sich um das größte Rodeo in BC. Wer zu dieser Zeit gerade in Vancouver weilt, sollte es nicht verpassen. Zu Ablauf und typischen Rodeo-Ereignissen in Stadt und Stadion ➤ Beschreibung *Calgary Stampede,* Seite 318.

Nadelöhr Lions Gate Bridge, die »Rush Hour« früh morgens und spätnachmittags sollte man dort besser meiden

1.4.4   North Vancouver und Umgebung

Lions Gate Bridge

In die nördlichen Vororte Vancouvers jenseits der tief ins Land reichenden Bucht, die je nach Standort Burrard Inlet, Second Narrows Inlet oder Indian Arm heißt, geht es von *Downtown* durch den *Stanley Park* über die **Lions Gate Bridge**. Die von der *Guinness*-Familie einst als »Privatunternehmung« errichtete, heute **gebührenfreie** Brücke sorgt erst seit 1938 für die verkehrstechnische Anbindung des nunmehr dicht besiedelten Stadtnordens an die City. Bis dahin war er nur per Boot erreichbar. Die mit nur drei Fahrspuren relativ schmale und daher häufig verstopfte *Lions Gate Bridge* führt in North Vancouver direkt auf den Marine Drive, die schönste Küstenstraße der Stadt.

Spaziergang über den Capilano Canyon, Zwischenziel aller Stadtrundfahrten. Eine Hängebrücke zum Nulltarif gibt es im Lynn Canyon Park

Second Narrows Bridge/ Deep Cove

Die zweite Brücke nach North Vancouver, die **Ironworkers Memorial Second Narrows Bridge**, nimmt 9 km weiter östlich die Autobahn des bis Horseshoe Bay laufenden *Trans-Canada Hwy* auf. Von ihrer Nordseite (*Exit* 23) führt der **Dollarton Highway** am *Cates Park* vorbei nach **Deep Cove** am Indian Arm. Der Ort am Südwestzipfel des 18 km langen, tief eingeschnittenen Fjords eignet sich bestens für einen Bummel und ein Picknick am Strand. Im bunten Hafen dümpeln Fischerboote neben vielen eleganten Yachten.

Baden-Powell Trail

In Deep Cove beginnt bzw. endet der sehr schöne **Baden-Powell** Höhenwanderweg (42 km) durch die *North Shore Mountains*. Er steigt zunächst auf in den **Mt. Seymour Provincial Park** und läuft über dem *Lynn Canyon*, *Capilano River* und *Cypress Park* bis **Horseshoe Bay**. Da man diese Parks alle per Auto ansteuern kann, lassen sich auch überschaubare **Teilabschnitte** ablaufen.

Mount Seymour Provincial Park

Der **Mt. Seymour Provincial Park** liegt hoch über dem Indian Arm nordöstlich der Wohngebiete von North Vancouver; kein Eintritt, www.bcparks.ca. Vom *Trans-Canada Highway* (*Exit #22*) geht es zunächst auf dem **Mount Seymour Parkway** zur Parkeinfahrt. Die Zufahrt (13 km) windet sich über zahlreiche Serpentinen zum großen Parkplatz des Winterskigebiets in rund 1.000 m Höhe; www.mtseymour.ca. So schön wie etwa im gleich hohen *Cypress PP* ist das Panorama hier nicht (➤ Seite 190). **Visitor Centre** und Cafeteria am Straßenende sind Ausgangspunkt für eine ganze Reihe **Trails**. Unbedingt sollte die 20-minütige Kurzwanderung zum Aussichtspunkt am **Dinkey Peak** auf dem Programm stehen. Zum Gipfel des Mount Seymour (1.455 m) sind es 4 km.

Lynn Canyon

Vom *Trans-Canada Highway Exit* 19 führt die *Lynn Valley Rd* zum **Lynn Canyon Park**. Dort überspannt eine 50 m hohe **Hängebrücke** eindrucksvoll über die Schlucht, und das **Ecology Centre** informiert über den Umweltschutz in Kanada; Juni-Sept. tägl. 10-17 Uhr, sonst nur Mo-Fr 10-17 Uhr und Sa+So 12-16 Uhr; www.dnv.org/ecology. Eine kostenlose (!) Alternative zur *Capilano Bridge*.

Capilano Bridge

Vom *Exit* 14 des *TCH* bzw. vom Marine Drive östlich der *Lions Gate Bridge* gelangt man auf die **Capilano Road** und zum gleichnamigen *Canyon*. Eine 137 m lange **Hängebrücke** spannt sich dort über die 70 m tiefe Schlucht. Eine weitere Attraktion ist dort das **Treetop Adventure**, ein »schwebender« Pfad von ca. 200 m Länge verbindet die Baumkronen großer Zedern. Das Vergnügen, den *Canyon* auf schwankenden Planken zu queren, durch die Wipfel zu balancieren, indianische Holzschnitzer bei der Arbeit und 25 Totempfähle bewundern zu dürfen, kostet beachtliche $47, Kinder zahlen $15-$28. Von Mitte Mai bis Anfang September täglich 8-20 Uhr; sonst 9 Uhr bis zur Dämmerung; www.capbridge.com.

Capilano River Park

Bei Weiterfahrt auf der Capilano Road gelangt man weiter oben kurz vor dem Übergang der Straße in den Nancy Greene Way ans Nordende des **Capilano River Regional Park** (ohne Eintritt). Eine kurze Stichstraße (300 m) führt dort zum *Cleveland Dam*, der den Capilano River zum Trinkwasserreservoir für Vancouver aufstaut. Ein schöner **Rundwanderweg** läuft zunächst über die Dammkrone und folgt der pittoresken Schlucht flussabwärts. Über eine Brücke gelangt man wieder auf die Ostseite des Canyon und zur **Capilano River Hatchery**, wo jährlich mehr als 1 Mio. Lachse aufgezogen und in der Wildnis ausgesetzt werden. Hinter Glasfenstern an der Fischleiter im Fluss lassen sich auch die aus der Wildnis zurückkehrenden Lachse beobachten (*Coho Salmon* Juni-November). Täglich 8-16 Uhr, Juni-August bis 20 Uhr, sonst bis Dämmerung, Eintritt frei. Zufahrt über Capilano Park Road, die oberhalb der Capilano Bridge von der Capilano Road abzweigt.

Seilbahn

Am Ende der verlängerten Capilano Road (6400 Nancy Greene Way) liegt die Talstation des **Grouse Mountain Skyride** (täglich 9-22 Uhr, alle 15 min; www. grousemountain.com).

Wer den Blick über die Umgebung aus 1.100 m Höhe genießen möchte, muss etwas tiefer ins Portemonnaie greifen: $56, Kinder bis 12 Jahre $29. Neben der Aussicht warten dort oben das **Restaurant** *The Observatory* (Reservierung unter © 604-980-9311; gar nicht mal sehr teuer; meist Menuangebot inklusive Auffahrt), ein Sessellift zum Gipfel (1.231 m) sowie der populärste Höhenweg in Vancouver, der steile **Grouse Grind** (2,9 km, 850 Höhenmeter; alljährliches Gipfelrennen Mitte Juni).

Grouse Mountain Seilbahngondel

Cypress Provincial Park

Über den *Exit 8* des *TCH*, der dort hoch über der Küste verläuft, und die **Cypress Bowl Road**, einer serpentinenreichen Zufahrt, erreicht man den obersten Parkplatz im **Cypress Provincial Park** (www.bcparks.ca, kein Eintritt) in rund 1.000 m Höhe über dem Meer. Dort (www.cypressmountain.com) fanden die *Freestyle*- und *Snowboard*-Wettbewerbe der Olympischen Spiele statt.

Ein Besuch lohnt wegen des weiten Blicks über Vancouver und die Strait of Georgia bis nach Vancouver Island. Im Südosten erkennt man die immer schneebedeckte Spitze des Vulkans Mount Baker im US-Staat Washington. Deshalb sollte man auf jeden Fall rund 5 km bis zur ersten Kehre der Cypress Bowl Road fahren. Dort zeichnet sich der **High View** Picknickplatz als einer der besten Aussichtspunkte über *Downtown* Vancouver und das Tal des Fraser River aus – vielbesucht zum Sonnenuntergang. Das Panorama eine Serpentine höher ist ebenfalls sehr schön. Am Straßenende beginnen diverse **Wanderwege**, darunter der 1,5 km lange Weg zum *Bowen Lookout* mit Ausblicken auf die Stadt.

Lighthouse Park

Ebenfalls ab der Ausfahrt #8 des *TCH* erreicht man auf dem Marine Drive in Richtung Westen den urwüchsigen **Lighthouse Park** auf einer Landzunge in der südwestlichsten Ecke von West Vancouver. Eine Rundwanderung durch unberührten Regenwald führt zu einem alten, malerisch gelegenen Leuchtturm (ca. 3 km).

Horseshoe Bay

Durch traumhafte Wohngebiete mit vielen kleinen und großen Yachthäfen lässt sich nun – statt dazu wieder auf den *TCH* zurückzukehren – die Fahrt bis **Horseshoe Bay** fortsetzen. Dort sollte man den Abstecher zum **Whytecliff Park** nicht auslassen. Unter den vielen schönen Parks im Bereich Vancouver ist diese Anlage hoch über dem Meer eine der reizvollsten. Bereits die (ausgeschilderte) Anfahrt lohnt den kleinen Umweg.

Fähren nach Vancouver Island

In Horseshoe Bay legen die **Fähren nach Vancouver Island** ab zur *Departure Bay* in Nanaimo mit Anschlussmöglichkeit an die Rocky-Mountains-Route (➤ Kapitel 3) über die *Inside Passage* (*Port Hardy–Prince Rupert Ferry*) und den *Yellowhead Hwy*. Wer die Fähre von Horseshoe Bay nach Langdale nimmt, gelangt über Umwege (**Sunshine Coast**, ➤ rechts) ebenso nach Vancouver Island.

Abfahrt von Horseshoe Bay in Richtung Vancouver Island oder Sunshine Coast

Britannia Beach

Ein beliebter Ausflug führt über Horseshoe Bay hinaus nach **Britannia Beach/Squamish** (➤ Seite 196f) am Ende des *Howe Sound*. Die #99 nördlich von Horseshoe Bay verläuft streckenweise spektakulär zwischen Meer und Coast Mountains. In Britannia Beach wartet das interessante **Britannia Mine Museum** in der einstmals größten Kupfermine Kanadas auf Besucher. Hauptattraktionen des Museums sind die alte Minenbahn, mit der es 45 min lang in die Bergwerkstollen geht, ein im Übertagebau (*Open Pit Mining*) eingesetzter *Super Truck* und Goldwaschen, Erfolg garantiert. Bei 12°C vermittelt die Untertagefahrt hautnah das Bild harter Bergwerksarbeit, eindrucksvoll ist die tösende Demo klassischer und moderner Abbautechniken; von Mai bis Mitte Oktober täglich 9-17 Uhr, $30, Kinder $18-$24; www.britanniaminemuseum.ca.

Ausflug an die Sunshine Coast   www.sunshinecoastcanada.com

Der Name ist Programm: Der klimatisch begünstigte Küstenabschnitt nördlich von Vancouver gehört noch zum BC-Festland, versprüht aber mit seinen malerischen Buchten und langgezogenen Fjorden bereits Insel-Flair. Überdurchschnittlich viele **Künstler** haben sich dort niedergelassen. Mit lila Flaggen kennzeichnen sie ihre geöffneten Ateliers und Galerien. Oft dürfen Besucher ihnen dann sogar bei ihrer Arbeit zuschauen. Baden und Wassersport stehen im Sommer an der *Sunshine Coast* ebenfalls hoch im Kurs. Zu den spannendsten Paddeltouren der Provinz zählt die **Powell River Forest Canoe Route**, eine 57 km lange, 5-tägige Tour von See zu See und durch entlegene Wildnis (beste Zeit: Juni-Oktober). Und auf alle, die gerne länger zu Fuß unterwegs sind, wartet noch Kanadas längster Hütten-Wanderweg, der **Sunshine Coast Trail**, der auf einer Länge von 180 km einsame Küsten, urwüchsige Regenwälder, glasklare Seen und lachsreiche Flüsse passiert; kürzere Etappen auch möglich ab Powell River oder Saltery Bay; www.sunshinecoast-trail.com.

Rund 40 min dauert die Fährfahrt über die nicht selten nebelverhangene Meerenge Howe Sound, die **Horseshoe Bay** von der *Sunshine Coast* trennt. Von der Anlegestelle **Langdale** führt der *Sunshine Coast Highway* (#101) zunächst vorbei am Fischer- und Touristenstädtchen **Gibsons** mit zahlreichen Unterkunftsmöglichkeiten und einem attraktiven Hafen (weit in die Bucht hineinreichender *Boardwalk*-Pier am Ende der School Road). Nach 26 km ist das ebenfalls hübsch gelegene **Sechelt** erreicht, das durch seine **sehenswerte Totempfahl-Sammlung** hervorsticht. Im Besucherzentrum liegt dazu eine gute Broschüre aus; 5790 Teredo Street; im Hochsommer 9-17 Uhr, sonst kürzer (als PDF auch online unter www.secheltvisitorcentre.com/history/totem-poles).

Von **Earls Cove**, 80 km von Langdale entfernt, legen die Fähren nach **Saltery Bay** ab. Wer im Anschluss noch Vancouver Island besuchen möchte, fährt ab **Saltery Bay** weitere 31 km auf dem nördlichen Abschnitt des *Sunshine Coast Hwy* bis **Powell River** und setzt von dort mit der Fähre nach Comox/Courtenay über. Alle, die in Powell River (mit 13.000 Einwohnern größter Ort an der Sonnenschein-Küste) über Nacht bleiben, können auch noch dem charmanten Fischerdorf **Lund** am nördlichsten Ende des Hwy 101 einen Kurzbesuch abstatten (56 km retour). Für Tagesausflügler ab Vancouver geht es auf gleichem Wege wieder zurück; Übersicht der Autofährverbindungen (mit Tarifen) ➤ Kasten Seite 358.

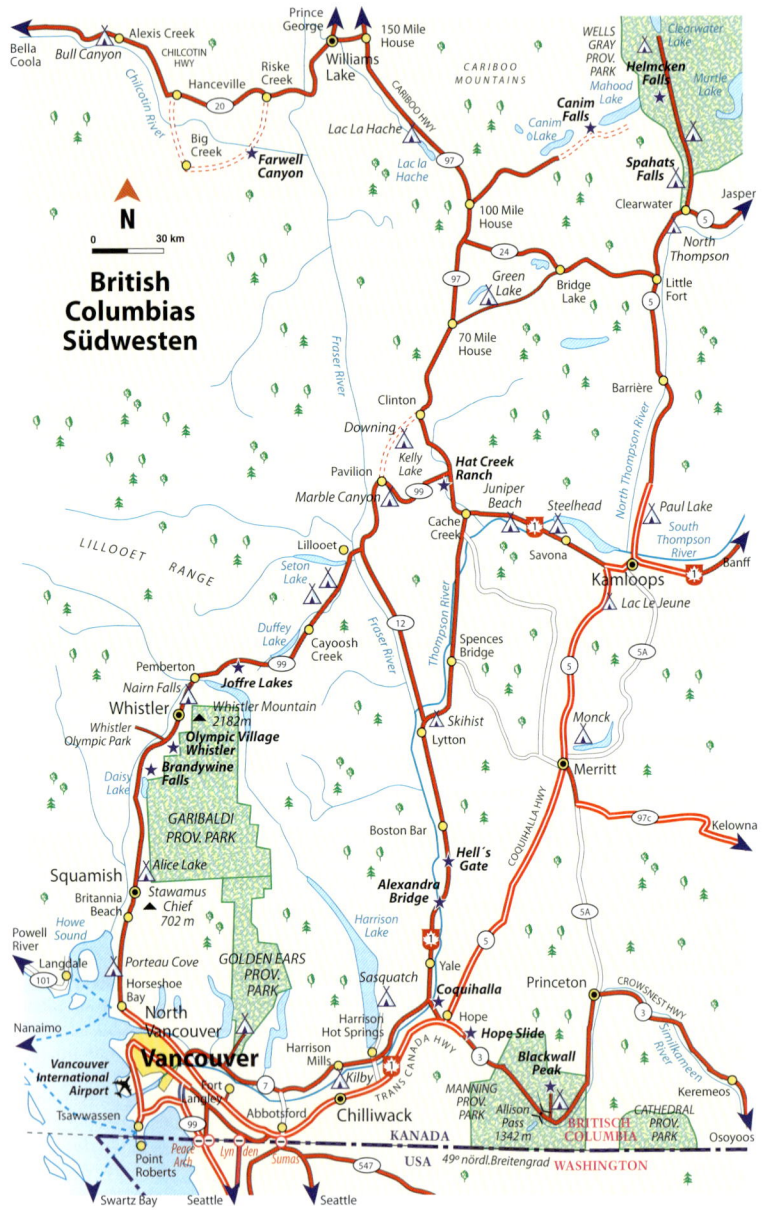

Bella Coola

Bull Canyon

Alexis Creek

CHILCOTIN HWY

Prince George

150 Mile House

Williams Lake

WELLS GRAY PROV. PARK

Clearwater Lake

Helmcken Falls

Murtle Lake

Hanceville

Riske Creek

20

CARIBOO MOUNTAINS

Canim Falls

Mahood Lake

Big Creek

Farwell Canyon

Lac La Hache

Canim Lake

Spahats Falls

Chilcotin River

CARIBOO HWY

Lac la Hache

97

Clearwater

Jasper

5

N

0   30 km

British Columbias Südwesten

100 Mile House

North Thompson

Fraser River

97

24

Green Lake

Bridge Lake

Little Fort

5

70 Mile House

Barrière

North Thompson River

Clinton

Downing

Kelly Lake

Hat Creek Ranch

Juniper Beach

Steelhead

Paul Lake

Pavilion

Marble Canyon

99

Cache Creek

1

Savona

South Thompson River

Lillooet

Kamloops

Banff

1

LILLOOET   RANGE

Seton Lake

Thompson River

Lac Le Jeune

Duffey Lake

Cayoosh Creek

12

Spences Bridge

5A

Pemberton

99

Nairn Falls

Joffre Lakes

Skihist

Lytton

Monck

5

Whistler

Whistler Mountain 2182m

Whistler Olympic Park

Olympic Village Whistler

Brandywine Falls

Daisy Lake

Fraser River

Merritt

GARIBALDI PROV. PARK

Boston Bar

COQUIHALLA HWY

97c

Kelowna

Squamish

Alice Lake

Hell´s Gate

Alexandra Bridge

5A

Britannia Beach

Stawamus Chief 702m

Harrison Lake

Howe Sound

Powell River

Langdale

101

Porteau Cove

GOLDEN EARS PROV. PARK

Yale

Coquihalla

5

Princeton

CROWSNEST HWY

Horseshoe Bay

Sasquatch

Hope

3

Nanaimo

North Vancouver

Harrison Hot Springs

Hope Slide

Blackwall Peak

Keremeos

Vancouver

Harrison Mills

TRANS CANADA HWY

Similkameen River

CATHEDRAL PROV. PARK

Vancouver International Airport

Fort Langley

Kilby

MANNING PROV. PARK

Allison Pass 1342m

BRITISCH COLUMBIA

Osoyoos

Tsawwassen

7

Abbotsford

Chilliwack

99

Peace Arch

Lynden

Sumas

547

KANADA

Point Roberts

Swartz Bay

Seattle

Seattle

USA　49° nördl.Breitengrad　**WASHINGTON**

2. REISEROUTEN AB VANCOUVER

2.1 Routen ab Vancouver in die Rocky Mountains

Vancouver (oder auch Seattle/USA) ist dank seiner guten internationalen Fluganbindung der perfekte Ausgangspunkt für eine Rundreise durch den Südwesten Kanadas. Ziel der meisten Besucher sind die **Nationalparks in den Rocky Mountains**, allen voran der *Banff* und *Jasper Nat'l Park*, die sich ab Vancouver auf unterschiedlichen Routen ansteuern lassen:

Trans-Canada Highway (TCH)

Die schnellste und zugleich mit unter 800 km kürzeste Verbindung – ***Trans-Canada Hwy*** #1 gemeinsam mit dem ***Coquihalla Hwy*** #5 – führt über Hope direkt nach Kamloops und weiter zum **Banff Nationalpark**. Schöner und nur 70 km länger ist – bei Verbleib **ab Hope** auf dem *TCH* – die Fahrt entlang des Fraser River über Cache Creek nach Kamloops (➤ **Route 2.3.1**, Seite 217) und von dort dann weiter in Richtung Lake Louise (Beschreibung der Sehenswürdigkeiten zwischen Kamloops und dem *Banff Nat'l Park* ➤ **Kapitel 4.1**, Seite 281ff). Die Gesamtstrecke ist in nur zwei Tagen zu schaffen, am besten mit Übernachtung am Three Valley Lake oder in Revelstoke. Mehr Zeit benötigt aber, wer en route noch etwas unternehmen möchte wie z.B. einen Ausflug zu den alpinen Blumenwiesen beim Mount Revelstoke oder Wanderungen im nahegelegenen Glacier Nationalpark.

Über die Straße #99

Landschaftlich noch reizvoller wird die Tour, wenn man **zwischen Vancouver und Cache Creek/Kamloops** nicht den *TCH* wählt, sondern ab North Vancouver den ***Sea to Sky Hwy*** (Straße #99) über Whistler und Lillooet folgt; ➤ **Route 2.2.1**, Seite 196ff. Kilometermäßig sind beide Optionen nahezu identisch.

Icefields Parkway, Traumstraße und -ziel der meisten Kanada-Urlauber

Den Mount Robson sieht man vom Yellowhead Hwy, aber wer den hübschen Berg Lake zu seinen Füßen besuchen möchte, benötigt ein Zelt und reichlich Zeit (20 km one-way)

Über den Yellowhead Highway

Empfehlenswert ist auch die Fortsetzung der Reise **ab Cache Creek** (am *TCH*) über **Tête Jaune Cache** – entweder auf dem *Cariboo Highway* (#97) und Prince George oder ab Kamloops auf der Straße #5 nach Norden. Auf dem *Yellowhead Highway* (#16; ➤ Seite 226ff) geht es dann direkt **in den Jasper Nationalpark** und von dort über den *Icefields Parkway* hinunter **zum Banff Nationalpark**; ➤ **Route 3.3**, Seite 235ff. Entlang dieser Strecke empfiehlt es sich mindestens (!) drei Übernachtungen einzuplanen, u.a. in dem Örtchen **Clearwater** (Besuch des *Wells Gray Provincial Park!*) und beim Mount Robson. Bis **Jasper** sind es ab Vancouver bei dieser Variante etwas über 1.000 km.

Crowsnest Highway

Die südlichste Alternative, der **Crowsnest Highway** (➤ **Route 4.4**, Seite 300ff), der sich ab Hope/*TCH* durch die Bergwelten an der Grenze zu den USA in Richtung Osten schlängelt, sollte nur wählen, wer sehr viel Zeit mitbringt. Die Fahrt (1.000 km) bis zum *Crowsnest Pass* in den *Rockies* »zieht sich«, und dann ist man noch lange nicht im »Kerngebiet« rund um Banff/Lake Louise.

Die Dimension und Vielseitigkeit von Vancouver Island sollte man bei der Urlaubsplanung nicht unterschätzen, wirklich lohnenswert ist dort nur ein etwas längerer Aufenthalt

Über Vancouver Island

Gerne in Urlaubskatalogen angepriesen werden Rundreisen mit einem »Umweg« über **Vancouver Island**. Vom Norden der Insel geht es dabei per 16-stündiger Fährverbindung (teuer!) durch die *Inside Passage* nach Prince Rupert mit anschließender Weiterfahrt auf dem Festland über Prince George und Tête Jaune Cache auf dem *Yellowhead Hwy* zum *Jasper NP* (**Route 7.6**, ➢ Seite 409ff).

Für die über 31.000 km² große Insel werden allerdings einige Urlaubstage mehr benötigt, als die Nord-Süd-Verbindung vermuten ließe. Ein reines »Abspulen« der Kilometer zwischen den zwei Fähranlegestellen (Victoria–Port Hardy 500 km) bringt nicht viel, zumal die meisten Ziele an der (schöneren) Westküste nur über kleine und zeitraubende Stichstraßen zu erreichen sind. Außerdem sind nach Ankunft in Prince Rupert noch knapp 1.000 km bis Tête Jaune Cache zu bewältigen, wobei nur das erste Viertel wirklich reizvoll ist und der Rest nicht unbedingt zu den landschaftlich herausragendsten Strecken im Westen Kanadas zählt.

Ein Kurzbesuch von Victoria mit der Fähre ab Vancouver (bzw. dem *Clipper* ab Seattle) oder die Insel nur **am Anfang/Ende der Reise als mehrtägigen Abstecher** einzuplanen, ist daher auch keine schlechte Idee – am besten mit Nutzung beider Fährhäfen im Süden von Vancouver Island (Swartz Bay + Nanaimo) und Aufenthalt in Victoria, in der Umgebung von Port Renfrew sowie im Pacific Rim Nationalpark (Ucluelet/Tofino).

Beste Route in Richtung »Rockies«

Wählt man ab Vancouver zunächst die Straße #99 über Lillooet und dann ab Tête Jaune Cache den *Yellowhead Hwy* zum *Jasper Nat'l Park* und für die Rückkehr vom *Banff NP* nach Vancouver den schnelleren *TCH* (ggf. in Verbindung mit einem Aufenthalt im Okanagan Valley, wo man beim (Sonnen-)Baden den Urlaub gemütlich ausklingen lassen kann), vermeidet man jegliches doppeltes Abfahren. Das ist neben der besonders dichten Konzentration an Highlights entlang dieser Route mit ein Grund, warum in diesem Buch bei der Fahrt in Richtung *Rockies* die Kombination #99/#16 favorisiert wird.

Sea to Sky Gondola
in Squamish

2.2   Nordroute: Von Vancouver zum Jasper NP

2.2.1   Von Vancouver über Lillooet nach Cache Creek

Die schönste Route ab Vancouver in Richtung Rocky Mountains oder in den Norden entspricht zunächst dem Verlauf der **Straße #99**. Bis Whistler/Pemberton trägt sie die Bezeichnung *Sea to Sky Highway* und im Anschluss daran bis Lillooet *Duffey Lake Road*.

Routen-beginn

Die anfangs 4-spurig ausgebaute #99 schlängelt sich teils spektakulär zwischen Howe Sound und steilen, bewaldeten Coast Mountains nach Norden. Sie passiert dabei den bereits fürs Camping in der Umgebung von Vancouver empfohlenen **Provinzpark Porteau Cove** und **Britannia Beach** mit dem *Mine Museum* (➤ Seite 191).

Shannon Falls/ Stawamus Chief PP

Das Wasser der ***Shannon Falls*** stürzt über mehrere Stufen 335 m in die Tiefe. Diese Fälle befinden sich in Straßennähe im gleichnamigen Provinzpark unmittelbar neben dem *Stawamus Chief Provincial Park*. An den Wänden des Granitmonolithen **Stawamus Chief** (702 m), ca. 2 km südlich von Squamish, sind oft **Kletterer** in atemberaubender Position zu beobachten. Leichter erreichen Wanderer den Bergrücken mit drei Spitzen auf steilen Wegen, über Treppen und Leitern (1,8 km, 630 Höhenmeter). Von oben genießt man ein tolles Panorama, bei Morgennebel über den Wolken.

Sea to Sky Gondola

Am bequemsten geht es in die Höhe mit der ***Sea to Sky* Gondel**, deren Talstation genau zwischen den beiden *Provincial Parks* liegt. In nur 15 Minuten ist das ***Summit* Restaurant** erreicht, südlich des Stawamus Chief auf 885 m Höhe und mit herrlicher Aussichtsterrasse über den Howe Sound. Eine 100 m lange Hängebrücke verbindet sie mit einer zweiten *Viewing Platform*. Die Auffahrt (im Sommer Fr+Sa 10-20 Uhr bzw. So-Do bis 18 Uhr, sonst kürzer) ist aber nicht ganz billig: $40, Kinder $14-$25; www.seatoskygondola.com.

Squamish

44 km nördlich von Horseshoe Bay liegt **Squamish** (19.000 Einwohner). Der Ort macht seinem Namen alle Ehre: In der Sprache der *Coast Salish*-Indianer bedeutet *Squamish* »Mutter des Windes« – die Region zählt zu den besten kanadischen Windsurfing-Revieren.

Squamish Days

Anfang August findet während der **Squamish Days** das fünftägige *Loggers Sports Festival* statt (www.squamishdays.org). Die Teilnehmer sägen um die Wette, balancieren auf schwimmenden Baumstämmen, werfen mit Äxten und klettern auf Bäume. Weitere Details auch im **Squamish Info Centre** in der 38551 Loggers Lane; im Sommer 8-17 Uhr; ✆ 1-877-815-5084, www.exploresquamish.com.

In schöner Lage direkt am Wasser und in Gehdistanz zu *Downtown* befindet sich das moderne **HI Squamish**; 38220 Hwy 99; Betten $31, DZ $54; ✆ (604) 892-9240; www.squamishhostel.com.

Im **West Coast Railway Heritage Park** stehen u.a. die mächtige Dampflok *Royal Hudson* von 1940 mit alten Waggons, die noch bis 2011 zwischen North Vancouver und Squamish verkehrte, zwei weitere Dampfloks aus den Jahren 1910/1929 sowie 65 alte Lokomotiven und Waggons. Es ist das größte Museum dieser Art in Westkanada; 39645 Government Road; täglich Mai-September 10-17 Uhr, sonst bis 16 Uhr, $25, Kinder $18-$5; www.wcra.org.

Alice Lake PP

Etwa 13 km nördlich von Squamish passiert man die Zufahrt zum **Alice Lake Provincial Park**, eine perfekte Anlage rund um einen schönen warmen Badesee mit Sandstränden, Spielplätzen und großem Campingareal ($35). Der Park liegt gut 1,5 Fahrstunden von Vancouver entfernt und wäre bei Reisestart/-ende ein geeigneter erster/letzter Übernachtungsort. Aber die Plätze sind oft früh belegt. Der schöne **Four Lakes Trail** führt dort durch einen »Märchenwald« und vorbei an vier Seen (6 km Rundweg).

Brandywine Falls PP

Gut von der #99 – auf der Weiterfahrt nach Whistler – zu erreichen sind die 70 m hohen **Brandywine Falls** im gleichnamigen *Provincial Park*. Vom Parkplatz am Nordende des Daisy Lake führt ein kurzer Fußweg zu einer Aussichtsplattform (10 min). Mit etwas Kletterei ist man auch schnell unten zu Füßen der imposanten Fälle.

Garibaldi Provincial Park

Östlich der beiden Provinzparks und bis hinauf in das Hinterland von Whistler erstreckt sich der nahezu unerschlossene **Garibaldi PP**. Seine zerklüftete Gipfelwelt, Bergseen und alpinen Wiesen sind ein beliebtes Ziel für *Backpacker*.

Brandywine Falls

Am Ufer des Garibaldi Lake

Garibaldi Lake

Auch als Tageswanderung zu bewältigen sind die 18 km (retour; 810 HM) bis zum Ufer des **Garibaldi Lake**, sehr sportliche *Hiker* können es sogar bis hinauf auf die **Panorama Ridge** oder auf den Gipfel des Stratovulkans **Black Tusk** schaffen (dann 30 km/1400 HM bzw. 25 km/1700 HM retour; schneefrei meist ab Mitte/Ende Juli). Am besten schlägt man aber sein Zelt am Seeufer auf ($10; sehr beliebt, unbedingt reservieren). Ausgangspunkt ist der *Rubby Creek Trailhead* (Parkplatz füllt sich rasch!) am Ende der kurzen Zufahrtsstraße, Abzweig von der #99 am Südende des Daisy Lake; www.env.gov.bc.ca/bcparks/explore/parkpgs/garibaldi.

Höhenweg

Der **High Note Trail** führt ebenfalls in den *Garibaldi PP* hinein und umrundet dabei den Whistler Mountain (11 km zusammen mit dem *Harmony Meadows Trail*; 750 HM). Der Blick auf den im angrenzenden Tal parallel verlaufenden Lake Cheakamus ist grandios; *Trailhead* an der Bergstation des *Peak Express* (➤ unten); Karte: www.whistler.com/pdf/maps/whistler-hiking-trail-map.pdf.

Whistler

Whistler (12.000 Einwohner) war 2010 eine der Wettkampfstätten während der Olympischen Winterspiele in Vancouver und ist heute noch Kanadas Wintersportdestination No.1.

Whistler/ Blackcomb Mountain

Die beiden Hausberge sind aber auch für Sommerbesucher interessant. Vom Stadtzentrum führt zunächst die **Village Gondola** hinauf zum *Roundhouse Lodge Restaurant* auf 1.850 m. Wer will, kann von dort mit dem **Peak Express** den **Whistler Mountain** (2.182 m) ganz bezwingen, muss aber dafür noch etwas bergwandern. Alternativ erreicht man über die hintereinandergeschalteten **Seilbahnen Wizard** und **Solar Coaster Express** am Blackcomb Mt (2.440 m) das *Rendezvous Lodge Restaurant* auf 1.860 m Höhe. Zwischen den zwei Gaststätten pendelt die sog. **Peak-2-Peak Gondola**.

Blick hinunter auf den Garibaldi Lake von der Panorama Ridge

*Fußgänger-
zone in
Whistler*

Das **Tagesticket** ($54/$47) beinhaltet die uneingeschränkte Nutzung sämtlicher Lifte und Gondeln; Ende Mai-Mitte Oktober i.d.R.
täglich von 10-17 Uhr. Auch für die *Mountain-Biker*-Areale (*Fitz-
simmons, Garbanzo* und *Peak Zone*) gibt es eine Lift-Tageskarte
($69); www.whistlerblackcomb.com.

Auf dem **Horstman Glacier** unterhalb des Blackcomb Peak kann
man zudem **im einzigen Sommerskigebiet Nordamerikas** Ende
Juni bis Ende Juli skilaufen und snowboarden.

**Whistler
Village**

Das Infozentrum der Kleinstadt steht am 4230 Gateway Drive; ✆
1-800-944-7853; www.whistler.com. Die großen zentrumsnahen
Parkplätze P4 und P5 am Blackcomb Way kosten im Sommer
$5/Tag, in der Nebensaison sind sie oft kostenlos.

Absolut sehenswert ist das von der *First Nation* betriebene **Squamish Lil'wat Cultural Centre** am 4584 Blackcomb Way; geöffnet tägl. 9.30-17 Uhr; $18/$5; unbedingt Führung mitmachen!

Im **autofreien Whistler Village** gibt es mehrere Anbieter, die Ausritte, Wildwassertrips, Drachenflüge und *Backcountry*-Expeditio-
nen organisieren und zudem Fahrräder ab ca. $50/Tag vermieten,
u.a. bei der *Bike Company Whistler*; www.bikeco.ca.

**(Mountain)
Biken**

Whistlers Umgebung wird im Sommer regelrecht von **Mountainbikern** gestürmt. Aber nicht nur die Berge sind gut erschlossen, ein
ausgedehntes Radwegenetz durchzieht auch das Tal; Karte unter:
www.whistler.com/pdf/maps/whistler-hiking-biking-map.pdf.

Restaurants und Kneipen sind in der Stadt reichlich vorhanden,
darunter auch eine Filiale der **Old Spaghetti Factory** (in der *Crystal Lodge*; 4154 Village Green).

Übernachten

An Quartieren mangelt es ebenso nicht, die Tarife für ein einfa-
ches Motelzimmer starten bei etwa $130. Erstes Hotel am Platz
ist das **Fairmont Chateau Whistler** am 4599 Chateau Boulevard;
ab $370; ✆ 1-800-606-8244, www.fairmont.com/whistler.

Auch **Bed & Breakfast**-Unterkünfte sind zahlreich und sogar eine
Jugendherberge steht im olympischen Dorf 7 km westlich von
Whistler am 1035 Legacy Way: **Whistler Hostel (HI)**, Betten $30,
DZ $77; ✆ 1-866-762-4122; www.hihostels.ca.

Camping

Einziger Campingplatz in (nördlicher) Ortsnähe am Fluss ist das komfortable **Riverside Resort**; 8018 Mons Rd; $55-$60, *Walk-in* mit Zelt $35; ✆ (604) 905-5533, www.whistlercamping.com.

Als schöne Alternative bietet sich 17 mi weiter nördlich der **Nairn Falls Provincial Park** ($22, ✆ 1-800-689-9025) an. Der *Campground* liegt in einem Bogen des Green River; flussaufwärts führt ein Wanderweg (1,5 km) zu den 60 m hohen Wasserfällen.

Pemberton

Pemberton (2.500 Einwohner) besitzt alle Serviceeinrichtungen und vergleichsweise preisgünstige Unterkünfte (ebenso das benachbarte Mt Currie). Das **Visitor Centre** liegt an der Ecke Portage Road/Hwy 99; www.tourismpembertonbc.com.

Ein heißer Tipp ist die **Blackbird Bakery** (7424 Frontier St). Dort ist man beim Backen hautnah dabei – und schmecken tut's auch noch!

Duffey Lake Road

Östlich von Pemberton beginnt die heute durchgehend asphaltierte **Duffey Lake Road**, die »Glanznummer« der Route. Der beste Abschnitt beginnt am **Joffre Lakes Provincial Park** am *Cayoosh Pass* (1.279 m). Dort startet auch ein toller, 5 km langer Wanderweg (400 HM) über den **Lower** zu **Middle** und **Upper Joffre Lake**. Die türkisblauen Seen liegen sehr pittoresk vor der Kulisse steiler, gletscherbedeckter Berge. Das beste Fotolicht herrscht nachmittags.

Middle Joffre Lake

Weiter folgt die Straße dem *Cayoosh Creek* und windet sich später durch die Lillooet Range. Vier kleine *Recreation Area Campgrounds* (www.sitesandtrailsbc.ca) am Wildbach laden (auf kurzer Distanz hintereinander etwa auf halber Strecke zwischen Duffey Lake und Lillooet) zum Campen ein. Ein besonderer Reiz der *Duffey Lake Road* ist der dramatische Klimawechsel innerhalb geringer Entfernung. Aus dem Grün der mit Niederschlägen reich bedachten Berge geht es hinab in die karge Salbeibuschprärie im Tal des Fraser River. Im Sommer überwiegen dort heiße Tage mit Spitzenwerten über 30°C. Kurz vor Lillooet passiert man den **Seton Lake** mit Badestrand und *Picnic Area* (am Südende).

Auf der seeabgewandten Seite der Straße betreibt der Stromerzeuger *BC Hydro* den weitläufigen und guten **Seton Dam Campground** mit 45 kostenlosen Plätze; www.bchydro.com/recreation.

Die Cariboo Wagon Road

Während des *Fraser Goldrush* (Höhepunkt 1858) und des *Cariboo Goldrush* (1862-66) boomte Lillooet und war eine der größten Städte nördlich von San Francisco. Dort befand sich die **Mile 0** der *Cariboo Wagon Road*, die weiter über Pavilion nach 47 Mile House (heute Clinton) verlief. Viele neue Ansiedlungen entlang dieser Straße bestanden nur aus Mautstation und **Roadhouse** (Raststätte), in denen die Goldsucher auf dem Weg nach Barkerville (➢ Seite 212) Verpflegung und einen Schlafplatz suchten. Einige davon – von 70 Mile House über 100 Mile House bis 150 Mile House – haben ihre ursprüngliche Bezeichnung als **Entfernungsangabe ab Lillooet** bis heute behalten.

Dem Aufstieg von Lillooet folgte – nach Erschöpfung der Erzlagerstätten – ein rascher Niedergang. Zudem verlor die Stadt ihre Rolle als Verkehrsknotenpunkt. Eine neue Route umging Lillooet durch das Thompson-River-Tal und lief ab 1863 über Cache Creek; fortan musste man sich auf der *Cariboo Wagon Road* nicht mehr über den *Pavilion Mountain* nach Clinton quälen.

Von Clinton bis Soda Creek, rund 30 km nördlich von Williams Lake, verkehrten Postkutschen. Bis Quesnel, von wo es auf dem Landweg nach Barkerville weiterging, übernahmen *Paddlewheeler* auf dem Fraser River den Transport. 1865 wurde dann auch schließlich die *Wagon Road* zwischen Quesnel und Barkerville fertiggestellt.

2

Lillooet

Lillooet ist ein kleines Städtchen mit rund 2.300 Einwohnern über dem Fraser River, an dem vor allem die imposante Gebirgskulisse beeindruckt. Einige **H/Motels** befinden sich an der Ortsdurchfahrt; der städtische **Cayoosh Campground** liegt zwischen Bachmündung in den Fraser River und Brücke über den Fluss; $20-$35; ✆ (250) 256-7527; www.cayooshcampground.com. Am nördlichen Ende der Main Street (#155) kann man im *Buy-Low Foods* **Supermarkt** seine Vorräte auffrischen.

Sollte das winzige **Museum** (samt **Tourist Information**, 790 Main Street, ✆ (250) 256-4308, www.lillooetbc.ca) in einer ehemaligen Kirche mit einem Sammelsurium aus alten Tagen geöffnet sein, kann man sich dort gut ein wenig umschauen; Juli/August täglich 9-17 Uhr, sonst Di-Sa 10-16 Uhr; frei.

Pavilion Mountain Road

Wer der alten **Cariboo Wagon Road** (➢ Exkurs oben) folgen und 40 km Fahrt sparen möchte, verlässt in Pavilion die #99 und nimmt die **Pavilion Mountain Road** direkt nach Clinton. Die Schotterstraße ist trotz einiger steiler Teilabschnitte bei trockenem Wetter unproblematisch, wenngleich mit RVs über 21 Fuß Länge nicht zu empfehlen. Der schönste Abschnitt der Strecke sind die ersten 4 km bis zur Passhöhe mit ca. 12% Steigung und einem herrlichen Panoramablick zurück ins Tal des Fraser River.

Nördlich des Passes passiert die Piste den **Downing Provincial Park** am Kelly Lake mit *Swimming Beach*, Picknicktischen und kleinem *Walk-in*-Zeltplatz ($18).

Pavilion Lake direkt an der #99 östlich der gleichnamigen Ortschaft

Etwa 1 km östlich des Kelly Lake zweigt die **Jesmond Road** nach Norden ab. An ihr liegt – umgeben von Bergen, Canyons, Wäldern und Weiden – die *Echo Valley Ranch*, ein dort kaum erwartetes Luxusresort für Stressgeplagte. Das kostet natürlich einige Dollar extra; ℰ 1-800 253-8831; www.evranch.com.

Marble Canyon

Wer in **Pavilion** auf der #99 bleibt, kommt weiter östlich an einer Reihe idyllischer **türkisfarbener Seen** vorbei. Das meist ziemlich kühle Wasser eignet sich aber bei Hitze zum Baden. Gut 6 km lang begleitet der **Pavilion Lake** (➢ Foto oben) den Straßenverlauf. Anschließend passiert man noch den etwas kleineren **Crown** und **Turquoise Lake**. Zwischen diesen beiden Seen befindet sich der einfache *Campground* des *Marble Canyon Provincial Park*, ein Natur-Kleinod trotz enger Stellplätze ($16).

Hat Creek Ranch

Am östlichen Ende der #99 – an deren Einmündung in die Hauptstraße #97 – liegt die museal ausgebaute *Historic Hat Creek Ranch*. Sie diente ab 1863 als *Roadhouse* auf der neuen Route der *Cariboo Wagon Road* (➢ Exkurs Seite 201), die Lillooet entlang des Thompson River umging, und war Postkutschenstation der *British Columbia Express Company*. Täglich geöffnet von Mai bis Oktober 9-17, Juli/August 9-18 Uhr; Eintritt $14/$8.

Man kann das gut erhaltene, historische Gelände besichtigen und einen Blick in Küche, Saloon, Haus und Schmiede werfen, wo zeitgenössisch gewerkelt wird, auch Postkutschenfahrten unternehmen oder übernachten: RVs $25, Zelte $20, *Teepees* $45, *Cabins* $85; ℰ 1-800-782-0922, www.hatcreekranch.com.

Weiterfahrt in Richtung Rockies

Ab Hat Creek Ranch kann der **Jasper Nationalpark** entweder auf dem *Cariboo Hwy* (#97) in Richtung Norden oder über **Cache Creek** (am *TCH*, nur eine 10-min-Fahrt entfernt) und die **Straßen #5/#16** angesteuert werden; alle Details zu diesen Strecken im Kapitel 2.2.2 ➢ rechts. Alternativ gelangt man **ab Cache Creek** über den *Trans-Canada Hwy* auch direkt nach Lake Louise und zum *Banff NP*. Entlang dieser Route liegen außerdem die Nationalparks *Mount Revelstoke, Glacier* und *Yoho*, ➢ Beschreibung in der Gegenrichtung im **Kapitel 4.1**, Seite 281ff.

2.2.2   Von Cache Creek nach Tête Jaune Cache

Für die Weiterfahrt ab Hat bzw. Cache Creek in Richtung Tête Jaune Cache und *Jasper Nat'l Park* ergeben sich drei Varianten:

Über den TCH

Die Streckenführung **Cache Creek/*TCH* #1 bis Kamloops** und dann über **die #5 bis Tête Jaune Cache** besitzt mit dem 70-km-Abstecher in den ***Wells Gray Provincial Park*** ein attraktives Zwischenziel, das vor allem für Wasserfall-Fans ein »Muss« ist mit einer (Camping-)Nacht vor Ort bzw. in einem H/Motel in Clearwater. Auf dieser Route (560 km inkl. *Wells Gray*) lässt man allerdings das Museumsdorf Barkerville und den Bowron Lake aus.

Über die #97

Die Strecke **Cache Creek/*Cariboo Hwy* #97** nach Prince George mit 80 km langem Abstecher nach **Barkerville** und weiter auf dem *Yellowhead Hwy* #16 nach Tête Jaune Cache (insgesamt 880 km) kostet gegenüber der Route über den *Wells Gray PP* **einen zusätzlichen Tag**, wobei weder der *Cariboo Hwy* noch Prince George noch die #16 am Oberlauf des Fraser River nach Tête Jaune Cache sonderlich aufregend sind. Lediglich **Barkerville** (➢ Seite 212) ist diesen Extra-Reisetag wert.

Mit Wells Gray und Barkerville

Mit insgesamt 1.260 km von Cache Creek bis Tête Jaune Cache lassen sich die Abstecher **Wells Gray PP** und **Barkerville** sogar miteinander verbinden. Nach dem Besuch des *Wells Gray* geht es dafür zunächst auf identischer Route zurück bis Little Fort an der #5 (nur 30 km). Von dort fährt man auf der Straße #24 durch ein Seengebiet (➢ Seite 209) hinüber nach 100 Mile House am *Cariboo Hwy* #97 und dann weiter über das Zwischenziel Barkerville.

Von Cache Creek weiter über den Wells Gray PP

Cache Creek

Von Cache Creek, dem einst bedeutenden, aber seit Eröffnung des *Coquihalla Hwy* (#5) heruntergekommenen Kreuzungspunkt von *TCH* und *Cariboo Highway* sind es noch ca. 80 km bis Kamloops durch eine im Sommer von Trockenheit und Hitze gekennzeichnete Landschaft. Zum Picknicken/Campen bieten sich unterwegs zwei *Provincial Parks* an: **Juniper Beach** ist erstaunlich grün, aber laut (Eisenbahn!) und der **Steelhead PP** (überwiegend eng + schattenlos) hat einen Sandstrand; beide $23-$28.

Ab **Savona** (dort gutes *Lakeside Country Inn* ab $119) folgt der *TCH* einem zum Kamloops Lake parallel verlaufenden Höhenrücken mit immer wieder schönen Aussichten.

Kamloops

Am mit 90.000 Einwohnern wichtigsten Industriestandort und Verkehrsknoten stoßen *TCH*, *Southern Yellowhead Hwy* #5 und *Coquihalla Hwy* #5 aufeinander. Die beiden großen Eisenbahnlinien trennen sich: Der Schienenweg von *Canadian Pacific* verläuft über den *Kicking Horse Pass* nach Calgary und *Canadian National* folgt der Route über den *Yellowhead Pass* nach Edmonton.

Der Name der im Sommer mit durchschnittlichen Höchsttemperaturen von 28°C wärmsten Stadt Kanadas ist indianischen Ursprungs – *Cumcloups* bedeutet »Zusammentreffen der Wasser«.

Er bezieht sich auf die Lage an der Einmündung des North Thompson River, der östlich des *Wells Gray PP* entspringt, in den aus dem Shuswap Lake fließenden South Thompson River.

Am westlichen Stadtrand passiert die hochgelegene *TCH*-Trasse den *Hillside Main Entrance* zum **Kenna Cartwright Park** (Abfahrt 366). Nach kurzem Anstieg auf das breite Gipfelplateau mit weitläufigem Wegenetz genießen Wanderer einen schönen Blick auf die Stadt am Flussdreieck.

Die **Visitor Info** der Stadt befindet sich an der Kreuzung *TCH*/#5A (*Exit* 368); ✆ (250) 372-8000, www.tourismkamloops.com.

Die darauffolgende *TCH*-Abfahrt führt zur Columbia Street, an der diverse **Shopping Center** und eine Reihe von **H/Motels** liegen. Viele Unterkünfte findet man auch östlich der Stadt am *TCH*. Die Übernachtungstarife in Kamloops sind moderat.

Downtown

Einmal in der Stadt, könnte man in das **Kamloops Museum and Archives** hineinschauen. Die Geschichte der Stadt wurde dort recht interessant aufbereitet; 207 Seymour Street; Di-Sa 9.30-16.30, Eintritt $3 Spende; www.kamloops.ca/museum.

Der *Riverside Park* am Thompson River am Rande der recht überschaubaren Innenstadt wurde mit **Badestellen**, einem Kinderspielplatz, Picknick- und Sportplätzen gut angelegt, ist aber für die meisten Kanada-Touristen eher zweite Wahl.

Camping

Wem an heißen Sommertagen nach Abkühlung zumute ist, der findet einen besseren Badestrand im gepflegten **Paul Lake PP** nordöstlich der Stadt (erst 5 km Hwy #5, dann Pinantan Road 19 km). Der **Campground** des Provinzparks liegt etwa 500 m abseits des Sees; $18, 90 Plätze; Reservierung ✆ 1-800-689-9025.

Historische Eisenbahn

Kamloops gehört zu den wenigen Orten in Kanada, wo noch eine aktive Normalspur-Dampflok verkehrt, die **Spirit of Kamloops** von 1912; 510 Lorne St; 1-stündige Fahrten Juli-August Do, Fr 19 Uhr, Sa 12 Uhr; $25/$15; www.kamrail.com.

Dutch Lake bei Clearwater

Wildlife Park

Am *TCH*, 20 km östlich der Stadt, beherbergt der **BC Wildlife Park**, www.bczoo.org, die einheimische Flora; 9077 Dallas Drive, täglich 9.30-17 Uhr, $16/$12; Fütterungen und Raubvogelshows.

Yellowhead Hwy South

Weiter in Richtung Jasper geht es ab Kamloops auf dem **Southern Yellowhead Highway #5**, der Verbindung zwischen *TCH* und dem »originalen« *Yellowhead Hwy #16*, auf den die #5 in Tête Jaune Cache stößt. Auf fast ganzer Länge (rund 340 km) folgt diese Straße dem Tal des North Thompson River. Zunächst führt sie durch sommertrockene Gebiete vorbei an kargen, oft nur mit Salbeibüschen *(sagebrush)* bewachsenen Berghängen, bevor die Vegetation weiter nördlich grüner wird.

Verbindung zur #97

In **Little Fort** zweigt die **Straße #24** nach Westen ab. Sie ist eine ideale Verbindungstrecke durch das Seengebiet zwischen der #5 und dem *Cariboo Highway #97*, ➤ Exkurs Seite 201.

Clearwater

Der einzig nennenswerte Ort (2.300 Einwohner) auf der Strecke, **Clearwater**, liegt überwiegend abseits der Hauptstraße. Am Ostende beginnt die Zufahrt zum »Wasserfall-Provinzpark« **Wells Gray** (Clearwater Valley Rd). Aktivitäten im Provinzpark wie z.B. Kanutouren oder Reitausflüge lassen sich schon im **Info Centre** buchen, das sich direkt am Abzweig befindet; www.wellsgraypark.info.

Auch auf dem Clearwater River, der seinen Namen zu Recht trägt, werden **Rafting Trips** angeboten, z.B. bei *Riverside Adventures*; 3 Std $99/$82, ✆ (250) 674-0001; www.wellsgrayrafting.ca.

Zwei Übernachtungsmöglichkeiten gibt es am kleinen **Dutch Lake** (mit Bootsverleih) direkt westlich der Zufahrt in den *Wells Gray*:

- **Dutch Lake Resort**, an der See-Westseite; $38-$44, auch *Cabins* ab $149, 361 Ridge Dr, ✆ 1-888-884-4424, www.dutchlake.com,

- **Dutch Lake Motel & RV Park** an der Südostseite des Sees; Camping (teils am Ufer); 333 Roy Road; $30-$43, DZ ab $125; ✆ 1-877-674-3325, www.dutchlakemotel.com.

Südlich von Clearwater steht außerdem das gediegene:

- **Alpine Meadows Resort**, geräumige Blockhütten ab ca $220 nahe eines Privatsees; 3400 Dunn Lake Road; ✆ 1-866-587-6368, www.alpinemeadowsresort.com.

Zum Wells Gray PP

Der 5.400 km² große **Wells Gray Provincial Park** besteht weitgehend aus unerschlossener Wildnis. Er ist vor allem für seine Wasserfälle und die verbundenen Seen zwischen den Hochgebirgsgipfeln der Cariboo Mountains bekannt. Nur die **Hauptzufahrt ab Clearwater** führt etwas tiefer in das Naturschutzgebiet hinein.

Die **anderen Parkbereiche** sind über holprige Pisten zugänglich: Die Anfahrt zum **Mahood Lake** und den *Canim Falls* (➤ Seite 209) in der Südwestecke – ab 100 Mile House an der #97 über die *Canim-Hendrix Lake Road* (88 km, größtenteils asphaltiert) oder von Interlakes an der #24 (65 km, Schotter). Die Verbindung dorthin ab Clearwater bildet eine Reihe von *Logging Roads*. Zum **Murtle Lake** im Park-Osten startet man in Blue River an der #5.

Wasserfälle

Knapp 10 km nördlich von Clearwater wartet kurz hinter dem Parkeingang bereits der erste Wasserfall, der aus einem schmalen Durchlass in der hohen Canyonwand 75 m tief in den Abgrund stürzt. Zur Aussichtsplattform der ***Spahats Creek Falls*** sind es nur wenige hundert Meter Fußweg.

Etwas mehr Zeit benötigt der Besuch der 35 m hohen ***Moul Falls***, dafür kann man dort sogar hinter den Wasservorhang schauen – herrlich erfrischend an heißen Tagen (5,8 km retour ab der kleinen Parkbucht linker Hand der Straße; nur ein kleines Schild!).

Jenseits der ***Helmcken Falls Lodge*** (rustikale Zimmer im Sommer ab ca. $210; Zelte $30, relativ enge RV-Stellplätze mit Wasser-/Stromanschluss $38; ✆ (250) 674-3657, www.helmckenfalls.com) geht es auf Schotterserpentinen (etwas schmal für Wohnmobile!) hinauf zum ***Green Mountain Viewing Tower*** mit Rundumsicht auf die weite Waldlandschaft dieses Gebiets.

Dawson Falls

Einige Kilometer weiter passiert die Parkstraße die ***Dawson Falls***, den ersten der sieben Wasserfälle des *Murtle River*, die sich weniger durch ihre Höhe (ca. 18 m) als ihre Breite (ca. 90 m) auszeichnen. Auf der gegenüberliegenden Seite des Flusses befindet sich der schöne, einfache ***Pyramid Campground*** ($20). Ein Pfad führt von dort hinunter zu den Katarakten.

Helmcken Falls

Der wohl spektakulärste Anziehungspunkt des Parks sind die ***Helmcken Falls***, rund 46 km von Clearwater entfernt. Der Murtle River donnert dort 141 m über die steilen Klippen hinunter in einen Kessel. Ein **Weg führt nordseitig** am Wasserfall vorbei an den Rand der steilen Schlucht. Vor allem nachmittags, wenn die Sonne im Westen steht, gelingen von dort Fotos mit Regenbogen. Wer sich die Zeit nehmen möchte, erreicht die **vierthöchsten Wasserfälle Kanadas** auch zu Fuß auf einem schönen ***Trail***: ab *Dawson Falls* geht es 4 km am Südufer entlang bis zu einem herrlichen Aussichtspunkt direkt am oberen Rand der *Helmcken Falls* (leider ohne Zugang zur Nordseite).

Helmcken Falls
des Wells Gray PP
im Nachmittagslicht

Die breiten Dawson Falls im Wells Gray PP

Lachsauftrieb

Bis zum Straßenende am Clearwater Lake sind es von den *Helmcken Falls* noch 30 km Schotter. Ab Ende August wandern riesige Lachse zum Laichen in den Oberlauf des Clearwater River – die ***Bailey's Chute*** Stromschnellen können sie dabei nur mit Hilfe weiter Sprünge überwinden. Dieses Schauspiel sollte man sich nicht entgehen lassen. Ein kurzer Weg führt etwa 17 km nördlich der Murtle River Brücke zur ***Salmon Viewing Platform.***

Kurz vor dem Clearwater Lake passiert man dann noch den sehr schönen ***Falls Creek Campground*** mit Stellplätzen am Fluss und wenig später den ebenfalls erfreulich angelegten ***Clearwater Lake Campground*** (beide $23). Dort beginnt ein ***Trail***, der mehrere attraktive Zielpunkte kombiniert: den ***Osprey Falls Lookout***, einen Aussichtspunkt über dem See, die ***Dragon's Tongue***, ein Feld mit Lavagestein, und die ***Sticta Falls***; 4 km retour; Dauer ca. 2 Std.

Bärenskulptur bei Blue River (Hwy #5)

Am hügeligen Ufer des **Clearwater Lake** existiert für die ersten 5 km ein ***Trail.*** In die Einsamkeit des Hinterlandes geht es nur per Boot. Besonders reizvoll ist die **Kanutour** über die volle Länge von Clearwater Lake und Azure Lake. Die beiden jeweils 25 km langen Seen verbindet der Clearwater River (2 km, flussaufwärts mit 500 m Kanu-*Portage*). Dahinter säumen den pittoresken **Azure Lake** Steilufer **mit Wasserfällen** wie den *Rainbow Falls*. Motorboottour inkl. *Lunch* kostet $160 (täglich 10.30-17 Uhr), das Mietkanu für zwei Personen $60 pro Tag; Wassertaxi $125 bis *Rainbow Falls*; www.clearwaterlaketours.com.

Raft River

Eine preiswerte Unterkunft ist das **Wells Gray Inn** 1 km südwestlich der Parkzufahrt mit DZ ab $99; 228 E Yellowhead Hwy; © 1-800-567-4088; www.wellsgrayinn.ca.

Auch die Weiterfahrt in Richtung Tête Jaune Cache bleibt landschaftlich reizvoll. 5 km östlich von Clearwater lohnt sich ein erster Stopp an der **Raft River Viewing Platform**. An diesem tollen Platz zur Lachsbeobachtung bedienen sich Adler am Fischüberangebot. Die *Simpcw*-Indianer feiern dort alljährlich im August die *First Fish Ceremony* und im Oktober den *Coho Day*; www.simpcw.com.

Rund um Valemount und Tête Jaune Cache bieten sich im Spätsommer etliche Gelegenheiten Lachse beim Überwinden von Hindernissen und Laichen zu beobachten

Murtle Lake

Wer Zeit hat, könnte von Blue River außerdem auf einer holprigen Stichstraße am gleichnamigen Fluss entlang noch einmal in den *Wells Gray Park* zum hochgelobten **Murtle Lake** fahren. Der mit über 100 km Uferlänge größte nur für Kanus freigegebene See Nordamerikas erfreut sich großer Beliebtheit als Ausgangspunkt für Ein- oder Mehrtagestouren in die Einsamkeit.

Valemount

Die letzte Ortschaft vor Erreichen des *Yellowhead Hwy #16* ist Valemount (1.000 Einwohner). Die **H/Motels** und **Restaurants** sind dort bereits auf den Nationalparktourismus eingestellt, aber deutlich preiswerter als im 120 km entfernten Jasper. Neben der Bahnlinie in *Downtown* liegt die **Valemount Swiss Bakery**, 1020 Main St.

George Hicks Park

Unmittelbar nördlich des Valemount **Visitor Centre** (785 Cranberry Lake Road, www.visitvalemount.ca) lohnt ein Abstecher in den **George Hicks Regional Park**. Dort kann man ab Anfang/Mitte August **Königslachse** im flachen Wasser bei der Eiablage beobachten. Der Laichgrund am *Swift Creek* ist einer der kilometermäßig entferntesten vom Pazifik (knapp 1.300 km), so dass nur die allergrößten und stärksten *Chinook*-Exemplare es bis dorthin schaffen.

Weiterfahrt in Richtung Rockies

Ca. 20 km nördlich von Valemount ist **Tête Jaune Cache** und zugleich der *Yellowhead Hwy #16* erreicht, auf dem es dann ostwärts weiter zu den **Rearguard Falls** mit einer weiteren Lachs-Aussichtsplattform geht und in Richtung »Rocky Mountains«. Fortsetzung im Kapitel 3, ➢ Seite 226ff.

_____ **Von Cache Creek nach Prince George auf dem Cariboo Hwy**

Zur Route

Wie bereits auf ➢ Seite 203 erläutert, ist der _Cariboo Hwy #97_ die Alternative zum _Southern Yellowhead #5,_ wenn Abstecher nach **Barkerville** bzw. zum Kanuparadies **Bowron Lake** geplant sind. Wer von Vancouver ohne Fährenbenutzung auf schnellstem Weg in den hohen Norden möchte, kommt ebenfalls am _Cariboo Hwy_ nach Prince George nicht vorbei. Der Verlauf dieser Strecke ist von Cache Creek bis Williams Lake nicht sonderlich attraktiv. Erst im **Fraser River Valley** gewinnt sie abschnittsweise an Reiz. Schöne Campingmöglichkeiten (besonders empfehlenswert der _Emerald Bay Campground;_ $18) bietet unterwegs der **Green Lake PP** östlich der Straße.

100 Mile House

100 Mile House (1.800 Einwohner) ist die Versorgungszentrale für das gesamte Gebiet östlich des _Cariboo Highway_ (_Visitor Centre_: an der 155 Airport Rd; ✆ 1-877-511-5353, www.southcariboutourism.ca). Auch dort ist eine Bäckerei wieder besonders zu empfehlen, und zwar die von Schweizern betriebene **Paninos Bakery & Cafe**, #5 Highway 97 North; www.paninosbakeryandcafe.ca.

Canim/ Mahood Lakes

Auch auf dieser Route ist eine Stippvisite im **Wells Gray PP** möglich: Ab 100 Mile House führt eine Stichstraße (ohne Verbindung zum erschlossenen Hauptbereich des Parks) über **Canim Lake** weiter zum **Mahood Lake**, dem einzigen nicht gletschergespeisten See des _Wells Gray_ (dort _Campground_ direkt am Strand, $23).

Seengebiet zwischen Cariboo und Yellowhead Highway

Ab 70 Mile House könnte man bei Zielsetzung **Wells Gray Provincial Park** und Jasper zur #24 hinüberfahren – und einige Meilen einsparen. Die Abkürzung nach Bridge Lake bedeutet aber: Schotterpiste! 5 km südwestlich von Bridge Lake passiert man den **Crystal Lake** und die gepflegte _Crystal Waters Guest Ranch_ mit _Campsites_ ($30), _Cabins_ am Wasser ($145/Person inkl. Mahlzeiten) und Reitmöglichkeiten; ✆ 1-888-593-2252, www.crystalwatersranch.com.

Das Gebiet zwischen den Straßen #97 und #5 ist mit seiner **Seenplatte** beliebtes Revier für Angler, Wassersportler und Urlauber, die es ursprünglicher lieben. Auf mehreren _Campgrounds_ finden sich Plätzchen unmittelbar am Wasser, wie z.B. am **Sheridan Lake** im _Loon Bay Resort_ an der Straße #24, 15 km westlich von **Bridge Lake**; $28-$38, _Cabins_ ab $89; mit allem, was zu einem aktiven Kanada-Urlaub dazugehört: Motorboot-, Kanu-, Kajakverleih, Pferde und ein kleiner Badestrand; ✆ (250) 593-4431, www.loonbayresort.com.

Ein Lesertipp ist das _Seawood B&B_ beim Nachbarsee _Roe Lake_; 7431 Shertenlib Rd; _Cabins_ ab $65, deutsche Gastgeber; ✆ (250) 593-0370, www.seawood-bb.com.

Hinsichtlich Freizeitaktivitäten lässt das toll geführte _Cariboo Bonanza Resort_ 20 km weiter westlich am Südufer des **Horse Lake** ebenfalls keine Wünsche offen (Badestrand, _Ziplines_ etc.); 6384 Watson Road, Lone Butte; Camping $26-$34, _Cabins_ $69-$102; ✆ (250) 395-3766, www.cariboobonanza.com.

Über die Straße #24 erreicht man den _Southern Yellowhead Highway_ #5 in Little Fort, ca. 95 km nördlich Kamloops bzw. 30 km südlich von Clearwater.

Der Chilcotin Highway

Nach **Bella Coola** am *North Bentinck Arm,* einem tief ins Land eingeschnittenen Fjord, geht es **von Williams Lake** auf dem *Chilcotin Highway (#20).* Diese Straße (456 km) ist mittlerweile bis auf ein letztes 40 km langes Teilstück zwischen Anahim Lake und Bella Coola River asphaltiert und ohne Einschränkung befahrbar. Abgesehen von **Anahim Lake** gibt es in den winzigen Ortschaften selten mehr als Tankstelle, Postamt und *General Store.* Am Wege oder am Ende von Stichstraßen liegen zahlreiche **Guest Ranches** und **Lodges**, die ihren Gästen Abenteuerurlaub in allen Varianten und Komfortklassen bieten. Angeln, Kanutrips und Ausritte sind die wichtigsten Aktivitäten.

Die Frage ist, ob sich ein Abfahren des gesamten *Chilcotin Hwy* überhaupt lohnt. Wer die Top-Ziele Kanadas bereits gesehen hat, nicht über ein zu großes Campmobil verfügt, die kanadische Einsamkeit schätzt und mit ausreichend Zeit ausgestattet ist, wird sicherlich mit viel Vergnügen auf dieser Straße unterwegs sein. Ein Abweichen von der Hauptstraße empfiehlt sich bei **Riske Creek**, ca. 46 km von Williams Lake entfernt. Die qualitativ gute Schotterstraße **Farwell Canyon Road** ist bei nur 50 km Zusatzstrecke (zur Direktroute über den Hwy #20) wesentlich interessanter. Sie führt zunächst in Richtung Süden und kreuzt nach knapp 20 km den **Farwell Canyon** des Chilcotin River. In der Schlucht erinnern die Sandsteinformationen (**Hoodoos**) und Vegetation an die Halbwüsten des amerikanischen Südwestens. Von der Parkbucht 300 m südlich der Brücke über den Fluss zeigt sich zudem die **größte Sanddüne** von British Columbia, die man von dort über einen kurzen *Trail* erreicht.

Über Big Creek geht es bei Hanceville zurück auf die #20, wo 6 km westlich von **Alexis Creek** der kleine **Bull Canyon PP** mit **Campground** ($20) malerisch am Chilcotin River liegt. Danach folgt der *Chilcotin Hwy* dem Verlauf von Chilcotin und Chilanko River durch das menschenleere *Interior Plateau.* Ab Tatla Lake sieht man dann die Coast Mountains mit ihren Gletschern am Horizont. Mit der Überquerung des *Heckman Pass* (1.524 m) im **Tweedsmuir Park South** verlässt man das *Plateau.* **The Hill** – der leitplankenlose, einspurige Straßenabschnitt mit bis 18 % Gefälle – hat Ausweichstellen und bereitet selbst RVs mittlerer Größe bei trockenem Wetter keine besonderen Probleme. Von den beiden Campingplätzen im Park (je $20) liegt **Atnarko River** schöner als **Fisheries Pool**. Wanderer könnten einen Marsch (12 km, 800 HM) zu den **Hunlen Falls** (253 m) in Erwägung ziehen. Der *Trailhead* zu den dritthöchsten kanadischen Wasserfällen liegt am Atnarko River nicht weit entfernt von den *Campgrounds.*

Westlich des Parks führt die #20 bald hinunter in den Regenwald und schließlich nach **Bella Coola**; www.bellacoola.ca. Der verschlafene Küstenort mit rund 800 Einwohnern an der Mündung des gleichnamigen Flusses lebt vor allem von der Holz- und Fischwirtschaft (Lachsfang) sowie von den Fährverbindungen. Denn der *Chilcotin Highway* ist keine Sackgasse. In Bella Coola startet die – nicht ganz billige – **BC Ferry nach Port Hardy** auf Vancouver Island (➤ Seite 358), die ggf. auch als Alternative zur *Inside Passage* in Frage kommt.

Vom **Bella Coola Grizzly Tours & Adventure Resort** starten zudem interessante Ausflüge in die umliegende Wildnis, die nicht nur Heimat einer großen Grizzlybärenpopulation ist sondern auch heiße Quellen birgt; www.bcgrizzlytours.com.

Hinaus an die Pazifikküste bei Bella Coola geht
es ab Williams Lake auf dem Chilcotin Hwy ,
am Foto die Fraser River Brücke

Zwei Kurztrails verlaufen zwischen den Seen zu den *Canim Falls* (1,5 km) bzw. ab Mahood Lake zu den *Deception Falls* (1 km). Am **Canim Lake** wartet das *Canim Lake Resort*, 4454 Newall Road, ℭ 1-877-512-6660 (unter deutscher Leitung) mit einem großen Abenteuer-Angebot; tolle Anlage am See, $24-$40, *Cabins* ab $140.

150 Mile House

Vom kleinen »Nest« **150 Mile House**, der nächsten Etappe des *Cariboo Hwy*, könnte man einen Abstecher nach **Likely** einplanen. Dort erinnert am Ortseingang ein 3 km langer, 300 m breiter und 100 m tiefer von Maschinen gegrabener Canyon an die Aktivitäten der *Bullion Pit Mine.* 1938 wurde in der Goldwaschanlage dieser riesigen Grube mehr Wasser verbraucht als in ganz Vancouver. Von Likely führt eine ungepflegte Schotterpiste weiter nach Barkerville, so dass man besser zurück auf den *Cariboo Hwy* fährt.

Williams Lake

Im Herzen des *Cattle Country*, der größten Viehzuchtregion der Provinz liegt **Williams Lake** (knapp 11.000 Einwohner; *Info Centre* an der 1660 South Broadway; ℭ 1-877-967-5253, www.williamslakechamber.com). Die ansonsten kaum interessante kleine Stadt ist bekannt für eine **4-Tage-Stampede**, die nach dem *Cloverdale Rodeo* (in Surrey bei Vancouver, ➤ Seite 187) bedeutendste Rodeoveranstaltung in BC. Sie findet in der Woche des Monatswechsels Juni/Juli statt. Infos unter www.williamslakestampede.com.

In vielen kleineren Orten gibt es von Mai bis September auch lokale Rodeos. Dort kann man das Geschehen noch »hautnäher« erleben als bei einer Großveranstaltung.

Quesnel

Das Städtchen **Quesnel** (sprich: *Kwanéll*, 10.000 Einwohner), am Zusammenfluss von Fraser und Quesnel River entstand während des *Cariboo Goldrush* 1862. An diesem wichtigen Etappenpunkt auf der *Cariboo Wagon Road* (➤ Seite 201) mussten die Prospektoren den Raddampfer verlassen und weitere 80 km bis Barkerville auf dem Landweg zurücklegen. Aus der alten Boomperiode existiert nur noch der *Hudson's Bay Store* von 1881 (102 Carson Avenue), in dem heute lokale Handwerkskunst verkauft wird.

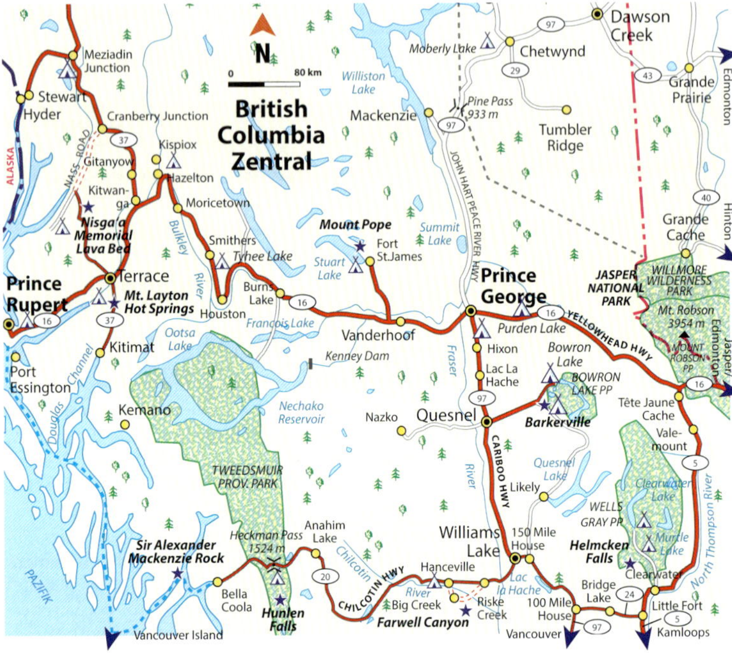

Bei Einfahrt in die Stadt von Süden passiert man unverfehlbar rechter Hand das **Quesnel Museum** (Eintritt $5/$2, täglich 9.30-17 Uhr; 705 Carson Ave, ✆ (250) 992-8718, www.quesnelmuseum.ca) und das benachbarte *Visitor Centre*; ✆ 1-800-992-4922; www.tourismquesnel.com. Beide liegen am Rande des *Le Bourdais Park*, der u.a. einen »nassen« Kinderspielplatz für heiße Tage beherbergt.

Stichstraße nach Barkerville

Zum **Bowron Lake Provincial Park** und der Goldgräberstadt **Barkerville** geht es auf der #26 (80 km *one-way*). Benannt ist der Ort nach *Billy Barker*, der dort 1862 auf eine ergiebige Goldader stieß. Im daraufhin einsetzenden **Cariboo Goldrush** wurde aus Barkerville für kurze Zeit die größte Stadt im Westen Kanadas. Als die Vorkommen erschöpft waren, verwandelte sie sich in eine *Versorgungsbasis für umliegende Minen.* 1958 übernahm die Provinz British Columbia Barkerville und machte daraus eine **Historic Western Town**, heute eines der besten lebenden Museen Kanadas.

Living Museum

Nirgendwo sonst im Land findet man einen besser erhaltenen Ort aus der Goldrauschzeit, noch dazu an der originalen Stelle. **Barkerville**, dessen Bevölkerung zur Hälfte aus Ostasien stammte, besitzt am Ortsausgang eines der schönsten historischen Chinesenviertel Nordamerikas. Rund 170 Gebäude, darunter 107 aus dem 19. Jahrhundert, wurden im engen Tal des Williams Creek authen-

tisch restauriert und teils mit zeitgenössisch geklei-deten »Bewohnern« besetzt. Die haben im Gegensatz zu ihren Vorbildern geregelte Arbeitszeiten – und so finden alle Programme und Vorführungen von Mitte Juni bis Anfang Sept. täglich ab 10 Uhr statt. Das Dorf kann Mitte Mai-Ende Sept. 8-20 Uhr besucht werden; $15, Kinder $5-$10; www.barkerville.ca. Wer Lust hat, kann noch Gold waschen (mit »Erfolgsgarantie«) oder mit der Postkutsche fahren, beides kostet aber extra.

Das Besucherzentrum präsentiert Fotos aus den »wil-den Jahren« und Filme zum Thema »Goldrausch«. Das Wasserrad zum Goldwaschen funktioniert wie eh und je und im *Theatre Royal* lebt die alte Zeit wieder auf (Mitte Juni-Anfang Sept. Fr-Mi 13 und 15.30 Uhr, Sa auch 19 Uhr, im Sept. 13 Uhr; www.theatreroyal.ca).

Von der sonst großen Detailliebe ausgespart blieb die Getränke-karte im *Saloon*: Wer sich dort stilecht einen Whisky genehmigen möchte, wird enttäuscht. Nur *Non-alcoholic Beverages* kommen zum Ausschank. Auch beim Nachtleben ist es nichts mit der Au-thentizität. Ab 20 Uhr bleiben die Tore dicht – außer für Hotelgä-ste und Theaterbesucher.

Unterkunft

Quartiere im *Historic Park* bieten folgende drei B&Bs:

- *St. George Hotel* an der Main St, ein historisches Haus (1898); DZ ab $135; ✆ 1-888-246-7690, www.stgeorgehotel.bc.ca
- *King House B & B*, ebenfalls an der Main Street, ab $98, ✆ 1-866-994-0004, www.kellyhouse.ca
- *Kelly House B & B*, 2nd Street, Zimmer ab $110; ✆ 1-866-994-0004,www.kellyhouse.ca

Drei **Mini-Motels** befinden sich im nahen **Wells**, eine gute Option ist auch die *Beckers* oder *Bowron Lake Lodge* am 28 km entfern-ten gleichnamigen See (➤ umseitig).

Von den drei **Campgrounds** in Barkerville ($20-$28) – *Govern-ment Hill* (23 Plätze in Gehdistanz), *Lowhee* (87 Plätze; 2 km ent-fernt) und *Forest Rose* (54 Plätze, 3 km Richtung Bowron Lake) – ist letzterer der Beste; www.barkervillecampgrounds.ca. Weitaus schöner campt man aber z.B. am Seeufer am nahen Bowron Lake, ➤ umseitig. Die Anfahrt zu diesem See (28 km ab der #26) erfolgt über eine breite und im Allgemeinen gut gepflegte Schotterstraße.

Kanuparadies Bowron Lake Park

Die direkt oder über Wasserläufe weitgehend miteinander ver-bundenen 10 Seen des *Bowron Lake Provincial Park* sind ein Pa-radies für Kanufahrer. Wer 6-10 Tage Zeit und obendrein Glück mit dem Wetter hat, kann einen traumhaften Kanutrip unterneh-men. Der Rundkurs auf der fast strömungslosen Seenplatte ist auch für Anfänger geeignet. Doch muss man eine gute Kondition mitbringen – es wollen schließlich 105 km gepaddelt und 11 km auf *7 Portages* (Tragen des Kanus zwischen zwei Gewässern oder Umgehung von Stromschnellen und Wasserfällen) geschafft sein!

Mehrtägiger Ausflug auf
dem Bowron Lake

Der Trip beginnt auch gleich mit der längsten Portage (2,4 km). Davon erholt man sich am besten an den Sandstränden der wärmeren nicht von Schmelzwasser gespeisten Seen im Westen. Übernachtet wird auf **Wilderness Campgrounds.**

Gebühren

Für alle Mehrtagestrips ist eine Anmeldung im **Registration Centre** erforderlich. Die Gebühr für die volle Runde beträgt für zwei Personen $120, für die *West Side Route* $60/Kanu. Letztere führt 24 km vom Bowron Lake (einziger See mit Motorbootverkehr) zu den Spectacle Lakes und besitzt den Vorzug, ohne *Portage* auszukommen. Reservierung der Route: ✆ 1-800-689-9025 ($18 Gebühr). Kanus können ab ca. $40/Tag oder $190 pro »*Lake Circuit*« (8 Tage) bei den zwei *Lodges* gemietet werden (Ausrüstung extra).

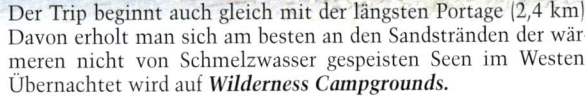

Sehr schön **am Seeufer** übernachtet man bei der **Bowron Lake Lodge** (RV-Plätze ohne *hook-ups* $35; ✆ (250) 255-2396, www. bowronlakelodge.com) sowie nebenan bei **Beckers Lodge** ($12 pro Person, $30-$40 Camper, einfache *Cabins* ab $80; *Chalets* ab $220; ✆ 1-800-808-4761, www.beckerslodge.com). Der hübsch angelegte, aber seeferne Platz des *Bowron Lake Provincial Park* am *Registration Centre* ist in Anbetracht der anderen beiden Möglichkeiten direkt am Ufer nur zweite Wahl; $18, ✆ 1-800-689-9025.

**Hixon
Canyon
Creek**

Nördlich Quesnel verläuft die #97 ereignislos durch Wald- und Hügellandschaft und stößt nach 118 km in Prince George auf den *Yellowhead Hwy.* Wer in diesem Bereich über Nacht bleiben möchte, könnte etwa auf halber Strecke nach Prince George in Hixon den **Canyon Creek Campground** mit besonders schönen Plätzchen für Zelte und *Van Camper* auf einer Waldwiese in Bachnähe ansteuern, $24-$33; ✆ (250) 998-4384, www.canyoncreekcampground.com.

**Prince
George**

Prince George spielt als **Knotenpunkt** der Ost-West- und Nord-Süd-Achse von Schiene und Straße und als Versorgungszentrum (*Hub of the North*) eines weiten Umlandes eine wichtige wirtschaftliche Rolle. Sägemühlen und Papierfabriken *(Pulp Mills)* unterstreichen die Bedeutung der Holzindustrie. Die 1994 gegründete **University of Northern British Columbia** residiert auf einer Anhöhe über der Stadt (www.unbc.ca, 3333 University Way).

Zufahrt zum beachtlichen Campus über den *Yellowhead Highway* in Richtung Prince Rupert, von dort den Tyner Blvd folgen.

Da die letzte größere Stadt (74.000 Einwohner) »auf dem Weg nach Norden« keine besonderen Sehenswürdigkeiten besitzt, ist sie für die meisten Touristen im Wesentlichen Durchgangsstation. An **Motels** und **Shopping Centers** entlang der Ausfallstraßen (speziell der #97, aber auch #16 West) fehlt es nicht. Beste Adresse fürs Campen bei Prince George ist das **Hartway B&B** ($75-$105) mit angeschlossenem **RV Park** ($27-$39); 7729 South Kelly Rd, 10 km nördlich über Hwy # 97, ☎ 1-866-962-8848.

Information

Ein gut sortiertes **BC-Besucherzentrum** befindet sich an der Kreuzung der Hauptstraßen #97/#16 südwestlich der Innenstadt. In *Downtown* residiert das **Prince George Visitor Information Centre** in der 1300 1st Ave, ☎ 1-800-668-7646; www.tourismpg.com.

Parks und Museen

Die Stadt erstreckt sich sehr übersichtlich im Flussbogen von Fraser und Nechako River. Einen schönen Panoramablick darüber bietet im Stadtzentrum der **Connaught Hill Park**. Talwärts am Ufer des Fraser River liegt der **Lheidli T'enneh Memorial Park** mit dem *Exploration Place* (333 Becott Place), wo die Historie der Stadt und Region erhellt werden. Geöffnet täglich 9-17 Uhr, $11, Kinder $8-$9, Familie $25, www.theexplorationplace.com.

Flussaufwärts erreicht man an der Einmündung des Nechako River den *Cottonwood Island Nature Park*. In diesem Park präsentiert das eher bescheidene **Central British Columbia Railway & Forestry Museum** u.a. drei Loks, Ende Mai-Anfang Sept. täglich 10-17 Uhr, sonst Di-Sa 11-16 Uhr; $8/$5; www.pgrfm.bc.ca.

Anschlussrouten ab Prince George

Nach Prince Rupert

Die Fahrt auf dem westlichen Abschnitt des *Yellowhead Hwy* (#16) von Prince George nach Prince Rupert ist über weite Strecken wenig spannend und macht nur Sinn, wenn man dort die **Fähre nach Vancouver Island** nehmen möchte. Diese Etappe wird im **Kapitel 7.6** in der Gegenrichtung behandelt, ➤ Seite 409ff.

Weiter nach Jasper

Zum Jasper Nationalpark geht es ab Prince George auf dem *Yellowhead Highway* nach Osten. **Bis Tête Jaune Cache** besitzt er trotz des an sich schönen Verlaufs im Fraser River Valley zwischen Rocky Mountains und Cariboo Mountains kaum nennenswerte Höhepunkte. Auf ein kürzeres oder längeres Verweilen in der Natur lädt der **Purden Lake Provincial Park** 60 km hinter Prince George mit Picknicktischen und Badestrand ein (Camping $22).

Ein weiterer Zwischenstopp zum Füßevertreten lohnt sich im erst 2016 eingerichteten Provinzpark **Ancient Forest/Chun T'oh Whudujut**. Er schützt, rund 115 km östlich von Prince George und fernab der Küsten, einen außergewöhnlichen Riesenlebensbaum-(Ur)wald, den man auf zwei kurzen, schön angelegten Pfaden sowie einem 15,5 km langen *Loop Trail* erforschen kann.

Die Fortsetzung der Route ab Tête Jaune Cache findet sich im **Kapitel 3.1**, ➤ Seite 226f.

Die Hudson's Bay Company

Die Geschicke des kanadischen Pelzhandels lagen lange Zeit allein in den Händen der 1670 in London gegründeten *Hudson's Bay Company* (*HBC*). Von *König Charles II* mit den exklusiven Handelsrechten für den gesamten Zuflussbereich der Hudson Bay ausgestattet, kontrollierte sie ein riesiges Territorium, das seinerzeit – zu Ehren des Firmengründers Prince Rupert – *Rupert's Land* genannt wurde und 40% der Fläche des heutigen Kanadas umfasste. *York Factory* war die erste Handelsstation an der Hudson Bay, weitere Stützpunkte entstanden entlang der Küste unweit der ertragreichsten Pelzjagdgebiete. Das Leben der Besatzungen in diesen Handelsposten bot wenig Annehmlichkeiten; längere Exkursionen in die Umgebung galten als gefährlich – und so wartete man lieber in den geschützten Forts die Ankunft der Indianer ab, die mit pelzbeladenen Kanus aus den unendlichen Weiten des Hinterlandes anreisten.

Knapp ein Jahrhundert arbeitete *The Bay* mit erheblichem Erfolg und ohne ernsthafte Konkurrenz, bis Pelzhändler aus Montréal 1783 mit der *North West Company* (*NWC*) eine neue Gesellschaft ins Leben riefen. Die *NWC* schickte *Voyageure* mit großen Transportkanus zu monatelangen Trips direkt in die Indianerdörfer und schnappte der in den Forts wartenden Konkurrenz die besten Felle weg. Zügig dehnte die *NWC* ihr Handelsgebiet aus und initiierte damit sogar neue Entdeckungen. Forscher wie **Alexander Mackenzie**, **David Thompson** und **Simon Fraser**, deren Namen heute die Landkarten des kanadischen Westens zieren, wurden von der *NWC* entsandt, um das Gebiet jenseits der Rocky Mountains zu erkunden.

Die Reaktion der um Einfluss und Gewinn besorgten *HBC* ließ nicht lange auf sich warten. Sie begann nun ebenfalls, Transportkanus zu bauen und Inlandsposten an strategisch wichtigen Orten zu errichten. Da die »*Nor'Westers*« auf ihrem Rückweg von ergiebigen Pelzgebieten am Mackenzie und Yukon River nach Montréal stets auch das Land der *HBC* durchqueren mussten, blieben Konfrontationen nicht aus. Die Auseinandersetzungen führten letztlich zu einer Schwächung beider Gesellschaften, die ohnehin schon wegen einer zurückgehenden Nachfrage aus dem krisengeschüttelten Europa in finanzielle Schwierigkeiten geraten waren. Auf Druck aus London wurde die Konkurrenz schließlich 1821 durch eine Fusion beendet, die *North West* ging in der *Hudson's Bay Company* auf.

Im Jahr 1869 forderte die junge, auf Erweiterung und Sicherung ihres kanadischen Territoriums bedachte britische Regierung die *HBC* auf, *Rupert's Land* an das *Dominion of Canada* abzutreten. Der Gesellschaft blieb nichts anderes übrig, als dem für 300.000 britische Pfund zuzustimmen. Ihre Handelsposten blieben allerdings auch nach dem Verkauf des alten Stammlandes bestehen. Sie versorgten nun die stetig steigende Zahl von Siedlern mit Gütern.

Heute hat sich die *Hudson's Bay Company* (www.hbc.com) zu einem Handelsriesen mit weltweit 460 Geschäften und 65.000 Angestellten entwickelt. Zu ihrem Portfolio gehören etwa die *Galeria Kaufhof*-Gruppe, die Nobelkaufhauskette *Saks Fifth Avenue* und in Kanada die Kaufhaus *Flagship Stores* unter dem Namen »Hudson's Bay«.

2.3   Von Vancouver auf direktem Weg in die Rockies

2.3.1   Trans-Canada Highway nach Cache Creek

Trans-Canada Highway

Während der *Highway* #99 abwechslungsreich, aber zeitraubend durch Hochgebirge führt, geht es auf dem ***Trans-Canada Highway*** (***TCH***) rasch voran. Er führt zunächst bis Hope als Autobahn durch das breite Tal des Fraser River und weitläufiges Farmland. Nördlich von Hope folgt der *TCH* dem enger werdenden, streckenweise schluchtartigen Flusstal, bleibt aber gut ausgebaut. Bei Lytton wechselt er das Gewässer und begleitet nun den Thompson River bis Cache Creek.

Straße #7

Statt der Autobahn kann man auch die Straße #7 nördlich des Fraser River nehmen. Das kostet nicht besonders viel Extrazeit, bietet aber weit mehr »fürs Auge« und weniger Verkehr. Im Juli/August gibt es an dieser Route Verkaufsstände mit frisch geerntetem Obst und Gemüse (***Fresh Produce***).

Eine gute Tagesetappe könnte schon im Erholungsort **Harrison Hot Springs** (➤ Seite 218), aber ebenso in Hope enden. Sinnvoll wäre es ggf. auch, zunächst auf dem *TCH* zu bleiben und ab Abbotsford via Straße #11 bei Mission auf die #7 zu wechseln und erst von da an dem nördlichen Ufer des Fraser River zu folgen.

Fort Langley

Etwa 45 km östlich von Vancouver passiert man zunächst die Abfahrt zur ***Fort Langley National Historic Site***. 1827 als Handelsposten der ***Hudson's Bay Company*** (➤ Kasten links) gegründet, entwickelte sich das Fort bald zu einem wichtigen Stützpunkt. Als 1858 der Goldrausch am oberen Fraser River ausbrach, war es Ausgangspunkt und Versorgungsetappe für das Gros der 30.000 nach Norden ziehenden Goldsucher. Im selben Jahr wurde dort der zum Festland gehörende Teil der heutigen Provinz BC offiziell zur britischen Kronkolonie erklärt. Im rekonstruierten **Palisadenfort** steht heute nur noch eine Handvoll mäßig interessanter Gebäude, die Kulisse wird aber immer wieder gern für *Hollywood*-Produktionen genutzt. Zufahrt über die Mavis Ave ab der Glover Road (Hauptstraße durch den kleinen Ort); geöffnet im Sommer täglich 10-17 Uhr; $7,80; www.pc.gc.ca/langley. .

Fort Langley

*Internationale Flugschau
in Abbotsford*

Nicht verpassen sollte man im Anschluss einen kurzen Bummel entlang der abschnittsweise recht hübschen **Glover Street**, wo Cafés, Kunst- und Antiquitätsläden warten.

Wer vor Ort über Nacht bleiben möchte, findet die größte Auswahl an H/Motels südlich des *TCH* im Kreuzungsbereich #10/Fraser Hwy bei **Langley** und in Gehdistanz zu Fort und Restaurants den guten Privatplatz **Fort Camping**; 6451 Glover Road; $38-$48; gepflegte Anlage mit Pool; ✆ 1-866-267-3678, www.fortcamping.com.

Flugschau

In **Abbotsford** findet immer am 2. Wochenende im August eine der größten Flugschauen ganz Nordamerikas statt, die dreitägige *Abbotsford Int'l Airshow*. Hunderttausende von Zuschauern pilgern alljährlich dorthin, um die Vorführungen der Kunstflugstaffeln live mitzuerleben; www.abbotsfordairshow.com.

Cultus Lake

Die Campingplätze der meisten *Provincial Parks* im Großraum Vancouver sind an allen Wochenenden und im Sommer auch an Wochentagen spätestens ab Nachmittag voll besetzt. Besonderer Beliebtheit erfreuen sich der **warme Badesee** sowie die vier *Campgrounds* im **Cultus Lake PP**; $35; ✆ 1-800-689-9025; 11 km südlich des *TCH* Exit 119. Ein toller Tipp mit Kindern ist außerdem der große **Wasser- und Abenteuerpark** *Cultus*; www.cultus.com.

**Kilby
Historic Site**

Das Museum der **Kilby Historic Site** präsentiert ein Sammelsurium von Objekten aus der »guten alten Zeit« – das sind in Kanada die 1920er- und 1930er-Jahre (Juli-Anfang September, täglich 10-16 Uhr geöffnet, Mai-Juni Do-Mo, sonst Sa+So 11-16 Uhr; Eintritt $10/$8; www.kilby.ca). Nebenan befindet sich ein Hausmannskost-Restaurant sowie ein Campingplatz. Der kleine **Kilby Park** bietet schmale Stellplätze ($30) direkt am Ufer des Harrison River; rund 2 km vom Hwy #7 entfernt bei Harrison Mills; vom *TCH*-Ausfahrt 135 über die #9; sanitär einfachst.

**Harrison
Hot Springs**

16 km vom *TCH* entfernt liegt am Ende der Straße #9 Harrison Hot Springs. Der kleine Ferienort (1.400 Einwohner) am Südufer des Harrison Lake wird wegen seiner 39°C warmen, schwefelhaltigen Quellen gern besucht. Sie speisen am Strand die Pools (nur für Hotelgäste) des edlen **Harrison Hot Springs Resort**, 100 Esplanade Ave; $150; ✆ 1-800-663-2266, www.harrisonresort.com.

Das benachbarte, schlichte Hallenbad **Public Pool** hat Mo-Fr 10-20, Sa+So 9-20 Uhr geöffnet; Eintritt $9, Kinder $7.

Gutes Tagesziel

Harrison Hot Springs eignet sich gut als Übernachtungsplatz am Ende des ersten Tages nach Übernahme eines Campers, die oft erst am frühen Nachmittag erledigt ist. Mehrere kommerziell betriebene Campingplätze befinden sich in Gehdistanz zu Schwimmhalle und Strand an der Hauptstraße, darunter erfreuliche Anlagen.

Die Touristeninformation befindet sich an der 499 Hot Springs Road, ℗ (604) 796-5581; www.tourismharrison.com.

Sasquatch Provincial Park

Zu den drei *Sasquatch Provincial Park Campgrounds* mit über 170 Stellplätzen geht es von Harrison Hot Springs 6 km am Ostufer des **Harrison Lake** entlang ($23; ℗ 1-800-689-9025). Der *Hicks Lake Campground* liegt malerisch an und oberhalb des glasklaren gleichnamigen Sees: Kanada, wie es im Buche steht! Dasselbe gilt auch für den *Lakeside Campground* am **Deer Lake**. Hinzu kommt, dass der *Sasquatsch PP* nicht so schnell belegt ist wie z.B. der *Cultus Lake Provincial Park* (➢ links).

Ein 4 km langer *Loop Trail* umrundet den Hicks Lake, sehr empfehlenswert! Kurz vor dem *Campground* beginnt der **Beaver Pond Interpretive Trail** um einen Teich mit Biberdämmen (500 m).

Weiterfahrt

Für die Weiterfahrt in Richtung Hope bleibt man auf der verkehrsarmen und sehr schön geführten **Straße #7** diesseits des Fraser River. Sie mündet nördlich von Hope auf den *Trans-Canada Hwy*. Durch die Vermeidung des *TCH* auf dem Teilstück bis Hope verpasst man zwar die **Bridal Veil Falls** (3 km östlich der Abfahrt Straße #9), aber die 122 m hohen, im Sommer meist eher dünnen »Brautschleier-Fälle« muss man nicht unbedingt gesehen haben. Im weiteren Verlauf der Reise liegen auf nahezu allen Routen spektakulärere Wasserfälle am Wege.

Hope

Beim hübsch gelegenen, verschlafen wirkenden **Hope** (6.000 Einwohner) endet der als Autobahn ausgebaute Abschnitt des *TCH*. In der Südostecke der von hohen Bergen umgebenen Kleinstadt zwischen Fraser und Coquihalla River mündet der **Crowsnest Hwy #3** (➢ Seite 300), in dem Bereich auch *Hope-Princeton Hwy* genannt, in den *TCH*. Ab Hope läuft auch der **Coquihalla Hwy #5** über Merritt nach Kamloops als Entlastungsstrecke und Abkürzung des *TCH*. Abgesehen von den ersten Kilometern durch den *Coquihalla Canyon* ist die Fahrt auf dieser Autobahn touristisch eher unergiebig.

Harrison Hot Springs

Othello Tunnel

Entlang des Flusses verliefen auch die ersten Kilometer der *Kettle Valley Railway*-Trasse von Hope über Penticton nach Midway. Wegen ständiger Probleme mit Gesteins- und Schneelawinen wur-

de dieser Abschnitt der Strecke 1961 stillgelegt und die Schienen samt Brücken entfernt. Verblieben ist als größte Attraktion Hopes der **Coquihalla Canyon Provincial Park** mit den **Othello Quintette Tunnels**, fünf in kurzen Abständen hintereinander angelegte Tunnel durch nackten Granit direkt am tosenden Fluss. Heute führt vom Park- und Pikknickplatz am Ende der Zufahrt ein Fußweg über neue Brücken durch die Tunnel.

Dank der pittoresken Umgebung ist der Abstecher dorthin lohnenswert – Umweg und Spaziergang kosten nicht mehr als eine Stunde. Man erreicht die Tunnel durch Hope auf der Kawkawa Lake Road (Stadtpark und schöner **Badesee** mit Campingplatz), dann Othello Road. Schneller fährt man über den *Coquihalla Highway* an, Ausfahrt #183 (Kawkawa Lake).

Information

Den Ortsplan gibt es beim **Hope Visitor Information Centre**, 919 Water Ave, ✆ (604) 869-2021, www.hopebc.ca.

Auch Hope eignet sich für eine **erste oder letzte Übernachtung** nach/vor Vancouver. Die meisten H/Motels findet man an *TCH* und *Old Hope-Princeton Way*. Mehrere gute Campingplätze befinden sich in der Umgebung: *Coquihalla Campground* (800 Kawkawa Lake Road, ✆ 1-888-869-7118, $36-$57, www.coquihalla campground.ca) und *Kawkawa Lake Resort* (66427 Kawkawa Lake Road; $30-$46; ✆ (604) 869-9930, www.kawkawalake.net).

Fraser River Canyon

Der *TCH* verlässt in Hope die Ebene und folgt dem Lauf des Fraser River, der sich in diesem Bereich tief ins Gebirge eingegraben hat, stromaufwärts bis Lytton. Eindrucksvollster Abschnitt sind die 40 km zwischen Yale und Boston Bar. **Yale** war zur Fraser- und Cariboo-Goldrauschzeiten eine der größten Städte Westkanadas und Ausgangspunkt der *Cariboo Wagon Road* (➤ auch Lillooet, Seite 201). Ein kleines historisches Museum an der 31187 Douglas St erinnert an diese Zeit; täglich 10-17 Uhr; Mai-September $10/$7 Eintritt; www.historicyale.ca). Hinter Yale »klebt« der *TCH* förmlich an den Berghängen hoch über dem Fluss, während die Schienen der *Canadian Pacific Railway* und der *Canadian National Railway* unten an den Ufern entlang führen.

Auf der **Alexandra Bridge** (1962) überquert der *Trans-Canada Hwy* den *Fraser River Canyon*. Dort befindet sich ein Parkplatz, von dem aus man auf der alten Straße (gesperrt für Fahrzeuge) über die *Alexandra Bridge* von 1926 gelangt. Die nostalgische Brücke ist ein gutes Fotomotiv.

Hell's Gate

Zwischen *Alexandra Bridge* und Boston Bar passiert man das ***Hell's Gate***, eine Verengung des *Fraser Canyon*. Im Frühjahr donnern dort bis zu 15 Mio. Liter Wasser pro Sekunde durch den 34 m breiten Engpass. Eine **Seilbahn** transportiert Besucher zum 153 m tiefer gelegenen jenseitigen Flussufer; im Sommer täglich 10-17 Uhr; Tickets $22, Kinder $16-$20; www.hellsgateairtram.com.

Die Stromschnellen des *Hell's Gate* lassen sich hautnah auf **Wildwasserfahrten** mit Schlauchbooten bezwingen, z.B. *Fraser River Raft Expeditions* (6,5 Stunden; $145/Person; www.fraserraft.com) ab Yale oder weiter nördlich ab Lytton; ➤ Seite 223.

Über das – im Sommer nicht mehr ganz so – wilde Wasser spannt sich zum Blick in die Tiefe eine **Hängebrücke**. Vom südlichen Parkplatze führt ein Weg hinunter (ca. 1,5 km; kein Eintritt). Heute passieren bis zu 350.000 Lachse täglich die **Fischleitern**, die man an beiden Ufern anlegen musste, nachdem sich die Flussrinne wegen Sprengungen für den Bau der zweiten Eisenbahnlinie 1914 so sehr verengt hatte, dass viele Lachse nicht gegen die starke Strömung zu ihren Laichgründen ziehen konnten. Aufgrund des trüben Wassers lassen sich die Tiere dort oftmals aber nur schwer erkennen.

Ein tolles Fotomotiv sind 10 km südlich von Lytton linker Hand des *TCH* die beiden hohen Eisenbahnbrücken über den Fraser River, wenn diese gleichzeitig von zwei der für Kanada üblichen langen Züge gequert werden. Gerade mal 100 m trennen sie voneinander.

Brücke und Gondel
über den Fraser River

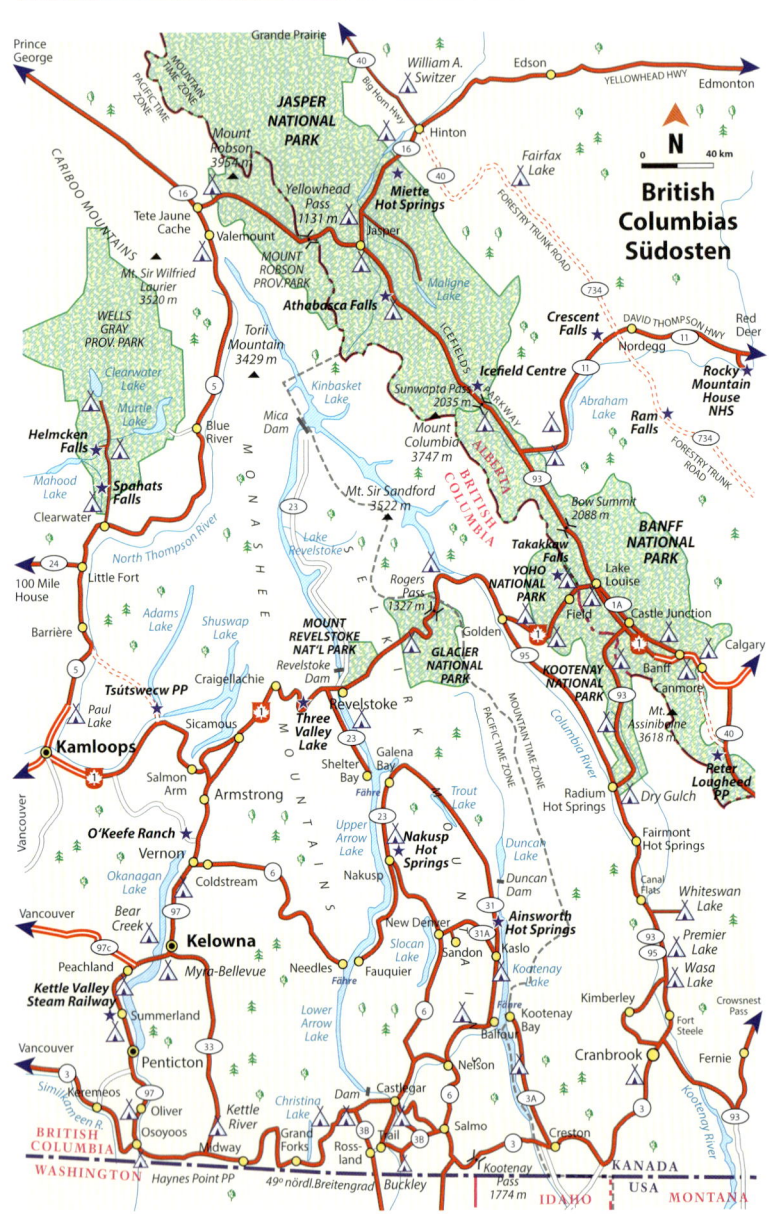

N

0   40 km

British Columbias Südosten

Straße #12

Beim kleinen Ort **Lytton** mündet der Thompson in den Fraser River. Auch wer nicht vorhat, die Straße #12 über Lillooet zum *Cariboo Highway* nördlich von Cache Creek zu nehmen, sollte zumindest den ersten Kilometer bis zur Brücke über den Thompson River fahren. Dort lässt sich der **Zusammenfluss** des grün-blauen Thompson und meist sedimentbeladen braunen Fraser River sehr gut beobachten.

Wildwasser-Trips

Neben dem Fraser ist der Thompson River zwischen Lytton und dem 40 km entfernten Spences Bridge ein beliebtes **White Water Rafting**-Revier. In Lytton starten die meisten Mehr-, Halb-, und Tagestrips. Manchmal lässt sich auch kurzfristig noch ein Platz in einem der Schlauchboote ergattern. Durch das berühmte *Hell's Gate* auf dem Fraser geht es z.B. für $175 pro Person mit **Kumsheen Rafting**; 40 km, 7 Stunden; www.kumsheen.com).

Infomaterial liegt im Besucherzentrum von Lytton (400 Fraser St) aus; etwas abseits der Main Street; www.lyttonchamber.com.

Backpacking Trips

Eine Erwähnung verdient auch der **Stein Valley Nlaka'pamux Heritage Park**, der mit seinen Wanderwegen und entlegenen *Wilderness Campsites* zum Verweilen einlädt. Die Bergkulisse ist hier überaus reizvoll und deutlich weniger überlaufen als in den *Rockies*. Zufahrt zum *Trailhead* mit der Lytton Autofähre; Karte und ausführliche Beschreibung des Mehrtagestrips: www.env.gov.bc.ca/bcparks/explore/parkpgs/stein_val/.

Direkt östlich von Lytton verfügt der großzügige **Skihist Provincial Park Campground** ($23) über weitläufige *Loops* auch in der Höhe abseits von Straße und Eisenbahntrasse.

Weiterfahrt in Richtung Rockies

Ab Cache Creek, 85 km nördlich von Lytton, folgt die Route in Richtung Rocky Mountains dem *TCH* über Kamloops und die Nationalparks Mount Revelstoke und Glacier (➤ Seite 281) bis nach Lake Louise oder – wie bereits in **Kapitel 2.2.2** (➤ Seite 203ff) beschrieben – über den *Wells Gray Provincial Park* oder Barkerville nach Jasper.

*Bei den Stromschnellen von Hell's Gate am Fraser River wird deutlich wie das »**White** Water Rafting« zu seinem Namen kam (weiße Schaumkronen)*

Durch die Rocky Mountains

Aussicht vom Opabin Prospect im Yoho Nat'l Park

3   DURCH DIE ROCKY MOUNTAINS

3.1   Der Yellowhead Highway

Am Straßendreieck #5/#16 bei **Tête Jaune Cache** ist der *Yellowhead Highway* erreicht. Mit einer Gesamtlänge von 2.853 km ist er nach dem *Trans-Canada Hwy* die **zweitwichtigste kanadische Ost-West-Route**, wiewohl keine Transkontinentalverbindung. Ab Graham Island verläuft der *Yellowhead Highway* über Prince Rupert, durch den *Jasper Nat'l Park* und weiter nach Edmonton bis Winnipeg/Manitoba. Anders als die sonst üblichen *Hwy*-Kennzeichnung in British Columbia in blauer Schrift und mit dem Landeswappen wurde die Straße #16 mit einem »Gelbkopf« versehen. Diese Schilder sieht man allerdings schon ab Kamloops an der #5, dem *Southern Yellowhead Highway*, der eine wichtige Verbindungsstrecke zwischen *TCH* und *Yellowhead Hwy* darstellt.

Die Bezeichnung »*Yellowhead*« geht auf **Pierre Bostonais** zurück. Der Mestize irokesischer Abstammung wurde wegen seines blonden Schopfs von den französischen Trappern *Tête Jaune* (=Gelbkopf) genannt. Als Scout für die *Hudson's Bay Company* erkundete *Bostonais* 1820 den *Robson Pass* und 1825 den *Yellowhead Pass* über die Rocky Mountains. Auf solchen Touren pflegte er unterwegs zur Zwischenlagerung von Pelzen Verstecke (französisch: *Caches*) anzulegen. Der Ort **Tête Jaune Cache** (»Versteck des Gelbkopfes«) liegt in der Nähe eines derartigen Lagers. 1827 wurden *Bostonais* und seine Familie in den umliegenden Bergen von Indianern ermordet.

Rearguard Falls

Von **Tête Jaune Cache** geht es weiter in Richtung *Jasper NP*. Nach wenigen Kilometern bietet sich ein kurzer Stopp im **Rearguard Falls Provincial Park** an. Von einer vom Parkplatz schnell (200 m) und gut zugänglichen Aussichtsplattform fällt der Blick auf die breiten Wasserfälle des Fraser River, die für die meisten *Chinook*-Lachse ein unüberwindbares Hindernis auf ihrer langen Reise flussaufwärts darstellen. Beste Zeit: Mitte August bis in den Sept. hinein.

River Rafting

Bei der **Mount Robson Lodge**, noch 5 km vor dem gleichnamigen *Provincial Park*, kann man **White Water Rafting Trips** auf dem Fraser River buchen (3 Std., $99 pro Person, täglich 10, 13 und 16.30 Uhr) und in *Cabins* (ab $89) übernachten. Im angeschlossenen **Robson Shadows Campground** am Fluss zahlt man $22-$25; ✆ (250) 566-4821, www.mountrobsonlodge.com. Von der Lage her ist der Platz kaum zu toppen.

Recht preiswert angesichts der Nähe zum *Mount Robson Park* (2 km vor dem Eingang) ist auch die **Mountain River Lodge**, B&B-Zimmer ab ca. $135; ✆ 1-888-566-9899, www.mtrobson.com.

Mount Robson PP

Der **Mount Robson** (3.954 m) ist der **höchste Berg in den kanadischen Rocky Mountains**. Sein schneebedeckter Gipfel – sofern nicht von Wolken verhüllt – bietet ein imposantes Bild. Den *Mount Robson Viewpoint* passiert man am westlichen Parkeingang, ebenso schön ist der Blick vom **Visitor Centre** und von der Terrasse des benachbarten *Café Mount Robson*.

In der Nähe besitzen die Stellplätze des **Robson River PP** am Fluss bzw. des straßenfernen **Robson Meadows Campground** (☎ 1-800-689-9025, beide $28) guten Provinzpark-Standard, wobei die Umgebung des *Campsites* in Wassernähe erheblich attraktiver ist.

Einer der schönsten Wege in den kanadischen *Rockies* ist der **Berg Lake Trail**, der entlang des Robson River durch das »Tal der 1.000 Wasserfälle« meist sachte ansteigt; ca. 40 km retour und 800 HM. Vom **Berg Lake** genießt man einen Panoramablick auf die bis in den See hinunterreichenden, in der Nachmittagssonne schillernden Gletscher. **Tageswanderer** benötigen zwar kein *Permit*, können aber die volle Strecke hin und retour kaum schaffen. Doch schon die ersten 5 km mit nur 130 HM bis zum **Kinney Lake** lohnen sich!

Wer entlang des Weges auf einer der 7 *Campsites* ($10) übernachten möchte, sollte sich diese möglichst schon im Oktober des Vorjahres sichern: www.env.gov.bc.ca/bcparks/reserve/reserveBerg.html.

Zum Jasper NP

Zeitzonen-wechsel am Yellow-head Pass PT ➤ MT (Uhr 1h vorstellen)

Auch nach dem langgestreckten Moose Lake folgen der *Yellow-head Hwy* und die Schienen der *Canadian National Railway* noch dem Lauf des Fraser River, jenseits des **Yellowhead Pass** dann dem des Miette River. Mit der Passhöhe (1.131 m) ist die **Provinz Alberta** und zugleich der **Jasper Nat'l Park** erreicht, nach weiteren 24 km der Ort Jasper, das touristisches Zentrum des Parks.

Die Durchfahrt auf dem *Yellowhead Hwy* zwischen dem *West* und *East Park Gate* des Nationalparks ist frei, aber sobald man (mit Ausnahme von *Jasper Town*) innerhalb der Parkgrenzen anhalten und parken möchte, wird Eintritt fällig: pro Tag $9,80/Person; $19,60/Auto bis zu 7 Insassen. Bei Weiterfahrt auf dem *Ice-fields Parkway* und einem längeren Aufenthalt in Lake Louise oder Banff lohnt sich ggf. ein Jahrespass, ➤ Seite 47.

Gemeinsam mit den drei aneinander grenzenden Nationalparks *Banff*, *Yoho* und *Kootenay* steht hier in den kanadischen *Rockies* eine zusammenhängende Fläche von über 20.000 km² unter Naturschutz (größer als das deutsche Bundesland Rheinland-Pfalz!).

3

Blick vom Yellowhead Hwy auf den majestätischen Mount Robson

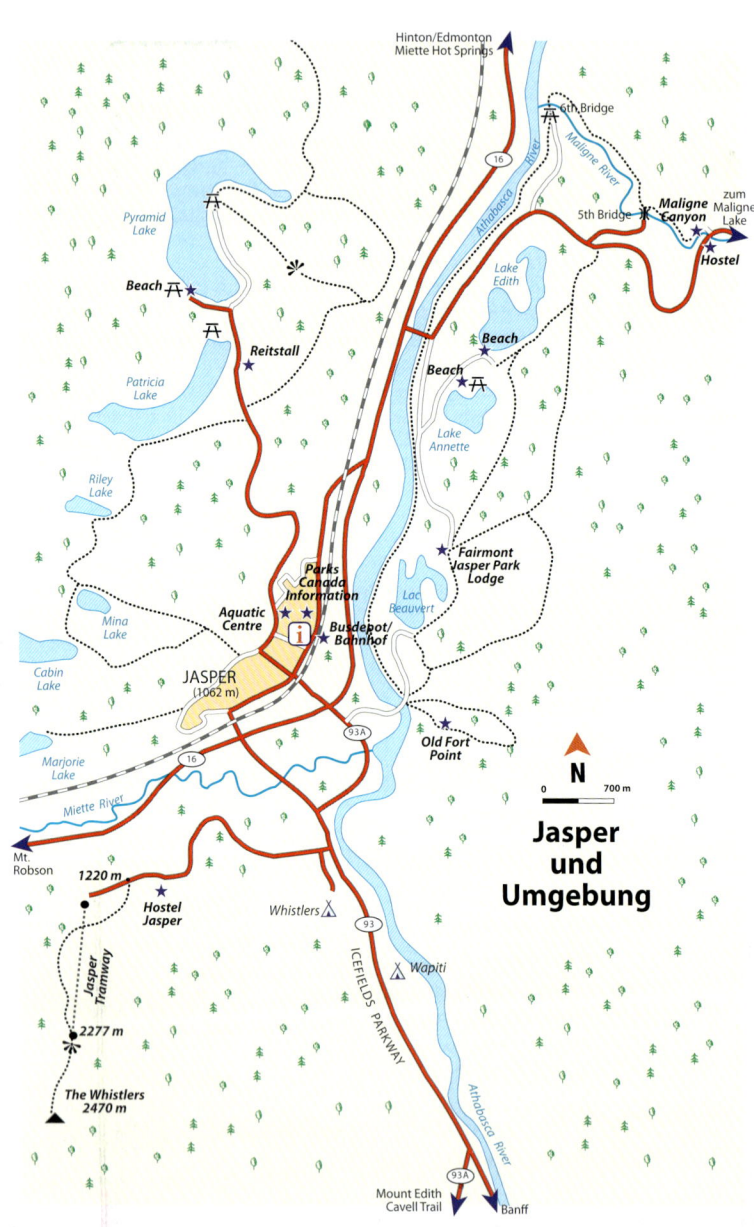

Hinton/Edmonton
Miette Hot Springs

6th Bridge

Athabasca River

Maligne River

16

5th Bridge

Maligne Canyon

zum Maligne Lake

Hostel

Pyramid Lake

Beach

Lake Edith

Reitstall

Beach

Beach

Patricia Lake

Lake Annette

Riley Lake

Fairmont Jasper Park Lodge

Lac Beauvert

Mina Lake

Parks Canada Information

Aquatic Centre

Busdepot/ Bahnhof

Cabin Lake

JASPER (1062 m)

93A

Old Fort Point

Marjorie Lake

Miette River

16

N

0   700 m

Mt. Robson

1220 m

Jasper und Umgebung

Hostel Jasper

Whistlers

93

Jasper Tramway

Wapiti

2277 m

The Whistlers 2470 m

ICEFIELDS PARKWAY

Athabasca River

Mount Edith Cavell Trail

93A

Banff

3.2 Jasper Town & National Park

3.2.1 Jasper Town

**Information
Jasper NP**

Als breit ausgebaute Umgehungsstraße führt der *Yellowhead Hwy* um Jasper herum. Die davon abzweigende #16A verläuft als Hauptstraße mitten durch den beschaulichen Ort (4.600 Einwohner). An ihr liegen schräg gegenüber vom Bahnhof das **National Park Info Centre** (500 Connaught Dr, ✆ (780) 852-6176, www.pc.gc.ca/jasper) und unmittelbar nördlich das **Besucherbüro** der Stadt (411 Patricia Street; ✆ (780) 852-6236, www.jasper.travel). In Bahnhofsnähe gibt es genug Parkraum auch für größere Campmobile, dennoch kann es zur Hauptsaison und an Wochenenden oft eng werden.

Neben der ausgezeichneten Zeitung »*Mountain Guide*« mit Details zu den fünf *Rocky Mountain*-Nationalparks (*Banff*, *Jasper*, *Kootenay*, *Yoho* und *Waterton Lakes*) sowie dem *Glacier* und *Mount Revelstoke NP* in den Selkirk Mountains und der Karte »**The Icefields Parkway**« kann man sich dort noch die *Trail*-Beschreibungen »**Day Hiking Guide Jasper National Park**« für Tageswanderungen besorgen.

Die Nationalparks *Banff* und *Jasper* sind die größten Besuchermagnete in den kanadischen Rocky Mountains. Während aber der *Jasper NP* alljährlich »nur« 2,3 Mio Gäste anzieht, hat sein südlicher Nachbar 2017 bereits die 4-Mio-Marke geknackt.

Unterkunft

Entsprechend verzeichnet auch das Städtchen Banff einen deutlich höheren Ansturm als das vergleichsweise ruhigere Jasper. Dennoch reicht die Bettenkapazität im Hochsommer dort nicht aus. Hotelzimmer und *Cabins* werden nicht selten bereits viele Monate im Voraus zur Mangelware. Empfehlenswerte Adressen sind u.a. die:

- **Patricia Lake Bungalows** rund 5 km nördlich von Jasper am gleichnamigen See; Zimmer und *Cabins* ca. $175; ✆ 1-888-499-6848, www.patricialakebungalows.com
- **Becker's Roaring River Chalets** in toller Lage am Beginn des *Icefields Parkway*; Holzbungalows mit Küche und Kamin ab ca. $180/DZ; ✆ (780) 852-3779, www.beckerschalets.com.

Eine tolle Adresse, um vielleicht noch in letzter Minute ein Kissen für die Nacht zu finden, ist das Portal www.stayinjasper.com. Unter »Last Minute Vacancy« werden dort alle nach kurzfristiger Stornierung wieder frei gewordenen **B&B-Zimmer** gelistet (darunter aber etliche nur mit Barzahlung!).

Alles voll?

Wer in Jasper kein Quartier mehr bekommt, muss ins knapp 80 km entfernte **Hinton** ausweichen (ca. 1 Stunde Fahrt auf breiter, weitgehend ebener Strecke; ➤ Seite 335). Tête Jaune Cache und Valemount, beide westlich des Parks, liegen noch weiter weg.

Auch das **Miette Hot Springs Resort**, 60 km östlich von Jasper, ist eine Option – sofern nicht ebenfalls ausgebucht (➤ Seite 233). Am Weg dorthin liegen noch die hübschen **Pocahontas Cabins**; ab ca. $200; www.mpljasper.com/hotels/pocahontas-cabins.

Hostels

Die drei Jugendherbergen bei Jasper (*HI Jasper*, *HI Mount Edith Cavell* und *Maligne Canyon*) stehen in Toplage mitten in der Natur, ebenso die zwei weiteren *Hostels* am *Icefields Parkway* (**Athabasca Falls** und **Beauty Creek**). Alle Herbergen innerhalb des *Banff* und *Jasper Nat'l Park* sind sehr beliebt und sollten im Voraus reserviert werden: ✆ 1-866-762-4122 bzw. www.hihostels.ca.

Camping

Zwar sind auch Plätze auf den ortsnahen *Campgrounds* im Sommer knapp, aber bei Ankunft am Vormittag kommt man mit etwas Glück unter. Der riesige **Whistlers Campground**, 2 km südlich von Jasper, liegt in lichtem Wald und bietet teilweise *full hookup*, Feuerholz und gute sanitäre Anlagen mit Duschen; $23-$39. *Wapiti*-Hirsche suchen – ohne große Scheu vor den Menschen – das Gelände gerne zum Äsen auf.

Die Alternativen zu **Whistlers**, die Plätze **Wapiti** ($28-$33) und **Wabasso** ($22) mit ebenfalls hoher Kapazität, liegen mit 4 km bzw. 16 km noch ortsferner an der Straße #93 bzw. #93A. Nur *Wapiti* hat auch Duschen. Der kleinere **Snaring River Campground**, 16 km nördlich von Jasper in schöner Lage, gehört zur Einfach-Kategorie ($16). Reservierung für *Whistlers*, *Wapiti*, *Wabasso* unter ✆ 1-877-737-3783, www.reservation.pc.gc.ca.

Schwimmen

Jasper selbst hat keine besonderen Attraktionen, sieht man ab vom **Fitness** & **Aquatic Centre** an der 305 Bonhomme Street. Ein Besuch in dieser Poolanlage mit langer Wasserrutsche und warmen *Whirlpool* entspannt nach anstrengenden *Hikes*; $7; variable Badezeiten, www.jasper-alberta.com. Bis zu den **Miette Hot Springs** – heiße Quellen in toller Umgebung – sind es 60 Kilometer; ➤ Seite 233.

Rings um Jasper locken außerdem kleine, von Wanderwegen gesäumte Seen mit hübschen Badestränden. Am wärmsten (18°C) sind der **Annette** und **Edith Lake** nordöstlich vom Zentrum.

Trails

Ein guter Plan mit den **Nationalpark-Wanderwegen in Ortsnähe** befindet sich online unter: www.pc.gc.ca/en/pn-np/ab/jasper/activ/activ-experience/sentiers-trails/pyramid.

Vom Whistlers Mountain fällt der Blick hinunter auf Jasper

RED CHAIR EXPERIENCE

Red Chairs am Wilcox Pass/Icefields Parkway

2014 hat *Parks Canada* begonnen in den Nationalparks und *Nat'l Historic Sites* rote Stühle aufzustellen. Die »**Red Chair Experience**« soll an bedeutsamen Plätzen, am Ende von Wanderwegen oder bei tollen Aussichtspunkten zum Verweilen einladen. Viele von ihnen wurden auch mit speziellen Infotafeln versehen, die die Tier- und Pflanzenwelt beleuchten oder andere Besonderheiten. Für die meisten Besucher sind sie inzwischen aber vor allem ein begehrtes Fotomotiv!

In der Nähe von Jasper stehen sie u.a. auf dem Berggipfel des Whistler, beim *Old Fort Point* sowie am *Pyramid Lake Overlook Trail*. Alle Standorte der roten Stühle findet man mitsamt Übersichtskarte unter: www.pc.gc.ca/en/voyage-travel/chaises-chairs.

Aussichtspunkte 	Die Rundwanderung zum **Old Fort Point** bietet eine schöne Sicht auf Jasper und den Athabasca River (3,7 km, 130 HM). Ein noch beeindruckenderes Panorama eröffnet sich aus fast 2.500 m Höhe vom Hausberg **The Whistlers**, den man vom Endpunkt der Seilbahn **SkyTram** nach einem kurzen Aufstieg erreicht (1,4 km; 200 HM; ca. 30 min). Benannt wurde der Berg nach den dort häufig anzutreffenden, pfeifenden Murmeltieren. An klaren Tagen reicht der Blick bis hinüber zum Mt. Robson. Zufahrt zur Talstation ab *Icefields Parkway* (#93), ➤ Seite 236. Tickets $40/$20; Ende Juni-Anfang September 8-21 Uhr, sonst kürzer; www.jasperskytram.com.
Patricia & Pyramid Lake 	Zwei **landschaftlich besonders reizvolle Bergseen** liegen an der Pyramid Lake Road. Etwa 5 km nördlich vom Ortszentrum passiert man zunächst den **Patricia Lake** und nur 0,5 km später den malerischen **Pyramid Lake**. Vom Parkplatz Nr. 7 am Straßenende startet der *Pyramid Overlook Loop Trail* (5,5 km, 75 HM). Am Ufer des Sees versammeln sich gerne Fotografen zum Sonnenaufgang.
Reiten	An der Pyramid Lake Road kann man außerdem geführte Ausritte buchen; ab $47/Std; ✆ (780) 852-7433, www.jasperstables.com.
Rafting 	Für das Kennenlernen des **River Rafting** eignen sich zweistündige Schlauchbootfahrten (z.B. *White Water Rafting Company*, $68/$34, www.whitewaterraftingjasper.com) auf dem bei Jasper relativ zahmen Athabasca River. Ausreichend Wasser vorausgesetzt, geht es auf dem Sunwapta River ein wenig härter zur Sache (ca. 4 Std $94). Den erlebnisreichen Tag kann man gemütlich in der *Jasper Brewing Company* ausklingen lassen, eine der wenigen Hausbrauereien Albertas; 624 Connaught Drive; www.jasperbrewingco.ca.

3

3.2.2   Ausflug in die östlichen Parkbereiche

Zwei Hauptattraktionen innerhalb des Jasper Nationalparks liegen an der 43 km langen **Maligne Lake Road** (Aussprache »*mah-líin*«), die nördlich von Jasper vom *Yellowhead Hwy* abzweigt.

Maligne Canyon

Knapp 11 km vom Zentrum entfernt geht es noch vor dem *HI Maligne Canyon* ($30/Bett) nach links ab zum **Maligne Canyon**. Vom Parkplatz (mit Restaurant und *Gift Shop*) sind es nur wenige Minuten bis zur Abbruchkante. Der Naturlehrpfad führt weiter bergab immer entlang der engen, bis zu 50 m tief eingeschnittenen Kalksteinschlucht. Nach ca. 1 km bzw. jenseits der *4th Bridge* wird sie

allmählich flacher und breiter. Wer dort umdreht, hat den beeindruckendsten Abschnitt gesehen. Alternativ kann man auch am Rückweg bergab gehen, in dem man mit dem Auto bis zur *5th Brigde* fährt (ausgeschilderter Abzweig 3 km vor dem Hauptparkplatz) und von dort aus startet (zur *1st Bridge* 4 km retour; 100 HM).

Im Winter werden geführte Wanderungen (*Icewalks*) am Boden dieser dann herrlich vereisten Schlucht angeboten.

Der **Maligne River** speist auf seinem Weg nach Norden zunächst den gleichnamigen See mit Gletscherwasser und im Anschluss den **Medicine Lake**, ein scheinbar abflussloses Gewässer westlich der *Maligne Canyon Road*, das im Sommer bis zu 25 m tief sein kann und im Spätherbst/Winter fast austrocknet. Schuld an diesem Naturphänomen ist ein großes unterirdisches Karstsystem, in das der See versickert. Erst gut 16 km weiter nordwestlich, tritt das Wasser im Verlauf des *Maligne Canyon* nach und nach aus Höhlen wieder ans Tageslicht. So erklärt sich auch, warum der Fluss am Canyonanfang deutlich weniger Wasser führt als bei der fünften Brücke.

Auf seinem Weg durch den Maligne Canyon stürzt der gleichnamige Fluss gleich mehrfach in die Tiefe

Maligne Lake

Wer den Bilderbuch-See am Ende der Stichstraße besuchen möchte, sollte sich unbedingt im Voraus einen Platz für den 90-min-Bootstrip bei **Maligne Tours** sichern. Auf der kleinen **Spirit Island** nahe der engsten Stelle des Sees, den *Samson Narrows*, dürfen sich die Passagiere ein wenig die Füße vertreten, bevor es wieder zurückgeht. Stündliche Abfahrten Juni bis Anfang Oktober täglich 10-16 Uhr; Juli+August bis 17 Uhr; Tickets $65/$33 (10% Rabatt online; © 1-888-285-0376 www.malignelake.com).

Die individuelle Alternative zum schnellen Ausflugsschiff ist das **Leihkanu** ($50/Std, $150/Tag). Wegen des auch im Sommer **4°C kalten Wassers** ist selbst bei gutem Wetter warme Kleidung anzu-

*Bilderbuch-Idylle bei Spirit Island,
Ziel der Bootstour am Maligne Lake*

raten. Knapp 28 km sind es bis *Spirit Island* und zurück, in der Regel eine 2-Tages-Tour. Der See ist insgesamt 22 km lang. Die *Wilderness Campsites* am Ufer müssen vorab reserviert werden.

Vor der Tour kann man sich noch im Selbstbedienungsrestaurant *Maligne Lake's View* stärken oder bei Schönwetter den (guten) Espresso auf der Sonnenterrasse schmecken lassen.

Ohne Bootstrip lohnt sich der Ausflug nur bedingt, denn die Schönheit des glasklaren, von schroffen Gipfeln eingerahmten *Maligne Lake* lässt sich von der breiten Bucht am Nordende des Sees nur erahnen. Wer vor Ort noch etwas wandern gehen möchte, der findet an der Westseite des Sees entlang des *Bald Hills Trail* (5,2 km, 500 Höhenmeter) einige schöne Aussichtspunkte. Am Ostufer

verläuft der bequemere *Mary Schaeffer Loop Trail* (3 km, 60 HM), und der relativ steile, 8 km lange *Opal Hills Loop Trail* führt hinauf zu weiteren *Viewpoints* (8,2 km retour, 460 HM).

**Miette Hot
Springs**

Ein zweiter Abstecher im Nationalpark könnte den *Miette Hot Springs* unweit der Osteinfahrt gelten. Von Jasper sind es zunächst 44 km bis Pocahontas, dann vorbei an den *Punchbowl Falls* (nordwestlich vom *Pocahontas Campground*) und durch das wundervolle Fiddle Valley noch einmal 17 km. Das schwefelhaltige Wasser der heißen Quellen kann man in *Open-air-Pools* genießen (Mitte Mai-Mitte Okt. tägl. 10.30-21 Uhr, Ende Juni-Anfang Sept. 8.30-22.30 Uhr; $6/$5, www.hotsprings.ca). Das *Miette Hot Springs Resort* bietet Motelzimmer ($110; +Küche $135) sowie *Cabins* mit offenem Kamin ($197); © (780) 866-3750; www.mhresort.com.

Der *Skyline Trail* (8 km retour) führt ausgehend vom Parkplatz bei den Quellen auf die 2.070 m hohe Sulphur Ridge; knapp 700 Höhenmeter mit wunderbarem Panorama und nicht überlaufen.

3

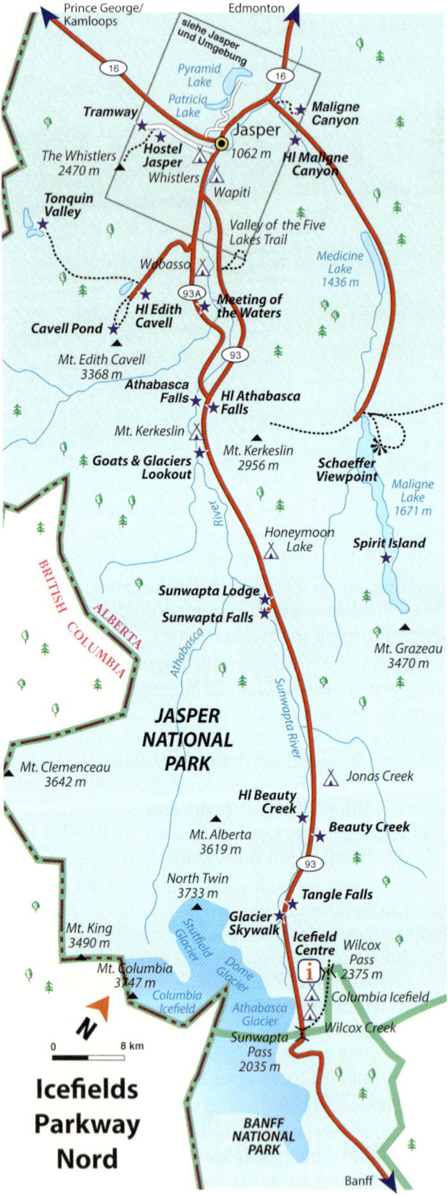

Prince George/
Kamloops

Edmonton

siehe Jasper
und Umgebung

16

16

Pyramid
Lake

Patricia
Lake

Tramway

Jasper
1062 m

**Maligne
Canyon**

*The Whistlers
2470 m*

**Hostel
Jasper
Whistlers**

**Hl Maligne
Canyon**

**Tonquin
Valley**

Wapiti

*Valley of the Five
Lakes Trail*

Wabasso

*Medicine
Lake
1436 m*

93A

**Hl Edith
Cavell**

**Meeting of
the Waters**

Cavell Pond

*Mt. Edith Cavell
3368 m*

93

**Athabasca
Falls**

**Hl Athabasca
Falls**

Mt. Kerkeslin

**Goats & Glaciers
Lookout**

*Mt. Kerkeslin
2956 m*

**Schaeffer
Viewpoint**

*Maligne
Lake
1671 m*

River

*Honeymoon
Lake*

Spirit Island

Sunwapta Lodge

Sunwapta Falls

*Mt. Grazeau
3470 m*

Athabasca

Sunwapta River

**JASPER
NATIONAL
PARK**

**BRITISH
COLUMBIA**

ALBERTA

*Mt. Clemenceau
3642 m*

Jonas Creek

**Hl Beauty
Creek**

*Mt. Alberta
3619 m*

Beauty Creek

*North Twin
3733 m*

93

Tangle Falls

*Mt. King
3490 m*

**Glacier
Skywalk**

**Icefield
Centre**

*Wilcox
Pass
2375 m*

*Stutfield
Glacier*

*Dome
Glacier*

*Mt. Columbia
3747 m*

Columbia Icefield

*Columbia
Icefield*

*Athabasca
Glacier*

Wilcox Creek

**Sunwapta
Pass
2035 m**

N

0   8 km

**Icefields
Parkway
Nord**

**BANFF
NATIONAL
PARK**

Banff

Valley of the Five Lakes

Athabasca Falls

*Goats & Glaciers
Lookout*

Beauty Creek

3.3   Panoramastraße »Icefields Parkway«

Von Jasper geht es in südlicher Richtung auf dem *Icefields Parkway* zunächst durch den **Nationalpark Jasper** und jenseits des *Sunwapta Pass* dann weiter durch den ***Banff NP*** bis Lake Louise am *Trans-Canada Highway*. In den 1930er-Jahren im Zuge von Arbeitsbeschaffungsmaßnahmen erbaut, gelten die 230 Kilometer heute als die **schönste Gebirgsstrecke Kanadas**. Und tatsächlich sind der südliche Abschnitt im *Jasper Nat'l Park* mit seinen gletscherüberzogenen 3.000ern und der Großteil im *Banff NP* mit einer ganzen Reihe leicht zugänglicher türkisblauer Bergseen absolut grandios.

Durch die breit ausgebauten Fahrspuren und zunehmende Popularität hat die Straße etwas an Ursprünglichkeit verloren. Starker Verkehr, sogar Staus und Parkplatzmangel an den vielen Haltepunkten stehen in den Sommermonaten auf der Tagesordnung.

Übernachten   Ähnlich die Problematik bei den Unterkünften entlang der Strecke, die sechs **Jugendherbergen** und die vier ***Lodges*** sind üblicherweise lange im Voraus ausgebucht. Die Campingkapazität reicht selbst in der Hauptsaison i.d.R. aus, aber Sa+So wird es immer eng. Im Gegensatz zum Umfeld von Lake Louise und Banff, wo man oft schon am späteren Vormittag nicht mehr unterkommt, findet sich wochentags auf den ***Parkway Campgrounds*** meist nachmittags noch ein freies Plätzchen. Beim Zelten macht sich das klassische Hochgebirgsklima bemerkbar mit kühlen Nächten und Frost im Früh-/Spätsommer. Aber auch im Juli/August muss man bei Wetterstürzen mit jederzeit einsetzenden Schneefällen rechnen.

In der Regel ist der *Icefields Parkway* nur von Mai bis Mitte Okt. eis- und schneefrei. Winterreifen sind von November bis Ende März Pflicht (ggf. auch Ketten erforderlich). Die einzige Tankstelle entlang der Strecke bei *The Crossing* hat dann immer geschlossen und die Strecke wird in der Zeit 15.30-7 Uhr nicht gewartet; aktuelle Straßenbedingungen unter www.511.alberta.ca/text_report.html.

Eintritt   Wer keinen Dauerpass (➤ Seite 47) besitzt, wird am *Icefields Parkway* zur Kasse gebeten. Die **Tageskarte** kostet $9,80/Person oder $19,60/Auto bis zu 7 Insassen. Eine Info-Broschüre gibt es unter: www.pc.gc.ca/en/pn-np/ab/jasper/visit/depliants-brochures.

Zeitbedarf   Vom *Parkway* hat am meisten, wer sich **2-3 Tage Zeit** lässt und sich – besonders im Hochsommer – ein wenig abseits der touristischen Brennpunkte bewegt. Auch ein zusätzliches **Abfahren in der Gegenrichtung** oder zu unterschiedlichen Tageszeiten bringt neue Eindrücke. Der Hauptblick richtet sich fast immer gen Westen, so dass sich die Bergkulisse der Rocky Mountains vormittags meist von ihrer schönsten Seite präsentiert.

Damit man der Beschreibung auch leicht in umgekehrter Richtung folgen kann, an dieser Stelle die wichtigsten Stopps am *Parkway* in tabellarischer Form. Die Kilometerangaben beziehen sich jeweils auf die Entfernung von Jasper und vom *Trans-Canada Hwy* bei Lake Louise.

Cavell Pond unterhalb
des Angel Glacier

km ab Jasper	km ab TCH	**Stopps entlang des ICEFIELDS PARKWAY (#93)**
0	230	Besucherzentrum in Jasper Town
2	228	Die **Syktram Road** führt vorbei am *HI Jasper* ($40/Bett oder $110/DZ; www.hihostels.ca/en/destinations/alberta/hi-jasper) und endet an der Talstation der Seilbahn zum Aussichtsrestaurant (2.263 m) unterhalb des **The Whistlers** (➤ Seite 231).

Sportliche Besucher erklimmen den Gipfel per pedes: Der *Trailhead* befindet sich ca. 1,5 km vor der Station (nur mit einem Wandersymbol ausgeschildert!). Der Aufstieg (ca. 8 km, 1.200 HM) ist in 4 Stunden zu schaffen. Wer auf den Rückmarsch auf identischem Weg verzichtet, kann mit der *SkyTram* zum halben Preis zurück ins Tal fahren.

6	224	Über die nach Westen abzweigende **#93A** (mündet bei den *Athabasca Falls* bei »Km 30« wieder in den *Parkway* ein) ist die kurvenreiche, 14 km lange Mount Edith Cavell Road schnell erreicht, an der ein *International Hostel* ($31/Bett; www.hihostels.ca/en/destinations/alberta/hi-mount-edith-cavell) und der Ausgangspunkt für die Kurzwanderung zum *Cavell Glacier* liegen (Camper nur bis 20 Fuß empfohlen!). Der *Path of the Glacier Trail* (1,6 km retour, 70 HM) zählt zu den besten im *Jasper NP*. Er führt zum *Cavell Pond* (meist auch noch im Sommer voller Eisblöcke) über dem sich die recht kleinen »Flügel« des *Angel Glacier* ausbreiten.

Von der Jugendherberge brechen Mehrtageswanderer zu den traumhaft gelegenen Amethyst Lakes im **Tonquin Valley** auf; 20,4 km *one-way*; 1.050 HM; *backcountry permit* zum Zelten erforderlich oder eine Reservierung in einer der zwei *Lodges* (www.tonquinadventures.com oder www.tonquinvalley.com) bzw. in der **Wates-Gibson Hut** des *Alpine Clubs*. Auch 3- bis 5-tägige Reitausflüge werden dorthin angeboten.

km ab Jasper	km ab TCH	**Stopps entlang des ICEFIELDS PARKWAY (#93)**
		Tipp: Wer nach dem Abstecher zum *Cavell Pond* der #93A nach Süden folgt, versäumt nicht viel auf dem parallel verlaufenden *Parkway* und kann außerdem bei der kleinen ***Meeting of the Waters Picnic Area*** (ca. 21 km von Jasper entfernt) am Zusammenfluss von Athabasca und Whirlpool River die dort vorbei gleitenden ***River Rafter***-Gruppen beobachten.
9	221	Hier zweigt ein schöner Rundweg zu fünf kleinen Seen im **Valley of the Five Lakes** ab. Bei Umrundung des größten (First Lake) lässt sich der relativ ebene *Trail* von 4 km auf 7 km verlängern. Zwei »rote Stühle« warten auch dort; ➢ Seite 231.
30	200	Die ***Athabasca Falls***, die an der südlichen Einmündung der #93A 23 m tief in eine enge Schlucht donnern, gehören zum Pflichtprogramm am *Parkway*. Die Treppen bergab führen zum Canyon-Ende, dahinter fließt der Athabasca wieder als breiter Fluss.
32	198	***HI Athabasca Falls Wilderness***, Betten $30; DZ $72; www.hihostels.ca/en/destinations/alberta/hi-jasper
34	196	Der kleine, ruhige ***Kerkeslin Campground*** liegt mitten in einem Wald und nicht weit weg vom Flussufer ($16).
37	193	Am ***Goats & Glaciers Lookout*** lohnt sich ein Stopp. Die Abbruchkante oberhalb des Athabasca River ist in nur wenigen Schritten erreicht. Schneeziegen lecken dort (oder auf der gegenüberliegenden Straßenseite) gerne Salz.
50	180	***Honeymoon Lake Campground*** in schöner Lage am Ostufer des gleichnamigen Sees ($16)
54	176	Hier wartet ein weiteres bekanntes Fotomotiv, ein bewaldetes Inselchen mitten im Fluss oberhalb der **Sunwapta Falls**. Von der Brücke entlang des offiziellen *Trail* ist der Blick allerdings schon etwas zugewachsen! Am Abzweig zu den Wasserfällen steht die ***Sunwapta Lodge*** (ab ca. $230; ✆ 1-888-828-5777; www.sunwapta.com).

Sonnenuntergang bei den Sunwapta Falls

Tipp: Wer vom Parkplatz dem Nordufer des »reißenden« (=Sunwapta) River ca. 2,5 km flussabwärts folgt, genießt etwas mehr Ruhe und ein herrliches Gebirgspanorama mit Stromschnellen und weiteren Wasserfällen.

3

COLUMBIA ICEFIELD / ATHABASCA GLACIER

Westlich des *Parkway* erstreckt sich ein gigantisches Eisfeld, das 325 km² große **Columbia Icefield**, von dem allerdings nur drei Gletscher (*Athabasca, Dome* und *Stutfield*) von der Straße aus sichtbar sind. Es speist einige der bedeutendsten nordamerikanischen Flusssysteme: Über den **Athabasca River** und den 4.200 km langen **Mackenzie River** gelangt das Schmelzwasser ins Polarmeer. Der ebenfalls im Eisfeld entspringende **North Saskatchewan River** fließt zum Lake Winnipeg in Manitoba und bahnt sich von dort als **Nelson River** seinen Weg bis in die Hudson Bay. An der Westseite des *Icefield* führen die Gletscherbäche in den **Columbia River**, der nach 2.000 km in Oregon/USA in den Pazifik mündet.

Die Höhenlage und Kälteausstrahlung der bis zu 365 m dicken Eismassen wirken sich spürbar auf das lokale Mikro-Klima aus. Im Juli beträgt die durchschnittliche Höchsttemperatur am *Parkway* in diesem Bereich nur 15°C. Bei schlechtem Wetter kann es selbst im Hochsommer kurze Schneeschauer geben.

Wer den 6 km langen **Athabasca Glacier**, die bekannteste Attraktion des Jasper Nationalparks, hautnah erleben möchte, hat drei Optionen:

- Bei der 1,5-stündigen **Ice Explorer Glacier Tour** fährt man im *Snowcoach* (Spezialbus mit mannshohen Reifen) über die südöstliche Gletschermoräne ca. 3 km die Gletscherzunge hinauf und darf dort etwas im Eis herumzuspazieren. Abfahrten ab *Icefield Centre* im Sommer meist 9-18 Uhr. Wer echtes »Naturerlebnis« sucht, ist hier jedoch fehl am Platz. Die Touren sind so gut wie immer ausgebucht und die reinste Massenabfertigung (die Warteschlangen im Inneren des *Centre* erinnern eher an ein  Flughafenterminal!). Kombi-Tickets inklusive *Skywalk* (➤ rechts) gibt es für $99/$50, online mit 10% Rabatt. Reservierung unter www.brewster.ca/attractions-sightseeing/columbia-icefield-glacier-adventure.

- Die geführten, 4-stündigen oder ganztägigen **Icewalks** bieten die Möglichkeit etwas länger auf dem ewigen Eis zu verweilen, kosten allerdings noch ein wenig mehr; nur Juni-September; www.icewalks.com.

- Vom Parkplatz unterhalb des *Athabasca Glacier* kann man aber auch **individuell und völlig kostenlos** die Gletscherzunge erreichen. Bereits auf der kurzen Zufahrt und weiter entlang des **Toe of the Glacier Trail** (1,8 km, 60 HM) verdeutlichen Schilder mit Jahreszahlen den sukzessiven – in den letzten Dekaden rapiden – Rückzug des *Athabasca*. Noch in den 1950er-Jahren bedeckten die Eismassen diesen Parkplatz, im 19. Jahrhundert reichte die Gletscherzunge sogar bis zum heutigen *Icefield Centre*. In den letzten 125 Jahren hat der *Athabasca Glacier* rund die Hälfte seines Volumens eingebüßt.

km ab Jasper	km ab TCH	**Stopps entlang des ICEFIELDS PARKWAY (#93)**
77	153	*Jonas Creek Campground*, schöne *Walk-in*-Zeltplätze ($16)
85	145	*HI Beauty Creek*, idyllisch am Ufer des Sunwapta River gelegen; $31; www.hihostels.ca/en/destinations/alberta/hi-beauty-creek
87	143	Von der (nicht ausgewiesenen!) Parkbucht geht es nach Osten und dann auf der ehemaligen Banff-Jasper-Verbindung nach rechts, wo man nach ca. 600 m auf den **Beauty Creek** trifft. Der *Trail* folgt dem engen Canyon mit zahlreichen Kaskaden bergauf bis zu den ausgeschilderten *Stanley Falls* (➤ Foto Seite 234); 1,6 km *one-way*; 100 HM. Für alle, die am *Parkway* einen etwas ruhigeren Wanderpfad suchen!
96	134	*Tangle Falls*, mehrstufiger Wasserfall direkt neben der Straße
97	133	Seit 2014 ragt die hufeisenförmige Glasplattform des **Glacier Skywalk** 35 m über den Felsrand hinaus mit Blick auf das 280 m tiefer liegende Sunwapta Valley; täglich Mitte Juli-Anfang September 10-19 Uhr, sonst Mitte April-Mitte Oktober bis 16 Uhr; Tickets: $34/$17 (online 10%-Rabatt). Die Anfahrt erfolgt ausschließlich per Bus ab dem *Icefield Centre*; www.brewster.ca/attractions-sightseeing/glacier-skywalk/.
		Bewertung: Lange Wartezeiten und viel Geld für eine Aussicht, die es anderorts am *Parkway* kostenlos und besser gibt. Allein die Glasfläche mag bei dem ein oder anderen für etwas Nervenkitzel sorgen.
103	127	Einen Zwischenstopp verdient das **Columbia Icefield Glacier Discovery Centre** des Nationalparks mit Ausstellungen und ausgiebigem Info-Material zum riesigen Eisfeld (➤ links) sowie zur Geschichte, Geologie, Fauna und Flora der Region.

Das *Centre* ist Ausgangspunkt für Touren zum **Glacier Skywalk** (➤ oben) und der Gletscherwanderung auf dem *Atha-basca Glacier* (➤ links).

Glacier Skywalk

Im zweiten Stockwerk des **Icefield Centre** verwöhnt das **Glacier View Inn** seine Gäste mit tollem Gletscherblick: Zimmer in der Hochsaison ab ca. $200; ✆ 1-888 285 0376, www.brewster.ca/hotels/glacier-view-inn/.

3

km ab Jasper	km ab TCH	Stopps entlang des ICEFIELDS PARKWAY (#93)
103	127	Gegenüber des *Icefield Centre* führt die Stichstraße zum Ausgangspunkt des ***Toe of the Athabasca Glacier Trail*** zur Gletscherzunge; ➢ Foto unten bzw. Kasten Seite 238.
104	126	***Columbia Icefield Campground*** (nur für Zelte; $16)
106	124	Beim höchstgelegenen *Campground* des Parks (***Wilcox Creek***; $16) beginnt der empfehlenswerte ***Wilcox Pass Trail***, der Ende des 19. Jahrhunderts der Umgehung des *Athabasca Glacier* diente, als dieser noch über die Trasse des heutigen *Parkway* reichte. Auf den ca. 4 km bis zur Passhöhe (2.375 m) lassen sich ***Athabasca*** und ***Dome Glacier*** besser überblicken als vom Besucherzentrum aus und oberhalb der Baumgrenze eröffnet sich ein super Panorama. Dauer: ca. 2-3 Stunden retour; 390 HM. Nach 1,2 km ist der erste Aussichtspunkt erreicht.
108	122	***Sunwapta Pass*** (2.035 m), Grenze zwischen *Jasper* und *Banff Nat'l Park*; www.pc.gc.ca/banff.
		Die Auf- bzw. Abfahrt beim *Sunwapta Pass* bildet einen der **attraktivsten Abschnitte** des *Icefields Parkway*.
111	119	Südlich der Passhöhe liegt grandios – unterhalb der Gletscher – das recht rustikale **HI Hilda Creek** mit nur 6 Betten ($31; www.hihostels.ca/en/destinations/alberta/hi-hilda-creek).
112	118	Ausgangspunkt des großartigen ***Parker Ridge Trail***, auf dem man zunächst herrliche Ausblicke auf das Tal mit dem *Icefields Parkway* genießt und jenseits der Parker-Kammhöhe hinüber auf den 13 km langen *Saskatchewan Glacier* (anfangs etwas steilere Serpentinen, oben dann eben; 5,4 km retour, 250 HM; wegen Schnee meist erst ab Juli begehbar!).
117	113	Etwas versteckt vom südlichen Parkplatzende am ***Bridal Veil Falls Viewpoint*** führt ein 1 km langer, stellenweise gischtnasser Weg hinab zu den beeindruckenden, von der Straße nicht einsehbaren ***Panther Falls*** (66 m).

Fußweg zum Columbia Glacier (➢ Seite 238)

Blick von der Brücke in Richtung Osten bei Saskatchewan Crossing

km ab Jasper	km ab TCH	**Stopps entlang des ICEFIELDS PARKWAY (#93)**
		Nur 200 m südlich in der nächsten Straßenkurve gibt es einen noch besseren, exponierten Aussichtspunkt mit weitem Blick über das U-förmige North Saskatchewan Valley.
142	88	In ruhiger, idyllischer Waldlage befindet sich das **Rampart Creek Hostel** ($30 im 6-Bett-Zimmer; www.hihostels.ca/en/destinations/alberta/hi-rampart-creek), auf der gegenüberliegenden Straßenseite der gleichnamige **Campground** ($18) und die hübschen **Rampart Ponds** (➤ Fotos Seite 242).
153	77	Am Straßendreieck *Icefields Parkway/David Thompson Hwy* (#11) unweit des **Saskatchewan River Crossing** liegt das **The Crossing Resort** (Zimmer $210-$260, ✆ 1-800-387-8103, www.thecrossingresort.com) mit der **einzigen Tankstelle** zwischen Jasper und Lake Louise.
		Die 50 km von dort bis zum **Abraham Lake** (an der #11) können mit dem Panorama des *Parkway* mithalten. Ein guter Grund für den Abstecher nach Osten sind ggf. die **Campgrounds** in Ufernähe dieses vom Tourismus noch weitesgehend verschonten Sees (**Kootenay Plains** ➤ Seite 349).
153	77	Südlich des Abzweigs der #11 steht nur wenige Schritte vom Parkplatz entfernt ein toller Picknicktisch mit Aussicht auf den milchigen North Saskatchewan River und seine Mäander (**Howse Valley Viewpoint** westlich des *Parkway*).
155	75	Von der **Brücke** über den Gletscherfluss eröffnet sich ebenfalls ein hübscher Blick. Von der kurzen unbefestigten Stichstraße gleich südlich davon kann man manchmal auch Schlauchboote oder Kajaks beim Ablegen beobachten.
159	71	Der nur 500 m lange **Mistaya Canyon Trail** bringt Besucher zu einer glattpolierten Kalksteinschlucht, durch die der gleichnamige Fluss rauscht (35 HM).

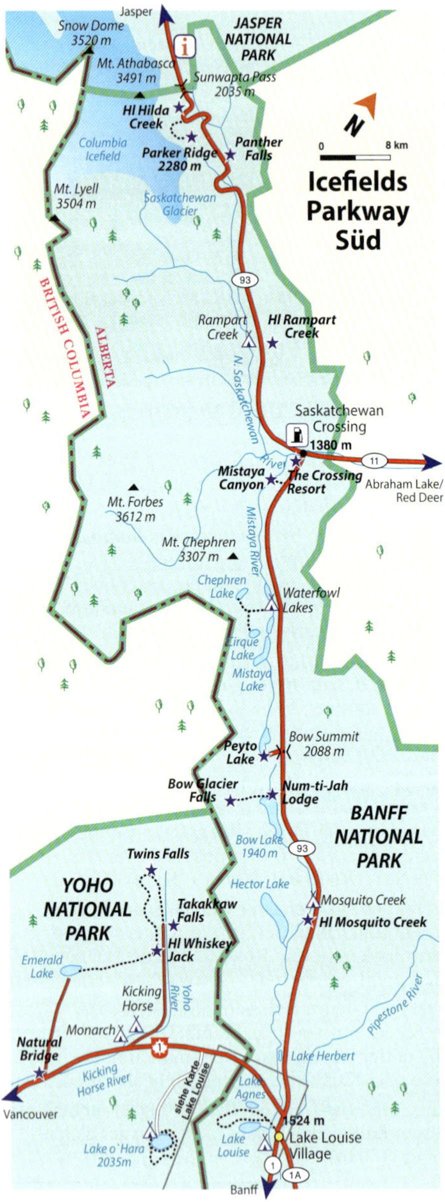

Jasper

Snow Dome
3520 m

JASPER NATIONAL PARK

ℹ️

Mt. Athabasca
3491 m

Sunwapta Pass
2035 m

HI Hilda Creek ★

Columbia Icefield

Parker Ridge ★
2280 m

Panther Falls ★

Mt. Lyell
3504 m

Saskatchewan Glacier

N

0   8 km

Icefields Parkway Süd

BRITISH COLUMBIA

ALBERTA

93

Rampart Creek ⛺

HI Rampart Creek ★

N. Saskatchewan River

🏨 **Saskatchewan Crossing**
1380 m

11

Mistaya Canyon ★

The Crossing Resort

Abraham Lake/ Red Deer

Mistaya River

Mt. Forbes
3612 m

Mt. Chephren ▲
3307 m

Chephren Lake

Waterfowl Lakes ⛺

Cirque Lake

Mistaya Lake

Peyto Lake ★

Bow Summit
2088 m

Bow Glacier Falls ★

Num-ti-Jah Lodge

BANFF NATIONAL PARK

Bow Lake
1940 m

93

Twins Falls ★

Hector Lake

YOHO NATIONAL PARK

Takakkaw Falls ★

▲ *Mosquito Creek*

HI Mosquito Creek ★

Emerald Lake

HI Whiskey Jack ★

Yoho River

Kicking Horse ⛺

Monarch ⛺

Pigestone River

Natural Bridge ★

1

Kicking Horse River

Lake Herbert

Vancouver

siehe Karte Lake Louise

Lake Agnes

Lake o'Hara
2035m

Lake Louise

1524 m
🏕️ **Lake Louise Village**

1

1A

Banff

Rampart Ponds

Mistaya Canyon

Peyto Lake

NUM-TI-JAH LODGE

km ab Jasper	km ab TCH	**Stopps entlang des ICEFIELDS PARKWAY (#93)**
173	57	In der Nähe des **Lower Waterfowl Lake** unterhalb des majestätischen **Mount Chephren** (3.307 m) breitet sich der **Waterfowl Lakes Campground** aus ($22; mit Feuerstellen und besser als *Rampart Creek*!). Dieser Campingplatz ist gleichzeitig Ausgangspunkt für zwei schöne Wanderungen zu den Bergseen **Chephren** oder **Cirque Lake** (2,4 km bzw. 2,9 km *one-way*).
190	40	Am **Bow Summit**, dem mit 2.088 m höchsten Punkt des *Parkway*, zweigt eine kurze Stichstraße ab. Sie führt zum Parkplatz, wo es – Ende Juli bis Anfang August umgeben von blühenden Blumen – zum **Peyto Lake Viewpoint** geht (1,5 km retour; 40 HM; sprich: »*pí-tou*«). Der Blick auf den unten im Tal liegenden milchig-türkisen See ist ein »Muss« am *Parkway*.
		Wer den Besuchermassen etwas entfliehen möchte, kann noch dem Weg hinauf bis zum **Bow Summit Lookout** folgen (6 km retour ab dem Parkplatz; 245 HM) oder über einen recht steilen, unmarkierten Pfad zum Seeufer absteigen (5 km retour; 300 HM).
193	37	Am Nordende des **Bow Lake** bietet die **Simpson's Num-Ti-Jah Lodge** Zimmer (ab $350) sowie ein Restaurant mit Blick auf den See und *Bow Glacier*; ✆ (403) 522-2167, www.num-ti-jah.com.
		Ab dem Parkplatz verläuft der **Bow Glacier Falls Trail** (4,6 km; 155 HM) zunächst am Seeufer entlang und dann durch eine Schlucht steil bergauf. Er endet unterhalb der 150 m hohen Abbruchkante, über die Wasserfälle aus dem **Iceberg Lake** stürzen. Die Zunge des *Bow Glacier* und der obere See sind von dort nicht sichtbar. Man erreicht den Iceberg Lake nur über eine etwas anspruchsvollere »Kraxelei«.
206	24	An der Einmündung des Mosquito Creek in den Bow River liegen der **Mosquito Creek Campground** ($18) sowie das gleichnamige **Hostel** (Betten $30, DZ $74).
227	3	Im hübschen **Herbert Lake** (mit **Picknickplatz**) kann man im Gegensatz zu den eiskalten gletschergespeisten Seen weiter nördlich am *Parkway* sogar baden.
230	0	Ab-/Auffahrt *Trans-Canada Highway*

Bow Lake

Die farbige Leuchtkraft der kanadischen Gletscherseen und -flüsse

Es gibt wohl kaum einen Besucher, den die unwirklich schönen Farbnuancen in den kanadischen Gletscherseen und -flüssen im Sommer nicht begeistern. Sie sind allen voran der unermüdlichen Arbeit der großen Gletscherüberreste geschuldet. Kontinuierliche Reibungs- und Zerkleinerungsprozesse führen dort zur Bildung von sog. **Gletschermehl**, das während der wärmeren Jahreszeit als Schwebfracht in die Flüsse und Seen abtransportiert wird. Diese leichten, feinkörnigen Partikel schweben anfangs im Wasser und absorbieren alle Wellenlängen aus dem sichtbaren Spektrum des Lichtes außer den Grün- und Blauanteilen. Da jedes Gewässer unterschiedliche Mengen an suspendierten Körnchen und auch andere Mineralstoffkonzentrationen aufweist, schimmert auch jedes in einem ganz individuellen Blau-, Grün oder Türkiston.

Außerdem variiert die Konzentration an Schwebepartikeln mit den Jahreszeiten. Im Frühjahr, bevor die Gletscher zu schmelzen beginnen, unterscheiden sich die Seen und Flüsse in den kanadischen Rocky Mountains nicht wesentlich von anderen und sind klar und tiefblau. Erst im frühen Sommer nehmen sie allmählich ihre reizvolle, z.T. milchige Verfärbung an. Mit dem Ende der wärmeren Jahreszeit sinken alle Partikel langsam zu Boden und setzen somit auch dieser Illusion ein Ende – bis im nächsten Frühling der Zyklus aufs Neue startet.

Was im Hochsommer am westlichen Ende des **Lake Louise** beinahe wie ein weißer Sandstrand anmutet, ist in Wirklichkeit feinstes Gletschermehl, das an dieser Stelle in den See fließt. Weitere kaum zu überbietende Farbspektakel kann man u.a. beim berühmten **Peyto Lake** oder beim **Moraine Lake** bewundern sowie in der Gegend rund um den **Lake O'Hara** (➤ Foto Seite 224) im Yoho Nationalpark.

3.4   Lake Louise & Banff

3.4.1   Lake Louise

Lake Louise Village

Nördlich von **Lake Louise**, neben Banff der Touristenmagnet des Nationalparks, endet der *Icefields Parkway* am *Trans-Canada Hwy*. Der Ort besteht aus mehreren separaten Villen- und Ferienhausvierteln und einem kleinen **Versorgungsbereich** mit Einkaufszentrum am *Lake Louise Dr/Village Road* unweit der *TCH*-Autobahn. Gleich neben der **Samson Mall** steht das **Visitor Centre** (im Sommer 8.30-19 Uhr). Zur Übersicht über den Bereich Lake Louise und für Wanderungen gibt es nichts Besseres als das Faltblatt »*Day Hiking Lake Louise, Castle Junction, Icefields Parkway*«.

Westlich der Bahnschienen stößt man auf die **Lake Louise Station**. Der stillgelegte, 1910 erbaute Bahnhof ist das älteste Gebäude der Ortschaft. Heute beherbergt das eindrucksvolle Holzhaus ein Restaurant; 200 Sentinel Road; www.lakelouisestation.com.

Seilbahn

Jenseits des *TCH* (Whitehorn Road, *Bow Valley Parkway* #1A) liegt unterhalb des Whitehorn Mountain das bekannteste Skigebiet Albertas, dem eine Gondelbahn als Zubringer dient. Sie befördert auch Sommerurlauber zum Aussichtsrestaurant; Mitte Mai bis Anfang Okt. täglich 9-17 Uhr; $32/$16, mit *Coupon* preiswerter.

Morgens wirkt dort oben das Gebirgspanorama am besten. Für $35 bzw. $40 gibt's im Gasthaus der Talstation **Frühstücks-** bzw. **Lunchbuffet inkl. Seilbahn**; www.lakelouisegondola.com.

Übernachten

Der schöne, sich am Bow River entlang ziehende *Lake Louise Campground Trailer* ist relativ laut, da direkt neben der Bahnlinie; $33; 189 *full hook-up*-Stellplätze; Zufahrt über die Fairview Road (nach Unterquerung der Eisenbahn gleich links). Der separate, ruhigere und riesige *Lake Louise CG Tent* mit Bärenschutzzaun jenseits des Flusses ist für's Campen ohne *hook-up* reserviert ($23). In der Hauptsaison bekommt man dort nur bei früher Ankunft oder Reservierung ein Plätzchen: ✆ 1-877-737-3783, www.reservation.pc.gc.ca.

Eine prima Herberge und »Alpenvereinshütte« ist das *HI Lake Louise Alpine Centre*; Betten $48-$53, DZ $156; mit Sauna, Restaurant; ✆ 1-866-762-4122, www.hihostels.ca/lakelouise.

Die Auswahl an Quartieren ist in Lake Louise äußerst beschränkt. Es gibt gerade mal eine Handvoll Hotels, gleich am Ortseingang steht die *Mountaineer Lodge*; gute DZ mit Frühstück ca. $280; ✆ 855-556-8473; www.mountaineerlodge.com.

**Der meist-
besuchte
Bergsee
der Welt**

Die Zufahrt zum Lake Louise endet vor dem Luxushotel *Fairmont Chateau Lake Louise* (111 Lake Louise Drive; Zimmer ab $900; ✆ 1-800-257-7544, www.fairmont.com/lakelouise) bzw. auf einem Mammutparkplatz, von dem unerhörte Besuchermassen tagtäglich in die Parkanlage zwischen Hotel und See strömen. Das Gros der Touristen genießt das Panorama und besucht vielleicht noch das architektonisch 1913-1925 eher fantasielos gestaltete zehnstöckige *Chateau* mit seinen Terrassen, Restaurants und Souvenirshops. Das Hotel ist auch von innen bei weitem nicht so eindrucksvoll wie z.B. das *Banff Springs Hotel*, ➤ Seite 255.

**Kostenloser
Shuttle-Bus**

Nur bei Anreise vor 9 Uhr hat man gute Chancen auf einen freien Parkplatz. Kostenlose *Shuttle*-Busse starten Mitte Mai-Mitte Okt. vom *Overflow Parking Lot* am *Trans-Canada Hwy*, 5,5 km östlich vom *Lake Louise Exit*; 8-16.30 Uhr alle 15-20 min. Auch ausgehend vom Parkplatz der Seilbahn verkehrt ein gratis *Shuttle*-Bus zum See; http://pc.gc.ca/en/pn-np/ab/banff/visit/parkbus/louise.

3

*Gletschermehl»strand« am
Lake Louise; im Hintergrund
das Hotel Fairmont Chateau*

GROUP ACCESS ONLY – Unterwegs in der Heimat der Grizzlys

Immer wieder stößt man in der Gegend rund um Lake Louise auf Tafeln mit dem Hinweis »*Hiking in (tight) groups of 4 or more required*!« oder sogar auf temporär gesperrte Wanderwege. Dies dient zum Schutz der Menschen und der Grizzlybären, wenn die Pfade mitten durch deren Revier führen. Wer zu zweit unterwegs ist, muss meist auch nicht lange am *Trailhead* warten, bis sich zwei weitere Gleichgesinnte finden. Die Zahl »4« beruht auf der langjährigen Erfahrung der Parkverwaltung. Grizzlys meiden üblicherweise Begegnungen/Konfrontationen mit Wandergruppen ab dieser Größe. Bis 2007 musste man sogar zu sechst unterwegs sein. Wobei man auch den Hinweis »*tight*« sehr ernst nehmen sollte, denn nur wenn die Gruppe eng beisammen bleibt, zeigt diese Vorsichtsmaßnahme die gewünschte Wirkung. Verstöße gegen die Anweisungen von *Parks Canada* werden mit Strafen bis zu $25.000 geahndet.

Übersicht der aktuellen Bärensichtungen/-warnungen in den Rocky Mountains Nationalparks: www.pc.gc.ca/en/pn-np/mtn/ours-bears/miseajour-update.

Zu Fuß zum See	Zwei Wanderwege verbinden den Ort mit dem See. Der *Louise Creek Trail* (knapp 3 km) führt den Bach entlang, der längere *Tramline Trail* (5 km) folgt einer ehemaligen Schmalspurbahn-Trasse.
Reiten	Ausritte in Lake Louise beginnen neben dem *Chateau*, z.T. auf eigens ausgewiesenen Reitwegen, teilweise auf belebten Wanderwegen. Immer begleitet ein schönes Panorama die Reiter, entsprechend groß ist auch der Andrang: **Brewster Stables**, 2 Stunden *Lake Louise* $95, 4 Stunden *Lake Agnes* $158 oder *Plain of Six Glaciers* $195; ✆ (403) 762-5454; www.brewsteradventures.com.
Abseits der Massen	Wer nicht am frühen Vormittag vor Ankunft der Busse oder erst am späten Nachmittag eintrifft, wird den Lake Louise wahrscheinlich als »zu touristisch« empfinden. Eine »Flucht« gelingt aber leicht per **Kanu** ($65/Stunde) oder noch besser per pedes. Mehrere *Trails* beidseitig des Sees laden zu längeren **Wanderungen** ein:

Trails

• Der **Plain of Six Glaciers Trail** zählt zu den besten *Hikes* im Nationalpark. Der Pfad läuft zunächst am Nordwestufer des Sees entlang und endet an einem Aussichtspunkt über der »Ebene der sechs Gletscher«. Bis zum Ziel sind es 6,5 km und 420 HM. Einen guten Kilometer vor dem Ende steht ein **Tea House** (Snacks, Tee und Kaffee, aber kein Alkohol; geöffnet Mitte Juni-Mitte Oktober täglich 9-17 Uhr, Juli+August bis 18 Uhr).

Am Rückweg vermeidet man über **Highline Trail**, **Big Beehive** und Lake Agnes ein doppeltes Ablaufen bei nur geringfügig verlängerter Wegstrecke (insgesamt 17 km) und entgeht unterwegs dem »Volkswandertagsrummel« zum Teehaus.

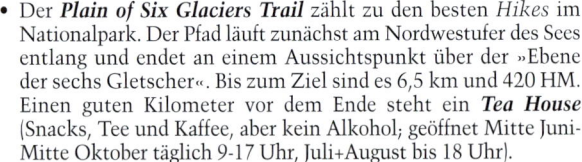

• Der gut ausgebaute **Lake Agnes Trail** (3,4 km; 380 HM) windet sich ausgehend vom *Chateau* in langen, aber nicht allzu steilen Kehren hinauf zum Lake Agnes, wo auf 2.118 m ein weiteres kleines **Tea House** mit Terrasse wartet – ein herrlicher Rastplatz nach dem Aufstieg! Geöffnet Anfang Juni-Anfang September täglich 9-18 und danach bis Mitte Oktober 10-17.30 Uhr.

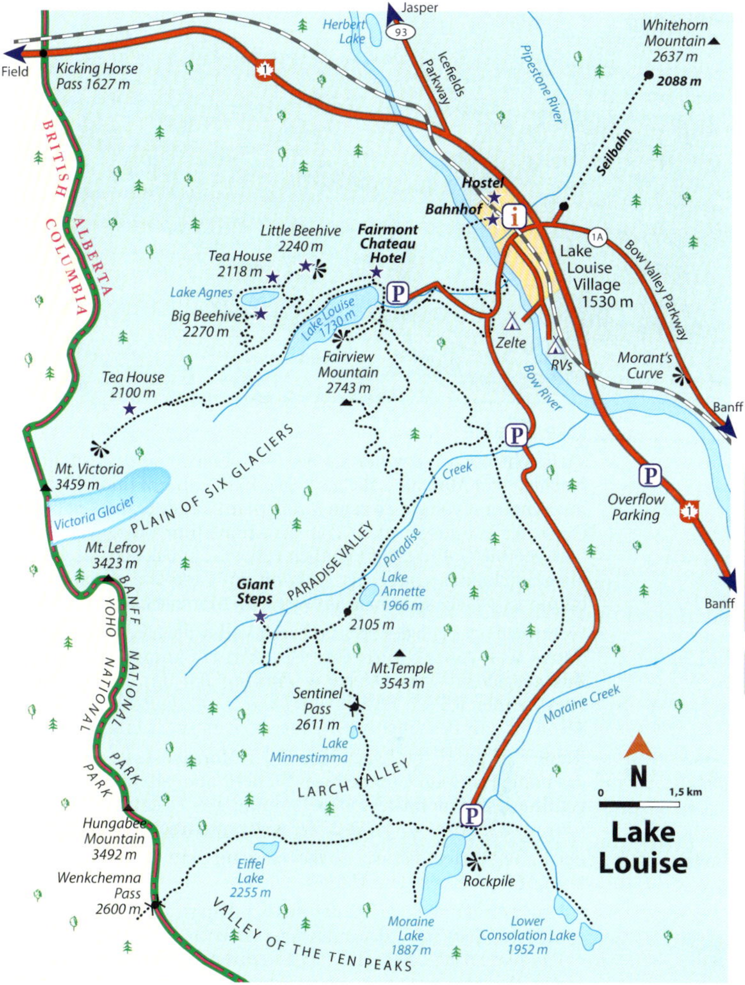

Man kann den Weg auch fortsetzen um den Lake Agnes herum jeweils mit Aussichtspunkten hinunter auf das Bow Valley: **Big Beehive** (+1,6 km, +150 HM) oder entgegengesetzt zum **Little Beehive** (+1,0 km, +120 HM) mit einem ebenso guten Weitblick.

• 4,5 km lang ist der schöne, deutlich weniger überlaufene Pfad auf den **Fairview Mountain** (2.745 m). Von dessen Gipfel blickt man 1.000 m hinab zum Lake Louise und hinüber zu den Gletschern am Mount Victoria mit dem *Plain of Six Glaciers Trail*.

Besucher auf
dem Rockpile
am Moraine Lake

Lake Moraine

Vielleicht noch reizvoller als der Lake Louise ist sein südlicher
Nachbar, der **Moraine Lake**. Er liegt 14 km entfernt und 150 m höher, umrahmt von gleich zehn 3.000ern im **Valley of the Ten Peaks**.
Dank der gut ausgebauten Zufahrtsstraße (nur Mitte Mai-Mitte
Okt. geöffnet!) wird es dort ähnlich voll wie am Lake Louise. Es empfiehlt sich eine sehr zeitige Ankunft am Parkplatz. Auch abends
bis um 18/19 Uhr steht man am Weg zum Moraine Lake oft im Stau.

Wenn sich oberhalb des Sees im **Larch Valley** die Lärchen verfärben
(Mitte Sept.-Anfang/Mitte Oktober) fährt ein **kostenloser *Shuttle-
Bus*** ausgehend vom ***Overflow Parking Lot*** am *Trans-Canada
Hwy* hierher; 5,5 km östlich vom *Lake Louise Exit*; alle 15-20 min
8-16 Uhr. Für Besucher mit RVs ist er dann sogar Pflicht!

Keine Parkprobleme haben Gäste der ***Moraine Lake Lodge***. Für
das noble Haus am Ufer des Sees braucht man allerdings ein prall
gefülltes Portemonnaie: Doppelzimmer gibt es dort ab $550, *Ca-
bins* für $770; ✆ 1-877-522-2777, www.morainelake.com.

Trails   Per Kanu (Verleih bei der *Lodge*) oder auf Schusters Rappen entkommt man etwas dem Hauptbetrieb.

- Erster Anlaufpunkt sollte der Aussichtshügel ***Rockpile*** am Nordufer des Sees sein, den man über einen breiten Weg, der vom
  Parkplatz nach links (also nicht Richtung *Lodge*!) führt und vor
  dem Aufstieg noch den »hohen Steinhaufen« umrundet (500 m;
  30 HM). Der Platz ist beliebt bei Fotografen zum **Sonnenaufgang**
  (➢ Foto oben), aber abends meist ebenso gut besucht.

- Empfehlenswert wäre auch der etwas längere Wanderweg hinauf
  zum ***Sentinel Pass*** (2.611 m). Vom Westufer geht es zügig bergauf
  und dann durch die ausgedehnten, im Herbst golden gefärbten
  Lärchenwälder des **Larch Valley**. Jenseits der Baumgrenze spiegeln sich die 3.000er malerisch im **Lake Minnestimma** – bei
  Windstille ein absolutes Postkartenmotiv! Über etwas steilere

Kehren wird die Bergwand gleich dahinter erklommen. Nach 5,8 km und 720 Höhenmetern steht man auf einem der höchsten Pässe im Nationalpark. Der Blick nach Norden fällt auf das Paradise Valley und in Richtung Süden auf die *Ten Peaks*. Dauer: ca. 5-6 Std. Die Kurzvariante bis zum **Larch Valley** ist **im Herbst eine der populärsten Touren in den *Rockies*!**

Auf knapp halber Strecke, noch vor dem Larch Valley, zweigt der weniger frequentierte, dennoch sehr schöne *Trail* zum **Eiffel Lake** oberhalb der Baumgrenze ab (ab Tal 5,6 km, 370 HM).

- Fast eben geht es am Südwestufer des Sees zu einem Wasserfall (1,5 km) bzw. östlich des Moraine Lake zum gleichfalls von Bergriesen eingerahmten **Lower Consolation Lake** (2,9 km).

- Ein weiteres hübsches Wanderziel startet am Beginn der Moraine Lake Road (nach nur 2,5 km beim *Paradise Valley Trailhead*): Der **Lake Annette** liegt direkt unterhalb der steilen, eisbedeckten Nordflanke des Mount Temple im Paradise Valley. »Paradiesisch« sind im oberen Tal sowohl das Panorama als auch die Einsamkeit; 13 km retour, 380 HM.

3.4.2 Bow Valley Parkway

Bei der Weiterfahrt nach Banff genießt man auf der *TCH*-Autobahn ab Lake Louise einen freien Blick auf die Rocky-Mountain-Gipfelwelt. Entlang des parallel verlaufenden, eigentlich reizvolleren **Bow Valley Parkway #1A** (»alter« *TCH*) bleibt heute das weite Bergpanorama meist hinter dem Blätterdach der Bäume verborgen. Dafür ist er in den Morgen- und Abendstunden ein recht guter Platz für **Tierbeobachtungen.** Außerdem liegen an ihm der bei Eisenbahnfans beliebte **Morant's Curve Viewpoint** (kleine Parkbucht beim Schild »Outlet Creek«; ➢ Foto Seite 287), der sehenswerte *Johnston Can-*

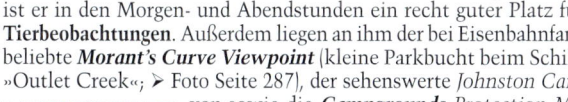

yon sowie die **Campgrounds** *Protection Mt, Castle Mt* (je $22) und die **Jugendherberge** *HI Castle Mountain* ($31pro Bett) unterhalb des gleichnamigen Bergs. Die **Castle Mountain Chalets** nebenan gibt es ab $280 (4 Personen).

Rund 25 km nordwestlich von Banff passiert der *Bow Valley Parkway* den Eingang zum klammartigen **Johnston Canyon**. Schmale Stege führen die steilen Felswände entlang zu den **Lower Falls**. Nach insgesamt 2,7 km und 120 Höhenmetern erreicht man die oberen Wasserfälle und nach weiteren 2,9 km (+100 HM) die **Ink Pots**, sieben, teils türkisfarbene Quellen. Eine tolle Halbtageswanderung! Bis 18 Uhr werden $10 Parkgebühr fällig.

Der große **Johnston Canyon Campground** ($27) in schöner Lage ist schnell belegt und wegen Bahnnähe leider auch nachts laut. Das **Resort** bietet *Cabins* ab $240; ✆ 1-888-378-1720; www.johnstoncanyon.com.

Lower Falls im Johnston Canyon

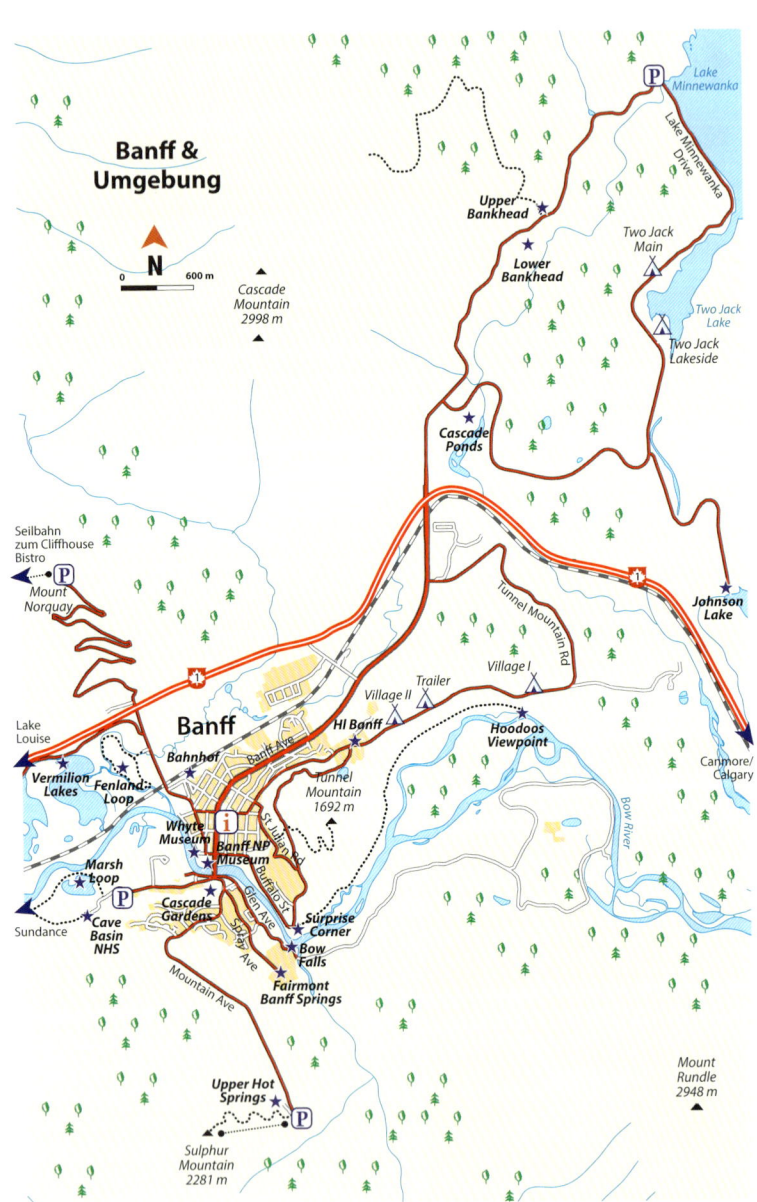

Banff & Umgebung

N

0   600 m

Cascade
Mountain
2998 m

Lake
Minnewanka

Lake Minnewanka Drive

Upper
Bankhead

Lower
Bankhead

Two Jack
Main

Two Jack
Lake

Two Jack
Lakeside

Cascade
Ponds

Seilbahn
zum Cliffhouse
Bistro

P
Mount
Norquay

Tunnel Mountain Rd

Johnson
Lake

Village I

Trailer

Village II

Hoodoos
Viewpoint

Banff

Lake
Louise

Bahnhof

Banff Ave

HI Banff

Tunnel
Mountain
1692 m

Vermilion
Lakes

Fenland
Loop

Whyte
Museum

Banff NP
Museum

St Julien Rd

Bow River

Canmore/
Calgary

Marsh
Loop

Cascade
Gardens

Buffalo St

Glen Ave

Spray Ave

Surprise
Corner

Bow
Falls

Sundance

Cave
Basin
NHS

Mountain Ave

Fairmont
Banff Springs

Mount
Rundle
2948 m

Upper Hot
Springs

P

Sulphur
Mountain
2281 m

3.4.3 **Banff**

Banff (knapp 8.000 Einwohner) liegt malerisch eingebettet in einem Talkessel umgeben von den Gipfeln Mount Norquay (2.523 m) und Rundle (2.948 m) sowie dem Sulphur (2.451 m) und Cascade Mountain (2.998 m). Zur Ferienzeit und an Schönwetterwochenenden herrscht in dem schmucken Städtchen mit fußläufiger Innenstadt nach europäischem Vorbild immer Hochbetrieb, im Winter zieht es Skifahrer dorthin. Calgary, die größte Stadt Albertas, ist nur 130 *TCH*-Kilometer entfernt und der umliegende, gleichnamige Nationalpark ist der beliebteste der kanadischen *Rockies*.

Geschichte Die Entwicklung der Stadt nahm ihren Anfang 1883, als man bei den Bauarbeiten an der Transkontinentaltrasse auf die heißen Quellen am Fuße des Sulphur Mountain stieß. Nur zwei Jahre später wurde das Areal um die ***Cave and Basin Hot Springs*** (➤ Seite 254) bereits unter Naturschutz gestellt und der Grundstein für den ersten Nationalpark Kanadas gelegt, den *Banff Nat'l Park*.

Van Horne, der damalige Chef der *Canadian Pacific Railway*, erkannte schon früh das touristische Potential der Region. Frei nach dem Motto »*If we can't export the scenery, we'll import the tourists*« beförderte er ab 1888 Wohlbetuchte per Eisenbahn zu den Bergen bzw. in sein neu eröffnetes »Luxus-Schlösschen«, das *Banff Springs Hotel*. Anfang des 19. Jahrhunderts wurde Banff dank der Nähe zu den drei großen Skigebieten *Sunshine Village*, *Ski Norquay* and *Lake Louise Mountain Resort* auch zum beliebten Wintersportort. Seither scheint der Boom unaufhaltsam.

3

Aussicht vom Sulphur Mountain: Linker Hand des kleinen Tunnel Mountain breitet sich Downtown Banff aus, rechts unten steht das Fairmont Hotel, im Hintergrund leuchtet der Lake Minnewanka

Übernachten

Unterkunft

Hotelbetten sind in Banff während der Hauptsaison sommers wie winters **extrem teuer**. Das generelle Preisniveau dort gehört zu den höchsten im ohnehin nicht billigen Kanada.

- Das Nonplusultra ist das *Fairmont Banff Springs* »Schlösschen« mit Luxuszimmern ab $750; www.fairmont.com/banffsprings. Es zählt zu den Sehenswürdigkeiten der Stadt, ➤ Seite 255.

An der **Banff Avenue** reihen sich die *Inns* und *Lodges* mit Tarifen jenseits der $300 zur Hochsaison. Etwas günstiger kommt man dann meist in folgenden Quartieren unter:

- *Bow View Lodge*, 228 Bow Avenue, zentral gelegen am Bow River; ✆ 1-800-661-1565, www.bowview.com
- *Homestead Inn*, 217 Lynx Street, gute Lage in *Downtown*; ✆ 1-800-661-1021, www.homesteadinnbanff.com
- *The Banff Voyager Inn*, 555 Banff Ave, ca. 1 km vom zentralen Bereich entfernt; ✆ 1-800-879-1991, www.banffvoyagerinn.com.

Wirklich preiswerte Betten gibt es in Banff nur in den Hostels:

- *Banff Int'l Hostel*, 449 Banff Ave, Betten ab $33; fußläufig zur Innenstadt; ✆ (403) 985-7744, www.banffinternationalhostel.com.
- *HI Banff Alpine Centre*, 801 Hidden Ridge Way, Betten $46, DZ $147; moderne Herberge am Tunnel Mt Dr, ✆ 1-866-762-4122
- *Samesun Hostel*, 433 Banff Avenue, Betten $42-$48; ✆ 1-877-972-6378; www.samesun.com/backpackers-hostels/banff/
- *YWCA Banff Hotel*, 102 Spray Ave, Betten $40, DZ $190; südlich des Bow River; ✆ 1-800-813-4138, www.ymountainlodge.com.

Canmore

Reichlich Ausweichsmöglichkeiten bietet das nur 25 *TCH*-Kilometer entfernte **Canmore** (➤ Seite 271), wo sich oft selbst im Sommer noch ein Zimmer für knapp $200 finden lässt.

Camping

Über mehr als 1.000 Stellplätze verfügen die drei beieinander liegenden **Tunnel Mountain Campgrounds** des Nationalparks (sanitär gut) an der Tunnel Mountain Rd, ca. 3 km vom Zentrum entfernt: *Village I* $28 (ohne Service), *Village II* $28-$39 und *Trailer* $39 *full fook-ups* für lange Camper; Anfahrt zum Einchecken am besten über den östlichen *Banff-Exit* des *TCH*; www.reservation.pc.gc.ca. Öffentliche Busse (*Route 2*) verkehren von den *Campgrounds* nach *Downtown* Banff und bis zum *Fairmont Springs Hotel*.

Camping außerhalb

Über dieselbe Abfahrt erreicht man auch die **Campgrounds Two Jack Main** ($22; keine Duschen) und **Two Jack Lakeside** ($28) nördlich des *TCH*, beide rund 12 km von der Stadt entfernt in ruhiger, schöner Umgebung (➤ Seite 256). Insbesondere *Lakeside* ist empfehlenswert. *Elk*s (Hirsche) und *Ground Squirrels* (Erdhörnchen) gehören dort zu den häufigen Besuchern.

Der **Johnston Canyon Campground** bei der gleichnamigen Klamm (➤ Seite 249) zeichnet sich ebenfalls durch seine gute Lage aus.

Privat betriebene Campingplätze mit *hook-ups* findet man erst in Canmore außerhalb des Parks; ➤ Seite 271.

Banff Avenue und dahinter erhebt sich der Cascade Mountain

Orientierung, Information, Essen

Information

Alle Besucher, gleich aus welcher Richtung sie kommen, landen unweigerlich auf der **Banff Avenue**. Auf der Flaniermeile südlich der Moose St befindet sich das gemeinsame *Info Centre* des Nationalparks und der Stadt. Neben Karten, *NP*-Zeitung und lokaler Werbung erhält man dort auch das Faltblatt »*Day Hikes in the Banff Area*« mit Erläuterungen zu den wichtigsten Wanderungen in der Umgebung von Banff; 224 Banff Ave; im Sommer tägl. 8-20 Uhr, sonst kürzer; ✆ 403-762-1550, www.banfflakelouise.com.

Parken

Tagsüber ist das Abstellen des Fahrzeugs in *Downtown* Banff meist problematisch. **Tipp:** In Gehdistanz, nur ca. 500 m entfernt, dürfen an der Railway Ave beim Bahnhof **RVs bis zu 12 Std. parken**.

Essen

Das kulinarische Angebot der Stadt ist vielfältig und deckt so ziemlich alles ab – vom schicken Gourmetrestaurant (**The Bison**, 211 Bear St, ist sehr gut!) bis hin zur preiswerteren **Old Spaghetti Factory** in der *Cascade Plaza Mall* (317 Banff Ave). Im selben Häuserblock finden Selbstversorger den **Supermarkt IGA** (318 Marten St; früher ein *Safeway*). Mexikanisches in gemütlicher Atmosphäre wird im **Magpie & Stump** serviert (203 Caribou Street). Live *Country*-Musik gibt's abends im **Wild Bill's Saloon** (201 Banff Ave).

Sehenswertes in Banff

Nationalpark Museum

Südlich des Zentrums steht unmittelbar vor der Brücke über den Bow River die **Banff Park Museum National Historic Site** mit Exponaten zu Flora und Fauna des Nationalparks; 91 Banff Ave; im Sommer 10-16 Uhr, sonst kürzer; Eintritt $4/$2, frei mit *Discovery*-Jahrespass (➤ Seite 47); www.pc.gc.ca/banffparkmuseum.

Whyte Museum

Das nur wenige Schritte davon entfernte, kleine **Whyte Museum of the Canadian Rockies** gibt einen Einblick in die Geschichte der Stadt und der Besiedlung der Rocky Mountains; 111 Bear St; täglich 10-17 Uhr; $10, Kinder unter 12 frei; www.whyte.org.

Indianer Museum

Die Kunst und Kultur der *First Nations* wird im Palisadenfort des **Buffalo Nations Luxton Museum** am gegenüberliegenden Flussufer thematisiert (1 Birch Avenue). Nachgestellte Szenen demonstrieren das Leben der Indianer vor Ankunft des weißen Mannes.

Geöffnet Mai bis September täglich 10-19 Uhr, sonst 11-17 Uhr, Eintritt $10/$5; www.buffalonationsmuseum.com. Ende Juni ist Banff Austragungsort des *Iiniskim Cross-Cultural Powwow*.

Cascade Gardens

Bereits bei der Fahrt über die *Bow River Bridge* fällt das eindrucksvolle, Mitte der 1930er-Jahre errichtete *Park Administration Building* auf, das von den **Cascades of Time Gardens** umgeben wird. Von den liebevoll treppenförmig angeordneten Blumenbeeten, Teichen und Pavillons eröffnet sich ein schöner Blick zurück auf die Banff Ave mit dem mächtigen Cascade Mountain im Hintergrund.

Die Brücke muss auch überqueren, wer zu den Mineralbädern, zum **Fairmont Banff Springs** und auf den **Sulphur Mountain** möchte.

Cave & Basin NHS

Die **Cave & Basin Hot Springs** befinden sich am Ende der Cave Ave #311, ca. 2 km westlich der *Bow River Bridge*. Im *Cave & Basin National Historic Site* lassen sich heiße Quellen besichtigen. Zudem liegt hier der **Birthplace of Canada's National Parks**, so dass sich einiges zur Geschichte des Nationalpark-Systems lernen lässt, im Sommer täglich 9-17 Uhr, von Mitte Oktober bis Mitte Mai nur Mi-So 11-17 Uhr, $4/$2; www.pc.gc.ca/cave.

Marsh Loop/ Sundance Canyon

An die alte Anlage grenzt ein Sumpf- und Naturschutzgebiet, das vom **Marsh Loop Trail** umrundet wird (2,7 km). Zur Tierbeobachtung (viele Vogelarten) dient eine Plattform unweit des Pools.

Anfangs identisch mit dem *Marsh Loop Trail* folgt der **Sundance Trail** zunächst einer für Autos gesperrten Straße und dann einem breiten Weg bis zu einem Picknickplatz (4 km). Er eignet sich daher am besten für eine Radtour – mehrere *Bike-Rentals* befinden sich im Ort. Erst dahinter beginnt der eigentlich reizvolle Teil des Weges: der *Loop Trail* (2 km, keine Fahrräder) durch und um den **Sundance Canyon**.

Hot Springs

Wer nach dem Überqueren des Bow River links auf die **Spray Avenue** und kurz darauf rechts auf die Mountain Ave abbiegt, gelangt noch vor dem Parkplatz der Sulphur-Mountain-Seilbahn zu dem ganzjährig geöffneten, großen *Open-air-Pool* der **Upper Hot Springs** (39°C); Mitte Mai-Mitte Oktober täglich 9-23 Uhr, sonst kürzer, Eintritt $7,30/$6,30; www.hotsprings.ca. Wer seine Badehose vergessen hat, kann sich für $1,90 ein nostalgisches Badekostüm ausleihen. Besonders **am Abend** bei klarem Himmel, wenn der Betrieb nachgelassen hat, sind diese im Stil der 1930er-Jahre erhaltenen *Hot Springs* empfehlenswert.

Seilbahn

Die **Banff Gondola** befördert seine Fahrgäste vom Ende der Mountain Ave zur Bergstation des **Sulphur Mountain** in 2.281 m Höhe; $41/$21, Juli-Anfang Sept täglich 8-22 Uhr, sonst kürzer, www.brewster.ca/attractions-sightseeing/banff-gondola. Die sagenhafte Rundumsicht sollte man sich nicht entgehen lassen; ➤ Foto Seite 251. Leute mit Kondition machen den Aufstieg zu Fuß (5,5 km; 655 Höhenmeter). Von der Bergstation führt ein weitgehend ebener **Panoramaweg** (ca. 1 km) zum *Sulphur Mountain Weather Observatory* auf dem benachbarten Sanson's Peak.

**Bow Falls &
River Tours**

Die **Spray Avenue** führt außerdem zu den 30 m breiten und gerade mal 9 m hohen ***Bow River Falls*** (ausgeschildert). Dort starten die Schlauchboote der 1- oder 2,5-stündigen ***Floating Tours***; ab \$55/ \$20; www.banffrafttours.com. Die Parkplätze bei den Wasserfällen stellen auch eine gute Option für Campmobile dar während des Besuchs des *Fairmont Banff Springs*, zumal die Straße vor dem Hotel meist voll ist, ebenso die hauseigene Stellplätze.

*Fairmont Banff Springs Hotel
von der Surprise Corner*

The Fairmont Banff Springs

Das nostalgische Luxushotel wirkt zwar vom *Overlook* am *Tunnel Mountain Drive* (➤ unten) eindrucksvoller, aber das »Innenleben« muss man gesehen haben. Die Edelherberge wurde 1888 von der *Canadian Pacific Railway Company* errichtet, bis 1928 ausgebaut und war lange Zeit das beste Hotel in Westkanada mit einer beeindruckenden Anzahl von 764 Zimmern.

Einen feinen ***Afternoon Tea*** (\$42, tägl. 12-16 Uhr) und einen tollen Blick über das Bow River Valley und den gepflegten Golfplatz genießt die internationale Gästeschar von der Terrasse der hochgelegenen, verglasten ***Rundle Lounge***.

**Tunnel Mt
Drive**

Über die Buffalo Street, die unmittelbar nördlich vom *Banff Park Museum* von der Banff Ave abzweigt, steuert man die Wanderwege und Sehenswürdigkeiten entlang des ***Tunnel Mountain Drive*** an. Alternativ erreicht man diese Straße über die östliche Banff-Ausfahrt vom *TCH* (und dann nach 500 m links abbiegen).

Vom Zentrum kommend lohnt sich ein Stopp gleich in der ersten Kehre an der **Surprise Corner**. Von der Plattform oberhalb der Straße fällt der Blick auf das schlossartige Anwesen des ***Fairmont Banff Springs Hotel*** am gegenüberliegenden Flussufer (➤ Foto oben).

Nur 1,2 km weiter kreuzt der ***Tunnel Mountain Trail*** die Straße (3,6 km retour). Wer in der Parkbucht linker Hand des *Drive* keinen Platz mehr findet, kann die Wanderung auch vom größeren Parkplatz an der 137 St Julien Road beginnen (+700 m). Vom Gipfel, 260 m über der Stadt, hat man einen tollen Panoramablick. Die Bezeichnung »Tunnel Mountain« für einen Berg, an dem kein Tunnel zu entdecken ist, verwundert. Sie geht auf frühere nicht realisierte Pläne für einen Eisenbahntunnel zurück.

Bei der Kreuzung Tunnel Mt Dr/Rd hält man sich rechts und passiert kurz darauf die Zufahrt zur *HI*-Jugendherberge und die weitläufigen *Tunnel Mt Campgrounds*. An einer nicht ausgeschilderten Parkbucht rechts der Straße stehen zwei ***Red Chairs*** (➤ Seite 231).

3

*Sonnen-
aufgang
am Hoodoo
Viewpoint
mit dem
Bow River
Valley und
den Mount
Rundle im
Blickfeld*

Noch malerischer präsentiert sich die Kulisse aber vom **Hoodoo Viewpoint** nur wenig später (rund 400 m vor der Einfahrt zum *Tunnel Mountain Village I Campground*). Ein kurzer Fußweg führt dort zu einer kleinen Ansammlung von Gesteinsskulpturen am Hang oberhalb des *Bow River*. Ein weiterer Pfad verläuft ab dem *Trailer Court* auf der Ostseite um den *Tunnel Mountain* herum und zurück zur **Surprise Corner** am *Tunnel Mountain Drive* (ca. 4 km).

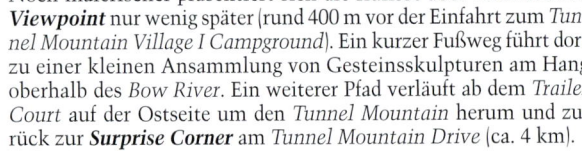

Lake Minnewanka Rundfahrt (13 km ab *TCH*)

Picknick- und Badeseen

Ein prächtiges Fotomotiv bietet auch der sich im **Two Jack Lake** oder **Cascade Ponds** spiegelnde **Mount Rundle**. Diese Seen liegen am *Lake Minnewanka Scenic Drive* jenseits des *Trans-Canada Hwy* (von *Downtown* der Banff Avenue nach Nordosten folgen) und sind an ihren Ufern mit hübschen Grill- und Picknicktischen ausgestattet. Die »Ponds« verwandeln sich an warmen Sommerwochenenden allerdings in einen überlaufenen Badeplatz – ähnlich wie der benachbarte **Johnson Lake**.

Lake Minnewanka

Als »Haussee« von Banff (14 km vom Ort entfernt) gilt der schön gelegene, aber nicht sonderlich spektakuläre **Lake Minnewanka** (24 km lang). Am Staudamm des einzigen Sees im Nationalpark mit Motorbootverkehr (dort auch Verleih) starten **Ausflugsboote** zu einstündigen Touren bis zur Schlucht **Devil's Gap** am Übergang der Rocky Mountains ins flache Vorgebirge. *Banff Lake Cruise*, Mai-Mitte Sept tägl. 10-18 Uhr, bis Anfang Okt noch 12-17 Uhr, jeweils zur vollen Std, $56/$28; www.brewster.ca/activities-in-the-rockies.

Bankhead Trail

Von der ehemaligen **Kohlenmine Bankhead** sind nur noch ein paar Ruinen und verbarrikadierte Gruben zu sehen, dafür überschaut man von der alten Abraumhalde die tief unten liegenden Seen. Wer einigermaßen gut zu Fuß ist, läuft den **C-Level Cirque** bergauf (3,9 km *one-way*; 450 HM; Start bei der *Upper Bankhead Picnic Area* ca. 2 km westlich des Lake Minnewanka). Bequemer ist der 1,1 km lange **Bankhead Interpretive Loop Trail** (ab dem *Lower Bankhead Trailhead* noch rund 500 m weiter in Richtung *TCH*).

Mount Norquay Scenic Drive (6 km *one-way* ab *TCH*)

Vermilion Lakes

Ein weiterer toller Blick auf das schräge Massiv des Mount Rundle eröffnet sich von den Vermilion Lakes. Zufahrt über die Vermilion Lakes Road, die unmittelbar südlich des Auf-/Abfahrt des *TCH* von der Mt Norquay Road abzweigt. Auf dem *Fenland Loop Trail* (2 km) kann man sich dort etwas die Füße vertreten.

Mount Norquay

Nördlich des *TCH* führt die Mt Norquay Road in Serpentinen zur Talstation des mächtigen Gipfels (2.133 m). Dickhornschafe am Weg und der Blick zurück auf Banff lohnen die Auffahrt. Grandios ist die Aussicht auch vom **Cliffhouse Bistro** (Mitte Juni-Mitte Okt. 10-18 Uhr), das man mit dem Sessellift erreicht.

Weitere Aktivitäten

Biking

Banff besitzt ein ausgezeichnetes Netz an markierten **Mountain Bike Trails** mit einfachen Wegen für Anfänger entlang der Täler und anspruchsvollen Pfaden in den Bergen. Radverleih bei *Banff Adventures Unlimited*, 211 Bear St, ✆ 1-800-644-8888; Tarife ab $42/Tag inkl. Helm und Karten; www.banffadventures.com.

Reiten

Banff Trail Riders bietet **Ausritte** in die Umgebung an, u.a. den 3-stündgen *Sulphur Mountain Ride* für $188; ✆ 1-800-661-8352; www.horseback.com.

Sunshine Village & Meadows

Zum »Sonnenscheindorf« auf 2.160 m Höhe geht es den Sommer über vom Ende der Sunshine Road (Abzweig vom *TCH* 8 km westlich von Banff) – wochentagsabhängig – entweder mit der **Sunshine Village Gondola** ($42/$21; 8-18 Uhr) oder per **Shuttle Bus** ($35/$19). Ein zusätzlicher *Shuttle* ($12) verkehrt dorthin ab *Downtown* Banff mit Stopps bei einigen Hotels; ✆ 1-877-542-2633, www.sunshinemeadowsbanff.com.

Oben warten Wanderwege in einer wunderschönen, im Sommer von bunten Blumen und wilden Erdbeeren übersäten alpinen Hochebene. Empfehlenswert und in 3-4 Stunden (ohne Pausen) leicht zu bewältigen ist die 9 km lange Kombination aus **Rock Isle Trail** und **Grizzly Lake-Larix Lake Loop**.

Im September leuchten die Lärchen auf den Sunshine Meadows

Polarlichter im Sommer

Tanzende Aurora Borealis

Beim Thema »Polarlichter« denkt man primär an die hohen Norden, an Yukon oder Alaska und an klirrend kalte Nächte. Man muss allerdings nicht zwingend im Winter unterwegs sein, um die bunten Leuchterscheinungen am nächtlichen Firmament tanzen zu sehen. Im Banff und auch im Jasper Nationalpark ist es im Sommer ausreichend lange dunkel und die Sonne ruht auch zu dieser Jahreszeit nicht. Wer sich also für Polarlichter interessiert, der kann auch während seines Aufenthalts in den Rocky Mountains die Vorhersagen verfolgen und – mit etwas Glück – in klaren Nächten ein wahres Feuerwerk am Himmel erleben. Dank des Abweichens des geographischen vom magnetischen Pol, erstreckt sich auf dem nordamerikanischen Kontinent das sog. »Aurora Oval« bei der Interaktion der Sonnenstürme mit der Erdatmosphäre deutlich weiter nach Süden als in Europa – mit der Folge, dass man hin und wieder selbst im **US-Nordwesten** noch *Aurora Borealis* (= Polarlichter) beobachten kann.

Angegeben wird die Stärke der solaren Partikelströme, die den Stick- und Sauerstoff in der Ionosphäre glühen lassen, in **kp-Werten** auf einer Skala von 0-9. Bei einem Wert von 3 (*moderate*) oder 4 (*active*) können in Jasper bereits gut erkennbare Polarlichter am nördlichen Horizont auftreten, ab 5 (*high*) tanzen sie schon oft am Zenit und ihre Sichtbarkeit reicht dann bis in die US-Bundesstaaten Washington, Idaho und Montana. Die Webseite www.gi.alaska.edu/Aurora Forecast/NorthAmerica zeigt das breite Oval, unter dem schöne Polarlichter zu sehen sein sollten. Der schmale grüne Strich in der Grafik markiert die südliche Grenze, wo sie nur noch schwach in Horizontnähe leuchten können.

Man sollte sich aber dabei im Klaren sein, dass sie nicht immer grün für das menschliche Auge erscheinen. Oft sieht die *Aurora Borealis* eher wie eine seltsam pulsierende graue Wolke aus, die sich beim Blick auf den (deutlich empfindlicheren) Kamerasensor als grün, gelb-, rosa- oder lilafarben entpuppt.

Leider kann man sich auch auf die **Vorhersagen** der *NOAA* (*National Oceanic & Atmospheric Administration*) nicht immer verlassen. Teilchenströme im Weltall können die Erde verfehlen oder deutlich schwächer sein, als zunächst angenommen. Oder – auch das kann vorkommen – sie erreichen uns viel schneller. Die Webseiten www.swpc.noaa.gov/products/aurora-30-minute-forecast und .../products/3-day-forecast werden laufend aktualisiert. Ist das Eintreffen eines großen Sonnensturms (kp>4) prognostiziert und die Wettervorhersage gut, so darf man hoffen! Dann muss man nur noch einen möglichst dunklen Ort aufsuchen mit offenem **Blick nach Norden** und **fernab der (störenden) Lichterglocken der Städte**. Letzteres dürfte aber im dünn besiedelten Kanada nicht so schwierig sein!

3.5 Yoho & Kootenay National Park

Bei einem mehrtägigen Aufenthalt in Lake Louise oder Banff bietet sich auch ein Abstecher in die an den *Banff NP* angrenzenden Nationalparks **Yoho** und **Kootenay** an. *Backpacker* können außerdem noch eine mehrtägige Wanderung in den **Mount Assinibioine Provincial Park** (➤ Seite 273) in Erwägung ziehen.

Abstecher Yoho NP

Ohne das doppelte Abfahren einiger Strecken sind diese zwei Nationalparks aber gar nicht so leicht in die Reiseroute einzubauen. Auf keinen Fall auslassen sollte man den kurzen Ausflug in den *Yoho Nat'l Park*, denn dort befinden sich die entscheidenden Highlights bereits auf den ersten 30 km ab Lake Louise.

Abstecher Kootenay NP

Der **Kootenay NP** bietet vergleichsweise weniger »Must Sees«, dafür aber umso mehr Ruhe/Erholung und wäre somit gut geeignet als Ausklang eines mehrtägigen Rocky-Mountains-Besuchs vor der Weiterfahrt nach Calgary oder zum *Waterton Lakes NP* bzw. vor der Rückkehr nach Vancouver über den *Trans-Canada Highway* oder den *Crowsnest Hwy* an der Grenze zu den USA.

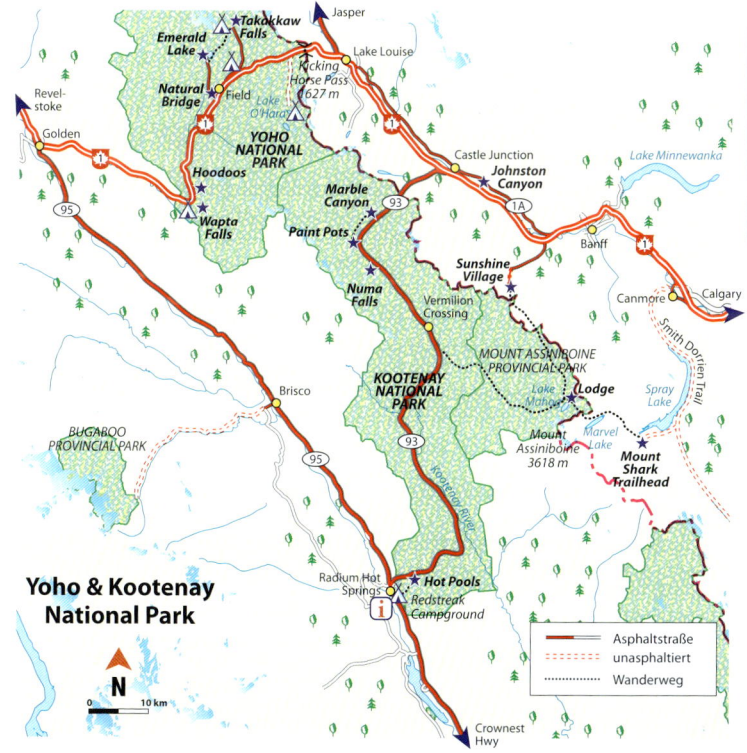

Rundtour durch den Kootenay + Yoho NP

(ohne Zeitzonenwechsel!)

Beide Nationalparks lassen sich auch im Rahmen einer längeren Rundtour miteinander kombinieren. Der **320 km *Loop*** ab Lake Louise ist zwar an nur einem Tag machbar, empfehlenswerter ist aber ein Zwischenstopp mit Übernachtung in Radium Hot Springs. Hierbei geht es ab Castle Junction zunächst auf der Straße #93 in und durch den ***Kootenay National Park***.

Von Radium Hot Springs an der Südausfahrt des Parks sind es dann auf der parallel zum Columbia River verlaufenden #95 knapp 100 km bis nach Golden am *Trans-Canada Highway*. Auf den verbleibenden 80 km zurück nach Lake Louise gibt es dann in der Umgebung von Field im *Yoho NP* noch einiges zu sehen.

3.5.1   Yoho National Park

Eintritt Tagespass $9,80/Auto oder Discovery Jahrespass

Westlich von Lake Louise verläuft der *Trans-Canada Hwy* durch den unmittelbar an den *Banff Park* anschließenden **Yoho Nat'l Park**. Die Einfahrt in den *Yoho* markiert gleichzeitig die Provinzgrenze zwischen Alberta und British Columbia und die Wasserscheide (**Continental Divide**) zwischen Pazifik und Atlantik.

Das Gebiet des heutigen **Yoho National Park** wurde erst Ende des 19. Jahrhunderts im Zusammenhang mit dem Bau der ersten transkanadischen Eisenbahn erforscht. Die damals für die Schiene gewählte Route über den **Kicking Horse Pass** (1.647 m) erwies sich Jahrzehnte später auch für die Trassenführung des *Trans-Canada Highway* als geeignet.

Lake O'Hara

Südlich des *TCH* erstreckt sich der Glanzpunkt des Nationalparks, die vom Massentourismus weitestgehend abgeschottete, idyllische Bergseenlandschaft rund um den **Lake O'Hara**, die man nur per 11-km-Anmarsch auf der wenig spannenden *Lake O'Hara Fire Road* (keine Fahrräder) erreicht oder per **Shuttle Bus**, der lange im Voraus reserviert werden muss (➤ Exkurs rechts).

Spiral Tunnels

Da sich das 4,5%ige Gefälle der ersten Eisenbahntrasse westlich des **Kicking Horse Pass** als zu steil erwies (viele Züge entgleisten!), wurde es bereits 1909 mit Hilfe von zwei spiralförmig angelegten Tunneln, die einen Bogen von 226° bzw. 288° schlagen, auf 2,2 % verringert. Weil kanadische Güterzüge oft weit über 100 Waggons mitführen, sieht man gelegentlich die Loks bereits am unteren Tunnelausgang herauskommen, während die letzten Wagen oben noch hineinrollen. Der **Lower Spiral Tunnel** ist gut vom *TCH* zu erkennen, zum weniger interessanten **Upper Spiral Tunnel Viewpoint** muss man ein Stück der Straße ins Yoho Valley hinein folgen. Die Zugfrequenz ist relativ hoch, so dass die Chance, Züge in die Tunnel ein- und ausfahren zu sehen, groß ist. Das durchdringende Pfeifen der Züge signalisiert ihre Tunnelnähe.

Yoho Valley

Rund 4 km vor der Ortschaft **Field** zweigt beim *Monarch Campground* ($18) die **Yoho Valley Road** vom *TCH* ab. Der benachbarte und weitläufige **Kicking Horse** ($28) ist klar die bessere Wahl.

Alpine Circuit im Yoho National Park

Der rund 12 km lange Höhenweg um den **Lake O'Hara** zählt zu den größten Juwelen der kanadischen Rocky Mountains (schneefrei ab Juli). Auf ihm genießt man durchgehend einen Panoramablick auf die umliegenden Berggipfel und die in unterschiedlichen Wasserfarben leuchtenden Seen. Für die besten Fotobedingungen startet man im Uhrzeigersinn am Vormittag über den *Wiwaxy*-Aufstieg (500 HM) und genießt dann *Opabin Prospect* mit traumhafter Aussicht auf den türkisblauen Lake O'Hara und den grünlich schimmernden Mary Lake im Nachmittagslicht (➤ **Foto Doppelseite 224/225**). Mitte September neigt sich die Wandersaison dem Ende zu, dann lohnt sich vor allem der Besuch des Lärchen bestandenen *Opabin Plateau*. Zu der Jahreszeit muss dort auch schon mit ersten Schneefällen gerechnet werden.

Für die Fahrt nach *Le Relais*, dem Ausgangspunkt des *Alpine Circuit*, wird ein **Shuttle Bus Ticket** benötigt ($15; nur 42 Stück/Tag!). Die Alternative (+11 km *one-way* auf der *Fire Road*; 400 HM) werden sicher nur wenige in Betracht ziehen, auch wenn man abends mit etwas Glück noch einen freien Platz im Bus für die Rückfahrt finden kann. Vergeben werden die Tickets online unter www. reservation.pc.gc.ca. Am Stichtag (meist Mitte April) sind sie in der Regel in Sekundenschnelle (!) ausverkauft.

Das Bus-Ticket ist auch allen garantiert, die es schaffen (auf den Tag exakt 3 Monate) vor der geplanten Wanderung einen der 30 Zeltplätze unter ✆ (250) 343-6433 zu ergattern ($22) oder das Geld für eine Übernachtung in der **Lake O'Hara Lodge** aufzubringen (DZ/*Cabin* $685-$970; www.lakeohara.com). Die Betten in der **Elizabeth Parker Hut** beim See ($40) sind ebenfalls heiß begehrt und werden bereits immer im Herbst verlost; www.alpineclubofcanada.ca.

Alle Infos: www.pc.gc.ca/en/pn-np/bc/yoho/activ/randonnee-hike/ohara/visit.

3

Cabins am Lake O'Hara

Takakkaw Falls

Der Abstecher zu den *Takakkaw Falls* auf der **Yoho Valley Rd** (nur Ende Juni-Mitte Okt.) sollte das Minimalprogramm im *Yoho Nat'l Park* sein. Bis zum Straßenende sind es 13 km. Auf halber Strecke machen enge Serpentinen Fahrzeugen über 7 m /23 Fuß Länge zu schaffen. Größere Campmobile und Busse überwinden das Hindernis durch **abwechselndes Vorwärtsfahren und Zurücksetzen**, wenn sie die Kurven sonst nicht meistern können.

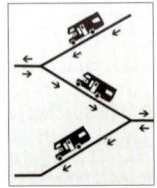

Vom Parkplatz geht es auf einem kurzen Pfad über den *Yoho River* bis zum Fuß der **Takakkaw Falls** (254 m). Gespeist wird der zweithöchste kanadische Wasserfall vom nur wenig oberhalb gelegenen **Daly Glacier**. Der sehr schöne, aber einfache *Walk-in Campground* am Straßenende ist im Sommer meist schon vormittags belegt ($18).

Wanderwege

Der Parkplatz an den *Takakkaw Falls* bildet eine Art Knotenpunkt im Wegenetz des Parks. Ein 4 km langer, ebener *Trail* führt zu den **Laughing Falls**. Von dort aus erreicht man die (unbewirtschaftete) **Stanley Mitchell Hut** (26 Betten, $30), eine Hütte des **Alpine Club of Canada** im Little Yoho Valley nach 5 km, Reservierung unter www.alpineclubofcanada.ca.

Takakkaw Falls

Der Weg (ca. 4 km) von den *Laughing Falls* zum **Twin Falls Chalet** (nur Juli/August; $500, www.twinfallschalet.ca) mit Blick auf die 80 m hohen **Twin Falls**, Kanadas neunthöchstem Wasserfall, gehört zu den populärsten Wanderrouten im *Yoho NP*. Zurück folgt man dem kaum längeren **Marpole Lake Connector** (am gleichnamigen kleinen See vorbei) oder dem herrlichen **Whaleback Trail** (+5 km) mit einem ebenso spektakulären Höhenpanorama.

Ein weiterer schöner Wanderweg überquert, ausgehend vom toll gelegenen **HI Whiskey Jack** (Betten $30, Veranda mit Blick auf die *Takakkaw Falls*; © 1-866-762-4122; www.hihostels.ca) auf der westlichen Talseite den *Yoho Pass* zum Emerald Lake (direkt 11 km, am besten in Verbindung mit **Burgess Pass Trail**, rund 18 km).

Auf dem ersten Kilometer identisch mit dem *Yoho Pass Trail* verläuft der **Iceline Trail**, der eine 6,5 km entfernte Passhöhe (2.210 m) oberhalb der Baumgrenzen anvisiert. Der Aufstieg lohnt sich selbst für 2 km wegen der fantastischen Ausblicke auf die **Takakkaw Falls**, Berggipfel und Gletscher. Mit dem *Iceline Trail* beginnt auch die mit Abstand attraktivste Rundwanderung (26,5 km) über **Lake**

Celeste Connector ins **Little Yoho Valley**, dann **Whaleback Trail** zum *Twin Falls Chalet*; zurück auf dem **Laughing Falls Trail**.

Geführte Wanderung

Ausgehend vom Parkplatz an den *Takakkaw Falls* werden im Sommer außerdem von Wissenschaftlern geführte Wanderungen zum **Walcott Quarry** angeboten, eine der weltweit bedeutendsten Ausgrabungsstätten. In den Schiefer-Platten der **Burgess Shale** lagern auch heute noch **zahllose Fossilien**, dessen Bergung und Präparation man vor Ort »live« mitverfolgen kann. Dauer 11 Std., 21 km retour, 825 HM; $70/$35, max. 12 Personen, Reservierung nötig: www.pc.gc.ca/en/pn-np/bc/yoho/activ/burgess/burgess-visit/walcott. Eine etwas weniger anstrengende Alternative ist der *Hike* zu den Fossilienfunden am **Stanley Glacier** im *Kootenay NP*, ➤ Seite 266.

Field

In Field, einer 1885 bei der Konstruktion der *Canadian Pacific Railway* entstandenen Eisenbahnersiedlung 4 km westlich des *Yoho-Valley-Road*-Abzweigs, passiert man das **Yoho Visitor Centre**, zugleich offizielles **Alberta & BC Welcome Centre**. Dort gibt es u.a. den **Backcountry Guide to Yoho NP**, eine nützliche Broschüre mit allen *Trails*; im Sommer täglich 8.30-19 Uhr; www.pc.gc.ca/yoho.

Neben der Jugendherberge **Fireweed Hostel** mit Betten im Schlafsaal ($35-$45) und Doppelzimmern ($100-$135; ✆ 1-877-343-6999, www.fireweedhostel.com) stehen in und rund um Field noch etliche *Guesthouses*, u.a. **The Coyotes Den** (213 2nd Ave; $140 inkl. Frühstück; ✆ (250) 343-6034, www.coyotesden.ca). Eine Übersicht findet man unter www.field.ca/accommodations.

Emerald Lake Road

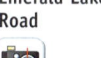

Rund 3 km westlich von Field zweigt die Emerald Lake Road vom *TCH* ab. Gleich eingangs dieser Stichstraße befindet sich eine natürliche Felsbrücke (**Natural Bridge**) über den Kicking Horse River, nur wenige Schritte vom Auto entfernt. Bis zum wunderschönen **Emerald Lake**, dessen Farbe seinem Namen (»Smaragd«) alle Ehre macht, sind es ca. 8 km auf guter, ganzjährig geöffneter Straße. Ein Naturlehrpfad (5 km) führt rund um den See, ein Kurztrail zu den **Hamilton Falls**. Leihkanus kosten dort $60/Stunde.

Paddeln in traumhafter Umgebung am Emerald Lake im Yoho Nat'l Park

*Lodge am Emerald Lake,
links hinten am Berghang
die Fossilienlagerstätte
Walcott Quarry*

Die **Emerald Lake Lodge** hat rustikale Luxus-Hütten mit Seeblick ab $420; ✆ 1-800-663-6336, www.emeraldlakelodge.com.

Hoodoos

Nahe der Westgrenze des Parks liegt etwas abseits der Hauptstraße der *Hoodoo Creek Campground* (30 Plätze, $22), dessen rückwärtiger Teil hübsche Plätzchen bietet. Ein steiler Pfad (5,2 km retour; 325 HM) führt zu den **Leanchoil Hoodoos**, die beeindruckender als die Sandsteintürmchen in Banff sind (➤ Seite 256).

Wapta Falls

Jenseits der Autobrücke über den Kicking Horse River befindet sich die kurze Zufahrt zum **Wapta Falls Trailhead**. Nach relativ ebenen 2,3 km Waldweg sind die breiten, tosenden Wasserfälle erreicht.

Kicking Horse River

Für Tagesausflügler ab Lake Louise/Banff ist spätestens hier der Umkehrpunkt, außer man möchte noch den Kicking Horse River bezwingen, einer der rauesten **White Water Rafting**-Flüsse in British Columbia. Nur wenig außerhalb der Parkgrenzen kann man eine Tour auf dem *Middle River* (Grad III-IV) mit dem unbändigen *Lower River* (7 km, Grad IV+) zum 26-km-Trip ausdehnen, 5,5 Std $139. Auch 4-stündige *Gentle Family Rafting*-Touren werden angeboten ($69/$39); ✆ 1-888-599-5299; www.alpinerafting.com.

Golden

Bei **Golden**, einem 4.000-Einwohner-Städtchen mit guter Infrastruktur (zahlreiche Motels) aber ohne jeglichen Reiz, mündet der Kicking Horse in den Columbia River. Das *Visitor Centre* steht am *TCH* unweit des #95-Abzweigs; www.tourismgolden.com.

Erste Wahl ist der sehr schön am Fluss gelegene, weitläufige **Municipal Campground** (1407 9th Street South, $28-$35, ✆ 1-866-538-6625; www.goldenmunicipalcampground.com). Anders als beim **Whispering Spruce Campground**, der östlich von Golden in *TCH*-Nähe liegt, stört der Bahn- und *Hwy*-Lärm dort kaum. Zum Baden

eignet sich der *Cedar Lake* südlich des Ortes (2 km Forststraße ab Kicking Horse Drive/Trail).

Wer auf seiner Rundreise durch die kanadischen *Rockies* noch keinem Grizzly begegnet ist, kann dies im **Grizzly Bear Refuge** beim *Kicking Horse Mountain Resort* westlich von Golden nachholen. Dort lebt Grizzly *Boo*, der seine Mutter früh verloren hat.

Weiterfahrt auf dem TCH

Im weiteren Verlauf durchquert der *TCH* die **Nationalparks Glacier** und **Mt. Revelstoke**. Nähere Ausführungen zur Strecke Richtung Kamloops/Vancouver finden sich im **Kapitel 4.1**, ➤ Seite 280ff.

3.5.2 ## Kootenay National Park

Straße #93

Tagespass $9,80/Auto oder Discovery Jahrespass

Die bei Castle Junction auf halber Strecke zwischen Lake Louise und Banff vom *Trans-Canada Hwy* abzweigende **#93** führt durch den am wenigsten frequentierten Nationalpark der kanadischen Rocky Mountains. Das Besucherzentrum des **Kootenay NP** befindet sich an der Südeinfahrt in Radium Hot Springs. Daher besorgt man sich die Parkkarte am besten vorab in Banff oder Lake Louise oder speichert sich das PDF-file auf dem Handy ab: www.pc.gc.ca/en/pn-np/bc/kootenay/visit/depliants-brochures/cartes-maps.

Geschichte

Der Nationalpark verdankt seine Entstehung im Wesentlichen der einstigen Finanzschwäche der Provinz British Columbia. Bereits 1911 wurde der Bau des **Banff-Windermere Highway** in Angriff genommen, auf dem Obst und Gemüse in die Präovinzinzen transportiert werden sollten. Aber Finanzierungsprobleme behinderten die Fertigstellung. Als die kanadische Regierung einsprang, erhielt sie als Gegenleistung einen Streifen Land von jeweils 8 km beiderseits der Straße, der 1920 noch vor Ende der Bauarbeiten (1922) zum **Highway National Park** erklärt wurde. Seinen endgültigen Namen erhielt der Park nach den *Ktunaxa*-Indianern, die vor Ankunft der Weißen dort gesiedelt hatten.

Klima

Das Klima im östlichen Bereich des *Kootenay NP* unterscheidet sich stark von dem im Westteil. Die Barriere der *Rockies* sorgt für größere Niederschlagsmengen in den östlichen Höhenlagen, während die westliche, tiefer gelegene Parkregion – etwa ab *Kootenay Crossing* – relativ trocken und warm bleibt.

Camping

Der *Highway* #93 ist keine wichtige Hauptstraße wie der *TCH* und daher verkehrsmäßig viel angenehmer. So sind auch die **Campgrounds** selbst in der Hauptsaison selten voll: Ein klimatisch eher ungünstiger Platz befindet sich im Osten beim hochgelegenen **Marble Canyon**, empfehlenswerter ist der großzügig angelegte **McLead Meadows** (beide $22) oder **Redstreak** bei der Südausfahrt, ➢ Seite 267.

»Paint Pots«, Quelltümpel im Kootenay Nat'l Park

Trails

Unweit des **Vermilion Pass** (1.651 m), 10 km westlich des *TCH*, schlängelt sich der **Fireweed Nature Trail** (1 km) durch ein bereits 1968 von einem Waldbrand (*Vermilion Pass Burn*) geschädigtes Areal. Der Baumbestand erholt sich wegen der in der Höhe nur kurzen jährlichen Wachstumsperiode langsam. Dafür haben sich viele Wildblumen ausgebreitet, vor allem *Fireweed*, das in prächtigem Rosa blühende »Schmalblättrige Weidenröschen«.

Der **Stanley Glacier Trail** (8,4 km retour, 360 HM) führt etwas weiter westlich durch dasselbe Waldbrandgebiet und endet unterhalb des Gletschers. Tolle Blumenblüte im Frühsommer.

An diesem *Trailhead* starten Mitte Juni-Mitte September auch die geführten Touren zu den **Fossilienfundstätten** unterhalb des *Stanley Glacier*; Dauer: 7,5 Stunden, 10 km retour, 450 HM; Kosten $55/$28. Reservierung und Infos: www.pc.gc.ca/en/pn-np/bc/yoho/activ/burgess/burgess-visit/stanley.

Marble Canyon & Paint Pots

Durch starken Wasserdruck wurde der Kalkstein im Bett des *Tokumm Creek* zu Marmor (*Marble*) gepresst. Der empfehlenswerte **Marble Canyon Trail** verläuft abwechselnd über sieben Brücken zu beiden Seiten einer bis zu 40 m tiefen Schlucht (1 km, 25 HM). Tosende Wasserfälle, Engpassstellen und eine natürliche Steinbrücke sind die Hauptattraktionen dieses Weges, für den man einen knapp einstündigen Zwischenstopp einkalkulieren muss.

Die **Paint Pots**, runde, rot-gelbe Erdkuhlen, verdanken ihre Entstehung dem ständig zufließenden eisenhaltigen Wasser aus mineralhaltigen Quellen (➤ Foto umseitig). Bevor weiße Einwanderer die Ockergruben kommerziell ausbeuteten und den Sand als Grundstoff für Färbemittel nach Calgary transportierten, verwendeten bereits die Indianer die Erde für Körperbemalung und Verschönerung ihrer *Teepees*. Noch heute künden verrostete Maschinenteile von den Aktivitäten der Weißen. Der Weg zu den *Paint Pots* ist nur 1 km lang (25 HM) oder ausgehend vom *Marble Canyon Trailhead* 6,8 km retour (40 HM).

Beeindruckender als die eher unscheinbaren **Numa Falls**, 4 km weiter südlich an der #93, ist ihr glattpoliertes, canyonartiges Flussbett sowie das intensive Türkis des dort durchrauschenden Wassers.

Blick hinunter in den tiefen Marble Canyon von der letzten Brücke; ganz in der Nähe stehen dort zwei »rote Stühle« mit Infos zu den verheerenden Waldbränden von 2003

Übernachten

In Vermilion Crossing, wo man den *Vermilion River* quert, steht die **Kootenay Park Lodge**. Das Nationalpark-Hotel verfügt über 10 *Cabins* (im Sommer $150-$175) und über ein rustikales Restaurant; ✆ (250) 434-9648, www.kootenayparklodge.com. In der Nähe lassen sich unterhalb des Mt Wardle oft Schneeziegen oder Hirsche beim **Salzlecken** direkt neben der Straße beobachten.

Sinclair Canyon

Die noch vor dem *Kootenay Valley Viewpoint* abzweigende Settlers Road führt zum **Cross River Wilderness Centre** mit *Cabins* und *Teepees* in herrlich einsamer Lage; Übernachtung ab ca. $250; www.crossriver.ca.

Im weiteren Verlauf entfernt sich die #93 vom Kootenay River und klettert über den **Sinclair Pass** (1.486 m). Schautafeln an den Aussichtspunkten informieren über die Namen der im Blickfeld liegenden Rocky Mountains-Gipfel. Wenige Kilometer vor der südlichen Parkeinfahrt passiert man noch die roten Klippen der *Redwall Fault* und die **Radium Hot Springs**, bevor sich die #93 durch den pittoresken **Sinclair Canyon** zwängt.

Radium Hot Springs

Die heißen Quellen werden von Regenwasser gespeist, das bis in 3.000 m tiefe Erdschichten vordringt, dort verdampft und sich auf dem Weg nach oben wieder verflüssigt. Sie erhielten ihre Bezeichnung wegen der (geringen und medizinisch unbedenklichen) Spuren an radioaktivem Radium. Ein erstes Badehaus wurde schon zu Beginn des 20. Jahrhunderts gebaut, heute befinden sich dort ein großer *Aquacourt* mit Spa und Cafeteria. Ein **Outdoor Pool** ist mit 27°C zum Schwimmen geeignet, der andere enthält 39°C heißes Wasser. Geöffnet Mitte Mai-Mitte Oktober täglich 9-23 Uhr, sonst 13-21 Uhr, Eintritt $6,30/$4,95; www.pc.gc.ca/hotsprings.

Unmittelbar an den südlichen Parkausgang grenzt der Touristenort **Radium Hot Springs** (Info: 7556 Main St East; ✆ 1-888-347-9331; www.radiumhotsprings.com). Preiswertestes Quartier ist das **Radium Int'l Hostel** in der **Misty River Lodge**; 5036 Hwy #93; $30/Bett, DZ $75; ✆ (250) 347-9912; www.radiumhostel.bc.ca.

Der sehr schöne **Redstreak Campground** auf einem sonnigen Plateau an der Parkgrenze ist über einen Fußweg (2,7 km) mit den *Hot Springs* verbunden und der komfortabelste Campingplatz des *Nat'l Park*; $28-$39 mit Duschen und teilweise *hook-up*; Reservierung: ✆ 1-877-737-3783, www.reservation.pc.gc.ca.

Information

Eine Karte des Parks und Informationsmaterial wie den *Kootenay Backcountry Guide* (Verzeichnis aller Wander- und Radwege) erhält man im **Kootenay NP Visitor Centre** an der 7556 Main Street East; ✆ 1-888-773-8888, www.pc.gc.ca/kootenay.

Fortsetzung der Rundtour bis nach Golden (TCH)

Straße #95

Der *Highway* #95 verbindet die Ortschaften Radium Hot Springs und Golden (ca. 100 km). Die Straße verläuft durch das breite **Columbia River Valley** unterhalb der Gipfel der *Rockies* und wird begleitet von der schroffen **Purcell Range** der Columbia Mountains im Westen mit schwierigen Wander- und Klettersteigen. Abseits ihres Verlaufs gibt es eine Reihe weiterer *Campgrounds*, die meist nicht in Campingführern verzeichnet sind (Auskunft dazu beim *Visitor Centre* oder auf der Seite www.sitesandtrailsbc.ca).

Weiterfahrt durch das südliche Columbia River Valley (Anschluss an den Crowsnest Hwy)

Auch wer sich in Radium Hot Springs südwärts in Richtung **Crowsnest Highway** wendet, verliert entlang der #95 das **Panorama der Rocky Mountains** – bis nach Fort Steele – nicht aus den Augen.

Der kleine ***Dry Gulch Provincial Park*** ($25), 5 km südlich von Radium Junction, empfiehlt sich nicht nur, wenn der *Redstreak Campground* im *Kootenay NP* belegt ist. Trotz des Namens ist die »trockene Schlucht« eine Vegetationsinsel. Nur der kleine Bachlauf quer durch den Park führt im Sommer kein Wasser.

Windermere Lake

Während die kalten Seen der *Rockies* eher nicht zum Schwimmen einladen, findet man in dieser klimatisch begünstigten Region Badeseen wie z.B. den **Windermere Lake**. Beliebt sind dort die Sandstrände ***Kinsmen Beach*** im gleichnamigen Park und im ***James Chabot Provincial Park***, beide bei **Invermere**.

*Eine 50 km lange Staubpiste führt ab der #95 zu den **Bugaboos** im gleichnamigen Provincial Park, ein anspruchsvolles Wander- und Klettergebiet voller spektakulärer Granitspitzen (Abzweig 27 km nördlich von Radium Hot Springs)*

Fairmont Hot Springs

Weiter südlich um die heißen Quellen der *Fairmont Hot Springs* hat sich ein kleines touristisches Zentrum mit Hotels etabliert, darunter das Prunkstück *Fairmont Hot Springs Resort* (Zimmer ab $119; ℐ 1-800-663-4979), Golf- und Tennisplätze sowie ein riesiger *Campground* ($32-$65). Das Wasser in den vier Freibädern ist zwischen 40°C und 43°C warm. Die Anlage öffnet täglich 8-21 Uhr und kostet $12/$10 Eintritt; www.fairmonthotsprings.com.

Südlich des Ortes an der Mündung des Dutch Creek in den Columbia Lake ragen die grauen, 100 m hohen *Dutch Creek Hoodoos* auf. Nachmittags stehen die Klippen im besten Fotolicht.

Canal Flats

Eine kaum merkliche Anhöhe am Südufer des **Columbia Lake** (auch mit Badestrand) bildet die **Wasserscheide** zwischen Kootenay und Columbia River. Ein Kanal mit Schleuse, die 1888-1902 nur kurz in Betrieb war, gab der Siedlung **Canal Flats** ihren Namen.

Baden

Rund 5 km weiter südlich geht es auf einer Schotterstraße 18 km nach Osten zu den Pools der *Lussier Hot Springs* (bis 46°C, lohnenswert!) und zum *Whiteswan Lake Provincial Park* mit fünf einfachen *Campgrounds* ($16). Noch etwas südlicher schafft eine Stichstraße bei **Skookumchuck** Zugang zu zwei weiteren Bilderbuchseen: **Premier Lake** (mit sehr schönen *Campsites*; $25) und **Quartz Lake** (am Ende der 16 km langen Zufahrt).

Kurz vor Wasa gabelt sich die Straße: Die #93/#95 nach links führt in Richtung Fort Steele, die #95A nach Kimberley:

Kimberley an der #95A

Wer Appetit auf *Sauerkraut* & *Frankfurters* verspürt, wird in der *Bavarian City* **Kimberley** fündig. Neben Fachwerkhäusern und einer Fußgängerzone im Alpen-*Look* wartet noch das »**Platzl**« mit Kanadas größter **Kuckucksuhr**, aus der nach Münzeinwurf der jodelnde »Happy Hans« erscheint (*Info*: 270 Kimberley Ave; www.tourismkimberley.com). Alles erinnert ein wenig an die »Bayernstadt« Leavenworth im US-Kaskadengebirge (➤ Seite 474).

Bis zu ihrer Schließung 2001 war die *Sullivan Mine* bei Kimberley eine der weltgrößten Blei- und Zinkuntertageminen. Heute befördert die *Kimberley's Underground Mining Railway* nur noch Touristen – vom Ortskern zum *Mine Powerhouse* und *Underground Interpretive Center*; im Sommer täglich 11, 13 und 15 Uhr; $25/$10-$15; www.kimberleysundergroundminingrailway.ca.

Ein **Zimmer** in Kimberley zu finden, ist kein Problem. **Motels** der mittleren/unteren Preisklasse sind zahlreich vorhanden. Der beste Campingplatz weit und breit ist der *Kimberley Riverside* hoch über dem St. Mary River. Abzweig ca. 6 km südlich auf der #95A im Vorort Marysville, dann 3 km Zufahrt; $28-$43; 500 St. Mary Lake Rd, ℐ 1-877-999-2929, www.kimberleycampground.com.

Fahrt über die #93/#95

Die #93/#95 über Wasa/Fort Steele ist wegen der *Heritage Town* vorzuziehen. Camper könnten sich bereits 21 km davor im *Wasa Lake PP* einen Platz sichern ($30; warmer Badesee!). Der *Fort Steele RV Park* befindet sich bei der Einmündung Wardner-Fort Steele Rd in Hwy #95; $29-$45, ℐ (250) 489-4268; www.fortsteele.com.

3

Ein weiterer Badestrand wartet im **Norbury Lake PP**; Camping $20; Anfahrt über Wardner-Fort Steele Rd parallel zur #93.

Fort Steele

Die weiße Besiedlung der Region begann mit dem **Kootenay Gold Rush** im Jahre 1864. Ein erster Posten der *North West Mounted Police* entstand 1887 und daraus das Fort Steele. Den *Mounties* gelang es, bewaffnete Auseinandersetzungen zwischen Einwanderern und Indianern weitgehend zu verhindern.

Ende des 19. Jahrhunderts war aus Fort Steele eine Stadt geworden. Mit dem Bau einer Eisenbahnlinie, die Fort Steele umging und 1898 einen Bahnhof in Cranbrook erhielt, begann jedoch ihr Niedergang, und bereits 1910 wurde sie zur Geisterstadt.

Heritage Town

An der **Fort Steele Heritage Town** beeindruckt zunächst die Lage am *Kootenay River*. Die über 60 Gebäude des weitläufigen Geländes – Wohnhäuser, Werkstätten, Polizeiwache und Läden – wurden mit viel Liebe zum Detail hergerichtet; 9851 Highway #93/95; geöffnet von Mitte Juni bis Anfang September täglich 10-17 Uhr, sonst bis 16 Uhr; Eintritt $12, Kinder $5 oder als Kombiticket *Steele of a Deal* für alles $35; www.fortsteele.ca.

Zeitgenössisch kostümierte Bewohner spielen überall im Dorf Episoden vom Aufstieg und Niedergang der Stadt *open-air* nach. In den Häusern kann man traditionelle Handwerkstechniken bewundern und in der Bäckerei Spezialitäten genießen.

Neben Barkerville ist Fort Steele das beste »Living Museum« in British Columbia

Restaurants und **Souvenirshops** fehlen natürlich auch nicht. Im **Wild Horse Theatre** gibt es täglich um 14 Uhr eine Aufführung; $10/$5. Als Kinderspaß eignen sich die Postkutschenrunden ($5) oder die Fahrt mit einer Dampflok aus 1923 ($12/$7); alles allerdings nur von Mitte Juni bis Anfang September.

Anschluss an den Crowsnest Highway

Nur knapp 8 km südlich der *Fort Steele Heritage Town* erreicht man den *Crowsnest Highway* (#3) und nach weiteren 9 km die Stadt **Cranbrook**, wo auch die #95A in die #3 einmündet. Nach Westen geht es von dort zurück nach Vancouver (alle Details ab ➢ Seite 301ff) und in Richtung Osten weiter zum *Waterton Lakes Nat'l Park* (Beschreibung ➢ Seite 277ff) oder hinauf nach Calgary (➢ Seite 314ff).

Wedge Pond am Kananaskis Trail (#40) südöstlich von Canmore

3.6   Von Banff nach Calgary oder zum Waterton NP

An der Strecke (130 km *TCH*) zwischen Banff und Calgary bietet sich noch ein Stopp in **Canmore** an oder ein Abstecher in das ***Kananaskis Country***, einem etwas ruhigeren Erholungsgebiet in den Ausläufern der Rocky Mountains; www.kananaskis.com. Der **spektakuläre *Kananaskis Trail*** (Straße #40) östlich der gleichnamigen Bergkette und der ebenfalls schöne, unasphaltierte **Smith-Dorrien/Spray Trail** (#742), der sich zwischen den *Rockies* und *Kananaskis* südwärts bis zum sehenswerten *Peter Lougheed Provincial Park* schlängelt, lassen sich zu einer abwechslungsreichen **Tagestour ab Canmore** kombinieren.

Auch eine Fortsetzung der Reise in Richtung Süden (*Crowsnest Hwy* und *Waterton Lakes NP*) ist über eine der beiden Panoramastraßen ab Canmore denkbar – die Verbindung über den **Highwood Pass** ist aber meist erst ab Mitte Juni durchgängig befahrbar!

3.6.1   Canmore

Unmittelbar am Osteingang des **Banff National Park** im breiten Tal des milchig-grün dahinfließenden Bow River erstreckt sich **Canmore** (12.300 Einwohner; *Info*: 907 7th Ave; ✆ 1-855-678-1295; www.tourismcanmore.com). Die Stadt entstand als Bergwerkssiedlung und Bahnhof der *Canadian Pacific Railway* im späten 19. Jahrhundert. 1988 fanden im **Nordic Centre** während der Olympischen Winterspiele die Langlauf- und Biathlonwettbewerbe statt.

  Canmore eignet sich gut als **Quartieralternative** zum teuren Banff aufgrund seines großen Angebots an **H/Motels**, **B&Bs** sowie einer beachtlichen Café- und Restaurantsammlung rund um die 8th Street. Außerdem unterhält der **Alpine Club of Canada** in der Stadt eine Talherberge, das ***HI Canmore (Clubhouse)***; Betten $30, DZ $80. Der Verein betreut sonst vor allem unbewirtschaftete Berghütten.

3.6.2   Kananaskis Country

Smith-Dorrien/Spray Trail (#742)

Jenseits der Brücke über den Bow River in Canmore (immer der Ausschilderung »*Nordic Centre/Spray Lakes*« folgen) beginnt der **Smith-Dorrien/Spray Trail** durch das **Kananaskis Country**, der nur bis zum Abzweig der Stichstraße zum *Grassi Lakes Trailhead* am Ufer des seeähnlichen *Rundle Canal* asphaltiert ist. Dort beginnt die schöne **Wanderung** unterhalb des *Ha Ling Peak* zu den **Grassi Lakes**, einer kleinen Seenkette mit steilen Kletterfelsen rundherum (4 km retour; 250 HM).

Die darauf folgenden 34 km zum und im *Peter Lougheed Provincial Park* sind zwar staubig, aber meist gut mit allen Fahrzeugen machbar (vorher im Besucherzentrum in Canmore den aktuellen Straßenzustand erfragen!). Anders als am *Icefields Parkway* hat man hier die Bergkulisse entlang der Strecke selbst im Hochsommer fast für sich alleine. 20 km südlich von Canmore passiert man den **Spray Lakes West Campground** am gleichnamigen Stausee ($26; 5 km Stichstraße). Dieser Platz ist ein guter Ausgangspunkt für Ausflüge abseits touristischer Hauptpfade.

Kurz hinter der extrem teuren **Mount Engadine Lodge** (© (403) 678-4080; www.mountengadine.com) und der Zufahrt zum *Mount Assiniboine Trailhead* (➤ Exkurs rechts) eröffnet sich gleich am Beginn des **Peter Lougheed Provincial Park** eines der schönsten Panoramas entlang der #742 (am besten im Morgenlicht!).

**Peter Loug-
heed PP**

Vom Abzweig in den Kernbereich des Parks, 65 km südlich von Canmore, sind es noch 9 km bis zu den **Kananaskis Lakes** und 2 km bis zum **Visitor Centre** mit sehenswerten Programmen zu Gebirgswelt, Flora und Fauna; www.albertaparks.ca/peter-lougheed.

Dass dieser *Provincial Park* sowohl von der Hochgebirgslage her als auch bezüglich seiner Campingplätze zu den schönsten überhaupt gehört, wissen auch die Städter aus Calgary. An den Wochenenden ist der **Boulton Creek Campground** daher lange im Voraus ausgebucht ($26-$39; www.reserve.albertaparks.ca). Unter den fünf weiteren ragt noch der **Interlakes Campground** heraus ($26) mit ruhigen Stellplätzen, Seezugang und Blick auf das Gebirgspanorama.

*Kananaskis Lakes mit dem
Mount Indefatigable dahinter*

Postkartenansicht vom Nub Peak im Mount Assiniboine PP

Das »Matterhorn« der Rocky Mountains

Fernab aller Straßen erhebt sich der **Mount Assiniboine** 3.618 m inmitten einer 390 km² großen, hochalpinen *Wilderness Area*, die sich nahtlos an die Nationalparks *Banff* und *Kootenay* anschließt – zugänglich nur über *Backpacking*-Routen oder per Heli-Flug. Der auch als »**kanadisches Matterhorn**« bekannte Gipfel (➤ auf dem Foto oben links im Hintergrund) ist Namensgeber und Hauptattraktion des *Mount Assiniboine Provincial Park*, aber auch die Bergszenerie ringsrum vermag kaum etwas zu toppen. Ein ausgesprochen attraktives Wegenetz durchzieht das Schutzgebiet. 75 *Walk-in*-Zeltplätze stehen den müden Wanderern zur Verfügung. Auch Hütten und eine *Lodge* gibt es im zentralen Bereich, müssen aber meist lange im Voraus reserviert werden.

Startpunkt der mehrtägigen Touren zur **Assiniboine Lodge** ist u.a. **Sunshine Village** westlich von Banff (30 km *one-way*; ➤ Seite 257) oder der *Mount Shark Trailhead* an der Stichstraße bei der *Engadine Lodge* am *Smith Dorrien/Spray Trail*, ca. 39 km südlich von Canmore (27,5 km *one-way* zu Fuß). Ausführliche Infos zu den Zugangsrouten und den Helikopter-Flügen (ab Canmore oder *Mount Shark Helipad*) finden sich auf der Webseite der *Lodge* www.assiniboinelodge.com bzw. des Parks www.env.gov.bc.ca/bcparks/explore/parkpgs/mt_assiniboine.

Vom Parkplatz am Ende der *Kananaskis Lake Road* steigt der grandiose **Mount Indefatigable Trail** zu einem 500 m höher liegenden Aussichtspunkt (2,5 km). Noch einmal ca. 1,5 km mehr sind es zum Gipfel mit famoser Rundumsicht (dann insgesamt 950 HM). Hier durchquert man Grizzly-Revier, Bärenspray empfohlen!

Anschluss an die #40

Jenseits des *PP*-Abzweigs mündet die #742 in den *Kananaskis Trail* (#40), auf dem es nordwärts zurück nach Canmore geht (ca. 80 km) oder in Richtung Süden zum *Highwood Pass* (➤ Seite 275).

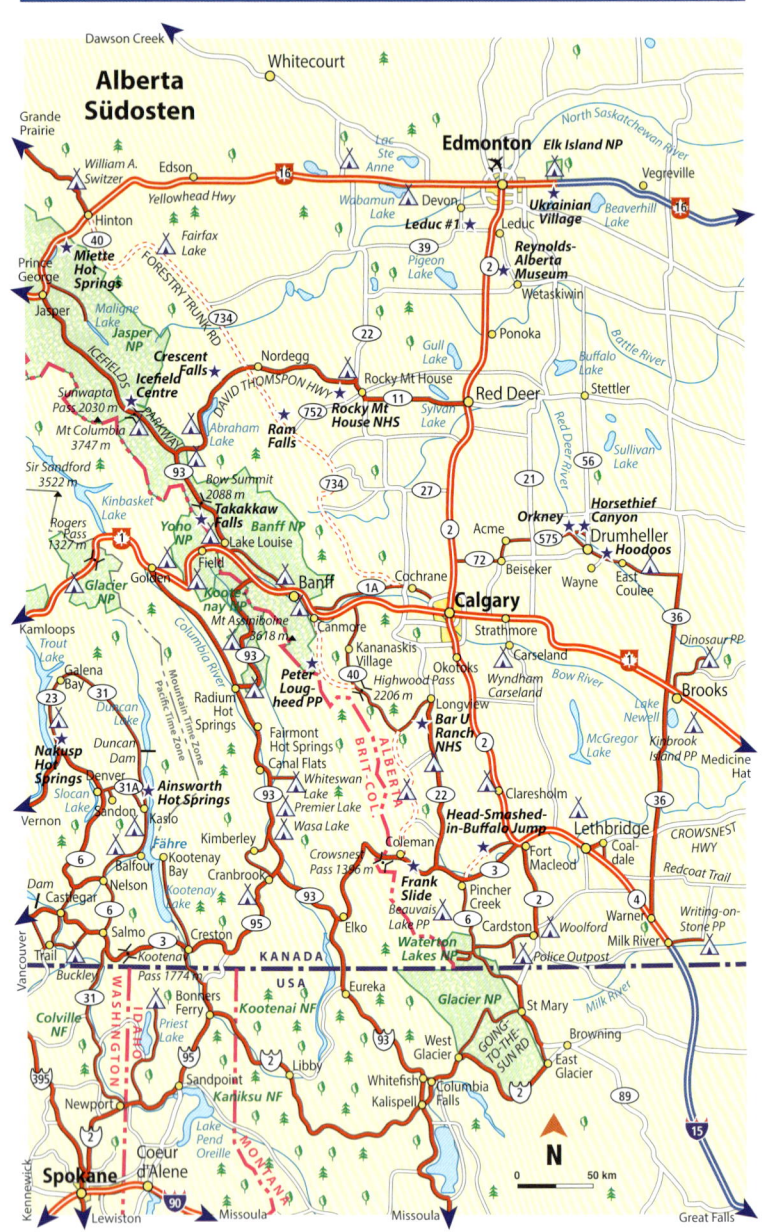

Dawson Creek

Whitecourt

**Alberta
Südosten**

Grande
Prairie

North Saskatchewan River

Edmonton Elk Island NP

William A.
Switzer Edson 16

Yellowhead Hwy Lac
Ste
Anne Wabamun
Lake Devon Vegreville

Hinton 40 Fairfax
Lake Leduc #1 **Ukrainian
Village** Beaverhill
Lake 16

Prince
George **Miette
Hot
Springs** FORESTRY TRUNK RD 39 Leduc

Jasper Maligne
Lake **Jasper
NP** 734 Pigeon
Lake 2 **Reynolds-
Alberta
Museum** Wetaskiwin

**Crescent
Falls** Nordegg 22 Gull
Lake Ponoka Battle River Buffalo
Lake

ICEFIELDS **Icefield
Centre** DAVID THOMPSON HWY Rocky Mt House Red Deer Stettler

Sunwapta
Pass 2030 m 752 **Rocky Mt
House NHS** 11 Sylvan
Lake 56 Sullivan
Lake

Mt Columbia
3747 m PARKWAY Abraham
Lake **Ram
Falls** 734 27 21 Red Deer River

Sir Sandford
3522 m 93 **Bow Summit
2088 m** **Orkney** **Horsethief
Canyon**

Kinbasket
Lake **Takakkaw
Falls** **Yoho
NP** **Banff NP** 2 Acme 575 **Drumheller
Hoodoos**

Rogers
Pass
1327 m 1 Lake Louise 72 Beiseker Wayne East
Coulee

**Glacier
NP** Golden Field **Koote-
nay NP** **Banff** 1A Cochrane **Calgary** 36

Kamloops Trout
Lake 93 Mt Assiniboine
3618 m Canmore Strathmore 1 Dinosaur PP

Galena
Bay 31 Duncan
Lake Columbia River 93 Kananaskis
Village Okotoks Carseland Bow River Brooks

23 **Peter
Lough-
eed PP** 40 Highwood Pass
2206 m Wyndham
Carseland Lake
Newell

**Nakusp
Hot
Springs** Denver 31A Radium
Hot
Springs Longview **Bar U
Ranch
NHS** McGregor
Lake Kinbrook
Island PP Medicine
Hat

Slocan
Lake Sandon **Ainsworth
Hot
Springs** Fairmont
Hot Springs Canal Flats **Whiteswan
Lake** 2 Claresholm 36

Vernon Kaslo 93 Premier Lake 22 **Head-Smashed-
in-Buffalo Jump** Lethbridge **CROWSNEST
HWY**

Fähre Kimberley Wasa Lake Coleman Fort
Macleod Coal-
dale Redcoat Trail

6 Balfour Kootenay
Bay Cranbrook Crowsnes
Pass 1396 m 3 2 4

Dam Castlegar Nelson Kootenay
Lake 93 95 **Frank
Slide** Pincher
Creek Cardston Woolford Warner Writing-on-
Stone PP

Salmo 3 Creston Elko Beauvais
Lake PP 6 Milk River

Trail Kootenay
Pass 1774 m **Waterton
Lakes NP** Police Outpost

Buckley **K A N A D A** 89 15

31 **Colville
NF** Bonners
Ferry **Kootenai NF** **U S A** Eureka **Glacier NP** St Mary Browning Milk River

Priest
Lake 2 Libby 93 West
Glacier **GOING-
TO-THE-
SUN RD** East
Glacier

395 Newport Sandpoint **Kaniksu NF** Whitefish Columbia
Falls 2

2 Lake
Pend
Oreille Kalispell **N**

Spokane Coeur
d'Alene **M O N T A N A** 0   50 km

Kennewick 90 Lewiston Missoula Missoula Great Falls

Kananaskis Trail (#40)

Landschaftlich noch reizvoller ist die Anfahrt zum *Peter Lougheed PP* auf dem asphaltierten *Kananaskis Trail* (#40), der rund 30 km östlich von Canmore vom *TCH* abzweigt und dem **malerischen Tal des Kananaskis River** bis zum *Provincial Park* folgt (➢ Seite 272). Lohnenswerte Foto-Stopps unterwegs sind der **Barrier Lake** sowie die Picknickplätze an den **Mt Lorette Ponds** und beim **Wedge Pond** (südlich der Straße unterhalb des *Mt Kidd*, ➢ Aufnahme Seite 271).

Kananaskis Village, auf etwa halber Strecke, ist ein Komplex aus Hotels, Reitställen und Golfplatz. Die Jugendherberge **HI Kananaskis** liegt 20 Gehminuten vom *Village* entfernt an der 1 Ribbon Creek Road; Betten $30 bzw. DZ $74; ✆ (403) 591-7333.

Rund 50 km südlich des *TCH* zweigt die Zufahrt zu den **Kananaskis Lakes** ab (➢ Seite 273) und 12,5 km später passiert die #40 den Ausgangspunkt des schönen **Elbow Lake Trail**, der auch noch zum *Peter Lougheed PP* gehört (nur 1,3 km *one-way* mit toller *backcountry campsite* am Ufer des smaragdfarbenen Bergsees).

Kurz darauf folgt der **höchste Straßenpass Kanadas**, der **Highwood Pass** (2.206 m). Dieser Bereich der #40 bis *Highwood House Junction* ist in der Regel **von Dezember bis Mitte Juni gesperrt**! Auf der Passhöhe startet der Naturlehrpfad **Ptarmigan Cirque Trail** mit großartigen Ausblicken (4,5 km *Loop*; 210 HM).

Noch einmal die Füße vertreten kann man sich weiter südlich auf dem **Cat Creek Interpretive Trail**. Er endet nach 1,3 km und 180 HM bei einem kleinen Wasserfall, der sich umgeben von steilen Canyonwänden über zwei Stufen in einen *Pool* ergießt.

Weiterfahrt nach Süden (Anschluss an den Crowsnest Hwy)

Straße #940

Beim *Highwood House*, 38 km südlich des *Highwood Pass*, zweigt die meist gut befahrbare Schotterstraße #940 nach Süden ab und verläuft weiter an der Ostseite der *Rockies* entlang. An ihr gibt es eine Reihe einfacher, traumhaft gelegener **Campsites**. Besonders empfehlenswert ist der kleine, ruhige *Campground* an den (flachen, unspektakulären) **Livingstone Falls** fernab der Zivilisation ($21).

Die Straße besitzt auch hier im südlichen Teil noch landschaftlich reizvolle Teilstrecken. Nach 106 km trifft die #940/#40 bei Coleman auf den *Crowsnest Hwy*. Sie ist Teil der **Forestry Trunk Road** (➢ Exkurs umseitig) und bildet gemeinsam mit dem *Smith-Dorrien/Spray* oder *Kananaskis Trail* die **beste Verbindungsroute zwischen Crowsnest und Trans Canada Highway**.

Kombination #541/#22

Deutlich schneller ist man Richtung Süden ab *Highwood House* auf der durchgehend asphaltierten Straßenkombination #541/#22 unterwegs. Diese eher wenig spannende Strecke führt durch **Longview**, eine Mini-Ortschaft mit Tankstellen, Hotels, Café und *Liquor Store*, und weiter durch ausgedehntes Weide- und Ackerland.

Forestry Trunk Road: Die »Hauptforststraße« stellte einst eine Nord-Süd-Verbindung zwischen dem *Crowsnest Hwy* und der #43 in Nord-Alberta dar. Nach und nach wurden einzelne Segmente in Hwy #40 oder #734 umbenannt und der nördlichste Abschnitt oberhalb des *Yellowhead Hwy* trägt mittlerweile den Beinamen *Forestry Trunk Road* gar nicht mehr. Heute besteht sie im Prinzip nur noch aus zwei Teilstrecken: eine südliche (die reizvolle #940 zw. der #3 und #541/#40) und eine zentrale, nur abschnittsweise sehenswerte ab der #1A östlich von Calgary bis hinauf nach Hinton am *Yellowhead Hwy* (#40/#734; ➢ Seite 351).

Bar U Ranch

Eine übergroße Cowboy-Figur rechter Hand der #22 kündigt südlich von Longview die **Bar U Ranch** an. Noch bis 1950 zählte sie zu den größten Farmen des Landes mit zeitweise bis zu 30.000 Rindern und 1.000 Pferden. Heute werden auf dem Gelände der *National Historic Site* die Geschichte und die alten Cowboy-Traditionen am Leben gehalten. »City slickers« dürfen dort selber 'mal das Lasso schwingen oder beim Pferdesatteln helfen. Das »Living Museum« hat täglich 10-17 Uhr von Mitte Mai bis Ende September geöffnet; Tagespass $7,80/Person oder *Discovery Pass* (➢ Seite 47); www.pc.gc.ca/en/lhn-nhs/ab/baru.

Anschluss an den Crowsnest Highway

Bei Lundbreck erreicht man den **Crowsnest Highway** (#3). Nach rechts geht es dort zu den **Lundbreck** Wasserfällen mit dem gleichnamigen *Campground* am Crowsnest River und anschließend vorbei am *Frank Slide Interpretive Center* (➢ Seite 300), der Einmündung der *Forestry Trunk Road* (#40) und des Hwy #95 (Columbia River Valley) weiter in Richtung Westen/Vancouver.

Wer sich in Lundbreck auf der #3 nach links wendet, den trennen über die #6 ab Pincher Station/Creek (mit hübschem Freilichtmuseum **Kootenai Brown Pioneer Village**; täglich 10-18 Uhr; $10/$7) nur noch ca. 1 Stunde Fahrzeit vom **Waterton Lakes Nat'l Park** (➢ rechts) mit Anschlussmöglichkeit an den *Glacier NP* und die **Routen durch den Nordwesten der USA**.

Blick von den »Red Chairs« (➢ Seite 231) am Ufer des Waterton Lake auf das Prince of Wales Hotel und die Ausflugsboote

3.6.3　　　　**Waterton Lakes National Park**

Schon während der Anfahrt über die Straßen #6/#5 eröffnet sich dem Reisenden das großartige Panorama der Rocky Mountains mit den Waterton Lakes im Vordergrund. Nirgendwo sonst in Kanada sieht man einen derart abrupten Übergang zwischen Prärie und Hochgebirge. Entsprechend verdoppelt sich der Jahresniederschlag vom Parkeingang bis zum 24 km entfernten Cameron Lake auf 1.520 mm (regenreichster Punkt Albertas).

Bison Paddock

Kurz hinter der nördlichen Parkgrenze, zweigt der kurze Rundparcous durch ein **Büffelgehege** von der #6 ab, an dem sich die mächtigen Tiere meist in hübscher Kulisse beim Grasen beobachten lassen.

Über die **Straße #5**, nur 2 km weiter, geht es in den zentralen Bereich des Nationalparks (erst dort wird Eintritt kassiert) sowie nach Watertown *Townsite* am Upper Waterton Lake.

Infrastruktur

Auf einer Landzunge zwischen Emerald und Cameron Bay ballt sich die recht überschaubare Infrastruktur des Ortes. Ruhige und ordentliche Zimmer ab ca. $200 (teils mit Küche) bietet dort u.a. das **Waterton Lakes Lodge Resort** an der 101 Clematis Ave; ✆ 1-888-985-6343, www.watertonlakeslodge.com.

Der große **Waterton Townsite Campground** südlich des Zentrums mit über 200 Stellplätzen gehört zum Nationalpark und lässt sich reservieren; $23-$39; ✆ 1-877-737-3783, www.reservation.pc.gc.ca.

Das nostalgische **Prince of Wales Hotel** (1927) steht gleich am Ortseingang malerisch auf einer Anhöhe zwischen Upper und Middle Waterton Lake. Für Zimmer mit Seeblick werden $280-$315 verlangt; ✆ 1-888-435-0270; www.princeofwaleswaterton.com.

Tipp: Eine grandiose Aussicht auf das Hotel, die Stadt und die umliegenden Seen genießt man vom **Bear's Hump** (1,8 km; 200 HM). Der steile Aufstieg startet beim alten **Visitor Centre** (Mitte Mai-Mitte Oktober; ✆ (403) 859-5133, www.pc.gc.ca/waterton) direkt am Abzweig von der #5 zum *Prince of Wales Hotel*.

Für 2018/19 ist die Eröffnung eines neuen **Besucherzentrums** an der Windflower Ave unweit des *Townsite Campground* geplant. Auf der großen *Community Centre*-Rasenfläche gleich um die Ecke veranstalten die **Blackfoot**-Indianer Ende Juli/Anfang August ein buntes **Pow Wow**. Foto und mehr Details ➤ Seite 50ff.

Die nicht sehr hohen, aber sehenswerten **Cameron Falls** befinden sich am westlichen Rand des Ortes und sind mit nur wenigen Schritten vom Parkplatz am Cameron Falls Drive erreicht.

Upper Waterton Lake

Zu den populärsten Aktivitäten im Park zählt die 2-stündige, grenzüberschreitende **Bootstour** auf dem mit 148 m tiefsten See in den Rocky Mountains inkl. 30-min-Stopp an der *Goat Haunt Ranger Station* am Südende des Sees im *Glacier NP*/USA. Abfahrten im Hochsommer tägl. um 10, 13, 16 und 19 Uhr; Tickets $49/$16-$24; www.watertoncruise.com. Wer möchte, kann den Rückweg auch auf Schusters Rappen zurücklegen. Der 13 km lange **Lakeshore Trail** folgt dem Seeufer bis Waterton *Town* (125 HM; 3-4 Std).

Der absolut fantastische Red Rock Canyon im Waterton Lakes National Park

Nur **zwei Stichstraßen** führen weiter in den Nationalpark hinein (Tagespass $7,80/Person oder *Discovery Pass*, ➤ Seite 47):

Cameron Lake

Der **Akamina Parkway** (16 km) durch das Cameron Valley endet am gleichnamigen See auf 1.646 m. Ein hübscher Spaziergang (1 km) dort läuft direkt am Westufer entlang. Mit etwas mehr Zeit lohnt sich der Pfad hinauf zum **Summit Lake** (4 km *one-way*, 300 HM) oder das Mieten eines Kanus/Ruderboots.

Wer mit dem *Shuttle*-Bus zum Cameron Lake gefahren ist (ab *Tamarack Waterton's Outdoor Store*; Mitte Juni-Ende September; $14; www.hikewaterton.com/cameronexpress.html), kann die Wanderung jenseits des Summit Lake fortsetzen und zu einer tollen, wenngleich anstrengenden Tagestour oberhalb der Baumgrenze ausweiten. Der **Carthew-Alderson Trail** (18 km, 650 HM) über den *Carthew Summit* (2.311 m) führt durch bunte Bergwelten, vorbei am Carthew und Alderson Lake (mit *backcountry*-Zeltplatz) zurück nach Waterton. Er gehört zu den **schönsten Bergpfaden Albertas**!

Red Rock Canyon

Ausgehend vom Parkplatz am Ende des **Red Rock Parkway** (15 km) führt die **Red Rock Canyon Loop** (0,7 km) entlang einer anfangs breiten Schlucht mit pittoresk ausgewaschenem Bachbett aus rotem (eisenhaltigem) Gestein. Wer das kalte Wasser nicht scheut, kann auch in das Innere der Schlucht vordringen. Die gestreiften tiefroten Wände sind ein überwältigender Anblick!

Auf der anderen Parkplatzseite beginnt der Weg zu den **Blakiston Falls** (seit 2016 mit neuer *Viewing*-Plattform; 2 km retour).

Auf halber Strecke liegt am *Red Rock Parkway* der beste per Auto zugängliche *Campground* des Parks: **Crandell Mountain** ($22).

Crypt Lake Trail

Bei *Crypt Landing* am Ostufer des Upper Waterton Lake, das man nur per Boot erreicht (Ende Juni bis Anfang September täglich 9 und 10 Uhr, sonst nur 10 Uhr; $25/$12 retour), hat eine **sehr beliebte, etwas anspruchsvollere Wanderung** ihren Ausgangspunkt (17 km retour). Vorbei an gleich vier Wasserfällen – *Hell Roaring Falls* (nach 1 km), *Twin Falls* (3,5 km), *Burnt Rock Falls* (5,6 km)

Große Teile des Waterton Lake NP sind im Sommer 2017 einem verheerenden Waldbrand (Kenow Wildfire) zum Opfer gefallen, auch die Stadt und das Prince of Wales Hotel sind nur knapp den Flammen entkommen. Mit gesperrten Einrichtungen/Trails muss daher auch noch einige Zeit gerechnet werden. Aktuelle Infos unter: www.pc.gc.ca/en/pn-np/ab/waterton.

und *Crypt Falls* (8 km; 175 m hoch) – geht es hinauf zum **Crypt Lake** an der US-Grenze, der oft selbst im Hochsommer noch voller Eisschollen ist. Der Clou der Strecke ist der 25 m lange *Crypt Tunnel*, durch den sich die Wanderer z.T. auf Knien zwängen müssen, um das Ziel zu erreichen. Einschließlich Bootsfahrt und Marsch über 700 m Höhendifferenz bis auf 1.955 m benötigt man für diesen Trip einen vollen Tag.

Glacier National Park/USA

Nach dem Besuch des *Waterton Lakes NP* bietet sich ein Abstecher in den angrenzenden **Glacier Nationalpark** in den Vereinigten Staaten an, ggf. mit Weiterfahrt über die US-Bundesstaaten Montana, Idaho und Washington. Von Waterton *Townsite* sind es gerade mal 80 km bis St. Mary, dem östlichen Eingangstor zum *Glacier NP* mit einer der schönsten Hochgebirgsstraßen Nordamerikas, der *Going-to-the-Sun Road* (➤ Seite 483).

Der Grenzübergang **Chief Mountain** an der #6 hat Oktober-Mitte Mai geschlossen und ist auch im Hochsommer nur tagsüber besetzt (7-22 Uhr; im Mai und September nur 9-18 Uhr). Alternative: *Piegan/Carway Border Station* an der #2 (ganzjährig 7-23 Uhr).

Calgary/
Crowsnest Hwy

Cardston/
Lethbridge

3

Red Rock
Canyon

**Waterton
National Park**

Waterton
Springs

Crook
Creek

Blakiston
Falls

Bison
Paddock

Red Rock Parkway

Mount
Blakiston
2848 m

Crandell Mt

Crandell
Lake

Mount
Crandell
2356 m

Lower
Waterton
Lake

Lineham
Lakes

Mount
Lineham
2700 m

Akamina Parkway

Bears
Hump

Chief
Mountain
Lookout

Rowe
Lakes

BRITISH COLUMBIA
ALBERTA

**Prince of
Wales**

Cameron
Falls

Middle
Waterton
Lake

US-Grenze,
Chief Mountain

Waterton
Townsite

Akamina
Lake

Mount
Carthew
2616 m

Carthew
Lakes

Mount
Alderson
2660 m

Bertha
Falls

Bertha
Lake

Upper Waterton Lake

Vimy Peak
2363 m

**Crypt
Landing**

**Hell Roaring
Falls**

Cameron
Lake

Summit
Lake

**KANADA
USA**

**Crypt
Lake**

N

0   1 km

4 VOM BANFF NP ZURÜCK NACH VANCOUVER

Da weder die Provinzhauptstadt **Edmonton** (➤ Seite 336) noch die größte City Albertas **Calgary** (➤ Seite 314) als absolutes »Must See« gilt, besteht **bei An- und Abflug von Vancouver** und knapp bemessener Urlaubszeit nach dem Besuch der Nationalparks *Jasper* und *Banff* kein Anlass die Route an dieser Stelle noch nach Osten zu erweitern. Ähnliches gilt bei An-/Abflug in Seattle oder wenn man im Anschluss noch einen Abstecher in die USA machen möchte, z.B. zum *Glacier Nat'l Park* in Montana oder zu den Geysiren und farbigen heißen Quellen des *Yellowstone NP*.

Trans-Canada Hwy (TCH)

Die kilometermäßig kürzeste und auch schnellste Verbindung zwischen Banff/Lake Louise und Vancouver stellt der ***Trans-Canada Hwy*** her, der mit *Banff, Yoho, Glacier* und *Mount Revelstoke* gleich vier kanadische Nationalparks hintereinander durchquert. Die **280 km zwischen Banff und Revelstoke** sind der **landschaftlich attraktivste Abschnitt** der gesamten Kontinentalroute, auch wenn der oft sehr starke Verkehr das Naturerlebnis in Straßennähe erheblich beeinträchtigen kann. Meist merkt man allerdings nur wenig abseits des *TCH* schon kaum mehr etwas von seinem Lärm und Betrieb.

Sofern man diese Strecke nicht bereits auf dem Weg in die *Rockies* eingeschlagen hat, lässt sich der *TCH* nun auf der Rückreise als 2-oder 3-Tages-Etappe in die Reise einbauen (**Kapitel 4.1**, ➤ rechts). Ab Revelstoke besteht zudem die Möglichkeit die Route auszudehnen und weitere Ausflugsziele anzusteuern: die einsamen Seenlandschaften südlich des *TCH* (**Kapitel 4.2**, ➤ Seite 289ff) oder das fruchtbare **Okanagan Valley** mit zahlreichen populären Badestränden (**Kapitel 4.3**, ➤ Seite 294ff).

Crowsnest Hwy #3

Die mit Abstand längste Fahrzeit erfordert der **Crowsnest Hwy**, der sich nördlich der US-Grenze durch die Rocky Mountains und über weitere hohe Bergpässe in Richtung Westen schlängelt. Erst in der Nähe von Hope (150 km östlich von Vancouver) mündet er in den *TCH* ein. Bereits in den **Kapiteln 3.5.2** und **3.6.2** wurde auf die zwei Anschlussrouten vom *Banff Nat'l Park* hinunter zum *Crowsnest Highway* (#3) hingewiesen:

• über die **Straße #93** durch den *Kootenay NP* und ab Radium Hot Springs weiter auf der #95 (Beschreibung ➤ Seite 268ff) bzw.

• über den **Smith-Dorrien/Spray Trail** (unasphaltiert) oder den **Kananaskis Trail** mit Weiterfahrt in südlicher Richtung auf den Straßen #940/#40 oder #541/#22 (➤ Seite 272ff) .

In diesem Kapitel wird nur auf den touristisch relevantesten Abschnitt vom *Crowsnest Highway* zwischen dem Waterton Lakes Nationalpark und dem *TCH* näher eingegangen. Entlang dieser Fernstraße bieten sich auch immer wieder Gelegenheiten zu einem **Abstecher in die USA** ggf. sogar mit Weiterfahrt in Richtung Seattle über eine der Kaskaden-Routen, z.B. die Straße #20 durch den *North Cascades Nat'l Park* (➤ Seite 468ff) oder weiter südlich über Leavenworth und die #2 (➤ Seite 474ff).

4.1   Von Lake Louise nach Vancouver

Rund 860 km *Trans-Canada Hwy* trennen Lake Louise und Vancouver (die Abkürzung über die #5 ab Kamloops bringt zwar 70 km Ersparnis, aber keine landschaftlichen Höhepunkte). Die ersten 80 km bis Golden mit allen Sehenswürdigkeiten im *Yoho NP* wurden bereits ausführlich im **Kapitel 3.5** beschrieben (➤ Seite 259), zumal diese Ortschaft noch als Basislager für einen Aufenthalt in den Rocky Mountains dienen kann und an dem Rundparcours durch die Nationalparks *Yoho* und *Kootenay* liegt.

Kinbasket Lake

Wer **westlich von Golden** auf dem Weg zum *Glacier Nat'l Park* noch eine Pause einlegen möchte, folgt der Forststraße zu den südlichen Ausläufern des **Kinbasket Lake**, ein gut 260 km langes Reservoir, das sich fast bis nach Valemount am *Southern Yellowhead Hwy* erstreckt. Sein meist türkisfarbenes Gewässer wird Ende Juli bis zu 23°C warm. Die Stellplätze im **Kinbasket Lake Resort** sind in der Regel nur mäßig belegt und wegen der Bahnnähe etwas lauter (www.kinbasketlakeresort.com), weitere einfache *Campsites* finden sich unter www.sitesandtrailsbc.ca.

4.1.1   Glacier National Park

Der kanadische *Glacier National Park* umfasst ein Areal von 1.349 km^2 mit ca. 140 Gletschern in den nördlichen Ausläufern der **Selkirk Mountains** und **Purcell Mountains**, beides Bergketten der **Columbia Mountains**. Über 10% seiner Fläche liegen auch im Sommer unter Schnee und Eis. Vom quer durch den Park führenden *TCH* ist von den Gletschern aber fast nichts mehr zu sehen. Man muss dazu schon ins Hinterland wandern.

Zeitzonenwechsel an der Ostgrenze des Glacier NP MT ➤ PT (Uhr 1h zurückstellen)

Innerhalb der Nationalparkgrenzen wurde mit der Schienentrasse über den **Rogers Pass** kanadische Eisenbahngeschichte geschrieben. Die Witterungsverhältnisse (statistisch gesehen regnet oder schneit es dort oben an 3 von 5 Tagen; im Winter fallen durchschnittlich über 9 m Schnee) und extreme Lawinengefahr behinderten den Betrieb jedoch derart, dass man den Pass 1916 mit dem 8 km langen **Connaught Tunnel** umging, der 1988 durch

4

Rogers Pass am TCH im Glacier NP

TCH durch den Glacier NP

den **Mount MacDonald Tunnel** ersetzt wurde. Mit 14,7 km ist er auch heute noch der längste Eisenbahntunnel Nordamerikas. Im Prinzip ist der Autoverkehr (erst seit 1962!) über den *Rogers Pass* ebenso lawinengefährdet, wie es einst die Züge waren. Aber dank teilweiser Betonüberdachung der Straße und intensiver Lawinenkontrollmaßnahmen einschließlich gezielter künstlicher Auslösung läuft der Verkehr auch im Winter weitgehend störungsfrei.

Rogers Pass

Das **Rogers Pass Discovery Centre** des *Glacier Nat'l Park* steht zusammen mit einer kleinen Versorgungsinfrastruktur direkt am *TCH*, rund 1 km östlich der Passhöhe (www.pc.gc.ca/glacier). Eine Ausstellung und Filme erläutern Konstruktion von Straße und Eisenbahn durch die Berge und Methoden der Lawinenbekämpfung gestern und heute. Außerdem liegen dort Info-Broschüren zu den Wanderwegen im Nationalpark aus. Ein Monument mit zwei sich kreuzenden Bögen markiert die Passhöhe (1.327 m). Ein guter Kurztrail zum Füßevertreten (**Abandoned Rails**, ca. 1 Std.) führt vom Besucherzentrum zu der alten Eisenbahntrasse aus der Zeit vor dem Tunnelbau.

Wanderwege

Der **Hermit Trail** (3,2 km, 819 Höhenmeter) noch östlich des *Rogers Pass* bietet eine prima Aussicht (auch auf den *TCH* im Tal).

Die drei panoramareichsten **Höhenwege** im *Glacier NP* beginnen am *Illecillewaet Campground* (Zufahrt 2 km westlich der Passhöhe; großzügig angelegt; $22). Sie führen bis über die Ausläufer der *Illecillewaet* und *Asulkan Glacier*:

• **Perley Rock Trail** – 10,8 km retour, 1140 Höhenmeter
• **Glacier Crest Trail** – 11,4 km retour, 870 HM, grandioser Weg mit herrlicher Rundumsicht auf Berge und Gletscher!
• **Asulkan Valley Trail** – 6,9 km *one-way* und 870 HM bis zur *Asulkan Cabin* des *Alpine Club of Canada* (reservierbar!)

Am **Loop Brook Campground** (hübscher, einfacher Platz ca. 5 km westlich des Passes; $22), startet ein weiterer Weg auf der ehemaligen in Schleifen aufsteigenden Bahntrasse. Der **Loop Brook Trail** (1,6 km *Loop*) führt durch dichten Regenwald. 1 km weiter westlich am *TCH* liegt der einfache **Mount Sir Donald Campground** ($16).

Canyon Hot Springs

Nur wenige Kilometer trennen den *Glacier* vom *Mount Revelstoke National Park*, an dessen Ostrand die **Canyon Hot Springs** liegen. Sie besitzen neben Heiß- und Warmwasserpool (40°C bzw. 26°C) auch einen großen Campingplatz ($32-$49, ✆ (250) 837-2420). Mai-September täglich 9-21 Uhr geöffnet, Juli/August 9-21 Uhr; Eintritt *Hot Springs* $12, Familie $30; www.canyonhotsprings.com.

4.1.2 _____ Mount Revelstoke National Park

Am **Mount Revelstoke NP**, dem zweitkleinsten Nationalpark in West-Kanada (260 km²), fahren die meisten Touristen – zu Unrecht – achtlos vorbei, da der _Trans-Canada Hwy_ dessen Hochgebirgsareal auf relativ uninteressanter Strecke südlich umgeht.

Seine Gipfel gehören zur **Clachnacudainn Range** der Selkirk Mountains, einem Gebirge der Columbia Mountains, die auf der Westseite auch im Sommer von starken Regenfällen heimgesucht werden. Jährliche Niederschlagsmengen von im Schnitt 2.000 mm gibt es in Kanada sonst nur an der Pazifikküste. Auch ein Abstecher zum Gipfelplateau des **Mount Revelstoke** lohnt sich, wenngleich die Höhenwege dort weniger spektakulär verlaufen als im benachbarten _Glacier Nat'l Park_, www.pc.gc.ca/revelstoke.

Trails

Zunächst aber passiert der _TCH_ kurz nach Erreichen der Parkgrenzen den Picknickplatz am Ausgangspunkt des **Giant Cedars Trail**. Dieser 500 m kurze Weg ist den Zwischenstopp wert: Auf einem _Boardwalk_ geht es durch einen schummrigen Regen»urwald« mit bis zu 800 Jahre alten Rotzedern.

3 km weiter westlich führt der **Skunk Cabbage Trail** auf Holzplanken durch ein Sumpfgelände am Illecillewaet River (ca. 1,2 km _Loop_). Die Riesenkohlart, die für die Bezeichnung des Weges sorgte, steht im Juli am höchsten. So unerträglich wie das namensgebende Stinktier (_skunk_) riecht der Stinkkohl zum Glück aber nicht.

Parkzufahrt

Der kurvenreiche **Meadows-in-the-Sky Parkway** zweigt nördlich von Revelstoke vom _TCH_ ab; geöffnet Mitte Mai-Mitte Oktober. Im obersten Abschnitt ist er die meiste Zeit des Jahres über verschneit und daher oft nur von Anfang Juli bis September befahrbar, dann 8/9-17 Uhr. Gleich zu Beginn wird Eintritt kassiert ($7,80/ Person bzw. $15,70/Fahrzeug); kostenlos mit _Discovery_-Jahrespass.

Die Stichstraße (26 km) führt – als eine der ganz wenigen in Kanada – fast bis auf den Gipfel hinauf und durchquert dabei unterschiedliche Vegetationszonen: Ein Regenwald aus Hemlocktannen und Rotzedern macht sich im unteren Bereich breit und in

Gipfelplateau des Mount Revelstoke

4

der mittleren Region (ab 1.300 m) dominieren schlanke Engelmann-Fichten, die weiter oben immer weniger werden. Ca. 50% der Nationalparkfläche befindet sich jenseits der Baumgrenze (2.000 m).

Hochalpines Gebiet

Vom Parkplatz beim Straßenende am **Balsam Lake** geht es per gratis *Shuttle*-Bus oder auf dem ***Upper Summit Trail*** (1 km) noch 90 Höhenmeter nach oben. Ein enggeknüpftes Wegenetz erschließt das wenig profilierte Gipfel-Plateau. Die meisten der Kurztrails erfordern keine besondere Anstrengung und verlaufen durch hochalpine Wiesen, die **Ende Juli/Anfang August** in voller Blüte stehen.

Vom ***Fire Lookout*** hat man eine großartige Aussicht auf das 1.500 m tiefer gelegene Columbia River Valley, Revelstoke und hinüber zu den Monashee Mountains auf der anderen Flussseite. Ganz in der Nähe des Feuerwachturms steht ein Picknicktisch in bester Lage. Entlang des ***First Footsteps Trail*** östlich des oberen *Shuttle*-Stopps gibt es eine hübsche Indianer-Skulptur zu entdecken (750 m *Loop*).

Auf einem längeren, aber nicht sehr anstrengenden Wanderweg geht es durch ausgedehnte Blumenwiesen zum 7 km entfernten, idyllischen **Eva Lake** (200 HM, mit *backcountry campsite* am See).

Gute Übersichtstafeln vor Ort erleichtern die Orientierung, ebenso die Wanderkarte in der Broschüre, die man von den Rangern gleich zu Beginn der Auffahrt erhält. Zusätzliche Infos gibt es im Nationalpark-Büro in Revelstoke an der 301B 3rd Street West oder im Besucherzentrum der Stadt (301 Victoria Road West; ✆ 1-800-487-1493; www.seerevelstoke.com).

Stadt Revelstoke

Revelstoke am Zusammenfluss von Illecillewaet und Columbia River ist in weitem Umkreis der einzige größere Ort mit Unterkünften. Zu den preiswerteren zählt ***The Cube*** an der 311 Campbell Avenue mit schlichten Zimmern ab ca. $90 (Gemeinschaftsdusche und -küche); ✆ (250) 837-4086, www.cubehotel.ca.

Der gemütliche Altstadtbereich rund um die *Grizzly Plaza* lädt zum Bummeln ein – und samstags steht dort der ***Farmers & Craft Market*** statt (8.30-13 Uhr). Für Eisenbahnfans lohnt sich der Besuch des ***Railway Museum*** vor allem wegen der prächtig restaurierten *CP 5468*, einer der größten Dampfloks in Kanada; 719 Track Street (am inneren Stadtring), Mai-Oktober täglich 9-17 Uhr, Juli/August 9-18 Uhr, $10/$5; www.railwaymuseum.com. Für's Picknick eignen sich die Parks am Fluss.

Wer bei Revelstoke einen ***Campground*** sucht, sollte den gut gelegenen Komfortplatz am **Williamson Lake** ins Auge fassen mit Duschen, Strand, Bootsverleih und Minigolf; rund 5 km südl. der Stadt über 4th St und Airport Way; Zelte $30, *full hook-ups* $40; eng, wenn voll; ✆ (250) 837-5512, www.williamsonlakecampground.com.

Columbia River Dämme

Über die #23 nach Norden ist nach nur 5 km der 175 m hohe ***Revelstoke Dam*** erreicht. Ein *Visitor Centre* (10-16 Uhr, $6/$5) informiert über die Talsperre und die Stromerzeugung entlang des Columbia River. Rund 15 km nördlich des Staudamms liegt am **Lake Revelstoke** der *Martha Creek PP* mit Bade-/Campingplatz; $28.

*Three Valley Lake
Chateau am TCH*

Wer der Straße noch ca. 140 km weiter nach Norden folgt, gelangt zum **Kinbasket Lake** und dem höchsten Staudamm Nordamerikas (*Mica Dam*, 244 m). Bereits 1964 hatten Kanada und die USA die mehrfache Aufstauung des Flusses vereinbart, um Überflutungen zu verhindern und die Wassermassen z.B. am größten Kraftwerk der USA in Grand Coulee zu regulieren; www.bchydro.com/recreation.

Alternativen zum TCH

Die **Straße #23** ab Revelstoke in Richtung Süden schafft Anschluss an die landschaftlich reizvollen Routen über den Arrow Lake oder durch die Selkirk Mountains; ➤ Seite 289 bzw. 291.

4.1.3   Weiterfahrt auf dem TCH ab Revelstoke

Three Valley

Der *Trans-Canada Hwy* läuft bald durch ein dichtes Waldgebiet und überquert beim **Summit Lake** die Wasserscheide zwischen *Fraser* und *Columbia River Basin*. Am **Three Valley Lake** liegt der Komplex des *Three Valley Lake Chateau* mit auffällig rotem Dach

Enchanted Forest

und originellen Felszimmern (ab $150), Sandstrand, Restaurant und Kneipe; ein guter Platz für die Nacht zwischendurch; ✆ 1-888-667-2109, www.3valley.com. Die **Heritage Ghost Town** gehört zum Komplex und birgt auch ein kleines *Oldtimer*-Museum; im Sommer 8-20 Uhr; $12, Kinder $5-$7.

Einen Stopp mit Kleinkindern kann man beim **Enchanted Forest** einlegen, wo auf einem kurzen Parcours durch den Wald allerlei Märchen nachgestellt wurden, teils mit liebevoll gestalteten Hexen- umd Baumhäusern (Eintritt $12/$9; im Sommer 8-20 Uhr; www.enchantedforestbc.com).

Für die Größeren gibt es gleich nebenan den Hochseilgarten **Skytrek Adventure Park**; Eintritt $45/$39; 9-19 Uhr; www.skytrekadventurepark.com).

4

Wenig später wartet schon die nächste »Touri«-Attraktion, die 70 m lange *Crazy Creek Suspension Bridge* oberhalb der gleichnamigen Kaskaden. Sehr viel bekommt man dort für $9,50 nicht geboten.

Last Spike   Bei **Craigellachie**, 45 km westlich von Revelstoke, wurde am 7. November 1885 der letzte Nagel in die Schwellen der ersten kanadischen transkontinentalen Eisenbahn geschlagen. Heute befinden sich dort neben dem *Last Spike*-Denkmal, ein Eisenbahnwaggon und Andenkenladen; www.railwaymuseum.com/lastspike.php.

Camping   Gut 11 km weiter passiert der *TCH* den *Yard Creek Provincial Park* (durchschnittlicher *Campground*, $20). Besser nächtigt man im *Cedars RV Resort* auf der anderen Straßenseite am Ufer des **Eagle River** und beim gleichnamigen *Nature Park*; $35-$40, mit *full hook-up* $45; ℘ (778) 212-2151, www.cedarsrvpark.com.

In Craigellachie am TCH wurde 1885 der symbolische „letzte Schienennagel" der transkanadischen Eisenbahnverbindung gesetzt

Sicamous und Salmon Arm

Shuswap Lake/ Sicamous   Über 1.000 km einsame, bewaldete Uferlinie mit ungezählten Buchten haben den **Shuswap Lake** für **Hausbootferien** populär gemacht. Der See zeichnet sich durch eine ungewöhnliche Form aus. Vier lange »Arme« sind über eine einzige Engstelle miteinander verbunden. Der *Salmon Arm* gilt als der attraktivste. An seinem östlichen Knie und dem damit verbundenen **Mara Lake** liegt der kleine Ort **Sicamous**, die *Houseboat Capital of Canada*.

Houseboat Rental   Verleihstationen findet man an der Engstelle zwischen den Seen an der **Riverside Avenue**. Minimumleihe drei Tage ab ca. $2.000, www.twinanchors.com Nähere Auskünfte auch beim *Sicamous Visitor Information Centre* in der 446 Main Street; ℘ 1-866-205-4055, www.sicamouschamber.bc.ca.

Durchreisende finden neben der *TCH*-Brücke Richtung Kamloops einen schönen **Badestrand** im *Sicamous Beach Park*.

Salmon Arm/ Squilax   Die Straße folgt der Uferlinie des *Salmon Arm* über den gleichnamigen größten Ort der Region **Salmon Arm** (*Info Centre*: 20 Hudson Ave) und erreicht in **Squilax** das Westende des Sees.

Canadian Pacific Railway

Noch im späten 19. Jahrhundert war British Columbia nahezu von den östlichen Provinzen des Landes isoliert. So führte die Reise einer Parlamentsdelegation nach Ontario 1870 zunächst mit dem Schiff nach San Francisco und von dort mit der Eisenbahn über Omaha und Chicago nach Toronto. Nach US-Vorbild entschied man sich für den Bau einer transkontinentalen Eisenbahntrasse, und am 7.11.1885 wurden in Craigellachie, 45 km westlich von Revelstoke am heutigen *Trans Canada Hwy,* die letzten Schwellen der *Canadian Pacific Railway* gelegt (eine *Rest Area* mit Denkmal erinnert daran). Um die Bahn durch die *Rockies* und weiter zu bringen, schufteten vor allem chinesische Bauarbeiter unter miserablen Bedingungen. Die *Chinatowns* von Vancouver und Victoria gehen auch auf diese asiatischen Einwanderer zurück.

Konkurrenzlos bis zur Ankunft der zweiten Transkontinentallinie (*Canadian Northern Railway,* heute *Canadian National*) 1915 fuhr die *Canadian Pacific Railway* in den ersten Jahrzehnten ihres Bestehens beachtliche Gewinne ein. Sie beeinflusste die Wirtschaftsstruktur ganzer Landstriche. Doch das Schienennetz der einst so bedeutenden Eisenbahn ist heute nur auf den Güterstrecken gut ausgelastet. So erfolgt in den Agrarregionen der Getreidetransport überwiegend per Bahn: nach Zwischenlagerung in den *Grain Elevators*, den unübersehbaren Lagertürmen in der Prärie, zu den Häfen am Pazifik (Vancouver und Prince Rupert), am Lake Superior (Thunder Bay) oder an der Hudson Bay (Churchill).

Die 1881 gegründete Muttergesellschaft *Canadian Pacific Limited* wurde 2001 in fünf Unternehmen aufgespalten: u.a. in die *Canadian Pacific Railway*, *EnCana* (Erdgas) sowie *Fairmont Hotels and Resorts* mit Luxusherbergen wie dem *Banff Springs Hotel*, der *Victoria Empress* und dem *Chateau Lake Louise*.

Canadian Pacific Railway bei Morant's Curve im Banff Nat'l Park

4

Eine empfehlenswerte Adresse in Salmon Arm ist die **Swiss Lodge** (ruhiges B&B mit DZ für $130; www.swisslodge.ca), in Squilax bietet das **HI Shuswap Lake** Betten ($19) und DZ ($46) in drei ausgedienten Waggons der *Canadian National*-Eisenbahn sowie Radverleih und Sauna; ✆ (250) 675-2977, www.hihostels.ca.

Salmon Run

Der Adams River steht vom **Adams Lake** bis zu seiner Mündung in den **Shuswap Lake** mit seinen Uferbereichen als *Tsútswecw Provincial Park* (ehemals »Roderick Haig-Brown«) unter Naturschutz. Alle vier Jahre (2022, 2026,...) steigen dort Anfang Oktober Millionen von knallroten *Sockeye*-Lachsen zu ihren Laichgründen flussaufwärts, in anderen Jahren sind es auch noch Hunderttausende.

Von mehreren Punkten aus kann man den **Uferpfad** erreichen, in den Sommermonaten im *Swimming Hole* baden und die herrliche Natur und Landschaft genießen.

Campingplätze gibt es dort nicht, wohl aber in den nahen **Provincial Parks Shuswap Lake** ($32, attraktiv und daher populär; frühe Ankunft notwendig) und **Adams Lake** (*Bush Creek Site* $13, einfach).

Wer vom *Roderick Haig-Brown PP* die Schotterstraße vorbei am **Adams Lake** nimmt, erreicht bei Barriere den **Southern Yellowhead Hwy #5**. Sie besitzt allerdings einige »haarige« Teilstücke hoch über dem See und ist daher mit RVs nicht zu empfehlen.

Optionen für die Weiterfahrt nach Westen

Uber das Okanagan Valley

Salmon Arm und **Sicamous** befinden sich am Nordende des Gutwetter-Tals **Okanagan Valley** (➤ Seite 294). Die landschaftlich reizvolle Zone im »Obst- und Gemüsegarten Kanadas« beginnt allerdings erst **bei Kelowna**. Die Straßen dorthin (#97A bzw. #97B) verlaufen abseits des Badesees **Okanagan Lake** und sind extrem ausgebaut bzw. befahren. Die Westuferstraße, die südlich von Kelowna wieder auf die #97 und den besten Abschnitt bis Okanagan

Die Konkurrenz ist groß im Okanagan Valley, so mancher Verkaufsstand lockt daher mit zusätzlichen »Attraktionen«. Bei der Fruit Log Barn in Armstrong gibt es neben allerlei Dinos noch den »World's longest Goat Walk«, eine Vorrichtung bei der Besucher die Ziegen mit Futter anlocken

Falls stößt, lohnt vor allem für Besucher, die im gepflegten ***Bear Creek PP*** schwimmen oder campen möchten (➢ Seite 296).

Wenn die Zeit für eine Fahrt durchs **Okanagan Valley** nicht mehr reicht, ist die verbleibende Strecke **von Salmon Arm zurück nach Vancouver** über Kamloops innerhalb eines Tages gut zu schaffen.

Ca. 460 km sind es auf dem *Coquihalla Hwy* #5, schöner ist aber die Route auf dem *TCH* dem Verlauf des Fraser River folgend (530 km; in der Gegenrichtung bereits unter **2.3.1** beschrieben, ➢ Seite 217).

Über den Connector #97C

Wer trotz knapper Zeit noch einen Eindruck von dem *Okanagan*-Gebiet »mitnehmen« möchte, hat ab Sicamous oder Salmon Arm außerdem die Option die Reise über Vernon/Kelowna und den ***Okanagan Connector*** #97C fortzusetzen, der bei Merrit ca. 90 km südlich von Kamloops in den *Coquihalla Hwy* (#5) einmündet. Diese insgesamt 500 km lange Route beansprucht, je nach Verkehrsaufkommen, nur wenig mehr Fahrzeit.

Dabei lohnt der Umweg über den glasklaren **Kentucky Lake** und **Alleyne Lake**; 11 km ab der #97C, Abfahrt »Loon Lake Rd«, dann 2 km westwärts parallel zur Schnellstraße bis zur zweiten Unterführung, dort durch und noch ca. 9 km. Beide Seen sind weniger frequentiert und haben schöne Picknick- und Campingmöglichkeiten; *first-come, first-served*-Stellplätze teils direkt am Ufer; $18.

Eine ähnliches Kulisse bietet der **Allison Lake** im gleichnamigen Provinzpark an der #5A in Richtung *Crowsnest Hwy* (ab dem Kentucky Lake sind es 6 km bis zur #5A und dann noch 25 km nach Süden; schattige *first-come, first-served*-Stellplätze am Südufer des Sees; $18). Von dort fährt man dann am besten gleich über Princeton und den sehenswerten *E.C. Manning Provincial Park* (➢ Seite 310) an der Straße #3 bis zum *TCH* bei Hope weiter. Die zurückzulegende Fahrstrecke zwischen Salmon Arm und Vancouver beträgt so 550 km (am besten als 2-Tages-Etappe).

4.2   Alternativrouten ab Revelstoke: über den Arrow Lake nach Vernon oder zum Crowsnest Hwy

Alternative zum TCH

Statt dem *TCHy* zu folgen, könnte man ab Revelstoke eine in mancher Beziehung noch **attraktivere Route nach Westen** wählen. Bis **Vernon** eingangs des Okanagan Valley benötigt man auf den **Straßen #23 und #6** einschließlich zweier Fähren mindestens einen vollen Tag. Verglichen mit dem stark befahrenen *TCH* und der Straße #97 ist diese Route eine reine Idylle und bietet mit ***Nakusp Hot Springs*** den idealen Zwischenstopp für eine Nacht.

Arrow Lakes

Upper und **Lower Arrow Lake** im Tal zwischen Selkirk und Monashee Mountains sind keine natürlichen Seen, sondern der durch den Damm bei Castlegar (➢ Seite 302) bis Revelstoke über 232 km gestaute Columbia River. Auf der Strecke liegt mit **Nakusp** nur ein kleines Städtchen (sehr schön am See) mit Versorgungsmöglichkeit. Die auf den Karten verzeichneten »Orte« Shelter Bay und Galena Bay, Fauquier und Needles sind lediglich Fähranleger.

4

Die #23 von Revelstoke nach Shelter Bay verläuft zunächst hoch über dem sich langsam zum Upper Arrow Lake erweiternden Columbia River. Der nördliche Stausee ist außer am **Blanket Creek Provincial Park** (schöner *Campground*, $28, ✆ 1-800-689-9025) kaum zugänglich. Im Park hat der attraktive, künstlich oberhalb des Stausees geschaffene Pool mit Sandstrand fast Karibikflair. Über dem Ufer unweit des Anlegers bietet der kleine *Campground Shelter Bay* des **Arrow Lakes PP** einen guten Platz für die Nacht; bei später Ankunft im Sommer aber oft voll ($17).

Fähre nach Galena Bay

Die kostenlose (!) *Upper Arrow Lake Ferry* von **Shelter Bay** nach **Galena Bay** braucht 20 min für die Überfahrt, während der man das Gebirgspanorama genießen kann (ab Shelter Bay täglich 5-24 Uhr, ab Galena Bay 5.30-0.30 Uhr). Von Mai bis Oktober kommt zudem tagsüber eine zweite Fähre zum Einsatz. Sie sind nur selten voll ausgelastet – was eine Menge über die Verkehrsdichte auf der #23 aussagt.

Fähre über den Upper Arrow Lake

Weiterfahrt über Naskup und den Lower Arrow Lake

Halcyon Hot Springs

Bis Nakusp folgt die #23 ab Galena Bay in schönem Verlauf dem Ostufer des **Upper Arrow Lake**, aber nur selten ist eine Zufahrt vorhanden. Die ersten Thermalbecken liegen, 17 km südlich von Galena Bay, toll oberhalb des Sees angeordnet im komfortablen **Halcyon Hot Springs**-Komplex; drei 32°-42°C warme Pools, täglich 8-22 Uhr, Juli-Anfang September bis 23 Uhr, $13/$9. Dazu gehören auch ein Restaurant, *Campground* ($70-80 inkl. Pool-Nutzung für 2 Personen), kleineren *Cottages* (ab $129) und Mehrfamilien-*Chalets*; ✆ 1-888-689-4699, www.halcyon-hotsprings.com.

Nakusp Hot Springs

2,5 km nördlich von Nakusp sollte man unbedingt auf der **Hot Springs Road** zu einer weiteren schön gelegenen Poolanlage fahren (12 km). Ebenfalls unter freiem Himmel aalt man sich dort in zwei warmen Becken 36°C-40°C (April-Okt. tägl. 9.30-21.30 Uhr, sonst 10.30-21 Uhr; $10/$9). Übernachten kann man vor Ort in den gemütlichen **Nakusp Hot Springs Cedar Chalets** ($75-$199). Auf dem dazugehörenden **Campground** sind die Plätze direkt am Ufer des wilden Kuskanax River oft früh besetzt; Zelte $20, *hookups* $30; ✆ 1-866-999-4528, www.nakusphotsprings.com.

Wanderwege

Der **Kuskanax Mountain Trail** startet bei »km 4« der Hot Springs Road und folgt den Serpentinen einer schmalen Forststraße bergauf. Nach 1,5 km bietet der Aussichtspunkt ***Vicky's View*** einen netten Blick auf Nakusp und den langgestreckten See.

Auch auf der anderen Uferseite wartet eine sehr empfehlenswerte Wanderung: Hierfür folgt man der #6 ab Nakusp gut 22 km nach Süden bis zum schmalsten Seeabschnitt, wo der Upper zum Lower Arrow Lake wird, und setzt dort mit der ***Arrow Park Ferry*** über (nur 5 min; kostenlos, täglich 5-12.05 sowie 14.15-21.20 Uhr). 17 km nordöstlich der Anlegestelle befindet sich der Ausgangspunkt des ***Saddle Mountain Trail*** (5,3 km, 860 HM). Bei der attraktivsten Wanderung der gesamten Region genießt man vom einstigen Feuerwachthaus auf dem Gipfel (2.304 m) ein unvergleichlich tolles Rundumpanorama auf den Upper Arrow Lake und Nakusp; Broschüre mit *Hiking*-Karte gibt's unter http://nakusptrails.ca.

Nakusp

Die weit und breit größte Ortschaft **Nakusp** (1.600 Einwohner) besitzt ein gemütliches Ambiente, einen schönen Sandstrand am großem Stadtpark, eine Reihe von Motels, eine ausreichende Infrastruktur zur Versorgung und einen guten Campingplatz, den *Municipal Campground* (4th St/10th Ave NW; $19-$27). Die großzügige Anlage liegt drei Blocks vom Strand entfernt, www.nakuspcampground.com. Der 14 km weiter südliche ***McDonald Creek PP*** ($30-$37) mit kilometerlangem Strand ist ebenso empfehlenswert wie der idyllische ***Summit Lake PP*** ($26; ➢ auch Seite 293).

Nach Vernon

Von Nakusp folgt man der #6 am Ufer des Arrow Lake weiter nach Süden bis zur kostenlosen ***Needles Cable Ferry*** in **Fauquier** (5 min Überfahrt bis Needles, 5-22 Uhr alle 30 min). Jenseits des Sees geht es auf schön geführter, ruhiger Straße quer durch die Monashee Mountains nach Vernon am Nordende des Okanagan Valley.

Weiterfahrt durch die Selkirk Mountains

Ab Galena Bay gibt es neben der Asphaltstraße #23 in Richtung Nakusp eine alternative – ebenfalls attraktive – Route. Der ***Highway* #31** führt zunächst durch die Selkirk Mountains und anschließend über Kaslo bis zur *Balfour Ferry* eingangs des Westarms des Kootenay Lake. Dabei geht es rund 90 km über Schotter. Mit einem Tag **Extrazeit** könnte man auch ab Kaslo über die Straßen #31A und #6 zurück nach Nakusp fahren (185 Mehrkilometer im Vergleich zur Direktroute auf der #23) und von dort – entsprechend der Beschreibung oben – der Straße #6 in das Okanagan Valley folgen.

Der aufgestaute Columbia River (Upper & Lower Arrow Lake) im Westen sowie die zwei Stauseen im Osten (Kootenay und Duncan Lake) umschließen die extrem dünn besiedelten **Selkirk Mountains**, die sich nordwärts bis zum *Glacier Nat'l Park* ausdehnen und in Richtung Süden bis in die US-Bundesstaaten Washington und Idaho hineinreichen (➢ auch *Selkirk Loop*, Seite 304f).

10 km östlich von Galena Bay befindet sich der 3,2 km lange ***Hill Creek Spawning Channel***. Schautafeln an der umlaufenden Piste erläutern den Lebenszyklus der *Kokanee*-Lachse, die in diesem künstlichen Kanal Ende August bis Ende September laichen.

Wenige Kilometer weiter südlich geht es bergauf, und die Straße führt hoch über dem **Trout Lake** am Hang entlang, aber wegen des dichten Waldes nur mit wenigen Aussichtspunkten. Ab dem Südende des Sees folgt sie dem Lauf des eiskalten, aber malerischen **Lardeau River**. Auf diesem – weiterhin geschotterten – Abschnitt begegnet man außer Holzlastern kaum anderen Fahrzeugen.

An der Flussmündung in den Duncan River zweigt eine Stichstraße zum **Duncan Dam** ab. Die kurze Anfahrt zum Südende des **Duncan Lake** lohnt sich allemal. Am Endpunkt befindet sich ein Picknickplatz mit Aussicht auf die 39 m hohe Dammkrone.

Südwestlich der Staumauer dient der 3,3 km lange **Meadow Creek Spawning Channel** (Straße um den Kanal mit Infotafeln) als künstlicher Ersatz für die seit dem Dammbau 1967 weitgehend verloren gegangenen *Kokanee*-Laichgründe. Im September ist das Wasser dort meist rot vor lauter Fischen!

Kootenay Lake

Am attraktiven Nordarm des **Kootenay Lake** besitzt der *Kootenay Lake Provincial Park* zwei kleine *Campgrounds*: *Davis Creek* ($21) und *Lost Ledge* ($23). Um dort einen Stellplatz zu ergattern, muss man insbesondere an Wochenenden früh anreisen.

Kaslo

Kaslo, eine Ende des 19. Jahrhunderts blühende Silberminenstadt und heute nur noch 1.000-Seelen-Gemeinde, ist der einzige »echte« Ort am oberen Kootenay Lake und Lardeau Valley. An der Kaslo Bay steht der ausgemusterte **Raddampfer SS Moyie**, der einst zwischen Nelson und Siedlungen am Nordarm des Sees verkehrte. Der Passagier-Schaufelraddampfer zählt zu den ältesten noch erhaltenen der Welt und beherbergt ein kleines Museum mit Objekten und Fotos aus den aktiven Jahren des Schiffes (1898 bis 1957); 324 Front Street; Eintritt $12/$5, Mitte Mai-Mitte Oktober täglich 10-17 Uhr. Dort befindet sich auch das Besucherzentrum von Kaslo; 10-17 Uhr; www.klhs.bc.ca.

Empfehlenswert ist der **Mirror Lake Campground** ca. 5 km südlich von **Kaslo** mit vielen Plätzen am eigenen Badesee; 5777 Arcola Rd; $24-$27; © (250) 353-7102, www.mirrorlakecampground.com.

Municipal Hall in Kaslo

S.S. Moyie National Historic Site in Kaslo

Nach Nakusp

Die **#31A** nach New Denver (ca. 50 km) führt in phantastischem Verlauf durch die Selkirk Mountains. Ein Stopp könnte der 1900 zunächst durch einen Großbrand und 1955 von Hochwasser zerstörten *Ghost Town* **Sandon** gelten, die nur 5 km abseits der Hauptstraße liegt. Von dort führt eine enge *Logging Road* (für RVs ungeeignet) zu einem Parkplatz unterhalb des *Idaho Peak Lookout* (2.273 m): Zum Gipfel geht es über einen schönen, ab Juli schneefreien Fußweg (1,4 km). Dort hat man eine brillante Sicht auf die umliegende Bergwelt und den langen Slocan Lake 1.700 m tiefer.

In **New Denver** erreicht man die **Straße #6**. Nordwärts auf dem Weg nach Nakusp (50 km) liegt auf der Passhöhe zwischen Slocan Lake und Upper Arrow Lake der *Summit Lake PP* mit einem wunderbaren, idyllisch von Bäumen eingerahmten *Campground* ($26).

In Richtung Süden ist die #6 ab New Denver kaum zu überbieten: Gespickt mit **wunderbaren Aussichtspunkten** verläuft sie streckenweise bis zu 300 m hoch über dem glasklaren **Slocan Lake**, berührt aber auch **Badestrände**. In New Denver und Silverton kann man sie nicht verfehlen, in **Slocan** (Strand neben Holzlager) ist ein Abstecher von der #6 durch den Ort nötig.

Auch Camping am leider etwas kalten See ist möglich in New Denver (der Platz erstreckt sich am Südwestufer zwischen Bäumen neben dem Stadtpark; $25-$30, 217 3rd Ave, ✆ (250) 358-2867, www.newdenver.ca/campground-2) und Silverton (erstaunlich hübsche, kleine Uferanlage; $18-$25, Westende Leadville St, ✆ (250) 358-2472, www.silverton.ca/rec/Camping.html).

Anschluss an den Crowsnest Highway

Mit Ziel **Castlegar** (➤ Seite 302) und Weiterfahrt auf dem *Crowsnest Highway* ist diese Route (ab Kaslo) insgesamt noch attraktiver und nur 35 km länger als die Streckenführung der Straßen #31 und #3A über Nelson.

4.3   Das Okanagan Valley von Vernon bis Osoyoos

Über #97A ab Sicamous bzw. #97B ab Salmon Arm (beide am *TCH*) oder auf der #6 von Naskup am Upper Arrow Lake erreicht man **Vernon** und die Hauptverkehrsachse #97 durch das **Okanagan Valley**. Das langgestreckte Tal wird als nördlichster Ausläufer des trockenen intramontanen Beckens definiert, das sich von Mexico zwischen Sierra Nevada und Kaskaden im Westen sowie Rocky Mountains im Osten durch den gesamten Westen der USA zieht. Und tatsächlich passt an der US-Grenze das trockenheiße Wetter im *Okanagan* so gar nicht zum sonst vorherrschenden Kanada-Klima. Geringe Niederschläge und tägliche sommerliche Höchsttemperaturen von jenseits der 30°C lassen eine wüstenähnliche Vegetation gedeihen und sogar *Rattlesnakes* klappern.

Im größten kanadischen Weinanbaugebiet am unteren Arm des langgestreckten **Okanagan Lake** – auf derselben geographischen Breite wie etwa der Rheinabschnitt zwischen Mainz und Karlsruhe – fühlt man sich wie nach Südeuropa versetzt. **Verkaufsstände** für alle Sorten von Obst und Gemüse säumen die Straßen. Zwischen Vernon und Osoyoos laden zudem über **100** *Vineyards* zu Weinproben ein; www.bcwine.com.

Ferien-
hochburg

Obst und Wein würden kaum so gut gedeihen, wäre das Okanagan Valley nicht auch noch mit unerschöpflichen Wasserreserven gesegnet. Touristische Hauptattraktion des Tales sind daher auch die angenehm warmen Stauseen Kalamalka, Skaha, Vaseux, Osoyoos und besonders der über 110 km lange **Okanagan Lake**. Alle Arten von Wasser- und Angelsport sowie kommerziell organisierte Aktivitäten sorgen dort für Urlaubsspaß.

Weil das Okanagan Valley **Ferienfreuden wie an Italiens Gardasee** bietet, ist es ein sehr populäres Urlaubsziel. Dazu gehören im Sommer früh ausgebuchte Quartiere und volle Campingplätze. Wer nach kühlen, speziell regnerischen Tagen im Gebirge in dieses Tal kommt, wird das Klima genießen.

Weinberge im
Okanagan Valley

*Entlang der #97 reihen sich die Obststände mit einem bunten tollen Angebot, noch preiswerter zur Erntezeit die **U-Pick**-Variante zum »Selberpflücken«*

Vernon

Vernon mit über 40.000 Einwohnern, einer der Zentralorte der Region, liegt nicht unmittelbar am **Okanagan Lake**, sondern abseits seines nördlichen Ausläufers und partizipiert daher weniger am Tourismus. Der **Seezugang** ist weit entfernt: 25th Avenue in Richtung Okanagan Lake. Auch zum *Ellison Provincial Park*, ca. 16 km südwestlich von Vernon hoch über dem See, folgt man zunächst dieser Straße. Der dort besonders idyllische Campingplatz ($32) liegt mitten im Wald; ✆ 1-800-689-9025. Über Treppen geht es hinunter zum Strand.

Das *Visitor Centre* von Vernon steht an der 3004 39th Ave, ✆ 1-800-665-0795, www.vernontourism.com

Strecke am Westufer

Von Vernon könnte man statt die #97 nach Süden alternativ die ruhige Strecke am **Westufer** wählen, müsste dazu aber erst einige Kilometer in nördliche Richtung fahren (nur bei viel Zeit sinnvoll!):

Silver Star Mountain

Am nördlichen Ortsausgang zweigt die 22 km lange Zufahrt zum *Silver Star Mountain Resort* ab, einem beliebten Skigebiet. Auch im Sommer (von Ende Juni bis September) ist dort ein Sessellift für Wanderer und Mountainbiker in Betrieb, die ihr Rad im Lift nach oben bringen; www.skisilverstar.com.

Wasserspaß

Auf der Weiterfahrt (Hwy #97/Pleasant Valley Road) passiert man 1 km südlich Abzweig #97/97A-7921 Greenhow Road *Atlantis Waterslides*, einen Planschpark mit vielen Rutschen; geöffnet Juni täglich 10-17, Juli bis Anfang September 10-18 Uhr; $25/$17 oder Familienticket $70; www.atlantiswaterslides.ca.

Ranch

Ebenfalls an der #97 (#9380, 1 km vor der Westside Road) war die von *Cornelius O'Keefe* gegründete *O'Keefe Ranch* Ende des 19. Jahrhunderts eine der größten im Okanagan Valley. Mit zwölf zeitgenössischen Gebäuden, Kutschfahrten, Tieren, Sattlerei und Töpferei ist es zwar das beste Museum im Okanagan Valley, kommt aber nicht an die Qualität von Barkerville (➢ Seite 212) oder Fort Steele (➢ Seite 270) heran; Mai bis Anfang Oktober täglich 10-17 Uhr, Juli und August bis 18 Uhr, $14/$9; www.okeeferanch.ca.

**Baden &
Campen**

Auf etwa halber Strecke am Westufer des Sees, rund 35 km nördlich von Kelowna, passiert man den ***Fintry Provincial Park*** mit Sandstrand, Wanderwegen und *Campground* ($32 mit Duschen in schöner Lage am See, wenn auch nur wenige Stellplätze am Wasser vorhanden sind; ✆ 1-800-689-9025). Der ***Bear Creek Provincial Park***, auch mit Bade- und Campgelegenheit, ist hervorragend in üppiger Vegetation angelegt; 7 km nördlich von Kelowna; $35; unbedingt reservieren: ✆ 1-800-689-9025).

**Strecke
östlich
des Sees**

Östlich des Okanagan Lake verläuft die Straße #97 ab Vernon oberhalb des Kalamalka Lake mit nur wenigen Seezufahrten. Campingplätze ($32) finden sich dort im *Kekuli Bay Provincial Park*, ✆ 1-800-689-9025.

Kelowna

Die Touristenhochburg Kelowna (sprich: *Kilóhna*) ist das *Heart of the Okanagan* und die größte Stadt im Tal mit knapp 130.000 Einwohnern. Wer dort eine **Unterkunft** sucht, hat unweit der Durchgangsstraße #97 eine gute Auswahl an H/Motels. Für's Campen in City-Nähe geht nichts über den Provinzpark ***Bear Creek***, ➢ oben.

Das Besucherzentrum ist an der #544 Harvey Ave (#97) zu finden; www.tourismkelowna.com. Etwas weiter östlich an derselben Straße steht die größte ***Shopping Mall*** zwischen den *Rockies* und Vancouver mit über 170 Geschäften; 2271 Harvey Ave, **Orchard Park**; www.orchardparkshopping.com.

Uferparks

Der zentrale Bereich Kelownas liegt nördlich der #97, im populären ***City Park*** gibt es u.a. eine ***Public Beach***. Markant ragt hier die Skulptur ***Spirit of the Sail*** des Künstlers *Robert Dow Reid* empor. Gegenüber legen die ***Kelowna Dinner Cruises*** zu einer 1,5-stündigen Rundfahrt ab; $20-$40; 238 Queensway Ave; ✆ (778) 753-5888, www.kelownacruises.com.

Kelowna mit der Brücke über den Okanagan Lake

Ogopogo
Eine nach Augenzeugenberichten angefertigte *Sails*-Skulptur zeigt die **Seeschlange *Ogopogo***. Sie wird in den Tiefen des Sees vermutet, ähnlich wie das Ungeheuer von *Loch Ness*. Lebendsichtungen gibt es unter www.ogopogoquest.com.

Ein kurzer Abstecher führt (auf der Ellis St einige Kilometer nach Norden) auf den **Knox Mountain**. Stadt und See sind von mehreren Parkplätzen mit *Viewpoints* gut zu überblicken. Der Berg ist ein populäres Wandergebiet mit vielen unterschiedlichen Wegen, darunter der ***Apex Trail*** (3 km, 300 m Höhenunterschied).

Myra Canyon

Südöstlich von Kelowna gehört die Trasse der stillgelegten **Kettle Valley Railway** (*KVR*) durch den phantastischen **Myra Canyon** zu den besten kanadischen *Hike*- und *Bike*-Revieren. Beim *Myra Station Parking Lot* (Anfahrt 8 km, gute Schotterstraße) gibt es einen Fahrrad-Verleih; $39/4 Std, www.myracanyonrental.com. Dort startet die nur 12 km lange, recht ebene Tour durch den **Myra-Bellevue Provincial Park** und führt im Herzstück des *Myra Canyon* am Weg zum *June Springs Rd Parking Lot* über 18 *KVR*-Brücken und durch zwei Tunnel. Die ersten 8 Brücken lassen sich aber auch gut zu Fuß erkunden; gutes Kartenmaterial unter www.myra-trestles.com.

Das **Chute Lake Resort** liegt direkt am *KVR* (24 km bis Myra) auf einem einsamen Hochplateau – nicht nur Radler genießen den frischgebackenen Obstkuchen; Doppelzimmer, *Cabins*, Zelt- und RV-Plätze; ✆ (250) 493-3535, www.chutelakeresort.com.

Weiterfahrt nach Süden

Auch südlich von Kelowna bleibt die #97 ausgebaut und stark befahren. Der Verkehr vermindert sich ab Peachland, als der **Okanagan Connector** (Autobahn #97C) in Richtung Merritt/*Coquihalla Hwy*/Vancouver einen Teil seines Volumens aufnimmt. Von Kelowna sind es auf dieser Route noch knapp **400 km bis Vancouver.**

4

Lachswanderung

Im September/Oktober, zur Zeit der Lachswanderung, ist ein Stopp im **Hardy Falls Regional Park** (4 km südlich von Peachland) ein Muss. Dann wimmelt es dort von **Kokanee**-Lachsen, die bachaufwärts zu einem *Pool* unterhalb des Wasserfalls schwimmen. Auch sonst lohnt dieser 1 km lange schattige Weg als **Kurzwanderung**.

Der in diesem Bereich einzige Provinzpark mit Camping-Möglichkeit, **Okanagan Lake PP**, liegt in mehreren Terrassen über dem See und hat große prima Stellplätze – sämtlich mit Weitblick (Nordbereich/*North Unit*). **Einige besonders schöne Plätzchen am Seeufer** gibt's in der *South Unit*; ✆ 1-800-689-9025, $35.

Aussicht

Bei Summerland erhebt sich der **Giant's Head Mountain** 500 m über den See, der beste **Aussichtsberg** im Okanagan Valley. Die Anfahrt erfolgt über *Prairie Valley Road* und *Giant's Head Road* auf die Gipfelstraße (zum Schluss Serpentinen). Das letzte Stück zum Gipfel geht es nur zu Fuß. An der Straße und oben passiert man mehrere **Picknicktische** mit Superblick.

Summerland

Ca. 5 km südlich von Summerland befinden sich die *Ornamental Gardens*. Der kleine Abstecher von der Hauptstraße (#4200 Hwy 97) lohnt schon fast allein wegen der idyllisch plazierten Picknicktische im grünen Park. Eintritt frei; täglich 8 Uhr bis zur Dämmerung; www.summerlandornamentalgardens.org.

Proviant könnte man sich vorher in Summerland bei der **Bäckerei True Grain Bread** besorgen an der 10108 Main Street; gutes »europäisches« Körnerbrot; Di-Sa 8-17 Uhr; www.truegrain.ca.

Kettle Valley Steam Railway

An der 18404 Bathville Road in Summerland starten die Dampfloks der *Kettle Valley Steam Railway* (➤ Foto Seite 67). Abfahrten im Hochsommer immer Do-Mo jeweils um 10.30 und 13.30 Uhr; Dauer: 90 Minuten; Tickets $25, Kinder $16-$20. Für die Touren mit Raubüberfall und *BBQ* an ausgewählten Tagen zahlt man $57/$24; www.kettlevalleyrail.org.

Ein Superlativ jagt den nächsten...

Der Hang der Nordamerikaner zu Übertreibungen ist vielerorts kaum zu übersehen. Sehenswürdigkeiten – seien sie noch so bescheiden – werden als *world famous* oder mit anderen außerordentlichen Attributen beworben. Aus einem kleinen, mittelmäßigen Museum wird schnell eine *Major Tourist Attraction*, und eine Ansammlung von Blockhäusern macht aus einem an sich unscheinbaren Dorf eine *Log Cabin Capital of BC*. Vielleicht ist eines davon auch das größte, älteste oder schönste Blockhaus komplett aus Kiefer-, Fichten- oder anderem Holz in der Region oder auch das höchste, breiteste oder kleinste einräumige Haus der Provinz, des westlichen oder östlichen Kanadas oder eben der ganzen Welt. Ist an dem Gebäude selbst absolut nichts erwähnenswert, könnte zumindest der legendäre *Trapper Jim* oder *John* hier seinen *first* oder *last* Wohnsitz gehabt haben. Vielleicht besaß er damit sogar die am längsten ununterbrochen bewohnte Blockhütte diesseits der *Rockies*.

Auch das Okanagan Valley bildet hier keine Ausnahme, mit Superlativen wird nicht gegeizt: In der *Largest City in the Okanagan-Similkameen* **Kelowna** führen Touren durch die *Oldest Vinery in British Columbia*. **Keremeos** preist sich an als *Fruit Stand Capital of Canada*, während sich **Oliver** die Weinhauptstadt Kanadas feiern lässt. **Osoyoos** rühmt sich den *Warmest Fresh Water Lake* im Land und *Canadas only true Desert* zu besitzen. **Armstrong** hat zudem den »sensationellen« *World's longest Goat Walk* (➤ *Log Barn*, Foto Seite 288) zu bieten und **Penticton** zweifelsohne das *Best Climate in Canada*.

Nicht weiter verwunderlich, schließlich ist die kanadische Provinz British Columbia »*The Best Place on Earth*«!

Penticton

Zwischen dem Südende des Okanagan Lake und Skaha Lake liegt **Penticton**, eine weitere **Tourismushochburg** des Okanagan Valley mit überaus populären Badestränden.

Zentraler Bereich ist die Uferstraße am Okanagan Lake mit der **SS Sicamous** von 1914. Der Schaufelraddampfer wurde bereits nach 22 Jahre außer Dienst gestellt und ist nun größte Attraktion des Ortes; 1099 Lakeshore Drive West, im Sommer täglich 11-19 Uhr, $6/$3; www.sssicamous.com.

Information

Nicht weit davon entfernt steht das **Penticton & Wine Country Visitor Information Centre**, 553 Vees Drive/Ecke Hwy #97; ✆ 1-800-663-5052; www.tourismpenticton.com.

Inner Tubing

Den Okanagan Lake und Skaha Lake verbindet – parallel zur Straße #97 – der 6 km lange **Okanagan River Channel**. Als Sommervergnügen lässt man sich dort mit Schläuchen aus Lkw-Reifen zwei Stunden lang flussabwärts treiben; $6 für die »**Tube**«-Miete inklusive Schwimmweste sowie $6 für den Rücktransport; *Coyote Cruises*, 215 Riverside Drive; Mitte Juni-Mitte September täglich 10-17 Uhr; www.coyotecruises.ca.

Südliches Okanagan Valley

Am Endpunkt des *Channel* trifft man auf die Sandstrände des **Skaha Lake**, einem populären Familienziel mit vielen Hotels an der nahen Skaha Lake Road.

Zwei eher kleine Provinzpark-Campingplätze liegen an der Straße #97: 1 km südwestlich des Skaha Lake im **Sx̱ʷəx̱ʷnitkʷ Falls PP** (ehemals »*Okanagan Falls PP*«; Zufahrt über die Green Lake Road, $21) und nur 7 km weiter im **Vaseux Lake PP** ($16; direkt am Hwy 97, daher laut, einige Plätze aber auch am Wasser; das *Bird Sanctuary* ist ein Paradies für Vogel-Liebhaber).

Für $32/Bett übernachtet man im **HI Penticton** an der 464 Ellis Street nicht weit entfernt von der *Okanagan Lake Beach*. Doppelzimmer kosten dort $72; ✆ 1-866-782-9736, www.hihostels.ca.

Das Gebiet zwischen Oliver und der Grenze zu den Vereinigten Staaten wird als **Pocket Desert** bezeichnet. Bei trockener Sommerhitze von nahezu täglich 30°C macht sich dort eine karge, wüstenähnliche Vegetation aus Feigenkakteen und Salbeibüschen breit. Unterbrochen wird sie von üppig grünen Inseln künstlich bewässerter Felder und Plantagen. Abends ist es dort spürbar wärmer als im zentralen Okanagan.

Knapp 180 km südlich von Vernon endet das Okanagan Valley in **Osooyoos** (➤ Seite 307), eine Stadt an der US-Grenze mit Anschlussmöglichkeiten an den **Crowsnest Highway** (➤ nächste Seite) in Richtung Vancouver oder Rocky Mountains sowie an eine der Routen durch den Nordwesten der USA.

4

4.4   Crowsnest Highway #3

Die südlichste Verbindung über die Rocky Mountains stellt der »Krähennest«-*Highway* dar. Die Fernstraße startet in den Prärien Albertas am *Trans-Canada Hwy* in Medicine Lake und führt auf ihrem Weg nach Westen – teils eng an der Grenze zu den USA – über fünf hohe Gebirgspässe: ***Crowsnest Pass*** (1.358 m) in den *Rockies*, ***Kootenay Pass*** in den Selkirk Mountains (mit 1.774 m höchster Pass im Straßenverlauf), ***Phoenix Mountain Summit*** (1.105 m) und ***Bonanza Pass*** (1.535 m) in den Monashee Mountains sowie der ***Allison Pass*** (1.342 m) in den Kaskaden. Die Route trifft nach insgesamt 1.160 km südlich von Hope wieder auf den *TCH*.

Das Teilstück im Süden Albertas ist aus touristischer Sicht nicht sehr ergiebig, sieht man mal ab von dem *UNESCO-Site* **Head-Smashed-in Buffalo Jump** etwas abseits des *Highway* an der #785 (➢ Seite 333). Daher erfolgt die Beschreibung des *Crowsnest Hwy* in diesem Kapitel erst ab der Zufahrtsstraße zum Waterton Lakes Nationalpark bei den Orten Pincher Station/Creek.

4.4.1   Crowsnest Hwy von Pincher Station nach Cranbrook

Hinter Lundbreck (mit den 12 m hohen **Lundbreck**-**Wasserfällen** und dem ruhigen, gleichnamigen **Campground** am Crowsnest River südlich des *Highway*) beginnen die Rocky Mountains und der Verlauf der #3 wird schlagartig um vieles attraktiver. In dieser Region begann 1898, nachdem die Gleise der *Canadian Pacific Railway* verlegt worden waren, die Ausbeutung von Kohlevorkommen. Der Ort **Crowsnest Pass** besteht aus dem Zusammenschluss etlicher einstiger Bergwerkssiedlungen (Bellevue, Hillcrest, Frank, Blairmore, Coleman und Hillcrest Mines; www.crowsnestpass.com).

Bellevue   In Sichtweite des Turtle Mountain kann man in der 1962 stillgelegten **Bellevue Mine** (21814 28th Ave) mit Helm und Lampe ausgerüstet an einer 1-stündigen Führung durch einen dunklen Stollen teilnehmen. Täglich Mai-Juni 9-17 Uhr, Juli-Anfang September 10-18 Uhr; $14/$10; www.bellevueundergroundmine.org.

Frank Slide   Bei der Ortschaft **Frank** führt die #3 durch ein mehrere Quadratkilometer großes Geröllfeld, das 1903 durch den folgenschwersten Bergsturz Kanadas entstand. Das **Frank Slide Interpretive Centre**, ein beachtliches Besucherzentrum etwas abseits des *Highway*, erläutert Hintergrund und Folgen des Sturzes vom Turtle Mountain, der seinerzeit in der Bergarbeitersiedlung Frank (daher *Frank Slide*) 70 Menschen in den Tod riss. Geöffnet Juli-Anfang September täglich 9-18 Uhr, sonst 10-17 Uhr; $12/$6; www.frankslide.com.

Auch wer sich für die Einzelheiten des *Frank Slide* und die Geschichte des Kohlebergbaus nicht so sehr interessiert, sollte kurz zum Besucherzentrum hinauffahren. Der Blick von dort oben über die auch nach so langer Zeit immer noch fast vegetationslose Steinwüste ist eindrucksvoll.

Dort, wo heute das Frank Slide Besucherzentrum steht, ereignete sich vor über 100 Jahren ein gewaltiger Erdrutsch, der ein ganzes Bergarbeiterdorf unter sich begrubt

Westlich von Frank dominiert im Norden der Namensgeber des *Hwy* das Panorama, der **Crowsnest Mountain** (2.785 m). Die Route passiert in ihrem weiteren Verlauf die Einmündung der unasphaltierten *Forestry Trunk Rd* #940/#40, die nordwärts zum *Peter Lougheed PP* im *Kananaskis Country* (➤ Seite 272) führt, den *Crowsnest Pass* (niedrigste Passhöhe in den südlichen *Rockies* an der Alberta-BC-Grenze) und den Wintersportort **Fernie** (attraktiver Stadtkern rund um die 2nd Avenue). Kurz vor Cranbrook vereinigt sich für gut 70 km gemeinsamen Verlauf die #95 mit dem *Crowsnest Hwy*.

4.4.2   Crowsnest Hwy von Cranbrook nach Osoyoos

Cranbrook

Cranbrook ist mit 20.000 Einwohnern die größte Stadt im südöstlichen British Columbia (*Visitor Centre*: 2279 Cranbrook St N; www.cranbrooktourism.ca). Sehenswert sind dort allerdings nur die sieben restaurierten Wagen eines *Trans-Canada*-Luxuszuges von 1929, ausgestellt im **Canadian Museum of Rail Travel** an der 57 Van Horne Street (Hwy #3/95); geöffnet im Sommer 10-17 Uhr; nur mit Führung ($5-$15); www.cranbrookhistorycentre.com.

Übernachten

Neben den vielen H/Motels an der Hauptstraße bietet sich in der Universitätsstadt (*College of the Rockies*) auch eine moderne Jugendherberge an:

• **HI Cranbrook Purcell House**, 2700 College Way, Betten $25, DZ $43, ☎ 1-877-489-2687, www.hihostels.com.

Zum Campen hat man die Wahl zwischen:

• **Mount Baker RV Park** im *Baker Park*, 1501 1st Street; $26-$38; ☎ 1-877-501-2288, www.mountbakerrvpark.com.

• **Jimsmith Lake Provincial Park** in schöner Lage mit Sandstrand ($23; sanitär einfach). Die 4 km lange Zufahrt zweigt am südlichen Ortsausgang von der #3 ab.

• **Moyie Lake Provincial Park** mit großzügigen Stellplätzen ($33) und einem 1,3 km langen Sandstrand. Er liegt ebenfalls an der #3, ca. 20 km südwestlich von Cranbrook.

Creston

In Creston werden die Uhren nie umgestellt: Im Winter gilt MT, im Sommer PT.

Im Zentrum der nächsten Ortschaft am *Crowsnest Hwy* mit zahlreichen Unterkünften ist die wichtigste Sehenswürdigkeit unübersehbar: Nach der Führung ($5) durch die **Columbia Brewery** darf man das *Kokanee*-Bier auch probieren; 1220 Erickson Street; im Sommer täglich 9.30-15 Uhr; www.columbiabrewery.com.

Die Obststände an der Hauptstraße verraten, dass in **Creston** auch die Landwirtschaft eine wichtige Rolle spielt. Das *Info Centre* befindet sich am 21 NW Blvd, www.crestonvalleychamber.com.

11 km westlich der Stadt liegt an der #3 das *Creston Valley Wildlife Interpretation Centre*; im Hochsommer täglich 9-16 Uhr, sonst So+Mo geschlossen; $4/$3. Im Sumpf des Vogelschutzgebiets leben viele Vögel, darunter Kolibris und Fischadler. Ein Holzplankenweg führt hindurch, man kann sich auch *Guided Walking Tours* anschließen und/oder geführten Kanutrips (meist 9.30, 10.30, 13 und 14 Uhr; $10/$7; www.crestonwildlife.ca.

Alternative Weiterfahrt

Zeitzonenwechsel am Kootenay River/Lake MT ➤ PT (1h zurück)

Für alle, die etwas mehr Zeit mitbringen, empfiehlt sich ab Creston die **Weiterfahrt** über den nördlichen Teil des **International Selkirk Loop**. Die Strecke ist landschaftlich viel abwechslungsreicher als der Abschnitt des *Crownest Highway* über den *Kootenay Pass* (1.774 m) und Salmo bis Castlegar, erfordert aber ein Plus von 50 Kilometern. Auf dieser Route folgt man zunächst der Straße #3A am Ufer des Kootenay Lake nach Norden, setzt dann mit der Gratis-Fähre nach Balfour über und fährt von dort über Nelson weiter bis Castlegar (**Exkurs ➤ Seite 304ff**).

Castlegar

An der Mündung des Kootenay in den Columbia River liegt die Kleinstadt **Castlegar** (*Info Centre*: 1995 6th Ave, ✆ (250) 365-6313; www.castlegar.com). Auf einer kleinen Insel direkt am Zusammenfluss eignet sich der schattige Rundweg (ca. 20 min) im *Zuckerberg Island Heritage Park* gut zum Füßevertreten. Es warten Erläuterungen zur Botanik und das historische *Chapel House* mit russischorthodoxem Zwiebelturm; Zugang über eine Hängebrücke ab der 9th Street (zweigt von der #22 am Westufer ab). Geöffnet im Sommer Mi-So 10-17 Uhr; www.stationmuseum.ca/zuckerberg.

Camping- und Badeplätze abseits des Crownsnest Hwy

Die zwischen Creston und Castlegar vom *Crowsnest Hwy* nach Südwesten abzweigende Straße #3B schafft Zugang zu weiteren *Campgrounds*: Ein besonders hübscher Platz ($25) erstreckt sich zwischen dem Second und Third Lake im **Champion Lakes PP**. Der Provinzpark umfasst ein dicht bewaldetes Areal mit drei Seen und zwei Sandstränden am Third Lake am Ende der 12 km langen Stichstraße, ca. 8 km südlich des *Crowsnest Hwy*. Gratis campt man noch weiter im Süden unweit der US-Grenze auf dem *Buckley Campground* von *BC Hydro* am **Pend d'Oreille Reservoir**; knapp 40 km von der #3, Zufahrt über die Columbia Gardens/Seven-Mile-Dam Road ab Fruitvale. Die Straßen #22A/#3B führen von dort ins nur 28 km entfernte Städtchen **Trail**, wo man dann dem Verlauf der #22 am Columbia River nach Norden bis nach Castlegar am *Crowsnest Highway* folgen oder die Reise über **Rossdale** fortsetzen kann (#22/#3B; ➤ rechts).

Castlegar am Zusammenfluss des Kootenay und Columbia River

Ein erster toller Blick auf Castlegar bietet sich vom **Mel DeAnna Viewpoint** direkt am *Crowsnest Hwy* rund 5 km südlich der Stadt (nur als *Rest Area* ausgeschildert; ➤ Foto oben).

Empfehlenswert ist auch der **Brilliant Overlook Trail**, der auf der Südostseite des Kootenay River ab dem *Trailhead* am Umspannwerk (unmittelbar nördlich des **Castlegar Golf Club** & **RV Park**) in 3 km und 330 HM hinauf zum gleichnamigen Aussichtsfelsen führt, von dem man ein tolles Panorama auf den Columbia River und *Brilliant Dam* des Kootenay River genießt. Auf dem *RV Park* übernachtet man zwischen Bäumen in ruhiger, toller Lage; *hook-ups* $31; 1602 Aaron Rd, ✆ 1-800-666-0324, www.golfcastlegar.com.

Staudamm

Nordwestlich von Castlegar steht die Betonmauer (52 m) des **Hugh Keenleyside Dam**, der seit 1968 den Columbia River zum **Arrow Lake** aufstaut, ein riesiges Reservoir, das sich nordwärts bis nach Revelstoke erstreckt. Die Straße am Nordufer passiert das etwas tiefer gelegene Kraftwerk; ihre Fortsetzung am Arrow Lake führt zum **Syringa Provincial Park**, dessen *Campground* wegen seiner sehr schönen Lage am Badesee oft schon am Vormittag belegt ist; $26, ✆ 1-800-689-9025.

Über Trail/ Rossland

Sofern man nicht ohnehin schon der Route über den *Champion Lakes PP* und Trail gefolgt ist (Exkurs ➤ links) empfiehlt sich diese Strecke nun spätestens ab Castlegar: Die **attraktive Straße #22** am Columbia River führt nach **Trail** und die #3B weiter nach **Rossland**, von wo es dann wieder nordwärts zurück zum *Crowsnest Hwy* geht. Dieser Schlenker nach Süden ist nur rund 35 km länger als der direkte Weg nach Westen auf der #3. Beide Orte verfügen – ebenso wie Castlegar – über etliche Motels, in Rossland steht auch eine Jugendherberge, das **Mountain Shadow Hostel**.

Trail

Trail ist eine kleine Industriestadt beiderseits des Columbia River mit einer der weltgrößten Blei- und Zinkhütten, aber sonst ohne wesentliche Besonderheiten. Bei Interesse kann man die **Teck-Schmelzerei** besichtigen. Gratis 2-stündige Führung durch ehemalige Arbeiter; Juni-August Mo-Fr 10 Uhr. Das **Teck Interpretive Centre** fungiert gleichzeitig als **Visitor Info** der Stadt; 1199 Bay Ave, ✆ 1-844-368-3144; www.trailchamber.bc.ca.

4

The International Selkirk Loop (450 km)

Die Orte Creston und Salmo am *Crowsnest Hwy* liegen auch an der grenzüber-schreitenden **International Selkirk Loop**. Ab Creston verläuft diese Rundtour zu-nächst am Ostufer des Kootenay Lake nach Norden, beinhaltet die Fährverbin-dung zwischen Kootenay Bay und Balfour sowie Weiterfahrt nach Nelson. Dort, im Westen der namensgebenden Bergkette (**Selkirk Mountains**), wendet man sich dann nach Süden und macht einen Schlenker über die US-Bundesstaaten Was-hington und Idaho, um nach insgesamt 450 km wieder zum Startpunkt zurück-zukehren. Karte und gute PDF-Broschüre unter: www.selkirkloop.org. Für die gesamte Strecke werden leicht 2-3 Tage benötigt, am besten mit Übernachtung bei Balfour/Nelson und einer weiteren am Nordende des Priest Lake (im Zelt/RV).

Details zur Rundtour: Ab Creston folgt die Straße #3A der Uferlinie des **Kootenay Lake** mal in Wassernähe, mal hoch über dem See mit herrlichen Ausblicken. Einige hübsche Orte mit kleinen Yachthäfen und Badeständen liegen am Weg. Ein schöner, aber etwas schwierig zugänglicher (Parken abseits) öffentlicher **Sandstrand** liegt an der **Twin Bays Beach**. 3 km südlich von Boswell passiert man das burgähnliche **Glass House**. Die spleenige Idee des Leichenbestatters *David H. Brown*, mit einer halben Million Balsamflaschen ein Haus zu bauen, wird dort als Touristenattraktion vermarktet; Eintritt $10. Weitere Strände mit Bademöglichkeiten befinden sich auf der Weiterfahrt im **Lockhart Beach Pro-vincial Park** (Campen $23), beim **Kokanee Chalets Resort** in Crawford Bay (DZ im Motel $87, *Chalet* $134; Campen $24-$41; 15 min Fußweg zur *Beach*; ✆ 1-800-448-9292, www.kokaneechalets.com) sowie im **Pilot Bay Resort** (*Cabins* $100, Camping $30; ✆ (250) 227-9441, www.pilotbayresort.com).

Ca. 5 km südlich des Fährterminals **Kootenay Bay** (mit Hostel!) endet die Pilot Bay Road im **Pilot Bay PP**, wo ein kurzer Spaziergang zum hübschen **Lighthouse** (1905) mit Aussichtsplattform führt, dem einzigen Inlandsleuchtturm in BC.

Die Autofahrt unterbricht die **Kootenay Lake Ferry** nach **Balfour**, wo dann schon die *Pacific Time* gilt. Die lokale Werbung versichert: »Längste (ca. 35 min) kosten-lose Fahrt per Fähre in ganz Nordamerika«! Im Sommer 7-22 Uhr alle 50 min.

15 km nördlich von Balfour liegen die **Ainsworth Hot Springs** an der #31 mit warmem Außenpool sowie phantastischem *Inner Pool* in einer 60 m langen, hufeisenförmigen **Grotte** mit von der Decke hängenden Stalaktiten; täglich 10-21 Uhr, $12/$9; DZ ca. $160; www.ainsworthhotsprings.com.

Ohne Umweg geht es von Balfour weiter auf der #3A nach Nelson. Am Wege liegt der **Kokanee Creek Provincial Park** mit schönen Wanderwegen, Kinder-spielplatz und Sandständen. Er verfügt außerdem über drei gute *Campgrounds*: *Redfish*, *Sandspit* und *Friends*; jeweils $32. Der Park ist auch ein gutes Stand-quartier für Ruhetage und/oder Ausflüge, etwa zum **Kokanee Glacier PP**. Die Zufahrt (16 km Schotter) endet am Gibson Lake; von dort verläuft ein schöner *Trail* über den *Kokanee Pass* zum Kaslo Lake (7 km, 500 Höhenmeter; sehr loh-nenswert!). Am See findet man zudem eine »Alpenvereinshütte«.

Südlich der Brücke über den Westarm des Kootenay Lake liegt der **Lakeside Park** mit großem Strand und Picknickplatz und kurz darauf ist *Downtown* **Nelson** er-reicht. Ende des 19. und Anfang des 20. Jahrhunderts sorgte eine Silber-Boom-periode für Reichtum in dieser Gegend. Zahlreiche Gebäude aus dieser Zeit – dar-unter manches architektonische Schmuckstück – sind in bestem Zustand.

Brücke über den Kootenay Lake bei Nelson

Das Ortsbild von **Nelson** (über 10.000 Einwohner) unterscheidet sich erfreulich von dem anderer vergleichbar großer Städte. Dort sollte man sich nicht aufs *Sightseeing* durch's Autofenster beschränken, sondern unbedingt einen Spaziergang über die Baker Street (viele Straßencafés und Läden) machen, am besten nach Besuch der *Visitor Info*; 91 Baker St; www.discovernelson.com.

Von 1899 bis 1949 waren in Nelson Straßenbahnen in Betrieb. Die alte **Streetcar #23** verkehrt noch Mitte Juni-Mitte Okt. täglich 11-17 Uhr zwischen *Lakeside Park* und *Hall Street Station*; $3; www.nelsonstreetcar.org. In der 171 Baker Street steht außerdem die gemütliche Jugendherberge **HI Dancing Bear Inn**; Betten $23, DZ $52; ✆ 1-877-352-7573, www.dancingbearinn.com. Zentrumsnah liegt auch der städtische **Nelson City Campground** (90 High Street; $25-$35; ✆ (250) 352-7618, www.nelson.ca/680/City-Campground) und gleich nebenan der **Gyro Park** mit einem schönen Aussichtspunkt.

Für die Fortsetzung der Reise **in Richtung Westen** empfiehlt sich die Weiterfahrt auf der nicht ganz so attraktiven #3A in Richtung **Castlegar** am *Crowsnest Hwy*. An der Strecke wird das Gefälle des *Columbia River* durch sieben kurz aufeinanderfolgende Staudämme zur Stromproduktion genutzt. Bereits 1897 errichtete man dort das erste Wasserkraftwerk, u.a. für die Energieversorgung der Goldminen in Rossland (➤ Seite 306). Die **Selkirk Loop** hingegen, verläuft entlang der #6 über Salmo am *Crowsnest Hwy* weiter nach Süden, die jenseits der *US Border* zur #31 wird. Der kleine Grenzposten bei **Nelway/Metaline** ist nur 8-24 Uhr besetzt.

Im US-Bundesstaat Washington führt die Route dann vorerst fernab der Bergkette durch bewaldete und nur spärlich besiedelte Gebiete und sie ist auch im weiteren Verlauf **nicht so beeindruckend wie ihr kanadischer Konterpart**.

Ione, die erste größere Ortschaft, zählt gerade mal 400 Einwohner. Direkt am Ufer des Pend Oreille River steht dort eine recht passable Unterkunft, das **Riverside Motel** (120 E Riverside Rd; www.riverviewmotelionewa.com). Im **Big Meadows Lake Wildlife Observatory** kann man kostenlos am Seeufer campen und sich etwas die Füße vertreten (Zufahrt ab der 8th St über die *Forest Service Roads* #2688 + #2695). Südlich von Ione mündet die #31 in die #20. Der Abzweig nach rechts beim kleinen urigen **Tiger General Store & Museum** aus dem Jahr 1912 führt in Richtung Republic (➤ Seite 473). 30 Meilen später an der #20, beim Mini-Ort **Usk**, grasen auf den Weiden der *Kalispel*-Indianer östlich des Flusses größere Bisonherden.

Mit **Newport** an der Kreuzung #20/#2 ist der erste größere Ort (über 2.000 Einwohner) und die Grenze zu Idahos »Panhandle« erreicht. Die *Tourist Info* befindet sich am südlichen Ende der Washington Ave (Hauptstraße durch die Stadt) gleich neben dem **Pend Oreille Historical Museum** mit vielen Relikten aus der »guten alten Zeit« und einem kleinen Freilichtareal; www.pocmuseum.org.

4

Idyllische Ruhe am Priest Lake

Ab **Priest River** an der #2 führt die Stichstraße #57 zum großen kristallklaren Badesee **Priest Lake** (lange Sandstrände im gleichnamigen *State Park* am Ostufer!). Der See wird gern als Idahos »Kronjuwel« vermarktet. So eine grandiose Bergkulisse wie in den kanadischen *Rockies* darf man nicht erwarten, der ruhige, einfache *Lionhead Unit Campground* ist aber sehr empfehlenswert (50 mi ab der #2).

Vorbei an **Sandpoint** – mit guter Infrastruktur, Skigebiet am nahen Schweitzer Mt und **Sandstrand** (*City Beach Park*) am **Lake Pend Oreille**, dem größten See Idahos – wendet man sich auf der #2 nun wieder nordwärts und folgt ab der Kleinstadt Bonners Ferry der #95 und ab Copeland der #1. Bei Bonners Ferry wartet noch das *Kootenai National Wildlife Refuge* mit Naturpfaden und einer 4,5 mi Auto-Tour.

Jenseits des Grenzübergangs bei **Porthill/Rykerts** (nur von 7-23 Uhr geöffnet) ist bald wieder Creston, der Ausgangspunkt der *International Selkirk Loop*, erreicht.

Rossland	Rossland liegt nur wenige Kilometer südwestlich von Trail und über 600 m höher. Das von Bergen ganz eingeschlossene einstige **Goldrauschstädtchen** besitzt Reste eines alten Ortskerns entlang der #3B. Nach der Entdeckung von **Gold in der *Le Roi Mine*** 1890 am Red Mountain erfolgte später ein Untertagebau in großem Stil. Das ***Info Centre*** befindet sich an der Einmündung der #22 in die #3B ✆ 1-888-448-7444; www.tourismrossland.com. Der ehemalige Goldberg wurde umfunktioniert zum Winterskigebiet *Red Mountain Resort*. Obwohl ohne Sommerliftbetrieb und ohne Seilbahn ist die Region ein populäres **Mountainbike-Revier**.
Straße #3B	Auf landschaftlich erfreulicher Strecke (Straße #3B) geht es von Rossland wieder zurück zum *Crowsnest Highway*.
Christina Lake	Der langgestreckte Christina Lake am Hwy #3 jenseits des *Bonanza Pass* (1.535 m) zählt zu den **wärmsten Badeseen** Kanadas und ist im Sommer stark besucht. Der öffentliche Zugang ist nur an zwei Stellen möglich: am Picknickplatz im **Christina Lake PP** sowie dem *Gladstone PP* mit dem *Texas Creek Campground* hoch über dem See (schöne Badestellen etwas abseits der Stellplätze des Campingplatzes; $27, schnell belegt; ✆ 1-800-689-9025).
Grand Forks	Der historische Ortskern von der ehemaligen Minenstadt Grand Forks besitzt noch einen Hauch von Wild-West-Romantik. Das ehemalige *Court House* beherbergt heute das Besucherzentrum; 524 Central Avenue.

Die Kleinstadt verfügt über eine **größere Auswahl an Quartieren** und einen ganz ordentlichen städtischen *Grand Forks Municipal Campground* im *City Park* am Kettle River auf einer schattigen Wiese mit Sandstrand; 7162 5th Street; $18-$33; ✆ (250) 442-5835, www.grandforks.ca/campground.

In die USA

Im Westen von Grand Forks zweigt die #41 (**#21** im US-Bundesstaat Washington) nach Süden ab. Die Straße führt über Republic bis zum Lake Roosevelt und gehört zu den **schönsten, aber dennoch nur wenig befahrenen grenzüberschreitenden Strecken** zwischen BC und den USA; ➤ auch Kasten Seite 473.

Midway

Midways Namensgebung beruht angeblich auf dem Umstand, dass der kleine Ort »auf halbem Weg« zwischen den Rocky Mountains und dem Pazifik liegt. Im Bahnhof von 1900 ist das *Visitor Centre* mit *Kettle River Museum* untergebracht. Eine Badestelle am Flussufer bietet der städtische *Riverfront Park Campground*; $23, ✆ (250) 449-2467; www.midwaybc.ca/campground.html.

Straße #33

Bei **Rock Creek** zweigt die relativ verkehrsarme **Straße #33** ab. Mit Ziel Kelowna/Okanagan Valley ist man auf dieser Route rascher und zügiger unterwegs (130 km) als auf der meist überlasteten #97 ab Osoyoos. Nur 5 km nördlich an dieser Straße befindet sich in der *Kettle River Recreation Area* ein weiterer Badestrand sowie ein ausgesprochen guter und großzügig angelegter Campingplatz am Fluss ($30, ✆ 1-800-689-9025). Der Kettle River ist auch ein populäres *Inner Tubing*-Revier, wo sich Jung und Alt in Autoschläuchen oder auf Luftmatratzen mit der Strömung treiben lassen (leider gibt es aber vor Ort keinen *Tube*-Verleih).

Osoyoos

Rund 9 km vor der nächsten größeren Ortschaft, Osoyoos, lohnt sich entlang der #3 ein Stopp beim *Anarchist Mountain Lookout* mit weitem Blick über das südliche **Okanagan Valley** (➤ Seite 294).

Anschließend geht es in Serpentinen bergab vorbei an Weingütern und Obstständen. Unten angekommen führt die 45th Street zum *Nk'mip Resort* (ausgeschildert). Neben der **Spirit Ridge** mit exklusiven Suiten (im Hochsommer ab $370, im September $199; mit *Spa*, Golfplatz und Reitstall ($60/Std.); ✆ 1-844-755-4622, www.spiritridge.ca) steht am Straßenende das sehenswerte *Nk'mip Desert Cultural Centre*. Das Museum präsentiert in modernem Ambiente die uralte Kultur und Lebensweise der *Okanagan*-Indianer, die sich selbst als *Syilx* bezeichnen. Ein **Naturlehrpfad** verläuft dort durch die Halbwüste (*Pocket Desert*) am Hang oberhalb des Osoyoo Lake, wo es schon mal »klappern« kann (*Rattlesnakes*!). Empfehlenswert sind auch die Führungen, die meist um 10 Uhr im *Centre* starten; im Sommer geöffnet Mo-Sa 9.30-16.30 Uhr; Eintritt $12, Kinder 5-17 Jahre $8; www.nkmipdesert.com.

Zum Resort gehört außerdem ein guter *Campground* & *RV Park* mit Stellplätzen direkt am Ostufer des Osoyoos Lake. Bei voller Belegung wird es dort allerdings etwas eng; $48-$60, Duschen kosten extra; ✆ (250) 495-7279, www.campingosoyoos.com.

4

In Osoyoos (an der US-Grenze) steht ein großes British Columbia Welcome Center

Billiger ($32) und ebenfalls am Wasser campt man im *sẁiẁs Provincial Park* in einmaliger Lage an der Spitze einer schmalen Halbinsel (*Haynes Point* am westlichen Seeufer, 3 km südlich von Osoyoos). Dort ist selbst in der Vor- und Nachsaison eine zeitige Reservierung geboten: www.env.gov.bc.ca/bcparks/explore/parkpgs/swiws.

Preislich liegen die Quartiere in Osoyoos im oberen Mittelfeld. Zahlreiche *Beach Resorts* und Hotels mit Seezugang säumen das Ufer des **Osoyoos Lake**. Er ist einer der **wärmsten Badeseen** Kanadas und bis in den Spätherbst hinein sehr beliebt. Im ***Best Western Plus*** in unmittelbarer Nachbarschaft zum Mini-Vergnügungspark ***Rattlesnake Canyon*** (die holländische Windmühle an der #3 ist nicht zu übersehen) zahlt man im Sommer ca. $200 für's DZ. Sehr gepflegte, große Apartments mit 2 Zimmern bietet das ***Reflection Guest House*** etwas außerhalb des Zentrums; ca. $160; 6813 Meadowlark Dr; ✆ (250) 495-5229, www.reflectionsguesthouse.com.

Desert Centre

Von der Straße #97 zweigt, etwa 3 km nördlich der #3, die 146th Ave zum ***Desert Centre*** ab. Ein 1,5 km langer Rundweg gibt eine Einführung zur Flora, Fauna und Ökologie der Region (eher nur mit Führung interessant!); geöffnet Mitte Mai-Mitte September täglich 9.30-16.30 Uhr, sonst 10-14 Uhr, $18/$6; www.desert.org.

Information

Das Besucherzentrum der Kleinstadt residiert in der 8701 Main St und hat wochentags 9-17 Uhr geöffnet sowie Sa+So 10-16 Uhr; www.destinationosoyoos.com. Eine noch größere Auswahl an Karten und Info-Broschüren bietet das große **British Columbia Welcome Centre** an der Straßenkreuzung #3/#97.

US-Grenze & Anschluss-routen

Nur 4 km südlich des *Welcome Centre* befindet sich die 24 Std geöffnete *Border Control*. Auf US-Seite liegt dort **Oroville** im sog. *Okanogan County* (jenseits der Grenze wird das »A« durch ein »O« ersetzt!). Die #97 (die Straßen-Nr. bleibt erhalten) führt von dort weiter in Richtung Süden und verschafft ab dem nur 50 mi entfernten **Okanogan** Anschluss an die #20 durch den *North Cascades NP* (➤ Seite 468) oder ab **Wenatchee** (130 mi) an die südliche Kaskaden-Route (Straße #2, ➤ Seite 474) in Richtung Pazifikküste/Seattle.

4.4.3 Crowsnest Hwy von Osoyoos nach Hope

Spotted Lake

Ab Osoyoos gewinnt der Hwy #3 wieder langsam an Höhe und erreicht nach knapp 10 km den sog. ***Spotted Lake***, einen »gepunkteten« **abflusslosen Sodasee**. Von einer Parkbucht linker Hand der Straße fällt der Blick hinunter in einen rund 600 m langen, 200 m breiten, weißen Talkessel mit einem Mosaik aus gelben und manchmal auch grünen oder blauen Pools. Das, was wie ein abstraktes Kunstwerk anmutet, ist aber natürlichen Ursprungs. Eine hohe Konzentration an Mineralien sorgt für die facettenreiche Farbgebung der »Spots«; Feuchtigkeit/Niederschläge lassen sie in ihrer Größe schwanken (ca. 5-10 m im Durchmesser).

Der See ist eine heilige Stätte der *Syilx*-Indianer, die derzeit (Stand Ende 2018) den Zugang zum Ufer leider verbieten. Das Foto ➢ unten zeigt den Blick vom *Highway*. Nach Niederschlägen verwandelt sich der *Spotted Lake* in ein »normales« Gewässer.

Mount Kobau

Kurz darauf führt ein Abstecher zum **Mount Kobau** in der ***South Okanagan Grasslands Protected Area***. Über eine 17 km lange, auch für Wohnmobile gut befahrbare Schotterstrecke und den moderat ansteigenden ***Mount Kobau Lookout Trail*** (600 m) durch Salbeiwiesen und Wald erreicht man den Gipfel (1.873 m) mit tollem Rundumpanorama und Aussicht auf das 1.600 m tiefer gelegene Okanagan Valley. Vom 3 km langen ***Chopaka Lookout Trail*** schaut man auf die andere Talseite.

Similkameen Valley

Im ***Similkameen Valley*** rund um die zwei kleinen Ortschaften **Cawston** und **Keremeos**, nur 30 km weiter am Hwy #3, ballen sich – mehr noch als im *Okanagan Valley* – bunte Obst- und Gemüseverkaufsstände an den Straßenrändern. Die Gegend weist die größte Dichte an ökologischer Landwirtschaft auf. Cawston schmückt sich daher sogar mit dem Titel ***Organic Capital of Canada*** (»bio« = *organic*). Wer einen köstlichen Bio-Tropfen oder Bio-Fruchtwein probieren möchte, wird dort auch fündig, u.a. in der *Forbidden Fruit Winery* und *Rusty Roots Winery*.

Osoyoos kurioseste Attraktion, der Spotted Lake am Highway #3 westlich der Stadt

4

In der liebevoll instandgesetzten Wassermühle **Old Grist Mill** nordöstlich von **Keremeos** erläutern zeitgenössisch gekleidete Führer die Wirkungsweise dieser Mühle von 1877; Zufahrt über die Straße #3A; im Sommer tägl. 9-17 Uhr, sonst 10-16 Uhr; $7/$5. Zum Komplex gehören ein attraktiver Garten mit **Tearoom** sowie ein kleiner **Campground** ($20-$30); www.oldgristmill.ca.

Cathedral Provincial Park

Die 36 km lange **Ashnola River Rd** (Abzweig 4 km westlich von Keremeos) verschafft Zugang zum **Cathedral Provincial Park** (+**Protected Area**). Nur die ersten 10 km sind asphaltiert, dann folgen weitere 9 km Schotter bis zur Parkgrenze. Ein Wegenetz erschließt das **Wanderparadies** und führt zu rauen Berggipfeln und azurblauen Seen. Tiefer hinein in dieses Wildnisgebiet an der US-Grenze geht es per *Unimog-Shuttle* (teuer!), allerdings nur mit Vorab-Reservierung und nur für Leute mit Zelt (*Quiniscoe Lake Campground*) oder Gäste der **Cathedral Lakes Lodge**. Der Komfort in der Einsamkeit am Quiniscoe Lake in 2.072 m Höhe kostet $520/Person inkl. Vollverpflegung, Kanubenutzung und Transport ab/bis Parkgrenze; ✆ 1-888-255-4453; www.cathedrallakes.ca.

Übernachten

Westlich von Keremeos folgt der *Crowsnest Hwy* auf reizvoller Strecke dem Lauf des Similkameen River. Wer unterwegs einen kleinen *Campground* sucht, wird in den Provinzparks **Stemwinder** ($18) und **Bromley Rock** ($23) fündig. Die nächsten H/Motels stehen in Princeton. **Hedlye** verfügt über eine Jugendherberge, das **Hedley Inn & Hostel** (Betten $35, DZ $80; www.hedleyinn.ca).

Princeton

Princeton war Zentrum eines bis in die 1950er-Jahre bedeutenden Gold-, Kupfer- und Kohlereviers (*Info Centre*: 169 Bridge St; www.princeton.ca). Die Kleinstadt büßte nach dem Niedergang des Bergbaus auch noch seine Funktion als Verkehrsknotenpunkt ein: Seit der Eröffnung des *Coquihalla Hwy* und der Anschlussautobahn *Okanagan Connector* (#97C) fließt der Hauptverkehr von Vancouver ins Okanagan Valley nicht mehr über Princeton.

Geisterstädte

In der Umgebung der Stadt gibt es diverse **Ghost Towns** aus Goldrauschzeiten. Überwiegend handelt es sich dabei allerdings um wenig sensationelle, verfallene Holzhäuser.

Manning Provincial Park

Ab Princeton führt der *Crowsnest Highway* hinauf ins Kaskadengebirge und in den **E.C. Manning Provincial Park**. Am Wege passiert man die kleinen **Similkameen Falls** (ausgeschildert) des gleichnamigen Flusses. Zwar läuft die Straße 60 km lang durch den Provinzpark, aber die Schönheit des Areals erschließt sich nur abseits des Durchgangsverkehrs. Mindestens einen Tag extra Zeit kann man hier durchaus einplanen.

Das **Manning Park Resort** an der #3 bietet Zimmer für ca. $130, kein schlechtes Preis-Leistungs-Verhältnis angesichts der super Lage; ✆ 1-800-330-3321, www.manningpark.com.

Blackwall Road

Jeder Parkbesucher sollte zumindest die dort in Richtung Norden abzweigende Stichstraße **Blackwall Road** hinauf fahren. Vom **Cascade Lookout** (ca. 8 km von der #3) fällt der Blick auf die z.T. schon zu den USA gehörenden schneebedeckten Gipfel der **Cascade**

Range. Weitere 8 km (Schotter-)Straße enden an der *Subalpine Meadow* neben dem sanften Hügel des **Blackwall Peak**. Die Wiesen sind Ende Juli bis Anfang August mit blühenden Wildblumen übersät. Am **Paintbrush Nature Trail** (1,5 km Rundweg) erfährt man alles zur Flora der Region. Von Mitte Oktober bis Mitte Juni wird diese Straße allerdings gesperrt – Schnee!

Lightning Lake

Über die *Gibson Pass Road* (Stichstraße vom Resort nach Südwesten) gelangt man zum **Lightning Lake** mit Kanuverleih ($40/4 Stunden) und mit dem schönsten *Campground* abseits der Hauptstraße ($34, ✆ 1-800-330-3321). Am See beginnen mehrere völlig ebene Wanderwege. Besonders der **Lightning Lake Chain Trail** ist zu empfehlen, der gleich an drei weiteren, lustig benannten Seen vorbei führt: **Flash**, **Strike** und **Thunder Lake** (20 km retour ab der *Spruce Bay Beach* beim Campingplatz, 24 km ab der *Lightning Day-Use Area*). Ein Rundweg führt außerdem um den Flash Lake (4 km) sowie um den Lightning Lake (9 km) herum.

Lightning Lake im Manning PP

Populär ist auch der **Frosty Mountain Trail** (11 km) zum höchsten Berg des Parks (2.408 m). Der 1.150 m Höhenanstieg auf der Nordseite bleibt lange schneebedeckt.

An der #3 passiert man weiter westlich noch den **Coldspring Campground** des Provinzparks ($23; Stellplätze teils im Wald).

Bergsturz

Eine letzte Sehenswürdigkeit vor Erreichen des *Trans-Canada Hwy* bei Hope sind die Auswirkungen des **Hope Slide**. Der Bergrutsch von 1965 verschüttete 3 km Straße. Unter 48 Mio m^3 bis 80 m hoch aufgeschüttetem Felsgeröll liegen noch Autos samt Insassen. Auf Schautafeln wird das Unglück erläutert.

Abstecher in die USA

Von der Flood Hope Road direkt bei der Einmündung der #3 in den *TCH* zweigt im Westen der Ortschaft Silver Creek die Silver Skagit Road ab, die zu zwei entlegenen Provinzparks führt: **Silver Lake** und **Skagit Valley** mit schönen Picknick- und Campmöglichkeiten. Die unasphaltierte, aber meist gut gewartete Stichstraße endet erst nach 62 km jenseits der US-Grenze beim *Hozomeen Campground* am Ufer des **Ross Lake** im **North Cascades NP** (➤ Seite 470).

Nach Vancouver

In Hope liegen die Häfen am Pazifik schon nicht mehr fern. Auf dem *TCH* sind es noch knapp 2 Std (150 km) **bis Vancouver**, auf der gleich langen Strecke über die viel attraktivere #7 am Nordufer des Fraser River braucht man ca. eine halbe Stunde mehr, ➤ Seite 470.

4

Calgary &
Startrouten

Erstes Morgenlicht im
Red Deer River Valley
nordöstlich von Calgary

5.   CALGARY

Die Öl- und Gasmetropole Albertas in den westlichen Ausläufern der kanadischen Prärien ist gleichzeitig **touristische Hauptstadt** der Provinz. Wegen ihrer Nähe zu den Rocky Mountains eignet sich Calgary fast ebensogut wie Vancouver als Ausgangspunkt für Reisen durch Alberta und British Columbia. Für Ausflüge zum *Banff* und *Jasper Nat'l Park* sowie Abstecher zum *Yellowstone NP* in die Vereinigten Staaten liegt Calgary sogar noch etwas besser.

Automieter und eifrige Shopper sparen bei Start in Calgary gegenüber Vancouver sogar 7% *Provincial Sales Tax*, da Alberta (aufgrund des Ölreichtums) **keine Umsatzsteuern** erhebt.

5.1   Klima und Geschichte

Klima

Die Prärien rund um Calgary auf knapp über 1.000 Höhe erfreuen sich eines trockenen, sonnig-warmen Sommerwetters mit Tageshöchstwerten um die 25°C. Im Hochsommer herrschen Westwinde vor, aber die Wolken vom Pazifik regnen bereits überwiegend in den Coast und Rocky Mountains ab. Regenperioden sind daher von Juli bis September in Calgary eher die Ausnahme. Bisweilen kann es aber zu kräftigen Gewitterschauern kommen und der Juni fällt mitunter noch ziemlich wechselhaft aus.

Geschichte

Traditionell siedelten ***Blackfoot*-Indianer** im Gebiet des südlichen Alberta und des heutigen US-Staates Montana. Erst in der zweiten Hälfte des 19. Jahrhunderts kamen Weiße in nennenswerter Zahl in diesen Teil Kanadas. Als Whiskyschmuggler aus den USA die »kanadischen« Indianer mit Alkohol versorgten, schickte die Zentralregierung Einheiten der **North West Mounted Police**, um diese Machenschafften zu unterbinden. 1875 errichtete diese Polizeitruppe am Zusammenfluss von Bow und Elbow River ein Fort, was eine Art Signalwirkung für den Zustrom weiterer Siedler hatte.

Viehzucht

Aber erst als die Bautrupps der kanadischen transkontinentalen Eisenbahn 1883 Alberta erreichten, begann der eigentliche Aufstieg. **Fort Calgary**, benannt nach einem schottischen Schloss und inmitten reichen Weidelandes gelegen, entwickelte sich zum Zentrum der wichtigsten Viehzuchtregion Kanadas, und aus der einstigen reinen **Cowboy Town** rund um das Fort wurde rasch eine Stadt.

Stampede

1912, als die Rinderzucht Hauptwirtschaftsfaktor war und das Cowboyleben noch eine wichtige Rolle spielte, fand erstmalig die **Calgary Stampede** statt. Das seither alljährlich im Juli abgehaltene Rodeo entwickelte sich zur gerne so genannten **Greatest Outdoor Show on Earth** und begründete den Ruf Calgarys als attraktives touristisches Ziel.

Öl

Das moderne Industriezeitalter hielt 1914 in *Turner Valley*, gut 50 km südwestlich von Calgary, Einzug. Die Anlage **Dingman #1 Oil Well**, heute als Nachbau im *Heritage Park* zu besichtigen, förderte damals das erste Öl.

Ölmetropole   Der Bau einer ersten Raffinerie ließ noch bis 1923 auf sich warten, aber danach war kaum ein Halten mehr: Calgarys Ölindu-
strie sorgte für einen anhaltenden Boom bis zu den Ölkrisen der
1970er-Jahre. Seither folgt die Wirtschaftsentwicklung der Stadt
dem Auf und Ab des internationalen Ölpreises. Aber selbst in sogenannten »schlechten« Jahren bringt das Öl- und Gasgeschäft
Calgary weit mehr ein als Weizen und Steaks.

Calgary   Die Prosperität der 1980er-Jahre bis heute verhalf Calgary zu einem
heute   starken Bevölkerungsanstieg auf heute **1,25 Mio Einwohner**, **im
Großraum 1,45 Mio Einwohner** und – damit einhergehend – einer
von Glas und Beton geprägten Hochhaussilhouette. Die **Olympischen Winterspiele von 1988** brachten der Stadt einen weiteren
Bauboom. Calgary übertrifft die Provinzhauptstadt Albertas, Edmonton, nicht nur wirtschaftlich, sondern strahlt auch durch das
von zahlreichen Hochhäusern geprägte Stadtbild größere Bedeutung aus. Alle Top-Unternehmen der kanadischen Energiewirt-
schaft sowie 90% der umsatzstärksten Unternehmen Albertas
haben ihren Firmensitz in Kanadas Ölmetropole.

5.2   Information, Orientierung und Verkehrsmittel

Touristen-   Offizielle Touristeninformationen befinden sich in der Ankunfts-
Information   halle des *Calgary International Airport*, im *Calgary Tower* sowie an der 238 11th Ave SE, Suite 200 (*Tourism Calgary*, ✆ 1-800-
661-1678, www.visitcalgary.com).

Airport   Der *Calgary International Airport* (*YYC*) liegt 17 km nordöstlich
der Innenstadt. Flughafenzufahrt mit *Calgary Transit* ab *Down-
town* (40 min) und mit *C-Train*-Linie **#202** vom *City Centre* zur
McKnight-Westwinds Station, dort umsteigen auf Buslinie #100
(*Airport/McKnight-Westwinds*). Zudem verkehrt der Schnellbus
#300 *Airport/City Centre* zwischen Flughafen und Innenstadt,
Tickets $10,50; www.yyc.com.

*Aussichtsturm Calgary
Tower in Downtown*

5

**Straßen-
system**

Die Orientierung in Calgary fällt leicht. Das Straßennetz ist im Wesentlichen schachbrettartig angelegt. In Nord-Süd-Richtung verlaufende Straßen sind *Streets*, im Ost-West-Verlauf *Avenues*. Die Zählung beginnt jeweils im Stadtzentrum mit dem Zusatz des Himmelsrichtungs-Quadranten, durch den der jeweilige Straßenabschnitt läuft, also z.B. SE (für Südost), NW (für Nordwesten) etc. Größere, überwiegend als Autobahn ausgebaute Durchgangsstraßen tragen die Bezeichnung **Trail**.

Die wichtigste Nord-Süd-Verbindung ist die Autobahn #2 bzw. der **Deerfoot Trail**, der von der US-Grenze durch Calgary hindurch bis Edmonton führt. Der **TCH** durchquert die Stadt als 16th Avenue nördlich des Bow River in Ost-West-Richtung.

Parken

In Calgarys Innenstadt südlich des Bow River herrscht **Parkplatzmangel**. Parkhäuser und Großparkplätze rund um die innere City sind teuer und werktags oft schon frühmorgens belegt. Die besten Chancen hat man südlich des *Calgary Tower* (10th Ave) oder im Bereich des *Fort Calgary*, dort sind die Plätze für Fort-Besucher gratis. Weitere kostenlose Parkplätze gibt es auch beim *McHugh Bluff Park* nördlich des Bow River. Von einem der schönsten Aussichtspunkte der Stadt steigt man die zahlreichen Treppenstufen hinab, spaziert über den Fluss zur *Prince's Island* und über die nächste Flussbrücke nach *Downtown*; nur 1,5 km Fußweg.

**Öffentlicher
Nahverkehr**

Für Fahrten nach *Downtown* Calgary kann man gut auf öffentliche Transportmittel ausweichen. Busse und elektrische Straßenbahnen verkehren auf einem recht dichten Netz mit relativ hoher Frequenz. Der **C-Train auf der 7th Ave**, eine der Haupteinkaufsstraßen der Innenstadt, kann zwischen *City Hall* (2nd St SE) und *Downtown West/Kerby* (9th St SW) **gratis** benutzt werden. Außerhalb dieses Bereichs kosten **Einzeltickets $3,30/$2,30**, **Tagespässe $10,50** und **10er-Ticket-Book**s $33/$23; www.calgarytransit.com.

Entlang der 7th Ave in Downtown Calgary sind Fahrten mit den C-Trains kostenlos

Riverside Biketrails: Fahrradwege rund um die City

Die Ufer von Bow River, Elbow River und Fish Creek sind in Calgary bestens über **Bike- & Joggingtrails** miteinander verknüpft. Auf ihnen lernt man die Stadt aus einer ganz anderen Perspektive kennen. Ein guter Einstieg in dieses Wegesystem sind die Wanderwege entlang des Bow River in *Downtown*. Von dort aus schlängelt sich der **Trans Canada Trail** über *Fort Calgary*, den Zoo und das *Inglewood Bird Sanctuary* am Bow River entlang bis zum **Fish Creek Provincial Park** (19 km). Anschließend durchquert der Weg auf 18 km Länge den Provinzpark, um dann – abseits von Wasserläufen – nach weiteren 7 km das Glenmore Reservoir zu erreichen. Im Stausee (man passiert hier u.a. den **Heritage Park**, ➤ Seite 325) mündet der Elbow River, an dessen Ufern es über den *Stampede Park* zurück zum Ausgangspunkt nach *Downtown* Calgary geht (weitere 20 km). Fahrradverleih (ab $30 pro Tag) z.B. bei **Sports Rent**: 4424 16th Ave NW, ✆ (403) 292-0077; www.sportsrent.ca.

5.3   Unterkunft und Camping

H/Motels

Dank erheblicher Hotel- und Motelkapazitäten findet man in Calgary und Umgebung meist – auch in den niedrigeren Preisklassen – ein freies Zimmer. Besonders viele Motels gibt es am **TCH im Bereich der Universität**, am **Macleod Trail**, der Haupteinfahrt in die Stadt von Süden her, und in den Außenbezirken am Flughafen. Nur während der *Stampede*-Tage sind alle Betten oft ausgebucht.

Das **Preisniveau** für Hotelzimmer in Calgary liegt niedriger als in Vancouver; zuweilen gibt es attraktive Raten z.B. im

- **The Westin Calgary**, 320 4th Ave SW, DZ $149; ✆ 1-800-937-8461; www.westincalgary.com oder
- **Fairmont Palliser**, 133 9th Ave SW; sehr edles Haus aus 1914; ab $199; ✆ 1-866-540-4477; www.fairmont.com/palliser-calgary.

In Flughafennähe, mit kostenlosen Pendelbussen dorthin, steht das

- **Comfort Inn & Suites Calgary Airport**, 3111 26th St, ab ca. $100; ✆ 1-866-789-2581; www.comfortinncalgary.com/airport

Weitere empfehlenswerte Unterkünfte ab ca. $140 sind:

- **Lakeview Signature Inn Calgary Airport**, 2622 39th Avenue NE, ✆ 1-877-355-3500; www.lakeviewhotels.com
- **Hotel Blackfoot**, 5940 Blackfoot Trail SE; sehr gutes Haus im Süden der Stadt; ✆ 1-800-661-1151, www.hotelblackfoot.com.

B&B

Die **Bed & Breakfast Association of Calgary** listet rund 20 Pensionen im städtischen Einzugsgebiet: www.bbcalgary.com.

Preiswerte Unterkünfte

- **HI Calgary City Centre**, 520 7th Avenue SE; Betten $37, DZ $117; frisch renoviert in guter *Downtown*-Lage und mit Radverleih; ✆ 1-866-762-4122, www.hihostels.ca.
- **Wicked Hostels**, 1505 MacLeod Trail SE; sehr gute, moderne Herberge in zentraler Lage, gleich neben dem *Saddledome*; Betten ab ca. $36; ✆ (403) 265-8777, www.wickedhostel.com.

5

Zureiten wilder Pferde bei der Calgary Stampede

Calgary Stampede, die »Greatest Show on Earth«

Calgarys Top-Attraktion ist zweifelsohne die **Stampede**, die alljährlich weit über eine Mio Besucher anzieht. Nachdem sie 1912 erstmalig veranstaltet worden war, sind die **zehn Tage** der **größten *Rodeo Show* Nordamerikas** Pflicht für Fans, Profi- und Freizeit-Cowboys. Es ist nicht nur das größte Freiluft-Rodeo der Welt, sondern mit über $2 Mio Preisgeld auch das höchstdotierte. Ein besonderer Zuschauermagnet ist dabei der größte **Jahrmarkt** Albertas. Er findet gleichzeitig während des Rodeos und einer klassischen Landwirtschaftsmesse im *Stampede Park* statt.

Traditionell eröffnet die *»Greatest Outdoor Show on Earth«* am Freitagvormittag um 9 Uhr mit einem großen Festumzug durch *Downtown*. In einem farbenfrohen Spektakel präsentieren sich Musik- und Tanzgruppen, Reiterstaffeln und Indianer, aber auch Bürgermeister und Vereine. Imbiss-Stände servieren allen, die Schlange stehen, **gratis *Pancakes*** (Pfannkuchen) zum Frühstück. Bier wie andere Alkoholika sind auch bei größter Hitze verpönt. Die Stimmung unter den Besuchern ist gleichwohl prächtig.

Die Rodeo-Veranstaltungen finden im **Stampede Park** statt; Anfahrt am besten mit dem *C-Train*. Die klassischen Rodeo-Disziplinen auf der *Stampede* im Nachmittagsprogramm sind:

- *Bareback/Saddle Bronc Riding* (Zureiten wilder Pferde ohne/mit Sattel)
- *Calf Roping* (Lassowurf und Fesselung eines Kalbes)
- *Barrel Racing* (Frauen reiten um einen Tonnen-Parcours)
- *Steer Wrestling* (Umwerfen eines Stiers mit bloßen Händen)
- *Bull Riding* (Bullenreiten mit nur einem Arm am Haltestrick)

Neben den altbewährten Übungen gibt es beim Rodeo humorige Einlagen wie etwa das **Wild Cow Milking**, wobei einer ungezähmten Kuh ein paar Tropfen Milch abzuzapfen sind. Faszinierender Farbtupfer beim Nachmittagsrodeo ist der **Musical Ride** mit 36 Pferden der *Royal Canadian Mounted Police*, die dazu in ihren roten Uniformen ein prächtiges Reiterspektakel bieten.

Höhepunkt der Abendvorstellungen sind die *Chuckwagon Races*, unter großem Lärm und enormer Staubentwicklung absolvierte Rennen von vierspännigen (Renn-)Planwagen. Danach findet auf einer *Open-air*-Bühne vor der Tribüne eine grandiose *Evening Show* statt, eine Mischung aus Operette, Zirkus und modernem *Entertainment*. Den Abschluss bildet jeweils ein großes Feuerwerk.

Die zehntägige *Stampede* findet vom ersten Freitag im Juli bis einschließlich Sonntag der Folgewoche statt. Falls der Staatsfeier- tag *Canada Day* (1. Juli) auf Fr-So fällt, beginnt sie am zweiten Freitag im Juli. Die Daten für die nächsten zwei Jahre sind: • **05.07.-14.07.2019**   • **03.07.-12.07.2020**

Der Eintritt ins Ausstellungsgelände kostet $18 (Kinder $9), dazu kommen ggf. die Tickets für die Haupttribüne (*Grandstand*) für Nachmittagsrodeo ($27-$125) bzw. *Chuckwagon Races* mit *Evening Show*. »Standing Room Tickets« sind Stehplätze. *Day Reserved Seats*-Sitzplätze befinden sich abseits der Haupttribüne mit relativ schlechter Sicht. Diese gibt sie nur an der Tageskasse.

Ticketverkauf unter ✆ 1-800-661-1767 bzw. www.calgarystampede.com

• *University of Calgary – Summer Residence Accommodation*, *Rundle Hall*, 111 University Gate NW bzw. *Kananaskis Hall*, 3330-24 Ave NW; preisgünstige Zimmer und Wohnungen in den Studentenwohnhäusern, allerdings nur den Sommer über; ✆ 1-877-498-3203, www.seasonalresidence.ca.

Camping

Mehrere private Campingplätze liegen relativ citynah:

• Einen recht großen Komfortplatz nur 3 km östlich der Stadtgrenzen am *TCH* bietet *Mountain View Camping*, 244024 Range Rd 284; $47-$65, ✆ 1-877-707-0677, www.calgarycamping.com.

Die nächsten *Provincial Park-Campgrounds* sind über 60 km von Calgarys Innenstadt entfernt:

• Der *Wyndham-Carseland Park* liegt südöstlich an der #24 nahe Carseland westlich Calgary; schön grün, am Flussufer; $26; ✆ 1-877-537-2757, www.albertaparks.ca/wyndham-carseland.

• An der Straße #66 gibt es gleich **5 Provincial Campgrounds** (10-50 km entfernt von Bragg Creek). Die Zufahrt zur *Sibbald Lake Provincial Recreation Area* ($26) erfolgt über die Ausfahrten 118 bzw. 143 des *TCH* und den parallel laufenden Hwy 68; ✆ (403) 673-3985, www.albertaparks.ca/sibbald-lake.

In **Okotoks**, ca. 40 km südlich der Innenstadt, existieren zwei ordentliche, ruhige Plätze am Sheep River:

• *Lions Sheep River Campground*, 99 Woodhaven Drive, Zelte $25, Wohnmbolie mit *full hook-up* $40, ✆ (403) 938-4282, www.okotokslionscampground.com und *Okotoks Riverbend*, 48033 370 Avenue East, Zelte $30, RVs $40-$50; ✆ (403) 938-2017, www.riverbendcampground.ca.

In Black Diamond, 20 km westlich Okotoks:

• *Foothills Lions Park*, großzügiges Komfortcamping am Flussufer, Zelte $25, mit Anschlüssen $40; 303 5th Street, ✆ (403) 933-5785, www.foothillslionsclub.ca/campgrounds.

Peace BridgeFußgängerbrücke
über den Bow River

5.4   Stadtbesichtigung
5.4.1   Downtown

Downtown Calgary ist überschaubar und lässt sich problemlos zu Fuß erkunden – insbesondere die von 6-18 Uhr **autofreie Zone** der zu Geschäftszeiten belebten 8th Ave SW (*Stephen Avenue Walk* zwischen 2nd Street SE/Olympic Plaza und 3rd Street SW/*TD Square*). Ein Großteil der *City Buildings* ist durch sogenannte **Elevated Walkways**, Fußgängerwege in 15 Fuß Höhe, miteinander verbunden. Sie führen mitten durch viele Gebäude und über verglaste und offene Straßenbrücken (*Enclosed* und **Open Walkways**). Die offizielle *Downtown*-Karte mit diesem Wegesystem findet sich unter www.calgarydowntown.com.

Calgary Tower

Als Ausgangspunkt für den Stadtrundgang eignet sich besonders gut der **Calgary Tower** an der 101 9th Avenue SW. Per Schnellaufzug geht es zum *Observation Deck* **mit Glasboden** (!) und herrlicher Rundumsicht über die Stadt. Bei gutem Wetter lassen sich im Westen sogar die Gipfel der Rocky Mountains erkennen. Auf-

The Bow

fahrten $18/$9, Juli-August tägl. 9-22 Uhr, die übrige Zeit 9-21 Uhr; www.calgarytower.com. Das Drehrestaurant **Sky 360** serviert in luftiger Höhe zum Menu ein tolles Panorama; www.sky360.ca.

Der 1968 fertiggestellte Turm (191 m; ➢ Foto Seite 315), einst herausragender Punkt in der *City Skyline*, wird heute umringt von den höchsten Wolkenkratzern West-Kanadas (Ausnahme *Shangrila* in Vancouver oder *Stantec Tower* in Edmonton), u.a. **East** und **West Tower** der **Bankers Hall** (je 197 m). Jüngere Neuzugänge in der *Skyline* sind **The Bow** (2011, 236 m; ➢ Foto links), **Eighth Ave Place** (2012, 212 m), **Brookfield Place** (2017, 247 m) und **Telus Sky** (2018, 222 m).

Südlich des *Calgary Tower* spielt sich das Nachtleben der Stadt vor allem entlang der **17th Avenue** ab (westlich der 4th Street). Auch an der 10th und 11th Avenue stehen etliche Bars und Clubs.

Glenbow Museum

Der Straßenblock gegenüber beherbergt das *Convention Centre*, in dem das brillante *Glenbow Museum* untergebracht ist. Die Ausstellung über **Indianer- und Inuitkultur** zählt zum Besten, was Kanada in dieser Beziehung zu bieten hat. Auch die **mineralogische Kollektion** des Museums ist einen Besuch wert. Eine weitere Abteilung widmet sich der Wirtschaftsgeschichte des westlichen Kanada vom Pelzhandel der Gründerzeit bis zur modernen Ölindustrie; 130 9th Ave SE; $16/$10; Di-Sa 9-17 Uhr, So ab 12; www.glenbow.org.

Fußgänger-bereich

Verlässt man das Museum in Richtung 8th Avenue, gelangt man automatisch ans Ende des *Stephen Avenue Walk* mit der *Olympic Plaza*. Der Platz zeigt sich umrahmt von einem sehenswerten Architekturmix: Auf seiner östlichen Seite steht kontrastreich das alte Backstein-Rathaus unmittelbar vor der gläsernen *City Hall*. Schräg gegenüber hinter den Straßenbahnschienen fällt der Blick auf die 1905 erbaute anglikanische *Cathedral Church of the Redeemer* in der 604 1st Street.

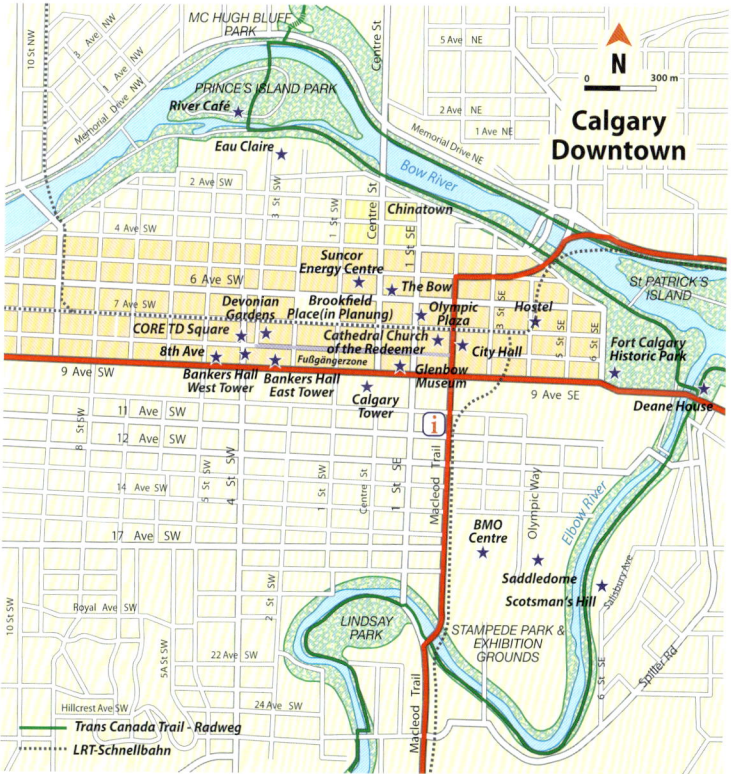

Devonian Gardens

Zum Bummel durch die Fußgängerzone gehört auch der Besuch der **Devonian Gardens** im 4. Stock des Einkaufs- und Bürokomplexes **Core TD Square Holt Renfrew** (www.coreshopping.ca), das von der 2nd Street bis 5th Street SW und 7th Ave und 8th Ave SW drei komplette Blöcke einnimmt. In dem über zwei Stockwerke gehenden **Indoor Park** scheint – inmitten dichter Vegetation aus kanadischen und tropischen Pflanzen – der Straßenlärm weit entfernt zu sein. Dabei sind Blumenbeete und Wasserbasins, in denen sich die umliegenden Hochhäuser spiegeln, hübsche Fotomotive.

Eau Claire

Nördlich von *Downtown* wird das Areal des ehemals sehr beliebten Shopping- und Kino-Komplexes *Eau Claire Market* zur Zeit komplett saniert und umstrukturiert. Dort um die Ecke lockt die **Old Spaghetti Factory Calgary Downtown** mit den für diese Kette üblichen preisgünstigen Menüs; 222 3rd Street SW, www.oldspaghettifactory.ca/locations/calgary.

Ganz o.k. ist auch das populäre Pub-Restaurant **Barley Mill** mit großer Terrasse für die Schönwettertage des Sommers, 201 Barclay Parade SW, ☏ (403) 2690-1500, www.barleymillcalgary.com.

Auf *Prince's Island* »fern« des Großstadttrubels serviert das exquisite **River Café** kanadische Gerichte mit regionalen Bioprodukten; 25 Prince's Island Park, ☏ (403) 261-7670; www.river-cafe.com.

Von der Insel im Bow River führt eine Fußgängerbrücke zum Nordufer des Flusses. Von dort steigt man über zahlreiche Treppenstufen hinauf zum Aussichtspunkt am **McHugh Bluff Park**, wo man nach insgesamt nur 500 m Fußweg eines der schönsten Panoramen auf Calgary genießt. Auch Autofahrer sollten sich diesen Blick auf die Innenstadt nicht entgehen lassen, der *Viewpoint* liegt direkt an der Crescent Road NW.

Fort Calgary

In einem Stadtpark östlich von *Downtown* steht an der Einmündung Elbow River / Bow River eine **Rekonstruktion des Fort Calgary**, dessen Errichtung 1875 den Beginn der Stadtgeschichte markierte. Das große **Interpretive Centre** ($12/$7) an der 750 9th Avenue SE mit vielen Details hat tägl. 9-17 Uhr geöffnet. Der Zutritt ins Gelände ist frei; www.fortcalgary.com. Die Parkgebühren am Fort sind meist günstiger (für Besucher sogar kostenlos) als in *Downtown* und von dort geht man nur ca. 1 km bis zur Bahn-Haltestelle in der 7th Ave an der City Hall (ab dort Gratisverkehr).

Das benachbarte 1905 erbaute **Deane House Restaurant** serviert *Lunch* in einem historischen Ambiente; www.deanehouse.com.

Zoo

Der **Calgary Zoo**, zweitgrößter Tierpark Kanadas, erstreckt sich auf *St. George's Island* und dem Flussufer südlich des Memorial Dr. Er ist mit dem Fahrzeug nur von Norden her erreichbar (1300 Zoo Road NE). Seine sechs Bereiche umfassen Kanada, Afrika, Eurasien, Pinguine, Botanischen Garten sowie einen Rundweg durch ein Modell des prähistorischen Alberta zur Zeit der Dinosaurier. Zwischen *Hoodoos*, Gebirgen und Sümpfen stehen dort 30 lebensgroße Plastik- und Zementdinos. Im Sommer täglich 9-18 Uhr, im Winter bis 17 Uhr, $30/$20; www.calgaryzoo.org.

**Aussichts-
punkte**

Von der Anhöhe zwischen Zoo und *Telus Spark Science Centre* zeigt sich die **Skyline** von ihrer besten Seite. Dort liegt auch der **Tom Campbell's Hill Natural Park** mit weiten Blicken auf Hochhäuser und Berge. Bester Zugang über Parkplatz an der 12th St/Centre Ave, von wo aus ein 500 m langer Wanderweg dem Kamm folgt.

**Science
Calgary**

Am Ostende der City (220 St. George's Drive NE) befindet sich das **Telus Spark – The New Science Centre**. Interaktive Ausstellungen und Demonstrationen erhellen naturwissenschaftliche Phänomene; täglich 10-16 Uhr; Eintritt $26, Kinder $19-$22; www.sparkscience.ca. Zum Komplex gehört das **Dome Theatre**, in dem Multi-Media-Shows stattfinden (kostet extra).

**Inglewood
Bird
Sanctuary**

Etwas weiter flussabwärts liegt das *Inglewood Bird Sanctuary* (2425 9th Ave SE), ein **Vogelschutzgebiet** mit Wanderwegen. Hier rasten Teichrohrsänger im Herbst. Täglich geöffnet ist das *Nature Centre* von Mai-Sept. 10-16 Uhr, sonst Di-So 12-16 Uhr; gratis.

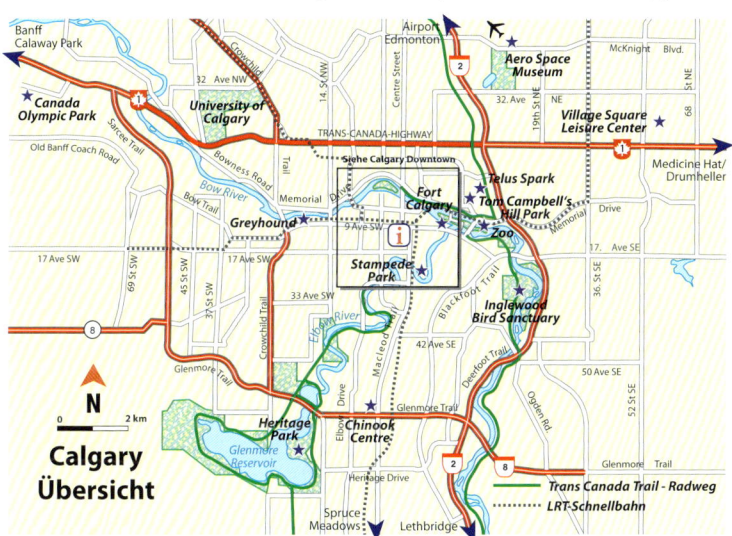

5.4.2   Sehenswürdigkeiten außerhalb des Zentrums

**Grain
Museum**

Das Stampede-Gelände bleibt den Rest des Jahres keineswegs ungenutzt. Im oberen Stockwerk des **BMO Centre** im **Stampede Park** befindet sich das **Grain Academy Museum**. Im Getreidemuseum erläutern Ausstellungen und Filmvorführungen Anbau und Transportwege des Weizens in Vergangenheit und Gegenwart.

Das Modell eines Getreidespeichers (**Grain Elevator**) zeigt die Funktionsweise der für die kanadischen Prärien typischen Lagerhäuser, Mo-Fr 10-16 Uhr, frei; www.grainacademymuseum.com.

Saddledome

Weltweites Interesse zog Calgary durch die **Olympischen Winterspiele 1988** auf sich. Der damals errichtete *Scotiabank Saddledome*, eine überdachte Arena in der Form eines Pferdesattels, steht unweit der *Stampede Grounds*. Sie fasst 17.000 Zuschauer. Die Eishockey-Mannschaft *Calgary Flames* absolviert dort ihre Heimspiele. **Fotos** mit dem *Saddledome* im Vorder- und der *CitySkyline* im Hintergrund schießt man am besten vom hochgelegenen **Scotsman's Hill** (Zufahrt über 6th St SE zur Salisbury Ave).

Olympic Park

Ein weiteres Relikt der **Winterspiele 1988** ist der *Canada Olympic Park* in Calgarys äußerstem Westen am *TCH*. Unübersehbar sind die drei heute wenig genutzten Sprungschanzen. In *Canada's Sports Hall of Fame* werden ruhmreiche Sportler gewürdigt; 169 Canada Olympic Road SW; im Juli/August täglich 10-17 Uhr, sonst nur Mi-So; Eintritt $12/$8; www.sportshall.ca.

Im rasanten Tempo talabwärts geht es per Schlittenfahrt auf der **Bob-/Rodelbahn** *Skyline Luge* ($16; www.skylineluge.com) oder mit der *Zipline* – mit über 100 m Höhenunterschied auf 500 m Länge die schnellste *Line* dieser Art Kanadas. An einem Drahtseil »fliegt« man gut gesichert vom Sprungturm in die Tiefe; $80. Die Tageskarte für die **25 km Biketrails** kostet $30; Radmiete extra; Verleih an der 88 Canada Olympic Road SW; www.winsport.ca.

University of Calgary

Die **University of Calgary** mit einem großen Campus im Nordwesten der Stadt (31.000 Studenten) beherbergt u.a. die **Nickle Galleries** mit Numismatikausstellung; 410 University Court, Mo-Fr 10-17 Uhr, Eintritt frei; www.nickle.ucalgary.ca. Die Sportanlagen der Universität – darunter Pool, Squashplätze, Eislaufbahn, Kraftraum – stehen auch Besuchern zur Benutzung offen (Tagespass $11; www.ucalgaryrecreation.ca).

Family Fun

Über ganz ähnliche Sportanlagen samt Wellenbad mit Wasserrutschen und Whirlpool verfügt nordöstlich der Stadt das **Village Square Leisure Centre**, 2623 56th Street NE, geöffnet Mo-Fr 6-22 Uhr, Sa 8-22 Uhr, So 8-18 Uhr; $13/$7.

Saddledome Mehrzweckarena

Calaway Park

Ebenfalls am *TCH* liegt westlich des *Olympic Park* der 28 ha große *Calaway Park*, der größte **Amusement Park** im Westen Kanadas, 245033 Range Road 33; www.calawaypark.com. Er bietet 32 Fahrattraktionen, darunter Looping-Achterbahn, Riesenrad und Bootsfahrten. Dazu gibt`s *Entertainment*, Souvenirshops und selbstredend jede Menge *Fast Food*. Ende Juni bis Anfang Sept täglich 10-19 Uhr, ab Ende Mai bzw. bis Mitte Okt nur Sa+So 11-18 Uhr; $36.

Saloon

Keine 3 km weiter südlich am Macleod Trail (# 9615) steht die **Ranchman's Cookhouse & Dancehall**. Der recht große, aber urige *Saloon* verwandelt sich zu später Stunde meist in einen Tanz- und *Night*-Club. Freitag- und Samstagabend treten dort oft Country-Bands auf; www.ranchmans.com.

Heritage Park

Ein besonders lohnendes Ausflugsziel ist der **Heritage Park** am Glenmore Reservoir südlich der City (1900 Heritage Drive SW). Für ein im Stil des 19. Jahrhunderts errichtetes **Museumsdorf** sind Gebäude aus ganz Kanada Stück für Stück demontiert und dort wieder aufgebaut worden. Wohn- und Geschäftshäuser, Schule, Rathaus und Kirche vermitteln ein der Gründerzeit entsprechendes Stadtbild und außerdem – dank Goldmine, Ölbohrturm und Fort der *Hudson's Bay Company* – Wildwest-Flair; ➤ Foto Seite 6.

Historische Dampfloks aus den 1940er-Jahren drehen ihre 1,5 km-Runden im Gelände. Ein **Raddampfer** (Replika des historischen **SS Moyie**, ➤ Seite 292) auf dem Stausee und eine Postkutschenfahrt ergänzen das Programm. Das Personal sorgt in zeitgenössischen Kostümen für authentische Atmosphäre. Mitte Mai bis Anfang Sepember täglich 9.30-17 Uhr, bis Mitte Oktober nur Sa und So; Eintritt $27/$19, www.heritagepark.ca.

Spruce Meadows

An der Straße #22X (Spruce Meadows Trail), ca. 3 km westlich des *MacLeod Trail*, liegt südwestlich von Calgary **Spruce Meadows**, ein international sehr bekanntes **Springreiterzentrum**. Zur Zeit der *Stampede* misst sich beim **North American** die Reiterelite des Kontinents. Zu den mit $2,34 Mio dotierten **Masters**, dem bedeutendsten Reitturnier Nordamerikas, reisen Anfang Sept. die weltbesten Springreiter an. Tickets ab $5; www.sprucemeadows.com.

Außerhalb von Turnieren sind Besichtigungen auf eigene Faust möglich. Ganzjährig geöffnet, tägl. 9-18 Uhr, frei; Picknickplatz.

Luftfahrtmuseum

In einer 1940er-Jahre-Halle der *Royal Air Force* ist das **Aero Space Museum of Calgary** beheimatet (4629 McCall Way NE, Südende des Flughafens im Nordosten der Stadt). Es thematisiert den kanadischen Beitrag zur modernen Luft- und Raumfahrt. Geöffnet täglich 10-16 Uhr; Eintritt $10/$7, www.asmac.ab.ca.

Shopping

Designerware zu Fabrikpreisen wird in der *Outlet Mall* **CrossIron Mills** nördlich des Flughafens angeboten (Abfahrt 273 von der #2). Das Sortiment reicht von A wie *Adidas*, über L wie *Levi's* bis V wie *Victoria's Secret*; www.crossironmills.com.

Die **größte *Shopping Mall*** der Stadt mit über 250 Geschäften und Restaurants, das **Chinook Centre**, befindet sich im Süden von Calgary an dem 6455 Macleod Trail SW www.chinookcentre.com.

5

6.   ROUTEN AB CALGARY

Die **Rundreise durch die Rocky Mountains** kann man auch ausgehend von Calgary in Angriff nehmen. Banff ist in weniger als 1,5 Stunden Fahrzeit erreicht. Nach einem mehrtägigen, ausgiebigen Besuch der Nationalparks *Banff*, *Jasper* und *Yoho* geht es entweder über **Edmonton** oder die ***Kootenay Plains*** zurück zum Ausgangspunkt (**Kapitel 6.2**, ➢ Seite 335ff). Zeitbedarf: mit Jasper und Edmonton nicht unter einer Woche.

Ab Calgary bietet sich außerdem ein Abstecher zu den schroffen ***Badlands* und bedeutenden Dinosaurierfundstellen** in Süd-Alberta an, wo auch vollständige Skelette freigelegt wurden (**Kapitel 6.1**, ➢ unten). Zusätzlich besteht eine Anschlussmöglichkeit an südlichere Routen (***Crowsnest Highway*** in Richtung Vancouver oder über den **Waterton Lakes Nat'l Park** weiter in die USA). Wer die *Badlands*-Route in Banff startet, durchfährt auf der nur 250 km langen Strecke bis Drumheller praktisch sämtliche in der Provinz vorkommenden Landschaftsformen.

6.1   Rundtour durch die Badlands Albertas

Im Süden Albertas erstrecken sich sogenannte ***Badlands***. Das vermeintlich »schlechte Land« wurde von Erosion geschaffen und besteht überwiegend aus kargen, wild zerklüfteten Lehm- und Sandsteinformationen, die man eher mit dem Südwesten der USA als mit Kanada in Verbindung bringen würde. Ihre Zentren im Tal des **Red Deer River** sind der *Dinosaur Provincial Park* in der Nähe von Brooks am *Trans-Canada Hwy* und ein Gebiet bei Drumheller, etwa 140 km nordöstlich von Calgary, sowie der *Writing-on-Stone Provincial Park* unweit der US-Grenze im Tal des **Milk River**.

Zeitbedarf für die Badlands-Rundtour

Für den gesamten, gut **1.000 km langen Ausflug** über den *Dinosaur Trail*, Drumheller mit *Tyrell Museum* und *Hoodoos Trail*, die Provinzparks *Dinosaur* und *Writing-on-the-Stone* werden **mindestens vier Tage** benötigt. Als Etappenziele empfehlen sich Drumheller, Brooks, *Writing-on-the-Stone PP* und noch eine vierte Übernachtung in *Fort Macleod*.

Drumheller Hoodoos

Horsethief Canyon

6

Red Deer River Valley

Der Abstecher zu den nächstgelegenen *Badlands* bei Drumheller kann ab Calgary auch als **Tagesausflug** eingeplant werden. Dafür wählt man am besten die nördliche Fahrroute, die zunächst über die #2 Richtung Edmonton und ab dem *Exit* #295 dann auf der #72 bis Beiseker führt. Dort zweigt die #806 nach Acme ab. An tiefen Senken vorbei geht es weiter nach Osten auf der #575. Im Tal des Red Deer River erreicht man mit der #837 schließlich den sog. **Dinosaur Trail**, einen 48 km langen *Loop Drive*, der Besucher ab Drumheller zu den Sehenswürdigkeiten der Region führt.

Orkney Hill

In Richtung Norden bietet, wenige Minuten später, rechter Hand der #837 der **Orkney Viewpoint** einen ersten schönen Blick über den überraschenden Abbruch der Landschaft am **Red Deer River**, der von saftig grünen Grasflächen und Sandsteinhügeln in vielfältigen Farbnuancen umgeben ist.

Noch auf der Westseite des Flusses liegt in der **Bleriot Ferry Provincial Recreation Area** eine kleine grüne Idylle mit 28 schattigen Stellplätzen am dicht bewachsenen Ufer; $21; ✆ (403) 823-1749, www.albertaparks.ca/parks/central/bleriot-ferry.

Fähre

Die Kabelfähre **Bleriot Ferry** (seit 1913 in Betrieb) verschafft Anschluss an die Straße #838 jenseits des keine 100 m breiten Red Deer River. Sie verkehrt kostenlos in kurzen Abständen von Mitte Mai bis Anfang September tägl. 8-23 Uhr, sonst kürzer (keine Fährverbindung im Winter). Am östlichen Flussufer wendet man sich nach rechts und folgt dem **Dinosaur Trail** in südlicher Richtung.

Horsethief Canyon

En route liegt der kurze Abzweig zum **Horsethief Canyon** mit dem tollsten Aussichtspunkt der Region. Von der Abbruchkante überblickt man die ausgedehnten *Badlands* am Ostufer des Red Deer River. Das weitverzweigte Labyrinth aus graubraun gestreiften Hügeln war einst ein beliebtes Rückzugsgebiet für Schmuggler und Pferdediebe, daher auch der Name.

Eines der besten Paläontologie-Museen der Welt steht unweit von Drumheller.

Dinosaurier Museum

Auf der Straße #838 erreicht man automatisch das **Royal Tyrrell Museum of Palaeontology**, eines der weltweit führenden Museen seiner Art, etwa 6 km nordwestlich von Drumheller im *Midland Provincial Park* (kein Camping!). Thematischer Schwerpunkt ist dort die gut verständlich präsentierte »Erd- und Menschheitsgeschichte«: Dinosaurierskelette, Flora und Fauna aus dem Devon und Exponate zum Anfassen; 1500 North Dinosaur Trail; Mitte Mai-August täglich 9-21 Uhr geöffnet, sonst kürzer und Okt.-Mai montags geschlossen; $18/$10; www.tyrrellmuseum.com.

Drumheller

Drumheller (8.000 Einwohner) schmückt sich mit dem Beinamen **Dinosaur Capital of the World**, so ist es nicht weiter verwunderlich, dass in *Downtown* der mit 25 m Höhe »**weltgrößte künstliche Dinosaurier**« steht. Sein »Inneres« wird doppelt genutzt: Das Maul dient als Aussichtsplattform ($4), während die Füße das Büro der Touristeninformation beherbergen; 60 First Avenue West; geöffnet Juli-August täglich 9-21 Uhr, sonst 10-17.30 Uhr; ℚ 1-866-823-8100, www.traveldrumheller.com.

Hoodoo Trail

Südlich von Drumheller startet ein weiterer *Badlands*-Ausflug. Der **Hoodoo Drive** schafft Zugang zu einer Handvoll eigenwillig geformter durch eine Steinkappe vor Verwitterung geschützter Erdpyramiden (=*Hoodoos*), die überaus reizvolle Fotomotive abgeben. Die originellsten Exemplare befinden sich an der #10 zwischen Rosedale und Lehigh, vor allem am **Hoodoos Trail** (➤ Foto Seite 326) beim Willow Creek. Der kurze Naturlehrpfad hat seinen Ausgangspunkt etwa 16 km von Drumheller entfernt kurz vor dem Abzweig der #573 zum *Little Fish Lake PP*. Über Treppen geht es zwischen »Steinpilzen« und zerfurchten *Badlands* den Hang hinauf.

Ausklingen lassen kann man den Tag im *Last Chance Saloon* in **Wayne**, einer kleinen *Ghost Town* am Umkehrpunkt des *Hoodoo Drive* an der **Straße 10x**; So+Mo geschlossen. Zimmer kosten dort $65-$80 und Campen $15; www.visitlastchancesaloon.com.

Ein Bett für die Nacht findet man auch in Drumheller (u.a. *Econo Lodge*) oder 20 km südlich an der #10 im **East Coulee Guest House** (gute B&B-Zimmer für ca. $80; ✆ (403) 823-0737).

Fossilien im Dinosaur PP

Das nächste Ziel entlang der mehrtägigen Rundtour durch die *Badlands* Albertas ist der **Dinosaur Provincial Park**. Von East Coulee an der #10 verläuft der kürzeste Weg dorthin über die Straßen #570/#36/#544 durch weite, menschenleere Prärie (ca. 150 km). Dieser Provinzpark ist Teil des **UNESCO-Welterbe** und schützt eine der weltweit ergiebigsten Dinosaurier-Fundstellen. Paläontologen haben dort bereits über **300 vollständig erhaltene Skelette** geborgen und dabei über 40 neue Saurierarten entdeckt. Die Ausgrabungen werden von der **Field Station** des *Royal Tyrrell Museum* organisiert, die neben Ausstellungen auch das *Visitor Centre* des Parks beherbergt. Schon am Parkeingang überblickt man von einem phantastischen Aussichtspunkt die *Badlands* des *Red River Valley*, die hier noch deutlich eindrucksvoller als flussaufwärts sind; www.albertaparks.ca/parks/south/dinosaur-pp.

Trails

Der *Dinosaur PP* ist weitgehend Forschungszwecken vorbehalten. Besucher können aber auf fünf kurzen *Trails* auch Entdeckungen auf eigene Faust machen. Jeweils ab der *Park Loop Road* führen der **Badlands Trail** durch Sandsteinhügel und Trockenareale mit etwas Kakteenbewuchs und der **Cottonwood Flats Trail** am Fluss durch überraschend vegetationsreiches Gelände (beide ca. 1,4 km retour).

Während mehrstündiger geführter Touren darf man zu ehemaligen Fundstellen, im Rahmen sogenannter *Specialty Programs* (ab $180) sogar zu den laufenden Ausgrabungen des *Royal Tyrrell Museum*.

Brooks

Ein schattiger Campingplatz ($29-$36) und *Canvas Wall Tents* ($105 für 4 Pers.) laden zum Bleiben ein; Reservierung: ✆ 1-877-537-2757.

In Brooks (über 14.000 Einwohner; www.brooks.ca) gibt es einige H/Motels, aber sonst nicht viel. Die meisten Besucher verschlägt es daher – neben dem *Dinosaur Provincial Park* – in den südlich gelegenen **Kinbrook Island Provincial Park**. Der große Campingplatz ($28-$35, ✆ 1-877-537-2757) befindet sich dort auf einer kleinen grünen Insel an der Ostseite des seichten **Lake Newell**. »Wasserratten« schätzen die hohe Wassertemperatur des großen Stausees.

»Schlechtes Land« (Badlands) im Dinosaur Provincial Park

Writing-on-Stone Provincial Park

Ab Brooks sind es über die Straßen #36, #4 und #501 rund 220 km zum landschaftlich reizvollen ***Writing-on-Stone Provincial Park***; www.albertaparks.ca/writing-on-stone. Er liegt 42 km östlich des Ortes Milk River unmittelbar am gleichnamigen Fluss unweit der Grenze zu den USA. Seine Bezeichnung erhielt er wegen zahlreicher frühindianischer Inschriften und Malereien im weichen Sandstein. ***Petroglyphs*** (Felsritzungen) und ***Pictographs*** (Felsmalereien) bekommen Besucher aber nur auf Führungen in Rangerbegleitung zu Gesicht. Neben *Rock Art* sind – wie auch schon im *Red Deer River Valley* – schöne ***Badlands***, eine Reihe von ***Hoodoos*** und empfehlenswerte Wanderwege die eigentliche Attraktion dieses Parks.

Der sehr gut angelegte ***Campground*** mit Sandstrand am Milk River in der dichten Vegetation des Flusstals macht den Park zu einem Übernachtungsziel, für das sich auch einige Kilometer Umweg lohnen; $26-$33, ☎ 1-877-537-2757. Hotel- und B&B-Zimmer findet man in den Ortschaften **Milk River** oder **Warner** (beide an der #4).

Vom Campingplatz folgt der 2,5 km lange ***Hoodoo Interpretive Trail*** dem Milk River flussaufwärts. Er ist einer der besten Pfade überhaupt durch die *Badlands* Albertas.

Dinosaur Eggs

Ab dem ***Devil's Coulee Dinosaur Museum*** in Warner werden zweistündige Touren zu Fundstellen angeboten, bei denen man Dinosaurier-Eier und andere Fossilien in ihrer natürlichen Umgebung sehen kann; Juli-*Labour Day* täglich 10+13 Uhr; www.devilscoulee.com.

Coaldale

Über die Straßen #501/#4/#845 gelangt man nach Coaldale an der #3. Im dortigen ***Alberta Birds of Prey Centre*** werden verletzte und kranke Raubvögel versorgt und auf ihre Rückkehr in die Wildnis vorbereitet. Auf dem Freigelände kann man Flug- und Trainingsprogramme der Vögel beiwohnen. 2124 16th Ave; geöffnet von Mitte Mai bis Mitte September täglich 9.30-17 Uhr; Eintritt $12/ $8, www.burrowingowl.com.

Writing-on-Stone Provincial Park

Der Lethbridge-Viadukt (High Level Bridge) aus dem Jahr 1909 überspannt das Tal des Oldman River.

Crowsnest Hwy #3

Ab Coaldale folgt die Route bis Lethbridge für einige Kilometer dem **Crowsnest Hwy #3**, der weiter östlich in Medicine Lake am *TCH* seinen Anfang hat, auf seinen ersten 150 km durch flache, eher unspektakuläre Prärie im Südosten Albertas verläuft und sich anschließend über phantastische Bergpässe an der US-Grenze in Richtung Pazifik windet (**Kapitel 4.4**, ➤ Seite 300ff) – mit Anschlussmöglichkeit an den Waterton Lakes Nationalpark (**Kapitel 3.6.3**, ➤ Seite 277).

Lethbridge

Lethbridge, mit über 90.000 Einwohnern die viertgrößte Stadt der Provinz, liegt beidseitig des tief in die Umgebung eingeschnittenen **Oldman River Valley**. Das Besucherzentrum steht am 2805 Scenic Drive South, ✆ 1-800-661-1222, www.exploresouthwestalberta.ca. Der dort startende *Scenic Drive* hoch über dem Ostufer eröffnet einen schönen Blick auf den Fluss und die längste Eisenbahnbrücke in West-Kanada, die 1,6 km lange **High Level Bridge**.

Indian Battle Park

Im heutigen **Indian Battle Park** am Fuß der Brücke errichteten Händler aus Montana 1869 die Palisadenfestung **Fort Whoop-Up**. Dort tauschten sie mit den *Blackfoot*-Indianern Whiskey gegen Bisonfelle und Pferde. Aber 1874 besetzten die *Mounties* (➤ Kasten umseitig) den Handelsposten. Im rekonstruierten Fort gibt es historische Inszenierungen mit *Shoot-outs*, zeitgenössisch arbeitende Handwerker und Kutschfahrten; 200 Indian Battle Park Rd, im Sommer täglich 10-17 Uhr, sonst Mi-So 12-16 Uhr; $9; www.fortwhoopup.com.

Japanischer Garten

Nur per Führung geht es durch den **Nikka Yuko Japanese Garden** im **Henderson Lake Park** (Straße #5/9th Avenue S) mit originalen Gebäuden und Brücken aus Japan. Mitte Mai bis Mitte Oktober, täglich 9-17 Uhr, $11, Kinder unter 10 frei; www.nikkayuko.com.

Nach weiteren 50 Kilometern am *Crowsnest Hwy* #3 ist die Kleinstadt Fort Macleod erreicht; www.fortmacleod.com.

Die Royal Canadian Mounted Police

Die Geschichte der »königlichen kanadischen berittenen Polizei« (umgangssprachlich **Mounties**) geht auf die Übernahme von *Rupert's Land* durch das *Dominium of Canada* zurück. Zur Einführung und Aufrechterhaltung kanadischen Rechts in den erweiterten Northwest Territories schuf die Regierung 1873 eine paramilitärische Polizeitruppe, die **North West Mounted Police**. Ihr wurde neben der Exekutive auch Verwaltung und Rechtsprechung übertragen, so dass die *NWMP* im Westen mit Ausnahme British Columbias viele Jahre die faktische Regierungsgewalt besaß.

1874 fand der 1.300 km lange Marsch der *Redcoats* nach Westen statt, die in **Fort Macleod** (➤ rechts) den ersten Stützpunkt in West-Kanada gründeten zur Unterbindung amerikanischer Grenzverletzungen, speziell des Alkoholschmuggels in **Fort Whoop-up** sowie in den Cypress Hills. An bestehenden Standorten der *Hudson's Bay Company* wurden Polizeiposten installiert (**Fort Edmonton**) und mit **Fort Calgary** sogar der Grundstein zu einer Metropole gelegt.

Zu den größten Verdiensten der *Mounted Police* zählte die friedliche Beilegung aufkeimender Konflikte zwischen Einwanderern und Indianern während der Besiedlung des kanadischen Westens. Derart blutige Indianerkriege wie nur wenig südlich der Grenze zu den USA gab es in Kanada kaum.

Mit dem Abebben der ersten Einwanderungswelle reduzierten sich die Aufgaben der *NWMP* auf die originäre Polizeifunktion. Lediglich im Norden konnte sie noch einmal eine ähnliche Rolle als ordnende Kraft übernehmen wie in den Gründerjahren. Kaum war 1895 *Fort Constantine* in der Nähe von Dawson City als erstes *NWMP*-Fort im Yukon errichtet, erscholl 1896 der Ruf des Goldes. Die *Mounted Police* regelte den Strom der Prospektoren von den Landeplätzen Skagway und Dyea (in der *Alaska Inside Passage*/USA) nach Atlin und Dawson City. Während in Skagway/Dyea oft der Colt regierte, symbolisierte die *NWMP* im Moment der Grenzüberschreitung allseits Sicherheit und Gerechtigkeit. In Kanada wurden die Pistolen eingepackt und nicht benutzt.

In Anerkennung militärischer Verdienste einer *NWMP*-Truppe im Burenkrieg 1899-1902 verlieh ihr der britische König Edward 1904 das Recht, sich »königlich« zu nennen. Auch nach Erlangung des Provinzstatus durch Alberta und Saskatchewan 1905 blieb die nunmehr *Royal North West Mounted Police* (*RNWMP*) dort offizielle Polizeitruppe. Sie vereinigte sich 1920 mit der in anderen Provinzen tätigen *Dominion Police* zur neuen Bundespolizei **Royal Canadian Mounted Police** (*RCMP*, www.rcmp.ca).

Pferde und Hundegespanne wurden zwar endgültig durch Autos und Motorschlitten ersetzt und auch die roten Jacken zumindest bei der Ausübung der täglichen Pflichten abgeschafft, aber der Begriff *mounted* (=beritten) in der Bezeichnung blieb erhalten. Den rotberockten stolzen *Mounties* – inzwischen Teil des touristischen Image Kanadas wie Kanus und Bären – sieht man immer noch vor dem Parlamentsgebäude in Ottawa, bei Paraden und anderen besonderen Anlässen, z.B. während der *Calgary Stampede* und natürlich beim »Drill« vor den Museen wie in Fort Macleod.

Fort Macleod

Das 1874 von der *North West Mounted Police* (➤ Kasten links) errichtete **Fort Macleod** diente 1876-78 sogar als Hauptquartier. Von dort aus überwachte sie die Einhaltung von »Recht und Ordnung« bei der Erschließung des heutigen Albertas und versuchte, den illegalen Whiskeyverkauf an die Indianer zu unterbinden. Das **Fort Museum** (219 Jerry Potts Blvd, Juli/August täglich 9-18, sonst kürzer, $17/$14) informiert über ihre Geschichte und die Besiedelung Albertas. Im Sommer performen die »Rotröcke« *Musical Rides* sowie Theater-Aufführungen; www.nwpmuseum.com).

6

Red Coat Trail

Der bis auf das *Fort* eher reizlose Ort Fort Macleod ist der Endpunkt des in Anlehnung an die roten Jacken der Polizei und deren legendären Marsch 1874 so bezeichneten **Red Coat Trail**. Diese knapp 1.300 km lange Route ab Winnipeg wurde später zu einer touristischen Alternative zum *TCH* umdefiniert. Indessen bietet die Strecke außer der hübschen Bezeichnung nur wenig Anlass ihr durch den äußersten Süden der Prärieprovinzen zu folgen.

Mennoniten und Hutterer

Wer sich allerdings für die Lebensweise der Mennoniten und Hutterer interessiert, findet **südlich von Lethbridge und Fort Macleod** noch einige intakte Gemeinden dieser ungewöhnlichen Glaubens- und Lebensgemeinschaften.

Rückfahrt nach Calgary

Von Fort Macleod erreicht man Calgary auf der – wie eine Autobahn ausgebauten – **Straße #2** in knapp zwei Stunden.

Alternative Route nach Calgary

Mit (Zwischen-)Ziel Banff oder *Icefields Parkway* könnte man ab Fort Macleod auch dem südlichen Abschnitt der **Forestry Trunk Road** den Vorzug geben, eine tolle Strecke gemeinsam mit dem **Smith-Dorrien/Spray Trail** oder dem **Kanasaskis Trail** nach Canmore am *TCH*. Diese Route wird ab Blairmore am *Crowsnest Hwy* #3 in der Gegenrichtung im **Kapitel 3.6.2** beschrieben, ➤ Seite 272.

Head-Smashed-in Buffalo Jump

Vor der Weiterfahrt – egal in welche Richtung – ist ein Abstecher zum **Head-Smashed-in Buffalo Jump** eigentlich ein »Muss«. Die *UNESCO* erklärte diesen Ort zum *World Heritage Site* (Weltkulturerbe). Er liegt 18 km nordwestlich von Fort Macleod an der bis dort asphaltierten #785, die 2 km nördlich des *Crowsnest Hwy* von der #2 abzweigt. Das westliche Teilstück der Straße, die zwischen Pincher und Brocket auf die #3 stößt, hat lediglich Schotterbelag.

Abbruchkante beim Head-Smashed-in Buffalo Jump

Prärieindianer und Bisons

Prärieindianer lebten von den Bisons. Sie verarbeiteten die größten Landsäugetiere Nordamerikas mit Haut und Haaren, das Fleisch zu *Pemmikan* (Trockenfleisch), das Fell zu Kleidung und *Teepees*, die Sehnen zu Seilen und Garnen, Knochen und Hufe zu Werkzeug. Den Dung gebrauchten sie als Brennmaterial.

Vor rund 6.000 Jahren entwickelten sie eine ganz besondere Jagdtechnik: Im großen Stammesverband versetzten sie die Bisonherden in Panik und trieben sie auf Abgründe zu, in die sich die Tiere zu Tode stürzten. In der kargen Trockenvegetation der *Porcupine Hills* folgten Wochen des Überflusses.

Am Hang des **Head-Smashed-in Buffalo Jump** und anderer Abhänge (z.B. *Dry Island*) entdeckte man meterdicke, mit Knochen gefüllte Erdschichten. Meistens starben dort weit mehr Bisons, als die Jäger verarbeiten konnten. Zumindest beim *Buffalo Jump* lebten also Amerikas Ureinwohner durchaus nicht in einem resourcenschonenden Einklang mit der Natur.

Den Schlusspunkt unter die Jagdmethode des *Buffalo Jump* setzten die aus Europa importierten Pferde und Gewehre. Ab Mitte des 18. Jahrhunderts jagten die kanadischen Indianer Bisons in kleinen berittenen Gruppen.

Mehr noch als der 10 m hohe Steilabbruch selbst beeindruckt die Dokumentation im **Interpretive Centre**. Sie demonstriert das Leben der *Plains Indians* und die Entwicklung der Bisonjagd über viele Jahrtausende; Mitte Mai-Anfang September 9-17 Uhr, sonst 10-17 Uhr; $12/$6; www.history.alberta.ca/headsmashedin.

Ausflug zum Waterton Lakes NP

Auf der Weiterfahrt **ab Fort Macleod** (mit Besuch des *Head-Smashed-in Buffalo Jump*) auf dem *Crowsnest Highway* #3 in Richtung Westen bietet sich gleich in Pincher Station schon der erste Abstecher an: In nur 60 km ist **Waterton** erreicht, die zentrale Anlaufstelle des gleichnamigen Nationalparks (Details ➢ Seite 277ff). Der westliche Abschnitt des *Crowsnest Hwy* wurde bereits im **Kapitel 4.4** ausführlich beschrieben, ➢ Seite 300.

Kutschen-museum

Wer sich für die größte Pferdekutschensammlung Nordamerikas interessiert, wendet sich – nur am fernen Horizont von der Silhouette der Rocky Mountains begleitet – bereits ab Fort Macleod gen Süden. Nach 60 km ist auf der Straße #2 **Cardston** (3.600 Einwohner) und das **Remington Carriage Museum** erreicht. Neben den 270 Wagen gibt es dort Restaurateure in der Werkstatt und audiovisuelle Präsentationen zur Geschichte der Kutschfahrt. Auf dem Freigelände weiden mächtige *Clydesdale Horses*; 623 Main Street; geöffnet täglich Juli bis August 9-17 Uhr, sonst 9-16 Uhr; Eintritt $13/$9, Kutschfahrt $7/$5; www.history.alberta.ca/remington.

Gleich hinter dem Kutschenmuseum liegt der gepflegte **Campground Lee Creek**, 695 2nd Street W, $24-$30 (full hook-up); ✆ 1-877-471-2267; www.campleecreek.com. Eine Alternative in dieser Gegend sind die Provinzparks **Woolford** ($21) und **Police Outpost** ($24); ✆ 1-877-537-2757; www.albertaparks.ca.

6.2   Routen über Edmonton oder die Kootenay Plains

Wie eingangs erläutert (➢ Seite 326), lässt sich eine Reise durch die wichtigsten **Nationalparks in den Rocky Mountains** auch ab Calgary spannend gestalten. Diese Routen sind besonders interessant für Leute mit sehr begrenzter Urlaubszeit. Denn ab Calgary entfallen längere Anfahrten und das »Wichtigste« (*Banff, Yoho* und *Jasper Nat'l Park*) lässt sich hier schon in nur 1-2 Wochen abklappern.

Alle Details zu diesen Schutzgebieten finden sich im **Kapitel 3** »Durch die Rocky Mountains«. Bei direkter Anfahrt über den *Trans-Canada Hwy* passiert man am Weg zum Banff Nationalpark das Städtchen **Canmore** (➢ Seite 271). Zentraler gelegene Basislager für einen Besuch des *Banff, Yoho* und *Kootenay Nat'l Park* sind aber die deutlich teureren Unterkünfte in **Banff** oder **Lake Louise** (➢ Seite 244). Von dort verschafft der berühmte, nicht auszulassende *Icefields Parkway* (➢ Seite 235) Anschluss an den **Jasper Nationalpark** weiter im Norden.

Ab dieser Panoramastraße bieten sich dann drei Optionen für die Rückkehr nach Calgary an:

- Ab **Jasper**, zentraler Versorgungsort des gleichnamigen Nationalparks, gelangt man nach 4-5 Stunden Fahrzeit auf dem *Yellowhead Hwy* (#16) über **Hinton** (mit weiteren Übernachtungsmöglichkeiten für den Besuch des *Jasper NP*) nach **Edmonton**, der Hauptstadt der Provinz Alberta. Dieser Route widmen sich gleich im Anschluss die **Kapitel 6.2.1**, **6.2.2** und **6.2.3**.

- Wer anstelle eines weiteren Stadtbesuchs etwas mehr Ruhe und Entspannung in der Natur sucht, kann alternativ ab *Saskatchewan River Crossing* am *Icefields Parkway* dem ***David Thompson Highway*** **(#11)** nach Osten folgen und über Rocky Mountain House und der #2 nach Calgary fahren. Alle, die sich für diese Variante interessieren, finden die Ausführungen dazu ab dem *Icefields Parkway* in **Kapitel 6.2.4**, ➢ Seite 348.

- Vom **Hwy #11** besteht weiters die Möglichkeit **ab Nordegg** der Schotterpiste ***Forestry Trunk Road*** durch unberührte Landstriche in Richtung Süden/Calgary zu folgen; ➢ Seite 351.

6.2.1   Von Jasper nach Edmonton

Von Jasper nach Edmonton sind es **360 km** auf dem ***Yellowhead Highway***. Die ersten 50 km im breiten urstromartigen Tal des **Athabasca River** verlaufen überaus malerisch. Es bieten sich Abstecher entlang der *Maligne Canyon Road* und zu den heißen Quellen in Miette Hot Springs an (➢ Seite 233).

Hinton

Mit der östlichen Ausfahrt des *Jasper NP* lässt man schon bald auch die letzten Ausläufer der *Rockies* hinter sich und erreicht das rund 80 km von Jasper entfernte **Hinton**. Auf der Durchzugsstraße (#16) der ansonsten recht überschaubaren Kleinstadt reihen sich die Häuser der großen Hotelketten sowie zahlreiche unabhängige Motels, die allesamt Zimmer zu recht gemäßigten Preisen anbieten.

Biber am Beaver Boardwalk in Hinton

Wer sich in Hinton etwas die Füße vertreten möchte, findet dazu eine gute Gelegenheit am hübsch angelegten **Beaver Boardwalk**, einem 3 km langen Naturlehrpfad im Südosten der Stadt. Neben dem namensgebenden Säugetieren (Biber) halten sich auch gerne zahlreiche Vogelarten in den Sümpfen auf.

**William A.
Switzer PP**

Auch für alle, die Hinton nur als Übernachtungsaltenative für das meist ausgebuchte Jasper nutzen, lohnt sich von dort der Besuch des **William A. Switzer Provincial Park** an der #40, rund 15 km nördlich des *Yellowhead Hwy*. Neben Stränden und Wanderwegen besitzt der Park den schönen **Athabasca Lookout** (1.585 m), den man in nur 15 Minuten zu Fuß ab dem *Trailhead* am *Luge Parking Lot* erreicht. Ausgehend vom Besucherzentrum führt die **Kelley's Bathtub Loop** (1 km) zu einer kleinen Badestelle.

Von den fünf *Campgrounds* im Provinzpark verfügt nur der am **Gregg Lake** über Strom und Duschen, aber auch der kleinere am **Jarvis Lake** ist o.k.; beide $26-$40; Reservierung unter ☎ 1-877-537-2757; www.albertaparks.ca/parks/central/william-a-switzer-pp.

Weiterfahrt

Ab **Edson** verliert die Strecke zunehmend an landschaftlichem Reiz und verläuft kurz vor Edmonton vorwiegend schnurgerade durch flaches Farmland.

6.2.2   Edmonton

Lage

Albertas Hauptstadt liegt auf knapp 700 m Höhe inmitten der flachen, leicht hügeligen Prärielandschaft 300 km nördlich von Calgary und ebenso weit östlich der Rocky Mountains. Mit 1,3 Mio Einwohnern ist der Großraum Edmonton nach Calgary die zweitbevölkerungsstärkste Region der Provinz. Überwiegend landwirtschaftlich genutzt, bietet die unmittelbare Umgebung Edmontons keine besonderen landschaftlichen Höhepunkte. Nichtsdestoweniger kann die Lage von *Downtown* beidseitig der Ufer des tief eingeschnittenen North Saskatchewan River als durchaus attraktiv bezeichnet werden.

Klima und Geschichte

Klima Albertas Prärieregionen zeichnet ein warmes, weitgehend **trockenes Sommerklima** aus. Niederschläge sind selten und meist verbunden mit kurzen heftigen Gewittern. Dank seiner Lage relativ hoch im Norden scheint im Bereich Edmonton an schönen Tagen im Juni/Juli bis zu 17 Std die Sonne. Frühjahr und Herbst warten mit wechselhaftem Wetter und bisweilen recht kühler Witterung auf.

Geschichte Wie viele andere Städte des kanadischen Westens ging auch Edmonton aus den Niederlassungen der beiden großen Pelzhandelsgesellschaften hervor. ***Hudson's Bay*** und ***North West Company*** gründeten 1802 Seite an Seite *Fort Edmonton* bzw. *Fort Augustus* am Ufer des Saskatchewan River in Rossdale südlich von *Downtown. Fort Edmonton* wurde an fünf verschiedenenen Standorten errichtet, zuletzt 1830 (➤ Seite 345). Aus dem Pelzhandelszentrum entstand bald eine Siedlung.

Goldrausch Der Klondike-Goldrausch (1897/98) verwandelte das entlegene Prärienest in eine ***Boomtown***, als an die 2.000 unerfahrene Prospektoren von dort aus auf dem Landweg (die meisten wählten den Seeweg von San Francisco, Seattle oder Vancouver durch die *Inside Passage* nach Dyea/Skagway) die Goldfelder am Klondike River erreichen wollten. Keiner von ihnen schaffte es, sich bis zum Frühsommer 1898 durch die unerschlossene Wildnis bis zum fernen Ziel durchzukämpfen.

Auf den *Boom* folgte kein *Bust*, die Talfahrt, den so viele andere Städte nach plötzlichem Wachstum erleben mussten, wenn die Basis der Expansion entfiel. Edmonton behielt Zentralenfunktion für die weitere Entwicklung des Nordwestens und avancierte 1905 zur Hauptstadt der neuen Provinz Alberta. Nach dem Anschluss an das nördliche transkontinentale Eisenbahnnetz im Jahr 1915 wurde Edmonton zu einem der wichtigsten Verkehrsknotenpunkte im westlichen Kanada.

Alaska Hwy Als in den 1930er-Jahren die Erschließung bislang unzugänglicher Regionen im hohen Norden per Flugzeug begann, spielte Edmonton

Downtown Edmonton

eine bedeutende Rolle. Während des Baus des *Alaska Highway* im 2. Weltkrieg war die Stadt eine der wichtigsten Etappen für den Nachschub. Aus dieser Zeit stammt die Bezeichnung Edmontons als *Gateway to the North*.

Öl

1947 stieß man 30 km südwestlich der Stadt bei Leduc auf Öl, was den zweiten *Boom* auslöste. Edmonton verdoppelte seine Einwohnerzahl in nur einem Jahrzehnt. Heute bilden Erdöl- und Erdgasförderung sowie -verarbeitung das wirtschaftliche Rückgrat der Region. Außerdem wird von Edmonton aus die Ausbeutung der ölhaltigen Sande bei Fort McMurray gelenkt.

Info, Orientierung und öffentliche Verkehrsmittel

Tourist Information

Die Besucherinformation befinden sich mitten in der Innenstadt im *West Shaw Building* (9797 Jasper Avenue): *Edmonton Tourism*, Mo-Fr 9-17 Uhr; ✆ 1-800-463-4667, www.exploreedmonton.com.

Airport

Der *Edmonton International Airport* (*YEG*), der zweitgrößte Flughafen Albertas liegt ohne Vorort-Busanschluss knapp 30 km südlich von *Downtown* bei Leduc; www.flyeia.com. Die Fahrt per *Sky Shuttle* in die Stadt kostet $18; www.edmontonskyshuttle.com.

Straßensystem

Dank der übersichtlichen Straßenführung und -bezeichnung ist es in Edmonton nicht sehr schwer, sich zurechtzufinden. Die *Avenues* verlaufen in ost-westlicher Richtung, die *Streets* von Norden nach Süden; die fortlaufende Zählung beginnt für die *Avenues* im Süden, für die *Streets* im Osten (Meridian Street).

Orientierung

Der in weitem Bogen quer durch die Stadt fließende **North Saskatchewan River** teilt Edmonton in nördliche und südliche Stadtteile. Die Straßenzählung setzt sich – ungeachtet der Unterbrechung durch den Fluss – auf beiden Seiten fort. Neun Brücken überqueren innerhalb der Stadt den North Saskatchewan River, dessen Ufer auf nahezu ganzer Länge durch die Stadt von Grün- und Sportanlagen gesäumt werden. Das **Zentrum** Edmontons mit der *City Hall* und den Gebäuden der Provinzregierung liegt erhöht über dem Nordufer des Flusses. Hauptgeschäftsstraße ist die **Jasper Ave**. Auf der Südseite befinden sich der eindrucksvolle Campus der **University of Alberta** und schöne Wohnviertel.

Öffentlicher Nahverkehr

Edmonton verfügt über ein gut ausgebautes öffentliches Nahverkehrssystem, das Bus und Straßenbahn kombiniert. Die Schnellbahn (*LRT*, **Light Rapid Rail**) durchquert Edmonton auf zwei Linien: Im Norden führt die **Metro Line** nach Clareview, die **Capital Line** zum *Northern Alberta Institute of Technology* (*NAIT*). Beide verlaufen im Süden parallel über *Downtown*, *University* bis zum Endpunkt *Century Park*. Die neue *LRT Valley Line* soll von Mill Woods im Südosten nach Lewis Farms im Westen verlaufen und Ende des Jahres 2020 fertiggestellt sein.

Tickets kosten $3,25 (im 10er-Pack $25,50/$22,25; bis 5 Jahre frei). Der Tagespass ($9,50) erlaubt die beliebige Nutzung aller Linien; er ist erhältlich in 200 Geschäften und Banken mit dem **Edmonton Transit System**-Logo, www.takeets.com.

Fairmont Macdonald umgeben von Hochhäusern

Unterkunft und Camping

H/Motels

Wer etwas besser übernachten möchte, gönnt sich ein Zimmer im:

- *Fairmont Macdonald*, nostalgischer Bau von 1915, 10065 100th St, ab $200; ✆ 1-866-540-4468; www.fairmont.com/macdonald.
- *Coast Edmonton Plaza Hotel*, 10155 105th Street, komfortable DZ ab ca. $150; ✆ (780) 423-4811; www.coasthotels.com.

Junge Leute steigen auch gerne ab im:

- *Crash Hotel Downtown*, 10266 103 St NW, trendige Zimmer ab ca. $120, etwas preiswerter mit Gemeinschaftsbad; ✆ (780) 719-3807; www.crashhotel.com.

Außerhalb der Innenstadt stehen viele Häuser der **Mittelklasse** entlang des südlichen Zubringers (#2, *Calgary Trail*) im Bereich der Kreuzung mit der Straße #14 und an der westlichen Zufahrt 101st Ave (#16A), speziell an deren Verlängerung Stony Plain Road im Bereich der 178th Street.

B&B

Unter www.bbcanada.com/alberta/edmonton_area/edmonton werden etliche Häuser im Großraum Edmonton gelistet, die Buchung erfolgt allerdings durch Direktkontakt.

Preiswerte Unterkünfte

- *HI Edmonton*, 10647 81st Ave, Betten $31, DZ $69; in Altstadt-Nähe und mit Radverleih; ✆ 1-866-762-4122, www.hihostels.ca.
- *University of Alberta* (*Lister Centre*), 87th Ave/Ecke 116th St, DZ ca. $109; nur Mai bis August; ✆ (780) 492-6056; www.conference.ualberta.ca,

Camping

Camper haben rund um die City eine gute Auswahl. Besonders hervorzuheben sind folgende Plätze:

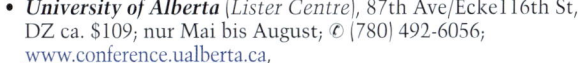

- Im Südwesten liegt der städtische *Rainbow Valley Campground & RV Park*, 21524 TWP Road 520) am Whitemud Creek nicht weit entfernt vom gleichnamigen *Freeway*, *Exit* 119th St (Rainbow Valley Rd); $32-$36. Im Sommer muss dort recht zeitig am Tage eintreffen, wer noch unterkommen möchte; besser mit Reservierung unter ✆ 1-888-434-3991; www.rainbow-valley.com.

- Im östlichen Vorort **Sherwood Park** wartet das komfortable *Half Moon Lake Resort*, 21524 TWP Rd 520; $38-$50; mit Bootsverleih+Minigolf; ✆ (780) 922-3045, www.halfmoonlakeresort.ca.
- ***Kawtikh Retreat & Campground***, 51380 A Range Road 205, ebenfalls in Sherwood Park im Wald am Hastings Lake; Bootsverleih; $35-$46; ✆ (780) 922-5168, www.kawtikh.com.
- Der nächste **Provincial Park Wabamun Lake** liegt ca. 60 km westlich von *Downtown* an der #16; großer *Campground*, leider etwas ungepflegt; $26-$33; www.albertaparks.ca/wabamun-lake.
- 63 km südöstlich der Stadt bietet der **Miquelon Lake Provincial Park** *Campsites* für $26-$33.

Die vier oben angeführten Seen sind in den letzten Jahren leider immer wieder wegen schlechter Wasserqualität aufgefallen.

- Rund 50 km von Edmonton entfernt liegt der *Campground* im **Elk Island National Park**, $26; ➢ Seite 347.

Veranstaltungen & Festivals

K-Days

Die **K-Days**, mit über 800.000 Besuchern größte Veranstaltung der Stadt, beginnen kurz nach der *Calgary Stampede* meist am

dritten Juli-Donnerstag um 10 Uhr mit einer bunten Eröffnungsparade durch *Downtown*. Im Anschuss findet das **10-tägige Volksfest** in *Northlands Park* statt. Zum riesigen Festivalkomplex gehören eine Pferderennbahn, das Messegelände *Edmonton EXPO Centre* und die Veranstaltungshalle *Rexall Place*, wo u.a. die *Edmonton Oilers* ihre Eishockey-Künste demonstrieren und professionelle Rodeos stattfinden.

Zum Programm der *K-Days* gehören **Goldschürfen** im *Klondike Park*, Dauer-Entertainment auf mehreren Bühnen, zahlreiche Jahrmarktattraktionen u.v.a.m. Zufahrt nordöstlich von *Downtown* über den Wayne Gretzky Dr; Eintritt $16/$12; www.k-days.com.

Theatre-festival

Während des **Edmonton International Fringe Theatre Festival** (www.fringetheatreadventures.ca, ✆ (780) 448-9000), Edmontons zweitgrößter Veranstaltung, platzt *Old Strathcona* an 11 Tagen Mitte August mit bis zu 600.000 Besuchern aus allen Nähten. Bei diesem **alternativen Theaterfestival** präsentieren Künstler von über 100 Gruppen ihr Repertoire von Komödie über Drama und Musical bis hin zu Straßenshows.

Stadtbesichtigung

Parks

Edmonton ist mit seiner Lage am teilweise tief in die Landschaft eingeschnittenen North Saskatchewan River alles in allem eine attraktive Stadt. Den Uferbereich säumen schöne Parkanlagen und zahlreiche Freizeiteinrichtungen. Kreuzungsfreie **Wander**- und **Fahrradwege** folgen dem Flusslauf oft beidseitig durch die City.

Zentrum/ Churchill Square

Das Stadtzentrum von Edmonton lässt sich leicht zu Fuß erkunden. Bester Ausgangspunkt ist der **Sir Winston Churchill Square** mit seinen Kunstgalerien. Der Springbrunnen hebt sich optisch wirkungsvoll vom Hochhaus der *City Hall* am Nordende des belebten Platzes ab. Im Hintergrund ragt das 149 m hohe Bürogebäude **EPCOR Tower** (Baujahr 2011) empor.

Kunst- museum

Am Nordostende des Square fällt der außergewöhnliche Bau des Stararchitekten *Randall Scoutt* auf. Er birgt die **Art Gallery of Alberta** mit Werken kanadischer und internationaler Künstler sowie interessanten Wechselausstellungen; Di+Mi 11-20 Uhr, Do+Fr 11-17 Uhr, Sa+So 10-17 Uhr; $13, unter 18 frei; www.youraga.ca.

Einkaufs- zentren

Trotz der enormen Konkurrenz durch die *West Edmonton Mall* (➤ Seite 346) konnte sich auch die **Shopping Mall Edmonton City Centre** mit 170 Geschäften verteilt über drei Straßenblocks bestens etablieren; www.edmontoncitycentre.com. Eine Filiale der Restaurant-Kette *Old Spaghetti Factory* steht auch dort an der 10220 103rd Street.

Pedways, verglaste Verbindungswege, führen zum 146 m hohen **Manulife Place**, 10180 101st Street NW, wo sich ein weiteres, aber deutlich kleineres Einkaufszentrum befindet.

Neben dem edlen **Hotel Macdonald** (1915) führt ein Treppenzug steil hinab zum North Saskatchewan River. Über die **Low Level Bridge**, eine 8.000 t schwere doppelstöckige Stahlkonstruktion, geht es nach Südosten zum **Muttart Conservatory** (9626 96 A Street NW). Man kann dorthin gut zu Fuß laufen (1,5 km). Von der Brücke fällt der Blick über den Fluss auf die *Skyline* Edmontons, die 2019 um zwei weitere markante Hochhäuser ergänzt wird, mit dem *Stantec Tower* (251 m) und dem *JW Marriott Hotel* (191 m).

Art Gallery of Alberta in Downtown Edmonton

Zwei der vier großen Pyramiden des Muttart Conservatory

Muttart Conservatory

Drei der vier spitzen **Glaspyramiden** des *Muttart Conservatory* stehen für Klimazonen der Erde; in der *Temperate, Arid* bzw. *Tropical Pyramid* wachsen Pflanzen aus gemäßigten, trockenen und tropischen Regionen. In der *Feature Pyramid* wechselt die blütenreiche Bepflanzung 6x jährlich. Gartenfreunde werden begeistert sein, besonders gilt das für den **Tropical Garden**; 9626-96A Street, geöffnet täglich 10-17 Uhr, Do bis 21 Uhr; Eintritt $12,50, Kinder zahlen $6,50-$10,50; www.muttartconservatory.ca.

Ein »Muss« sind die Treibhäuser nicht, aber die Aussicht auf *Dowtown* von dort ist interessant. Besonders toll vor der Linse machen sich die Pyramiden mit den *Skycrapern* von Edmonton im Hintergrund – nicht nur tagsüber (➤ Foto oben) sondern auch abends, wenn die Glashäuser teils bunt beleuchtet werden.

Ein toller Blick auf die Hochhäuser und die Pyramiden eröffnet sich auch vom benachbarten **Gallagher Park** am Cloverdale Hill.

Das *Muttart Conservatory* eignet sich wegen des kurzen Zugangs auch als guter Ausgangspunkt für eine **Downtown**-Erkundung. Bis zur geplanten Fertigstellung der *LRT Valley Line* im Jahr 2020 muss man in diesem Bereich allerdings mit umfangreichen Baustellen und Behinderungen rechnen.

Vom Uferbereich und entlang des 1,2 km langen Rundwegs im **Nellie McClung Park** südöstlich des *Muttart Conservatory* bieten sich immer wieder sehr schöne Motive mit dem Fluss und der *Skyline* von Edmonton; ➤ Foto Seite 337.

Old Strathcona

Etliche Häuserblocks südlich davon (ca. 1 km) verläuft die Whyte Ave (82nd Ave), die zwischen 99th und 109th Street das beste Viertel für den Abendbummel ist. Im **Old Strathcona Entertainment District** (www.oldstrathcona.ca) laden über 100 Cafés, Restaurants und *Nightclubs* aller Stilrichtungen zum Verweilen ein. Ganzjährig lockt zudem der **Old Strathcona Farmer's Market** mit über 130 Ständen (Sa 8-15 Uhr; 10310 83rd Ave; www.osfm.ca).

**Regierungs-
gebäude**

Das *Alberta Legislature Building* an der 10800 97th Avenue nördlich des Flusses markiert das Westende von *Downtown*. Wo einstmals das *Fort Edmonton* stand, tagt heute das Parlament von Alberta. Das aus dem Jahr 1912 stammende nostalgische Gebäude
(➢ Foto umseitig) besitzt klassizistische, an europäischen Vorbildern orientierte Stilelemente. Der Eintritt und die 45-minütigen
Führungen sind kostenlos. Im Sommer täglich 10-17 Uhr geöffnet, sonst Sa+So ab 12 Uhr; www.assembly.ab.ca.

**Royal Alberta
Museum**

Unmittelbar neben dem *CN Tower* (10004 104 Ave NW) wurde im
Herbst 2018 das größte Museum in West-Kanada eröffnet, das na-
turkundlich-kulturgeschichtliche *Royal Alberta Museum (RAM)*.
Absolut sehenswert! Geöffnet täglich 10-18/17 Uhr, Do bis 20 Uhr;
Eintritt $19/$10; www.royalalbertamuseum.ca.

Rogers Place

Ebenso neueren Datums ist die Multifunktionsarena *Rogers Place*
nur etwas weiter westlich an derselben Straße. Der architektonisch beeindruckende Bau ist Heimat der berühmten Eishockey-
Mannschaft *Edmonton Oilers*.

Edmonton
Downtown

**Wissen-
schafts-
museum**

Die moderne ***Telus World of Science Edmonton*** ist in einem futu-
ristisch gestalteten Gebäude im ***Coronation Park*** (11211 142 St)
mehrere Kilometer nordwestlich von *Downtown* untergebracht.
Ausstellungen sowie visuelle und akustische Versuche erhellen
naturwissenschaftliche Zusammenhänge. Schwerpunkte sind
dabei Astronomie, die Eroberung des Weltraums, der menschliche Körper sowie die Umwelt. Eintritt $20, Kinder zahlen $14;
geöffnet So-Do 9-17 Uhr, Fr+Sa 9-20 Uhr.

Im angeschlossenen ***Margaret Zeidler Theatre*** und im ***IMAX
Theatre*** finden Shows und Filmvorführungen statt; www.telus
worldofscienceedmonton.com.

Der Eintritt in das ***RASC Observatorium*** auf der Museumswiese
ist frei; Juli+August 13-17 und 18.30-22 Uhr, sonst kürzer und nur
Fr-So geöffnet; www.edmontonrasc.com/observatory.

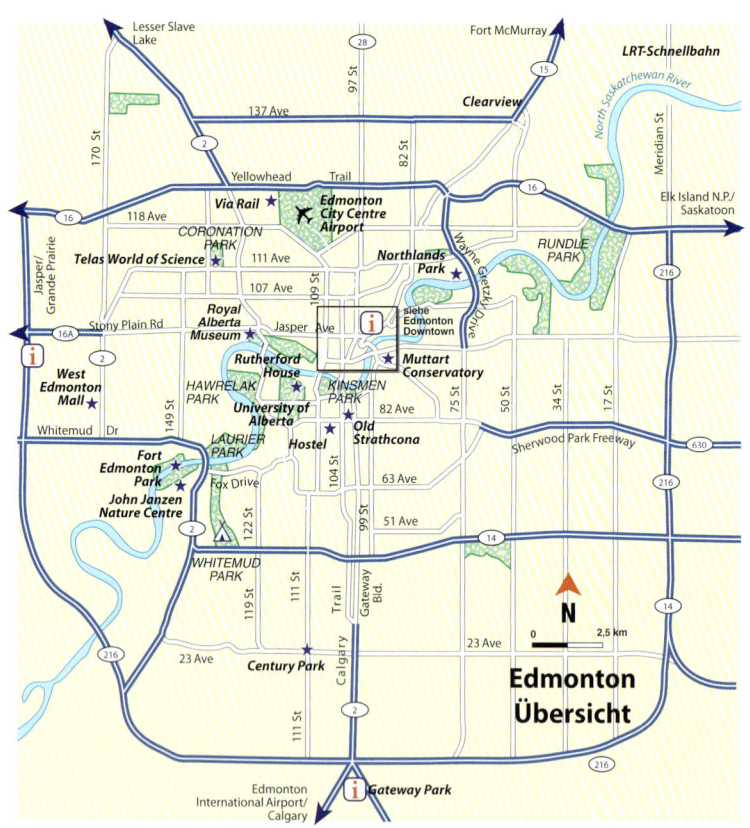

Universität   Südlich des Flusses zwischen dem Saskatchewan Dr und University Ave (bzw. 100th St und 117th St) liegt der parkartige Campus der **University of Alberta** (www.ualberta.ca) für knapp 40.000 Studenten. Im Universitätsbereich befindet sich das **Rutherford House** (11153 Saskatchewan Dr; www.rutherfordhouse.ca), ein 1911 errichtetes, aufwendig restauriertes Gebäude, das einst dem ersten Premierminister Albertas gehörte. *Tour Guides* in zeitgenössischer Kostümierung führen die Besucher gruppenweise durch die Räume. Geöffnet Mitte Mai bis Anfang September täglich 10-17 Uhr, sonst Di-So 12-17 Uhr; Eintritt $6/$4.

Fort Edmonton   Die beachtliche Blockbohlenbefestigung **Fort Edmonton** steht im gleichnamigen Park unweit der *Quesnell Bridge* und der Autobahn #2. Sie wurde 1830 im Bereich des heutigen Regierungsviertels als Handelsposten der *Hudson's Bay Company* errichtet, nach dem Bau der Parlamentsgebäude allerdings abgerissen und erst 1969 am Südufer des North Saskatchewan River originalgetreu wieder aufgebaut. Sowohl seine imposanten Palisaden als auch der Komplex innerhalb der Befestigung sind eine ausgiebige Besichtigung wert. Die Rekonstruktion gehört zu den sehenswertesten in ganz Kanada, ebenso das umliegende **historische Museumsdorf**!

Das Fort ist umgeben von Edmonton-Straßenzügen aus den Jahren 1885, 1905 und 1920. Dazu wurden einige Originalgebäude hierher versetzt und restauriert, aber die Mehrheit der Häuser nachgebaut. Fahrten mit Postkutschen, Dampflokomotive und Straßenbahn komplettieren das nostalgische Bild im **größten Freilichtmuseum Kanadas**; 7000 143 Street, Ende Juni-Anfang September täglich 10-17 Uhr, Mitte Mai-Ende Juni Mo-Fr 10-15, Sa/So 10-17 Uhr; Eintritt $26/$21; www.fortedmontonpark.ca.

Botanischer Garten   Das benachbarte **John Janzen Nature Centre** ist weniger für Einzelbesucher als für spezifisch interessierte Gruppen wie Schulklassen, die Flora und Fauna der Region kennenlernen wollen, konzipiert; täglich 10-17 Uhr; $8; www.edmonton.ca/johnjanzen. Eindrucksvoller ist der **Devonian Botanic Garden** der Universität, 6 km nördlich der Ortschaft **Devon** am Hwy 60; $14/$5; im Sommer 10-18 Uhr, sonst bis 17 Uhr; www.botanicgarden.ualberta.ca.

Das Parlamentsgebäude
(Alberta Legislature Building)
in Edmonton

West Edmonton Mall

**West
Edmonton
Mall (WEM)**

Vom *Fort Edmonton Park* sind es auf der Autobahn #2 nur 8 km bis zur **West Edmonton Mall** (*WEM*), einem **riesigen überdachten Shopping- und Entertainmentzentrum**. Seit ihrer Eröffnung im Jahr 1981 ist sie eine der Top-Attraktionen der Provinz. Jährlich strömen knapp 31 Mio. Besucher in die *Mall*, eines der größten Einkaufszentren der Welt; 8882 170 Street; geöffnet meistens Mo-Sa 10-21, So 11-18 Uhr; www.wem.ca. Die Dimensionen sind überwältigend. Der von außen unansehnlich wirkende Komplex mit 24.000 Beschäftigten besitzt ein »Innenleben« von über 800 Läden, **100 Restaurants**, 6 Kaufhäusern und 13 Kinos samt *3D-IMAX*.

Nachbauten von **Columbus' Santa Maria**, der **Bourbon Street** in New Orleans, von europäisch aussehenden Straßen und einer chinesischen **Pagode** bemühen sich um internationales Flair.

Wem Einkaufen und Kinos langweilig werden, kann im *Galaxyland* (Tagespass $41/$32) im weltgrößten *Indoor-Rollercoaster* mit **3-fach-Looping** oder in **3D-Bewegungssimulatoren** Nervenkitzel suchen. Es warten außerdem Eislaufarena und Minigolf, auch Seelöwen sind zu bewundern. Im *World Waterpark* (auch dort Tagespass $41/$32) sorgen ein künstlicher Strand, Brandungsbad und 14 unterschiedliche Wasserrutschen für Badespaß selbst mitten im Winter. Neueste Attraktion ist dort eine *Zipline* quer über den Park (+$7).

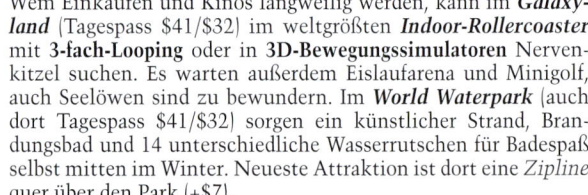

Im angeschlossenen *Fantasyland Hotel* kann man nach soviel Aktivität die müden Glieder gleich zur Nacht betten, in teils recht originellen **Themen-Zimmern** ab $180 u.a. mit Matratzen auf der Ladefläche eines *Pick-up* oder – für Kinder besonders spannend – in einem »Raumschiff«; ℗ 1-800-737-3783, www.flh.ca.

**Monster
Mini Golf**

Wer noch mehr Spaß & Action braucht, findet im *South Park Shopping Centre* einen außergewöhnlichen Minigolfplatz. Dort spielt man in der Finsternis umgeben von neonfarben leuchtenden Monstern; 3414 Gateway Blvd; $13/$10; www.monsterminigolf.com.

_____ **Edmontons Umgebung**

Elk Island Nat'l Park

Die flache Umgebung Edmontons bietet Touristen nicht allzu viel, sieht man vom **Elk Island National Park** am _Yellowhead Hwy_ einmal ab, der ein beliebtes Ausflugs- und Wochenendziel der Hauptstädter ist. Knapp 50 km östlich von _Downtown_ erheben sich die bewaldeten **Beaver Hills** des nur 194 km^2 großen Nationalparks über die umgebende Prärie. Die Zufahrt erfolgt direkt vom _Yellowhead Highway_ oder über Lamont (#15).

Insbesondere der **Astotin Lake** (mit Sandstrand und _Campground_; $26; © 1-877-737-3783, www.reservation.pc.gc.ca) sowie die zahlreichen Wanderwege, darunter auch ein Naturlehrpfad zu **Biberburgen**, ziehen die Besucher an. Von dem im Park vorhandenen Wild bemerkt man mittags zumeist wenig. Hauptattraktion sind die _Buffalos_, die strikt getrennt nach **Waldbison** (_Wood bzw. Mountain Bison_) südlich und **Präriebison** (_Prairie Bison_) nördlich des _Yellowhead Hwy_ weiden. Waldbisons haben in der Regel einen ausgeprägteren Höcker, ein dunkleres Fell, weniger Kopfbehaarung und ein größeres Körpergewicht (die Bullen sind oft über 900 kg schwer!).

Elk Island Nat'l Park

Man sieht die Bisons direkt vom _Hwy_ aus oder auch entlang der Parkstraße und der kurzen **Bison Loop Road**. Tagsüber liegen sie oft wiederkäuend im Schatten oder baden im Staub, um Insekten zu verjagen.

Aktiv sind die mächtigen Tiere meistens in den Morgen- und Abendstunden. Insbesondere zur Paarungszeit im Hochsommer zeigen sich Bullen von ihrer temperamentvollen Seite, wenn sie versuchen, mit ihren kurzen, spitzen Hörnern Konkurrenten zu vertreiben. Um das Wild im Park zu halten, aber auch, um größere Raubtiere (Bären, Wölfe) bzw. erkrankte Tiere fernzuhalten, wurde _Elk Island_ als einziger Nationalpark Kanadas rundum eingezäunt. Eintritt $7,80 oder _Discovery Pass_ ➢ Seite 47; www.pc.gc.ca/elk.

Ukrainian Village

Knapp 4 km östlich der Parkeinfahrt befindet sich rechter Hand des _Yellowhead Hwy_ das **Ukrainian Cultural Heritage Village**. In der Schmiede, Zwiebelturm-Kirche und den Farmhäusern dieses ausgezeichneten Museumsdorfes erzählen »Dorfbewohner« in zeitgenössischen Trachten die Siedlungsgeschichte der Immigranten, die zwischen 1892 und 1930 aus der Ukraine ins östlich zentrale Alberta kamen. Das weitläufige Freilichtmuseum ist Mitte Mai-Anfang Sept. täglich 10-17 Uhr geöffnet; Eintritt $15, Kinder 7-17 Jahre $10; www.history.alberta.ca/ukrainianvillage.

6.2.3   Rückfahrt nach Calgary über die #2

Die schnellste Verbindung (ca. 3 Stunden) zwischen den zwei mit Abstand größten Städten Albertas stellt der Autobahn ähnliche **Queen Elizabeth II Highway** (#2) dar.

Erdölförderung

Knapp 30 km südlich des Zentrums passiert man den **Edmonton International Airport** unweit der Kleinstadt **Leduc**. Dort löste *Imperial Oil* mit einer erfolgreichen Bohrung im Februar 1947 den Ölboom im Norden Albertas aus. Ein Nachbau des #1-Förderturms steht 4 km südlich von Devon im **Leduc #1 Energy Discovery Centre** zu Technologie und Geschichte der Erdölförderung; 50339 Hwy 60; Zufahrt ab Edmonton am besten über die #19, *Exit 525* von der #2. Geöffnet Mo-Fr 9-17 Uhr, im Sommer auch Sa+So; Eintritt $10, Kinder (6-17 Jahre) $6; Campingmöglichkeit vor Ort März-November, Zelte $15, RVs $35; www.leducnumber1.com.

Reynolds-Alberta Museum

Rund 40 km südlich von Edmonton gelangt man über die Ausfahrt 482B vom Hwy #2 zum großartigen **Reynolds-Alberta Museum** westlich von **Wetaskiwin**. Es thematisiert die Technisierung Albertas mit Schwerpunkten Fliegerei, Landwirtschaft und Transport; 6426 40 Ave; Mitte Mai-Anfang Sept. täglich 10-17 Uhr, sonst Di-So 10-17 Uhr, Eintritt $12/$6; www.history.alberta.ca/reynolds.

Oldtimer pendeln zwischen Museum und Hangar, wo in der **Canada's Aviation Hall of Fame** 27 Flugzeuge ausgestellt sind. An Sommerwochenenden kann man im luftigen **Cockpit eines Doppeldeckers** mitfliegen; 10 min $139, www.absoluteaviation.ca.

Red Deer

Auf den verbleibenden 230 km passiert man noch **Red Deer**, drittgrößte Stadt der Provinz aber ohne besondere Sehenswürdigkeiten.

6.2.4   Über die Kootenay Plains zurück nach Calgary

Noch sind die **Kootenay Plains** unter Kanada-Touristen so etwas wie ein »Geheimtipp«. Der dorthin führende **David Thompson Highway** (**#11**) liegt meistens abseits der üblichen Routen und bleibt daher wenig beachtet, allerdings ganz zu Unrecht, denn die 90 Kilometer zwischen dem *Banff Nat'l Park* und Nordegg gehören zu den **schönsten in ganz Alberta**. Wer auf den Besuch von Edmonton verzichten mag, könnte bei der Fahrt von den *Rockies* zurück nach Calgary daher diese Route wählen. Das dabei erforderliche doppelte Abfahren des *Icefields Parkway* zwischen Jasper und *Saskatchewan River Crossing* ist kein Fehler, zumal dieser Abschnitt in beide Richtungen neue (tolle!) Eindrücke hinterlässt.

Auch ist, wie im Kapitel *Icefields Parkway* bereits erwähnt (➤ Seite 241), ein Abstecher bis zum nördlichen Ende des **Abraham Lake** sehr lohnend (ca. 60 km *one-way* ab dem *Parkway*), selbst wenn im Anschluss die Reiseroute nicht über Nordegg nach Calgary verläuft. Im Sommer verspricht der See Erholung in herrlichster Kulisse, im Winter ist er berühmt für seine fantastisch aussehenden, vom Eis umschlossenen **Methan-Gasblasen**. Dann werden Heli-Touren und Schneeschuhwanderungen dorthin angeboten.

Kootenay Plains

Im klimatisch begünstigten Übergangsbereich zwischen Prärie und Bergen schützt eine *Ecological Reserve* zahlreiche seltene Pflanzen- und Tierarten. Die *Kootenay Plains* sind außerdem ein wichtiges Rückzugs- und Überwinterungsgebiet für Hirsche. Warme *Chinook*-Winde sorgen dort für ein mildes Klima und überdurchschnittlich viele Sonnenstunden verwöhnen auch die Besucher während der Sommermonate.

David Thompson Highway

Ab *Saskatchewan River Crossing* (➤ Seite 241) am *Icefields Parkway* folgt der ***David Thompson Hwy (#11)*** dem Verlauf des North Sashatchewan River und führt – immer begleitet von traumhafter Bergkulisse – mitten durch die *Kootenay Plains*.

Ca. 27 km vom *Parkway*-Abzweig entfernt, befindet sich rechter Hand der Straße der Ausgangspunkt für die Wanderung zu den ***Siffleur Falls***. Der leichte 4 km lange *Trail* (150 Höhenmeter) folgt nach der Hängebrücke über den North Saskatchewan River dem **malerischen Flusscanyon** bis zum 15 m hohen **Lower Fall**. Der *Hike* kann von dort zu den **Middle** und **Upper Falls** mit *backcountry campsite* fortgesetzt werden (dann 16 km retour und etwas anspruchsvoller).

Bald darauf, kurz vor dem Südende des **Abraham Lake**, gelangt man zum kleinen und einfachen ***Two O'clock Creek Campground*** mit *Walk-in*-Zeltplätzen und RV-*Sites*; $27; ✆ (403) 721-3975. Am Ufer des türkisfarbenen Stausees stehen außerdem zwei Unterkünfte mit Zimmern ab ca. $210: die gute **Aurum Lodge** (✆ (403) 721-2117, www.aurumlodge.com) und das ***David Thompson Resort***, das auch *Cabins* ($150) bzw. Camping ($25-$50) anbietet und über ein **Restaurant** verfügt; ✆ 1-888-810-2103, www.davidthompsonresort.com.

David Thompson Hwy beim Abraham Lake Ende September

Eine ganze Reihe **Provincial Recreation Areas** (*PRA*) mit einfachen, aber hübschen *Campgrounds* im Bereich bis Nordegg bieten sich als Ausweichmöglichkeit an, wenn in der Hochsaison am *Icefields Parkway* bereits alles voll besetzt sein sollte.

Nördlich des Abraham Lake führt eine Stichstraße in die **Crescent Falls PRA**. Die 6 km Schotter *one-way* lohnen sich. Neben einem *Campground* warten vor Ort phantastische Ausblicke in den tiefen **Bighorn River Canyon** und auf die über zwei Stufen hinab stürzenden **Crescent Falls**.

Spätestens hier, 72 km vom *Icefields Parkway* entfernt, ist der Umkehrpunkt für Tagesausflügler aus Banff/Lake Louise.

Wer dem *David Thompson Hwy* nach Osten folgt, dem bieten sich noch weitere Abstecher an, u.a. entlang der *Forestry Trunk Road* südlich der kleinen Ortschaft **Nordegg**. Die Straße stellt eine weitere Verbindungsstrecke nach Calgary dar (➢ rechts).

In dem einst bedeutenden Kohlebergbauort (www.nordegg.info) stehen heute nördlich der #11 u.a. die guten **Expanse Cottages** (im Sommer ab $149; ✆ 1-877-706-5701, www.expansecottages.com) und gleich nebenan bietet die

Crescent Falls in der gleichnamigen Provincial Recreation Area am David Thompson Hwy

Jugendherberge **HI Shunda Creek** Betten für $28 sowie DZ für $69 an (321 Shunda Creek Road; ✆ 403-721-2140).

Empfehlenswert ist auch das **Miners' Cafe** im Ortszentrum südlich des *Hwy* (nur Anfang Mai bis Mitte September, 9-17 Uhr).

Rocky Mt House

Kurz vor **Rocky Mountain House** (mit etlichen H/Motels!) geht es, 170 km vom *Parkway* entfernt, von der Straße #11 nach rechts auf der #11A zur gleichnamigen **Nat'l Historic Site** (ausgeschildert). Dort gibt es restaurierte Fragmente von fünf Forts aus der Pelzhändlerzeit zu sehen; geöffnet Mitte Mai-Anfang September täglich 10-17 Uhr; $3,80; www.pc.gc.ca/en/lhn-nhs/ab/rockymountain.

Die #11/#2 ist ab Rocky Mountain House die schnellste Straßenkombination zurück zum Ausgangspunkt der Rundfahrt. Wer nicht an einem der beiden Badeseen (**Sylvan** und **Gull Lake**) nordwestlich von **Red Deer** eine Pause einlegt, ist in knapp über zwei Stunden wieder in Calgary.

6.2.5   ## Über die Forestry Trunk Road nach Calgary

Von Hinton/ #16 oder Nordegg/#11 nach Calgary

Mitten durch das »Niemandsland« östlich der Rocky Mountains und westlich der Linie Calgary/Edmonton verläuft die unasphaltierte **Forestry Trunk Road** (zwischen *Trans-Canada* und *Yellowhead Highway* als Straße #40/#734 ausgeschildert). Sie zweigt westlich von **Hinton** (➤ Seite 335) vom *Yellowhead Highway* ab und erschließt dann auch südlich von **Nordegg** (➤ links) am *David Thompson Hwy* die Ausläufer der *Rockies*, bis sie rund 50 km östlich von *Downtown* Calgary in die #1A einmündet.

Die 460 km lange Schotterstraße ab Hinton (oder 270 km ab Nordegg) bis zur #1A lohnt sich nur für Leute mit sehr viel Zeit und Abenteuergeist. Die Strecke führt zwar an besonders vielen **Provincial Recreation Area Campgrounds** vorbei, aber die teilweise schlechte Straßenqualität und – bei der langen Fahrt durch dichten Wald – fehlende Aussicht trüben die Freude an der Einsamkeit. Der Abschnitt der *Forestry Trunk Road* ist nicht zu vergleichen mit dem landschaftlich herausragenden südlichen Teilstück (➤ Seite 276). Wohnmobile größer als *Van Camper* 19 Fuß eignen sich außerdem nur bedingt und auch nur bei längeren Schönwetterperioden für diese Forststraße.

Ab Hinton (#16) sind es 115 km Schotter bzw. Asphalt guter Qualität bis zur **Fairfax Lake PRA** (Campen $11) und weitere 75 km passable *Dirt Road* bis Nordegg an der #11. Dieser Bereich ist eher weniger reizvoll, ganz anders die darauffolgenden **60 km** weiter in Richtung Süden bis zum besuchenswerten **Ram Falls Provincial Park** mit schönen Campingplätzen; $26. Ein kurzer **Trail** führt dort zu den imposanten Wasserfällen des South Ram River.

Die restlichen 260 km bis Calgary verlaufen wieder teils durch dichtere Waldbestände und sind weniger spannend. Über die Straßenkombination #40/#591/#54/#2 ist man schneller am Ziel.

Ram Falls an der Forestry Trunk Road südlich von Nordegg

Ausflug auf Vancouver Island

Abends am Inner Harbour von Victoria; im Hintergrund das beleuchtete Parlamentsgebäude von British Columbia

7.   AUSFLUG AUF VANCOUVER ISLAND
(und ggf. Weiterfahrt über Prince Rupert/Bella Coola)

7.1   Überblick & Anreise

Mit einer **Fläche von über 31.000 km²** ist Vancouver Island die größte Pazifikinsel Nordamerikas (www.seevancouverisland.com). Naturerlebnis steht dort ganz im Vordergrund. Man schätzt die Insel für ihre üppig grünen, nahezu undurchdringlichen Regenwälder und unberührten Küstenstriche. Auch ein Hochgebirge mit Bergseen, Gletschern und Wasserfällen fehlt dort nicht (darunter die höchsten Kanadas: *Della Falls* mit einer Fallhöhe von 440 m). Die umliegenden Gewässer gelten als Hotspot fürs *Whale Watching*. Mit der königlichen Provinzhauptstadt Victoria birgt Vancouver Island auch ein »britisches« Juwel, hinzu kommen malerisch gelegene Fischerdörfer wie Tofino oder Ucluelet, die »Stadt der Totempfähle« Duncan sowie das sehenswerte Chemainus mit seinen zahlreichen kunstvoll bemalten Hausfassaden (*murals*).

Klima

So gar nicht »britisch« präsentiert sich das Klima. Kein Fleckchen in Kanada wird vom Wetter so verwöhnt wie **Victoria**. Von April bis September bleibt die Stadt von Niederschlägen weitgehend verschont, selbst dann wenn es an der Westküste der Insel in Strömen regnet. Strenge Winter sind unbekannt, Schneefälle extrem selten, da der Pazifik die Kaltluft des Festlands zurückdrängt. Wenn weite Bereiche des Landes im Frühjahr noch unter einer dicken Schneedecke verborgen liegen, blühen in Victoria bereits die Blumen.

Der vor der Küste nordwestwärts fließende **Alaskastrom** sorgt auch auf der übrigen Insel für ein gemäßigteres Klima, als es auf gleicher Höhe auf dem Festland herrscht. Im Winter gibt es in den Hafenstädten nur selten Dauerfrost und die sommerlichen Höchsttemperaturen liegen im Schnitt bei nicht einmal 20°C. Lediglich die Region um Nanaimo verzeichnet angenehme 24°C.

Während an der südöstlichen Trockenseite der Insel lange Sandstrände Badegäste anlocken, ist das Wetter an der Westküste selbst im Hochsommer oftmals durchwachsen. 60 km nördlich von Tofino liegt am *Estevan Point* im *Hesquiat Peninsula Provincial Park* sogar **der regenreichste Punkt Kanadas** (3.200 mm/Jahr).

Vorgelagerte Broken Group Islands bei Ucluelet

Auch schon während der Anreise mit der Fähre darf man auf Walsichtungen hoffen, Orcas (Schwertwale) leben in den Gewässern rund um Vancouver Island

Anreise und Zeitbedarf

Auf dem Seeweg

Vom Fährhafen Tsawwassen im Süden von Vancouver verkehren die *BC Ferries* im Stundentakt nach Swartz Bay, 30 km nördlich von Victoria. Ein **Kurzausflug nach Vancouver Island** beinhaltet den Besuch der Hauptstadt, mindestens 2-3 Übernachtungen auf der Insel und Rückfahrt von Nanaimo nach einem Stopp in Duncan/Chemainus. Die Fähre ab der treffend benannten Departure Bay in Richtung Horseshoe Bay (nördlich von Vancouver) ist sogar offizieller Teil des *Trans-Canada Hwy*. Alternativ geht es vom Duke Point, ebenfalls bei Nanaimo, wieder zurück nach Tsawwassen.

Perfekt in den Reiseverlauf einplanen, lässt sich solch eine Stippvisite z.B. als Ausklang des Urlaubs vor dem Rückflug ab Vancouver und sie ist auch eine bedenkenswerte Option für die Fortsetzung der Tour **nach dem Besuch der Olympischen Halbinsel, wenn im Anschuss das Ziel Vancouver lautet** (direkte Fährverbindung zwischen Port Angeles und Victoria) – ungleich spannender als die 450 km auf dem Festland (Port Angeles–Vancouver).

Zeitbedarf

Richtig lohnend ist der Besuch von Vancouver Island erst dann, wenn die Zeit für eine **kleine Rundfahrt** reicht. D.h., mindestens eine Wanderung an der Küste des *Juan de Fuca Provincial Park* und eine zusätzliche Nacht in Port Renfrew sollte man schon einplanen. Noch empfehlenswerter ist ein Aufenthalt in der Gegend rund um Tofino. Für die Tour (ca. 550 km) ausgehend von Vancouver oder Port Angeles über Victoria zum *Pacific Rim National Park* mit abschließender Fährfahrt von Nanaimo zurück nach Vancouver werden schnell **4-5 Urlaubstage** benötigt.

Auch lässt sich eine Rundreise durch British Columbia über Port Hardy im Norden der Insel mit der Autofähre durch die *Inside Passage* nach **Prince Rupert** (➤ Seite 409) oder durch die *Discovery Coast Passage* ins entlegene **Bella Coola** (➤ Seite 210) fortsetzen mit Anschluss an die Route zum Jasper Nationalpark (➤ Seite 229ff) oder Rückfahrt nach Vancouver.

Mit dem Flugzeug

Victoria kann ebenso gut über den *International Airport* (YYJ) u.a. ab San Francisco und Seattle angesteuert werden oder alternativ über den *Inner Harbour Airport* (YWH) per Wasserflugzeug ab *Coal Harbour* (Vancouver) sowie ab dem Lake Union in Seattle (*Kenmore Air*, ca. 45 min).

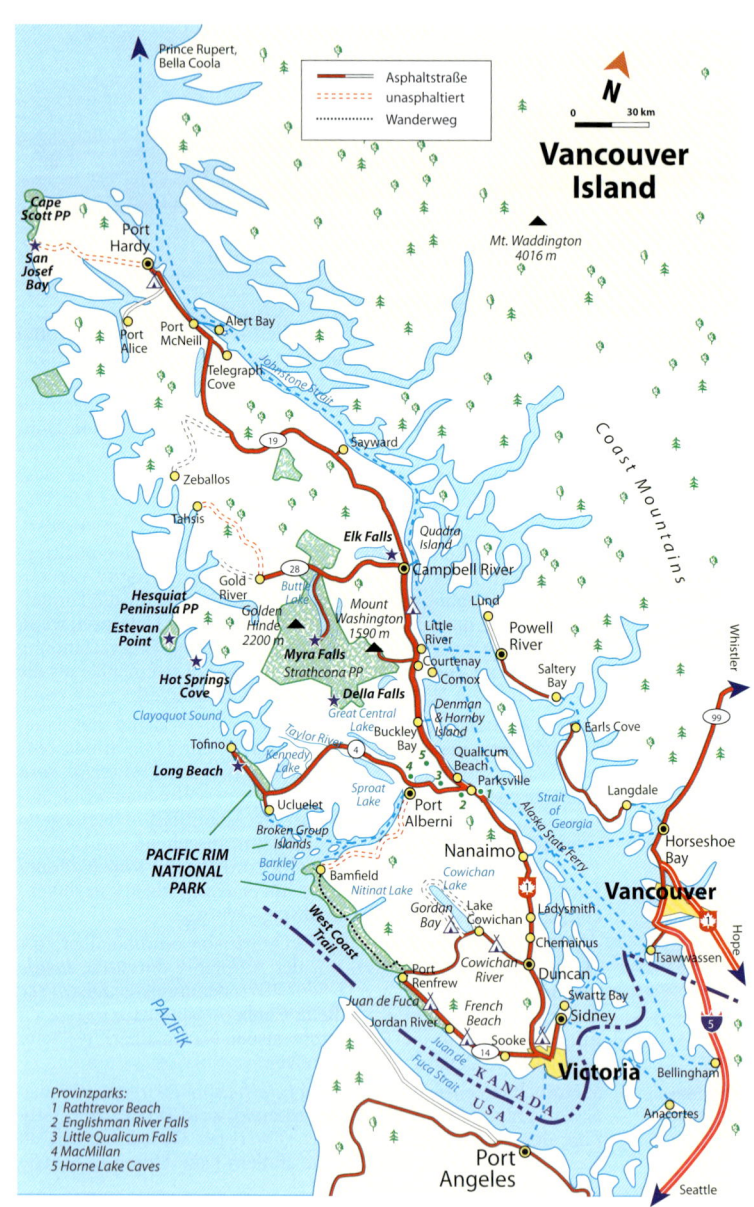

Prince Rupert,
Bella Coola

Asphaltstraße
unasphaltiert
Wanderweg

0   30 km

N

**Vancouver
Island**

Mt. Waddington
4016 m

*Cape
Scott PP*

Port
Hardy

*San
Josef
Bay*

Port
Alice

Port
McNeill

Alert Bay

Telegraph
Cove

Coast Mountains

19

Sayward

Zeballos

Tahsis

Elk Falls

Quadra
Island

Campbell River

28

Gold
River

*Hesquiat
Peninsula PP*

*Estevan
Point*

Buttle
Lake

*Golden
Hinde
2200 m*

*Mount
Washington
1590 m*

Lund

Little
River

Powell
River

*Hot Springs
Cove*

Myra Falls
Strathcona PP

Courtenay

Comox

Saltery
Bay

Clayoquot Sound

Della Falls

Denman
& Hornby
Island

Earls Cove

Taylor River

*Great Central
Lake*

Buckley
Bay

99

Whistler

Tofino

*Kennedy
Lake*

4

Qualicum
Beach

5

Parksville

Langdale

Long Beach

Ucluelet

*Sproat
Lake*

Port
Alberni

2

1

Horseshoe
Bay

*Broken Group
Islands*

*Barkley
Sound*

Bamfield

Nanaimo

Strait
of
Georgia

Alaska State Ferry

Vancouver

**PACIFIC RIM
NATIONAL
PARK**

Nitinat Lake

*Cowichan
Lake*

Ladysmith

Hope

*Gordan
Bay*

Lake
Cowichan

Chemainus

1

West Coast Trail

*Cowichan
River*

Duncan

Swartz Bay

Tsawwassen

5

PAZIFIK

Port
Renfrew

Juan de Fuca

*French
Beach*

Sidney

Jordan River

Sooke

14

Victoria

Bellingham

Juan de Fuca Strait

KANADA

USA

Anacortes

Provinzparks:
1 Rathtrevor Beach
2 Englishman River Falls
3 Little Qualicum Falls
4 MacMillan
5 Horne Lake Caves

**Port
Angeles**

Seattle

*Direktver-
bindung ab
Seattle: Per-
sonenfähre
Victoria
Clipper
am Inner
Harbour
der Provinz-
hauptstadt*

Fähren ab der Olympischen Halbinsel oder Seattle

Ausgehend vom US-Bundesstaat Washington hat man die Wahl
zwischen (Fahrtdauer und Preise ➤ Tabelle umseitig):

- der Katamaran-Schnellfähre **Victoria Clipper** ab Seattle *Pier 69*
(nur Personen; ganzjährig; Ende Juni-August täglich 7.30, 9 und
15.15 Uhr, ab Victoria 11.30, 16.30 + 19 Uhr; sonst seltener; mit
Rückfahrtticket und Vorabbuchung lassen sich Rabatte sichern;
✆ 1-800-888-2535; www.clippervacations.com),

- den **Washington State Ferries**, die von Anacortes, 90 Meilen
nördlich von Seattle, ablegen (kein Service im Winter; mit
Fahrzeug **Reservierung angeraten**, da nur 25% der Plätze auf
first-come, first-served-Basis vergeben werden; ✆ 1-888-808-
7977, www.wsdot.wa.gov/ferries) oder

- der Autofähre **MV Coho** der privaten Reederei *Black Ball Ferry
Line* ab Port Angeles (ganzjährig; im Sommer oft lange Wartezeiten ohne Reservierungen; Rufnummer in Port Angeles ✆ 1-888-
993-3779, in Victoria ✆ 1-800-264-6475, www.cohoferry.com).

Die Fähre ab Anacortes bietet auch landschaftlich einiges fürs
Auge, da sie auf ihrer Fahrstrecke das Archipel der San Juan Is-
lands durchquert. **Walsichtungen** sind dabei keine Seltenheit.
Nach einem Zwischenstopp in Friday Harbour legt das Schiff in
Sidney an, ca. 25 km nördlich von Victoria.

**Grenz-
kontrollen**

Die *US Immigration* und Zollabfertigung findet in Victoria <u>vor
dem Einstieg</u> statt, so dass man dort **extra Zeit** einplanen muss
(Hinweise auf den jeweiligen Webseiten beachten!).

In Richtung Kanada verläuft das Prozedere meist unkomplizierter
ab. Die Reisepässe werden bereits kurz in Port Angeles gecheckt
und nach der Ankunft im *Inner Harbour* von Victoria muss man
bei der Wiedereinreise in der Regel nicht einmal den Mietwagen
verlassen. Von der Fähre führen die Fahrspuren direkt zu den Ein-
reiseschaltern, wo der *Officer* die Reisepässe kontrolliert, ggf. ein
paar Fragen stellt und dann schon weiterfahren lässt. Weitere Details zu den Grenzformalitäten ➤ Seite 71.

Autofährverbindungen von/nach Vancouver Island

Die Angaben in der Übersicht beziehen sich auf **Fähren in der Hauptsaison** von etwa Juni bis Mitte September. Die Tarife gelten für die einfache Überfahrt, für (größere) Wohnmobile wird meist ein Aufpreis erhoben. Außerhalb dieser Zeiten sinken die Schiffsfrequenzen und zuweilen auch die Tarife.

Fähren vom US-Staat Washington nach Vancouver Island

(Preise in **USD** einfache Fahrt)	Wagen ohne Fahrer	pro Person	Anzahl der Abfahrten pro Tag	Dauer Über- fahrt/Std
1. Anacortes–Sidney	47	20	2x	2:10-2:40
2. Port Angeles–Victoria	45	19	4x	1:30
3. Seattle–Victoria	(nur Personen)	109	2-3x	2:45

Die wichtigsten Küstenfähren in British Columbia

(Preise in **CAD** einfache Fahrt, aber #7, #8, #10 bis #12 retour)	Wagen ohne Fahrer	pro Person	Anzahl der Abfahrten pro Tag	Dauer Über- fahrt
4. Tsawwassen–Swartz Bay	57	18	15x	1:35
5. Tsawwassen–Nanaimo (Duke Point)	57	18	8x	2:00
6. Horseshoe Bay–Nanaimo (Depart. Bay)	57	18	10x	1:40
7. Horseshoe Bay–Langdale	54	17	10x	0:40
8. Earls Cove–Saltery Bay	53	16	7x	0:50
9. Powell River–Comox	50	16	4x	1:30
10. Buckley Bay–Denman Island	25	11	15x	0:10
11. Campbell River–Quadra Island	25	11	17x	0:10
12. Port McNeill–Alert Bay	29	13	6x	0:45
13. Port Hardy–Prince Rupert	469	206	jeden 2.Tag	16 Std
14. Port Hardy–Bella Coola	396	200	4x/Woche	16 Std
15. Prince Rupert–Skidegate	169	48	4x/Woche	7-9 Std

Fähren ab/zum kanadischen Festland

Für sämtliche Überfahrten zwischen Vancouver Island und dem kanadischen Festland ist die Staatsreederei *BC Ferries* zuständig; ✆ 1-888-223-3779; www.bcferries.com. Auf den Fähren #8, #10-#12 gilt das *first-come, first-served*-Prinzip, alle anderen lassen sich im Internet buchen (mit Reservierungsgebühren).

Fähren ab Vancouver

Die schönste Fährverbindung ab Vancouver (#4) führt von Tsawwassen vorbei an den Inseln des Gulf Islands Nationalparks zur Swartz Bay, rund 30 km nördlich von Victoria. **Kostenloses *Whale Watching*** ist während der Überfahrt oft inklusive.

Die **Kombination** der Strecken unter **#7**, **#8** und **#9** bildet – neben #4 bis #6 – eine weitere Alternative zwischen der Metropole und Vancouver Island. Die Route ist zwar teurer und ab Parksville (Abzweig der Stichstraße nach Tofino) rund 130 km länger als die Direktfahrt (#6 ab Nanaimo nach Horseshoe Bay), ermöglicht aber mit zwei zusätzlichen Fährpassagen eine abwechslungsreiche Rundtour.

Fähren ab Port Hardy

Zur Hochsaison sollte man sich bei den Verbindungen ab Port Hardy **#13/#14 das Ticket für das Fahrzeug schon mehrere Monate im Voraus** unter www.bcferries.com sichern.

Die **Fähre nach Bella Coola (#14)** am Ende des *Chilcotin Highway* (➤ Seite 210) startet von Mitte Juni bis Mitte September um 7.30 Uhr in Port Hardy mit Stopps in Ocean Falls und weiteren Siedlungen; Abfahrt in Bella Coola immer um 7 Uhr.

Die **#13 nach Prince Rupert** verkehrt Mitte Juni-Mitte Sept. im 2-Tages-Rhythmus und legt in beiden Häfen morgens um 7.30 Uhr ab (Ankunft jeweils abends 23.30 Uhr). Die nördlichen zwei Drittel der *Inside Passage* ab Bella Coola durch das enge Fahrwasser von Princess *Royal* und *Grenville Channel* sind am attraktivsten: Steilküsten beiderseits, zahlreiche Fjorde, Inseln und Wasserfälle vor dem Hintergrund gletscherbedeckter Berge. Bei einer Fahrt in Nord-Süd-Richtung sieht man diesen Teil definitiv bei Tageslicht. Ende Juni/Anfang Juli geht die Sonne in Prince Rupert um 22.20 Uhr unter, so dass man dann auch in der Gegenrichtung nicht bei völliger Dunkelheit ankommt, sondern noch während der sog. »Blauen Stunde«.

Das 507 km lange Teilstück **Port Hardy–Prince Rupert** der *Inside Passage* ist weniger spektakulär als ihr nördlicher Abschnitt von Prince Rupert nach Skagway, ermöglicht aber die Routenkombination Vancouver Island–Yellowhead Hwy. Die Strecke Vancouver–Victoria–Abstecher *Pacific Rim NP*–Prince Rupert–Prince George spart gut 600 km Straße gegenüber dem kürzesten Landweg nach Prince George inkl. Abstecher nach Barkerville. Den extrem teuren Fährtickets stehen geringere Benzinkosten gegenüber, bei begrenzten Freikilometern von Campern auch weniger Zusatzkilometer.

Wer nach/vor Vancouver Island die Inselgruppe **Haida Gwaii** (früher Queen Charlotte Islands) ansteuern möchte, muss in Prince Rupert die Fähre nach Skidegate nehmen (#15).

BC Ferries Autofähre auf ihrem Weg durch die Strait of Georgia zwischen Vancouver und Vancouver Island

Das Parliament Building in Victoria, passend zum Stadtnamen im viktorianischen Stil errichtet

7.2   Victoria

Charakter der Stadt

Am südlichen Zipfel von Vancouver Island liegt Victoria, die ausgesprochen attraktive Kapitale von British Columbia. Ihr Name erinnert an die britische Königin, die Architektur und die roten Doppeldeckerbusse an London. Die Bewohner pflegen die Tradition und es heißt, dass es dort mitunter sogar »britischer« zugeht als in Großbritannien. Der **Afternoon Tea** z.B. wird heute kaum woanders so stilvoll zelebriert wie in Victoria.

Der zentrale Bereich rund um den geschützten Naturhafen ist überschaubar und versprüht einen unverwechselbaren Charme. Hier vermischt sich altmodisches Flair mit modernem Lebensgefühl. Am geschäftigen *Inner Harbour* legen nicht nur Fähren, Luxus-Yachten und *Whale Watching Zodiacs* an, es tummeln sich auch noch jede Menge Wasserflugzeuge und schmucke »H2O«-Taxis. Von den blumengeschmückten Terrassen an der Hafenpromenade könnte man stundenlang das bunte Treiben verfolgen!

Geschichte

Die Eroberung der von Indianern besiedelten Insel durch Weiße begann erst Mitte des 19. Jahrhunderts: *James Douglas* erkundete 1842 ihre Südspitze für die Pelzhandelsgesellschaft *Hudson's Bay Company*. Im Folgejahr entstand **Fort Victoria** und 1849 ernannte die britische Krone Vancouver Island zur Kolonie. Ein florierender Pelzhandel, Holzfällerei, Kohleabbau, Fischerei und Landwirtschaft sorgten für hohe Erträge. Als einzige damals existierende »richtige« Stadt übernahm Victoria 1868 Hauptstadtfunktion für die zusammengelegten Kolonien Vancouver Island und British Columbia. Dabei blieb es auch nach dem Anschluss von BC als Provinz an das *Dominion of Canada* 1871, wiewohl Vancouver – nach Fertigstellung der transkanadischen Eisenbahn – Victoria wirtschaftlich schnell den Rang ablief.

Einwohner

Der Großraum Victoria, zu dem die 30 km lange *Saanich Peninsula* bis Swartz Bay und Sidney gehört, zählt heute rund 370.000 Einwohner; im Stadtgebiet leben über 80.000 Menschen.

Transport

Verkehrs-anbindung

Der ***Victoria International Airport*** (*YYJ*, www.victoriaairport.com) liegt 30 km nördlich der Innenstadt. Zufahrt mit der Buslinie #70 (Swartz Bay-*Downtown Express*; Zustieg *McTavish*; ca. 40 min). Mit dem *YYR Airport Shuttle* kostet die Fahrt ins Zentrum ca. $25; ✆ 1-855-351-4995, www.yyjairportshuttle.com.

Vom ***Victoria Inner Harbour Airport*** (*YWH*) starten Wasserflugzeuge nach Vancouver und zum Lake Union in Seattle. **Kreuzfahrtschiffe** legen westlich von *Downtown* am *Odgen Point* an.

Im Süden von Victoria befindet sich außerdem der **westliche Endpunkt** des ***Trans-Canada Highway*** mit einem entsprechenden Denkmal (»Mile 0 Marker« im *Beacon Hill Park*).

Die Orientierung in Victoria ist einfach. *Trans Canada Highway* und die Straße #17 von den Fährterminals Swartz Bay/Sidney leiten Besucher automatisch bis zur Innenstadt. Der *Victoria Clipper* aus Seattle und die Fähre aus Port Angeles legen direkt am *Inner Harbour* an. Von dort lassen sich die meisten Sehenswürdigkeiten der Stadt gut an einem Tag zu Fuß erkunden.

Nahverkehr

Victoria besitzt mit dem ***Regional Transit System*** ein dichtes öffentliches Nahverkehrsnetz; Einzelfahrten $2,50, zehn Tickets $22,50, Tagespass $5; www.bctransit.com/victoria.

Wassertaxi (H2O Taxi) und Wasserflugzeuge am Inner Harbour Airport

Übernachten

Am Inner Harbour

Am schönsten schläft man mit Blick auf den *Inner Harbour*, wo man schon früh morgens aus dem Zimmerfenster den Wasserflugzeugen beim Starten und Landen zuschauen kann:

• Im altehrwürdigen ***The Fairmont Empress*** (721 Government St) zahlt man dafür im Sommer mind. $400; ✆ 1-866-540-4429, www.fairmont.com/empress. Foto und Infos ➤ Seite 373.

• Deutlich günstiger kommt man unweit des *Empress* auf der Südseite der Hafenbucht im ***Days Inn*** unter; 427 Belleville St; ab $200; ✆ 1-800-665-3024; www.daysinnvictoria.com.

- Ähnliches gilt für das **Huntingdon Manor Hotel** im viktorianischen Stil nur wenig weiter westlich; DZ mit warmen Frühstück ab $240; ✆ 1-800-663-7557, www.huntingdonmanor.com.
- **The Embassy Inn** nur zwei Blocks von der Uferpromenade entfernt (520 Menzies St) bietet moderne Zimmer ab $260; ✆ 1-800-268-8161, www.embassyinn.ca.

B&Bs

Victoria verfügt zudem über ein vielfältiges Angebot an **B&B-Quartieren** mit Doppelzimmern ab ca. $150; gute Übersicht auf dem Webportal www.bestbnbvictoria.com. Darunter befindet sich auch eine originelle und gute Hausbootunterkunft:

- **Fisherman's Wharf B&B** (Foto ➤ Seite 367), B2 1 Dallas Road, zwei gute DZ oder ein komplettes Haus $220-$375; ✆ (778) 676-0300, www.fishermanswharfbedandbreakfast.com.

Preiswerte Unterkünfte

- Im *Downtown*-Bereich liegt das **HI Victoria**, 516 Yates St, $30/Bett, $77/DZ; ✆ 1-866-762-4122, www.hihostels.ca/victoria.
- Ebenfalls in Fußgehdistanz zum *Inner Harbour* liegt das gute **Ocean Island Backpackers Inn**, 791 Pandora Ave, Betten $35, DZ ab $56, Familienzimmer (max. 5 Personen) $140; ✆ 1-888-888-4180, www.oceanisland.com.
- Etwa 6 km sind es von den Unterkünften der **University of Victoria** per Bus bis *Downtown*; Übernachtung Mai-August; EZ $58, DZ $78; ✆ (250) 721-8395, www.housing.uvic.ca.
- Übernachten kann man auch auf dem Campus der **Royal Roads University**, 2005 Sooke Road; Betten $55, DZ $70; ✆ (250) 391-2549, www.royalroads.ca/accommodations.

Camping

- Der schönste Campingplatz weit und breit befindet sich im **Goldstream Provincial Park** (➤ Seite 370) am *TCH* 20 km von *Downtown* entfernt; $35; reservierbar: www.env.gov.bc.ca/bcparks/explore/parkpgs/goldstream (wenige *first-come, first-served sites*).
- Ist der Platz im *Goldstream Park* besetzt, kann man es im weniger frequentierten **Bamberton Provincial Park** mit Badestrand und Bergblick versuchen (12 km weiter nördlich zwischen *TCH* und *Saanich Inlet*); $20.

- Der **Salish Seaside RV Haven** in Zentrumsnähe und mit vielen Stellplätzen an der West Bay ist zur Hauptsaison entsprechend preisintensiv: *full hook-up* $73 und direkt am Ufer $93; ✆ (250) 590-5995, www.salishseasidervhaven.com. Mit den kleinen *West Bay Express*-Fährschiffen ist man von dort schnell beim *Inner Harbour*; Abfahrten alle halben Stunden.
- 25 km südwestlich liegt **Weir's Beach RV Resort** am Ozean zwischen Strand und Lagune; 5191 William Head Rd; *full hook-up* $50-$60; ✆ 1-866-478-6888; www.weirsbeachrvresort.bc.ca.

- Für alle, die spät abends mit der Fähre in Sidney oder Swartz Bay ankommen, ist auch der gepflegte **McDonald Campground** mit schattigen Zelt- und RV-Plätzen (ohne *hook-ups*) eine sehr gute Alternative; 10740 McDonald Park Rd; $17,60; ➤ Seite 370.

Stadtbesichtigung

Inner Harbour

Idealer Ausgangspunkt zur Erkundung der Innenstadt ist das *Information Centre* am nördlichen Ende der Uferpromenade des *Inner Harbour*, das über jede Menge Material zu Victoria und Vancouver Island verfügt und Buchungsschalter für Hotels, Mietwagen und touristische Aktivitäten unterhält; 812 Wharf Street, ℰ 1-800-663-3883; www.tourismvictoria.com.

Wer sich für die »Geheimnisse« der Stadt interessiert, kann sich auf eine *Heritage Walking Tour* begeben (selbstgeführt, *pdf-Guide* unter www.victoria.ca/tours) oder sich einer organisierten 1,5-stündigen *Discovery Walks History Tour* anschließen (im Sommer täglich; $15, Kinder $8-$13; www.discoverthepast.com).

Wassertaxis/ Hafenfähren

Ein Highlight sind die *Harbour Ferries*. Die 45-minütige Rundfahrt in den grünen Bötchen, die zwischen *Empress Hotel*, *West Bay Marina* und *Selkirk Landing* unentwegt durch den *Inner*, *Middle* und *Upper Harbour* schaukeln, kostet $30/$20; Mai-August täglich 9-21 Uhr, sonst 10-18 Uhr. Wer es individueller mag, kann auch in einem gelben **Victoria H2O Taxi** Platz nehmen und eine der 14 Anlegestellen direkt ansteuern; www.harbourferry.ca.

An Wochenenden sollte man sich die 12 Minuten dauernde »**Water Ballet**« Performance nicht entgehen lassen, bei der die kleinen Boote zu klassischen Tönen im *Inner Harbour* »Pirouetten« drehen; von Ende Mai bis September immer sonntags um 10.45 Uhr, im Juli+August noch zusätzlich Sa 10.45 Uhr.

The Fairmont Empress

Schräg gegenüber der *Tourist Info* erhebt sich das efeuumrankte, 1908 errichtete Nobelhotel **The Fairmont Empress** mit einem sehenswerten Interieur. Beim **Afternoon Tea** – täglich 11-18 Uhr – geht es »*very british*« zu. Wer es *Winston Churchill* oder *King George VI.* gleichtun und sich *Biscuits* oder *Cucumber Sandwiches* bis zum Abwinken reichen lassen möchte, muss trotz des stolzen Preises (**$78/Person!**) »seinen« Tisch reservieren: www.fairmont.com/empress-victoria/dining/tea-at-the-empress.

Vor dem Empress Hotel am Inner Harbour starten die Hop-on-hop-off-Doppeldeckerbusse (721 Government Street)

Parliament Building

Auffälligster Bau an der Südseite des Hafens ist das BC-Parlament. Abends werden seine Fassaden mit einer festlichen Lichterkette beleuchtet, aber mit der vergoldeten *George Vancouver* Statue auf der Kuppel ist es schon tagsüber ein Blickfang; www.leg.bc.ca.

Besichtigung mit/ohne Führung von Mitte Mai bis Anfang September täglich 9-17 Uhr, sonst Mo-Fr 9-17 Uhr, Eintritt frei; 501 Belleville Street. Große **Wohnmobile** stellt man dafür am besten auf dem Parkplatz an der Kingston St/Ecke Menzies Street ab.

Museum

Das *Royal BC Museum* in der 675 Belleville Street sollten sich auch Museumsmuffel ansehen. Natur- und Kulturhistorie der Provinz wurden dort vorbildlich aufbereitet. Glanzpunkte sind ein **kompletter Straßenzug aus dem frühen 20. Jahrhundert** sowie beste Totempfahl-Präsentation in ganz British Columbia. Auch die Dioramen der nordischen Fauna im dazugehörigen Habitat sowie die Szenen aus dem Leben der Westküsten-*First Nations* sind beeindruckend; www.royalbcmuseum.bc.ca.

Royal BC Museum in Victoria

Minimaler Zeitbedarf für den Museumsbesuch: 3 Std.; geöffnet täglich 10-17 Uhr; $22/$16. Auch ein *IMAX*-Kino ist vorhanden ($12/$10), das Kombiticket mit dem *Royal BC Museum* kostet $32/$26.

Gleich nebenan, im **Thunderbird Park**, stehen einige Totempfähle der Nordwestküste. Im Sommer arbeiten dort oft indianische Schnitzer an neuen Kunstwerken. Auch Teil des *BC Museum* ist das **Helmcken House** (1852). Es ist das älteste, am Originalstandort verbliebenen Gebäude der Provinz und birgt eine Sammlung furchteinflößender chirurgischer Instrumente aus der Zeit, als *Dr. Helmcken* hier noch praktizierte; www.bcheritage.ca/helmcken.

Miniaturen Museum

Rund um den Hafen buhlen diverse kommerzielle »Attraktionen« um Aufmerksamkeit. Dazu zählt die **Miniature World** im *Empress Hotel*, die so mancher Besucher auch als »Touristenfalle« bezeichnen wird ($15). Mit Kindern ($8-$10), die sich für Märchen, historische Ereignisse und Eisenbahnen in Miniaturform interessieren, könnte man das kleine Museum aber besuchen; geöffnet Mai-Sept. 9-21 Uhr, sonst 9-17 Uhr; www.miniatureworld.com.

Schifffahrts-museum

Die relativ kleine Ausstellung im **Maritime Museum of British Columbia** schräg gegenüber wird in erster Linie Schiffsfans ansprechen; 634 Humboldt Street; geöffnet Di-Do 10-17 Uhr; Eintritt $10/$5; www.mmbc.bc.ca.

Pub im Strathcona Hotel

Eine klare Empfehlung hingegen ist nur einen Häuserblock weiter nördlich das kleine **Big Bad John's** (919 Douglas Street; 12-2 Uhr). Der Pub mit der ersten Schanklizenz in British Columbia (1954) ist heute noch Kult – legeres Wildwest-Ambiente, die Erdnussschalen schmeißt man einfach auf den Boden und an den Wänden und Decke hängen die Hinterlassenschaften der Gäste (darunter BHs in allen Farben und Größen). Und auch sonst darf sich jeder dort kreativ betätigen und verewigen.

Craft Beer/ Wein-Touren

Für Liebhaber von *Craft Beer*, *Cider* (Apfelschaumwein) und/oder Wein werden in Victoria auch spezielle **Brewery** und **Vineyard Tours** angeboten: www.westcoastbrewerytours.ca.

Shopping

Das Geschäftsviertel von Victoria erstreckt sich östlich des *Inner Harbour* (Government Street und Nebenstraßen) mit vielen bunten Läden und dem großen *Bay Centre* (1150 Douglas Street; www.thebaycentre.ca). Rund um die Fußgängerzone *Bastion Square* reihen sich hübsche **Restaurants und Kneipen** mit abendlicher Live-Musik. Von Mai bis September findet dort sonntags außerdem ein Kunst-, Trödel- und Kulinarikmarkt statt (11-16 Uhr).

Chinatown

Victorias kleines Chinesenviertel besaß 1911 an die 3.500 Einwohner, die für den Eisenbahnbau und die Arbeit in Kohleminen und Goldbergwerken in die damals größte *Chinatown* Kanadas emigriert waren. Hinter dem bombastischen, anlässlich der Altstadtsanierung 1981 errichteten Tor *Gate of Harmonious Interest* (Ecke Government/Fisgard St) erinnert heute nicht ganz so viel an eine »echte« *Chinatown* wie etwa in Vancouver oder San Francisco.

Nicht verpassen sollte man dort aber den Abstecher in die *Fan Tan Alley*: Nur wenige Schritte westlich des Torbogens geht es links rein in die **engste Straße Kanadas** (stellweise nur 0.9 m breit), die von dort bis zur Pandora Ave verläuft. Ein zweites schmales Gässchen, die *Dragon Alley*, zweigt nur wenig später von der Fisgard St nach rechts ab und führt zum *Union Pacific Coffee*, einem gemütlichen Ort für die Kaffeepause zwischendurch (537 Herald St).

Scenic Marine Drive

Einen schönen Eindruck vermittelt der ausgeschilderte *Scenic Marine Drive* ausgehend von der Belleville Street am *Inner Harbour*. Am Weg zur Cadboro Bay passiert man (gegen den Uhrzeigersinn) zunächst den *Laurel Point* (Übergang zum *Middle Harbour*) und die **Fisherman's Wharf**. Dieses kleine, farbenfrohe Kunterbunt an

Whale Watching Touren ab Victoria

Im **Inner Harbour** starten die meisten *Whale Watching Trips* auf Vancouver Island. Ziel sind vor allem die zahlreichen bis zu 9 m langen **Orcas** (Schwertwale), die sich von Ende Mai bis Mitte Oktober permanent am Südzipfel der Insel aufhalten, etwa im Bereich der *Haro Strait* (kurze 15 km-Anfahrt). Meist sind sie in Familienverbänden mit bis zu 25 Tieren unterwegs, spätestens alle 15 min müssen die Meeressäuger auftauchen um Luft zu holen. Bei *Orca Spirit Adventures* z.B. zahlt man $120 für 3 Stunden im Ausflugsschiff oder im kleinen wendigen »Zodiac«; Kinder $80-$90. Täglich mehrere Abfahrten April-Oktober; ✆ 1-888-672-6722; www.orcaspirit.com.

Letzte Instruktionen vor der Whale Watching Tour im Zodiac

An der Fisherman's Wharf in Victoria liegen zahlreiche bunte Hausboote vor Anker, darunter sogar ein hübsches B&B (rotes Haus im Hintergrund in der Mitte)

7

Hausbooten befindet sich noch in Gehdistanz zum Parlamentsgebäude (ca. 15 min), ist aber auch gut per *H2O Taxi* erreichbar.

Von dort führt die Dallas Rd über den *Odgen Point* (Anlegestelle der Kreuzfahrtschiffe) und den **Ogden Point Breakwater** (bester Aussichtspunkt an der Spitze einer 750 m langen Mole) rund um die Landzunge bis zum **Beacon Hill Park**. In der Südwestecke des Stadtparks steht der **Kilometerstein »0«** des *Trans-Canada Hwy* und im Ostteil ein 39 m hoher **Totempfahl**.

Der *Scenic Drive* führt anschließend weiter zum **Clover Point** (mit schönem Blick auf die Olympic Mountains jenseits der *Juan de Fuca Strait*), durch Victorias ältesten Golfplatz, vorbei an alten Herrenhäusern, dem beliebten Sandstrand **Willows Beach** bis zum **Uplands Park**. Diese naturbelassene Anlage eignet sich gut für einen Zwischenstopp mit kurzem Spaziergang. Vom felsigen Ufer überblickt man dort die vorgelagerten Inseln und bei klarer Sicht ist sogar der Mount Baker in der Ferne zu erkennen.

Der eindrucksvolle Campus der **University of Victoria** liegt oberhalb der **Cadboro Bay**, deren Badestrand ebenfalls jede Menge Sonnenhungrige anlockt. Als Alternativstrecke für den Rückweg eignet sich die Kombination Cadboro Bay Rd und Fort/Yates Street. Kurz vor *Downtown* führt ein Abstecher im Stadtteil *Rockland* zum **Craigdarroch Castle**. Dieses schlossartige Anwesen von 1890 gehörte einst *Robert Dunsmuir*, einem der reichsten Unternehmer Kanadas, und das pompöse Interior kann heute im Sommer 9-19 Uhr besichtigt werden (sonst 10-16.30 Uhr); Eintritt $14,25, Kinder $5-$9,25; 1050 Joan Crescent; www.thecastle.ca.

Nebliger Tag in den
Butchart Gardens

Sehenswertes im Großraum Victoria

Fort Rodd Hill Nat'l Historic Site

Ein hübsches Ziel im Westen der Stadt ist das **Fort Rodd Hill**; Zufahrt über den Hwy #1A und Ocean Blvd. Diese Sperrfestung am Meer wurde von 1878 bis 1956 militärisch genutzt. Nach Abzug der britischenTruppen 1906 kam sie unter das Kommando der kanadischen Streitkräfte; für Besucher geöffnet im Sommer täglich 10-17.30 Uhr; $3,90; www.pc.gc.ca/rodd.

Wer sich für Festungsanlagen und alte Kriegsgerätschaften weniger interessiert, kann dort zum weiß-roten **Fisgard Lighthouse** von 1860 schauen, das malerisch auf dem vorgelagerten Felsen thront. Es war das erste ununterbrochen betriebene Leuchtfeuer an Kanadas Westküste und ist bis heute in Betrieb.

Hatley Castle & Gardens

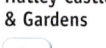

Folgt man vom Fort dem auf einer 2 km langen Landzunge zwischen *Esquimalt Lagoon* und Meer verlaufenden Ocean Blvd (Baden und **Picknicktische** am treibholzübersäten Strand), erkennt man jenseits der Lagune die Anlagen der *Royal Roads University* mit dem *Hatley Park National Historic Site* an der Straße #1A (2005 Sooke Road). Der Komplex (täglich 10-17 Uhr, $10 Eintritt) besteht aus dem **Hatley Castle** im Stil eines englischen Schlosses aus dem 15. Jahrhundert und **Hatley Gardens**, einem botanischen Garten; Führung $18,50 extra; www.hatleycastle.com.

Butchart Gardens

Noch etwas weiter nördlich auf der **Saanich-Halbinsel** liegen in Brentwood Bay die vielgerühmten **Butchart Gardens** mit Cafeteria und Restaurant. Im milden Klima blüht und gedeiht dort alles prächtigst. Der größte botanische Garten West-Kanadas zieht alljährlich knapp eine Million Besucher in seinen Bann und stößt damit im Sommer fast an seine Kapazitätsgrenzen; geöffnet täglich 8.45-22 Uhr, in der Nebensaison kürzer.

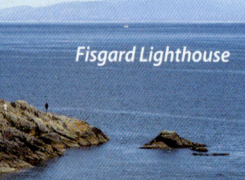

Fisgard Lighthouse

Wer bunte Illumination und *Entertainment* mag, kommt erst am Nachmittag und bleibt bis zur Dunkelheit. Samstagabend ist im Juli und August ein Feuerwerk im Eintritt ($33, Kinder $3-$17) inbegriffen; www.butchartgardens.com.

Butterfly Garden

Die *Victoria Butterfly Gardens*, an derselben Straße (Benvenuto Avenue) nur 2 km weiter östlich, sind ein spannendes Ausflugsziel mit Kindern. Zwar ist die Gartenanlage relativ klein, aber die Menge und Diversität an Schmetterlingen durchaus beachtlich. Flamingos und unterhaltsame Papageien gibt es als Zugabe; im Hochsommer 9.30-18 Uhr, sonst kürzer; Eintritt $16,50, Kinder $6-$12; www.butterflygardens.com.

7

Victoria und Saanich Halbinsel

Niagara Falls im Goldstream Provincial Park

Mount Work Regional Park

Südlich der Gärten erhebt sich der **Mount Work**. Auf den höchsten Berg (449 m) der *Saanich Peninsula*, mit Aussichtsklippen unterhalb des bewaldeten Gipfels, führen zwei Wanderwege: 230 Höhenmeter und ca. 4,5 km retour bei Start an der Munn Road oder 300 HM und 6,5 km ab der Willis Point Road. Karte und Beschreibung ➢ Kasten rechts oben.

Fährterminals

Am Nordende der Halbinsel befinden sich der **Internationale Flughafen** von Victoria (*YYJ*) sowie **zwei Fähranlegestellen**: Von der Kleinstadt **Sidney-by-the-Sea** starten mehrfach täglich die Autofähren in Richtung Anacortes/USA und von der Swartz Bay geht es nach Tsawwassen (Vancouver).

Gulf Islands Nat'l Park

Der nur wenige Minuten vom Fährterminal an der Swartz Bay entfernte *McDonald Campground* gehört zur **Gulf Islands Nat'l Park Reserve** und bietet wunderbare Waldplätzchen ($17,60) für Zelte und RVs – eine gute Wahl für die erste oder letzte Nacht auf der Insel. Zufahrt ab der #17 über den *Exit* 31; Reservierung unter ✆ 1-877-737-3783; www.pc.gc.ca/en/pn-np/bc/gulf. Das restliche Gebiet des Nationalparks verteilt sich über die vorgelagerten Inseln.

Aquarium in Sidney

Das gemeinnützige *Shaw Centre for the Salish Sea* am Seaport Place in Sidney ist ein kleines, aber hübsch aufbereitetes Aquarium. Im Fokus liegen dort die Meeresbewohner der kanadischen Küsten, inkl. *Touch Pools* mit Seesternen. Geöffnet im Sommer 10-17 Uhr; $17,50, Kinder $8-$12; www.salishseacentre.org.

Goldstream Provincial Park

Ein tolles Ziel nicht nur für Camper (➢ Seite 362) ist der **Goldstream Provincial Park** am *TCH*, rund 20 km nordwestlich von *Downtown* Victoria. Die Bezeichnung verdankt er Goldspuren im Fluss, die Mitte des 19. Jahrhunderts einen Mini-Goldrausch auslösten; www.env.gov.bc.ca/bcparks/explore/parkpgs/goldstream.

Ab etwa Mitte Oktober suchen Tausende von Ketalachsen (**chum salmon**) den »Goldstrom« zum Laichen auf, was auch meist zahlreiche hungrige **Weißkopfseeadler** anlockt. Das Naturschauspiel

Tipp: Ausführliche Beschreibungen aller Wanderwege in der Umgebung von Victoria finden sich auf dem Webportal www.victoriatrails.com/trails.

variiert zeitlich jedes Jahr und kann bis zu 9 Wochen andauern. Schautafeln informieren über das Wanderverhalten der Lachse.

Empfehlenswert ist der nur 1,5 km lange *Trail* am Fluss entlang (unmittelbar südlich des *Campground*) zwischen alten Douglasien und Zedern zu den **Goldstream Falls**. Wesentlich imposanter sind aber die 47,5 m hohen **Niagara Falls** etwas weiter nördlich am *TCH*. Ab dem Parkplatz an der Ecke *TCH*/Finlayson Arm Rd folgt man dem Weg nach Norden. Beim **Besucherzentrum** geht es dann links in einen Tunnel unter dem *TCH* durch und weiter bis zu den Fällen; 1,3 km retour. Von Norden kommend stellt man das Fahrzeug gleich auf der Westseite des (dort zweigeteilten) *Highway* ab und folgt dem Flusslauf kurz nach Westen. Jenseits der Wasserfälle führt der Pfad zur *Goldstream Railway Trestle* (Eisenbahnbrücke über eine tiefe Schlucht) sowie zu den Überresten einer Goldmine (*Gold Mine Trail*).

Der **Aufstieg** auf den **Mount Finlayson** ist stellenweise recht steil (6 km retour, 330 HM), dafür überblickt man dort, 419 m über dem Meer, nicht nur Victoria und die vorgelagerten Inseln – an schönen Tagen reicht die Sicht bis hinüber nach Vancouver und manchmal sogar bis zum schneedeckten Mount Baker.

Mount Douglas

Einen 360°-Panoramablick über die Saanich-Halbinsel eröffnet sich auch vom **Mount Douglas** (225 m), der sich bequem per Fahrzeug erklimmen lässt, allerdings immer nur nachmittags. Vor 12 Uhr ist der enge Churchill Drive Radfahrern und Wanderern vorbehalten; Zufahrt ab der Cordova Bay Road nördlich der Universität.

Bademöglichkeiten

Wem der Pazifik bei der **Cordova Bay** oder weiter südlich (➤ Seite 367) selbst an heißen Sommertagen zu kalt ist (max. 15°C!), findet im Großraum Victoria gleich eine ganze Reihe von angenehm temperierten Badeseen. Bei Einheimischen sehr geschätzt sind z.B. **Thetis, Langford** und **Glen Lake in *TCH*-Nähe**, die zwei guten Sandstrände (*Beaver/Eagle Beach*) im **Elk/Beaver Lake Regional Park**, der sich entlang der **#17** in Richtung Sidney erstreckt, sowie die **Sooke Potholes** unweit der **#14** (➤ umseitig).

Blick vom Mt Douglas auf die Cordova Bay in Richtung Norden

7.3   Rundtour ab Victoria über Port Renfrew

7.3.1   Die Strecke bis Jordan River

Wer nach dem Besuch von Victoria keine Gelegenheit für einen längeren Vancouver Island Aufenthalt hat, gewinnt auf der Fahrt nach Port Renfrew – ggf. mit Fortsetzung über Lake Cowichan, Duncan und Rückkehr über den *TCH* – zumindest einen ersten Eindruck vom Charakter der Westküste sowie vom Inneren der Insel. Die Entfernung zwischen Victoria und Port Renfrew beträgt 110 km; die gesamte Rundstrecke (270 km) ist als längerer Tagesausflug zu schaffen, aber gemütlicher in zwei Etappen.

East Sooke Park

Zunächst geht es ab Victoria für rund 15 km auf dem *TCH* in Richtung Nordwesten und dann weiter auf dem **West Coast Hwy #14** (Abfahrt 14). Ein erster kurzer Abstecher bietet sich bereits nach 16 km, noch vor der Kleinstadt Sooke, an. Die Gillespie Road führt dort nach Süden in den **East Sooke Regional Park**, der nicht nur urwüchsige Regenwälder schützt, sondern auch einen überaus malerischen Küstenabschnitt. Der einfachste und schnellste Weg hinaus ans Meer startet am *Aylard Farm Trailhead* im Südosten des Parks. Nach nur 5 Minuten sind die Picknicktische am Strand erreicht mit Zugang zur hübschen felsigen Halbinsel **Creyke Point**. Im Westen des Parks gelangt man vom *Pike Road Trailhead* zur geschützten **Iron Mine Beach** (1,5 km). Ein 10 km langer, 6-8 Stunden in Anspruch nehmender **Coast Trail** verbindet beide Ecken des Parks (gute Wanderschuhe empfohlen!). Karte www.crd.bc.ca/parks-recreation-culture/parks-trails/crd-regional-parks/park-maps.

Sooke »Badelöcher«

Hoch in der Gunst der einheimischen Bevölkerung steht der kleine **Sooke Potholes Regional Park** mit seinen zahlreichen Badepools in malerischer Canyon-Kulisse. Linker Hand der Straße wechseln sich breite Flussabschnitte mit engen, felsigen Passagen ab; Parken $5; 5-km-Zufahrt über die Sooke River Rd, Abzweig von der #14 noch vor der Brücke über den Fluss.

Küste im
East Sooke
Regional Park

*Bade-»Potholes«
im glattpolierten
Felscanyon
bei Sooke*

In einem Wäldchen im Norden des Parks versteckt sich der nur im Sommer geöffnete **Spring Salmon Place Campground** der *T'Sou-ke First Nation*; $25 in bar, *first-come, first-served*.

Zur Schneeschmelze im Frühjahr sind der Fluss und die Pools meist noch zu kalt zum Baden, dafür lohnt dann der Besuch der breitgefächerten **Mary Vine Falls**, zu denen ein kurzer Spaziergang ab dem *Parking Lot* #2 führt.

Charters Creek, nur wenig südlich der *Potholes* außerhalb des Parks, ist im Okt/Nov ein guter Platz, um **Keta- und Silberlachse** beim Laichen zu beobachten.

Sooke

Jenseits der Brücke über den Sooke River fällt rechter Hand der #14 der rote Leuchtturm im Areal des *Region Museum* auf, wo auch das **Visitor Centre** der Stadt untergebracht wurde (Di-So 9-17 Uhr).

Hinter **Sooke** wird die #14 kurvenreicher und einsamer. Zu einem weiteren Zwischenstopp laden die **Picknicktische**, der Strand und die wunderbaren **Campingplätze** ($26) des **French Beach PP** ein.

Jordan River

Einziger Ort am Weg nach Port Renfrew ist das Nest **Jordan River** mit Strandzugang direkt vom *West Coast Hwy*. Lohnenswerter ist aber kurz vorher der kurze Fußweg (ca. 10 min) zur **Sandcut Beach**. Der Parkplatz befindet sich 3,7 km östlich der Brücke über den Jordan River. Der kleine Wasserfall, der über einen Felsvorsprung auf den Kiesstrand stürzt, bietet im Frühjahr ein schönes Motiv für die Kamera; im Sommer fließt meist nur wenig Wasser.

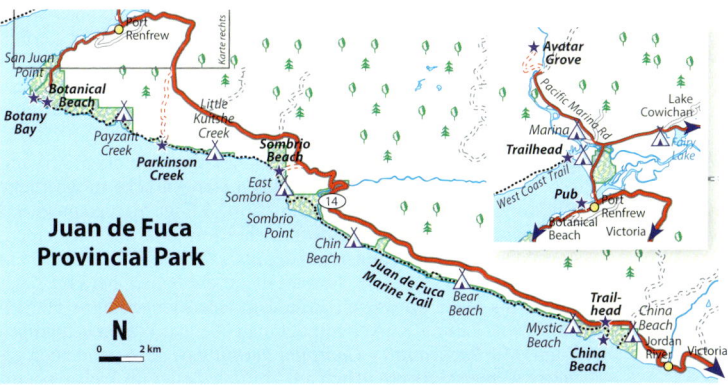

Juan de Fuca Provincial Park

N

0   2 km

Canyon an der Sombrio Beach entlang des San Juan de Fuca Trails nordwestlich von Victoria

7.3.2   Juan de Fuca Provincial Park

Marine Trail

Der Jordan River markiert die Grenze zu dem langgezogenen Provinzpark. Immer parallel zur Küste verläuft dort der **Juan de Fuca Marine Trail** (47 km), der als südliche Verlängerung des *West Coast Trail* (➢ Kasten Seite 376) gilt. Er verfügt über vier offizielle Zugänge: *China Beach* im Osten, *Sombrio Beach*, *Parkinson Creek* sowie *Botanical Beach* am westlichen Ende. Die Teilstrecken dazwischen können separat als Tagesetappen erwandert werden, wobei nur die 2 km von *China Beach* bis zur *Mystic Beach* ausgebaut sind. Der überwiegende Rest des *Marine Trail* gleicht einem etwas anspruchsvolleren Küstenpfad – mal geht es durch dichten Regenwald über Hängebrücken und ohne Strandzugang, mal direkt am Ufer entlang mit gleich einigen bei Flut unpassierbaren Passagen. Karte: www.env.gov.bc.ca/bcparks/explore/parkpgs/juan_de_fuca.

China Beach

Wenige Kilometer hinter Jordan River passiert man zunächst den Campingplatz **China Beach** (auch für Wohnmobile; $20; reservierbar unter https://discovercamping.ca bzw. ✆ 1-800-689-9025, aber auch einige *first-come, first-served sites*). Er liegt bereits im dichten Regenwald und in seiner Nähe befinden sich gleich zwei Strände: Die **Second Beach** erreicht man direkt vom *Campground* (1 km) aus und die eigentliche **China Beach** über eine kurze Zufahrt nur wenig weiter westlich an der #14.

Mystic Beach

Ebenfalls vom *China Beach* (*day-use*)-Parkplatz startet ein verwunschener Waldpfad mit einer wackligen Hängebrücke in westliche Richtung zur **Mystic Beach**. Der Name klingt vielversprechend und tatsächlich steht man dort nach 2 km (*one-way*) auf einem besonders hübschen **Sandstrand** des *Juan de Fuca PP*. Von den 25 m hohen Klippen stürzt ein Wasserfall auf die *Beach*, bei Flut sogar direkt ins Meer. Es warten außerdem jede Menge kleine Höhlen sowie eine Baumschaukel, mit der man über das Wasser schwingen kann. Mit **Backcountry Camping Permit** darf am Strand auch gezeltet werden ($10; erhältlich am *Trailhead* oder im Web ➢ oben).

Beach Camping

Ähnliches gilt für die weiteren **Walk-in Campsites** entlang des *Juan de Fuca Trail* z.B. an der **Bear Beach** und **Chin Beach**, die nur über längere, anspruchsvollere Wanderungen zugänglich sind.

Sombrio Beach

Ein ungewöhnlicher Canyon versteckt sich bei der **Sombrio Beach**. Wer vom (ausgeschilderten) Parkplatz 10 min bis zum Strand geht, sich dort für etwa 20 min nach Osten (links) wendet und dann beim ersten gut erkennbaren Wasserlauf kurz landeinwärts schaut, taucht bald in eine **dunkle grünbemooste Schlucht** ein. Sie ist zwar kurz, aber an ihrem Ende befindet sich ein schöner, erfrischender **Wasserfall**. Dieser Strand ist auch bei Zeltcampern sehr beliebt ($10). Für größere Wohnmobile ist die kurze, steile und kurvenreiche Zufahrt zum *Trailhead* nicht geeignet.

Auf der Weiterfahrt gibt es noch einige schöne Regenwaldabschnitte. Lohnenswert ist ein Spaziergang beim **Parkinson** oder **Payzant Creek** – vorzugsweise im Frühling (Mai/Juni), im Sommer sind die idyllischen Bachläufe manchmal ein Schatten ihrerselbst und fallen mitunter sogar trocken.

Botanical Loop Trail

Am bekanntesten ist der Bereich am Nordzipfel des *Juan de Fuca Park*. Hierfür fährt man in das kleine Örtchen *Port Renfrew* (➤ Seite 377) und folgt dort der Cerantes Road bis an ihr Ende. Zwei Wege starten am *Trailhead* in Richtung Küste, nach links geht es zur **Botanical Beach** (15 min), wo man an den Klippen herrlich herumwaten und bei Ebbe in den tiefen, wassergefüllten Felslöchern die Meeresflora und -fauna studieren kann (Gezeiten: http://tides.mobilegeographics.com/locations/4993.html).

Über den Pfad nach rechts ist in nur 10 Minuten eine kleine hübsche Bucht, die **Botany Bay**, erreicht. Mit etwas Glück trifft man dort auch Schwarzbären an, die den Uferbereich nach Nahrung absuchen. Beide Wege lassen sich zu einem netten Rundweg kombinieren (2,8 km, 70 HM; Parken $5).

Beurteilung

Dem direkten Vergleich mit den Stränden im *Olympic Nat'l Park* jenseits der Juan-de-Fuca-Straße können die *PP-Beaches* nicht ganz standhalten. Jene im US-Nationalpark sind in der Regel nicht nur hinsichtlich der Anzahl an Seesternen in den *Tide Pools* beeindruckender (➤ Seite 448), sondern mit ihren vielen vorgelagerten Felsinselchen insgesamt doch um einiges attraktiver.

Botanical Beach am westlichen Ende des Juan de Fuca Provincial Park

West Coast Trail im Pacific Rim NP   www.pc.gc.ca/en/pn-np/bc/pacificrim

Anfang des 20. Jahrhunderts diente der *West Coast Trail* (*WCT*) als Rettungspfad für schiffbrüchige Seeleute. Mit Einführung moderner Navigationshilfen verlor er diese Funktion weitgehend und galt dann lange als Geheimtipp für Wildnis-Enthusiasten. Heute ist der 75 km lange Küstenstreifen zwischen der **Pachena Bay bei Bamfield** und dem **Gordon River bei Port Renfrew** Teil der *Pacific Rim Nat'l Park Reserve* und gehört zu Kanadas populärsten Fernwanderrouten.

Mit Hilfe eines *Permit*-**Systems** ($127,50/Person + Fährtickets!) hat man die Anzahl der Abmärsche quotiert. Pro Tag dürfen nur 52 Wanderer starten, 26 in Port Renfrew, 26 am Nordende des *WTC*. Wer den *West Coast Trail* in der Hochsaison in Angriff nehmen möchte, sollte sich daher am Stichtag (meist Anfang Januar) online um ein *Overnight Use Permit* bemühen (Reservierungsgebühr $24,50). Vor Ort in den *Info Centres* (Pachena Bay © (250) 728-3234, Gordon River © (250) 647-5434) werden nur noch die nicht genutzten Bewilligungen vergeben. Die früher dort zusätzlich erhältlichen *Standby-Permits* wurden 2018 abgeschafft. Für Tagesausflüge ohne Übernachtung wird ein *Day Use Permit* benötigt.

Backpacker dürfen sich nur zwischen dem 1. Mai und dem 30. September auf den Weg machen. Bis auf einige Hilfen bei Flussüberquerungen ist der Küstenpfad nicht weiter ausgebaut und durch eine urtümliche, von Menschen kaum angetastete Landschaft gekennzeichnet. Am End-/Anfangspunkt in Port Renfrew und den *Nitinat Narrows* verkehren **Fährboote** (zusätzlich 2x$20). Der *WCT* ist je nach Kondition und Wetter in **5-7 Tagen** zu bewältigen. Abbrechen lässt sich die anspruchsvolle Wanderung nur per Wassertaxi bei den *Nitinaht Narrows*.

Wer die Wanderung in East Bamfield beendet, kann mit dem Schiff *Frances Barkley* über den Barkley Sound in die Zivilisation bzw. nach Port Alberni zurückkehren und dort dann einen Linienbus nach Victoria/Nanaimo nehmen. Bei Ankunft in **Port Renfrew** reserviert man für den Weitertransport am besten den **West Coast Trail Express**, der Victoria-Port Renfrew-Bamfield, Nanaimo-Bamfield, Port Renfrew-Nanaimo miteinander verbindet; © 1-888-999-2288 bzw. www.trailbus.com.

Alle Details zum *WCT* gibt es online unter www.pc.gc.ca/qrt/WCT-EN.pdf, die passende **topographische Karte** bei den kleinen Info-Stationen an den *Trailheads*.

Hier hat sich die Pazifikküste ihre wilde, raue Schönheit bewahrt. Nur hartgesottene Wanderer meistern den 75 km langen West Coast Trail

7.3.3   # Port Renfrew

Das geschützt an der tief ins Land reichenden San Juan Bay gelegene Port Renfrew galt zu Hippie-Zeiten als Aussteigerparadies. Ein wenig von diesem Flair ist heute noch zu spüren, die Uhren scheinen dort etwas langsamer zu ticken. Während so manch anderer Ort im westlichen Kanada im Hochsommer von Touristen regelrecht »überquillt«, wirkt diese keine 150 Seelen zählende Siedlung wie eine letzte Ruhebastion. Wer seine Rundreise durch Nordamerika entspannt ausklingen lassen möchte, ist in Port Renfrew am richtigen Platz.

Zu erforschen gibt es östlich der Ortschaft die schönen Küstenabschnitte des *Juan de Fuca Provincial Park* (➤ Seite 374) und etwas nördlich warten spannende urwüchsige Wälder wie der *Avatar Grove* (➤ umseitig). *Backpacker* stürzen sich ausgehend von Port Renfrew in das *West Coast Trail*-Abenteuer. Dieser anspruchsvolle Wanderweg (➤ Kasten links) beginnt am Nordufer der Bucht, das bereits zur **Pacific Rim Nat'l Park Reserve** gehört.

Die müden Glieder kann direkt am Wasser auf der gemütlichen Sonnenterrasse des **The Renfrew Pub** entspannen (Haus mit der Aufschrift »*Port Renfrew Hotel*« an der Zufahrt zur *Botanical Beach*; 17310 Parkinson Road). Das Essen ist dort ausgesprochen schmackhaft und besser als in der **Coastal Kitchen** nur wenig weiter östlich an derselben Straße. Neben einer Reihe von *Craft Beer*-Sorten kann man im Pub auch *Okanagan Valley Harvest Pear Cider* (Birnenschaumwein) probieren. Er ist köstlich, wird allerdings in Dosen serviert.

Übernachten

Die Auswahl an Quartieren ist nicht besonders groß, dafür lassen die **Handsome Dan's Cabins** in Pub- und Ufernähe keine Wünsche offen (moderne, gut ausgestattete Häuser ab $175; ✆ (778) 425-1884, www.handsomedans.ca) und auch die zwei Holzhütten vom **Remote Renfrew Riverside Retreat** versprechen nicht zu viel. Sie liegen mitten in der Natur am Ende der engen Island Road, wo man in der Regel mehr Wildtieren als Menschen begegnen wird (sogar ein scheuer Schwarzbär schaut dort gelegentlich vorbei!); ca. $200 mit Küche und *Wifi*; www.remoterenfrew.com.

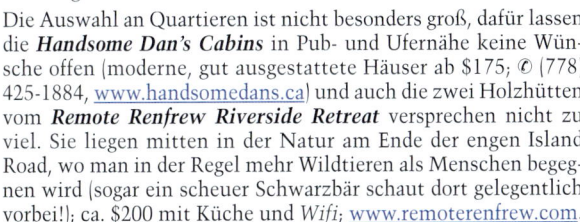

Die außergewöhnlichste Unterkunftsmöglichkeit in Port Renfrew sind aber die **Jurten**, die von der **Soule Creek Lodge** vermietet werden. Im Gegensazu zu den meisten Jurten auf staatlichen Campingplätzen sind diese gemütlich eingerichtet und verfügen über ein ordentliches Bad sowie *Wifi*. Vom Außenbereich genießt man z.T. einen tollen Blick auf die Bucht. Die Tarife starten bei ca. $160 inkl. Frühstück; ✆ 1-866-277-6853, www.soulecreeklodge.com.

Am schönsten, aber ohne jegliche Annehmlichkeiten, campt man beim **Fairy Lake** (➤ umseitig). Näher am Ort liegen der Einfachst-**Campground** der **Pacheedaht First Nation** mit breitem Strand an der Bay sowie der rustikale **Marina RV Park** ($22 in bar, nur teilweise mit Stromanschluss; www.portrenfrewmarina.com).

An der Marina stand früher die einzige (saisonal geöffnete) Zapfsäule im Ort. Von Oktober bis April mussten Bewohner wie Besucher zum Tanken erst 1,5 Stunden fahren. Die *gas station* an der Durchgangsstraße in Port Renfrew hat im Herbst 2017 eröffnet!

Avatar Grove

Zu den neuesten Attraktionen von Port Renfrew zählt der **Avatar Grove**. Erst 2010 wurde diese besondere Regenwald-Parzelle entdeckt und vor den Kettensägen der Holzfäller bewahrt. Der Name kommt nicht von ungefähr, die Kulisse könnte einem Fantasyfilm entsprungen sein und so fiel die Wahl auf den damals aktuellen *Hollywood*-Blockbuster. Zum **knorrigsten Baum Kanadas** (**Gnarliest Tree**), einem Riesenlebensbaum mit einer unglaublich dicken Wucherung am Stamm im *Upper Avatar Grove*, sind es rund 10 min und 80 HM über Wald- und Bohlenwege. Die Zufahrt zum Parkplatz erfolgt über die *Gordon River Road* (die letzten 1,9 km ungeteert, aber in der Regel Pkw-tauglich), die nördlich des Ortes von der Hauptroute zum Cowichan Lake abzweigt und an der auch die *Port Renfrew Marina* liegt.

Über 85% der Urwälder auf Vancouver Island wurden bereits abgeholzt – umso erfreulicher, dass man in der Umgebung von Port Renfrew noch einige weitere von Flechten und Moosen überwucherte **Rekordhalter** antrifft, darunter die größte Sitka-Fichte Kanadas und die weltgrößte Douglasie. Gute Begleit-Broschüre mit Karte und Wegbeschreibung (auch für *Avatar Grove*) unter www.ancientforestalliance.org/biggest-trees-map.php.

7.3.4　Über Lake Cowichan zum TCH

Entlang der sog. **Pacific Marine Circle Route** in Richtung Lake Cowichan passiert man östlich von Port Renfrew zunächst den **Fairy Lake**, der nicht nur gute Bade- und Campmöglichkeiten hat (großzügige einfache Plätze, teils direkt am Ufer, mit Feuerringen, Picknick-tischen, Toiletten, aber kein Wasser), sondern auch ein kurioses Fotomotiv bietet: Als schöner Kontrast zu den Kaventsmännern der Umgebung wächst dort auf einem Stamm mitten im See ein kleiner Bonsai-Tannenbaum.

Fairy Lake Tree

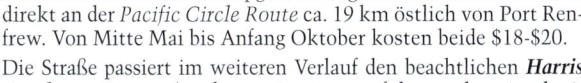

Ein zweiter *BC Forest Campground* liegt am Badesee **Lizard Lake** direkt an der *Pacific Circle Route* ca. 19 km östlich von Port Renfrew. Von Mitte Mai bis Anfang Oktober kosten beide $18-$20.

Cowichan Lake

Die Straße passiert im weiteren Verlauf den beachtlichen *Harris Creek Spruce Tree* (ein kurzer Spaziergang führt zu dem 4 m breiten, 80 m hohen Baum) und stößt dann auf den Binnensee **Cowichan Lake** (sprich: »kau-it-schan«) und die kleine Ortschaft **Lake Cowichan** an dessen Ostufer. Eine Info-Blockhütte steht dort im zentral gelegenen *Saywell Park* (125 South Shore Rd); im Sommer Do-Sa 9-19 Uhr, So-Mi bis 17 Uhr; www.tourismcowichan.com.

Der warme, 30 km lange **Cowichan Lake** lässt sich (überwiegend auf Schotterstraße) komplett umrunden. Am Wege liegen einige einfache *Forest Campgrounds* ($18). Etwas komfortabler sind der städtische *Lakeview Park Campground* ($33, mit *hook-up* $42; www.town.lakecowichan.bc.ca/camping.shtml) sowie die *campsites* im **Gordon Bay Provincial Park** ($35; im Sommer häufig ausgebucht, reservierbar unter www.env.gov.bc.ca/bcparks/explore/parkpgs/gordon_bay); beide mit Duschen, Toilette und **Badestrand** am Südufer (der *PP* liegt westlich der Honeymoon Bay).

Der See ist ein populäres Ausflugsziel für Wassersportler und der Cowichan River, der dort entspringt und durch den Ort fließt, ein beliebtes *Inner Tubing*-Revier. Die »Reifen«-Miete für den 2,5-3-Std-Trip vom *Saywell Park* bis zur *Little Beach* beträgt $20 und beinhaltet den Rücktransport (per Bus); www.cowichanriver.com.

Cowichan River

Auf der Weiterfahrt in Richtung *TCH* bietet der **Cowichan River Provincial Park** zusätzliche schöne Bade- und Stellplätze (*Stoltz Pool*) im Regenwald in Flussnähe, $20, im Sommer reservierbar: www.env.gov.bc.ca/bcparks/explore/parkpgs/cowichan_rv; Zufahrt über die Cowichan Lake Road (*Hwy 18 Connector*) und Stoltze Rd/Riverbottom Rd West; ca. 5 km ab der Straße #18, asphaltiert.

Bei der »**City of Totem**« (Duncan, ➢ umseitig), keine 20 km weiter östlich, erreicht man wieder den *Trans-Canada Highway*; zurück nach Victoria sind es von dort 60 km.

Totempfähle in Duncan

Großflächiges Mural auf der Fassade der Subway-Filiale in Chemainus

7.4   Von Victoria nach Nanaimo
7.4.1   Entlang des Trans-Canada Highway

Der **Trans-Canada Highway** von Victoria nach Nanaimo (110 km) ist vierspurig ausgebaut. Bereits seit 1862 gab es hier einen *Cattle Trail*, auf dem das Vieh von den Farmen an der Küste nach Victoria getrieben wurde. Höchster Punkt der Strecke ist der **Malahat Summit** (356 m). Von dort überblickt man *Saanich Inlet* mitsamt *Peninsula* sowie die vorgelagerte Inselwelt. Anschließend verliert die Strecke schnell an Höhe und gleichzeitig an Reiz.

Duncan/ Totempfähle

Duncan macht viel Werbung für seine zahlreichen **Totem Poles** und nennt sich »Stadt der Totempfähle«. Allein im Ortskern in der Nähe des Bahnhofs stehen über 40 Stück (➢ Foto umseitig); Zufahrt vom *TCH* am besten über die Trunk Rd. Gelbe Fußabdrücke kennzeichnen den selbstgeführten Rundparcours zu den bunt bemalten, geschnitzten Pfählen der *Cowichan First Nation*.

Die **Tourist Info** der Stadt und der *Cowichan*-Region ist in einem auffälligen rötlichen Haus rechter Hand des *Trans-Canada Hwy* ca. 2 km nördlich des Zentrums untergebracht; 2896 Drinkwater Road. Details zu den einzelnen *Totems* gibt es auch online unter www.duncan.ca/visitors/totems-tour/totem-tour-walk.

Forest Museum

Für Eisenbahnfans sehenswert ist gleich nebenan das etwas altmodische **British Columbia Forest Discovery Centre**, das sich dem Thema »Mensch und Waldnutzung« widmet; geöffnet im Sommer tägl. 10-16.30 Uhr, sonst oft nur an Wochenenden; Einritt $16, Kinder $11-$14; www.bcforestdiscoverycentre.com. Die Schmalspurdampflokomotive »Samson« von 1910 verkehrt auf der Museumsstrecke im Sommer Sa und So, die Diesel- und Gasloks täglich.

Kinsol Trestle

Zu den neueren Besucherattraktionen im *Cowichan Valley* zählt die **Kinsol Trestle**, eine stillgelegte Eisenbahnbrücke über den Koksilah River. Die gewaltige Holzkonstruktion ist Teil des Rad- und Fernwanderwegs **Trans Canada Trail**, der die West- und Ostküste Kanadas miteinander verbindet. Rund 25 südlich von Duncan, Zufahrt ab dem *TCH* über die Shawnigan Lake Road und Renfrew Road, dann ab Parkplatz noch ca. 1,2 km Fußweg.

Salt Spring Island

Dem Festland vorgelagert ist die Inselgruppe der **Southern Gulf Islands**, zu denen auch die San Juan Islands (➤ Seite 461) zählen. Flächenmäßig am größten ist **Salt Spring Island**, zu der die Autofähre ab Crofton in nur 25 min übersetzt (*first-come, first-served*). Eine zweite Verbindung besteht zwischen Fulford Harbour und Swartz Bay nördlich von Victoria. Wohlhabende Kanadier haben auf Salt Spring Island ihre Villen errichtet. Die Insel ist aber auch sehr populär unter Künstlern (Spitzname *»**Island of the Art**«*), entsprechend hoch die Dichte an *Artist Studios* und *Art Galleries*. Besuchenswert ist u.a. der bunte **Kunstmarkt** im *Centennial Park* von **Ganges** an der Ostseite; immer Sa 9-16 Uhr (April-Oktober).

Begehrt als Souvenir ist die eigene Insel-Währung. Die **Salt Spring Dollars** im Wert von \$\$1 bis \$\$100 sind besonders kunstvoll gestaltet und werden dort von den meisten Händlern als offizielles Zahlungsmittel akzeptiert. Zur besseren Unterscheidung tragen sie gleich zwei \$-Zeichen.

Chemainus/ Murals

Das hübsche 3.100-Seelen-Städtchen **Chemainus** liegt 13 km nördlich von Duncan etwas abseits des *TCH*-Hauptverkehrs, der Abstecher dorthin lohnt sich aber. Es ist berühmt für seine großflächigen Wandbilder (***murals***). Fußabdrücke auf den Straßen und Gehwegen weisen auch dort wieder den Weg zu den Kunswerken.

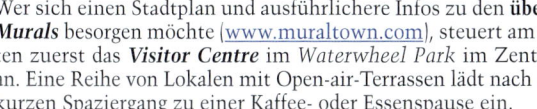

Wer sich einen Stadtplan und ausführlichere Infos zu den **über 40 Murals** besorgen möchte (www.muraltown.com), steuert am besten zuerst das **Visitor Centre** im *Waterwheel Park* im Zentrum an. Eine Reihe von Lokalen mit Open-air-Terrassen lädt nach dem kurzen Spaziergang zu einer Kaffee- oder Essenspause ein.

Im ***Chemainus (Diner) Theatre***, einem auffälligen Gebäude an der 9737 Chemainus Road untergebracht, werden den Sommer über bekannte Musicals und Theaterstücke aufgeführt. Vor den Vorstellungen darf man sich zu Piano-Musik beim Buffet im *Playbill Dining Room* satt essen; www.chemainustheatrefestival.ca.

Wer gleich über Nacht bleiben möchte, findet gute Doppelzimmer für ca \$150 inkl. Frühstück im:

• ***Best Western Plus Chemainus Inn*** an der 9573 Chemainus Road, knapp 800 m südlich des *Theatre* sowie im

• ***Eagle Rock B&B*** in Meeresnähe, 2,5 km nördlich des Zentrums; 10150 Island View Close; nur für Erwachsene; ✆ 1-855-333-0555, www.eaglerockbedandbreakfast.com.

Ladysmith

Ladysmith, nur 10 km nördlich von Chemainus, liegt exakt auf dem **49. Breitengrad,** der auf dem Festland die Grenze zwischen den USA und Kanada bildet. Aber im »*Oregon Treaty*« von 1846 wurde die Insel nicht zweigeteilt, sondern zur Gänze Kanada zugewiesen. Die Kleinstadt war Siedlungsgebiet der *Chemainus First Nation* und ist auch bekannt als Geburtsort von *Pamela Anderson*.

Ziplines

Am *TCH* in Richtung Nanaimo liegt der Freizeitpark ***WildPlay*** mit Ziplines und anspruchsvollem Abenteuerparcours durch den Wald – ein Spaß mit größeren Kindern (erst ab 5 Jahren zugelassen); geöffnet täglich 9/10-18 Uhr; www.wildplay.com/nanaimo.

7.4.2   Nanaimo

Nanaimo ist mit über 90.000 Einwohnern die größte Stadt auf Vancouver Island. Arbeit in den ab 1852 fördernden Kohlegruben hatte schon bald nach Erschließung der Insel zahlreiche Immigranten dorthin gelockt. Bereits 1874 erhielt die Siedlung Stadtrechte. Die letzten Zechen wurden Anfang der 1950er-Jahre geschlossen.

Heute erinnert fast nichts mehr an diese Vergangenheit bis auf das **Nanaimo Museum**, das die Stadtgeschichte und die rauen Umstände des Kohleabbaus beschreibt; 100 Museum Way; Mitte Mai bis Anfang September täglich 10-17 Uhr, sonst Mo-Sa, Eintritt $2, Kinder $0,75-$1,75; www.nanaimomuseum.ca.

Downtown   Der *TCH* führt mitten durch *Downtown* Nanaimo. Die zentrale Shopping- und Restaurant-/Kneipenzone an der parkähnlichen **Waterfront** ist sehr überschaubar und nicht umwerfend. Vom **Seaplane Terminal** starten die Wasserflugzeuge nach Vancouver.

Für etwas Unterhaltung sorgen die in zeitgenössischer Bekleidung täglich antretenden *Bastion Guards*, die gleich nebenan beim Yachthafen um 12 Uhr unter Dudelsackklängen einen **Kanonenschuss** abgeben. Das dazugehörige, recht winzige **Fort The Bastion**, das 1853 von der *Hudson's Bay Company* zum Schutz der Neusiedler gegen Indianerüberfälle errichtet wurde, dient heute als Mini-Museum und *Tourist Info* (98 Front Street; geöffnet täglich 10-15 Uhr, nur Mitte Mai bis Anfang September; Eintritt Spende).

Ganzjährig betrieben wird das **Visitor Centre** an der #19, *Exit* 21; 2450 Northfield Rd; Mo-Fr 9-17 Uhr, www.tourismnanaimo.com.

Badewannen-rennen   Ein großes Spektakel ist das seit 1967 alljährlich am 4. Sonntag im Juli zum Abschluss des 4-tägigen **Nanaimo Marine Festival** stattfindende **World Championship Bathtub Race**, bei dem Hunderte motorisierter Badewannen im *Inner Harbour* starten. Ein überrraschend hoher Anteil kommt nach 58 km Seefahrt tatsächlich bis zur Departure Bay; www.bathtubbing.com.

Unterkunft   Zahlreiche H/Motels säumen den *TCH*, so z.B. das:

- **Buccaneer Inn**, 1577 Stewart Ave, gut geführtes Motel im Familienbesitz südlich des *Departure-Bay*-Fährterminals; DZ ab ca. $100; ✆ 1-877-282-6337, www.buccaneerinn.com.

In zentraler Lage stehen zwei Jugendherbergen aus dem 19. Jh.:

- **Painted Turtle Guesthouse**, 121 Bastion St, mit Pub, Betten $38, DZ $85; ✆ 1-866-309-4432, www.paintedturtle.ca
- **The Cambie**, 63 Victoria Crescent; mit Bar und Grill; Betten $31, DZ $67; ✆ 1-877-754-5323, www.cambiehostelsnanaimo.com.

Camping

Erste Wahl fürs Campen sind der

- *Living Forest Oceanside Campground* an der 6 Maki Rd, 4 km südlich des Zentrums unweit des *TCH* am Wasser (großzügige Anlage mit Badestrand; im Sommer Zelte ab $30, *full hook-up* ab $42; © (250) 755-1755, www.livingforest.com) sowie
- *Westwood Lake*, 380 Westwood Rd, 6 km westlich von Nanaimo; Anfahrt über Nanaimo Pkwy und Jingle Pot Rd. Klarer, warmer Badesee mit Picknickplätzen; Zelte $34, *full hook-up* $44, © (250) 753-3922; www.westwoodlakecampgrounds.com.

Fährverbindungen ab Nanaimo

Fähren zum Festland

Nur wenig nördlich von Nanaimo endet der Verlauf des *Trans-Canada Hwy* auf Vancouver Island in der treffend benannten *Departure Bay*. Dort legen mehrfach täglich die Autofähren nach Horseshoe Bay, nördlich von Vancouver, ab. Diese Verbindung ist sogar offizieller Teil des *TCH*. Die zweite Autofähre zum kanadischen Festland verkehrt zwischen *Duke Point* (auf einer Landzunge südöstlich von Nanaimo) und Tsawwassen; ➢ #5 und #6 in der Übersicht eingangs dieses Kapitels, ➢ Seite 358.

Bei ausreichend Zeit vor der Fährabfahrt lohnt sich, nördlich der *Departure Bay* (3600 Place Road), ein Spaziergang zu einer Landspitze mit herrlichem Blick aufs Meer im *Pipers Lagoon Park*.

Newcastle/ Gabriola Island

Fährverbindungen bestehen ab Nanaimo außerdem zu den vorgelagerten Inseln. Lohnenswert ist der Abstecher nach **Newcastle Island**, einem ganz zum *Marine Provincial Park* erklärten Eiland mit Wanderwegen und Badestrand an der malerischen Kanaka Bay (2 km ab Bootsanleger). Zeltcamper ($18 + $1/Person) finden dort schöne und citynahe Übernachtungsplätze. Die Überfahrt mit der Passagierfähre ab *Maffeo Sutton Park* (am nördlichen Ende der Front Street) dauert ca. 15 Minuten; alle 1/2 Stunden 9-21 Uhr im Sommer; $8 retour (in bar!); www.newcastleisland.ca.

Sandstein-Welle auf Gabriola Island

Gabriola, eine der größeren **Gulf Islands** (14 km lang), wird vom *Terminal* am südlichen Abschnitt der Front St per Autofähre angesteuert (ca. 20 min). Sehenswert sind dort vor allem die Sandsteinformationen an den Uferbereichen, darunter eine große, vom Wind und Meer geschaffene überhängende Welle (*Malaspina Galleries*) sowie die Bienenwaben ähnlichen Gebilde in den Provinzparks **Gabriola Sands** und **Drumberg**; am besten bei Niedrigwasser besuchen; www.gabriolaisland.org.

7.5   Von Nanaimo nach Port Hardy

In Nanaimo beginnt die fast 400 km lange **Küstenstraße #19** nach Port Hardy. Ab Parksville gleicht sie einer Schnellstraße, zu der – bis Campbell River – die alte Küstenstrecke noch als #19A parallel läuft. Im Gegensatz zur Westküste der Insel existiert dort bis Campbell River eine (streckenweise extrem) ausgebaute touristische Infrastruktur mit reichlich H/Motels, Restaurants und Campingplätzen. Viele Kanadier, vor allem Familien mit Kindern, verbringen ihren Urlaub und die Wochenenden gern an der geschützten Ostküste, insbesondere auf den langen Stränden in Parksville und Qualicum Beach (➤ Seite 395).

Rathtrevor Beach Park

Mit seinem 2 km langen Sandstrand und seichtem, vergleichsweise warmem Wasser erfreut sich der **Rathtrevor Beach Provincial Park** östlich von Parksville besonderer Beliebtheit. Große *Day-use*-Anlagen und Wanderpfade entlang teils sandiger, teils felsiger Küste dort sowie enorme Campingareale warten; $35 bzw. $22 bei *Walk-in*; reservierbar Mitte Mai-Anfang Sept. unter ✆ 1-800-689-9025 bzw. www.env.gov.bc.ca/bcparks/explore/parkpgs/rathtrevor.

Wer dort zur Hochsaison nicht mehr unterkommt, kann es im nahegelegenen *Englishman River Falls* oder *Little Qualicum Falls Provincial Park* (➤ unten bzw. rechts) probieren, auch deren *Campgrounds* können reserviert werden.

7.5.1   Abstecher zur Pacific Rim Nat'l Park Reserve

Aufgrund von Bauarbeiten ist bis Sommer 2020 mit Verzögerungen und Sperrungen am Hwy #4 in Richtung Küste zu rechnen

Der **Highway #4/#4A** nach Port Alberni und weiter zur *Pacific Rim Nat'l Park Reserve* beginnt bei der #19, rund 3 km südlich von Parksville. In seinem auf der Insel von keiner anderen Route übertroffenen Verlauf durchquert er zunächst dichten Nadelwald, passiert glasklare Seen und Flüsse und windet sich dann durch die Mackenzie Range hinunter zur Küste.

Eine 8 km lange Stichstraße zweigt bei Errington von der #4A zum **Englishman River Falls Provincial Park** ab. Ein schöner Spaziergang führt dort vom Parkplatz zu den zwei Fallstufen und zurück (1,6 km; 50 Höhenmeter). Vor allem die *Upper Falls* bieten ein tolles Bild, sie »verschwinden« als breiter Vorhang in einer engen Erdspalte. Unterhalb der *Lower Falls* befindet sich eine Badestelle mit traumhaft klarem Wasser. Eine größere *day-use area* und Picknicktische laden zu einem längeren Verweilen ein. Im Herbst lassen sich außerdem wiederkehrende Lachse beobachten; www.env.gov.bc.ca/bcparks/explore/parkpgs/englishman_rv.

Campen in dieser wildromantischen Umgebung kostet $23 (nicht verwechseln mit dem gleichnamigen *Regional Park* ohne Übernachtungsmöglichkeiten direkt an der #19 bei Parksville!).

Coombs

In **Coombs**, wenig später an der #4A, warten der Gemischtwarenladen **Old Country Market**, eine »Touri-Attraktion« mit grasenden Ziegen auf dem Dach (www.oldcountrymarket.com), sowie die gemütliche **Cuckoo Trattoria** gleich nebenan.

**Little
Qualicum
Falls**

Im *Little Qualicum Falls Provincial Park*, etwas weiter westlich an der #4, steht erneut eine Schlucht mit tosenden Wasserfällen und Stromschnellen im Mittelpunkt. Der Abstecher zum Little Qualicum River (2 km *Loop Trail*) ist sehr empfehlenswert, der *Campground* großzügig angelegt ($21).

Little Qualicum Falls

Cameron Lake

Auf halbem Weg nach Port Alberni erstreckt sich in einem bewaldeten Talkessel der 6 km lange **Cameron Lake** mit Bademöglichkeiten. Die #4 folgt seinem Südufer, wo die *Beaufort Picnic Site* zu einer Pause einlädt.

**MacMillan
Regenwald**

Am sehenswertesten ist aber der **MacMillan Provincial Park** am Westende des Sees, der bereits 1947 eingerichtet wurde und einen größeren Bestand an sog. *old-growth forest* mit bis zu 800 Jahre alten und 75 m hohen Douglasien schützt. Diese Art Regenwald, die man dort noch im ursprünglichen Zustand erleben kann, dominierte früher einmal das Landschaftsbild der Insel. Heute sind solche Wälder nur noch selten anzutreffen und fallen immer noch Axt und Säge zum Opfer.

Der Spaziergang durch den **Cathedral Grove** beidseitig der #4 ist ein »Muss«. Südlich der Straße stehen einige der mächtigsten Baumriesen (u.a. eine Douglasie mit 9 m Umfang), nördlich davon

Waldweg durch den MacMillian PP

führt der Rundweg zum Ufer des Cameron Lake mit beeindruckenden Riesenlebensbäumen und Westamerikanischen Hemlocktannen.

Das Gebiet ist meist gut besucht und die Parkflächen stoßen nicht selten an ihre Grenzen. Campen kann man im *MacMillan Park* nicht; www.env.gov.bc.ca/bcparks/explore/parkpgs/macmillan.

Port Alberni

Port Alberni (18.000 Einwohner) liegt umrahmt von Bergen bereits am Ostende eines 50 km tief ins Landesinnere reichenden Fjords. Am von den *Paper Mills* ausgehenden Geruch lässt sich das Hauptgewerbe rasch identifizieren. Als weitere Einnahmequelle kommen der Fischfang und Tourismus hinzu. Die große *Visitor Info* steht unübersehbar am Hwy #4 gleich am Osteingang der Stadt; www.albernichamber.ca.

Hole in the Wall

Noch vor dem Besucherzentrum und schräg gegenüber des Süßwarenladens *Coombs* startet der unauffällige Pfad in Richtung **Hole in the Wall**, einem von der Wasserbehörde künstlich geschaffenen und bis 1967 genutzten Felsloch, durch das sich heute eine hübsche Kaskade ergießt (während niederschlagsarmer Perioden fließt wie auf dem ➢ Foto oben allerdings weniger Wasser). An der ersten Weggabelung rechts halten, danach links; 650 m *one-way*. Details/Karte unter: www.valleyoftrails.ca/the-trails/short-trails/hole-in-the-wall.

Übernachten

Port Alberni dient vielen als relativ preiswerter Ausgangspunkt für Besuche im nahen *Pacific Rim NP*. An **Motels** und **B&Bs** herrscht kein Mangel. Eine gute Wahl ist z.B. das **Redford Motel** ab ca. $110; 3723 Redford St; ✆ 1-888-724-0121, www.redfordmotel.ca.

Einige Kilometer westlich von Port Alberni quert die #4 in Richtung Ucluelet/Tofino den **Sproat Lake Provincial Park** mit einem beliebten Badesee. Entsprechend ausgelastet ist – trotz seiner teils etwas engeren Stellplätze – den Sommer über der *Campground*; $25. Exzellent dagegen sind die *Sites* im weitläufigen **Stamp River PP**, sie liegen im Norden der Stadt und zur Hälfte am Flussufer; $18.

Ein großer Zelt- und RV-Park mit vielen Plätzen unmittelbar am Wasser befindet sich gute 15 km südlich von Port Alberni bei der **China Creek Marina** am *Alberni Inlet*. Etwas enger steht man dort beim *Lower Campground*, weitläufiger am *Upper*; $28-$38 mit Duschen und *hook-up*; ✆ (250) 723-9812 bzw. www.campchinacreek.com. Die Zufahrt erfolgt über die breite, aber holprige Schotterstraße in Richtung **Bamfield** (➢ Kasten Seite 388).

Harbour Quay

Zentraler Anlaufpunkt in Port Alberni ist der *Harbour Quay* am westlichen Ende der Argyle Street mit einer kleinen Laden- und Restaurant-Ansammlung, einem Aussichtsturm (**Clock Tower**) und dem **Maritime Discovery Centre**, das in einem ehemaligen Leuchtturm die maritime Welt präsentiert (im Sommer meist bis um 16 Uhr; Eintritt Spende; www.portalbernimaritimeheritage.ca).

Eisenbahn-ausflug

Dort starten auch die Fähren nach Bamfield und gleich nebenan vom historischen Bahnhof an der 3100 Kingsway Ave die nostal-gische Lok »No 7« von 1929 zum ***McLean Mill National Historic Site*** mit der einzigen noch dampfbetriebenen Sägemühle Kanadas. Die Tickets für den 4-stündigen Ausflug (im Sommer täglich 11-15 Uhr) kosten $38/$26, Kinder unter 11 frei. An manchen Tagen kommt nur eine Diesellok zum Einsatz; www.mcleanmill.ca.

Della Falls

Von der #4 zweigt westlich der Stadt beim ***Sproat Lake Provincial Park*** eine Stichstraße zum **Great Central Lake** ab. Wer sein Kanu/ Kajak dorthin transportiert (Miete in Port Alberni ab $50 pro Tag; www.ladyrosemarine.com/kayaking), kann zum westlichen Ende des Sees paddeln (33 km) und von dort den *Della Falls Trail* (16 km) im ***Strathcona Provincial Park*** (➤ Seite 397) in Angriff nehmen. Mit einer Fallhöhe von 440 m sind die ***Della Falls*** die höchsten Kanadas. Alternativ erreicht man den *Trailhead* auch per Wasser-taxi: www.alberni.ca/business-directory/della-falls-water-taxi.

Zur Pacific Rim Nat'l Park Reserve

Die Straße über die Berge der Mackenzie Range bildet den Höhe-punkt der Anfahrt zum ***Long Beach***-Bereich der ***Pacific Rim National Park Reserve***. Zunächst geht es an dem Sproat Lake und Taylor River entlang zur Passhöhe und dann auf kurvenreicher Strecke parallel zum Kennedy River und Lake an die Küste. Die Fahrt ist schön, aber zeitraubend. Für rund 100 km bis *Long Beach* benötigt man ohne Pausen leicht 2 Stunden und mehr.

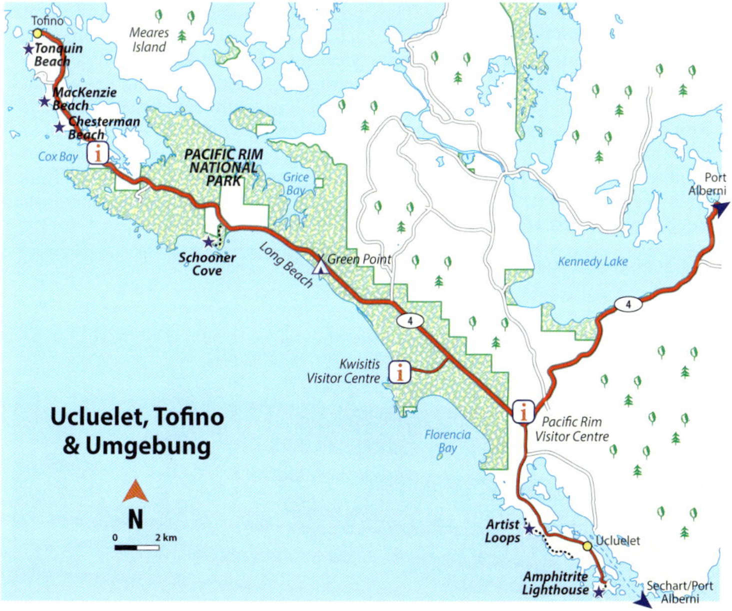

7

Ucluelet, Tofino & Umgebung

N

0   2 km

Tofino
★Tonquin Beach
Meares Island
★MacKenzie Beach
★Chesterman Beach
Cox Bay
ℹ
PACIFIC RIM NATIONAL PARK
Grice Bay
Port Alberni
★Schooner Cove
Long Beach
★Green Point
Kennedy Lake
4
4
Kwisitis Visitor Centre
ℹ
Florencia Bay
ℹ Pacific Rim Visitor Centre
Artist Loops
Ucluelet
Amphitrite Lighthouse ★
Sechart/Port Alberni

Ausflug zu den Broken Group Islands und nach Bamfield

Südlich von Ucluelet erstrecken sich die **Broken Group Islands**, ein unüberschaubares Archipel aus mehr als 100 unbewohnten Kleinstinseln im *Barkley Sound*. Sie gelten nicht nur als **Paddler-Paradies**, sieben von ihnen verfügen sogar über *Campsites* und man kann dort (fast) wie *Robinson Crusoe* übernachten. Einziger Luxus ist ein Plumpsklo, Trinkwasser gibt es keines. Der Trip bedarf einiger Vorbereitung: Die Inseln sind Teil des *Pacific Rim NP*, daher ist ein **Camping Permit** erforderlich ($9,80/Person/Nacht), das man sich schon früh im Jahr besorgen sollte: www.reservation.pc.gc.ca. Paddler können sich aber auch in der **Sechart Lodge** einquartieren auf einer weit in den *Barkley Sound* hineinragenden, nur per Schiff zugänglichen Halbinsel; DZ $345 inkl. Verpflegung; www.ladyrosemarine.com/sechart-lodge. Auf der Webseite kann man auch die Kajaks mieten (ab $50/Tag) sowie die Fährfahrt buchen (Rundtrip ab Ucluelet $66, ab Port Alberni $84).

Von Juni bis Mitte September startet das kombinierte Fracht- und Passagierschiff **Frances Barkley** vom Anlegeplatz an der 5425 Argyle St in **Port Alberni** (beim *Harbour Quay*) früh morgens um 8 Uhr in Richtung *Sechart Lodge* und von dort geht es dann Mo, Mi, Fr weiter nach **Ucluelet** (5 Std.; $44 bzw. $88 retour) und So nach **Bamfield** (5,5 Std.). Die übrigen Tage (Di, Do+Sa) wird ganzjährig **Bamfield** auf direktem Wege angesteuert (4,5 Std.; $84 retour). Im Hochsommer sollte man alle Fahrten möglichst vorab reservieren. Alternativ kann man auch einen Anbieter in Ucluelet wählen, dort ein Kayak mieten und per Wassertaxi zu den Broken Group Islands anreisen oder sich einer organisierten Tour anschließen.

Bamfield lässt sich auch mit dem Auto auf einer breiten, meist gut gewarteten Schotterstraße ab Port Alberni (90 km) oder über ein abenteuerliches Wirrwarr an *Logging Roads* ausgehend vom Cowichan Lake (120 km) erreichen bzw. im Sommer auch mit dem Bus ab Victoria, Nanaimo oder Port Renfrew (*West Coast Trail Express*, www.trailbus.com). Die wenigen *Lodges*, B&Bs und Restaurants dieser entlegenen, keine 200 Seelen zählenden Ansiedlung im Herzen der *Pacific Rim Nat'l Park Reserve* verteilen sich auf beide Ortsteile (*East/West Bamfield*), die nur über Wassertaxis miteinander verbunden sind ($5). Beim *Pachena Bay Campground* ($36-$60; www.pachenabaycampground.ca) steht die einzige Tankstelle weit und breit. Nur wenig südlich davon starten/beenden Wanderer ihre mehrtägigen **West Coast Trail** *Backpacking*-Touren (➤ Exkurs Seite 376).

Südlich von West Bamfield erstreckt sich Brady's Beach (ca. 20 min zu Fuß), ein besonders malerischer und ruhiger Küstenabschnitt mit zahlreichen bewaldeten Felsinselchen, bunten Gezeitenbecken bei Ebbe und einem »Blowhole«, aus dem bei Flut das Wasser bis zu 6 m empor schießt

Ucluelet

Kurz vor der Küste zweigt von der #4 die Straße nach Ucluelet ab (noch ca. 8 km). Direkt an der Kreuzung steht das große ***Pacific Rim Nat'l Park Visitor Centre***. Dort sollte man sich unbedingt Kartenmaterial und Gezeitentabellen (*tide charts*) besorgen; im Sommer täglich 9-19 Uhr, www.pacificrimvisitor.ca.

Ucluelet (sprich: *Ju-clú-let*; 1.700 Einwohner) lebt zwar heute überwiegend vom Tourismus, ist aber ein altes Fischerdorf und etwas ruhiger als das weiter nördlich gelegene Tofino, das als Kanadas »Surf Capital« gilt und wo im Sommer immer entsprechend viel los ist. Beide Orte sind gute Ausgangspunkte fürs ***Whale Watching*** im *Barkley Sound*, Ucluelet auch für Kajaktrips durch die Broken Group Islands (➤ Exkurs links). Das ***Aquarium*** ist sehr klein, gefällt aber wegen der vielen *Touch Pools* Kindern meist sehr gut; $14/$7-$10; www.uclueletaquarium.org.

Übernachten

Für Nationalparkbesucher bietet Ucluelet neben Verköstigung (in erster Linie *Seafood*-Restaurants und ein größerer Supermarkt an der Peninsula Road) jede Menge Motels, *Lodges*, Campingplätze und eine **Jugendherberge** (*C&N Backpackers*, 2081 Peninsula Rd; $39/Bett, $90/ DZ; ✆ (250) 726-7416, www.cnnbackpackers.com). Gut untergebracht ist man außerdem bei:

- ***Cabins West*** mit ausgesprochen hübschen Apartments für bis zu 6 Personen im Juli/August $279-$349, sonst ab $149; 258 Boardwalk (beim südlichen Ende der Halbinsel unweit vom Ausgangspunkt des *Wild Pacific Lighthouse Loop Trail* ➤ umseitig); ✆ 1-888-726-7770, www.cabinswest.ca

- ***Wya Point Resort*** mit *Chalets* (ab $450) und Yurten (ca $200; kein Strom!) in fantastisch abgeschiedener Lage und mit eigener malerischer Bucht nördlich von Ucluelet. Die Anlage umfasst auch einen **Campground**, aber die holprige enge Zufahrt ist nicht gut für RVs geeignet; ✆ 1-844-352-6188, www.wyapoint.com.

Am Hafen von Ucluelet

- Der ***Ucluelet Campground*** liegt beim *Small Boat Harbour* in Gehdistanz zum Zentrum an der 260 Seaplane Base Road (nördlicher Ortseingang) und hat relativ enge Stellplätze ($43, mit *full hook-up* $48); ✆ (250) 726-4355; www.uclueletcampground.com. Am schönsten campt es sich im Nationalpark, ➤ umseitig.

Amphitrite Lighthouse in Ucluelet

Für eine kurze Wanderung bietet sich in Ucluelet die 2,6 km lange *Lighthouse Loop* des **Wild Pacific Trail** an. Im Süden des Ortes wird die Halbinsel im dichten Regenwald durchquert und entlang der wilden Felsenküste umrundet. Unterwegs bieten sich tolle Ausblicke auf die vorgelagerten **Broken Group Islands** (➤ Foto Seite 354).

Um einiges länger ist der zweite Abschnitt dieses Küstenwanderwegs im Westen von Ucluelet, der über die *Brown's Beach* bis zu den *Rocky Bluffs* verläuft (8 km *one-way*). Die Route kann aber auch beliebig abgekürzt oder nur abschnittsweise abgelaufen werden. Besonders lohnend ist der Bereich *Artist Loops* mit tollen Aussichtsdecks zwischen windgebeugter Vegetation und grandioser Felskulisse. Hilfreich bei der Orientierung ist die *PDF*-Broschüre unter www.wildpacifictrail.com.

Long Beach Unit

Long Beach

Wer ab dem *Pacific Rim Visitor Centre* der #4 weiter in nordwestliche Richtung folgt, erreicht bald die **Long Beach**, die nördlichste Einheit der **Pacific Rim Nat'l Park Reserve** (Eintritt $7,80). Von Nanaimo fährt man etwa 3,5 Std. bis hierher, ab Victoria sind es knapp 5 Stunden. Von Mai bis September ist das Besucheraufkommen bei *Long Beach* immer hoch, allen voran an verlängerten Wochenenden (*Victoria/Canada/Labour Day* und *Civic Holiday*; ➤ Seite 150).

Abseits der Parkplätze und *Picnic Areas* verlieren sich die Menschen aber selbst in der Hochsaison rasch. Auf dem 10 km langen, mit Treibholz übersäten Sandstrand liegen vergleichsweise wenige »Sonnenanbeter«. *Long Beach* zeigt sich, auch wenn jenseits der Berge an der Ostküste die Sonne scheint, nicht selten von dichtem **Seenebel** eingehüllt. Mit etwas Glück klaren Küstenbrisen den Himmel im Sommer aber schnell wieder auf.

Camping

Das einzige Quartier im Nationalpark ist der **Green Point Campground** mit Duschen/Toiletten wunderbar im Regenwald gelegen. In einem RV zahlt man $32 inkl. Stromanschluss (Reservierungen unter ✆ 1-877-737-3783 bzw. www.reservations.pc.gc.ca), *Walk-in-Sites* für Zelt-Camper kosten etwas weniger ($27), sind aber in der Hauptsaison meist schon früh am Tage belegt.

Besucher-zentrum

Sich die Füße vertreten kann man auf acht gut ausgebauten kurzen Pfaden. Eine Übersichtskarte mit Details liefert u.a. das Portal www.longbeachmaps.com/pacific-rim-national-park.html. Ausführliche Infos und *Trail Guides* erhält man außerdem im Nationalpark-Besucherzentrum beim Abzweig nach Ucluelet sowie im **KWisitis Visitor Centre** bei der **Wickaninnish Beach** am Südende der *Long Beach* (geöffnet im Sommer täglich 9.30-19 Uhr).

Kultur der Ureinwohner

Eine Ausstellung im K^Wisitis-Besucherzentrum beleuchtet die Kultur und Geschichte der **Nuu-chah-nulth First Nation**, die seit Tausenden von Jahren an der Westküste der Insel lebt, auch heute noch kleinere Siedlungen innerhalb der Nationalparkgrenzen unterhalten und maßgeblich bei der Parkverwaltung sowie bei Lehrprogrammen mitwirkt. Zu ihrer Stammesgruppe gehören in Kanada insgesamt 15 Ethnien und in den USA kommen noch die auf der Olympischen Halbinsel ansässigen *Makah*-Indianer hinzu.

Schooner Cove

Eine besonders empfehlenswerte Wanderung beginnt am nördlichen Ende der *Long Beach*. Der **Schooner Cove Trail** führt dort auf Holzplankenwegen durch einen märchenhaften Regenwald und endet nach 336 Stufen und 1 km an einer breiten sandigen Bucht. Linker Hand erstreckt sich *Long Beach* und wer sich nach rechts wendet und die Landzunge umrundet, gelangt nach einem weiteren Kilometer in jene Bucht, die dem *Trail* seinen Namen gab. Unbedingt Gezeiten beachten, da bei Flut der Rückweg möglicherweise blockiert ist: www.waterlevels.gc.ca/eng/station?sid=8615.

Zum **Schwimmen** laden bei *Long Beach* weder Wasser noch Wogen ein, Unentwegte halten aber auch die eiskalten Temperaturen (selbst im Hochsommer maximal 14°C) nicht davon ab.

Surfen

Neben dem populären **Beachcombing** (Wandern und Strandgut erforschen) ist – dank der langen Wellen aus der Weite des Pazifik – **Surfen** (im Neoprenanzug) eine beliebte Aktivität. Auch auf den Stränden weiter nördlich (*Cox Bay* und *South/North Chesterman Beach*) wird fleißig auf den Brettern gestanden. Allerorts sieht man Neulinge bei ihren »Trockenübungen« auf dem Strand (➤ Foto unten) und wie sie sich anschließend zuversichtlich – oder auch mal weniger geschickt – in die Fluten stürzen.

Surf Sister Surf School rühmt sich die größte rein weibliche Surfschule der Welt zu sein. Dort weiht *frau* zur Not auch Männer in die Kunst des Wellenreitens ein. Am besten bucht man gleich das 2-tägige Training (ca. $180; 2x 3 Stunden). Treff- und Startpunkt ist in Tofino an der 625 Campbell St (gegenüber vom *Days Inn*); ✆ 1-877-724-SURF, www.surfsister.com.

Surf-Unterricht an den Stränden südlich von Tofino

Tofino

Am Ende der Straße liegt – außerhalb des Nationalparks am *Clayoquot Sound* – das im Sommer immer gut besuchte und meist ausgebuchte **Touristenstädtchen Tofino** (knapp 2.000 Einwohner). Das **Visitor Centre** steht an der 1426 Pacific Rim Hwy und hat von Juni bis September 9-17 Uhr geöffnet; www.tourismtofino.com.

Unterkunft

Tofino verfügt über viele Quartiere, Restaurants und Campingplätze. Rund 3 km südlich des Ortes an der **MacKenzie Beach** (mit faszinierenden Gezeitenbecken bei Niedrigwasser) gibt es gleich einige empfehlenswerte Unterkünfte, darunter:

- **Ocean Village**, 555 Hellesen Dr; Zimmer $149, *Cabins* ab $200 (➤ Foto unten); ✆ 1-866-725-3755 www.oceanvillageresort.com
- **Best Western Tin Wis Resort**, gleich nebenan; 1119 Pacific Rim Hwy, im Sommer ab $460; ✆ 1-888-670-7234, www.tinwis.com.
- **Middle Beach Lodge**, sehr gemütliches Haus, fabelhaft gelegen am nördlichen Ende des Strandes an der 400 MacKenzie Beach Road; ab $139; ✆ 1-866-725-2900, www.middlebeach.com.
- Das **Tofino Stormbay Guest House** steht etwas zentrumsnäher (709 Bond Lane) und hat sehr gute Apartments, für 6 Personen ca. $350; reservierbar über Portale wie airbnb.de oder booking.com.

Hostel

Am günstigsten ist die Unterbringung im direkt am Ufer errichteten **HI Tofino Whalers on the Point Guesthouse**; $50/Bett, DZ $129 (mit Bad $169); ✆ 1-855-725-3443, www.tofinohostel.com. Der ultimative Tipp für Wildnis-Fans ist das **Lone Cone Hostel & Campground** auf der vorgelagerten Insel **Meares** ($35/Bett, Doppelzimmer $90-$120, Zeltplatz für 2 Personen $55-$75; die 15 min-Wassertaxi-Fahrt dorthin ist inklusive; www.loneconetrail.ca).

Camping

- Das **Crystal Cove Beach Resort** an der MacKenzie Beach umfasst einen Komfortplatz für RVs ($70) sowie *Cabins* (ab $319); 1165 Cedarwood Place; ✆ 1-877-725-4213, www.crystalcove.ca.
- Akzeptabel ist auch der **Bella Pacifica Campground** am Südende des Strands (400 MacKenzie Beach Road); Zelte $47-$56, RVs $58; ✆ (250) 725-3400, www.bellapacifica.com.

- Auf *first-come, first-served*-Basis werden die RV-Stellplätze im **MacKenzie Beach Resort** gleich nebenan vergeben ($49/$59 mit/ohne *hook-up*). Mit Zelt zahlt man im Wald $49, für den Ozeanblick $59; ✆ (250) 725-3439, www.mackenziebeach.com.

Ocean Village Cabins an der MacKenzie Beach bei Tofino

»Tacofino«, eine Kult-Imbissbude
am Küsten-Highway #4

Essen

Kultstatus genießt der kleine orangefarbene Hippie-Bus *Tacofino* unweit der *MacKenzie Beach*, wo neben *Tacos* auch *Burritos* und andere leckere mexikanische Spezialitäten über den Tresen gereicht werden; 1184 Pacific Rim Hwy. Lange Warteschlangen mit hungrigen Surfern (und Touristen) gehören dort zum üblichen Bild. Der lokale Erfolg führte dazu, dass zahlreiche weitere *Tacofino*-Filialen in Vancouver und Victoria eröffneten, www.tacofino.com.

Wer bei Schlechtwetter *indoors* oder auch sonst etwas gemütlicher sitzen möchte, für den ist **The Schooner Restaurant** eine gute Option. Dort stehen vor allem fein zubereitete Steaks und *Seafood* auf der Karte. An Wochenenden wird ab 10 Uhr *Brunch* serviert; 331 Campbell Street; www.schoonerrestaurant.ca.

Eine bombastische Aussicht zum exquisiten *Dinner* oder *Brunch* verspricht **The Pointe Restaurant**, das auf einer Klippe direkt über dem Meer thront und zum *The Wickaninnish Inn* gehört (500 Osprey Lane). Zur Hochsaison unbedingt reservieren: ✆ (250) 725-3106, www.wickinn.com/restaurants-cafe/pointe-restaurant.

Die **Tofino Brewing Company** mit gutem *Craft Beer* ist in einer alten Lagerhalle am 681 Industrial Way untergebracht (zu Fuß ca. 30 min vom Zentrum entfernt); www.tofinobrewingco.com.

Supermarkt

Einen **Supermarkt** (*Co-op*) findet man in »Downtown« an der 140 First Street, er ist deutlich größer und besser sortiert als der *Beaches Grocery*-Laden bei der *Chesterman Beach*.

Aktivitäten

Ein lohnenswertes Ziel bei Tofino (z.B. für den Sonnenuntergang) ist die nur wenig besuchte **Tonquin Beach** im Südwesten der Ortschaft. Ein schöner Waldweg führt ausgehend von der *Community Hall* dorthin, am besten mit Karte: www.tofino.ca/trails.

Skulpturen lokaler Künstler und ein gutes Kaffeehaus gibt es bei den kleinen **Tofino Botanical Gardens**; $12/$8; www.tbgf.org.

Ab Tofino werden auch Ausflüge zur von der *Tla-o-qui-aht First Nation* bewohnten **Meares Island** angeboten; Eintritt: $10/Person mit Regenwald-*Trail* (3,5 km) und grandioser Aussicht von **Lone Cone** (6,5 km retour, 730 HM). Wer dort nicht gleich übernachtet (➤ links), bucht am besten für die Überfahrt ein Wassertaxi (www.tofinowatertaxi.com) oder eine Tour (www.oceanoutfitters.bc.ca).

Whale Watching Touren ab Tofino und Ucluelet

Grauwale, die im März/April vor der Küste Vancouver Islands auf ihrem Weg von Mexico nach Alaska vorbeiziehen und im Sept/Okt in umgekehrter Richtung, legen in den weitverzweigten Buchten der Insel gern eine Rast ein. Über 200 Tiere bleiben sogar den ganzen Sommer über. **Buckelwale** zeigen sich dort von Juni bis September. Bei *Adventure Tofino Wildlife Tours* zahlt man $105/$79 für die 2,5-3 Stunden im abenteuerlichen *Zodiac*-Schlauchboot; Kinder erst ab 8 Jahren; www.adventuretofino.com. Es gibt aber noch viele weitere Anbieter, darunter *Jamie's*, der von Tofino oder Ucluelet startet und neben *Zodiacs* auch größere Schiffe im Einsatz hat (3 Stunden, $109/$79; www.jamies.com). Selbst bei anderen Ausflügen, wie z.B. zur *Hot Springs Cove*, sind – mit etwas Glück – Walbeobachtungen möglich. Seehunde, -löwen, -otter, Weißkopfseeadler, Gelbschopflunde sowie Schwarzbären ergänzen das *Wildlife*-Programm. **Schwertwale** lassen sich am besten bei den Touren ab Victoria (➤ Seite 366) oder Telegraph Cove an der Ostküste (➤ Seite 402) beobachten.

Hot Springs

Für noch mehr Abwechslung sorgen bei einem Tofino-Aufenthalt die heißen Badepools und Wasserfälle der **Hot Springs Cove**. In die völlige Einsamkeit des **Maquinna Marine Provincial Park** gelangt man nur per Wasserflugzeug (20 min) oder Bootstrip (75 min). Von dem Anlegeplatz, 50 km nördlich von Tofino, geht es auf einem Plankenweg 2 km durch Regenwald zu einer schönen Schlucht mit natürlichen übereinanderliegenden Felspools, die durch einen Wasserfall gefüllt werden. Der obere Pool hat 50°C, die unteren werden sukzessive kühler und bei Flut teilweise überspült – **TOLL!**

Mit *Adventure Tofino* (➤ oben) zahlt man $129/$109 für den 6-6,5 Stunden-Trip (vor Ort bleiben ca. 2 Std. für das Bad). Eine Alternative ist das **Tofino Water Taxi**: $129/$99-$109, ebenfalls 6 Std.; www.tofinowatertaxi.com. Man kann auch mit dem Boot hinfahren und am Rückweg mit dem Wasserflugzeug den Blick aus der Vogelperspektive auf Tofino und die umliegenden Inselchen genießen; $224/$203; Infos: www.oceanoutfitters.bc.ca/sea-2-sky.

Beim Anflug auf Tofino

*Schwarz-
bären sind
kein seltener
Anblick
an den
Küsten von
Vancouver
Island.
Ab Tofino
werden
auch »Bear
Watching«
Bootstouren
angeboten*

7.5.2 Von Parksville/Qualicum Beach nach Port Hardy

An der zentralen Ostküste der Insel

Parksville

Bei einer Fahrt an der Ostküste auf der #19 verdichtet sich hinter Nanaimo die touristische Infrastruktur. **Parksville** (12.500 Einw.) bildet nach dem bereits erwähnten *Rathtrevor Beach Park* (➤ Seite 384) den ersten großen Ferienschwerpunkt mit hohem Verkehrsaufkommen entlang seiner Hotel-, *Fast Food*- und *Beach*-meile. Die Strände sind dort zwar lang und sogar das Meerwasser ist einigermaßen warm, aber besonders schön sind sie nicht. Zudem befindet sich der Küstenstreifen überwiegend in Privatbesitz. Aber immerhin bietet der ausgedehnte *Community Park* im zentralen Bereich von Parksville Badestrände (frei) und Mitte Juli jede Menge Sandburgen bei der *Sand Sculpting Competition*.

Craig Heritage Park Museum

Das Freilichtmuseum von Parksville gibt Einblick in das Leben der ersten Siedler (acht alte Holzblockhütten teils mit Originaleinrichtung); südlich der Stadt an der #19A gleich neben dem **Besucherzentrum**; Juni-Sept Mi-So 10-16 Uhr; www.parksvillemuseum.ca.

Qualicum Beach

Wer von Port Alberni die Reise in Richtung Norden fortsetzen möchte, folgt der #19 bis zum beliebten Seebad Qualicum Beach und von dort der Straße #4 zur **Autobahn #19**, die Parksville über Courtenay-Comox mit Campbell River verbindet.

Horne Lake Höhlentouren

Im *Horne Lake Caves Provincial Park* bei Qualicum Bay kann sich jedermann/frau als Höhlenforscher versuchen. Das Angebot reicht von der leichten 1-stündigen *Cave Experience* (mit unterirdischer Rutsche!) bis hin zur anspruchsvollen 5-Std-Abseiltour; Reservierungen unter www.hornelake.com. Ein Spaß vor allem mit Kindern! Die Zufahrt ab der #19 erfolgt über die Horne Lake Road großteils auf Schotter (*Exit 75*; 13 km *one-way*).

Denman & Hornby Island

Die Abfahrt 101 von der #19 führt südlich von Courtenay zur Anlegestelle der Fähre nach **Denman Island**, einem ruhigen, wenig erschlossenen Sommerferienziel. Die Überfahrt vom *Buckley Bay Ferry Terminal* dauert nur 10 Minuten. Über Denman Island gelangt man auch weiter zur kleinen **Hornby Island** mit gleich drei Provinzparks und etlichen einsamen Stränden.

Show & Shine beim Comox Valley Classic Cruisers Event

Comox Valley

Das *Comox Valley* um die **Doppelstadt Courtenay-Comox** (zusammen über 40.000 EW) geht auf Kohlebergwerke zurück, von denen 1966 das letzte die Förderung einstellte. Heute ist das Gebiet um den *Comox Harbour* eine weitere Hochburg des Fremdenverkehrs. Das große *Visitor Centre* passiert man noch vor dem Erreichen des kompakten Zentrums, gleich östlich der #19/*Exit* 117; im Sommer täglich 9-17 Uhr; www.discovercomoxvalley.com.

Oldtimer Show

Spannend ist die *Oldtimer*-Show **Comox Valley Classic Cruisers**, die alljährlich Ende Juli in Courtenay und Comox abgehalten wird. Samstagabend präsentieren sich die kuriosen und teils sündteuren Karossen bei der großen Auto-Parade und sonntags zur »**Show & Shine**«. Besucher dürfen dann ihre neugierigen Nasen in Hunderte von offenen Motorhauben stecken und ggf. auch mit den Besitzern etwas fachsimpeln; www.cvclassiccruisers.com/events.

Unterkunft

An Quartieren mangelt es im *Comox Valley* nicht, sie säumen vor allem die Hauptstraße in und südlich von Courtenay, darunter das

• **Kingfisher Oceanside Resort & Spa** am Strand in Royston, 4330 Island Hwy, eine Art Kurhotel mit schönen Zimmer ab ca. $180, ☎ 1-800-663-7929, www.kingfisherspa.com.

Preiswerte Alternativen sind das:

• **Lake Trail Guesthouse**, östlich der #19 an der 4787 Lake Trail Rd (bei den *Nymph Falls*), mit Einzel- und Doppelzimmer für $55 bzw. $85; ☎ (250) 338-1914, www.laketrailguesthouse.com

• **HI Cumberland Riding Fool Hostel**, 2705 Dunsmuir Ave, zentrale Lage in Cumberland; $28/ Bett, $60/ DZ; historische Herberge mit Radverleih+Café, ☎ 1-888-313-FOOL, www.ridingfool.com.

Fähre zum Festland

Die **Comox–Powell River Ferry** legt in **Little River** ab, ein paar Kilometer nördlich von Comox. Auch über diese nördlichste Verbindung hinüber zum Festland kann eine mehrtägige Vancouver Island-Rundfahrt abgeschlossen werden. Zu beachten ist allerdings, dass dafür an der **Sunshine Coast** (➤ Seite 191) noch zwei weitere Fährfahrten notwendig sind (*Saltery Bay–Earls Cove* und *Langdale–Horseshoe Bay*), so dass einiges an Mehrkosten entsteht; ➤ Seite 358.

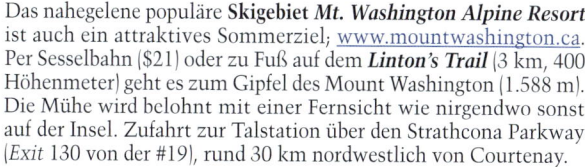

Mount Washington

Das nahegelene populäre **Skigebiet** *Mt. Washington Alpine Resort* ist auch ein attraktives Sommerziel; www.mountwashington.ca. Per Sesselbahn ($21) oder zu Fuß auf dem *Linton's Trail* (3 km, 400 Höhenmeter) geht es zum Gipfel des Mount Washington (1.588 m). Die Mühe wird belohnt mit einer Fernsicht wie nirgendwo sonst auf der Insel. Zufahrt zur Talstation über den Strathcona Parkway (*Exit* 130 von der #19), rund 30 km nordwestlich von Courtenay.

Strathcona Provincial Park

Unmittelbar westlich des Berges erstreckt sich ein ausgedehntes Schutzgebiet und Wanderparadies. Mit knapp 2.500 km² ist der *Strathcona Provincial Park* der größte seiner Art auf Vancouver Island und zugleich der erste Provinzpark British Columbias. Schon früh (1911) erkannte man die Naturschätze im Zentrum der Insel. Die schroffe Gebirgswildnis rund um die höchste Erhebung (**Golden Hinde**, 2.200 m) mit alpinen Wiesen und großen Beständen an Regen(ur)wäldern blieb daher bis heute nahezu intakt und ist Rückzugsgebiet für Wölfe, Pumas sowie für die bedrohten endemischen *Vancouver Island*-Murmeltiere.

Keine 2 km westlich der Mount-Washington-Seilbahnstation steht das kleine *Wilderness Centre* des Parks, dem Ausgangspunkt der *Centennial/Paradise Meadows Loop* (ca. 3 km), die sich mit längeren Wanderungen durch das relativ ebene, seen- und tümpelreiche **Forbidden Plateau** kombinieren lassen; einige *Backcountry Campsites*; $10/Person und Nacht. Gutes Kartenmaterial findet sich unter www.env.gov.bc.ca/bcparks/explore/parkpgs/strath/ bzw. www.mountwashington.ca/downloads/resort/strathmap.pdf.

Als Hauptzufahrt in den Provinzpark dient die **Straße #28** ab Campbell River. Rund 41 km westlich der Stadt passiert man, kurz vor dem Parkeingang, die **Strathcona Lodge** am Ufer des **Upper Campbell Lake** (mit Badestrand). Sie ist in privater Hand und bietet DZ (nur April bis Oktober; $134-$206) sowie *Cottages* (ganzjährig; ab $240). Neben dem *Whale Restaurant* verköstigt im Juli/August auch *Myrna's* die Gäste, ℂ (250) 286-3122, www.strathconaparklodge.com.

Bretterstege ausgehend vom Wilderness Centre im Strathcona Provincial Park

Zahlreiche Rastplätze säumen das Ufer des Buttle Lake, an dessen Südufer die Lower Myra Falls warten

Ab der *Lodge* folgt die Parkstraße dem herrlich langgezogenen **Buttle Lake** bis zu den von Felsen eingerahmten *Lower Myra Falls* am Südende des Sees (ca. 40 km). Ein kurzer Rundweg führt dort hinunter in die Schlucht mit mehrstufigen Kaskaden und glasklaren Pools (1 km; an einer Stelle etwas steiler). Über einen Waldpfad erreicht man außerdem vom Parkplatz jenseits der *Westmin Mine* nach 4 km und ca. 150 Höhenmeter die **Upper Myra Falls**. Von ihrer schönsten Seite präsentieren sich beide Wasserfälle im Frühjahr zur Zeit der Schneeschmelze. Wegbeschreibung mit Karte unter www.10hikes.com/canada/strathcona-provincial-park-hikes/upper-myra-falls-hike.

Camping am Buttle Lake

Wer gleich vor Ort seine Zelte in der Natur aufschlagen möchte, findet im südlichen Abschnitt des Buttle Lake den wunderschön unter alten Baumriesen auf einer Landzunge zwischen Ralph River und Buttle Lake angelegten **Ralph River Campground** sowie am Nordufer des Sees den **Buttle Lake Campground**, der ebenfalls eine Landzunge belegt; reservierbar von Mitte Mai bis Anfang September, beide verfügen aber über etliche *first-come, first-served sites*. Im Zelt oder Wohnmobil zahlt man jeweils $20.

Wasserfälle im Strathcona PP

Neben den bereits erwähnten *Myra Falls* birgt der Park noch zahlreiche weitere Wasserfälle in feinster Regenwaldumgebung. Viele von ihnen liegen in völliger Einsamkeit und fernab der Parkzufahrten, leicht zugänglich sind am Ostufer des Buttle Lake die idyllischen **Karst Falls** (4 km retour; *Trailhead* gegenüber der *Karst Creek Campsite*) und die 40 m hohen **Lupine Falls** etwas weiter nördlich (1,6 km retour) sowie an der #28 westlich des Upper Campbell Lake die **Lady Falls** (1,8 km retour 30 HM).

Die **Della Falls**, die höchsten Wasserfälle Nordamerikas (440 m), liegen im unerschlossenen Hinterland des *Strathcona PP* und sind nur über eine Mehrtagestour ausgehend vom Great Central Lake westlich von Port Alberni zu erreichen, ➢ Seite 387.

Gold River

Folgt man der #28 von der *Strathcona Lodge* über den *Buttle Lake Campground* weiter in westliche Richtung gelangt man zur Ortschaft **Gold River** (knapp 50 km) mit allen nötigen Versorgungseinrichtungen (Motels, Restaurants, Tankstelle etc.).

Tree to Sea Drive

Dort beginnt der landschaftlich reizvolle ***Tree to Sea Drive*** hinaus an die Westküste. Auf dem Weg, 18 km hinter Gold River, liegen die ***Upana Caves***, eine Ansammlung kleinerer und größerer Kalksteinhöhlen, die über einen hübschen, aber teils etwas steileren Waldweg miteinander verbunden sind. Man darf die *Caves* auf eigene Faust erforschen, sollte aber unbedingt Taschenlampe(n) und warme Kleidung mitnehmen. Drinnen hat es selbst im Hochsommer kaum mehr als 7°C. Die selbstgeführte Tour dauert in etwa eine Stunde. Nähere Details dazu auch im Besucherzentrum von Gold River direkt beim Abzweig des *Tree to Sea Drive* sowie unter www.gocampbellriver.com/upana-caves.

Nootka Sound

Hinter den Höhlen geht es weiter – auf Schotter – ins abgeschiedene **Tahsis**, noch in den 1970er-Jahren ein geschäftiger Westküstenort, der mit dem Niedergang des holzverarbeitenden Gewerbes zusehends verfiel. Heute buhlt Tahsis um Gäste und bemüht sich – ähnlich wie Gold River – in der Tourismusbranche Fuß zu fassen. Das Gebiet am Nootka Sound ist ein Geheimtipp für Kajakfahrer ($45/Tag; www.getwest.ca) und populär unter Sportanglern.

7

Ungewöhnlicher Totem Pole der
Wei Wai Kum First Nation auf dem
Campbell River Indian Band Cemetery

Weiterfahrt nach Norden

Campbell
River

Campbell River, mit 35.000 Einwohnern drittgrößte Stadt auf der Insel, ist ein Mekka für Sportfischer – das Gros der Besucher ist vor allem am Lachsfang interessiert. Von morgens früh bis abends spät hoffen sie am **Discovery Pier**, der 200 m in die *Discovery Passage* hineinragt, auf das große Anglerglück (Zufahrt von der #19A südlich des Zentrums). Die Touristeninfo der Stadt befindet sich an der *Tyee Plaza*; 1235 Shoppers Row; www.campbellriver.travel.

In Campbell River stehen zahlreiche kleine und größere **Totempfähle**, eine hübsche Ansammlung z.B. am *Indian Band Cemetery* an der **Spit Road** nur wenig nördlich des *Discovery Harbour Shopping Centre* (1416 Island Hwy). Für Detail-Fotos benötigt man dort ein Tele-Objektiv, denn der Friedhof darf nicht betreten werden. Näher kommt man den *Totems*, die direkt beim *Shopping Centre* in die Höhe ragen. Sogar die Einfahrt zum *Walmart* (1477 Island Hwy) schmückt ein recht ansehnliches Exemplar.

Alljährlich Anfang August findet in Campbell River das 3-tägige **Logger Sports & Salmon Festival** statt, bei dem Holzfäller (*Logger*) aus nah und fern gegeneinander antreten, ihre Äxte schwingen lassen und riesige Baumstämme erklimmen, zersägen oder zerhacken. Dazu werden allerlei Lachs-Gerichte serviert und Live-Musik gespielt; www.crsalmonfestival.com.

Weißkopfseeadler
sind allgegenwärtig
auf Vancouver Island.
Auch sie haben es auf
die nahrhaften Lachse
abgesehen, die ab
August die Flüsse in
der Umgebung von
Campbell River zu
ihren Laichgründen
hinaufwandern; im
Hintergrund ein
Jungvogel noch mit
braunen Kopffedern

Holzschnitz-
Kunstwerke in
Campbell River

Beachtlich sind auch die Kunstwerke, die alljährlich Mitte Juni im Zuge des **Transformation on the Shore**-Wettbewerbs entstehen. Seit 1997 bearbeiten Holzschnitzer im *Frank James Park* Baumstämme mit ihren Kettensägen. Einige davon sind dort auch ganzjährig zu bewundern; an der Küstenstraße #19A auf der Höhe der *7 Eleven*-Tankstelle; http://cr shorelinearts.ca.

Übernachten

- Die Spit Road (➤ links) führt weiter nach Norden zum **Thunderbird RV Resort** direkt beim Wasser; enge, relativ laute RV-Plätze ab $40, *Cottages* ab $200; www.thunderbirdrvpark.com.
- Die luxuriös-rustikale **Painter's Lodge** steht unmittelbar am Ufer und hat DZ ab $200 sowie ein Restaurant; 1625 McDonald Road; ✆ 1-888-999-2799; www.painterslodge.com.

Elk Falls Canyon

Einen tollen Blick »von oben« auf die 25 m hohen Fälle des Campbell River, die 5 km westlich der Stadt tosend in eine tiefe Schlucht stürzen, gewährt die erst 2015 errichtete Hängebrücke im **Elk Falls PP**; Zufahrt über die #28 (in Richtung *Strathcona Park*) und Brewster Lake Rd; www.env.gov.bc.ca/bcparks/explore/parkpgs/elk_falls.

Im Ostteil des Provinzparks bieten sich entlang des **Canyon View Trail** ausgehend vom Campingplatz ($22) zudem gute Möglichkeiten zur Lachsbeobachtung (5 km Rundweg). In der **Quinsam Salmon Hatchery** südlich des Parks, einer der größten Aufzuchtstationen Kanadas, gibt es die jungen Tiere das ganze Jahr über zu sehen. Zwischen September und November kehren außerdem die erwachsenen Lachse aus dem Ozean zurück um am Quinsam River zu laichen. Dann ist etwas Vorsicht auf dem *Nature Trail* geboten, denn der Fischreichtum lockt auch die Schwarzbären aus der Umgebung an. Der Eintritt ist frei; täglich ab 8 Uhr, die Tore an der Quinsam Road schließen pünktlich um 16 Uhr.

Quadra Island

Nur 10 Minuten dauert die Überfahrt mit der Fähre ab der *Tyee Plaza* hinüber nach Quadra Island. Dort kann man das gute Museum zur Kultur der *Kwakwaka'wakw First Nation* besuchen (**Nuyumbalees Cultural Centre**; geöffnet Do-Mo 10-16 Uhr; $10; www.museumatcapemudge.com) und eine schöne Rundfahrt bis zur Landspitze im **Rebecca Spit Marine Provincial Park** machen. Die Insel ist Teil der **Discovery Islands**, die die Strait of Georgia bis auf wenige enge Meerespassagen fast zur Gänze einnehmen.

7

Telegraph Cove

Lohnt eine Fahrt bis Port Hardy?

Die Hauptroute #19 weiter nach Norden ist gut ausgebaut, hinter Campbell River verlässt sie bald den Küstenbereich und läuft dann durch eine überwiegend gleichförmige Waldlandschaft. Viele Kahlschläge nehmen ihr über weite Strecken den Reiz. Ohne die Absicht, im 230 km entfernten Port Hardy die Fähre nach Prince Rupert bzw. Bella Coola zu besteigen oder eine Bären-/Waltour ab Telephone Cove zu unternehmen, lohnt eine Weiterfahrt in die **Einsamkeit des Inselnordens** nur bedingt, zumal retour noch einmal dieselbe Strecke anfällt. Der Cape Scott Provinzpark am äußersten Nordwestzipfel von Vancouver Island verspricht zwar ein **Naturerlebnis ersten Ranges**, »verschlingt« jedoch jede Menge Zeit, die man vielleicht an anderer Stelle dringender braucht.

Ein Kuriosum entlang der Strecke ist das ***Cablecook House***, ein von mächtigen Drahtseilen umwickeltes Restaurant in der Mini-Siedlung **Sayward**. Ein echtes Highlight wartet aber erst 60 km vor Port Hardy, dort führt eine Stichstraße nach Telegraph Cove (11 km).

Telegraph Cove

Das **charmante kleine Fischerdörfchen** besitzt höchstens ein Dutzend ständige Bewohner, füllt sich aber den Sommer über mächtig mit Tagesgästen. Es ist nicht nur Ausgangspunkt hervorragender Grizzly-Touren (➤ Exkurs rechts), sondern auch sehr beliebt bei *Whale Watchern*. Im Treffpunkt des Ortes, dem gemütlichen ***Killer Whale Cafe*** mit Sonnenterrasse, wird man mit Infos und gutem Essen versorgt.

Rund **200 Orcas** halten sich durchgängig von Ende Juni bis Mitte Oktober in der *Johnstone Strait* auf. Die Boote ***Lukwa*** und ***Kuluta*** starten täglich um 9 bzw. 13 Uhr von Ende Mai bis Anfang Okt. und im Hochsommer zusätzlich um 11, 15 und 17 Uhr. Die 3-Std-Touren kosten $106/$91. Reservierung empfohlen: ***Stubbs Island Whale Watching***, ✆ 1-800-665-3066, www.stubbs-island.com.

Abends kehrt zwischen den liebevoll gepflegten, auf Stelzen ins Wasser gebauten Häusern wieder Ruhe ein. Hölzerne Stege (*Boardwalks*) verbinden sie miteinander. Einige der Stelzenhäuser bieten auch Zimmer an, so z.B. das *Telegraph Cove Resort*; ab $145; ✆ 1-800-200-4665, www.telegraphcoveresort.com.

Grizzlybären-Touren

Grizzlybären sind nicht heimisch auf Vancouver Island, nur sehr selten betreiben einzelne Exemplare »Inselhopping« und gelangen dann schwimmend auch dorthin. Das bedeutet aber nicht, dass man während seines Aufenthalts keine Möglichkeiten hat sie aus nächster Nähe zu erleben. Ganz im Gegenteil, **ab Telegraph Cove** wird sogar eine der besten Bären-Exkursionen von British Columbia angeboten: die *Tide Rip Grizzly Bear Nature Tours* zum *Knight Inlet* an der gegenüberliegenden, abgeschiedenen Festlandküste. Grizzlys suchen den Sommer über bevorzugt diesen schmalen Meeresarm auf und lassen sich dann auch von neugierigen Touristen kaum stören, wenn sie nach ihrer Lieblingsspeise, den dort vorbeiziehenden Lachsen, Ausschau halten.

Nach eine kurzweiligen, 2-stündigen Überfahrt steigt man bei Glendale Cove in kleinere Safariboote um, meist hat man aber auch vom größeren Schiff schon jede Menge Tiere gesichtet. Robben, Delfine und Wale gibt es normalerweise als gratis Zugabe. Die sonst nur per Wasserflugzeug zu erreichende *Knight Inlet Lodge* in Glendale Cove schmückt sich mit dem Beinamen »*Canada's Premier Grizzly Bear Resort*« (www.grizzlytours.com/lodgings-knight-inlet.php). Und tatsächlich stehen ab Ende August meist Dutzende von Bären zeitgleich an den Laichgründen am Glendale River, ein Naturschauspiel das seinesgleichen sucht!

Die *Tide Rip*-Touren lohnen sich aber auch zu einem früheren Zeitpunkt schon. Ende Mai-Mitte Juni ist z.B. perfekt um kleine Babybären zu beobachten. Zudem findet dann die Partnersuche statt mit entsprechend viel »Reibereien« unter den großen Bären und reichlich Action für die Besucher. In der Vorsaison (Mitte Mai–Mitte Juli) zahlt man ab Telephone Cove $330, Mitte Juli-September $370; täglich 7-16 Uhr inkl. *Lunch*; Kinder erst ab 10; ✆ 1-888-643-9319; www.tiderip.com.

Der dazugehörige, schön angelegte **Campingplatz** zwischen zwei Bächen mitten im Wald liegt ca. 1 km vom Ort entfernt; $34-$38. Direkt an der Marina befindet sich zudem ein *RV Park* mit zwar wenig Privatsphäre, aber in Kneipennähe. Stellplätze mit *full hookup* kosten dort $45; www.telegraphcove.ca/content/rv-park.

Alert Bay   Erst beim kleinen **Port McNeill** stößt die #19 wieder kurz an die Küste; www.portmcneill.net. Dort setzt eine Fähre nach Alert Bay auf **Cormorant Island** über (40 min). Zwischen Mitte Juni und Mitte Oktober halten sich in den umgebenden Meeresstraßen viele Orcas auf. Unter den 1.800 Inselbewohnern überwiegen Indianer vom Stamm der *Kwakwaka' wakw*. Die Kultur manifestiert sich u.a. in Totempfählen auf den **Namgis Burial Grounds** im Dorf und **World**'s **Tallest Totempole** (52,7 m), ca. 1,5 km vom Anleger entfernt. Der Friedhof darf nicht betreten werden, aber man sieht die Pfähle auch von der Straße aus. Im *U'mista Cultural Centre* sind lokale Tradition und Geschichte aufbereitet; geöffnet im Sommer täglich 9-17 Uhr; Eintritt $12/$5; www.umista.ca.

Eine kleine Besucher-Info steht an der 118 Fir Street. Die Insel verfügt auch über eine Reihe von Unterkünften sowie über einen *Campground*: www.alertbay.ca/accommodations-attractions.

7.5.3   Port Hardy und Umgebung

Port Hardy

Kurz vor Port Hardy (4.000 Einwohner; *Visitor Info* an der 7250 Market Street, ✆ 1-866-427-3901, www.porthardychamber.com) zweigt eine 5 km lange Stichstraße zum ***Terminal Bear Cove*** der Fähre nach Prince Rupert bzw. Bella Coola ab. Zum Ort sind es auf der **Straße #19** rund um die Bucht noch einmal 5 km. Zu sehen gibt es dort außer einer hübschen Lage am Wasser nicht viel. Port Hardy erfüllt Versorgungsfunktion für den Inselnorden und profitiert vom Tourismus, den die Fähren mit sich bringen.

Fähren

Jeden zweiten Tag legt im Sommer die **Autofähre nach Prince Rupert** ab und trifft 16 Stunden später dort ein. Die Überfahrt nach Bella Coola durch die *Discovery Coast Passage* dauert in etwa genauso lang (alle 2-4 Tage). Mit Fahrzeug sind beide Fähren sehr teuer (➤ Tabelle Seite 358) und müssen unbedingt **lang im Voraus reserviert** werden; www.bcferries.com.

Unterkunft

Der Fahrplan bedingt im Normalfall eine **Übernachtung in Port Hardy** vor bzw. nach der Nutzung der Fähre. Ein gutes Zimmer für nur ca. $130 findet man u.a. im:

- ***Scotia Bay B&B***, 515 Scotia Bay; an einer schönen Bucht nördlich der Stadt, ✆ (250) 949-7338; www.scotiabaybnb.com
- ***Glen Lyon Inn***, 6435 Hardy Bay Rd; südlich von Port Hardy mit Blick aufs Wasser; ✆ 1-877-949-7115; www.glenlyoninn.com
- ***Abusa by the Sea***, *First Nation*-Quartier am Strand von Fort Rupert; 98 Tsaxis Rd, ✆ (250) 902-8463, www.abusabythesea.com.

In der Jugendherberge **North Coast Trail Backpackers** kosten Betten $30 und DZ $69 (mit Bad $84); 8635 Granville Street, ✆ 1-866-448-6303, www.northcoasttrailhostel.com.

San Josef Bay, eine malerische Bucht im entlegenen Cape Scott Provincial Park

Verwunschene Pfade schlängeln sich durch den Regenwald im Cape Scott PP

Camping

Erste Wahl ist der **Quatse River Regional Park** 5 km südlich der Stadt (8400 Byng Rd, $25/Zelt, $40/RV; www.quatsecampground.ca), eine Alternative das komfortable **Port Hardy RV Resort** (8080 Good Speed Rd, $40; ✆ 1-855-949-8118, www.porthardyrvresort.com).

Cape Scott Provincial Park

Der Provinzpark nimmt die gesamte Nordwestecke von Vancouver Island ein. Für Wildnisenthusiasten zählt er neben dem *West Coast Trail* zu den **schönsten und entlegensten Zielen** der Insel. Cape Scott wird nahezu ausschließlich von Wanderwegen erschlossen. Nur eine raue Forststraße führt in die südlichste und zugleich sehenswerteste Bucht des Parks, die **San Josef Bay**. Die Anfahrt ab Victoria dauert über 8 Stunden (570 km), ab Nanaimo 6 Std und ab Port Hardy (70 km) ist man auch noch gute 2 Std unterwegs; www.env.gov.bc.ca/bcparks/explore/parkpgs/cape_scott.

San Josef Bay

Noch vor dem Erreichen von Port Hardy, zweigt die ausgeschilderte *Logging Road* in Richtung »Cape Scott PP/Holberg« ab. Es folgt ein letzter »Hauch« von Zivilisation – im Mini-Nest Holberg gibt es einen *Pub* – und dann ist man auf sich alleine gestellt. Auch Straßenschilder oder ähnliches wird man bis kurz vor dem *San Josef Bay Trailhead* kaum mehr entdecken können.

Von dort geht es dann nur noch zu Fuß weiter, rund 2,5 km durch einen dschungelartigen **Märchenwald** bis hinaus an die relativ kleine **San Josef Bay**, wo kristalliner weißer Sand und eine ganze Reihe von kleinen bewachsenen Felsinselchen warten, die bei Niedrigwasser frei liegen (➤ Foto links). Die Gezeiten finden sich unter www.waterlevels.gc.ca/eng/station?sid=8790.

Wer $10/Person in bar fürs *Backcountry Camping* dabei hat, darf sich vor Ort vom Meeresrauschen in den Schlaf wiegen lassen. Am Ende des Sandstrands befinden sich ein Bären-Container (fürs Essen und andere geruchsintensive Gegenstände) wie auch eine Toilette.

Etwas Abenteuergeist sollte man allerdings mitbringen, denn in dieser von Menschen nur wenig frequentierten Bucht sind **Wölfe** und **Schwarzbären** umso häufigere Gäste!

Raft Cove

Und wer schon die weite Anreise in Kauf genommen hat, kann im Anschluss auch gleich noch einen Abstecher zum ***Raft Cove PP*** südlich der *San Josef Bay* machen (11 km *one-way* ab dem ausgeschilderten Abzweig von der Verbindungsstraße nach Port Hardy).

Weiterfahrt ab Port Hardy

Für die Fortsetzung der Rundreise ab Port Hardy ist – egal in welche Richtung – eine Fährfahrt notwendig. Zurück nach **Vancouver** geht es am schnellsten mit dem Auto bis Nanaimo und von dort aufs Festland, alternativ auch über Victoria oder Comox (➤ *Sunshine Coast*, Seite 191). Nach Norden führen die Fähren direkt nach **Bella Coola** und **Prince Rupert**. Zur nächsten größeren Insel im Pazifik, **Haida Gwaii** (➤ Exkurs rechts), besteht keine direkte Verbindung, hier muss man zuerst nach Prince Rupert fahren und von dort dann nach Skidegate auf Graham Island übersetzen.

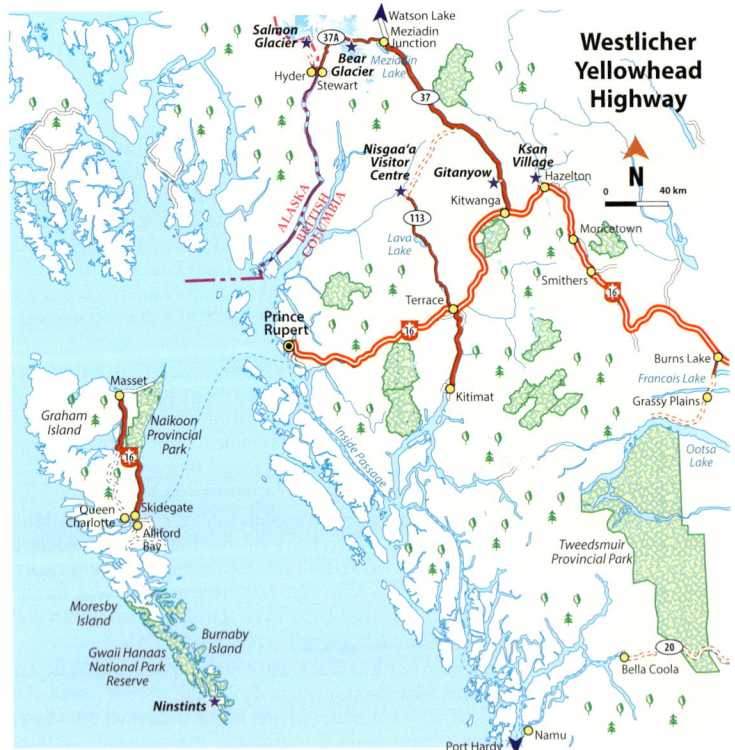

Ausflug in das Land der Haida

Neben den Verbindungen nach Vancouver Island und Alaska legt am *Ferry Terminal* von **Prince Rupert** auch die Fähre nach **Skidegate** ab, einem Dorf mit gerade 800 Einwohnern auf Graham Island. Die Insel gehört – gemeinsam mit Moresby Island sowie 200 kleinen Inselchen – zum **Haida Gwaii-Archipel**, das wie Kanadas »Last Frontier« wirkt. Zwar verläuft auf Graham Island, rund 50 km vom Festland entfernt, das letzte Stück des *Yellowhead Highway* (#16) von Skidegate hinauf an die Nordküste, aber der Rest des Eilands und der gesamten Inselgruppe gleicht nach wie vor einer durch Straßen nahezu unerschlossenen Westküstenwildnis.

Bis 2009 war Haida Gwaii (»Inseln der Leute« in der Sprache der indigenen Völker) offiziell unter dem Kolonialnamen *Queen Charlotte* bekannt. Diese Bezeichnung trägt heute nur noch eine zweite kleine Ansiedlung 6 km westlich der Fähranlegestelle. In **Charlotte**, wie sie meist liebevoll kurz genannt wird, befinden sich die meisten Unterkünfte und Restaurants. Empfehlenswert ist dort z.B. das *Sea Raven Motel* mit *Seafood*-Lokal; DZ $90; www.searaven.com.

Keine 100 km ist der Abschnitt des Hwy #16 zwischen Skidegate und **Masset** lang. Der kleine Ort an der abgeschiedenen Nordküste hat neben einem Militärstützpunkt, Fischerhafen und dem *Milemarker* »0« (direkt beim Besucherzentrum) auch jede Menge hübscher Totempfähle; *PDF-file* zur Rundtour durch *Old Masset* unter www.gohaidagwaii.ca/blog/a-totem-pole-tour-in-old-massett. Mit knapp 900 Einwohnern ist Masset ähnlich groß/klein wie Skidegate oder Charlotte und die Infrastruktur ebenfalls sehr überschaubar.

Gut die Hälfte der Bevölkerung von Haida Gwaii gehört der *Haida First Nation* an. Einen sehr guten Einblick in ihre Kultur sowie in die Geschichte der Inseln gibt das *Haida Heritage Centre* in Skidegate; im Juli/August 10-18 Uhr, Do-Sa bis 20 Uhr, sonst kürzer; $16, Kinder $5-$10; www.haidaheritagecentre.com.

*»**Spirit of Haida Gwaii**« – die 6 m lange Skulptur am Abflugterminal des Vancouver Internat'l Airport ist ein Werk des Haida-Künstlers Bill Reid (1920-1998)*

*Kunstvoll
bemaltes Boot an
der Küste
von Haida Gwaii*

Zur zweitgrößten Insel des Archipels, **Moresby Island**, gelangt man per Autofähre ab Skidegate (20 min, mehrfach pro Tag), mit dem Wasserflugzeug oder
per Direktflug ab Vancouver (tägliche *Air Canada*-Verbindung nach Sandspit,
dem einzigen »Ort« im Nordwestzipfel von Moresby Island). Bis auf die gerade
mal 13 km lange Strecke zwischen der Fähranlegestelle (*Alliford Bay*) und
Sandspit ist die Insel weitestgehend unberührt.

Die **Gwaii Haanas National Park Reserve** (1.470 km²) nimmt den gesamten
Süden von Moresby Island ein (*Gwaii Haanas* = »Inseln der Schönheit«). Dieser Nationalpark trägt – ähnlich wie der *Pacific Rim* – den Zusatz »Reserve«,
der auf die besonderen Nutzungsrechte der *First Nation* hinweist (gemeinsame Verwaltung, Wohnrecht innerhalb der Parkgrenzen o.Ä.). Die kleine
Insel **Anthony Island** (*SGaang Gwaii*) ist Teil des Parks und birgt die *UN-
ESCO*-Weltberstätte **Ninstints**. Dabei handelt es sich um die Überreste einer
jahrtausendealten *Haida*-Siedlung, deren Strand von 32 bereits stark verwitterten Totempfählen gesäumt wird. Nahrung war auf Haida Gwaii stets im
Überfluss vorhanden, so konnten sich auf den Inseln eine durchaus beachtens-
werte und reiche Kultur entwickeln.

Weltweit einzigartig sind vor allem auch die Menge und Vielfalt an farbenfrohen
Seesternen in den weit abgelegenen und nur mit dem Kajak zugänglichen **Burnaby Narrows**. In dem gerade mal 50 m breiten Kanal zwischen Moresby and
Burnaby Island (*SGaay Kun Gwaii*) zählt man unvorstellbare 74 *bat stars*/m²!
Und diese treten in nahezu allen Varianten auf, am häufigsten in knallrot, orange, blau und grellem Lila. Dazu gesellen sich noch massenhaft Sonnenblumenseesterne (➤ Foto Seite 448) und andere wundersame Meeresbewohner.

Der Zutritt in den *Gwaii Haanas Nat'l Park* wird nicht nur durch ein limitiertes
Tageskontingent streng reguliert. Jeder, der sich keiner organisierten Tour anschließt, sondern den Park in Eigeninitiative besuchen möchte, muss vorab ein
1,5-stündiges Training (*orientation session*) im *Haida Heritage Centre* absolvie-
ren; Details unter www.pc.gc.ca/en/pn-np/bc/gwaiihaanas/visit/reservations.

7.6 Yellowhead Highway von Prince Rupert in Richtung Jasper National Park

7.6.1 Prince Rupert

Prince Rupert (knapp über 12.000 Einwohner) liegt nur noch 50 km entfernt vom äußersten Südzipfel von Alaska und ist neben Vancouver der einzige bedeutende Überseehafen in British Columbia. Neben seinen verkehrstechnischen Vorzügen und der guten Lage zwischen Bergen und Meer bietet vor allem die landschaftlich grandiose Routenführung des *Yellowhead Highway* entlang des Skeena River bis New Hazelton (rund 280 km) das stärkste Motiv für den Besuch der Stadt.

Geschichte

Das Land an der Mündung des Skeena River ist traditionelles Siedlungsgebiet der *Tsimshian First Nation*. Erste weiße Niederlassung war das 1834 von der *Hudson's Bay Company* erbaute **Fort Simpson** (heute die Siedlung Lax-Kw'alaams) an der Spitze der Tsimpsean-Halbinsel nördlich von Prince Rupert. Am Südufer des Skeena River östlich der Stadt entstand um 1870 **Port Essington**, das vom Fischereihafen mit Fischfabriken schnell zum kommerziellen Herzen der Region und Heimathafen der Schaufelraddampfer auf dem Fluss aufstieg. Als aber die *Grand Trunk Pacific* (heute *Canadian Nat'l Railway*) Schienen am Nordufer des Skeena River entlang verlegte und bis Kaien Island fortführte, übernahm ab 1914 Prince Rupert als nun aufblühender Getreide-, Holz- und Kohleexporthafen mit Fischfangflotte die Rolle von Port Essington. Letztgenannter verkam fast zur *Ghost Town*.

Mitte der 1960er-Jahre begann der langsame Aufstieg zum wichtigsten **Fährhafen** der *Inside Passage*. Seit 1963 verkehren die **Alaska State Ferries** nordwärts bis Skagway/Haines und seit 1966 **BC Ferry** südwärts nach Vancouver Island. Mit dem Anschluss an die *Inside Passage* und der Eröffnung des *Cassiar Hwy* (1972) nach Watson Lake rückte die Stadt auch ins touristische Blickfeld.

Inside Passage in British Columbia

Prince Rupert präsentiert sich meist trüb und regenverhangen

Regen...

Prince Rupert ist mit **2.594 mm Jahresniederschlag** Kanadas regenreichste Stadt – das ist mehr als doppelt soviel wie in Vancouver und das Dreifache von Victoria. Auch die durchschnittlich fast 17 Stunden Bewölkung am Tag sind kanadischer Rekord. Wer Prince Rupert und die Fährstrecke nach/von Port Hardy allerdings bei guter Sicht ohne Regen oder gar bei Sonnenschein erlebt, wird die Entscheidung für diese Route nicht bereuen.

Fährver-bindungen

Das *Ferry Terminal* in der *Fairview Bay* liegt 2 km südwestlich des Zentrums. Für Passagiere ohne eigenes Fahrzeug gibt es die Buslinie #55 in die Stadt; www.bctransit.com/prince-rupert.

Prince Rupert wird von *Greyhound*-Bussen und von der *VIA-Rail* bedient. Für Autofahrer ist die **frühzeitige Reservierung** der **Fähren unumgänglich**; www.bcferries.com.

Übernachten

In Anbetracht seiner Größe und des im Sommer starken Tourismus, ist die Zahl der Gästezimmer in Prince Rupert erstaunlich überschaubar geblieben. Die Tarife sind meist moderat:

• *Pillsbury Guest House*, zentral gelegen am Bill Murray Way; nostalgisches Ambiente, DZ $95 mit exzellentem Frühstück; ☎ (250) 624-2277, buchbar über Portale wie booking.com

• *Totem Lodge*, 1335 Park Ave, das der Fähre nächstgelegene Motel, einfache DZ für $119; ☎ 1-800-550-0178, www.totemlodge.com

• *HI Pioneer Backpackers Inn*, 167 3rd Avenue East, sehr hübsche moderne Jugendherberge in zentraler Lage; Betten $36, DZ ab $79; ☎ 1-888-794-9998, www.hihostels.ca.

Auch für Camper ist die Auswahl nicht üppig. Der **Prince Rupert RV Campground** auf halbem Weg zwischen Fähre und Stadt ist bestens gelegen für die Übernachtung vor oder nach einer Fährstrecke; 1750 Park Avenue; mit Zelt $21, *full hook-up* $34-$47. Wegen der immer späten Ankunft sollten Fährennutzer reservieren unter ☎ (250) 627-1000 bzw. www.princeruperrtv.com.

Eine Alternative ist der *Campground* im *Prudhomme Lake Provincial Park* mit einfach angelegten, für Provinzparks verhältnismäßig kleinen Stellplätzen etwa 16 km östlich der Stadt direkt am *Yellowhead Hwy*; nur 24 Plätze ($20); im Sommer reservierbar: www.env.gov.bc.ca/bcparks/explore/parkpgs/prudhomme.

Downtown

Trotz seiner schönen Lage bietet der alte Stadtkern von Prince Rupert wenig. Die Küste von Kaien Island wird im westlichen Stadtgebiet ganz von Bahnlinie und Industrie blockiert. Das eher unattraktive **Geschäftsviertel** liegt etwas erhöht zwischen First und 3rd Ave; die 2nd Ave entspricht der Durchgangsstraße #16.

Immerhin präsentiert sich jetzt der Hafenbereich nordöstlich vom Zentrum renoviert und mit auffällig vielen **Totempfählen**. An der *Cow Bay Marina* residiert das Besucherzentrum der Stadt (✆ 1-800-667-1994; www.visitprincerupert.com). Dort legen kleinere Schiffe am *Atlin Terminal* an, das benachbarte **Northland Cruise Terminal** ist für 300 m lange Megaliner konzipiert. Im Hochsommer sieht man dort allerdings nur wenige »Riesenschiffe« – kein Vergleich zu Juneau, Ketchikan und Skagway in Alaska!

Das nahegelegene *Breaker Pub* ist eine populäre Sportbar mit toller Terrasse am Wasser; 117 George Hills Way; www.breakerspub.ca. Sehr schön sitzt und isst man auch im *Cow Bay Cafe* gleich nebenan, ebenfalls direkt am Hafen.

Museum

Das ganz aufschlussreiche *Museum of Northern BC* für indianische Kunst, Kultur und regionale Geschichte befindet sich an der Zufahrt zu den *Terminals* (100 1st Ave West; geöffnet Juni-September täglich 9-17 Uhr, Rest des Jahres nur Di-Sa; $6, Kinder $2-$3; www.museumofnorthernbc.com). Zu dem Komplex gehört auch der historische Bahnhof und im Sommer kann man im benachbarten *First Nation Carvin Shed* lokalen Künstlern der *Tsimshian*, *Nisga'a*, *Haida* und *Gitxsan Nation* bei der Arbeit zusehen.

Cow Bay Marina in Prince Rupert

Ausflug in die Nisga'a Nation

Kurz vor Terrace zweigt von der #16 der durchgehend asphaltierte **Nisga'a Highway** ab, der zum **Nisga'a Memorial Lava Bed Provincial Park** und dem **Nass River Valley** führt. In Verbindung mit der geschotterten *Nass Road*, die am Cranberry River in den *Cassiar Highway* mündet, bietet sie eine interessante Variante für eine Weiterfahrt nach Stewart/Hyder (➤ Exkurs Seite 415).

Bis dorthin sind es über *Nisga'a Hwy* und *Nass Road* zwar ca. 10 km weniger als auf den asphaltierten Straßen #16 und #37, man benötigt jedoch mehr Zeit, denn die *Nass Road* wird nur mäßig instand gehalten.

Interessant am *Nisga'a Hwy* sind die vor etwa 250 Jahren durch einen Vulkanausbruch entstandenen, 22 km langen und bis zu 3 km breiten **Tseax Lava Beds** im (nahezu unaussprechbaren) **Anhluut'ukwsim Laxmihl Angwinga'asanskwhl Nisga'a Provincial Park**, dem ersten von Indianern und Weißen gemeinsam verwalteten BC-Provinzpark (vereinfacht: *Nisga'a Memorial Lava Bed PP*). Bewundern darf man die erstarrten Lavaflüsse nur von der Straße und den Picknickplätzen aus. Die Broschüre im *PDF*-Format zur »**Self-Guided Auto Tour**« findet sich unter <u>www.env.gov.bc.ca/bcparks/explore/parkpgs/nisgaa</u>.

Weiter ins Parkinnere geht es nur auf der 3 km langen geführten *Lava Cone Tour* zum – nicht ganz so aufregenden – Aussichtspunkt am Kraterrand des Vulkans. Die Touren ($45/$35) starten Mo, Mi, Fr, So um 10 Uhr beim Besucherzentrum (96 km nördlich von Terrace; im Hochsommer Fr-So 9-17 Uhr sowie Mo+Mi+Do 9-17 Uhr geöffnet). Gleich nebenan gibt es 16 *first-come, first-served* Stellplätze ($20, *Vetter Creek Campsite*).

Der Lava Lake im Nisga'a Provincial Park hat sich erst im 18. Jahrhundert ausgebildet, als der Tseax River durch den Lavafluss aufgestaut wurde

Aussichtspunkt & Trails

Die Zufahrt Wantage Road zum **Mount Hays** (704 m) zweigt beim unübersehbaren *Lester Centre of the Arts* eingangs der Stadt von der #16 (hier = McBride Street) ab. Der 9 km lange Fahrweg nach oben eignet sich nur für 4WD-Fahrzeuge. Ohnedem muss man ihn zu Fuß gehen. Von oben eröffnet sich der Blick über Prince Rupert, die Flugplatzinsel *Digby Island* gegenüber der Stadt sowie über die gesamte Insel- und Buchtenwelt der Umgebung.

6 km östlich von *Downtown* führt (ab dem *Yellowhead Hwy*) der reizvolle **Butze Rapids Interpretive Trail** weitgehend eben durch den Regenwald zu kleinen, je nach Gezeitenstand scheinbar aufwärtsfließenden Stromschnellen. Der Naturlehrpfad ist isgesamt 4,5 km lang und beansprucht in etwa 1,5 Stunden.

Historic Fishing Village

Südlich der Brücke zwischen Kaien Island und Festland besteht die Möglichkeit zu einem Abstecher nach **Port Edward** (6 km) zur **North Pacific Cannery Historic Site**. Mit unterhaltsamen *Live Shows* wird die Geschichte der ältesten an der Küste von BC erhaltenen *Cannery* erzählt, in der 1889-1958 Lachskonserven produziert wurden. Auf Führungen (11, 13 und 15 Uhr) erläutert man außerdem Fischfangmethoden und das Leben der Fischer-, Bootsbauer- und Arbeiterfamilien in dem nur im Sommer bewohnten, teils auf Holzstelzen errichteten Dorf; 1889 Skeena Drive; Mai-September tägl. 10-17 Uhr, $12/$8; www.northpacificcannery.ca.

7.6.2   **Yellowhead Hwy von Prince Rupert nach Prince George**

Der *Yellowhead Hwy* stößt 35 km östlich von Prince Rupert auf den dort bereits fjordartig breiten **Skeena River**, und der Straßenverlauf **bis Terrace** ist dann kaum zu toppen. Die Idylle am breiten Fluss mit Gebirgspanorama und unzähligen Wasserfällen an den Steilhängen wird zwar durch die Fahrspuren und Eisenbahnschienen etwas »gestört«, aber dennoch gehört dieser Abschnitt der #16 zu den schönsten voll ausgebauten Straßen Kanadas.

Erst hinter New Hazelton verliert der *Yellowhead Hwy* deutlich an Reiz und östlich von Houston bietet er nichts mehr, was den bis dorthin gereisten Kanada-Urlauber »vom Hocker reißen« könnte.

Terrace

Unterkünfte sind auf dieser Strecke dünn gesät, mit Ausnahme von **Terrace**, der einzigen größeren Stadt (11.500 Einwohner) zwischen Prince Rupert und Prince George, die primär von der Holzindustrie lebt. Der Name der Stadt geht auf ihre terrassenförmige Anlage über dem Skeena River zurück.

Hier trifft man auch erstmals seit langem wieder auf **Kettenmotels**, darunter ein gutes *Comfort Inn* und *Best Western* (im Sommer ca. $120). Das *Days Inn* ist etwas günstiger und bietet Zimmer schon ab $100.

Der städtische **Ferry Island Municipal Campground** ist sehr schön in einem Wäldchen angesiedelt, aber auf den zwei nördlicheren *Loops* wegen des Verkehrs über die Skeena River-Brücken ziemlich laut; 4301 Hwy 16 W, Zelte $20, RVs $28, © (250) 615-9657; www.terrace.ca/parks-recreation/ferry-island-campground.

Solche Probleme gibt es am *Furlong Bay Campground* im **Lakelse Lake Provincial Park** an der Straße #37 nicht (20 km südlich von Terrace; $28, mit *hook-up* $34). Der Park besitzt außerdem breite **Sandstrände** und einen großen Kinderspielplatz.

Weitere gute Stellplätze findet man 16 km östlich von Terrace im **Kleanza Creek Provincial Park**; $20.

Einen Abstecher verdient das kleine Museumsdorf im **Heritage Park**; 4702 Kerby Ave; im Sommer geöffnet 10-18 Uhr, sonst kürzer; Eintritt Spende; www.heritageparkmuseum.com.

Informationsblätter fürs *Sightseeing*, *Fishing Trips* auf dem Fluss und eine ganze Reihe von *Trails* in der Umgebung gibt es im **Info Centre** am *Yellowhead*, 4511 Keith Ave, westlich der Brücke über Ferry Island, ✆ (250) 635-4944, www.terrace.ca.

 An der Johnstone St/Walsh Ave (Zufahrt nördlich des Zentrums über die Park Ave) beginnt der **Terrace Mountain Nature Trail**. Der Weg läuft anfangs am Hang entlang etwas steiler bergauf, aber die herrlichen Aussichten auf dem Bergrücken belohnen die Mühe; ca. 5 km retour, 220 Höhenmeter.

Stichstraße nach Kitimat

Die #37, die östlich von der Brücke über den Skeena River vom *Yellowhead Hwy* nach Süden abzweigt, endet in Kitimat, einer 8.300 Einwohner zählenden Stadt am *Kitimat Arm* des weit ins Land reichenden *Douglas Channel* (Besucherzentrum an der 2109 Forest Ave; im Sommer 8.30-16.30 Uhr; www.tourismkitimat.ca).

 Kitimat wurde Anfang der 1950er-Jahre als Standort für eine Aluminiumschmelzerei gegründet. Typisch für solche Werke ist der hohe Strom- und Wasserverbrauch. Beides ist dank eines Wasserkraftwerks im 75 km entfernten Kemano reichlich vorhanden.

Ansonsten liegt Kitimat inmitten unberührter Natur. Schön ist der **Radley Park Campground** am südlichen Ortsausgang Richtung Küste beiderseits des Kitimat River; 350 Haisla Blvd; Zelte $23, mit elektr. Anschlüssen $27, ✆ 250-632-8955.

Weiter auf der #16 oder nach Alaska

Auch **östlich von Terrace** folgt der *Yellowhead Hwy* weiter dem Skeena River – wenngleich nicht immer in Ufernähe – durch nach wie vor reizvolle Landschaft. Ab **Kitwanga**, einem kleinen *First Nation* »Nest« rund 235 km von Prince Rupert entfernt, gelangt man über den **Stewart Cassiar Highway** (#37/#37A) nach Stewart/ BC und Hyder/Alaska sowie zum Salmon Glacier; ➢ Exkurs rechts.

Salmon Glacier im äußersten Südzipfel Alaskas, ca. 20 km entfernt vom Grenzort Hyder

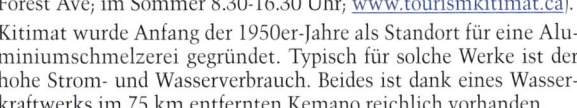

»North to Alaska« - Abstecher nach Hyder

Bei der *Petro-Canada*-Tankstelle an der #16 in Kitwanga weist ein Schild den Weg »*North to Alaska*«. Die 740 km lange Verbindungsstraße zwischen *Yellowhead Hwy* und der Ortschaft Watson Lake am *Alaska Highway* wurde als durchgehender **Cassiar Highway** erst 1972 für den öffentlichen Verkehr freigegeben und lange überwiegend von *Trucks* genutzt. Heute zählt die Strecke zu den populärsten **Touristenrouten** in Richtung Yukon. Wer noch den ursprünglichen Zustand des Nordens auf einer schmalen, der Topografie angepassten Straße erleben und mit dem Komfort einer durchgehenden Asphaltroute verbinden möchte, ist hier genau richtig. Die Kombination **Cassiar Hwy** (#37) und **Stewart Hwy** (#37A) bildet – touristisch gesehen – eine Einheit und ist auch gut als **2-3-tägiger Ausflug** ab dem *Yellowhead Hwy* machbar (500 km retour). Die Fahrt nach Hyder in Alaskas Süden und der *Salmon Glacier* zählen zum Besten, was diese Region Besuchern zu bieten hat; www.stewartcassiarhighway.com.

Von einer »richtigen« Ortschaft mit entsprechender Infrastruktur kann entlang der Strecke nur im Fall von **Stewart** (500 Einwohner) die Rede sein. **Meziadin Junction** (an der Kreuzung #37/37A) fungiert lediglich als Versorgungszentrum und ist auf Durchgangsverkehr ausgerichtet mit Tankstelle, *General Store* und einem Hotel (EZ $65, DZ $85; www.meziadin.com).

Erster Anlaufpunkt entlang des *Cassiar Highway* ist **Kitwanga** (*Gitwangak* bzw. »Land der Hasen«) mit einer Missionskirche (**St. Paul's Church** von 1893), die sich mit einem hölzernen Glockenturm und ein paar alten Totempfählen umgibt; nach der Brücke über den Skeena River gleich rechts. Etwas weiter nördlich in dieser kleinen *Gitksan First Nation*-Siedlung liegt die **Gitwangak Battle Hill Nat'l Historic Site**, wo die Indianer im frühen 19. Jh. eine Art »Befestigungsanlage« errichtet haben und sich gegen rivalisierende Stämme zur Wehr setzten. Ein Lehrpfad (1 km) erläutert die Geschehnisse auf dem Weg zum *Battle Hill*.

21 km vom *Yellowhead Highway* entfernt, weist ein unauffälliges Schild auf die **Gitanyow Historic Village** hin. Dort steht eine der größten und ältesten

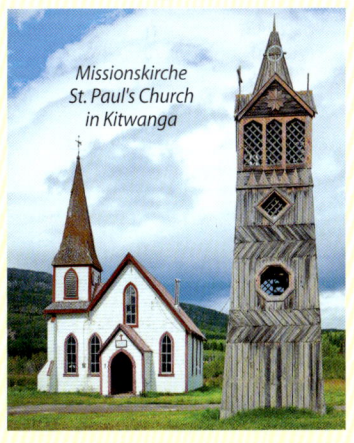

Missionskirche
St. Paul's Church
in Kitwanga

Totem Poles-Sammlungen an ihrem Originalstandort, darunter auch »**Hole in the Ice**« (1850), der in seinem unteren Abschnitt eine ungewöhnliche, toll verzierte Öffnung aufweist. Sie soll eines der Löcher darstellen, das während eines besonders strengen Winters in den zugefrorenen Fluss zum Fischen gehackt werden musste, um eine ganze Siedlung vor dem Hungertod zu bewahren. Bei einigen *Totems* handelt es sich um Replikas, dennoch absolut sehenswert!

Auf etwa halber Strecke bis zum nächsten Straßendreieck Meziadin Junction zweigt bei **Cranberry Junction** die **Nass Forest Road** in Richtung Terrace von der #37 ab, ➤ Exkurs Seite 412.

Bei **Meziadin Junction**, 155 km nördlich der #16, beginnt die Stichstraße #37A nach Stewart/Hyder. Kurz davor passiert man noch die Zufahrt zum *Meziadin Lake Provincial Park Campground* in herrlicher Umgebung am Ostufer des gleichnamigen Gewässers mit vielen Plätzen direkt am Wasser und anderen in erhöhter Position mit Aussicht über Berge und See; $22, *hook-up* $27.

Grandiose Landschaft begleitet den Verlauf der **#37A**. Wasserfälle stürzen von den Hängen neben der Straße, Eisfelder glitzern von den hohen Berggipfeln. Nach 24 km kommt der eindrucksvolle *Bear Glacier* mit Gletschersee Strohn Lake in Sicht. Zu Beginn des 20. Jahrhunderts erreichten die Eismassen noch den gegenüberliegenden Berghang, wo in der Höhe die alte Straße verlief. Von der *Picnic Area* am Ostende des Sees (etwas abseits) oder vom Aussichtspunkt an dessen Westende hat man den besten Blick auf den blau schimmernden Gletscher in ein paar hundert Metern Entfernung. Weiter geht es am **Bear River** entlang und durch seine malerische Schlucht. In der Höhe sieht man häufig Dallschafe und Bergziegen. Nach 60 km auf der #37A ist Stewart erreicht.

Stewart liegt – umringt von hohen Gipfeln – am Ende des 180 km langen **Portland Canal**, der natürlichen Grenze zwischen dem Südzipfel Alaskas und Kanada. Die hübsche Lage und die halboffene Grenze bilden die Attraktion des Ortes, in dem es außer dem lokalen *Stewart BC Museum* sonst nichts Besonderes zu sehen gibt. Es ist in einem ehemaligen Verwaltungsgebäude untergebracht. Zahlreiche Fotos und Ausstellungsstücke dokumentieren die kurze, aber bewegte Geschichte der Region. Da im Eis und Schnee der nahen Gletscher diverse Kinofilme entstanden, schmücken auch Fotos von den Dreharbeiten die Wände; 703 Brightwell Street; $6; geöffnet Mai-September Mo-Fr 10-16 Uhr.

Der Abstecher nach Alaska und zum *Salmon Glacier* ist ab dem *Yellowhead Hwy* nicht an einem Tag zu bewältigen, am besten bleibt man gleich in Stewart (oder Hyder), wo eine Handvoll **Quartiere** (empfehlenswert z.B. das von Österreichern geführte *B&B House Austria*; DZ ab $100) und ein **Saloon** warten. **Stellplätze** bieten der *Bear River RV Park* ($23, *full hook-up* $46, ✆ (250) 636-9205; www.bearriverrvpark.com), im Wald am Westende der 8th Avenue, der städtische *Rainey Creek Campground* ($26, nur Strom; ✆ (250) 636-2537) sowie in Hyder das *Camp Run-A-Muck* an der Straße zum *Salmon Glacier* (Zelte $18, *full hook-up* $34; ✆ 1-888-393-1199, www.sealaskainn.com).

Keine 5 km hinter Stewart liegt **Hyder**, »*Alaska's friendliest Ghost Town*«. An der internationalen Grenze wird heute nur bei der Einreise nach Kanada kontrolliert, in die USA nicht, zumal in Hyder jegliche Verbindung zu anderen Orten in Alaska fehlt.

Im frühen Sommer ist noch kaum etwas los am Walkway im Fish Creek Wildlife Observation Site in Hyder

Auch wenn die Grenze praktisch bedeutungslos ist, teilt sie doch offiziell zwei Nationen. Ob Stewart in Kanada oder Hyder/Alaska, in beiden Orten gelten unterschiedliche Gesetze und Regelungen, das betrifft sogar die Zeitzonen: Hyder liegt in der **Alaska Time Zone** (1 Std. »Zeitgewinn« gegenüber *Pacific Time* in Stewart). Auch auf Alkoholverkauf und -ausschank wirkt sich die Grenze spürbar aus, die Bars in Hyder bleiben länger geöffnet. Das Interesse mancher Besucher gilt Hyders **Postamt**, denn die Lieben daheim kann man von dort aus – ohne Reise ins noch weit entfernte Kernland – mit »Post aus Alaska« beglücken; sonntags und mittags (13-14 Uhr) geschlossen. Dort wird mit US-Dollars bezahlt, überall sonst im Ort in kanadischer Währung.

6 km nördlich des Ortes wartet im *Tongass National Forest* an der geschotter-ten – bis dahin gut befahrbaren – Salmon River Road ein Naturschauspiel der besonderen Art. Zwischen **Ende Juli und Anfang September** ziehen im flachen Wasser des **Fish Creek** mächtige Keta- und Buckellachse bachaufwärts. Von einer fast 200 m langen, auf Stelzen errichteten *Walkway*-Aussichtsplattform kann man beobachten, wie nur ein paar Meter tiefer **Braun**- wie auch **Schwarz-bären** mit den fast bewegungslosen Lachsen leichtes Spiel haben und genüsslich ihren Fang vertilgen. Morgens und ab dem späteren Nachmittag sind die Chancen dafür am besten. Oft herrscht dort ein ziemlicher Andrang. Aber weder von Menschen noch von den Weißkopfsee-adlern, die bisweilen über dem Geschehen kreisen, lassen sich die hungrigen Bären sonderlich stören. Zugang zur *Viewing Area* nur tagsüber 6-22 Uhr gestattet; www.fs.usda.gov/detail/r10/specialplaces/?cid=fsbdev2_038787.

Hinter der Brücke über den Fish Creek folgt die Straße zunächst dem **Salmon River** und danach geht es kurvenreich und holprig weiter. Die ca. 18 km ab Fish Creek bis zu den ersten Aussichtspunkten auf den **Salmon Glacier** sollte man auch bei schlechtem Zustand der Rumpelpiste durchhalten. Der Blick auf die-sen Gletscher ist auf den folgenden 9 km bis zum *Summit Viewpoint* absolut überwältigend (➤ Foto Seite 414). Eine gute **Auto-Tour-Broschüre** liegt im *Visitor Info Centre* an der #37A in Stewart aus, man findet sie auch online im *PDF*-Format unter www.districtofstewart.com.

Ende Juli, in manchen Jahren auch im August, bietet sich ein ganz besonderes Naturschauspiel: Unter dem Druck des Schmelzwassers bricht die Eiskruste des *Summit Lake* oberhalb des Gletschers auf, und eine Flut aus Eisschollen, Baumstümpfen und Geröll geht im *Salmon River* zu Tal.

7

»Die Hazeltons«

Rund 40 km östlich von Kitwanga liegen am *Yellowhead Hwy* die drei Ortschaften South, New und Hazelton – ***The Hazeltons*** – in einem weiten Tal rund um den Zusammenfluss von Skeena und Bulkley River. Sie sind von den meist auch im Sommer schneebedeckten Hazelton Mountains umgeben. Während **New** und **South Hazelton** erst Anfang des 20. Jahrhunderts mit dem Eisenbahnbau entstanden, war »**Old Hazelton**« (wie Hazelton oft genannt wird) bereits 1886 geschäftiger Endpunkt der Schaufelraddampferflotte auf dem Skeena River. Im Kern hat das Dorf sein Ambiente des frühen 20. Jahrhunderts bewahrt.

Indianerdorf

Die kleine Straße dorthin ist ab New Hazelton ausgeschildert. Sie überquert auf einer sehenswerten **Hängebrücke** den *Hagwilget Canyon* des Bulkley River. Mit insgesamt nur sieben aneinandergereihten (nachgebauten) Langhäusern der *Gitxsan First Nation* ist das '*Ksan Historical Village* am Rande von Old Hazelton recht überschaubar. Die Anlage des Dorfes wurde 1970 als Touristenattraktion konzipiert und ist wegen der Mal- und Schnitzarbeiten sehenswert (tolle Totempfähle vor den Langhäusern!).

Der Eintritt aufs Gelände mit Museum, Restaurant und Holzschnitzer-Werkstatt kostet $8; geöffnet im Sommer täglich 10-17 Uhr. Weitere drei Häuser können im Rahmen einer 45-min-Führung ($15/$10) von innen besichtigt werden; www.ksan.org.

Der '*Ksan Campground* gleich hinter dem *Village* bietet schöne Plätze im Grünen in kurzer Distanz zum Fluss, 1450 River Rd, Zelte $20, *hook-up* $38; ✆ (250) 842-5940; www.ksancampground.com.

Wer sich für ***Totem Poles*** intensiver interessiert, könnte bis zum *Gitxsan*-Indianerdorf **Kispiox** (www.kispioxband.com) fahren (von Hazelton 14 km nördlich), wo allein am Totem Drive an der Einmündung des Kispiox River in den Skeena River über 15 weitere dieser aus Rotzedern geschnitzten Pfähle stehen.

Ksan Historical Village in Hazelton

Wet'suwet'en Fishing Site bei Moricetown

Moricetown Canyon

Der **Yellowhead Highway** folgt von nun an einem Nebenfluss des Skeena River, dem Bulkley River. Rund 35 km südlich von New Hazelton passiert man den **Moricetown Canyon** bei der kleinen gleichnamigen Siedlung der *Wet'suwet'en First Nation*. Dort muss sich der Bulkley River tosend durch eine wenige Meter breite Verengung seines Bettes zwängen.

Der **Wet'suwet'en**-Stamm (auch *Witsuwit'en*) hat sich das Recht erhalten, nach alter Fasson in den Stromschnellen vor dem Engpass mit hakenbewehrten Stangen Lachse zu stechen. Im Spätsommer, wenn zahllose *king, coho, sockeye* und *pink salmon* stromaufwärts schwimmen und das Hindernis zu überwinden versuchen, hat man dort die Chance Indianer bei dieser Fangmethode zu beobachten; www.wetsuweten.com. Gleich oberhalb der Schlucht befinden sich beiderseits der Brücke Park- sowie Picknickplätze.

Smithers

Die nächste Brücke überquert den Bulkley River 35 km flussaufwärts in der Kleinstadt **Smithers** mit guter Infrastruktur (Unterkünfte, Restaurants, Supermarkt etc.). Das *Visitor Centre* steht im Central Park und informiert ausführlich über das Angebot an *Outdoor*-Aktivitäten in der Region; 1411 Court Street; ✆ 1-800-542-6673, www.tourismsmithers.com.

Als Übernachtungsplatz in Frage kommen der städtische **Riverside Municipal RV Campground** (schön am Fluss gelegen; 3843 19th Ave, $19-$30, ✆ (778) 210-0832) sowie der **Campground** des **Tyhee Lake Provincial Park** am **Sandstrand** des gleichnamigen Sees (Zufahrt 10 km südlich der Stadt; $27; im Sommer reservierbar; www.env.gov.bc.ca/bcparks/explore/parkpgs/tyhee_lk).

Fossilien

Ein interessantes Ziel rund 15 km nordöstlich von Smithers ist der **Driftwood Canyon Provincial Park** mit einem **Fossil Bed**, aus dem 50 Mio. Jahre alte Petrefakte ausgegraben wurden, darunter versteinerte Lachse, Wespen, Wasserläufer sowie Blätter und Zweige von Nadelbäumen. Der Park verfügt über einen Naturlehrpfad und Picknicktische, hat aber keinen *Campground*.

Seenplatte

Bei **Houston**, einem Ort der sich voll und ganz der Holzwirtschaft verschrieben hat, lässt der *Yellowhead Highway* die Gebirgslandschaft endgültig hinter sich und man erreicht die **Seenplatte des Interior Plateau**. Gleichzeitig wird die Strecke monotoner und bietet bis zum 310 km entfernten Prince George keine nennenswerten Höhepunkte mehr.

Im Herbst lohnt sich ausgehend von **Topley** ein 35-km-Abstecher nach Norden. Dort, wo die asphaltierte #118 (Stichstraße zum **Babine Lake**, dem mit 153 km längsten, auf natürliche Weise entstandenen See in BC) den Fulton River überquert, quälen sich alljährlich Ende August/Anfang September in dem von Menschenhand geschaffenen **Laichkanal** weit über 100.000 (knallrote) Blaurückenlachse flussaufwärts; www.pac.dfo-mpo.gc.ca/sep-pmvs/ projects-projets/fulton/fulton-eng.html.

Ein ähnliches Naturschauspiel spielt sich nur wenig weiter südlich am ***Pinkut Creek Spawning Channel*** ab, der allerdings normalerweise nicht frei zugänglich ist. Interessierte müssen sich dort anmelden: www.pac.dfo-mpo.gc.ca/sep-pmvs/projects-projets/pinkut/ pinkut-eng.html (45 km *one-way* von der Ortschaft Burns Lake).

Ausflug in den Tweedsmuir Provincial Park

Von **Burns Lake** führt eine asphaltierte Straße (#35) nach Süden zum François Lake. Von dessem Südufer (die 15-min-Überfahrt mit der Fähre ist frei; 5.30-23 Uhr; www.francoislakeferry.com) geht es auf Schotter weiter zum **Ootsa Lake** (insgesamt 65 km), der durch den 1952 erbauten *Kenney Dam* aufgestaut wurde und zur Stromversorgung der Aluminiumschmelzerei in Kitimat (➤ Seite 414) dient. Aus dem Staubecken wird das Wasser größtenteils westwärts über Kemano in den Pazifik abgeleitet statt in natürlicher Richtung ostwärts zum Fraser River. Das Reservoir ist auch unter dem Namen *Nechako* bekannt und ein beliebter Ausgangspunkt für Bootstouren durch absolute Wildnis auf den verbundenen Stauseen im einsamen Nordteil des ***Tweedsmuir Provincial Park***.

Weiter auf der #16

Zurück an der #16, wartet am Ostende des Fraser Lake ein **Sandstrand** sowie der schön teils im Wald angelegte *Campground* des **Beaumont Provincial Park**. Bären, Elche, Adler und andere Wildtiere gesellen sich dort gelegentlich zu den Gästen; $22, fünf *Walk-in Sites*, die übrigen Plätze sind den Sommer über reservierbar: www.env.gov.bc.ca/bcparks/explore/parkpgs/beaumont.

Fort St. James Living Museum

Im weiteren Verlauf des *Yellowhead Hwy* zweigt westlich von Vanderhoof die Straße #27 zur kleinen **Ortschaft Fort St. James** ab (54 km *one-way*). Sie beherbergt den gleichnamigen **National Historic Site**. Einige Originalblockhäuser (1884-89) rufen die Zeit der Erschließung des kanadischen Westens durch die Pelzhandelsgesellschaften wach. Zeitgenössisch gekleidete »Bewohner« erläutern und stellen das Alltagsleben wie im Jahre 1896 nach.

Im Besucherzentrum werden außerdem Ausstellungen und eine *Video-Show* präsentiert; geöffnet Mitte Mai bis Anfang September täglich 9-17 Uhr; $7,80; www.pc.gc.ca/en/lhn-nhs/bc/stjames.

Bereits 1806 hatte *Simon Fraser* für die *North West Company* die Handelsniederlassung Fort St. James am Südostende des *Stuart Lake* gegründet. Sie entwickelte sich bald nach der Verschmelzung mit der *Hudson's Bay Company* zum kommerziellen Zentrum und Verwaltungssitz der damaligen Provinz **New Caledonia**, die den Großteil des heutigen Festlandgebietes von BC umfasste.

Lohnt der Abstecher?

Wer die wesentlich größeren *Historical Parks* **Barkerville** oder **Fort Steele** gesehen hat oder noch besuchen wird, kann auf den Umweg über Fort St. James verzichten. Aber so es gerade passt, lässt sich der Ausflug – wunderbar mit einer Übernachtung – auf einem der tollen Provinzpark-Campinplätze verbinden:

• Im *Paarens Beach PP* liegen am Südufer des (warmen) Stuart Lake etliche gute Stellplätze ($22) unmittelbar am Sandstrand.

• Ähnliches gilt für den *Sowchea Bay PP* ca. 9 km weiter westlich, dort aber mit etwas kleineren Campingarealen; $20.

Beide sind im Sommer reservierbar, verfügen aber auch über etliche *first-come, first-served sites.*

Eine Wanderung im *Mount Pope Provincial Park* wäre ein zusätzliches Motiv für den Abstecher. Nordwestlich von Fort St. James geht es knapp 800 Höhenmeter und 6,5 km hinauf zum Mount Pope, von dessen Gipfel (1.472 m) man eine herrliche Fernsicht genießt; Zeitbedarf 4-5 Stunden.

Als Quartier kommt in Fort St. James im Prinzip nur das **The View Hotel** in Frage; Zimmer ab $150 (z.T. mit Seeblick und *Kitchenette*); ☎ 1-855-996-8737, www.theviewhotel.ca.

Nach Prince George

Von **Vanderhoof** (mit etwas besserer Infrastruktur und einer Handvoll Unterkünfte) sind es noch fast 100 km bis **Prince George**. Die Beschreibung der größten Stadt im zentralen und nördlichen British Columbia sowie der Weiterfahrt in Richtung Jasper National Park erfolgte bereits in **Kapitel 2.2.2** (➢ Seite 215f).

Wer seine Rundfahrt über Vancouver Island und Prince Rupert wieder am Ausgangspunkt Vancouver beenden möchte, folgt ab Prince George dem *Cariboo Hwy* (#97) nach Süden; ➢ Seite 209f.

Fort St. James Nat'l Historic Site

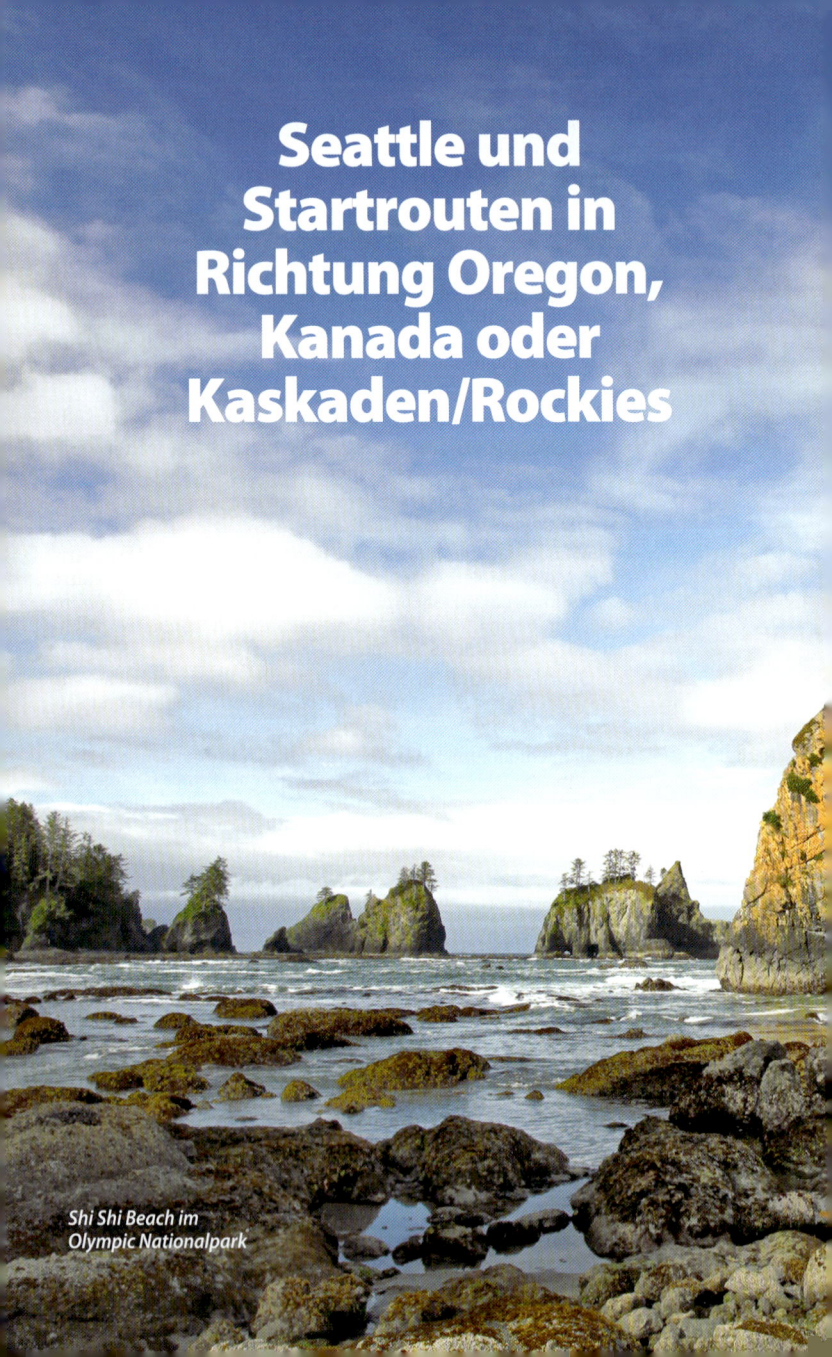

Seattle und Startrouten in Richtung Oregon, Kanada oder Kaskaden/Rockies

Shi Shi Beach im Olympic Nationalpark

RUNDREISEN DURCH DEN US-NORDWESTEN

Der Nordwesten der USA umfasst – ähnlich wie Kanadas Südwesten – ein ausgesprochen abwechslungsreiches Urlaubsgebiet, in dem man nicht nur Vulkangipfel erklimmen und an ihren Hängen durch bunte Blumenteppiche spazieren gehen oder im ewigen Eis im Sommer skifahren kann, sondern auch die Möglichkeit hat, zu Wasserfällen und heißen Quellen durch üppige Regenwald-Kulisse zu wandern, an wildromatischen Küsten Ausschau nach lila- und orangefarbenen Seesternen sowie Walen zu halten oder phantastische *Badlands*-Landschaften zu erkunden, die man eher im Südwesten der USA vermutet hätte.

Start in Seattle

Wegen günstiger internationaler Fluganbindungen (➤ Seite 81) ist keine Stadt so gut als Ausgangspunkt für eine Rundfahrt durch den US-Nordwesten wie **Seattle** geeignet. Eingangs der Reisekapitel wurde bereits darauf hingewiesen (➤ Seite 164), dass sich aus Kostengründen ggf. auch ein Start ab der nur 200 km entfernten kanadischen Metropole **Vancouver** lohnen könnte (am besten Flug- und Mietwagenangebote vergleichen!). Die kurze Strecke zwischen beiden Größstädten ist im **Kapitel 2.2** (➤ Seite 461) thematisiert.

In aller Ausführlichkeit werden folgende **Startrouten ab Seattle** im vorliegenden Buch beschrieben:

- Zwei **Strecken durch die Kaskaden**, eine **nördliche** durch den North Cascades Nationalpark (**Kapitel 2.3.2**, ➤ Seite 468ff) und eine **südliche** über Leavenworth (**Kapitel 2.3.2**, ➤ Seite 474ff); beide können entweder über den Lake Chelan zu einer kurzen 4-5-tägigen Rundfahrt kombiniert werden (*Cascades Scenic Loop*, ➤ Seite 465) oder am Beginn einer mehrwöchigen US-Nordwest-Rundreise stehen, die dann auf der Rückseite der Kaskaden weiter in Richtung Osten bis zu den Rocky Mountains führt (Glacier und/oder Yellowstone Nationalpark).

  Für noch mehr Abwechslung sorgen dann bei der Rückkehr nach Seattle die bunten, fossilienreichen *Badlands* im *John Day Fossil Beds NM*, Vulkangebiete (*Craters of the Moon NM, Crater Lake NP*, rund um Bend etc.) und die phantastische **Oregon-Küste**; ➤ Strecke durch Südidaho und Oregon (**Kapitel 5**, Seite 626ff). Siehe hierzu auch **Routenvorschlag Nr. 4** im Anhang (➤ Seite 770). Als Ergänzung dient **Routenvorschlag Nr. 3** (➤ Seite 769), eine **grenzübergreifende Rundreise**, die die schönsten Ziele in den Kaskaden und Rocky Mountains beiderseits der Grenze umfasst – mit Seattle, Vancouver oder Calgary als Start- und Endziel.

- Hinsichtlich landschaftlicher Höhepunkte klar hinter den zwei oben erwähnten Kaskaden-Routen einzuordnen ist die schnellste Verbindung zwischen Seattle und den Rocky Mountains-Parks über die *Interstate* #90 und Spokane, ➤ **Kapitel 2.3.1**, Seite 465.

- Auf der *Interstate* #5 sind **Oregon** und die Hauptstadt **Portland** ab Seattle schnell erreicht. Kaum weiter ist es hinaus an den Pazifik bis zur berühmten **Oregon-Küste**, ➤ **Kapitel 5.3**, Seite 672ff.

Die *Oregon Coast* kann man entweder im Anschluss an eine Rundfahrt auf der Olympischen Halbinsel oder ab Portland ansteuern; ggf. mit Rückkehr über den *Crater Lake NP* und Bend; **Routenvorschlag Nr. 6** (➤ Seite 772) gegen den Uhrzeigersinn.

• Der Besuch der **Olympischen Halbinsel** lässt sich ebenso gut am Ende des Urlaubs einbauen, ggf. mitsamt Abstecher nach Kanada: per Autofähre über die Juan-de-Fuca-Straße nach Victoria auf Vancouver Island und ab Nanaimo mit einer zweiten Fährfahrt nach Vancouver und von dort auf dem Landweg zurück nach Seattle; siehe dazu unter »Erweiterungsmöglichkeiten« bei **Routenvorschlag Nr. 4**, ➤ Seite 771.

Start im zentralen Nordwesten

Die zwei großen Highlights des zentralen Nordwestens – Yellowstone und Glacier Nationalpark, an denen sich die meisten Rundstrecken orientieren – erreicht man noch schneller über Routen ab **Denver** oder **Salt Lake City**. Alle Details hierzu sowie zu den Verbindungsstrecken von Salt Lake City ins **zentrale Oregon** (Portland/Bend) stehen auf den ➤ Seiten 526/527.

Start in San Francisco

Auch interessant für Reisende in den US-Nordwesten könnte ein **Start in San Francisco** sein mit Fahrzeugrückgabe in Seattle. In Fahrtrichtung Norden wird bei Pkws/SUVs bei einigen *Rental Companies* **keine Einweggebühr** erhoben (z.B. *Alamo*), außerdem ist der Zusatzfahrer in Kalifornien in der Regel schon im Mietarif inbegriffen. Ab San Francisco, eine der aufregendsten Städte der USA, werden zunächst die Küstenmammutbaum-Wälder und die hübsche nordkalifornische Küste erkundet, die sich durchaus mit der darauffolgenden *Oregon Coast* messen kann; **Route 6.2** (➤ Seite 735ff) + **Route 5.3** (➤ Seite 672ff) sowie als ausgearbeiteter **Routenvorschlag Nr. 7** im Anhang, ➤ Seite 772.

Nicht in diesem Buch behandelt wird die Direktverbindung zwischen den Städten San Francisco und Salt Lake City (740 *Interstate*-Meilen). Westlich der *Bonneville Salt Flats* (➤ Seite 560) führt die Strecke durch die Einsamkeit Nevadas und wird erst knapp vor der Grenze zu Kalifornien wieder spannender – mit dem Spielerparadies Reno, Virginia City (NV) sowie Lake Tahoe und später, 90 mi vor San Francisco, noch die CA-Kapitale Sacramento mit einer *Old Town* im Wildwest-Look.

Schnee am Crater Lake ist bis in den Juni hinein keine Seltenheit; bei Routen durch die Bergwelten unbedingt Hinweise zur Reisezeit beachten, ➤ Seite 38

1.   SEATTLE
1.1   Allgemeine Infos
1.1.1   Geschichte, Klima und Geographie

Geschichte

Die **Ursprünge** des heutigen Seattle (benannt nach einem Häuptling der *Squamish*-Indianer) liegen nur wenig mehr als hundert Jahre zurück: 1889 brannte die damals 30 Jahre junge 20.000-Seelen Stadt bis auf die Grundmauern nieder und wurde beim Wiederaufbau um rund 10 m »geliftet« (➤ *Underground Tours*, Seite 437). Die Fertigstellung (1893) des nördlichsten transkontinentalen Schienenstrangs durch die USA kam dann gerade recht, um die Hafenstadt an der Elliott Bay ab 1896 für unzählige Abenteurer zum Hauptausgangspunkt der Reise in die Goldrauschgebiete am Klondike River und in Alaska zu machen und um gleichzeitig in die weitere Versorgung des hohen Nordens einzusteigen.

Der Schiffbau florierte, Seattle wurde zur maritimen Drehscheibe für den nördlichen Pazifik und später **Luftkreuz** der Region. Der größte Teil der dort startenden und landenden Flugzeuge wird in der Stadt selbst und im nahen Everett gebaut.

Boeing ist bedeutendster Arbeitgeber nicht nur in Seattle, sondern aller Nordweststaaten (geführte Besichtigung von *Boeing*, ➤ Seite 443). Eine seinerzeit international noch größere Beachtung findende **Weltausstellung** brachte Seattle 1962 wichtige ökonomische und infrastrukturelle Impulse, die das Stadtbild stark veränderten. Das *Seattle Center* mit der *Space Needle* und großangelegte Maßnahmen der Innenstadtsanierung gehen auf dieses Ereignis zurück.

Wer mehr zur Geschichte von Seattle und Washington State wissen möchte, wird bestens informiert unter www.historylink.org.

Lage und Klima

Die nördlichste City (über 700.000, Großraum 3,7 Mio. Einwohner) der kontinentalen USA liegt auf einer im zentralen Bereich nur 4 km breiten Landenge zwischen einem tief nach Süden reichenden Meeresarm, dem **Puget Sound**, und dem fast 35 km langen Binnensee **Lake Washington**. Die **Kaskaden** im Osten und die *Olympic Peninsula* mit dem gleichnamigen Gebirge und Nationalpark im Westen bewahren Seattle vor extremen klimatischen Schwankungen.

Warmes, wechselhaftes Sommerwetter mit Temperaturen, die selten 25°C übersteigen, und milde Winter mit hohen Niederschlagsmengen sorgten für den schönen Ruf der Stadt als *Rain Capital* der Vereinigten Staaten. Gleichzeitig gibt es keine andere US-Großstadt, deren Einwohner ähnlich vielfältige Möglichkeiten zur Freizeitgestaltung haben. Jede Menge Salz- und Süßwasserreviere samt Inselwelt ringsum und Berglandschaften unterschiedlichster Charakteristik bieten beste Voraussetzungen für alle erdenklichen Sommeraktivitäten und Wintersport. Da sich das Wasser des Puget Sound stärker erwärmt als das des Pazifik, eignen sich auch die Salzwasserstrände der Stadt im Juli und August gut zum Baden.

1.1.2   Orientierung, Information und öffentlicher Transport

Freeways durch Seattle

Drei Autobahnen führen in Nord-Süd-Richtung durch *Metropolitan Seattle*. Während die **I-405** als östliche Stadtumgehung für den Durchgangsverkehr konzipiert wurde, tangiert die **I-5** auf über einer Meile unmittelbar das Zentrum. Parallel zur I-5 wurde der **Highway #99** ausgebaut und verläuft im Citybereich auf Pylonen doppelstöckig zwischen Elliott Bay und Innenstadt. Nach Osten verbinden die **Interstate #90** (Seattle-Boston) und **Straße #520** (beide über den Lake Washington) Seattle mit der I-405.

Die Mehrzahl der Sehenswürdigkeiten der Stadt konzentriert sich im Bereich **Downtown** (zwischen den *Freeways* #99/I-5 und Jackson/Pine Street) sowie im **Seattle Center**, nur rund 1,5 km nordwestlich vom Geschäftszentrum.

Anfahrt ab Airport

Der internationale Flughafen *Sea-Tac* liegt 15 Autobahn-Meilen südlich von *Downtown*. Außer zur morgendlichen und allabendlichen *Rush Hour* benötigt man für die Strecke in der Regel etwa 20 Minuten. Preiswert ($3) und rasch (37 min) geht es ab *Sea-Tac* auch mit der **Link Light Rail** zur *Westlake Station* in *Downtown* Seattle; Zugang über die *Skybridge* bzw. die Parkgarage in der 4. Etage; www.soundtransit.org. Der *Shuttle*-Bus **Downtown Airporter** bringt Gäste zu ausgewählten Hotels in der Innenstadt; ab $18; www.shuttleexpress.com/seattle/airport/downtown-airporter.

Tipp: Die meisten H/Motels in *Airport*-Nähe sind etwas günstiger als in *Downtown*, so dass man sich durchaus auch dort für den Seattle-Besuch einquartieren kann.

Parken

Wie in vielen Großstädten gibt es während der üblichen Bürozeiten erhebliche **Parkprobleme**. Für kurzfristige Besuche hat man an der **Waterfront/Alaskan Way** und südlich/östlich des **Pioneer Square** bzw. nördlich von *Downtown* noch die besten Aussichten auf eine **Parkuhr**. Pkw-Fahrer finden dort auch viele (teure) Parkgaragen. Aber dank des gut ausgebauten öffentlichen Transportsystems kann man das Fahrzeug auch weiträumig abstellen, etwa auf den großen Parkplätzen rund ums *Seattle Center*.

Blick auf Downtown Seattle vom Dr. Jose Rizal Park, ➤ Seite 441

Die beste Übersicht mit aktuellen Tagespreisen gibt es im Web unter www.seattle.bestparking.com (abends oft Sondertarife: z.B. Parken von 17 Uhr bis nach Mitternacht für $5 in unmittelbarer Nähe des *Pike Place Market*). Mit **Wohnmobilen** sollte man wegen der starken Steigung einiger Ost-West-Straßen mit *Stop-and-go*-Situationen die Innenstadt besser meiden bzw. nur die Nord-Süd-Achsen befahren.

Öffentliche Verkehrsmittel

Vom *Seattle Center* verkehrt eine **Monorail** ins Zentrum (Pine Street/5th Ave/*Westlake Center*). Tickets kosten *one-way* $2,50, für Kinder 5-12 Jahre $1,25; www.seattlemonorail.com. Bei den **City-Bussen** zahlt man je nach Uhrzeit $2,50-$2,75 (Kinder immer $1,50). Beim Einstieg muss jeweils der exakte Fahrpreis zur Hand sein, sofern man nicht mit der *ORCA Card* (erhältlich u.a. auch beim *Safeway*) oder mit der *Transit GO*-App zahlt; www.kingcounty.gov/depts/transportation/metro/fares-orca.aspx.

Zwei **Straßenbahnen** verkehren in Seattle: die **South Lake Union Line** zwischen Lake Union und dem *Westlake Center* in *Downtown* mit Anschluss an Bussystem/*Monorail* sowie die **First Hill Street Car** zwischen dem *Pioneer Square* und *Capitol Hill*. Eine Verbindung beider Route über den *Pike Place* und den *Business District* ist bereits im Bau. Tickets: $2,25/Fahrt, Kinder 6-18 Jahre $1,50; Tagespass $4,50/$3; www.seattlestreetcar.org.

Die Distanzen zwischen den wichtigsten Sehenswürdigkeiten der Innenstadt lassen sich aber auch ganz **gut zu Fuß** bewältigen.

Hafenrundfahrt

Informativ und empfehlenswert sind die 1-stündigen **Hafenrundfahrten** ab *Pier 55*; $30,50/$16,50; www.argosycruises.com.

Sightseeing einmal anders

Viel Klamauk ist angesagt, wenn es im **Ride the Ducks** Amphibienfahrzeug durch Seattles Straßen und über den Lake Union geht. 90-minütige Touren ab der Ecke 5th/Broad Street bei der *Space Needle*, im Sommer auch ab *Westlake Center*; Tickets $35, Kinder 4-12 Jahre $20 und 0-3 Jahre $5; Reservierung unter www.ridetheducksofseattle.com.

Tourist Information

Das zentrale *Seattle Visitor Center* befindet sich im Erdgeschoss des *Convention Center*, 7th Ave/Pike St, im Sommer täglich 9-17 Uhr, im Winter nur Mo-Fr , ℂ 1-866-732-2695. Das *Market Information Center* (Ecke 1st Ave/Pike St) hat auch im Winter tägl. 10-18 Uhr geöffnet; www.visitseattle.org. Sehr hilfreich sind der dort kostenlos erhältliche *Official Visitors Guide*, die Broschüre *Where* sowie das kleine Heftchen *Seattle Premier Attractions* mit zahlreichen Rabatt-*Coupons*; www.seattleattractions.com.

1.1.3   Übernachten, Essengehen & Shoppen
Unterkünfte

Airport

Der am Flughafen vorbeiführende International Boulevard (#99) und seine Nebenstraßen sind dicht besetzt mit H/Motels der Mittelklasse. Eine gute Wahl ist dort z.B. das *Coast Gateway Hotel* mit dem *Sharp's Roaster & Ale House* gleich gegenüber; 18415 International Blvd; Zimmer im Sommer ca. $200; ℂ 1-800-716-6199, www.coasthotels.com.

Downtown

Die Tarife variieren in Seattle stark. Preiswerte Unterkünfte existieren in der Innenstadt kaum. Erst in der **Aurora Ave** nördlich des *Seattle Center* beidseitig des Washington Channel findet man einfache **Motels mit regulären Preisen ab ca. $80**. Je näher man dem *Seattle Center* und *Downtown* kommt, umso teurer wird's:

- *Moore Hotel*, 1926 2nd Ave, nostalgisches Haus in der Nähe des *Pike Place Market*; Zimmer ab $130;
  ℂ 1-800-421-5508, www.moorehotel.com

- *Ace Hotel*, 2423 1st Ave, durchgestylt, aber viele Zimmer mit Gemeinschaftsbad; ab ca. $130;
  ℂ (206) 448-4721, www.acehotel.com

- *Quality Inn & Suites Seattle Center*, 618 John St; ab $220;
  ℂ (206) 728-7666, www.qualityinnseattle.com

- *Executive Hotel Pacific*, 400 Spring Street; ab ca. $125;
  ℂ 1-888-388-3932, www.executivehotels.net/seattle.

Hostels

- *City Hostel Seattle*, 2327 2nd Ave; in Gehdistanz zur *Space Needle*; $29/Bett; $79/DZ; ℂ 1-877-846-7835, www.hostelseattle.com

- *HI Seattle at the American Hotel*, 520 S King Street, in schöner *Downtown*-Lage; ab $31, DZ $88; unbedingt langfristig vorbuchen; ℂ (206) 622-5443, www.hiseattle.org

- *Green Tortoise Backpackers Hostel*, 105 Pike Street; Betten direkt beim *Pike Place* ab $32 inkl. Frühstück, DZ $58; ℂ (206) 340-1222, www.greentortoise.net.

Bed & Breakfast

Die Stadt verfügt über eine beachtliche Zahl an **B&B-Quartieren**, u.a. auf Hausbooten am Lake Union. Übersicht und Reservierung unter ℂ 1-800-684-2932 bzw. www.seattlebedandbreakfast.com.

- In zentraler Lage unweit des *Pike Place* steht die einfache, aber gute *Pensione Nichols*; 1923 1st Ave; DZ $180-$300; ℂ (206) 441-7125, www.pensionenichols.com.

In den Hallen des Pike Place Market befindet sich einer der ältesten Fischmärkte der USA. Die von Stand zu Stand »fliegenden Fische« sind dort eine Touristenattraktion;
➢ *Seite 435*

Camping (Karte ➢ Seite 438)

Einigermaßen citynah lässt sich in Seattle nur auf Privatplätzen campen. Vergleichsweise preiswert und schön gelegen ist der **Vasa Park** am Lake Sammamish (Strand) unweit der I-90, *Exit* 13 zur West Lake Rd. Die Tore schließen bei Einbruch der Dunkelheit. Unbedingt reservieren da nur geringe Kapazität; 3560 Lake Sammamish Parkway; Zelte $33, *full hook-up* $42; ✆ (425) 746-3260, www.vasaparkresort.com.

Die zwei **State Parks** südlich von Seattle verfügen über (graue) **Badestrände** und *Campsites*: Die Stellplätze bei **Saltwater** (bei Des Moines) liegen eng beinander und außerdem unter der Einflugschneise des *Sea-Tac Airport*. Schöner ist daher **Dash Point** bei Tacoma, noch 10 mi weiter an der #509. Im Sommer ist eine Reservierung für beide angeraten unter ✆ 1-888-226-7688 bzw. https://washington.goingtocamp.com.

Ebenfalls in Flughafennähe, 15 mi vom Zentrum entfernt, ist der **Seattle KOA** angesiedelt; 5801 South 212th St in Kent. Zufahrt ab der I-5 *Exit* 152, dann noch ca. 2 mi weiter auf Orillia Road; *hook-up* ab $53, Zelte ab $40; ✆ 1-800-562-1892, www.seattlekoa.com.

Restaurants

Das leibliche Wohl kommt in Seattle garantiert nicht zu kurz. In *Downtown* sind vor allem folgende Adressen eine gute Wahl:

Pike Place

Der **Pike Place Market** (➢ Seite 435) mit einer unüberschaubaren Palette von Restaurants unterschiedlichster Geschmacksrichtungen und Preisklassen; www.pikeplacemarket.org. Im Herzen des Marktes (1517 Pike Place/*Main Arcade*) hat man im Restaurant **Athenian Inn** einen tollen Blick über die Elliott Bay.

Waterfront

Auch an der **Waterfront** steht ein **Seafood Restaurant** am anderen, darunter **The Crab Pot** am *Pier 57* mit dem legendären *Seafeast*, bei dem die Meeresfrüchte einfach auf den Tisch gekippt werden (Foto ➢ rechts bzw. Video unter: www.thecrabpotseattle.com).

Eine große Auswahl bei zum Teil gehobenerem Niveau findet man im **Pioneer Square District**. Und nach dem *Dinner* sind es dort nur ein paar Schritte bis zur nächsten **Kneipe** mit Live-Musik.

Seattle Center

Im **Food Court** des **Armory** (im **Seattle Center**) findet sich ein vielfältiges Angebot. Feiner und teurer ist das **Drehrestaurant** in der benachbarten **Space Needle** samt fantastischer Aussicht über Stadt und Puget Sound; beliebt, daher Reservierung empfehlenswert: ✆ (206) 905-2100 oder www.spaceneedle.com.

Alki Beach

Eine tolle Sicht auf die *Skyline* bietet auch der **Salty's Seafood Grill** unweit der Alki Beach; Sa+So gutes *Brunch Buffet*; ✆ (206) 937-1600; 1936 Harbor Ave SW oder mit Wassertaxi ab *Pier 50*.

Lachsbuffet

Frisch geräucherten **Lachs** in der authentischen Umgebung eines Indianerdorfes serviert man im **Tillicum Village**, ➤ Seite 436. Lachs u.v.m. – ohne Folklore und nicht ganz so kostspielig – wird auch im **Ivars Salmon House** in indianisch gestylten Räumen oder auf einer Terrasse am Lake Union (➤ Seite 440) aufgetischt; sonntags üppiges *Brunch*; 401 NE Northlake Way; www.ivars.com.

Shopping

Im Großraum Seattle locken gleich mehrere **Outlet Malls** mit Designerware zu günstigen Fabrikpreisen:

- **Seattle Premium Outlet Center**, 10600 Quil Ceda Blvd, Tulalip; 35 mi nördlich von *Downtown* direkt beim I-5 *Exit 202*; www.premiumoutlets.com/outlet/seattle
- **The Outlet Collection**, 1101 Outlet Collection Way, Auburn; südlich vom *Sea-Tac*-Flughafen an der Straßenkreuzung #167/#18; www.outletcollectionseattle.com
- **North Bend Premium Outlets** an der I-90 gleich bei der Abfahrt 31; rund 30 mi östlich von *Downtown* Seattle.

Amazon

Handelsgigant **Amazon** eröffnete 2015 in Seattle seinen ersten Buchladen (im *University Village*, 4601 26th Avenue NE) und 2018 seinen ersten Supermarkt ohne Kassen (*Amazon Go*, 2131 7th Ave).

Hier »fliegt« das Essen auf den Tisch: »Seafeast« im Crab Pot Restaurant am Pier 57 in unmittelbarerer Nähe des Seattle Great Wheel

Zoo

Lake Union

1 Monorail Station
2 Musuem of Pop Culture
3 Science Center
4 Chihuly Garden
5 Children's Museum
6 International Fountain
7 1201 Third Tower
8 Rainier Tower
9 Seattle Municipal Tower

Everett/
Vancouver

Kerry Park

W Highland Dr

*Museum of
History & Industry*

Queen Anne Ave

99

Mercer St   Mercer St

Seattle Center

I-5

6   2
5   4   1
3
**Space
Needle**

1st Ave

Denny Way   Denny Way

*Olympic
Sculpture
Park*

Pier 69

San Juan
Islands,
Victoria
Clipper

4th Ave
3rd Ave

Olive Way

**Westlake
Mall**

*Convention
Center*

Pier 66

Westlake Park

*Freeway
Park*

**Pike
Place
Market**

Pike St

Union St

8

**Art
Museum**

7

**Seattle
Aquarium**

Great Wheel

Library

5th Ave
4th Ave
3rd Ave

Brainbridge

**Seattle
Downtown**

9

*Columbia
Center*

**Pioneer
Square**

Bremerton

Pier 52

**Smith
Tower**

Yesler Way

N   0   400 m

*Klondike
Museum*

Jackson St

SeaTac   SeaTac

1.2   Stadtbesichtigung

Start beim Seattle Center

Ein erster guter Anlaufpunkt in der Innenstadt ist das *Seattle Center*; ausgeschilderte Zufahrt ab der I-5 *Exit* 167. Dort kann man ggf. auch gleich das Fahrzeug für den Besuch von *Downtown* abstellen und in die *Monorail* umsteigen. Der Weltausstellungskomplex von 1962 wurde über die Jahre zu einem ***Entertainment Center*** umgestaltet. Das 30 Hektar große Parkgelände umfasst neben der *Space Needle* noch eine ganze Reihe von Museen und Kultureinrichtungen sowie jede Menge *Public Art*. Übersichtskarte: www.seattlecenter.com/downloads/sc_map_color_gates.pdf.

Im *Seattle Center* findet alljährlich Anfang September das 3-tägige ***Bumbershoot Arts Festival*** statt, eines der größten Kunst- und Musik-Events in Nordamerika (www.bumbershoot.org), und Ende Mai am *Memorial Day*-Wochenende das ***Northwest Folklife Festival***, eine bunte Feier mit viel Folklore (www.nwfolklife.org).

> **Tipp:** Der Seattle *CITY PASS* gilt 9 Tage und beinhaltet die Tickets für folgende Attraktionen: *Seattle Aquarium, Space Needle,* Hafenrundfahrt *Argosy Cruises, Museum of Pop Culture* <u>oder</u> *Woodland Zoo* sowie *Chihuly Garden* <u>oder</u> *Pacific Science Center;* Erwachsene $89, Kinder 4-12 $69; www.citypass.com/seattle.

Space Needle

Als Wahrzeichen der Stadt gilt die weithin sichtbare, 184 m hohe *Space Needle*, eine elegante Stahlkonstruktion mit Aussichtsplattform und -restaurant an der 400 Broad St. Vom *Observation Deck* genießt man einen fantastischen Blick über Seattle und den Puget Sound, bei guter Sicht auch auf die Olympic Mountains und die Kaskadengipfel Mt Rainier und Baker. 2018 wurde sie außerdem mit einem beweglichen Glasboden ausgestattet. Die Auffahrt (So-Do 10-19 Uhr, Fr+Sa 10-20 Uhr) kostet $26, Kinder 5-12 Jahre zahlen $17; www.spaceneedle.com. Online und durch günstigere **Kombitickets** (z.B. mit *Chihuly Garden* und *Museum of Flight*) oder dem *City Pass* (➤ Kasten oben) spart man sich etliche Dollar.

MoPOP

Genial wirkt der futuristische *Frank Gehry*-Komplex mit seinem gewölbten Glitzerdach gleich nebenan, in dem das **Museum of Pop Culture** (früher *Experience Music Project*) mitsamt **Science Fiction Museum** und *Fantasy Hall of Fame* untergebracht ist. Alles in allem sehr spannend, ein interaktives musikalisches *Rock'n Roll*-Abenteuer der Extraklasse! Geöffnet täglich 10-19 Uhr, im Winter 10-17 Uhr; Eintritt $28,/$17; www.mopop.org. Den kleinen Hunger zwischendurch kann man bei Meisterkoch *Wolfgang Puck* in der 1. Etage stillen.

Der **Chihuly Garden & Glass** birgt eine Sammlung gigantischer Glaskunstwerke, sehr beeindruckend in Szene gesetzt in dunklen Räumlichkeiten sowie in Form von Riesenblüten und Gewächsen im Garten unterhalb der *Space Needle*. Sehr sehenswert, wenn auch nicht ganz billig: $24/$14; geöffnet So-Do 11-19 Uhr sowie Fr+Sa bis 20 Uhr; www.chihulygardenandglass.com.

Interessant für Familien ist auch das *Pacific Science Center* gleich nebenan sein; täglich geöffnet 10-17/18 Uhr; Eintritt $31, Kinder $17-$24; www.pacificsciencecenter.org. Es beherbergt ein auf Jugendliche zugeschnittenes Wissenschaftsmuseum experimentellen Typs inkl. technischem Abenteuerspielplatz. *IMAX*-Kino, Schmetterlingshaus, Lasershows und ein Planetarium ergänzen das Angebot.

Kostenfreie Ziele mit Kindern im *Seattle Center* sind der Spielplatz **Artists at Play** und die im Sommer erfrischende und originelle **International Fountain**, deren Wasserspiele musikalisch untermalt werden. Weniger empfehlenswert ist das schon etwas in die Jahre gekommene **Children's Museum**; $11,50.

Downtown Seattle, Pike Place und Waterfront

Downtown Rundfahrt /-gang

Um sich zunächst einen **Überblick** vom zentralen Seattle zu verschaffen, wäre eine Fahrt an den Piers entlang, verbunden mit einer »Runde« durch *Downtown* ein guter Einstieg. Vom *Seattle Center* führt die Broad Street hinunter zum *Alaskan Way*. Zurück ginge es z.B. ab *Pier 50* über Yesler Way, James Street und die 4th oder 6th Avenue. Wer per **Monorail** ins Zentrum anreist, hat auch von der Endstation **Westlake Center** einen guten Start.

Rainier Tower

Architektonisch auffällige Wolkenkratzer in *Downtown* Seattle sind u.a. das:

- **Columbia Center** (701 5th Ave/Ecke Columbia St), das höchste Gebäude der Stadt (286 m) mit einem großartigen ganz verglasten **360° Sky View Observatory** in der 73. Etage (10-20 Uhr; Auffahrt $15. Kinder $10; www.skyviewobservatory.com)

sowie die Bürotürme

- **1201 Third Ave Tower** (Seneca St/3rd Ave), 235 m
- **Two Union Square** (Union St/6th Ave), 226 m
- **Seattle Municipal Tower** (Cherry St/6th Ave), 220 m
- **Rainier Tower** (1301 5th Ave) ist nur 157 m hoch, steht aber auf einem kuriosen schmalen Sockel.

Ein echter Hingucker ist auch der »windschiefe« Glaspalast der **Seattle Central Library**; ➢ Foto rechts.

Convention Center

Zwischen Seneca und Pike Street wurde die I-5 komplett überbaut vom **Freeway Park**, einer grünen Betonkreation mit Wasserspielen (+gratis Internetzugang), und dem Glaspalast des **Convention Center** mit vielen beachtlichen **Kunstwerken**. Im Parterre (Zugang an der 705 Pike Street) befindet sich das **Besucherzentrum** der Stadt (dort auch *free Wifi*; www.wscc.com).

Shopping

Ebenfalls viel Glas, Licht und Grün zeichnet das mehrstöckige **Westlake Center** aus (400 Pine Street/Ecke 5th Ave). Benachbart sind die Kaufhäuser **Macy's** sowie die viel größere **Pacific Place Mall** mit einem sehr gut sortierten **Barnes & Noble Bookshop**.

Art Museum

An der 1300 1st Ave/Ecke University Street steht der klotzige Bau des **Seattle Art Museum** (**SAM**). Die gut präsentierte Kollektion ist vielseitig und umfasst u.a. die Kunst der *Aborigines*, afrikanischer Völker und amerikanischer Ureinwohner sowie die Werke alter und moderner Meister. Geöffnet Mi-So 10-17 Uhr, Do bis 21 Uhr; $20, Kinder 13-17 Jahre $13; www.seattleartmuseum.org.

Auffällig ist der 15 m hohe *Hammering Man* vor dem Eingang des Museums; die gleiche Figur ziert den Vorplatz der Messe Frankfurt. Zum *SAM* gehören auch die Kunstwerke im **Olympic Sculpture Park** an der Elliot Bay nördlich des *Pier 70*. Dieser Abstecher lohnt aber nur bedingt; allzuviel gibt es dort nicht zu sehen.

Hinter dem *Art Museum* an der Ecke 2nd Ave/University steht die **Benaroya Concert Hall**; www.seattlesymphony.org/benaroya.

Starbucks

Der im April 1971 eröffnete, weltweit erste ***Starbucks Coffee Shop*** befindet sich am 1912 Pike Place. Nirgendwo herrscht so ein Gedränge wie dort, auch wenn nicht weit davon entfernt schon die nächste Filiale steht. **Straßenkünstler und Musiker** »verkürzen« die Wartezeit und sorgen auch für Unterhaltung schräg gegenüber im *Victor Steinbrueck Park* mit Blick auf die Elliott Bay.

Pike Place Market

Der größte Publikumsmagnet in *Downtown* ist aber der ***Pike Place Market***, einer der besten Dauermärkte der USA. Unbestrittenes Highlight sind dort die Fischhändler, die sich gerne einen Spaß machen, indem sie sich lautstark ihre glitschige Ware zuwerfen (»**Fliegende Fische**«, ➤ Foto Seite 430). Zum Riesenkomplex gehören auch noch ein Obst- und Gemüsemarkt sowie diverse Shops, Galerien und *Eateries*. Der Haupteingang befindet an der Ecke 1st Ave/ Pike St. Übersichtsplan: www.pikeplacemarket.org/plan-your-visit.

Gum Wall

Direkt hinter der kleinen *Market Info* geht es runter zur wohl ekligsten Sehenswürdigkeit der Stadt, die ***Gum Wall***: Die Hausfassaden in der schmalen **Post Alley** sind über und über mit bunten Kaugummis zugeklebt. Und das »Kunstwerk« wird täglich größer ...

Waterfront

Über die Treppen des *Pike Place Hillclimb Walk* gelangt man von dort auch runter zur **Seattle Waterfront**, die (parallel zum Alaskan Way) einen etwa 2 km langen Abschnitt zwischen *Pier 50* und *Pier 70* umfasst. Unterhalb der hochgelegenen Innenstadt reihen sich hier Restaurants, *Fast Food Eateries* und *Giftshops*.

Besuchenswert ist am *Pier 59* das **Seattle Aquarium**, das die Unterwasserwelt des Pazifiks beleuchtet; täglich 9.30-17 Uhr, $30/$20; www.seattleaquarium.org. Die 12-minütige Fahrt in der klimatisierten Gondel des 53 m hohen **Great Wheel** am *Pier 57* kostet $14 bzw. $9 für Kinder 3-11 Jahre; www.seattlegreatwheel.com.

Fährterminal

Gleich südlich der *Waterfront*-Kommerzkonzentration legen von **Pier 52** mehrfach täglich die Autofähren in Richtung **Bremerton** (60 min) und **Bainbridge Island** (35 min) ab, Richtung *Olympic Nat'l Park* (➤ Seite 448); www.wsdot.wa.gov/ferries. Die Fähren zu den **San Juan Islands** (➤ Seite 461) sowie der **Victoria Clipper** nach Vancouver Island (➤ Seite 354) starten vom **Pier 69**.

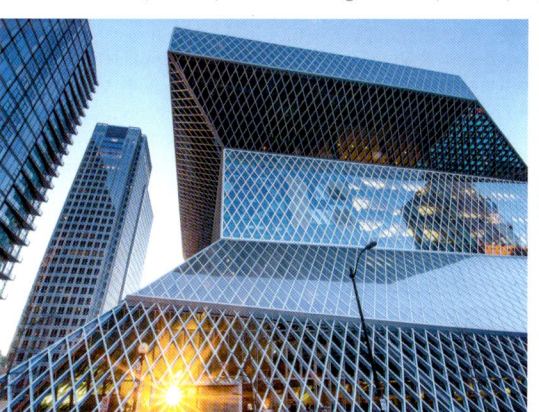

Der avantgardistische Bau der Stadtbibliothek von Seattle in der 4th Avenue #1000

Tillicum Indian Village

Nach **Blake Island**, eine 2 km² kleine Insel knapp 6 km vor der Küste im Puget Sound, gelangt man ab *Pier 55*. Neben einem *State Park* mit Picknick- und Campingmöglichkeiten warten zahlreiche Wanderwege durch urwüchsige Küstenwälder und ein toller Blick auf den Mount Rainier oder zurück auf *Downtown* Seattle.

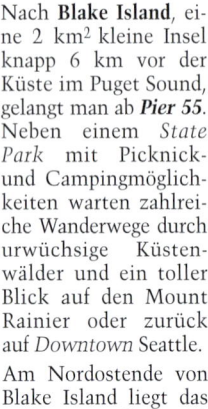

Tillicum Indian Village

Am Nordostende von Blake Island liegt das **Tillicum Indian Village**, ein von meterhohen Totempfählen umgebenes Museumsdorf, in dem das traditionelle Kunsthandwerk der *Chinook*-Indianer gepflegt und Besuchern näher gebracht wird. Dorthin geht es mit *Argosy Cruises* ab *Pier 55*; Dauer: 4-5 Stunden; Preis: $91,50 pro Person inklusive Lachsbuffet sowie indianischer Tanz-Vorführung und Erzählungen, Kinder 4-12 Jahre zahlen nur $35,50; ohne Folklore und Buffet kostet es $41,50 bzw. $16,50; ✆ 1-888-623-1445; www.argosycruises.com/argosy-cruises/tillicum-excursion.

Pioneer Square Historical District

Pioneer Square

Gleich hinter dem *Pier 50* erstreckt sich bis zur 5th Ave und zwischen Yesler Way und King Street der **Pioneer District** mit vielen Backsteinfassaden. Die einstige Altstadt von Seattle wurde 1889 durch einen Großbrand vernichtet und später herausgeputzt, begrünt und mit Restaurants, Bars, Antiquitätenläden, Galerien und vielen Shops wiederbelebt; www.pioneersquare.org.

An der Ecke Main Street/2nd Avenue rauscht Wasser über Felsen im **Waterfall Garden Park**, ein Kleinod des Viertels.

Klondike Gold Rush Historic Park

Unbedingt besuchenswert im *Pioneer District* ist das **Visitor Center & Museum** des **Klondike Gold Rush Nat'l Historical Park** an der 319 2nd Ave. Ansehen sollte man sich die laufend gezeigten Filme zum Goldrausch, für den Seattle Ende des 19. Jahrhunderts als Haupthafen der Einschiffung der Prospektoren gen Norden eine wichtige Rolle spielte. Auch die Dokumentation und die Exponate im Kellergeschoss sind aufschlussreich. Der Komplex hat täglich geöffnet 9-17 Uhr, der Eintritt ist frei; www.nps.gov/klse.

Glasbläser

Von dort sind es nur ein paar Schritte bis zum *Glasshouse Studio*, in dem man Glasbläsern bei der Arbeit zuschauen kann; Mo-Sa 10-17, So 11-16 Uhr, 311 Occidental Ave; www.glasshouse-studio.com.

City unter der City

Wer sich für die Geheimnisse der »City unter der City« interessiert, kann an einer **Underground Tour** teilnehmen, die am *Pioneer Square Park* startet. Sie führt durch Bereiche der Stadt, die 1889 abbrannten, aber unter dem darüber aufgebauten neuen Seattle teilweise erhalten blieben; 608 1st Avenue; im Sommer täglich 9-17 Uhr, $20/$10; ℰ (206) 682-4646; www.undergroundtour.com.

Smith Tower

Gleich nebenan an der Ecke 2nd Ave/Yesler Way steht der **Smith Tower** in nostalgischem Kontrast zu den nahen Hochhäusern. Der Turm war bei Fertigstellung 1914 **Tallest Building West of the Mississippi** und besitzt heute ein öffentlich zugängliches *Observation Deck* im 35. Stockwerk; $19/$15; www.smithtower.com.

Während tagsüber die Altstadt den Touristen gehört, überwiegen abends die Einheimischen. Nirgendwo sonst in Seattle findet man vergleichbar viele **Kneipen mit *Flair* und *Live Music***.

Football & Baseball Stadium

Südlich des *Pioneer District* erhebt sich das riesige *American-Football*-Stadium **CenturyLink Field**, Heimat der *Seattle Seahawks* und Multifunktionsarena (Rock/Pop-Konzerte usw.) mit einem Fassungsvermögen von bis zu 72.000 Zuschauern.

In unmittelbarer Nachbarschaft steht noch das **Safeco Field**, ein großes Baseballstadium mit »Schiebedach« und Platz für bis zu 48.000 Gäste. Der Komplex kann im Rahmen von 1-stündigen Touren 2-3x täglich besichtigt werden; Tickets $12/$10 und nur an spielfreien Tagen; www.mlb.com/mariners/ballpark/tours.

Chinatown

Südöstlich hinter dem *Pioneer Square* erstreckt sich der **Chinatown-International District**, Zufahrt über Jackson oder Main St. Anders als die *Chinatown* in San Francisco vermitteln die verstreuten asiatischen Fassaden, Restaurants und Spezialitätenshops in Seattle keine sonderlich exotische Atmosphäre. Das **Wing Luke Museum** thematisiert die Einwanderung aus Asien und bietet »**Chinatown Discovery**«-**Touren** an; Di-Sa um 14 Uhr; 90 min; $22 inklusive Eintritt; Kinder $15; www.seattlechinatowntour.com.

Totem Pole am Pioneer Square; im Hintergrund startet gerade eine Underground Tour

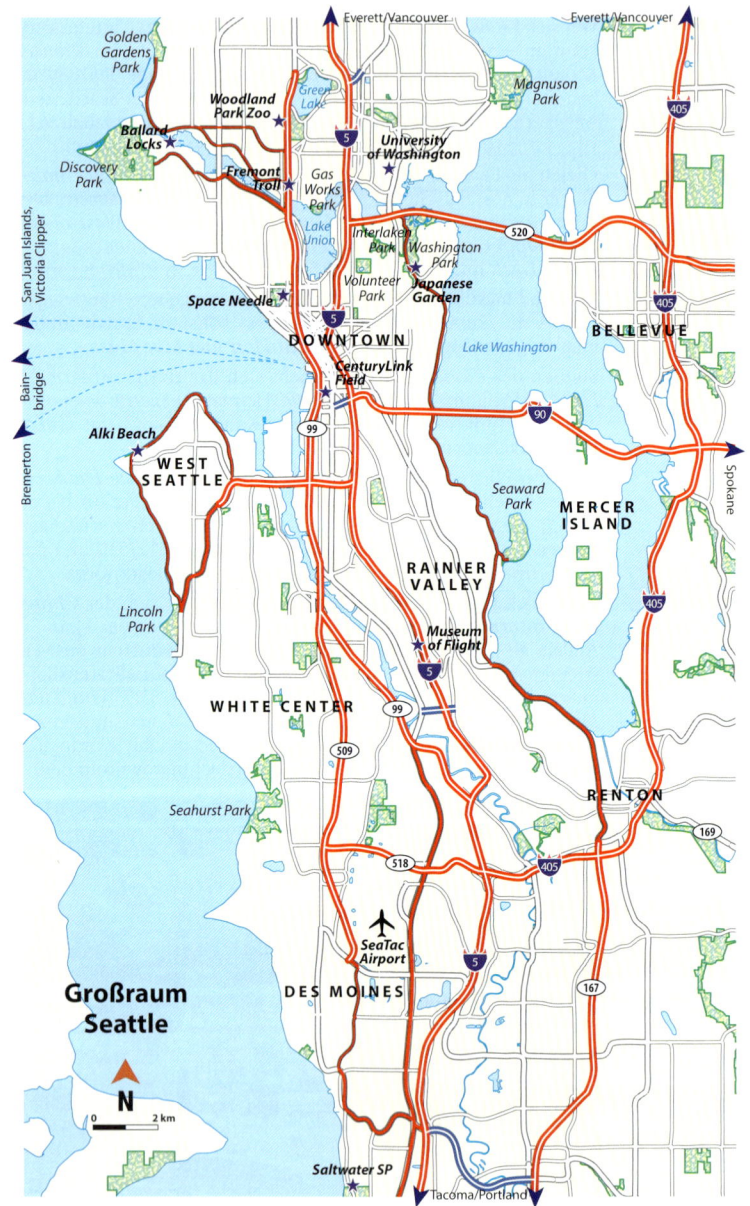

Golden Gardens Park

Woodland Park Zoo

Green Lake

Everett/Vancouver

Everett/Vancouver

Magnuson Park

405

Ballard Locks

Discovery Park

Fremont Troll

University of Washington

Gas Works Park

Lake Union

520

Space Needle

Interlaken Park

Washington Park

Volunteer Park

Japanese Garden

BELLEVUE

DOWNTOWN

Lake Washington

San Juan Islands, Victoria Clipper

Bain-bridge

Bremerton

CenturyLink Field

90

405

Alki Beach

99

Spokane

WEST SEATTLE

Seaward Park

MERCER ISLAND

RAINIER VALLEY

Lincoln Park

Museum of Flight

5

405

WHITE CENTER

99

RENTON

509

169

Seahurst Park

518

405

SeaTac Airport

Großraum Seattle

5

167

DES MOINES

N

0   2 km

Saltwater SP

Tacoma/Portland

Parks und Sehenswertes rund um die City

Washington Park

Von *Downtown* Seattle gelangt man über die Madison Street direkt zur südlichen Zufahrt des **Washington Park Arboretum**. Die attraktivste Parkanlage der Stadt ist Teil der Botanischen Gärten der *University of Washington* und wird durch den East Lake Washington Blvd und dem East Arboterum Drive erschlossen (freier Zutritt mit Ausnahme des **Japanese Garden**). Bevor man einen der zahlreichen Spazierwege, die sich durch die üppige Baum- und Pflanzenwelt winden, in Angriff nimmt, kann man sich noch täglich 9-17 Uhr im *Graham Visitors Center* mit Infos und Karten versorgen (in der Nordost-Ecke des Parks). Online gibt es einen guten Übersichtsplan unter https://botanicgardens.uw.edu/washington-park-arboretum/visit/maps-trails.

Unweit des Besucherzentrums startet auch der wunderbare **Foster & Marsh Island Loop** (2,5 km), der zunächst durch ein kleines Wäldchen verläuft, dann unter der #520 hindurch und weiter auf *Foster Island* zwischen Seerosen und Schilf zur *Marsh Island*. Der rege Verkehr auf dem *Freeway* #520 stört etwas die Idylle. Diese Wanderung und die Union Bay sind zudem sehr beliebt bei den »**Seattleites**« (Bewohner von Seattle; Aussprache: *»seä tel laits«*), so dass am Wochenende in dem Bereich meist sehr viel los ist.

Universitätscampus

Wer nach dem Besuch des Arboretum noch den absolut beeindruckenden Campus der **University of Washington** sehen möchte, folgt dem East Lake Washington Blvd weiter bis zum Montlake Blvd. Dort geht es dann nach Norden (rechts) über die Union Bay Brücke zur 15 th Ave (immer der grünen Ausschilderung »*UW Visitor Info/Parking*« nach). Bei Anfahrt über die I-5 wählt man am besten den *Exit* 169 und fährt dann auf der 45th St nach Osten bis zur 15th Ave. Wer keine freien Parklücken dort in der Umgebung findet, kann die gebührenpflichtigen Garagen und Parkflächen der Uni ansteuern; Lageplan: www.washington.edu/maps.

Das **Burke Museum of Natural History & Culture** auf dem Universitätsgelände (Ecke 45th St/17th Ave) hat eine gute anthropologische Abteilung, die sich den Völkern an der nordamerikanischen Pazifikküste widmet; geöffnet täglich 10-17 Uhr; Eintritt $10/$7,50; www.burkemuseum.org. Seit Sommer 2018 werden die Ausstellungen nach und nach ins **New Burke** übersiedelt, das 2019 an der Ecke 45th St/15th Ave eröffnen soll.

Die **Henry Art Gallery** ist relativ klein und kein Muss; Eintritt $10/$6; www.henryart.org. Sie befindet sich unweit des *George Washington*-Statue und des Campus-Besucherzentrums.

Von dort sind es dann nur noch wenige Schritte bis zur Hauptplaza mit tollem Blick auf die *Drumheller Fountain*. Bei klarer Sicht erhebt sich dahinter der scheinbar nahe, tatsächlich aber 100 km Luftlinie entfernte, **schneebedeckte Mount Rainier** südlich der Stadt. Mitte/Ende März beeindrucken außerdem die vielen blühenden Kirschbäume auf dem Universitätsgelände.

Zum guten Seafood gibt es im Ivar's Salmon House am Nordufer des Lake Union die Aussicht auf den See und Downtown Seattle noch gratis dazu

Lake Union

Zwischen der I-5 und der #99 breitet sich nördlich von *Downtown* der »Haussee« von Seattle aus. An der Südspitze des **Lake Union** liegt an der Valley Street die Zufahrt zu einem kleinen Stadtpark. Dort kann man im *Center for Wooden Boats* Kanus, Kajaks oder Segelboote mieten (www.cwb.org) und im spannend aufbereiteten ***Museum of History & Industry*** (***MOHAI***) Interessantes über die Geschichte der Stadt lernen; 860 Terry Ave N, täglich 10-17 Uhr; Eintritt $20/$14, Kinder bis 14 frei; www.mohai.org.

Wasserflugzeuge der *Kenmore Air* heben in der Südwestecke des Sees zur 20-min Sightseeing-Tour ab; 950 Westlake Ave N; ca. $100; www.kenmoreair.com/scenic-flights/Seattle-Scenic-Tour. Man kann sie auch nutzen für einen **City-Tagestrip nach Victoria** auf Vancouver Island; Flugzeit rund 45 Minuten mit Landung in dem an *Downtown* angrenzenden *Inner Harbour* (➤ Seite 361).

Hausboote

Bekannt ist der Lake Union vor allem für seine hübsch aufgereihte **Hausboot-Flotte**, die entlang der Fairview Avenue den Uferbereich säumt. Fest verankert an der Westlake Ave liegt außerdem das *Floating Home* von *Tom Hanks* aus dem Kino-Blockbuster »**Schlaflos in Seattle**« mit *Meg Ryan* (www.housekaboodle.com/sleepless-in-seattle-houseboat-on-lake-union). Es ist in Privatbesitz; am besten sieht man es während einer *Ride the Ducks Tour* (➤ Seite 528) oder kostenfrei vom gegenüberliegenden **Gas Works Park** aus. Der Besuch dieses Parks und der rostigen Überbleibsel des stillgelegten Gaswerks ist ansonsten kein Muss. Einen ähnlichen Blick auf die City-*Skyline* (➤ Foto oben) kann man auch beim *Seafood*-Brunch oder *Dinner* im **Ivar's Salmon House** genießen; 401 NE Northlake Way unweit der I-5.

Fremont Troll

Ein beliebtes Fotomotiv versteckt sich noch nordwestlich des Lake Union. Dort »residiert« unterhalb der Aurora Bridge (Kreuzung #99/North 36th Street) der **Fremont Troll**, ein 5 m hoher Zementkobold mit einem *VW Käfer* in der Hand. Eine weitere Skulptur (*People waiting for the interurban*) befindet sich nahebei an der Ecke Fremont Ave/N 34th Street.

Seattle – Die schönsten Aussichtspunkte

Hoch hinauf geht es in der *Space Needle* im *Seattle Center* (➢ Seite 433). Wer allerdings auch die »Weltraum-Nadel« mit auf dem Bild haben möchte, wählt dafür lieber das **Sky View Observatory** in der 73. Etage des *Columbia Center* in *Downtown* (701 5th Ave/Ecke Columbia St; ➢ Seite 434). Der **klassische Blick** auf die *Space Needle* mit der *Skyline* und dem schneebedeckten Mount Rainier im Hintergrund eröffnet sich vom winzig kleinen **Kerry Park** (➢ Bild unten) am 211 West Highland Drive nordwestlich des Zentrums; Anfahrt vom *Seattle Center* oder der I-5 am besten über die Mercer Street und Queen Anne Ave. Für Fotografen könnte außerdem noch eine etwas ungewöhnlichere Sicht auf die Hochhäuser und Autobahnen interessant sein, ➢ Foto Seite 427 aufgenommen auf der anderen Seite der Stadt vom **Dr. Jose Rizal Park** in der Nähe der 12th Ave Brücke über die I-90.

Woodland Park Zoo

Über die #99 (oder I-5 Exit 169) und die 50th St erreicht man den **Woodland Park Zoo**, einer der besten in den USA. Die Gehege sind sehr schön und weitläufig gestaltet, entsprechend groß ist daher der Zeitbedarf (mindestens 4-5 Stunden einplanen!). Eintritt: $25, im Winter günstiger oder als Kombiticket mit *Space Needle* und *Chihuly Garden*; Parken kostet extra ($6, RVs $18); www.zoo.org.

Beim **Green Lake** im Norden des *Woodland Park* warten gleich zwei populäre Badestrände, die *East* und *West Lake Beach*.

Interlaken/ Volunteer Park

Östlich des Lake Union und der I-5 liegen unweit des Arboretums noch zwei weitere City-Parks: Durch den **Interlaken Park** und seinen verwunschenen Regenwald schlängelt sich eine enge und kurvenreiche Straße. Nichts deutet darauf hin, dass man sich dort noch mitten in der Großstadt befindet.

Sehenswerter – vom touristischen Standpunkt aus – ist aber der angrenzende *Volunteer Park* (15th Ave/Galer Street) mit dem **Asian Art Museum**, einem Ableger des *Art Museum* in der 2nd Avenue (derzeit geschlossen, es wird voraussichtlich noch bis 2019 renoviert; www.seattleartmuseum.org), und dem **Conservatory** mit einheimischen sowie tropischen Pflanzen; geöffnet Di-So 10-16 Uhr; $4/$2. Vom **Observation Deck** des alten Wasserturms bietet sich ein (etwas zugewachsener) Blick über Stadt und Bucht.

Lake Washington

Durchaus empfehlenswert ist auch der Besuch der **Parks** am **Lake Washington**. Eine Fahrt ab dem *Washington Park* (➢ Seite 439) auf den Uferstraßen des Binnensees führt durch beneidenswerte Wohnviertel sowie vorbei an Stränden und Marinas.

Downtown Seattle und der Mount Rainier vom Kerry Park aus

Alki Point mit Leuchtturm

Weit in den Lake Washington hinein ragt die urwüchsig bewaldete Halbinsel des **Seward Park** mit Picknick- und Bademöglichkeiten, Wanderwegen und schöner Aussicht auf den Mount Rainier. Dort nisten sogar Weißkopfseeadler!

Strände am Puget Sound

Am Puget Sound sind die Strände in den Salzwasserparks **Seahurst** und **Alki Park** sehr beliebt. Letzterer bietet einen freien Blick auf die *Space Needle* und die Wolkenkratzer von *Downtown* und wird auch gerne zum Sonnenuntergang aufgesucht. Eine tolle seeseitige Rundfahrt in West-Seattle führt von dort über die Alki Ave, den Beach Drive SW und den Fauntleroy Way hinunter zum ebenfalls attraktiven **Lincoln Park** mit weiteren Uferwegen, Spiel- und Picknickplätzen sowie einem beheizten Salzwasser-Pool.

Northwest Seattle

Den weitgehend naturbelassenen **Discovery Park** im nordwestlichen Stadtteil Magnolia durchziehen **Wildnis-Wanderwege**. Ein Abstecher dorthin lohnt vor allem in Verbindung mit dem Besuch der *Hiram M. Chittenden Locks*, besser bekannt unter dem Namen **Ballard Locks** (*Locks* = Schleusen). Zufahrt südlich des *Lake Washington Ship Canal*, der den Puget Sound und die Binnenseen verbindet, über den Commodore Way zum *Commodore Park*.

Interessant ist dort die **Fischtreppe (*Fish Ladder*) mit Sichtfenstern**, wenn von Ende Juni bis Anfang Oktober die Lachse vorbeiziehen: *Chinook* (die großen Königslachse in der 2. Augusthälfte), *Coho* (Silberlachse Mitte/Ende September) und *Sockeye Salmon* (die roten Blaurückenlachse während des gesamten Monats Juli); täglich 7-20.45 Uhr; Eintritt frei. Das Besucherzentrum der *Locks* (3015 NW 54th Street) und die Schleusenanlage befinden sich am nördlichen Ufer des Kanals, beide sind aber auch vom Süden aus zugänglich; www.myballard.com/ballard-locks-seattle.

Wer vom *Visitor Center* der *Ballard Locks* die Rundfahrt in Richtung Küste fortsetzt, passiert an der Seaview Ave die größten Marinas von Seattle und erreicht dahinter den **Golden Gardens Park** mit einem meist stark frequentierten Sandstrand.

Fährverbindungen

Von **Edmonds**, noch etwas weiter nördlich, kann man per Autofähre nach **Kingston** übersetzen und auf diesem Weg die Olympische Halbinsel ansteuern (➤ Seite 446).

BOEING – Produktionshallen und Flugzeugmuseen

Neben Weltkonzernen wie *Microsoft* und *Starbucks* ist auch die Flugzeugindustrie nicht aus Seattle wegzudenken, schließlich stehen die größten Produktionshallen vom Luftfahrt-Giganten *Boeing* vor den Toren der Stadt. Die *Boeing Typen* 747, 777 und der *Dreamliner* 787 werden in **Everett** montiert und man kann den Ingenieuren dabei sogar über die Schulter schauen (4 mi westlich der I-5, Abfahrt 189; ca. 25 mi nördlich von Seattle). Fotografieren ist allerdings nicht erlaubt, *no cameras please*!

Die *Boeing Factory Tour* startet vom *Future of Flight Aviation Center*, einem tollen Museum der zivilen Luftfahrt, durch riesige freitragende Montagehallen. Im Sommer beginnen die 90-Minuten-Touren täglich 8.30-16 Uhr zu jeder halben Stunde Kosten: **$25 inkl.** *Aviation Center*, Kinder bis 15 Jahre $15, nicht unter 1,22 m! Reservierung sehr angeraten: www.futureofflight.org oder unter ℂ 1-800-464-1476. Der Besuch der *Flight Aviation Center Gallery* allein kostet $12/$6.

Mindestens so sehenswert ist das *Museum of Flight* auf dem *Boeing Field* im Süden von Seattle; täglich 10-17 Uhr; $24/$15; kostenlos am 1. Do des Monats von 17-21 Uhr; www.museumofflight.org. Verlässt man *Downtown* über die I-5 in südliche Richtung, passiert man nach gut 15 Minuten Fahrt bzw. noch vor dem internationalen *SeaTac-Airport* rechter Hand den Fracht-Flughafen *King Country* sowie den Gebäudekomplex und Außenbereich des Museums. Der Weg dorthin ist vom darauffolgenden *Exit* 158 gut ausgeschildert.

In der lichten Glashalle und im *Airpark* fanden über 150 Flugzeugtypen Platz – vom Doppeldecker der Frühzeit über Kampfflieger aus dem 1. oder 2. Weltkrieg, einer *Concorde* und älteren **Air Force One** bis zum modernen Abfangjäger, darunter eine *Fieseler Fi 103* und eine *Lockheed M-21 Blackbird*. Auch die *Red Barn* – erste Montagehalle und offizielle »Geburtsstätte« von *Boeing* – wurde hierher verlegt und kann besichtigt werden. Kinder dürfen in den Cockpits Platz nehmen, und Flugsimulatoren sowie zahlreiche *hands-on* Exponate könnten ebenfalls für Begeisterung sorgen. Im Rahmen einer Sonderführung geht es auch an Bord eines *Space Shuttles*, das einst in Houston stand und von den *NASA*-Astronauten zu Trainingszwecken genutzt wurde (kostet $30 extra; nur samstags, sonntags und an Feiertagen; Zutritt nur in Hosen und mit geschlossenen Schuhen ohne Absätze; Kinder erst ab 10 Jahre).

2.   STARTROUTEN AB SEATTLE

2.1   Rundfahrt auf der Olympischen Halbinsel

Von Seattle bis nach Aberdeen im Südwesten der *Olympic Peninsula* sind es – bei Fährbenutzung Seattle-Winslow – über die #305/#3/#104/#101 knapp 250 mi; zurück bis zum Ausgangspunkt sogar 350 Meilen. So richtig schnell kommt man auf der gesamten Halbinsel nicht voran. Die Straßen zwischen Port Angeles und Bainbrigde Island, Tacoma oder Olympia sind meist stark befahren und die Zugbrücke an der #3 sorgt für zusätzlichen Stau, wenn gerade Schiffe passieren. Außerdem verläuft die #101 im *Olympic National Park* abschnittsweise sehr kurvenreich und die verschiedenen Parkbereiche sind nur über Stichstraßen zu erreichen.

Zeitaufwand

Der Besuch der Nationalparks ist daher mit einem recht hohen zeitlichen Aufwand verbunden und es stellt sich die Frage, ob sich der »Umweg« um die gesamte Olympische Halbinsel herum mit (mindestens!) **zwei Extratagen** lohnt. Bei gutem Wetter zählt der Nationalpark zu den **schönsten und abwechslungsreichsten Zielen im gesamten US-Nordwesten**. Neben großartigen Ausblicken im Hochgebirge locken dschungelartige Regenwald und wildromantische Küstenabschnitte mit farbenprächtigen Gezeitenbecken. Der Olympic Nationalpark ist nicht umsonst einer der beliebtesten in den USA mit über 3 Mio. Besuchern im Jahr!

Wer Strandspaziergänge und kleinere Wanderungen unternehmen möchte, sollte **2-3 Nächte vor Ort** einplanen. Es lässt sich auch locker eine ganze Urlaubswoche im Park spannend gestalten. Man sollte dabei aber unbedingt auch Folgendes bedenken:

Problem: Wetter

Hartnäckiger Küstennebel (während der wärmeren Jahreszeit keine Seltenheit!) oder **Dauerregen** (über 4 m Niederschlag jährlich!) kann nicht nur die Sicht tagelang trüben, sondern auch die Urlaubsfreude. Die traumhafte Landschaft bleibt einem dann verborgen, man nimmt allerorten nur das dumpfe Dröhnen der Nebelhörner wahr und es herrscht eine Stimmung wie in einem *Hitchcock*-Film.

Schlechtwetter ist zwar auch für den Besuch anderer Naturparks ungünstig, die Aussichten dafür sind in dieser Ecke Washingtons jedoch besonders hoch. D.h., der Blick auf das aktuelle **Wettergeschehen** und ein guter »Plan B« sind bei diesem Reiseziel wichtig.

Ruby Beach Anfang August nachmittags um 14 Uhr bei mehrtägigem Dauernebel

Fähre über den Puget Sound zwischen Seattle und Bainbridge Island/Winslow

2.1.1   Anfahrt

Fähren ab Seattle

Am schnellsten von Seattle auf die Olympische Halbinsel gelangt man per **Fähre nach Winslow** auf Bainbridge Island (35 min; täglich mehr als 20 Abfahrten vom *Pier 52*). Zwei Personen mit Pkw zahlen im Sommer ca. $25, mit Campmobil 20-30 Fuß ca. $40; www.wsdot.wa.gov/ferries/fares. Eine weitere Fährverbindung besteht nach **Bremerton** (60 min) und bei **Umweg über Tacoma** (➤ Seite 458) kommt man auch ganz ohne Schiff aus.

Strecke zum Olympic NP

Nach Ankunft auf Bainbridge Island geht es weiter auf den Straßen #305/#3/#104 in Richtung #101/Port Angeles. Kurz unterbrechen lässt sich die Fahrt gleich zu Beginn mit einem Spaziergang durch die *Bloedel Reserve* (großer gepflegter Park mit unterschiedlichen Gartenanlagen; $17, Kinder $6-$13) und dem Besuch des *Suquamish Museum*, das einen guten Einblick in das Leben der am Puget Sound beheimateten Küsten-*Salish*-Indianer liefert; tägl. 10-17 Uhr; $5/$3; www.suquamishmuseum.org. Beachtung verdient am Weg auch die **Schwimm-Schubbrücke** über den *Hood Canal*, ein abenteuerliches Konstrukt aus 23 verschraubten Pontons.

Umweg über Port Townsend

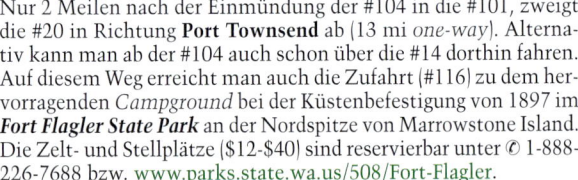

Nur 2 Meilen nach der Einmündung der #104 in die #101, zweigt die #20 in Richtung **Port Townsend** ab (13 mi *one-way*). Alternativ kann man ab der #104 auch schon über die #14 dorthin fahren. Auf diesem Weg erreicht man auch die Zufahrt (#116) zu dem hervorragenden *Campground* bei der Küstenbefestigung von 1897 im *Fort Flagler State Park* an der Nordspitze von Marrowstone Island. Die Zelt- und Stellplätze ($12-$40) sind reservierbar unter ℂ 1-888-226-7688 bzw. www.parks.state.wa.us/508/Fort-Flagler.

Port Townsend

Das wegen seiner alten Klinkerfassaden gelobte Städtchen ist für Europäer kein »Muss« (www.ptguide.com), ebenso wenig das nahe gelegene *Fort Worden*, das 1904 die Funktion als Hauptquartier der Küstenverteidigung am Puget Sound vom *Fort Flagler* übernahm. Nur wer auf die Fähre nach Coupeville auf Whidbey Island (➤ Seite 463) möchte bzw. mit ihr ankommt, könnte sich ein wenig Besichtigungszeit nehmen oder dort übernachten. Dafür eignen sich am besten die in auffällig hübschen Privathäusern untergebrachten **B&Bs** oder eines der Motels an der #20/Water St.

Camper haben die Wahl zwischen den sehr guten Plätzen in den *Historical State Parks* (Zelte $22, RVs $42):

- *Fort Worden* an der nordöstlichen Spitze der Halbinsel
- *Old Fort Townsend* einige Meilen südlich der Stadt im Wald; www.parks.state.wa.us/511/Fort-Worden, .../510/Fort-Townsend.

Der städtische *RV Park* befindet sich in Fußgängerdistanz zu Restaurants, Kneipen und Läden des Ortes unten in toller Uferlage hinter der *Hudson Point Marina* am Ende Water Street; mit *hook-up* $42-$59; ℂ (360) 385-2828, www.portofpt.com/rates-and-fees.

Sequim

An der #101 kann man auf der Weiterfahrt kurz vor Blyn einen kurzen Stopp bei der *Northwest Native Expressions Art Gallery* einlegen, die mit bunten Totempfählen rechter Hand der #101 auf sich aufmerksam macht. Einige Meilen weiter gibt es im **Sequim-Besucherzentrum** Infos und Karten zu den Lavendelfeldern der Umgebung; 1192 E Washington Street. Jedes Jahr Mitte Juli feiert der Ort das *Lavender Festival*, die Felder stehen aber meist auch etliche Wochen davor/danach in voller Blüte; www.lavenderfestival.com.

Etwas weiter westlich an derselben Straße befindet sich das *Highway 101 Diner* im Stil der 1950er-Jahre; 392 W Washington St.

Nördlich der Kleinstadt breitet sich die *Dungeness Recreation Area* auf einer weit in die *San Juan de Fuca*-Meerenge ragenden Nehrung aus. Dort kann man auf bewaldeten Plätzen oberhalb der Steilküste im Zelt oder Wohnmobil schlafen; $25; ℂ (360) 683-5847; www.clallam.net/Parks/Dungeness.html.

Wer sich eine Nacht in besonders luxuriösem Ambiete gönnen möchte, steigt auf der Weiterfahrt zwischen Meer und Lavendelfeld im **B&B** *George Washington Inn* ab, einem Nachbau vom Landsitz des ersten US-Präsidenten (Foto ➤ Seite 129). Für die *Presidential Suite* zahlt man dort ab $260 pro Nacht; 939 Finn Hall Road; ℂ (360) 452-5207; www.georgewashingtoninn.com.

Port Angeles

Der mit 17.000 Einwohnern größte Ort auf der Olympischen Halbinsel ist Port Angeles, touristisch bedeutsam als Ausgangspunkt für Fahrten in die Hochlagen des Nationalparks (**Hurricane Ridge** ➤ umseitig) und für die 90-min-Fährverbindung nach **Vancouver Island** (alle Details dazu ➤ Seite 355ff). Das Besucherzentrum der Stadt findet man in der 321 E. 5th Street; Mo-Fr 9.30-17.30, Sa 10-17.30 und So 10-15 Uhr; www.visitportangeles.com.

Zahllose **H/Motels** säumen im Ort die Ausfallstraßen. Dort unterzukommen ist – außer an Wochenenden – normalerweise kein besonderes Problem. Auch ein Hostel ist vorhanden, das *Toadlily House* in der 105 E 5th Street. Die Nacht im Schlafsaal kostet $25, im DZ $50-$64; ℂ (360) 797-3797; www.toadlilyhouse.com.

Erwähnenswert ist in Port Angeles auch die Landzunge *Ediz Hook*, die eine natürliche Bucht bildet. Zur Spitze des »Hakens« führt eine Straße über das Gelände des Kommerzhafens. Vom schmalen Strand unterhalb der *Coast Guard Station* kann man an schönen Tagen das Panorama der Olympic Mountains genießen.

2.1.2 _____ Olympic National Park

Kennzeichnung

Eintritt
$30/Auto
$15/Person
oder
Interagency
Jahrespass

(Der Besuch
der Küsten-
abschnitte
ist frei!)

An der ausgeschilderten Zufahrt zum Nationalpark lassen sich in Port Angeles die **Park Headquarters** mit *Wilderness Information Center* und kleinem Museum an der 3002 Mount Angeles Road nicht verfehlen. Kaum ein Nationalpark in den USA verfügt über eine derart vielfältige Natur. Das als *UNESCO*-Biosphärenreservat und Weltnaturerbe ausgewiesene Gebiet vereint gemäßigt temperierten Regenwald, ewiges Gletschereis, heiße Quellen, malerische Steilküsten und langgezogene Sandstrände auf engstem Raum; www.nps.gov/olym/planyourvisit/brochures.htm.

Während die Höhenstraße zur **Hurricane Ridge** raschen Zugang ins Hochgebirge ermöglicht, gelangt man auf der Westseite in einen dschungelartigen **Rain Forest** mit jährlichen Niederschlagsmengen von mehr als 4 m. Vom Hauptbereich (3.500 km²) rund um den **Mount Olympus** (2.432 m) völlig separiert ist ein über 100 km langer **Küstenstreifen** mit zahllosen Felsbögen und vorge-

lagerten kleinen Inseln. An den naturbelassenen Stränden türmt sich Treibholz in unvorstellbaren Mengen und der bei Ebbe zurückweichende Ozean gibt Einblick in die bunte Unterwasserwelt. Auf den freigelegten Felsen und in den Gezeitenbecken (*tide pools*) sieht man dann nicht nur grüne oder rosarote Seeanemonen, sondern auch jede Menge lila- und orangefarbene Seesterne (*starfish* oder *sea stars*), Seeigel (*urchins*), Krebse und Muscheln – am *Point of Arches* und beim *Giant Graveyard* mit etwas Glück sogar 40 cm große Sonnenblumenseesterne.

Sunflower Sea Star

_____ Hurricane Ridge

Hurricane
Ridge

Ab den *Headquarters* geht es in steilen Kehren hinauf auf den **Hurricane**-Höhenzug (keine Übernachtungsmöglichkeiten!). Rund 19 mi von der #101 entfernt wartet dort oben ein weiteres Besucherzentrum (mit gutem 20 min Info-Video). Schon vom Parkplatz genießt man eine wunderbare Aussicht auf die schneebedeckten über 2.000 m hohen Gipfel, ebenso von den Picknicktischen hinter dem *Hurricane Ridge Visitor Center* oder 1,5 mi weiter bei der *Picnic Area A*. Kurze Rundwege führen ab dem Besucherzentrum zu *Viewpoints* mit Blick nach Norden auf die *Juan de Fuca*-Meerenge bis nach Vancouver Island hinüber. Dabei begegnet man häufig Murmeltieren, Schneeziegen oder Rehen.

Beurteilung Bei knapp bemessener Zeit ist dieser Parkbereich kein absolutes »*Must See*«. Die Regenwälder (*Hoh Rain Forest*!) und die Strände auf der Westseite der Olympischen Halbinsel (allen voran *Ruby* und *Second Beach*!) bleiben unübertroffen in ihrer Einzigartigkeit.

Ranger Talk bei der Hurricane Ridge im Olympic NP

Die Küstenregion des Olympic National Park

#101 ab Port Angeles

Für die Weiterfahrt ab Port Angeles ist die #101 die bessere Wahl. Die Küstenstraße #112 verläuft außerhalb des Parks größtenteils uferfern, kurvenreich und damit zeitraubend durch eine hügelige Waldlandschaft, ohne besondere Reize zu bieten. Ein einziger guter Grund, der für die #112 ab Port Angeles spricht, ist der wunderbare *Salt Creek County Park* bei Joyce. Dort kann man campen ($25-$30) oder bei Ebbe die Muschelbänke und *tide pools* am inselartigen *Tongue Point* oder gleich nordöstlich des (großen) Parkplatzes erkunden; www.clallam.net/Parks/SaltCreek.html.

Elwha Valley

Vom Stadtzentrum von Port Angeles sind es auf der #101 keine 9 mi bis zum nächsten Abzweig in den Norden des Nationalparks. Die Olympic Hot Springs Rd führt ins hübsche *Elwha River Valley* zum Ausgangspunkt des *Madison Falls Trail* (300 m retour). Dahinter bleibt die Straße wegen Flutschäden bis auf Weiteres gesperrt (Stand Ende 2018). Der Weg zu den Badepools der *Olympic Hot Springs* ist derzeit also nicht 4 km lang, sondern über 16 km (*one-way*!).

Lake Crescent

Zurück an der #101 erreicht man schon bald die kristallklaren blauen Gewässer des **Lake Crescent**, der eine Tiefe bis zu 190 m aufweisen soll, aber im Sommer mit angenehmen Temperaturen zum Verweilen einlädt. Am Ostende gibt es einige Badestellen, besonders beliebt ist der *Devil's Punch Bowl* auf der Nord des Sees, den man über die *East Bench Road* bzw. den *Spruce Railroad Trailhead* erreicht: von dort dann ca. 20-minütige Wanderung.

Wegen Sanierung der #101 kommt es beim Lake Crescent bis 2019 zu teils sehr langen Wartezeiten! Infos: ➤ www.wsdot.wa.gov/traffic/trafficalerts/.

Nahe der *Storm King Ranger Station* beginnt der Trail zu den hübschen *Marymere* **Wasserfällen** (ca. 3 km retour). Die 10 Meilen am Ufer entlang des fjordartigen Lake Crescent bilden einen der reizvollsten Teilabschnitte der #101 auf der Halbinsel.

Am westlichen Ende des Sees verfügt der *Fairholme Campground* des *National Park Service* über schöne Stellplätze direkt am Wasser ($20). Es ist dort aber wegen der nahen Straße relativ laut.

Sol Duc Hot Springs

Westlich von Fairholme geht es auf einer Stichstraße 12 mi kurvenreich hinauf zu den **Sol Duc Hot Springs** mit mehreren **Open-air Becken** unterschiedlicher Temperatur ($15; Kinder 4-12 Jahre $10). Der Abstecher lohnt sich für Fans von heißen Quellen und Wasserfällen (*Sol Duc Falls Trail*; 2,5 km retour) oder bei Nutzung des schattigen **NP-Campingplatzes** ($24; sehr beliebt und sollte im Voraus unter www.recreation.gov reserviert werden).

Das **Sol Duc Resort** umfasst an die 30 Blockhaus-*Cabins*, ab $210 inkl. Poolnutzung. Ein Komfortplatz für Campmobile gehört auch dazu und kostet $40; ℂ 1-888-896-3818; www.olympicnationalparks.com/lodging/sol-duc-hot-springs-resort.

Zum Cape Flattery?

Knapp 15 mi westlich von der Sol Duc Road verschafft die #113 ab Sappho Zugang zur **Makah Indian Reservation** und der nordwestlichsten Ecke der USA (außer Alaska). Die Fahrt dorthin ist kein »Muss«, aber bei gutem Wetter und mindestens einem Tag Extrazeit ist für Wanderer auch dieser tolle Küstenbereich den zusätzlichen Abstecher wert. Wer diese Landschaft an den wenigen Aussichtspunkten vor allem durchs Autofenster sieht und nur hier und dort für ein paar Schritte und Fotos aus dem Fahrzeug springt, könnte von dieser Region möglicherweise enttäuscht sein. *Backpacker* hingegen erleben dort **einen der schönsten Pazifikabschnitte des *Olympic National Park***; Wanderung zum *Point of Arches* ➢ Exkurs nächste Doppelseite.

Rialto Beach

Ein per Straße leicht zugänglicher Küstenbereich ist **Rialto Beach** mit steinigem Strand, Bergen von Treibholz und dem Felstor *Hole-in-the-Wall* (Foto ➢ Seite 54), das am nördlichen Ende der Bucht ca. 2,5 km vom Parkplatz steht. Von der Anhöhe oberhalb des Felstors eröffnet sich ein toller Blick zurück (Foto ➢ unten).

Mit **Wilderness Camping Permit** und **Bear Canister** (wegen der diebischen Waschbären) darf im hinteren Teil des Strandes auch gezeltet werden; www.nps.gov/olym/planyourvisit/rialto-beach.htm.

Rialto Beach und im Hintergrund die vorgelagerten Inseln der First Beach bei La Push

Sonnenuntergang an der Second Beach

La Push

**Second &
Third Beach**

*Overland
Trail Schild*

Der Abzweig zur *Rialto Beach* befindet sich nördlich der Ortschaft Forks. Ab der #101 sind es insgesamt 13 mi, zuerst auf der #110 und dann Mora Road. Knapp 2 mi vor dem Strand passiert man dabei den großen **NP-Campground Mora** am Ufer des Quillayute River mit schattigen Plätzchen im Regenwald und einigen Picknicktischen sowie Grillstellen; $20, *first-come, first-served*.

Rialto Beach gegenüber liegt – getrennt durch die Mündung des Flusses – am Ende der Straße #110 das nicht sonderlich attraktive **Quileute**-Indianerdorf La Push mit einem einfachen Restaurant und dem **Quileute Oceanside Resort**. Die Motelräume und *Cabins* mit Küche und Balkon/Terrasse bieten teils freien Blick auf die *First Beach* und kosten im Sommer $99-$299; Übersicht aller Optionen unter: www.quileuteoceanside.com/accommodations.

Dieselben Betreiber sind auch für die Vergabe der Zelt- und Stellplätze direkt nebenan auf dem **Lonesome Creek Campground** zuständig; $20 bzw. $40 mit *full hook-up*.

An der Zufahrt nach La Push starten gleich zwei schöne Wanderwege durch dichten Feuchtwald hinunter zur Küste:

• rund 1 mi vom *Resort* entfernt der kurzweilige Pfad zur **Second Beach**, einer grandiosen Bucht voller Treibholz und einem großen Felsloch (1,2 km, 60 Höhenmeter), und

• nach rund 3 mi geht es zur **Third Beach** (2,2 km, 80 HM).

Im Sommer sind beide Strände populäre Camping-Ziele.

Von der **Third Beach** lassen sich in Richtung Süden beliebig ausgedehnte Wanderungen entlang der rauen, zerklüfteten *Olympic*-Küste unternehmen – gutes Schuhwerk und eine Portion »Abenteuerlust« vorausgesetzt! Bei weit ins Meer hineinreichenden, unpassierbaren Landzungen geht es von den Stränden über sogenannte **Overland Trails** die steilen Klippen hinauf und auf der anderen Seite wieder runter, teilweise mit Hilfe eines Halteseils. Runde Schilder markieren diese Auf- und Abstiege.

Exkurs   **Abstecher zum Cape Flattery und nach Ozette**

Anfahrt über die #113/#112

Rund eine Stunde reine Fahrtzeit muss man für den 50-Meilen-Abstecher zum Cape Flattery einplanen (*one-way*!). Die Route über die gut ausgebauten Straßen #113 und #112 bietet wenig und ist immer nur auf kurzen Teilstrecken am Wasser entlang reizvoll. Die beiden Orte am Wege, **Clallam Bay** und **Sekiu**, verfügen über eine recht bescheidene Infrastruktur. Es gibt nur Einfachstmotels und schlichte, enge RV-Parks direkt an der Küste, die überwiegend von Boot- und Angelenthusiasten bevölkert werden.

Neah Bay

Das etwas desolat wirkende 900-Seelen-Dorf **Neah Bay** ist das Zentrum der kleinen **Makah Indian Reservation**. Direkt am Ortseingang befindet sich das **Makah Museum** ($6; täglich 10-17 Uhr). Es thematisiert vor allem die über 2.000 Jahre alte Walfangtradition des Stammes. In Einbaumkanus nahm man es mit den bis zu 15 m langen und 30 t schweren Tieren auf. Bereits zweimal wurde den *Makahs* das ihnen 1855 von der US-Regierung zugesicherte Walfangrecht aberkannt; derzeit kämpfen sie erneut um eine Walfangquote (www.makah.com).

Makah Permits

Auch ohne Interesse an der Geschichte dieses Indianerstamms, ist der Stopp in Neah Bay **Pflicht für alle, die Ausflüge in das Reservat** unternehmen möchten. Im Museum, beim *Tribal Center* oder in den Supermärkten erhält man das **Recreation Permit** ($10/Auto) für den Besuch der Strände und des Cape Flattery.

Cape Flattery

Ziel der meisten Tagesbesucher ist die **Kurzwanderung zum Cape Flattery** an der Spitze der *Olympic Peninsula*. Vom Ort sind es auf der Cape Flattery Road noch ca. 7 mi bis zum Ende der Zufahrt. Von dort geht es zu Fuß durch dichten Regenwald hinaus zu den Klippen (1 km). Von den diversen Aussichtspunkten öffnet sich ein herrlicher Blick auf die wild zerklüftete Steilküste, vorgelagerte bewaldete Felsinselchen und den Leuchtturm von *Tatoosh Island*. Wer vorgesorgt hat, packt hier sein Picknick aus und lässt die Szenerie in Ruhe auf sich wirken.

Küste beim Cape Flattery

Sonnenuntergang beim Point of Arches an der Shi Shi Beach

Von der Cape Flattery Rd zweigt auf dem Rückweg nach Neah Bay noch vor dem Ort die **Hoback Beach Road** nach Süden ab. Ohne Campingabsicht sind die Strände *Sooes* & *Hobuck Beach* aber nicht weiter erwähnenswert (*Hobuck Beach Resort*; Zelte $25, RVs $40, *Cabins* ab $155; www.hobuckbeachresort.com).

Shi Shi Beach

Die wahre »Perle« dieser Gegend, **Shi Shi Beach** (Aussprache: *schay schay*), erreicht man nur zu Fuß ausgehend vom *Trailhead* kurz vor dem Ende der Hoback Beach Rd. Nach 6 km Wald- und Strandwanderung steht man vor einem der eindrucksvollsten und urtümlichsten Küstenstriche des Pazifischen Nordwestens. Weißkopfseeadler sind dort allgegenwärtig und mitunter wenig scheu. Am Südende von *Shi Shi Beach* liegt der *Point of Arches* mit einer sagenhaften Ansammlung von Felsbögen und Gezeitenbecken. Unbedingt vorher *Tide Tables* beachten, die schönsten Plätze sind nur bei extremem Niedrigwasser zugänglich. Auch die vielarmigen, gut 40 cm großen Sonnenblumenseesterne (Foto ➤ Seite 448) werden erst bei **ca. -1,5 ft** freigelegt!

Camping Permits

Wer über Nacht am Strand bleiben möchte, muss sich im Port Angeles *NP*-Besucherzentrum ein **Wilderness Camping Permit** ($8) und den obligatorischen *Food Container* (= *Bear Canister*) besorgen, außerdem in Neah Bay ein *Makah Permit* (➤ links), da Parkplatz und *Trailhead* noch im Indianerreservat liegen.

Ozette

Westlich von Sekiu geht es von der #112 auf die **Hoko-Ozette Road**, die Zufahrt zum kleinen *Campground* (*first-come, first-served*, $20; auch RVs) am Ozette Lake sowie zum populären **Ozette Triangle Loop Trail**. Von der *Ranger Station* am Straßenende sind es bis zum Ozean noch gut 4-5 km zu Fuß; der gesamte Rundweg über Cape Alava und Sand Point ist 14 km lang.

Hartgesottene starten von dort aus mehrtägige *Backpacking*-Touren entlang des **Coastal Trail**: nach Norden bis zur *Shi Shi Beach* (24 km; 2 Tage) und in Richtung Süden zur *Rialto Beach* (32 km; 2-3 Tage). Vorher unbedingt **Tidenkalender**, **Wilderness Camping Permit** und **Bear Canister** besorgen; www.nps.gov/olym/planyourvisit/wilderness-reservations.htm.

Der Chevrolet von
Bella Swan vor dem
Besucherzentrum in Forks

**Trail ab der
Third Beach**

Besonders malerisch präsentiert sich die Küste beim **Giant Grave-yard** mit seiner unglaublichen Ansammlung an vorgelagerten Inseln und Felsnadeln (*sea stacks*) zwischen dem *Taylor* und *Strawberry Point*. Der Ausflug dorthin ist ausgehend vom Parkplatz ein anspruchsvoller Tageshike; besser mit Zelt und Übernachtung am Strand, dann aber *Wilderness Camping Permit* und Bärenkanister notwendig! In den einsamen Wäldern südlich von La Push leben auch heute noch Schwarzbären und Pumas.

Da südlich der *Third Beach* ein Weiter- bzw. Retourkommen an einigen Passagen nur bis zu einem bestimmten Wasserstand möglich ist, sollte man selbst bei einer **Tageswanderung** dort immer Folgendes dabei haben:

• gute topographische Karten (www.discovernw.org/store_olympic-park_2OLYNP/) mit allen *Overland Trails* und Angaben zu den bei Flut unpassierbaren Abschnitten (erhältlich in den Nationalpark-Besucherzentren) sowie

• einen Tidenkalender oder die *NOAA*-Diagramme: www.tidesandcurrents.noaa.gov/noaatidepredictions.html?id=9442396.

Es schadet allerdings nicht, wenn man sich vor längeren Küstenwanderungen im Besucherzentrum noch weitere Infos einholt! Die Gegebenheiten vor Ort und der Zustand der Wanderwege können sich immer wieder ändern.

Forks

Forks (knapp 4.000 Einwohner) ist zentraler Versorgungsort auf der Westseite des *Olympic NP* mit einfachen *Eateries* und einem *Thriftway*-Supermarkt. Die Siedlung war einst Zentrum der Holzindustrie und trug sogar den Beinamen »*Logging Capital of the World*«. Mit dem Niedergang dieses Industriesektors in den 1990er-Jahren, ging es vorübergehend auch mit ihr bergab.

Autorin *Stephenie Meyer* sorgte allerdings mit einer Vampir-Saga, in der Forks zentraler Schauplatz war, im neuen Jahrtausend für einen erneuten Boom. Zu den Nationalpark-Besuchern gesellten sich jede Menge **Twilight**-Touristen und es

ENTERING
FORKS
POPULATION
3175
VAMPIRES
8.5

mangelte schon bald nicht an passenden Gimmicks (*Twilight Souvenirs, Twilight Pizza, Twilight Weekends* u.v.a.m.). Für Interessierte liegt im Besucherzentrum an der Südeinfahrt eine Karte mit den *Twilight*-Orten aus; www.forkswa.com/twilight. *Bella's Truck* steht dort heute noch vor der Tür und Mitte September wird alljährlich das *Twilight Forever Festival* zelebriert.

An der Hauptstraße (#101) reihen sich Motels der eher unteren Kategorie. Im Sommer ist eine langfristige Reservierung notwendig!

- Ganz o.k. ist das **Forks Motel** mit Zimmern ab $110; ✆ 1-800-544-3416, www.forksmotel.com.
- Nur wenig teurer schläft man im **Olympic Suites Inn** etwas abseits der Hauptstraße (800 Olympic Drive, ✆ 1-800-262-3433; www.olympicsuitesinn.com). In beiden lieber im 1. Stock buchen, denn der Boden knarrt!
- Das **Pacific Inn Motel** hat *Twilight Rooms* für $160 und normale DZ ab ca. $100; ✆ 1-800-235-7344, www.pacificinnmotel.com.

Hoh River Rain Forest

Auf keinen Fall auslassen, so es nicht gerade in Strömen regnet, sollte man die Fahrt – rund 40 mi hin und zurück – auf der **Hoh River Road** zum **Rain Forest Visitor Center**. Besser erlebt man die nasse Welt des von Moosen und Farnen überwucherten Regenwaldes an keiner anderen Parkzufahrt. Als Ergänzung zu den Infos im Besucherzentrum gehört auch ein Ablaufen des 1,3 km langen Naturlehrpfads **Hall of Mosses** zum touristischen Pflichtprogramm. Der *Spruce Nature Trail* hingegen ist kein »Muss«.

Vom Parkplatz am Ende der Straße startet auch der *Hoh River Trail* am gleichnamigen Fluss entlang, dem beliebig weit durch den grünen »Dschungel« gefolgt werden kann. Den offiziellen Endpunkt erreicht man erst nach 28 km an den Gletschern unterhalb des 2.432 m hohen Mount Olympus. Tipp: Nicht selten scheint im Sommer hier im Landesinneren die Sonne, während die Strände im dichten Nebel versinken!

Quinault Rain Forest (➤ Seite 457), deutlich weniger überlaufen als die Trails im Hoh River Regenwald

Die **Campgrounds** am unteren Ende der *Upper Hoh Road* sind zwar auch gut, aber absolut unübertroffen ist der Platz zwischen Fluss und *Visitor Center* im Nationalpark. Da möchte bei gutem Wetter nicht wieder weg, wer ein Plätzchen am Flussufer ergattert hat; *first-come, first-served*; $20.

Int'l Hostel

In großartiger Lage zwischen Hoh River und Küste befindet sich das kleine **Rain Forest Hostel**, *Milepost* 169 an der #101. Neben 20 Herbergsbetten ($10 bar!) gibt es einen *Private Room*. Reservierung unter ✆ (360) 374-2270 oder www.rainforesthostel.com.

Ruby Beach

Weiter südlich führt die #101 wieder hinaus an die Küste und passiert mehrere **Strände**. Am schönsten ist die leicht zugängliche **Ruby Beach** mit jede Menge Treibholz und bizarrer *sea stacks*. Die Ebbe legt die farbenprächtigen Seesterne an den Felsen frei. Unbedingt vorab die Gezeiten bei der *NOAA* anschauen (➢ Seite 454).

Kalaloch

Ein sehr empfehlenswerter *Campground* liegt in **Kalaloch** westlich der #101. Wer dort im Sommer in der 1. Reihe mit freiem Blick auf den Strand stehen möchte, sollte möglichst früh reservieren ($22). Immer auf *first-come, first-served*-Basis werden die Plätze oberhalb der **South Beach** vergeben ($15). Sehr auffällig sind die Sitka-Fichten in dieser Gegend mit z.T. riesigen »Geschwüren« an den Stämmen (wegen Parasitenbefalls).

Komfortable Motelräume sowie *Cabins* bietet die **Kalaloch Lodge** an der *Beach #2* unmittelbar südlich des Zeltplatzes; ca. $250 inkl. Frühstück; ✆ 1-866-662-9928; www.thekalalochlodge.com.

Die Küste rund um Kalaloch zeichnet sich durch langgestreckte Sandstrände aus. Bei Niedrigwasser kann man dort die Gezeitenbecken an der **Beach #4** auf eigene Faust erforschen oder – noch besser – sich geführten Touren dorthin anschließen.

Lake Quinault

Ein bei Urlaubern aus der Region außerordentlich beliebter See ist der Lake Quinault. An seinem Südufer findet man außerhalb der Parkgrenze einige **Campingplätze** des *Forest Service* und auf

Ruby Beach – beim großen Felsen links im Hintergrund gibt es bei Niedrigwasser meist viele schöne bunte Seesterne zu bewundern

*Langgestreckte Sandstrände dominieren
das Bild im Südwesten der Olympischen
Halbinsel, hier bei Kalaloch*

der Veranda der **Lake Quinault Lodge** ein teures, aber qualitativ flaues Restaurant mit Blick auf den See. Die Zimmer mit Kamin und eigener Terrasse hingegen sind grandios; ✆ 1-888-896-3818; www.olympicnationalparks.com/lodging/lake-quinault-lodge.

Rain Forest

In dem **Quinault Rain Forest** vermittelt der kurze *Maple Glade Loop Trail* einen guten Eindruck vom üppig bemoosten Regenwald und bei den ebenfalls dort startenden, langen *Quinault River Trails* gilt ähnlich wie am *Hoh River Trail* (➤ Seite 455): »Der Weg ist das Ziel!«

In **Amanda Park** steht – direkt am Fluss – das **Quinault River Inn** mit Zimmern für $169 im Sommer (sonst ab $119) und einem kleinen **RV Park** ($45 mit Strom- und Wasseranschluss); ✆ 1-800-410-2237, www.quinaultriverinn.com.

Dort ist die Rundfahrt durch den *Olympic National Park* beendet und die #101 verläuft im Landesinneren weiter nach Süden.

**Endlose
Sandstrände**

Landschaftliche Höhepunkte hat die Küste keine mehr zu bieten, so dass sich der Umweg über die #109 nicht lohnt. Nur Leute, die auf der Suche nach etwas Ruhe und Entspannung sind, könnten den Abstecher über den Moclips Hwy (S-26) hinaus an den Pazifik erwägen. Dort warten im Mini-Ort **Moclips** flache, endlos lange Sandstrände und das **Hi-Tide Ocean Beach Resort** mit guten Apartments ab ca. $130 für 4 Personen; www.hi-tide-resort.com.

Die phantastischen Steilküstenabschnitte rund um **Taholah** nördlich von Moclips liegen im Indianerreservat der *Quinaults* und wurden 2012 für Nicht-Stammesmitglieder (bis auf Weiteres) gesperrt; www.quinaultindiannation.com.

Ocean Shores

Südlich von Moclips wird der breite Sandstrand nur von einigen Flussmündungen unterbrochen und endet nach 35 km auf der Landzunge von Ocean Shores, dem ersten Ort seit Port Angeles mit einer größeren Infrastruktur: Supermärkte, Spielcasino der *Quinault*-Indianer, einige *RV Parks* und zahlreiche Kettenmotels (Ballung am Ocean Shores Boulevard).

Weiterfahrt

Bei Hoquiam stößt auch die Küstenstraße #109 wieder auf die #101. Ab Aberdeen geht es dann entweder über die #12 zurück nach Seattle (➤ umseitig) oder auf der #101 weiter nach Süden in Richtung Oregon-Küste (➤ Seite 672ff).

2.1.3   Rückfahrt nach Seattle

Olympia

Vorbei an den Städten Hoquiam und Aberdeen, denen man den Niedergang der einstmals blühenden Holzindustrie ansieht, ist nach etwa einer Stunde Fahrt auf den Straßen #12, #8 und #101 Olympia, die **Hauptstadt Washingtons**, und die I-5 erreicht. Das *State Capitol* beeindruckt zwar durch seine großzügige Anlage, die Gebäude im Einzelnen sind jedoch nicht sehr aufregend; ausgeschildert ab *Exit* 105 von der I-5; www.experienceolympia.com.

Tacoma

Auf der Weiterfahrt bietet sich ein Zwischenstopp in der einstigen Glasbläserei-Hochburg Tacoma und dem sehenswerten *Point Defiance Park* an. Von der I-5 (*Exit* 133) geht es dafür zunächst auf der #705 ins hochliegende **Zentrum** mit Blick auf die Ausläufer der Commencement Bay. Im Umfeld der *University of Washington* stehen dort gleich drei Museen. Im alten Bahnhof an der Pacific Avenue wurde das **Art Museum** untergebracht. Mit der Übernahme der *Haub*-Kollektion birgt es seit 2012 eine der größten Sammlungen an *Western American Art*; Di-So 10-17 Uhr; Eintritt $15, Kinder $13; www.tacomaartmuseum.org. Das **Washington State History Museum**, keine 500 m südlich davon, gehört auch zu den besseren seines Genres; geöffnet Di-So 10-17 Uhr; $14, Kinder 6-17 Jahre $11; www.washingtonhistory.org/visit/wshm.

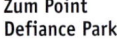

Am sehenswertesten ist aber das **Museum of Glass** östlich der #705. Sagenhaft was dort an fragiler Kunst präsentiert wird und im **Hot Shop** führt man den Herstellungsprozess vor; 1801 Dock St; im Sommer Mo-Sa 10-17 Uhr, So ab 12; sonst nur Mi-So; $15, Kinder $5-$12; www.museumofglass.org. Wer nur wenig Zeit hat, sollte sich wenigstens die tollen Exponate auf der **Chihuly Bridge of Glass** anschauen (Fußgängerbrücke über die #705; gratis).

Zum Point Defiance Park

Vom *Museum of Glass* geht es auf dem *Schuster Parkway* und *Ruston Way* immer am Ufer der Bucht entlang auf sehr schöner Strecke bis zum **Point Defiance Park**, der die gesamte gleichnamige Landspitze bedeckt. Wer nicht durch das Zentrum von Tacoma fahren möchte, kann auch schon von der *Interstate* #5 den *Exit* 132 nehmen und der #16 nach Norden folgen und anschließend der #163 (North Pearl Street). Eine 5-mi-Rundstraße und zahlreiche Wanderwege erschließen die bewaldete Halbinsel. Vor allem für Leute **mit Kindern** lohnt sich der Abstecher in den kleinen **Zoo mit Aquarium** ($16, Kinder $8-$12; www.pdza.org) oder an die **Owens Beach**, die bei gutem Wetter zu einem Bad einlädt, sowie zu den schönen Gartenanlagen und Picknickplätzen.

Fort Nisqually

Fast am Rundstraßenende steht noch eine echte Attraktion: das **Fort Nisqually**, ein restauriertes Holzpalisadenfort der *Hudson's Bay Company* (➤ Seite 216), mitsamt interessantem **Living History Museum**; im Sommer täglich 11-17 Uhr, sonst bis 16 Uhr; $8/$5; www.metroparkstacoma.org/fort-nisqually-living-history-museum.

Weiterfahrt

Über die I-5 geht es nordwärts auf schnellstem Wege zurück nach Seattle oder zum *SeaTac*-Flughafen, in Richtung Süden weiter zum Mount St. Helens (➤ Seite 503) oder Portland (➤ Seite 509).

Die Lewis & Clark Expedition (1804-1806)

Die Eroberung des amerikanischen Westens ist eng verknüpft mit den Namen *Meriwether Lewis* und *William Clark*. Durch einen äußerst vorteilhaften Deal mit *Napoleon* und die Übernahme der *Louisiana Territories* im Jahr 1803 wurde das **US-Staatsgebiet** schlagartig **um über 2 Mio. km² erweitert** (ursprünglich sollte es bei den Verhandlungen nur um den Erwerb von New Orleans gehen!). Zur Erkundung und Kartierung dieser weitgehend unbekannten und unerforschten Region, die »irgendwo« im Westen bis in die Nähe des von den USA beanspruchten *Oregon Country* reichte, ließ **Präsident** *Thomas Jefferson* eine Expedition ausrüsten. Sie sollte vor allem auch eine mögliche **durchgehende Ost-West-Verbindung auf dem Landweg** auskundschaften.

Die Wahl des Expeditionsleiters fiel auf *Captain Lewis*, den jungen Privatsekretär des Präsidenten. Dieser verpflichtete seinen Freund *William Clark* und heuerte zusätzlich eine 45 Köpfe starke *Crew* für das Vorhaben an. Mit ihnen legte er **am 14. Mai 1804** von St. Louis ab und kämpfte sich mit drei Booten den Missouri flussaufwärts. Nach einem Winterlager im heutigen South Dakota setzte die Expedition im Frühjahr 1805 ihren Weg auf dem Missouri fort und überquerte im Spätsommer die Bitterroot Mountains. Per Kanu ging es danach über die Flüsse Clearwater, Snake und Columbia in Richtung Pazifik. Am 7. November 1805 dann endlich die Notiz in *Clarks* Reisetagebuch: »*Ocean in view! O! The joy!*«, die Truppe hatte **Cape Disappointment** (➤ umseitig) erreicht. **Fort Clatsop** (➤ Seite 674) diente ihnen als Winterquartier. Mitte März traten sie schließlich ihre Rückreise an und trafen erst am **23. September 1806** wieder in St.

Louis ein. In fast 2,5 Jahren hatten *Lewis* & *Clark* mit ihren Männern über 8.000 Meilen zurückgelegt und ihre bemerkenswert exakten Aufzeichnungen ebneten den Weg für die Eroberung des Westens.

Der Expedition sind u.a. die **Interpretive Center** in Great Falls (➤ Seite 491) und am *Cape Disappointment* (➤ umseitig) gewidmet.

(➤ umseitig); (➤ Seite 674); (➤ Seite 491); (➤ umseitig)

2.1.4   Auf der #101 bis Astoria bzw. zur Oregon-Küste

Pazifikküste Washington

Zwischen dem Lake Quinault und **Raymond** hat die #101 nun zunächst nicht mehr viel zu bieten. Auch Abstecher an die Küste – etwa nach **Pacific Beach** oder zu anderen Badeorten – enttäuschen eher. Endlose graue, flache Strände und in niedrigen Dünengürteln oder Waldstreifen gelegene Ferienkolonien bestimmen auch noch das Bild südlich der Inlandsbucht **Grays Harbor** bis hinunter nach **Long Beach**. Die Ortschaften bestehen im Wesentlichen aus einer **Aneinanderreihung von Motels**, Tankstellen, Shoppingzentren und *Fast-Food*-Filialen. Außerhalb der Hochsaison darf man an vielen Stellen den **Strand mit dem Auto befahren**, aber für Rundreisende aus Europa ist sonst wenig zu holen.

Den ganzen April über wird im Skagit Valley das Tulpenfestival gefeiert

Hier sollte man in Anbetracht der wunderbaren Küstenstriche in Oregon nicht zuviel Zeit verlieren. Lediglich die Fahrt auf der z.T. schön geführten **Straße #105** (speziell an der *Willapa Bay* entlang bis Raymond) wäre ein Abweichen von der Hauptroute wert.

Seaview/ Long Beach: Autostrand

Südlich von **Raymond** zeigt sich die #101 wieder von ihrer besseren Seite. Nach schöner Fahrt entlang der Süd- und Ostufer der Willapa Bay erreicht man in **Seaview** das offene Meer. Dort wird außerhalb der Sommersaison der Strand zum offiziellen *Washington State Highway* und ein 13,5 mi langer Küstenabschnitt nördlich von **Long Beach** darf immer mit dem Auto befahren werden. Aber Achtung: es gilt ein Tempolimit von 25 mph. Ein *Overnight-Parking* bzw. Campen am Strand ist nicht gestattet.

Kite Festival

Besonders viel los ist in Long Beach immer in der 3. Augustwoche während des **Kite Festival**; www.kitefestival.com. Im *World Kite Museum* sind Drachenflieger das ganze Jahr über zu bewundern.

Cape Disappointment

Von **Ilwaco** führt eine Stichstraße zum **Cape Disappointment State Park**, der eine weit in die Mündung des Columbia River ragende Landzunge belegt. Besuchen kann man dort das alte **Fort Canby** und ein **Interpretive Center**, das den Pionieren **Lewis & Clark** gewidmet ist, die hier ihren westlichsten Punkt erreichten (➤ Exkurs umseitig). Gleich zwei Leuchttürme thronen auf der Steilküste: das *North Head* sowie das schwarz-weiß gestreifte *Cape Disappointment Lighthouse*. Letzteres sieht man auch schön von der *Picnic Area* an der **Waikiki Beach**. Der etwas ungewöhnliche Name (*disappointment* = Enttäuschung) führt zurück in das Jahr 1788 und auf den britischen Seefahrer *John Meares*, der damit seine erfolglose Suche nach dem Columbia River zum Ausdruck brachte.

Von den beiden **Campbereichen** ist **Benson Beach** zu Recht besonders beliebt und im Sommer oftmals ausgebucht; Zelte $25, *hook-up* $45; www.parks.state.wa.us/486/Cape-Disappointment.

Weiter zur Oregonküste

Den *State Park* trennen nur noch 12 mi von der Columbia River Brücke, die hinüber nach Astoria führt. Dort startet die Traumroute entlang der Oregon-Küste (➤ **Kapitel 5.3**, Seite 672ff).

2.2   Von Seattle zu den San Juan Inseln und weiter in Richtung Kanada

Skagit Valley

Vorbei an den *Boeing*-Werken (Exkurs ➢ Seite 443), führt die *Interstate* #5 schon bald durch das **Skagit Valley**. Das fruchtbare Tal zu Füßen der Kaskaden ist berühmt für seine schönen, fast endlosen Blumenfelder und das alljährlich vom 1. bis 30. April in **Mount Vernon** stattfindende *Tulip Festival*. Zu den nicht einmal 40.000 Einwohnern gesellen sich dann über eine Million Besucher, die sich u.a. auf den Feldern der »Tulip Town« sowie im »Roozengaarde« tummeln; Anfahrt ab *Exit* 226 von der I-5; www.tulipfestival.org.

Anacortes

Über die Straßen #536/#20 erreicht man ab Mount Vernon rund 70 mi nördlich von Seattle den Ort **Anacortes**, Ausgangspunkt für *Whale Watching Trips* und der Autofähre nach Vancouver Island. Anacortes ist dank des **Washington Park** in der westlichsten Ecke von Fidalgo Island so oder so einen Abstecher wert. Gleich hinter dem Fährhafen an der **Sunset Beach** beginnt die schmale *Loop Road* (RVs max. 23 Fuß) durch Regenwald und vorbei an herrlichen Stränden und ganz privaten Picknickplätzen. Der Sonnenuntergang ist dort kaum zu übertreffen. Auch der städtische *Campground* ist schön und bietet Plätze für $21, mit *hook-up* kosten sie $27. Fast die Hälfte wird auf *first-come, first-served* Basis vergeben; www.anacorteswa.gov/560/Washington-Park.

San Juan Islands National Monument

Zwischen der Olympischen Halbinsel, Vancouver Island und dem Festland bilden Puget Sound und Strait of Georgia ein ausgedehntes über die Strait of Juan de Fuca mit dem Pazifik verbundenes Binnengewässer. Mittendrin liegt der Archipel der **San Juan Islands**, bestehend aus über 450 Inseln, die meisten von ihnen sind unbewohnt, namenlos und etliche ragen nur bei Ebbe aus dem Wasser. Auf die drei größten – San Juan, Orcas und Lopez Island – verteilen sich knapp 16.000 Einwohner.

Geführte Paddelboot-Tour bei den San Juan Islands; im Hintergrund das Lime Kiln Lighthouse

*Springender Orca bei den San Juan Islands,
im Hintergrund erhebt sich der Mt Baker*

Whale Watching

Die Gewässer sind ausgesprochen ergiebig fürs ***Whale Watching***, entsprechend groß auch die Anzahl der Touranbieter, die von Anacortes, Bellingham, Port Townsend, Friday Harbor (auf San Juan Island) und Victoria (auf Vancouver Island) in See stechen.

Beste Chancen, einige der Meeressäuger zu Gesicht zu bekommen, hat man ab März, den Sommer über bis in den Herbst hinein: Schwertwale (*Orcas*) von Mai bis September, wenn die Lachse dort vorbeiziehen, Grauwale im März/April und Buckel- sowie Zwergwale im Oktober/November. Weißkopfseeadler, Otter, Seehunde und -löwen gibt es meist ganzjährig als Zugabe. Gute Tourveranstalter ab Anacortes sind u.a. ***Island Adventures*** (℃ 1-800-465-4604, www.island-adventures.com) und ***Mystic Sea Charters*** (℃ 1-800-308-9387, www.mysticseacharters.com). Die 5-stündigen Trips kosten ca. $100 p.P. (Kinder $70); online oft Rabatt.

Kajaktouren

Ein besonderes Erlebnis können auch geführte Kajaktouren sein. Zahlreiche Anbieter haben ihren Sitz auf der Hauptinsel San Juan. Tagesausflüge führen dort beispielsweise von Snug Harbor hinunter zum *Lime Kiln Lighthouse* und wieder zurück (ab $110 z.B. bei www.crystalseas.com oder www.discoveryseakayak.com).

Fähren nach Vancouver Island

Wer eine grenzüberschreitende Reise durch die USA und Kanada unternimmt und dabei einen Abstecher nach **Vancouver Island** macht (➤ **Kapitel 7**, Seite 358), kann mit etwas Glück Wale sogar von den **Fährschiffen** ab Seattle oder Anacortes beobachten.

Die mit Abstand **beste Fährverbindung** ist die **von Anacortes** durch das San Juan Archipel **nach Sidney** auf Vancouver Island. Die *Washington State Ferry* verkehrt 1-2 x täglich und benötigt 2,5 Std.; www.wsdot.wa.gov/ferries. Nur Passagiere transportiert der Katamaran **Victoria Clipper** ab **Pier 69** von Seattle nach **Victoria**; 1-3 x täglich; 3 Stunden; www.clippervacations.com/clipper-ferry.

Die Übersicht aller Küstenfähren bis/ab Vancouver Island findet sich im Kasten ➤ Seite 358.

Fähren zur Olympischen Halbinsel

Landwirtschaft und Wassersporttourismus kennzeichnen die lang-gestreckte **Whidbey Island** südlich von Anacortes. Beim *Fort Casey State Park* in Coupeville legen die Fähren nach **Port Townsend** hinüber zur Olympischen Halbinsel ab (➢ Seite 446).

Weiter nach Kanada

Von Mt Vernon an der I-5, 60 mi nördlich von *Downtown* Seattle, sind es keine 50 mi mehr bis zum **Grenzübergang Blaine (USA)/ White Rock (Kanada)**. Auch **Vancouver** (➢ Seite 168ff, British Columbia) ist in 2-3 Stunden Fahrt erreicht, je nach Verkehrsaufkommen auf der Autobahn und Dauer der Grenzkontrollen.

Mt Baker Wilderness

Ein letzter Abstecher auf US-Seite könnte der *Mount Baker Wilderness* mit dem gleichnamigen, knapp 3.300 m hohen Berg gelten. Unter seinem ganzjährig schneebedeckten Gipfel schlummert ein auch heute noch als »aktiv« geltender Stratovulkan, einer der jüngsten der Cascade Range.

Der schon weithin sichtbare **Mount Baker** rückt auf der #542 noch näher. Ab der Infostelle *Glacier Service Center* in Deming schraubt sich *der Scenic Byway* serpentinenreich und gegen Ende recht exponiert viele hundert Höhenmeter hinauf bis zum **Artist Point** auf 1.570 m (60 mi ab Bellingham, *Exit* 255 der I-5).

Eine besonders hübsche Postkartenansicht bietet der **Picture Lake** gleich neben der Straße mit dem sich darin spiegelnden Mount Shuksan (2.783 m). Ihr schönstes Herbstkleid legen sich die umliegenden *Heather Meadows* meist Ende September/Anfang Oktober an; ➢ Foto unten. Der große Parkplatz am Ende der Strecke, nur 3 Meilen weiter, ist in puncto Bergpanorama ebenfalls nur schwer zu toppen.

Der 1,5 km kurze, leichte **Artist Ridge Trail** (50 HM) sowie zahlreiche anspruchsvollere Wanderungen durch die *Mount Baker Wilderness* haben dort ihren Ausgangspunkt. Sehr beliebt ist die z.B. die **Chain Lakes Loop**, ein 13 km langer Rundweg mit schönen Bergseen und tollen Ausblicken (530 HM). Selbst im Hochsommer ist in diesen Höhen noch mit Schneefeldern zu rechnen.

Traumhafter Herbsttag am Picture Lake

2.3   **Nordrouten durch die Kaskaden: Von Seattle nach Osten zum Glacier und Yellowstone NP**

Interstate Freeway #90

Die **Nationalparks** *Glacier* und *Yellowstone* sind bei einer Reise durch den Nordwesten der USA oft wichtige Eckpunkte der Routenplanung. Bei Start in Seattle fungiert die transkontinentale Autobahn #90 als rascher Zubringer. Bis zum Anschluss an die im ➤ **Kapitel 2.3.4** beschriebene Route ab Missoula/Montana sind es etwa 500 mi, die sich mit ein paar Zwischenstopps leicht in zwei Tagen machen lassen. Der Verlauf der I-90 durch *Washington State* ist jedoch bis auf die ersten 60 mi nicht sehr reizvoll, durch Idaho und Montana dafür wieder attraktiver.

Schönere Alternative: Straße #20 oder #2

Mit ausreichend Zeit könnte man ab Seattle daher eine der in weiterer Folge beschriebenen nördlicheren Routen wählen: Die **Straße #20** durch den *North Cascades National Park* zählt zu den landschaftlich beeindruckendsten Bergstrecken im US-Nordwesten. Eine ähnlich reizvolle Alternative ist die in Everett startende **Straße #2** über die Kleinstadt Leavenworth im stolzen Alpenlook und vorbei am Wanderparadies *Alpine Lakes Wilderness Area*.

Beide Routen führen auf der Rückseite der Kaskaden weiter über den Grand Coulee Dam, bevor sie dann bei **Spokane** auf die I-90 treffen – sofern man nicht weiter auf Nebenstraßen verweilen möchte; Exkurs ➢ Seite 473.

Rundreisen

Ist Seattle Start- und Endpunkt eines Urlaubs, kann man im Anschluss an eine dieser drei Kaskaden-Nordrouten ab dem *Glacier NP* die Reise über die **kanadischen Nationalparks** *Banff* und *Jasper* fortführen und über Vancouver wieder nach Seattle zurückkehren. Ebenso gut lassen sich die Routen ab Seattle (➢ **Kapitel 2.3** und **2.4**) mit der Westroute zurück nach Oregon (➢ Kapitel 5) zu einer mehrwöchigen **US-Nordwest-Rundreise** kombinieren mit Umkehrpunkt *Yellowstone National Park* oder Salt Lake City.

Cascade Loop Scenic Byways

Die *Scenic Byways* #20 und #2 (➢ **Kapitel 2.3.3** + **2.3.4**) ergeben mit der I-5 und #97 auch eine 4-5-tägige Rundtour ab Seattle. Hierbei fährt man die sog. *Cascade Loop* ab (ca. 420 mi).

2.3.1　Über die Interstate #90 nach Spokane

Snoqualmie Falls

Für Wasserfall-Fans könnte sich gleich zu Beginn der Strecke vom *Exit 25* der Abstecher zu den **Snoqualmie Falls** lohnen (ca. 4 mi ab der I-90 über die #18/#202).

Snoqualmie Falls unweit der I-90

82 m donnern dort die Wassermassen in die Tiefe. Die Aussichtsplattform ist mit nur wenigen Schritten vom Parkplatz (kostenlos) erreicht und auch zu den Füßen der Fälle kann man hinunterlaufen. Laut lokaler Werbung handelt es sich um den berühmtesten und meistbesuchten Wasserfall im Bundesstaat Washington. Mächtig ist er auf jeden Fall, wesentlich schöner in die Natur eingebettete findet man auf der Weiterfahrt (*Palouse Falls*, ➢ Seite 467) und östlich von Portland (➢ Seite 507 bzw. 517).

Outlet Mall

Die #202 führt von den *Falls* weiter nach North Bend, wo direkt vor der I-90 Auf-/Abfahrt 31 eine größere *Outlet Mall* wartet.

Ginkgo Petrified Forest SP

Ein dritter Stopp bietet sich auf halbem Weg zwischen Seattle und Spokane am Ufer des Columbia River im **Ginkgo Petrified Forest State Park** an (www.parks.state.wa.us/288/; I-90, *Exit 136*). Auf einem 2,5 km langen Rundparcours durch den kleinen versteinerten Wald kann man sich etwas die Füße vertreten. Fundstellen mit versteinerten Ginkgo-Baumstümpfen sind weltweit selten. Fürs Auge bieten sie allerdings weniger und sind nicht ansatzweise so beeindruckend und bunt wie die Hölzer im Südwesten der USA.

Kurz vor Sonnen- untergang bei den Palouse Falls

Das *Interpretive Center* birgt eine abwechslungsreiche Fossilien-sammlung (Mitte Mai-Mitte September täglich 10-17 Uhr, sonst nur Fr-So; November-März geschlossen). Im Außenbereich des Parks gibt es zudem jede Menge alte indianische Felsritzungen (*Petroglyphs*) zu sehen, die bei der Errichtung des *Wanapum Dam* entfernt und hierher gebracht wurden.

Der **Wanapum Stausee** mit *Recreation Area* in **Vantage** bietet Badestrände und einen Campingplatz mit *full hook-ups*; $35-$45; reservierbar unter https://washington.goingtocamp.com oder ✆ 1-888-226-7688; von November bis Ende Februar geschlossen.

Auf direktem Weg über die I-90 erreicht man von dort Spokane (➢ Seite 479) in gut zwei Stunden, der **im Frühjahr reizvolle Umweg** (➢ Exkurs rechts) über Palouse und den Steptoe Butte (+100 mi) kostet locker 4-5 Stunden mehr. Im Hochsommer und Herbst ist die Gegend ausgedörrt und weniger sehenswert.

Blick von der Anhöhe des Steptoe Butte (1.100 m) auf die sanft »rollenden« Hügel von Palouse

Umweg über die Palouse Falls & Fields
(ggf. mit Bootsausflug durch den Hells Canyon)

Ab Vantage wäre ein Abstecher zum *Palouse Falls State Park* eine Überlegung wert (über die Straßen #26, #260 und #261). Die Wasserfälle (61 m) und die tiefe Schlucht liegen zwar weitab vom Schuss, sind aber durchaus beeindruckend. Nach nur wenigen Schritten steht man dort an der Abbruchkante (➤ Foto links), ein kurzer Pfad führt zu einem weiteren Aussichtspunkt, dem *Fryxell Overlook*. Tolle Grill- und Picknickmöglichkeiten sowie ein einfacher *first-come, first-served Campground* für Zelte ($12) laden zum Verweilen ein. Die Einrichtungen sind sehr beliebt, so dass an Wochenenden die Parkplätze schon mal knapp werden; www.parks.state.wa.us/559/.

Im **Mai/Juni** kann man nach dem Besuch der *Palouse Falls* – anstelle der Direktverbindung #261 nach Norden zurück zur I-90 (Auffahrt 221) zu folgen – die Reise auch über die Straßenkombination #26/#195 fortsetzen und den **weitschweifenden Blick** von der Anhöhe des **Steptoe Butte** genießen. In alle Himmelsrichtungen »wellen« sich dort die saftig grünen, hügeligen Ackerflächen der *Palouse Fields* bis an den Horizont. An klaren Tagen sieht man über 100 km weit! Anfahrt zum *State Park* und Aussichtspunkt auf der Scholz Road und Hume Road südlich der Mini-Siedlung *Steptoe*; www.parks.state.wa.us/592/.

Ab den *Palouse Falls* oder dem *Steptoe Butte* ist auch eine Stippvisite zum **Hells Canyon** denkbar. Ausgehend von den Wasserfällen sind es über die #261/#12 keine 80 mi bis nach Lewiston, ab Steptoe auf der #195 sogar nur 55 mi (1,5 bzw. 1 Std. Fahrt). An der #195 fällt bei der Ortseinfahrt von **Uniontown** die Umzäunung der *Dahmen Barn* auf. Mit über 1.000 Metallrädern unterschiedlichster Provenienz ist der Zaun ein beliebtes Fotomotiv. Im Inneren der Scheune warten die Verkaufs- und Schauräume lokaler Künstler; www.artisanbarn.org.

Dahmen Barn

Kurz hinter der Grenze zu Idaho und der Einmündung der #95 empfiehlt sich ein Abweichen von der Hauptroute mit Stopp am **Lewiston Hill Overlook** und Weiterfahrt über den **Old Spiral Hwy**. Auf den folgenden 7 mi überwindet diese alte, asphaltierte Bergstraße in 64 Kehren 600 Höhenmeter und bietet dabei eine grandiose Aussicht auf Lewiston und das Tal des Snake River.

Mit **Lewiston** ist das Tor zum **Hells Canyon** erreicht. Nach einer ganz- oder mehrtägigen **Bootstour** durch die 250 km lange »Höllenschlucht« (➤ Seite 638) kann man die Reise in Richtung Glacier Nationalpark über die #95 und Coeur d'Alene (➤ Seite 480) oder über die #12 und Missoula (➤ Seite 481) fortsetzen – jeweils eine sehr lange Tagesetappe ab Lewiston (besser in zwei Tagen, da über 350 mi!). Für alle, die von Lewiston gleich den *Yellowstone NP* ansteuern möchten, empfiehlt sich die Route über die Sawtooth Range und das *Craters of the Moon NM* (➤ Seite 564) mit mindestens zwei Übernachtungen unterwegs.

2.3.2   Über den North Cascades Highway nach Spokane

NP-Eintritt frei

Die nördlichste Route von Seattle nach Osten führt mitten durch den **North Cascades National Park**. Aufgrund von Lawinengefahr bleibt der *Scenic Highway* #20 zwischen Newhalem und Mazama üblicherweise von November bis in den April hinein gesperrt. Am schnellsten erreicht man den Nationalpark ab Seattle über die I-5 nach Norden und ab Burlington auf der #20 in Richtung Osten. Die zwei alternativen Anfahrtsrouten – #530 ab Arlington (*Exit 208*) oder der gut 2 Stunden mehr beanspruchende Umweg über den südlichen und östlichen Teil des *Mountain Loop Hwy* #92 – sollte nur in Betracht ziehen, wer sehr viel Zeit übrig hat.

Mountain Loop Hwy

Das Abfahren der gesamten **Mountain Loop** wäre ggf. eine Option für alle, die ausgehend von Seattle nur kurz mal »Kaskaden-Luft« schnuppern möchten. Hierfür verlässt man die I-5 bereits in Everett und folgt der #92 nach Nordosten. Durch dichte Wälder geht es vorbei an zahlreichen schön in Flussnähe gelegenen *NF-Campgrounds*, Picknickplätzen und *Trailheads*. Ein 13 mi langes Teilstück zwischen dem Barkow Pass und der Brücke über den White Chuck River ist unasphaltiert, aber meist gut instand gehalten.

Wer ab dem Mini-Ort Darrington auf der #530 nach Westen fährt, erreicht bei Arlington wieder die I-5 (Rundtour ab Everett: 120 mi). In Richtung Norden stößt die #530 nach 18 mi auf die #20 bei Rockport, 11 mi vor der Westeinfahrt in den Nationalpark entfernt.

Anfahrt über die #20

Entlang der kürzesten Anfahrt (I-5 *Exit* 230 bei Burlington und dann #20 nach Osten) empfiehlt sich ein erster Stopp in Sedro-Woolley. Noch weit vor der Parkgrenze steht dort bereits eines der **Besucherzentren** für den **North Cascades NP**. Es dient auch gleichzeitig als Info-Büro des *National Forest* und hat im Sommer täglich 8-16.30 Uhr geöffnet, sonst nur Mo-Fr; www.nps.gov/noca.

Lake Baker Abstecher

Auch vom Hwy #20 ist ein Abstecher in Richtung **Mount Baker** (➤ Seite 463), dem nördlichsten der Kaskadenvulkane, möglich. An der Stichstraße #11 ab **Birdsview** und entlang des **Baker Lake** passiert man mehrere gute, aber einfache *NF-Campgrounds*. Direkt am Seeufer, ca. 20 mi nördlich von Birdsview, befindet sich der **Swift Creek Campground** (RVs $18; keine *hook-ups*; ✆ 1-877-444-6777) mit Bootsverleih. Von der nahegelegenen Forststraße #1130 führt ein Pfad (0,5 km) zu dem meist stark nach Schwefel riechenden **Baker Hot Springs**-Badepool im Wald.

Nördlich der *Komo Kulshan Guard Station* an der #11 startet der nur 800 m lange **Shadow of Sentinel Interpretive Trail** und bietet eine schnelle Einführung in die Vegetation der Kaskaden.

Der **Rasar State Park** in Birdsview hat Platz für Zelte oder RVs sowie rustikale *Cabins*, noch attraktiver sind aber der **Rockport SP** im Regenwald oder die **Recreation Area** am Fluss im Ort Rockport.

Marblemount

Östlich der einstigen Beton-Hochburg Concrete werden die Berge langsam höher und mit **Marblemount** ist das Tor zum **North Cascades NP** erreicht. Dort und in Rockport gibt es die letzten (wenigen) Zimmer westlich der Kaskaden, u.a. im *Buffalo Run Inn*; EZ $54, DZ ab $69; ✆ 1-877-828-6652; www.buffaloruninn.com.

Cascade River Road

Von Marblemount führen gleich zwei Straßen in Richtung Nationalpark, die #20 weiter nach Winthrop sowie die nach Südosten abzweigende **Cascade River Road** mit dem **NF-Campground Marble Creek** im dichten Regenwald (8 mi von dem Ort entfernt). Er gehört zur Einfachkategorie, bietet aber absolutes Naturerlebnis – am besten ganz am Ende des Platzes beim Wildbach. Nicht so romantisch, dafür nur 3 mi von Marblemount entfernt, sind die Plätzchen auf **Cascade Islands** am Westufer des Flusses (Zufahrt über die South Cascade Road).

Mit Beginn der Schotterpiste, nach ca. 10 mi, ist die *Cascade River Road* nicht mehr für größere RVs empfohlen. Die Straße endet nach insgesamt 23 mi am Ausgangspunkt des populären **Cascade Pass Trail**. 6 km und 550 Höhenmeter sind es hinauf zum Pass (herrliches Bergpanorama; ca. 4 Std. retour). Eine Mehrtageswanderung führt vom *Cascade Pass* weiter zum **High Bridge Camp** (zusätzliche 29 km), von wo im Sommer mehrmals täglich ein Shuttle-Bus nach Stehekin am Lake Chelan (➤ Seite 478) verkehrt.

Weiter an der #20

Von Marblemount verläuft der *North Cascades Highway* durch die **Ross Lake National Recreation Area**, die den Nationalpark in ein Nord- und Südareal teilt. In Newhalem steht ein **Nationalpark-Besucherzentrum**, außerdem ein *Info Center* von *Seattle City Lights*, dem Betreiber der Wasserkraftwerke des dort mehrfach gestauten Skagit River (Gorge, Diablo und Ross Lake). Die Straße passiert im weiteren Verlauf die Dämme der drei Seen. Auf dem türkisgrünen, gletschergespeisten **Diablo Lake** werden ausgehend vom *North Cascades Environmental Learning Center* Bootstouren angeboten.

»Teufelssee« vom Diablo Lake Overlook an der #20

Die Floating Cabins des Ross Lake Resort, erreichbar nur zu Fuß oder per Boot: www.rosslakeresort.com

Das darauffolgende 20 mi lange **Ross Lake Reservoir** ist – abgesehen von Zufahrten zu Marinas – nur per Boot oder auf Wanderwegen zugänglich, ebenso das wunderbare *Ross Lake Resort*. Von Kanada aus führt eine Stichstraße an das Nordende des Sees bis zum *Hozomeen Campground*; ➤ Seite 311.

In Newhalem und am Diablo Lake gibt es diverse Campmöglichkeiten, am besten ist **Colonial Creek** am *Thunder Creek Arm*.

Durch weiter grandiose Gebirgslandschaft gelangt man – bereits außerhalb der Nationalparkgrenzen bei Meile 158 – zur *Rainy Pass Picnic Area*. Dort startet einer der schönsten Rundwege durch die Kaskaden, die **Maple Pass Loop** (11,5 km; 620 HM). Highlight der Wanderung ist der Blick hinunter auf den Lake Anne mit der zackigen Bergkulisse im Hintergrund; schneefrei i.d.R. ab Mitte Juli.

Washington Pass

Vier Meilen später, auf etwa halber Strecke von Diablo nach Winthrop am Fuß der Berge sollte man die Auffahrt zum *Washington Pass Overlook* nicht verpassen. Von diesem exponierten Aussichtspunkt auf 1.650 m eröffnet sich ein hübscher Blick auf die schroffen Gipfel des Liberty Bell und der Early Winter Spires. Etwas tiefer passiert man dann weitere **NF-Campgrounds**.

Winthrop

In Winthrop warten einige originelle **Fotomotive**, denn der Ort – obwohl ohne Wildwest-Vergangenheit – hat sich einen typischen *Western Town-*

An der Straße #20 durch Winthrop

Verlauf der #20 unterhalb der markanten Spitzen des Liberty Bell (2.353 m) beim Washington Pass

Look zugelegt. Urige Holzhäuser mit Pfählen zum Anbinden der Pferde dürfen da nicht fehlen.

Am Abend ist dort dank diverser **Restaurants** und dem ***Three Fingered Jack's Saloon*** mehr los, als man bei gerade mal 400 Einwohnern erwarten würde; www.winthrop washington.com.

Tagsüber verdient das ***Shafer* Heimatkundemuseum** einen Besuch, ein kleiner Komplex von Blockhäusern mit einem Sammelsurium von Objekten. Geöffnet *Memorial* bis *Labor Day* 10-17 Uhr.

Das kleine ***Methow Valley Rodeo*** in Winthrop wird alljährlich jeweils am *Memorial Day* und *Labor Day*-Wochenende abgehalten; Eintritt $10/$5.

Quartiere sind in und rund um Winthrop reichlich vorhanden, aber relativ teuer. Der ***Pearrygin Lake State Park*** ca. 5 mi nordöstlich von Winthrop verfügt über einen gut angelegten und komfortablen ***Campground***; www.parks.state.wa.us/563/. Südlich campt man ortsnäher bei **KOA**. Klimatisch begünstigt ist der ***Riverbend RV Park*** in **Twisp**, 11 mi südlich von Winthrop an der #20, mit Zelt- und Stellplätzen direkt am Methow River.

Anschluss an die Kanada-Routen

Über die Straße #97 von Okanogan nach Norden ist in nur einer Stunde die Kleinstadt **Osoyoos** jenseits der kanadischen Grenze erreicht und der Anschluss an den *Crowsnest Hwy* und die Routen durchs *Okanagan Valley* geschaffen; ➤ Seite 294ff.

Colville Indianerreservat

Zweigt man 5 mi nördlich von Okanogan auf die **Straße #155** ab (besser als die Kombination #153/#17/#174 ab Twisp), führt die Strecke durch das Reservat der *Colville*-Indianer und vorbei an ihrem Hauptquartier in **Nespelem**. Dort befindet sich auch das Grab des berühmten *Nez Percé*-Indianerhäuptlings **Chief Joseph**, einem Pazifisten, der nach seiner erfolglosen Flucht in Richtung Kanada hier im späten 19. Jahrhundert Asyl fand.

Grand Coulee Dam

15 Meilen später erreicht man dann die Ortschaften **Coulee Dam** und **Grand Coulee** mit einem gewaltigen Staudamm am Columbia River. Das Wasserkraftwerk des ***Grand Coulee Dam*** (1,6 km lang, Baujahr 1941) ist auch heute noch eines der größten weltweit. Die dort angebotenen geführten Touren dauern 50 Minuten und sind gratis: www.usbr.gov/pn/grandcoulee/visit/.

Lasershow   Die über die *Spillway* des Dammes herunterrauschende weißen Wassermassen dienen während der Sommermonate allabendlich nach Einbruch der Dunkelheit als Projektionsfläche für eine **farbige Lasershow**. Begleitet wird sie von Musik und erbaulichen Botschaften nationaler wie unternehmensbezogener Art; von Mai-Juli ca. ab 22 Uhr, im August 21.30 Uhr und im September 20.30 Uhr. Das große **Besucherzentrum** hat ebenfalls täglich geöffnet 8.30-22/23 Uhr bzw. vor/nach *Memorial/Labor Day* 9-17 Uhr.

Kasino   Anziehungspunkt in Coulee Dam ist außerdem ein **Spielkasino** der *Colville*-Indianer unmittebar vor der Brücke über den Fluss.

Lake Roosevelt   Hinter der Talsperre staut sich der Franklin D. Roosevelt Lake mit einer Gesamtlänge von 250 km bis hinauf zur kanadischen Grenze. Seine Ufer und angrenzende Gebiete gehören zur *Lake Roosevelt Nat'l Recreation Area*, einem Freizeit- und Wassersportparadies mit zahlreichen Armen und Buchten; www.nps.gov/laro. Der See ist zwar recht gut durch Straßen erschlossen, dennoch sind weite Uferbereiche völlig einsam und nur mit Booten zu erreichen.

Zum Glacier Nationalpark auf Nebenstraßen (#21/#20/#2)

Mit genügend Zeit bzw. einem zusätzlichen Reisetag ist vom *North Cascades National Park* in Richtung Spokane ein schöner, größerer **Umweg durch die Colville Indian Reservation** (www.colvilletribes.com) möglich:

Am besten wählt man hierfür die Verbindungsstrecke **ab Nespelem** an der #155 (ggf. mit Abstecher am den Owhi Lake) hinüber zur #21 oder alternativ die kurvenreiche Peter Dan Road **ab Coulee Dam**. Die **Straße #21**, ein »Geheimtipp« dieser Region, verläuft parallel zum malerisch durch die Kettle River Mountains schneidenden Sanpoil River hinauf nach **Republic** (www.republicwa.org). Dieses urige alte Goldrauschstädtchen mit z.T. noch intakten Minen ist der einzige nennenswerte Ort weit und breit. Heute können Hobbyschatzsucher im Steinbruch des *Stonerose Interpretive Center* nach Fossilien »buddeln«. Das Personal hilft beim Identifizieren der Fundstücke. Drei Fossilien (pro Tag) darf man dann sogar behalten; Kosten: $10/$5; www.stonerosefossil.org. Republic liegt nur knapp 30 mi von der kanadischen Grenze entfernt. Die #21 – vorbei am *Curlew Lake State Park* mit ausgesprochen schönen Bade- und Campingmöglichkeiten – schafft Anschluss an den *Crowsnest Hwy* und die Routen durchs südliche British Columbia, ➤ Seite 300ff). Auf der **#20** überquert man östlich von Republic die Kettle River Mountains und fährt ab Kettle Falls 84 mi auf der **#25** am **Lake Roosevelt** entlang nach *Fort Spokane* (1880-1929), von dem aber nicht mehr viel übrig ist. Badestopps sorgen an Schönwettertagen für mehr Abwechslung. Über die #2 ab Davenport erreicht man schließlich Spokane an der I-90.

Noch besser: Bei Verzicht auf Spokane (sollte nicht allzu schwer fallen) und Ziel »Glacier Nationalpark«, kann man **hinter Republic weiter auf der #20** bleiben und in Idaho/Montana dann auf der **Straße #2**. Dieser Schlenker im Norden entspricht der **schönsten Route in dieser Region** überhaupt, er nimmt aber allerdings relativ viel Zeit in Anspruch. Zwischen Newport und Bonners Ferry folgt man dabei einem Teil der *International Selkirk (Mountains) Loop* (Abstecher zum **Priest Lake** (➤ Seite 306) oder nach Kanada möglich.

Dank der Sommerhitze im zentralen Washington steigt die **Wassertemperatur** bereits Ende Juni auf über 20°C und sinkt erst Mitte September wieder unter dieses Niveau. In einigen Nebenarmen werden im Juli/August sogar bis zu 28°C gemessen.

Übernachten

Viele *Campgrounds* säumen das Seeufer. Ein schöner *NRA*-Platz mit Weitblick ist z.B. **Spring Canyon**, etwa 5 mi östlich Grand Coulee (in Strandnähe). Am hohen Ufer des Banks Lake kann man im **Coulee Playland Resort** in Electric City campen ($38-$45) oder eine Jurte ($99) mieten; www.couleeplayland.com.

Diverse **Motels/Lodges** warten in Electric City, Grand Coulee und Coulee Dam auf Gäste, darunter das empfehlenswerte *Columbia River Inn* gegenüber des Besucherzentrums; ab ca. $120; ✆ 1-800-633-6421; www.columbiariverinn.com.

Weiterfahrt zum Glacier Nat'l Park

Das Ziel *Glacier Nat'l Park* wird mit viel Zeit von Coulee Dam über landschaftlich schönere Nebenstrecken (➤ Exkurs oben) erreicht oder deutlich schneller über die #174/#2 in Richtung Spokane, von wo man dann den Routen im **Kapitel 2.3.4** (➤ Seite 479ff) folgt.

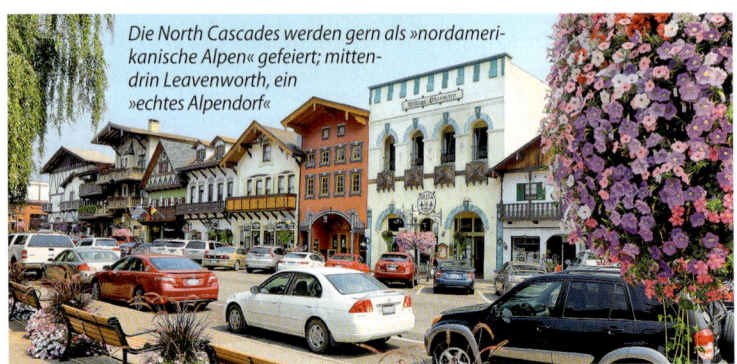

Die North Cascades werden gern als »nordamerikanische Alpen« gefeiert; mitten-
drin Leavenworth, ein
»echtes Alpendorf«

2.3.3   Über die Straße #2 und Leavenworth nach Spokane

Straße #2

Kürzer und schneller als der *North Cascades Hwy* (➤ Seite 468) ist die **Straße #2 durch die Kaskaden**. Man steuert sie von Seattle/ Bellevue über die I-405 North (*Exit #23*) und #522 an. Die #2 ab Monroe führt erst am **Skykomish River** entlang und weiter durch eine herrliche Gebirgslandschaft – unbedingt (noch westlich des *Stevens Pass*) den **Deception Falls Nature Trail** durch Regenwald ablaufen (800 m). An der Strecke liegen mehrere **NF-Camp-grounds** (sehr gut *Tumwater*, ca. 10 mi nordwestlich von Lea-venworth). Auch der **Lake Wenatchee State Park** verfügt über einen schönen Campingplatz (Zufahrt Straße #207).

Oberbayern
in den USA

Am Osthang der Berge passiert man **Leavenworth**, das mit nahezu perfekten bayrischen Hausfassaden überrascht: *Just like Bavaria, but so close*! Ein kluger Schachzug einer ehemaligen Holzfäller-siedlung, die Mitte des 20. Jh. kurz vor dem Niedergang stand und in der heute der Tourismus floriert; www.leavenworth.org.

Wer dort die Nacht verbringen möchte, darf sich im **Enzian Inn** (teuer und gut), im **Linderhof**, in der **Pension Abendblume** oder im **Ritterhof Motor Inn** wie in der Heimat fühlen. Das gilt auch fürs Essengehen; die Restaurants tragen Namen wie **München Haus** und **King Ludwig's**. Das deutsche Herz lacht und man ordert *Francforters and Potato Salad* oder *Knodels with Sauerkraut*. Das Preisniveau ist bei soviel *Gemutlichkeit* nicht niedrig und beginnt bei ca. $120 fürs einfache DZ.

Ein **Nussknackermuseum** vervollständigt das »heimische« Pro-gramm, wobei man dort nicht nur die *nutcracker* aus dem Erzge-birge zu sehen bekommt. Das Sortiment reicht zurück bis in die Zeit der Römer. In einem 14-minütigen Video erfahren Besucher mehr zur Geschichte der Nussknacker; geöffnet täglich 13-17 Uhr; Eintritt $5, Kinder $2; www.nutcrackermuseum.com.

Für einen kurzen Spaziergang entlang der **Front Street**, stellt man das Fahrzeug am besten am großen Parkplatz an der #2 neben dem *Starbucks* (ebenso im Alpenlook) ab.

Alpine Lakes Wilderness

Die am westlichen Stadtausgang nach Süden abzweigende Icicle Creek Road verschafft Zugang zu den *Trailheads* der **Alpine Lakes Wilderness**, die einen der spektakulärsten Abschnitte der Kaskaden unter Naturschutz stellt (Exkurs ➤ unten). Das Wandergebiet, kurz auch »**Enchantments**« genannt, wurde aufgrund seiner Schönheit und Beliebtheit bei *Backpackern* in fünf unterschiedliche **Permit Areas** gegliedert, für die von Mitte Juni bis Mitte Oktober im Internet Campingbewilligungen verlost werden ($5/Person und Tag).

Wilderness Permits

Wer den schönsten Teil der *Wilderness* sehen möchte, den mittleren Bereich zwischen Inspiration Lake und Lake Viviane (beide in der **Core Zone**), wird für die Mehrtageswanderung (anspruchsvolle 30 km!) auch gleich für mehrere Zonen *Permits* benötigen. Maximal 60 Leute dürfen täglich in der Kernzone übernachten. Die Permitbeschaffung ist kein leichtes Unterfangen – vor allem nicht für August, wenn der Wanderweg größtenteils schneefrei ist, oder für den späten September, wenn die Lärchen ihr gelbes Kleid anlegen, aber auch schon der erste Schnee fallen kann.

Die Online-Lotterie findet meist bereits Anfang März statt ($10 Teilnahmegebühr), im Anschluss sind die übrig gebliebenen *Permits* für die Kalenderreservierung freigeschaltet. Nur ganz wenige *Walk-up Permits* werden zusätzlich Mo-Sa um 7.45 Uhr im *Wenatchee River Ranger District Office* verlost (600 Sherbourne St, Leavenworth). Sämtliche Details dazu unter www.fs.usda.gov/detail/okawen/passespermits/recreation/?cid=fsbdev3_053607.

Verzaubernde Kaskaden - Hiking »the Enchantments«

Es gibt Orte auf dieser Erde, deren »Zauber« einem vom ersten Augenblick an gefangen hält: eine Kette kristallklarer Bergseen in denen sich zackige Gipfel und im Herbst leuchtend goldene Lärchen spiegeln, nur schwer zu erreichen und dennoch jeden noch so quälenden Höhenmeter wert. Die Wanderung hinauf zu den **Enchantment Lakes** weit abgeschottet inmitten der *Alpine Lakes Wilderness* ist eine der schönsten in den gesamten Kaskaden, allerdings auch mit ordentlichem Aufwand verbunden. Obwohl man erst im Sommer dort unterwegs sein wird (von November bis Mai liegt die Region unter einer geschlossenen Schneedecke), sind die dazu erforderlichen Camping-*Permits* bereits im Winter zu besorgen (alle Details ➤ oben). Postkartenansichten und euphorische Schilderungen von jenen, die schon mal dort waren, ziehen alljährlich Tausende von Wanderern an. Das hochalpine Terrain ist sensibel, die Naturschutzmaßnahmen entsprechend groß.

Hat man die bürokratischen Hürden erfolgreich hinter sich gebracht, fehlt nur noch die passende Ausrüstung: warme Kleidung, gute (!) Wanderschuhe und -stöcke sowie Campingsachen und Proviant für mindestens 2 Tage. Denn die Wanderung zu den Enchantment Lakes lohnt sich nur mit 1-2 Nächten vor Ort!

Los geht es vom **Stuart Lake Trailhead** auf 1.100 m; Zufahrt über die Icicle Creek Road (8,2 mi ab Leavenworth) und die *Forest Road* #7601 (weitere 3,7 mi bis zum Parkplatz). Der Waldweg ist zunächst im unteren Bereich noch gut ausgeschildert und gewinnt hinter der Brücke nach ca. 2,5 km langsam an Höhe. Der kurze Abstecher in Richtung »Toilette« bei Kilometer #7 gibt den Blick frei auf das erste kleine Highlight: die Spitze des **Dragontail** und **Colchuck Peak** oberhalb des gleichnamigen Sees, an dessen malerischem Ufer etliche Wanderer bereits ihr erstes Nachtquartier aufschlagen (1.700 m).

An der Südseite des **Colchuck Lake** steht die Bezwingung des *Aasgard Pass* an, mit 2.400 m höchster Punkt entlang der Wanderung, wobei die Route dort hinauf wohl eher als »Kraxelei« zu bezeichnen ist. Immer auf der Suche nach der nächsten Steinpyramide bahnt man sich seinen Weg durch riesige Felsbrocken, lockeres Geröll und alte Schneefelder. Und es ist unglaublich steil: knapp 700 Höhenmeter auf nur 1,6 km! Mit schwerem *Backpack* kann man da schon mal ein paar Stunden unterwegs sein. Trittsicherheit erforderlich!

Der Eintritt in das *Enchantment Basin* wirkt im Endorphin-Rausch (nach all der Anstrengung) fast noch überwältigender. Größere und kleinere Bergseen begleiten einen auf diesem alpinen Hochplateau während der nächsten Kilometer – immer umgeben von schroffen Gipfeln und bei guter Fernsicht lässt sich zwischendurch sogar der Mount Rainier oder Baker blicken. Hinter dem Isolation Lake erhebt sich **Little Annapurna** (2.579 m) mit grandiosem Rundumpanorama (für alle, die noch extra Reserven haben).

Lärchen mischen sich nun zunehmend zwischen die Granitfelsen und schon bald rücken die markanten Zacken des *Prusik* und *Temple Peak* ins Blickfeld (➤ Foto rechts). Wahrhaft »bezaubernd« ist dort die Aussicht von der Anhöhe süd-

lich des **Inspiration Lake** hinunter auf den **Perfection Lake**. Und bevor es weiter zum Sprite Lake geht, lohnt auch noch der Abstecher in Richtung *Prusik Pass* zur *Gnome Tarn*, wo sich der steil aufragende Gipfel des *Prusik* in kleinen Tümpeln (»tarns«) spiegelt – traumhaft zum Sonnenaufgang!

Nach insgesamt 14,5 km eröffnet sich schließlich von einem Felsvorsprung hinter dem **Leprechaun Lake** (schöne Zeltplätze und meistens viele Schneeziegen; ➤ Foto links) der Blick hinunter auf den **Lake Viviane** am östlichen Ende der sogenannten »Core Zone« der *Enchantments*. Nun stellt sich die Frage, ob es auf gleichem Weg wieder zurück gehen soll oder bei **gebuchtem Shuttle-Bus** (www.leavenworthshuttle.com/Trailheads.html) weiter zum *Snow Lake Trailhead*, der von dort noch gut 15,5 km entfernt und 1.700 m tiefer liegt.

Übersichtskarte (inkl. Toiletten und *Campsites*) www.everytrail.com/guide/the-enchantments/map; Topomap zur Wanderung: www.fs.usda.gov/Internet/FSE_DOCUMENTS/stelprdb5428875.pdf.

Rund 20 mi hinter Leavenworth stößt die Straße #2 auf der Rückseite der Kaskaden noch vor der Brücke über den Columbia River auf die ALT-97 nach Chelan am gleichnamigen See. Etwa gleich lang und ähnlich hübsch ist der Streckenverlauf auf der Ostseite des Flusses auf der #97 nach Chelan.

Östlich der Kaskaden

Da östlich des Gebirgszugs geringe Niederschläge fallen, unterscheidet sich der Charakter des zentralen Washington klimatisch und landschaftlich dramatisch von der Westregion. Gutes warmes

Wetter, das Wasser aus den Bergen samt Stauseen des Columbia River begünstigen den Obst- und Gemüseanbau. Von Yakima bis Okanogan kann man allerorten an Straßenverkaufsständen *Fresh Farm Produce* einkaufen oder das Obst selbst pflücken. Dies kombiniert mit dem Klima, Wassersportmöglichkeiten und der Nähe der Berge zieht bis in den Herbst hinein viele Besucher an. Besonders der **Columbia River Bereich** nördlich von **Wenatchee** (Stausee Lake Entiat) besitzt eine stark auf den Tourismus ausgerichtete Infrastruktur.

Lake Chelan

Zentralort der Region mit allen Einrichtungen der kommerziellen Ferienfreude (zahlreiche H/Motels) ist **Chelan**, 35 mi nördlich von Wenatchee am Südende des gleichnamigen Sees, der rund 80 km in die Kaskaden hineinragt. Der Lake Chelan füllt ein enges Gletschertal (Wassertiefe bis 450 m, im Schnitt um 140 m) und ist natürlichen Ursprungs. Um ihn auch zur Stromerzeugung nutzen zu können, wurde sein Wasserstand durch den Staudamm künstlich erhöht. Der Abfluss zum Columbia River erfolgt über die *Chelan Gorge*, eine heute meist trocken liegende Schlucht.

Der von Hochgebirge eingerahmte See mit seinen vielen Kilometern einsamer Ufer, ungezählten Buchten und Anlegestellen (etliche *NF-Campgrounds*) gilt als **eines der schönsten Bootsreviere des Nordwestens**; www.lakechelan.com.

Sehr empfehlenswert ist zum Baden und Campen der *Lake Chelan State Park*, ca. 8 mi westlich des Ortes; www.parks.state.wa.us/531/Lake-Chelan. Eine gute Übersicht aller Campmöglichkeiten bietet www.lakechelan.com/what-to-do/activities/camping/.

Wer in Chelan dem Spieltrieb nachgeben möchte, findet an der Norduferstraße #150 ein **Spielkasino** der *Colville*-Indianer.

Ende September verfärben sich in der Enchantment Lakes Basin die Lärchen; hier am Ufer des Inspiration Lake mit Blick auf die Peaks Prusik und Temple.

Per Boot in den North Cascades NP

Einzige Versorgungsbasis jenseits des *25 Mile Creek State Park* ist die nur per Boot, Flieger oder zu Fuß erreichbare Siedlung **Stehekin** am Nordende des Sees. Der schnelle *Lady Express* fährt ganzjährig täglich von Chelan nach Stehekin ($61 retour, 6 Stunden), in der Hauptsaison zusätzlich die *Lady of the Lake II* ($41 retour, 9,5 Stunden; ✆ 1-888-682-4584; www.ladyofthelake.com). Mit welchem Boot auch immer, ein **toller Trip**!

Stehekin (www.stehekin.com) dient als Ausgangspunkt für *Trails* in die *Lake Chelan National Recreation Area* und für die Mehrtageswanderung über den *Cascade Pass* nach Marblemount (➤ Seite 469). Im Sommer verkehrt mehrfach täglich ein **Shuttle**-Bus zwischen dem Bootsanleger/*Visitor Center* und dem **High Bridge Camp** bzw. **Old Wagon Trailhead** (ca. 60 min Fahrzeit; $10/$5).

Ein populäres Ziel bei Stehekin sind die majestätischen 95 m hohen **Rainbow Falls**. Man erreicht sie mit einer geführten Tour oder zu Fuß ca. 1,8 km südlich der *Shuttle*-Station »Harlequin Bridge« entlang des *Rainbow Loop Trail*. Im späteren Sommer lohnt sich dieser Ausflug nicht mehr, da dann nur wenig Wasser fließt.

Weiterfahrt nach Coulee Dam, Spokane und Glacier

Ab Chelan verschafft die Straßenkombination #97, #17 und #174 Anschluss an das **Kapitel 2.3.2**. Von Coulee Dam (➤ Seite 471) geht es dann über Nebenstraßen (➤ Seite 473) oder über Spokane weiter in Richtung *Glacier National Park*.

Wer Chelan auslässt, bleibt bei Anfahrt ab Leavenworth auf der #2, überquert nördlich von Wenatchee den Columbia River und fährt an dessen Ostufer bis Orondo. Von dort geht es weiter in Richtung Coulee City und dann auf der #155 durch die *Canyons* und Felsabbrüche am Banks Lake entlang bis Coulee Dam. Ein komfortabler **Campingplatz** mit Strand wartet im **Steamboat Rock State Park**; im Sommer reservierbar: www.parks.state.wa.us/590/.

Die Lady of the Lake II benötigt 4 Stunden von Chelan nach Stehekin, eine Mini-Siedlung im südlichen Ausläufer des North Cascades National Park

2.3.4   Spokane und Weiterfahrt zum Glacier National Park
Spokane

Spokane

Die zweitgrößte Stadt von *Washington State* hat für ihre Einwohnerzahl (ca. 200.000) nicht sehr viel zu bieten. Die kleine **Innenstadt** liegt zwischen dem Spokane River/ I-90 und Browne/Monroe St.

SkyRide in Spokane

Zentraler Anlaufpunkt ist der unverfehlbare **Riverfront Park** (Zufahrt von der I-90/Monroe St, dann Spokane Falls Blvd), dem Überbleibsel einer seinerzeit kaum beachteten Weltausstellung 1974. Zu diesem Komplex am Fluss gehören ein *IMAX*-Kino und ein altes Kinderkarussell. Die **SkyRide-Gondeln** schaukeln Besucher über die heute nur noch mäßig interessanten **Spokane Falls**, denen eine Staustufe den Zahn gezogen hat; www.visitspokane.com.

Museen

Kulturelles Aushängeschild der Stadt ist das **Northwest Museum of Arts & Culture** mit einer gemischt historischen, naturkundlichen und Kunst-Ausstellung einschließlich indianischer Abteilung. Eine restaurierte **Villa des 19. Jahrhunderts** im englischen Tudor-Stil mit zeitgenössischer Möblierung gehört mit zum Komplex am westlichen Ende der 1st Avenue in einem schönen Villenviertel hoch über dem Spokane River; Anfahrt nur über die 2nd Avenue; geöffnet Di-So 10-17 Uhr, Do bis 20 Uhr; Eintritt $18/$10; www.northwestmuseum.org.

Planschbad

Näher als Museumsbesuche liegt bei der in Spokane im Sommer vorherrschenden Hitze vielleicht der Planschpark **Splashdown Waterslide** im *Valley Mission Park* südlich der I-90, *Exit* 289; geöffnet täglich 11-18 Uhr, So ab 12 Uhr, Di+Do bis 20 Uhr; Eintritt $20, Kinder unter 1,22 m $15; www.splashdownwaterpark.net.

Unterkunft

Hohe M/Hotelkapazitäten an den Ausfallstraßen bzw. Ausfahrten von der I-90 sorgen in Spokane für eher moderate Tarife. Ein Glanzstück aus der guten alten Zeit ist das prunkvolle **Historic Davenport Hotel** in der 10 South Post Street mit Zimmern ab ca. $175; ✆ 1-800-899-1482, www.davenporthotelcollection.com.

Der **Riverside State Park** liegt gut 6 mi nordwestlich der City wunderbar über dem Fluss. Tolle Hängebrücke und *Trails* am Spokane River. Anfahrt am besten über den Northwest Blvd (ausgeschildert); ✆ 1-888-226-7688, www.exploreriversidestatepark.com.

Weiterfahrt zum Glacier National Park

Zum Glacier über die #2

Bei Ziel *Glacier National Park* könnte man ab Spokane der **Straße #2** folgen (Exkurs ➤ Seite 473). Bis über Sandpoint/Idaho hinaus bringt diese Strecke aber zunächst wenig. Erst im einsamen Abschnitt zwischen Troy und Kalispell/Montana durch die **Purcell Mountains** wird man für den Umweg belohnt.

Zum Glacier über die I-90

Da auch die Autobahn in Richtung Osten landschaftlich überzeugt, sollte man ab Spokane die deutlich raschere Fahrt auf der **I-90** bevorzugen. Am Wege liegt bereits in Idaho ein Ort mit dem hübschen französischen Namen **Coeur d'Alene**, laut einer Umfrage (unter Amerikanern) **eine der zehn schönsten Kleinstädte der USA**. Das Zentrum ist auffallend gepflegt und am gleichnamigen See erstrecken sich europäisch anmutende Parkanlagen, Marinas und Apartmentkomplexe der Luxuskategorie. Der öffentliche Zugang zum **Lake Coeur d'Alene** ist jedoch stark eingeschränkt, da seine Ufer mit Ferienhäusern besetzt und überwiegend in Privatbesitz sind. Außerhalb des Strandbades gibt es nur östlich der Stadt an einigen Stellen Bademöglichkeiten; www.coeurdalene.org.

Abkürzung zum Glacier

Eine gute Abkürzung zum *Glacier NP* bietet die Kombination **#135/#200/#28** ab St. Regis/Montana (*Exit* 33), die in Elmo am Flathead Lake auf die **Hauptzufahrt #93** zum Nationalpark stößt.

Zeitzonenwechsel an der Grenze zu Montana PT ➤ MT (Uhr 1h vorstellen)

Bei Interesse am Besuch der **National Bison Range**, einem großflächigen Büffelgehege bei Ravalli, könnte man weiter der #200 in östliche Richtung folgen. Knapp 7 mi westlich der Kreuzung #200/#93 geht's links über die **Straße #212** zum *Visitor Center*. $5/Fahrzeug werden für die drei **Rundparcours** durch die hügelige Prärielandschaft fällig; der kürzeste ist nur eine Meile lang, auf den anderen beiden Schotterpisten (14 bzw. 19 mi) sind RVs nur bis zu 30 Fuß gestattet. Neben 300-400 Bisons ist dieses Freigehege Heimat für zahlreiche Vogelarten und Säugetiere, darunter Dickhornschafe, Luchse, Kojoten, Pumas, Gabelböcke, Dachse sowie die unterschiedlichsten Hirscharten; im Sommer geöffnet 9-17 Uhr; www.fws.gov/refuge/National_Bison_Range.

Zum Glacier über Missoula

Alternativ erreicht man den Glacier Nationalpark auch über **Missoula**, 60 mi östlich von St. Regis an der I-90, und folgt ab Ausfahrt #96 der **Straße #93** nach Norden. Für die *National Bison Range* geht es nach 27 mi nach links auf die #200 und weiter bis zur #212, ➤ oben. Eine erwägenswerte Kombination **ab Missoula** bilden auch die erheblich verkehrsärmeren **Straßen #200/#83** durch das schöne Tal des Swan River bei allerdings 30 mi Umweg.

Büffelherde in der National Bison Range

Auch der Blick in die einzelnen Häuser ist in der Garnet (=Granat) Ghost Town spannend; die Innen-einrichtung ist dort teilweise noch in einem guten Zustand

Missoula

In der Universitätsstadt Missoula ist das Waldbrandbekämpfungs-Center an der Verlängerung des Broadway (#93 West) in Nachbarschaft zum Airport eine wichtige Institution. Fast jeden Sommer gibt es viel zu tun für die Männer des ***Smokejumpers Base Aerial Fire Depot***. Den Besuchern werden Technik, Probleme und Gefahren der **Waldbrandbekämpfung** aus der Luft nahegebracht; 45-minütige Führungen, Anmeldung im Besucherzentrum (8.30-17 Uhr, *Memorial-Labor Day*) mit kleinem Museum, Spende erbeten; 5765 West Broadway Street; www.smokejumpers.com.

Garnet Ghost Town

Für Fans alter Geisterstädte versteckt sich in den Bergen östlich von Missoula die wunderbar erhaltene ***Garnet Ghost Town*** mit zahlreichen Holzstrukturen aus dem späten 19. Jahrhundert. Während der *Garnet Days* Mitte Juni wird sie wieder zum Leben erweckt. Anfahrt über die #200 und die letzten 7 mi auf einer guten Schotterpiste; insgesamt 39 mi *one-way*; www.garnetghosttown.net.

Straße #93

An der Straße #93 stehen bei **St. Ignatius** ein Motel sowie das kleine ***Bear Spirit Lodge B&B*** 5 mi östlich des Ortes (Zimmer im Sommer ca. $120, ✆ (406) 745-3089; www.bearspiritlodge.com). Weitere Unterkünfte/*Campgrounds* findet man an der Strecke nach Norden und in **Polson**, z.B. das ***Swan Hill B&B*** (DZ oder Cabin; ✆ 1-800-231-4826; www.swanhillbedandbreakfast.com).

Flathead Lake

Für die Weiterfahrt in Richtung Glacier Nationalpark gibt es zwei Alternativen: Die **Hauptstraße westlich des Flathead Lake** nach Kalispell ist die schnellste. Sie läuft allerdings überwiegend weit-ab vom Seeufer und ist somit weniger attraktiv. Die **Straße #35** auf der Ostseite verfügt über mehr Abschnitte direkt am Wasser und über einige ***State Parks***. Stellplätze unmittelbar am Kiesstrand bietet dort der indianisch verwaltete ***Blue Bay Campinground***; *day use fee* $10; Zelte $20, *hook-up* $35.

Abkühlung an heißen Tagen und jede Menge *Family Fun* mit zahlreichen Wasserrutschen verspricht der ***Big Sky Waterpark*** an der Kreuzung #2/#206 bei **Columbia Falls**; Tageskarte $27/$22.

Hungry Horse

Von **Hungry Horse** an der #2 führt eine Stichstraße (4 mi) zum gleichnamigen, 30 mi langen Stausee. Jenseits des Dammes liegt der einfache *NF-Campground Doris Creek* direkt am Ufer ($14). Forstwege führen um diesen See herum. Dort ist nur an Wochenenden wirklich Betrieb, das Panorama aber schon fast so schön wie am vielgelobten Lake McDonald des Nationalparks. Beliebt bei Wasserratten ist auch der **Lion Lake** gleich im Südosten des Ortes.

West Glacier

Schlauchboottrips auf dem auch für Einsteiger geeigneten Flathead River werden von *Rafting Companies* in **West Glacier**, dem westlichen Einfallstor zum Nationalpark, angeboten.

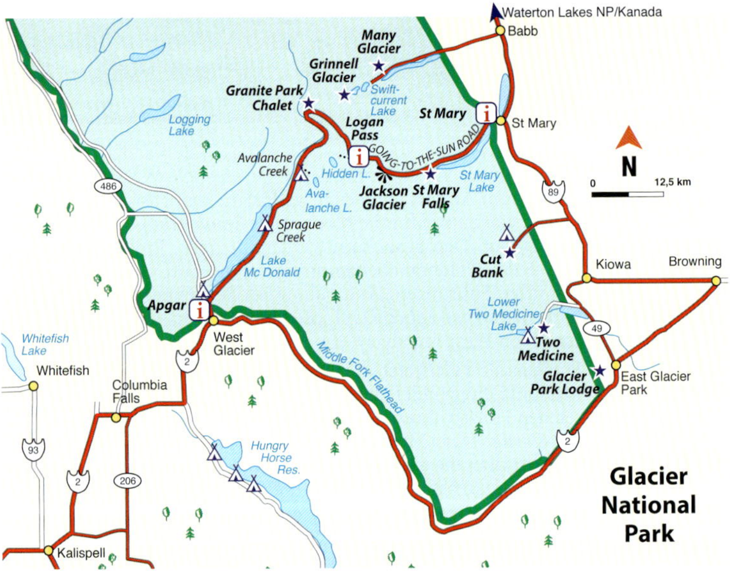

![Karte Glacier National Park mit Waterton Lakes NP/Kanada, Babb, Many Glacier, Grinnell Glacier, Granite Park Chalet, Swiftcurrent Lake, Logan Pass, St Mary, Logging Lake, Avalanche Creek, Hidden L., Jackson Glacier, St Mary Falls, St Mary Lake, Ava-lanche L., Sprague Creek, Lake Mc Donald, Cut Bank, Kiowa, Browning, Apgar, West Glacier, Whitefish Lake, Whitefish, Columbia Falls, Lower Two Medicine Lake, Two Medicine, Glacier Park Lodge, East Glacier Park, Hungry Horse Res., Kalispell, Middle Fork Flathead, Going-to-the-Sun Road — Glacier National Park]

2.3.5 — Glacier National Park   *www.nps.gov/glac*

Kennzeichnung, Orientierung

**Eintritt
$35/Auto
oder
Interagency
Jahrespass**

(im Winter
etwas billiger)

Anders als der Name vermuten lässt, gibt es **kaum noch größere sichtbare Gletscher** im *Glacier Nat'l Park*, der ein hochalpines Gebiet der Rocky Mountains an der kanadischen Grenze unter Naturschutz stellt. Bei seiner Gründung zu Beginn des 20. Jahrhunderts waren sie noch zahlreich. In den letzten Dekaden wird ihr Rückzug jedoch immer dramatischer und Prognosen zufolge, soll bis zum Jahr 2.030 auch das letzte »ewige Eis« aus diesem Teil der *Rockies* verschwunden sein.

Gemeinsam mit dem kanadischen Nationalpark *Waterton Lakes* (➤ Seite 277) bildet der *Glacier NP* den **International Peace Park**

(»Friedenspark«) und ist Teil des *UNESCO*-Weltnaturerbes. Wanderwege führen von und zu Ausgangspunkten in beiden Ländern, ganz ohne Grenzkontrollen, aber dafür durch das einsame und raue Hinterland, das auch heute noch von Pumas, Grizzly- und Schwarzbären stark (!) frequentiert wird.

Die Straße #2 verbindet die Ortschaften West und East Glacier und umrundet dabei gemeinsam mit der #49/#89 den Nationalpark im Süden und Osten. Wirklich attraktiv ist auf dieser Strecke nur die #2, besonders auf der Westseite des Parks entlang des Middle Fork Flathead River.

Mitten durch den *Glacier NP* verläuft von West nach Ost die ***Going-to-the-Sun-Road***. Zwei weitere sehr schöne Bereiche im Osten des Parks, die ***Many Glacier*** und die ***Two Medicine Area***, sind nur über Stichstraßen ab der #89 bzw. #49 zu erreichen.

Going-to-the-Sun Road

Going-to-the-Sun Road

Die ***Going-to-the-Sun-Road*** durch den Nationalpark weckt mit ihrem klangvollen Namen große Erwartungen. Und tatsächlich gehört sie zu den **eindrucksvollsten Gebirgsstrecken Nordamerikas**. Selbst ohne Stopps sind für diese 50 Meilen gut 2 Stunden zu kalkulieren, mit Ausflügen und Wanderungen kann man locker einen Tag einplanen. Ihre Befahrbarkeit ist allerdings eingeschränkt:

aktuelle Straßenbedingungen unter: www.nps.gov/glac/planyourvisit/gettingaround.htm

• Schnee versperrt die Pässe bis Mitte Juni – bisweilen bis in den Juli hinein – und spätestens ab September/Oktober wieder. Wetterstürze mit sehr niedrigen Temperaturen sind selbst im Juli/August in Hochlagen keine Seltenheit. Der Bereich zwischen West Glacier und der *Lake McDonald Lodge* wird auch im Winter geräumt und bleibt ganzjährig geöffnet.

Kurze Pause während der Tageswanderung zum Grinnell Gletscher in der Many Glacier Area mit Blick auf den türkisblauen Grinnell Lake

2

- *Motorhomes* länger als **21 Fuß und breiter als 8 Fuß** sind auf der gesamten Strecke zwischen den Campingplätzen *Avalanche* und *Rising Sun* **nicht zugelassen**. Selbst mit kleineren Campmobilen ist das Fahren – zumindest in Richtung Ost-West – wegen überhängender Felsen und der Gefahr, mit den Aufbauten »anzuecken«, bei Gegenverkehr kitzelig.

- Der Umstieg in einen der **kostenlosen** *Shuttle*-**Busse**, die im Juli/August zwischen den *Apgar* und *St. Mary* Besucherzentren verkehren und an sämtlichen *Trailheads/Campgrounds* stoppen, ist nicht nur für RV-Fahrer eine gute Option. Vor allem an sommerlichen Schönwettertagen und Wochenenden werden die **Parkplätze** am *Logan Pass* sowie anderen populären Zielen entlang der *Going-to-the-Sun Road* schnell zu Mangelware; www.nps.gov/glac/planyourvisit/shuttles.htm.

Apgar Visitor Center

Kurz hinter dem Westeingang steht das **Apgar Visitor Center** mitsamt ***Backcountry Office***, wo Hiker ihre Bewilligungen zum Zelten im Hinterland erhalten (geöffnet Mai–September 7–16.30 Uhr und im Oktober 8–16 Uhr). Eine Hälfte der *Backcountry Permits* ($7/Person und Tag) wird am Vortag bis 15.30 Uhr vergeben, die andere immer bereits im Frühling im Web ($40 Bearbeitungsgebühr; www.nps.gov/glac/planyourvisit/backcountry.htm).

Was man bei Wanderungen durch den *Glacier NP* bedenken sollte: Praktisch das gesamte Hinterland des Parks ist **Grizzlyrevier**. Wanderwege können aufgrund der Bären für Besucher über einen längeren Zeitraum gesperrt bleiben. Und auch sonst kann man Meister Petz immer und überall antreffen. Mehr zu den Vorsichtsmaßnahmen in Bärengebieten ➢ Seite 30ff.

*Hidden Lake mit Schneeziege
(Mountain Goat)*

Blick in die hübsche Avalanche Gorge nur wenig nördlich der Brücke über den gleichnamigen Creek

Lake McDonald

Entlang des größten Sees des Parks, dem 16 km langen **Lake McDonald**, warten malerische von auffällig bunten Steinen gesäumte Uferbereiche, Picknickplätze sowie der beste mit dem Fahrzeug leicht erreichbare *Campground* am Sprague Creek.

Knapp 5,5 Meilen östlich der rustikalen **Lake McDonald Lodge** befindet sich der Ausgangspunkt für den besonders reizvollen *Trail* entlang der engen ***Avalanche Gorge***, wo sich grünblaues Wasser seinen Weg durch rotbraunes Gestein bahnt. Wer keine Zeit für die komplette Tour bis hinauf zum **Avalanche Lake** hat (mindestens 2-3 Stunden; 3,5 km *one-way*; 230 HM), sollte hier wenigstens den kurzen Lehrpfad **Trail of the Cedars** ablaufen (Rundweg bis zur Brücke über die Schlucht und retour ca. 30-40 min; einfach und nur wenige Höhenmeter).

Logan Pass

Im Anschluss folgt die Parkstraße dem türkisblauen ***McDonald Creek***, bevor sie sich parallel zur kontinentalen Wasserscheide hinauf zum ***Logan Pass*** windet. Ausgehend vom ***Visitor Center***, bereits oberhalb der Baumgrenze auf 2.025 m, empfiehlt sich der schöne ***Trail*** zum ***Hidden Lake Overlook*** mit Blick auf den gleichnamigen See und den aus dieser Perspektive dreieckig aufragenden Bearhat Mountain (4 km bis zum *Overlook* und retour, etwa 2-3 Std.; Foto ➤ links). Wanderer sind auf dem Weg meist zahlreich, mit etwas Glück Schneeziegen ebenso. Dieser Bereich des Parks ist zudem bekannt für seine ausgedehnten Bestände an **Bärengras**, ein bis zu 90 cm hohes, lilienartiges Gewächs, das sich Ende Juni/Anfang Juli mit übergroßen, weißen Blüten schmückt.

Der ebenfalls am *Logan Pass* startende ***Highline Trail*** folgt teils in schwindelerregender Höhe der kontinentalen Wasserscheide nach Norden. Man muss nicht bis zum *Fifty Mountain Camp* bzw. bis nach Kanada wandern um großartige Ausblicke zu genießen. Auch der Bereich um die ***Garden Wall*** bis zum *Granite Park Chalet* und Zeltplatz ist spannend (ab *Logan Pass* 12 km *one-way* und nur wenige Höhenmeter oder recht steile 6,5 km ab *Loop Trailhead*).

Beide Wege können auch zu einem Rundweg kombiniert und per *Shuttle*-Bus ggf. verkürzt werden. Übernachten und Essen in dem sehr einfachen *Chalet* nur mit langfristiger Vorabreservierung; DZ ab ca. $190; www.graniteparkchalet.com.

Sehr lohnend für sportliche und trittsichere Wanderer ist auch der Abstecher von der *Garden Wall* zum **(Grinnell) Glacier Overlook**. Abzweig vom *Highline Trail* südöstlich des *Chalets*; zusätzliche 300 HM, 3 km hin & zurück; hellgrün gestrichelter Weg auf dieser Karte: www.nps.gov/glac/planyourvisit/upload/hiking_logan.swf.

Die anschließende Abfahrt vom Logan Pass in Richtung Osten hinunter zum 700 m tieferen St. Mary Lake ist vergleichsweise weniger aufregend. Beim **Jackson Glacier Overlook** auf halbem Weg sieht man einen der wenigen im Park noch vorhandenen Gletscher – aus weiter Ferne, aber immerhin direkt von der Straße.

Wasserfälle

Von dort aus erreicht man die von dunkelrotem Gestein umgebenen **Deadwood Falls** (2 km *one-way*; 200 Höhenmeter). Noch schöner sind die Wasserfälle, die man ab dem nächsten *Trailhead* ansteuern kann: Bis zu den **St. Mary Falls** sind es 1,8 km *one-way* und 65 HM, auch der zusätzliche Aufwand bis zu den **Virginia Falls** lohnt sich (insgesamt dann 6 km retour bzw. 160 HM]. Das Flussbett des Virginia Creek kann in puncto **Farbenpracht** sogar mit den berühmten *Red Rocks* im US-Südwesten mithalten.

Saint Mary Lake

Vorbei am beliebten Fotomotiv mit der von hohen Bergen eingerahmten *Wild Goose Island* im **Saint Mary Lake** (Foto ➢ unten; aufgenommen von der letzten Kurve vor dem *Rising Sun Campground* & *Motor Inn*), den tollen *Cottages at Glacier* ($375, mit Küche und zwei DZs) und dem *KOA Campground* (Zelte ab $35, RVs ab $43) kommt man am östlichen Ende des Sees und der »Straße zur Sonne« schließlich zum **St. Mary Visitor Center** unweit des Osteingangs des Parks.

Über die #89 geht es von dort nach Süden zur *Two Medicine Lake Area* oder nach Norden zur *Many Glacier Area*.

Die kleine Wild Goose Insel im U-förmigen, von Gletschern eingeschürften Tal des Saint Mary Lake am östlichen Ende der Going-to-the-Sun Road

Blick von der Brücke am St. Mary Falls Trail, eine lohnenswerte Wanderung im östlichen Abschnit der Going-to-the-Sun Road

Two Medicine Lake Area

Durch den Anschluss der Ortschaft **East Glacier** an die Eisenbahntrassen und der Eröffnung der rustikalen *Glacier Park Lodge* im Jahr 1913 avancierte der Bereich rund um den idyllischen **Two Medicine Lake** schnell zur populärsten Region des Nationalparks. Der *Glacier NP* ist nach wie vor der einzige mit der Eisenbahn erreichbare Nationalpark des ganzen Westens, mit einer weiteren **Amtrak**-**Station** in West Glacier.

Heute wird die *Two Medicine Lake Area* von Besuchern gern links liegen gelassen. Ihr Schattendasein kommt aber jenen zugute, die dem Trubel an der *Going-to-the-Sun Road* nicht viel abgewinnen können. Wer weniger frequentierte Wanderwege sucht, ist hier an der richtigen Stelle. Ein **Boottrip** verkürzt die Wanderung zum Upper Two Medicine Lake, und ein Naturlehrpfad (eben, 1 km retour) führt zu den **Running Eagle Falls**, die ihr Erscheinungsbild im Lauf des Frühlings/Sommers verändern und daher auch »Trick Falls« genannt werden. Bis in den Juli hinein sieht man dort zwei getrennte Wasservorhänge, die direkt übereinander stürzen. Nach der Schneeschmelze schießt der Fluss nur noch aus der unteren Höhle und der obere Teil der Fälle versiegt.

Many Glacier Area

In traumhafter Lage auf 1.500 m steht das rustikale *Many Glacier Hotel*, der Blick aus den Zimmern auf den **Swiftcurrent Lake** (Foto ➢ umseitig) ist allerdings nicht ganz billig (ca. $300 für den *Lakeview* bzw. $207 für's *double bed* im Mini-Raum). Dort oder beim etwas preiswerteren *Swiftcurrent Motor Inn* startet die tolle Tagestour hinauf zum **Grinnell Glacier** und seinem mit Eisbergen gefüllten Gletschersee (18 km, 500 HM). Auch die Kurzvariante nur bis zum türkisblauen **Grinnell Lake** (ohne größere Höhenunterschiede) lohnt sich. Mittels **Bootsfahrten** am Swiftcurrent und Josephine Lake können beide *Hikes* verkürzt werden; Foto ➢ Seite 483. In diesem Bereich steht – ähnlich wie am *Logan Pass* – das Bärengras meist spätestens zur Sommersonnenwende in voller Blüte.

*Many Glacier Hotel am Ufer
des Swiftcurrent Lake*

Wer von sagenhaft rotem Gestein nicht genug bekommen kann, wird auch hier fündig. Ein gemütlicher Weg führt ab dem *Swiftcurrent Pass Trailhead* zu den **Red Rock Falls**, die in der wärmeren Jahreszeit auch etwas Erfrischung bringen (7 km retour, 90 HM).

Ein Ausflug in diesen Bereich des Nationalparks über die Straße #464 ausgehend von Babb an der #89 lohnt sich bei gutem Wetter selbst ohne längere Wanderung oder Übernachtung!

Camping

Sechs der 13 *Campgrounds* des Nationalparks liegen an der *Going-to-the-Sun Road*. Mit Ausnahme von *St. Mary*, *Apgar* und *Fish Creek* (Reservierung unter www.recreation.gov oder © 1-877-444-6777) werden alle Plätze nach dem *first-come, first-served* Prinzip vergeben und sie sind selbst im zentralen Teil des Parks bei Andrang spätestens gegen Mittag voll belegt. Aussicht auf Vakanzen besteht an solchen Tagen eher in *Cut Bank* (simpel und ruhig) und in der *Two Medicine Lake Area*.

Ungewöhnlich viele ausschließlich per pedes anzusteuernde **Walk-in-Campgrounds** befinden sich im Hinterland der Parks. Für sie ist ein *Backcountry Permit* notwendig, siehe *Apgar* ➤ Seite 484.

Unterkünfte im und außerhalb des Parks

Das Portal www.glaciernationalparklodges.com ist die zentrale Buchungsseite des *Glacier NP*. Die Unterkünfte im Park sind im Sommer meist ein Jahr (!) im Voraus ausgebucht und bei einem längeren Aufenthalt teils nahezu unerschwinglich; zu den preiswertesten zählen das *Rising Sun Motor Inn* ($163-$177), *Swiftcurrent Motor Inn* (Zimmer $165-$177, *Cabins* ohne Bad ab $102) sowie das *Village Inn at Apgar* (einfache Motelräume ab $171, mit Küche ab $234). Mitte/Ende September ist die Saison vorbei und die meisten Unterkünfte schließen ihre Pforten, die sie dann frühestens Mitte Juni wieder öffnen.

St. Mary

Neben den Nationalpark-*Lodges* gibt es noch weitere Häuser bei den Einfallstoren St. Mary, West und East Glacier. Am zentralsten übernachtet man im winzigen **St. Mary** am Osteingang:

- An der Kreuzung #89/*Going-to-the-Sun Road* steht die **St. Mary Lodge** und bietet DZ ab ca. $160 sowie kleine *Cabins* ab $230 an; ✆ 1-844-868-7474, www.glacierparkcollection.com. Das Resort verfügt außerdem über eine Cafeteria, einen kleinen *Grocery Store* und eine Tankstelle. Das Essen im angeschlossenen **Snow-goose Grill** ist keine Offenbarung, hat aber im Ort nur das **Johnson's Restaurant** und die **Rising Sun Pizza** als Konkurrenz.

- Im $100-Einfachstzimmer des **Red Eagle Motel** darf man sich keinerlei Komfort erwarten, aber hinsichtlich Preis ist es im *Glacier*-Umfeld nicht zu toppen. Die RV-Stellplätze kosten dort $40; ✆ (406) 732-4453, www.redeaglemotelrvpark.com.

West Glacier

Eine ebenso begrenzte Versorgungsinfrastruktur bietet beim westlichen Parkeingang das nur im Sommer belebte winzige Touristendorf **West Glacier**. Die Motels, *Lodges* und kommerziellen *Campgrounds* konzentrieren sich entlang der Straße #2 zwischen West Glacier und Columbia Falls.

East Glacier

In East Glacier steht die **Glacier Park Lodge**, ein beachtlicher Hotelbau im Blockhausstil, aber für die vielen Dollars (ab ca. $250) nicht durchweg exquisit. Reservierungen unter ✆ 1-844-868-7474 bzw. www.glacierparkcollection.com.

Außerdem findet man dort auch ein **Hostel** und zwar das **Brownies** neben der gleichnamigen Bäckerei; Betten $25, Familienzimmer $49-$74; ✆ (406) 226-4426, www.brownieshostel.com.

Weiter nach Kanada und zum Waterton Lakes NP

Über den **Chief Mountain International Highway** (#17/#6) ist ab der *Many Glacier Area* schnell die kanadische Grenze und der *Waterton Lakes Nat'l Park* (➤ Seite 277) erreicht mit Anschlussmöglichkeiten zum *Crowsnest Hwy* (➤ Seite 300) oder über Calgary zu den Nationalparks Banff und Jasper.

Auffällige, rote Busse chauffieren seit 1936 Besucher ab den Lodges durch den Glacier Park (kostenpflichtig)

Montana
Zentral

2.3.6 ____ Vom Glacier zum Yellowstone National Park

Der direkte Weg vom *Glacier* zur Nordwesteinfahrt des *Yellow-stone Park* (bis **Mammoth Hot Springs** ca. 370 mi) ist identisch mit dem schönen Verlauf der Straße #89 über Great Falls. Mehr Abwechslung bietet aber die in der Folge beschriebene **Route über Helena und Butte** nach Gardiner oder West Yellowstone.

Browning   In beiden Fällen geht es zunächst auf der #89 durch das Reservat der **Blackfeet**-Indianer in Richtung Great Falls. Browning, ein vom indianischen Niedergang geprägter Ort, ist Sitz der Reservatsverwaltung. Am westlichen Ortseingang (Straßenkreuzung #2/#89) wartet das **Museum of the Plains Indian** mit einer informativen Ausstellung zur Indianerkultur der Prärien; in den Sommermonaten geöffnet Di-Sa 9-16.45 Uhr; $5, Kinder (6-16 Jahre) $1. Von Oktober bis Mai ist der Eintritt gratis, dann Mo-Fr 10-16.30 Uhr; www.doi.gov/iacb/museum-plains-indian.

»When Sioux and Blackfeet Met«, Kampfszene zwischen Sioux- und Blackfeet-Indianern, ein Gemälde von Charles M. Russell

Südlich von Browning liegen an der #89 zwei Einrichtungen des **Montana Dinosaur Trail** (➤ Exkurs Seite 621): Im *Two Medicine Dinosaur Center* in *Bynum* dürfen Besucher selber nach Fossilien graben (Halb- oder Ganztagesexkursionen: www.tmdinosaurcenter.org), in **Choteau** steht das winzige **Old Trail Museum** mit Funden aus der Umgebung.

Für die Weiterfahrt empfiehlt sich die #89, da der **Verlauf der I-15** zwischen Helena und Great Falls besonders reizvoll ist und die kürzere #287 (direkt nach Helena) nicht viel fürs Auge bietet.

Great Falls

Beidseitig des Missouri River dehnt sich Great Falls aus. Die zweitgrößte Stadt Montanas mit knapp 60.000 Einwohnern ist wirtschaftlich stark auf die nahe *Malmstrom Air Force Base* ausgerichtet und eher unattraktiv, hat aber zwei interessante Anlaufpunkte:

Russell Museum

Das **Charles M. Russell Museum** beherbergt weit über 1.000 Werke dieses herausragenden Vertreters der **Western Art**, dessen Heimat Great Falls war. *Russells* oft fotografisch genau wirkende Gemälde kreisen überwiegend um Trapper, Indianer, Pioniere und die Eroberung des Westens. Das Museum ist ausgeschildert und nicht zu verfehlen im Villenviertel südlich des Flusses; 400 13th St; im Sommer Di-So 10-17 Uhr; sonst Mi-So; $9/$4; www.cmrussell.org.

Lewis & Clark Center

Das **Lewis & Clark National Historic Trail Interpretive Center** steht östlich der Stadt am Ufer des Missouri und beherbergt ein **hervorragendes Museum** zur Expedition von *Lewis* & *Clark* (➤ Exkurs Seite 459); geöffnet von Ende Mai bis September täglich 9-18 Uhr, sonst Di-Sa bis 17 Uhr, So ab 12 Uhr; Eintritt $8 ab 16 Jahre bzw. mit *Interagency Pass* frei.

Ein **KOA** liegt im Südosten der Stadt an der 500 51st Street South; schöne, schattige Plätze; www.koa.com/campgrounds/great-falls.

Gates of the Mountain Canyon

Die gelobte I-15 verlässt einige Meilen südwestlich von Great Falls die Prärie und läuft im Tal des Missouri grandios **durch die Ausläufer der Rocky Mountains**. Kurz vor Helena durchbrach der Fluss die *Beartooth*-Höhen und bildete den **Gates of the Mountains Canyon**. Er ist heute Teil des aufgestauten Holter Lake, unter dem einst gefährliche Stromschnellen verschwanden. Eine Stichstraße vom *Freeway* führt zu See und Anleger (*Exit 209*).

Helena

Die **Hauptstadt Montanas**, eines Staates mit etwa der Fläche Deutschlands, zählt knapp über 30.000 Einwohner. Dort gibt es nicht so ganz viel zu sehen, vornehmlich:

- das *City Center* mit der *Last Chance Gulch Pedestrian Mall*, einer *Shopping* Zone just dort, wo 1864 das erste Nugget im *Gold West Country* von Montana gefunden wurde
- das wie anderswo bombastische *State Capitol*, ➢ Foto unten
- das *Historical Society Museum* direkt am *Capitol Park* mit einer guten Ausstellung zu Pionierzeit, Minentradition, Indianerkultur und einer **Western Art** Abteilung (auch überwiegend *C.M. Russell*); im Sommer Mo-Sa 9-17; $5/$1; www.mhs.mt.gov.

Rodeo

Ende Juli kommt Leben in die Stadt, wenn die **Last Chance Stampede** auf den *Lewis & Clark County Fairgrounds* abgehalten wird mit Rodeo, Jahrmarkt und Landwirtschaftsschau.

Information

Das Besucherzentrum der Stadt befindet sich an der 105 Reeder's Alley, ✆ (406) 449-2107; www.helenamt.com.

Übernachten

Helena verfügt über eine große Auswahl an **Motels** und *Lodges*, vor allem im unteren bis mittleren Preissektor, darunter *Days Inn, Comfort Inn, Holiday Inn, Super 8, Motel 6, Shilo* etc.

Stadtnah campt man am besten am **Hauser Lake**, einem weiteren Stausee des Missouri, ca. 12-15 mi östlich der Stadt. An ihm liegen kommerzielle *Campgrounds* und der *Black Sandy State Park*; www.stateparks.mt.gov/black-sandy. Etwas südlicher befindet sich der **Canyon Ferry Lake**. Am Nordostufer gibt es mehrere *Campgrounds* der Einfachkategorie.

Marysville

Der vor Ort gern empfohlene Abstecher zur 25 mi nordwestlich gelegenen, bewohnten (!) »Geisterstadt« Marysville lohnt selbst für eingefleischte *Ghost Town*-Fans kaum. In den 1880/90er Jahren war Maryville zwar die bedeutendste Goldgräberstadt Montanas, viele Häuser sind aber aus der Zeit nicht übrig geblieben.

State Capitol of Montana in Helena

Butte

Die *Interstate* **#15** beeindruckt auch südlich von Helena noch mit ihrer Streckenführung. **Butte** ist eine – mit dem Nachlassen ihrer einst Reichtum bringenden Kupfervorkommen – etwas heruntergekommene Minenstadt. Das leicht chaotische, aber interessante *World Museum of Mining* & *1899 Mining Camp* (April-Okt. Mo-Sa 9-18 Uhr, So ab 10 Uhr; $8,50/$5; www.miningmuseum.org) und der *Butte Historic District* veranschaulichen die Arbeit früherer Tage in den Minen und vor allem den mit der industriellen Monokultur verbundenen Aufstieg und Niedergang der Stadt.

Zum Picknicken oder zur Übernachtung (eher Zelte, für RVs ungünstig) eignen sich die diversen Plätze des *Thompson Park*, ein paar Meilen östlich der Stadt an der wunderbar über den *Pipestone Pass* geführten Straße #2.

Fairmont Hot Springs

Ein guter **Abstecher** von Butte lässt sich zu den *Fairmont Hot Springs* unternehmen. An diesen heißen Quellen, ca. 18 mi westlich auf der I-90, *Exit* 211, steht eine **Freizeitanlage** mit großen Warmwasserpools und einer langen Rutsche. Für die Gäste der zugehörigen *Lodge* ist der Eintritt frei, sonst $12/$8,50. Zimmer gibt es ab $175; ✆ 1-800-332-3272; www.fairmontmontana.com. Gleich nebenan befindet sich noch ein *RV Resort*; Zelte $30, RVs ab $44; ✆ 1-866-797-3505; www.fairmontrvresort.com.

Von Butte zum Yellowstone

Der schnellste Weg von Butte zum *Yellowstone NP* führt über Bozeman, Livingston (beide an der I-90; toller Verlauf auf den ersten 50 Meilen!) und Gardiner (#89). In Cardwell könnte man die *Interstate* für einen Besuch der *Lewis* & *Clark Caverns* verlassen (Straße #2). Vom Besucherzentrum in malerischer Lage in den Tobacco Root Mountains sind es nur 15-20 min bis zum Eingang der Tropfsteinhöhle. Die 2-stündigen Besichtigungstouren ($12/$5) starten üblicherweise alle halbe Stunden Juni-August 9.30-18.30 Uhr; www.stateparks.mt.gov/lewis-and-clark-caverns. Untern im Tal in der Nähe des Flussufers befindet sich der Einfach-*Campground* des Parks; reservierbar online oder ✆ 1-855-922-6768.

Weitere Plätze findet man im *Missouri Headwaters State Park* rund 25 mi weiter östlich, wo sich drei Flüsse zum Missouri River vereinen; *Exit* 278 von der *Interstate* 90 und über die Frontage Road nach Osten; www.stateparks.mt.gov/missouri-headwaters.

Wenig ergiebig ist die rüttelige Fahrt (13 mi retour) ab *Exit* 283 zum *Madison Buffalo Jump SP*, einem alten indianischen Büffel-Jagdgrund; $6; www.stateparksmt.gov/madison-buffalo-jump. Die Thematik wird im *UNESCO-Site Head-Smashed-In Buffalo Jump* in Alberta/Kanada ungleich interessanter präsentiert (➤ Seite 333).

Bozeman

In Bozeman lohnt sich der Besuch des **Museum of the Rockies** im Stadtsüden unweit der *University of Montana*; 600 W Kagy Blvd; geöffnet 8-18 Uhr im Sommer, sonst 9-17 Uhr; $14,50, Kinder (5-17 Jahre) $9,50; www.museumoftherockies.org. Das Naturkundemuseum birgt neben wechselnden Ausstellungen, eine kleine *Living History Farm*, in der kostümierte Darsteller den Besuchern das Leben im späten 19. Jahrhundert etwas näher bringen.

*Tyrannu-
saurus
Rex und
Triceraptus
Skelette
gefunden in
Montana
und jetzt zu
sehen im
»Museum
of the
Rockies«
in Bozeman*

Bekannt ist das *Museum of the Rockies* primär aber für seine umfangreiche Fossiliensammlung (eine der herausragendsten Einrichtungen entlang des **Montana Dinosaur Trail**, ➤ Exkurs Seite 621). Zu den Exponaten zählt u.a. der weltgrößte *T-Rex*-Schädel.

**Montana
Grizzly
Encounter**

Östlich der Stadt wartet bei der I-90 Abfahrt 319 das *Grizzly Encounter Rescue & Education Sanctuary*. Dort wird – ähnlich wie in West Yellowstone (➤ Seite 494) – Grizzly-Bären, die aus unterschiedlichsten Gründen nicht mehr in der Wildnis überlebensfähig sind, ein sicheres Refugium geboten. Besucher können sie in ihren weiträumigen Gehegen aus der Nähe beobachten (tolle Fotomöglichkeiten!); geöffnet im Sommer 10-19 Uhr, sonst kürzer; Eintritt $7, Kinder $5; www.grizzlyencounter.org.

**Chico
Hot Springs**

Einen kleinen Umweg für Anhänger heißer Quellen sind die *Chico Hot Springs* auf jeden Fall wert – wenige Meilen östlich der Straße #89 (Verbindung Livingston–*Yellowstone Nat'l Park*). Es handelt sich um eine nostalgische, eher einfache Hotelanlage mit **Warmwasser-Pool** ($7,50/$3,50) und einem – direkt damit verbunden! – *Saloon*. Doppelzimmer ohne eigenes Bad ab $73, mit Bad ab $110; ✆ (406) 333-4933, www.chicohotsprings.com.

**Nevada &
Virginia City**

Eine ebenfalls **erwägenswerte alternative Strecke** von Butte zum Yellowstone Nationalpark ist die **Straßenkombination #41/#287**. Sie führt über *Nevada* und *Virginia City*, zwei besuchenswerte historische Städtchen im Wildwest-Look. In **Virginia City** sind noch über 100 Gebäude aus den Tagen des Goldrausches erhalten geblieben und sorgfältig restauriert worden, ➤ Foto rechts.

Als Prospektoren 1863 am *Alder Creek* auf eine Goldader stießen, war der Grundstein gelegt für eine bald 10.000 Einwohner zählende Glücksritter-*Boomtown*, die vorübergehend sogar zur Hauptstadt des einstigen *Montana Territory* avancierte, dann aber durch die Goldfunde in Helena schnell wieder verfiel. Mit einigen originellen *Shops*, *Eateries* und einem *Brew Pub* ausgestattet ist die denkmalgeschützte **Virginia City** heute bestens aufbereitet für den Besucherandrang; www.virginiacitymt.com.

Das Angebot an Quartieren ist dort deutlich breiter als in der benachbarten, beschaulicheren **Nevada City**, einem reinen Museumsdorf; $8/$6 bzw. $10/$8 an Wochenenden, wenn kostümierte Freilichtmuseumsmitarbeiter der einstigen Goldgräbersiedlung »echtes Leben« einhauchen. Im *Nevada City Hotel* lässt sich noch so übernachten, wie aus alten Western bekannt; ab $120, ☏ 1-855-377-6823; www.aldergulchaccommodations.com/nevada-city.html.

Die Bummelbahn *Alder Gulch Railroad* verbindet die zwei Geisterstädtchen. Tickets gibt es beim *Virginia City Depot* & *Visitor Center* oder im *Nevada City Museum*. Der Rundtrip kostet $10, Kinder 5-16 $8; Abfahrten mehrfach täglich im Sommer, 10-18 Uhr.

Das Eintrittsgeld allemal wert sind die Vorstellungen im *Opera House*: Ende Mai-Anfang September findet in Virginia City allabendlich außer montags eine Theater- oder *Vaudeville-Show* ähnlich wie im 19. Jahrhundert statt; www.virginiacityplayers.com.

Bannack State Park

Wer noch immer nicht genug vom alten Wildwest-Flair hat, findet ein weiteres Goldrausch-Örtchen in der Hügellandschaft östlich der I-15. Die teils renovierten, teils originalbelassenen Häuser bilden heute den für *Ghost Town*-Fans sehenswerten *Bannack State Park*; im Sommer täglich 8-21 Uhr; $6; www.bannack.org. 80 mi *one-way* ab Virginia City (#287/#41/I-15 South/#278).

Weiterfahrt zum Yellowstone

Vom nächsten Wildwest-Relikt **Ennis** (www.ennischamber.com) führt die Straße #287 nach links über Bozeman zum **Nordwesteingang** des Yellowstone Nationalparks (131 mi). Nach rechts, in Richtung Süden, bleiben auf der #287 nur noch 85 Meilen Fahrt bis **West Yellowstone**, eine voll dem Park-Tourismus verschriebene Ortschaft (➤ Seite 584), vorbei an dem **Hebgen Lake**. Am Westende des Sees erläutert ein *Visitor Center* die Einzelheiten und Auswirkungen des *Madison River Canyon Earthquake* von 1959. Die Erdbebenschäden sind immer noch erkennbar.

Über 100 alte Bauten aus Goldgräberzeiten stehen noch heute in der Old Town von Virginia City, die gemeinsam mit Nevada City zum lebendigen Freilichtmuseum umgestaltet wurde

2.4   Südrouten durch die Kaskaden: Von Seattle über Mount Rainier/St. Helens zu den Rockies

Während man bei Entscheidung für die in **Kapitel 2.3** beschriebenen Startrouten den *Yellowstone Park* von Norden oder Westen ansteuert, eignet sich die Mount Rainier Strecke auch für die Anfahrt von Süden her über Südidaho und den *Grand Teton NP*.

Entlang der Südroute besteht nach dem Besuch des Mount Rainier und St. Helens Gebietes die Möglichkeit, die Reise gleich nach Osten fortzusetzen (über Hood River und die I-84) oder – mit etwas mehr Zeit – noch länger in den Kaskaden zu verweilen, Portland und der *Columbia River Gorge* einen Besuch abzustatten und sich erst dort in Richtung Osten zu wenden. Ebenso denkbar wäre eine Durchquerung Oregons noch weiter südlich, z.B. ab Bend, ➤ **Kapitel 5.2** ab Seite 647ff in der Gegenrichtung.

2.4.1   Anfahrten zum Mount Rainier

Zum ersten Etappenziel, dem Mount Rainier Nationalpark, stehen ausgehend von Seattle oder Tacoma zwei meilenmäßig in etwa gleich weite Strecken zur Auswahl:

Über die Nordosteinfahrt in den Mount Rainer NP

Der **Mather Memorial Parkway** (**#410**) zur nordöstlichen *Park Entrance* ist im Allgemeinen nicht so stark belastet, und bei Anfahrt von Seattle umgeht man die oft hohe Verkehrsdichte im Bereich Tacoma durch Übergang vom *Freeway* #167 auf die #164 bei Auburn. Man passiert im Park zunächst das attraktive *Sunrise*-Gebiet und muss – bei Fortsetzung der Reise nach Süden zum *Mount St. Helens Monument* – auch im Bereich *Paradise* keine doppelten Strecken in Kauf nehmen. In diesem Fall führt die Rundfahrt von der #410/#123/#706 weiter über die #7 bis nach Morton an der #12 und von dort dann zur West- oder Ostseite des Mount St. Helens.

Zur Südwesteinfahrt des Mt. Rainier über die #161/#7/#706

Die Straßenkombination #7/#706 **ab der #161 oder ab der I-5** bei Tacoma zur südwestlichen Haupteinfahrt empfiehlt sich für alle, die das *Mount St. Helens Monument* auslassen oder bereits im Vorfeld besucht haben, um dann rascher über Yakima und die I-82/I-90 zum *Glacier NP* zu gelangen. Steht im Anschluss der Besuch der Ostseite des Mount St. Helens an, kann man die *Sunrise* Region auch links liegen lassen. Wobei sich der Umweg bis zur Zufahrtsstraße noch in Grenzen hält (29 mi retour) und auf der Strecke der wunderbare **Tipsoo Lake** mit tollem Bergblick liegt.

Auf dieser landschaftlich – gegenüber der Straße #410 – gleichwertigen Mount Rainier Anfahrt, befindet sich ganz eine ganze Reihe kommerziell betriebener Attraktionen, darunter der **Northwest Trek Wildlife Park** an der #161 mit *Tram Tour* durch ein riesiges Wildtier-Gehege (Elche, Schneeziegen, Bisons u.v.m.); im Sommer 9.30-18 Uhr; $23, Kinder $11-$15, online günstiger; www.nwtrek.org.

Am Ostende des Stausees **Alder Lake**, bereits an der #7, steht in Elbe das **Mt Rainier Railroad & Logging Museum**, wo man von Mai bis Oktober Zugfahrten mit einer nostalgischen Dampflok unternehmen kann. Die Tickets sind relativ teuer ($41/$21) für das Gebotene: 30-min-Fahrt bis zum *Mineral Museum*, dort 1 Std. Aufenthalt und wieder zurück; www.mtrainierrailroad.com.

Interessant für Besucher mit Kindern könnte in Elbe eine Nacht in einer ausrangierten Eisenbahn sein (simple Zimmer ab ca. $120). Auch das Restaurant des **Hobo Inn** wurde in einem alten Waggon untergebracht; ℂ 1-888-773-4637, www.rrdiner.com.

Übernachten

Zwischen dem Alder Lake und der Parkeinfahrt passiert man an der #706 noch einige kleine **Motels** und **B&Bs**, von denen nicht alle in den Verzeichnissen zu finden sind. Am Ufer des beliebten, oft aber sehr niedrig stehenden **Badesees** kann man auch campen. Weitere schlichte Plätze befinden sich am Weg zum Nationalpark. Den Sommer über, allen voran an Wochenenden, kommt man in diesem Bereich nur sehr schwer ohne Reservierung unter.

»Recycled Spirits of Iron« an der #706
auf dem Weg in den Mount Rainier NP

Rechter Hand der #706 fällt noch vor der Parkeinfahrt die **Ex-Nihilo Sculpture Gallery** auf. Dort kann man sich kurz die Füße vertreten und dabei die »Recycled Spirits of Iron« des Künstlers *Dan Klennert* bestaunen, der in seiner Gartenanlage allerhand originelle Skulpturen aus Eisen ausgestellt hat. Der Eintritt ist frei, eine kleine Spende aber erwünscht.

Es folgen der Mini-Ort **Ashford** mit der letzten Tankstelle und die *Nisqually Entrance Station* des Nationalparks, die als einzige ganzjährig geöffnet bleibt.

Zur Mowich Lake Area des Mt. Rainier

Ein von Besuchern meist außer Acht gelassener Bereich ist die **Mowich Lake Area** in der äußersten Nordwestecke des Nationalparks. Dorthin geht es nur über eine 27-mi-Stichstraße ab der #410: #165 bzw. *Mowich Lake Road*, die letzten 15 mi ungeteert und nur mit guter Bodenfreiheit. Wer die Wildblumenwiesen im Hochsommer abseits der großen Besuchermassen (*Paradise, Sunrise*) mit etwas mehr Ruhe genießen möchte, kann ausgehend vom Mowich Lake den *Spray Park Trail* entlang wandern. Die *Spray Park Meadows* (nach 4-5 km) sind meist von Mitte Juli bis Mitte August von Wildblumen übersät. Und im Hintergrund erhebt sich majestätisch der Mount Rainier – Bilderbuchmotive ohne Ende!

2.4.2   Mount Rainier National Park   www.nps.gov/mora

**Eintritt
$30/Auto
$15/Person
oder
Interagency
Jahrespass**

Der Stratovulkan **Mount Rainier**, mit 4.392 m höchster Berg der Kaskaden, bietet zu jeder Jahreszeit ein eindrucksvolles Bild. Der weiße, immer schneebedeckte Gipfel scheint bei klarer Sicht selbst im 100 km entfernten Seattle noch zum Greifen nah. Zu Füßen des majestätischen Bergs breiten sich unberührte Wälder und im Sommer bunte Blumenwiesen aus, auf denen sich dann jede Menge Murmeltiere sonnen und vereinzelt auch Hirsche, Schneeziegen sowie Schwarzbären blicken lassen.

Die Idylle soll aber nicht darüber hinwegtäuschen: Mount Rainier ist kein erloschener Vulkan, in seinem Inneren brodelt es und eines Tages könnte es auch hier – wie im Fall des *Mount St. Helens* – zum Ausbruch kommen. Dann wäre nicht nur die unmittelbare Umgebung bedroht, sondern auch die dicht bevölkerte Region rund um die Großstadt Tacoma.

**Straßen durch
den Park**

Die südlich des Mount Rainier durch den 953 km² großen Nationalpark verlaufende #706 erschließt den Hauptbereich rund um *Paradise* und mündet im Südosten in die #123, auf der es dann nordwärts zur #410 und nach **Sunrise** geht. Direkt in diese Region führt die #410, die aus Richtung Seattle außerhalb der Parkgrenze einen weiten Bogen um die Ausläufer des Bergs im Norden macht.

Den ganzen Sommer über ist das Verkehrsaufkommen in beiden Bereichen gleichermaßen hoch. Es empfiehlt sich eine frühe Anreise, denn die Parkflächen bei *Paradise* und *Sunrise* füllen sich schon im Lauf des Vormittags. Besonders dramatisch ist es bei *Sunrise*: Gibt es beim *Visitor Center* am Straßenende keinen Platz mehr, wird man an der Zufahrt bei der *White River Entrance Station* nicht weitergelassen, bis Besucher wieder herunterkommen!

Anfang August wähnt man sich im Paradise Valley unterhalb des Mount Rainier wahrhaft im (Blumen-)Paradies!

Paradise Valley und Sehenswertes im Süden/Osten des Parks

**Nisqually
bis Paradise**

Von der Südwesteinfahrt geht es zunächst nach **Longmire** mit *Wilderness Info Center*, einem kleinen Museum und dem *National Park Inn*. Auf den darauffolgenden 11 mi bis zum *Paradise*-Besucherzentrum gewinnt die Parkstraße schnell an Höhe. Am Weg liegen der Aussichtspunkt ***Ricksecker Point*** sowie drei sehenswerte Wasserfälle: Die ***Christine Falls*** stürzen direkt unterhalb einer Brücke in die Tiefe und die ***Narada Falls*** (54 m) befinden sich wenig später rechter Hand der #706. Die 92 m hohen ***Comet Falls*** sind nur auf Schusters Rappen zu erreichen (6 km retour ab der Parkbucht 0,2 mi westlich von den *Christine Falls*; 270 HM).

**Paradise
Valley**

Die 4 mi lange *Paradise Valley Loop Road* bringt die Besucher zum *Visitor Center* auf 1.650 m, zur rustikalen ***Paradise Inn Lodge*** und zu den **gletschernächsten Wanderrouten** des Parks. Dort sollte man sich als Minimalprogramm den Lehrpfad ***Nisqually Vista Trail*** vornehmen (2 km retour, 60 HM). Anspruchsvoller wäre der sehr schöne ***Skyline Loop*** (ca. 9 km, 500 HM), auf dem auch abkürzende Teilrunden möglich sind (z.B. mit ***Alta Vista Trail*** ca. 3 km). Er führt besonders nah an die Eisfelder und Gletscher heran (*Glacier Vista*!). Routenkarten im Besucherzentrum sowie unter www.nps.gov/mora/planyourvisit/maps.htm (ganz nach unten scrollen).

Berühmt ist das »Paradies« für seine **sagenhaften Wildblumenwiesen**. Das Naturspektakel beginnt Mitte Juli und erreicht in der ersten Augustwoche meist seinen Höhepunkt. Aktuelle Infos dazu sowie einen *Wildflower Guide* findet man auch im Internet unter www.nps.gov/mora/planyourvisit/wildflower-status.htm.

Tipp: Wer auf etwas weniger bevölkerten Pfaden zwischen mindestens so prächtigen Blumenteppichen wandeln möchte, kann die

Christine Falls

Mazama Ridge über den *Lakes Trail* erklimmen (ca. 6 km retour; ➤ Foto links). Der Ausgangspunkt (*4th Crossing*) liegt im östlichen Abschnitt der *Paradise Valley Loop Road*. Gute 3 km länger wird diese Wanderung mit Start beim *Paradise Inn* und über die **Myrtle Falls** (zwar nur 22 m hoch, aber dafür mit dem nahen Vulkan im Hintergrund).

Auf der Weiterfahrt in Richtung *Sunrise* lohnt sich ein Stopp am **Reflection Lake** gleich nördlich der Hauptstraße, in dem der Mount Rainier an windstillen Tagen sein perfektes Ebenbild zeigt. Ähnliches gilt für den **Bench Lake**, den man ab der Parkstraße nach nur 1,2 km Fußweg erreicht.

Einer der **besten Blicke auf den Mount Rainier** eröffnet sich unweit der Osteinfahrt des Nationalparks vom **Tipsoo Lake** nördlich oder vom kleineren **Upper Tipsoo Lake** (➤ Foto Seite 502) südlich der Straße #410.

Beim Tipsoo Lake startet der Rundweg um den Naches Peak, den man für das beste Panorama im Uhrzeigersinn abläuft (5,6 km, 150 HM). Im Hochsommer führt auch er durch ein Blumenmeer.

Abstecher in die »Sunrise« Region

Für die serpentinenreiche Auffahrt zur *Sunrise*-Region auf knapp 2.000 m sollte man ein bisschen Extra-Zeit einplanen (14 mi ab der #410). Bei gutem Wetter wird man dort mit weiteren bunten Bergwiesen und schönen Ausblicken auf den Gipfel belohnt. Die sich auf dem Rückzug befindlichen Gletscher liegen in der Ecke des Parks zwar etwas weiter entfernt, aber vom Picknickplatz hinter dem *Sunrise Visitor Center* (nur Anfang Juli-Anfang September) genießt man **vormittags** dennoch ein Traumpanorama.

Von den Wanderwegen besonders zu empfehlen ist der *Loop Trail* zum **Frozen** und **Shadow Lake**; ca. 6 km; 60 Höhenmeter.

Übernachten und Versorgung

Unterkunft

Die zwei *NP*-Quartiere verfügen über etliche preiswerte(re) Zimmer ohne Bad: Mit frühzeitiger Reservierung kommt man ab $126 von Mitte Mai bis September im nostalgischen **Paradise Inn** unter, ab $132 im ganzjährig geöffneten **National Park Inn** im Tal des Nisqually River auf etwa halber Strecke zwischen Südwesteinfahrt und *Paradise Valley*; mit Bad jeweils +$60; ✆ 1-855-755-2275, www.mtrainierguestservices.com. Für die Alternativen vor den Toren des Parks an der #706, ➤ Seite 497, oder in Packwood, ➤ Seite 502, muss man etwas längere Anfahrtszeiten in Kauf nehmen.

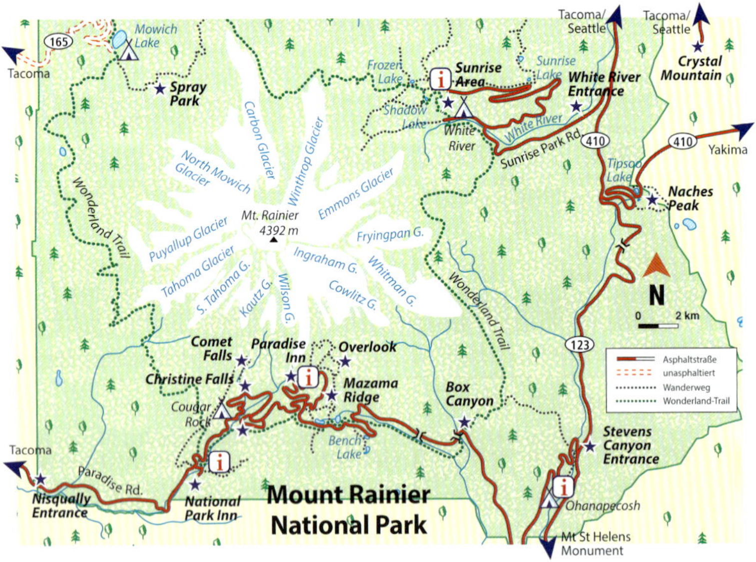

Mount Rainier National Park

Asphaltstraße
unasphaltiert
Wanderweg
Wonderland-Trail

0   2 km

Mount Rainier für ausdauernde Bergwanderer/-steiger

Viel Zeit und eine gute Kondition muss mitbringen, wer den Vulkan zu Fuß umrunden oder sich als Gipfelstürmer versuchen möchte: Auf dem beliebten *Wonderland Trail* geht es 150 km lang nahezu ununterbrochen bergauf/bergab (insgesamt 6.000 HM!). Die Plätze auf den 20 *wilderness campgrounds* entlang des Rundwegs werden bereits früh im Jahr online vergeben; www.nps.gov/mora/planyourvisit/the-wonderland-trail.htm. Für das 50-km-Teilstück, das beide Hauptregionen (*Paradise–Sunrise*) des Nationalparks verbindet, benötigt man in der Regel zwei Tage, für die gesamte Umrundung locker 9-13 Tage.

Wer zudem Neigung zur Erklimmung des Mount Rainier verspürt, ohne selbst Bergspezialist zu sein, kann sich 4- oder 5-tägigen **Gipfeltouren** für ca. $1.100 bzw. $1.500 anschließen. Zwei Tage dienen der Vorbereitung, 2-3 Tage dauert dann der eigentliche Trip. Die notwendige Ausrüstung wird weitgehend gestellt. Nähere Auskünfte und Buchung in Ashford bei *Rainier Mountaineering* im Westen des Parks: ℂ 1-888-892-5462; www.rmiguides.com.

Wer für den Bereich *Sunrise* eine Bleibe für die Nacht sucht, wird bei den **Crystal Mountain Hotels** (ab ca. $140) im gleichnamigen Skigebiet oder im 35 mi entfernten **Greenwater** fündig (das gemütliche **Cozy Studio Apartment** gibt es dort für $240).

Camping

Sowohl für **Cougar Rock** an der #706 (idealer Ausgangspunkt für den *Paradise*-Besuch!) als auch für den **Ohanapecosh Campground** (sehr hübsch in einem schattigen Wäldchen am gleichnamigen Fluss unweit an der Südosteinfahrt #123 gelegen) sollte man unbedingt lange im Voraus reservieren; $20; www.recreation.gov. Auf *first-come, first-served*-Basis werden die teils etwas engeren Plätze des **White River Campground** an der *Sunrise*-Auffahrt vergeben ($20). Er ist nur Ende Juni-Ende September offen und selbst die Sommernächte können in der Höhe recht kalt sein.

Der weitläufige *La Wis-Wis NF-Campground* an der #12 liegt toll am Wildwasser; nach Einfahrt (nur 0,6 mi südlich des Straßendreiecks #12/#123) am besten der Ausschilderung »*Tent Camping*« zu den schönsten Uferplätzen folgen (auch für Vans; $20). Sollte alles besetzt sein: die primitive Gratis-Ausweichlösung ist **Summit Creek** abseits der #12 Richtung Osten, Hinweistafel nach links kurz hinter der Kreuzung, dann 3 mi *Forest Road* (keine RVs!).

Versorgung

Außer in Longmire (Laden mit begrenztem Sortiment) gibt es im Park **keine Einkaufsmöglichkeit**, sieht man ab von Snacks und Postkarten in den oben beschriebenen Bereichen. Über einen **Dining Room** verfügen die Hotels *Paradise* und *National Park Inn*, der Sunrise-Bereich hat nur eine kleine *Eatery*.

Zur Ostseite des Mount St. Helens

Von der **Südosteinfahrt** des *Mt. Rainier NP* sind es rund 30 mi auf den Straßen #123/#12 am Cowlitz River entlang bis Randle, von wo ein Netz (von asphaltierten) Forststraßen die besonders reizvolle Ostseite des **Mount St. Helens Volcanic Monument** erschließt.

*Der Tipsoo Lake am Osteingang des
Mt Rainier NP*

Packwood

Das kleine **Packwood** am Wege verfügt über einige **Motels/*Lodges***; www.destinationpackwood.com. Günstigste Unterkunft ist dort das alte, rustikale ***Hotel Packwood***; einfache EZ ab $29, DZ mit/ ohne Bad $35 bzw. $49; ℂ (360) 494-5431, www.packwoodwa.com.

Der Stadtpark besteht im Wesentlichen aus einem weitläufigen ***Campingplatz***. Die schönsten Plätzchen findet man dort im Grünen im hinteren Areal; Zelte $18, RVs bei *hook-up*-Service ab $30; mit Duschen; ℂ (360) 494-5145, www.packwoodrv.com.

Randle

Randle, noch 17 mi weiter, ist schon mehr auf den Mount St. Helens-Tourismus ausgerichtet und verfügt ebenfalls über etliche Quartiere und RV-Plätze. Wer in diesem Bereich ans Campen denkt, sollte den **NF-Iron Creek Campground** ($20) unter riesigen Douglasfichten, 10 mi südlich von Randle, ins Auge fassen. Er ist nach *La Wis-Wis* der beste Platz weit und breit, füllt sich daher oft auch früh und sollte lieber reserviert werden.

Anschluss an die Nordrouten zum Glacier Park

Vom Mount Rainier ist auch eine Weiterfahrt nach Spokane mit Anschluss an eine der Nordrouten zum Glacier Nationalpark im **Kapitel 2.3**, ➢ Seite 479ff, denkbar. Ab dem **Tipsoo Lake** geht es dafür über die #410/#12 zunächst nach **Yakima** und dann weiter zur *Interstate* #90 – entweder direkt über die I-82 oder durch ausgedehnte Obst-, Hopfen- und Weinanbaugebiete bis zu **Tri-Cities** (Kennewick, Pasco und Richland) und von dort weiter über die **Palouse Falls** und **Fields** (➢ Seite 467).

Weingüter

Die Weine des **Yakima Valley** machen den kalifornischen Konkurrenz und ähnlich wie im Napa Valley können die »edlen Tropfen« auch hier verkostet werden; www.wineyakimavalley.org.

Toppenish

Einen kurzen Stopp verdient die kleine Ortschaft **Toppenish** südöstlich von Yakima mit ca. 80 beeindruckenden, großen ***murals*** (Wandgemälden). Jedes Jahr kommt mindestens ein neues hinzu. Einen Einblick verschafft das Portal www.visittoppenish.com.

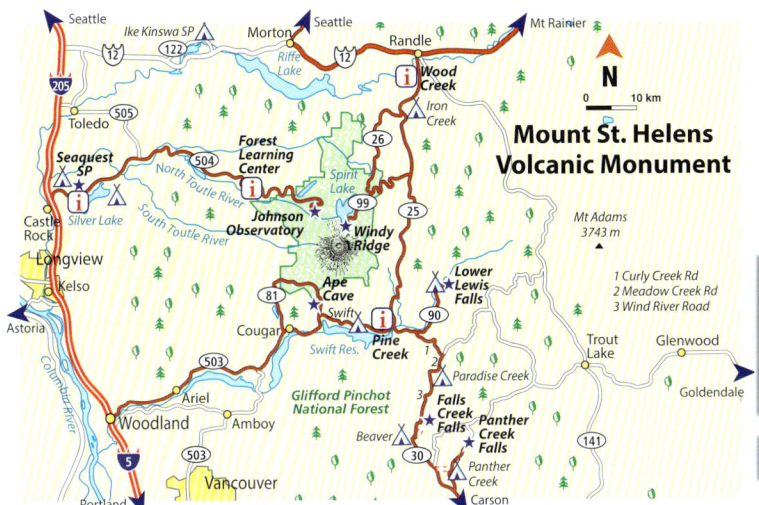

2.4.3   Mount St. Helens National Volcanic Monument

Ausbruch des Mount St. Helens

Im Jahr 1980 ereignete sich beim Mount St. Helens einer der stärksten Vulkanausbrüche des letzten Jahrhunderts. Drei Tage ununterbrochener Eruptionen und kleinere Nachbeben forderten 57 Menschenleben und verdunkelten den Himmel über Washington. Gletscher schmolzen und sorgten für Schlammfluten in der Umgebung. Viele Quadratkilometer Waldflächen im weiten Umkreis des Berges wurden total vernichtet, Lava ergoss sich auch nach Südosten. Das **Ergebnis** der vulkanischen Aktivitäten war **ein um 400 Höhenmeter reduzierter Berg** mit einem 1,5 km breiten, nach Norden aufgebrochenen Krater.

National Volcanic Monument

Der Krater selbst und das von Zerstörung am stärksten betroffene Gebiet wurden zur Sperrzone erklärt und schon 1982 ein großes Areal rund um den Berg als *Volcanic Monument* ausgewiesen. Man wollte die sich überraschend schnell abzeichnende Erholung der Natur in der *Desaster Area*, in der zunächst alles Leben untergegangen zu sein schien, unbeeinflusst von menschlicher Einwirkung beobachten und auswerten. Die großflächige Zerstörung ist auch heute noch nicht zu übersehen. Die Forststraßen des Gebiets wurden zur Besucherbewältigung weiträumig ausgebaut und erlauben problemlose Fahrten bis hinauf zur **Windy Ridge**.

Eintritt

Das **Mount St. Helens Monument** wird gemeinschaftlich vom *Nat'l Park* und *Nat'l Forest Service* verwaltet und betrieben. Inhaber des *Interagency Pass* haben kostenfreien Zugang. An der Ost- und Südseite bei der Windy Ridge und der *Ape Cave* gilt außerdem der **Northwest Forest Pass** ($5/Pkw), an der Westseite (➤ Seite 506) am *Johnston Ridge Observatory* oder in der *Coldwater Recreation*

Spirit Lake: früher ein idyllischer See im dichten Hochwald, jetzt aufgestaut in verkarsteter Landschaft. Tausende von Baumstämmen bedecken bis heute noch die Wasserfläche

Area wird ein **Monument Pass** ausgestellt ($8 pro Person; Kinder unter 15 frei). Der **Northwest Forest Pass** ist dort auch gültig, aber – anders als an der Ostseite und in allen weiteren *NF*-Gebieten – nicht pro Pkw, sondern pro Person. D.h., in dem Fall wären dann $5 pro Tag für jeden weiteren Mitreisenden fällig. Das Besucherzentrum am Silver Lake bittet immer extra zur Kasse, da es von den *WA State Parks* betreut wird ($5/Person).

Visitor Center   Auf der **Westseite** existieren gleich **zwei** *Visitor Center*, im **Osten** ein – nur im Sommer besetzter – *Info Container* an der Auffahrt zur Windy Ridge. Der *Volcano Review*, die offizielle Zeitung des Monuments, informiert mit Karten und allen aktuellen Details; www.fs.usda.gov/recarea/giffordpinchot/recarea/?recid=34143.

Der Ost- und Südbereich des Mount St. Helens

Windy Ridge   Als Zufahrt zum Ostareal dient die Straße #25. Ca. 25 mi südlich von Randle geht es auf der #99 nach Westen hinauf zur **Windy Ridge** (nur im Sommer!). Der Gebirgskamm liegt über dem einst malerischen Bergsee Spirit Lake in größter Nähe zum Krater.

Die Fahrt und der Blick von den diversen Aussichtspunkten vermitteln einen plastischen Eindruck von den Naturgewalten, die hier einst im Spiel waren. Die enorme Druckwelle ließ alle Bäume wie Streichhölzer umfallen, sie liegen auch heute noch parallel ausgerichtet auf den Hängen oder treiben auf dem **Spirit Lake**. Ab dem *Harmony View Point* führt ein Pfad hinunter zum Ufer. Den besten Blick auf den Vulkan hat man vom Hügel über dem Parkplatz ganz am Straßenende (langer Treppenzug nach oben).

Ranger Talks   Sehr empfehlenswert ist es, eine der Info-Veranstaltungen beim Meta Lake oder im Amphitheater am Ende der *Windy Ridge Road* wahrzunehmen, im Juli/August meist täglich.

Wanderwege   Auf einer Vielzahl von Wanderpfaden kann man die im Hochsommer bisweilen stark frequentierten Zubringer und speziell die Windy Ridge rasch hinter sich lassen. Da man heute in die einst gesperrte Zone der größten Zerstörung hineinlaufen darf, sind die entsprechenden Wege am interessantesten, zum Beispiel der *Trail* zu den beachtlichen **Loowit Falls** am Rand des Vulkankraters (ca. 15 km hin und zurück).

Permit für Trails über 4800 ft

Auch den **Gipfel des Mount St. Helens** (8.365 Fuß = 2.560 m) darf man wieder erklimmen. Die letzte vulkanische Unruhe liegt bereits über 10 Jahre zurück (2004-2008).

Für alle Wege, die auf Höhen über 4.800 Fuß steigen, wird ein **Permit** ($22) benötigt. Nur 500 Stück werden pro Tag vergeben. Für den Zeitraum April-Okt. muss man es sich vorab online besorgen: www.mshinstitute.org. Nähere Infos auch unter www.fs.usda.gov/recarea/giffordpinchot/recreation/climbing/recarea/?recid=81369.

Ape Cave

Der Gipfelpfad beginnt im Südbereich des Monuments; dort stößt man auch auf ein **Wegenetz** durch eine auf frühere Ausbrüche zurückgehende **Lavalandschaft**, wie sie ähnlich in Oregon und Nordkalifornien zu finden ist. Einen Besuch verdient auch die **Ape Cave**, eine nach beiden Seiten hin offene, fast 1 km lange Lavahöhle. Die *Ranger Station* am Beginn des **Ape Cave Trail** verleiht 10-17.30 Uhr Laternen; 6 mi ab Abzweig in der Nähe vom *Swift Dam*; www.mountsthelens.com/ape-caves.html.

Wer in der Region eine Bleibe für die Nacht sucht, findet im **Lone Fir Resort** in **Cougar** an der Straße #503 einfache Zimmer, *Cabins* und *RV-Sites*; ℂ (360) 238-5210; www.lonefirresort.com.

Zeitbedarf

Das Abfahren der nur scheinbar geringen Distanzen rund um den Mount St. Helens kostet wegen der kurvenreichen Straßenführung und Tempolimits relativ viel Zeit. Für einen Besuch, der eine Fahrt hinauf zur Windy Ridge und zur *Ape Cave* mit einschließt, benötigt man ab Randle leicht 5-6 Stunden. Einen ganzen sehr langen Tag dauert eine »Vollumrundung« inkl. Fahrt zum *Johnston Ridge Observatory* auf der Westseite.

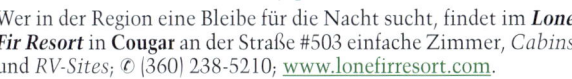

Unterwegs zum 1980 entstandenen Krater des Mount St. Helens

*Indian Paintbrush am Harry's Ridge Trail
(Start beim Johnson Ridge Visitors Center)*

Die Westzufahrten zum Mount St. Helens

Die schnellste Verbindung von Seattle nach Portland, die **Interstate 5** vorbei an Tacoma und Olympia (➤ Seite 458), schafft auch Zugang zu den Westarealen des Mount St. Helens.

**#504 ab
Castle Rock**

Nur wenige Meilen von der Autobahnabfahrt 49 entfernt steht am **Silver Lake** bereits das erste Besucherzentrum des Monuments. Der Zutritt in das **Silver Lake Visitor Center** ist kostenpflichtig ($5; Kinder 7-17 $2,50; im Sommer täglich 9-17 Uhr, sonst kürzer). Die gezeigten Filme über den Vulkanausbruch sowie die interaktiven Exponate sind durchaus eindrucksvoll, aber die zwei zusätzlichen Besucherzentren weiter östlich an #504 haben auch einiges zu bieten und sind im *NVM*-Eintrittspreis (➤ Seite 503) inbegriffen.

Im schön bewaldeten **Seaquest State Park** gleich nebenan warten zahlreiche Picknick- und Stellplätze, *hook-up sites* sowie Jurten (www.parks.state.wa.us/581/Seaquest). Am Silver Lake befinden sich außerdem einige privat betriebene **Campgrounds**, z.T. mit Plätzchen direkt am Wasser. Die Infrastruktur ist auch in Castle Rock sehr dünn. Wer dort eine Unterkunft sucht, findet einige Motels an der Ausfahrt, u.a. das **Mount St. Helens Motel** (DZ $117; ✆ (360) 274-7721; www.mountsthelensmotel.com) sowie das **Timberland Inn** (ab $99, ✆ (360) 274-6002; www.timberlandinn.com).

Auf der einst zerstörten, heute wieder bestens ausgebauten #504 geht es weiter in Richtung Mount St. Helens mit Blick auf den aufgebrochenen Krater des Vulkans. Beim *Mile Marker* 33 passiert man das **Forest Learning Center**, das bereits in der »Blast Zone« (Explosionszone) liegt und einen ersten Einblick in das Geschehen vom 18. Mai 1980 bietet (Eintritt frei).

Das unbedingt besuchenswerte **Johnston Ridge Observatory** befindet sich noch 19 Meilen näher am Berg. Das Museum und ein Film informieren über den Ausbruch und weiter bestehende vulkanische Aktivität; Eintritt $8 pro Person oder *Interagency Pass*; www.fs.usda.gov/recarea/giffordpinchot/recarea/?recid=31562. Auch von dort starten längere Wanderwege in Richtung Krater.

#503 ab Woodland

Weiter südlich an der I-5 geht es ab Woodland (*Exit* 21) über die #503 zur bereits beschriebenen Lavahöhle **Ape Cave** im Süden des Monuments sowie zur *Pine Creek Information Station* an der Forststraße #90 am östlichen Ende des Swift Reservoir.

Weiterfahrt in Richtung Portland oder gleich nach Osten

Die **schnellsten Routen** vom westlichen und südlichen Bereich des Mount St. Helens nach Portland verlaufen über die #504 bzw. #503 zurück zur I-5 *South*.

Umweg durch den Gifford Pinchot NF

Ausgehend vom **Pine Creek Info Center** an der #25 könnte man die Mount St. Helens-Region aber auch in Richtung **Columbia River Gorge** verlassen über die Straßenkombination #90 (Abzweig gleich östlich des *Info Center!*), Curly Creek Rd und #30 (*Wind River Rd*) bis Carson am Nordufer des Flusses. Die schöne Route durch den *Gifford Pinchot National Forest* ist Ausgangspunkt für einige tolle Foto- und Wanderziele, die einen Eindruck vermitteln, wie idyllisch die Wasserfälle auf der anderen Seite der *Gorge* in Oregon vor dem Großbrand im Sommer 2017 waren (➤ Seite 517).

Der erste Ausflug führt zu den phantastischen **Lower Lewis Falls**. Hierfür verweilt man auf der Forststraße #90 bis zur gleichnami-

gen *Recreation Area* mit beliebtem Camping- und Badeplatz (14 mi ab Abzweig).

Von dort geht es auf gleichem Weg wieder 10 mi zurück und danach auf der *Curly Creek Road* nach Süden bis zur Einmündung in die #30. Auf der sind es dann noch 12,3 mi bis zum Abstecher zu den **Falls Creek Falls** (16 mi vor Carson). Auf den *Forest Roads* #3062/#057 der Ausschilderung »*Lower Falls Creek*« ca. 2,4 mi folgen bis zum *Trailhead* am Straßenende und dann zu Fuß weiter durch dichten Wald bergauf bis zu den (be)rauschenden, 3-stufigen Wasserfällen; 6,5 km retour und 240 Höhenmeter. Ein tolles Ziel abseits der Touristenpfade!

Die zwei unteren Stufen der gut 80 m hohen Falls Creek Falls in der nördlichen Columbia River Gorge

**Panther
Creek Falls**

**Weiter nach
Portland**

Ein zweiter empfehlenswerter Abstecher von der #30 befindet sich nur 9,5 mi weiter südlich. Zunächst geht es nach Osten (links) auf die Old State Road, unmittelbar darauf abermals links auf die Panther Creek Road (FR-65, asphaltiert) und dort dann exakt 7,4 mi bis zu einem Geröllhang mit Parkmöglichkeit rechter Hand der Straße. Ca. 30 m zurück auf der anderen Straßenseite befindet sich der kurze Pfad hinunter zur Aussichtsplattform der **Panther Creek Falls** (nicht ausgeschildert!). An den Felsen im Wald in der Nähe der Plattform hängt manchmal ein Seil, mit dem Abenteuerlustige zu den Füßen der Wasserfälle oder weiter zu den *Lower Falls* gelangen.

An der Zufahrt liegt mitten im Wald der einfache, aber ruhige *Panther Creek Campground* fernab der lauten *Columbia River Gorge*; Reservierung der Stellplätze unter www.recreation.gov.

Ab **Carson** (dort **Hot Springs Resort** mit historischem Badehaus und modernem Komfort) geht es entlang des Nordufers des Columbia River vorbei an dem Glaspalast des **Columbia River Gorge Interpretive Center** in **Stevenson** mit den Themenschwerpunkten Ureinwohner der *Gorge*, den *Chinook*-Indianern sowie einheimische Fisch- und Holzindustrie; $10/$6; www.columbiagorge.org.

Das *Center* steht unweit der Zufahrt zum rustikalen Edelhotel *Skamania Lodge*, wo man sich eine besondere Übernachtung gönnen kann. Für das Zimmer zahlt man im Sommer dort ab $160 aufwärts, ✆ 1-800-221-7117; www.skamania.com.

Preiswerter schläft es sich in Stevenson im einfachen *Rodeway Inn* oder in der schönen *Rivermist Lodge* (ab ca. $130 mit Frühstück und Gemeinschaftsbad, ✆ (509) 427-4810) bzw. in der *Columbia Gorge Riverside Lodge* (im Sommer ab $110 mit *Kitchenette*; ✆ (509) 427-5650; www.cgriversidelodge.com).

Landschaftlich am schönsten an der **Straße #14** nach Portland ist der Abschnitt zwischen dem mächtigen Kletterfelsen **Beacon Rock** (mit einfachem *State Park Campground* gleich gegenüber im Wald) bis nach Camas.

**Weiter nach
Osten ohne
Portland**

Von Carson führt unter **Verzicht auf Portland**, eine zwar ansehnliche City, aber **kein »Muss«**, der schnellste Weg nach Osten über die Brücke nach Hood River und weiter auf der I-84. Ein längeres Verbleiben am Nordufer des Flusses auf der #14, macht nicht viel Sinn, auch wenn einzelne Straßenabschnitte durchaus reizvoll sind. Man verbraucht dort aber zuviel Zeit.

Wer Interesse an **weiteren Wasserfällen** in der *Columbia River Gorge* hat, der könnte ab Carson der #14 einige Meilen nach Westen folgen bis zur *Bridge of the Gods* nach Cascade Locks und dann über die I-84 am Südufer des Columbia River die dort nicht weit entfernten *Trailheads* ansteuern (➤ Seite 518f). Auch ein Ausflug zu den zahlreichen Wasserfällen weiter im Westen der Schlucht unweit des *Historic Columbia River Hwy* ist möglich, sollte aber lieber an Wochenenden vermieden werden (enormer Besucherandrang und verstopfte Parkplätze vor allem rund um das Aushängeschild »Multnomah Falls«!).

2.4.4   Portland

Geographie, Klima und Geschichte

Portland liegt unterhalb der Tualatin Mountains beidseitig des Willamette River kurz vor dessen Mündung in den mächtigen Columbia River. Insbesondere die Stadtteile am Westufer, die sich weit nach Süden und über die westliche Hügelkette erstrecken, haben Portlands Ruf als **Stadt mit hoher Lebensqualität** geprägt. Die nur 100 km entfernte Pazifikküste lockt als Tagesziel (oder für Besucher auch als 2-tägiger Abstecher ab Portland, ➢ Seite 672).

Das **Stadtzentrum** wird eingeschlossen von Fluss und der Umgehungsautobahn I-405. Die östlichen Vororte erreichen bereits Ausläufer der Kaskaden. Der immer schneebedeckte 3.700 m hohe Vulkan Mount Hood erhebt sich – bei klarem Wetter gut sichtbar – in rund 70 km Entfernung; Foto ➢ unten.

Klima

Portland erfreut sich trotz der Binnenlage deutlich höherer Niederschläge als Städte am Pazifik wie etwa San Francisco. Aber der Regen fällt im Wesentlichen zwischen Spätherbst und Frühjahr. Im Sommer ist Portland **sonnenreicher und wärmer** als der große »Nachbar« im Süden, ansonsten etwas kühler, aber dennoch insgesamt mild. Frost und Schnee sind eher seltene Ereignisse in dieser Stadt mit dem winterlichen Nordseeklima.

Geschichte

Gegründet wurde Portland im Jahr 1844 als Etappe auf einer Kanuroute zwischen den bereits bestehenden Handelsposten Oregon City (südlich der Stadt, zeitweise Hauptstadt, heute bedeutungslos, aber mit ***Oregon Trail Interpretive Center***, ➢ Seite 516) und Vancouver am Nordufer des Columbia River. Die Eisenbahn erreichte Portland 1883 und bewirkte eine rasante Entwicklung. Um die Jahrhundertwende besaß Portland eine Bevölkerung von 80.000 und war damit schon damals wichtigste Stadt zwischen San Francisco und Seattle. Die wirtschaftliche Kapitale Oregons hat heute rund 650.000 Einwohner im City- und über 2 Mio. im Einzugsbereich, das sind rund 50% aller Einwohner Oregons.

Portland und der Mount Hood (im Dunst) von der Anhöhe des Pittock Mansion, ➢ Seite 515

Die Portland Aerial Tram führt vom Flussufer hinauf zur Uniklinik. Wegen
dem tollen Blick auf die Stadt und den Mt. Hood ist sie auch ein Ziel für
Touristen; Talstation an der 3303 SW Bond Ave, unweit der Ross Island Bridge

Orientierung und öffentliche Verkehrsmittel

Information

Die **Visitor Information** residiert am *Pioneer Courthouse Square,*
701 SW 6th Avenue; geöffnet im Sommer Mo-Fr 8.30-17.30 Uhr,
Sa 10-16 Uhr; So 10-14 Uhr; ✆ 1-877-678-5263. Sehr gut ist die
Broschüre **Travel Portland** mit Stadtplänen und aktuellen Adressen, Hinweisen und Verzeichnis für H/Motels ab unterer Mittelklasse. Sie lässt sich auch online anschauen und als PDF-Datei herunterladen: www.travelportland.com/travel-portland-magazine.

Orientierung

Die **Orientierung** in Portland fällt leicht. Die Mehrheit aller touristisch interessanten Anlaufpunkte liegt entweder in der weitgehend schachbrettartig aufgebauten *Downtown* zwischen Willamette River und I-405 (Anfahrt über die I-5) oder im **Washington
Park** oberhalb der City. Dorthin gelangt man am schnellsten auf
dem Sunset Hwy #26, der von der I-405 abzweigt, oder auf kurviger
Strecke durch schöne Wohnviertel über die Burnside Street.

**Öffentlicher
Transport**

Portland verfügt über ein gut ausgebautes öffentliches Verkehrsnetz (www.trimet.org). Der Preis des Tagespasses für *Streetcar,*
Busse und *MAX (Metropolitan Area Express)* beläuft sich auf $5,
des 2,5-Std-Tickets auf $2,50. Die kostenlose **Free Rail Zone** im
Downtown-Bereich wurde im September 2012 abgeschafft.

Unterkunft, Camping, Essengehen

Am Airport

In Portland gibt es bis auf den Bereich um **Convention** und **Lloyd
Center** keine spezifische Hotel- oder Motelzone. Die verkehrs-
günstige, gut von der I-205 und I-84 erreichbare Hotellerie in der

Umgebung des Flughafens besteht aus Häusern der gehobenen (*Sheraton, Marriott Courtyard, Hilton Garden* etc., Tarife ab $160 im Sommer) und der Mittelklasse wie *Best Western, Ramada, La Quinta* oder *Super 8* (ab ca. $90). Zwischen *Downtown* und der I-205 liegen Motels u.a. am **Sandy Blvd** und Nebenstraßen (*Exit Bypass* #30) im Nordosten.

Zentral

Die Unterkünfte im Bereich *Downtown* sind mehrheitlich **hochpreisig**, selbst die *Econo Lodge* kostet dort schon mal jenseits der $150 während der Sommermonate. Relativ zentral liegt auch noch das **Inn at Northrup Station** mit trendigen Suiten ab $184 (2025 NW Northtrup St, ✆ 1-800-244-1180, www.northrupstation.com).

Preiswert

Günstiger, dafür etwas weiter weg, ist *The Viking Motel* an der 6701 North Interstate Avenue, I-5 *Exit 304*, *online special* ab $65; ✆ 1-800-308-5097, www.vikingmotelportland.com.

Noch preiswerter sind nur noch die Schlafsaal-Betten und Zimmer in den *International Hostels*:

- *Northwest Portland*, 425 NW 18th Ave, zentral gelegen, $25- $39/ Bett; $69/DZ; ✆ (503) 241-2783; www.nwportlandhostel.com
- *Hawthorne Portland Hostel*, 3031 SE Hawthorne Blvd, östlich des Williamette River, $34-$37/Bett, $74/DZ; ✆ 1-866-447-3031; www.portlandhostel.org.

Vororte

Auch nicht so teuer und noch relativ citynah schläft man in den Vororten an der I-84 (**Gresham** oder **Troutdale**). Dort sind die Häuser der bekannten Ketten gut vertreten. Das beste Preis-Leistungs-Verhältnis hat die *Travelodge* mit Sommertarifen ab ca. $90. Besonders zu empfehlen sind die Standorte an den Ausfahrten 13, 16 und 17 der I-84 für Reisende, die einen Ausflug zu den Wasserfällen der *Columbia River Gorge* planen (➤ Seite 517f) oder in den *Troutdale Premium Outlets* ausgiebig shoppen gehen.

*Teehaus im Lan Su
Chinese Garden*

Camping

Dasselbe gilt auch für die Campingplätze rund um Gresham, Troutdale und Corbett. Die beste Wahl mit *hook-up* sind am *E Historic Columbia River Hwy* die **RV Parks Sandy River Front** (#1097; $48-$55; ✆ (503) 665-6722, www.sandyrv.com) und **Crown Point** (#37000; ab $40; ✆ (503) 695-5207, www.crownpointrvpark.com; Anfahrt mit RV besser ab *Exit* 18 und nicht über die kurvige Strecke ab *Exit* 22).

Etwa 15 mi östlich von Portland liegt zudem der **Oxbow Regional Park** mit *Campground* tief unten im Flusstal; *Exit* 17 von der I-84 und dann weiter über die 257th und Division Street zum Oxbow Parkway, $22; Duschen, aber keine *hook-ups*; ✆ (503) 797-1850.

Die übrigen staatlichen Zeltplätze weiter östlich in der *Columbia River Gorge* sind zwar meist idyllisch im Regenwald gelegen (*Ainsworth State Park* oder *Eagle Creek*), aber aufgrund der nahen *Interstate* und Bahnlinie nachts unglaublich laut – so leider auch der absolute Komfort-Platz **Portland Fairview Park** am 21401 NE Sandy Blvd (I-84, *Exit* 14), $55; www.portlandfairviewrv.com.

Der für einen Portland-Besuch günstig gelegene **Jantzen Beach RV-Park** auf Hayden Island im *Columbia River* ist ebenfalls relativ laut ($40). Wer eine weite Anfahrt (ca. 45 min) nicht scheut, findet aber im **Milo McIver State Park** bei Estacada einen ruhigen und großartig angelegten *Campground* (*Exit* 12A von der I-205, dann Richtung Estacada; im Sommer Zelte $18, RVs $26).

Essen

Zahlreiche Restaurants und *Fast Food Places* findet man in den **Pioneer Place** und **Galleria Shopping Malls** im Zentrum der Stadt. Vielfältige *Food Stands* sind ein wesentliches Element des **Portland Saturday Market**, der entgegen seinem Namen nicht nur am Samstag (10-17 Uhr), sondern auch sonntags (11-16.30 Uhr) stattfindet; 2 SW Naito Parkway; www.portlandsaturdaymarket.com.

Ein hippes Restaurant- und Kneipenviertel ist der **Pearl District**, ein Dreieck begrenzt durch den Willamette River im Norden, der *Interstate* #405 im Westen und der West Burnside Street im Süden.

Dort wurden ausgediente Lagerhallen der 1990er-Jahre von Künstlern mit viel Kreativität schön herausgeputzt und wiederbelebt.

Im Osten grenzt der *Pearl District* an **Old Town Chinatown** mit einer Vielzahl ethnischer Restaurants und einem klasse **Teehaus** im **Lan Su Chinese Garden** (239 NW Everett Street; im Sommer 10-18 Uhr; Eintritt $10/$7; www.lansugarden.org).

Wunderbar am Wasser gelegen ist das etwas gehobenere **Riverview Restaurant** in Troutdale östlich von Portland (29311 SE Stark St).

Bier

Portland gilt als die Stadt mit den meisten **Microbreweries** der USA. Wem nach **Beer Tasting** ist, findet eine Adressenliste bei der *Visitor Info* oder unter www.portlandbeer.org. Eine der urigsten und ältesten Kneipen ist der **White Eagle Saloon** in der 836 N Russell Street östlich des Willamette River; oft *Live-Bands*.

Stadtbesichtigung

Am besten zu Fuß

In Portlands Innenstadt fällt es im Gegensatz zu vielen anderen US-Citys leicht, den Wagen stehenzulassen. Denn die Entfernungen sind gut **per pedes** zu überbrücken, und Bus- oder *MAX*-Haltestellen gibt es an jeder Ecke. In der Regel hat man gute Chancen auf einen Parkplatz am Naito Pkwy entlang des Uferparks.

Zentrum

Beginnt man eine Stadtbesichtigung von der *Visitor Information* aus (Salmon/Naito Pkwy), ist man mit wenigen Schritten im überschaubaren **Geschäftszentrum**. Es zeigt sich freundlich und einladend. Brunnen allerorten und viel Grün sorgen für eine angenehme Auflockerung des Stadtbilds. **Hochhäuser** konzentrieren sich auf die Blocks zwischen Main und Columbia Street bis zur 6th Ave und dominieren das Zentrum weit weniger als anderswo. 1% aller Neubau- und Renovierungskosten müssen in *Downtown* Portland für künstlerische Gestaltungsmaßnahmen ausgegeben werden. Der Erfolg ist nicht zu übersehen.

Kneipen im Pearl District

Den zentralen Bereich bilden **Pioneer Courthouse Square** und die **Mall**, eine Fußgängerzone in der 5th und 6th Ave bis Jefferson St: www.pioneercourthousesquare.org. Das Geschäftsviertel erstreckt sich von der First St bis zum Broadway. Wer sich für **Bücher** interessiert, sollte in der Burnside St/Ecke 11th Ave unbedingt **Powell's City of Books** besuchen, einen gigantischen **Bookshop** mitsamt Lese-Café für antiquarische wie neue Bücher; www.powells.com.

Museen

An der Ecke Jefferson/Park Ave liegen sich **Portland Art Museum (PAM)** und **Oregon History Center** gegenüber. Im geschichtlichen Museum (Mo-Sa 10-17, So ab 12 Uhr, $11/$5; www.ohs.org) beeindruckt die Präsentation der historischen Phasen Oregons mehr als die Kollektion. Das **PAM** hat Stücke aller möglichen Epochen und Kulturkreise (Di-Sa 10-17 Uhr, So ab 12, Do+Fr bis 20 Uhr, $15, unter 18 Jahre frei, www.pam.org). Südlich der Museen befinden sich die feinen **South Park Blocks** und die **Oregon State University**.

Für Modellschiff-Fans steht im Waterfront Park (beim östlichen Ende der Pine St) das **Oregon Maritime Museum**; geöffnet nur Mi, Fr+Sa 11-16 Uhr; $7/$3-$4; www.oregonmaritimemuseum.org.

Saturday Market

Nur zwei Häuserblocks weiter in Richtung Norden findet jeden Samstag- und Sonntagvormittag von März bis Weihnachten ein bunter Markt mit vielfältigen **Food Stands** und *Open-air-Entertainment* statt, der **Saturday Market** an der Burnside Street (➤ Seite 512). Südwärts entlang des Flussufers erstreckt sich der **Tom McCall Waterfront Park** mit großen Grünflächen und dem schönen Springbrunnen *Salmon Street Springs* nördlich der bereits über 100 Jahre alten Hubbrücke *Hawthorne Bridge*.

City of Roses

Anlässlich der *Fleet Week* des **Rose Festival** liegen an der *Waterfront* gleich etliche Schiffe der *US Navy* und *Canadian Maritime Forces* vor Anker, die kostenlos besucht werden können. Blumenparaden, Drachenbootrennen, Konzerte u.v.m. ergänzen das Programm. Während des alljärlichen **Mega-Events von Ende Mai bis Mitte Juni** herrscht Ausnahmezustand in der City; www.rosefestival.org.

Ihren Beinahmen »Stadt der Rosen« verdankt sie aber nicht dem Festival, sondern dem fantastischen **International Rose Test Garden** im *Washington Park* (eintrittsfrei). Die Rosen blühen zwar im Mai und Juni am schönsten, aber der Garten ist auch während der übrigen Zeit eindrucksvoll.

Warm Springs Indianer bei der Rose Festival Parade

Zu Besuch auf den Schiffen der US Navy während des alljährlichen Rose Festival

Unmittelbar gegenüber befindet sich der **Japanese Garden**, der die Besucher vor allem im Herbst durch seine bunten Ahornbäume begeistert; 611 Kingston Ave; geöffnet im Sommer 10-19 Uhr, Eintritt $17, Kinder $11,50-$13,50; www.japanesegarden.com.

Washington Park

Folgt man den Serpentinen in die höhergelegenen Regionen des Parks, gelangt man zum **Hoyt Arboretum** (Fairview Blvd), einem separaten **Edelpark** mit sehr schönem Baumbestand, Besucherzentrum, Spazierwegen und Picknicktischen; www.hoytarboretum.org. Unterhalb des Arboretums (unweit des *Freeway* #26, über den auch direkt anzusteuern) befinden sich der Stadt-**Zoo** und das **World Forestry Center**, das über Forst- und Holzwirtschaft informiert. Das Hauptgewicht liegt auf den Besonderheiten Oregons und der Westküste; 10-17 Uhr, $7/$5; www.worldforestry.org.

Im **Oregon Zoo** werden u.a. Tiere des US-Westens und des hohen Nordens präsentiert; im Sommer 9-18 Uhr, im Winter 9/10-16 Uhr, $18, Kinder 3-11 Jahre $13; www.oregonzoo.org.

Weitere City Parks

Die SW Vista Avenue führt südlich der Autobahn #26 und des *Washington Park* hinauf zum *Council Crest Park*, der mit grandiosen Aussichten über Portland und Umgebung aufwartet. Ungewöhnlich ausgedehnt sind auch der *Forest Park* in den westlichen *Tualatin Mountains* und die *Tryon State Natual Area* im Südwesten der Stadt mit Wildnischarakter und zahlreichen Wanderwegen.

Portland – Die schönsten Aussichtspunkte

Nicht nur mit der **Aerial Tram** (➤ Seite 510) geht es hoch hinauf. Auch von der Gartenanlage (eintrittfrei) des **Pittock Mansion** blickt man auf die Stadt und – Schönwetter vorausgesetzt – sogar hinüber bis zum Mount Hood und St. Helens (Foto ➤ Seite 509; 3229 NW Pittock Dr; nördlich des *Washington Park*). Für ein ähnlich tolles Panorama steht man sogar selber auf einem vulkanischen Kegel, dem **Rock Butte** (187 m). Diese Anhöhe östlich des Zentrums unweit der *Interstate*-Kreuzung I-205/I-84 ist ebenfalls schnell und bequem mit dem Auto zu erreichen (Zufahrt über die NW Rocky Butte Road).

Oregon Museum
for Science
& Industry
in Portland

OMSI

Das ***Oregon Museum for Science & Industry*** befindet sich in einem Bau unweit der *Marquam Bridge* am Ostufer des Willamette River, kompliziert anzufahren, aber von der I-5 gut ausgeschildert; 1945 SE Water Ave; Di-So 9.30-17.30 Uhr, Eintritt $14,50/$10. Extra kosten *Empirical Theater* ($8,50), Planetarium+*Lasershows* ($7,50) und die Besichtigung des U-Boots *USS Blueback* ($7, filmbekannt aus »Jagd auf Roter Oktober« mit *Sean Connery*). Auf jeden Fall lohnenswert mit Kindern; www.omsi.edu.

The Grotto

Nur einen kleinen Abstecher von der I-84/I-205 erfordert ein Besuch im amerikanischen »Lourdes« ***The Grotto***, 85th Ave/Sandy Blvd, Haupteinfahrt Skidmore Street. Das schattige Gelände des ***Sanctuary of our Sorrowful Mother***, wie die Anlage offiziell heißt, wurde erst 1924 als Wallfahrtsort auserkoren und zu einem Park mit zahlreichen religiösen Skulpturen und Statuen umgestaltet. Das Herzstück der Anlage bildet eine künstlich geschaffene Grotte mit Altar unterhalb eines Steilhangs. Ein Fahrstuhl befördert die Besucher auf die obere Ebene, wo **Spazierwege** zu diversen Schreinen und Aussichtspunkte mit weitem Blick über den Columbia River warten. Logisch, dass da auch ein religiöser *Gift Shop* nicht fehlen darf; täglich 9 Uhr bis zur Dämmerung; $6/$3; www.thegrotto.org.

Oregon City

Empfehlenswert ist der Besuch des ***End of the Oregon Trail Interpretive Center*** in Oregon City, 20 mi südlich von *Downtown* Portland (I-5, dann I-205, *Exit* 10, ab dort ausgeschildert). Drei überdimensionale Planwagen symbolisieren das »Ende des Weges« nach Oregon. Das Innenleben der Wagen besteht aus Filmtheater und Museum. Besichtigung mit einführendem Vortrag (nur bei guten USA- und Englischkenntnissen verständlich) und daran anschließend **Multimediashow** über den beschwerlichen Weg der Siedler im 19. Jahrhundert in den Westen.

Oregon Trail
Interpretive
Center in
Baker City,
➢ Seite 643

Zeitaufwand für den Umweg, ggf. Wartezeit und Besuch nicht unter 3 Stunden kalkulieren. Geöffnet im Sommer täglich 9.30-17 Uhr, So ab 10.30 Uhr, zu anderen Jahreszeiten 11-16 Uhr; Eintritt $13, Kinder $7-$9; www.historicoregoncity.org.

2.4.5   Von Portland weiter in Richtung Osten

Columbia River Gorge

**National
Scenic Area
an I-84**

Zwischen Portlands Vorort **Troutdale** und Hood River durchbricht einer der mächtigsten Ströme der USA das Kaskadengebirge. Das als *Columbia River Gorge National Scenic Area* bezeichnete Flusstal mag auf ersten Blick enttäuschen, zumal dort nicht nur der breite Columbia River »durchrauscht«, sondern auch der rege Verkehr auf *Interstate* und Eisenbahntrassen. Wer sich aber zu Fuß in eine der Seitenschluchten begibt und dabei einige Höhenmeter überwindet, der taucht bald in einen »**Märchenwald**« ein, der fast mit den berühmten *Rain Forests* im *Olympic National Park* (➤ Seite 455) mithalten kann. Es plätschern idyllische Bächlein zwischen üppigen Farnen und dichtes Moos überzieht gleichermaßen Steine wie Bäume. 77 Wasserfälle donnern allein auf der Oregon-Seite der *Gorge* über Felsen und hohe Klippen. Von ihrer besten Seite zeigen sie sich im späten Frühjahr, die meisten führen aber ganzjährig Wasser; www.fs.usda.gov/crgnsa.

> Wegen des großflächigen Waldbrands im Sommer 2017 bleiben voraussichtlich viele Wanderwege und Zufahrten auf der Oregon-Seite der Gorge noch einige Zeit gesperrt!

Im Sommer 2017 wütete jedoch ein **verheerender Waldbrand** zw. Cascade Locks und den *Multnomah Falls*. Quasi über Nacht vernichtete er im Herzstück der *Gorge* einen Großteil der Wälder. Das Ausmaß der Schäden ist noch nicht absehbar, wegen akuter Hangrutschgefahr bleiben viele Wanderwege und -ziele bis auf Weiteres unzugänglich! Am besten vorab die *Closure Maps* studieren: www.fs.usda.gov/alerts/crgnsa/alerts-notices/?aid=41589.

**Historic
Columbia
River Hwy**

Wer von Portland anreist, muss sich bereits recht bald entscheiden, ob er weiterhin auf der I-84 bleibt oder dem zwischen Troutdale und Dodson (Abfahrten 18 und 35) parallel verlaufenden *Historic Columbia River Highway* **(#30)** folgt. Auf der Strecke hinauf zum *Crown Point* an der #30 passiert man das bereits erwähnte **Riverside Restaurant** mit Live-Pianomusik am gegenüberliegenden Ufer des Sandy River (➤ Seite 513). Eine Meile hinter dem *Crown Point RV Park* erreicht man bereits den ersten Aussichtspunkt, **Women's Forum** (schön vor allem zum Sonnenuntergang) und wenig später das **Vista House**.

*Blick vom Women's Forum Viewpoint an der Straße #30 auf
das Vista House und die Columbia River Gorge*

Die Horsetail Falls stürzen aus über 50 m in einen Pool direkt neben dem Historic Columbia River Highway (#30)

Latourell und Bridal Veil Falls waren bereits im November 2017 wieder zugänglich, die #30 östlich davon aber Ende 2018 noch gesperrt.

In engen Serpentinen windet sich der *Historic Highway* langsam wieder hinunter zur Flussebene und den **Latourell Falls**, die in unmittelbarer Nähe des Parkplatzes von den rund 75 m hohen Klippen stürzen. Für große RVs ist die Straße leider auch im weiteren Verlauf nicht ganz unproblematisch. Damit steuert man am besten gleich das **Besucherzentrum** bei den *Multnomah Falls* direkt von der *Interstate* an (Abfahrt 31). Wer sich die **Übersichtskarten** noch nicht aus dem Internet (www.columbiariverhighway.com) heruntergeladen hat, der sollte sich die Unterlagen dort besorgen. Die **detaillierten Wegbeschreibungen** unter www.oregonhikers.org /field_guide/Columbia_River_Gorge_Hikes oder www.waterfalls northwest.com sind eine zusätzliche Hilfe.

Multnomah Falls

Die 190 m hohen, zweistufigen **Multnomah Falls**, die in ihrer Mitte von einer Brücke überspannt werden, gelten als die Hauptattraktion der *Gorge*. Der kurze Pfad hinauf zur Brücke lohnt sich! Dahinter ist der *Loop Trail* über die **Fairy** und **Wahkeena Falls** aber seit dem Brand gesperrt, ebenso wie der einst tolle Wanderweg ausgehend vom Parkplatz den **Horsetail Falls** hinauf zu den **Ponytail Falls** (Stand Ende 2018).

Parken

Zum **Parken** in der *Columbia River Gorge* wird mancherorts der *Interagency Pass* (➤ Seite 47) oder *Northwest Forest Pass* benötigt, andernfalls sind $5 *day-use fee* fällig. Wenn es sich einrichten lässt, sollte man den Besuch nicht auf ein Wochenende legen, da die Plätze an der #30 dann meist schon ab dem frühen Vormittag hoffnungslos überfüllt sind. Die Schlucht ist nicht nur unter den Einwohnern Portlands ein extrem populäres Ausflugsziel!

Elowah und Wahclella waren Ende 2018 noch gesperrt.

Auch weiter östlich an der *Interstate* #84 befinden sich noch jede Menge lohnenswerte *Trails*, darunter die 0,5 km zu den 88 m hohen **Elowah Falls** im *Yeon State Park* (ab Exit 35 ca. 2 mi auf der Frontage Road bis zum Parkplatz in der Nähe des nur von der I-84 *West* erreichbaren Exit 37) oder die 1,5 km zu den ausgesprochen pittoresken **Wahclella Falls**, die in einen grünen Kessel stürzen (Ausfahrt 40; 100 Höhenmeter).

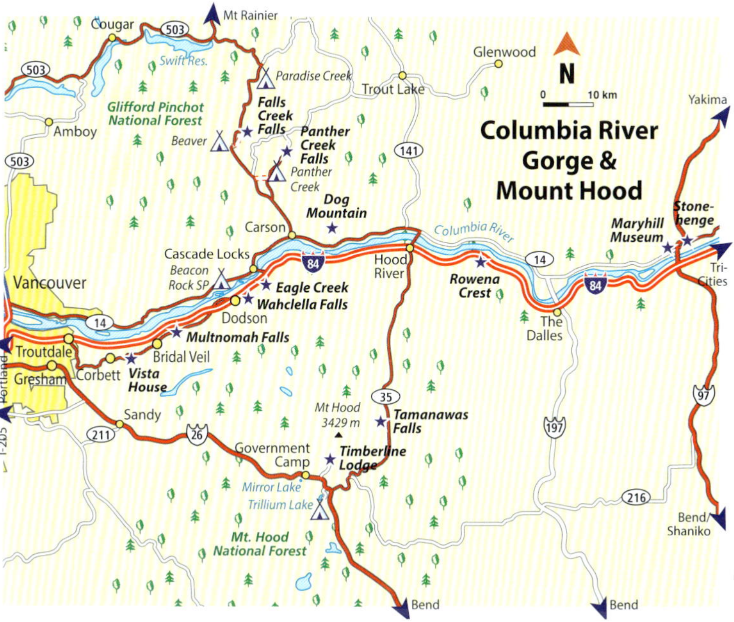

Mt Rainier
Cougar
503
503
Swift Res.
Glenwood
Trout Lake

N

0   10 km

Glifford Pinchot
National Forest
Amboy
Paradise Creek

**Falls
Creek
Falls**
Beaver
**Panther
Creek
Falls**
141
Yakima
**Columbia River
Gorge &
Mount Hood**

**Panther
Creek**

Carson
**Dog
Mountain**

Columbia River
Stone-
henge
**Maryhill
Museum**

Cascade Locks
Beacon
Rock SP
84
Hood
River
14
Tri-
Cities
**Rowena
Crest**
84

Vancouver
**★ Eagle Creek
★ Wahclella Falls**
Dodson
14
Troutdale
Corbett
Gresham
★ Multnomah Falls
Bridal Veil
**Vista
House**
The
Dalles

Portland
I-205
211
Sandy
26
35
Mt Hood
3429 m
**Tamanawas
Falls**
197
97

Government
Camp
**Timberline
Lodge**

Mirror Lake
Trillium Lake
**Mt. Hood
National Forest**
216
Bend/
Shaniko

Bend
Bend

| **Wasserfälle am Eagle Creek** | Zu den empfehlenswertesten Ausflügen in der *Gorge* zählte der Wanderweg entlang des **Eagle Creek** (*Exit* 41) vorbei an zahlreichen Wasserfällen. Der dort einst besonders idyllische Regenwald wurde im Sommer 2017 größtenteils vernichtet und das ganze Gebiet war zu Redaktionsschluss noch gesperrt (Stand Ende 2018). |

Quartiere für Gorge-Besuch

Die besten Unterkünfte der Region stehen in **Troutdale/Gresham** (➤ Seite 511) sowie in **Cascade Locks** (z.B. ein *Best Western Plus* beim *Exit* 44). Viele der insgesamt 19 *State Parks* in der *Gorge* verfügen über **Campgrounds**. Diese liegen zwar meist schön, sind aber leider nachts recht laut (*Interstate*- und Zuglärm!).

Ausflüge mit dem Schaufelraddampfer

Zu Goldrausch-Zeiten galten Schaufelraddampfer im Westen Nordamerikas als eines der wichtigsten Transportmittel für Fracht und Passagiere. Ab Mitte des 19. Jahrhunderts verkehrten sie auf vielen großen Strömen, so auch auf dem Columbia River. Heute sorgen kleinere Replikas der alten *Sternwheeler* (Heckraddampfer) für Unterhaltung. Den Sommer über kann man z.B. an Bord der *MV Columbia Gorge* **ab Cascade Locks** die Schlucht von der Wasserseite aus erleben. Von November bis April startet das Schiff ab Portland; *Sightseeing Cruises* $30 pro Person; auch Brunch- und Dinner-Fahrten; www.portlandspirit.com. Ähnliche Optionen werden noch in Salem (*Willamette Queen*, ➤ Seite 661) sowie in Kanada im *Heritage Park* (➤ Seite 325) von Calgary angeboten.

Nordseite der Schlucht

Die *Bridge of the Gods* ($2 Gebühr) führt bei Cascade Locks an das Nordufer des Columbia River und zu den Unterkünften in Stevenson (➤ Seite 508). Ab Carson, nur wenig weiter östlich an der #14, geht es hinauf zu den *Falls Creek Falls* und *Panther Creek Falls* – **tolle Wasserfälle in regenwaldähnlicher Umgebung**, die vom Feuer verschont geblieben ist (➤ Seite 507f; Abzweig 6 mi östlich der Brücke). In Richtung Westen führt die #14 zurück nach Portland.

Nur 6 mi östlich von Carson starten ab der #14 außerdem die drei steilen Pfade auf den **Dog Mountain** (860 HM). Im April/Mai/Juni wird der Berg regelrecht überrannt wegen seiner prächtigen Wildblumenblüte (➤ Seite 26). Dann muss man sich möglichst früh am Morgen einen Parkplatz sichern und Sa+So ein *Permit* besorgen: www.fs.usda.gov/detail/crgnsa/fire/?cid=FSEPRD572962.

Mt. Hood vom Ufer des Trillium Lake

Ausflug entlang des Mount Hood Scenic Byway

Auf der alternativen Verbindung zwischen Portland und Hood River über die gut ausgebauten Straßen #26 und #35 durch das **Hood River County** um den gleichnamigen, alles dominierenden Vulkan (www.mthoodterritory.com) ist man mindestens 1,5-2 Stunden länger als auf der *Interstate* 84 unterwegs (+40 Meilen). Der *Mount Hood Scenic Byway* lohnt sich somit vor allem für Leute, die nach oder vor einem Ausflug in die *Columbia River Gorge* (➤ Seite 517) eine neue Strecke abfahren oder ruhiger als in der Schlucht campen möchten (oder überhaupt von Süden z.B. von Bend, ➤ Seite 651, aus anreisen).

Die **Straße #26** beginnt an der I-5 *Exit* 299B bei der South Waterfront mitten in Portland, ebenso gut kann man ihr ab Troutdale/Gresham folgen. Das gesamte Gebiet südlich des Mount Hood erfreut sich großer Beliebtheit bei Wanderern, Sportfischern und Campern, entsprechend viele **NF-Plätze** liegen entlang der #26 und #35. Im Ort **Government Camp** stehen zudem ein **Best Western** sowie die von innen eindrucksvolle **Timberline Lodge**. In diesem Nobelhotel wurde einst der Horrorfilm **The Shining** mit *Jack Nicholson* gedreht. Eine Übernachtung ist nicht ganz billig (im Sommer ca. $250, *Chalet* mit Doppelstockbett $150), dank des besonderen Ambiente aber vielleicht das Geld wert. Reservierung: ☎ 1-800-547-1406; www.timberlinelodge.com.

Auf der Stichstraße zur *Lodge* (6 mi) kommt man näher an den 3.427 m hohen, noch als »aktiv« eingestuften Vulkan heran als bei anderen Zufahrten. **Skifahrer und Snowboarder** können sich von dort aus selbst **im frühen Sommer** noch auf präparierten Pisten in den ewigen oder auch künstlichen Schnee hinauflíften lassen. Die Anlagen weiter östlich beim *Mt. Hood Meadows Ski Resort* sind in Abhängigkeit von den Schneefällen nur von Nov. bis April/Mai in Betrieb.

Unweit westlich der Kreuzung #26/#35 zweigt die kurze Forststraße zum **Trillium Lake** ab, von dessen Südufer man eine klassische Postkartenansicht mit dem sich im Bergsee spiegelnden Mt. Hood genießt oder einfach nur Anglern und Weißkopfseeadlern beim Fischen zuschauen kann. Der schöne *NF-Campground* am Ufer ist sehr beliebt ($22-$45), am besten im Voraus reservieren! Ein ähnliches Motiv vor der Linse bietet der **Mirror Lake**, den man jedoch nur zu Fuß erreicht (2,5 km *one-way*, 200 Höhenmeter), ausgehend von den *Yocum Falls* nahe des *Mile Marker* #52 rund 2 mi westlich von Government Camp.

Die Wanderung zu den **Ramona Falls**, die sich sanft über Basaltsäulen ergießen, ist nur etwas für hartgesottene Wasserfall-Fans; 11 km retour inkl. einer nicht ganz ungefährlichen Flussdurchquerung; Zufahrt über die Lolo Pass Road (#18) und Forststraßen ab der Siedlung **Zigzag**; Eine Karte sowie genaue Wegbeschreibung findet man unter www.fs.usda.gov/recarea/mthood/recarea/?recid=53460.

Die **Bergstrecke #35** führt weiter – mit dem Mount Hood als ständigen Begleiter zur Linken – vorbei an diversen *Trailheads*, darunter der Ausgangspunkt zu den 30 m hohen **Tamanawas Falls**. Für diese Wanderung benötigt man knapp 3 Stunden ab dem *NF-Campground Sherwood* und zurück (insgesamt 6 km, 180 Höhenmeter; www.fs.usda.gov/recarea/mthood/recarea/?recid=53300).

Etwa 10 mi südlich der Stadt Hood River passiert der *Scenic Byway* den prima am Fluss liegenden **Toll Bridge Park Campground**, der zwar angelegt ist wie ein Forstplatz, aber dennoch Vollkomfort bietet; Zelte $20; *hook-up* $30.

Von dort bis nach Hood River erstreckt sich entlang der sogenannten **Fruit Loop** ein großflächiges Obstanbaugebiet im Schatten des Berges (teilweise zum Selbstpflücken, »u-pick«). Im Frühling machen sich die Gärten auch toll als Fotomotiv, ➢ unten. Früher war die **Mount Hood Railroad** dort für den Obsttransport zuständig, heute sorgt sie für Unterhaltung. Neben *Brunch*-Fahrten werden auch Zugüberfälle wie im Wilden Westen, *Murder Mystery Dinners* und auch *Rides* speziell für Kinder angeboten; Start vom Bahnhof an der 110 Railroad Street in Hood River; www.mthoodrr.com.

Obstplantage an der Fruit Loop

Hood River

Hood River auf der Südseite der Schlucht (*Exit* 62 oder 63) ist im Sommer und an Wochenenden bis Mitte September ein **Mekka der Windsurfer**, entsprechend groß auch die Anzahl von **Motels** und *Lodges* zu einigermaßen moderaten Tarifen. Außerdem stehen hier etliche **B&Bs** sowie das nostalgische und gute *Columbia Gorge Hotel* im eigenen kleinen Park hoch über dem Fluss im Westen der Stadt. Zimmerpreise ab ca. $190; 4000 Westcliff Drive; ✆ (541) 386-5566; www.columbiagorgehotel.com.

Museum

Ein Muss für Oldtimer-Fans ist das **Western Antique Aeroplane & Automobile Museum** mit einer ausgesprochen liebevoll präsentierten Sammlung von alten Karossen, Bikes und Fluggeräten; 1600 Air Museum Rd; 9-17 Uhr; Eintritt $16/$7; www.waaamuseum.org.

Baden

Zwischen Brückenrampe und I-84 befindet sich das große *Mount Hood* & *Columbia Gorge* Besucherzentrum (www.hoodriver.org) und westlich davon der **Waterfront Park** mit einem kleinen **Sandstrand** am Flussufer (Zufahrt über die Ausfahrt 63 der I-84).

Rowena Plateau

Zur Obsterntezeit lohnt ein Abstecher nach Süden auf der #35 zur **Fruit Loop** (➤ Seite 521) und wer hier im April/Mai unterwegs ist, könnte einen Ausflug hinauf zum **Rowena Plateau** in Erwägung ziehen. Zu dieser Jahreszeit breitet sich ein Blütenmeer aus blauen Lupinen, sonnenblumenähnlichen Balsamwurzeln, roten *Indian Paintbrush* u.v.m. auf den Anhöhen oberhalb des Columbia River aus. Anfahrt von der I-84 *East*, *Exit* 69, und weiter auf der #30 durch die Ortschaft Mosier 6,5 mi hinauf bis zum *Rowena Crest Viewpoint* Parkplatz und dort dann am besten dem ausgeschilderten, kurzen Weg auf der gegenüberliegenden Straßenseite folgen; Vorsicht vor Klapperschlangen, sie sonnen sich gerne auf den Wiesen!

Blütenpracht bei Rowena Crest oberhalb des Columbia River

Felsritzungen und -malereien der Ureinwohner (**Petroglyps/Pictographs**) gibt es beim **Horsethief Lake** im *Columbia Hills Historical State Park* zu sehen. Für die Tour zum *She who watches*-Stein ist aber eine Vorabanmeldung erforderlich (nur Fr+Sa 10 Uhr April-Okt.); Zufahrt ab **The Dalles** über die #197/#14.

Maryhill

In **Biggs Junction** (*Exit* 104) bietet sich ein kurzer Abstecher zur Nordseite der Schlucht an. Gänzlich unerwartet thront dort das an italienische Renaissance erinnernde Gebäude des **Maryhill Art Museum** hoch über dem Fluss. Es entstand als Privatvilla des Millionärs **Sam Hill** Anfang des 20. Jahrhunderts. Nach seinem Tod wurde daraus ein Kunstmuseum mit durchaus bemerkenswerten Einzelstücken und Sondersammlungen, u.a. Skulpturen und Gemälde *Auguste*

Rodins, kunstvolle Schachspiele und russische Ikonen; 10-17 Uhr; Eintritt $12/$5; www.maryhillmuseum.com.

Derselbe *Sam Hill* ließ einige Meilen östlich ein Replikat des englischen **Stonehenge** als *Memorial* für Gefallene des 1. Weltkriegs errichten; Zufahrt geöffnet 7 Uhr bis zur Dämmerung, Eintritt frei. Unten am Fluss liegt der außergewöhnlich gute **Campground** des **Maryhill State Park** mit allem Komfort und Badestrand.

Routen in Richtung Glacier bzw. SLC/Yellowstone Park

Auf der I-84 weiter zum Yellowstone Nat'l Park

Hitze und Trockenheit kennzeichnen die Ebene zwischen Kaskadengebirge und nordwestlichen Höhenzügen der *Rockies*. Nur intensive Bewässerung ermöglicht hier wie im zentralen Washington die landwirtschaftliche Nutzung. Besonderes zu sehen gibt es an der I-84 am Columbia River entlang nichts mehr. Erst ab Erreichen der Blue Mountains hinter Pendleton, Zentralort im nordöstlichen Oregon, wird das Landschaftsbild erfreulicher. Die Verbindungsstrecke nach Osten zur Mormonen-Hochburg **Salt Lake City** ist im **Kapitel 5.1** beschrieben, ➤ Seite 627ff, weiter zum **Yellowstone Nationalpark** geht es im **Kapitel 4.3**, ➤ Seite 563ff.

Nordzufahrt zum Hells Canyon

Alternativ erreicht man auf der I-82 (I-84 Afahrt 179) nach Norden und den Straßen #730/#12 nach Osten über Walla Walla die Kleinstadt **Lewiston** in Idaho, wo man **Jetboot-Touren** auf dem Snake River durch die tiefste Schlucht des nordamerikanischen Kontinents starten ➤ **Hells Canyon**, Seite 637ff.

Weiterfahrt zum Glacier Nat'l Park

An der I-82 liegen auch die »**Tri-Cities**« **Kennewick, Pasco und Richland**, über die es auf der #395 direkt weiter geht in Richtung I-90 mit Anschlussmöglichkeit an die Nordroute zum **Glacier NP**, **Kapitel 2.3.1** und **2.3.4**, ➤ Seite 465ff bzw. 479ff. Deutlich schöner, allerdings um einiges länger, ist die Tour über den »Höllencanyon« und von dort dann über die Täler des Clearwater und Lochsa River hinauf zum *Glacier NP*; Details ➤ Exkurs Seite 642.

Nördlich der Tri-Cities liegt am Ufer des Columbia River das **Hanford Reach Nat'l Monument**, das in erster Linie von historischem Interesse ist. Es umschließt *Hanford Site*, wo im 2. Weltkrieg das Plutonium für die Nagasaki-Atombombe produziert wurde. Auch zu Zeiten des Kalten Kriegs herrschte dort Hochbetrieb. Der letzte der insgesamt 9 Kernreaktoren wurde erst 1987 stillgelegt. Die umliegenden Areale sind z.T. noch schwer kontaminiert und für die Öffentlichkeit unzugänglich. Vom *White Bluffs Overlook* innerhalb des NMs reicht der Blick weit über die Militäranlage. Zufahrt ab Pasco über die #68, dann auf der Taylor Flats Rd und Ringold (River) Road, die in ihrem Verlauf einen Linksabzweig aufweist (das kleine Schild kann man leicht übersehen!), die letzten Meilen auf Schotter; Details: www.wta.org/go-hiking/hikes/white-bluffs-south.

Amerikanische Beton-Version von Stonehenge in Maryhill

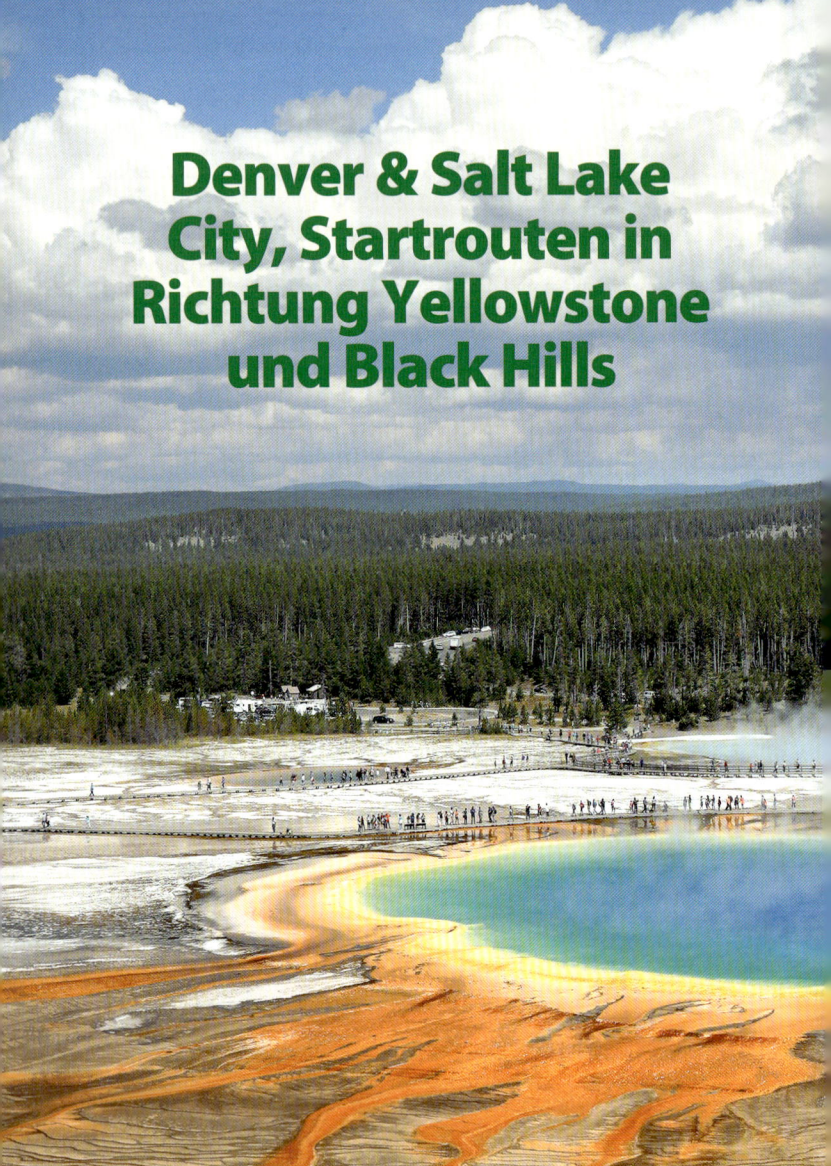

Denver & Salt Lake City, Startrouten in Richtung Yellowstone und Black Hills

Grand Prismatic Spring im Yellowstone Nationalpark

START IN DENVER oder SALT LAKE CITY
Routen durch den zentralen Nordwesten

Wer eine Reise plant, die im Wesentlichen durch den zentralen US-Nordwesten und den *Yellowstone NP* oder in Richtung Black Hills führen soll, für den bieten sich **Denver** (➤ Seite 528ff) oder **Salt Lake City** (➤ Seite 552ff) als ideales Flugziel an – mit Einbezug der kanadischen *Rockies* ggf. aber auch **Calgary** (➤ Seite 314ff; Anschluss z.B. über die angrenzenden Nationalparks Glacier/Waterton Lakes oder die *International Selkirk Loop*, ➤ Seite 304ff).

Ab Denver oder Salt Lake City?

Denver und Salt Lake City – beide abgesehen von ihrer Lage vor dem Panorama der Rocky Mountains und nahen Zielen im Westen nach Meinung der Autoren nicht überdurchschnittlich interessante US-Städte – eignen sich ähnlich gut als Startpunkt, wobei **Denver** über eine bessere internationale Fluganbindung verfügt (Direktziel von *Lufthansa* und anderen europäischen *Airlines*). Hinzu kommt, dass fast alle großen Campervermieter dort ihre Stationen haben, während es in **Salt Lake City** nur eine Niederlassung von *Cruise America* und *El Monte* gibt. Dafür liegt die Mormonenhauptstadt am größten Autobahn-Verkehrsknoten im Herzen des US-Westens und punktet – bei knapp bemessener Reisezeit – durch kürzere Anfahrtswege (bei Ziel Yellowstone und Glacier Nationalpark mindestens ein Reisetag weniger); Anreise am besten mit *KLM* über Amsterdam oder mit *Delta Airlines* über Paris.

Start in Denver

Die in **Kapitel 4** (➤ Seite 539ff) beschriebene **Basisroute** besitzt mit Denver/*Rocky Mountain NP*, Salt Lake City, den beiden Nationalparks Yellowstone/Grand Teton und der Black Hills-Region (zusammen mit dem *Badlands NP*) vier markante Eckpunkte. Zwischen ihnen führt sie abwechslungsreich durch überwiegend gebirgige, oft einsame Landschaften einschließlich Hochgebirge (Grand Teton, Bighorn und Rocky Mountains) und die hügeligen **Prärien** des immer noch unverkennbaren Cowboystaates **Wyoming**.

Entlang der Route oder über kurze Abstecher leicht erreichbar liegen eine Reihe **sehenswerter Nationalmonumente** (vor allem *Golden Spike, Devils Tower, Mount Rushmore* und *Dinosaur*) und attraktive **Recreation Areas** (*Flaming Gorge, Bighorn Canyon*). Die gesamte Region ist mit zahlreichen tollen Campingplätzen bestückt. Mit **Jackson**, **Cody**, **Deadwood**, **Black Hawk/Central City** und **Estes Park** gibt es in günstigen Abständen mehrere kleinere Ortschaften, in denen man (zumindest sommerliche) Betriebsamkeit (Kneipen, Musik, Theater, Rodeo etc.) und teilweise authentische **Wildwest-Kulissen** findet.

Erweiterung der Basisroute

Von den Black Hills führen einsame *Backroads* hinauf in den nur wenig besuchten Theodore Roosevelt Nationalpark (**Route 4.4.5**, ➤ Seite 6161ff), ein guter Tipp für alle, die zwischendurch etwas Abstand vom großen Trubel suchen, der den Sommer über in Parks wie dem Yellowstone oder Glacier unvermeidbar ist.

Eine wesentlich längere, aber sehr schöne **Erweiterung der Basis-route** führt durch Lavafelder und Vulkane der *Craters of the Moon* und den *Hells Canyon* des Snake River quer durch **Idaho** und **Montana** zum Glacier Nationalpark bis an die Grenze zu Kanada (**Route 5.1.2** und **Route 5.1.4**, ➢ Seite 634ff bzw. 637ff) und danach von Norden in den Yellowstone Nationalpark (**Route 2.3.6**, ➢ Seite 490ff). Sie folgt von der Reiseliteratur nur selten berücksichtigten Strecken (siehe hierzu auch **Routenvorschlag Nr. 5** im Anhang, ➢ Seite 771f) und bietet neben den expliziten Highlights und wiederum herrlichen Gebirgslandschaften weniger beachtete Kleinode wie z.B. die **Täler des Payette, Salmon** und **Lochsa River**, das ***Russell Museum*** in Great Falls, den Verlauf der ***Interstate #15*** in Montana (zwischen Helena und Great Falls) und alte **Goldgräberstädtchen** wie Garnet, Nevada City oder Virginia City.

Start in Salt Lake City

Bei Start in Salt Lake City konzentriert man sich – mit nur zwei Wochen Reisezeit – am besten auf die spektakulärste Landschaft des zentralen Nordwesten (Yellowstone!) und auf das südliche Idaho. Mit etwas mehr Urlaub empfiehlt sich auch ab Salt Lake City der oben erwähnte Schlenker über die *Craters of the Moon*, die Sawtooth Mountains, den *Hells Canyon* und den *Glacier NP* mit anschließendem Besuch des Yellowstone Nationalparks und der Black Hills (mit oder ohne Abstecher hinauf zum Theodore Roosevelt Nationalpark).

Beste Reisezeit

Die Rocky Mountains-Region ist ein klassisches **Hochsommer-Ziel**. Im Juni und September ist das Wetter meist sehr wechselhaft und das Regenrisiko gegenüber Juli/August erhöht. Nachts muss dann ab 1.500 m Höhe mit Frost gerechnet werden. In den Nationalparks Yellowstone, Glacier und Rocky Mountain kann es manchmal sogar bis Mitte Juni und ab Mitte September kritisch hinsichtlich Schneefälle sein. Ähnliches gilt für die *Sawtooth Wilderness* (Idaho) und Bighorn Mountains (Wyoming). Bei Start Ende Mai empfiehlt es sich daher, der Basisroute ab Denver (**Kapitel 4**) gegen den Uhrzeigersinn zu folgen. So besucht man die im Frühling schönen und noch nicht so heißen *Badlands* in South Dakota zu Beginn und kommt erst in der zweiten Reisehälfte in den Yellowstone Nationalpark.

Anschluss an die Oregon- und Kaskaden-Routen

Denkbar ist **ab Salt Lake City** auch eine Rundreise, die zunächst durch das südliche Idaho, über Baker City und die *Painted Hills* weiter bis in das **zentrale Oregon** rund um **Bend** und **Portland** (mit Anschlussoption an die Küstenroute, ➢ Seite 672ff) führt und von dort dann über eine der **Kaskaden-Routen** (**Kapitel 2.3**, ➢ Seite 464ff) hinauf zum *Glacier NP*. Wieder zurück zum Ausgangspunkt geht es – wie ➢ oben – durch die Nationalparks Yellowstone/Grand Teton und die Cowboy-Stadt Jackson. Auch für die Bergwelten rund um Bend ist der Sommer die ideale Reisezeit, in den Trockengebieten Südidahos und den *Owyhee-Canyonlands* an der Grenze zu Idaho muss dann aber mit großer Hitze gerechnet werden.

Die Treppe, die hinauf zum State Capitol der »Mile High City« führt, liegt exakt eine Meile über dem Meeresspiegel

3.   DENVER UND UMGEBUNG

3.1   Allgemeine Infos

3.1.1   Geschichte, Geographie, Klima, Besucherzentren

Denver ist die einzige *Big City* zwischen Kansas und der Westküste. Ihre Metropolenfunktion für ein Einzugsgebiet von der Größe Westeuropas hat für schnelles Wachstum gesorgt.

Geschichte   **1858** führten **Goldfunde** am Cherry Creek und South Platte River zu einem vorübergehenden *Boom* und der Errichtung des ersten *Saloons* in Colorado dort, wo heute Denver steht. Zwar verließ die Mehrheit der Prospektoren nach der Entdeckung von Goldadern im nahen Central City bald die – wie sich herausstellte – ziemlich unergiebigen Flussbetten um Denver, aber die junge, verkehrsgünstig gelegene 5.000-Seelen-Gemeinde partizipierte am Reichtum des nahen Nachbarn in den Bergen und wurde **1861 Hauptstadt des *Colorado Territory***.

Dabei blieb es auch nach der Proklamierung des US-Bundesstaates Colorado im Jahr 1876. Bereits Ende des 19. Jahrhunderts hatte die Bevölkerung der Stadt die 100.000er-Marke geknackt. Heute leben dort über 700.000 Einwohner, im Großraum Denver sogar knapp 3 Millionen.

Geographie   Denver liegt 85 mi südlich von Wyoming im Zentrum der Westhälfte der USA in einer weitgehend ebenen Landschaft am Rande der **Prärien** des mittleren Westens. Zu ihnen gehören auch – für manche sicher überraschend – rund 40% des Territoriums von Colorado. Nur der Westteil des Staates wird von den Hochgebirgszügen der *Rockies* dominiert. Der Verlauf der **Nord-Süd-*Interstate* #25** markiert in etwa die Trennlinie zwischen den gegensätzlichen Landschaftsbildern.

Auf die sich fast ohne Übergang erhebenden **Foothills** der Rocky Mountains stößt man in Nord-Colorado ca. 10-15 mi westlich der *Interstate* #25. Da die Prärien von Osten nach Westen stark ansteigen und vor Erreichen der Berge bereits eine Höhenlage von 1.600 m (= eine Meile) aufweisen, nennt sich die Hauptstadt Colorados auch gerne **The Mile High City**.

Klima

Denver erfreut sich eines sonnenreichen Kontinentalklimas mit warmen, aber aufgrund der Höhenlage selten zu heißen Sommertagen. Die Winter sind wegen der Rocky Mountain-Barriere gegen Westen relativ schneearm. Regentage konzentrieren sich auf das Frühjahr und den Frühsommer. Beste Besuchsmonate sind August, September und der (frühe) Oktober. Selbst wenn in Denver die Sonne scheint, kann das Herbstwetter in den Hochlagen von Colorado wechselhaft und ungemütlich sein.

Anfahrt

Aus welcher Richtung man auch anreist, ins Zentrum geht's mit dem Auto am schnellsten über die I-25, *Exit* »Colfax Ave« (#40/ #287 *East*). Alternativ gelangt man vom *Transit Center* des *Denver Internati'l Airport* (DEN) auch mit öffentlichen Verkehrsmitteln nach *Downtown*. Die **A Line** ist in nur 37 min beim zentral gelegenen Hauptbahnhof **Union Station** (tagsüber im 15-min-Takt, sonst halbstündlich; Tickets $9). Zusätzlich verkehren **RTD Sky-Ride Busse** zum Vorort Boulder, nach Thornton und zum *Denver Tech Center* in Aurora; www.rtd-denver.com/airport.shtml.

Information

In der 5. Etage des *Airport Main Terminals* gibt es einen kleinen *Info Desk*. Das **Visitors Bureau** in *Downtown* befindet sich beim Fußgängerbereich der *16th Street Mall* und hat massenhaft Infomaterial zu Denver und Colorado; 1575 California St, Mo-Fr 8-17 Uhr; ℂ 1-800-233-6837. Gute Dienste leistet u.a. der jährlich neu aufgelegte **Denver & Colorado Official Visitors Guide**, online unter www.denver.org/about-denver/denver-resources/visitors-guide.

Union Station, der Hauptbahnhof von Denver

3.1.2 Unterkunft, Camping, Restaurants, Shopping

Airport

Rund um den Flughafen (I-70 Abfahrten 284/285) und auch im Kreuzungsbereich I-70/I-270 sind die Hoteltarife hoch. Ein relativ gutes Preis-Leistungs-Verhältnis (im Sommer ab ca. $120) haben die Zimmer u.a. in folgenden Kettenhäusern:

- *Econo Lodge Airport*, 15900 E 40th Ave, *Exit 283* von der I-70
- *Microtel Inn & Suites*, 18600 E 63rd Ave, ℂ 1-800-337-0050.

Preiswertere Motels ballen sich an Denvers **Ausfallstraßen**, z.B. an der Arapahoe Road im Süden, *Exit 197* von der I-25.

Downtown

In *Downtown* sind die Quartiere eher hochpreisig, im Hochsommer findet man aber auch dort gute Zimmer unter $200:

- *Crowne Plaza*, 1450 Glenarm Place, sehr zentral gelegen; ab $130; ℂ (303) 573-1450, www.hoteldenver.net
- *HI Express*, 401 17th Street, ab $175; ℂ 1-800-181-7341

Historischer Charme und moderner Luxus in zentraler Lage werden angeboten im:

- *Oxford Hotel*, 1600 17th Street, bei der *Union Station*, ab $250/Nacht; ℂ 1-800-228-5838, www.theoxfordhotel.com
- *Brown Palace Hotel*, 321 17th St, altehrwürdiges Haus aus 1892 mit Zimmertarifen ab $350, ℂ 1-800-321-2599; www.brownpalace.com.

B&B

Gemütliche B&B-Zimmer sind auch in Denver eine Alternative:

- *The Holiday Chalet*, 1820 East Colfax Avenue; ab $130; ℂ (303) 437-8245, www.theholidaychalet.com
- *Queen Anne Inn*, 2147-51 Tremont Place, nobles Haus 2 Blocks vom Capitol entfernt; ab $165; www.queenannebnb.com.

Hostels

- *11th Ave Hostel*, 1112 Broadway, ziemlich zentral, Betten $29, DZ $53; ℂ (303) 894-0529, www.11thavenuehotelandhostel.com
- *Hostel Fish*, 1217 20th Street; Bett im 6er- bis 10er-Zimmer ab $45, DZ ab $180; ℂ (303) 954-0962, www.hostelfish.com
- *Mile High Guest House*, 1445 High Street, Betten $38; DZ $86; ℂ (720) 531-2898, www.milehighguesthouse.com.

Camping

Fürs Camping im erweiterten City-Bereich geht nichts über den **Cherry Creek Lake State Park** mit Bademöglichkeit im See (Anfahrt über I-225 *Exit 4*; Zelte $20, *full hook-up* $30). Auch der (etwas entferntere) *Chatfield Lake SP* im Südosten der Stadt an der #85 eignet sich gut, wenn man das Wohnmobil in Denver übernimmt/abgibt ($26-$30). Beide Plätze lassen sich reservieren: ℂ 1-800-244-5613 bzw. www.cpw.state.co.us/placestogo/parks.

Essengehen

Für den schnellen Imbiss empfiehlt sich die **16th Street Mall** mit ihren hübschen Café-Terrassen und der *Fast Food Arcade* im *Tabor Center*. Gleich um die Ecke liegt außerdem der **Larimer Square** mit einer ganzen Reihe guter Restaurants der gehobenen Klasse.

Wen Spezialitäten wie Elch- oder Buffalo Steak reizen, der ist im **Buckhorn Exchange Restaurant & Saloon** gut aufgehoben; überaus originelles und teures Ambiente. Do-Sa gibt's **Folk Music live** im Saloon im 1. Stock; 1000 Osage Street unweit von *Downtown* (*Light Rail*-Station vor der Tür); www.buckhorn.com.

Als lokale Sehenswürdigkeit gilt die **Casa Bonita**, ein mexikanisches Dorf mit rosa Glockenturm, Wasserfall und Pool an der 6715 Colfax Avenue; üppiges mexikanisches Essen zu *Mariachi*-Klängen und moderaten Preisen; www.casabonitadenver.com.

Kneipen

In den Ziegelbauten von *Lower Downtown* findet man Dutzende Musik- und Bier-Kneipen, empfehlenswert ist z.B. die **Wynkoop Brewing Company** unweit der *Union Station*. Dort wird Hausbräu serviert und man kann auch an einer Gratis-Tour durch die Brauerei Di-Sa um 15 oder 16 Uhr teilnehmen; 1634 18th Street; ✆ (303) 297-2700, www.wynkoop.com.

Shopping

Neben der hübschen Fußgängerzone im Zentrum (**16th Street Pedestrian Mall**) findet man vor der Toren der Stadt noch drei weitere Einkaufsparadiese mit Fabrikpreisen:

• **Colorado Mills** mit ca. 90 *Outlet Shops* bei der I-70 Abfahrt 262; 14500 West Colfax Ave in Lakewood (im Westen von Denver)

• **Outlets at Castle Rock** südlich der Stadt an der I-25 South, *Exit* 184, 5050 Factory Shops Blvd in Castle Rock; mit mehr als 100 Geschäften das größte seiner Art in Colorado

• **Outlets at Loveland** nördlich von Denver mit rund 40 *Discount*-Läden an der I-25 (*Exit* 257) am Weg nach Cheyenne.

• **Outlets at Silverthorne** an der I-70, gut 65 mi westlich der Stadt.

Hungrige Mägen finden ein vielfältiges Angebot im Tabor Center an der 16th Street Pedestrian Mall; im Hintergrund erhebt sich der 100 m hohe, dem Campanile von Venedig nachempfundene Daniels & Fisher Tower

Hamilton Building, entworfen vom Star-Architekten Daniel Libeskind und Teil des Denver Art Museum

3.2 Stadtbesichtigung

Einen verbundenen Gesamtkomplex bilden das *State Capitol* mit dem *Civic Center Park*, das *Denver Art Museum*, das *Colorado History Museum* und die *US Mint*.

State Capitol

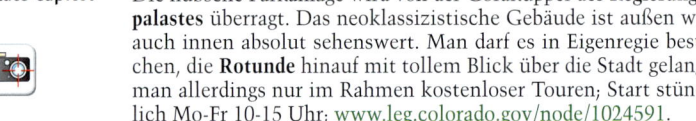

Die hübsche Parkanlage wird von der Goldkuppel des **Regierungspalastes** überragt. Das neoklassizistische Gebäude ist außen wie auch innen absolut sehenswert. Man darf es in Eigenregie besuchen, die **Rotunde** hinauf mit tollem Blick über die Stadt gelangt man allerdings nur im Rahmen kostenloser Touren; Start stündlich Mo-Fr 10-15 Uhr; www.leg.colorado.gov/node/1024591.

Die drei unterschiedlichen Markierungen auf der **Treppe** unterhalb des Capitols sind ebenso ein beliebtes Fotomotiv. Die 15. Stufe trägt die Aufschrift »*One Mile Above Sea Level*«. Spätere Messungen identifizierten jedoch die 18. als die »Richtige«, sie wurde daher 1969 mit einer runden Hinweistafel versehen. Seit 2003 ist man sich aber nun sicher, dass die 13. Stufe exakt eine Meile über dem Meeresspiegel liegt. Sie schmückt seither eine kleine Metallplakette mit der Silhouette der Rocky Mountains.

Denver Art Museum

Im Südosten des *Civic Center Park* erhebt sich der burgartige »Klotz« des **Kunstmuseums**, das 2006 um das avangardistische und sehenswerte *Hamilton Building* erweitert wurde (➢ Foto oben). Das *Denver Art Museum* ist eines der größten und besten seiner Art im US-Westen. Neben modernen und zeitgenössischen Werken, sind vor allem die Kollektion und Präsentation präkolumbischer wie indianischer Kunst beachtlich; geöffnet täglich 10-17 Uhr, freitags bis 20 Uhr, Eintritt $13, Jugendliche bis 18 Jahre frei; www.denverartmuseum.org.

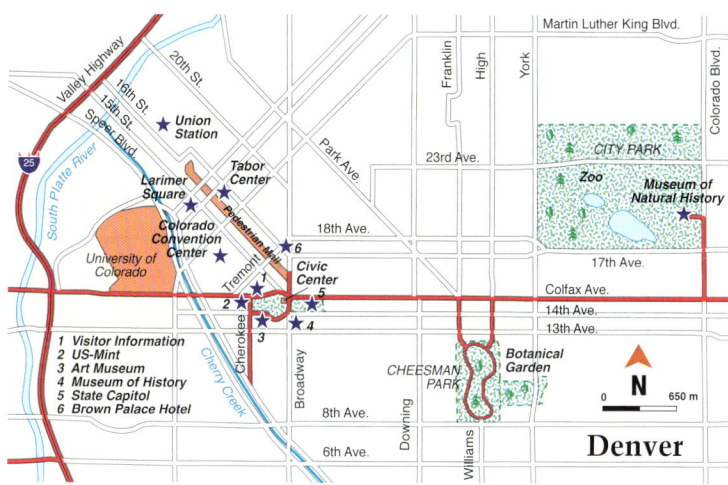

Public Art

Sehenswert sind auch die Skulpturen im Außenbereich des Museums und bei der **Public Library**. Zahllose weitere Kunstwerke verteilen sich über die Parks und Straßen der Stadt. Wer sich dafür interessiert, kann die *Public Art Guides* im *pdf*-Format herunterladen: www.artsandvenuesdenver.com/public-art.

History Colorado

Zum **Museum für die Geschichte Colorados** gelangt man vom Kunstmuseum über den Broadway, Ecke 13th Avenue. Die Ausstellung im Untergeschoss vermittelt ein Bild von den Ursprüngen Denvers, der Pionierzeit und dem Bergbau in Colorado. Eine Besonderheit sind die Dioramen mit Szenen aus den »wilden« Jahren. Geöffnet täglich 10-17 Uhr, Eintritt $12, Kinder $8-$10; www.historycolorado.org.

United States Mint

Großer Popularität erfreut sich die Besichtigung der **US Mint**, einer von zwei Münzprägeanstalten der USA. Allein in Denver werden täglich Abermillionen von Münzen ausgestoßen. Die Tickets für die **45-min-Führungen** (Mo-Do 8-15.30 Uhr) sind **gratis** und werden an der 320 West Colfax Ave jeweils ab 7 Uhr morgens vergeben; www.usmint.gov/about/mint-tours-facilities/denver/visiting-the-denver-mint.

»The Yearling« von Donald Lipski, roter Riesenstuhl mit einem lebensgroßen (!) Pferd vor der Denver Public Library an der West 14th Avenue

Public Art in Denver, der 12 m große »Blue Bear« blickt neugierig durch die Fenster des Convention Centers an der 14th Street. Das Kunstwerk trägt den Titel »I see what you mean«

Molly Brown House

Nur zwei Häuserblocks östlich des *State Capitol* befindet sich an der 1340 Pennsylvania Street das viktorianische Häuschen von **Molly Brown**, die nicht nur den Untergang der *Titanic* überlebte, sondern sich für die Gleichberechtigung stark machte, in einer Zeit, als die Frauen noch kein Wahlrecht hatten. Das ihr gewidmete Museum ist im Rahmen geführter Touren zu besichtigen; täglich 10-15.30 Uhr; $12/$8; www.mollybrown.org.

Downtown/ 16th Street

Zur zentralen **Shopping**-Achse der Stadt wurde die 16th Street ausgebaut, eine **Fußgängerzone** (»*pedestrail mall*«) von etwa 2 km Länge, die an der *Civic Center Plaza* ihren Ausgang nimmt. **Pendelbusse** (frei) sind die einzigen legal verkehrenden Fahrzeuge. *Downtown* lässt sich ohne Busbenutzung leicht in zwei Stunden »ablaufen«. Anschauen sollte man sich dort u.a. beim unübersehbaren **D&F Tower** (➤ Foto Seite 531) das **Tabor Center** mit Indoor-Wasserspielen, ausgefallenen Ladentypen und breitgefächerter *Fast Food Arcade*. Gleich nebenan liegt außerdem der **Larimer Square** mit aufpolierten *Old Town Denver*-Fassaden, schicken Restaurants und teuren *Shops*.

Südwestlich des *16th Street Mall* befinden sich Parkplätze, dahinter das *Performing Arts Center* und das *Colorado Convention Center* mit dem überdimensionalen, blauen Bären, Foto ➤ oben.

Kneipen in LoDo/LoHi

Das Gebiet nordöstlich der Shopping-Zone bis zur *Union Station* nennt sich *Lower Downtown* (**LoDo**) und beherbergt eine angesagte **Kneipenszene** (Empfehlungen ➤ Seite 531). Ebenfalls im Visier der Nachtschwärmer ist der mit *LoDo* über Fußgängerbrücken verbundene Stadtteil *Lower Highlands*, kurz **LoHi**, wo neben zahlreichen Bars, Cafés und Restaurants noch viele kleine **Kunstgalerien** zu finden sind. Zugang vom nördlichen Ende der *16th Street Mall* über den *Commons Park* bzw. die *Millenium* und *Highland Pedestrian Bridge*, die sowohl den South Platte River als auch die I-25 überspannen.

Brown Palace Hotel

Östlich der *16th Street Mall* ballen sich die Hochhäuser des *Financial District*. Mittendrin steht das traditionsreichste Hotel der Stadt, **Brown Palace Hotel** (17th St/Ecke Broadway), gegenüber der Glaspalast des ebenfalls sehenswerten **Mile High Plaza Building**. Die Zimmer in Denvers Spitzenhotel eignen sich nicht für jedes Portemonnaie, aber dessen **Innenarchitektur** darf man auch kostenlos und ohne Übernachtung besichtigen. Das Preisniveau in den diversen Restaurants und in der Bar ist nicht sehr viel höher als in der Mittelklasse-Gastronomie.

University/ Elitch Gardens

Jenseits des Speer Blvd erstreckt sich der **Auraria Campus** der **University of Colorado**, nördlich davon am Flussufer die **Elitch Gardens**, ein großer **Amusementpark** (fast) mitten in der City – mit alten Holzkonstruktions-*Rollercoaster* und **Wasserplanschpark** (im Hochsommer 10.30-21 Uhr, Fr+Sa bis 22 Uhr; Tickets $40 (Online-Preis, vor Ort deutlich teurer!); www.elitchgardens.com.

Children's Museum

Ein ebenfalls lohnenswertes Ziel mit Kindern auf der gegenüberliegenden Uferseite ist das **Children's Museum of Denver**, wo interaktiv und auf spielerische Art Wissen vermittelt wird; 2121 Children's Museum Drive; Mo-Fr 9-16 Uhr, Mi bis 19.30 Uhr, Sa+So 10-17 Uhr; Eintritt $13; www.mychildsmuseum.org.

City Park

Im **City Park**, etwa 2,5 mi östlich des Zentrums, befinden sich der (kleine und eher durchschnittliche) **Denver Zoo** sowie das hervorragende **Museum of Nature & Science** (mit **IMAX**-Kino $10 extra und Planetarium +$5). Nur die naturkundlichen Museen in New York und Chicago bieten zur Thematik »Flora und Fauna Nordamerikas« Vergleichbares oder mehr. Die Abteilung zur indianischen Kultur ist ebenfalls sehr gut. Von der Terrasse und dem 1. Stock des Museums fällt der Blick über den Park auf die City-Kulisse mit Rocky Mountains-Panorama dahinter (➤ Foto unten); 2001 Colorado Blvd; 9-17 Uhr, Eintritt $17/$12; www.dmns.org.

Black American Museum

Östlich des Parks, an der 3091 California Street, wartet ein weiteres interessantes Museum. Das **Black American West Museum & Heritage Center** widmet sich den (in der Geschichtsschreibung kaum beachteten) Pionierleistungen der »Men and Women of Color« bzw. schwarzen Bevölkerung. Was z.B. kaum jemand weiß: Ein Drittel aller Cowboys im amerikanichen Westen hatte schwarze Hautfarbe. Leider nur sehr begrenzte Öffnungszeiten (oft Fr und Sa 10-14 Uhr), am besten kurz vor dem Besuch die Webseite des Museums aufrufen: www.bawmhc.org.

Denver City Park

3.3   Ziele in Denvers Umgebung

Westlich von Denver liegen gleich mehrere erwägenswerte Zwischenziele für kleine Abstecher. Auf der Weiterfahrt in Richtung Westen oder Norden lassen sie sich aber auch gut in die Reiseroute einbauen, ebenso bei der Rückkehr nach Denver.

Red Rocks Theatre

Von der **Ausfahrt 259** der I-70 führt die Straße #26 nach Süden hinauf zum (ausgeschilderten) *Red Rocks Amphitheatre*, einer grandiosen *Open-air*-Bühne zwischen roten Felsen. Von den Rängen blicken die Besucher auch auf die Umgebung und hinüber zur fernen *Denver Skyline*. Eine **Konzertveranstaltung** in diesem Rahmen unter klarem Nachthimmel und den *Citylights* im Hintergrund ist ein Erlebnis. Das aktuelle Programm findet man online unter www.redrocksonline.com oder im *Denver Visitor Center*. Der Besuch lohnt aber auch ohne Veranstaltung.

Umgehung der I-70

Von dort gelangt man südlich auf die **Straße #74 durch den malerischen** *Bear Creek Canyon*. Sie führt über das hübsche Städtchen Idledale nach Evergreen und dann zurück auf die I-70. Diese Strecke ist ideal für eine Rundfahrt, die über Golden – oder erweitert um einen Umweg bis Mount Evans/Central City – wieder zurück nach Denver führt.

Nördlich der *Red Rocks* und der I-70 liegt an der #40 der **Heritage Square**, bis 2015 ein hübsches künstliches Städtchen im amerikanisch-viktorianischen Stil, heute nur noch ein **Amusement Park** mit etwas in die Jahre gekommenen *Rides*. Mit dem *Elitch Gardens* (➤ umseitig) in Denver kann *Heritage* nicht mithalten.

Lookout Mt

Von der I-70 direkt oder auch von der #6 südlich von Golden geht es auf der **Lookout Road** zum gleichnamigen Berg (2.249 m). Oben befindet sich das Grab von **Buffalo Bill** (➤ Seite 593); außerdem ein kleines Museum mit Ausstellungsstücken zum Leben des Helden und vor allem Gemälden zum Thema »Wilder Westen«; im Sommer 9-17 Uhr; $5/$1; www.buffalobill.org. Abends überblickt man von dort das **Lichtermeer** von Denver und Umgebung.

Red Rock Amphitheatre

Golden

Hübsch und grün ist die Stadt Golden am Fuße der *Rockies*. Jeweils am dritten Wochenende im August findet dort ein tolles **Kunstfestival** auf hohem Niveau statt; www.goldenfinearts festival.org. Eine ganzjährige Attraktion ist die *Miller Coors Brewery*, der größte Brauereikomplex der Welt. Zahlreiche Biermarken gehören zu diesem Konzern. Vom Besucherparkplatz an der 13th Street/Ecke Ford Street bringt ein *Shuttle-Bus* die Gäste zu den Werksgebäuden, wo man *self-guided* (ca. 30 min und gratis) die Brauerei besichtigen kann mit anschließendem, kurzem *Beer Tasting*. Anfang Juni-Mitte August Mo-Sa 10-16 Uhr, So ab 12 Uhr; die übrige Zeit Di+Mi keine Touren; aktuelle Infos unter © 1-866-812-2337, www.millercoors.com.

Tour durch die MillerCoors Brewery

Golden beherbergt außerdem ein beachtliches Eisenbahnmuseum. Das *Colorado Railroad Museum* befindet sich nördlich des Ortes (44th Ave) und verfügt über ein Freigelände mit wunderbaren alten Lokomotiven und restaurierten Waggons. Im Museumsgebäude steht eine riesige Modelleisenbahn-Anlage. Geöffnet täglich 9-17 Uhr; $10/$5; www.coloradorailroadmuseum.org.

Central City/ Black Hawk

Eine **hübsche Abweichung** vom Verlauf der I-70 bietet die Straße #6 durch das Tal des malerischen Clear Creek. Von ihr zweigt die #119 ab hinauf ins ehemalige Goldrauschgebiet der **Doppelstadt Central City/Black Hawk**. Goldhaltiges Erz wird dort immer noch aus den Bergen geholt (Minenaktivitäten am Ende der Ortsdurchfahrt in Richtung Idaho Springs). Einige verbliebene Fassaden und Relikte aus dem vorletzten Jahrhundert sorgten dort früher nur für einen Rest Wildwest-Atmosphäre. Nachdem aber 1991 in Colorado (per Volksentscheid) das **Glücksspiel legalisiert** worden war, entwickelte sich in kürzester Zeit in Central City/Black Hawk ein neues **Spielerparadies**. Nahezu jedes Haus wurde mit *Slot Machines* und *Black Jack*-Tischen vollgestellt und neue *Saloons*, *Gambling Halls* und *Casino-Hotels* schossen aus dem Boden. Ein Zubringerbus ab Denver sorgt laufend für Gästenachschub.

Man kann auch über Nacht bleiben: An **M/Hotels** mangelt es nicht in der Doppelstadt. Hübsche *NF-Campgrounds* sind ebenso nicht weit: Ca. 6 mi nördlich an der Straße #119 (*Cold Springs* mit Spielplatz) und 3 mi nordwestlich von Central City (ausgeschilderte *gravel road*); www.blackhawkcolorado.com.

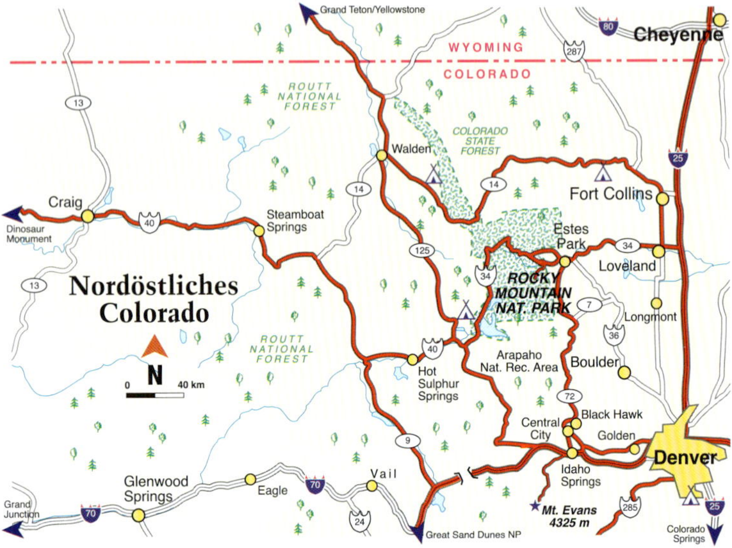

[Map of northeastern Colorado with labels including:]

Grand Teton/Yellowstone · Cheyenne · 80 · 287 · 13 · ROUTT NATIONAL FOREST · WYOMING · COLORADO · COLORADO STATE FOREST · Walden · 25 · 14 · 14 · Fort Collins · Craig · 40 · Steamboat Springs · 125 · Estes Park · 34 · Loveland · 13 · Dinosaur Monument · **Nordöstliches Colorado** · ROCKY MOUNTAIN NAT. PARK · 34 · 7 · Longmont · 36 · N · 0 — 40 km · ROUTT NATIONAL FOREST · 40 · Arapaho Nat. Rec. Area · Boulder · Hot Sulphur Springs · 9 · 72 · Central City · Black Hawk · Golden · **Denver** · Glenwood Springs · Eagle · 70 · Vail · Idaho Springs · 285 · Grand Junction · 70 · 24 · Great Sand Dunes NP · ★ Mt. Evans 4325 m · 25 · Colorado Springs

| Nach Idaho Springs | Die kürzeste Strecke zwischen Central City und Idaho Springs an der I-70 ist die **Virginia Canyon Road**, von der lokalen Werbung als **Oh-my-God-Road** propagiert. Die Serpentinenroute an einigen noch intakten Goldminen vorbei besteht zwar aus Schotter, verursacht aber zumindest bei Trockenheit (!) – trotz ihrer Bezeichnung – für Vehikel bis ca. 23 Fuß kein ernstliches Kopfzerbrechen. Das Panorama des Mount-Evans-Massivs belohnt die Mühe der etwas beschwerlichen Fahrt. |

| Mount Evans | Durch das Städtchen Idaho Springs, das bessere Tage gesehen hat, geht es auf der #103 und **Highest Road in the US** (#5; asphaltiert!) zum Gipfel des **4.348 m** hohen **Mount Evans**. Die Streckenführung enttäuscht zunächst, das letzte Teilstück entschädigt aber mit phänomenaler Fernsicht und durch die dort meist in großer Zahl anwesenden Schneeziegen und Dickhornschafe. Mitte September-Mitte Juni kann die Straße wegen Schnees gesperrt sein (Maut $10); 27,5 mi *one-way* ab I-70 *Exit* 240, dann 500 m Fußweg zum Gipfel. An der #103 auf halber Höhe liegt der im Sommer beliebte, einfache **NF-Campground** am Echo Lake. |

Echo Lake an der Auffahrt zum Mount Evans

4. STARTROUTEN AB DENVER IN RICHTUNG YELLOWSTONE NP/BLACK HILLS

4.1 Von Denver nach Salt Lake City

Bei Start der Rundreise durch den US-Nordwesten in Denver bietet sich gleich zu Beginn ein Abstecher in das Naherholungsgebiet der Stadt an, den **Rocky Mountain Nationalpark**. Eine Passstraße (geöffnet Ende Mai-Oktober) führt auf 3.713 m hinauf und mitten durch dieses populäre Naturschutzgebiet. Von dessen Westseite geht es dann auf der #40 weiter in Richtung **Salt Lake City** – eine 2-3-Tagesetappe (550 mi), denn allein für die 40 mi durch den Park benötigt man knapp 2 Stunden, mit kurzen Stopps und Wanderungen auch schnell mal einen kompletten Tag. Wer nicht sehr zeitig von Denver wegkommt, verbringt am besten die erste Nacht noch in Parknähe und fährt am Folgetag bis nach Vernal (*Dinosaur NM*). Von dort geht es dann weiter nach Salt Lake City (170 mi) oder über die *Flaming Gorge* direkt hinauf nach Jackson (300 mi), wo der Grand Teton und Yellowstone Nationalpark nicht mehr fern liegen.

Nach einem mehrtägigen Aufenthalt in der *Yellowstone*-Region kann man entweder im Anschluss noch die Black Hills ansteuern (➢ **Kapitel 4.4.3**, ➢ Seite 599ff) oder gleich direkt über eine der Routen im **Kapitel 4.3.5** (➢ Seite 585ff) nach Denver zurückkehren.

Direkt zum Dinosaur NM

Wer es etwas eiliger hat, erreicht – unter Verzicht des *Rocky Mountain NP* – das **Dinosaur Nat'l Monument** (➢ Seite 546) am schnellsten über die I-70 und die Straßenkombination #13/#64/#40 ab Rifle (*Exit 90*). Aber auch entlang dieser Strecke (300 mi) bietet sich eine Reihe reizvoller Abstecher an. Nur wenig abseits liegen z.B. südlich von Idaho Springs die bei schönem Wetter empfehlenswerte Auffahrt zum **Mount Evans** (➢ links) und östlich von Glenwood Springs der Wanderweg zum kristallklaren **Hanging Lake** mit Kaskaden und ungewöhnlichen Travertin-Formationen; 4,5 km retour, 330 HM; Zeitbedarf 2-3 Std.; Zufahrt zum *Trailhead* auf der I-70 *West* über den *Exit 121*, dort geht es auf der I-70 *East* dann zurück bis zu dem nur aus dieser Fahrtrichtung erreichbaren *Exit 125*.

Ein Zwischenstopp in ähnlich idyllischer Natur bietet sich nördlich vom *Exit 90* im **Rifle Falls State Park** an (10 mi ab der #13; ausgeschildert; Eintritt $7) mit einem kurzen Pfad (150 m bis zu den **Wasserfällen** in üppig grüner Umgebung) und einem tollen *Campground*; Zelte $20, *hook-up* $26. Wer dort nicht mehr unterkommt, findet 4 Meilen weiter an der #354/#217 in der engen Schlucht des **Rifle Mountain Park** mehr schöne Plätzchen ($15).

Direkt zu den Black Hills

Alle, die ausgehend von Denver als erstes in die Black-Hills-Gegend (**Kapitel 4.4.3**, ➢ Seite 599ff) möchten, sind am schnellsten auf der I-70 *North* und #85/#18 unterwegs (über 300 mi, eine lange Tagesetappe). Bei mehr Zeit kommen auch die etwas attraktiveren Nebenstrecken in Nebraska mit einem zusätzlichen Reisetag dafür in Frage. Am besten wählt man diese aber wie in **Kapitel 4.4.6** (➢ Seite 621) für die Rückfahrt nach Denver ab Hot Springs/Süddakota.

4.1.1   Anfahrt zum Rocky Mountain NP

Route ab Black Hawk/ Central City

Von Black Hawk/Central City findet man über die **Straßenkombination #119/#72/#7** Anschluss an die im Folgekapitel beschriebene Reiseroute durch den Rocky Mountain Nationalpark. Ohne ausgeprägtes Interesse an den Gold- und Spielrauschstädtchen ist diese Strecke aber in der Regel zu zeitaufwendig.

Route über Boulder

Ab Golden und Denver sind deshalb die **Direktverbindungen über Boulder** vorzuziehen. Diese 100.000-Einwohner-Stadt, 30 mi westlich von *Downtown* Denver, rangiert bei landesweiten Umfragen zum Thema »Lebensqualität« immer auf den oberen Plätzen. Die gemütliche Atmosphäre in der Fußgängerzone (***Pearl Street Mall***), die nahen Rocky Mts mit ihren zahllosen *Outdoor*-Möglichkeiten und die große Universität tragen einiges dazu bei; www.boul

Pearl St Mall

dercoloradousa.com. Etwas ganz Besonderes ist auch das ***Mary Rippon Outdoor Theatre*** auf dem Unicampus, wo während der Sommermonate unter freiem Himmel auf einer kleinen urigen Bühne *Shakespeare*-Aufführungen stattfinden; meist Fr-So; aktuelles Programm im Internet unter: www. cupresents.org.

Von Boulder sind es nur noch rund 40 mi bis Estes Park, dem offiziellen »Tor« zum *Rocky Mountain Nat'l Park*.

Umweg über Loveland

Wer vor dem Ausflug in die Berge noch eine Shopping-Pause einlegen möchte (***Outlet*** in Loveland, I-25 *Exit 257*), folgt im Anschluss der **Straße #34** durch das malerische Tal des Thompson River – **die attraktivste Anfahrtsstrecke**!

Estes Park

Die meisten Parkbesucher erreichen ihr Ziel über den Ferienort Estes Park (Sommerfrische und Wintersport). Im Vergleich zu anderen Hochburgen des Tourismus (auf dieser Route z.B. Jackson und Cody) ließ die einschlägige Infrastruktur das Erscheinungsbild ziemlich unbeschädigt. Unweit der #34/#36-Kreuzung steht die ***Visitor Info***; 500 Big Thompson Ave; im Sommer Mo-Sa 8-20 Uhr, So bis 18 Uhr; ✆ 1-800-443-7837; www.visitestespark.com.

Die Zimmer in Estes Park sind den Sommer über immer knapp und relativ teuer. Ein gutes Preis-Leistungs-Verhältnis bietet u.a.:

- ***4 Seasons Inn on the Fall River***, 1130 West Elkhorn Avenue, DZ ab ca. $140; ✆ 1-800-779-4616, www.4-seasonsinn.com
- ***YMCA of the Rockies***, 2515 Tunnel Rd; *Lodge*-Zimmer mit 4 Betten ab ca. $90; 4-Bett-*Cabins* ab ca. $160; ✆ 1-888-613-9622, www.ymcarockies.org.

Natürlich fehlen auch die üblichen touristischen Angebote wie Planwagen- und Reitausflüge, *River Rafting,* Seilbahn usw. nicht. Und selbst abends ist in Estes Park noch was los mit einem guten und vielfältigen Gastronomieangebot.

Shuttles zum Park

In Estes Park verkehren Ende Juni-Anfang September kostenlose **Shuttle**-Busse, die *red route* z.B. zwischen dem **Estes Park Visitor Center** und dem Nationalpark-Besucherzentrum **Fall River**.

Interessanter für alle, die eine Wanderung in der *Bear Lake Area* unternehmen möchten, könnnte der **Hiker Shuttle Express** sein. Mit ihm geht es 7.30-20 Uhr zum *NP*-Besucherzentrum **Beaver Meadows** sowie zum *Glacier Basin Campground*, dem Startpunkt von Wanderwegen und des **Bear Lake Shuttle**, mit dem man den Sommer die *Trailheads* in diesem extrem populären Parkbereich ohne Parkplatzprobleme erreicht. Beide sind ebenfalls gratis; <u>www.nps.gov/romo/planyourvisit/shuttle_bus_route.htm</u>.

Wapiti-Hirsche sind in der Gegend rund um Estes Park allgegenwärtig, so auch auf den Wiesen vor einer Cabin des YMCA of the Rockies

4.1.2   **Rocky Mountain National Park** www.nps.gov/romo

Eintritt $35/Auto oder Interagency Jahrespass

Kurz hinter der **Beaver Meadows Entrance Station** (dort wird man mit Parkkarte und -zeitung versorgt!) zweigt die populäre, insgesamt ca. 10 mi lange **Bear Lake Road** ab. Da die Parkplatzkapazität dort dank der Nähe zum Raum Denver schon früh erschöpft ist, empfiehlt es sich speziell an Wochenenden, das Fahrzeug in Estes Park oder spätestens am **Parkplatz** vor dem *Glacier Basin Campground* stehenzulassen und in den laufend verkehrenden, gratis **Shuttle**-Bus umzusteigen. An Tagen mit hohem Besucheraufkommen wird die Strecke ohnehin für den Individualverkehr gesperrt.

Bear Lake Area Trails

Vom Endpunkt am **Bear Lake** startet gleich eine ganze Reihe hübscher **Wanderwege** hinauf zu den Bergseen und über die Kammlinie der *Rockies* zur Westseite des Parks. Ein relativ kurzer Aufstieg ist mit dem *Trail* zum **Dream Lake** verbunden (5,4 km retour; 130 HM). Wer noch etwas weiter wandern möchte, kann von dort einen Abstecher zum **Emerald Lake** oder **Lake Haiyaha** machen (+ 2,2 km bzw. + 3,4 km retour) oder den Rundtrip über die

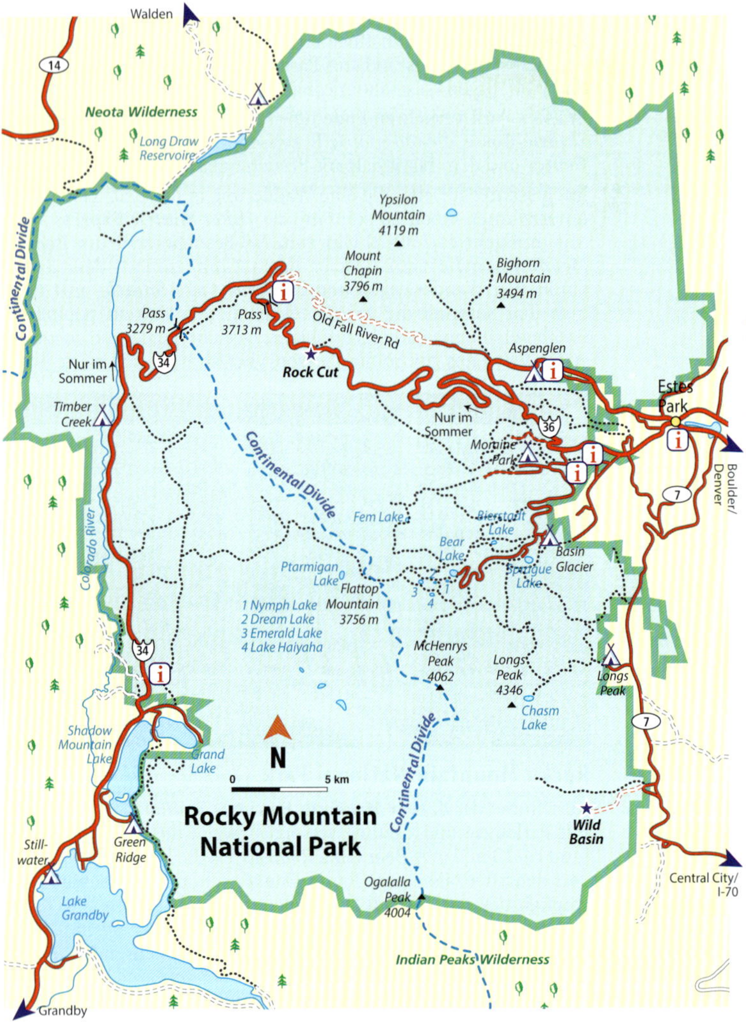

Walden

14

Neota Wilderness

Long Draw
Reservoire

Continental Divide

Ypsilon
Mountain
4119 m

Mount
Chapin
3796 m

Bighorn
Mountain
3494 m

Pass
3279 m

Pass
3713 m

Old Fall River Rd

Nur im
Sommer

Aspenglen

Estes
Park

34

Rock Cut

36

Timber
Creek

Nur im
Sommer

Colorado River

Continental Divide

Morraine
Park

7

Boulder/
Denver

Fern Lake

Bierstadt
Lake

Bear
Lake

Basin
Glacier

Ptarmigan
Lake

Flattop
Mountain
3756 m

Sprague
Lake

1 Nymph Lake
2 Dream Lake
3 Emerald Lake
4 Lake Haiyaha

McHenrys
Peak
4062

Longs
Peak
4346

Longs
Peak

34

Chasm
Lake

7

Shadow
Mountain
Lake

Grand
Lake

0   5 km

N

Continental Divide

Wild
Basin

**Rocky Mountain
National Park**

Still-
water

Green
Ridge

Central City/
I-70

Lake
Grandby

Ogalalla
Peak
4004

Grandby

Indian Peaks Wilderness

Alberta Falls in Angriff nehmen (alternativ 1,3 km ab der *Glacier Gorge Junction*). Abwechslungsreich ist auch die Ganztagestour zum **Fern Lake** (12 km retour ab *Bear Lake Trailhead*; 420 HM).

In Anbetracht der Höhenlage (3.000 m!) mag mancher die weniger anstrengenden *Nature Trails* in einer Ebene rund um **Bear** und **Sprague Lake** (beide ca. 800 m lang) vorziehen.

Wanderkarten und *Trail Guides* erhält man vor Ort oder auch online unter www.nps.gov/romo/planyourvisit/brochures.htm.

**Pass-
straße**

Auch die durchgehende **Trail Ridge Road** nach Westen wird **stark
befahren**, zumal sie Teilstück der 250-mi-Rundstrecke von Denver durch die *Rocky Mountains* und zurück über Granby und die
I-70 ist; geöffnet meist von Ende Mai bis Mitte/Ende Oktober,
schneefallabhängig. Noch bevor der höchste Punkt der Straße
(**3.713 m**) kurz vor dem **Fall River Pass** erreicht ist, führt der
kurze **Tundra Communities** Naturlehrpfad zu Felsformationen in
der Nähe vom Parkplatz »Rock Cut« (Foto ➢ Seite 545). Perfekt
zum Füßevertreten und Minimalprogramm.

Das **Alpine Visitor Center** am *Fall River Pass* (3.595 m) lässt kaum
Wünsche offen: Infos und Souvenirs en masse. Die **Alternative**
zur Hauptroute ist die alte, gelegentlich wegen Instandhaltung
gesperrte **Old Fall River Road** (steile und kurvenreiche Schotter-
Einbahnstraße nach oben mit bis zu 16% Steigung; für Campmobile nicht geeignet; nur Juni bis Ende September).

**Die Fauna
des Parks**

Tierfreunde werden von der im gesamten Park zahlreich anzutreffenden Fauna begeistert sein. Mal steht ein Reh neben der Straße,
mal gleich ein Rudel Dickhornschafe oder sogar ein Elch (*moose*)
mit imposantem Geweih. Absolut beeindruckend ist auch das

Pfeifhase

Röhren der Wapiti-Hirsche (*elk
bugling*), das von Mitte September bis Mitte Oktober allabendlich durch sämtliche Täler hallt.
In höheren Lagen sonnen sich
Murmeltiere und kleine hams-
tergroße Pfeifhasen (*pikas*) flit-
zen – meist mit Grasbüschel im
Mund – zwischen den Felsen hin
und her. Wenn man sie nicht
sieht, hört man sie. Denn Pfeifhasen tun auch das, was ihr Name
schon verrät: sie pfeifen!

4

Sonnenaufgang
am »Traumsee«
Dream Lake
unterhalb des
Flattop Mountain

Beim **Milner Pass**, nur wenige Meilen hinter dem Besucherzentrum, kreuzt die *Trail Ridge Road* die sog. **Continental Divide**. Östlich der kontinentalen Wasserscheide strömen alle Flüsse zum Atlantischen, westlich davon zum Pazifischen Ozean. Begleitet vom **Colorado River**, hier noch ein kleiner Gebirgsbach (er entspringt im Westen des Parks!), geht die Fahrt weiter durch das **Kawuneeche Valley** bis zum Grand Lake, der bereits außerhalb der Parkgrenze liegt.

Im Westen des Parks

Auch an dieser Ein-/Ausfahrt steht ein Besucherzentrum und am Ufer des **Grand Lake** häufen sich die Camp- und Übernachtungsmöglichkeiten. In der angrenzenden **Arapahoe National Recreation Area** mit den Seen Lake Granby und Shadow Mountain befindet sich noch eine Reihe von **NF-Campgrounds**.

Camping

Die Plätze innerhalb des Parks sind in der Regel lange im Voraus ausgebucht. Ohne Reservierung kommt man im Sommer selbst bei früher Ankunft kaum unter, lediglich bei den **Campgrounds Long Peak** im Südosten des Parks (erst ab Ende Juni geöffnet) und **Timber Lake** jenseits der Bergkette gilt *first-come, first-served*. Die Besten sind **Aspenglen** (54 Plätze) unweit der *Fall River*-Einfahrt sowie **Moraine Park** (247 Plätze) am Beginn der *Bear Lake Rd*; alle $26 und ohne *hook-up*. Der Reservierungskalender für die gesamte Sommersaison wird üblicherweise im Mai freigeschaltet. Alle Infos: www.nps.gov/romo/planyourvisit/camping.htm.

Bewertung

Selbst ohne das Überfüllungsproblem wird der Rocky Mountain Nationalpark bei vielen Touristen aus Mitteleuropa oft nicht ganz so große Euphorie auslösen wie andere Parks im Westen der USA. Für jeden Besucher sicher lohnend ist die Region rund um den **Bear** und **Dream Lake**. Die meisten der gepriesenen Ausblicke von der *Trail Ridge Road* hingegen, sind landschaftlich bei Weitem nicht so beeindruckend wie vergleichsweise im *Glacier National Park* (➤ Seite 482) oder in den kanadischen *Rockies*. Sie erreichen auch nur stellenweise die Attraktivität der Alpen.

Wer allerdings nur 'mal kurz »Höhenluft schnuppern« möchte, ist an dieser Straße oder auf der zum Gipfel des **Mount Evans** (➢ Seite 538) am richtigen Platz. Auch die extrem dünne Infrastruktur macht für viele den Reiz dieses Naturschutzgebiets aus. Und wer die Zugänge an der **Straße #7 im Südosten** wählt, wird sogar etwas Ruhe und Einsamkeit finden. Reizvoll, aber anstrengend sind dort die 760 Höhenmeter und 7 km *one-way* hinauf zum **Chasm Lake** unterhalb des **Longs Peak**, die mit 4.345 m höchste Erhebung des Rocky Mountain Nationalparks.

In der dünnen Luft auf knapp 3.700 m Höhe fühlt sich jeder kleine Schritt bereits ungleich anstrengender an, so auch beim Rock Cut Trail an der Trail Ridge Road im Rocky Mountain Nationalpark

4.1.3   Vom Rocky Mountain NP zum Dinosaur NM

Straße #40 nach Westen

Weiter zum *Dinosaur NM* geht es auf schöner, nun verkehrsärmerer Strecke (**Straße #40**) zunächst am Colorado und Muddy River entlang und dann über die *Gore Range,* einen zum Nationalpark parallel verlaufenden Höhenzug der *Rockies.* Im *Routt National Forest* laden in grüner Gebirgsvegetation gelegene *Campgrounds* ein letztes Mal ein, bevor hinter Craig die im Sommer hitzeflimmernde Ebene zwischen White und Yampa River beginnt.

Steamboat Springs

Mit Steamboat Springs passiert man ein bekanntes *Ski Center,* das dank heißer **Mineralquellen** und leicht erreichbarer Bergwildnis auch im Sommer viele Gäste anzieht; www.steamboathotsprings.org. Der Heißwasser-Badekomplex **Old Town Hot Springs** liegt an der Hauptstraße. Reizvoller ist die weitgehend naturbelassene, in die Landschaft eingebettete Poolanlage der **Strawberry Hot Springs** an der Straße #36 ca. 7 mi nördlich des Ortes; Zufahrt ab der #40 über die 7th Street/Missouri Ave/N Park Road. Man kann dort auch übernachten (*Cabins* und Camping); ✆ (970) 879-0342, www.strawberryhotsprings.com.

Die *Fish Creek Falls Rd* und ein 400 m langer Fußweg führen zu den 86 m hohen **Wasserfällen**; 3 mi östlich des Ortes, Parken $5.

4

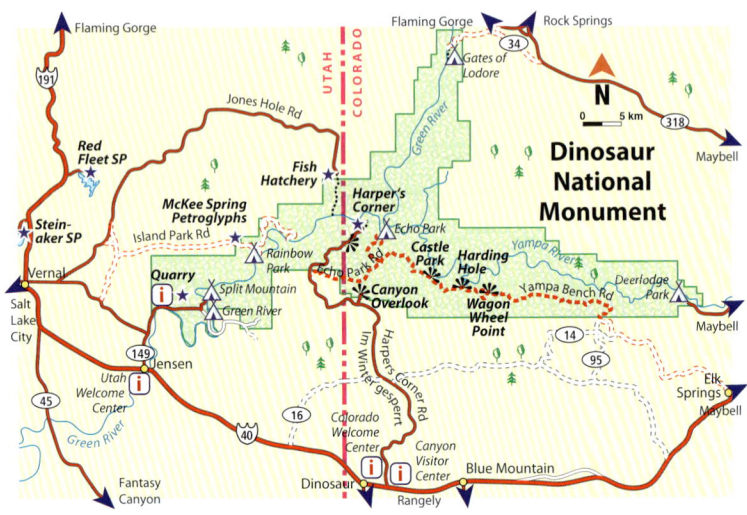

4.1.4
Dinosaur National Monument   www.nps.gov/dino

Eintritt
$25/Auto
oder
Interagency
Jahrespass

Das Nationalmonument **im Grenzgebiet von Colorado und Utah** umschließt eine Fläche von rund 830 km², dessen Kerngebiet nur zu Fuß oder per Boot zugänglich ist. Die Bezeichnung ist daher ein wenig irreführend, denn gerade 'mal 30 ha beziehen sich auf Fundstellen von Dinosaurierskeletten. Trotzdem begnügt sich die Mehrzahl der Besucher mit der Besichtigung der **Quarry Exhibit Hall** im Westen des Parks mit der überbauten Felswand, aus der die meisten Knochen heraus gemeißelt wurden. Im Sommer verkehren 9.30-17 Uhr kostenlose *Shuttle*-Busse im 15-Minuten-Takt zwischen dem *Quarry*-Besucherzentrum und der 400 m entfernten Halle; Zufahrt über die #149 ab Jensen.

Am Fluss, wenige Meilen hinten dem *Visitor Center*, liegen zwei *Campgrounds*: **Green River** ($18, *first-come, first-served*) und **Split Mt** (besser, aber den Sommer über Gruppen vorbehalten). Gleich in der Nähe starten zwei **Loop Trails** durch ein reizvolles Wüstenareal: *Sound of Silence* (5,2 km mit teils nicht optimaler Wegmarkierung) und *Desert Voices* (2,5 km). Ihre klangvollen Namen kommt nicht von ungefähr, der Park zählt zu den am wenigsten besuchten im US-Westen – ganz zu Unrecht finden die Autoren!

Der nördliche und östliche Bereich des Monuments

Gates of
Lodore

Die größte Attraktion des *Dinosaur NM* sind die **Schluchten des Green und Yampa River** und die umgebende Felslandschaft. Ein erster Abstecher von der #40 bei Fahrt von Ost nach West bietet sich hinter Maybell an. Dort führt die **#318** rund 46 mi nach Nordwesten bis zur kurzen *Gravel Road* zu den **Gates of Lodore** (6 mi) mit Einfach-*Campground* und Zugang zum Green River.

Einsame Spitze sind die **Rafting-Touren** durch die *Lodore*-Schlucht, ebenso die Trips durch den *Split Mountain Canyon* (für Anfänger) oder am Yampa River (anspruchsvoller). Ab Vernal/Jensen: www. nps.gov/dino/planyourvisit/commercialguidedrivertrips.htm.

Deerlodge Park

Knapp 16 mi weiter westlich an der #40 passiert man die gut ausgebaute, 12 mi lange Stichstraße zum **Deerlodge Park** am Yampa River. Eine tolle Wanderung in dieser entlegenen Ecke des Parks ist der *Steps Trail*, der oberhalb einer Flussbiegung endet. Der *Campground* am Flussufer besitzt zwar keinen Komfort, dafür aber allerfeinste **Wildwest-Kulisse** ($10, nur Zelte, *first-come, first-served*).

Yampa River Road

Die nächste Zufahrt ins *Backcountry* des Parks erreicht man in Elk Springs. Die holprige **Yampa Bench Road** ist 4WD-Fahrzeugen vorbehalten und führt durch raue Landschaft bis zur **Echo Park Road** (etwa 2 Stunden für ca. 40 Meilen; vor Fahrtantritt nach Straßenzustand erkundigen!). Der schönste Abschnitt der sonst eher eintönigen Strecke konzentriert sich um die **grandiosen Aussichtspunkte** *Wagon Wheel*, *Harding Hole* und *Castle Point*.

Über die Harpers Corner Road hinunter zum Echo Park

Echo Park

Die bessere Zufahrt zum *Echo Park* am Zusammenfluss von Green und Yampa River zweigt von der **Harpers Corner Road** ab, die beim Hauptquartier des Monuments in der Nähe der Ortschaft **Dinosaur** beginnt. Hochliegende Fahrzeuge können der *Echo Park Road* auch ohne 4WD folgen. Aber Vorsicht, bei Nässe werden die teils sehr steilen Haarnadelkurven schnell problematisch. Mit Campfahrzeugen sind sie leider selbst bei Trockenheit nicht machbar. Als Lohn für die Mühe der holprigen Anfahrt wartet nach 11 mi **einer der umwerfendsten *Campgrounds* des US-Westens** am Ufer des Green River unterhalb hochaufragender Felswände; $8, nur 22 Zeltplätze, einige als *Walk-in*.

4

Aussichtspunkt Harpers Corner am Ende der gleichnamigen Parkstraße

Harpers Corner

Aber auch sonst empfiehlt sich die Fahrt entlang der *Harpers Corner Road*. Einen ersten Höhepunkt bietet – 19 mi von der #40 entfernt und noch vor dem *Echo Park* Abzweig – der **Canyon Overlook** mit Aussicht auf den *Sand Canyon*. Weitere *Viewpoints* folgen, bevor man nach insgesamt 37 Meilen den Parkplatz am Straßenende erreicht. Von dort geht es zu Fuß (4 km retour, 50 Höhenmeter) hinaus auf **Harpers Corner**, einem Felsvorsprung von dem der Blick beidseitig auf die fast 800 m tiefergelegene Flussschleife des Green River fällt – eine überwältigende Canyon-Szenerie!

Der westliche Bereich des Parks

Zwei weitere Stichstraßen, die nicht zum Pflichtprogramm gehören, führen noch vom Nordwesten in das *Dinosaur NM* hinein: die **Jones Hole Road** bis zur gleichnamigen *Fish Hatchery* (38 mi ab Vernal), dem Ausgangspunkt der schönen Wanderung zum *Whirlpool Canyon* (14 km retour), und die **Island Park Road**, über die man an das Nordufer des Green River und zu den imposanten Auffaltungen beim **Rainbow Park** (mit Zeltplatz $6) gelangt. Letztere ist ungeteert, aber bei Trockenheit (!) auch gut mit Pkws zu meistern. Kurz vor dem »Regenbogenpark« befinden sich außerdem die **McKee Spring Petroglyphs**. Zufahrt ab der *Jones Hole Road* oder von der #149 nach Westen auf halbem Weg zwischen Jensen und dem *Quarry Visitor Center*, nach 5 mi von der 3500 South Street nach rechts abbiegen und nach weiteren 4 mi mit Ende des Asphalts abermals rechts.

Mc Kee Petroglyphs, Felsritzungen der Fremont Indianer, am Weg zum Rainbow Park im Nordwesten des Dinosaur National Monument

4.1.5   Vom Dinosaur NM nach Salt Lake City

Vernal

Die verbleibenden 175 mi bis Salt Lake City führen zunächst über **Vernal**, den einzigen Ort weit und breit mit nennenswerten Einkaufs- und Versorgungsmöglichkeiten, zahlreichen **Motels** und Restaurants sowie einem guten **KOA-Campground**. Den 10-mi-Umweg lohnen auch die Stellplätze am Stausee im **Red Fleet State Park**, ➤ Seite 550. Die knapp 11.000 Einwohner zählende Kleinstadt steht ganz im Zeichen des benachbarten *National Monuments*: Hinter jeder Ecke lauert ein bunter Betondino.

Das **Utah Field House of Natural History Museum** lohnt sich vor allem für Geologie- und Fossilien-Interessierte. Der **Dinosaur Garden** des Museums bereitet auch Kindern Freude. Geöffnet im Sommer täglich 9-19 Uhr; $7/$3,50; www.utah.com/utah-field-house.

McConkie Petroglyph Site

Wer sich für indianische Felszeichnungen begeistern kann, der findet neben den *McKee* Petrogplyphen im *Dinosaur NM* (lange Zufahrt!) ein leichter zugängliches Areal im **Dry Fork Canyon** 10 mi nordwestlich von Vernal. Die steilen Felswände der **McConkie Ranch Petroglyph Site** sind übersät mit Kunstwerken längst vergangener Tage. Das *Three Kings Panel* ist durchaus beeindruckend und zählt zu den besten seiner Art, ebenso die Felsritzungen am Weg dorthin (vom Parkplatz nach rechts!); Zufahrt über North 3500 Street. Die passende Broschüre im *pdf*-Format dazu findet man auf dem Portal www.dinoland.com/play/virtual-brochures

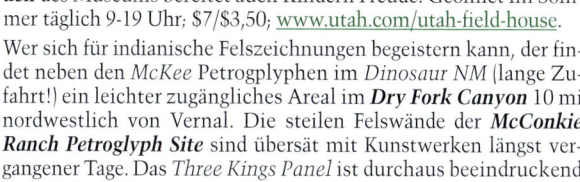

sowie weiteres **gutes Informationsmaterial** zu lohnenswerten Ausflugszielen in Vernal und im umliegenden »Dinoland«.

Fantasy Canyon

Die letzten Sonnenstrahlen tauchen die ansonsten gräulichen Felsgebilde des Fantasy Canyon in ein rötliches Licht

Ein weiterer toller Abstecher führt 35 mi südlich von Vernal in den kleinen **Fantasy Canyon**, der ganz zu Recht solch klangvollen Namen trägt. Die Erosion hat dort unglaublich fragile Fantasiegebilde aus Stein und Lehm geschaffen. Anfahrt über die #40/#45 und die gut ausgeschilderte Glen Bench Road; nicht bei Nässe, denn die letzten 4,5 mi sind ungeteert; weitere Infos/Anfahrtskarte im *BLM Office* (170 South 500 East Street in Vernal) oder unter www.geology.utah.gov/map-pub/survey-notes/geosights/fantasy-canyon bzw. auf Deutsch unter www.synnatschke.de/fc/fc.html.

Von Vernal direkt nach Salt Lake City

Die Weiterfahrt in Richtung Salt Lake City auf der #40 bleibt westlich von Vernal zunächst mehr oder weniger langweilig. Aber immerhin liegt am Wege noch der **Starvation Lake**, der sich gut für eine Pause und ein erfrischendes Bad eignet; *day-use fee* $10. Am Ende der Zufahrt ab Duchesne befindet sich ein komfortabler *State Park Campground*; www.stateparks.utah.gov/parks/starvation.

Mit zunehmender Höhe verändert sich bald das Landschaftsbild. Die Strecke bis **Heber City** bietet in ihrem Verlauf durch den *Uinta National Forest* wieder einiges fürs Auge. Vom schönen Heber Valley zwischen den Wasatch und Uinta Mountains sind es über die I-80 nur noch rund 40 mi bis Salt Lake City.

Route über die #190

Ein letztes kleines Abenteuer gönnt sich, wer stattdessen die steile, serpentinenreiche **Straße #190** über Midway/Brighton und die Wasatch Mountains wählt (**Big Cottonwood Canyon Road**). Die Strecke eignet sich aber nicht für RVs größer als *Van Camper*.

Weiterfahrt auf der #189/#92	Kurvenreich ist auch die **#92**, die südlich von Heber City von der **#189** abzweigt. Nach Überwindung der Höhe passiert man den sehr gut angelegten, stark frequentierten **NF-Campground Little Mill** ($24; reservierbar unter www.recreation.gov).
Timpanogos Cave NM	Keine 2 mi westlich liegt das *Timpanogos Cave Nat'l Monument*. Die Tickets ($8) für die beliebten Führungen durch die **Tropfstein-höhle** (Mitte Mai-*Labor Day*) besorgt man sich am besten bis zu 30 Tage im Voraus online: www.nps.gov/tica. Zeitbedarf: 3,5 Stunden; 55 min in der Höhle, davor 2,5 km Anmarsch (330 HM). Über Lehi geht es auf der I-15 nach Salt Lake City, ➤ Seite 552.
Provo Canyon	Man kann auch der #189 durch den *Provo Canyon* weiter nach Süden folgen. Auf dem Weg liegen hübsche Picknickplätze am Fluss und die 185 m hohen *Bridal Veil Falls*.

Weiterfahrt über das Erholungsgebiet Flaming Gorge

Red Fleet Stausee 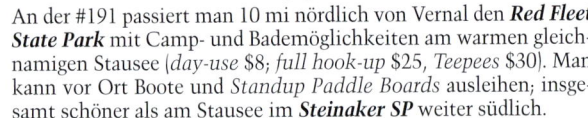	An der #191 passiert man 10 mi nördlich von Vernal den **Red Fleet State Park** mit Camp- und Bademöglichkeiten am warmen gleichnamigen Stausee (*day-use* $8; *full hook-up* $25, *Teepees* $30). Man kann vor Ort Boote und *Standup Paddle Boards* ausleihen; insgesamt schöner als am Stausee im **Steinaker SP** weiter südlich.
	An der kurzen Zufahrt startet außerdem der *Dinosaur Trackway Trail* zu den **Dinosaurierfußabdrücken** am Nordufer des *Red Fleet Reservoir*. Sie wurden von 3-zehigen Sauriern hinterlassen, die vor ca. 200 Mio. Jahren durch den feuchten Schlamm spazierten; 4 km retour, ausgeschildert; www.stateparks.utah.gov/parks/red-fleet.
Flaming Gorge Nat'l Recreation Area	Schon bald verlässt man die niedriger gelegene Halbwüste Utahs und erreicht nach einer Stunde Fahrt (ab Vernal) den attraktiven Südbereich der **Flaming Gorge**. Erste Ausblicke hinunter auf den von dunkelroten Steilwänden umgebenen tiefblauen Stausee belohnen für den Umweg; www.flaminggorgecountry.com.
	Es empfiehlt sich die Weiterfahrt über **Manila** bzw. die Straßenkombination #44/#530. Über eine Stichstraße von der #44 gelangt man zum **Red Canyon Visitor Center** und **Overlook**.

Flaming Gorge vom Red Canyon Overlook

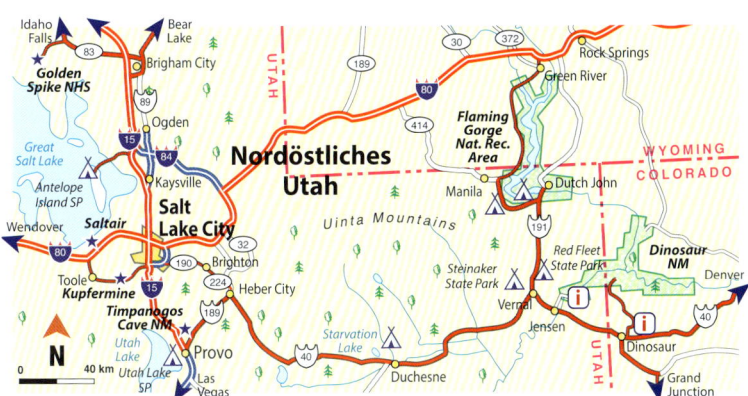

Schön in Rim-Nähe liegt dort der **NF-Campground Red Canyon** ($20, etliche Plätze auch reservierbar) und gleich nebenan die **Red Canyon Lodge** (*Cabins* ab $129; www.redcanyonlodge.com). Zusätzliche Übernachtungsmöglichkeiten findet man in Manila.

Besonders erfreulich verläuft die #44 entlang des **Sheep Creek**. Mit einer **Extrastunde** Zeit kann man dort die 13 mi lange **Geological Loop Road** abfahren, die sich durch bizarre Felsformationen schlängelt. Eine kurze Zufahrt führt von ihr zu den schönen *first-come, first-served campsites* ($14) am kleinen **Browne Lake**; www.fs.usda.gov/recarea/ashley/recreation/recarea/?recid=72185.

Schwimmen/ Rafting

Ins Wasser springen kann man in der Nähe der *NF-Campgrounds Lucerne* ($25), *Stateline Cove* ($12) oder *Buckboard Crossing* ($20). Und unterhalb des Staudamms sowie etwas weiter stromabwärts (*Little Hole*) dienen ruhige Ausbuchtungen des Flussbetts als Ausgangspunkte kurzer und längerer **Wildwasserfahrten** auf dem Green River, die zu den schönsten und aufregendsten Angeboten ihrer Art gehören. Geübte können Boote für **Green River Trips auf eigene Faust** in Dutch John und Cedar Springs ausleihen.

Green River

Green River bietet nicht viel Erwähnenswertes, fungiert aber – gemeinam mit Rock Springs weiter östlich an der I-80 – als Eingangstor zur *Flaming Gorge National Recreation Area*, entsprechend hoch auch die Dichte an Motels in *Freeway*-Nähe.

Weiterfahrt nach SLC

Bis nach **Salt Lake City** sind es ab Green River noch gut 2,5 Stunden Fahrt. Im Westen von Green River verdienen eventuell noch die steilen Felswände der **Palisades** rund um *Exit 89/I-80* sowie das imposante Massiv des **Tollgate Rock** Beachtung.

Von der Flaming Gorge direkt zum Yellowstone Park

Alternativ könnte man nach dem Besuch der **Flaming Gorge** auch auf einen Ausflug nach Salt Lake City verzichten und ab Rock Springs über die #191 gleich Jackson bzw. die beiden Nationalparks **Grand Teton** und **Yellowstone** ansteuern; Strecke nach Pinedale in der Gegenrichtung ➤ Seite 590.

4.2   Salt Lake City und Umgebung

4.2.1   Salt Lake City

Salt Lake City, kurz »SLC«, ist die mit Abstand größte Stadt zwischen San Francisco/Sacramento und Denver einerseits und Phoenix und Calgary/Kanada andererseits. Sie besitzt im zentralen Westen der USA, einem Gebiet von der Größe Westeuropas, Metropolenfunktion, hat jedoch nur knapp über **190.000 Einwohner.**

Der **Großraum** *Wasatch Metro* einschließlich der Städte Provo und Ogden bringt es auf eine Bevölkerung von fast 2,5 Mio. Rund 80% der Menschen (insgesamt 3,1 Mio.) im 220.000 km^2 großen Utah leben in diesem 100 mi langen und lediglich rund 30 mi breiten Streifen westlich der **Wasatch Mountains**.

Unter den amerikanischen Großstädten nimmt SLC eine absolute Sonderstellung ein: so sauber und aufgeräumt, um nicht zu sagen »steril«, wie die Hauptstadt des Mormonenstaates Utah präsentiert sich keine andere US-City. Gleichzeitig aber herrscht dort auch, so hat es den Anschein, gepflegte Langeweile.

Die wichtigsten Sehenswürdigkeiten von Salt Lake City sind religiöse Monumente und historische Stätten der Mormonen. Für alle, die sich dafür nicht oder nur am Rande interessieren, ist SLC für sich kein besonders interessantes Reiseziel, sondern in erster Linie Ausgangspunkt oder Durchgangsstation.

Geographie, Geschichte und Klima

Geographie

Im Osten von Salt Lake City erheben sich die **Wasatch Mountains**, ein bis nach Wyoming hineinreichendes Teilgebirge der Rocky Mountains mit Gipfeln bis zu 3.500 m Höhe. Nordwestlich liegt der 4.000 km^2 große, nur maximal 15 m tiefe **Great Salt Lake**, nach den Großen Seen im Osten flächenmäßig größter natürlicher Binnensee der USA. Sein Salzgehalt beträgt rund 25%.

Westlich und südwestlich davon erstreckt sich die *Great Salt Lake Desert*, der östliche Teil des *Nevada Big Basin*, einer kargen Wüstenlandschaft zwischen Rocky Mountains und Kaskadengebirge/Sierra Nevada. Bei der Großen Salzwüste handelt es sich um den Boden des riesigen prähistorischen **Lake Bonneville**, der bis auf »kleine« Reste wie den Great Salt Lake und Pyramid Lake bei Reno während Jahrmillionen langsam austrocknete.

Geschichte Utah

Die Lage der Stadt geht auf eine Eingebung des Mormonenführers *Brigham Young* zurück. Als er – auf der Suche nach dem geeigneten Platz für das amerikanische Reich »Zion« – mit einer Vorhut seiner Anhänger der Kirche »Jesu Christi der Heiligen der letzten Tage« (**Church of Jesus Christ of the Latter Day Saints**) 1847 die Berge überquert hatte, sprach *Young* das geflügelte Wort »**This is the place!**«. Ganz im Sinne einer eigenwillig interpretierten Verheißung des Alten Testaments brachten *Young* und mehrere Tausend weitere Neusiedler seiner Gefolgschaft bald »die Wüste zum

Blühen« und riefen den **State of Deseret** aus, den Staat der Honig-biene, das Symbol der Emsigkeit. Daraus entstand nach vielen Anfeindungen, die sich u.a. auf die Mehrehe bezog (*Young* selbst brachte es auf 27 Ehefrauen und 56 Kinder), **1896 der Bundesstaat Utah** mit Salt Lake City als Kapitale.

Mormonen

Die Stadt trägt den Beinamen »The City of the Saints«. Der Begriff »**Mormonen**« bezieht sich auf das *Book Mormon,* grundlegendes Werk des Sektengründers **Joseph Smith**. Trotz offizieller Trennung von Staat und Kirche entwickelte sich in Utah ein von der Mormo-nenkirche total beherrschtes politisches und wirtschaftliches Le-ben. Die Kirche ist gleichzeitig Eigentümer eines Wirtschaftsimpe-riums, dessen Einfluss weit über die Staatsgrenzen hinausgeht. Na-hezu 80% der Bevölkerung gehören dieser **Quasi-Staatskirche** an und leben mehrheitlich nach den von ihr gesetzten Regeln. Dazu gehören u.a. ein patriarchalisch geprägtes Familienleben und die Ablehnung von Kaffee, Tabak, Alkohol und Empfängnisverhütung.

Alkohol

Der Verkauf hochprozentiger Getränke erfolgt in **Liquor Stores** zu begrenzten Zeiten. Im Supermarkt gibt es nur **Bier- und Wein-sorten mit maximal 3,2% Alkoholgehalt**. Der Ausschank von Bier und Wein in Restaurants und Bars unterliegt ebenfalls Re-striktionen. Lediglich als **Privatklubs** registrierte Kneipen wei-chen von den sonst gültigen Regeln für teures Geld ab.

Klima

Salt Lake City erfreut sich vieler Sonnentage und erheblicher Sommerhitze. In der trockenen **Wüstenluft** lassen sich aber auch Temperaturen über 30°C noch einigermaßen ertragen. Abends kühlt es auf der Höhenlage von ca. 1.300 m rasch ab. Die Winter sind kalt, Schneefälle häufig. Das größte *Ski Resort* der USA liegt praktisch um die Ecke. Nur eine halbe Autostunde entfernt warten in **Park City** über 250 Pistenkilometer mit allerfeinstem Pulver-schnee, laut Eigenwerbung der »Greatest snow on earth«!

Utah State Capitol in Salt Lake City, im Hintergrund der Ensign Peak

4

Orientierung, Transport, Information

Schachbrett-muster

Die Orientierung in der Stadt ist simpel. Zentraler Punkt des Straßensystems ist die Kreuzung South Temple/State Street. Südlich davon sind alle Straßen durchnummeriert und mit dem Zusatz *South* versehen. Je nachdem, ob ein bestimmtes Haus sich rechts (östlich) oder links (westlich) der State Street befindet, wurde die Hausnummer um *East* oder *West* ergänzt.

Nördlich der Zentralkreuzung tragen die Straßen den Zusatz *North*. Die westlichen Straßen heißen dort *North Streets*, die östlichen *North Avenues*. Die erste Ziffer der jeweiligen Hausnummer bzw. – bei 4- und 5-stelligen Nummern – die ersten beiden oder drei verraten die Entfernung von der State Street in Blocks. In Salt Lake City können daher selbst Ortsfremde jede Adresse ohne einen Stadtplan lokalisieren.

Öffentliche Verkehrsmittel

TRAX (light rail) und Busse verkehren in *Downtown* SLC innerhalb der **Free Fare Zone** gratis; Übersichtskarte unter www.ride uta.com/Fares-And-Passes/Free-Fare-Zone. Außerhalb dieses Bereichs kosten die einfachen Fahrten $2,50 und Tagespässe $6,25.

Vom internationalen Flughafen (www.slcairport.com) nordwestlich der Stadt ist die *Green Line* der *TRAX Rail* in knapp 20 min am Temple Square und City Center. Wochentags verkehren außerdem die Buslinien 453 und 454 nach Tooele bzw. Grantsville.

Information

Das große **Salt Lake Visitors Bureau** befindet sich in der 90 South West Temple Street im Komplex des *Salt Palace* beim *Salt Lake Art Center*; geöffnet täglich von 9 bis 17 Uhr; ✆ 1-800-541-4955.

Zwei **mormonenbezogene Besucherinformationen** residieren am Temple Square. Das größere *North Visitors Center* hat jeden Tag 9-21 Uhr geöffnet; ✆ (801) 240-4872.

Ausführliche Infos im Internet auch auf dem Webportal der Stadt: www.visit saltlake.com

Der Mormon Temple, zentraler Anlaufpunkt aller Salt Lake City Besucher und der Anhänger der Church of Jesus Christ of the Latter Day Saints

Unterkunft, Camping und Essengehen

H/Motels

Salt Lake City gehört zu den Städten mit einem saisonabhängig schwankenden Preisniveau für H/Motels; im Sommer kommt man mitunter preiswert unter. An der **West North** und **West South Temple** und entlang der **I-15**, die in Nord-Süd-Richtung zentrumsnah durch die ganze Stadt läuft, findet man an vielen Ausfahrten Quartier, z.B. am *Exit* 297 ein gutes *La Quinta Inn* u.a.m.

Im **Airport-Bereich**, nur ca. 5-10 mi vom Zentrum entfernt im Bereich der I-215 und an der I-80, *Exit* 113 oder 114, stehen Häuser der Ketten *Super 8*, *Quality*, *Comfort*, *Holiday Inn* usw. Die Tarife beginnen dort bei ca. $100. Auch in **Downtown** ist die Auswahl groß, gute und günstige Zimmer haben dort z.B.

• **Comfort Inn**, 171 West 500 South, ✆ (801) 325-5300, ab $85

• **Quality Inn**, 616 South 200 West, ✆ (801) 534-0808, ab $80.

Etwas außerhalb liegt das **University Guest House** am 110 South Fort Douglas Blvd mit sehr guten Zimmern ab $140; ✆ 1-888-416-4075; www.universityguesthouse.com.

Billigquartiere

Adressen für die schmalere Brieftasche sind:

• **Avenues Hostel**, 107 F Street Nähe *Downtown*, ✆ (801) 359-3855, Betten ab $27, DZ ab ca. $50; www.avenueshostel.com

• **Camelot Inn & Hostel**, 165 West 800 South, ✆ (801) 688-6196, $28, DZ ab $42; www.ut123.com.

B&B

Eine Übersicht aller B&Bs gibt's beim Besucherzentrum oder online unter www.visitsaltlake.com/hotels-lodging/bed-breakfast.

Camping

Camping in/bei Salt Lake City ist nur auf Privatplätzen möglich. Zentrumsnah liegt der alles in allem akzeptable, aber sehr teure **KOA-Großcampground** an der 1400 West North Temple St; Zelt $37, RVs ab $62; www.koa.com/campgrounds/salt-lake-city/.

Ein angenehmerer Platz befindet sich 20 mi nördlich der Stadt bei Kaysville auf dem **Cherry Hill**: I-15, *Exit* 324; Zelte $36, *full hook-up* $44; ✆ (801) 451-5379, www.cherry-hill.com.

Nicht viel weiter ist es zum schönen *State Park Campground* auf **Antelope Island**, ➢ Seite 560.

Restaurants & Malls

Ein neueres Aushängeschild der Stadt ist das **City Creek Center**, das sich über gleich drei Blocks südlich des *Temple Square* ausbreitet. In dem riesigen Komplex sind alle wichtigen amerikanischen Kaufhäuser vertreten sowie zahlreiche Cafés und Restaurants; www.shopcitycreekcenter.com. Eine weiteres großes Shoppingparadies im Zentrum, **The Gateway**, liegt nicht weit entfernt an der 400 West Temple; www.shopthegateway.com.

Bei Salt Lake City stehen außerdem zwei **Factory Outlets**:

• **Outlets at Traverse Mountain**, 25 mi südl. vom Zentrum beim I-25 *Exit* 284 in Lehi, mit Läden von *Calvin Klein*, *Levi's* u.v.m.

• **Tanger Outlets Park City**, große *Outlet Mall* an der I-80, Abfahrt 145, rund 25 mi östlich von *Downtown*.

4

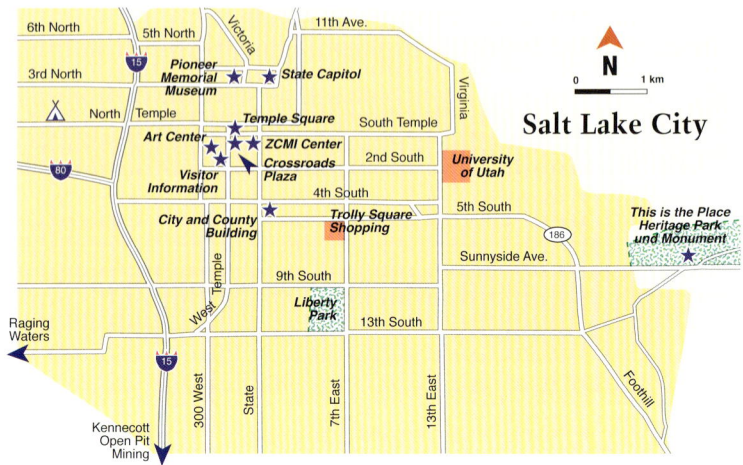

Besichtigung

Temple Square

Zentraler touristischer Anziehungs- und Anlaufpunkt ist das Herz der Mormonenbewegung, der **Temple Square** zwischen South und North Temple Street. In beiden **Visitor Centers** werden den Besuchern Hintergrund und Ablauf der Wanderung der ersten Mormonen nach Utah nahegebracht. Kostenlose, geführte Rundgänge von 9 bis 21 Uhr; Dauer 30-45 Minuten; ✆ 1-800-363-6027; www.visittemplesquare.com.

Der **Mormon Temple** ist die Hauptkirche der *Latter Day Saints*. Er wurde 1893 vollendet und verschlang die damals unerhörte Summe von $4 Mio; www.ldschurchtemples.com/saltlake.

Vom 26. Stock des **Church Office Building** hat man einen tollen Blick auf den *Temple* und das *State Capitol* (➤ Foto Seite 553); im Sommer Mo-Fr 9-17 Uhr sonst bis 16.30 Uhr.

Tabernacle

Im **Tabernacle** singt der weltbekannte **Mormon-Tabernacle Choir**. Die Orgel besitzt über 10.000 Pfeifen, das Gebäude (1867) eine hervorragende Akustik. Orgelproben finden Mo-Sa um 12 Uhr und So um 14 Uhr statt (freier Zugang), auch der Chor probt öffentlich jeden Donnerstag um 19.30 Uhr (Dauer 1,5-2 Stunden).

Zur 30-minütigen Radioübertragung der »Music and the Spoken Word«-Konzerte jeden Sonntagmorgen ist der Zutritt ebenfalls gratis (Kinder erst ab 8 Jahren). Die Türen schließen pünktlich um 9.15 Uhr; www.mormontabernaclechoir.org.

Weitere Stätten

Auch außerhalb des *Temple Square* warten Mormonen-Stätten: Das **Brigham Young Memorial** für den Führer des Mormonenzuges nach Utah an der Ecke Main/South Temple Street, das **Beehive House**, sein erstes Wohnhaus sowie das **Lion House** nebenan für seine stetig gewachsene Schar von Ehefrauen und Kindern.

Salt Lake City Connect Pass

Wer in SLC etwas mehr unternehmen möchte als sich nur die (weitgehend ein-trittsfreien) Mormonen-Sehenswürdigkeiten anzusehen, kann sich einen *SLC Connect Pass* ($32, 2 Tage: $48) holen. Mit ihm spart man das Eintrittsgeld u.a. im *National History Museum*, *This is the Place Heritage Park*, *Utah's Hogle Zoo*, Planetarium+*IMAX*; www.visitsaltlake.com/things-to-do/connect-pass.

Museen

Das *Pioneer Memorial Museum* an der 300 North Main Street, auch unter dem Namen *DUP Museum* bekannt, beleuchtet mit zahlreichen Artefakten das Wirken der ersten Siedler und das Leben im Wilden Westen; geöffnet Mo-Sa 9-16 Uhr bei freiem Eintritt; www.dupinternational.org/dyn_page.php?pageID=11.

Hoch oben in den Hügeln im Osten der Stadt thront das *Natural History Museum of Utah*, ein Prachtbau mit wunderbarem Panorama und dem Themenschwerpunkt »Dinosaurier« – spannend aufbereitet auch für Kinder! 301 Wakara Way; geöffnet täglich 10-17 Uhr, Mi bis 21 Uhr; $15/$10-$13; www.nhmu.utah.edu. Gleich nebenan wartet noch der schön angelegte *Red Butte Garden* mit Arboretum; im Sommer 9-21 Uhr; $14/$7; www.redbuttegarden.org.

This is the Place Park

Im Osten der City steht am Ende der Sunnyside Ave das *This is the Place Monument* angeblich an der Stelle, wo 1847 *Brigham Young* diesen denkwürdigen Satz sprach. Das Besucherzentrum hat täglich 9-17 Uhr geöffnet. Gleich daneben demonstriert man im relativ großen und liebevoll gestalteten Freilichtmuseum *This is the Place Heritage Park* mit kostümierten Schauspielern und historischen Hütten das Leben der ersten mormonischen Siedler. Sehenswert! Im Sommer Mo-Sa 9-17 Uhr, $13/$9; So 10-17 Uhr bei reduziertem Eintritt $7/$4 (dann ohne Bimmelbahn-Fahrt oder Pony-Reiten); www.thisistheplace.org.

Capitol

Offiziell nicht religiös befrachtet ist das *Utah State Capitol* auf dem *Capitol Hill*, unübersehbar einige Blocks nördlich des Temple Square. Der steile und bei Sommerhitze anstrengende Aufstieg wird mit einer schönen Aussicht auf *Downtown* belohnt.

Im Mormon Tabernacle am Temple Square in Salt Lake City gibt es täglich Orgelvorführungen

4

Ensign Peak

Planetarium & Ziele in Odgen

Der weiteste Blick auf Stadt und Umgebung eröffnet sich vom 1.650 m hohen *Ensign Peak*. Zufahrt über den East Capitol Blvd und Ensign Vista Drive bis zum *Trailhead*, von dort dann zu Fuß weiter (1,4 km retour, 100 Höhenmeter).

Interessant mit Kindern könnte noch das *Clark Planetarium* mit *IMAX*-Kino (110 400 West; www.slco.org/clark-planetarium) sein oder in **Odgen** nördlich von Salt Lake City der *George S. Eccles Dinosaur Park* mit Museum und über 100 lebengroßen Replikas im Outdoor-Bereich an der #39 sein (I-15 Exit 344; $7/$5-$6; www.dinosaurpark.org) und für Flugzeugfans ggf. außerdem das *Hill Aerospace Museum* bei der Abfahrt 335 (Eintritt frei).

4.2.2   Weitere Anlaufpunkte im Umkreis

Kennecott Kupfermine

Rund 30 mi südwestlich von Salt Lake City versteckt sich in den Oquirrh Mountains die gigantische *Bingham Canyon Mine*, besser bekannt unter dem Namen *Kennecott Copper Mine*. Mit einer Tiefe von knapp einem Kilometer und 4 km Breite zählt sie zu den größten und ergiebigsten Kupferminen weltweit. Früher konnte man den Tagebau besuchen und den Monster-Trucks bei der Arbeit zuschauen. Nach massiven Hangrutschen im Jahr 2013, bei denen über 100 Bergleute evakuiert werden mussten, wurde auch das *Visitor Center* und die Beobachtungsplattform am Ostrand der Grube auf unbestimmte Zeit geschlossen. Aktuelle Infos dazu und eine virtuelle Tour findet man auf der Internetseite des Unternehmens: www.kennecott.com/visitors-center.

Mit einem Pkw/SUV hat man dennoch nach wie vor die Möglichkeit einen Blick in das riesige »Erdloch« zu werfen. Hierfür geht es zunächst auf der I-15 nach Süden bis zur Abfahrt 295, dort auf der W 9000 Street nach Westen, die später in den New Bringham Hwy übergeht. Nach 8,5 mi dann links auf den Bacchus Hwy (#111) und 4,8 mi weiter in der Linkskurve hinter dem gesperrten *Bingham Visitor Center* auf die nach rechts abzweigende, unscheinbare Straße. Wer dort nach 200 m den Eingang zum »*Butterfield Canyon*« passiert, befindet sich auf dem richtigen Weg.

Sonnenuntergang am Ensign Peak

Kennecott Kupfermine

Die Straße (Nov.-Mai gesperrt) ist zwar geteert, wird aber zunehmend schlechter und windet sich schließlich einspurig und ohne seitliche Absicherungen den steilen Hang hinauf. Die engen Haarnadelkurven sind auch für *Van Camper* zu gefährlich!

Etwas weniger abenteuerlich ist die Anfahrt von Westen **ab Tooele City** (an der #36, I-80 *Exit* 99). Hinter dem Postamt geht es nach links in die E Vine Street, die auf ihrem Verlauf weiter nach Osten in die gut ausgebaute *Middle Canyon Rd* übergeht; nur die letzten 1,5 mi sind nicht asphaltiert. Auf der Anhöhe, wo beide Routen aufeinander treffen, gibt es eine kleine Parkbucht (*Butterfield Pass Trailhead*). Nur noch Fahrzeuge mit guter Bodenfreiheit schaffen die letzten holprigen 2,5 mi bis zum **Bingham Mine Overlook**. Ganz so tief in die Grube wie auf der Luftaufnahme (≻ oben) sieht man dort allerdings nicht hinein.

Der Zeitbedarf ohne SUV ist hoch, allein für die Anfahrt ab *Downtown* bis zum *Trailhead* sind für beide Strecken mindestens 1,5 Stunden einzuplanen. Der Ausflug ist auch als Rundtrip möglich, beste Fahrtrichtung dann von SLC über den *Butterfield Canyon* hinauf zum Pass (34 mi) und zurück über den *Middle Canyon* und Tooele (42 mi). Gutes Wetter ohne vorangegangene Regenfälle ist für beide Strecken Voraussetzung, am besten vorher nach dem Straßenzustand erkundigen!

Great Salt Lake, der große Salzsee

Zum stadtnächsten Zugang des Salzsees im ***Great Salt Lake State Park*** mit Marina, Strand und Veranstaltungspalast ***Saltair*** sind es von *Downtown* 18 mi (I-80, *Exit* 104). Wer dort weit genug hinauswatet, kann den Korkeneffekt ausprobieren. Wie man sich auch dreht und wendet, man bleibt – als Folge von 25% Salzgehalt – garantiert oben (zum Vergleich: der Pazifik hat nur 3,5%!). Bis in die 1950er-Jahre war *Saltair* ein beliebtes Seebad, heute sieht die Gegend wenig einladend aus. Besser geeignet für das »Schweben« im Salzsee sind die Strände auf **Antelope Island**, ≻ umseitig.

Bisonskulptur auf Antelope Island

Antelope Island

Zum ***Antelope Island State Park*** ($10/Auto) mit Sandstrand an der ***Bridger Bay*** gelangt man über einen 7-mi langen Damm ab Syracuse (I-15, *Exit 332*) nördlich von SLC; Duschen vorhanden. Schöner aber als das meist unangenehm riechende Wasser sind die vielen dort lebenden **Wildtiere**, u.a. Bisons, Gabelböcke und Dickhornschafe. Das große und informative Besucherzentrum an der Zufahrt im Norden der 20 km langen Insel hat 9–17 Uhr geöffnet.

An der *Bridger Bay* lässt sich auch gut übernachten. Die Stellplätze ($15) mit Feuerringen und überdachten Picknicktischen sind reservierbar unter https://stateparks.utah.gov/parks/antelope-island/. Mini-Stechfliegen, sog. »no-see-ums« (man sieht sie praktisch nicht), können den Sommer über allerdings ein große Plage sein.

Bonneville Salt Flats

Endlose Salzflächen erstrecken sich am Rande des Great Salt Lake. Faszinierend sind – vor allem bei tiefstehender Sonne – die wabenförmigen Salzstrukturen, die sich ca. 100 mi westlich von Salt Lake City bei trockener Witterung direkt bei der I-80-Raststelle ausbreiten. Von dort sind es dann nur noch 10 mi bis zur Nevada-Grenze.

Auf den ***Bonneville Salt Flats*** wurden zahlreiche Geschwindigkeitsrekorde aufgestellt. Am sog. *International Speedway* darf man

Speed Week auf den Bonneville Salt Flats

sogar mit dem eigenen Fahrzeug hinaus auf die Salzflächen – *at your own risk*! In feuchten Randbereichen »versinken« immer wieder Autos; Zufahrt: 4 mi ab der I-80, *Exit* 4.

Tipp: Hautnah erleben kann man den Start kurioser »Raketenautos« alljährlich Mitte August während der **Speed Week** (www.scta-bni.org) oder einen Monat später bei dem **World of Speed** Event (www.saltflats.com). Die Zimmer in den Casinohotels und Motels in **West Wendover** (direkt hinter der Grenze zu Nevada) sind dann meist lange im Voraus ausgebucht.

Golden Spike National Historic Site   www.nps.gov/gosp

Eintritt $10/Auto ($20 ab 2020) oder Interagency Jahrespass

Etwa 80 Meilen nördlich von *Downtown* Salt Lake City befindet sich die **Golden Spike National Historic Site**; Zufahrt über die Straßen #13/#83 ab I-15, *Exit* 365.

1869 trafen sich am **Promontory Summit** die von den Eisenbahngesellschaften *Central* und *Union Pacific* gleichzeitig aus beiden Richtungen vorangetriebenen Trassen der **ersten Transkontinentalverbindung**. Der letzte Nagel war vergoldet und wurde **am 10. Mai 1869 um 12.47 Uhr** vom Gouverneur von Kalifornien in die Holzschwellen getrieben. Zum Festakt kam damals die Lokomotive **Jupiter** der *Central Pacific* vom Westen her »angedampft« und aus dem Osten die **119** der *Union Pacific*.

Die Zeremonie wird alljährlich zur gleichen Stunde wiederholt. Die Nachbauten der historischen Originallokomotiven *Jupiter* und *119* werden aber auch sonst von Anfang Mai bis Mitte Oktober unter Dampf gehalten und 2x täglich für 200 m in Bewegung gesetzt. Um 10 Uhr trifft die *Jupiter* ein, um 10.30 Uhr folgt die *119*, gegen 13 Uhr ist die große »Dampfshow« angesagt und um 16 bzw. 16.30 Uhr fahren die Loks wieder ab. Das kleine Museum im **Visitor Center** hat täglich 9-17 Uhr geöffnet.

Das Aufeinandertreffen der zwei blitzblank polierten, bunten Lokomotiven mit lautem Gebimmel und Getöse mitten im »Niemandsland« ist nicht nur für eingefleischte Eisenbahn-Fans ein toller Anblick!

Immer blitzblank polierter Nachbau der Originallok der Central Pacific »Jupiter«

4.3   Von Salt Lake City zum Yellowstone Park

Die meisten USA-Besucher, die Salt Lake City in nördliche Richtung verlassen, haben vermutlich nur ein Ziel vor Augen: die zusammenhängenden Nationalparks **Grand Teton** und **Yellowstone** im äußersten Nordwesten Wyomings. Je nach zur Verfügung stehendem Zeitbudget bietet sich am Weg nach **Jackson**, dem Tor zum *Grand Teton NP*, oder zum **Yellowstone-Westeingang** noch der ein oder andere Zwischenstopp in Utah, Idaho und Wyoming an.

4.3.1   Routen zum Yellowstone NP

Über die I-15 und #20/#47 nach West Yellowstone

Die schnellste Verbindung von Salt Lake City zum *Yellowstone NP* über die I-15/#20 nach West Yellowstone ist zugleich die landschaftlich uninteressanteste. Die Hauptstrecke verläuft recht eintönig zunächst durch Farmland später durch dichte Wälder. Etwas Abwechslung bringen **Abstecher entlang der Route**, in Utah betrifft das in erster Linie die *Golden Spike*-Gedenkstätte und ggf. auch den *Antelope Island SP*; beide im vorhergehenden Kapitel (➤ **4.2.2**, Seite 558) beschrieben. Auf jeden Fall einen kurzen Stopp einlegen sollte man wenige Meilen hinter der Utah-Idaho-Grenze beim bestens mit Info-Material ausgestatteten **Idaho Welcome Center** südlich von Malad City.

In den niedriger gelegenen Regionen des **Kartoffelstaats No.1** (südlich der Linie Boise–Idaho Falls und in den Tälern des Salmon und Snake River) setzen sich die durch Trockenheit und sommerlicher Hitze geprägten Klimabedingungen West-Utahs fort.

Fort Hall

In **Pocatello**, dem kommerziellen Zentrum im Südosten Idahos, steht die hübsche Rekonstruktion des **Fort Hall**, das im 19.Jh. einer der bedeutendsten Handelsposten entlang des *Oregon Trails* war (➤ Seite 644); I-15, *Exit 67*, dann 5th Ave 0,6 mi nach Norden.

Auf der Weiterfahrt nach Blackfoot durchquert man die *Fort Hall Reservation*, wo jedes Jahr im August eines der farbenprächtigsten *Pow Wows* des Nordwestens stattfindet, das **Shoshone-Bannock Indian Festival**; www.shobanfestival.com.

Abstecher zu den Craters of the Moon

Mindestens einen vollen Tag würde auf dieser Route der Abstecher zum *Craters of the Moon National Monument* kosten; am besten mit Campingübernachtung vor Ort; insgesamt ca. **150 mi Umweg** ab Blackfoot (*Exit 93*) über die #26/#93 und zurück zur I-15.

An der Zufahrt, etwa 40 mi westlich der I-15, steht 2 mi abseits der #26 in flacher Prärie der **weltweit erste Atomreaktor**, der *Experimental Breeder Reactor #1* (kurz *EBR-1*) von 1951, der nuklear erzeugten elektrischen Strom nach Arco lieferte. 1976 wurde das Gebäude dekontaminiert und zu einem interessanten Museum umfunktioniert; geöffnet täglich 9-17 Uhr vom *Memorial* bis *Labor Day*, Eintritt frei; www.inl.gov/ebr. Im *Open-Air*-Bereich beim Parkplatz stehen außerdem zwei Prototypen eines (noch viel zu großen) nuklearen Flugzeugantriebs.

4

Craters of the Moon

Eintritt $20/Auto oder Interagency Jahrespass

Tiefschwarzes Vulkangestein empfängt Touristen bereits weit vor den Parkgrenzen. Aber erst die beim *Visitor Center* beginnende *Loop Road* (ca. 7 mi) führt voll hinein in die Welt

Spatter Cone

der erstarrten Lavaströme. Die letzte vulkanische Aktivität liegt hier nur erdgeschichtlich unbedeutende 2.000 Jahre zurück. Geologie und Eigenart der bizarren Landschaft erschließen sich dem Besucher am besten auf den Fußwegen; www.nps.gov/crmo.

Das **Minimalprogramm** sollte den Aufstieg zum *Inferno Viewpoint*, den Blick in die kleinen Krater **Spatter Cones** und **Snow Cone** und einen Abstieg in zumindest eine der (erstaunlich kühlen) **Lavahöhlen** beinhalten. Für ihre Erkundung benötigt man festes Schuhwerk, Pullover und eine gute Lampe.

Der einfache **Campground** des Parks liegt mitten im Lavafeld zwischen schwarzen Felsbrocken und minimaler Vegetation. Der Untergrund besteht aus steiniger Schlacke. Eine Handvoll **Motels** steht in **Arco**, von preiswert bis untere Mittelklasse. Zurück zur I-15 geht es am besten über die #20 bzw. Idaho Falls.

Bear World

Einen weiteren Stopp könnte man 5 mi südlich von Rexburg in der **Yellowstone Bear World** einlegen. Neben einer Bären«safari« mit dem eigenen Fahrzeug ($20/$11) dürfen Besucher bei der Fütterung der **Kleinbären** mitmachen und diese sogar **streicheln** (kostet aber $55 extra!); www.yellowstonebearworld.com.

St. Anthony Dunes

Im Norden von Rexburg führt die North Salem Road (N 1900 E) zu den **St. Anthony Sand Dunes**, ein beeindruckendes, riesiges Dünengebiet und beliebter *ATV*-Tummelplatz westlich der gleichnamigen Stadt; *Dispersed Camping* erlaubt entlang der Red Road/

An manchen Stellen erstaunlich bunt, die Lava im Craters of the Moon NM

Salem Road und Stellplätze mit mehr Komfort bei den **Egin Lakes** ($25-$60; Zufahrt über die South Parker Road).

Mesa Falls Scenic Bwy

Ab Ashton empfiehlt es sich auf die **Straße #47** zu wechseln, deren Verlauf in der Folge deutlich attraktiver ist. Sie führt vorbei an den **Lower Mesa** und **Upper Mesa Falls**, zwei recht eindrucksvolle Wasserfälle im engen Canyon des Snake River. Die *Lower Falls* sieht man bereits vom *Grandview Overlook* & *Campground*, zu den oberen Fällen führt 1,5 mi weiter ein kurzer Pfad ab dem Besucherzentrum. Nach rund 28 Meilen mündet der *Mesa Falls Scenic Byway* wieder in die #20 ein.

Bechler Area des Yellowstone NP

Noch in Ashton zweigen von der #47 zwei ungeteerte Straßen in Richtung **Yellowstone Nat'l Park** ab: Die *Cave Falls Road* führt in eine isolierte Ecke des Nationalparks, die einsame **Bechler Area**. Zahllose **Wasserfälle** sind dort die Attraktion, die meisten über Wanderwege **im Hinterland** zu erreichen. Ein kurzer Abstecher in diese Gegend ohne längeren *Hike* lohnt nicht; die *Cave Falls* am Straßenende muss man nicht unbedingt gesehen haben.

Grassy Lake Road zum Südeingang des Yellowstone NP

Ab Ashton besteht zudem die Möglichkeit auch gleich die **Südeinfahrt des Nationalparks** anzusteuern über die **Grassy Lake Road** (*Forest Rd* #261), eine nur im Sommer geöffnete, ungeteerte und oft von Schlaglöchern übersäte Piste, die nach 48 mi bei der **Flagg Ranch** in die #89 einmündet. Sie führt mitten durch vorwiegend bewaldetes **Grizzlygebiet**, vorbei an zahlreichen primitiven, kostenlosen *campsites*. Sie ist oft 4WD-Vehikel vorbehalten, daher unbedingt vor Fahrtantritt den aktuellen Straßenzustand in der *NF Ranger Station* in Ashton erfragen; 46 Hwy #20, ✆ (208) 652-7442.

Über die Idaho Falls und die #26 nach Jackson

Man kann ab Salt Lake City die I-15 auch nur für eine rasche Fahrt bis Idaho Falls nutzen und von dort über die Kombination #26/#31/#33 Jackson ansteuern. Die Straßen #31/#33 führen durch herrliche Gebirgslandschaften. Rund 20 Meilen mehr benötigt, wer der #26 am **Palisades Lake** entlang folgt (dort gute **Campmöglichkeiten**) und dann der #89 durch den *Snake River Canyon* – ebenfalls eine erfreuliche Strecke. Gegenüber der in diesem Kapitel favorisierten #89 gleich ab Brigham City (➢ nächste Seite) sind damit jedoch insgesamt so viele Mehrmeilen verbunden, dass der Zeitvorteil aus der Autobahnfahrt wieder verloren geht.

Über die Lava Hot Springs nach Jackson

Überlegenswert wäre auch die Variante **I-15/#30/#34/#89**: Auf der I-15 geht es rund 50 mi nach Idaho hinein, dann nach **Lava Hot Springs** auf der #30. Ein richtig großes **Schwimmbad** befindet sich an der westlichen Ortseinfahrt, eine **Heißwasser-Poolanlage** vor der östlichen Ausfahrt; www.lavahotsprings.com.

Im Sommer wird das Flüsschen durch den Ort fleißig fürs **Inner Tubing** genutzt. Verleih von Schläuchen an der Main Street. Von Lava Hot Springs führt die Weiterfahrt nach Jackson über Soda Springs und die Straßen #34 sowie #89.

Über den Highway #89 nach Jackson

Bear Lake

Die Straße #89 **von Salt Lake/Brigham City** direkt nach Jackson, dem südlichen Einfallstor für beide Nationalparks, ist die alles in allem **schönste Route**. Sie führt aus der Ebene durch den *Logan Canyon* zunächst nach **Garden City** am **Bear Lake**, dessen Anblick schon fast allein die Wahl dieser Strecke rechtfertigen würde. Der über 300 km² große See an der Grenze zwischen Utah und Idaho beeindruckt durch seine ungewöhnlich **türkisblaue Wasserfärbung**. Er ist ein beliebtes Wassersport- und Angelrevier. Aber Baden im so einladenden Bärensee setzt Abhärtung voraus, das glasklare Wasser bleibt auch im Sommer kalt.

Zum Verweilen am Ufer eignet sich so recht nur der Bereich zwischen Garden City und Laketown, wobei die **State Parks Rendezvous Beach** (steiniger Strand) am Südende und **Marina** nördlich Garden City (flaches und daher nicht so kaltes Wasser) den besten Zugang ermöglichen. Oberhalb Garden City in Richtung Idaho entfernt sich die #89 bald vom See; www.bearlake.org.

Rund 5 mi landeinwärts beim Städtchen **Paris** in Idaho befindet sich im *Caribou National Forest* der hübsche *Paris Springs Campground*. Der Weg ist ausgeschildert (südliches Ortsende).

Wyoming

Hinter Montpellier erreicht man Wyoming. Wie es sich im **Staat der Cowboys** gehört, gibt es dort keinen gestandenen Mann, der nicht diverse Schusswaffen sein eigen nennt. Dass dieses Arsenal auch »zweckdienlich« zum Einsatz kommt, beweisen noch gründlicher als anderorts die unübersehbar durchsiebten Verkehrsschilder.

Snake River Canyon

Trotz gegenteiliger Kennzeichnung in vielen Karten ist der **Straßenverlauf** zwischen Bear Lake und Alpine Junction nicht herausragend. Höhepunkt der Strecke sind die folgenden 23 Meilen durch den **Snake River Canyon**, wo man von Juni bis September immer zahlreiche Schlauchboote beobachten kann, die vollbesetzt über die Stromschnellen schießen. Der Fluss gehört mit seinen vielen **Rapids** geringen bis mittleren Schwierigkeitsgrades zu den beliebtesten **White Water Rafting**-Revieren des US-Westens.

Wer beim Zuschauen Lust bekommen hat, kann hier gleich buchen und mit ins Boot steigen, wenn es zeitlich passt. In Hoback

Raften im Snake River Canyon

Junction sind die Stationen der *River Rafters* nicht zu übersehen. Ein 3,5-stündiger **8 mi White Water Trip** kostet z.B. $99/$94 bei *Mad River*; www.mad-river.com.

Im Canyonbereich am Wege liegen – z.T. hübsch zwischen Fluss und Straße – mehrere **NF-Campgrounds**. Als Standquartier für einen Besuch im *Grand Teton NP* sind sie aber noch zu weit entfernt.

4.3.2 _____ Jackson/Wyoming

Mit **Jackson** erreicht man eine **Touristenhochburg par excellence**. Im Sommer ist die Kleinstadt (knapp 11.000 Einwohner) die wichtigste Etappe im Umfeld der Nationalparks, im Winter Ziel für Skisportler. Nirgendwo sonst im US-Nordwesten gibt es eine ähnliche Konzentration an (sehr teuren!) Unterkünften, Kneipen und Restaurants im engeren Ortsbereich; www.jackson holewy.net bzw. www.jacksonhole.com.

Die touristische Infrastruktur wird noch durch eine Wiederbelebung der (in Realität gar nicht dagewesenen) Wildwest-Vergangenheit bereichert. Von _Memorial_ bis _Labor Day_ erwartet die Besucher täglich (außer So) pünktlich um 18 Uhr ein **Shoot-out** am _Town Square_ (gratis).

Nach dem Pistolenduell geht die Vorstellung im **Jackson Hole Playhouse** weiter. In einem Saloon mit perfekter _Old West_-Atmosphäre taucht man ab 18.30 Uhr in eine völlig andere Zeit ein. Das Abendessen wird dort nicht von gewöhnlichen Kellnern serviert, sondern von kostümierten Darstellern. Sie

singen, tanzen _Can Can_ und stehen nach dem _Dinner_ noch auf der Bühne und präsentieren eine _Western Comedy_. Auch außerhalb der Show-Zeiten lohnt sich der Blick in Jacksons ältestes Gebäude an der 145 W. Deloney Ave; www.jhplayhouse.com.

Nicht wegzudenken aus der lokalen Kneipenszene ist auch die legendäre **Million Dollar Cowboy Bar** am _Town Square_. Aus Pferdesätteln gefertigte speckige Barhocker, Mo-Sa live _Country_ & _Western_-Bands und Tanz sorgen meist bis spät in die Nacht für Hochbetrieb; www.milliondollarcowboybar.com.

Auch ein **Chuckwagon Dinner** ist in der Umgebung von Jackson möglich und zwar in der **Bar J Ranch** in Wilson an der #22, 7 mi westlich von der Stadt. Pünktlich um 19 Uhr läuten die Clocken das _Cowboy_-Festmahl ein (täglich Ende Mai-Ende September); inkl. Show ab $25/$14; zur Hochsaison empfiehlt sich eine Reservierung: ✆ 1-800-905-2275 bzw. www.barjchuckwagon.com.

Übernachten

Im Sommer (Mitte Juni bis _Labor Day_) in Jackson ohne Reservierung unterzukommen, ist trotz enormer Bettenkapazität bei später Ankunft ein Problem, von den Tarifen gar nicht zu reden, die dann bei jenseits von **$200 für ein mittelmäßiges Motel** liegen und bei besseren _Inns_ & _Lodges_ locker $300 und mehr betragen können.

Ein relativ gutes Preis-Leistungs-Verhältnis bietet das

• **Alpine Motel**, 70 South Jean Street, fußläufig zum Zentrum. Die Zimmer (ca $180) sind schon etwas älter und abgewohnt, aber sauber und verfügen z.T. über Küchenzeilen; ✆ (307) 739-3200, www.alpinemoteljackson.com.

An allen vier Ecken des zentralen Platzes von Jackson steht ein aus jeweils 2.000 Geweihen zusammengesetztes Tor

Unter $200/Nacht zahlt man im Hochsommer sonst nur im:

- **Motel 6**, 600 S Hwy 89, im Südwesten des Ortes, ✆ (307) 733-1620

Empfehlenswert sind auch die Zimmer (ca. $200) im:

- **Antler Inn**, 43 W Pearl Ave, nur 2 Blocks vom *Town Square*; ✆ 1-800-522-2406, www.townsquareinns.com/properties/antler-inn
- **Pony Express Motel**, 1075 W Broadway, zum Teil mit Küchenzeile; ✆ 1-800-526-2658, www.ponyexpresswest.com.

Hostels

Die mit weitem Abstand preiswerteste Bleibe offeriert **The Hostel** am 3315 Village Drive im nahen **Teton Village**. Im Sommer zahlt man dort für das Bett $34-$45. DZ oder 4-Bett-Zimmer kosten ca. $140; ✆ (307) 733-3415, www.thehostel.us.

Visitor Center

Wer bei Ankunft nach 15 Uhr kein Quartier findet, wendet sich am besten an das *Jackson Hole and Greater Yellowstone Visitor Center* am nördlichen Ortsausgang. Dort werden nachmittags ggf. noch freie Zimmer gemeldet; geöffnet im Sommer 8-19 Uhr.

Im Besucherzentrum erfährt man auch alles, was aktuell anliegt, und erhält einen *Dining Guide* mit den Speisekarten der lokalen Restaurants. Nebenbei dient das imposante Gebäude als Museum zu Flora, Fauna und Historie des *Jackson Hole* genannten *Snake River Valley* zwischen Teton und Gros Ventre Range der *Rockies*.

Camping

In Ortsnähe finden sich in Jackson nur extrem teure und oft knallvoll gestellte *RV-Parks*. Empfehlenswerter sind da die Plätze im *Grand Teton Nat'l Park* (**Gros Ventre** füllt sich meist erst im Laufe des Tages) und ggf. am *Snake River Canyon*, ➤ Seite 566.

Aktivitäten

Jackson-Besucher können aus einer enormen Vielfalt kommerziell organisierter *Outdoor*-Angebote wählen. Allein **Wildwasserfahrten** werden von über einem Dutzend Firmen angeboten. Neben dem **Rafting** über die Stromschnellen im *Snake River Canyon* erfreuen sich Trips für *Sightseeing* und Tierbeobachtung auf dem im *Teton NP* ruhigen Fluss einiger Beliebtheit.

Buchen kann man auch Ausritte, Helikopter- und Heißluftballon-flüge. **Rodeos**, Boot- und Bike-Verleih sind selbstverständlich.

Shopping

Auch die **Shopping-Szene** ist in Jackson bestens bestückt. Eine besonders große Auswahl findet man für jegliche Art von *Western Outfit*. In zahlreichen **Galerien** und **Schmuckläden** gibt es neben allerhand Kitsch auch Ergebnisse lokalen Schaffens von beachtlichem Niveau. Alles hat dort indessen seinen hohen Preis.

Lustige Fotomotive bieten die Metallskulpturen vor der Kunstgalerie an der Nordostecke des *Town Square*. Dort kann man sich u.a. neben *Albert Einstein* auf die Bank setzen.

Museum

Sehenswert ist auch das **National Museum of Wildlife Art** mit teilweise sagenhaften Kunstwerken zu Flora, Fauna, Leben und Landschaft des Westens in 14 Galerien. Es befindet sich beim Gelände der *National Elk Refuge*, einer Winterzuflucht für Rotwild, erreichbar ab *Town Square* über den East Broadway, dann ausgeschildert; im Sommer Mo-Sa 9-17 Uhr; $14/$6; www.wildlifeart.org.

Fotogalerie

Einer der renommiertesten Naturfotografen unserer Zeit, **Thomas Mangelsen**, betreibt an der 170 N Cache St eine Galerie mit Aufnahmen aus dem *Grand Teton NP* u.v.m.; www.mangelsen.com.

Umgebung Jackson

Nordwestlich von Jackson liegt **Teton Village** (ca. 11 mi, zunächst Straße #22, dann Moose-Wilson Road nach Norden), ein Retortendorf für den Tourismus. Ein Umweg über Teton Village lohnt sich nur bei Absicht, die **Jackson Hole Aerial Tramway** zu benutzen, die Passagiere auf den fast 3.200 m hohen **Rendezvous Mountain** befördert – im Winter ein Mekka der Abfahrtsläufer, im Sommer Ausgangspunkt für Wanderungen ins einsame Hinterland der hochalpinen *Teton Range*; Tickets $38/$25 (online meist deutlich günstiger!) www.jacksonhole.com/summer-tram.html.

Die **Bridger Gondola** bringt Besucher auf knapp 2.800 m Höhe zum Ausgangspunkt des populären *Wildflower Trail*, der wieder zurück in das Tal führt (8 km). Der *Cirque Trail* (3 km) verbindet beide Bergstationen; www.jacksonhole.com/hiking.html.

Snow Fun im Winter in den Tetons

4.3.3 —— Grand Teton National Park www.nps.gov/grte

Eintritt $35/Auto oder Interagency Jahrespass

Mit Pkw (äußerstenfalls *Van Camper*, da kurvenreiche, schlechte *Gravel Road*) kann man schon vom Teton Village direkt in den Nationalpark weiterfahren und erreicht in Moose das *Craig Thomas Visitor Center*. Dort gibt es die kostenlose Parkzeitung *Grand Teton Guide* mit detaillierter Karte und Hinweisen auf aktuelle Ranger-Veranstaltungen etc. Wegen seiner Nähe zum *Yellowstone* gehört der *Grand Teton* zu den sehr stark frequentierten Nationalparks und wird in sämtlichen amerikanischen Publikationen enthusiastisch beschrieben. Die im Mittelpunkt stehende Gebirgskette **Teton Range** (➤ Foto Seite 26) erinnert stark an die Alpen, so dass Besucher aus Mitteleuropa diesen Nationalpark oft nur als Etappe mit eventuell kurzen Stopps auf dem Weg zum sensationellen nördlichen Nachbarn betrachten. Ähnlich beeindruckend wie im nahen *Yellowstone NP* sind die **Wildtiere**, die man nicht nur im Hinterland der »Tetons«, sondern praktisch überall antreffen kann, darunter Braun- und Schwarzbären, Elche sowie Weißkopfseeadler.

Bei Zeitknappheit besitzt die **Teton Park Road** zwischen Moose und dem Jackson Lake keine besonderen Vorzüge gegenüber der **#89/#191**, die als **Hauptroute durch den Park** den Verlauf des Snake River begleitet – immer mit der grandiosen, knapp 4.200 m hohen Bergkulisse im Hintergrund. Nicht auslassen sollte man den kurzen Abstecher zur kleinen *Chapel of Transfiguration*, deren Fenster hinter dem Altar den Grand Teton (4.197 m) perfekt »umrahmt«; in Moose, nur ca. 1,5 mi von der #89 entfernt.

Teton Park Road

Wer sich im Anschluss für die Weiterfahrt entlang der *Teton Park Road* entschließt, sollte mindestens am **Jenny Lake** kurz anhalten oder sogar einen längeren Stopp mit Bootstour/Wanderung einplanen. Ab dem *South Jenny Lake Trailhead* sind es 4 km bis zu den 60 m hohen **Hidden Falls**. Mit *Shuttle*-Boot ($15 Rundtrip) über den See lässt sich diese populäre Wanderung abkürzen auf 1,6 km retour (70 Höhenmeter). Die dadurch gesparte Zeit/Kraft kann für eine erweiterte Wanderung zum Aussichtspunkt **Inspiration Point** (0,8 km von den Wasserfällen entfernt) und durch den **Cascade Canyon** genutzt werden. Schön ist auch die Ganztagestour hinauf zum **Lake Solitude** (ab Anleger 23 km retour; 740 HM).

Eine weitere tolle Route führt südlich des Jenny Lake hoch in die Teton Range hinauf zum **Surprise** und **Amphitheater Lake**. Mit ihren 16 km retour und gut 900 m Höhendifferenz ist diese Tour eher geübten Wanderern vorbehalten (ca. 7 Std.). Gute Wegbeschreibungen unter www.tetonhikingtrails.com/grand-teton-trails.htm.

Für einen **Panoramablick** über das Tal des Snake River, den Jackson Lake sowie auf die Gletscher und Berge lohnt sich die Auffahrt zum **Signal Mountain** einige Meilen weiter nördlich an der *Teton Park Road* (knapp 5 mi *one-way*; keine RVs!).

Sehenswertes an der #89/#191

Viele der beliebtesten Postkartenmotive des Parks befinden sich für jedermann leicht zugänglich in unmittelbarer Nähe der Hauptstraße (#89/#191). Sicherlich nicht allein wird man z.B. **Ende September**, zum Höhepunkt der Laubfärbung, den Sonnenaufgang an der Flussschleife **Oxbow Bend** erleben, wo sich an windstillen Tagen der Mount Moran (3.842 m) malerisch im Fluss spiegelt; rund 3 mi westlich von Moran.

Oxbow Bend

*Alte Holzhütte an der Mormon Row
vor der Kulisse der Teton Range*

Ähnliches gilt auch den Sommer über für die verlassenen Holzhütten an der **Mormon Row** (Zufahrt über die *Antelope Flats Rd* ca. 1 mi nördlich von *Moose Junction* oder bei den kleinen Teichen von **Schwabachers Landing** (Abzweig nochmals ca. 3 mi weiter nördlich); beide sind am schönsten im Morgenlicht. Populär auch am Abend ist der **Snake River Overlook** linker Hand der #89/#191 rund 10 mi südlich von Moran.

Unterkunft

Um eine große Marina am **Jackson Lake** und das *Colter Bay Visitor Center* erstreckt sich die komplette Versorgungsinfrastruktur mit Supermarkt, großflächigen Campingarealen und ganze Siedlungen unterschiedlichster Einfach-Unterkünfte. *Tent Cabins* für zwei Personen kosten $70/Tag, etwas schönere Hütten mit eigenem Bad etwa $200; ✆ 1-800-628-9988 bzw. www.gtlc.com.

Dieselben Kontakte gelten auch für die Reservierung der höherwertigen *Jackson Lake Lodge* mit *Cottages* und Zimmern ab $320. In der *Jenny Lake Lodge* kosten die »Luxushütten« noch mehr.

Etwas preiswertere Zimmer findet man ca. 5 mi südlich der Parkgrenze in **Jackson** (➤ Seite 567) oder an der #287/#26 östlich von Moran im rustikalen *Hatchet Resort* (ab $99 mit Gemeinschaftsbad, sonst ab $199; ✆ (307) 543-2413; www.hatchetresort.com).

Camping

Die schönsten *Campgrounds* des Parks befinden sich am **Jenny Lake** (nur Zelte) sowie beim **Signal Mountain**. Im Sommer füllen sich beide Plätze aber meist schon früh morgens. Als Ausweichmöglichkeit bieten sich dann der große und ungemütliche *Gros Ventre Campground* im Südosten des Parks oder der ebenfalls ausgedehnte Komfortplatz *Colter Bay* an (oft schon am frühen Nachmittag voll belegt). Eine günstige Lage besitzt *Lizard Creek* im Norden bereits in der Nähe des *Yellowstone Nat'l Park*; aber auch dort wird es spätestens ab Mittag eng.

Weiter zum Yellowstone

Für eine reine Fahrt ohne Stopps im *Grand Teton* benötigt man **von Jackson bis zur Einfahrt in den Yellowstone NP** nur in Ausnahmefällen über **zwei Stunden** (rund **70 mi**). Eine weitere Stunde fährt man dann bis zum Hauptgeysirfeld *Upper Geyser Basin*.

4.3.4 —————— Yellowstone National Park   www.nps.gov/yell

—————————— Kennzeichnung und Information

Parkinfo, Straßen- zustand:
✆ **(307) 344-7381**

Der *Yellowstone Nat'l Park* besitzt mit rund **10.000 km²** eine enor- me Ausdehnung auf einem Hochplateau in über 2.000 m Höhe. **Geysire und heiße Quellen** sind die Hauptanziehungspunkte die- ses ältesten (1872!) und neben dem *Grand Canyon* bekanntesten amerikanischen Nationalparks. Ohne wintertaugliches Fahrzeug ist er nur zeitlich begrenzt zugänglich. **Schneefälle** können noch bis in den Juni hinein und bereits ab Mitte September für ge- sperrte Straßen sorgen.

Eintritt $35/Auto oder Interagency Jahrespass

Nach der Einfahrt, gleich aus welcher Richtung, erreicht man beim nächsten größeren Geysirfeld, am Canyon Village oder am Kreu- zungspunkt *Fishing Bridge* eines der **fünf Besucherzentren**, wo es die jeweiligen Detailinformationen und -karten gibt. Im **Canyon Village** steht zudem das **Canyon Education Center**, das speziell den *Yellowstone Supervolcano* thematisiert.

Man wird durch die bei Einfahrt erhaltenen Unterlagen – *Official Map and Guide* und die aktuelle Parkzeitung *Yellowstone Today* (verkürzt auch auf Deutsch) – bereits gut informiert, aber die beste Begleitung auf den Rundwegen durch die einzelnen Geysirfelder sind die kleinen **A5-Broschüren/Faltblätter**, die in den Besucher- zentren für wenig Geld erhältlich sind. Virtuelle Touren gibt's unter www.nps.gov/yell/learn/photosmultimedia/virtualtours.htm, De- tailkarten einiger *Basins* unter http://npmaps.com/yellowstone/ und weitere Infos auch bei www.yellowstonenationalpark.com.

Rundkurs/ Zeitbedarf

Die Mehrzahl der *Geyser Basins* und der berühmte *Grand Canyon of the Yellowstone River* liegen entlang eines an eine 8 erinnernden Rundkurses – insgesamt ca. **140 mi**, auf denen man meist nur sehr langsam vorankommt (Geschwindigkeitsbeschränkungen, »Tier- staus« etc.). Selbst bei zügiger Besichtigung der wichtigsten Attrak- tionen benötigt man **leicht zwei Tage**. Dabei bleibt aber kaum Zeit, geduldig auf den Ausbruch bestimmter Geysire zu warten, um in

Riverside Geyser

4

Ruhe die größeren Thermalgebiete abzulaufen, vielleicht mal eine Badepause einzulegen oder einfach die Natur des Parks zu genießen.

Wenn irgend möglich, sollte man **mindestens drei Tage Aufenthalt** einplanen. Auch mehr Zeit lässt sich im *Yellowstone* spannend gestalten, denn der Nationalpark gehört unbestritten **zu den allerbesten, die der amerikanische Kontinent zu bieten hat**.

West Thumb Geyser Basin

Bei Einfahrt in den Park von Süden passiert man noch vor dem Erreichen der Rundstrecke **Grant Village** an der *West Thumb Bay* des (eiskalten) Yellowstone Lake. Ein Verweilen ist hier wenig ergiebig, es sei denn zur Unterkunft/Campingplatz-Sicherung oder für Besorgungen/Restaurantbesuch (verglastes *Steakhouse* auf Pfählen über dem Wasser).

West Thumb Basin

Von Grant Village sind es nur wenige Meilen, bevor die Dampfschwaden des kleinen **West Thumb Geyser Basin** unweit des Seeufers ins Blickfeld geraten (➤ Foto Seite 18). Der 800 m lange Rundparcours liefert einen Vorgeschmack dessen, was der *Yellowstone* weiter westlich zu bieten hat. Beeindruckend sind die grünblaue heiße Quelle **Abyss**, mit ihren 16 m eine der tiefsten im Park, sowie der **Fishing Cone** am Ufer des Sees, wo Besucher einst für's Mittagessen ihre Angelruten mit den frischgefangenen Forellen nur kurz hinüber in den 94°C heißen »Topf« schwenken mussten. Heute ist das Fischen an dieser Stelle nicht mehr erlaubt.

Lone Star Geyser

Der Ausflug zum **Lone Star Geyser** auf der Weiterfahrt in Richtung *Old Faithful* lohnt sich vor allem für Leute, die <u>nach</u> dem Besuch der großen Thermalfelder noch Lust auf eine etwas ruhigere Wanderung haben. Vom Parkplatz an den *Kebler Falls* (ca. 14 Meilen von *West Thumb* entfernt) sind es relativ ebene 4 km Wander-/Bikeweg dorthin. Der »einsame Stern« bricht im Schnitt alle drei Stunden aus und beeindruckt durch seinen kegelartigen Aufbau und die naturbelassene Umgebung.

Besucher beim Lone Star Geyser im Hinterland des Yellowstone NP

Livingston,
Bozeman

Gardiner

MONTANA
WYOMING

Yellowstone River

Mammoth
Hot Springs

Tower
Junction

Tower
Fall

Lamar
Valley

Cody

Indian
Creek

89

Canyon
Village

NORTH
RIM DR

Norris
Geyser
Basin

Yellowstone
Falls

West
Yellowstone

Madison River

Madison

Artists
Paintpots

Hayden
Valley

FIREHOLE
CANYON DR

Mud Volcano

FOUNTAIN
FLAT DR

Fountain
Paint Pot

Fishing
Bridge

Imperial
Geyser

FIREHOLE
LAKE DR

Bridge
Bay

Fairy Falls

Midway
Geyser Basin

Biscuit
Basin

Upper
Geyser Basin
(Old Faithful)

Yellowstone
Lake
2357 m

Cody

Black
Sand Basin

Lone Star
Geyser

West Thumb
Geyser Basin

Grant
Village

Shoshone
Lake

Lewis
Lake

Heart
Lake

Snake River

N

0   7 km

Yellowstone
National Park

Grand Teton NP

4

Square Pool, einer der vielen polychromen Pools auf dem Weg zur Morning Glory

Upper Geyser Basin

Old Faithful Geyser

Das wichtigste und ausgedehnteste **Feld von Thermalquellen** und regelmäßig ausbrechenden **Heißwassergeysiren** ist das *Upper Geyser Basin*. Eine erhebliche Parkplatzkapazität und eine komplette Service-Infrastruktur (jedoch kein Campingplatz) tragen der großen Besucherzahl dort Rechnung. Alle Einrichtungen gruppieren sich um den *Old Faithful Geyser*, der seine Fontänen in schöner Regelmäßigkeit – seit Dekaden im Mittel alle 60-90 Minuten – bis zu 55 m hoch ausbläst.

Visitor Center

Bevor man sich auf den Weg durch das von schwefligen Dämpfen und heißen Abflüssen durchzogene *Upper Basin* macht, empfiehlt sich ein kurzer Stopp beim Besucherzentrum (zwischen Parkplatz und *Old Faithful*) für einen Blick auf die Tafel mit den voraussichtlichen Ausbruchszeiten der Geysire und den Erwerb der A5-Broschüre mit **Umgebungskarte** (unverzichtbar!).

Rundwege

Man sollte unbedingt alle befestigten Wege (Asphalt und Holzbohlen) einschließlich der Schleife rund um den *Geyser Hill* oberhalb des *Old Faithful* bis zum sagenhaften *Morning Glory Pool* ablaufen (Gesamtdistanz ca. 6 km). Dazu benötigt man einschließlich der Fotopausen und Wartezeiten an einzelnen Geysiren mindestens 3 Stunden. Ein höherer Zeitbedarf ergibt sich sehr leicht.

Schönste Geysire

Kaum zu toppen sind die Ausbrüche des *Beehive* und *Castle Geysers*. In beiden Fällen steht man ganz nah am Kegel, aus dem das Wasser 1-2x täglich mit unvorstellbarer Wucht herausschießt. Tipp: Der *Beehive* kündigt sich oft mittels »Indikator« an, ein kleiner Mini-«Spucker« direkt nebenan, der meist kurz vorher loslegt. Ebenfalls sehr imposant ist der bis zu 60 m hohe *Grand Geyser* (alle 6-7 Stunden) und auch beim *Riverside Geyser* (alle 5-7 Stunden; Foto ➢ Seite 573) lohnt sich das Warten!

Die heißen Quellen des Yellowstone und ihre Farben

Wie »heiß« eine Thermalquelle ist, lässt sich bereits gut anhand ihrer Farbgebung ablesen. Neben Mineralstoffen sind in erster Linie die darin lebenden hitzeliebenden Kleinstlebewesen ausschlaggebend. Erscheint ein Pool **himmelblau**, ist das Wasser zu heiß für Mikroorganismen. **Grüne** und **gelbe** Bereiche in den Quellen weisen eine Temperatur von über 70°C auf, kühlere sind **orange** oder **rötlich** und am kältesten sind **bräunliche** Pools – das erklärt auch den fantastischen, regenbogenartigen Farbverlauf bei der *Grand Prismatic Spring* im *Midway Geysir Basin*. Ihr Aussehen kann sich über die Jahre hinweg verändern – bedingt durch eine schwächere/stärkere geothermale Aktivität und mancherorts haben auch die Besucher ihre Spuren hinterlassen. So hat sich z.B. die einst strahlend blaue *Morning Glory* im *Upper Geysir Basin* dank des von »Glücksmünzen« blockierten/beschädigten Heißwasserzuflusses mittlerweile in einen grün-gelben Pool verwandelt.

Black Sand & Biscuit Basin

Old Faithful Inn

Opalescent Pool

Ein toller Blick über das *Upper Geyser Basin* und den ausbrechenden *Old Faithful* eröffnet sich vom **Observation Point** (Erweiterung der Rundwanderung um 1,6 km; 80 Höhenmeter).

Ein noch längerer Spaziergang führt vorbei am alle paar Stunden ausbrechenden *Daisy Geyser* hinüber zum **Black Sand Basin** am Iron Creek, einem kleinen Thermalfeld, wo sich u.a. die ausgesprochen attraktiven **Opalescent** und **Emerald Pools** befinden. Auch jenseits des *Morning Glory Pools* kann man etwas den Besuchermassen entfliehen und dem weniger begangenen Pfad bergab zum **Biscuit Basin** folgen. Am Weg liegt dort das sagenhafte Becken des *Artemisia Geyser*. Beide Geothermalgebiete sind indessen auch mit dem Auto erreichbar.

Eine Sehenswürdigkeit für sich ist die **Innenarchitektur** des im Blockhausstil errichteten **Old Faithful Inn**. Die Konstruktion der Hotelhalle ist absolut einmalig. Wer sich für die Einzelheiten interessiert, kann an Führungen teilnehmen, die mehrfach täglich stattfinden (gratis; Zeiten im kostenlosen *Yellowstone Today*). Weitere Infos ➢ »Unterkunft im Park«, Seite 582.

4

*Farbintensive Abflüsse der
Grand Prismatic Spring*

Midway & Lower Geyser Basin

Midway Basin

Auf der Weiterfahrt in nunmehr nördliche Richtung passiert man zahlreiche kleinere Thermalgebiete. Einen Stopp wert ist jedes davon, speziell das *Midway Geyser Basin* mit der sensationellen *Grand Prismatic Spring* (Durchmesser ca. 90 m). Sie sieht von den Brettersteigen der *Midway Basin* bereits grandios aus (Foto ➤ oben), noch beeindruckender ist aber der Blick von der erst 2017 errichteten **Aussichtsplattform**. Dafür stellt man das Auto am *Fairy Falls Trailhead* ab (südlich des offiziellen *Midway Basin* Parkplatzes!). Der kurze Aufstieg zum neuen *Overlook* zweigt vom Wanderweg zu den 61 m hohen Wasserfällen ab (nur ca. 1 km *one-way*, 30 HM).

Folgt man dem Hauptpfad bis zu den *Fairy Falls* (8,4 km retour) und von dort noch weiter ins Hinterland, erreicht man nach knapp 5 km ein kleines Geothermalfeld mit dem daueraktiven **Spray Geyser** und dem **Imperial Geyser**, der unmittelbar neben einem farbenprächtigen Pool 15 m hoch ausbrechen kann.

*White
Dome
Geyser*

**Firehole
Lake Drive**

Wer den richtigen Zeitpunkt abpasst (Info im *Old Faithful Visitor Center*), kann sich an auch sonst attraktiven **Firehole Lake Drive** die Fontänen des **Great Fountain Geyser** oder einen der häufigeren Ausbrüche des **White Dome** ansehen.

Lower Basin

Das blubbernde **Fountain Paint Pot** »Matschloch« im **Lower Geyser Basin** hat schon bessere Tage gesehen, aber die aktiven Geysire wie etwa **Clepsydra** im hinteren Bereich der Rundwanderung sind durchaus sehenswert.

Badestelle

Eine halbe Meile vor Madison Junction geht es links ab zu den *Firehole Falls* (Einbahnstraße). Die kurze Rundstrecke verläuft durch die Schlucht des Firehole River, der hier dank des ein paar Meilen oberhalb zulaufenden heißen Wassers aus diversen Geysiren etwas angewärmt wurde. Zwischen den Felsen des Canyons findet man ein Stück hinter den Fällen prima **Badepools** (Foto ➢ Seite 37). Die Strömung ist aber stellenweise recht stark!

Zwischen Madison und Norris

Bei einem mehrtägigen *Yellowstone*-Besuch bietet sich zwischen Madison und Norris noch ein Abstecher zu den *Artist Paintpots* an, einem – wie der Name schon andeutet – ausgesprochen farbenfrohen Thermalgebiet (1,6 km Rundweg), oder die etwas längere Wanderung steil bergauf in das nur wenig besuchte *Monument Geyser Basin* mit einer eigenwilligen Anhäufung an flaschenhalsähnlichen Kegeln ehemaliger Geysire (3,5 km retour; 200 HM).

Norris Geyser Basin

Im *Norris Geyser Basin* warten im Wesentlichen ähnliche Heißwasserpools und kleinere Geysire wie in anderen Feldern. Beeindruckend sind dort die bunten Pools in strahlend weißer Umgebung (*Porcelain Basin*) sowie der originelle *Echinus Geyser*, der sich langsam mit heißem Wasser füllt und seinen Inhalt in wenigen Minuten wieder hinausbläst. Leider bricht er nur noch selten und unvorhersagbar aus.

Der ebenfalls im *Norris*-Becken befindliche **Steamboat Geyser** verharrt sogar meistens jahrelang inaktiv, bevor er sich mit den stärksten Ausbrüchen des Parks zurückmeldet. Seine Fontänen erreichen dann über **100 m Höhe** und sind damit die höchsten weltweit. Zuletzt über ein Dutzend Ausbrüche in 2018, davor 2014 (!).

Türkisfarbene Pools in der strahlend weißen Porcelain Basin

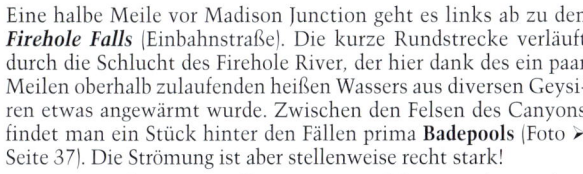

Mammoth Hot Springs

Bei knapp bemessener Zeit könnte der *Yellowstone*-Besuch sich auf die **kleine Rundstrecke** mit Weiterfahrt **von Norris zum Canyon Village** beschränken. Dabei verpasst man jedoch die *Mammoth Hot Springs* und die schöne Verbindungsstrecke dorthin, alles andere im oberen Bereich des Rundkurses ließe sich verschmerzen, denn der Verlauf der Parkstraße über Tower Junction zum Canyon Village hält keine »Sensationen« bereit und auch den *Tower*-Wasserfall muss man nicht zwingend gesehen haben.

Ganz anders als alle bisher beschriebenen Thermalfelder präsentieren sich die **Mammoth Hot Springs** am nördlichen Parkausgang. Das heiße Quellwasser wird dort auf dem Weg an die Oberfläche stark mit dem Kalziumkarbonat des Deckgesteins (Kalksandstein) angereichert, das sich bei Austritt an die Oberfläche um die Öffnung herum ablagert. Die durch diesen Prozess fortwährend gebildeten **Terrassen** sind weltweit die größten ihrer Art.

Bretterstege führen mitten durch die stufenartig übereinander liegenden Kalziumformationen der **Main Terrace Area**; eine **Loop Road** umrundet die **Upper Terrace Area**. Der Wasserzustrom hat sich in den 1990er-Jahren nach Erdstößen verringert, so dass Teile der Terrassen ausgetrocknet und nicht mehr so attraktiv wie früher sind. Ihr Erscheinungsbild ändert sich aber von Jahr zu Jahr.

Im **Besucherzentrum** unterhalb der Sinterterrassen ist ein nur mäßig interessantes **Museum** zu Natur & *Wildlife* untergebracht.

Grand Canyon of the Yellowstone

Der Name des Parks geht auf den gelben Sandstein im **Grand Canyon of the Yellowstone** zurück, eine vom Yellowstone River tief ausgewaschene Schlucht. Vom Canyon Village läuft eine Einbahnstraße an deren Nordrand entlang (**North Rim Drive**). Einer der besten Blicke hinunter in den »gelben« Canyon eröffnet sich vom **Inspiration Point**.

Mammoth Hot Springs

Lower Yellowstone Falls vom
Lookout Point am North Rim Dr

Über zwei Fallstufen, die *Upper* und *Lower Falls*, stürzt das Wasser mehrere hundert Meter weiter flussaufwärts in die Tiefe. Der **untere Wasserfall** ist mit 94 m **am spektakulärsten**. Das donnernde Schauspiel beeindruckt besonders vom *Red Rock Point* aus, vom *Brink of the Lower Falls* oberhalb der Fälle oder vom *Artist Point* am *South Rim Drive* auf der gegenüberliegenden Seite der Schlucht. Die *Upper Falls* sind vergleichsweise weniger aufregend.

Mud Volcano

Zwischen Canyon Village und *Fishing Bridge*/Lake Village liegt die recht überschaubare **Mud Volcano**-Region. Im Gegensatz zu den Klarwassergeysiren brodelt im »Schlammvulkan« und seinen Nachbarn eine »Suppe« aus Regenwasser, geschmolzenem Schnee und Matsch, die durch Dämpfe vulkanischen Ursprungs erhitzt und in Bewegung gehalten wird. Am schönsten blubbert es im übelriechenden *Dragon's Caldron* am Ende des gut 1 km langen Rundweges auf Holzbohlen.

Hayden & Lamar Valley

Außer für seine Geysire ist der *Yellowstone NP* bekannt für seinen Fisch- und Wildreichtum. Um **Wapiti-Hirsche (*Elks*)** oder **Bisons** zu sehen, braucht man die Hauptstraßen kaum zu verlassen, speziell nicht in den frühen Morgen- und Abendstunden. Als beste Spots zur **Wildtierbeobachtung** gelten das *Hayden Valley* zwischen *Mud Volcano* und Canyon Village sowie das *Lamar Valley* östlich der Tower Junction. Mit etwas Glück bekommt man dort auch **Elche (*Moose*)**, Kojoten, Biber und Gabelböcke zu Gesicht.

Schwarz- und **Grizzlybären** machen sich generell eher rar. Vorwitzige Exemplare, die sich auf Campingplätze verirren, werden in abgelegene Gebiete transportiert. **Verhaltensmaßregeln für Begegnungen mit Bären und Bisons** finden sich in *Yellowstone Today* (➤ auch Seite 30ff). Darüber hinaus erhält jeder bei der Einfahrt in den Park das Merkblatt »*Be Bear Aware*«. Der Nationalpark beheimatet auch wieder zahlreiche **Wölfe**: www.yellowstone-wolf.de.

Wer nicht ohnehin hier sein Zimmer gebucht hat, sollte unbedingt einen Blick hinein werfen in das historische Old Faithful Inn (kostenlose Führungen mehrfach täglich!); im Hintergrund macht sich der Old Faithful Geyser startklar

Unterkunft im Park

Eine besondere **Problematik** des *Yellowstone* – wie ja auch anderer besonders populärer Nationalparks – betrifft die Unterkunft. Im Sommer sind alle Quartiere langfristig ausgebucht, daher am besten **über ein Jahr im Voraus** reservieren! Die zentrale Buchungsseite schaltet **bereits am 1. Mai** die Kontigente für das Folgejahr frei: www.yellowstonenationalparklodges.com bzw. ℰ 1-866-439-7375.

Wer in der Lage ist, frühzeitig zu disponieren, kann nicht nur in den sündteuren Suiten im **Old Faithful Inn**, sondern auch günstiger unterkommen. Ein guter Tipp sind die **Lodge Cabins** gleich nebenan ($97 ohne bzw. $162 mit Bad). Das Hotel verfügt außerdem über die **einzig gute Kneipe** weit und breit.

Auch beim *Grand Canyon*, in Mammoth Hot Springs, am Yellowstone Lake und in *Tower Junction* stehen schlicht eingerichtete Holzhütten mit bis zu 4 Schlafplätzen. Einige Quartiere öffnen ihre Pforten erst im Juni und schließen bereits Anfang September.

Von den Orten außerhalb des Parks empfiehlt sich in erster Linie **West Yellowstone** mit guter Infrastruktur, ➤ Seite 584.

Camping im Park oder in der Umgebung

Im Park

Die bestgelegenen (einfachen) **Plätze** des Parks sind **Norris** ($20) und **Madison** ($25). **Fünf** *Campgrounds* können (und sollten) im Voraus über die zentrale Buchungsseite (➤ oben) reserviert werden: *Madison* und die etwas komfortableren Plätze *Canyon, Grant Village, Bridge Bay* sowie *Fishing Bridge*. Letzterer verfügt als einziger über *hook-ups* ($48), ist aber unattraktiv und außerdem nicht für Zelte zugelassen, da nur die »harten« Wände von RVs ausreichend Schutz gegen Bären bieten.

Ohne Reservierung findet im Hochsommer im *Yellowstone* meist nur noch Platz, wer gleich früh morgens einen der **sieben first-come, first-served Campgrounds** ansteuert: *Norris* (zentral), *Indian Creek* und *Mammoth* (im Nordwesten des Parks), *Lewis*

Lake (an der Südeinfahrt) und – fernab der großen Sehenswürdigkeiten im Nordosten des Parks – *Tower Fall*, *Pebble Creek* und *Slough Creek*. Die Auslastung kann man unter www.nps.gov/yell/planyourvisit/campgrounds.htm einsehen.

Außerhalb der Sommersaison (Ende Mai bis *Labor Day*) ist die Campingkapazität reduziert.

Im Umfeld des Parks

Die verkehrsmäßig günstigsten Ausweichmöglichkeiten bieten **National Forest Campgrounds** nördlich von West Yellowstone/Montana und im Hebgen Lake-Bereich: Am nächsten (ca. 5 mi) liegt **Bakers Hole** an der #191, weiter entfernt (#287), aber schöner **Beaver Creek** hoch über dem See (25 mi bis zum Parkeingang). Am *Madison Arm* des **Hebgen Lake** wartet noch eine *Marina* mit **Campground**, ℂ (406) 646-9328; www.madisonarmresort.com.

Gute kommerzielle Plätze gibt es auch direkt in **West Yellowstone**, z.B. der hochkomfortable **Yellowstone Grizzly RV Park** in Fußgängerdistanz zu Restaurants und Läden; $69-$83, *Cabins* ab $110; ℂ (406) 646-4466; www.grizzlyrv.com.

Neue Heimat für »Problembären«

Das **Grizzly & Wolf Discovery Center** in West Yellowstone ist eine Auffangstation für sog. »Problembären«. Das sind in der Regel Tiere, die sich zu sehr an die Anwesenheit des Menschen gewöhnt haben und auf der Futtersuche wiederholt

gefährlich in Erscheinung traten. Und wo letztlich selbst der Abtransport in weit von der Zivilisation entfernte Gebiete nicht half. Im *Center* werden die »schweren Brummer« versorgt und bei Laune gehalten. Sie dürfen mehrfach täglich gemeinsam mit anderen Leidensgenossen ein größeres Areal auf den Kopf stellen. Und das im wahrsten Sinne des Wortes, denn in den Pausen verstecken Mitarbeiter unter Felsbrocken und auf den Bäumen allerhand Nahrung. Die eifrige Suche erfolgt dann unter den neugierigen Augen der Besucher, die sich – gut gesichert – hinter einem Graben und Zaun versammeln. Mit etwas Glück gibt es sogar richtig Action, wenn die Bären nach dem Festmahl die Badeteiche aufsuchen und sich dort lautstark um die besten Plätze streiten. Wer während seiner Rundreise keine Grizzlys zu Gesicht bekommt im *Yellowstone NP* oder in den kanadischen *Rockies* (dort sind sie viel häufiger anzutreffen!), hat hier die Möglichkeit sie hautnah zu erleben. Jeder dieser Bären bringt auch seine eigene (Problem-) Geschichte mit, die man sich vorab schon online durchlesen kann: www.grizzlydiscoveryctr.org/animals/bears. Neben den Grizzlys leben im gemeinnützigen *Center* noch einige Wölfe sowie verletzte Eulen, Falken, Weißkopfseeadler u.v.a.m. Die Mitarbeiter sind meist engagiert und gegenüber Besuchern sehr auskunftsfreudig.

Täglich geöffnet im Sommer 8.30-18 Uhr; Eintritt $13, Kinder (5-12 Jahre) $8.

West Yellowstone

West
Yellowstone

Außerhalb des Parks verfügt das kleine **West Yellowstone** über die größte Infrastruktur und das vielfältigste Zimmerangebot: von **Hostel-Betten** im alten *Madison Hotel* ($48; DZ ab $69; ✆ 1-800-838-7745, www.madisonhotelmotel.com) über das *Alpine Motel* (gutes Preis-Leistungs-Verhältnis; im Sommer ab $109; ✆ (406) 646-7544, www.alpinemotelwestyellowstone.com) bis zur *Three Bear Lodge* (Motelzimmer ab $209, stilvoller in der *Lodge* ab $269; ✆ 1-800-646-7353; www.threebearlodge.com).

Wichtig ist für Juli/August, ähnlich wie bei den Unterkünften im Park, eine möglichst frühe Buchung – am besten viele Monate im Voraus, sonst kommt man auch in West Yellowstone entweder gar nicht oder nur noch zu Tarifen jenseits der $300/Nacht unter.

Das Essensangebot in West Yellowstone ist groß, vielfältig und auch preislich für jede Brieftasche. Es reicht von feinen spanischen Gerichten (*Cafe Madriz*), Bier-Kneipen (*Slippery Otter Pub*) bis hin zu *Fast Food Places* oder aus einem Bus serviertem mexikanischem Essen (*Taqueria Las Palmitas*).

Tipp: Sehr lecker sind auch das Eis und der Kaffee in der kleinen Espresso-Bude an der Hauptstraße bei der östlichen Ortseinfahrt (gegenüber vom *Historic Center*, ➤ unten).

IMAX-Kino/
Museum

Im Ort kann man sich die Wunder des *Yellowstone* auch auf einer Superleinwand ansehen im *IMAX*-ähnlichen **Giant Screen Theatre**; $10/$7; www.yellowstonegiantscreen.com.

Gleich nebenan befindet sich das *Grizzly & Wolf Discovery Center* (➤ umseitig) sowie ein kleines Museum, das sich intensiv mit der Geschichte des Nationalparks auseinandersetzt, das *Yellowstone Historic Center*; im Sommer 9-21 Uhr; Eintritt $6, Kinder $2-$3; www.yellowstonehistoriccenter.org.

Rundfahrten
per Bus/
Leihfahrrad

In West Yellowstone, im *Canyon Village* und im *Old Faithful Inn* kann man **Rundfahrten** durch den Park buchen. Bei ausreichend Zeit ist für den Bereich *Norris* bis *Old Faithful* ein **Leihfahrrad** sicher für manchen eine reizvolle Alternative ($35-$45/Tag bei *Freeheel & Wheel* in West Yellowstone).

Gardiner und Cooke City

Gardiner/
Cooke City

Gardiner am Nordeingang ist etwas preiswerter, zumindest im direktem Vergleich mit West Yellowstone oder Jackson. Er liegt aber recht weit ab vom Schuss; eher nur für die Nacht vor/nach dem Besuch von *Mammoth Hot Springs*; www.gardinerchamber.com.

Noch weiter weg von den Park-Highlights ist **Cooke City**, eine Siedlung rustikaler Blockhäuser bei der Nordost-Einfahrt an der #212 mitten im Nationalforst; www.cookecitychamber.org.

Auch die schön gelegenen *NF-Campgrounds* an der Straße **#14/#16 in Richtung Cody** befinden sich weitab der Geysir-Felder und eignen sich eher nur für die Übernachtung vor oder nach Besuch des *Yellowstone*. Das gilt erst recht für die Plätze **östlich von Cooke City** an der #212, die außerdem nur wenig *NF*-Romantik bieten.

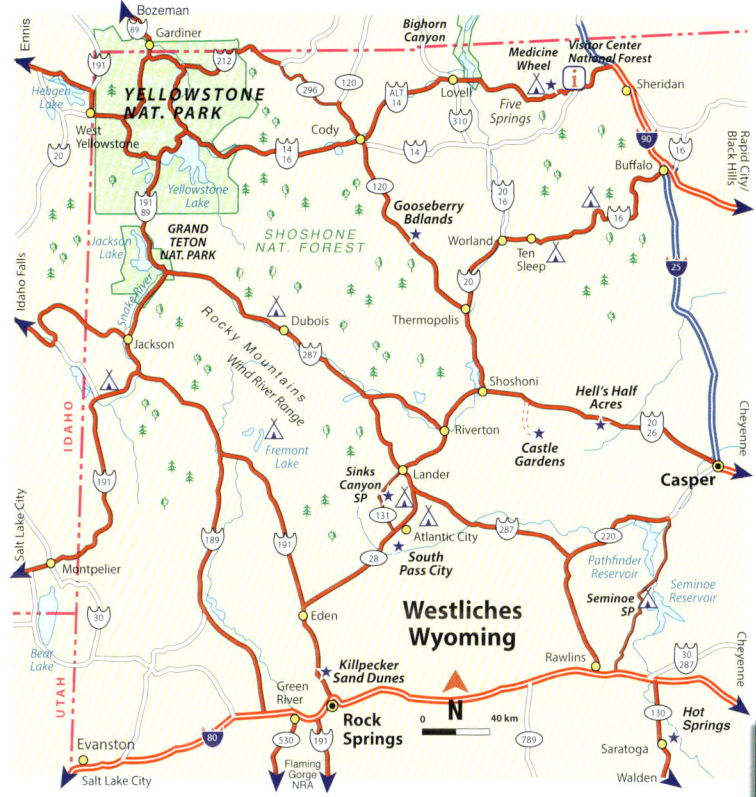

4.3.5   Von den Nationalparks zurück nach Denver

Nach dem Besuch des Yellowstone und Grand Teton Nationalparks stellt sich die Frage, in welche Richtung man die Reise fortsetzen möchte. Bei ausreichend Zeit empfiehlt sich die Weiterfahrt zu den **Black Hills** und dem **Badlands Nationalpark** über
Cody (Straße #212 oder #20; Beschreibung im **Kapitel 4.4**, ➢ Seite
591) oder zum *Glacier NP* über die **Route 2.3.6** (Details dazu in
der Gegenrichtung ab ➢ Seite 490) mit Anschlussmöglichkeit an
die Routen durch die kanadischen *Rockies*.

Ist nach dem Yellowstone Nationalpark die Rückkehr nach Denver
angedacht und wurde der bereits beschriebene Weg über Salt Lake
City und das *Dinosaur Nat'l Monument* in Süd-Nord-Richtung
gefahren, so stehen nun einige neue **Alternativrouten durch den
Südwesten von Wyoming** zur Auswahl.

Auf kürzestem Weg vom Yellowstone NP nach Denver

Die Route vom *Yellowstone National Park* über Cody in südliche Richtung vermeidet das doppelte Befahren von Streckenabschnitten für alle, die zunächst von Süden über Jackson angereist sind. Denver ist über Thermopolis und die **Straßenkombination #20/#26/I-25** nach Casper bzw. Cheyenne in einer (sehr langen) Tagesetappe zu schaffen, besser aber in zwei Tagen (ca. 500 mi). Bis einschließlich **Thermopolis** gleicht die Strecke der Weiterreise zu den Black Hills, **Kapitel 4.4.1** und **4.4.2** ➢ Seite 591ff.

Die landschaftlich abwechslungsreichere Route **ab Shoshoni** (an der Straßenkreuzung #20/#26) **über Lander**, die #287 nach Rawlins und von dort dann auf der I-80 weiter nach Cheyenne nimmt etwas mehr Zeit in Anspruch; Beschreibung ➢ Seite 588.

Wind River Canyon/ Castle Garden

Ab Thermopolis führt der *Scenic Byway* **#20** in Richtung Süden zunächst durch den tollen *Wind River Canyon*. Steile Klippen ragen beiderseits der Straße und des Wind River auf. Erst hinter dem recht verwahrlosten **Shoshoni** verflacht die Landschaft, die immer trostloser wird desto weiter man ostwärts auf der **#20/#26** unterwegs ist. Kurz hinter Moneta an der #26 zweigt eine gut ausgebaute **Piste** nach Süden ab und schafft Zugang zu den gelb-weißen Sandsteinformationen im *Castle Gardens*. Der 50 Meilen lange Abstecher lohnt sich indes nur bei viel Zeit und großem Interesse an Erosionsgebilden oder an den dort ebenfalls vorhandenen *Petroglyphs* (indianische Felsritzungen); www.blm.gov/visit/castle-gardens-petroglyph-site.

Hell's Half Acre

Das wesentlich größere Highlight am Weg nach Casper wartet erst ca. 55 Meilen hinter Shoshoni: *Hell's Half Acre* mit *Badlands*- und *Hoodoo*-**Formationen** wie man sie sonst eher nur aus dem Südwesten der USA kennt. Nichts lässt von der Straße aus der Ferne die plötzliche Abbruchkante erahnen, von der sich ein faszinierender Blick hinunter in das von Wasser und Wind geschaffene Erosionswunderland eröffnet. Auch am einstigen Restaurant beim *Scenic Overlook* nagt mittlerweile der Zahn der Zeit.

Im Sommer manchmal auch höllisch heiß: die Badlands bei Hell's Half Acre

Hinunter in die Senke geht es östlich des Gebäudes. Nach den ersten tollen Formationen braucht man dort nicht lange suchen, nach Einsamkeit in dieser weglosen Wildnis ebenfalls nicht.

Weiterfahrt über Casper

Die Weiterfahrt über Casper und dann auf der *Interstate* #25 nach Süden gestaltet sich eher eintönig, ohne nennenswerte Sehenswürdigkeiten am Straßenrand.

Cheyenne

Schon nicht mehr weit vom Ziel entfernt, knapp 1,5 Stunden nördlich von Denver, befindet sich **Cheyenne**; www.cheyenne.org. Die kleine Kapitale, mit über 60.000 Einwohnern zugleich größte Stadt Wyomings vor Casper, Laramie und Rock Springs, unterscheidet sich von diesen im Wesentlichen durch das Regierungskapitol mit der unvermeidlichen goldenen Kuppel. Ansonsten wirkt sie genauso angenehm aufgelockert mit viel Grün im Mini-Zentrum wie langweilig. Denn »los« ist auch in der Hauptstadt nicht viel. Außer im Juni & Juli, da gibt's mehrfach in der Woche einen *Gunfight* mit rauchenden Colts; Do+Fr pünktlich um 18 Uhr sowie Sa um 12 Uhr, ab Mitte Juni auch Mo-Mi; Zeiten können schwanken, am besten der *Cheyenne Gunslingers*-Facebook-Seite entnehmen.

Big Boot auf der Depot Plaza in Downtown Cheyenne

Big Boots

Etliche künstlerisch bunt **Cowboystiefel** sorgen für etwas Abwechslung in der City. Eine Übersicht im PDF-Format für die selbstgeführte *Big-Boot-Tour* erhält man online unter www.cheyenne.org/things to do/attractions.

Frontier Days

Höhepunkt des Jahres sind die *Frontier Days* vom vorletzten bis letzten Juliwochenende mit einem der größten und ältesten regelmäßigen **Rodeo-Events des Wilden Westens**. Zum täglichen Rodeo mit allen Schikanen wird ein umfassendes Beiprogramm auf Straßen, Plätzen und Showbühnen der Stadt abgezogen. Zur Ausnüchterung reichen am Morgen gastfreundliche Bürger Cheyennes das für jedermann freie *Cowboy Pancake Breakfast* vom Planwagen. Tickets fürs Rodeo (ab $17) unter ☎ 1-800-227-6336 und im Internet: www.cfdrodeo.com.

Alle Unterkünfte sind zu dieser Zeit langfristig ausgebucht und die Campingplätze voll. Für **Campmobile** werden dann zusätzliche Plätze bereitgestellt am *Last Chance Camp* (11234 Coonrod Road; www.lastchancecamp.com).

Museum   Wer's Ende Juli nicht nach Cheyenne schafft, muss sich mit dem Besuch des *Frontier Days Old West Museum* im Frontier Park begnügen; 8th/Carey St, Mo-Fr 9-17 Uhr, während der *Frontier Days* länger, $10; www.oldwestmuseum.org.

Information   Erst beim Verlassen der Stadt passiert man – von Norden kommend – an der *Interstate #25* das große **Wyoming & Cheyenne Travel Information Center** beim *Exit* #4. In der City gibt es ein Büro im *One Depot Square* (121 West 15th Street).

Big Boy   Im *Holliday Park* (zwischen 5th Street und I-80) verbringt eine der weltgrößten Dampfloks, die **Big Boy No. 4004** der *Union Pacific Railroad*, ihren Lebensabend. Ein Muss für Eisenbahn-Fans!

Übernachten   In Cheyenne stehen zahlreiche **H/Motels** am **Lincolnway** (Straße #30, der die Stadt von Ost nach West durchläuft, und an der **Central Ave**, der Nord-Süd-Achse #85. Fürs Campen kommen nur private Plätze in Frage, z.B. **AB Camping** am 1503 W College Drive unweit der *Travel Information* an der I-25/I-80 (www.campcheyenne.com) und **Terry Bison Ranch** (I-25 *Exit* #2, dann 3 mi; 51 E I-25 Service Road; www.terrybisonranch.com).

South Pass City State Historic Site, ein gut erhaltenes und sehenswertes Goldgräberstädtchen von 1867 im Südwesten Wyomings

Vom Yellowstone/Grand Teton Park über Lander nach Denver

Vom südlichen Bereich des *Yellowstone* kann man vorbei am Jackson Lake im *Grand Teton* die Nationalparks in östlicher Richtung verlassen. Die **Straßenkombination #287/#26** nach Lander ist weniger befahren, aber trotz ansprechender Abschnitte im Rocky-Mountains-Bereich insgesamt **weniger empfehlenswert** als die beiden Strecken, die vom *Yellowstone NP* über Cody und Thermopolis nach Lander führen (**Kapitel 4.4.1** und **4.4.2**, Seite ➢ 591).

Dubois   Südlich von **Dubois** läuft die #287 weitgehend durch eine eintönige Ebene, passiert aber auch interessante Sandsteininformationen am Wind River. Das 1.000-Einwohner Dorf besitzt einige **Motels** und **Restaurants** sowie zwei urige *Western-Saloons* mit *Live-Music* im Sommer; www.duboiswyoming.com. Im Ort und der Umgebung gibt es mehrere private *B&B-Places*.

Eine gute Schotterstraße (*Bald Mountain Road*) führt von Dubois ins Vorgebirge der *Rockies*. Etwa 12 mi nördlich liegt malerisch ein kleiner *NF-Campground* am **Horse Creek** und ein wenig bachaufwärts dessen »Mini-Canyon«.

Von Lander nach Rawlins

Mit **Lander** erreicht man eine weitere Kleinstadt mit Zentralenfunktion für das ausgedehnte Umfeld; www.landerchamber.org. Der schnellere Weg nach Denver führt ab Lander über die #287 und **Rawlins** zur I-80. Die Fahrt am Nordhang der Green Mountains verläuft eher eintönig, aber ein kleiner Schlenker könnte den Stauseen weiter östlich gelten (über die #220). Einfache, in den meisten Camping-Führern nicht verzeichnete Plätze befinden sich am **Alcova, Pathfinder** und **Seminoe Reservoir** (dort auch ein schlichter *State Park*). Die Straße zwischen Alcova an der #220 und Sinclair an der I-80 besteht zwar streckenweise aus Schotter, lässt sich aber bei Trockenheit gut befahren (ca. 75 mi).

Route über den Sinks Canyon

Mehr zu sehen gibt es **ab Lander** aber an der hier in der Folge beschriebenen **Straßenkombination #131/#28/#191**:

Etwa 7 mi südwestlich von Lander hält der **Sinks Canyon State Park** an der #131 ein interessantes **Naturwunder** bereit: In der malerischen Umgebung der östlichen Ausläufer der *Rocky Mountain Wind River Range* verschwindet das Wasser des **Popo-Agie River** in einer höhlenartigen Felsöffnung und tritt einige hundert Meter tiefer in einem großen Teich wieder zutage. Nur während der Schneeschmelze, wenn die unterirdische Durchflusskapazität nicht ausreicht, fließt Wasser im Oberflächenbett. Ein **Visitor Center** (im Sommer geöffnet 9-18 Uhr) informiert über die Details dieses Phänomens; www.sinkscanyonstatepark.org.

Sehr schön am Fluss liegt der **Popo Agie Campground** ($11, weder Duschen noch *hook-up*). Der *NF*-Campingplatz ($15) etwas südlicher an der #131 ist vergleichsweise unattraktiv.

Die anfangs asphaltierte Straße wird weiter oben zur *Gravel Road* und führt an diversen Seen vorbei (meist mit *Campground*) in einem großen Bogen zur **Straße #28**. Eine Karte der **Louis Lake Road** (#300) steht an deren Beginn.

Alantic City

1,2 mi nördlich der Einmündung der *Louis Lake Road* (ca. 30 mi ab *Sinks Canyon*) zweigt von der #28 die Dickinson Ave in Richtung **Atlantic City** ab, eine nur noch spärlich bewohnte, ärmliche Siedlung in karger Einöde. An der östlichen Zufahrt passiert man einen **Campingplatz** der Einfachkategorie (*BLM*).

South Pass City

Nur wenige Meilen südwestlich von Atlantic City (Weiterfahrt über die Schotterstraße) befindet sich die sehenswerte **South Pass City State Historic Site**, eine sehr authentische, museal restaurierte **Mini-Ghost Town** der jüngeren Vergangenheit; Foto ➤ links.

Eine informative Broschüre zu den einzelnen Holzhäusern (mit teilweise noch toller Inneneinrichtung!) gibt es unter http://wyoparks.state.wy.us/ pdf/Brochure/SouthPassCity.pdf.; $6; im Sommer geöffnet 9-18 Uhr, sonst 13-16 Uhr. Der kleine Abstecher dorthin von der *Sinks-Canyon*-Rundtour lohnt sich auf jeden Fall, ein größerer Umweg von der #191 (45 mi *one-way*) nur für Fans.

Ab South Pass City geht es auf der #28 zurück nach Lander und von Rawlins nach Denver über die *Interstates* #80 und #25. Eine willkommene Unterbrechung bietet hinter Laramie die ***Vedauwoo Recreation Area*** mit *Campground* in malerischer Granitfelsen-Kulisse oder ein Bummel durch *Downtown* Cheyenne (➢ Seite 587).

Mit etwas mehr Zeit könnte man auch eine gemütlichere Weiterfahrt über landschaftlich reizvolle *Backroads* in Betracht ziehen:

Alternative Routen ab Rawlins

In Walcott, 20 Meilen östlich von Rawlins, zweigt von der I-80 die **Straße #130** nach Süden ab zu den eintrittsfreien, rund um die Uhr geöffneten ***Mineral Hot Springs*** in **Saratoga** mit zwei Pools – einem heißen und einem weniger heißen – hinter dem lokalen Schwimmbecken; ausgeschildert; www.saratogachamber.info.

Folgt man der #130 nach Osten, führt diese weiter nach Centennial und von dort über **Laramie** zurück zur I-80. An dieser von Oktober bis Juni meist gesperrten und ganz zu Recht als ***Snow Range Scenic Byway*** ausgewiesenen Strecke liegen tolle alpine Seen mit einem ausgedehnten Wegenetz durch die Medicine Bow Mountains sowie zahlreiche Camp- und Picknickplätze. Am ergiebigsten ist das Gebiet rund um den *Sugarloaf Campground*; Info-Broschüre unter: www.visitlaramie.org/brochure-snowy-range-scenic-byway.

Auch **ab Walden** an der #125 geht es je nach Zielsetzung auf unterschiedlichen Wegen weiter. Ohne unbedingte Präferenz für den *Rocky Mountain NP* bietet die **#14 Ost** nach **Fort Collins** eine schöne Route über den 3.100 m hohen ***Cameron Pass*** und dann am Cache La Poudre River entlang, ist aber länger als die Straßenkombination #125/#40/I-70 nach Denver. Die von Walden nach Süden führende #125 trifft bei Granby auf die #34 durch den **Rocky Mountain Nationalpark** (*Trail Ridge Road*, ➢ Seite 543).

Von Jackson (zurück) nach Denver

Eine weitere mögliche Durchquerung Südwest-Wyomings hat ihren Ausgang in der Cowboy-Stadt **Jackson** (➢ Seite 567) beim Grand Teton Nationalpark. Die **Straße #191** über **Pinedale** nach Rock Springs bietet eine Menge fürs Auge, solange es durch die Rocky Mountains geht; www.visitpinedale.org.

Bei Pinedale passiert man auch die Zufahrt zum **Fremont Lake**, einem beliebten, sogar badefreundlichen See vor der Kulisse der Wind River Mountains. Die Südufer reichen bis in die Prärie, während sein nördlicher Ausläufer im bewaldeten *National Forest* liegt. Die Stichstraße führt zum sehr schönen ***NF-Campground Fremont Lake*** am Seeufer und weiter zum ***Trails End Campground***.

Red Desert

Weiter südlich an der #191 passiert man die kleinen Nester Farson und Eden am Rande der **Red Desert**. Das großflächige Wüstengebiet erstreckt sich zwischen der #191 und 287 (Green/Seminoe Mts). Die hohen **Killpecker Sand Dunes** bei Eden erfreuen sich großer Beliebtheit unter ATV/ORV-Enthusiasten und sind nach dem Besuch der *Rockies* ein echtes Kontrastprogramm. Die Zufahrt ab der #191 über die *County Road 4-17* ist allerdings lang (20 mi *oneway*) und abenteuerlich, zumal ungeteert (SUV empfohlen!); www.blm.gov/visit/killpecker-sand-dunes-open-play-area-campground.

Rock Springs

In den einsameren Ecken der »roten Wüste« haben sich die letzten Herden **wilder Pferde** und wild lebender **Bisons** gehalten. In der Wildnis eingefangene, noch nicht zugerittene Pferde werden auf dem **Red Desert Roundup** weiter südlich in **Rock Springs** (letztes Wochenende im Juli) vorgeführt und widerstehen dort bockig den Reitversuchen; www.rdrrodeo.com.

Über die *Interstates* #80/#25 geht es zurück nach Denver (ca. 350 mi), in die andere Richtung sind es noch 180 mi bis zur Kapitale Utahs, Salt Lake City (➤ Seite 552). Bei Ziel *Dinosaur NM* (➤ Seite 546) folgt man am besten der #530 ab Green River nach Süden.

Killpecker Sand Dunes

4.4   Vom Yellowstone NP zu den Black Hills

4.4.1   Vom Yellowstone nach Cody

Neben der Strecke durch den *Grand Teton NP* ist die Straßenkombination **#14/#16/#20** über Cody die meistbenutzte Zufahrt zum *Yellowstone*, sie ist aber eine nur außerhalb des Parks attraktiv. Eine Reihe guter **NF-Campgrounds** säumen dort den Shoshone River westlich von Wapiti. Im **Wapiti Valley** ballen sich komfortable **Guest Ranches** und neuere **Motels** im *Blockhouse Design*. Preiswertes, komfortables **Camping** in Cody-Nähe (ca. 8 mi) bieten drei S**tate Park Campgrounds** am **Buffalo Bill Reservoir**.

Ein Höhepunkt vor Erreichen der Stadt ist der **Shoshone River Canyon**, durch den sich die Straße zwängt, mit dem **Buffalo Bill Dam** und einem Besucherzetrum; www.bbdvc.org. Den Blick von der Talsperre in die Schlucht sollte man sich gönnen.

Über den Chief Joseph Highway

Wer sich nach einer Runde durch den *Yellowstone Nat'l Park* für die weite Nordostausfahrt über **Cooke City**/Montana, einem **Nest im Blockhauslook**, entscheidet (dort sind die Quartiere billiger als in Jackson), wird für den Umweg (Richtung Cody) mit dem Erlebnis des *Chief Joseph Highway* **#296** belohnt. Die Straße ist perfekt ausgebaut, weniger befahren und bietet wunderbare Ausblicke über die Bergwelt. An dieser Strecke liegen der **NF-Campground Hunter** und am Hunter Creek der – trotz der martialischen Bezeichnung – idyllische Platz **Dead Indian**.

Beartooth Scenic Byway

Hinweis: Die **Straße #212** weiter nach Osten führt über den **3.000 m hohen Beartooth Pass** und ist – in Verbindung mit der #78 nach Columbus – eine sehr schöne Strecke zum oder aus dem Nationalpark (Alternative zu Gardiner). Der *Campground Itch-Kep-Pe* im Stadtpark von Columbus hat zudem schöne, kostenlose Plätze am Yellowstone River mit Picknicktischen und Feuerringen.

Über Billings (➤ Seite 620), an der I-90 rund 40 mi östlich von Columbus, lässt sich ggf. die Reise in Richtung der beiden Dakotas fortsetzten: die I-94 führt zum *Theodore Roosevelt National Park* (➤ Seite 616; 280 mi) und auf den Straßen I-90/#212 sind es etwas über 300 mi bis zu den Black Hills; *Little Bighorn Battlefield NM* (➤ Seite 620) und *Devils Tower* (➤ Seite 600) liegen da am Weg.

Cody

Die **Hauptstadt des Buffalo Bill-Kultes** (Exkurs ➤ rechts) lebt vom *Yellowstone*-Tourismus. Die entsprechende Infrastruktur (*Motels*, *Campgrounds*, *Restaurants*) prägt das Erscheinungsbild. Und auch hier gilt: Die **Moteltarife** und Restaurantpreise sind nicht ganz so hoch wie in Jackson. Ebenso aber wie in Jackson gibt es ein breites Angebot an *Outdoor*-**Aktivitäten**, darunter die populären Schlauchbootfahrten, hier über die Stromschnellen des Shoshone River; www.codychamber.org, www.yellowstonecountry.org.

Alljährlich findet Mitte/Ende Juni das große Plains Indian Powwow im Außenbereich des Buffalo Bill Center in Cody statt; Tickets kosten $10.

Buffalo Bill, Western-Legende schon zu Lebzeiten

Bis in die 1930er-Jahre galt **William Cody**, genannt *Buffalo Bill*, weltweit als die Personifizierung des amerikanischen Westhelden. Wer ihn nicht in seiner Wildwest-Show erlebte, kannte die zahllosen Novellen und Comic Strips, in denen er die Rolle des Gerechten im wilden Land der Cowboys und Indianer spielte. Die von ihm selbst mitbegründete Stadt Cody und die *Buffalo Bill Memorial Association* sorgen bis heute dafür, dass ihr Held nicht in Vergessenheit gerät. Tatsächlich folgt William Codys Lebensweg der Eroberung des Westens bis zu den letzten Indianerkriegen und ist in erstaunlicher Weise immer wieder eng verbunden mit einer Vielzahl von Ereignissen und Namen, die später in die Geschichte eingingen.

Als Elfjähriger verlässt er nach dem Tod seines Vaters die Schule und trägt als reitender Bote, Fallensteller und Goldwäscher zum Familienunterhalt bei. Mit vierzehn heuert er beim legendären *Pony Express Service* an, der 1860/61 Briefe in 10 Tagen von St. Joseph in Missouri nach Sacramento in Kalifornien beförderte (3.200 km), und macht sich einen Namen, als er nach Ausfall von zwei Anschlussreitern drei 100-mi-Etappen in 22 Stunden durchgaloppiert. Nach dem Bürgerkrieg verdingt er sich als Pfadfinder bei der Armee und versorgt zeitweise über 1000 Gleisbauarbeiter mit einer täglichen Frischfleischration von 12 Büffeln, was ihm seinen Beinamen »*Buffalo Bill*« einbringt.

Als er 1872 bei einer Jagdpartie Fürst Alexanders von Russland die begleitenden Journalisten mit seinen Schießkünsten beeindruckt, geht sein Name durch die gesamte Presse und ein Bühnenstück »*Buffalo Bill: King of the Border Men*« entsteht. Beim nächsten Stück »*The Scouts of the Prairies*« spielt er seine Abenteuer selbst und feiert große Tourneeerfolge. Seine Idee von der Wildwest-Show verhilft William Cody 1883 auch zu internationalem Ruhm. Nach immer ausverkauften Vorstellungen in den USA transportiert er eine Crew von 600 Mitwirkenden und 500 Rindern, Pferden und Büffeln in die Alte Welt und führt den staunenden Europäern den »Wilden Westen« vor: Büffeljagden, Indianerüberfälle auf Wagenburgen, Schlachten zwischen Armee und *Sioux* und nie gesehene Reit- und Schießkapriolen mit *Buffalo Bill* als Hauptakteur. Sogar der Adel ist begeistert, und Kaiser Wilhelm beglückt seine Offiziere mit Nachhilfestunden in Logistik durch den großen Organisator aus Amerika.

Das Aufkommen des Kinos läutete indessen den Niedergang der teuren Live-Show ein. Es konnte Wildwest-Abenteuer billiger und in rascher Folge produzieren. Hohe Tourneeverluste entstanden, und bald waren die einst verdienten Millionen aufgebraucht. 1913 kamen die Reste von Bill Codys Wildwest-Imperium unter den Hammer. Er selbst machte weiter bis zum 70. Lebensjahr und trat im Zirkus und auf Showbühnen auf, bevor er am 10. Januar 1917 in die ewigen Jagdgründe einging. *Buffalo Bill* wurde auf dem **Lookout Mountain** bei Denver begraben; ➤ Seite 536 und <u>www.buffalobill.org</u>.

Old Trail Town in Cody

Buffalo Bill Center

Pflicht in Cody ist der Besuch des *Buffalo Bill Center of the West*. Der beachtliche Komplex präsentiert nicht nur eine breite **Ausstellung zu Leben und Legende von** *Buffalo Bill*, sondern besitzt außerdem ein beachtliches **Museum zur Kultur der Prärieindianer**, eine kaum zu überbietende Kollektion von Colts und Gewehren im *Cody Firearms Museum* sowie die *Whitney Gallery of Western Art*. Die Gemälde- und Skulpturensammlung dieser Galerie wird in einer solchen Breite von keinem anderen Spezialmuseum für die Kunst des Westens erreicht. Das *Draper Natural History Museum* widmet sich vorrangig der Fauna der *Yellowstone*-Region. Das Kombiticket für alle Museen des *Buffalo Bill Center of the West* gilt für 2 Tage (kein Einzeleintritt): $19; Kinder 6-17 Jahre $12. Mai-Mitte September 8-18 Uhr, sonst 10-17 Uhr; 720 Sheridan Avenue (an der Durchgangsstraße gegenüber dem grünen *Town Square*, wo sich auch das *Visitor Center* der Stadt befindet); www.centerofthewest.org.

Gunfighters & Rodeo

Von Juni bis September treten Mo-Sa um 18 Uhr beim historischen *Irma Hotel* an der Ecke Sheridan Ave/12th St (www.irmahotel.com) die *Cody Gunfighters* auf und veranstalten das unverzichtbare Pistolenduell (kostenlos!). Danach ist Zeit fürs *Dinner* und um 20 Uhr beginnt die *Rodeo-Show* im *Cody Stampede Park* ($20/$10; kein Muss, aber wer die Cowboy-Action noch nie live gesehen hat, kann sich das durchaus anschauen). Für die staubtrockene Kehle geht's danach in die *$100.000-Bar* im *Irma Hotel*, ein Geschenk der *Queen Victoria* von England für *Buffalo Bill*.

Old Trail Town

Zwischen den Originalholzhäusern aus dem späten 19. Jahrhundert in der *Old Trail Town* weht auch heute noch ein Hauch »Wild West«. Sie wurden aus den unterschiedlichsten Ecken Montanas und Wyomings zusammengekarrt und in Cody wieder originalgetreu aufgebaut. Das Areal ist relativ klein, hat aber zum Teil eine überraschend gut erhaltene Inneneinrichtung; Mitte Mai bis September 8-19 Uhr; $9/$5; www.oldtrailtown.org.

4.4.2   Von Cody durch das nordöstliche Wyoming

Zur Fortsetzung der Fahrt von Cody über die **Bighorn Mountains** nach Osten stehen mehrere entfernungsmäßig nicht sehr voneinander abweichende Routen zur Wahl.

Weiterfahrt über die Straße #120

Gooseberry Badlands

Der Verlauf der **#120** nach Thermopolis ist landschaftlich am eindrucksvollsten. En route kann man, ca. 50 mi südlich von Cody, einen Abstecher zu den **Gooseberry Badlands** in Erwägung ziehen (7 mi nach Osten auf der #431). Ein 2,5 km langer Rundweg führt mitten durch die rötlichen Lehmhügel und Steintürmchen.

Thermopolis

Das kleine Städtchen **Thermopolis** (www.thermopolis.com) wirbt mit der **weltgrößten Mineralquelle**, den *Rainbow Terraces* am Ufer des Bighorn River, heute Teil des **Hot Springs State Park**. Eine kleine Menge der dort täglich ausgeschütteten 30.000 Liter wird umgeleitet und auf Badetemperatur abgekühlt. Die Benutzung des **Bath House** ist gratis (Mo-Sa 8-17.30 Uhr, So ab 12 Uhr). Gleich nebenan kann man sich noch die kuriose *Tepee Fountain* ansehen.

Auf jeden Fall einen Besuch wert ist das **Wyoming Dinosaur Museum**, einem der besseren seiner Art; 110 Carter Ranch Road; im Sommer täglich 8-18 Uhr; $10, Kinder $8 bzw. $18,50/$14,50 mit »Dig Site Tour«. Man kann aber auch einen ganzen Tag lang live dabei sein bei den Ausgrabungen auf der **Wind River Ranch** (»Dig for a Day«; $150/$100; Anmeldung erforderlich: www.wyodino.org).

Ringsum beuten weitere »Planschparks« die Quellen aus. Nördlich der Stadt (in Richtung Worland) dürfen sich Camper im **Fountain of Youth RV Park** zwischen #20 und Eisenbahnschienen an Thermalschwimmbecken im Grünen erfreuen; $35; ✆ (307) 864-3265.

Ten Sleep Canyon/#16

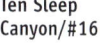

Ohne Umweg über Thermopolis erreicht man auf der **Kombination #120/#431** die Ortschaft **Worland**. Die von dort weiterführende **#16** ist die am besten ausgebaute und gleichzeitig – im Abschnitt durch den **Ten Sleep Canyon** bis hinauf zum **Powder River Pass** in 3.000 m Höhe – **spektakulärste Strecke** über das Bighorn-Gebirge. Entlang der #16 findet man einige **NF-Campgrounds** in schöner Lage an klaren Flüsschen sowohl im Tal (u.a. *Leigh Creek*) als auch in der Höhe abseits der Durchgangsstraße.

4

Kalksinterterrassen im Hot Springs SP

Ab Cody über die Straßen #14/#14A

Straße #14

Die **Straßen #14/#14A** verlaufen östlich von Cody recht eintönig durch die Prärien zwischen Rocky und Bighorn Mountains. Auch sie klettern über Passhöhen im 3.000 m Bereich und führen durch einsame Gebirgslandschaften, in denen sich *NF-Campgrounds* verstecken. Wer in den Hochlagen campen möchte, muss bedenken, dass es **sehr kühl** werden kann, und **Nachtfröste** selbst im Juli/August nicht selten sind.

Straße #14A

Auf der nördlichsten Verbindung (**#14A**) passiert man die Zufahrt zur **Bighorn Canyon National Recreation Area**. Der Stausee des Bighorn River erfreut sich wegen seiner abseitigen Lage an der Grenze zu Montana, der kargen Umgebung und der oft graubraunen Trübung des Wassers keiner allzu großen Beliebtheit. Der Blick vom **Devil's Canyon Overlook** tief hinunter auf das dort zwischen den Steilwänden eingezwängte *Bighorn Reservoir* ist dennoch reizvoll; Zufahrt über die #37, ca. 18 mi vom *NRA Visitor Center* in Lovell; $5 oder *Interagency Pass*; www.nps.gov/bica.

Five Springs

Beim Aufstieg zu den Bighorn Mountains befinden sich, 22 mi östlich von Lovell, die hübschen **Five Springs Falls** mit einem einfachen *BLM-Campground*. Die Handvoll Stellplätze (bis auf einen nur Zelte) sowie Picknick- und Grillmöglichkeiten fügen sich idyllisch in die Landschaft unterhalb der Fälle ein. Die enge, steile 2-mi-Zufahrt ist nicht für Fahrzeuge >25 Fuß geeignet.

Medicine Wheel

Etwa 6 Meilen weiter an der #14A zweigt hoch in den Bighorns eine *Gravel Road* zum **Medicine Wheel** ab, einem rätselhaften »Rad« mit zahlreichen aus Steinen zusammengelegten »Speichen« von 25 m Durchmesser auf einem Plateau beim Medicine Mountain. Rundherum befinden sich weitere künstliche Felsgebilde, deren Herkunft und Sinn im Dunkeln liegen. Nach kurzer Anfahrt erreicht man *Ranger Station* und Parkplatz; von dort geht es dann zu Fuß zum *Medicine Wheel* (noch ca. 2,5 km).

Bighorn Mountains

Wer **einsame Gebirgswelt** fern vom touristischen Hauptbetrieb sucht, wird mit den Bighorn Mts besser bedient als mit den Rocky Mountains im gleichnamigen Nationalpark oder den Grand Tetons. Nicht einmal in der **Höhe** stehen die Gipfel der *Bighorns*, einer Teilformation der nordamerikanischen Kordillere (➤ Seite 20), den *Rokkies* sonderlich nach. Ein **Geheimtipp** unter *Outdoor*-Enthusiasten ist die **Cloud Peak Wilderness Area**, ein großes Gebiet rund um den 4.013 m hohen Gipfel des Cloud Peak; www.fs.usda.gov/bighorn.

Ein **National Forest Visitor Center** kurz nach dem Zusammentreffen der Straßen #14/#14A bei Burgess Junction hat Karten, und eine *Campground*-Übersicht; www.bighornmountains.com.

Östlich der Berge in Dayton sind die Nächte nicht mehr so kalt. Dort findet man im **Foothills Motel & Campground** einfache Stellplätze an einem Flüsschen mit Bademöglichkeit; $26-$32; ✆ (307) 655-2547, www.foothillscampground.com.

Ostseite der Bighorns/ Sheridan

Die größten Ortschaften im Einzugsbereich der *Bighorns*, aber bereits im Tiefland, sind **Sheridan** und **Buffalo** (gemeinsam nur knapp über 20.000 Einwohner). Keines der beiden *Western*-Städtchen verfügt über echte Sehenswürdigkeiten, aber als Zwischenstation sind sie mit ihrer dichten Infrastruktur gut geeignet.

Im größeren Sheridan gibt es gut **20 M/Hotels**, sie reihen sich entlang der Main und Coffeen Avenue zu recht moderaten Tarifen. Das historische **Sheridan Inn** am Broadway/5th Street mit einer langen Liste illustrer Gäste ist heute ein **Nat'l Historic Landmark**. Die Zimmer sind dort nicht ganz billig (im Sommer ca. $190). Im angeschlossenen *Open Range Restaurant* wird *American Cuisine* serviert; www.sheridaninn.com. In der East Alger Street wartet außerdem das **Sanford's Grub Pub** (mit *Brewery*) auf Gäste.

Buffalo

In Buffalo ist die **Moteldichte ebenfalls hoch**, vor allem an der #16 durch den Ort von/bis zur I-25/I-90. Wildwest-Flair hat das nostalgische **Occidental Hotel** an der 10 N Main St; ✆ (307) 684-0451; www.occidentalwyoming.com. Sehr ungewöhnlich für die USA ist der riesige *Swimming Pool* im **Washington Park** (gratis).

Devils Overlook im Bighorn Canyon

Rodeos	Wie es sich für Wyoming gehört, finden im Sommer **Rodeos** statt, in **Sheridan** das große **Wyoming Rodeo** am 2. Wochenende im Juli, in **Buffalo** die *Fair* am 2. Wochenende im August, außerdem in **Buffalo** Mai-Juli jeweils dienstags *Cowgirls Rodeo* und mittwochs *Lions Club Rodeo* bis August, dann auch freitags Rodeo.
Weiterfahrt nach Süddakota	Keine 2,5-Std-Fahrt trennt Buffalo vom US-Bundesstaat South Dakota, wo die sog. »Great 8« warten: der **Missouri River**, der **Badlands Nationalpark**, in den Black Hills die Denkmäler *Mount Rushmore* und *Crazy Horse*, zwei Höhlensysteme *Wind Cave* und *Jewel Cave*, der *Custer State Park* sowie das historische **Deadwood**.

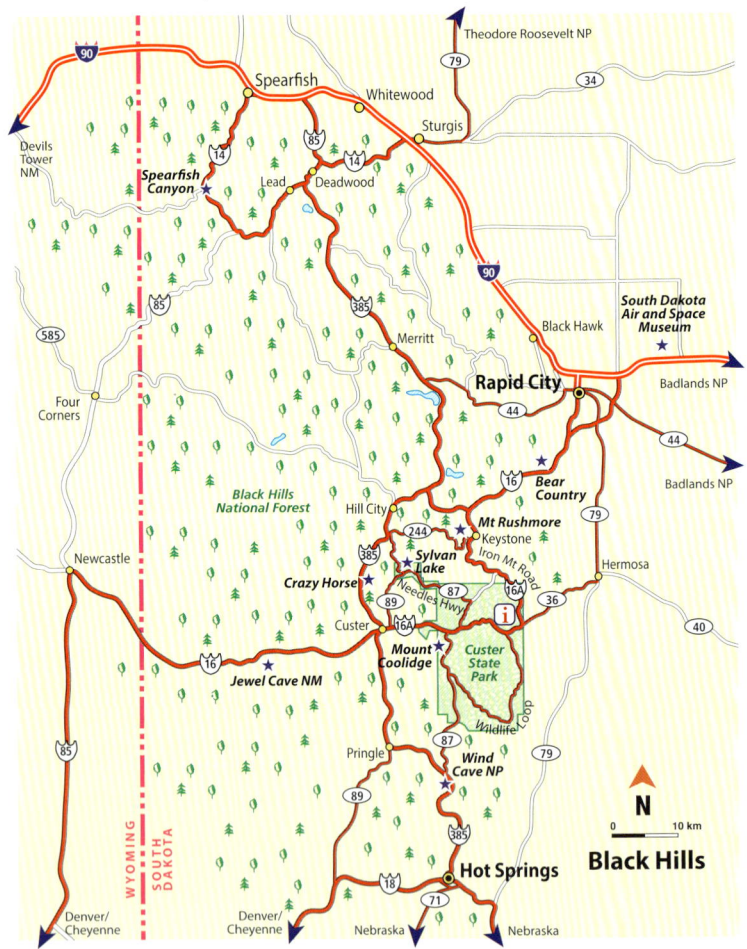

4.4.3   Die Black-Hills-Region

Anfahrt und die nördlichen Black Hills

Geschichte

Von Buffalo geht es auf der *Interstate* #90 rund 100 mi durch eintönige, hügelige Weidelandschaft (*Grasslands*), bevor man die nordwestlichen Ausläufer der **Black Hills** erreicht, ein aus den umgebenden Prärien herausragendes, seenreiches **Mittelgebirge** im Grenzgebiet von Süddakota und Wyoming. Goldkieferwälder lassen die Berge aus der Ferne dunkel/schwarz erscheinen, was ihnen zu ihrem indianischen Namen (*He Sapa*) verhalf.

Einst waren die Black Hills heiliges Land der ***Sioux-*** und ***Cheyenne-Indianer***. Es wurde ihnen 1868 von der US-Regierung in einem von zahlreichen, kurzlebigen Verträgen dieser Art als unantastbarer Landbesitz zugesprochen. Vorbei war es aber damit schon 1875, als in den »Schwarzen Bergen« **Gold** entdeckt wurde. Tausende von Prospektoren strömten ungehindert ins Indianerland und die Obrigkeit unternahm nichts gegen den **Vertragsbruch** durch die eigenen Bürger. Zwar wehrten sich die *Sioux* verzweifelt und errangen auch 1876 am **Little Bighorn River** gegen die US-Armee unter **General Custer** noch einmal einen großen Sieg, aber die Black Hills blieben verloren. Weitere Massaker folgten, bekannt wurde vor allem **Wounded Knee 1890**. Die überlebenden *Sioux* wurden in Reservate nach Montana und Süddakota zwangsumgesiedelt.

Situation heute

Heute ist die Region wieder eine wahre »Goldgrube« und zieht alljährlich **Millionen von Touristen** an. Für die Bevölkerung der benachbarten Präriestaaten sind die Black Hills im Sommer wie auch im Winter die attraktivste Landschaft weit und breit. Außerdem bilden die vier **Präsidentenköpfe im Granit des** *Mount Rushmore* einen Anziehungspunkt, den jeder aufrechte Amerikaner mindestens einmal in seinem Leben gesehen haben muss. Touristen aus Europa mag **Keystone und Umgebung** auf ersten Blick vielleicht nicht als vorrangiges Ziel erscheinen, ist aber durchaus ein Geheimtipp mit einer ganzen Reihe von Wildwest-Städtchen und landschaftlichen Höhepunkten.

Die »Needles« in den Black Hills

4

Heiliger Berg der Prärieindianer,
für die weißen Siedler ein
»Teufelsturm«: Devils Tower

**Devils
Tower NM**

**Eintritt
$25/Auto
$15/Person
oder
Interagency
Jahrespass**

Gerade noch in Wyoming erreicht man das *Devils Tower National Monument* von der I-90 über die Straßen #14 und #24 (35 mi). Der Teufelsturm, ein abgeplatteter Klotz aus Säulenbasalt, erhebt sich weithin sichtbar **270 m** über die auslaufenden Black Hills. Die Geologen interpretieren ihn als *Volcanic Plug*, den erkalteten Kern eines Vulkans, dessen umgebendes, weicheres Gestein nach und nach wegerodiert ist. Plastisch und detailliert wird dieser Vorgang im Besucherzentrum erläutert; www.nps.gov/deto. Einer *Lakota*-Legende zufolge wurden an der Stelle einst kleine Indianermädchen von einem Grizzly bedroht. Der »Große Geist« intervenierte und ließ die Erde unter ihnen anheben, so dass sich der Bär nur noch an den Flanken des neuen Turms festkrallen konnte (=die vielen Furchen, die man dort heute sieht). Im Film »Unheimliche Begegnung der dritten Art« von *Steven Spielberg* kommt ihm noch eine andere Bedeutung zu, als Landeplatz der Außerirdischen.

Besonders **beliebt** sind die Hänge des *Devils Tower* bei Kletterern. Der Normalbesucher begnügt sich mit dem Rundwanderweg am Fuße des Berges (ca. 2 km). Die dafür notwendigen kaum mehr als 30 min sollte man sich nehmen. An Sommertagen gibt es fast immer Kletterkünstler in den Steilwänden; sie zu beobachten ist ein Erlebnis.

Auch die vielen zierlichen **Schwarzschwanz-Präriehunde** in Parkstraßennähe sorgen für reichlich Unterhaltung.

Der *Campground* des *National Monument* liegt schön am Belle Fourche River, einem klaren Fluss mit Schwimmlöchern und geeignet zum *Inner Tubing*, ➢ Seite 58.

Man spart auf schöner Strecke einige Meilen, wenn man über die **Straße #24 *East*** und **#111** auf die I-90 zurückkehrt.

In den **nördlichen Black Hills** in South Dakota, nur wenige Meilen südlich der I-90, liegen Deadwood und Lead, zwei historische Goldrausch- und Minenstädte. Von der I-90 sollte man bei Lead über die **Straße #14A** durch den pittoresken *Spearfish Canyon* ansteuern. Sie führt gut 18 mi am gleichnamigen Creek (Picknickplätze am Ufer) entlang nach Cheyenne Crossing. Beim *Visitor Center* des *National Forest Service* in **Spearfish** (*Exit 10*) gibt es ein Faltblatt zu diesem *Scenic Byway*.

Kurz die Füße vertreten könnte man sich in Savoy. Zu den hübschen *Spearfish Falls* führt ein kurzer Wanderweg ab dem *Latchstring Restaurant* (1,2 km; 30 HM). Noch schneller sind die Wasserfälle der *Roughlock Falls State Nature Area* an der Forststraße #222 erreicht; Abzweig unmittelbar vor der *Spearfish Canyon Lodge* (gute Zimmer im Hochsommer ab ca. $150; ✆ 1-877-975-6343, www.spfcanyon.com). Sehr schön und beliebt ist in diesem Schutzgebiet auch der 3 km lange Rundweg, der dem idyllischen Flusslauf folgt. Noch etwas höher an der #222 wartet der kleine *NF-Campground Rod & Gun* ($18; 3 mi ab der #14A), einer der Schauplätze in »Der mit dem Wolf tanzt« (*Oscar* »bester Film« 1991).

Lead

Am Südende der *Mile High City* **Lead**, passiert man das Riesenloch der *Homestake Goldmine*, die erst 2002 stillgelegt wurde. Einen Einblick in die *Black Hills Gold Rush*-Ära und in die heutigen Forschungsarbeiten in der Mine (u.a. mit Neutrinos) gibt die Ausstellung in der 160 W Main Street. Die Touren kosten $8 pro Person; www.sanfordlabhomestake.com.

Deadwood

Wer ein Quartier für die Nacht sucht, sollte gleich bis nach Deadwood fahren. Die historischen Hotels *Hickok's* (685 Main Street; ✆ (605) 578-2222, www.hickoks.com) und *Bullock* (633 Main St; ✆ 1-800-336-1876, www.historicbullock.com), beide mitten in *Downtown*, haben ein gutes Preis-Leistungs-Verhältnis (im Sommer ca. $130, sonst ab $60). Modernere Zimmer zu einem ähnlichen Tarif bieten die Kettenmotels *Super 8* oder *Best Western* an der #85 südlich der Stadt. Im *Historic Fairmont* (➤ Foto unten) »spukt« es, dort werden keine Betten sondern *Ghost Tours* angeboten.

Main Street in Deadwood, typisch für die alten »Wildwest-Städtchen«. In Cody, Sturgis, Buffalo, Sheridan und sogar in Downtown Rapid City sieht es ganz ähnlich aus

4

Seit 1888 verkehrt in Deadwood ein *Trolley*. Auch die Hotelgäste von der westlichen Charles Street (#85) kommen so bequem ins Stadtzentrum und wieder retour (Fr+Sa teils bis 3 Uhr morgens).

Die authentischen Fassaden und **urigen Kneipen** im Western-Look machen Deadwood zu einem ausgesprochen attraktiven Ziel in den Black Hills. Seit in der Stadt die (außer in Indianerreservaten) sonst in South Dakota illegalen Glücksspiele *Poker* und *Black Jack* zur Abrundung der historischen Realität wieder zugelassen und auch *Slot Machines* aufgestellt wurden, sind die Besucherzahlen enorm gestiegen. In der *Historic Main Street* verbirgt sich nun so ziemlich hinter fast jeder Fassade eine kleine Spielhölle.

Schießereien stehen auf der Tagesordnung in Deadwood, aber nur den Sommer über und extra inszeniert für Touristen

Shoot-outs

Im Beiprogramm gibt's im Sommer Mo-Sa **Shoot-Outs** vor den Hotels *Four Aces* (14 Uhr), *Celebrity* (16 Uhr) und *Franklin* (18 Uhr). Ebenso fester Bestandteil der Touristensaison ist die unendliche Wiederbelebung der dramatischen Ermordung der Wildwest-Größe **Wild Bill Hickock**. Gleich mehrfach am Tag lässt man ihn den Sommer über im *Saloon No.10* an der Main Street sterben. Die Festnahme des Mörders *Jack McCall* wird Mo-Sa um 19.30 Uhr vor dem *Saloon* inszeniert, die anschließende Verurteilung im *Masonic Building*. Eintritt $6/$3; Tickets gibt es vor Ort ab 18.15 Uhr oder online unter www.deadwoodalive.com.

Den Beweis für die einst reale Existenz der Hauptakteure liefern die Gräber von *Wild Bill* und seiner ebenfalls im Wildwest-Ruhm unsterblichen Freundin **Calamity Jane** auf dem Friedhof **Mount Moriah Cemetery** am Ende der Lincoln Street.

Rodeo/ Museen

Ende Juli findet in Deadwood alljährlich das 5-tägige *Event* »**Days of 76**« mit Paraden und **Rodeo** statt. Ebenfalls den ersten Goldsuchern gewidmet, die 1876 in die Black Hills kamen, ist das **Days of 76 Museum**. Einen weiteren Einblick in die Geschichte der Stadt bieten das **Adams Museum** und sein **Historic House**; auch Kombi-Eintrittstickets erhältlich; www.deadwoodhistory.com.

Sehenswerter ist aber der Skulpturenpark **Tatanka: Story of the Bison** von *Kevin Costner* an der #85 ca. 1 mi nördlich der Stadt mit kleinem Museum und im Sommer täglichen Führungen durch *Lakota*-Indianer; $10/$5; www.storyofthebison.com.

Straßenbild in Sturgis
während der alljähr-
lichen Motorcycle Rally

Routen ab Deadwood

Wer während seines Aufenthalts noch nicht ins relativ neue und ausgezeichnete **Deadwood Welcome Center** an der 501 Main St/ Ecke #14A hineingeschaut hat, sollte dies aber unbedingt vor der Weiterfahrt erledigen. Dort liegen Karten und umfangreiches Infomaterial zu allen Sehenswürdigkeiten in den Black Hills aus.

Black Hills Parkway

Ab Deadwood kann man über den **Black Hills Parkway** (#385) gleich in den Kernbereich der Black Hills vordringen. Rund um Keystone und Custer warten Höhepunkte wie das **Mount Rushmore Nat'l Memorial**, der **Jewel Cave Nat'l Park** oder der **Peter Norbeck Scenic Byway** mit seinen zwei grandiosen Abschnitten *Needles Highway* und *Iron Mountain Road*. Im Sommer bei starkem Verkehrsaufkommen kostet diese Strecke aber viel Zeit.

Weiterfahrt über die I-90

Schneller voran in Richtung Rapid City und Badlands Nationalpark kommt man auf der Straßenkombination **#14A/I-90**, bei der es zunächst durch den *Boulder Canyon* geht und dann, 12 mi später, ab **Sturgis** auf der I-90 nach Osten (Auffahrt 30).

Sturgis

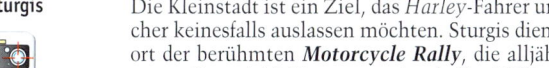

Die Kleinstadt ist ein Ziel, das *Harley*-Fahrer und andere Biker sicher keinesfalls auslassen möchten. Sturgis dient als Austragungsort der berühmten **Motorcycle Rally**, die alljährlich Anfang August während 10 Tagen gut eine halbe Million *Easy Rider* und Schaulustige aus aller Welt anzieht.

Das ganze Jahr über sind die tollsten historischen Maschinen im **Sturgis Motorcycle Museum** an der 999 Main Street zu bewundern; Eintritt $10 (2. Person -50%); www.sturgismuseum.com.

Ende August/Anfang September kommen dann auch Auto-Fans voll auf ihre Kosten bei der 1-wöchigen **Sturgis Mustang Rally** mit Rennen, Autoshows u.v.m.; www.sturgismustangrally.com.

Während beider Events sollte man besser sein Quartier in Sturgis (+Umfeld) lange im Voraus reserviert haben. Die Unterkunftsmöglichkeiten in der Stadt selbst lassen sich an einer Hand abzählen!

Rapid City

In Richtung *Badlands National Park* führt kein Weg an **Rapid City** vorbei, die 1876 von Goldgräbern gegründet wurde. Sie fungiert damals wie heute als **östliches Eingangstor zu den Black Hills** und ist mit über 70.000 Einwohnern die mit Abstand größte Stadt in mehreren hundert Meilen Umkreis. Als Basislager für eine mehrtägige Erkundung des Nationalparks und der *Hills* eignen sich alternativ die Ortschaften **Custer** oder **Hill City** und allen voran **Keystone** (➢ Seite 607) mit einer ebenfalls größeren Auswahl an Unterkunftsmöglichkeiten.

Information

Gleich zwei Büros sind für die Touristen zuständig: die *Visitor Info* der Stadt befindet sich mitten Im Zentrum am *Main Street Square* (täglich 8-17 Uhr), das große *Black Hills Info Center* bei der Abfahrt 61 nördlich der I-90 (1851 Discovery Circle; täglich 8-17 Uhr, im Sommer meist auch länger; ✆ 1-800-487-3223).

Für die Planung sehr hilfreich sind der *Rapid City Guide* (auch online: www.visitrapidcity.com/request-visitors-guide) sowie das Heft ***Exploring the Black Hills & Badlands*** (www.blackhillsbadlands. com/publications/exploring-black-hills-badlands-vacation-guide).

Unterkunft

Die Bettenkapazität von Rapid City ist überschaubar. Besuchern stehen dort nur knapp 5.000 Gästezimmer zur Verfügung, so dass es im Hochsommer und generell an Wochenenden von *Memorial* bis *Labor Day* eng werden kann (ganz speziell während der großen **Events in Sturgis** ➢ umseitig!). Die meisten H/Motels ballen sich im Norden/Nordosten der Stadt rund um die I-90 *Exits* 59 und 61 sowie an der Mount Rushmore Road (#16) bei der südlichen Stadtausfahrt. Etliche großen Ketten der Mittelklasse sind gleich mit mehreren Häusern vertreten. Die Tarife liegen höher als in touristisch weniger frequentierten Bereichen, sind aber stark saison- und auslastungsabhängig. Weitere Motels findet man in Wall an der I-90 beim Badlands Nationalpark (➢ Seite 612).

Zu den hinsichtlich Preis-Leistungs-Verhältnis empfehlenswerten Häusern in Rapid City gehören:

H/Motels

- *Big Sky Lodge*, 4080 Tower Road, günstig gelegen an der #16 in Richtung Black Hills mit schönem Blick zurück auf die Stadt; im Sommer ab $109; ✆ 1-800-318-3208, www.bigskylodge.com
- *Garden Cottages Motel*, 4030 Jackson Blvd (Straße #44), in ruhiger Lage unweit des *Canyon Lake Park* im Osten von Rapid City; größere Apartments ab $100, schon etwas älter aber gut gepflegt; ✆ 1-800-318-3208, www.bigskylodge.com
- *Alex Johnson (Hilton) Hotel*, 523 6th Street im Zentrum, historische Herberge mit (innen) Nostalgie-Western-Look; sehr gute Zimmer ab $175; ✆ 1-888-729-0708, www.alexjohnson.com

B&B

In Rapid City und den Black Hills gibt es viele *B&B*-Unterkünfte, z.T. auch **auf schönen *Ranches***. Die Übersicht aller *B&B*-Quartiere findet man unter www.visitrapidcity.com/where-to-stay sowie www.blackhillsbadlands.com/places-to-stay.

Camping

Für einen längeren Aufenthalt in der Gegend empfehlen sich die Plätze direkt in den Black Hills, ➤ Seite 609. Wer in Stadtnähe verweilen möchte, findet eine ganze Reihe kommerziell betriebener Campingplätze an der Mount Rushmore Road (#16). Kaum Wünsche offen lässt an der #79 südlich von Rapid City das

• *Hart Ranch Camping Resort*, 23756 Arena Drive; riesige Anlage mit Schwimmbecken, *Hot Tubs,* Golf- und Minigolfplatz u.v.m.; Zelte $32, *full hook-up* $75, auch hübsche *Cabins* ab ca. $100; ☎ 1-800-605-4278, www.hartranchresort.com.

Restaurants

Obwohl ein dichtes gastronomisches Angebot existiert, sind kulinarische Feste in Rapid City wohl nicht zu feiern. In *Downtown* sitzt man aber im *Independent Ale House* (625 Saint Joseph St) oder in der *Firehouse Brewing Company* (610 Main St) schön und bekommt Bierspezialitäten sowie etwas Ordentliches zu essen.

Während der Sommersaison eine Alternative zum Üblichen bieten *Chuckwagons* wie in der *Fort Hays Old West Town* 6 mi südlich der Stadt an der #16. Nach Verzehr der rustikalen Cowboy-Kost läuft die *Country-Western-Show;* täglich um 18.30 Uhr; $29, Kinder $5-$14,50; www.mountrushmoretours.com/fort-hays-old-town-square. Weitere *Chuckwagons* findet man an der #87 im *Custer State Park* (*Blue Bell*) und bei Hill City (*Circle B*).

Black Hills Souvenirs

Typische Produkte aus der Region sind Schmuckstücke, hergestellt aus *Black Hills Gold*. Einen Souvenirshop ungeheuren Ausmaßes findet man beim *Visitor Center* des *Mount Rushmore*. Beeindruckend ist aber allen voran das **Kunsthandwerk der *Sioux*-Indianer**, erhältlich z.B. im Shop des Museums *The Journey* (➤ unten) oder in der *Prairie Edge Gallery* an der 606 Main St/Ecke 6th St; unübertroffen, leider auch die Preise; www.prairieedge.com.

Museen

Besonders viel hat Rapid City als Stadt trotz zahlreicher Präsidenten-Bronzeskulpturen im Zentrum nicht zu bieten, es gibt aber einige Museen. Das in einem modernen Bau untergebrachte **The Journey** widmet sich primär der Geschichte der Black Hills, den Dinosaurierfunden sowie den *Sioux*-Indianern; 222 New York St; geöffnet im Sommer Mo-Sa 9-18 Uhr und So 11-17 Uhr; $10/$7; www.journeymuseum.org.

Dinosaur Park auf einer Anhöhe mit Blick auf Rapid City (➤ umseitig)

Das *Dahl Fine Arts Center* beherbergt Wanderausstellungen sowie ein – leicht naiv-verklärendes – Rundum-Wandbild (*Mural*) des Malers *Bernhard P. Thomas* von 60 m Länge. Es führt durch 200 Jahre (weißer) amerikanischer Geschichte bis zum Aufbruch ins Weltall; 713 7th Street; Mi-Fr 10-18 Uhr, Sa bis 17 Uhr; Eintritt frei, aber $5 Spende erbeten; www.thedahl.org.

Kommerzielle Attraktionen

Außer in Museen können sich die Besucher von Rapid City in kommerziell betriebenen Attraktionen der Umgebung die Zeit vertreiben. Ob in den *Reptile Gardens* mit Reptilien aller Art, im riesigen *WaTiki Indoor Waterpark*, in **Goldminen** mit Waschpfannen (Erfolg garantiert) oder illuminierten **Höhlen** und bei Untergrund-Wasserfällen, die Möglichkeiten für ein volles Programm sind vielfältig, aber durchweg mit hohen Eintrittspreisen verbunden.

Interessant mit Kindern könnte vor allem ein Ausflug in den *Wildlife Park Bear Country* sein, wo man im eigenen Auto auf »Bärensafari« gehen und in einem kleinen Gehege den **Babybären** beim Herumtollen zusehen darf; an der #16 südlich der Stadt; im Sommer 7.30-19/18 Uhr; $17/$11; www.bearcountryusa.com.

Zwischen **Hill City** und **Keystone** verkehrt außerdem der beliebte *1880 Train* mit Dampflok auf den Gleisen der alten Goldgräberzüge. Das Rundtrip-Ticket kostet $29/$14. An ausgewählten Tagen im Juni/Juli/August kann man bei der Fahrt in Richtung Keystone sogar einen inszenierten Zugüberfall mit Schießerei und viel Action erleben: www.1880train.com/old-west-shootout.html.

Kostenfreie Besucherziele

Gratis ist der *Dinosaur Park*. Seine knallgrünen Zementdinos beeindrucken zwar nicht einmal mehr Kinder, aber dafür bietet sich von der Anhöhe ein weiter Blick über Rapid City; 940 Skyline Dr, über die Quincy St (ausgeschildert ab der #16); im Sommer zugänglich 8-22 Uhr. Auch bei der Stabskirche *Chapel on the Hills* am westl. Stadtrand (3788 Chapel Lane) wird kein Eintritt verlangt.

Der Besuch des *South Dakota Air and Space Museum* ist ebenfalls kostenlos, dort stehen schon im Außenbereich etliche Flugzeuge u.a. ein *B1B Lancer*; beim I-90 *Exit* 67B, ➤ Seite 612.

*Mit Volldampf voraus durch die Black Hills: der **1880 Train** verbindet die Orte Hill City und Keystone*

Immer gut besucht, das 1941 fertiggestellte Denkmal am Mount Rushmore

Mount Rushmore Nat'l Memorial und Keystone

Mount Rushmore

Eintritt = Parkgebühr $10/Auto

Von Rapid City leitet die Ausschilderung den kontinuierlichen Strom der Fahrzeuge unverfehlbar durch **Keystone** zu den riesigen Parkplätzen/-häusern des *Mount Rushmore National Memorial*. Über eine Allee von fahnengeschmückten Säulen für alle US-Bundesstaaten geht es in gerader Linie auf die von hoch oben die Szenerie überwachenden Köpfe der vier Präsidenten zu. Von links nach rechts: **George Washington** (1789–1797), **Thomas Jefferson** (1801–1809), **Theodore Roosevelt** (1901–1909) und **Abraham Lincoln** (1861–1865); www.nps.gov/moru.

Von der Aussichtsterrasse vor dem *Visitor Center* am Ende der Anmarschstrecke haben die Besucher freien Blick auf diese einzigartige bildhauerische Mammutleistung. Ein pausenloser Film erläutert die hehren Motive und die Arbeit (über 14 Jahre!) des von seiner Idee besessenen Schöpfers der über 20 m hohen Köpfe, Gutzon Borglum. Kritische Reflexionen über ein derartiges Monument ausgerechnet im ehemals sakrosankten *Sioux*-Gebiet kommen dort niemandem in den Sinn, dafür umso mehr ausgiebiger Einkauf im bombastischen Souvenirshop.

Am günstigsten ist ein **Besuch am Vormittag**, wenn die Sonne auf die Bergfront fällt. Zusätzlich könnte man einen **Abendbesuch** mit Flaggenparade und Mitsingen der Nationalhymne vor den dann illuminierten Präsidenten erwägen. Ein lohnenswerter Fotostopp an der #244 mit Washingtons Seitenansicht und einem extra dafür geschaffenen Parkplatz liegt nur 0,3 mi westlich der Ausfahrt. Weitere tolle Blicke auf alle »Köpfe« eröffnen sich außerdem bei der Anfahrt von Osten auf der #244 sowie durch den **Doane Robinson Tunnel** am nördlichen Abschnitt der *Iron Mountain Road* (#16A).

Das nur 3 mi vom *Memorial* entfernte und keine 400 Seelen zählende **Keystone** verfügt über eine gute, voll auf den Besucherandrang ausgerichtete Infrastruktur; www.keystonechamber.com.

Engstelle entlang des Needles Highway unmittelbar östlich der Eye of the Needle Formation

Custer State Park und die südlichen Black Hills

Custer State Park

Eintritt $20/Auto für 7 Tage

Südlich vom *Mt. Rushmore* erstreckt sich der **Custer State Park**, der einige der landschaftlichen Höhepunkte der Black Hills umfasst; www.custerstatepark.info. Man erreicht ihn **ab Keystone** auf direktem Wege auf der kurvigen und engen *Iron Mountain Road* (Teil der #16A) oder **ab Rapid City** am schnellsten über die Straßen #79/#36 (keine 30 mi bis zur östlichen Parkgrenze).

Restriktionen für RVs: Sowohl die *Iron Mountain Road* als auch die schönste Strecke im Park, der *Needles Highway* (#87), winden sich serpentinenreich durch die Wälder der Black Hills und durch einige **einspurige Tunnel**, die für größere RVs problematisch sind. Die jeweiligen Abmessungen der Engstellen sind auf der *Park Map* vermerkt: https://gfp.sd.gov/parks/detail/custer-state-park/. Zusammen mit der #16A zum Ort Custer, der *Horse Thief Lake Road* (#244) und der *Sylvan Lake Road* (#89) bilden sie den fantastischen **Peter Norbeck Scenic Byway** (insgesamt 70 mi).

Needles Highway durch den Custer State Park

Die oft bettelnden Burros (Wildesel) an der Wildlife Loop durch den Custer State Park

Needles Hwy

Am spannendsten ist das nördlichste Teilstück des *Needles Highway* in der Nähe des **Sylvan Lake**, das durch ein Gebiet voller **spitzer Granitnadeln** führt, die auch *Rockclimber* magisch anziehen. Die besten Formationen konzentrieren sich im Bereich rund um das Felsloch **Needles Eye** und auf den nächsten paar Meilen östlich des engsten Straßentunnels der Black Hills (➤ Foto links).

Dem idyllischen, von Felsen überaus pittoresk eingefassten **Sylvan Lake** (➤ Foto umseitig) nähert man sich mit größeren RVs am besten ab Custer über die breite #89. Der See lässt sich **leicht zu Fuß umrunden** oder per Kanu, Kajak oder Tretboot entdecken. Seine Strände laden im Sommer zu einem erfrischenden Bad ein.

Wer eine traumhafte Aussicht auf die *Needles* genießen möchte, erklimmt den historischen *Fire Tower* am **Black Elk Peak**; *Trail* #9 ab Parkplatz im Osten des Sees (13 km *Loop*, 420 HM; 4-5 Std).

Wildlife Loop

Beim **Besucherzentrum**, nur 2,5 mi von der Straßenkreuzung #36/ #16A und der Osteinfahrt entfernt, startet die 18 mi lange *Wildlife Loop Road* durch das südliche Parkareal. Bisons, Dickhornschafe, Gabelböcke und Präriehunde lassen sich dort gerne blicken und bettelnde Wildesel schauen auch schon mal neugierig durch's Autofenster rein. Am besten abends oder zeitig morgens! Ende September findet alljährlich das große *Bison Roundup* statt.

Camping

Der *State Park* verfügt über einige ausgesprochen schön gelegene Stellplätze (Zelte $21, mit *hook-up* $25) an der Straße #16A zwischen dem Besucherzentrum und dem Dorf Custer (z.B. im großzügigen *Game Lodge Campground*) und am **Sylvan Lake**. Zusätzliche Möglichkeiten bieten die *NF-Campgrounds Bismarck Lake* ($26, nur Zelte, Abzweig von der #16A noch vor der Westausfahrt) und *Comanche Park* ($16, auch RVs, 6 mi hinter Custer). Erwähnenswert sind außerdem zwei kommerziell betriebene Campingplätze:

- *Custer's Gulch RV Park* südlich der #16A unmittelbar bei der westlichen Parkausfahrt; Zelte $26, RVs $34-$50, **Blockhäuser** ab $55; ✆ 1-800-531-5923, www.custersgulch.com.
- *Rafter J Bar Campground*, eine komfortable Camping-Superanlage in einem Wäldchen unweit der Kreuzung #16/#244 südlich von Hill City; im Sommer Zelte $43, *hook-up* ab $58; *Cabins* ab $70; ✆ (605) 574-2527, www.rafterj.com.

4

Eingebettet in malerischer Granitfelsen-kulisse, der Sylvan Lake am westlichen Ende des Needles Hwy

Hinweis: Langfristige Vorausbuchung ist vor allem während der **Events in Sturgis** notwendig, ➢ Seite 603. Dann gelten meist auch andere (viel höhere) Tarife.

Übernachten

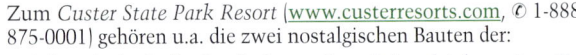

Zum *Custer State Park Resort* (www.custerresorts.com, © 1-888-875-0001) gehören u.a. die zwei nostalgischen Bauten der:

• *Sylvan Lake Lodge* in allerbester Lage beim gleichnamigen See an der #87 mit Zimmern ab $155 und *Cabins* ab $195

• *State Game Lodge* an der #16A westlich des Besucherzentrums mit Zimmern ab $125 und *Cabins* ab $170.

Custer

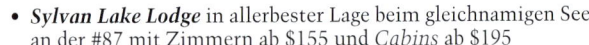

Voll und ganz dem Tourismus verschrieben ist der Ort **Custer** westlich des Parks mit einer großen Auswahl an Restaurants und Quartieren, darunter etliche Kettenmotels; www.custersd.com.

Crazy Horse Memorial

Das gigantische Gegenstück zum *Mt Rushmore* lässt sich in Um-rissen schon von der Straße #16/#385, 5 mi nördlich von Custer, recht gut erkennen. Das **Crazy Horse Memorial** soll nach Fertig-stellung (noch nicht absehbar) den **Sioux**-**Häuptling** *Crazy Hor-se* **samt Pferd** als 171 m hohe Felsskulptur zeigen. Der bereits ver-storbene Bildhauer *Korzcak Ziolkowski* begann auf Einladung der *Sioux* im Jahr 1948 mit der Sisyphusarbeit am harten Granit.

Mit den Eintrittsgeldern ($12/Person oder $30/Fahrzeug) und Spen-den wird das Werkeln an *Memorial for all North American In-dians* unterstützt, das der Tourist von einer Aussichtsplattform aus großer Distanz verfolgen darf. Auch inbegriffen sind der Be-such des *Indian Museum* sowie die **Lasershow**, die im Sommer abends auf den Berg projiziert wird. Näher an die laufende Arbei-ten ran, kommt man im Rahmen einer 25-minütiger Bustour; $4 extra pro Person; www.crazyhorsememorial.org.

Mt Coolidge

Wer beide *Memorials* auf einen Schlag (wiewohl aus weiter Ferne!) sehen und einen schönen Blick über den *Custer State Park* haben möchte, kann den **Mount Coolidge Lookout Tower** besuchen (➢ Foto Seite 599). Münzferngläser sind vorhanden; kurze steile, enge Anfahrt; 1,7 mi *Gravel* ab der #87, Abzweig 1,5 mi südlich der #16A.

Jewel Cave National Monument

Die *Jewel Cave*, ca. 12 mi westlich von Custer, ist Teil des bislang nur ansatzweise erforschten riesigen Höhlensystems der Black Hills. An »Juwelen« erinnern ihre kristallinen Kalzitablagerungen. Beim *Visitor Center* (geöffnet 8-17.30 Uhr) starten ganzjährig geführte **Scenic Tours** (1,5 Stunden; $12/$8); im Sommer 15x täglich zwischen 9 und 16 Uhr, sonst seltener. Besucher können dort auch mit einer *Historic Latern* auf Entdeckungstour gehen oder an abenteuerlichen *Wild-Caving*-Höhlenerkundungen mit Helm, Stirnlampe und Knieschutz teilnehmen; www.nps.gov/jeca.

Wind Cave Nat'l Park

Im Süden schließt der **Wind Cave National Park** direkt an den *Custer State Park* an. Auf dem Gelände dieses eher kleinen Naturschutzgebiets grasen Hunderte von Bisons und Präriehunde haben dort einige **Prairie Dog Towns** errichtet. Darunter erstrecken sich weitere Höhlenlabyrinthe, hier – anders als bei der *Jewel Cave* – mit wabenartigen *Boxwork*-Formationen. In der Begleitung von Rangern geht es durch den natürlichen Eingang in die *Wind Cave* ($12/$6) oder per Lift direkt hinunter in den »Garden of Eden« ($10/$5). Auch auf dem Programm: *Wild Cave Tours* oder mit *Candlelight* (wie die ersten Höhlenforscher); www.nps.gov/wica.

Der gute **Elk Mountain Campground** ($18) liegt in schöner Umgebung beim *Visitor Center* in der Südwestecke des Nationalparks.

Hot Springs   www.hotsprings-sd.com

Ein letzter Abstecher von den Black Hills könnte der Ortschaft Hot Springs gelten. Die namensgebenden heißen Quellen rund um den Ort speisen den öffentlichen Badepool **Evans Plunge** mit Innen-/Außenbecken und Rutschen; im Sommer Mo-Fr 6-20 Uhr, Sa+So erst ab 10 Uhr; Eintritt $14/$10; www.evansplunge.com.

Bei naturhistorischem Interesse lohnt sich der Besuch der Ausgrabungsstätte **The Mammoth Site** an der südlichen Ortsumgehung #18. Die Knochenreste der vor 26.000 Jahren umgekommenen Mammuts wurden an ihren Originalfundplätzen belassen und präpariert; Mai-Mitte August 8-20 Uhr, danach bis 18 Uhr oder kürzer; Eintritt mit Führung $10; www.mammothsite.com.

Spannend für Pferdefreunde ist in der Gegend noch das **Wild Horse Sanctuary** und die **Windcross Spanish Mustang Preserve**.

Zufahrt zum Crazy Horse Memorial; am Berghang in der Ferne erkennt man bereits die Gesichtszüge des berühmten Indianerhäuptlings

4.4.4   Abstecher zum Badlands National Park

Wer bis zu den Black Hills reist, sollte auf einen Abstecher zum *Badlands National Park* nicht verzichten. Am Weg zum Park befinden sich drei mögliche Zwischenziele:

Militär-flugzeug-Museum

Rund 10 mi östlich von Rapid City (I-90 *Exit 67B*) die ***Ellsworth Air Force Base*** mit dem ***South Dakota Air & Space Museum***. Der Zutritt in die Ausstellungshalle sowie den eindrucksvollen ***Open-Air Park*** mit zahlreichen ausgemusterten Militärflugzeugen und Raketen ist eintrittsfrei; geöffnet Juni-September 8.30-18 Uhr, sonst bis 16.30 Uhr; www.sdairandspacemuseum.com. Zu den Bustouren durch die *Air Force Base* sind nur US-Amerikaner zugelassen. *Ellsworth* ist (auch heute noch) die Kommandozentrale einer weltweit einsatzfähigen Vernichtungskapazität von Interkontinentalraketen und einer Flotte von überschall-schnellen Langstreckenbombern. Einige davon werden immer noch rund um die Uhr atomar bestückt startbereit gehalten.

Langstreckenbomber B-1B vor dem South Dakota Air & Space Museum

Wall Drug

Das Dorf **Wall** an der I-90, **Exit 109**, nördlich der westlichen Zufahrt zum *Badlands NP*, ist Heimat des größten und kuriosesten ***Drug Store*** der USA; www.walldrug.com. Der aus vielen Läden, Snack Bars und Ausstellungen zusammengesetzte Komplex ist wie ein *Shopping Center* mit Museen. Alles hat damit begonnen, dass die Gründer (in den 1930er-Jahren) die Idee hatten, Autofahrer mit **Coffee for 5 Cents** *und* **Free Ice Cubes** in ihren Laden zu locken. Beides gibt es heute noch. *Wall Drug* macht über Hunderte von Meilen auf sich aufmerksam und wurde zu einer eigenständigen Touristenattraktion, die einen Stopp verdient. **Motels** (*Super 8, BW, EconoLodge*) sowie **Campgrounds** fehlen auch nicht.

Minuteman II Missile NHS

Eintritt frei

Knapp 1 Meile südlich der I-90 verbirgt sich beim **Exit 116** das zum **National Historic Site** umfunktionierte unterirdische Silo **Delta 09** eine mit Nuklearsprengkopf bestückte Interkontinentalrakete vom Typ **Minuteman-II** aus der Zeit des Kalten Krieges (Dillon Pass Rd; Schotter); täglich 9-15 Uhr, *self-guided Tour* mit Smartphone. Weiteres zu dem Thema erfährt man im *Visitor Center* (**Exit 131**, im Sommer 9-15 Uhr) sowie während der 30-min **Delta 0-1 Tour** ($6; Anmeldung bis zu 24 Std vorher erforderlich: www.nps.gov/mimi). Über 150 solcher Anlagen befanden sich einst östlich der Black Hills verteilt auf 35.000 km². Die Nachfolgemodelle *Minuteman III* stehen nach wie vor einsatzbereit in den *Great Plains*.

Badlands National Park www.nps.gov/badl

**Eintritt
$25/Auto
($30 ab 2020)
oder
Interagency
Jahrespass**

Gleich zwei I-90 *Exits* kommen für die Zufahrt in Frage: Die *Badlands Loop Road* (#240) macht einen Schlenker durch den nördlichen Teil des Nationalparks und verbindet dabei die Ausfahrten #110 (bei Wall) und #131 miteinander. Das *Ben Reifel Visitor Center*, wo man alles über geologischen Ursprung und Geschichte dieser ungewöhnlichen Gegend erfährt (gute 22-min-Filmpräsentation), befindet sich beim Osteingang. Es macht daher Sinn, die Erkundung dort zu beginnen, auch wenn Parkkarte und -zeitung an den Einfahrten ausgehändigt werden. Das gilt vor allem, wenn im Anschluss ohnehin die Rückkehr in die Black Hills ansteht.

Wenig Freude bereitete das Gebiet des heutigen Nationalparks den ersten Trappern und Abenteurern, die hier vor einer nahezu undurchdringlichen 100 km breiten und bis zu 60 m hohen Barriere standen. Auch für die nachfolgenden Siedler war es nichts als unfruchtbares »schlechtes Land« (=*badlands*). Im Sommer/Herbst wirkt die gesamte Gegend tatsächlich etwas trist. Im **späten Frühling** zeigt sich aber ein völlig anderes Bild, der Kontrast zwischen saftig grüner Prärie und den kargen Lehmhügeln ist dann überaus reizvoll. Im Mai/Juni regnet es allerdings auch am meisten.

Vor der Parkgrenze (3,5 mi südlich vom *Exit* 131) gibt es eine Präriehund-Kolonie und ein Grassodenhaus aus 1909 im *Prairie Homestead* zu sehen (Freilichtmuseum $5); www.prairiehomestead.com.

Direkt hinter der Parkeinfahrt wartet dann der erste phänomenale Aussichtspunkt. Rote Bänder durchziehen die Hügel unterhalb des *Big Badlands Overlook*. Am besten kommen sie im sanften Morgen- oder Abendlicht zur Geltung. 2 mi später taucht auch die #240 in die Mondlandschaft ein. Bei sengender Sommerhitze fällt dort das Wandern schwer. Dann empfehlen sich allenfalls kürzere Spaziergänge, z.B. in der Nähe des *Cedar Pass* auf dem gerade mal 400 m langen *Window Trail* oder *Door Trail* (1,2 km retour), beide mit tollen Ausblicken. Etwas anstrengender ist der *Notch Trail* (2,4 km retour), bei dem es über eine leiterähnliche Vorrichtung zu weiteren Aussichtspunkten geht. Ähnliches gilt für den *Cliff Shelf Nature Trail* jenseits der Passhöhe (nur 800 m lang, aber 60 HM).

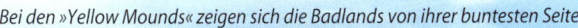

Bei den »Yellow Mounds« zeigen sich die Badlands von ihrer buntesten Seite

4

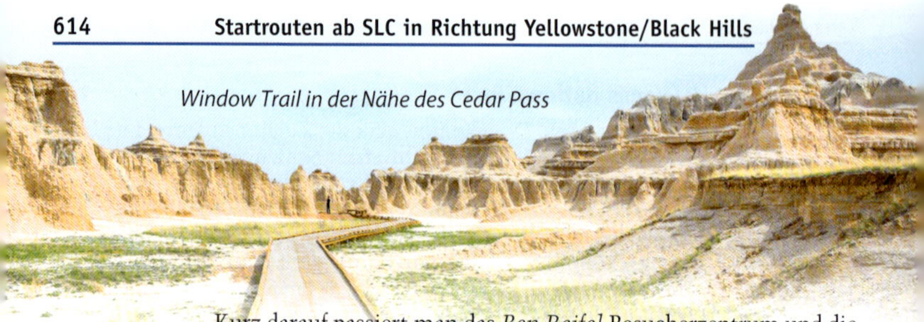

Window Trail in der Nähe des Cedar Pass

**Badlands
Loop Road**

Kurz darauf passiert man das *Ben Reifel*-Besucherzentrum und die einzige Unterkunft im Park, die **Cedar Pass Lodge** mit hübschen *Cabins* ($175) und *Campsites* (Zelte $22, RVs $37; überdachte Picknicktische); ✆ 1-877-386-4383; www.cedarpasslodge.com. Zusätzliche Zimmer gibt es im **Badlands Inn** (ab $130) an der #337 nur ca. 1 mi südlich der *Lodge* sowie in Wall (➤ Seite 612).

Hinter der *Lodge* wendet sich die **Parkstraße** dann nach Westen und folgt der Abbruchkante zwischen Prärie und *Badlands*. Zahlreiche Haltepunkte liefern immer wieder neue Eindrücke von der Vielfalt und -farbigkeit dieser bizarren Formationen. Unbedingt einen Stopp einlegen sollte man am **Fossil Exhibit Trail** (400 m retour), beim **Panorama Point** (➤ Foto rechts) und **Burns Basin Overlook** (beide mit rotgestreiften Lehmhügeln) sowie im Bereich der gelb-roten **Yellow Mounds** (➤ Foto umseitig). Von dort führt eine Seitenstraße hinunter zur **Conata Picnic Area** zwischen den zerfurchten, ausgewaschenen Abhängen.

Sage Creek Rim Road

Westlich vom **Pinnacles Overlook** zweigt die **Sage Creek Rim Road** von der #240 ab. Diese bei Trockenheit gut befahrbare Schotterpiste verläuft weiterhin dicht an der Abbruchkante und bietet ständig neue, wenngleich nicht mehr ganz so spannende Ausblicke. Auf diesem Weg gelangt man auch zur **Roberts Prarie Dog Town** und zum *Sage Creek Campground* (*first-come, first-served*, selten voll; gratis; kein Wasser!). Dort begegnen Besucher noch am ehesten den einst fast ausgerottteten, in den *Badlands* wieder heimisch gemachten **Bisons** (Büffel). Ungleich bessere Chancen bieten indes der *Yellowstone* oder *Theodore Roosevelt NP* (➤ umseitig). Die *Sage Creek Rim Road* mündet nach nur 25 mi in die #44 bei Scenic ein, die zurück nach Rapid City führt (43 mi).

Stronghold Unit

Alle, die einen SUVgemietet haben und noch mehr *Badlands* sehen möchten, können ab Scenic die etwas abenteuerlichere Fahrt auf den **Sheep Table Mountain** in der *Stronghold Unit* in Angriff nehmen (6,5-mi-Stichstraße **ab der #589/#27**). Das letzte Stück hinauf auf den Tafelberg (mit grandiosem Panoramablick in alle Himmelsrichtungen und einem **Felstürmchen-Amphitheater**) erfordert hohe Bodenfreiheit und ist daher nicht für Pkws geeignet.

Gestreifte Badlands im sanften Abendlicht (Panorama Point)

Zur **Fortsetzung der Reiseroute** geht es (ohne Abstecher nach *Wounded Knee*, ➤ unten) von Scenic wieder zurück nach Rapid City oder gleich weiter auf den Straßen #27/#2/#79/#18 über Hot Springs in Richtung Nebraska; ➤ Seite 622.

Liebhaber wenig frequentierter Landstriche könnten die *Badlands*-Runde auch noch erweitern (➤ umseitig). Im Hochsommer erscheint aber auch in North Dakota die Prärie etwas ausgedörrter und es ist meist zu heiß für längere Wanderungen.

4

Das Massaker von Wounded Knee

Auf dem Gebiet der heutigen Siedlung **Wounded Knee** (48,5 mi südlich von Scenic an der #27) hat die Kavallerie der US-Armee am 29. Dezember 1890 über 150 *Sioux*-Indianer niedergemetzelt. Zu sehen gibt es vor Ort praktisch nichts außer einem Friedhof und Gedenkstein. Mehr Einblick in die Geschehnisse bietet das **Wounded Knee Museum** in Wall (600 Main St) an der I-90 oder das **White River Visitor Center** in der Südostecke des *Badlands NP* (auf dem entlegenen *Stronghold Table* hatten die *Sioux* zuvor ihren letzten *Ghost Dance* abgehalten).

4.4.5   Ausflug zum Theodore Roosevelt National Park

Eintritt $30/Auto oder Jahrespass

Während das *Mount Rushmore Memorial* in den Black Hills jedes Jahr an die 2,5 Mio. Besucher verzeichnet, fährt nicht mal die Hälfte von ihnen weiter bis zum *Badlands NP*. Noch viel weniger ist im **Theodore Roosevelt Nat'l Park** los. Das in **drei Abschnitte** (*South, North & Elkhorn Unit*) aufgeteilte Naturschutzgebiet liegt südlich des Missouri River im US-Bundesstaat North Dakota.

Anfahrt/ Zeitbedarf

Das urig kleine **Medora**, zentrales Basislager für die Erkundung der *South Unit*, erreicht man ab Rapid City in unter 4 Stunden Fahrt (I-90 bis Sturgis, dann weiter über die Straßen #34/#79/#168/#85 nach Norden und kurz auf der I-94 in Richtung Westen).

Sehr große landschaftliche Höhepunkte darf man im *Theodore Roosevelt NP* nicht erwarten, es sind allen voran die einsame Weite und die subtile Schönheit der Erosionslandschaften am Little Missouri River, die dort beeindrucken. Auch für alle, die sich für Wildtiere begeistern können, lohnt sich dieser Ausflug. Mindestens zwei ganze Tage sollte man dafür aber einplanen, besser sogar drei mit Besuch der *North Unit* und ggf. der *Hoodoos* im *Makoshika State Park* auf dem Rückweg nach Salt Lake City/ Denver. Die beiden größeren Nationalpark-Teile sind über 70 mi voneinander getrennt (ca. 1,5 Stunden Autofahrt).

Elkhorn Ranch Unit

Die dritte Sektion rund um die *Elkhorn Ranch* aus 1884 liegt ebenfalls am Little Missouri River, aber in völliger Abgeschiedenheit zwischen der *South* und *North Unit*. Die *Ranch* ist primär von historischer Bedeutung, da es sich dabei um eine einstige Behausung von Präsident **Theodore Roosevelt** handelt. Nachdem er innerhalb weniger Stunden seine Mutter und seine Frau verlor, zog er sich nach North Dakota zurück und entdeckte dort seine Liebe zur Natur. Während seiner späteren Präsidentschaft (1901-1909) wies er gleich 23 neue Nationalparks und -monumente aus.

Der Little Missouri River schlängelt sich durch den Theodore Roosevelt NP

Eine Attraktion für sich sind die putzigen, immerzu wachsam vor ihrem Bau stehenden Schwarzschwanz-Präriehunde im Badlands oder Theodore Roosevelt Nationalpark. Mit spitzen Schreien (»yip«) kommunizieren die kleinen Tiere miteinander, wenn Gefahr droht oder erfolgreich abgewandt wurde, manchmal aber scheinbar auch nur aus Jux und Tollerei, wie man z.B. in diesem Video sehen kann: www.youtube.com/watch?v=MAkLJbK5JlE

Medora

Die Auswahl an M/Hotels ist in **Medora** äußerst beschränkt, im Sommer sollte man daher lieber nicht ohne Reservierung anreisen; Übersicht unter www.medora.com/stay. Ausweichquartiere gibt es in Belfield, ein 20 mi entferntes Nest, und in den Kleinstädten Dickinson (40 mi) oder Glendive/Montana (60 mi).

Besser sieht es hinsichtlich Essensmöglichkeiten aus. In Medora ist für jeden Geldbeutel etwas vorhanden – vom gediegenen ***Theodore's Dining Room*** im *Rough Riders Hotel* bis hin zu einfacheren *Eateries* oder dem urigen *Little Missouri Saloon*.

South Unit

Medora befindet sich direkt an der Zufahrt in die *South Unit* des ***Theodore Roosevelt National Park***; www.nps.gov/thro. Entlang des 36-mi-Rundparcours ab dem *Visitor Center* (im Sommer täglich 8-16 Uhr) reihen sich alle die Aussichtspunkte, Naturlehrpfade sowie eine kleine *Hoodoo*-Ansammlung und drei große, unterhaltsame **Präriehund-»Städte«**. Auch Bisonherden, Wildpferde, Dickhornschafe, Hirsche und Gabelböcke halten sich manchmal in der Nähe der Parkstraße auf.

Der ***Petrified Forest Trail*** (26 km) ist eine ausgedehnte Tagestour durch Grasland vorbei an mächtigen steinernen Baumstümpfen, die vertreut auf erodierten Lehmböden herumliegen/-stehen. Die Hölzer sind aber nicht so farbenprächtig wie im US-Südwesten.

Direkt hinter dem *Visitor Center* kann noch die **Maltese Cross Cabin** mit zeitgenössiger Inneneinrichtung besichtigt werden. Auch diese Hütte gehörte einst dem 26. Präsidenten der USA, stand aber ursprünglich auf seiner ersten Ranch südlich von Medora.

Auf der Weiterfahrt in den Nordteil über die I-94 *East* und #85, empfiehlt sich noch ein kurzer Stopp beim ***Painted Canyon Overlook*** der *South Unit* (I-94, *Exit 32*; mit eigenem *Visitor Center*).

North Unit

In der nur wenig besuchten und noch ruhigeren *North Unit* des Nationalparks warten entlang der 14-mi-Stichstraße erneut schöne Ausblicke (***River Bend Overlook***, ➢ Foto Seite 616), aber auch kuriose Erosionskugeln, sog. ***Cannonball Concretions*** (unterhalb der Klippen direkt beim Abzweig zum *Juniper Campground*).

Watford City

Keine 15 mi nördlich findet man in **Watford City** ein Quartier für die Nacht (preiswerter als Medora!), sofern man nicht gleich auf den Campingplätzen der *North* oder *South Unit* bleiben möchte.

Zwischen 2010 und 2015 vervielfachte sich die Einwohnerzahl, aus Watford City wurde eine echte Kleinstadt. Das keine 50 mi entfernte **Williston** bildete das »Epizentrum« des **Fracking-Booms** südlich der kanadischen Grenze, bei dem Öl und Gas unter Einsatz von Wasserdruck und Chemikalien aus tiefliegendem Schiefergestein gewonnen werden.

Das einst vor allem als Agrarstaat und Kornkammer bekannte North Dakota kam in den letzten Jahren in Verruf, u.a. durch Unfälle und Pipeline-Lecks. Nachdem der Ölpreis wieder fiel, ging es auch mit den Boom-Städten bergab – Geschäfte mussten schließen

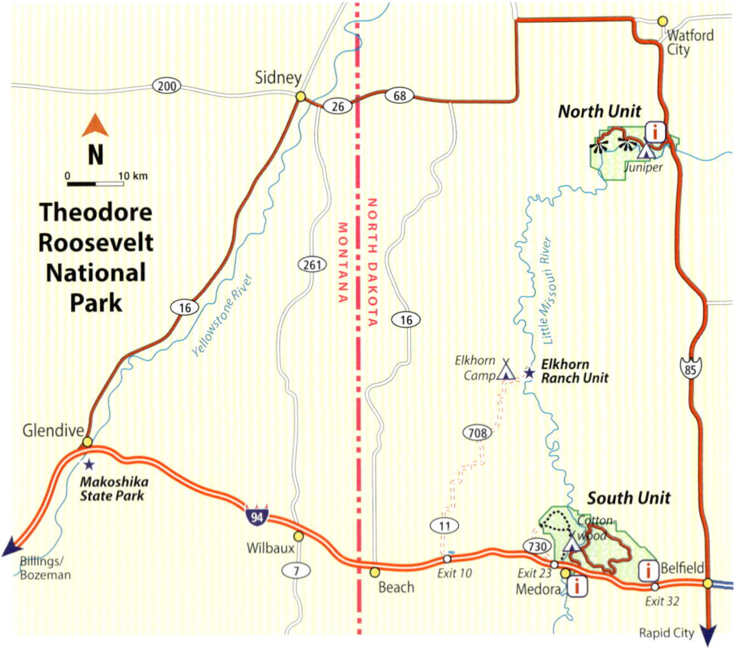

Cannonball Concretions in der nördlichen Einheit des Theodore Roosevelt Nat'l Park; die Steinkugeln haben ca. 1 m im Durchmesser

und viele Häuser standen leer. Zurück blieben auch die »Narben«, die das Fracking vielerorts in der Landschaft hinterlässt.

Makoshika State Park

Den **Makoshika State Park** im östlichen Montana erreicht man ab Medora direkt über die I-94 (Abfahrt 215 bei der Kleinstadt **Glendive** mit etlichen preiswerten Quartieren und Kettenmotels) oder ab Watford City über die Kombination #68/#23/#16. Auch dort stehen wieder *Badlands* (»Makoshika« in der Sprache der *Lakota*-Indianer) im Fokus. Diese sehen nicht nur besonders pittoresk aus, sondern dienten als letzte Ruhestätte zahlreicher Urzeitriesen (*T-Rex, Triceratops* u.v.m.). Der Park ist daher auch Teil des **Dinosaur Trail** durch Montana (➤ Exkurs Seite 621).

Erosionslandschaften im Makoshika State Park

Ab dem Besucherzentrum (im Sommer täglich 10-17 Uhr) erschließt eine 5 mi *Scenic (Gravel) Road* das Gebiet ($6); bei Trockenheit meist auch mit kleineren RVs machbar. Kurze Wanderwege führen mitten durch die Welt der Steinpilze und wundersamen Erosionsgebilde. Empfehlenswert sind u.a. der **Cap Rock Trail** (800 m *Loop*) und der **Twin Sisters**-Pfad ab dem *Amphitheater* beim östlichen Straßenende; gute *Trail Map* unter www.stateparks.mt.gov/makoshika.

Die schönen und ruhigen Campingplätze im Park lassen sich online oder unter ℭ 1-855-9222-6768 reservieren.

Wer mit dem Besuch des **Dinosaur & Fossil Museum** in Glendive liebäugelt, sollte wissen, dass dort das Thema aus Sicht der Kreationisten präsentiert wird, die die Evolutionstheorie ablehnen. Laut ihnen lebten Saurier und Menschen gleichzeitig auf der Erde; $7/$5; www.creationtruth.org.

Medicine Rocks

Alternative Rückfahrt zu den Black Hills (240 mi)

Ein weiterer Ausflug in die Einsamkeit des südöstlichen Montanas könnte nach dem Besuch des *Makoshika State Park* dem kleinen ***Medicine Rocks State Park*** gelten. Er liegt direkt an der **Straße #7**, die auf halber Strecke zwischen **Medora** und **Glendive** von der I-94 nach Süden abzweigt (*Exit 242/241*). Wie Schweizer Käse erheben sich dort die gelbgrauen Sandsteinmonolithe aus den Grasländern, von den *Sioux* treffend »Inyan-oka-la-ka« (Steine mit Löcher) benannt. Eine kurze Stichstraße (ungeteert) und der schöne *Dalton Hiking Trail* führen durch das Parkareal. Eintritt $6 pro Fahrzeug (in bar); einfache *first-come, first-served*-Stellplätze vorhanden.

Über Nebenstraßen geht es weiter zum *Devils Tower* (#323/#112/#24; ➢ Seite 600) oder gleich nach Spearfish (#323/#212/#85). Wer sich für Dinosaurier interessiert, kann an der Kreuzung #7/#323 in **Ekalaka** noch dem kleinen *Carter County Museum* einen Besuch abstatten, das zum *Montana Dinosaur Trail* gehört; ➢ rechts.

Von Glendive zum Yellowstone National Park (400 mi)

Die schnellste Verbindung mit dem *Yellowstone Nat'l Park* stellt die *Interstate* #94 dar. Interessante Stopps am Weg sind u.a.:

Terry Badlands

Mit einem 4WD-Fahrzeug lässt sich ab der Abfahrt 176 erneut in einsame Lehmhügellandschaften eintauchen. Nördlich des Yellowstone River erstrecken sich dort die **Terry Badlands**; 6 mi *Dirt Road* ab der Straße #253 bis zu einem Aussichtspunkt oder ab Terry über die #10, Milwaukee Road, Calypso Bridge und den sehr abenteuerlichen *Calypso Trail* hinein ins Herz der *Badlands*. Sämtliche Pisten sind bei/nach Regenfällen unbefahrbar!

Little Bighorn Battlefield NM

Ein Umweg (+ 50 mi) führt ab *Exit 49* über die #47/I-90 zu einem der bedeutendsten Schlachtfelder der Geschichte der US-Indianer: Im Besucherzentrum des **Little Bighorn Battlefield NM** innerhalb der *Crow Reservation* an der I-90 südöstlich von Billings erfährt man alles über General Custers letzte Schlacht, bei der die Prärieindianer 1876 unter *Sitting Bull*, *Crazy Horse* und *Gall* den Sieg davontrugen. Noch informativer sind die dort von Mai-September 5x täglich stattfindenden **Apsaalooke Tours** ($10; 1 Stunde).

In Richtung Südosten führt die I-90 von dort nach Buffalo (➢ Seite 597) und gemeinsam mit der I-25 zurück nach Denver.

Piste durch den Medicine Rocks State Park

Westwärts geht es auf der I-90 direkt weiter nach **Billings** und dann nach **Columbus** (➤ Seite 592) und **Livingston** (➤ Seite 493), beide mit Anschlussrouten zum Yellowstone Nationalpark.

Pompeys Pillar NM

Ohne den Abstecher zum *Battlefield*, passiert man vor Billings noch ***Pompeys Pillar*** am Südfer des Yellowstone River (I-94, *Exit* 23). Der Sandsteinfelsen diente früher als Landmarke für die Indianer, heute ist er eine Gedenkstätte, denn hier hinterließ *William Clark* seinen Namenszug mit Datum (25.07.1806). Zu dem Zeitpunkt befand sich der Begleiter von *Meriwether Lewis* bereits auf dem Rückweg von ihrer berühmten Expedition (➤ Exkurs Seite 459).

Um den Tourismus in den weiten, wenig besuchten Prärieländern Montanas etwas anzukurbeln wurde 2005 ein »**Dinosaurierpfad**« ins Leben gerufen, dem derzeit insgesamt 14 Museen, Parks und Ausgrabungsstätten angehören; www.mtdinotrail.org. Zu den großen Highlights des **Montana Dinosaur Trail** zählen das *Museum*  *of the Rockies* in Bozeman (➤ Seite 493), der *Makoshika SP* (➤ Seite 619) sowie das *Two Medicine Dinosaur Center* in Bynum, wo Besucher unter Anleitung selber nach Knochen und anderen fossilen Überresten suchen dürfen (➤ Seite 491).

4.4.6   Von den Black Hills zurück nach Denver

Über den Highway #85 in Richtung Denver

Routen nach Süden

Von den Black Hills geht es auf der **#16** (etwa nach Besuch der *Jewel Cave*) oder über die Kombination #385/#89/#18 in Richtung Colorado. Beide Routen führen auf die **#85 nach Cheyenne**, ➤ Seite 587. Diese Strecke durch die Südostecke Wyomings, gleich ob über Torrington oder ab Lusk zur I-25, bietet keine besonderen Reize und kann rasch durchfahren werden. Das ***Fort Laramie***, eine *Historic Site* an der #26 nordwestlich von Torrington, ist auch nur mäßig interessant; www.nps.gov/fola. Bei Verbleib auf der I-25 schließt sich 100 mi südlich von Cheyenne in Denver (➤ Seite 528) der Kreis der Basisroute durch die *Rockies* und die Black Hills.

4

Über Nebraska zurück nach Denver

**Toadstools/
Bisonfunde**

Eine attraktivere, aber etwas zeit- und meilenaufwendigere Alternative wäre die Straße #385 durch Nebraska. Hierfür folgt man ab Hot Springs/South Dakota **entweder direkt der #385** nach Süden

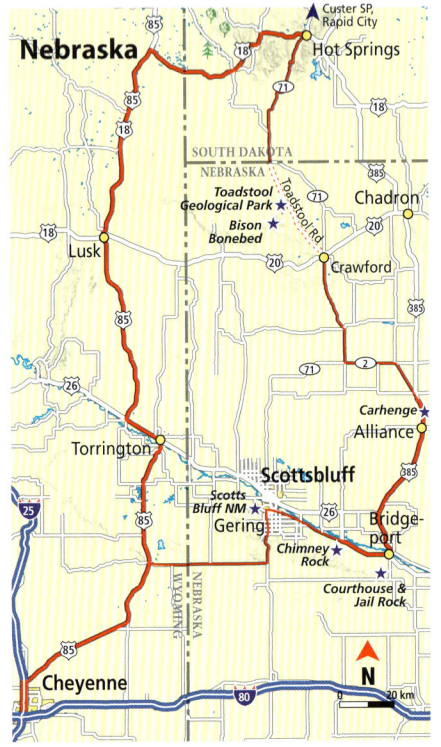

oder – wer etwas holprige *Gravel Roads* nicht scheut – **der #71/#2** mit einem Stopp am Rande der *Oglala*-Prärie im **Toadstool Geologic Park** nördlich von Crawford. Ein kurzer Naturlehrpfad führt ab den Picknicktischen und schattenlosem Einfachstcampground durch die hellgrauen *Badlands*. Größere »Steinpilze« wie im Südwesten der USA oder in Drumheller/Kanada, ➤ Seite 328, darf man dort nicht erwarten. Ausgeschilderte Zufahrt; die 12 Meilen auf der *Forest Road* #904 ab der Nebraska-Grenze sind Pkw-tauglich (bei Trockenheit!), ebenso die 12 mi vom Park nach Süden zurück zur #2.

Wer sich für Paläontologie interessiert, könnte noch gleich im Anschluss dem **Hudson-Meng Bison Bonebed** eine Stippvisite abstatten (6-mi-Abstecher etwas weiter südlich; auch an der Toadstool Rd). Geführte Touren durch die »Knochenhalle«, wo man Forschern bei den Ausgrabungen über die Schulter blicken darf; $5/$3; im Sommer 9-17 Uhr, die letzte Tour startet um 16 Uhr.

Carhenge

Nicht versäumt werden sollte östlich von Alliance an der #87 das reichlich kuriose **Carhenge**. Ähnlich wie in Maryhill, ➤ Seite 523, handelt es sich um eine Immitation des englischen Megalithkreises *Stonehenge*, der hier allerdings nicht aus Steinen besteht sondern – wie der Name schon erahnen lässt – aus Autos. Die 38 in Einheitsgrau lackierten Oldtimer stammen vom örtlichen Schrottplatz und wurden im Sommer 1987 mitten auf einer Ackerfläche nur scheinbar »wild« übereinander gestapelt. Gleich nebenan befindet sich noch eine zusätzliche Reihe senkrecht im Erdboden versenkter Vehikel sowie weitere moderne »Kunstwerke«. Der Eintritt auf das Gelände ist frei; www.carhenge.com.

2 mi weiter nördlich an der #87 wartet noch ein Jux-Fotomotiv: eine *Rest Area* »mit *Wifi*« (=Toilette auf einem Heuballen mit Schild).

**Oregon Trail
Landmarken**

Nach der Überquerung des North Platte River bei Bridgeport (#385) befinden sich etwa 6 mi südlich an der #88 die *Courthouse* & *Jail Rocks*. Sehenswerter ist aber auf der Weiterfahrt nach Scottsbluff die hoch aus der Prärie herausragende Felsspitze des *Chimney Rock* unmittelbar südlich der Straße #26/#92. Diese Felsen dienten, ebenso wie die Sandsteinklippen im *Scotts Bluff National Monument*, als wichtige Landmarken entlang des *Oregon Trail*; www.nps.gov/scbl.

*Scotts Bluff
National
Monument*

**Oregon Trail
Interpretive
Center in
Oregon,
➢ Seite 643**

Von der größten Völkerwanderung in der Geschichte Nordamerikas (Ausführlicheres dazu ➢ Exkurs Seite 644) sieht man auch heute noch die Spuren, die die Planwägen der Siedler unterhalb der Klippen hinterlassen haben. Das *Oregon Trail Museum* & *Visitor Center* des *Nat'l Monument* hat im Sommer täglich 8-18 Uhr geöffnet, im Winter bis 16.30 Uhr; Eintritt $3/Person oder $5/Fahrzeug; Zufahrt über die #92 südöstlich von Scottsbluff.

Nach Denver

Von der Kleinstadt **Scottsbluff** erreicht man Cheyenne/Denver am raschesten über die Straße #71 und Weiterfahrt auf den *Interstates* #80 bzw. #25.

Carhenge, die amerikanische Version von Stonehenge mit ausgedienten Autos

4

Durch das südliche Idaho & Oregon

*Die farbenprächtigen »Painted Hills«
zählen mit zum Schönsten, was
das zentrale Oregon zu bieten hat.*

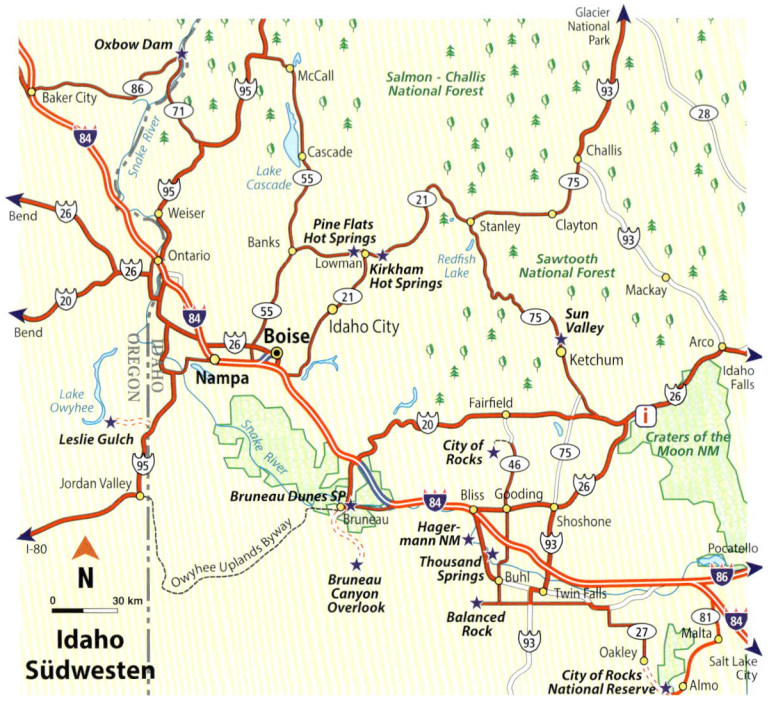

Oxbow Dam · Baker City · 86 · 71 · 84 · Snake River · McCall · 95 · Cascade · Salmon - Challis National Forest · 93 · 28 · Challis · 75 · Lake Cascade · 55 · 95 · Weiser · 26 · Bend · Ontario · 26 · Banks · Pine Flats Hot Springs · Lowman · Kirkham Hot Springs · 21 · Redfish Lake · Stanley · Clayton · 93 · Sawtooth National Forest · Mackay · 20 · Bend · 84 · 55 · 21 · Idaho City · 75 · Sun Valley · Arco · OREGON · IDAHO · 26 · Boise · Nampa · Ketchum · 26 · Idaho Falls · Lake Owyhee · Fairfield · 20 · Craters of the Moon NM · Leslie Gulch · Snake River · City of Rocks · 46 · 75 · Jordan Valley · 95 · Bruneau Dunes SP · Bliss · Gooding · 84 · 26 · Shoshone · Pocatello · Bruneau · 93 · 86 · I-80 · Owyhee Uplands Byway · Hager-mann NM · Thousand Springs · Buhl · Twin Falls · 81 · 84 · N · Bruneau Canyon Overlook · Balanced Rock · 93 · 27 · Malta · Salt Lake City · 0 30 km · Oakley · **Idaho Südwesten** · City of Rocks National Reserve · Almo · Glacier National Park

5.

VON SALT LAKE CITY NACH SEATTLE, PORTLAND ODER AN DIE OREGON-KÜSTE

Wichtigste und schnellste Verbindungsstrecke zwischen Salt Lake City und Seattle oder Portland ist die *Interstate #84*. An ihr gibt es nicht ganz so viel zu sehen wie auf den nördlichen Routen durch die Kaskaden (➤ **Kapitel 1.5** und **1.6**), aber mit ein paar Abstechern lässt sich auch diese lange Fahrt (ca. 800 mi bis zu den beiden Hauptstädten) spannend gestalten.

Bei etwas mehr Zeit könnte man den Umweg über die spektakulären *Painted Hills* im *John Day Fossil Beds Nat'l Monument* im zentralen Oregon ins Auge fassen oder – mit einer entsprechend großen Anzahl an verbleibenden Urlaubstagen – im Anschluss noch einen Ausflug an die ganz zu Recht hochgelobte Oregon-Küste einplanen. Ist Portland oder Seattle der Abflughafen in Richtung Heimat, dann sind die teils traumhaften Pazifikabschnitte in Oregon oder ggf. auch auf der Olympischen Halbinsel (➤ Seite 445) der perfekte Ort, um die Reise entspannt ausklingen zu lassen.

5.1   Von der Mormonenhauptstadt nach Oregon
5.1.1   Auf der Interstate #84 nach Boise

Erstes Etappenziel an der I-84 in Richtung Nordwesten ist **Boise** (sprich: *Beusie*). Idahos kleine grüne Hauptstadt erreicht man ab Salt Lake City leicht an einem Tag (ca. 350 mi) und das ggf. sogar mit einem kleinen Abstecher hinaus nach **Antelope Island** im Great Salt Lake (I-15/*Exit* 332; ➢ Seite 560) oder zu den Museumszügen bei dem ***Golden Spike Nat'l Historic Site*** (I-15/Exit 365 und anschließend zurück zur Autobahn auf der #83 bis I-84/Auffahrt 26; ➢ Seite 561). Eine willkommene Abwechslung zur meist eher eintönigen *Interstate* bieten auch die **drei** *City of Rocks* im südlichen Idaho, die Sanddünen bei **Bruneau** sowie das Abfahren des ***Thousand Springs Scenic Byway*** westlich von Twin Falls.

City of Rocks Nat'l Reserve

Die erste »Felsstadt« versteckt sich mitten im Niemandsland zwischen der I-84 und dem Großen Salzsee. Ihr Besuch ist mit einem etwas größeren Schlenker verbunden (45 mi ab der I-84/*Exit* #245 bis zum **Besucherzentrum** in **Almo**) und durch das Gebiet verläuft lediglich eine holprige, meist aber Pkw-taugliche Piste. Die mächtigen Granitbrocken der *City of Rocks National Reserve* sind ausgesprochen beliebt unter Kletterern und Campern, sehen allerdings nicht ganz so bizarr aus wie jene bei Gooding aus, ➢ umseitig.

Die hübsch zwischen Bäumen und Felsformationen eingebetteten Campingplätze ($13) sollte man im späten Frühling und im Herbst lieber reservieren (www.nps.gov/ciro, ℂ 1-888-922-6743), dasselbe gilt für die RV-Plätze ($23) im *Castle Rocks State Park* südlich von Almo; dort stehen auch Jurten ($50) sowie teurere *Cabins*.

Durch die *Reserve* führt eine 24-mi-*Automotive Tour* (Straßenzustand am besten zuvor im Besucherzentrum erfragen; Broschüre unter www.nps.gov/ciro/planyourvisit/automotive-tour.html).

Wer sich die Füße kurz vertreten möchte, kann dies z.B. beim ***Window Arch*** bei der *Campsite* #37 zwischen den markanten Felsen *Bath* und *Elephant Rock* machen oder entlang des *Creekside Towers Trail*, einem Rundweg (2 km) durch die von zahllosen Felsnadeln durchsetzte »Inner City«.

Von der Westgrenze der *National Reserve* sind es noch 15 mi *Gravel Road* bis Oakley und 25 mi auf Asphalt bis zur I-84 Auffahrt 208. Mit Wohnmobilen geht es ab Almo weniger riskant über die #77 zurück zur Autobahn.

Window Arch nur wenige Schritte hinter der Campsite #37 in der City of Rocks

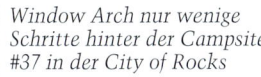

Shoshone Falls

Die E 3900 N Road ab der #50, eine Meile südlich vom *Exit* 182, schafft Zugang zu den **Shoshone Falls**, die gerne mit den Niagara Fällen verglichen werden, aber ihnen im wahrsten Sinne des Wortes »nicht das Wasser reichen können«. Denn im Sommer/Herbst wird man – außer nach starken Regenfällen – von der offiziellen *Viewing Area* ($3) nordöstlich der Kleinstadt **Twin Falls** (gute Infrastruktur mit vielen Unterkünften/Restaurants) mitunter nur wenig Nass über die 65 m hohen Klippen fließen sehen. Dann lohnt sich eher der Blick in den **Snake River Canyon** von der **Perrine Bridge** an der Straße #93 am Weg zurück zur I-84. An der 150 m hohen Brücke sieht man immer wieder *Base Jumper*, die dort auch Tandem-Sprünge anbieten; www.tandembase.com.

Lavahöhlen

Die nach dem Indianerstamm benannte Ortschaft **Shoshone** liegt 20 mi nördlich von Twin Falls, die gleichnamige Lavahöhle nochmals 16 mi weiter an der #75. Die **Shoshone Indian Ice Cave** bietet ordentlich Abkühlung bei brütender Sommerhitze, drinnen gibt es eine Eisschicht zu sehen und das Thermometer zeigt -1°C an; 1-Std-Touren ($10). Am Weg, ca. 10 mi nördlich von Shoshone, liegt außerdem die ähnlich kühle **Mammoth Cave**, die man auf eigene Faust erkunden darf; Eintritt inklusive Laternen-Nutzung $10.

1000 Springs

Wer ab Twin Falls weiterhin auf Nebenstraßen verweilt, passiert zwischen Buhl und Hagerman »Tausende« von kleineren und größeren Quellen, die am östlichen Steilufer des Snake River teils wasserfallartig aus dem Fels sprudeln und sich in den Fluss ergießen. Nach ihnen benannt wurde nicht nur die **Straße #30** (**Thousand Springs Scenic Byway**), sondern auch der aus fünf unterschiedlichen Einheiten bestehende **State Park** ($5/Auto/Tag); etliche Zufahrten starten direkt an der I-84, am besten man besorgt sich vorab eine detaillierte Übersichtskarte oder die Broschüre im PDF-Format: www.parksandrecreation. idaho.gov/parks/thousand-springs.

Ritter Island im Thousand Springs SP

Es handelt sich um wiederaustretendes Wasser eines bei Arco (➤ Seite 564) in Lavakanäle versickernden **Lost River**. Da ein Teil allerdings inzwischen zu Bewässerungszwecken abgezweigt wird, sind die »1000 Quellen« nicht mehr ganz so zahlreich und beeindruckend wie einst. Am schönsten ist es dort im späten Frühjahr; das Foto ➤ links wurde direkt von der #30 aufgenommen.

In der östlichsten Einheit (**Niagara Springs Unit**) plätschern nur kleinere Kaskaden. Sehenswerter sind die Wasserfälle bei **Ritter Island** sowie der **Box Canyon**, eine hufeisenförmige Schlucht mit glasklaren Pools. Beste Zufahrt für beide ab I-84/*Exit* 155: auf dem Hagerman Hwy 3 mi nach Westen, dann auf der 1500 East Road nach links (in Richtung Buhl) für 2,5 mi bis zur E 3200 S Road (Abzweig *Ritter Island*) bzw. 4,5 mi bis zum ausgeschilderten *Box Canyon*-Parkplatz rechter Hand der Straße. Zur Abbruchkante mit tollem Blick sind es von dort nur noch 800 m Fußweg.

Ebenfalls ein lohnendes Ziel ist die fünfte und nördlichste Einheit des *Thousand Springs State Park*, die **Malad Gorge**. Man erreicht sie über die Ausfahrt 147 von der I-84. Eine Fußgänger-Brücke führt über diese beeindruckend enge, bis zu 76 m tiefe Schlucht und gibt den Blick frei auf den tosenden Wasserfall, der dort in den **Devil's Washbowl** stürzt. Ein hübscher Pfad folgt der Abbruchkante, nur die Nähe zur Autobahn trübt etwas die »Idylle«.

Balanced Rock

Ab Buhl am *Thousand Springs Scenic Byway* bietet sich außerdem noch der Besuch des **Balanced Rock** bei Castleford an (15 mi; ausgeschildert ab der Burley Ave), einem knapp 15 m hohen und auf einem Podest balancierenden Felsen (mittlerweile etwas mit Beton verstärkt). Der Ausflug lässt sich gut mit einer Picknickpause in der grünen, schattigen Schlucht des **Balanced Rock Park** kombinieren (nur 0,5 mi östlich des »Steinpilzes«). Wer möchte, kann dort am Ufer des Salmon Falls Creek gleich über Nacht bleiben (Einfachststellplätze ohne *hook-up* vorhanden).

Hot Springs

Die Straße hinter dem *Balanced Rock* führt in einem großen Bogen wieder zurück zur #30. Zur Zufahrt zu den **Banbury Hot Springs** ist es ab der Einmündung ein sehr kurzer Abstecher (0,4 mi in Richtung Buhl). Bei den von heißen Quellen gespeisten Pool-Anlagen kann man auch gut in schattiger Umgebung im Zelt/RV campen.

Hagerman Fossil Beds

Wer die #30 in Richtung Norden (Hagerman) folgt und sich für die fossilen Überreste der ersten Pferde auf dem amerikanischen Kontinent aus dem Pliozän (vor ca. 3,5 Mio. Jahren) interessiert, könnte noch einen Stopp beim **Hagerman Fossil Beds NM** erwägen.

Balanced Rock von der Straße aus gesehen

5

Das Besucherzentrum des Nationalmonuments befindet sich an der #30 im Ortszentrum (geöffnet im Sommer täglich 9-17 Uhr, sonst nur Do-Mo). Südlich von Hagerman zweigt die Parkstraße ab und schafft Zugang zu den Aussichtspunkten auf der anderen Uferseite des Snake River; Eintritt frei; www.nps.gov/hafo/.

Bei **Bliss** mündet die #30 wieder in die *Interstate* #84 ein.

Wanderziele bei Gooding

Ein etwas abenteuerlicher Abstecher führt von dort (I-84, *Exit* 141) oder ab Wendell (Auf-/ Ausfahrt 157) über die Straßen #26/#46 zu zwei »Felsstädtchen«.

Pillar Arch in der Little City of Rocks bei Gooding

Little City of Rocks

Ausgangspunkt für den Besuch der kleinen, aber zugleich sehenswerteren **Little City of Rocks** ist der Parkplatz am Ende des Feldwegs (nur 1 mi), der 13,2 mi nördlich der Kreuzung #26/#46 von der #46 unauffällig nach links abzweigt (43°06'23''N, 114°40'16''W). Hinter einer dort errichteten Mauer ist man schon bald beidseitig von hohen dunklen Tuffsäulen und -türmchen umgeben. Der mächtige **Pillar Arch** steht rechter Hand noch ziemlich im Anfangsbereich, etliche weitere Felsbögen säumen den Pfad hinein in die immer höher und enger werdende Schlucht. Nach etwa 2 km kann man dann je nach Lust und Laune auf gleicher Strecke zurückkehren oder sich einen Weg hinauf an die Canyonkante suchen und dieser zurück zum Auto folgen.

GPS-Koordinaten in WGS84 /NAD83

Gooding City of Rocks

Der Abzweig zur **Gooding City of Rocks** befindet sich nochmal 4,5 mi weiter nördlich an der #46 (43°10'08''N, 114°39'32''W) und endet nach 9 mi *Dirt Road* (gute Bodenfreiheit erforderlich!) im zentralen Bereich der *Wilderness Study Area* mit weiteren kuriosen Steinbögen und *Hoodoos*. Beide *City of Rocks* sind noch relativ unbekannt und genau das Richtige für Leute, die gern auf kaum sichtbaren Pfaden abseits des Trubels wandeln! Man sollte sich allerdings vor Klapperschlangen in Acht nehmen und im Frühjahr, wenn diese Gegend unwirklich grün ist (Mai/Juni), auch vor den dort dann extrem zahlreichen *wood ticks*. Die Sommerhitze und Dürre vertreiben dann die Zecken wieder.

Bruneau Dunes SP

Die **Bruneau-Sanddünen** erheben sich bis zu 140 m aus der kargen Landschaft zwischen dem Snake und Bruneau River; Zufahrt über

Blick in den tiefeinge- schnittenen Bruneau Canyon; nur im Frühjahr sind die Steilwände der Schlucht ähnlich grün wie auf dem Foto

die Straße #78, ca. 20 mi ab *Exit* #112, I-84. Ein **9,5 km langer Rund-weg** führt durch das Dünenareal und vorbei an zwei kleinen Seen mit Picknick-Möglichkeiten (Eintritt $5 pro Fahrzeug).

Der *State-Park*-Campingplatz nördlich der Sanddünen wirkt wie eine **grüne Insel** in der ansonst braungrauen Umgebung; einfache Zeltplätze ab $12, RVs ab $24. Die *Cabins* kosten $50-$55/Nacht; www.parksandrecreation.idaho.gov/parks/bruneau-dunes.

Weiterfahrt nach Boise

Für den *Bruneau Dunes State Park* fährt man – ähnlich wie für die *Thousand Springs* – ein kleines »Dreieck«, bei dem es auf der #51 wieder zurück zur *Interstate* geht. Dort trennen einen dann nur noch 40 Meilen von der **Metropolregion Boise-Nampa**.

Bruneau Canyon

Wer die Dünen besucht, könnte aber auch gleich noch ein paar Meilen mehr bis zum **Bruneau Canyon** »dranhängen«, wo sich der gleichnamige Fluss durch eine enge, 240 m tiefe Schlucht zwängt. Der Abzweig von der #78 ist in der kleinen Ortschaft **Bruneau** aus-geschildert. Während der Anfahrt auf der geschotterten Hot Springs Road deutet jedoch noch nichts auf den spektakulären Abgrund hin, der sich 18 mi weiter im Süden unterhalb des *Overlook* auftut. Diese Schlucht ist bereits Teil der weitläufigen **Owyhee Canyon-lands** (➤ Exkurs umseitig). Zurück geht es auf gleichem Wege.

Bruneau Dunes im sanften Abendlicht

Ausflug in die Owyhee Canyonlands

Großflächige, auch heute noch ziemlich unbekannte Wildnisareale erstrecken sich im Südwesten Idahos, Osten Oregons und Norden Nevadas rund um die weitverzweigten Flusssysteme des **Bruneau**, **Owyhee** und **Jarbidge River**. Neben tief eingeschnittenen Canyons bergen sie Erosionslandschaften, die es durchaus mit jenen im US-Südwesten aufnehmen können. Das geologische Wunderland ist hier jedoch kaum besucht, denn viele Bereiche sind nur über abenteuerliche SUV-Pisten oder ausschließlich per Boot zugänglich. Wer Ziele fernab der Touristenmassen sucht und etwas Abenteuergeist mitbringt, kann sich hier mit dem passenden Fahrzeug (4WD!) noch so richtig »austoben«. Vor jeder Tour sollte man aber unbedingt das aktuelle Wettergeschehen verfolgen, sich gute Karten besorgen und nach dem Straßenzustand erkundigen, z.B. in den *BLM*-Büros in Boise (3948 Development Ave, ℰ (208) 384-3300), Twin Falls (2878 Addison Ave East, ℰ (208) 735-2060) oder bei den Tankstellen an der Zufahrt.

Einige Sehenswürdigkeiten sind sogar mit vergleichsweise wenig Aufwand zu erreichen. In diese Kategorie fällt u.a. der ***Jarbidge Canyon*** direkt an der Grenze zu Nevada: Nicht ganz 100 mi sind es von Twin Falls bis Jarbidge, einem kleinen Nest mit *Ghost Town*-Charakter. Man folgt zunächst der #93 (I-84/ *Exit* 173) bis Rogerson und von dort geht es weiter über Nebenstraßen; nur die letzten 17 mi sind nicht asphaltiert. Mit dem Beginn der Schlucht wechselt der Belag zu *Gravel/Dirt* (bei gutem Wetter meist leicht zu befahren; bei Nässe sehr gefährlich). Die *Shoshone*-Indianer blieben dem Canyon fern, da sie in ihm ein großes, menschenfressendes Monster namens *Tsawhawbitts* vermuteten. Heute verleiten die dunklen, skurrilen Felsgestalten, die sich beiderseits der Straße erheben, aber eher zum Staunen als zur Furcht. Die schönsten Steintürmchen stehen gleich eingangs der Schlucht. Am südlichen Ende liegt **Jarbidge**, das über eine Tankstelle, ein im Sommer geöffnetes Motel und einen ***RV Park*** verfügt (nur für kleinere Wohnmobile; größere Modelle schaffen die Anfahrt durch den engen, teils einspurigen Canyon nicht!). Wer von **Wendover** (am Salzsee westlich von Salt Lake City; ➤ Seite 561) anreist, sollte auch mit normalen Fahrzeugen lieber die Anfahrt auf der #93 wählen und nicht die Route über Elko (I-80/*Exit* 301), denn die abenteuerliche Piste zwischen Jarbidge und der #225 schlängelt sich 47 mi lang durch die Berge und ist meist von Oktober bis Juni wegen Schnee unpassierbar.

Noch empfehlenswerter ist der Ausflug in die phantastische **Leslie Gulch**, wofür ebenfalls mindestens ein halber Tag benötigt wird. Hier folgt man ab Nampa (I-84/*Exit* 33B) zunächst den Straßen #55/#95 für 35,5 Meilen und dann der Ausschilderung nach rechts. Auf dieser meist gut gewarteten Piste sind es dann noch weitere 18 mi bis zum Beginn der Schlucht und insgesamt 24 mi bis zum *BLM-Campground Slocum Creek* kurz vor dem Umkehrpunkt am **Lake Owyhee**. Auf einer Strecke von 6 Meilen ist man dabei von hoch aufragenden, wabenartig durchlöcherten Skulpturen umgeben. Diese beigebraunen Tuffstein-Formationen aus verfestigter Vulkanasche sind selbst in der grellen Mittagssonne absolut sehenswert, im goldenen Abendlicht aber noch beeindruckender. Wer das Zelt dabei hat, kann sich einen der 12 kostenlosen Plätze mit Grillrost und überdachtem Picknicktisch sichern (*first-come, first-served*; kein Trinkwasser, aber Toiletten vorhanden; ➤ Foto Seite 137).

Felsbogen in der Leslie Gulch

Der links abgebildete Steinbogen befindet sich in unmittelbarer Straßennähe, ist aber nicht ganz leicht zu erkennen. Nachdem man die kleine Holzhütte passiert hat, sind es noch etwa 600 m bis zu dem Felsen auf halber Höhe am rechten Hang.

Schöne Wege, wie der *Juniper Creek Trail* kurz darauf, führen in Seitencanyons und noch etwas weiter in die Wildnis hinein (ca. 5 km retour). Im Hochsommer kann es in der Region sehr heiß werden, bessere Wandertemperaturen herrschen im späten Frühjahr oder wieder ab September. Vorsicht ist auch geboten bei Regenfällen, dann verwandelt sich die Zufahrt in eine Lehmfalle und durch die Schlucht können gefährliche Sturzfluten rauschen (*Flash Floods*).

Wer nicht auf selber Strecke retour fahren möchte, kann stattdessen über die *Succor Creek State Natural Area* mit weiteren Felsspitzen und einem grünen Picknick- und Campingplatz nach Nampa fahren (ausgewiesener Abzweig etwa auf halber Strecke zurück zur #95). Die meist gute *Gravel Road* durchquert das Schutzgebiet und mündet westlich von Nampa in die #201/#19 ein. Nach rechts geht es dort zur I-84, links zu einem guten *SP-Campground* mit *hook-ups* in herrlicher Wildwest-Kulisse am Nordufer des **Lake Owyhee** (etwas anspruchsvollere 30-mi-Zufahrt ab Adrian, nicht für größere RVs!). Richtig schön ist es dort aber nur, wenn der 85 km lange Stausee ausreichend Wasser hat.

Alternativ lässt sich die Tour nach der *Leslie Gulch* auf der #95 auch in Richtung Süden fortsetzen. Wer dort nach 17 mi auf die 4WD-Piste nach Westen abbiegt, gelangt erneut zum Owyhee River (29 mi *one-way*); am Weg liegt der tolle **Birch Creek Canyon** sowie ein größeres Lavafeld (den **Coffeepot Crater** kann man zu Fuß umrunden). Nur 8 mi weiter auf der #95 ist **Jordan Valley** erreicht (mit Hotel und Tankstelle). Dort beginnt der **Owyhee Uplands Backcountry Byway**. Für diese 103-mi-Schotterpiste bis Grandview (westlich von Bruneau) benötigt man eine Begleitbroschüre: https://www.blm.gov/download/file/fid/2106. Wer von Jordan Valley der #95 nach Westen folgt, passiert beim »Nest« **Rome** die nicht gekennzeichnete 3-mi-Zufahrt zu den erodierten Klippen **Pillars of Rome**.

Hinweis: Anstelle der im Kapitel 5.2 verfolgten Route über Baker City nach Bend, kann auch von dieser Ecke aus die Reise gen Westen fortgesetzt werden, am besten über die Kombination #78/#395, so dass auf den Besuch der einzigartigen *Painted Hills* (➢ Seite 648) nicht verzichtet werden muss. Wer noch etwas länger in der Einsamkeit Oregons verweilen möchte, kann auf dem Weg nach Burns einen Schlenker um die **Steens Mountains** machen und dabei die meist ausgetrocknete **Alvord Desert Playa**, heiße Quellen am **Borax Lake** (oder zum Baden die *Alvord Hot Springs*) sowie das *Malheur Nat'l Wildlife Refuge* besuchen.

5

5.1.2   Über die »Mondkrater« und »Sägezahnberge« in Richtung Boise

Wer auf der Etappe nach Boise noch 1-2 Extratage erübrigen kann, könnte auch einen größeren, zugleich landschaftlich reizvolleren Schlenker in Betracht ziehen. Hierfür folgt man ab Salt Lake City zunächst der I-15 weiter nach Norden (Route ➤ **Kapitel 4.3.1**, Seite 563), erkundet eine Lavahöhle sowie den *Inferno Cone* im *Craters of the Moon National Monument* (➤ Seite 564) und setzt dann die Fahrt durch die *Sawtooth Wilderness* zu Füßen der grandiosen Silhouette der »Sägezahnberge« fort. Im Anschluss führt die Straße #21 über die Wildwest-Town Idaho City wieder bergab und weiter in Richtung Boise.

Ketchum

Entscheidet man sich für diese Variante, so geht es von der #20 rund 40 mi westlich der Mondkrater auf der *Sawtooth Scenic Route* (#75) hinauf in die *Sawtooth Mountains* mit der gleichnamigen *National Recreation* & *Wilderness Area* in der Hochlage. **Ketchum** und dessen Vorort **Sun Valley** sind populäre, stark kommerziell bestimmte Ziele für Sommer- und Skiurlauber. Ernest Hemingway verbrachte seine letzten Lebensjahre in Ketchum (nicht in Key West!) und schrieb dort »Wem die Stunde schlägt«. Er beging 1961 Selbstmord. Der kleine Friedhof mit seinem Grab liegt an der Hauptstraße etwas außerhalb des Ortes im Norden. Ein schlichtes **Denkmal** am Trail Creek erinnert an den berühmtesten Bürger der Stadt. Wer in Ketchum und Umfeld ein Zimmer sucht, findet ein breites Angebot vor – vom preiswerten **Motel** bis zur piekfeinen *Lodge*; www.visitsunvalley.com.

Hot Springs

In dieser Gegend locken zahlreiche **heiße Quellen**, einige von ihnen werden kommerziell betrieben und sind im Ort bzw. an der #75 nicht zu übersehen, andere blieben **naturbelassene Badepools**. Im Besucherzentrum an der 491 Sun Valley Road liegt eine Liste der *Hot Springs* aus.

Indianisches Teepee vor der Kulisse der Sawtooth Range bei Stanley

Beim NF-Campground am Nordufer des Stanley Lake

Sawtooth Wilderness

Die *Sawtooth National Recreation Area* mit der westlich angrenzenden Wildnisregion erfreut sich bei Naturfreunden zu Recht großer Beliebtheit. **Angeln** und **Gebirgswandern** sind dort die bevorzugten Aktivitäten. Auch *Rafting*-**Abenteuer** lassen sich in Stanley buchen, darunter 4-stündige Trips auf dem Salmon River (ab $75/$60) oder teurere Mehrtagestrips auf dem wilden Oberlauf des Middle Fork Salmon River.

Stanley

Stanley im Blockhaus-Look zählt keine 100 Einwohner, verfügt aber als einziger Ort weit und breit über eine Tankstelle und Supermarkt. Außerdem bietet die *Valley Creek Lodge* schlichte Zimmer sowie *Hook-up*-Stellplätze auf dem angeschlossenen *RV Park* an; ℰ (208) 774-3606, www.stanleyidaho.com.

Schöner sind die *NF*-Campingplätze, die die **Straßen #75** (am Salmon River) und **#21** säumen bzw. nur wenige Meilen abseits liegen. Populärer Ausgangspunkt für Wildnistrips ist der glasklare **Redfish Lake** vor der Sägezähnen ähnelndem Silhouette des **Mt Heyburn**. An der Nordspitze des im flachen Uferbereich badewarmen Sees (rund 3 mi westlich der #75, asphaltierte Zufahrt) warten gleich einige wunderbare *NF*-Plätzchen am Wasser. Am besten aufgehoben ist man im *Point Campground* auf einer Halbinsel. Empfehlenswert sind auch die Campingplätze an **Stanley Lake**, einem weiteren See nördlich der Ortschaft (3 mi über die #445 ab der #21). Reservierbar unter www.recreation.gov.

Das *Visitor Center* am Redfish Lake und die *Stanley Ranger Station*, an der #75 rund 1,5 mi nördlich des Abzweigs zum Redfish Lake, halten Karten und Infos bereit; www.fs.usda.gov/sawtooth

Von Stanley bis Lowman

Die *Ponderosa Pine Scenic Route* (#21) von Stanley hinunter nach Lowman ist zwar nicht ganz so attraktiv wie der Verlauf der #75 weiter nach Norden (➤ Exkurs umseitig), dafür warten am Weg gleich zwei heiße Quellen: Rund 20 Meilen vor Lowman die *Bonneville Hot Springs* am Warm Creek River (knapp 500 m hinter dem gleichnamigen *NF-Campground*) sowie 4 mi vor Lowman die *Kirkham Hot Springs* am South Fork Payette River mit naturbelassenen *Minipools* und einem weiteren Campingplatz.

5

Von der Sawtooth Range hinauf zum Glacier Nationalpark

Von der Sawtooth-Gebirgskette führt ab Stanley (➢ umseitig) die schöne *Salmon River Scenic Route* (**#75**) nach Norden in Richtung *Glacier National Park* – eine abwechslungsreiche Fahrt mit dem Fluss als ständigem Begleiter. An toll gelegenen, ufernahen **NF-Campgrounds** besteht kein Mangel. Mehrere Einfachplätze des *Bureau of Land Management* befinden sich weiter nördlich am Salmon River (teilweise mit **Badestellen**).

Auch der Verlauf der **#93** ab Challis bleibt bis nach Montana hinein noch erfreulich (mit den tollen *Goldbug Hot Springs* bei Elk Bend). Der einzig nennenswerte Ort zur Versorgung ist **Salmon**. Bereits in Montana, etwa 6 mi nördlich von Sula, befindet sich an der #93 bei Conner die *Rocky Knob Lodge* mit einer urigen **Kneipe**. Eine letzte **Campingempfehlung** vor Erreichen von Missoula gilt der *Chief Looking Glass Recreation Area* nördlich von Florence, etwa 1 mi westlich der Straße am Bitterroot River. Ab Missoula geht es dann auf einer der bereits beschriebenen Strecken in Richtung West Glacier weiter, ➢ Seite 480.

Alternativ zur #75 kann man ab **Sunbeam** (*Hot Springs* in Straßennähe!) den *Custer Motorway* nehmen, eine überwiegende *Dirt Road* (Juni-September; nicht für RVs; vorher erkundigen) am Rand der *River-of-no-return-Wilderness* durch ein ehemaliges **Goldrauschgebiet** (immer noch Molybdänerz- und Goldgewinnung) mit den »Geisterstädtchen« **Custer** und **Bonanza City**. Fast identische Meilen bis **Challis**, aber mindestens plus 2-3 Stunden Zeitbedarf inklusive kleiner Stopps. *Campgrounds* liegen auch dort am Weg.

Weiterfahrt über #55/#95

Eine gut ausgebaute Straße führt **von Lowman** hinunter nach Garden Valley und Banks **zur Straße #55** im schönen Tal des Payette River mit etlichen Badestellen. Auch an dieser Route locken wiederum heiße Quellen, am besten sind die *Pine Flats Hot Springs* mit *NF-Campground*. In Garden Valley starten außerdem abenteuerliche Schlauchboot-Trips über die Stromschnellen des Payette River; www.idahowhitewaterunltd.com.

Ab Banks sind es auf der #55 noch knapp 40 mi bis Boise, in Richtung Norden geht es zur #95 mit Anschluss an die Route nach Lewiston bzw. zum *Hells Canyon*, **Kapitel 5.1.4** ➢ rechts.

Nach Boise über die #21

Wer in Lowman auf der #21 in Richtung Boise bleibt, erreicht nach zahllosen Kehren im Gebirgswald **Idaho City**. Diese in den 1860er-Jahren einwohnerreichste Stadt des US-Nordwestens ist heute eine »halbe« *Ghost Town* mit einem originellen *Visitor Center* und dem *Boise Basin Historical Museum*, das ein Sammelsurium zu den Themen *Gold Rush* und »Wilde Vergangenheit« beherbergt. Zwischen Idaho City und Placerville (*Gravel Road*) zeugen durchwühlte Areale von den Aktivitäten der Prospektoren. Eine – im positiven Sinne – total verrückte Holzhütte steht an der Ecke Centerville/Main Street in Idaho City – nicht verpassen!

Einige Meilen südwestlich des Ortes liegt an der #21 *The Springs Resort* mit Heißwasserpool; geöffnet täglich 11-22 Uhr außer Di, Eintritt $17/$11; www.thespringsid.com.

5.1.3   **Boise**

Boise

Im zügigen Tempo auf der I-84 ab Twin Falls/Bruneau oder serpentinengespickt ab Idaho City (➤ links) erreicht man Boise. Von den gerade mal 1,6 Mio. Einwohnern des US-Bundesstaats Idaho leben über 200.000 in der Kapitale; www.boise.org. Boise wirkt aufgeräumt, sauber und fast schon langweilig. Hauptattraktion ist das **State Capitol** an der 700 W Jefferson Street. Beidseitig des Capitol Blvd und 2-3 Blocks südlich des Capitol Building findet man hübsche Straßencafés und eine Ballung von Restaurants.

Der Grüngürtel an den Ufern des durch die Stadt fließenden Boise River erweitert sich im Zentrumsbereich zum **Julia Davis Park** mit **Historical** und **Art Museum** (beide nur mittelmäßig), übersichtlichem **Zoo** (gerade richtig mit Kindern), Picknicktischen und Joggingpfaden – gut für die Rast zwischendurch.

Wer hier erst spät eintrifft und eine Bleibe für die Nacht sucht, findet die größte Ansammlung an H/Motels rund um die Abfahrten 53 und 46 der *Interstate* #84.

Goldener Herbst in Boise

5.1.4   **Umweg über die Hells Canyon Nat'l Recreation Area**

Ausgehend von Boise

Gut 1-2 Zusatztage werden für den Ausflug zum **Hells Canyon of the Snake River** an der Grenze der Bundesstaaten Idaho und Oregon benötigt. Wer am Weg in Richtung Pendleton bzw. Portland/Seattle nicht unter Zeitdruck steht, könnte einer Routenerweiterung über den **Hells Canyon Scenic Byway** zwischen den *Exits* #302/#261 mit Abstecher zum *Hells Canyon Dam* den Vorzug geben (**+200 mi** gegenüber der direkten I-84-Verbindung; Dauer mindestens 5-6 Stunden, aber am besten mit Übernachtung in der Schlucht am Flussufer oder im **Wallowa Valley**).

Die kürzeste Verbindung zum »Höllencanyon« ab Boise bildet die **Straße #95** (via Payette, *Exit 3*) gemeinsam mit der **#71**. Nach dem Abstecher zum *Hells Canyon*-Damm – dort kann man sich in ein *Rafting*- oder *Jetboat*-Abenteuer auf dem Snake River stürzen – geht es entweder auf der #86 zurück zur I-84/Auffahrt 261 bei Baker City (**+150 mi** gegenüber der direkten I-84-Verbindung) oder über den nördlichen Teil des *Scenic Byway* weiter.

Im Anschluss an den Besuch der Sawtooth

Wer sich für die Sawtooth Range-Route entschieden hat (**Kapitel 5.1.2**, ➤ Seite 634), kann Boise auch im Wortsinn »links liegen lassen« und ab Lowman (➤ Seite 636) über Cascade und Cambridge zum Damm fahren (#55 nach Norden/#95/#71) und ggf. mit Abstecher nach Riggins an der #95 noch tiefer in touristisch weniger frequentierte Gebiete vordringen (z.B. bei den Seven Devils Mountains mit etwas abenteuerlichen Pisten, ➤ Seite 641).

Hells Canyon

Der »Höllencanyon des Schlangenflusses« beeindruckt nicht nur durch seine Bezeichnung. Rechnerisch (Distanz höchste Randerhebung bei den Seven Devils Mountains bis zum Grund der Schlucht = 2.436 m) übertrifft er sogar den »nur« 1.857 m tiefen **Grand Canyon**. Er lässt sich aber ansonsten mit dem berühmten Bruder vom Colorado River kaum vergleichen. In Idaho und Oregon »entfällt« der Blick von oben. Zwar sind beide Seiten in der Höhe zugänglich, jedoch nur über abgelegene Schotterpisten; Karte und Broschüre unter www.fs.usda.gov/detail/wallowa-whitman/recreation/?cid=stelprdb5238987.

Blick in den Hells Canyon

Dafür gibt es nirgendwo sonst im nordamerikanischen Westen eine Straße, die so weit in eine vergleichbar tiefe Schlucht hineinführt.

Die **25 Meilen** entlang des in diesem Bereich aufgestauten Snake River vom **Oxbow Dam** zum **Hells Canyon Dam** am Fuß der Steilwände sind **ein Erlebnis**!

Bootstouren durch den Hells Canyon

Zu den Höhepunkten eines *Hells Canyon*-Besuchs zählen auch die rasanten **Schlauch- oder *Jetboat*-Touren** durch die mit Stromschnellen gespickte Schlucht. Die meisten Anbieter starten bei **Lewiston** an der #95 am nördlichen Ende des Canyons und sind **ganz- oder sogar mehrtägig** unterwegs. Ab $130 pro Person für 6 Stunden oder $206 für 9,5 Std ist man dabei; Infos unter ✆ 1-800-262-8874 bzw. www.snakeriveradventures.com.

Von **Pittsburgh Landing** (Zufahrt über eine enge, steile Schotterpiste ab White Bird an der #95) sowie von der Anlegestelle beim Besucherzentrum am **Hells Canyon Dam** werden auch **Kurztrips** angeboten; 2-5 Std. $77-$180 inklusive *Lunch*-Picknick.

Eine Reservierung wird dringend empfohlen: ✆ 1-800-422-3568 bzw. www.hellscanyonadventures.com.

Die Übersicht aller Anbieter von *Jetboat*-Touren liefert das Portal www.gonorthwest.com/Idaho/Hells_Canyon/jetboattours.htm.

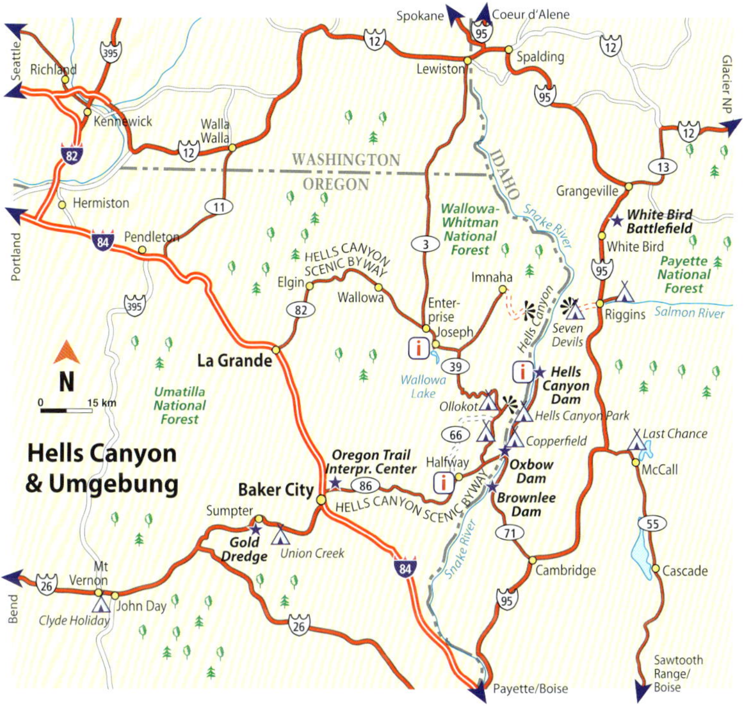

Snake River Road zum Hells Canyon Dam

Nicht entgehen lassen sollte man sich die kurzweilige Fahrt entlang der *Snake River Road*, die unterhalb des *Oxbow Dam* von der #86 abzweigt (Zufahrt ab Cambridge/Idaho über die Straße #71 und den *Brownlee Dam*; alternativ ab Baker City über die #86). Die **Snake River Road** (geteert!) verläuft entlang des aufgestauten Flusses und endet nach knapp 25 Meilen spektakulär als Sackgasse am *Hells Canyon Dam* und *Info Center*. Gleich hinter der Staumauer beginnen die wilden 65 km der insgesamt über 200 km langen Schlucht. Wer dort nicht in ein Boot steigt, kann am Westufer noch etwas weiter hineinwandern. Ab dem Besucherzentrum bis zum Umkehrpunkt am Stud Creek sind es ca. 1,5 km.

An der Stichstraße liegen einige *Boondocking Sites* sehr schön am Flussufer wie auch der **Hells Canyon Park**, einer der zahlreichen für Zelte wie auch für RVs (mit *hook-up*) geeigneten, von *Idaho Power* betriebenen *Campgrounds*; Überblick: www.idahopower. com/recreation/parks-and-campgrounds/hells-canyon-complex. Mehr Schatten und Komfort bietet der **Copperfield Park** gleich beim Abzweig der *Snake River Road* (Zelte $10, RVs $16).

Hells Canyon Scenic Byway

Der durchgehend asphaltierte *Hells Canyon Scenic Byway* umrundet ab Baker City und La Grande (I-84-Abfahrten 302/261) die **Wallowa Mountains**. Er ist meist nur von Ende Mai bis Oktober befahrbar; aktuelle Infos zum Straßenzustand am besten vorab in den *National Forest Offices* in Baker City (1550 Dewey Ave), La Grande (3502 Hwy #30), Joseph (201 East Second St) oder Halfway einholen. Gute Übersichtskarte unter www.hellscanyonbyway. com/road-conditions/hells-canyon-scenic-byway-usfs-map.

Wer über die Straßen #95/#71 zum *Hells Canyon Dam* angereist ist, hat **ab dem Oxbow Dam** zwei Optionen:

Südlicher Abschnitt (#86)

Der **südliche Teil** des *Scenic Byway* (**#86**) führt zurück zur *Interstate* #84 bei Baker City durch raue, abschnittsweise reizvolle Gebirgslandschaften am Pine Creek und Powder River entlang. Ein hübsches Etappenziel am Wege ist das Dorf Halfway.

Nördlicher Teil (#39/#350)

Um das **nördlichen Teilstück** des *Scenic Byway* zu befahren, biegt man einige Meilen südwestlich des *Oxbow Dam* von der #86 auf die **Forest Road #39** ab. Auf ihr erreicht man nach ca. 22 mi den **Hells Canyon Overlook**. Serpentinenreich geht es weiter in Richtung Norden bis zur Einmündung in die #350.

Abenteuerlustige könnten von dort in Richtung Nordosten einen Abstecher zum **Hat Point** unternehmen. Die Zufahrt zum Aussichtsturm mit Blick hinunter auf den Snake River erfolgt über holprige *Forest Roads* ab **Imnaha** (mit Motel, *RV Park* und gemütlichem B&B, aber ohne Tankstelle!) an der #350 – ziemlich zeitaufwendig; 45 mi *one-way* ab der #39, 23 mi davon auf Schotter. Am Weg, 6 mi vor dem *Hat Point*, lohnt ein Stopp beim **Granny Viewpoint**, von dem man die Schlucht des Imnaha River überblickt. Die Pisten sind i.d.R. von Juni bis Oktober befahrbar – bei gutem Wetter meist sogar Pkw-tauglich, bei Nässe können die steileren Passagen allerdings gefährlich rutschig werden.

Westwärts führt die #350 ins nicht mehr weit entfernte **Künstlerörtchen Joseph** am **Wallowa Lake** zu Füßen der gern als *Little Switzerland* vermarkteten **Wallowa Mountains** (bis zu 3.000 m hoch und mit dem grandiosen Wandergebiet **Eagle Cap Wilderness**).

An Unterkunftsmöglichkeiten (*Lodges*, B&Bs und Motels) mangelt es in Joseph und im nahen Enterprise nicht; www.wallowalake.net. Das Südufer des Sees nimmt der *Wallowa Lake State Park* ein mit einem großen Campingplatz und Badestrand (das kristallklare Gletscherwasser ist allerdings sehr frisch!). Die Gondeln der **Tramway** befördern dort von Mitte Mai bis Ende September die Gäste in nur 15 min auf den Aussichtsberg **Mount Howard**.

Jedes Jahr Ende Juli werden beim Wallowa Lake die **Chief Joseph Days** zu Ehren des berühmten *Nez Perce*-Indianers zelebriert – mit *Pow Wows*, Rodeo u.v.m.; www.chiefjosephdays.com.

Der *Scenic Byway* folgt ab Joseph der #82 durchs fruchtbare **Wallowa Valley** und stößt bei La Grande schließlich wieder auf die I-84.

Die »Biggest Small Town« Rodeos

Wer gern 'mal live dabei sein möchte, wenn Wildpferde gezähmt und nicht minder gefährliche Bullen geritten werden, der muss nicht zwangsweise seine Reisezeit an dem mehrtägigen Mega-Event Mitte September in Pendleton orientieren (**Round-up**, ➢ Seite 645). Den ganzen Sommer über finden Rodeos in diversen Groß- und Kleinstädten im US-Westen statt (➢ Seite 66), so auch in der Umgebung des *Hells Canyon*. Anfang Juli geht es bei der *Haines Stampede* wie auch bei den *Grangeville Border Days* hoch her, in der zweiten Juliwoche tritt der Cowboy-Nachwuchs beim *Junior Rodeo* in Halfway an, eine Woche später dürfen etablierte Profis ihr Können zwei Tage lang beim *Baker City Bronc* & *Bull Riding* unter Beweis stellen und Ende Juli wird während der *Chief Joseph Days* in Joseph groß gefeiert.

Ausflug in den nördlichen Bereich des Hells Canyon

Über die #3 — Über die Straße #3 (Abzweig von der #86 westlich von Joseph bei Enterprise) erreicht man nach knapp 90 mi **Lewiston**, dem Startpunkt der meisten *Rafting-/Jetboat*-Touren.

Über die #95 — Alternativ gelangt man zum Nordende des *Hells Canyon* auch auf der Idaho-Seite über die landschaftlich reizvolle **#95 ab Cambridge** am Straßendreieck #71/#95. Am Weg liegen einige hübsche Übernachtungsplätze, darunter der toll angelegte *NF-Campground Last Chance* (etwa 6,5 mi von der #95 entfernt; von New Meadows 4 mi auf der #55 nach Osten und dann noch 2,5 mi Schotterpiste).

Riggins — Das winzige Riggins, 80 mi nördlich von Cambridge, ist zentraler Ort des *Salmon River Country* mit entsprechender Infrastruktur (eine Handvoll Motels, *Campgrounds*, rustikale Restaurants und Kneipen; www.rigginsidaho.com). Für den *Outdoor*-Urlauber ist es ein guter Ausgangspunkt für die Entdeckung des weitgehend unerschlossenen Hinterlandes – Ostseite der **Hells Canyon Wilderness** sowie **Gospel-Hump Wilderness** östlich von Riggins.

Zeitzonenwechsel MT ➢ PT (Uhr 1h zurückstellen)

Seven Devils Mountains — Am südlichen Ortsrand gelangt man auf steiler, enger Piste (nicht für RVs größer als *Van Camper* geeignet) zum *Windy Saddle* und *Seven Devils Campground* in den gleichnamigen Bergen (rund 17 mi *one-way*). Dort kann man die spannende **Seven Devils Loop** in Angriff nehmen, ein 3-tägiger, 43 km langer *Backpacking*-Trip durch nahezu unberührte Wildnis, oder auf rauer Piste weiterfahren zum **Heavens Gate Lookout** mit weitem Blick über die »Höllenschlucht«. Am besten den aktuellen Straßenzustand vorab in der *Ranger (Info) Station* in Riggins erfragen (geöffnet den Sommer über Mo-Fr 8-12 und 13-17 Uhr).

Salmon River Valley — Der leicht zugängliche Teil des Salmon River Valley liegt östlich und nördlich von Riggins. Die **Big Salmon Road** (➢ Foto Seite 643) führt als streckenweise schmale Schotterstraße schön am Fluss entlang in die *Gospel-Hump Wilderness* (*Forest Road* #1614; Abzweig im Süden der Ortschaft). 10,5 mi östlich von Riggins befindet sich dort der *NF-Campground Spring Bar* (Zeltplätze $12 auf *first-come, first-served*-Basis).

Entlang der #95 weiter in Richtung Norden laden bis White Bird **Flussstrände** zum Baden und teilweise zum gebührenfreien Campen ein. Das Klima im Flusstal ähnelt dem des zentralen Oregon. Im Juli/August ist es oft unerträglich heiß, und bis Ende September herrschen sommerliche Tagestemperaturen.

Nez Perce NHP

Hinter White Bird erklimmt die Straße #95 in scheinbar endlosem Anstieg wieder höher gelegene Zonen. Dabei passiert sie noch vor **Grangeville** (ehemalige *Gold Rush Town* mit Rodeo Anfang Juli; www.grangevilleborderdays.org) das **White Bird Battlefield**, auf dem 1877 eine der letzten Kämpfe der Indianerkriege (Unterwerfung der *Nez Perce*) stattfand. Die hindurchführende *Auto Loop Road* ist Teil des **Nez Perce National Historical Park**, der zahlreiche historische Punkte und Gebäude in der *Nez Perce Indian Reservation* zusammenfasst.

Das dazugehörige **Besucherzentrum mit Museum** befindet sich in **Spalding**, an der Straße #95 weiter nördlich ca. 10 mi vor Lewiston; freier Eintritt; www.nps.gov/nepe.

Rückkehr zur I-84 oder nach Seattle

Nach dem Ausflug in den Nordteil des *Hells Canyon* erreicht man die *Interstate* #84 in Richtung Portland **ab Lewiston** über die Straßenkombination #12, #730 und I-82 South.

Nach Seattle geht es am schnellsten über die #12/#261/#26/I-90 mit Picknickpause bei den tollen **Palouse Falls** (insgesamt 320 mi) oder alternativ auf den Straßen #95/#195/#23/I-90 (360 mi) über Uniontown und mit Panoramablick vom **Steptoe Butte**. Diese Zwischenziele wurden bereits im Exkurs ➤ Seite 467 beschrieben.

Verbindungsstrecke zwischen Hells Canyon und Glacier NP

Auch ab dem *Hells Canyon* führt eine landschaftlich sehr ansprechende Strecke mitten durch das nördliche Idaho in Richtung *Glacier Nat'l Park*. Hierfür folgt man **ab Grangeville** einige Meilen der sehr schön angelegten **Straße #13** bis nach Kooskia im **Clearwater/Lochsa River Valley**. In diesem Tal läuft die gut ausgebaute **Straße #12** – vom Tourismus kaum entdeckt – über **100 einsame und fantastische Meilen** durch den **Nez Perce-Nationalforst**, bevor sie den Kamm der Bitterroot Mountains am **Lolo Pass** überquert.

Zahlreiche **NF-Campgrounds** liegen am Wege – kleine und auch größere wie z.B. der *Wilderness Gateway*. Für eine willkommene Abwechslung sorgen die populären **Jerry Johnson Hot Springs**. Man erreicht die (Mini-)Pools jenseits der Hängebrücke über den Fluss nach ca. 2 km Fußmarsch (**Warm Springs Trail** #49). Es handelt sich um drei natürliche Quellen, wobei die erste meistens im frühen Sommer noch vom Schmelzwasser überschwemmt wird.

Kommerziell betrieben wird die Heißwasser-Badeanlage **Lolo Hot Springs** nördlich des *Lolo Pass*, sie ist aber nicht außerordentlich attraktiv. Dafür lässt es sich dort gut übernachten: im *RV Park* mit *full hook-ups*, auf Zeltplätzen oder in den *Cabins*; © (406) 273-2294; www.lolohotsprings.com.

In Missoula stößt man dann auf die bereits im **Kapitel 2.3.4** beschriebenen Routen zum *Glacier Nat'l Park*, ➤ Seite 480.

Blick in das enge Tal des »Lachs-flusses«, von der Big Salmon Road östlich der kleinen Ortschaft Riggins

5.1.5 Von Boise über die I-84 weiter in Richtung Oregon

Zeitzonen-wechsel
MT ➢ PT
(Uhr 1h zu-rückstellen)

Ohne den Ausflug zum *Hells Canyon* bleibt man auch **ab Boise** auf der I-84. Mit Zielsetzung *Painted Hills*, Oregon-Küste oder Port-land käme bereits ab Ontario (*Exit* 374) die Straße Nr.26 in Frage, die durch das heiße, trockene Hinterland Oregons verläuft. Für alle Geschichtsinteressierte lohnt sich an dieser Stelle aber der **40-mi-Umweg über Baker City** mit Besuch des *Oregon Trail Center*.

Knapp 80 mi von Boise entfernt befindet sich, bereits in Oregon, die ***Farewell Bend State Recreation Area***, die über einen großzü-gig angelegten *Campground* mit Stellplätzen am Ufer des Snake River verfügt; I-84 *Exit* 353; im Sommer Zelte $14, RVs $24, *Ca-bins* $43; www.oregonstateparks.org/park_7.php.

Baker City

Zwei Autostunden nördlich von Boise liegt **Baker City** mit knapp 10.000 Einwohnern und relativ preiswerten Zimmern in den üb-lichen Motelketten, darunter ein *Best Western*. Gleich nebenan steht dort das große Besucherzentrum des umliegenden *Baker County*; 490 Campbell St, I-84 Abfahrt 304; www.visitbaker.com.

Die Kleinstadt verfügt über einen hübschen historischen Kern mit über 100 Gebäuden im *National Register of Historic Places*. Dank der Goldfunde in den umliegenden Bergen zählte Baker City im ausgehenden 19. Jh. mehr Einwohner als Spokane oder Boise.

Oregon Trail Interpretive Center

Vor den (nördlichen) Toren der Stadt befindet sich an der Straße #86, I-84-Ausfahrt #302, das hervorragende ***National Historic Ore-gon Trail Interpretive Center***. Im Außenbereich dieses histori-schen Museums kann man – ähnlich wie in Nebraska im ***Scotts Bluff NM*** (➢ Seite 623) – auch heute noch den einstigen ***Oregon Trail*** hautnah erleben und die tief eingefurchten Spuren der Plan-wagen der weißen Siedler sehen (➢ Exkurs umseitig).

Eintritt $8, kostenfrei mit *Interagency Pass* und für Kinder bis 15 Jahre; geöffnet im Sommer täglich 9-18 Uhr, im Frühling/Herbst bis 16 Uhr, Winter nur Do-So; www.blm.gov/or/oregontrail. Sehr informativ, nicht versäumen!

Der OREGON-CALIFORNIA TRAIL

Mitte des 19. Jahrhunderts brachen aus den Staaten östlich des Missouri River schier zahllose Siedler gen Westen auf. Ihr gesamtes Hab und Gut in einfachen Planwagen untergebracht, lösten sie die größte Völkerwanderung in der Geschichte Amerikas aus. Die genauen Zahlen lassen sich heute nicht mehr eruieren, Historiker schwanken bei ihren Angaben zwischen 250.000 und 650.000 Menschen. Ein besseres Leben und ein fruchtbares, immergrünes Paradies würde sie am Ende ihres beschwerlichen, **3.500 km langen Marschs** erwarten, das versprach ihnen die verheißungsvolle Werbekampage der US-Regierung. Das *Oregon Territory* war erst kurz zuvor den USA zugesprochen worden (1846er Vertrag mit Großbritannien) und sollte nun auch mehrheitlich von Amerikanern besiedelt werden.

Die **Lewis & Clark-Expedition** (1804/1806; ➢ Seite 459) hatte zwar den Weg nach Westen geebnet und die nötigen Karten für die Strecke von Missouri über Kansas, Nebraska, Wyoming und Idaho nach Oregon erstellt, aber das wilde, unwegsame Gelände wurde ab den 1830er-Jahren für Missionare und für später Großfamilien immer wieder zur Herausforderung. Mit Planwagen und viel Gepäck war die mächtige Gebirgskette der Rocky Mountains nur schwer zu überwinden.

Ein Drittel der Emigranten – überwiegend Farmer – ließ sich im fruchtbaren Oregon nieder. Oregon City, südlich der heutigen Großstadt Portland, gilt als offizielles Ende des **Oregon Trail**, ihm ist dort ein *Interpretive Center* gewidmet (➢ Seite 516). Ein weiteres Drittel – in erster Linie Abenteurer – zweigte bei **Fort Hall**/Idaho nach Südwesten ab und folgte dem Lockruf des Goldes in Richtung Kalifornien (**California Trail**). Der Rest verteilte sich gleichmäßig auf die US-Bundesstaaten Utah, Colorado und Montana. Dazu zählten auch die Mormonen (Angehörige der »Kirche Jesu Christi der Heiligen der Letzten Tage«), die ab 1847 in Illinois starteten und sich ab **Fort Bridger**/Wyoming in Richtung Großer Salzsee wandten (**Mormon Trail**).

Anfangs wurden die Siedler von erfahrenen Pelzjägern begleitet, später wiesen die tiefen Spuren der Planwagen im Erdboden den Nachfolgern den Weg. Zusätzlich dienten prominente Landmarken entlang der Strecke wie der **Chimney Rock** und **Scotts Bluff** in Nebraska, der **Independence Rock** und **Devil's Gate** in Wyoming oder Hindernisse wie **The Dalles** in Oregon als Orientierungshilfe. Heute stehen etliche von ihnen als historisches Wahrzeichen unter der Obhut des *National Park Service*. In den Jahren 1860/61 verkehrte außerdem die berühmte Post befördernde Reiterstafette des **Pony Express** auf ähnlicher Route. Ab *Fort Bridger* ging es allerdings weiter über den *Mormon Trail* bis Salt Lake City und danach westwärts bis nach Sacramento und San Francisco an der Pazifikküste.

Die große Völkerwanderung endete 1869 schlagartig mit der Vollendung der ersten transkontinentalen Eisenbahntrasse (*Golden Spike*, ➢ Seite 561).

Weiterfahrt ab Baker City

In **Baker City** scheiden sich nun endgültig die in Richtung Westen und Norden führenden Wege:

Route nach Bend/Oregon

Die **Nebenstraßen #7/#26** verlaufen von dort westwärts nach Bend, vorbei am *John Day Fossil Beds National Monument* (➤ im **Kapitel 5.2.1** verfolgte Route, Seite 647). Von Bend geht es dann weiter in Richtung Portland/Seattle, hinaus an die Pazifikküste oder in den Südwesten Oregons zum Crater Lake Nationalpark.

Auf direktem Weg nach Seattle/ Portland

Am schnellsten (zurück) **nach Seattle** gelangt man über die *Interstate*-Kombination #84/#82/#90 (ca. 380 mi) und **nach Portland** auf der I-84 (ca. 300 mi), beide Strecken führen **über Pendleton**. Am Weg dorthin passiert man hinter La Grande die Blue Mountains – der beste Abschnitt dieser Autobahn im östlichen Oregon.

Im *Hilgard Junction State Park* (Abfahrt #252) lässt sich zudem am Ufer des Grand Ronde River sehr schön picknicken oder über Nacht bleiben; einfache Plätze ($10), Wohnmobile nur ohne Anschlüsse; www.oregonstateparks.org/park_20.php.

Pendleton

Gäbe es nicht das *Pendleton Round-up*, eine der **bekanntesten Großveranstaltungen Nordamerikas**, wäre diese Kleinstadt in der entlegenen Nordostecke des Bundesstaates Oregon kaum jemandem ein Begriff. Alljährlich seit 1910 verwandelt sich Pendleton in der zweiten vollen Septemberwoche vom Provinznest in den Rodeo-Nabel der USA. So richtig rund geht es von Mittwoch bis Samstag mit dem täglichen Rodeo am frühen Nachmittag und einer großen *Wildwest-Show* am Abend in der **Happy Canyon Open Air Arena**. Im Anschluss finden Umtrunk und Tanz in der

Happy Canyon Dance Hall bis zum frühen Morgen statt. Die Stadt »vibriert« in diesen Tagen mit *Cowboys Breakfast* und *Barbecue*, Umzügen (am besten **Westward Ho! Parade** Freitag Vormittag) und Programm in der *Main Street* von nachmittags bis abends: **Country Music, Square Dance** und **Gunfights.** Der **Eintritt** ist moderat (Rodeo $20-$30, *Happy Canyon* $15-$24), die **Tickets** sind daher nicht selten schon lange vorher ausverkauft. Die Online-Vergabe startet zwei Jahre im Voraus!

Bullenreiten beim Pendleton Round-up

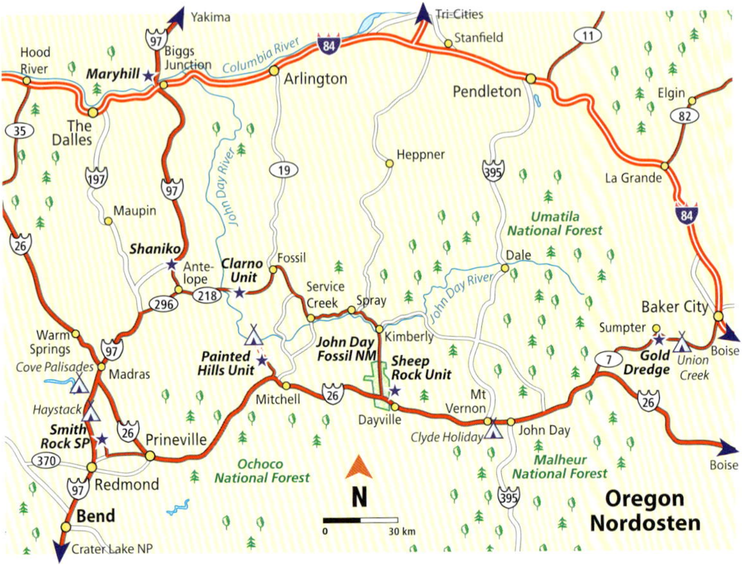

Sämtliche Infos zum *Pendleton Round-up* auf der offiziellen Webseite www.pendletonroundup.com sowie in der **Chamber of Commerce** in der 501 S Main Street, www.pendletonchamber.com.

Übernachten

Die **Unterkunftsituation** während des *Round-up* ist chaotisch und
eine frühzeitige Buchung sinnvoll – am besten über die *Chamber of
Commerce*, die auch als zentrales Vergabebüro für die RV-Stellplätze fungiert, die extra fürs *Round-up* eingerichtet werden. Eine
20 mi entfernte Alternative bietet die *Emigrant Springs State Heritage Area* an der I-84 (Zelte $17, *full hook-up* $26). Eine Reservierung unter www.recreation.gov ist dann unumgänglich.

Zu anderen Zeiten übernachtet man in Pendleton im Allgemeinen
eher günstig. **Motelzimmer** gibt es ab ca. $60. Besonders gute *Cou-
pon*-Tarife (➤ Seite 125) bietet das **Rodeway Inn** in *Downtown*
(*Exit 210* von der I-84). Oft nicht viel teurer ist das **Red Lion Hotel**
südlich der *Interstate*-Abfahrt mit großem Pool, angeschlossenem
Restaurant und Weitblick von den Balkons vieler Zimmer.

**»Stadt unter
der Stadt«**

Ansonsten hat Pendleton nicht viel zu bieten, mit einer Ausnahme:
Die **Underground Tours** ($15) geben einen guten Einblick in die Ge-
schichte der Stadt mit ihrer unterirdischen »Parallelwelt«. In den
1880er-Jahren lebten chinesische Einwanderer und die Damen aus
dem Rotlichtmilieu in einem (belüfteten) Tunnelsystem voller
legaler und illegaler Geschäfte (Metzger, Wäscherei, Saloons, Bor-
dellen, Opiumhöhle u.v.m.); 31 SW Emigrant Ave; aktuelle Zeiten
und Reservierung unter www.pendletonundergroundtours.org.

5.2   Durch das zentrale Oregon
5.2.1   Von Baker City weiter in Richtung Westen

Die **Straßen #7/#26** ab Baker City verlaufen durch überwiegend spärlich besiedelte, einsame Landstriche mit abwechslungsreichem Verlauf durch Nationalforste, karge Canyons und durchwühlte **Goldrauschgebiete**. 1862 wurden dort die ersten *Nuggets* gefunden. Zahlreiche verlassene Minen und verfallene *Ghost Towns* liegen weit verstreut in den Blue Mountains rund um **Sumpter**, einem urigen »Nest« nur wenig nördlich der #7.

Sumpter Goldbagger

Einer von den **gewaltigen Schwimmbaggern**, die zwischen 1912 und 1954 im großen Stil Gold aus dem Powder River gefördert haben, kann bei der Ortseinfahrt in der **Sumpter Valley Gold Dredge State Heritage Area** besucht werden; frei zugänglich während der Sommermonate 8-17 Uhr; kurzweilig und interessant!

Sumpter Valley Railway

Zwischen Sumpter und McEwen ist außerdem zur Hauptsaison an Feiertagen und Wochenenden eine historische Schmalspurbahn im Einsatz; 2-stündige Rundtrips $21/$12. Gegen Aufpreis darf man im Führerstand mitfahren und an ausgewählten Tagen einen »Raubüberfall« live miterleben; www.sumptervalleyrailroad.org.

Übernachten

An den Straßen #7/#26 befinden sich zahlreiche **NF-Campgrounds**, empfehlenswert sind z.B. der große **Union Creek** am Phillips Lake östlich von Sumpter, ebenso die schönen, schattigen *first-come, first-served*-Plätze am Flussufer im **Clyde Holliday State Recreation Site** zwischen John Day und Dayville. Dort stehen auch zwei *Teepees*, die im Voraus reserviert werden können.

Unterkünfte sind entlang der gesamten Strecke echte Mangelware. In Sumpter wurde die alte Festungsanlage zum Motel umfunktioniert: www.sumpterstockade.com. Die größte Auswahl an Quartieren weit und breit hat **John Day** (1.600 Einwohner) mit u.a. einem *Best Western* und *American Best Value Inn*.

In Sumpter an der #7 steht einer der größten Goldbagger der USA

5

John Day Fossil Beds National Monument

Eintritt
frei

Das ***John Day Fossil Beds Nat'l Monument*** birgt in drei getrennten Arealen farbenprächtig erodiertes Gelände und ergiebige Fossilienfundstätten. Nicht nur pflanzliche Überreste wurden hier zuhauf ausgegraben, sondern auch die Skelette der Vorfahren der heutigen Kamele, Nashörner und Tapire; www.nps.gov/joda.

Sheep Rock
Unit

Knapp 120 mi von Baker City entfernt, erstreckt sich nördlich von Dayville beiderseits der #19 die ***Sheep Rock Unit*** mit dem *Thomas Condon Paleontology Center*, einem informativen Besucherzentrum und Fossilien-Museum (im Sommer 9-17 Uhr, sonst ab 10 Uhr). Ins **Blue Basin** mit seinen grünlichen Tonsteinformationen sollte man unbedingt hineinschauen (*Island in Time Trail*, 2 km retour; ➢ Foto rechts). Gute Ausblicke über die Senke und das umliegende Tal des John Day River bietet der Rundweg *Blue Basin Trail* (5 km, 180 Höhenmeter). Auch die dazugehörenden Teilbereiche **Foree Deposits** und **Cathedral Rock**, noch etwas weiter nördlich an der #19, lohnen die paar Meilen mehr.

Painted
Hills Unit

Unbestrittener Höhepunkt an der #26 sind aber die absolut phantastischen, »angemalten Hügel« der **Painted Hills Unit**, Zufahrt westlich von Mitchell über die Burnt Ranch Road gut 35 mi von *Sheep Creek* entfernt. Aus den Grasebenen erheben sich dort sanfte Hügel aus verwitterter Vulkanasche und Lehm – bunt gestreift und mit den unglaublichsten Farbverläufen. Eine bei Trockenheit gut befahrbare *Gravel Road* verschafft Zugang zum kleinen *Info Center* sowie zum Ausgangspunkt des kurzen **Overlook Trail** (➢ Foto Doppelseite 624/625; besonders schön am späten Nachmittag!) und des **Carroll Rim Trail**, von dem man nach 120 Höhenmetern aus der Vogelperspektive in das Amphitheater blickt (2,6 km retour).

Die Parkstraße führt weiter zum 200 m langen **Painted Cove Trail** durch rostbraune *Badlands* (7,5 mi ab der #26). Auch die Fahrt darüber hinaus ins Hinterland des Nationalmonuments bleibt spannend. Dort ragen noch weitere polychrome Hügel unwirklich aus der Landschaft, darunter ein toller **Red Hill**.

Nach leichtem Regen schimmern die Farben der *Painted Hills* noch kräftiger und Anfang/Mitte Mai sorgen zahllose kleine, gelbe Blümchen (*bee flowers*) für zusätzliche bunte Tupfer.

Red Hill im John Day NM

Pfad durch die Sheep Rock Unit des John Day Fossil NM

Mitchell

In **Mitchell** unweit der *Painted Hills* stehen nur wenige Gebäude, darunter das schon etwas betagte **Oregon Hotel**. Es bietet günstige Übernachtungsmöglichkeiten mit Frühstück und Bärenfell an den (recht dünnen) Zimmerwänden, teilweise mit Gemeinschaftsbad; ✆ (541) 462-3027, www.theoregonhotel.net.

Der *City Park* von Mitchell verfügt außerdem über Zelt- und vier *Hook-up*-Plätze. Die $12 respektive $25 müssen bar in einen Umschlag gesteckt werden; www.mitchelloregon.us/rv_camping/.

Eine weitere Option ist der **Ochoco Divide Campground** im gleichnamigen Nationalforst an der Straße #26, 16 mi westlich von Mitchell; einfach und ohne Wasser, aber mit viel Privatsphäre. Die $13/Nacht sind auch dort an der *self pay*-Station zu entrichten.

Boondocking

Im Umfeld der *Painted Hills* findet man zudem eine ganze Reihe von Gratis-*Campsites* auf *BLM*-Land. Am einfachsten zu erreichen ist **Bridge Creek** an der Zufahrt, nur 1,2 mi von der #26 entfernt (kurzer Feldweg links der Burnt Ranch Rd). Wunderbar am Flussufer des John Day River liegen die drei *BLM*-Zeltplätze weiter nördlich. Dafür lässt man den Abzweig zu den *Painted Hills* im Wortsinn links liegen und bleibt auf der Burnt Ranch Rd (dann ungeteert) für weitere 9 mi (**Burnt Ranch**) bzw. 10 mi (**Lower Burnt Ranch**). Für **Priest Hole** geht es nach 3 mi rechts auf die Twickenham Cutoff Road und danach links bergab der Ausschilderung »Priest Hole« folgend. Beliebt bei Einheimischen zum Schwimmen und Angeln, aber Zufahrt zu abenteuerlich für Wohnmobile. Karte unter www.nps.gov/joda/planyourvisit/campgrounds.htm.

Clarno Unit

Die Straßen #208/#19/#218 verbinden Mitchell mit dem dritten Teilbereich des *Nat'l Monument*. Die braunbeigen Tuffsteinwände und -spitzen der **Clarno Unit** sind reich an Fossilien, für Kamera und Auge aber deutlich unspektakulärer. Das gilt auch für den *Clarno Arch* hoch oben in den *Palisades*. Außerdem liegen sie weitab vom Schuss (60 mi ab Mitchell), so dass der große Umweg nicht so recht lohnt. Die drei kurzen *Trails* starten an der #218 sowie bei der *Picnic Area*; Besucherzentrum gibt es dort keines.

Fossil

Mit Kindern könnten am Weg zur *Clarno Unit* allerdings die **Wheeler High School Fossil Beds** in der Ortschaft **Fossil** interessant sein, wo man für $5/Person (4-köpfige Familie $15) selber nach Versteinerungen graben darf. Fachpersonal hilft beim Identifizieren der 33 Mio. Jahre alten Funde (meist Blätter oder andere pflanzliche Überreste); Infos dazu wie auch zum *Nat'l Monument* den Sommer über Do-So 10-17 Uhr im **Oregon Paleo Lands Institute Center** an der 333 West Fourth St; www.oregonpaleolandscenter.com. Beim Abzweig der #218 von der #19 stehen außerdem ein Motel, *RV Park* (z.T. mit *full hook-up*) sowie das gute B&B *Wilson Ranches*.

Shaniko Ghost Town

Wer schon in dieser Ecke gelandet ist, kann im Anschluss an die *Clarno Unit* noch der einstigen »Wool Capital of the World« einen Besuch abstatten. **Shaniko** ist heute ein (Fast-)Geisterstädtchen an der Einmündung der #218 in die #97 mit hübschen Wildwest-Fassaden, verrosteten Oldtimern und kuriosem Trödelladen.

Die Straße #97 stößt dann – bei Ziel Portland oder Seattle – auf die I-84 West bei Biggs Junction (Auf-/Abfahrt 104).

Westwärts auf der #26 ab Mitchell/Painted Hills

Knapp 50 Meilen sind es, bis man mit **Prineville** wieder in dichter besiedeltes Gebiet kommt. Am Westrand der Kleinstadt führt die #126 über den Crooked River und der dann kurz hinter der Brücke nach rechts abzweigende O'Neil Hwy (#370) zum nächsten sehenswerten Ziel, dem **Smith Rock State Park**. Die Zufahrt ist leider nur vom Westen kommend (Smith Rock Way ab der #97 bei Terrebonne nördlich von Redmonds) ordentlich ausgeschildert. Beim Abzweig der #370 daher am besten den Meilenzähler nullen: Nach 12,7 mi geht es rechts auf die Lone Pine Rd, bei 13,9 mi links auf den Smith Rock Way, nach 14,5 mi rechts auf die Lambert Rd/NE Wilcox Ave und bei 16,7 mi biegt man wiederum rechts ab (dort erster Wegweiser!). Die NE Crooked River Rd schafft Zugang zum **Zeltplatz** und zu den großen Parkflächen unweit des Flusses (*day-use* $5; www.oregonstateparks.org/park_51.php).

Unterwegs im Smith Rock State Park

Smith Rock

Die schroffen Felsen in diesem Naturschutzgebiet, die man eher im Südwesten der USA vermuten könnte, bieten gute Fotomotive sowie ein ideales Terrain für Kletterer. Ein schöner **Picknickplatz** liegt hoch über dem Crooked River. Wanderwege verlaufen auf die gegenüberliegende Uferseite. Empfehlenswert ist z.B. der Aufstieg zum *Monkey Face*-Felsen über den *Misery Ridge Trail* (2 km) mit tollem Blick über die Schleifen des gebogenen (=*crooked*) Flusses. Mit Rückkehr über den *River Trail* sind es insgesamt 6 km retour. Gute Wegbeschreibungen und Karte unter www.smithrock.com.

Camping

Für Wohnmobile ist beim *Smith Rock* kein Platz. Hier empfehlen sich die zwei rustikalen, aber ausgesprochen attraktiven *NF-Camp-grounds* am **Haystack Reservoir** weiter nördlich an der #97; 2 mi bzw. 5 mi über die Jericho Lane/SW Haystack Drive. Am Westufer *first-come, first-served* ($12), im Osten $15 und reservierbar unter www.recreation.gov. Der *KOA*-Platz an der Zufahrt bietet ungleich mehr Komfort, kann aber in puncto Naturkulisse nicht mithalten.

Cove Palisades State Park

Eine gute Alternative stellt auch der **Lake Billy Chinook** dar, dessen Wasser aus gleich drei aufgestauten Flüssen stammt. Der *Cove Palisades State Park* umschließt dort die unter Wasser gesetzten, tief eingeschnittenen Schluchten des Deschutes und Crooked River. In beiden liegen *Campgrounds: Crooked River* verfügt über Strom- und Wasseranschlüsse ($30), *Deschutes River* über jede Menge Zelt- ($20) und *Full-hook-up*-Plätze ($32). Sie sind den Sommer über oft ausgebucht, ebenso wie die *Cabins* ($87).

In den drei *Day-use*-Arealen kann man sich im (kalten) Wasser etwas abkühlen. Der *State Park* liegt rund 10 mi westlich der #97; Anfahrt über Culver; www.oregonstateparks.org/park_32.php.

Redmond

Die größte Auswahl an H/Motels bietet **Redmond** (darunter gute Häuser der Ketten *Holiday Inn Express*, *Comfort Suites* und *Best Western*). Ausweichen lässt sich auch in das etwas kleinere Prineville (➤ links) oder ins 25 Meilen entfernte Bend.

5.2.2   Bend im zentralen Oregon

Bend

Bend ist mit über 90.000 Einwohnern die größte und bedeutendste Stadt Oregons zwischen Kaskaden und Idaho, einem Gebiet von rund 170.000 km² Ausdehnung. Klimatisch begünstigt und hübsch am Deschutes River angelegt vermittelt sie dank ihrer Uferparks und gepflegter Wohnviertel einen überaus freundlichen Eindruck. Viel los ist das ganze Jahr: Im Winter wird im »Powder Heaven« an den Hängen des nahen Mount Bachelor Ski und Snowboard gefahren, und den Sommer über toben sich dort *Mountain Biker* aus.

Als Drehscheibe des Feriengebietes *Central Oregon* verfügt Bend – vor allem entlang der Straßen #97 und #20 – über eine recht **dichte touristische Infrastruktur** mit *Restaurants*, *Shopping Malls* und **Motels** aller Kategorien. Nahezu sämtliche nennenswerten Ketten sind dort vertreten. Das **Tarifniveau** ist nachfrageabhängig und wochentags halbwegs moderat.

5

Kajakfahrer auf dem Sparks Lake

Cascade Lakes Scenic Byway (bis Juni oft Schnee, Dez-März geschlossen)

Die 70 mi lange Strecke (#372/#46) durch die Kiefernwälder, hohe Prärien und Lavafelder des *Deschutes Nat'l Forest* wird von der lokalen Werbung stark propagiert. Lässt man ihren weniger spannenden südlichen Abschnitt bis zur Einmündung in die #58 aus und folgt jenseits des *Crane Prairie Reservoir* stattdessen der #42 bis nach Sunriver und dann der #97 zurück nach Bend, wird die Route zu einer **reizvollen Halbtagestour** (insgesamt 100 mi). Mit Wanderungen kann sich auch schnell ein Ganz- oder Mehrtagesprogramm ergeben.

Ab *Downtown* Bend geht es über den SW Century Dr und die #372/46 zunächst an der Nordflanke des Mount Bachelor vorbei. Kurz hinter dem großen Skiresort (oft bis Ende Mai in Betrieb) versteckt sich rechter Hand des *Byway* schon der erste kleine Bergsee. Die geschotterte Zufahrt zum **Todd Lake** ist zwar etwas rau, dafür aber nur 0,6 mi lang. Wer den Rundweg (1,7 km) bis zum Norduferläuft, genießt einen schönen Blick zurück auf den gewaltigen Mt Bachelor – an windstillen Tagen mitsamt Ebenbild im See. Noch malerischer präsentiert sich der **Sparks Lake**, den man wenig später vom *Byway* über eine Stichstraße nach links ansteuert (ca. 26 mi von Bend entfernt). Es folgen weitere idyllische Bergseen, in denen sich die Gipfel der *Three Sisters Wilderness* spiegeln: der **Devils**, **Elk**, **Hosmer**, **Lava**, **Little Lava** und **Cultus Lake**. Ein schöner *Loop Trail* geht vom Devils Lake hinauf zum **Moraine Lake** (12 km, 600 HM; im Spätsommer kann man dort im flachen Wasser sogar baden!). Der Gipfelaufstieg (South Sister) ist sehr anspruchsvoll (18 km, 1500 HM). Zu den **Green Lakes** zwischen den Vulkanen South Sister und Broken Top führt der *Fall Creek Trail* (Start westlich des Sparks Lake Abzweigs; 13,5 km, 330 HM). Und die Anhöhe des **Broken Top** mit dem grünen Kratersee **No Name Lake** erreicht man ausgehend vom Todd Lake (21 km, 740 HM). Alle Distanzen jeweils ab Parkplatz und retour! Die meisten Seen am *Scenic Byway* verfügen über einen **NF-Campground**, viele davon lassen sich reservieren; www.fs.usda.gov /recarea/deschutes/recreation/camping-cabins/recarea/?recid=38794&actid=29.

Wer vom *Scenic Byway* gleich in Richtung Crater Lake weiterfahren möchte, kann das **Newberry NVM** (➤ Seite 663) auch ab Sunriver noch besuchen: Zum **Lava Lands Visitor Center** sind es nur 3,5 mi nach Norden auf der #97, die *Newberry Caldera* mitsamt *Paulina Peak* liegen bereits am Weg nach Süden.

Die preiswertesten Betten (ab $30 pro Person) findet man, wie so meist, in der Jugendherberge: **Bunk+Brew**, 42 NW Hawthorne Ave; auch schöne Doppelzimmer ab $69; www.bunkandbrew.com.

Gemütliche Kneipen laden abends in *Downtown* und am Fluss-ufer zum Chillen ein, darunter die Brauhäuser **Bend Brewing Company** (1019 NW Brooks St) oder **Deschutes Brewery** (1044 NW Bond Street). Auch südlich des zentralen Bereichs lohnt ein Flanieren durch den attraktiven, weitgehend autofreien **Old Mill District**. Auf dem Gelände des alten Sägewerks stehen heute, ebenfalls am Des-chutes River, einige gehobenere Restaurants sowie zahlreiche Lä-den. Dort findet alljährlich im August das **Bend Brewfest** statt, ein immer gut besuchtes, 3-tägiges *Craft Beer*-Event, sowie die große Künstler-Messe **Art in the High Desert**; www.oldmilldistrict.com.

Information

Mit reichlich Info-Material über die Stadt und ihre Umgebung wird man im **Bend Visitor Center** in *Downtown* versorgt; 750 NW Lava Road; Mo-Fr 9-17, Sa+So 10-16 Uhr; www.visitbend.com.

Pilot Butte im Osten der Stadt

Ein großartiges **360°-Panorama über die Stadt und die Kaskaden-gipfel** (Three Sisters, Mount Bachelor und an guten Tagen bis zum Mount Hood im Norden) eröffnet sich vom **Pilot Butte Viewpoint**. Die kurze Zufahrt ab der Greenwood Ave (#20), ca. 1 mi östlich der #97, bleibt den Winter über geschlossen. Dann erreicht man die Anhöhe nur auf Schusters Rappen (3 km retour, 140 Höhenme-ter); Eintritt frei und besonders beliebt zum Sonnenuntergang!

Sehenswertes in der Umgebung von Bend

Das zentrale Oregon birgt eine ausgesprochen vielfältige, von vul-kanischer Aktivität stark geprägte Gebirgslandschaft. Vor allem die Umgebung von Bend ist **reich an Sehenswürdigkeiten** und umfasst die ganze Palette von spektakulären Felskulissen (*Smith Rock SP*, ➤ Seite 651), über Wasserfälle in ver-wunschenen Regenwäldern (*Proxy Falls*, ➤ Sei-te 655), karge Basaltflächen rund um den *New-berry*-Vulkankrater bis hin zu glasklaren Berg-seen, in denen sich die schneebedeckten Gipfel der Kaskaden spiegeln (*Cascade Lakes Scenic Byway*, ➤ links) oder Lavahöhlen, in die zur Mittagszeit die Sonne beamartig hineinscheint. Außerdem steht nur 6 mi südlich der Stadt ein Museum der Extraklasse, ➤ Seite 663.

Tumalo Falls

Einen kurzen Abstecher wert sind auch die 30 m hohen **Tumalo Falls**. Der erste Ausblick liegt nur wenige Schritte vom Parkplatz entfernt und nach 5 min ist bereits die Wasserfall-scharte erreicht; ca. 11 mi ab *Downtown* über die NW Galveston Ave und Skyliners Rd (#4601). Die letzten 2,6 mi auf der ungeteer-ten Forststraße #4603 sind nicht für RVs ge-eignet; schneefrei meist Mitte Juni-Sept. Ohne *Interagency*-Pass zahlt man dort $5 fürs Parken.

5

Lavahöhlen – Ein faszinierender Blick in die »Unterwelt«

Ist die bei einem Vulkanausbruch abfließende Lava ausreichend dünnflüssig, können die Ströme an ihrer Oberfläche bereits erkalten und erstarren, während sie sich darunter noch weiter talwärts bewegen. Versiegt dann der Nachschub allmählich, bleiben röhrenartige Hohlräume zurück. Diese auf Englisch *Lava Tubes* genannten Tunnel findet man weit verteilt über den Westen der USA, einige davon können auch besucht werden, so z.B. im *Craters of the Moon NM* (➤ Seite 564), bei **Shoshone** (➤ Seite 628) oder die *Ape Cave* beim Mount St. Helens (➤ Seite 505). Beim *Lost Lake* verschwindet sogar der gesamte See jedes Jahr aufs Neue in einer Lavahöhle (➤ Seite 657). Und in der Umgebung von Bend wartet neben der *Lava River Cave* (➤ Seite 664) noch eine ganz besondere Höhle. Bei der *Skylight Cave* fällt durch Öffnungen in der Decke das Sonnenlicht ein und erhellt scheinwerferartig ihr Inneres. Den Sommer über können sich an sonnigen Tagen zw. 8 und 10 Uhr morgens dann bis zu drei *Beams* ausbilden.

Der Zugang in die »Dachluken«-Höhle über eine Stahlleiter ist unproblematisch, schwieriger gestalten sich die 12 Meilen lange Zufahrt ab der Ortschaft Sisters über raue Pisten sowie die Orientierung im Wirrwarr der *Forest Roads*; nur mit guter Bodenfreiheit bzw. SUV möglich und mit Beschreibung, z.B.: www.theoutbound.com/oregon/chillin/explore-skylight-cave.

Lichtershow in der Skylight Cave bei Sisters

Unbedingt vorher Infos zum aktuellen Straßenzustand in der *National Forest* **Ranger Station in Sisters** einholen; an der Ecke #20/South Pine Street; geöffnet Mo-Fr 8-16.30 Uhr, ✆ (541) 549-7700.

Die Lavaröhre bleibt von Okt. bis Mai geschlossen, weil dort dann Fledermäuse überwintern.

McKenzie Pass-Santiam Pass Scenic Byway (#242/#126/#20)

Ein **langer Tagesausflug ab Bend** führt zunächst in nordwestliche Richtung in das 22 mi entfernte **Sisters**, ein schmuckes Ferienörtchen mit Wildwest-Fassaden und zahlreichen Kunstgalerien. Dort startet **eine der schönsten Rundstrecken durch die Kaskaden**. Zunächst schlängelt sich der *Scenic Byway* über das Gebirge. Die vielen, engen Haarnadelkurven sind eine Herausforderung und für Wohnmobile nicht empfohlen! Im Anschluss folgt er 20 mi lang dem Verlauf des McKenzie River und kehrt nach 82 mi wieder nach Sisters zurück (Rundtour ab Bend 130 mi; Zeitbedarf mind. 6 Std, leicht deutlich mehr). Zwischen Mitte November und Juni/Juli bleibt die Straße über den *McKenzie Pass* üblicherweise gesperrt.

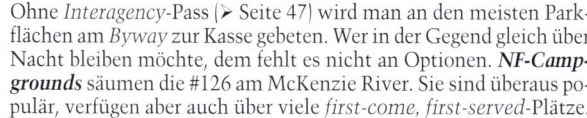

Start in Sisters

Ohne *Interagency*-Pass (➤ Seite 47) wird man an den meisten Parkflächen am *Byway* zur Kasse gebeten. Wer in der Gegend gleich über Nacht bleiben möchte, dem fehlt es nicht an Optionen. **NF-Campgrounds** säumen die #126 am McKenzie River. Sie sind überaus populär, verfügen aber auch über viele *first-come, first-served*-Plätze.

Die *McKenzie Pass Route* (#242) beginnt im Westen der Ortschaft, schraubt sich langsam bergauf, verlässt beim **Windy Point** den (2017 teilweise niedergebrannten) *Deschutes National Forest* mit einem ersten schönen Blick auf das riesige, 2.000 Jahre alte Lavafeld und der markanten Spitze des Mt. Washington (2.376 m) im Hintergrund. Weniger steil, dafür umso enger und kurvenreicher geht es weiter durch die Steinwüste hinauf zur Passhöhe (1.623 m). Oben wartet das aus Lavafelsen errichtete **Dee Wright Observatory** mit einem 360°-Panorama. Der Kontrast zwischen den im Frühsommer noch schön schneebedeckten Gipfeln und den umliegenden pechrabenschwarzen Mondlandschaften ist grandios.

Auf dem **Lava River Trail** kann man sich ein wenig die Füße vertreten und ausführlich über die Geologie der Gegend informieren. Hier haben einst *NASA*-Astronauten für ihre Mond-Mission trainiert.

Auf der Weiterfahrt in Richtung Südwesten – jetzt in Serpentinen bergab und bald wieder durch dichte Wälder – liegt **Scott Lake** mit kleinem Badestrand und *Walk-in*-Zeltplätzen (kurze geschotterte Seitenstraße 5,6 mi hinter dem *McKenzie Pass*).

Proxy Falls

Rund 28 mi von Sisters entfernt befindet sich der *Trailhead* zu den beiden **Proxy Falls**, von denen die **Lower** besonders hervorstechen. Wer den 2,5 km langen *Loop Trail* (45 Höhenmeter) gegen den Uhrzeigersinn abläuft, erreicht die 69 m hohen Wasserfälle am schnellsten; die *Upper Falls* am östlichen Abschnitt sind weniger spektakulär. Am schönsten ist es hier – wie generell entlang des *Byway* – wochentags oder im Herbst, wenn die kleinen Parkplätze nicht ganz so aus allen Nähten platzen. Hinzu kommt, dass im Oktober in den (Regen-)Wäldern die Ahornblätter herrlich golden leuchten.

Bei den Lower Proxy Falls fließt das Wasser besonders elegant über die sattgrün bemoosten Klippen und Steine der Three Sisters Wilderness

5

Blue Pool so glasklar, dass man trotz seiner Tiefe von 9 m bis zum Boden hinab blicken kann

Abstecher zu Hot Springs

Rund 9 mi später mündet die #242 in die #126 ein. In Richtung Westen führt die #126 weiter zur Universitätsstadt **Eugene** an der I-5. Im Anfangsbereich hinter dem kleinen Ort **McKenzie Bridge** (*Ranger Station*, Tankstelle, Unterkünfte, Kneipen etc.) zweigt die #19 mit dem wohlklingenden Namen *Aufderheide Scenic Byway* zu den **Terwilliger Hot Springs** ab (beim *Cougar Reservoir* rechts halten, ab Parkplatz dann noch 400 m entlang des *Rider Creek Trail*). Die auch als **Cougar Hot Springs** bezeichneten, ausgesprochen populären heißen Quellen bestehen aus sechs hintereinander angeordneten Pools; Foto ➤ Seite 59. Badesachen sind dort »*optional*«!

Am Weg versteckt sich die **Belknap Covered Bridge** bei Rainbow (ein nur 0,8-mi-Abstecher von der #126; rund 1 mi vor der *Hot Springs*-Zufahrt zweigt man dafür auf den McKenzie River Drive nach links ab; mehr zu dieser Brückenart ➤ Exkurs umseitig).

Tamolitch/ Blue Pool

Die hier beschriebene Rundtour folgt dem McKenzie River und der #126 nach Norden. Zwischendurch verschwindet der Fluss allerdings im porösen Untergrund und tritt erst wieder nach drei Kilometern in Form eines phantastisch blauen »Teichs« zutage. Zum Ausgangspunkt der Wanderung zum **Blue Pool** (6,5 km retour; 90 Höhenmeter) führen hinter dem *Trailbridge Reservoir* die Forststraßen #730 und #2672-655 (nur 0,5 mi; ausgeschildert).

Koosah/ Sahalie Falls

Jenseits des nächsten Stausees (*Carmen Smith Reservoir*) stürzt der McKenzie River knapp hintereinander gleich zwei Mal tosend über die Klippen: **Koosah Falls** und nur 700 m weiter flussaufwärts die **Sahalie Falls**, zu denen man alternativ auch direkt ab einem zweiten Parkplatz weiter nördlich an der #126 kommt. Der nächste Abzweig nach rechts schafft Zugang zum glasklaren Gewässer des **Clear Lake** und wenig später mündet die #126 bereits in die #20 ein.

Lost Lake

Keine 5 Meilen ostwärts entlang der #20 passiert man eine richtige Kuriosität. Im Winter breitet sich linker Hand der Straße ein See aus. Jedes Frühjahr, wenn der meiste Schnee der Umgebung geschmolzen ist und die Zuflüsse des **Lost Lake** langsam versiegen, ereignet sich hier ein Naturschauspiel: Perfektes Timing vorausgesetzt – meist im April, manchmal noch Anfang Mai – kann man

Covered Bridges

Shimanek Covered Bridge

Mit seinem Filmdrama hat Clint Eastwood 1995 den *Bridges of Madison County* Tribut gezollt. Aber nicht nur im Osten und Mittleren Westen der USA wurden Holzbrücken mit einem Dach zum Schutz vor Witterung versehen. Anfang des letzten Jahrhunderts zählte man 450 Brücken dieser Art in Oregon, davon erhalten sind heute nur noch ca. 50 Exemplare. Die meisten von ihnen befinden sich östlich der I-5 zwischen Salem und der Kleinstadt **Cottage Grove**, die sich gern selber als »*Covered Bridge Capital of the West*« vermarktet.

Ein besonderes Schmuckstück ist die rote **Shimanek Covered Bridge** auf dem Foto ➢ oben. Sie überspannt unweit des *Silver Falls State Park*, südlich der #22, den Thomas Creek bei Scio (an der Ecke Richardson Gap Rd/Shimanek Bridge Road). Sie ist aber vergleichsweise neu und wurde erst 1966 errichtet.

Ungewöhnlich lang ist die weiße **Goodpasture Covered Bridge** (1938) über den McKenzie River an der #126, 30 mi westlich des *McKenzie Pass-Santiam Pass Scenic Byway* am Weg nach Eugene (➢ umseitig). Sie wird in ihrer Länge nur übertroffen von der 55 m langen, knallroten **Office Covered Bridge** in Westfir (südöstlich von Eugene unweit der #58). Diese einspurige Brücke fällt außerdem durch ihren angeschlossenen, ebenfalls überdachten Fußweg auf.

Auch an den in diesem Buch beschriebenen Routen passiert man die ein oder andere gedeckte Brücke, so z.B. die **Cavitt Creek Bridge** an der Little River Rd südöstlich des *North Umpqua Scenic Byway* bei Glide (➢ Seite 669) und die **Sandy Creek Bridge** an der #42 bei Remote. Teils sind aber ein paar Zusatzmeilen erforderlich wie u.a. für die **Gallon House Bridge** über den Abiqua Creek rund 3 mi nördlich von Silverton (➢ Seite 661) oder bei der **North Fork Yachats Bridge** bei Yachats an der Oregon-Küste (➢ Seite 682).

Wer sich für das Thema interessiert, findet eine gute Übersichtskarte mit den *Covered Bridges* in Oregon unter <u>www.coveredbridgemap.com/or</u> und gute Beschreibungen unter <u>www.eugenecascadescoast.org/covered-bridges</u>.

zusehen, wie der See **durch einen 2 m großen, kreisrunden »Gulli« abfließt**. Dieser befindet sich am nördlichen Ufer des Sees, das man ganz leicht über eine kurze Forststraße erreicht. Den Sommer und Herbst über verteilt sich sein Wasser in unterirdische Lavahöhlen, neben der Straße fehlt – *Nomen est omen* – dann jede Spur vom See.

Nur wenig später erklimmt der *Scenic Byway* seine zweite Passhöhe (**Santiam Pass**, 1.468 m). Dahinter geht es wieder langsam bergab – durch (teils abgebrannte) Wälder und mit dem Schildvulkan Mt. Washington immer wieder im Blickfeld. Zurück nach Sisters sind es dann noch 20 mi, nach Bend noch gut 40 Meilen.

5.2.3   Routen zwischen Bend und Portland

Wer von Bend direkt nach Portland fahren möchte, hat die »Qual der Wahl«, denn die beiden Verbindungsrouten sind ähnlich lang (ca. 170 mi). Auf der **Straßenkombination #97/#26** nach Norden kommt man nah an den immer schneebedeckten Vulkankegel des Mount Hood heran, aber die Variante **#20/#22/I-5** ist mit einigen Stopps am Weg noch eine Spur attraktiver.

Über Mount Hood und den Columbia River nach Portland

Die Route nach Norden führt vorbei an der Zufahrt zum *Smith Rock SP* (➢ Seite 651), dann ab der Kleinstadt **Madras** (mit dichter Infrastruktur, Hotellerie & Gastronomie) weiter auf der #26.

Warm Springs

Die **Straße #26** durchquert die **Warm Springs Indian Reservation**, die sich seit 1855 gleich drei Indianerstämme teilen (*Wasco, Warm Springs* und *Paiute*). Im kleinen Ort Warm Springs unterhalten sie ein größeres sehenswertes **Museum**; Eintritt $7, Kinder $3,50-$4,50; geöffnet im Sommer Di-So 9-17 Uhr, im Winter So+Mo geschlossen; http://museumatwarmsprings.org.

Das ehemalige *Kah-Nee-Ta Resort* an den heißen Quellen des Springs River hat im Herbst 2018 seine Tore geschlossen.

Weiterfahrt nach Portland

Weiter nach Portland geht es auf dem *Mount Hood Scenic Byway* (Exkurs in der Gegenrichtung ➢ Seite 519) oder wie beschrieben mit Umweg über Hood River und Abstechern in die nördliche (➢ Seite 507) oder südliche *Columbia River Gorge* (➢ Seite 517ff).

Über die #20/#22/I-5 nach Portland

Entlang dieser Route folgt man der #20 über Sisters (➢ Seite 654), den *Santiam Pass*, den Lost Lake (➢ Seite 657) und später der #22 am Westhang der Kaskaden entlang. Höhepunkt an dieser Strecke sind zweifelsohne die kristallklaren Flüsse in der **Opal Creek Wilderness** sowie der Wasserfall-**State Park Silver Falls**.

Am Ufer des Santiam River laden diverse **NF-Plätze** zum Verweilen ein, ebenso der **Detroit Lake** mit dem gleichnamigen *State Park* und *Campground* am Wasser.

Opal Creek Scenic Recreation Area

Wer sich etwas länger abseits touristischer Pfade bewegen möchte, hat **ab Gates** an der #22 die Gelegenheit dazu. Der Ausschilderung »Little N Fork« nach rechts (Norden) folgend, 3,7 mi später wiederum rechts und nach weiteren 6 mi links auf die Forststraße #2209, gelangt man in die **Opal Creek Scenic Recreation Area & Wilderness**. Die letzten 7 mi verlaufen über groben Schotter.

Ein insgesamt 58 km langes Wegenetz erschließt das Erholungsgebiet und die umliegende Wildnis in den Kaskaden. Eine empfehlenswerte Wanderung verläuft ausgehend vom verschlossenen Tor beim Straßenende am Little North Santiam River entlang zu einer verfallenen Mühle und den **Sawmill Falls** (3,5 km *one-way*). Gleich dahinter wendet man sich am besten nach rechts und wählt den *Trail* über den Fluss, vorbei an den *Slide Falls* mit ihren im Sommer beliebten natürlichen Felswasserrutschen.

Auf den **Opal Creek** trifft man erst nach 6 km jenseits des gleichnamigen, smaragdfarbenen **Pools**. Von dort kann man den idyllischen Bachlauf noch beliebig lang aufwärts entlang wandern (*Kopetski Trail* in Richtung *Cedar Flats* mit einigen *Backcountry*-Zeltplätzen). Der Name des Schutzgebiets deutet es schon an: Die Farbe des Wassers ist unglaublich! Die üppig von Moos überzogenen Felsen und urwüchsigen, bis zu 500 Jahre alten Bäume tun ihr Übriges. *Opal Creek* wirkt wie ein Paradies und wird in erster Linie von Einheimischen besucht. Auch Kinder haben ihren Spaß dort, wenn sie sich an warmen Sommertagen bei den *Slide Falls* oder

dem *Opal Pool* in die Fluten stürzen können. Eine weitere schöne Badestelle sind die **Three Pools** des Santiam River gleich neben der #2207 (nur 0,9 mi südlich der Zufahrtsstraße #2209). Karte: www. fs.usda.gov/recarea/willamette/recreation/recarea/?recid=4212.

Nach dem Besuch der *Opal Creek Wilderness* bleibt man am besten auf der N Fork Road, die bei Mehama in die #22 einmündet.

Silver Falls State Park

Wasser steht auch im Fokus beim **Silver Falls SP**, den man auf dieser Route ebenfalls ab der #22 erreicht (*Exit* 13, zunächst Richtung Silverton, dann rechts auf die #214). Ein 14 km langer Rundweg führt durch wunderbaren Regenwald vorbei an zehn Wasserfällen und teils sogar dahinter (u.a. bei den *South Falls*, ➢ Foto unten).

Wer die für den **Trail of Ten Falls** nötige Zeit (ca. 4 Std.; 250 HM) nicht mitbringt, gelangt zu den *South Falls* auch über einen kurzen Spaziergang ab der gleichnamigen *day-use area* (Parken $5).

Im Hoch-/Spätsommer gleichen die Wasserfälle des Parks nur noch einem Rinnsal. Am beeindruckendsten sind sie im Frühling, wenn noch reichlich Schmelzwasser die Felsen herunter stürzt, und im Oktober leuchtet das goldene Ahornlaub schön im Unterholz.

Zum Übernachten stehen im Park Zimmer in der **Lodge** (ab ca. $115; www.silverfallslodge.com), ein reizvoll im Wald angelegter *Campground* (Zelte $19, *hook-up* $29) und rustikale *Cabins* ($43) zur Auswahl. Oregons größter *State Park* ist ein immerzu gut frequentiertes Ausflugsziel, daher lieber reservieren unter ☎ 1-800-452-5687 bzw. www.oregonstateparks.org/park_211.php.

South Falls im Silver Falls State Park

*Das State
Capitol of
Oregon
in Salem,
seine zwei
Vorgänger
sind 1855
und 1935
abgebrannt*

Abiqua Falls

Wer sich jetzt noch immer nicht an Wasserfällen satt gesehen hat, auf den warten etwas versteckt im Hinterland bei **Silverton** die *Abiqua Falls*, die besonders fotogen über hohe Basaltklippen flie-ßen. Dafür folgt man vom *State Park* einfach der #214 nach Nor-den (Ausfahrt bei den *North Falls*) und dann den Anweisungen unter www.oregonhikers.org/field_guide/Abiqua_Falls_Trailhead.

Salem

Oregons Hauptstadt lässt sich ab dem *State Park* am schnellsten über die Ausfahrt bei den *South Falls* und die Straßen #214/#22 ansteuern. Ins Zentrum von Salem geht es ab der #22 auf der 17th St nach rechts, anschließend links auf die State St und weiter auf der Court St. Dort erhebt sich bald linker Hand das recht ungewöhnli-che **State Capitol** aus dem Jahr 1938. Südlich davon erstreckt sich der großflächige Campus der **Willamette University** mit dem Frei-lichtmuseum **Willamette Heritage Center** aus 14 historischen Ge-bäuden rund um eine alte Mühle gleich nebenan; 1313 Mill St SE; Mo-Sa 10-17 Uhr; $8/$5-$7; www.willametteheritage.org.

Einige Häuserblocks weiter in Richtung Willamette River befin-det sich an der 388 State St das **Visitor Center** der 170.000-Einwoh-ner-Stadt; Mo-Fr 9-17 Uhr, Sa 10-16 Uhr; www.travelsalem.com. Von dort ist es nicht mehr weit bis zum *Riverfront City Park*, wo der hübsche Schaufelraddampfer **Willamette Queen** für kurze Rundfahrten oder *Dinner Cruises* bereit steht.

Die Hotellerie konzentriert sich rund um die I-5 *Exits* 256 und 253.

I-5 nach Portland

Die Autobahn I-5 stellt eine rasche Verbindung zwischen Salem und Portland her (ca. 1 Std). Sie führt durch das fruchtbare **Willa-mette Valley**, das sich südwärts bis nach Eugene erstreckt und be-kannt für seine guten Weine ist. Vor allem am Westufer des Wil-lamette River sind erstaunlich viele *vineyards* angesiedelt.

Auf der Weiterfahrt bieten sich noch folgende Stopps an:

Truck Museum

Im **Pacific Northwest Truck Museum** in Brooks sind alte Trucks mit bis zu 8 Mio.(!) Meilen auf dem Tacho ausgestellt; 3995 Brook-lake Road; I-15, *Exit* 263; geöffnet wochentags von April bis Sep-tember; www.pacificnwtruckmuseum.org.

5

Auf jeden Fall einen Abstecher wert auf dem Weg von Salem nach Portland: das Flugzeugmuseum in McMinnville

Woodburn Outlet

Auf halbem Weg zwischen Salem und Portland locken zudem die **Woodburn Premium Outlets** (I-5, *Exit* 271) mit einem großen Angebot und den in Oregon üblichen *tax-free* (**!**) Fabrikpreisen.

Tulip Fest

Bekannt ist Woodburn auch für seine riesigen, farbenfrohen Tulpenfelder, die von Ende März bis Anfang Mai blühen. Eine Windmühle sorgt auf der **Wooden Shoe Tulip Farm** für das perfekte Holland-Klischee; 9-18 Uhr; $5/Person; www.woodenshoe.com.

Bagby Hot Springs

Ein längerer Ausflug führt ab Woodburn über die Straßen #211/#224 bis Riplebrook. Von dort ist der Weg zu den entlegenen **Bagby Hot Springs** ausgeschildert (insgesamt 75 mi auf Asphalt, dann noch 2,5 km zu Fuß; Parkgebühr $5). Inmitten idyllischer Regenwald-Kulisse warten dicke, ausgehöhlte bzw. zu Badewannen umfunktionierte Baumstämme sowie große Bade-Fässer auf die Gäste. Wunderbar, aber oftmals Warteschlangen, da sehr beliebt!

Anschluss an die Oregon Coast-Route

Ab Salem (Straße #22) oder McMinnville (Straße #18) besteht eine der zahlreichen Anschlussmöglichkeiten an die Küsten-Route (**Kapitel 5.3**). Nach einem kurzen gemeinsamen Verlauf trennen sich die Straßen wieder. Die #18 mündet nördlich von Lincoln City (➢ Seite 680) in die #101 ein, die #22 stößt auf den längeren Inlandsabschnitt der #101 südlich von Tillamook (➢ Seite 677).

In **McMinnville**, 25 mi nordwestlich von Salem, gibt es noch zwei erwähnenswerte Attraktionen:

Flugzeug-Museum
(*Spruce Goose*)

Im **Evergreen Aviation & Space Museum** werden zahlreiche seltene und ausgefallene Flugzeugmodelle präsentiert, darunter die aus Holz konstruierte und als »Fichtengans« (**Spruce Goose**) verspottete *Hughes H-4* von US-Tycoon Howard Hughes. Das größte Flugboot aller Zeiten mit einer Flügelspannweite von 98 m hob im November 1947 zu seinem 1,5 km (**!**) langen ersten und letzten Flug ab; 500 Northeast Captain Michael King Smith Way; im Sommer 9-17 Uhr; $27, Kinder $19-$24; www.evergreenmuseum.org. Gleich nebenan sorgt der Wasserpark **Wings & Waves** für feuchten Spaß und Abkühlung an heißen Sommertagen.

UFO Festival

McMinnville ist zudem Austragungsort des **UFO Festival**, bei dem Mitte Mai drei Tage lang die verrücktesten Köstume und fliegenden Untertassen im Stadtzentrum unterwegs sind; www.ufofest.com.

5.2.4   Von Bend zum Crater Lake und an die Pazifikküste

Straße #97

Wie bereits in **Kapitel 5.2.2** beschrieben, lässt sich die Weiterfahrt ab Bend in Richtung Süden auch über den *Cascade Lakes Scenic Byway* starten (➤ Exkurs Seite 652). Bei knapp bemessener Zeit empfiehlt es sich jedoch auf den Umweg zu verzichten und das *Newberry National Volcanic Monument* auf kürzestem Weg über die #97 anzusteuern. Einen Besuch verdienen würde an dieser Strecke auch das **High Desert Museum**, nur 6 mi südlich von Bend.

High Desert Museum

Der Schwerpunkt der Ausstellungen im *High Desert Museum* liegt auf einer plastischen Demonstration zu den Themen »Eroberung des Westens« und »Siedlerleben im 19. Jahrhundert« mit Freilichtmuseum. Schaukästen zur Indianerkultur des Nordwestens, ein wenig Naturkunde, eine kleine zoologische Anlage im Außengelände mit einheimischen Tieren und einer Raubvogel-Show sowie eine Galerie mit wechselnden Kunstwerken ergänzen die Hauptthematik. Auch für Kinder sehr spannend aufbereitet, sie werden laufend zum Mitmachen animiert! Zeitbedarf 3-4 Std.; Eintritt $15/$9 (mit *AAA*-Karte 10% Rabatt); geöffnet Mai bis Oktober täglich 9-17 Uhr, sonst 10-16 Uhr; www.highdesertmuseum.org.

Newberry National Volcanic Monument

Eintritt $5/Auto oder Interagency Jahrespass

Erster Anlaufpunkt im Schutzgebiet rund um den *Newberry Crater* ist das **Lava Lands Visitor Center** (im Sommer 10-17 Uhr), westlich der #97 unterhalb des Aschekegels **Lava Butte**. Es unterrichtet im Stil großer Nationalpark-Besucherzentren umfassend über den geologischen Ursprung, Flora und Fauna des Gebietes; www.fs.usda.gov/recarea/deschutes/recarea/?recid=66159.

Unbedingt einplanen sollte man den nur 400 m langen **Rim Trail** auf der Anhöhe des *Lava Butte* vor dem Panorama der *Three Sisters*-Vulkanberge. Ein *Shuttle*-Bus verkehrt regelmäßig 10-16 Uhr von Ende Mai bis Anfang September dorthin (im Schnitt alle 20 min; Tickets $2 pro Person, exakt in bar!). Während der ruhigeren Nebensaison dürfen Besucher auch mit dem eigenen Auto zum Aussichtsturm fahren, allerdings nur mit einer im Besucherzentrum ausgestellten Bewilligung (*first-come, first-served*!). Die Alternative ist der Aufstieg per pedes (2,8 km, 155 HM).

Noch etwas intensiver lassen sich die Lavalandschaften entlang des **Trail of Molten Lands** erkunden. Ähnlich wie am *McKenzie Pass* (➤ Seite 655) trainierten hier *NASA*-Astronauten einst für ihre *Apollo*-Missionen.

Aussichtsturm auf dem Lava Butte südlich von Bend

5

Lavahöhle

Ausgehend vom Besucherzentrum, schafft die Cottonwood Road Zugang zur *Lava River Cave*. Diese 1,6 km lange Höhle (➢ auch Exkurs Seite 654) befindet sich knapp 20 m unter der Erdoberfläche, dennoch wird es schon nach wenigen Metern kalt (ca. 5°C). Man darf sie auf eigene Faust erkunden von Juni bis August 10-17 Uhr (im Mai und September kürzer und sonst geschlossen); Eintritt $5/Auto, Laternenverleih ebenfalls $5.

Newberry Caldera

Rund 10 Meilen weiter südlich an der #97 zweigt die Straße #21 zur zentralen Region des *National Volcanic Monument* ab. **Newberry** ist mit einem gigantischen Durchmesser von knapp 44 km der **größte Vulkan der Kaskaden**. Im Inneren seiner flachen, als solche kaum mehr erkennbaren und dicht bewaldeten Caldera (6x8 km) befinden sich die Freizeitseen **Paulina** und **East Lake**.

An der 18-mi-Stichstraße zu den Seen passiert man zunächst die *Paulina Falls Day-use Area*. Dort startet der kurze Spaziergang (700 m) durch den Wald bis zu den gleichnamigen, 20 m hohen Wasserfällen (=Überlauf des Kratersees). Ein nächster Stopp bietet sich beim *Paulina Lake Visitor Centre* an (im Sommer 9-17 Uhr), wo auch nach Torschluss im Außenbereich Info-Material ausliegt.

Im Südosten des Paulina Lake erstreckt sich der riesige und mit nur 1.300 Jahren noch relativ junge *Big Obsidian Flow*. Ein Lehrpfad verläuft durch den pechschwarzen glasartigen Basalt (=Obsidian) bis zu einer Anhöhe, die die Umgebung um 50 m überragt (1,6 km).

Bei guter Sicht lohnt sich auch die Auffahrt zum *Paulina Peak*, die 4-mi-Waschbrettpiste ist allerdings nicht für RVs geeignet.

An den zwei Freizeitseen liegen vier traumhafte *Campgrounds*; besonders empfehlenswert ist *Little Crater* mit Stellplätzen ($18) direkt am Südostufer des Paulina Lake. Abgehärtete wagen sich an heißen Sommertagen dort sogar ins (immerzu frische) Wasser. Der See liegt auf über 1.900 m!

Wohltemperiert hingegen sind die **heißen Quellen**, die sich rund 2 km weiter nördlich des *Little Crater Campground* am Seeufer befinden. Im Frühsommer (bei höherem Wasserstand) sind die durch Baumstämme abgegrenzten Pools in der Regel überflutet. Ein schöner Abschnitt der insgesamt 13 km langen *Paulina Lake Loop*, die den See umrundet!

Auch am Ufer des East Lake gibt es *Hot Springs*, diese riechen aber meist penetrant nach Schwefel.

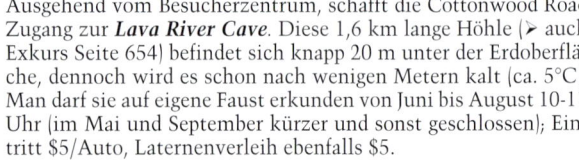

Aussicht vom Paulina Peak

Trail durch die Lava-wüsten im Inneren der Newberry Caldera

Weiterfahrt auf den Straßen #97 und #138

Auf gerader, weitgehend ebener Strecke geht es nach dem Besuch der *Newberry*-Gegend weiter in Richtung Süden. Die #97 zieht sich bis **Crescent** den malerischen Little Deschutes River entlang, der mit seinen überwiegend harmlosen Stromschnellen bei Schlauch-bootfahrern sehr beliebt ist. Die *La Pine Recreation Area* (Camping abseits des Flusses) wird dabei gerne als Startpunkt genutzt.

Abstecher Straße #31

Die Straße #31 (Abzweig südlich von La Pine) führt in das weitge-hend unbewohnte **Fort Rock Basin** mit einem kleinen Freilicht-museum (*Homestead Village*) und einer ganzen Reihe von vulka-nischen Gebilden, darunter ein riesiger Tuffring (*Fort Rock*), gewal-tige Erdspalten (*Crack in the Ground*) sowie ein Krater mit 1,6 km Durchmesser (*Hole-in-the-Ground*). Aufgrund des weiten Umwegs nur für Leute mit starkem Interesse an Geologie!

Abstecher Straße #58

Jenseits von Crescent zweigt die Straße #58 in Richtung Eugene ab. An ihr liegen das offizielle südliche Ende des *Cascade Lakes Sce-nic Byway* (➤ Seite 652) und die **Salt Creek Falls**. Sie zählen mit 87 m Fallhöhe zu den höchsten in Oregon, wären aber auf der Route nach Süden ein sehr zeitaufwendiger Abstecher (60 mi retour).

Weiterfahrt Straße #138

Schön im üppigen Regenwald eingebettet präsentieren sich die zahl-reichen Wasserfälle an der #138, auf die man 20 mi weiter südlich an der #97 trifft. Diese Straße empfiehlt sich nach dem Besuch des *Crater Lake Nat'l Park* nicht nur für die Rückkehr nach Portland/ Seattle, sondern auch als Verbindungsstrecke in Richtung Pazifik-küste. Auf ihr benötigt man allerdings leicht einen Tag mehr als über die direkte Route nach Süden über Gold Hill (#62/#234 am Rogue River entlang, ➤ Seite 671). Wer sich für letztere Variante ent-scheidet, könnte vor dem Nationalpark-Besuch noch bei den **Toke-tee Falls** und **Umpqua Hot Springs** vorbeischauen (➤ Seite 668).

Zufahrt zum Crater Lake

(meist nur Juni-Okt.)

Die Straße #138 schafft schnellen Zugang zum Nordeingang des *Crater Lake Nat'l Park* (15 mi ab der #97), allerdings ist die *North Entrance Road* zum Kraterrand in der Regel von Ende Oktober bis Anfang Juni verschneit und gesperrt. Dann muss man die Anfahrt weiter südlich über die #62 wählen (➤ Seite 671). Aktuelle Stra-ßen-Infos: www.nps.gov/crla/planyourvisit/conditions.htm.

5

Crater Lake National Park   www.nps.gov/crla

**Eintritt
$25/Auto
($30 ab 2020)
oder
Interagency
Jahrespass**

Der einst fast 3.700 m hohe Vulkan **Mount Mazama** stürzte nach einer Mega-Eruption vor über 7.700 Jahren in sich zusammen und bildete einen Krater von 11 km Durchmesser. Im Laufe der Jahre füllte sich der abflusslose Kessel mit Regen- und Schmelzwasser, so dass der heutige **Crater Lake** entstand. Die ungewöhnliche **dunkelblaue** Farbe seines glasklaren Wassers kommt vom schwarzen Untergrund und der enormen Tiefe des Sees (bis zu 594 m!). Die große Wassermenge speichert im Sommer so viel Wärme, dass er trotz des langen Winters selten zufriert.

Der aktuelle Pegel des Sees variiert wegen eines ungefähren Gleichgewichts zwischen Verdunstung einerseits und frischer Wasserzufuhr andererseits nur geringfügig. Als Folge eines jüngeren Ausbruchs innerhalb des Kraters erhob sich *Wizard Island* im Westen des Sees (➤ Foto unten). Der sichtbare Teil der Insel ist sozusagen die Spitze eines Vulkans im Vulkan.

Information

Im *Rim Village Visitor Center* (am Kraterrand auf 2.165 m) sowie im *Steel Info Center* (an der Südzufahrt) werden alle Einzelheiten zur Entstehung des Crater Lake und von *Wizard Island* eindrucksvoll erläutert. Auch die Übersichtskarte, die man samt Parkzeitung *Reflections* üblicherweise gleich bei der Einfahrt erhält, zeigt die zugrunde liegenden vulkanischen Prozesse.

Sperrungen

Infolge des erheblichen Schneefalls in den Kaskaden bleibt der hochgelegene Nordeingang und die Straße rund um den See meist bis in den Sommer hinein gesperrt: der *West Rim Drive* i.d.R. bis Mai/Juni, der *East Rim Drive* manchmal sogar bis Mitte Juli. Und ab Oktober können beide jederzeit wieder geschlossen werden. Über die West- und Südzufahrt (Straße #62) bleibt der Bereich um *Rim Village* aber ganzjährig erreichbar.

*Aus dem Crater Lake
ragt der Vulkan Wizard
Island empor*

Rim Drive

Die möglichen Aktivitäten am Crater Lake beziehen sich im Wesentlichen auf das Abfahren des 33 Meilen langen **Rim Drive** rund um den Krater, auf kurze Wanderungen zu Aussichtspunkten oder eine **Bootsfahrt** auf dem See (nur im Sommer):

Bootstour/ Wizard Island

Die 2-stündigen **Standard Lake Cruises** finden mehrfach täglich 9.30-15.45 Uhr statt ($42, Kinder $28). Die **Wizard Island Tours**, bei denen man auf der Insel aussteigen und dort den Kraterrand besteigen darf, kosten etwas mehr ($57 bzw. $36). Alle, die auf *Wizard Island* noch etwas länger verweilen möchten, können einen extra **Shuttle Service** buchen und etwa 3 Stunden vor Ort verbringen.

Den Bootsableger am Nordufer des Sees erreicht man nur nach einem Abstieg vom Kraterrand über den **Cleetwood Cove Trail** (1,8 km, 230 HM). Die Fahrt bis zum Parkplatz ist eine Alternative zur Gesamtumrundung des Sees (10,5 mi ab *Rim Village* über den *West Rim Drive*). *Cleetwood Cove* ist der einzige Platz an dem man – auch ohne Bootstour – ans Wasser kommt.

Aussichts- punkte

Eine umwerfende Aussicht eröffnet sich vom Parkplatz am **Discovery Point** (unweit von der *Rim Village*), unübertroffen bleibt aber der Blick vom **Watchman Overlook** (2,5 km retour; 130 Höhenmeter; ➢ Foto links). Letzterer befindet sich am *West Rim* und ist oft bis Juni ab dem *Discovery Point* nur auf Schusters Rappen zu erreichen (über 5 km *one-way!*).

Mehr Kondition erfordert östlich des Kraters der Aufstieg zum **Mount Scott**, mit 2.721 m höchster Punkt des Parks (8 km retour, 320 Höhenmeter). Der *Pacific Crest Trail* (von der Grenze Mexikos nach Kanada) verläuft am Westrand des Sees.

Unterkünfte

Direkt am Kraterrand steht die von außen schlicht wirkende, aber innen nostalgische **Crater Lake Lodge** (geöffnet nur Mitte Mai bis Mitte Oktober; einfache Zimmer ab ca. $200, mit Seeblick ab $240). Etwas günstiger schläft man in einer der 40 rustikalen *Cabins* ($165; Ende Mai-Ende September) im **Mazama Village** an der #62, rund 7 mi südlich des *Rim Village*. Beide Quartiere müssen viele Monate im Voraus gebucht werden unter © 1-888-774-2728 bzw. www.craterlakelodges.com

Camping

Der **Mazama Campground** ($23/$32, keine *hook-ups*) ist zwar gut angelegt und komfortabel, aber recht überlaufen. Als **Zelt-Camper** würden die Autoren daher die Plätzchen auf dem *Lost Creek Campground* an der Stichstraße zu den pittoresken **Pinnacles** im *Wheeler Creek Canyon* vorziehen ($5, *first-come, first-served*).

Tipp: Bei kühler Witterung ist es wegen der geringeren Höhenlage (800 m tiefer) im Zelt am angenehmsten beim **Diamond Lake**, ca. 20 mi nördlich des Parks an der #138 (➢ umseitig). Dort hat der *National Forest Service* für erhebliche Campingkapazitäten gesorgt, darunter viele *first-come, first-served sites* (ab $16). Die Stellplätze direkt am Wasser ($22-$27) sind auch für RVs empfehlenswert. Der ruhigste Platz liegt am Südufer (*Broken Arrow*). Wer einen Komplettanschluss benötigt, wird im privat geführten *Diamond Lake RV Park* fündig ($46; www.diamondlakervpark.com).

Über die North Umpqua Road weiter in Richtung Küste

Rogue-Umpqua Scenic Byway

Vom **Diamond Lake** führt die #138 weiter in Richtung Westen bzw. Roseburg. Sie empfiehlt sich für alle, die nach dem Besuch des Crater Lake die Oregon-Küste als nächstes Ziel haben. Ihr Verlauf entlang des »*wild & scenic*« **North Umpqua River** ist äußerst erfreulich, zudem laden Picknick- und Campingplätze in bezaubernder Regenwald-Umgebung immer wieder zum Verweilen ein. Detaillierten Begleitbroschüren findet man als PDF unter www.blm.gov/or/districts/roseburg/recreation/ScenicByway.

Für Wasserfall-Fans ist dieser Streckenabschnitt ein Muss, er trägt nicht umsonst den Beinamen *Highway of the Waterfalls*. Über ein Dutzend stürzen in Straßennähe über die sattgrün bemoosten Felsen und sind meist recht schnell und einfach von den Hwy-Parkplätzen zu erreichen.

Toketee Falls

In diese Kategorie fallen die *Watson Falls* (83 m) rund 17 Meilen westlich vom Diamond Lake linker Hand der #138. Gut 2 mi später zweigt die *Toketee-Ridgon Road* (# 34) nach rechts ab. Wer sich dort 2x links hält, gelangt bereits nach 0,4 mi zum *Trailhead* der *Toketee Falls*. Ein kurzer Pfad endet nach 600 m an einer hölzernen Aussichtsplattform mit Blick hinunter auf den »schönen« Wasserfall («*Toketee*« in der Sprache der *Chinook*).

Umpqua Hot Springs

Auf der *Toketee-Ridgon Rd* weiter nach Norden und bei der Kreuzung nach 2,2 mi rechts (#3401), erreicht man 0,7 mi später den Parkplatz für die **Umpqua Hot Springs**. Von dort geht es zu Fuß über die Brücke und zu den schönen heißen Pools, die terrassenförmig oberhalb des Flusses angeordnet sind. Alle Details unter www.fs.usda.gov/recarea/umpqua/recreation/recarea/?recid=63646.

Highway of the Waterfalls

Noch vor der kleinen Ortschaft **Glide**, häufen sich wieder die Wasserfälle: Zwischen den Meilen 33 und 32 startet der Weg zu den *Fall Creek Falls* (3 km retour) und zwischen 29 und 28 der *Susan Creek Falls Trail* (2,6 km retour). Vergleichsweise weniger aufregend sind die breiten und nicht sehr hohen *Deadline Falls* gleich neben der Straße. Dort kann man allerdings mit etwas Glück flussaufwärts wandernde bzw. springende **Lachse** beobachten (bester Blick von der anderen Uferseite; Brücke beim *Swiftwater Park*).

Bei der *Rock Creek Fish Hatchery* gleich nebenan gibt es außerdem *steelheads* zu sehen, Verwandte der Regenbogenforellen, die aber wie die Lachse im Meer leben und zum Laichen die Flüsse hochwandern (*self-guided* von 7.30 Uhr bis Dämmerung).

Susan Creek Falls am
Rogue-Umqua Scenic Byway

Roseburg

Entlang der Stichstraße *Little River Road* (#17; Abzweig in Glide) bieten sich zwei Stopps an: Knapp 7 mi südlich des Ortes überspannt eine weiße hölzerne *Covered Bridge* den Cavitt Creek (➤ Exkurs Seite 658) und 4 mi weiter befindet sich der *Trailhead* für die 38 m hohen **Wolf Creek Falls** (3,7 km retour, 60 Höhenmeter).

Gut 100 mi westlich der Straße #97 bzw. 80 mi ab dem Diamond Lake endet der *Rogue-Umpqua Scenic Byway* in **Roseburg** an der *Interstate* #5. Mit nur 1-2 kurzen Stopps ist die Strecke in 3-4 Stunden zu bewältigen. Bei Besuch der *Umpqua Hot Springs* und einigen Wanderungen wird sie schnell zum Tagesprogramm.

Wer den **nördlichen Teil** des *Scenic Byway* von Roseburg aus in Angriff nimmt, kann sich vorab im großen, modernen **Besucherzentrum** unweit der #138 an der 410 SE Spruce Street mit Info-Material eindecken. Der **südliche Abschnitt** (80 mi) führt vom Diamond Lake nach Gold Hill (Straßen #230/#62; ➤ Seite 671).

In der Umgebung von Roseburg gibt es ansonsten nicht viel zu sehen außer ein paar *Covered Bridges* (➤ Seite 658), einen **Wildlife Safari Park** mit Rundparcours zum Selberfahren (in Winston) und die **Winchester Fish Ladder**, wo man durch Fenster Lachsen und

Die Umpqua Hot Springs mit ihren
wunderbaren kleinen Becken

steelheads bei ihrer Wanderung flussaufwärts zuschauen darf (3 mi nördlich der Stadt; I-5 *Exit* 129).

Nach Portland sind es ab Roseburg 180 mi, zurück nach Seattle knapp 350 mi Autobahn.

Von Roseburg an die Küste

Auf den Straßen #42/#42S über **Remote** (=abgelegen; der Name ist Programm!) ist eine rasche Verbindung mit der südlichen Oregon-Küste hergestellt (85 mi bis Bandon). So verpasst man allerdings den *Samuel H. Boardman State Scenic Corridor* sowie andere grandiose Pazifikabschnitte im äußersten Südwesten Oregons. Die hier verfolgte Route steuert daher die Küstenstraße #101 ab Crescent City an und beinhaltet neben dem **Abfahren der gesamten Oregon-Küste** auch noch den Kurzbesuch der beeindruckenden *Redwood-Wälder* jenseits der Grenze zu Kalifornien.

Weiterfahrt über Grants Pass

Vorbei am *Seven Feathers Casino* der *Umpqua*-Indianer geht es dafür zunächst auf der I-5 bis **Grants Pass** im *Rogue River Valley*. Dort warten neben zahlreichen Unterkünften ein interessantes *Wildlife Rehabilitation & Education Center* (für verletzte oder verwaiste einheimische Tiere; www.wildlifeimages.org), die Glasbläserei *The Glass Forge* zum Zuschauen und Mitmachen sowie jede Menge Weingüter. Am populärsten sind aber die rasanten *Jetboat Excursions* durch den *Hellgate Canyon* des Rogue River, die unweit des Straßendreiecks I-5/#199 starten; 2-stündige Touren $45/$32, *Lunch*, *Brunch* oder *Dinner Tours* entsprechend mehr; täglich Anfang Mai-Mitte September; www.hellgate.com.

Ab **Merlin** (nördlich von Grants Pass, I-5 Exit 66) wird auch *White Water Rafting* durch die Schlucht des Rogue River angeboten; Halb-, Ganz- und Mehrtagestouren im Schlauchboot, von kinderfreundlichen Varianten bis hin zum *Class IV*-Abenteuer bei den *Nugget Falls*; diverse Veranstalter u.a. www.orangetorpedo.com. Der *Indian Mary County Park* am Oberlauf des Flusses einige Meilen westlich des Ortes bietet komfortables *Full-hook-up*-Camping.

Zwischen **Merlin** und **Gold Beach** an der Pazifikküste verläuft eine attraktive, durchgehend asphaltierte *Backroad* über Garlice und Agness. Entlang dieser Strecke tobten allerdings 2018 den ganzen Sommer und Herbst über gleich zwei großflächige Waldbrände (*Klondike & Taylor Creek Fire*). Hier sollte man sich unbedingt vorab in Grants Pass über die aktuelle Lage und wegen (noch) möglicher Straßensperren informieren: *Grants Pass Interagency Office* an der 2164 Northeast Spalding Ave, ℂ (541) 471-6500.

Straße #199/ Oregon Caves

In Cave Junction **an der Straße #199**, etwa 30 Meilen südlich von Grants Pass, zweigt die Stichstraße #46 zum *Oregon Caves Nat'l Monument* ab, einer beachtlichen Tropfstein- und Marmorhöhle tief in den Siskiyou Mountains (ca. 20 mi *one-way*, wobei die letzten 8 mi für größere RVs nicht geeignet sind). Die Besichtigung der Höhlen findet nur im Rahmen von geführten Touren statt ($10, Kinder bis 15 Jahre $7). Im Sommer mehrfach täglich 9-18 Uhr, sonst kürzer; Reservierungen unter www.nps.gov/orca.

Zum Park gehört der schön im Wald gelegene *Caves Creek Campground* (nur Ende Mai-September; nicht für große RVs). Der *NF*-Platz *Grayback* rund 8 mi westlich an der Zufahrt ist ebener und besser für RVs (allerdings nur bis 26 Fuß!). Für beide *Campgrounds* gilt $10/Nacht und das *first-come*, *first-served*-Prinzip.

Jedediah Smith Park

Die letzten 20 Meilen der Straße #199 am malerischen Smith River entlang gehören zu den schönsten Teilabschnitten dieser Route. Je näher man dem Pazifik kommt, umso dichter stehen die *Redwoods*. Noch vor der Einmündung in die Küstenstraße #101 quert die #199 den Nordteil des absolut sehenswerten **Jedediah Smith Redwoods State Park** (➤ Seite 762). Ab Crescent City (➤ Seite 761) folgt man dann der in **Kapitel 5.3** beschriebenen Oregon-Küsten-Route (➤ umseitig) von Süden nach Norden und kehrt dann ab Cannon Beach oder Astoria wieder nach Portland bzw. Seattle zurück.

Über die #62 zum Crater Lake und weiter in Richtung Küste

Liegt die Nordzufahrt zum Crater Lake noch/bereits unter einer dicken Schneedecke und möchte man auf den Abstecher in den Park nicht verzichten (der Krater bietet auch **verschneit** phantastische Motive!), bleibt nur die Anreise über die ganzjährig geöffnete #62. Hierfür geht es zunächst auf der #97 weiter in Richtung Süden. Dabei passiert man gleich eine ganze Reihe schöner *Campgrounds*:

Kurz vor der Ortschaft **Chiloquin** befindet sich der **Collier Memorial State Park**, der über einen komfortablen **Campground** mit einigen schönen Stellplätzen am Williamson River verfügt (Zelte $19, *full hook-up* $29). Zum Schutzgebiet gehört außerdem ein kleines **Logging Museum** (auf der Westseite der #97) mit historischen Holzfäller-Gerätschaften; im Sommer 8-20 Uhr, sonst nur bis 16 Uhr; www.oregonstateparks.org/park_228.php.

Wer sich zu Beginn der kurzen Zufahrt zum *SP*-Campingplatz links hält, gelangt nach 1 mi zum einfachen **NF-Campground Williamson River** oberhalb des Flusses ($10; *first-come, first-served*).

Ein hübsch am glasklaren Quellteich des Wood River platzierter *Campground* ist Teil des **Jackson F. Kimball State Park** 4 mi nordöstlich von Fort Klamath. Zufahrt über die #623/#234 von der #62 ausgeschildert; $11; nur 9 Stellplätze, weder *hook-ups* noch Duschen; www.oregonstateparks.org/park_229.php. Die **Day-use Area** des Parks liegt ebenfalls am Fluss – ideal fürs Picknick und ggf. im Sommer auch für gute Schwimmer. Zur Südeinfahrt des Nationalparks sind es von dort noch gut 17 mi, zum Kraterrand fast 25 mi.

Scenic Byway am Rogue River

Anschluss an die Route hinaus an die Oregon-Küste besteht ab dem *Manazita Village* des Nationalparks über die **Straßenkombination #62/#234/I-5**. Die #62 mündet weiter westlich in den südlichen Abschnitt des **Rogue-Umpqua National Scenic Byway**, der vom Diamond Lake nach Gold Hill verläuft (➤ Seite 669). An den Straßen #230/#62/#234 entlang des Rogue River finden sich – analog zum nördlichen Teil – schöne Picknick- und Campingplätze.

Ab Grants Pass geht es dann wie vorstehend beschrieben (➤ links) auf der Straße #199 über das *Oregon Caves Nat'l Monument* und die *Jedediah Smith*-Küstenmammutbäume zur Pazifikküste hinaus. Die Gesamtdistanz ab Crater Lake Nationalpark bis nach Crescent City beträgt rund 200 mi und ist – ohne längere Bootstour auf dem Rogue River – leicht als Tagesetappe zu bewältigen.

5.3.   Die traumhafte Oregon-Küste

Egal von wo man startet, ein Abstecher an die Oregon-Küste lohnt sich immer und sei es nur als **Tagesausflug ab Portland** ins 80 mi entfernte Cannon Beach (über die #26) oder als **2-tägige Tour** mit Weiterfahrt über den *Three Capes Scenic Drive*, Pacific City und Rückkehr auf der #18 (ggf. noch mit Besuch des Flugzeugmuseums in McMinnville oder der *Woodburn Premium Outlets* (ca. 250 mi).

Long Beach, Aberdeen
Astoria
Fort Stevens
Portland
Fort Clatsop
101
202
Seaside
Ecola SP
Cannon Beach
Hug Point SP   Portland
Oswald West SP
Nehalem Bay SP
101
Portland
Rockaway Beach
Garibaldi
Cape Meares
6
Oceanside
Tillamook
Three Capes Scenic Drive
Cape Lookout
101
Sand Lake
Cape Kiwanda
Pacific City
101
Portland
18
Lincoln City
Depoe Bay
Devil's Punchbowl
Beverly Beach
Newport
20
Salem
101
Waldport
Beachside SP
SIUSLAW NAT. FOREST
Yachats
Cape Perpetua
Herceta Lighthouse
Sea Lion Caves
Florence
Eugene
126

Oregon Küste Nord

N   0   25 km

Ab der in Nord-Süd-Richtung verlaufenden I-5 führen im US-Bundesstaat Oregon immer wieder kurze und gut ausgebaute Verbindungsstrecken hinaus ans Meer, so z.B. ab Eugene, Albany oder Salem.

Unübertroffen bleibt aber ein Abfahren der gesamten Oregon-Küste, entweder von Norden her ab Astoria an der Grenze zu Washington oder vom Süden ab Crescent City (➢ Seite 761) an der nordkalifornischen Küste. Die offiziell ausgewiesenen **363 mi Highway 101** summieren sich mit einigen Schlenkern und zusätzlichen Abstechern rasch zu 400 mi und mehr. Da man streckenweise wegen des kurvenreichen Verlaufs, der zahlreichen Sehenswürdigkeiten und herrlichen Aussichten nur sehr langsam voran kommt, sind dafür **drei Urlaubstage** das absolute Minimum. Mehr von der Oregon-Küste hat man mit **vier Übernachtungen**: eine bei Pacific City, eine weitere in Florence, dann bei Bandon und in Brookings (ggf. Crescent City). Zum Campen empfehlen sich wiederum Pacific City, die *Oregon Dunes* sowie die *State Parks Sunset Bay* und *Harris Beach*.

Die Oregon-Küste lässt sich in drei Abschnitte gliedern: einen nördlichen zwischen Astoria an der Mündung des Columbia River und dem *Tillamook County*, der zentrale umfasst den Bereich Lincoln City bis zu den *Oregon Dunes* und der südliche reicht vom *Cape Arago* bis hinunter an die Grenze zu Kalifornien.

Auf den ersten (nördlichen) Meilen zeigt sich der Hwy 101 noch nicht von seiner besten Seite. Er verläuft zunächst überwiegend abseits des Pazifiks, aber spätestens ab Cannon Beach werden selbst hochgesteckte Erwartungen erfüllt. Nicht nur die Küste (*Haystack* und *Ecola State Park*)

Empfehlenswerte Begleiter für die Oregon-Küste sind die **Mile-by-Mile**-Broschüre sowie die fast DIN A3-großen **Guides** »**101 Things to do**«; in gedruckter Form in den Besucherzentren oder online unter www.oregoncoastmagazine.com/mile-by-mile-guide bzw. www.101things.com (*Southern OR* und *Western* & *Coastal OR*).

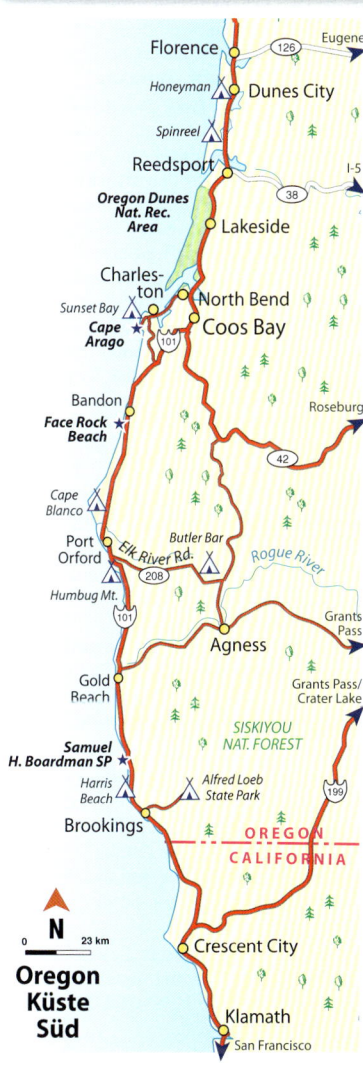

beeindruckt, auch das gepflegte Ortsbild sticht hervor (malerische Fischerdörfer darf man sich ansonsten entlang der Oregon-Küste nicht erwarten!). Etwas Hippie-Flair strahlt Pacific City aus, das weiter südlich an einem auszulassenden *Three Capes Scenic Drive* liegt. Es folgen einige hübsche *State Beaches* und *Waysides* sowie tolle Gezeitenbecken voller Meeresgetier, aber richtig spektakulär wird der Verlauf der #101 ab Yachats oberhalb steil abfallender Klippen. Zwischen Coos Bay und Port Orford warten die legendäre Brandung und kuriosen Sandsteinformationen des *Shore Acres SP* sowie ein mit Felsnadeln gespickter Strand bei Bandon.

Auf seinen letzten Meilen bis an die kalifornische Grenze folgt der Hwy 101 dem Auf und Ab der Küste und kann noch einmal richtig auftrumpfen: Immer wieder führen kurze Pfade zu traumhaften Ausblicken und hinunter in verborgene, von Felsen umrahmte Buchten. Spätestens im *Samuel Boardman*-Park sollte man Teilabschnitte des Fernwanderwegs **Oregon Coast Trail** ablaufen, der sich 640 km entlang der gesamten Oregon-Küste windet.

Bei etlichen *State Parks* und *Beaches* wird eine Eintritts- oder Parkplatzgebühr fällig: *day use fee* meist $5/Fahrzeug, so dass sich der **Oregon Pacific Coast Passport** schnell auszahlt (5 Tage $10 pro Fahrzeug oder Jahrespass für $35).

Damit man der Beschreibung auch leicht in umgekehrter Richtung folgen kann, sind in diesem Kapitel die wichtigsten Anlaufpunkte entlang der Oregon-Küste in tabellarischer Form aufgelistet. Die Entfernungsangaben beziehen sich jeweils auf die **Meilensteine** und sollen nur zur groben Orientierung dienen.

5

Mile-Marker	**Hwy 101 - Stopps an der nördlichen OREGON-KÜSTE**
0	Beginn des Oregon-Abschnitts des Hwy 101 auf der **Columbia River Bridge** in **Astoria**, einem heute eher bedeutungslosen Hafenstädtchen am Straßendreieck #30/#101. Sehenswert ist dort das **Columbia River Maritime Museum**, das u.a. die Strandung unglücklicher Schiffe auf den Sandbänken in/vor der Mündung des Flusses thematisiert; geöffnet 9.30-17 Uhr, $14/$5; www.crmm.org.
6,5	Abzweig zum ausgedehnten **Fort Stevens State Park**. Die Befestigungen des Forts hatten nur einmal Feindkontakt: den Beschuss durch ein japanisches U-Boot, der aber kaum Schaden anrichtete. Das Interesse der meisten Besucher gilt eher der Küste mit den **Wrackresten**

Peter Iredale Wrack

des 1906 dort gestrandeten Schiffs *Peter Iredale* und den kleinen **Süßwasserseen** mitten im Dünengürtel, die auf Badetemperaturen kommen, während der Ozean selbst im Hochsommer eiskalt bleibt. Die Popularität des Parks korreliert mit der Camping-Kapazität (knapp 500 Stellplätze!); Zelte $22, *full hookups* $34; auch Jurten und *Cabins*; www.oregonstate parks.org/park_179.php.

7	Die *#101 Business* nach Osten führt zum **Fort Clatsop National Memorial** (3 mi; ausgeschildert). An der Stelle, wo die erste amerikanische Überlandexpedition 1805 den Pazifik erreichte, wurde das Winterlager von **Lewis & Clark** (➢ Exkurs Seite 459) rekonstruiert. Für den Besuch der Ausstellung und der kleinen Befestigungsanlage benötigt man max. 1 Std. (empfehlenswert!). Ein hübscher **Picknickplatz** ist auch vorhanden; ohne *Interagency* oder *Oregon Coast Pass* $5/Person Eintritt; www.nps.gov/lewi/planyourvisit/fortclatsop.htm.
7,5	Südliche Zufahrt zum **Fort Stevens** (siehe oben)
20	**Seaside** ist eines der beliebtesten Seebäder Oregons, den Sommer über wie auch während der »*Spring Break*«-Ferien herrscht Hochbetrieb auf der 2 km langen Strandpromenade, kurz **The Prom**. Im August findet dort alljährlich das weltweit größte Amateur-Volleyballturnier statt. Landschaftlich viel reizvoller sind die Strände nur wenige Meilen weiter südlich bei Cannon Beach, ➢ rechts (*Mile Marker* 28).

An der #101 sowie in Strandnähe ballen sich **H/Motels**. Besonders preiswerte Betten im Schlafraum oder Doppelzimmer bietet das **Seaside Hostel** am 930 North Holladay Drive; ✆ 1-888-994-0001, www.seasidehostel.net.

Mile-Marker	**Hwy 101 - Stopps an der nördlichen OREGON-KÜSTE**
20,8	*Seaside Outlet Mall*, www.seasideoutlets.com, mit u.a. einem *Nike Outlet Store* (größeres *Outlet* steht in Lincoln City, ➢ **Meile 115,6**)
21,3	Besucherzentrum von Seaside; geöffnet Mo-Sa 9-17 Uhr, im Sommer auch So 12-16 Uhr; gute Broschüre unter www.seasideor.com
25	Einmündung der #26 in Richtung Portland; einige Meilen landeinwärts schöner Campingplatz im *Saddle Mountain State Park*
28	Zufahrt zum *Ecola State Park* mit einem der **schönsten Aussichts- und Picknickplätze an der Oregonküste**. Hoch oben auf einem bewaldeten Felsvorsprung eröffnet sich ein traumhaftes Panorama gen Süden, mit rauer Steilküste im Vordergrund und den Felsen von Cannon Beach in der Ferne; ➢ Foto unten; Parken $5. An der *Indian Beach*, einem bei Surfern beliebten Sandstrand mit einem hübschen kleinen Felstor, folgt ein toller Abschnitt des *Oregon Coast Trail* den Klippen nach Norden durch den Wald und mit Blick hinüber zum weit draußen im Pazifik auf einem Minifelsen thronenden *Tillamook Rock Lighthouse*.
28	Nördliches Ende von **Cannon Beach**, www.cannonbeach.org, mit eleganten *Inns*, Boutiquen und Kunstgalerien, darunter die *Jeffrey Hull Gallery*. Die malerischen Küstenstriche Oregons dienten dem Künstler als Vorlage für seine Ölbilder und XXL-Aquarelle. Campen kann man gut im *Sea Ranch Resort* (schöner Platz am Ecola River unweit der #101-Abfahrt; auch Zelte und *Cabins*; www.searanchrv.com) und im *Cannon Beach RV Resort* (340 Elk Creek Road; www.cbrvresort.com); beide in Gehdistanz zum Zentrum und nicht ganz billig; ca. $55 fürs *full hook-up*.
	Die Hauptattraktion des charmanten, kleinen Ferienorts sind der *Ecola SP* sowie der 72 m hohe **Haystack Rock**, der am südlichen Ende der Kleinstadt aus dem Wasser ragt. Bei Niedrigwasser bilden sich Gezeitenbecken mit bunten Seesternen und hoch oben auf dem Felsen nisten zahlreiche Vögel, u.a. zierliche Gelbschopflunde.

Blick nach Süden vom Ecola State Park

Küste am Hug Point

Mile-Marker	Hwy 101 - Stopps an der nördlichen OREGON-KÜSTE
28	Beliebt bei Jung und Alt sind in Cannon Beach die pedalbetriebenen Dreiräder, sog. ***Funcycles***, mit denen es sich herrlich über den Sand düsen lässt. Gesteuert wird durch Gewichtsverlagerung. Verleihstationen findet man im Ort wie auch in Seaside.
	Mitte Juni gibt es während des 3-tägigen *Cannon Beach Sandcastle Contest* immer jede Menge Sandburgen zu bestaunen.
	Ein Sommer- und Wochenendproblem ist das Parken. Vorschlag für einen ausgedehnten **Strandspaziergang zum *Haystack***: Von Cannon Beach der Uferstraße folgen und das Auto bei der *Tolovana Beach* abstellen (auch direkte Zufahrt ab **Meile 30,8** vom Hwy 101 möglich).
31,4	Der ***Silver Point Overlook*** bietet einen tollen Blick nach Süden und zurück auf den Strand von Cannon Beach.
33,7	Zufahrt zum ***Hug Point State Recreation Site***; bei Niedrigwasser kommt man dort um die nördliche Landzunge herum und in die nächste Bucht mit den kleinen *Hug Point Falls* (➤ Foto oben); www.oregonstateparks.org/park_191.php.
39	***Oswald West State Park***, eine herrliche, autofreie Landschaft mit der kleinen, vor allem bei Surfern populären *Short Sand Beach* (900 m vom Parkplatz entfernt) und mit wunderbaren Pfaden durch moosbehangenen Regenwald, darunter ein reizvoller Abschnit des *Oregon Coast Trail*, der Zugang zum exponierten **Cape Falcon** schafft (8 km retour; Abzweig nach rechts etwa 300 m vor der *Short Sand Beach*). In südliche Richtung führt der *Coast Trail* vorbei an den schroffen Klippen des *Devils Chaldron* bis zum nördlichen Startpunkt des ***Neah-Kah-Nie Mountain Trail*** (Parkplatz bei **Meile 40,2**). Den 512 m hohen Gipfel mit weitem Rundumblick erreicht man aber schneller ab dem *South Trailhead* (5 km retour, 260 HM; Zufahrt **Meile 41,4**); Broschüre mit Karte unter www.oregonstateparks.org/park_195.php.

Mile-Marker	**Hwy 101 - Stopps an der nördlichen OREGON-KÜSTE**
44	*Nehalem Bay State Park* mit einem großzügig angelegten und komfortablen *Campground* inmitten ausgedehnter Dünen auf einer Nehrung (3-mi-Stichstraße ab der #101); RVs $31, Jurten $47; reservierbar unter www.oregonstateparks.org/park_201.php
	Sollten die *State Parks* der Umgebung voll besetzt sein, bietet die kleine Anlage *Jetty Fishery* am Südufer der *Nehalem Bay* eine gute Alternative (durch eine Bahnlinie und abfallendes Gelände von der Straße separiert); Zelte $30, *hook-up* $40; Boots- und Angelverleih auch vorhanden; ✆ (503) 368-5746, www.jettyfishery.com. Bei Niedrigwasser ist dort eine Strand-/Wattwanderung an die Mündung der Bucht möglich.
50,8	**Rockaway Beach** mit etlichen Unterkünften und Kneipen sowie einem großen, vorgelagerten Meeresfelstor im Süden der Ortschaft; Hauptattraktion ist die **Oregon Coast Scenic Railroad** mit historischer Dampflok, die im Sommer mehrfach täglich von hier nach Garibaldi verkehrt; Tickets $22/$14; www.oregoncoastscenic.org.
53,8	*Full hook-up sites* ($34) und Zeltplätze ($24) am Wasser bietet der **Barview Jetty County Park**; ✆ (503) 322-3522; Reservierung unter www.co.tillamook.or.us/gov/parks/campgrounds.htm.
54	Die **Three Graces**, drei kleine Felsinselchen direkt neben der #101 in der Bucht vor Garibaldi, sind ein beliebtes Fotomotiv.
55,5	In **Garibaldi** gibt es gleich etliche *RV Parks* sowie einige Quartiere (u.a. eine einfache, etwas preiswertere *Econo Lodge*); Auflistung aller Möglichkeiten an der *Tillamook Coast*: www.tillamookcoast.com
63	**Tillamook Cheese** findet man in nahezu jedem Supermarkt in den USA, frisch vom Hersteller aber nur in dem unverfehlbaren **Creamery Visitor Center** an der #101; kostenlose Besichtigung des Produktionsgeländes im Sommer 8-20 Uhr, sonst kürzer; www.tillamook.com/creamery/.
65-90,4	Zwischen Tillamook und der Nestucca Bay empfiehlt es sich dem **Three Capes Scenic Drive** über Oceanside zu folgen (☞ Exkurs umseitig), zumal der Hwy 101 hier im Landesinneren verläuft.
73	In bezaubernder Regenwald-Kulisse stürzen die **Munson Creek Falls** 97 m in die Tiefe; 400 m kurzer *Trail* ab der 2-mi-Zufahrt (mit normalen Pkws meist befahrbar, obwohl oft in miserablem Zustand).
92,6	**Nestucca Bay National Wildlife Refuge**, Tierschutzreservat, das erst seit kurzem der Öffentlichkeit zugänglich gemacht wurde; Zufahrt zum Ausgangspunkt des Brettersteges zum *Cannery Hill Overlook* über die Christiansen Road (nicht für größere RVs geeignet)
97,7	Kuriose Baumstümpfe ragen bei Niedrigwasser aus dem Sandstrand von **Neskowin**. Dieser **Ghost Forest** führt auf das Erdbeben von 1700 zurück, bei dem ein Tsunami an dieser Stelle zahlreiche über 2.000 Jahre alte Sitka-Fichten unter Schlammmassen begrub. Erst die Stürme im Winter 1997/98 brachten sie wieder ans Tageslicht.

5

Dory Boat bei Cape Kiwanda

Three Capes Scenic Drive

Diese Route, die ihrem Namen (»*scenic*«) nur allzu gerecht wird, führt vorbei an drei Kaps – *Cape Meares*, *Lookout* & *Kiwanda* – und passiert dabei in herrlichem Wechsel **dichten Regenwald**, **Dünenlandschaften**, **hohe Klippen** und **wildromatische Buchten**. In Tillamook folgt man nur kurz der #131, ab der Bayocean Road dann der Ausschilderung zum **Cape Meares**. Dort warten eine kleine Wochenendsiedlung und ein mit Treibholz übersäter Sandstrand.

Beim anschließenden **Cape Meares State Park** erlaubt der 1 km kurze Rundweg zum kleinen Leuchtturm herrliche Blicke entlang der Steilküste. Der berühmte **Octopus Tree**, eine mächtige Sitka-Fichte mit kandelaberartigen Verzweigungen, steht ebenfalls nicht weit vom Parkplatz entfernt.

Das winzige **Oceanside** verteilt sich auf einem Hang etwas abseits der Straße. Die **Ocean Front Cabins** (kleines Häuschen mit Küche ab $100; ☎ 1-888-845-8470; www.oceanfrontcabins.com) sowie das **Three Arch Inn** (Zimmer mit Meeresblick ab ca. $120; ☎ 1-888-406-8795; www.threearchinn.com) und eine Handvoll Restaurants bilden das Gros der Infrastruktur. Eine Kuriosität wartet auf die Strandbesucher: Durch einen engen, dunklen Tunnel geht es zu einer versteckten felsigen Bucht weiter im Norden.

Eine 8 km lange sandige Landzunge schützt die Netarts Bay vor den Wellen des Pazifiks. Dahinter erhebt sich die bis zu 150 m hoch aufragende Halbinsel des **Cape Lookout State Park**. Den **Picknick-** und **Campingplatz** des Parks passiert man noch vor dem Kap. Er liegt wunderbar an einem »endlosen« Strand mit freiem Blick nach Norden bis zu den Oceanside vorgelagerten *Three Arch Rocks*; Zelte $21, *full hook-up* $34, *Deluxe Cabins* $91; im Sommer unbedingt vorbuchen; www.oregonstateparks.org/park_186.php. Der Zugang zum Meer und zu den Dünen ist ebenfalls gebührenpflichtig (*day-use* $5).

Die Spitze des *Cape Lookout* und die Aussichtspunkte unterwegs erreicht man über den rauen, oftmals matschigen **Cape Trail** (8 km retour; etwas weiter südlich am *Scenic Drive*; dem Schild *Trailhead Parking* folgen). Von Dezember bis Juni ist das Kap ein guter Ort (an Land) fürs *Whale Watching*. November-Februar ziehen die Grauwale nach Süden, März-Juni wieder nordwärts.

Auf etwa halber Strecke zwischen dem *Cape Lookout* und *Kiwanda* befindet sich die **Sand Lake Recreation Area** mit einem für **ATVs** freigegebenen Dünenbereich. Im Sommer und besonders an Wochenenden geht es dort ähnlich »rund« wie in den *Oregon Dunes* (➤ Seite 684). Dann stehen meist auch mobile Vermieter bereit, die *quads* und *dune buggies* stundenweise anbieten (2 Stunden ca. $100, z.B. bei www.sandlaketsunamiatvrental.com).

Zwischen Sanddünen und dem flachen Salzwassersee erstreckt sich der schöne **Sandbeach Campground** ($25; Einfachkategorie; April-September reservierbar unter ☎ 1-877-444-6777 oder www.recreation.gov, die übrige Zeit auf *first-come, first-served*-Basis). Die **Day Use Area** in Ufernähe abseits vom Motorenlärm ist ideal fürs **Picknick mit Kindern**: dort kann man im relativ warmen Wasser planschen oder allerlei Meeresgetier im sandigen Watt entdecken; www.fs.usda.gov/recarea/siuslaw/recarea/?recid=42689.

Das dritte Kap befindet sich nördlich der kleinen Ortschaft **Pacific City**. Vom breiten Strand (unverfehlbar an der Straße) blickt man auf einen weiteren **Haystack Rock**. Anders als weiter nördlich in Cannon Beach (➤ Seite 675) ist dieser »Heuhaufen«-Felsen nicht bei Niedrigwasser zugänglich, birgt dafür aber einen deutlich sichtbaren, natürlichen Felsbogen. **Cape Kiwanda** ist berühmt für seine Brandung. Eine tolle Aussicht bietet sich von der riesigen **Düne** am nördlichen Ende des Strandes (im Hintergrund auf dem Foto ➤ rechts). Auch **Wale** lassen sich mit etwas Glück von dort gut beobachten. Die Klippen wurden allerdings wegen einiger Todesstürze in den letzten Jahren größtenteils gesperrt.

In **Pacific City** serviert das **Pelican Brew Pub** & **Restaurant** fangfrischen Fisch, Meeresfrüchte und selbstgebrautes Bier direkt am Meer. Von der Terrasse genießt man den Blick auf die Bucht, wo die hohen, spitzen Brandungsboote (*Dory Boats*) ins Wasser geschoben werden oder gerade von dem Heilbutt- und Lachsfang zurückkehren. Auch Touristen dürfen an den *Fishing Trips* teilnehmen. Ab $225 pro Person ist man dabei: www.haystackfishing.com.

Ganz o.k. ist das **Surf & Sand Inn** gleich neben dem winzigen Besucherzentrum an der südlichen Ortseinfahrt; Zimmer ab ca. $120; ☎ (503) 965-6366, www.surfandsandinn.com. Die *Chamber of Commerce* befindet sich in *Downtown* an der 35170 Brooten Road (Suite H), gleich neben der Post. Einen exklusiven Blick auf die Bucht mit dem *Haystack* bieten die Zimmer (ab $170) im etwas gehobeneren **Inn at Cape Kiwanda** am 33105 Cape Kiwanda Drive; ☎ 1-888 965-7001; www.yourlittlebeachtown.com/stay-the-night/the-inn.

Ebenfalls an der Hauptstraße und nicht weit von Strand und *Brew Pub* entfernt liegt das große **Cape Kiwanda RV Resort**; Zelte $36-$39, *full hook-up* $54-$58; ☎ (503) 965-6230; www.capekiwandarvresort.com.

Hinter Pacific City mündet der *Three Capes Scenic Drive* kurz vor der **Nestucca Bay** wieder in die #101 ein (**Meile 90,4**).

5

Mile-Marker	**Hwy 101 - Stopps an der zentralen OREGON-KÜSTE**
101,3	Erste prominente Erhebung im zentralen Bereich der Oregon-Küste ist **Cascade Head** (knapp 400 m über dem Meeresspiegel). Die Forststraße #1861, die weit hinaus auf die Landzunge führt, bleibt aus Naturschutzgründen immer zwischen dem 1. Januar und 15. Juli gesperrt. Sie schafft Zugang zum Ausgangspunkt des abschnittsweise etwas steilen Pfads zur entlegenen *Hart's Cove*, wo ein Wasserfall von den hohen Klippen ins Meer stürzt (9 km retour; 300 Höhenmeter). Schneller erreicht von dieser ungeteerten Straße ist der *Upper Viewpoint* (3 km retour, 40 HM) am **Nature Conservancy Trail** mit Blick auf die Mündung des Salmon River (alternativer Start ab dem *Knight Park* weiter im Süden an der Three Rocks Rd/**Meile 104**, dann 11 km retour und 400 Höhenmeter).

Cascade Head

113	In **Lincoln City** warten eine **Outlet Mall** mit Markenware zu Fabrikpreisen (**Meile 115,6**) sowie ein **Glass Center** (**Meile 118**), wo man nicht nur Glasbläsern bei der Arbeit zuschauen kann, sondern – mit vereinbartem Termin – auch selber zerbrechliche Kunstwerke gestalten darf; www.lincolncityglasscenter.com.
119,2	Über die Drift Creek Road und *Forest Road* #17 gelangen Wasserfall-Fans nach knapp 12 mi zum **Drift Creek Falls Trailhead**. Nach 2,5 km durch Regenwald lassen sich die 20 m hohen Fälle entweder von unten oder von einer Hängebrücke aus beobachten (100 HM).
120,3	Trotz dichter touristischer Infrastruktur ist es in der Region um **Lincoln City** und **Newport** im Sommer oft schwierig, einen freien RV- oder Zeltplatz zu finden. Gute Ausweichmöglichkeiten bieten die schön am Siletz River gelegenen **Campgrounds** an Straße #229 (ab Kernville nur einige Meilen landeinwärts).
128	Das winzige **Depoe Bay**, ein Fischerdorf mit riesiger Marina, wurde durch den Film »Einer flog über das Kuckucksnest« (1975) mit *Jack Nicholson* bekannt. Heute gilt der Ort wegen der vielen gern hier vor der Küste verweilenden Grauwale auch als »**Whale Watching Capital**«. Man kann dort das **Whale Watching Center** besuchen (im Hochsommer tägl. 9-17 Uhr, sonst Mi-So 10-16 Uhr) und die unterschiedlichsten *Whale Watching Tours* buchen. Am günstigsten dafür ist der Zeitraum Ende März/Anfang April, Ende August/Anfang September sowie Ende Dezember/Anfang Januar.

Mile-Marker	Hwy 101 - Stopps an der zentralen OREGON-KÜSTE
131	Zufahrt zum *Cape Foulweather* 150 m über dem Meer mit schöner Aussicht und Souvenir-Shop; die oftmals treffende Bezeichnung (»Schmuddelwetter«) geht auf den Seefahrer *James Cook* zurück
132,5	Der *Devils Punchbowl State Park* birgt einen riesigen, von der Meeresbrandung ausgehöhlten Kessel, der bei einer bestimmten Fluthöhe röhrende Geräusche verursacht. Bei ruhiger See und extremem (!) Niedrigwasser gelangt man über die nördliche Bucht (versteckter Zugang ab der C Avenue) und die Öffnungen der *Punchbowl* sogar in ihr Inneres. Gezeiten unter: https://tides.willyweather.com/or/lincoln-county/devils-punch-bowl.html.
134,1	Der lange breite Strand *Beverly Beach* gehört zum gleichnamigen *State Park* mit schön angelegtem *Campground* abseits des Straßenlärms; Zelte $21, *full hook-up* $34; Jurten $47; sehr beliebt und im Sommer oft ausgebucht; www.oregonstateparks.org/park_227.php.
137,6	*Yaquina Head Outstanding Natural Area* mit Leuchtturm, sehenswerten bunten Gezeitentümpeln *(tide pools)* sowie meist zahlreichen Seehunden und -vögeln; Eintritt frei mit *Interagency Pass*; nicht verwechseln mit dem *Yakina Bay Lighthouse*, dem einzigen in Oregon noch erhaltenen Leuchtturm aus Holz (**Meile 142**)
141	Mit über 10.000 Einwohnern ist **Newport** nach Coos Bay bereits zweitgrößte Stadt an der Küste mit zahlreichen Motels und der übliche *Shopping*- und *Fast Food*-Kulisse; www.discovernewport.com. Da der Hauptverkehr am Ortszentrum vorbei fließt, hat man als kleine Attraktion an der *Historic Bayfront* nördlich der *Yaquina Bay Bridge* viele Fassaden mit Wandbildern *(Murals)* verschönt. Auch die Seelöwen helfen Besucher anzulocken und versammeln sich – ähnlich wie am *Pier 39* in San Francisco – am Steg direkt neben dem auffälligen Gebäude der (weniger spannenden) *Undersea Gardens*. Nur selten kommt man ihnen so nahe wie hier!

Seelöwen in Newport

Das *Oregon Coast Aquarium*, unmittelbar südlich der Brücke, ist ein kleines, aber gut aufbereitetes Aquarium mit Haibecken-Unterwassertunnel und einem speziell für Kinder reizvollen Seestern-*Touch-Pool* (erstaunlich wie »watteweich« einige Arten sind!). Im Außenbereich tummeln sich Vögel, Seehunde, -löwen und -otter; im Sommer 10-18 Uhr, sonst bis 17 Uhr; $23, Kinder $15-$20; www.aquarium.org.

5

Bilderbuch-
Leuchtturm
Heceta

Mile-Marker **Hwy 101 - Stopps an der zentralen OREGON-KÜSTE**

150,9 Eine Sägezahn-Felsbarriere schützt die Bucht des *Seal Rock State Park* – reichlich Wellen-«Action» bei Flut, bunte Gezeitenbecken bei Niedrigwasser und immer zahlreiche Seevögel/-hunde/-löwen.

156 **Waldport** mit einem *KOA* und einer Handvoll Ferienhäuser

159,3 Schöner (aber ohne *full hook-up*) schläft man am *Campground* des *Beachside State Park*; auch kleine Jurten ($47) im Wald; www.oregonstateparks.org/park_122.php.

164,4 Im Besucherzentrum von Yachats erhält man Infos und Karten zu den *Covered Bridges* der Umgebung (➤ auch Exkurs Seite 658). Über die Yachats River Road (**Meile 164,8**) geht es zunächst 7 mi in Richtung Osten, dann nach links auf die North Yachats Road und nach 1,5 mi *Gravel Road* über/durch die kleine **North Fork Yachats Covered Bridge** (etwas verwittert, in grüner Umgebung). Nur wenige Meilen Luftlinie trennen sie von einer zweiten Brücke: *Five Rivers Covered Bridge*, ebenfalls aus rotgestrichenem Holz.

167 Den nächsten Höhepunkt bildet im wahrsten Sinne des Wortes das *Cape Perpetua*, mit 240 m über dem Meer eine der höchsten Felsnasen an der Küste Oregons. Ein eigenes **Visitor Center** informiert über *Trails*, Strände, Zufahrt und Camping; gute Broschüre auch online unter www.fs.usda.gov/goto/siuslaw/cape.

Wer den beschwerlichen 5-km-Rundweg hinauf zur Kaphöhe nicht laufen möchte, kann mit dem Auto nach oben fahren (ausgeschildert; grandiose Aussicht). Bei Ebbe ziehen jede Menge Gezeitenbecken neugierige Besucher an. Originell sind auch *Devil's Churn*, ein tosender Wellenbrecher, sowie *Thor's Well* und das *Spouting Horn*, aus beiden Felslöchern schießt bei Flut das Meereswasser fontänenartig empor. Sehr beeindruckend!

Mile-Marker	**Hwy 101 - Stopps an der zentralen OREGON-KÜSTE**
171	Eine feine Aussicht auf den Pazifik bieten die Plätze im **Sea Perch RV Resort**, sie kosten aber $80-$90; www.seaperchrvresort.com.
176	**Carl G. Washburne SP** mit Picknicktischen und einem *first-come, first-served Campground* (Zelte $21, *full hook-up* $33) und reservierbaren Jurten; www.oregonstateparks.org/park_123.php.
178,3	Noch schöner ist der (Picknick-)Stopp am von Felsen eingeschlossenen Strand beim **Heceta Head Lighthouse State Scenic Viewpoint** unterhalb Oregons berühmtestem Leuchtturm (Parken: $5). Von der Bucht verläuft ein 800 m langer Pfad hinauf zum *Lighthouse*, das täglich 11-14 Uhr auch von innen besichtigt werden kann; www.oregonstateparks.org/park_124.php. Im Wärterhaus ist ein **Edel-B&B** untergebracht (DZ ab $275; www.hecetalighthouse.com).
	Auch ab dem **Hobbit Trail**-Parkplatz (kostenlos) kommt man zum Leuchtturm (**Meile 177,3**). Hierbei hält man sich links und wandert 2 km – immer von schönen Ausblicken auf die steil abfallenden Klippen begleitet – nach Süden. Der Hauptweg verläuft nach rechts, führt durch den namensgebenden »Märchen«-Wald und endet nach nur 600 m an einer sandigen Bucht nördlich der Landspitze.
179	Toller Blick zurück auf das *Heceta Lighthouse*
179,3	Eine weitere populäre Sehenswürdigkeit an der Oregon-Küste sind die **Sea Lion Caves**. Hinter einem Riesen-*Giftshop* geht es mit dem Fahrstuhl 63 m hinunter in eine gewaltige Höhle auf Meereshöhe, die über einen Durchbruch mit dem Ozean verbunden ist und sich im Herbst/Winter fest in der Hand Hunderter von Seelöwen befindet. Im Frühjahr/Sommer ist die »Besatzung« dünner, dann findet man sie im Freien auf den umliegenden Felsen. Besichtigung lohnenswert je nach Licht, Wetter und Jahreszeit; $14/$8; im Sommer täglich 9-19 Uhr, sonst bis 17.30 Uhr; www.sealioncaves.com.

Seelöwen Höhle südlich vom Heceta Lighthouse

Oregon Dunes National Recreation Area

Zwischen Florence und North Bend erstreckt sich ein 60 km langer Wanderdünengürtel vom Hwy 101 bis zum Pazifik. Mit bis zu 150 m hohen Sandhügeln und enormen Flächen ohne jeden Bewuchs sind die *Oregon Dunes* ein prädestiniertes Terrain für den *Off-Road*-Spaß. Das erste von drei für **Off-Road-Vehicles (ORV)** freigegebenen Arealen (teilweise mit Strandanteilen!) liegt gleich südlich von Florence; Zufahrt über die *South Jetty Dune & Beach Access Road*. Die großen Parkplätze bieten den *ORV*-Fahrern genügend Platz für ihre Anhängergespanne und Dünenfahrzeuge. An guten Tagen ist allein schon der Besuch auf diesen »Staging Areas« ein Erlebnis, denn neben Serien-*ATVs* gibt es jede Menge kuriose, im Eigenbau entstandene Vehikel.

Wer mitmachen möchte, findet **ATV Rentals** u.a. bei Dunes City, aber noch besser bei *Spinreel* südlich von Winchester Bay. Bei dieser Verleihstation abseits der Hauptstraße kann man auch prima **Dünentrips** mit Fahrer in originellen kleinen und großen »Passagier-*ORVs*« buchen. Ohne Übung in der Handhabung der Klein-*ORVs* ist das vielleicht die beste Methode, durch die Dünen zu karriolen, speziell mit kleineren Kindern; ab $15 pro Person für ca. 30 min. Quad-Verleih inklusive Helm ab $40/Std, *Buggies* ab $90/Std; nähere Infos unter www.ridetheoregondunes.com.

Der *National Forest Service* sorgt aber auch dafür, dass einige Teilbereiche des breiten »Sandkastens« vom Einfall der *Off-Road-Vehicles* verschont bleiben. Dort kann man ohne Motorenlärm herrlich in den Dünen herumspazieren oder sogar bis ans Meer hinaus gehen. Die unten aufgelisteten Campingplätze (bis auf *Honeyman)* dienen als Ausgangspunkte für **Dünenwanderungen**. Die beste Möglichkeit bietet sich vom Parkplatz 400 m südlich des *Eel Creek Campground*, von dort sind es 4,5 km bis zum Meer (*John Dellenback Dunes Trail*). Einen rascheren Eindruck von der Landschaft gewinnt, wer den **Overlook** bei der **Oregon Dunes Day-Use Area** zwischen Reedsport und Dunes City ansteuert (mit begrenzt geöffnetem Infostand).

Man kann bei den Dünen auch einen tollen **Badestopp** einplanen. Im **Jessie M. Honeyman Memorial State Park** wartet der im Sommer angenehm temperierte **Cleawox Lake**. Kinder können dort von den Sanddünen direkt in das Wasser rutschen! Auf dem *Campground* des Parks lässt es sich außerdem schön und ohne Krach der Dünenfahrzeuge im Grenzbereich zwischen Wanderdünen und Tannenwald übernachten. In den Randbereichen der Dünen bieten auch großartig gelegene und angelegte **NF-Campgrounds** ein ruhiges Plätzchen für die Nacht, gut sind z.B. **Tahkenitch** und **Eel Creek**; beide $22; mit Trinkwasser, aber sanitäre Einfachkategorie.

Einige der *NF-Campgrounds* sind auch für *ORV*-Besitzer zugelassen und damit für andere Gäste wegen des Lärms bisweilen schwer erträglich. Empfehlenswert wären hier aber **Spinreel** und **Waxmyrtle** an der Grenze zwischen Natur- und *ORV*-Gelände. Auch an den landeinwärts gelegenen Seen östlich der #101 findet man weitere gute Plätze.

Infos: Das offizielle Besucherzentrum mit den umfassendsten Unterlagen zu Dünen, *ORV*-Regeln, Camping, Motels der Umgebung etc. liegt an der #101 am nördlichen Ortsausgang von Reedsport; www.fs.usda.gov/siuslaw/.

Mile-Marker	**Hwy 101 - Stopps an der zentralen OREGON-KÜSTE**
190	Bei **Florence** (9000 Einwohner), mit einer restaurierten *Old Town* (Straßenzeile am Siuslaw River), erreicht man das nördliche Ende der **Oregon Dunes National Recreation Area**; ➤ Exkurs links.
	Für Pferdeliebhaber könnte hier auch ein Ausritt auf den Dünen interessant sein: www.oregonhorsebackriding.com/rides/#beach.
	Das Besucherzentrum (www.florencechamber.com) steht direkt an der #101, außerdem gibt es in dem Städtchen ein *Casino Resort* sowie einige B&Bs und Motels (u.a. ein *Best Western*).
192	South Jetty Road – nördlichste Zufahrt zu den *Oregon Dunes*
193	**Jessie M. Honeyman Memorial State Park** mit guten **Picknick-, Camp- und Bademöglichkeiten** am von Wäldern und Sanddünen umrahmten Cleawox Lake; *day-use* $5, *full-hook-up* $33, Zelte $21, Jurten $46; große Kapazität, aber sehr populär, daher lieber reservieren: www.oregonstateparks.org/park_134.php
198	*Waxmyrtle NF-Campground*
201	**Oregon Dunes Day-Use Area** – der Blick von der Aussichtsplattform ist das Mindestprogramm in den Dünen; der dort startende Rundweg (8 km, 75 HM) führt vorbei an »Bauminseln« bis zum Ozean
203,5	*Tahkenitch NF-Campground*
211,5	**Reedsport** mit dem offiziellen Besucherzentrum der *Oregon Dunes*, der Ort hat nur halb so viele Einwohner wie Florence (**Meile 190**)
215,5 -217	**Umpqua Lighthouse Loop** – der Salmon Harbor Blvd schafft Zugang zum Leuchtturm mit Aussichtspunkt über die Küste sowie zum angeschlossenen *SP-Campground* (Zelte $21, *full hook-up* $31, *Cabins* $43 und besonders gut ausgestatte »Luxus«-Jurten $82)
222	*Eel Creek NF-Campground*
222,3	Ausgangspunkt des *John Dellenback Dunes Trail*
224	*Spinreel NF-Campground*

Volle Fahrt voraus und über jeden noch so hohen Dünenkamm – ungebremster Off-Road-Spaß in den ausgedehnten Oregon Dunes

Cape Arago Light

| Mile-Marker | **Hwy 101 - Stopps an der südlichen OREGON-KÜSTE** |

235,5 In North Bend empfiehlt es sich über die #540 (ausgeschildert) den *Cape Arago Hwy* anzusteuern. Vorbei an **Charleston**, einem kleinen Städtchen mit großer Hafenszenerie an der Coos Bay, geht es wieder hinaus ans offene Meer zum ersten der drei *State Parks*:

Im **Sunset Bay SP** warten prima Campingplätze (Zelte, *full hook-up* und Jurten) sowie eine geschützte, etwas wärmere(!) Badebucht. Von dort kann man einen besonders schönen Teilabschnitt des *Oregon Coast Trail* entlang wandern bis in den südlich angrenzenden **Shore Acres State Park** und dabei auch einen Blick auf den (nicht zugänglichen) Leuchtturm am *Cape Arago* werfen. Auf dem Areal des heutigen *Shore Acres SP* hatte Mitte der 1950er-Jahre ein reicher Industrieller aus Coos Bay sein Anwesen. Die gepflegten Rhododendren- und Rosengärten können heute noch besucht werden. Im Okt/Nov/Dez bezaubert dort allabendlich eine aufwendige Lichterdekoration (kunstvolle Girlanden in Form von Meerestieren usw.); *day-use* $5, www.oregonstateparks.org/park_97.php.

Berühmt ist der Park aber für seine schroffe Küste und die »Monsterwellen«, die bei Stürmen oft über 50 m hoch in die Luft schießen und auf den hohen Klippen an Land donnern. Bei Schönwetter im Sommer ist der Zugang zu den stark verwitterten Felsen ungefährlicher. Dann lassen sich dort neben interessanten Gebilden nördlich des Parkplatzes jenseits des alten *tennis court* auch zahllose, kuriosen **concretions** bewundern, die oberhalb des Wassers praktisch überall wie »Kanonenkugeln« aus dem hellen Sandstein herausragen – besonders toll an der *Simpson Beach* (aber auch beim *Yoakam Point* nördlich des *Sunset Bay SP*).

Beim darauffolgenden **Cape Arago State Park** ist dann Umkehren angesagt (Sackgasse), aber nicht bevor man am *Simpson Reef Viewpoint* nach **Seelöwen/-hunden** Ausschau gehalten hat. Meist ist der Lärm ihrer großen Kolonien schon von weitem nicht zu überhören.

Statt von Charleston wieder zur #101 zurückzukehren, kann man im Westen des Ortes auf die **Seven Devils Road** abbiegen, die dann in die **E Beaver Hill Rd** übergeht (der küstennahe südliche Abschnitt der Seven Devils Road ist eng, kurvenreich und geschottert).

253 Einmündung der E Beaver Hill Road in die #101

Mile-Marker	**Hwy 101 - Stopps an der südlichen OREGON-KÜSTE**
259	Stichstraße zum kleinen *Coquille River Lighthouse* an einer von Treibholz übersäten Landzunge
273	Keinesfalls versäumen sollte man in Bandon den Abstecher ans Wasser zur dicht mit Felsnadeln gespickten *Face Rock Wayside*, am besten über die 11th St SW und den Beach Loop Dr (Parken kostenlos). Einfache Zimmer bietet direkt nördlich davon an den Klippen das *Sunset Motel* (1865 Beach Loop Dr; ab $85; ℂ (541) 347-2453; www.sunsetmotel.com) und schöne Suiten das *Best Western Inn at Face Rock* 1,5 km südlich des Strandes (ca. $190; ℂ 1-800-638-3092; www.innatfacerock.com).
289	Empfehlenswert ist auch das **B&B** *Floras Lake House* an dem gleichnamigen beliebten Windsurfer-See. DZ im Sommer $165-$205; ℂ (541) 348-2573; www.floraslake.com. Die Zufahrt erfolgt über die Straßen #130/136 ab Langlois.
297	Ein weiterer hoher Leuchtturm (Touren $2/Person von April bis Oktober Mi-Mo 10-15.30 Uhr) sowie ein schöner **Campingplatz** (*hook-up* $24, *Cabins* $47) warten im *Cape Blanco State Park*.
298	Die *Elk River Road* (County Road #208) zweigt 3 mi nördlich von Port Orford von der #101 ab und führt in den *Siskiyou National Forest*. Dort ist es oft warm und sonnig, wenn Nebel und Kälte über der Küste liegen. Die Straße windet sich scheinbar endlos am Elk River entlang und passiert wilde Campplätze sowie Badepools, bis nach 18 mi die Asphaltierung am *Campground Butler Bar* endet.
301	**Port Orford** mit Versorgungsmöglichkeiten und Motels Südlich des Ortes zeigt sich die Küste wieder von ihrer besten Seite mit gleich einigen von der #101 nur schwer einsehbaren, von Felsen gesprenkelten Buchten.
305,5	Der *Humbug Mountain State Park* verfügt über schöne Stellplätze in Strandnähe; Zelte $17, *hook-up* $24; reservierbar online unter www.oregonstateparks.org/park_56.php. Sportliche können dort den 500 m hohen *Humbug Mountain* per pedes bezwingen und die grandiose Aussicht genießen (ca. 8,5 km *Loop*, 530 HM).

Face Rock Beach in Bandon

5

Hwy 101 am Cape Sebastian

Mile-Marker	**Hwy 101 - Stopps an der südlichen OREGON-KÜSTE**
313	Die recht kleinen *Prehistoric Gardens* mit ein paar knallbunten Dinos sind kein Muss; noch am ehesten mit Kindern. Im Sommer geöffnet 9-18 Uhr; Eintritt $12/$8; www.prehistoricgardens.com.
314	Ein besonders hübscher Blick gen Süden eröffnet sich vom *Sisters Rocks State Park* (Parkplatz **Meile 314,6** oder besser noch **314,8**).
325	*Otter Point State Recreation Site* – ab dem Parkplatz (kurze Zufahrt über die Old Coast Road) führt ein etwas steilerer Pfad nach Norden hinunter zur versteckten *Agate Beach* mit schroffen Felsen und Gezeitenbecken bei Niedrigwasser, in Richtung Süden gelangt man zu einem langen Sandstrand (*Bailey Beach*, leichter Zugang).
327	**Gold Beach** an der Mündung des Rogue River ist Ausgangspunkt populärer *Jetboat-Touren*. Die Kurztrips bis hinauf nach Agness bieten vergleichsweise wenig fürs Geld, denn erst der Oberlauf des Flusses verdient die ihm verliehene Bezeichnung *National Scenic Waterway*. **Tipp:** Besser sind die Ausflüge ab Grants Pass oder Merlin durch den *Hellgate Canyon* des Rogue River (➤ Seite 670).
330	Besucherzentrum von Gold Beach direkt am Strand mit auffälliger Ausschilderung; www.visitgoldbeach.com
335	Das über 200 m hoch aufragende *Cape Sebastian* ist einer der besten **Aussichtspunkte** mit weiter Sicht über die südliche Oregon-Küste (kurze steile Zufahrt ab der #101 mit Wanderpfaden entlang der Klippen; ca 4 km retour + 220 HM).
346,5	Für den Blick auf dem Foto ➤ oben steuert man am besten den Parkplatz südlich des *Cape* an (*Meyers Creek Beach Viewpoint*) und wandert neben der Straße wieder etwas bergauf.
343-353	Frei nach dem Motto »*Save the best for last*« sind auch die letzten Meilen des Hwy 101 in Oregon kaum zu übertreffen. Nördlich von Brookings steht im *Samuel H. Boardman State Scenic Corridor* ein ganz besonders malerischer Küstenabschnitt unter Naturschutz. Von teils nur schlecht ausgeschilderten Parkplätzen führen schmale Pfade zu **Aussichtspunkten**, entlang der wild zerklüfteten Klippen oder hinunter in **verwunschene Buchten** mit zahlreichen Felsbögen und vorgelagerten, bewaldeten Inselchen – all das fernab des Trubels, denn in den äußersten Südwesten Oregons verirren sich deutlich weniger Touristen als zu den Küstenparks weiter nördlich.

Mile-Marker	
	Hwy 101 - Stopps an der südlichen OREGON-KÜSTE

Zum Minimalprogramm im *Samuel Boardman* zählt ein Stopp beim Meerestor **Arch Rock** (**Meile 344,7**) sowie bei den **Natural Bridges** (**Meile 345,9**). Dazwischen startet der etwas versteckte Pfad hinunter zur kleinen, aber wunderschönen **Secret Beach** (Mini-Parkbucht unmittelbar nördlich des Miner Creek; **Meile 345,4**). Beeindruckend sind auch die Ausblicke entlang des Teilstücks des **Oregon Coast Trail** zwischen den *Natural Bridges* und der Landzunge nördlich vor der **China Beach**. Empfehlenswert wäre außerdem noch der Weg zum großen Felsbogen bei **Indian Sands** (knapp 1 km retour ab **Meile 348,5**).

Wer das Gebiet erkunden möchte, sollte aber unbedingt eine Übersichtskarte mitnehmen (unter ➢ *Brochures* auf der offiziellen Webseite: www.oregonstateparks.org/park_77.php).
Vor Ort gibt es so gut wie keine Hinweisschilder oder Infos!

352,5   Für eine letzte Picknickpause in Oregon empfiehlt sich die **Lone Ranch Beach** an der Südspitze des *Scenic Corridor*, eventuell mit einer weiteren kurzen Wanderung hinauf zum **Cape Ferrelo**.

355,6   Wer länger in der Gegend verweilen möchte, schlägt seine Zelte am besten in einem der **State Parks** auf: in Ozeannähe an der **Harris Beach** (www.oregonstateparks.org/park_79.php), alternativ im **Alfred A. Loeb SP** am Chetco River (9 mi landeinwärts an der #784 ab Brookings; www.oregonstateparks.org/park_72.php). Wie beim Elk River (➢ Seite 678) entkommt man dort auch ggf. dem Seenebel.

357   Hotelübernachter finden in **Brookings** (6.500 Einwohner) eine ganze Reihe von Unterkünften, u.a. ein *Best Western*. Einfach, aber recht ordentlich sind das *Spindrift Motor Inn* und das *Westward Inn* gleich gegenüber an der nördlichen Ortseinfahrt. Beide bieten Zimmer ab ca. $100 an.

363   Grenze Oregon–Kalifornien

Ausblicke vom Allerfeinsten entlang der Samuel Boardman Steilküste

5

Start in
San Francisco

*Morgendämmerung in der Bay Area
mit Blick auf die von Nebel umhüllte
Golden Gate Brücke und Downtown San Francisco*

6.   SAN FRANCISCO MIT STARTROUTE

6.1   San Francisco

6.1.1   Geographie, Klima und Geschichte

Geo- und Topographie

San Francisco (abgekürzt »SF«) liegt am Nordende einer Landzunge, die im Westen vom Pazifik und im Norden und Osten von der San Francisco Bay begrenzt wird. Im engeren fast quadratischen Stadtgebiet (ca. 120 km^2) an der Spitze der Halbinsel leben heute über 860.000 Einwohner, rund um die gesamte Bucht herum in der sog. *Bay Area* (San Francisco, Berkeley und Oakland, Santa Clara, San José, Palo Alto u.a.) über 8 Mio. Menschen.

Die hügelige Topographie der Region tat der dichten Besiedelung keinen Abbruch. Nur einige Parkareale und die *Twin Peaks* blieben von der Bebauung verschont, wobei die Stadtplaner weitgehend die Eigenheiten des Terrains ignorierten und für die Straßenführung **Schachbrettmuster** zugrunde legten. Nur wo das beim besten Willen nicht durchzuhalten war, wich man davon ab. Zahlreiche schnurgerade **Straßen** mit bis zu 30% Steigung/Gefälle verlaufen daher **achterbahnähnlich**. Sie stellen recht hohe Ansprüche an den Durchhaltewillen bei Stadterkundungen per pedes, aber die Anstrengung wird an höhergelegenen Punkten immer wieder mit wunderbaren Blicken und Perspektiven belohnt, so in der Hyde, der Filbert und natürlich der berühmten Lombard Street, es sei denn, der berüchtigte Nebel liegt mal wieder über der Stadt.

Klima

Oft bleibt der **Seenebel** auf der Linie *Golden Gate Bridge/Twin Peaks* hängen. Im Stadtzentrum scheint dann die Sonne, während die westlichen Vororte unter Feuchtigkeit und Kälte leiden. Dieses Phänomen ist nicht etwa eine Wintererscheinung, sondern eher **im Sommer** anzutreffen. Die Temperaturen werden davon stark beeinflusst. Sie steigen selbst im Juli/August selten über 20°C. Erheblich kühlere Witterung bildet keine Ausnahme.

Relativ **sonnenreich** und damit angenehm warm sind der September und Oktober. Der spärliche Regen konzentriert sich auf die Wintermonate, deren mittlere Temperaturen nur um 8°C vom Sommerdurchschnitt abweichen.

Geschichte/ Gründung

San Francisco gehört zu den ältesten Städten der USA. Ursprünglich als **Missionsstation** (*Mission Dolores*) im Jahr 1776 von spanischen Franziskanermönchen unter dem aus Mallorca stammenden Pater *Junípero Serra* errichtet, fiel die später **Yerba Buena** (»gutes Kraut«) genannte Stadt 1846 im mexikanisch-amerikanischen Krieg ohne Kampfhandlungen an die USA. Sie erhielt ein Jahr später zu Ehren des Schutzheiligen ihrer Gründer den heutigen Namen. Während der Jahre des kalifornischen Goldrausches (im Gebiet der *Sierra Nevada* zwischen *Yosemite National Park* und *Lake Tahoe*) 1848-1851 ging es mit San Francisco steil bergauf. Bereits 1870 zählte die Stadt 150.000 Einwohner, bis Anfang des 20. Jahrhunderts verdoppelte sich diese Zahl.

Janis Joplin (1943-1970) war eine der größten Ikonen der Hippie-Generation; heute sitzt sie als Wachsfigur im »Madame Tussauds Museum« in San Francisco (➤ Seite 721)

Das **Erdbeben von 1906** mit anschließendem Großbrand traf die Stadt schwer (Exkurs ➤ umseitig), ihre Entwicklung gemeinsam mit der restlichen *Bay Area* zu der heutigen Metropolis wurde dadurch jedoch nur kurzfristig unterbrochen. San Francisco erholte sich bereits nach wenigen Jahren und feierte 1915 mit der *Panama Pacific Exposition* zur Eröffnung des Panamakanals zugleich seine mittlerweile vollendete Wiederauferstehung.

Flower Power

In der Nachkriegszeit bewies sich wieder die immer schon vorhandene Attraktivität San Franciscos für »Andersdenkende«: So erkor in den 1950er-Jahren die **Beat Generation** die Stadt zu ihrem Hauptquartier. Ab der zweiten Hälfte der 1960er-Dekade bevölkerten **Hippies** aus Nah und Fern das Stadtviertel **Haight Ashbury** und vertäuten bei Sausalito jenseits des *Golden Gate* eine ganze Armada abenteuerlicher Hausboote an der Richardson Bay.

Gay Community

In den 1970er-Jahren erwarb sich SF den Beinamen »Welthauptstadt der Schwulen/Lesben«. Die in der Hippiezeit ausgelöste sexuelle Liberalisierung sorgte für eine **Gay Community**, die heute auf knapp 10% der wahlberechtigten Bürger der Stadt geschätzt wird. Als politischer und wirtschaftlicher Faktor – die Einkommen der *Gay People* liegen deutlich über dem Durchschnitt – ist die Homosexuellenbewegung nicht mehr wegzudenken. Als ihre »Hochburg« gilt ein Bereich unterhalb der *Twin Peaks* und *Buena Vista Park* mit Zentrum in der Castro Street zwischen 17. und 19. Straße.

Wirtschaft

Die sich schon vor dem 2. Weltkrieg abzeichnende Position der »City by the Bay« als wichtigstes **Finanzzentrum Kaliforniens** verstärkte sich nach wechselhaften 1960er- und 1970er-Jahren in den letzten Dekaden des 20. Jahrhunderts. Der kontinuierliche Aufstieg der Stadt – wirtschaftlich wie bevölkerungsmäßig – wurde ab 2001/2002 nur vorübergehend vom Platzen der sog. *Dotcom*-Blase für einige Jahre etwas gebremst. Viele Internet **Start-ups**, die vor allem im Bereich *South of Market* residierten, mussten damals aufgeben. Aber der folgende Web 2.0-Hype sorgte bald für einen neuen Aufschwung.

San Francisco in Schutt und Asche nach dem desaströsen Erdbeben von 1906

Waiting for »The Big One«

In den frühen Morgenstunden des **18. April 1906** erschütterte ein Erdbeben mit einer Stärke von geschätzten 7,9-8,3 auf der damals noch nicht existenten Richter-Skala die Küste Nordkaliforniens. Im Anschluss fegte noch eine Feuerwalze unaufhaltsam durch die Straßen von San Francisco. Über 3.000 Menschen kamen dabei ums Leben und gut 80% aller Gebäude wurden zerstört. Historische Bilder halten die Erinnerung an diese Naturkatastrophe wach, die zu den schlimmsten in der Geschichte der Vereinigten Staaten zählt.

Das *Loma Prieta Earthquake* (1989) dauerte nur 15 Sekunden und war mit 6,9 auf der Richter-Skala das letzte schwere Erdbeben in der Region. Dramatische Schäden wie die Einstürze der oberen Fahrbahn der *Bay Bridge* und Teile des I-880-Viadukts waren aber eher punktueller Natur. Die akribische Bebenvorsorge (Flexibilisierung von Hochhauskonstruktionen, Gas- und Wasserleitungen u.v.m.) wurde auf die harte Probe gestellt und zeigte aber auch Wirkung.

Dennoch werden die Bauverordnungen immer weiter verschärft. Ob all diese Maßnahmen ausreichen werden, um auch in Zukunft Katastrophen zu verhindern, weiß niemand. Nur eines ist gewiss: Das nächste Beben kommt, es ist nur eine Frage der Zeit! Die nordamerikanische Westküste ist Teil des sog. **Pazifischen Feuerrings**, der geologisch aktivsten Zone unseres Planeten, wo sich immer wieder schwere Erdbeben und Vulkanausbrüche ereignen. Entlang der 1.300 km langen **San-Andreas-Verwerfung**, die von San Francisco bis hinunter nach Mexiko reicht, kommt die Erde nicht zur Ruhe. Die Metropolen San Francisco und LA – auf unterschiedlichen tektonischen Platten gelegen – rücken jedes Jahr im Schnitt 6 cm näher zusammen. Kalifornier leben mit der Gewissheit, dass »The Big One«, ein Starkbeben der Magnitude »8« oder mehr, in nicht allzu weiter Ferne liegt. Aber ebenso wie der Zeitpunkt nicht vorhersagbar ist, so wenig lässt sich das künftige Epizentrum im Vorfeld lokalisieren.

Auch die Region rund um Seattle gilt als extrem gefährdet. Seismologen befürchten dort sogar einen »**Really Big One**« mit einer »9« oder mehr auf der (logarithmischen) Richter-Skala, d.h. noch 10x stärker.

IT & High-Tech   Der südliche Teil der San Francisco Bay rund um die Vororte San Mateo und San José ist einer der bedeutendsten IT- und High-Tech-Standorte weltweit. Im sogenannten *Silicon Valley* ist praktisch jedes Unternehmen, das in der Computertechnik und im Internet-Kontext Rang und Namen hat, vertreten – von *Apple*, *Google*, *ebay*, *Hewlett Packard* bis hin zu *Instagram* oder *Facebook*. Viele wurden dort gegründet oder haben auch heute noch ihr Hauptquartier in diesem »*Cybervalley*«.

6.1.2   Orientierung

Zentrum   Die Orientierung **im zentralen San Francisco**, wo sich ein Großteil der Sehenswürdigkeiten und populären Attraktionen befindet, ist wegen des Stadtaufbaus **relativ einfach**. Gleich, aus welcher Richtung Besucher die Innenstadt erreichen (einschließlich der ersten Anfahrt vom *International Airport »SFO«* an der Bay bei San Bruno), fast unweigerlich geraten sie auf oder über die **Van Ness Ave**, ein mitten durch die City führendes Teilstück der Nord-Süd Küstenstraße #101. Diese sechsspurige Allee und die auf Pylonen geführte *Interstate #80* (Verlängerung der *Oakland Bay Bridge*) trennen den in der nordöstlichen Ecke der Halbinsel gelegenen Kern vom weitläufigen «Rest« San Franciscos.

Innerhalb dieses Gebietes befinden sich auf nicht einmal 10 km^2 Fläche u.a. **Downtown San Francisco** mit dem Union Square und den für amerikanische Großstädte typischen Hochhäusern der Banken und Versicherungen des *Financial District*.

Zentrale Neighborhoods   Außerdem liegen dort so bekannte *Neighborhoods* wie das quirlige **Chinatown**, **North Beach** mit seinem italienischen Flair und die schönen Hügelviertel **Nob Hill**, **Russian** und **Telegraph Hill**, nicht zuletzt auch der erst in den letzten beiden Dekaden zu Bedeutung gelangte Bereich **South of Market**, kurz *SoMa*.

Cable Car an der Hyde Street

Die schönsten Aussichtspunkte in San Francisco

Wer sich vor **Beginn einer Stadterkundung** erst einmal einen Überblick verschaffen möchte, könnte zunächst einen der hochgelegenen *Viewpoints* anlaufen. Dank seiner Topographie bietet San Francisco mehrere schöne Möglichkeiten:

- Vom *Coit Tower* (➢ Seite 715) auf dem Telegraph Hill hat man eine grandiose Aussicht über *Downtown* und die Bucht. Vom nahen, etwas versteckt gelegenen **Jack Early Park** schweift der Blick von *Alcatraz* bis zur *Golden Gate*.

- Von der Uferpromenade des **Crissy Field**, vom **Fort Point** oder der **Marshall's Beach** ist die Sicht auf die *Golden Gate Bridge* immer eindrucksvoll, egal ob die Sonne scheint oder Nebelschwaden durch die Bucht ziehen (➢ Seite 723ff).

- Am jenseitigen Ufer warten eine groß ausgebaute Terrasse (➢ Seite 726) mit Blick über die Bay auf die *San Francisco Skyline* sowie etliche Aussichtspunkte entlang der **Conzelman Road** (➢ Seite 690/691).

- Sehr populär ist auch der *Alamo Square*, ein begrünter Platz zwischen Innenstadt und *Golden Gate Park* (ab Van Ness Ave auf der Hayes Street acht Blöcke westlich, sofern man aus *Downtown* kommt). Den Vordergrund bilden dort hübsch bemalte viktorianische Häuser, die *Painted Ladies*, dahinter erheben sich die *Skyscraper* der City; ➢ Seite 737 bzw. Foto unten.

- Die *Twin Peaks* (➢ Seite 730) sind am schnellsten mit dem Auto zu erreichen. Per Bus geht es ab der Market Street mit der Linie »F« bis Castro, wo man dann in die »37« umsteigt. Von der Endstation der »37« sind es nur noch ein paar Stufen nach oben. Bei klarem Wetter genießt man einen sagenhaften Blick über ganz San Francisco und Teile der Bay.

- Letzteres gilt ähnlich auch für den kleinen **Grand View Park**, der kaum von Touristen besucht wird; an der Noriega Street/14th Ave (Buslinie 66).

- In Russian Hill bietet sich vom **Ina Coolbrith Park** ein Postkartenpanorama mit den Wolkenkratzern von *Downtown* und der *Bay Bridge*. Nicht minder spektakulär ist dort in der Nähe die Aussicht vom Dach des **San Francisco Art Institute** (800 Chestnut St) über *North Beach* bis hin zum *Coit Tower*.

- Ein sensationeller Blick auf die *Transamerica Pyramid* eröffnet sich auch vom *Rooftop Deck* im 15. Stock des **343 Sansome St Tower** im *Financial District*.

»Painted Ladies« am Alamo Square

Dazwischen fließen größere Lebenadern wie die **Market Street** oder **Columbus Ave** sowie unzählige kleine Lebensadern, deren Namen und Straßenecken an Szenen aus »*Malteserfalken*« oder »*Vertigo*« erinnern: Turk St, Macondray Lane oder der krumme Abschnitt der Lombard östlich der Hyde St. Das Nordufer der Bay zwischen Hyde St und *Pier 39* dominiert der Touri-Magnet **Fisherman's Wharf**.

Westlich von Downtown
An die *Wharf* schließen sich westlich erst der **Fort Mason Park**, dann der **Marina District** mit seinen Yachthäfen und pittoresk bunten Holzfassaden an. Es folgt das frühere Militärgelände **Presidio of San Francisco** mit dem Freizeitpark **Crissy Field** (heute Teil der *Golden Gate National Recreation Area*) am Ufer der Bay. Am Westende des *Crissy Field* steht das **Fort Point** direkt unter der **Golden Gate Bridge**. Über sie führen in einem kurzen gemeinsamen Verlauf die Straßen #101 und #1. Südlich der Brücke geht es durch die Wohnviertel **Seacliff** und **Richmond** bis ans Nordwestende der Halbinsel mit den **Lincoln** und **Sutro Heights Parks** hoch über dem Pazifik.

Golden Gate Heights 16th Ave Tiled Steps

Über die Market Street gelangt man in Richtung Südwesten in den **Mission District** mit seinem nach wie vor lateinamerikanischen Grundrhythmus sowie ins Homosexuellen-Mekka **Castro**. Nur wenig weiter westlich liegen die frühere Hippie-Hochburg **Haight Ashbury**, der ausgedehnte **Golden Gate Park** sowie die höher gelegenen Stadtviertel **Golden Gate Heights** und **Twin Peaks**.

49-mile-Drive
Die interessantesten Besuchspunkte lassen sich durch einen Rundparcours gut miteinander verbinden, den sog. **Scenic 49-Mile-Drive**, ➤ Übersichtskarte Seite 717, Beschreibung ab Seite 716.

6.1.3   Information und öffentlicher Transport

Internetinfo
Zur aktuellen Vorabinfo in Ergänzung dieses Buches eignet sich in erster Linie die offizielle Tourismuswebseite, wo man u.a. auch die neueste Ausgabe des stadteigenen Info-Magazins durchblättern kann www.sftravel.com/article/visitors-guide.

Anlaufstellen
Wer noch zusätzliche Unterlagen und Infos benötigt, findet die erste Anlaufstelle gleich im **Ankunftsbereich des Int'l Airport**. Die zentrale **Visitor Information** residiert im Pavillon an der *Hallidie Plaza* mitten in der Innenstadt (900 Market St; tiefer gelegter Vorplatz der U-Bahn Station Powell/Market Street).

Sehr gut ist das kostenlose »**Where San Francisco**« im Magazinformat, ein monatlich aktualisiertes Heft mit Karten und *up-to-date* Informationen zu allem Sehenswerten, zahlreichen Restaurant- und Kneipenempfehlungen für alle Stadtteile sowie einem Veranstaltungskalender. Weitere Infohefte wie **San Francisco Chaperon** (auch auf Deutsch erhältlich; www.chaperon.com) und **Bay City Guide** (www.baycityguide.com) sind ebenfalls informativ, haben Stadtpläne und dazu *Discount Coupons* für Geschäfte und Restaurants. In der Besucherinformation an der Hallidie Plaza kann man auch **Transport-** und **City Pass** kaufen, ➤ Seite 710.

Erkundung am besten per pedes

San Francisco besitzt eine in den USA nur von wenigen Citys geteilte Sonderstellung: Das Zentrum einschließlich *Pier 39* etc. lässt sich **besser zu Fuß, mit öffentlichen Verkehrsmitteln oder mit Uber/Lyft** erkunden als mit dem eigenen Auto. Einerseits liegt das an der Überschaubarkeit der Innenstadt, andererseits an der Verkehrsdichte und Parkplatzmangel, was Stress bereitet und ein Fahrzeug leicht zum Klotz am Bein werden lässt. Außerdem gibt es für längere Distanzen Busse, Uber/Lyft und vor allem **Cable Cars**, deren Benutzung ohnehin zum touristischen Pflichtpensum gehört.

Parken

Wer mit dem Fahrzeug anreist, sollte in Anbetracht der in vielen Straßen kolossalen Steigungen bzw. Gefälle (bis knapp 40%!) bei gleichzeitigem *Stop-and-go* und der dort katastrophalen Parksituation in das von Van Ness Avenue, Market Street und Wasser begrenzte Dreieck **am besten gar nicht erst hineinfahren**, erst recht nicht mit einem Wohnmobil (ggf. Abstellen im Bereich der *Wharf*, am *Palace of Fine Arts* oder auf einem bewachten Parkplatz bei *South of Market*). Mit Pkw kommt man immerhin in Parkhäusern unter, wird aber ganz schön zur Kasse gebeten. **Tipp:** Wer nach 18 Uhr im zentralen Parkhaus unter dem *Union Square* parkt, kommt mit $3/Stunde davon.

Beim Parken an einer der vielen abschüssigen Straßen ist man verpflichtet, zusätzlich zum Anziehen der **Handbremse** die **Vorderräder** so zum Kantstein hin **einzuschlagen**, dass ein Wegrollen (*Runaway*) des Wagens unmöglich wird. Wer das vergisst, kriegt ein »*Ticket*«, und zwar blitzschnell wie bei Parkzeitverstößen. Dasselbe oder kostenpflichtiges Abschleppen droht auch, wenn man sein Fahrzeug zu Zeiten der Straßenreinigung stehen lässt (Beschilderung unbedingt beachten!).

Öffentlicher Transport/ BART

Vom Touristenbüro in der Hallidie Plaza gelangt man schnell zur U-/S-Bahn Station Powell/Market für die Züge von **BART** (**B**ay **A**rea **R**apid **T**ransit) in Richtung Oakland, Berkeley, *Airport* und den Süden der SF-Halbinsel. www.bart.org.

Streetcars

Nostalgische Straßenbahnen (*F-Market* & *Wharves Street Car Line*, Ticket $2,75) verkehren von **Fisherman's Wharf** entlang der Bay (*The Embarcadero*) bis zum **Ferry Building** und dann via Stewart St auf die **Market Street** und auf dieser hinunter bis zu den Stadtteilen Castro/Mission. Die **Embarcadero Street Car** führt über das *Ferry Building* hinaus unter der *Bay Bridge* hinweg bis zur Ecke 4th/King St nahe des *AT&T*-Stadions; www.streetcar.org.

MTA/MUNI

Außer der *Streetcar* wird das System des öffentlichen Nahverkehrs von **MTA** (**M**unicipal **T**ransportation **A**gency) unterhalten. Wer mehr als nur eine kurze Fahrt mit der **Cable Car** im Auge hat, sollte sich die **San Francisco Street & Transit Map** besorgen, die alle Möglichkeiten detailliert beschreibt, und bei der *Visitor*

Information gleich einen **Tagespass** für ***MUNI*** (*Municipal Railway*) kaufen ($21; auch 3- und 7-Tage-Pässe: $32 bzw. $42) . Die Pässe schließen die Benutzung aller Busrouten von ***MUNI***, der **Street Cars** und der **Cable Car** mit ein.

Die einfache Fahrt in den Bussen von *MTA/MUNI* kostet **$2,75**, eine Einzelfahrt in den *Cable Cars* sogar **$7** (nur vor 7 Uhr und nach 21 Uhr $3). Ersparnisse von $0,25 für *MUNI*-Bus/Rail (nicht *Cable Car*) mit der **Clipper-Card** (Plastikkarte mit aufladbarem Guthaben) oder der neuen **MUNI Mobile-App** für's Smartphone, die auch einen Routenplaner beinhaltet; www.sfmta.com.

Aber Vorsicht: Wer sich zu weit außerhalb einquartiert und dort mangels Alternative in die Busse von **samTrans** (z.B. ab dem *Airport*-Bereich) steigt, kann die Pässe von *MTA/MUNI* nicht nutzen und zahlt nochmals extra.

Sightseeing per Bus

Das Angebot unterschiedlichster Bustouren für Touristen ist speziell in San Francisco enorm, seien es konventionelle Stadtrundfahrten auf kleinem oder großem Radius ohne und mit Abstechern nach Sausalito, Tiburon und zu den Redwoodbeständen der *Muir Woods* oder inkl. *Alcatraz*-Trip.

Hop-on-hop-off-Touren

Auch in San Francisco keine schlechte Idee sind Stadtrundfahrten mit – im Oberdeck *open-air* – **Doppeldecker-Bussen**, die auf einer vorgegebenen Route in kurzen Intervallen alle wesentlichen Sehenswürdigkeiten abfahren und dabei beliebige Fahrtunterbrechungen (**hop-on-hop-off**) zulassen:

• Bei ***Big Bus Tours*** werden 24- und 48-Stunden-Tickets für eine recht weite Runde inkl. *Golden Gate*-Aussichtspunkt und *Golden Gate Park* angeboten ($47 bzw. $68, Kinder $36 bzw. $54); www.bigbustours.com/en/san-francisco/san-francisco-bus-tours.

• Auch **City-Sightseeing** offeriert 1- und 2-Tageskarten für die *hop-on-hop-off Downtown Loop* (Online-Preis $48 bzw. $58, Kinder $25 bzw. $33; vor Ort teurer). Im Angebot sind auch Touren inklusive Sausalito und Nachttour (ab $63) sowie zum *Muir Woods National Monument* (ab $55). Alle Details dazu im Web unter www.city-sightseeing.us/all san-francisco-tours.html

Bootstouren

Näheres zu Bootstouren, Fährverbindungen in der San Francisco Bay ab **Fisherman's Wharf** ➤ Seite 716.

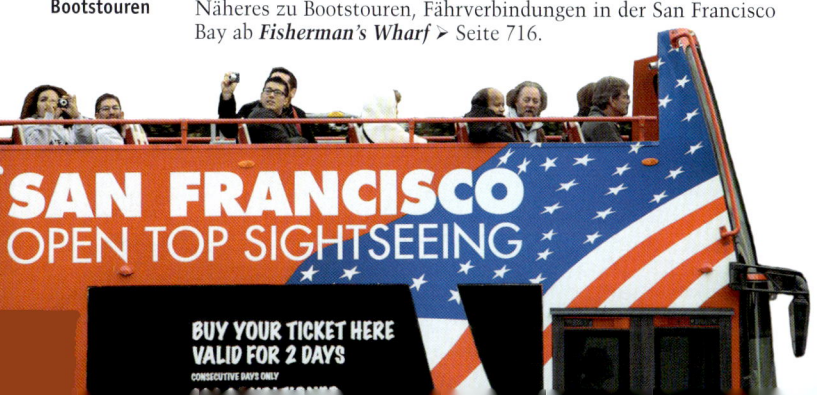

6.1.4   Übernachten

H/Motels und Jugendherbergen

In San Francisco, einem der teuersten Hotelpflaster unter den großen Städten an der Westküste, ballen sich Unterkünfte aller Preisklassen in der **Innenstadt** westlich und nördlich des Union Square und entlang der #101 (Lombard und Van Ness Street). Hotels zu Höchstpreisen findet man insbesondere an und nahe der *Fisherman's Wharf* sowie an der Market Street. Selbst die Mittelklasse (*Best Western, Holiday Inn* usw.) kostet dort jenseits der $250. In 2017 stieg der **durchschnittliche Zimmerpreis auf $338/Nacht**.

Preisniveau

Die Angaben beziehen sich auf Sommer- und Herbstsaison. Im Winter und Frühjahr ist es billiger.

Während die billigeren Hotels in *Downtown* nahezu ausschließlich in Straßen stehen, die man spätestens nach Einbruch der Dunkelheit besser meiden oder zumindest nicht mehr allein aufsuchen sollte, sind Van Ness, Lombard und Nebenstraßen relativ unproblematisch. Sie liegen außerdem verkehrsgünstig und verfügen über viel Gastronomie im Umfeld. Parkplätze sind in der Regel vorhanden. Akzeptable Unterkünfte der unteren Mittelklasse fordern dort zur Hochsaison aber auch oft weit über $150/Zimmer ohne überdurchschnittliche Qualitäten aufzuweisen. Hinzu kommen dann noch 14% Steuern.

Große Bettenkapazitäten existieren rings um den **Flughafen** vor allem am Airport Boulevard, gut 20 mi südlich von *Downtown*, und südlich des *Airport*-Bereichs bis hinunter nach San Mateo.

Vorbuchung

Trotz der über 200 H/Motels und 33.000 Zimmer kommt es während der Sommermonate immer wieder zu Engpässen. Für **Freitag- oder Samstagabend** sollte grundsätzlich **reservieren**, wer in der Stadt und nicht irgendwo weit außerhalb logieren möchte. An Wochenenden mit hoher Nachfrage ist rund um das Zentrum auch noch die »allerletzte« Absteige hochpreisig ausgebucht. Zugleich herrscht mitunter im Flughafenbereich in guten Hotels – trotz günstiger Tarife oder sogar niedrigerer *Weekend-Specials* – Leere.

Wer seine Reise in San Francisco startet und/oder abschließt, wird – gleichgültig, ob Wochenende oder wochentags – ohnehin oft die ersten und/oder letzten Nächte vorbuchen wollen.

Blick auf Downtown San Francisco mit Transamerica Pyramid und Coit Tower (im Hintergrund)

Erste/letzte Nacht: Airport oder in der City?	Bei Ankunft des Transatlantikfluges **bis zum frühen Nachmittag** ist ein City-Hotel den Häusern im Flughafenbereich vorzuziehen, selbst wenn dafür Taxikosten oder Zug-/Busfahrten anfallen (zu Fuß oder per *AirTrain* zur U-/S-Bahn-Station *BART*, ca. 30 min; www.bart.gov/guide/airport/inbound_sfo). *Vans* nach *Downtown* kosten ab $17; u.a. www.gosfovan.com. Alternativ fährt **Uber** (in der Option »Pool«) ab $30 bis zum Union Square. Abholpunkt ist immer auf der oberen Ebene, in den Terminals 1-3 die 2. Etage, am T4 die 3. Etage; www.uber.com/de/airports/sfo. Im Zentrum kann man sich gut die restlichen Stunden vertreiben und hat es leichter mit der Zeitumstellung. Auch für die **letzte Nacht** ist man dort gut aufgehoben, sofern der Flug nicht früh am Morgen geht.

Wer erst **am späten Nachmittag** aus Europa eintrifft (die »innere Uhr« steht dann auf 2 Uhr morgens), möchte sich oft keinen weiteren Stress unterziehen und schon gar nicht werktags zur *Rush Hour* im Stau stehen. Teurere *Airport*-Hotels holen ihre Gäste per gratis *Shuttle Bus* ab (für den Fahrer $1 *Tip* pro Gepäckstück!).

Hotels Airport-Bereich

Die **Hotels in Flughafennähe** liegen durchweg isoliert und bieten kaum mehr als sich selbst. Zu Fuß gelangt man von dort fast nirgendwohin. Vergleichsweise »preiswert« (ab ca. $140) kommt man dort in den einfachen Häusern der Ketten *Super 8* oder *Travelodge* unter. Ein für SF noch akzeptables Preis-Leistungsverhältnis bieten *Holiday Inn Express, La Quinta* oder *Best Western* mit Sommertarifen zwischen $200-$250. Empfehlenswert sind außerdem:

- **Millwood »Boutique« Inn**, sehr schönes Motel gleich westlich des Flughafens; $125-$350, *Weekend* ab $120; ✆ 1-800-345-1375, www.millwoodinn.com

- **Vagabond Inn Airport Bayfront**, viele Zimmer mit Balkon an der Bay; ab ca. $150; ✆ 1-800-522-1555; www.vagabondinn.com.

Eine Gesamtübersicht für die Flughafenumgebung liefert der *Airport Hotel Guide*: www.airporthotelguide.com/san-francisco.

Pacifica

Einen guten **Kompromiss** zwischen Entfernung (Flughafen 10 mi/ 15 Autominuten bzw. City rund 16 mi/25 min), Niveau und Preisgestaltung bietet in Pacifica direkt am Ozeanstrand das

- **Best Western Lighthouse**, 105 Rockaway Beach Ave, große DZ ab $230; ✆ (650) 355-6300; www.bestwesternlighthouse.com.

Mittelklasse in der City

Einigermaßen zentral schläft man im:

- **Nob Hill Motor Inn**, 1630 Pacific Ave, im Sommer ab ca. $240; ✆ 1-800-343-6900; www.nobhillmotorinn.com

- **Beck's Motor Lodge**, 2222 Market Street im Bereich Castro Mission unterhalb der *Twin Peaks*, Zimmer ab ca. $200; ✆ (415) 621-8212; www.becksmotorlodge.com.

In der – in puncto Sicherheit – weitgehend unproblematisch eingestufte Lombard Street (Hwy #101) hat ein relativ gutes Preis-Leistungs-Verhältnis das

- **Coventry Motor Inn**, 1901 Lombard Street, ab ca. $190; ✆ (415) 567-1200; www.coventrymotorinn.com.

In der Nähe des Union Square muss man tief ins Portemonnaie greifen, die Tarife fürs Zimmer beginnen bei ca. $250:

- **King George**, 334 Mason Street; www.kinggeorge.com
- **Holiday Inn Express**, 235 O'Farrell St, www.ihg.com
- **Chancellor Hotel**, 433 Powell St; www.chancellorhotel.com

Oberklasse in der City

Die Grenzen zwischen gehobener Mittel- und Oberklasse sind fließend, preislich wie auch qualitativ. Nicht selten werden Tarife jenseits der **$400/Nacht** verlangt. Gelegentlich findet man günstigere Zimmer bei Fixbuchung (non refundable rate). Gut sind u.a.:

Turm des Marriott Marquis Hotels mit Panorama-Cocktailbar

- **Renaissance Parc Fifty Five**, 55 Cyril Magnin St; ✆ (415) 392-8000, www.parc55hotel.com
- **Vertigo Hotel**, 940 Sutter Street; das Zimmer aus dem *Hitchcock*-Klassiker hat die #401; ✆ 1-888-444-4605, www.haiyi-hotels.com/hotelvertigosf
- **Marriott Marquis**, 780 Mission St, mit toller *View Lounge* in der obersten Etage; www.marriott.com.

Wer sich direkt am Union Square echte Nostalgie gönnen möchte, bucht – nach Preisvergleichen im Internet (plus *tax*!) für viele Termine am besten über hiesige Veranstalter – die Hotels:

- **Westin St. Francis** (www.westinstfrancis.com) aus 1904, das von außen einem unscheinbaren graubraunen Klotz gleicht, im Inneren aber eher wie ein Palast wirkt
- **Kimpton Sir Francis Drake** (www.sirfrancisdrake.com) von 1928 mit einem versteckten »Prohibitions«-Raum in einem Zwischengeschoss, in den man nur unter Überlistung der regulären Aufzugssteuerung gelangt. Bei Besichtigungsinteresse an der Rezeption nachfragen.

Luxustipp

Im höherklassigen Segment sind die Zimmer des **Hyatt Regency** in den oberen Stockwerken eine tolle Sache (im Sommer häufig über $400, aber an einzelnen Tagen auch $200 zu haben). Dieses Spitzenhotel mit Riesenatrium liegt ein wenig abseits an der Endstation der *Cable Car*, aber dafür gleich neben der *Embarcadero Shopping Mall* mit vielen Restaurants. Und zum *Ferry Building* (mit *Marketplace* voller *Shops* und *Eateries*) sind es auch nur ein paar Schritte über die Herman Plaza und die Embarcadero Street; ✆ (415) 788-1234 bzw. https://sanfrancisco.regency.hyatt.com.

Absolut unübertroffen ist die Aussicht auf *Downtown* und die Bay von den Suiten im **Loews Regency** aus (➤ Foto Seite 700), sie kosten allerdings auch entsprechend (ab $350), 222 Sansome Street, ✆ 1-844-271-6289, www.loewshotels.com/regency-san-francisco.

Hostels

Wirklich preiswert kommt man in SF nur in Hostels unter:

- **Fisherman's Wharf Hostel (HI)**, beste Lage im *Fort Mason Park* unweit der *Wharf*, 160 Betten, schon älter, aber beliebt, ab $40, DZ ab $110; ✆ (415) 771-7277, www.sfhostels.org
- **Downtown Hostel (HI)**, 312 Mason Street/ Union Square, Betten ab $35; DZ ab $94; ✆ (415) 788-5604, www.sfhostels.org
- **City Center (HI)**, 685 Ellis St. im Stadtzentrum; Betten ab $33, DZ ab $90; ✆ (415) 474-5721, www.sfhostels.org
- **Pacific Tradewinds**, 680 Sacramento Street, $35-$45/Bett, ✆ (415) 433-7970, www.san-francisco-hostel.com
- **Orange Village Hostel**, 411 O'Farrell St, zentral, ab $42, DZ ab $126; ✆ (415) 409-4000, www.orangevillagehostel.com
- **Green Tortoise Hostel**, 494 Broadway, alternativ, Betten ab ca. $35; DZ $90; ✆ 1-800-8678647, www.greentortoisesf.com

Peaceful B&B
Red Victorian

- **Amsterdam Hostel**, 749 Taylor Street, zentrale Lage, ab $25, DZ ab $95; ✆ (415) 673-3277, www.hostelsf.com
- **USA Hostels San Francisco**, 711 Post St, Betten ab $46, DZ ab $144; ✆ 1-877-483-2950, www.usahostels.com.

Nördlich der Bay steht das:

- **International Hostel (HI)** in den **Marin Headlands**, hoch über dem Pazifik jenseits des *Golden Gate*; ab $31 pro Bett, DZ ab $105; ✆ (415) 331-2777, www.norcalhostels.org/marin; ➢ auch Seite 736.

Ein Sonderfall zwischen Mittelklasse und *Hostel* ist das knallrot gestrichene viktorianische Haus des

- **B&B Red Victorian** nahe dem *Golden Gate Park* in der 1665 Haight Street; ab $100 fürs relativ einfache DZ und ab $55 im Mehrbettzimmer; www.redvictorian.com.

Sausalito

Wer lieber im ruhigen und edlen Vorort Sausalito (➢ Seite 736) jenseits der Bay nächtigen möchte (H/Motels sind hier noch etwas kostspieliger als südlich der *Golden Gate Bridge*), findet sehr schöne Zimmer in den beiden folgenden Hotels:

- **Gables Inn**, eine kleines, feines Haus in der 62 Princess Street; ✆ 1-800-966-1554, www.gablesinnsausalito.com, ab $225
- **Hotel Sausalito**, kaum minder edles Haus in der 16 El Portal St; ✆ (415) 332-0700, www.hotelsausalito.com, ab $245

Preiswerter und auch noch relativ citynah schläft man in den Nachbarorten **Mill Valley** (*Travelodge* ab ca. $120) oder **Corte Madera**.

Camping

Die privaten Campingplätze in akzeptabler Nähe zur City sind in San Francisco kostspielig:

- Der beste ist der *Candlestick RV Park & Campground*, 650 Gilman Ave südlich des Hunters Point im Südosten; halbe Distanz zum *Airport* auf #101, Abfahrt 429 C; *free Wifi*; *Shuttlebus* in die City (*Chinatown*); ✆ 1-800-888-2267; ab ca. $90 pro Tag, ein teurer Spaß; www.sanfranciscorvpark.com.

- Etwa so weit wie der Flughafen von *Downtown* entfernt liegen der *Treasure Island RV Park* (1700 El Camino Real; I-280 *Exit* #46; relativ gute Anbindung an öffentliche Verkehrsmittel; ✆ (650) 994-3266; www.treasureislandrvpark.com) sowie das *San Francisco RV Resort* unmittelbar am Ozean in Pacifica (700 Palmetto Ave; Hwy #1 Ausfahrt 506; *free Wifi*, ✆ 1-877-570-2267; www.sanfranciscorvresort.com); beide ab $70 und Ersterer nur für RVs.

Wer speziell im Zelt preisgünstiger übernachten oder in schönerer Umgebung als auf einem asphaltierten Platz die Nacht verbringen möchte, findet nördlich der Bay mehrere Möglichkeiten:

- *China Camp State Park* an der San Pablo Bay ca. 25 Meilen; $35; www.parks.ca.gov/?page_id=466.

- *Mount Tamalpais SP* in der Nähe *Muir Woods Nat'l Monument*, **an sich nur für Zelte** ($25). **RVs** dürfen über Nacht auf dem Parkplatz stehen (18-9 Uhr »*Enroute Camping*«: ebenfalls $25); www.parks.ca.gov/?page_id=471.

- *Samuel Taylor State Park* abseits der Straße #1 unweit der *Point Reyes National Seashore*. Ein schöner Platz für Zelte und Campmobile, aber bereits ziemlich cityfern; $35; www.parks.ca.gov/?page_id=469.

- *Marin Headlands* in der *Golden Gate National Recreation Area* westlich oberhalb der *Golden Gate Bridge*: Die *Campgrounds* **Kirby Cove** und **Bicentennial** haben gerade mal eine Handvoll Plätze für Zelte. Ersterer befindet sich unweit der Brücke mit tollem Blick bei gutem Wetter und nervtötenden Nebelhörnern bei schlechtem; steile Schotterzufahrt $25/Nacht. Reservierung im Voraus erforderlich unter www.recreation.gov.

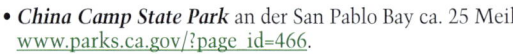

Blick in Richtung San Francisco vom East Peak des Mount Tamalpais

Der *Bicentennial* (gratis) liegt am Ende der Conzelman Road (➤ Seite 735) unweit der Straße, Reservierung nur unter ✆ (415) 331-1540. Die max. Verweildauer auf beiden Plätzen beträgt 3 Tage.

- *Angel Island State Park*, Miniplätze für Zelte (»*environmental camping*«) auf der Insel bei Tiburon. Reservierung nötig. ✆ 1-800-444-7275; www.parks.ca.gov/?page_id=468; $30. Fährboot ab Tiburon $15; ab San Francisco $20, jeweils retour.

Jenseits von Oakland befinden sich – indessen weit abseits der Autobahnen – die folgenden beiden sehr schönen Parks:

- Für Pkw-Fahrer/Zelt und *Van Camper* hat der **Mount Diablo State Park** bei Danville (Anfahrt über I-680, von dort ca. 12 mi Serpentinen; **leider nicht mehr für RVs über 20 Fuß**; ➤ Karte Seite 744) zwei prima Plätze an der Summit Road (am besten ist *Juniper*) über den Wolken oder bei klarer Sicht Weitblick über Oakland und bis nach San Francisco. Kein *hook-up*, aber Duschen; $30; Reservierung: www.parks.ca.gov/?page_id=517 bzw. www.reservecalifornia.com.

- Stadtnäher liegt der **Anthony Chabot Regional Park** südöstlich von San Leandro. Dessen Campingplatz im Eukalyptus-Bergwald ist nur »rückwärtig« über die kurvige **Redwood Road** zu erreichen, entweder von Castro Valley (I-580) oder ab der #13 nördlich von San Leandro; $25, mit *hook-up* $35; Reservierung (empfehlenswert vor allem bei Anschluss-Bedarf): ✆ 1-888-327-2757; www.ebparks.org/parks/anthony_chabot.

Speziell für die letzte Nacht vor der Rückgabe eines Wohnmobils bietet der *Anthony Chabot Park* eine landschaftlich schöne stationsnahe Lösung für Kunden der *RV Rental Companies*, die auf der Ostseite der Bay (Oakland, San Leandro, Hayward) residieren.

Was die sanitären Anlagen angeht, eignet sich dafür noch besser

- der **Trailer Haven RV Park** in **San Leandro** mit *full hook-u*p ; 2399 East 14th Street, ✆ (510) 357-3235 (keine eigene Website).

Hard Rock Café
am Pier 39

6.1.5   Restaurants und Kneipen

San Francisco quillt über von Restaurants jedweder Provenienz. Neben kulinarischen Einflüssen aus Europa, Amerika und Asien ist dort die pazifische Küche angesagt, eine Mischform, die besonders in hochpreisigen Gourmetrestaurants zelebriert wird. Aber auch für weniger Geld gibt es durchaus Essbares auf den Teller.

USA Grill

Amerikanische Klassiker zuerst: Der **Tadich Grill**, 240 California Street, rühmt sich, das älteste Restaurant der Stadt zu sein; www.tadichgrill.com. Und **John's Grill** in der 63 Ellis Street hat ganz ähnlichen nostalgischen Flair; www.johnsgrill.com.

Fisch & mehr

Seafood liegt in der *Bay Area* dermaßen nahe, dass man es in fast jedem Restaurant in irgendeiner Form bekommen kann. Im *Wharf*-Bereich sticht wegen der Aussicht über Bucht und *Golden Gate* am frühen Abend vor Sonnenuntergang das **Chart House** am **Pier 39** hervor. Es ist aber eine ziemlich preisintensive Option. Einfacher und preiswerter speist man im **Bubba Gump** (auch am Ende des Piers). Großer Beliebtheit erfreut sich auch dort das **Hard Rock Café**; ➢ Foto oben, www.pier39.com.

Auch am **Ghirardelli Square** (900 North Point Street) dominieren Meeresbewohner die Karten der Restaurants. Empfehlenswert ist z.B. **McCormick's & Kuleto's**; www.mccormickandschmicks.com.

Ganz grandios liegt das **Sutro Seafood Restaurant** im **Cliff House** über der Pazifikküste; 1090 Point Lobos, www.cliffhouse.com.

Chinatown

In jedem zweiten Gebäude dieses kleinen Kontinents scheint man Touristen und Einheimische zu bekochen, doch das nicht immer in gleichbleibend hoher Qualität. Gut schmeckt es z.B. im Stammhaus von **Henry's Hunan** (1398 Grant Ave) und bei **Brandy Ho's** an der 217 Columbus Ave (mit glutamatfreier Küche).

Allerhand zu entdecken gibt es auch im großen **China Live**-Komplex mit gutem *Market Restaurant*, *Oolong Café* und *Bar Central*; 644 Broadway, www.chinalivesf.com.

North Beach

Für den Cappuccino am Vormittag oder den Espresso nach dem Dinner kann man gleich in dieser Ecke bleiben: Das angrenzende **North Beach** ist das, was *Little Italy* für New York ist, mit Cafés, in denen man zu den Klängen einer Opernarie leicht die Zeit vergessen kann. Die meisten von ihnen warten in kurzer Distanz zueinander entlang der **Columbus Ave**, darunter das **Caffe Greco** (#423), **Tosca Cafe** (#242) oder **Vesuvio Cafe** (#255). In einigen haben sich schon Anhänger der *Beat Generation* der 1950er-Jahre getroffen, außerdem im **Caffe Trieste**, dem vielleicht originellsten von allen mit *Live Music*; 601 Vallejo St; http://coffee.caffetrieste.com.

Wer auch gleich zum Essen an der Columbus Ave bleiben möchte, findet dort auch appetitanregende Speisekarten. Unweit der *Transamerica Pyramid* liegen im Häuserblock des grünbeturmten *Sentinel Building* nicht nur die *Zoetrope*-Filmstudios des Regisseurs *Francis Ford Coppola*, sondern auch das **Café Zoetrope** mit italienischer Küche, 916 Kearny Street; www.cafecoppola.com.

Definitiv vor Vampiren sicher ist man in **The Stinking Rose**, 325 Columbus Ave. Dort verarbeitet man von der Vor- bis zur Nachspeise jede Menge Knoblauch; www.thestinkingrose.com.

Financial District

Vielfältige Snacks zu zivilen Preisen gibt es in den Lokalen des **Embarcadero Center** zur Mittagszeit. Dort befindet sich auch das japanische Restaurant **Sushi Kinta** mit – was sonst? – *Sushi*-Spezialitäten; www.sushikintasf.com. Nebenan im **Hyatt Regency** sitzt man in der **Cafeteria in der Halle** ausgezeichnet, zahlt aber dafür ein paar Dollar extra für Cappuccino & Co.

Mission District

Große kalorienreiche Portionen gibt's in den überwiegend recht schlichten, aber preiswerten *Taquerias* an der Mission Street, z.B. in der **Taqueria Cancún**, (#2288), **Taqueria San Jose** (#2830) oder **La Taqueria** (#2889; Favorit und fast immer voll).

Max's

Ein genereller Tipp bezieht sich auf die **Max's Restaurants** rund um die San Francisco Bay; www.maxsworld.com. In der City wartet an der 601 Van Ness Ave das **Max's Opera Café** mit singenden Kellnern, guter Küche und moderaten Preisen.

Deutsche Küche

Traditionelle bayerische Gerichte und deutsches Bier serviert die **Suppenküche** in der 525 Laguna Street zwischen *Civic Center* und *Alamo Square*; ✆ (415) 252-9289; www.suppenkuche.com.

Der Drink am Abend

Im **Starlight Room** im obersten Stockwerk des Luxus-Hotels **Sir Francis Drake** (450 Powell St/Union Square) gibt's zum teuren Drink eine tolle Aussicht gratis dazu; www.starlightroomsf.com.

Zum Abschluss eines langen Besichtigungstages eignet sich – vor allem wegen seiner diversen Biersorten – die populäre **Thirsty Bear Brewing Company** unweit des *MoMa* in South of Market, 661 Howard St, ✆ (415) 974-0905; www.thirstybear.com.

Durch die **Anchor Brewery** im Stadtteil Potreto Hill werden 1,5-Std-Touren mit anschließender Bierverkostung angeboten; $22, tägl. 11.30+13.30 Uhr; www.anchorbrewing.com/brewery/tours.

Im südlichen Vorort Milpitas wartet die »Great Mall of the Bay Area«, das größte Outlet Center Nordkaliforniens mit über 200 Discount-Läden für Bekleidung, Schuhe, Food Court und vieles mehr

6.1.6   Shopping & Entertainment

Shopping

Shopping/ Outlet Mall

Das beste citynahe Einkaufszentrum ist die **Stonestown Galleria** mit den Kaufhäusern **Macy's** und **Nordstrom** sowie einem **Apple Store** an der 3251 20th Ave, gute 2 mi südlich des *Golden Gate Park*; www.stonestowngalleria.com.

Die größte **Outlet Mall** Nordkaliforniens befindet sich ca. 50 mi von der Innenstadt entfernt in Milpitas (447 Great Mall Drive; *Exit* #8A von der I-880 South bzw. Abfahrt »Great Mall Parkway« von der I-880 North; www.simon.com/mall/great-mall).

Premium Outlets findet man noch weiter im Süden an der #101 in Gilroy (*Exit* #357; ca. 80 mi) sowie in Napa nördlich von San Francisco (50 mi); www.premiumoutlets.com.

Bücher

Im Bereich *Downtown* deckt die Großbuchhandlung **City Lights Booksellers** zahlreiche Themenbereiche ab (261 Columbus Ave; www.citylights.com). Zu den besten seiner Art gehört auch **Green Apple** in der 506 Clement St; www.greenapplebooks.com.

Eine **Liste aller Buchläden** findet man samt Schwerpunkthinweis unter www.sfstation.com/book-store/business-directory.

Musik

Musikfreunde jagen rund um die Bucht alten Platten, CDs, Videos und DVDs nach, die man woanders nur schwer auftreiben kann. Geheimtipps für nostalgische und seltene Aufnahmen in bestem Vinyl sind **Grooves** in der 1797 Market und der angestaubte **Jack's Record Cellar** in Haight Ashbury an der 254 Scott/ Ecke Page Street. Die größte Auswahl an Neu- und Gebrauchtware hat **Amoeba Music** an der 1855 Haight Street in der Nähe des *Golden Gate Park*; www.amoeba.com.

Apple

Auf der Rückseite des **Apple Flagshipstore** am Union Square versteckt sich eine 24 Std geöffnete kleine *Plaza* mit Sitzgelegenheiten, einem 15 m hohen vertikalen Garten und gratis *Wifi*. Bei Bedarf kann man dort auch sein *Smartphone/Ipad* aufladen.

Entertainment

Konzerte

San Francisco ist eine rock- und pophistorisch bedeutende Stadt. Dort treten bekannte Größen der Szene auf, so im *Fillmore Auditorium* (1805 Geary Blvd/Fillmore St), *The Warfield* (982 Market Street) oder *Great American Music Hall* (859 O'Farrell St).

Wer gern Blues hört, ist im *Biscuits & Blues Club* (401 Mason St) oder *Boom Boom Room* (1601 Fillmore Street) gut aufgehoben.

SoMa zieht Clubgänger und Nachteulen an, populär sind u.a. die *Booties SF DNA Lounge* (375 11th Street) und in der Folsom Street *Ten15 Folsom* (#1015) bzw. die *Raven Bar* (#1151).

Jazz, Swing und rockige Sounds hört man im *Bimbo's 365 Club* (1025 Columbus Ave), in der *The View Lounge* mit Bilderbuchblicken über San Francisco, vor allem in den Abend-/Nachtstunden (80 Mission St; Aufzug bis zum 39. Stock des *Marriott Marquis*) oder *Elbo Room* (647 Valencia Street).

Theater

Mit einer Theaterszene und -kultur wie der von New York kann San Francisco nicht ganz mithalten, aber allerhand Leben auf der Bühne gibt es trotzdem. Das *American Conservatory Theater* inszeniert seine Stücke in der 415 Geary Street. Im *Fort Mason Center* (*Building D*) bringt das *Magic Theater* nicht selten Kontroverses auf die Bühne. Und was *Agatha Christies »Mousetrap«* für das Krimitheater in London war, ist *»Beach Blanket Babylon«* für San Francisco: im *Club Fugazi* wird diese amüsante *SF-Comedy* mit jeder Menge ausgefallener Kostüme und Dekorationen schon seit einer ganzen Generation zelebriert; 678 Beach Blanket Babylon Boulevard; http://beachblanketbabylon.com.

Kinos

Nostalgische Lichtspielhäuser in der *Bay Area* sind das:

- *Castro Theatre*, 429 Castro St; www.castrotheatre.com
- *Roxie*, 3117 16th Street im *Mission District*; das älteste Kino der Stadt voller Sonderprogramme; www.roxie.com
- *Balboa Theatre*, 3630 Balboa St, www.balboamovies.com
- *Century Cinema*, 41 Tamal Vista Blvd in Corte Madera; www.cinemark.com/california-bay-area/century-cinema
- *Alameda Theatre*, *Art Deco*-Bau an der 2317 Central Ave in Alameda; www.alamedatheatres.com.

CityPASS San Francisco

Erwägenswert für einen längeren San-Francisco-Besuch ist der **CityPASS für $94**, Kinder 5-11 Jahre $69 (http://de.citypass.com/san-francisco). Er beinhaltet **7 Tage unbegrenzten Transport** mit den *Cable Cars* und dem *MTA/MUNI System*, hinzu kommt noch der Eintritt in die *California Academy of Science*, in das *Aquarium of the Bay* sowie ins *Exploratorium* oder *Fine Arts Museum* (*de Young*). Auch eine *Bay Cruise* ist dabei, beim Erwerb des CityPASS direkt bei *Alcatraz Cruises* am Pier 33 (www.alcatrazcruises.com) sogar ein Tagesausflug zur Gefängnisinsel *Alcatraz*.

6.1.7 Stadtbesichtigung Downtown

Downtown

Generell ist die **Ecke Market/Powell Street** (*Tourist Information*) ein hervorragender **Ausgangspunkt** zum Kennenlernen der Stadt. Die diagonal durch die City laufende breite **Market Street** trennte früher *Downtown* von südlichen, heruntergekommenen Straßenzügen, **South of Market** genannt.

South of Market

In den 1990er-Jahren begann die Sanierung des Bereichs **South of Market** (SoMa). Architektonische Schmuckstücke der Hochhaus-Postmoderne verdrängten dort die Slums, auf die heute nichts mehr hinweist. Parkmöglichkeiten bieten sich nördlich und südlich der Market Street faktisch nur in **Parkhäusern** (keine RVs und auch für übergroße Pkws können bereits erhöhte Gebühren anfallen!). Einen hilfreichen Überblick gibt's unter www.spothero.com.

Parken

SFMOMA

Das ***Museum of Modern Art*** an der 151 3rd St in South of Market birgt heute – nach seiner mehrjährigen Renovierung – eine absolut einzigartige Sammlung moderner und

Museum of Modern Art und Pacific Telephone Building

zeitgenössischer Kunst. Der Schwerpunkt liegt auf amerikanischen Künstlern, aber auch deutsche sind dort gut vertreten; im Sommer geöffnet täglich 10-18 Uhr und Do bis 21 Uhr, die übrige Zeit des Jahres Mi geschlossen; $25, bis 18 Jahre kostenlos; www.sfmoma.org. Ohne spezifisches Interesse an diesem Museum ist SoMa kein prioritäres Ziel für San-Francisco-Kurzbesucher.

Gegenüber des Museums bieten die ***Yerba Buena Gardens*** eine schöne Ruheoase im Trubel der Stadt und eignen sich ideal für ein Picknick im Grünen.

Beachtung hinter dem *SFMOMA* (140 New Montgomery Street) verdient auch das ***Pacific Telephone Building***, ein *Art Deco*-Hochhaus aus 1925 mit beeindruckender Lobby und 4m hohen Adler-Statuen auf der Turmspitze.

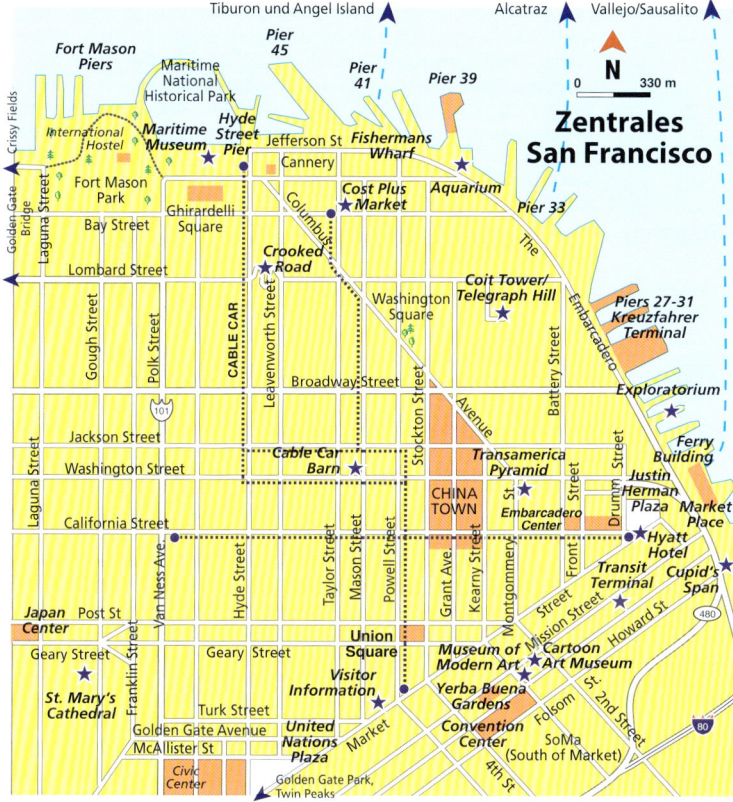

Zentrales San Francisco

**Powell Street/
Union Square**

An der Einmündung der Powell in die Market Street befindet sich eine der **Wende- bzw. Endstationen der *Cable Cars***, die ihre – meist in langen Schlangen geduldig wartenden – Touristen von dort zur *Fisherman's Wharf* befördern. Auf der **Powell Street**, wo sich ein *Shop* an den anderen reiht, erreicht man nach ca. 300 m den **Union Square**, eine palmenbestandene, oft bunt belebte Plaza und Mittelpunkt der San Francisco Geschäftswelt mit Filialen der größten Kaufhausketten in unmittelbarer Nähe (*Fifth Avenue, Macy's, Neiman Marcus*) und diversen Hotels.

Chinatown

Nur wenige Blocks weiter nördlich liegt die berühmte ***Chinatown*** San Franciscos, etwa zwischen Bush St und Broadway sowie Stockton und Kearney Street, <u>www.sanfranciscochinatown.com</u>. Am besten steuert man die *Chinatown* über die Grant Street an, auf der man sein Ziel durch ein buntes chinesisches Tor, das ***Dragon Gate***, betritt (Ecke Bush Street).

Zwar ist die *Chinatown* mehr auf das Touristengeschäft eingestellt, als vielen gefallen dürfte, und immer fürchterlich zugeparkt und verstopft, aber dennoch sehenswert. Dort wird nicht nur chinesisches Amerika gespielt, sondern real gelebt. Einen Bummel vorbei an den farbenprächtigen Auslagen der 'zig Shops mit einem sagenhaften Angebotssammelsurium und an zahllosen Restaurants voller exotischer Wohlgerüche muss man unbedingt machen, und dabei auch einmal einen Blick auf die Fassaden oberhalb der Geschäftsebene werfen.

Glückskekse   Ein Pflichtstopp für manchen Besucher ist die Geburtsstätte der Glücksplätzchen, die man aus jedem chinesischen Restaurant kennt: In der **Golden Gate Fortune Cookie Factory** (56 Ross Alley/ Jackson Street) sieht man, wie die Glücksbotschaften ins Gebäck kommen, und kann die Kekse natürlich auch kaufen.

Shoppen ist in der *Chinatown* auf jeden Fall drei Mal so spannend wie an der *Fisherman's Wharf*. Was die chinesische Küche bzw. empfehlenswerte Restaurants betrifft, ➢ Seite 706.

China-Kultur   Wer dem Kulturphänomen »China in Amerika« weiter auf den Grund gehen möchte, sollte Nebenstraßen wie **Waverly Place** mit dem **Tin How Temple** (#125) besuchen und im **Chinese Culture Center** vorbeischauen (750 Kearny Street, www.cccsf.us), wo es Ausstellungen, geführte *Chinatown Walks* und allerhand Informationsmaterial gibt; Di-Sa 10-16 Uhr, kein Eintritt, aber Spende.

Café de la Presse   Wer nach einem Bummel durch die *Chinatown* Entspannung in einer ganz anderen Welt sucht, findet im *Café de la Presse* an der 352 Grant Avenue (schräg gegenüber des *Dragon Gate*) auch **deutsche Zeitungen und Magazine**, mit Glück sogar neuesten Datums; www.cafedelapresse.com. Das benachbarte *Starbucks Coffee House* liefert dazu gratis *Wifi*.

Cable Car Museum   Für viele sicher interessant könnte die **Cable Car Barn** an der Ecke Mason/Washington Street (westlich von *Chinatown*) sein. Dort gibt es eine Besuchergalerie und das **Cable Car Museum** im Stockwerk darüber, in dem Historie und Technik der Bahn eindrucksvoll

Cable Car Museum

präsentiert werden. Die Anlage stammt im Prinzip noch aus dem 19. Jahrhundert und demonstriert die – wenn auch mittlerweile modernisierte – Funktionalität von Großmechanik der industriellen Frühzeit. Geöffnet täglich 10-17/18 Uhr; www.cablecarmuseum.org, kein Eintritt, jedoch Spende erwartet.

Financial District

Östlich von *Chinatown* beginnt das Finanz- und Bankenviertel mit einer verdichteten »Wolkenkratzer«-Bebauung im Dreieck zwischen der Washington, Kearney und Market Street. Am nördlichen Rand dieses Bereichs und am Endpunkt der diagonal zur *Fisherman's Wharf* verlaufendenden Columbus Avenue steht unübersehbar in seiner – 1989 bewiesenen – erdbebensicheren Eleganz die **Transamerica Pyramid**. Im Erdgeschoss ersetzt ein **virtuelles Observation Deck** die einst mögliche Auffahrt; www.pyramidcenter.com. Eine Oase der Stille und ein Geheimtipp an der Pyramide ist ein Hain aus *Redwood*-Bäumen, die eigens aus Santa Cruz hierher umgesetzt wurden.

Nicht wegzudenken aus dem Stadtbild, die Transamerica Pyramid, und im Vordergrund erklimmt eine Cable Car die hügeligen Straßen von San Francisco

Mit ihren 260 m Höhe ragte die *TA Pyramid* seit 1972 als auffälliges Wahrzeichen einsam aus *Downtown* heraus, heute wird sie etwas von massigen Nachbarn bedrängt, darunter der 2017 fertiggestellte **Salesforce Tower** (326 m), nur wenig südlich an der 415 Mission Street. Die Einweihung des **Oceanwide Center** an der 50 1st St ist für 2021 geplant (277 m).

Zwei Blocks östlich der *TA-Pyramid* stößt man auf das **Embarcadero Center**, einen enormen **Büro-Laden-Restaurant-Komplex** am Ostrand der City mit versetzten Ebenen, Terrassen, Grünanlagen, Wasserspielen und viel **Kunst am Bau**; www.embarcaderocenter.com.

Fähren und Marketplace

Das *Center* erstreckt sich bis zur **Justin Herman Plaza** gegenüber dem **Ferry Building** mit **Marketplace** (Cafés, *Eateries* etc.) und regelmäßigen Fährverbindung nach Sausalito und Larkspur im Norden der Bucht. Insbesondere zur werktäglichen Mittagspausenzeit, wenn sich Gänge und Miniparks des *Embarcadero Center* und auch das *Ferry Building* füllen, lohnt sich der Besuch.

Bei gutem Wetter finden auch auf der Herman Plaza vorm (einst) als avantgardistisch geltenden **Villancourt Brunnen** häufig Konzerte und allerhand Vorführungen statt.

Rincon Park

Ein kurzer Abstecher (400 m) vom *Ferry Building* am Ufer der Bay entlang in Richtung Südwesten (Fußgängerpromenade) führt zum kleinen **Rincon Park** mit der überdimensionalen Pfeil-und-Bogen-Skulptur »Cupid's Span«, einem Kunstwerk von *Claes Oldenburg* und *Coosje van Bruggen*. Sie macht sich besonders gut im Vordergrund von Brückenfotos oder Aufnahmen der San Francisco-Hochhauszeile an und hinter der Straße Embarcadero.

Vom Coit Tower am Telegraph Hill eröffnet sich ein traumhafter Blick auf Downtown (➤ Foto rechts), die Fisherman's Wharf und die halbe Bay Area

Bay Bridge

Der Park befindet sich fast schon unterhalb der gewaltigen doppelstöckigen, 8,3 km langen **San Francisco-Oakland Bridge**; ➤ Foto Seite 742. In mancher Hinsicht ist diese Brücke technisch noch spektakulärer, aber fürs Auge weniger attraktiv als die zur selben Zeit errichtete und nur wenig später eröffnete **Golden Gate Bridge**.

Die *Bay Bridge* besteht aus mehreren unterschiedlich konstruierten Brückenelementen mit langen Auffahrten auf beiden Seiten und wird mitten in der Bucht auf *Yerba Buena Island* durch einen Tunnel unterbrochen. Beide Decks haben je fünf Fahrspuren; die unteren laufen Richtung Oakland, die oberen von Oakland nach San Francisco. Weitere Details zur Brücke ➤ Seite 742.

Hyatt Hotel

In der äußeren Ecke der Herman Plaza an der Market Street beeindruckt das in dieser Umgebung äußerlich nicht besonders auffällige **Hyatt Regency Hotel** durch sein »Innenleben«, ein achtzehn Stockwerk hohes Atrium. In der Cafeteria sitzt man ausgesprochen angenehm (bei gehobenen Preisen).

Parken/ Transport

Tipp zur Cable Car

Im **Embarcadero Park Deck** kann man für Einkauf oder Restaurantbesuch im *Center* preiswerter parken als anderswo. Da die **Cable Car** (*Washington Street Line*) am *Embarcadero Center* endet/ beginnt, gelangt man von dort ggf. auch ohne lange Fußmärsche rasch in die zentrale City. Im Gegensatz zur *Powell Street Line* gibt es **dort selten Warteschlangen**.

Exploratorium

Pier 15, etwas weiter nördlich, beherbergt das **Exploratorium**, ein Wissenschaftsmuseum der experimentellen Art im Stil der sog. *Science Center*. Es richtet sich in erster Linie an Kinder, deren Neugier, Kreativität und Lernfreude geweckt werden soll. Geöffnet im Sommer Sa-Do 10-17 Uhr; Do+Fr bis 22 Uhr; Eintritt $30, Kinder $20-$25; www.exploratorium.edu.

Telegraph Hill: Auffahrt

Gute 20 min (rund 1,5 km) läuft man vom *Embarcadero Center* bis zum **Coit Tower** auf dem 100 m hohen **Telegraph Hill**. Per Auto erreicht man diese Sehenswürdigkeit am besten über die Grant Ave/Lombard Street und an dessen Ostende den Telegraph Hill Blvd hinauf, sieht sich aber am Ziel meist erheblichen Parkproblemen gegenüber.

Coit Tower

Beim *Coit Tower* (68 m) handelt es sich um ein bereits 1934 dank einer wohlhabenden Spenderin mit Namen *Lily Hitchcock Coit* erbautes **Memorial** für die örtliche Feuerwehr, dessen Inneres durch Wandmalereien (*Murals*) mit – teilweise sozialkritischen – Szenen aus dem Arbeitsleben der 1930er-Jahre geschmückt ist. Der Turm dient heute ausschließlich dem *Sightseeing* (geöffnet täglich 10-18 Uhr, im Winter kürzer; Eintritt frei, aber für »Auswärtige« $8, Kinder $2-$5). Die günstige Position des Turms sorgt für einen hervorragenden Blick über die Bay bis hinüber zur *Golden Gate Bridge* und *Transamerica Pyramid*. Leider warten nicht selten lange Schlangen vor den Fahrstühlen.

Der Blick vom *Coit Tower* bzw. *Telegraph Hill* erlaubt nebenbei eine gute Vororientierung (bis zur *Golden Gate Bridge*) für alle, die den **Scenic Drive** abfahren wollen, ➤ umseitig. Der **Telegraph Hill** ist dafür ein guter **Ausgangspunkt**.

Zu Fuß vom Telegraph Hill zum Levi's Plaza Park

Der **Abstieg** vom Hügel nach Südosten führt über steile, ein bisschen verwunschene Treppen, z.B. die **Filbert Street** nach Osten zur *Levi's Plaza* und dem *Embarcadero* oder die Montgomery Street nach Norden und weiter über die **Greenwich Steps**. Auf der Sansome oder Battery Street ist es von dort nicht mehr weit zur Uferstraße »The Embarcadero« und zur *Fisherman's Wharf*.

North Beach

North Beach ist das italienische Viertel von San Francisco, in etwa südwestlich des *Telegraph Hill* (Kearny Street) bis zur Powell Street. Im Gegensatz zur südlich des Broadway angrenzenden *Chinatown* hat *North Beach* die Atmosphäre einer echten, hektikfreien *Neighborhood*. Magistrale des Viertels ist die **Columbus Avenue** mit einer Vielzahl von Cafés und Restaurants. Eine Institution von *North Beach* ist der Buchladen **City Lights Booksellers** des *Beat-Generation*-Poeten *Lawrence Ferlinghetti* (261 Columbus Avenue, täglich 10-24 Uhr, www.citylights.com), bis heute nicht wegzudenken aus der literarischen Szene San Franciscos. Zum Lesen setzt sich bei gutem Wetter mancher in den nahen **Washington Square Park** (Columbus/Ecke Union und Filbert Street), der von der **Saints Peter & Paul Church** überragt wird.

Dämmerung vom Coit Tower, links im Hintergrund der neue Salesforce Tower

Entlang des Scenic Drive durch San Francisco

49-Mile-Drive

Die im Folgenden gewählte Reihenfolge der Beschreibung der weiteren Sehenswürdigkeiten entspricht ab *Fisherman's Wharf* dem

So gut ausgeschildert ist der 49-Mile-Drive durch San Francisco nur noch an wenigen Stellen

Verlauf des *49-Mile Scenic Drive*, ➢ Karte rechts. Man kann ihn bei nur kurzen Zwischenstopps an den wichtigsten Anlaufpunkten innerhalb eines Tages bewältigen. Bei etwas gründlicherer Besichtigung der Zwischenziele werden aber leicht zwei volle Tage benötigt. Bei der *Tourist Information* liegt eine **SF-Visitors Map** aus, die den *Scenic Drive* genauer abbildet, auch im bereits empfohlenen Heft »**Where**« ist er eingezeichnet (➢ Seite 697). Der Streckenverlauf hat sich jedoch im Lauf der Jahre mehrfach geändert und die ehemals narrensichere Ausweisung mit einem Seemöwenschild existiert leider nicht mehr an allen wichtigen Kreuzungen.

Auf dem Webportal www.sanfran cisco4you.com/sehenswuerdig keiten-san-francisco/willys-49-mile-scenic-drive.html findet man nicht nur den 49-Mile-Drive, sondern zusätzlich Erweiterungen auf 66 Meilen und einen Link zum Download für *TomTom*-Navis.

Fisherman's Wharf

Erstes Ziel oder auch ein ebenfalls geeigneter Startpunkt ist der **Bereich *Fisherman's Wharf*** (800 m Fußgängerdistanz vom *Coit Tower*), eine komplett kommerzialisierte »**Touristenfalle**«.

Die Bezeichnung *Fisherman's Wharf* bezieht sich auf ein relativ kleines Gebiet rund um den ehemaligen Fischereihafen San Franciscos an der Jefferson Street. Die Fischerboote und Werften sind lange verschwunden, an ihrer Stelle liegen Privatyachten und Charterboote fürs Hochseeangeln an den Stegen. Auf Passagiere wartet die »**Blue & Gold**« **Schiffsflotte**« mit *Baytrips*, rasanten Fahrten im *RocketBoat* und Linienverkehr nach Tiburon und Angel Island; www.blueandgoldfleet.com. An Land beherrschen unzählige *Souvenir Shops*, Boutiquen, Bars, *Fast-* und *Seafood*-Restaurants, dahinter Hotels und Parkplätze/-häuser das Bild.

Bootstrips

Ob eine der **Bay-Rundfahrten** mit oder ohne Unterdurchfahrt der *Golden Gate Bridge* interessant erscheint, hängt sicher von der subjektiven Bewertung solcher Bootstouren ab. Wer sie machen möchte, findet im Fischereihafen die preiswerteren Angebote.

San Francisco Bay

Golden Gate Bridge
Fort Point
Visitor Center / Café
Crissy Fields
Marinas
FORT MASON PARK
Fisherman's Wharf
Pier 39
San Francisco Oakland Bay Bridge

Marshall Beach
Marina Blvd
Lombard
101
CHINA-TOWN
Powell
Hyde
Bay

N   0 — 1,5 km

Baker Beach

PRESIDIO OF SAN FRANCISCO

Palace of the Legion of Honour

Cliff House

SCENIC ROUTE

Van Ness

Japan Center

Geary

Market Street

Civic Center

Wind-mühle
Buffalo Paddock

Conser-vatory

BUENA VISTA PARK

Visitor Center

GOLDEN GATE PARK

Arboretum

Haight Ashbury

Mission Dolores

101

San Francisco 49-mile-Drive

NRA

Golden Gate

SCENIC ROUTE

Twin Peaks

Zoo

HARDING PARK

Lake Merced

280

Candlestick Park

Fort Funston

1 Coit Tower
2 Cable Car Barn / Museum
3 Embarcadero Center
4 Ghirardelly Square
5 Maritime Museum
6 Palace of Arts
7 The Cannery
8 Transamerica Pyramid
9 Union Square
10 Cupid's Span
11 Ferry Building
12 St. Mary's Cathedral
13 Museum of Modern Art

14 de Young Museum
15 JapaneseTea Garden
16 Stow Lake
17 Academy of Science mit Aquarium
18 Exploratorium

280

Santa Cruz
San José

Airport/ San José/ Silicon Valley

Alcatraz

Die **Boote** hinüber zu der berüchtigten, heute **unter Nationalpark-verwaltung** (www.nps.gov/alca) stehenden Zuchthausinsel fahren ab *Pier 33* im 30-min-Takt 8.45-15.15 Uhr; letzte Rückfahrt 18.30 Uhr; $37, Kinder 5-11 Jahre $23, Familie $113. »*Night Tours*« finden am späten Nachmittag statt und sind geführt (nur Do-Mo $44, Kinder 5-11 $27). Die Trips sind im Sommer in der Regel **lange im Voraus ausgebucht**! Reservierung bis zu 90 Tage vorher unter ℂ (415) 981-7625 oder www.alcatrazcruises.com.

Blue & Gold Ausflugsboot vor der Gefängnisinsel »Alcatraz Island«

Die engen Serpentinen der Lombard Street

Die Stadt auf den 42 Hügeln

Die »Straßen von San Francisco« erlangten Weltruhm in den 1970er-Jahren durch die gleichnamige US-Krimiserie mit Michael Douglas und Karl Malden. Sie begeistern aber auch heute noch das Publikum. Besucher rattern die steilen Hügeln in den **Cable Cars** rauf und runter oder erklimmen die Höhen über **bunte Mosaiktreppen**. Besonders auffällig sind an der 16th Avenue südlich des *Golden Gate Parks* z.B. die *16th Ave Tiled Steps* und *Hidden Garden Stairway* (➤ Seite 697) oder die *Lincoln Park Steps* am westlichen Ende der California Street. Es macht auch immer wieder Spaß einige Straßen mit dem Auto zu befahren (Vorsicht beim Parken ➤ Seite 698!); zu den interessantesten zählen:

Der Abschnitt der **Lombard Street** fünf Blocks südlich von *Fisherman's Wharf* wird gerne als **Crookedest Road of the World** bezeichnet. Östlich der Hyde Street geht es in engen Einbahnserpentinen – vorbei an Blumenbeeten und gepflegten Anwesen – ca. 200 m steil hinunter zur Leavenworth Street (nur in einem Personenwagen oder mit kleineren *Vans* machbar). Dank der Popularität dieser Abfahrt müssen interessierte Autofahrer dort oft Wartezeiten in Kauf nehmen, bevor es im Schritttempo bergab geht. Wem auch ein Foto ohne den eigenen Mietwagen auf dem Parcours genügt: Von oben (Hyde Street) hat man einen besonders guten Weitblick die ganze Lombard entlang bis hinüber zum *Telegraph Hill* (➤ Foto oben). Dabei kommt jedoch der Charakter der *crooked road* nicht recht ins Bild. Wer den festhalten möchte, muss von der Leavenworth St von unten nach oben fotografieren oder mit einem Teleobjektiv vom *Coit Tower*.

Die Steigung der Lombard Street ist mit 16% für San Francisco-Verhältnisse nicht ungewöhnlich. Nur zwei Blocks weiter südlich bringt es z.B. die Filbert Street auf über 30% und auf fast 30% kommt die Jones Street zwischen Filbert und Union Street. Rekordverdächtig mit 40% ist der südliche Abschnitt der **Bradford Street** in der Nähe vom Autobahnkreuz #101/I-280; der Besuch lohnt allerdings nicht (extrem kurz und keinerlei schöne Häuser).

Was kaum einer weiß: Die Nr. 1 in San Francisco hinsichtlich steiler Serpentinen ist die **Vermont Street** zwischen der 20th und 22nd Street in der Nähe des McKinley Square im Stadtviertel Potrero Hills. Sie ist allerdings grau betoniert und nicht ansatzweise so fein für Besucher herausgeputzt.

Pier 39

Die einleitende Kennzeichnung der *Fisherman's Wharf* gilt im Prinzip auch für den **Pier 39** an ihrem Ostende. Dort befindet sich auf den oberen Arkaden ein *California Welcome Center* mit jeder Menge Infomaterial und Broschüren über die Stadt und zum Touristenziel Kalifornien; www.pier39.com.

Als **Publikumsmagnet** gelten

- das **Hard Rock Café** gleich eingangs des Piers
- das **Aquarium of the Bay** gleich nebenan, wo man in transparenten Röhren die Unterwasserwelt aus der Taucherperspektive erlebt; geöffnet im Sommer 9-20 Uhr; Eintritt $27, Kinder $17; www.aquariumofthebay.org
- das Simulationstheater **7D Experience** mit virtuellen Achterbahn-Fahrten und 3D-Abenteuern, an denen man mit Laserpistolen aktiv teilnehmen kann; $15; www.7dexperience.com

- **The Flyer**, bei dem neueste 3D-Technologie einen kurzen Flug über die Stadt und die Bay täuschend echt wirken lassen; 10-20 Uhr; $25/$16; www.theflyer-sanfrancisco.com.

Richtige Berühmtheiten (»Celebrities« bzw. »Sea Lebrities«) sind die **Seelöwen** (*Sea Lions*) auf den Schwimmpontons an der Westseite des *Pier 39*. Die Essensreste der Restaurants finden dort ganze Hundertschaften dankbarer Abnehmer.

Wenn **Speis und Trank** im *Wharf*-Bereich, dann sind auf diesem Pier die besten Optionen **Chart House** und das **Bubba Gump** am äußersten Ende. Besonders am frühen Abend kurz vor Sonnenuntergang sitzt man dort, unmittelbar über dem Wasser, goldrichtig.

Shopping

Mitbringsel und Originelles aus aller Welt gibt es vielfältiger und preiswerter als in den *Shops* in der Beach Street und auf dem *Pier 39* im **Cost Plus World Market** nahe der *Wharf* in der 2552 Taylor/Ecke North Point Street; http://worldmarketcorp.com.

Pier 39 an der Fisherman's Wharf

Optimale Besuchszeit	Den *Wharf-Bereich* sollte man vorzugsweise ab Nachmittag und in den frühen Abendstunden erkunden, wenn auf Straßen und Plätzen mehr »los« ist als am Morgen. **Open-air-Darbietungen** vielerlei Art (Artisten, Zauberer u.a.) sorgen dann bei gutem Wetter für zusätzliche Zuschauerbelustigung.
Ghirardelli	**Unterhaltung** durch Pantomimen, Musikgruppen und Puppentheater zum Nulltarif findet man in der Touristensaison und an Wochenenden auch am **Ghirardelli Square**, wo rund um eine frühere Schokoladenfabrik ein lebendiges Laden- und Restaurantzentrum entstand; www.ghirardellisq.com.
Hyde Street/ Municipal Pier	Dem *Ghirardelli Square* gegenüber befindet sich das wie ein Dampfer gestaltete **Aquatic Park Bathhouse**, ein ehemaliges Badehaus, in dem derzeit lediglich einige Schiffsmodelle, Gemälde und Dioramen untergebracht sind. Sehenswerter sind im **San Francisco National Historical Park** die nostalgischen Schiffe draußen am **Hyde Street Pier**, der zusammen mit dem halbrunden **Municipal Pier** ein ruhiges Wasserbecken bildet. Grünflächen und ein schmaler **Badestrand** säumen das hier meist ruhige Ufer.
	Am Kai des Piers liegen der **Dreimaster** *Balclutha* von 1886, die alte **Fähre** *Eureka*, der Raddampfer **Eppleton Hall** und weitere Schiffe. Mehr Infos zum *Historical Park* im Web unter www.nps.gov/safr oder im Besucherzentrum (Ecke Hyde/Jefferson Street). Zutritt $10; frei mit *Interagency Pass*, ➤ Seite 47.
Pier 45	Nicht zum Park gehört das vielleicht sehenswerteste Schiff an der *Wharf*, das **Pazifik-U-Boot** *USS Pampanito*. Es liegt ein wenig weiter östlich vertäut am **Pier 45**; im Sommer 9-20 Uhr, sonst bis 18 Uhr, $20, Kinder $10; https://maritime.org/pamphome.htm.
	Schiffsfans können am **Pier 45** außerdem die **Jeremiah O'Brien**, das letzte Exemplar eines *Liberty*-Frachters aus dem Zweiten Weltkrieg, besichtigen; 9-16 Uhr; $20, Kinder $10; www.ssjeremiahobrien.org.

Cable Cars-Umkehrpunkt am nördlichen Ende der Hyde Street unweit von Fisherman's Wharf

Madame Tussauds Museum

Die Geschichte des erfolgreichen londoner Wachsfigurenkabinetts mit Niederlassungen auf der ganzen Welt (seit 2014 auch in San Francisco) geht zurück auf die Französin Marie Tussaud. Ende des 18. Jahrhunderts führte der schweizer Arzt Curtius die Tochter seiner Haushälterin in die Kunst des Modellierens ein. Sie erwies sich als ausgesprochen talentiert und durfte schon bald berühmte Zeitgenossen in Lebensgröße darstellen, darunter Voltaire und Benjamin Franklin. Mit dem Tod von Curtius erbte sie die gesamte Kollektion und wusste diese gut zu vermarkten. Da es damals weder Film noch Fotografie gab, boten ihre Wanderausstellungen die einzige Möglichkeit, sich ein Bild von großen Persönlichkeiten zu machen. Erst 1835 wurde die Wachsbildnerin sesshaft und eröffnete ein Museum in London.

Nicht nur ihr ist eine Wachsfigur in San Francisco gewidmet (➢ Foto oben), sondern zahlreichen Größen aus Film, Sport, Politik und dem aktuellem Geschehen. Ein Doppelgänger von Facebook-CEO Mark Zuckerberg hockt barfuß und im Schneidersitz auf einem Stuhl, Apple-Gründer Steve Jobs steht gleich nebenan. Das Museum zelebriert außerdem den »**The Spirit of San Francisco**« mit einflussreichen lokalen Künstlern und Sängern (➢ Foto Seite 693).

Madame Tussauds/ Dungeon	Unweit vom *Pier 45* eröffnete 2014 an der 145 Jefferson Street eine weitere Niederlassung des Wachsfigurenmuseums von ***Madame Tussaud*** und verdrängte das einstige *Wax Museum* von *Pier 39*; im Sommer 10-20 Uhr; \$26, Kinder (3-12 Jahre) \$14, online 20% Rabatt; www.madametussauds.com/san-francisco. Unter gleicher Adresse residiert auch das **San Francisco Dungeon**. Während der 60-minütigen, recht schaurigen Shows mit echten Schauspielern und Spezialeffekten erfährt man einiges über die dunkle Geschichte der Stadt und Alcatraz sowie über die wilden Goldrauschzeiten; Start alle 30 min, gute Englischkenntnisse sind hilfreich. Kombi-Tickets mit dem Wachsmuseum für nur geringen Aufpreis; www.thedungeons.com/san-francisco.
Parken	Parken im Bereich der *Wharf* ist ein relativ teures Unterfangen, speziell für RVs. Einigermaßen gute Chancen auf preiswerte Parkuhren (max. 2 Std.) hat man am nördlichen Ende der Van Ness Ave vor dem *Municipal Pier*. Beim *Cost Plus World Market* kann sogar 2 Std. gebührenfrei parken, wer für mind. \$10 einkauft. Gute Übersicht mit Preisen unter http://en.parkopedia.com. Sinn macht es, das Auto von vornherein in größerem Abstand stehen zu lassen und zu Fuß, per *Cable Car* oder Bus anzureisen.

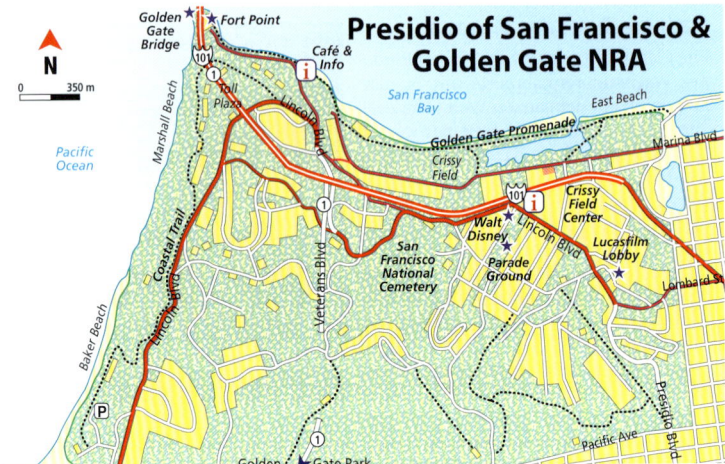

Golden Gate NRA (National Recreation Area)   www.nps.gov/goga

Die Schaffung und schrittweise Erweiterung des Naturschutzgebiets *Golden Gate National Recreation Area* begann in den 1970er-Jahren zunächst mit dem Kauf der Zuchthausinsel **Alcatraz** und dem Gelände des **Fort Mason** unweit der *Fisherman's Wharf* durch den *National Park Service*. Jenseits der Bucht erwarb man die **Marin Headlands**, über 200 km² weitgehend unerschlossene Hügel- und Waldlandschaft voller mittlerweile obsoleter Militäranlagen an der Steilküste nördlich des *Golden Gate*. Später wurde auch das Areal des **Muir Woods Nat'l Monument** (➤ Seite 737) ins *NRA*-Gelände integriert.

In den 1990er-Jahren kam noch das **Presidio of San Francisco** dazu, eine ausgedehnte Parkanlage, die dem *Nat'l Park Service* vom Militär übereignet wurde. Zum *Presidio* gehören die bis ans Ufer der Bucht reichenden **Crissy Field**, das **Fort Point** unter der *Golden Gate Bridge* und die Uferbereiche am Pazifik bis zur *Baker* und *China Beach*. Auch das von Bebauung nahezu freie **Land's End** mitsamt vorgelagerten Robbeninseln in der Nordwestecke der Stadt wurde einschließlich des berühmten **Cliff House** vom *Park Service* übernommen. Mit der sich anschließenden **Ocean Beach** und dem Bereich **Fort Funston** hoch über dem Pazifik und weiteren Teilgebieten bis Pacifica erstreckt sich die *Golden Gate NRA* heute als breiter Grün- oder Strandstreifen von *Crissy Field* aus rund um die Stadt herum nach Süden. Einschließlich der *Marin Headlands* umfasst sie eine Fläche von rund 300 km².

Der Zugang zu den meisten Bereichen und Einrichtungen ist frei. Ausnahmen bilden das *Muir Woods Nat'l Monument* und *Alcatraz Island* (Ticket für die Bootstour, ➤ Seite 717).

Nicht zur *Nat'l Recreation Area* sondern zur City of San Francisco gehört der unmittelbar an die *Ocean Beach* angrenzende **Golden Gate Park**.

Die »Golden Gate-Ziele«

Marina Boulevard/ Fort Mason Center

Von *Fisherman's Wharf* führt der **Scenic Drive** durch schöne Wohnviertel voller verschnörkelter viktorianischer Holzhäuser zunächst in Richtung *Golden Gate Bridge*. Zwischen Marina Blvd und Van Ness Avenue liegt das mit dem *Maritime National Historical Park* über einen Fußweg verbundene Gelände des *Fort Mason*. Im zweiten Weltkrieg diente dieser Bereich als Einschiffungsstation der Kampftruppen für den Pazifik. Dort befindet sich heute – in beneidenswerter erhöhter Lage – eine der **Jugendherbergen** San Franciscos (➤ Seite 703). Die Gebäude an den Piers wurden als **Fort Mason Center** zu einem Kunst- und Kulturzentrum umfunktioniert mit Galerien, Werkstätten, experimentellen Bühnen, kleinen Museen und Restaurants.

Der Weg ab dem *Hyde Street Pier* (➤ Seite 720) zum *Fort Mason Center* ist zugleich der **erste Abschnitt der Golden Gate Promenade**, einem Spazier-, Jogging- und Bike-Weg (➤ unten).

Palace of Fine Arts

Auf der Bay-Seite des Marina Boulevard dümpeln im *East* und *West Harbor* – getrennt durch den Park *Marina Green* – Hunderte von Yachten. Weiter dem *Scenic Drive* folgend erreicht man über die Baker Street den bombastischen **Palace of Fine Arts**. Es handelt sich dabei um ein auf die Weltausstellung von 1915 zurückgehendes Gebäude, das einem griechisch-byzantinischen Tempel ähnelt; www.palaceoffinearts.com.

Crissy Field

Erst vor wenigen Jahren wurde das **Crissy Field**, ein ausgedehntes Ufergelände zwischen San Francisco Bay und Doyle Drive (der ab Ende des Marina Boulevard wieder autobahnmäßig ausgebauten Straße #101), in die *Golden Gaten Recreation Area* einbezogen, ➤ Kasten links. Dort läuft die **Golden Gate Promenade**, nachdem sie das *Fort Mason Center* und die Yachthäfen passiert hat, gute 3 km am Wasser entlang bis zum *Fort Point* unter dem Südende der *Golden Gate Bridge*. Wer sich diesen Weg vornimmt, behält die Brücke (oder den Nebel) jederzeit fest im Blick. Dafür und für weiterführende Touren per Bike findet man **Leihfahrräder** bei *Blazing Saddles* auf dem *Pier 41* oder an der 465 Jefferson St sowie im *Marina District*, z.B. *New Holiday Adventure*, 1937 Lombard St (#101).

Palace of Fine Arts

Crissy Field östlich der Golden Gate Bridge diente einst als Flugplatz der US Army, heute ist es ein beliebtes Naherholungsgebiet

Fast am Ende des *Crissy Field* steht ein kleines **InfoCenter** mit Café, die **Warming Hut**. Ideal für die Pause zwischendurch oder auch zum Ansteuern per Auto (Parkplätze vorhanden). Vom Marina Blvd geht es dazu geradeaus weiter auf die Mason Street (nicht links ab in Richtung #101) und dann Marine Drive. Von der Mason Street erreicht man über die Long Ave und den Marine Drive auch das **Fort Point**, ➢ unten.

El Presidio

Der **Scenic Drive** (Lombard Street folgen, wenn die #101 nach Norden abknickt) führt weiter durch das parkartige Gelände **El Presidio**, das schon von den Spaniern als Militärstützpunkt genutzt wurde und später der 6. US-Armee als Hauptquartier diente. Man gelangt von der Lombard Street automatisch auf den Presidio Blvd und dann geradeaus weiter auf den **Lincoln Blvd**.

Ein kurzer Abstecher führt zum Brunnen mit **Yoda**-Statue bei der *Lucasfilm Lobby* (1 Letterman Dr), einem recht populären *Selfie Point*. Der Letterman Drive mündet ebenfalls in den Lincoln Blvd, auf dem man am Südende des einstigen Paradenplatzes das *Presidio*-Besucherzentrum passiert.

Das **Walt Disney Family Museum** gleich hinter dem *Visitor Center* ist selbst vielen Einwohnern der Stadt unbekannt. Es zeichnet anhand von teils interaktiven Ausstellungen die Pionierleistung Walt Disneys nach, Animation zu einer gefeierten Kunstform erhoben zu haben. Das gelingt durchaus auf unterhaltsame Weise, auch wenn viele Ausstellungsbereiche arg überladen wirken. Wer hier alles sehen will, benötigt leicht mehrere Stunden; 104 Montgomery Street, Mi-Mo 10-18 Uhr, Eintritt $25/$15; www.waltdisney.org.

Den Abstecher vom Lincoln Blvd (nach Unterfahren der #101) zur alten Befestigungsanlage **Fort Point** unterhalb der Auffahrt zur *Golden Gate Bridge* kann man leicht übersehen (Zufahrt über die Long Ave und Marine Drive). Beeindruckend sind dort neben den waghalsigen Surfern in der *Bay* und die ungewöhnliche Perspektive auf die gewaltige Brückenkonstruktion auch das Innere der heute als ***National Historic Site*** (Teil der *Golden Gate NRA*) ausgewiesenen Befestigung, die niemals Kampfhandlungen sah; geöffnet im Sommer Do-Di 10-17 Uhr; www.nps.gov/fopo.

Wer dem *Scenic Drive* in Richtung Süden folgen will, bleibt weiter auf dem Lincoln Blvd und unterquert die #101, ➤ Seite 727.

Golden Gate Bridge

Kraftfahrzeuge zahlen für die Überquerung der ***Golden Gate Bridge*** **$7,75**, wobei die Maut ausschließlich elektronisch erhoben wird und nur in der Nord-Süd-Richtung. Mietwagen in Kalifornien verfügen über ein entsprechendes *Toll Program*, das sich auf Mautstraßen/-brücken automatisch aktiviert. Der Vermieter rechnet bei Rückgabe des Autos die angefallenen Gebühren mit dem Mieter ab. Wer keine derartige Elektronik im Auto hat (z.B. bei *out-of-state cars*) muss selbst für die Zahlung sorgen. Auf jeden Fall wird das Nummernschild erfasst. Alle Details dazu unter www.goldengate.org/tolls.

Mautfrei ist die Brückenüberquerung mit dem **Bike** (Verleih ➤ Seite 723 bzw. 729) oder **zu Fuß** (nur bei Tageslicht erlaubt!). Sie sei allen ans Herz gelegt, die es schaffen eine Extrastunde dafür zu erübrigen. Vor der Zulassung als Passant/Biker steht ein *Security Check*; www.goldengatebridge.org/visitors.

Die Golden Gate Bridge   www.goldengate.org

Die Einfahrt durch das »Goldene Tor« in die Bucht von San Francisco legte früh den Gedanken an eine Brücke nahe. Aber erst das 20. Jahrhundert sorgte für die technischen Voraussetzungen zur Überbrückung einer Meerenge von über zwei Kilometern Breite bei Wassertiefen von 30 m und mehr. Bis dahin gab es einen regen Fährverkehr zwischen San Francisco und dem Nordufer der Bucht. Wegen der plötzlich von See her einbrechenden Nebelwände kam es dabei häufig zu Havarien. Wer den »Seewolf« von *Jack London* gelesen hat, erinnert sich vielleicht, dass diese abenteuerliche Geschichte mit dem Untergang einer der *Golden Gate*-Fähren ihren Anfang nahm. Erst in den 1920er-Jahren begann man mit der konkreten Planung der Brücke und 1933 mit dem Bau.

Die *Golden Gate Bridge* wurde im Mai 1937 eingeweiht. Sie war damals die längste Hängebrücke der Welt und wartete mit weiteren Rekorden bezüglich der Höhe der die Kabelstränge tragenden Pylonen und der Unterwasserkonstruktionen auf. Die Gesamtlänge der Brücke beträgt 2737 m bei einer Spannweite zwischen den 227 m hohen Pfeilern von 1280 m. Die eine 27 m breite Fahrbahn (sechsspurig plus Fuß- und Radweg 67 m über der Hochwasserlinie) tragenden Kabel haben einen Durchmesser vom 92 cm. Die markante rote Farbe der Brücke geht auf das seinerzeit eingesetzte Rostschutzmittel *Bleimennige* zurück, die Erbauern und den *San Franciscans* derart gut gefiel, dass man für die späteren Erneuerungsanstriche dabei blieb.

Bei sonnigem Wetter am Spätnachmittag erkennt man besonders von Aussichtspunkten in den *Marin Headlands* (➤ Seite 735), wenn die Brücke in gleißendem Rot und das Land in warmem Gelbbraun erstrahlen, den Ursprung der Bezeichnung *Golden Gate*. Aber auch an Tagen durchsetzten Wetters, wenn die orangeroten Pylonen plötzlich den Nebel zerreißen und wieder verschwinden, ist der Blick auf die Brücke atemberaubend.

Nach Sonnenuntergang an der Marshall's Beach

Golden Gate Bridge/ Marin Headlands

Der bei guter Sicht immer äußerst betriebsame *Viewpoint* (mit *Fast Food Service* und Toiletten) auf der Nordseite des Goldenen Tors (ausgeschilderte Abfahrt nach der Überquerung) bietet bereits einen großartigen Blick auf die City von San Francisco, aber fürs »**Spitzenfoto**« gibt es noch bessere Positionen entlang der Zufahrt zu den **Marin Headlands**: Gleich hinter der Aussichtsterrasse verlässt man dazu die Autobahn (Alexander Ave nach Sausalito), unterquert sie aber sofort wieder nach links. Die linke Spur führt zurück auf die Brücke, **rechts** geht es auf der **Conzelman Road** steil den Hang hinauf. Von mehreren Halteplätzen entlang der Strecke fällt der Blick bei gutem Wetter durch und über das rote Wunderwerk auf die *Skyline* der City; ➤ Foto Seite 690. Ein perfekter Platz um den Tag ausklingen zu lassen! Weitere Details zu den *Headlands* ➤ Seite 735.

Abstecher zur Nordseite der Bay

Auf dieser Seite der Bay liegen mit **Sausalito**, **Tiburon** und der **Angel Island** hübsche Ziele für einen etwas ausgedehnteren San Francisco-Besuch. Bei ausreichender Zeit sind auch die *Redwood*-Bestände des **Muir Woods National Monument**, **Mount Tamalpais**, **Stinson Beach**, das »Aussteigerdorf« **Bolinas** und die **Point Reyes National Seashore** einen Abstecher wert, ➤ Seiten 738f.

Coastal Trail

In San Francisco geht es weiter auf dem *Scenic Drive*: man folge zunächst dem Lincoln Blvd, später dem Camino del Mar durch beste Wohnlagen oberhalb der Pazifikküste bis zum *Palace of the Legion of Honor*. Parallel zur Straße verläuft ein Fußweg, der **Coastal Trail**, zunächst parallel zum Boulevard, dann bis zum *Cliff House* im Bereich *Land's End* hoch über dem Meer durch freies Gelände und weiter an Stränden und dem *Great Highway* entlang bis zu den Absprungdünen für Drachenflieger beim *Fort Funston*.

**Marshall's &
Baker Beach**

Der Lincoln Boulevard passiert zunächst den Zugang zu zwei beliebten Stränden, die über einen steilen Pfad zugängliche *Marshall's Beach* direkt zu Füßen der *Golden Gate Bridge* und gleich darauf die langgestreckte **Baker Beach**. Der auch im Hochsommer hier nur durchschnittlich 14°C kalte Pazifik lockt vor allem Sonnenhungrige und Fotografen an – ohne Nebel toller Blick auf die *Golden Gate Bridge* im Nachmittagslicht! Am Nordende der **Baker Beach** tummeln sich oft jede Menge Nudisten.

Parkmöglichkeiten für die *Marshall's Beach* befinden sich an der Ecke Lincoln Blvd/ Storey Avenue oder beim Langdon Court. Zum Besuch der *Baker Beach* fährt man zum eigens dafür vorgesehenen Parkplatz etwas weiter südlich am Lincoln Blvd.

**Kunst-
museum**

Im **Lincoln Park**, durch den sich die Route nach links wendet, liegt der **California Palace of the Legion of Honor**. Der Palast ist dem gleichnamigen Pariser Vorbild nachempfunden und wurde 1924 zu Ehren der im 1. Weltkrieg gefallenen Kalifornier errichtet. Er beherbergt heute ein sehenswertes Kunstmuseum, das überwiegend europäische Werke ab dem Spätmittelalter zeigt, darunter Werke von *Rubens, Rembrandt* und *Picasso*. Stark vertreten sind Impressionisten wie *Manet* oder *Renoir*. Beachtlich ist auch die große Zahl an *Rodin*-Skulpturen; schon im Vorhof erwartet *Rodins* »Denker« die Besucher; geöffnet Di-So 9.30-17.15 Uhr; www.famsf.org. Das Ticket ($15, unter 18 Jahren frei) gilt am selben Tag auch für's *de Young Museum* (➤ Seite 729). Salate und Bio-Kost kommen im **Restaurant** des Museums auf den Tisch.

Von der hochgelegenen Uferpromenade sieht man – dieses Mal pittoresk von oben – die Einfahrt in die San Francisco Bay mit der *Golden Gate Bridge.* Am hinteren Ende des Parkplatzes befindet sich ein kleines, aber sehr berührendes **Holocaust-Mahnmal**.

California Palace of Legion of Honor mit einer übergroßen Version des »Denkers« von Auguste Rodin im Eingangsbereich

Cliff House an der Ocean Beach

Cliff House

Nach dem »Palast der Ehrenlegion« erreicht man über den Geary Blvd/Point Lobos Ave das hoch über dem Strand der Ocean Beach und Pazifik gelegene **Cliff House** mit dem **Sutro's Seafood Restaurant** und **Bistro**. Beide sind nicht billig, aber sehr empfehlenswert bezüglich Ambiente, Aussicht, Service und Qualität; besser reservieren: ✆ (415) 386-3330, www.cliffhouse.com. Gleich nördlich und über einen Fußweg erreichbar liegen die **Sutro Baths**, Ruinen der 1966 abgebrannten gleichnamigen Badeanstalt.

Seal Rocks

Der Küste vorgelagert sind am *Cliff House* die **Seal Rocks**. Von einer Aussichtsplattform kann man die Seehundfelsen, die vor allem in den Monaten September bis Juni belebt sind, gut beobachten. *Ranger* der *National Recreation Area* informieren dort über Tier- und Pflanzenwelt dieses Küstenstrichs.

Zoo

Weiter führt der Rundkurs hinunter auf den *Great Highway*, der schnurgerade am breiten Strand der *Ocean Beach* entlang läuft und das Westende des *Golden Gate Park* passiert. Am Südende des Strandes befindet sich der **San Francisco Zoo** mit einem erstklassigen Primatengehege (Gorillas und Orang-Utans), Koalas und Pinguinen. Auch die Landschaftsgestaltung des Zoos ist eindrucksvoll, speziell im östlichen Bereich, wo der Parkweg um einen verwunschenen See herum durch die üppig baumbestandenen Grünbereiche »Südamerika« und »Bärenland« führt; geöffnet 10-17 Uhr, Eintritt $20, Kinder $14; www.sfzoo.org.

Drachen-flieger

Südlichster Anlaufpunkt des *Scenic Drive* ist das zur *Golden Gate Recreation Area* gehörende Gelände des einstigen **Fort Funston** mit Steilhängen über dem Ozeanstrand, die Drachenfliegern als Absprung- und Übungsgelände dienen. Vor und über einer Beobachtungsplattform demonstrieren *Hangglider*-Piloten dem staunenden Publikum gelegentlich aus nächster Nähe, was sich mit den bunten Fluggeräten so alles machen lässt.

Betrieb herrscht beim *Fort Funston* eher am späten Nachmittag und an Wochenenden, so das Wetter mitspielt. Denn über diesem Teil der Stadt hängt – wie bereits bemerkt – oft Nebel, selbst wenn jenseits der Hügel von *Haight Ashbury* und *Diamond Heights* die Sonne scheint.

Der Golden Gate Park

Kenn-zeichnung

Der rund 5 km lange, aber nur 800 m breite *Golden Gate Park* gilt als eine der ganz besonderen Sehenswürdigkeiten San Franciscos; https://goldengatepark.com. Tatsächlich besitzt der Park durchaus hübsche Ecken, aber das hindurchführende, stark befahrene Straßennetz stört erheblich. Nur wenn **sonn- und feiertags** der Verkehr weitgehend unterbunden wird, zeigt der Park Flair. Eine ähnlich bunte Mischung seiner Besucher und ihrer Aktivitäten findet sich dann allenfalls noch in New Yorks *Central Park*.

Bikes mieten

Besonders an solchen Tagen lohnt sich der Besuch, idealerweise mit **Mietfahrrad**, z.B. *San Francisco Bicycle Rentals* an der 1816 Haight St im Osten des Parks oder *Golden Gate Park Bike & Skate* an der 3038 Fulton Street; ca. $25/Tag.

Westteil des Parks

Im **Westteil** befindet sich sogar ein **Büffelgehege** (*Bison Paddock*), aber für donnerndes Herumgaloppieren haben die zotteligen Viecher zu wenig Platz. Die beiden **Windmühlen** in der Nordwestecke begeistern zwar Amerikaner, wirken aber auf europäische Besucher wenig sensationell. Die nördliche **Dutch Windmill** ist ein Geschenk der niederländischen Königin Wilhelmina.

Von dort sind es keine 200 m zum *Beach Chalet*, einem beliebten, wiewohl nicht ganz billigen Restaurant (*Seafood*, Steaks) mit Strandaussicht, wo zudem mehrere Bierarten gebraut werden; 1000 Great Hwy, ✆ (415) 386-8439, www.beachchalet.com.

Gewächshaus

Anziehungspunkt im Osten des Parks ist das *Conservatory of Flowers*, ein nostalgisches Gewächshaus am 100 John F. Kennedy Drive; Di-So 9-16.30 Uhr; $9/$6; www.conservatoryofflowers.org.

de Young Museum

Westlich des *Conservatory* steht das außen wie innen sehenswerte riesige Kunstmuseum **de Young Museum of Fine Arts**. In erster Linie beeindrucken die Ausstellungen zur – im Wesentlichen amerikanischen – Kunst des 20. Jahrhunderts, aber auch die Abteilungen zur *Native Art* der Amerikas und anderer Erdteile überzeugen; Di-So, 9.30-17.15 Uhr, $15, unter 18 Jahren frei. Ticket gilt am selben Tag auch fürs Kunstmuseum im *Palace of the Legion of Honor*; ➢ Seite 727; www.famsf.org.

de Young Museum

Aquarium und Science Museum

Nach dem Kunstgenuss wartet eine große **Cafeteria** – an Gutwettertagen die Terrasse am angrenzenden **Skulpturenpark**.

Der noch relativ neue, scheinbar einstöckige Bau der *California Academy of Sciences* mit **Steinhart Aquarium, Rain Forest** und **Planetarium** (vis-a-vis dem *de Young Museum*) beeindruckt zwar architektonisch, die Präsentation des Zentralthemas »Umweltschutz« ist dagegen weniger gelungen. Der an sich gut gemachte »Regenwald« enttäuscht wegen der räumlichen Enge. Das Aquarium im Untergeschoss gehört eher nicht zur amerikanischen Spitzenklasse. Der Eintritt ($36, Kinder $31/$26) liegt zwar im US-üblichen Rahmen, ist aber für das hier Gebotene hoch. Geöffnet Mo-Sa 9.30-17 Uhr, So ab 11 Uhr; www.calacademy.org.

Im hübschen *Japanese Tea Garden* mit einem echten japanischen Teehaus kann man nach den touristischen Anstrengungen des Tages gut pausieren; täglich 9-18 Uhr, Winter 16.45 Uhr; Eintritt $9, Kinder $6/$2; www.japaneseteagardensf.com.

Boot mieten

Am **Stow Lake**, nur wenig westlich davon, warten Mietboote. Mit ihnen lässt sich der *Strawberry Hill* umrunden. Dabei sehenswert sind die Huntington Wasserfälle, eine farbprächtige chinesische Pagode (die SF 1976 von der Schwesterstadt Taipei erhielt) und eine 1893 errichtete mittelalterlich anmutende Steinbrücke.

Konzerte

Von April bis Oktober spielt die *Golden Gate Park Band* seit dem Jahr 1882 jeden Sonntag um 13 Uhr ein Potpourri aus populärer Klassik, Broadway, Swing und mehr im sog. *Bandshell* des *Spreckel's Temple* am *Music Concourse* zwischen *de Young Museum* und der *Academy of Science*. Manches Bandmitglied sieht dabei so aus, als sei es von Anfang an mit von der Partie gewesen. Ein Erlebnis, das sich Sonntagsbesucher nicht entgehen lassen sollten.

Mosaiktreppen

Südlich des Parks erreicht man über die **16th Ave** die hübschen Mosaiktreppen im Stadtteil Golden Park Heights: die *Hidden Garden Steps* mit ihren Blumenmustern (Ecke Kirkham St) und die durch *Van Gogh* inspirierten *16th Avenue Tiled Steps* (➤ Foto Seite 697) noch etwas weiter südlich.

360°-Panorama-anhöhe Twin Peaks

_____ **Vom Golden Gate Park zurück in die City**

Haight-Ashbury

Unmittelbar östlich des *Golden Gate Park* unterhalb der schmalen Parkverlängerung **Panhandle** liegt der in Hippiezeiten (ab Mitte der 1960er-Jahre) als Hochburg der Bewegung berühmt gewordene, zugleich aber verschriebene Stadtteil **Haight-Ashbury**. Junge Menschen kamen mit Blumen im Haar von überall hierher, ganz wie es *Scott McKenzie* in seinem Song *»If you're going to San Francisco«* besungen hat. In den 1970er-Jahren wurde der Traum von der Leichtigkeit des Lebens nach und nach zum Drogenalptraum, aber inzwischen ist alles wieder »normaler« und damit letzt-

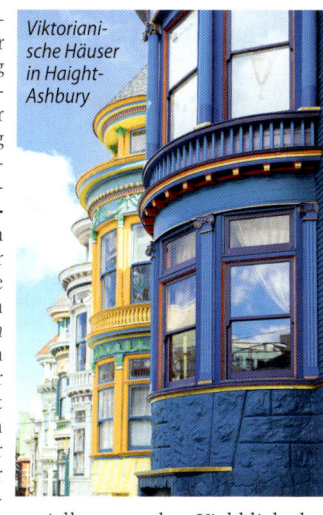

Viktorianische Häuser in Haight-Ashbury

lich auch amerikanisch kommerzieller geworden. Viel blieb also nicht von der *Flower Power*, doch Reste der alten Blüte findet man noch im Bereich Haight/Ashbury Street in einer Reihe witziger Läden für psychedelische Souvenirs, Cafés mit Kaffeespezialitäten und gesunden Säften sowie Restaurants mit vegetarischer Kost. Auf den großen Plattenladen **Amoeba Music** in der Haight Street (# 1855) und das **B&B Red Victorian** (#1665) wurde bereits hingewiesen (➤ Seite 708 bzw. 703).

Ein besonders begehrtes Fotomotiv sind die »**Dangling Legs**« (aus dem Fenster hängende Damenbeine) oberhalb der *Piedmont Boutique* in der 1452 Haight Street.

Twin Peaks

Der **Scenic Drive** führt vom *Golden Gate Park* auf etwas verschlungenen Wegen (Twin Peaks Blvd) zu den 300 m hohen **Twin Peaks**, eine gute Meile südlich des Parks bzw. von Haight-Ashbury. Die Aussicht von dieser höchsten Erhebung San Franciscos ist großartig. Auch wer nicht direkt den *Scenic Drive* abfährt, sollte den vom Zentrum kurzen Abstecher dorthin unbedingt machen. Weniger empfehlenswert ist die Auffahrt indessen ab einbrechender Dunkelheit, auch wenn dann vielleicht ein Nachtfoto von der beleuchteten City lockt.

Mission District	Auf dem Weg von dort zurück in Richtung City (am besten zunächst über die Market Street) liegt die Wiege San Franciscos fast am Wege, die **Mission Dolores** (auch *Mission San Francisco de Asis*) an der Ecke 16th/Dolores Street, ein eher schlichter Bau aus dem Jahre 1776. Zwei Blocks weiter südlich findet sich der hübsche **Mission Dolores Park** mit einem Bilderbuchblick auf die *Downtown* (am besten von der Ecke Church St/20th Street aus)
Murals	Im **Mission District** (wie auch im benachbarten Haight Ashbury) findet sich eine schier endlos erscheinende Fülle spektakulärer **Murals** (großflächig bemalte Hauswände) mit tollen Motiven in der **Clarion Alley** zwischen Mission und Valencia St sowie 17th/18th St oder in der **Balmy Alley** zwischen 24th/25th Street und Folsom/Harrison St wie auch in der 24th St/Ecke Florida Street. Besonders beeindruckend ist z.B. die Gestaltung des *Women's Building* (3543 18th St) oder das *Golden Dreams of the Mission Mural* an der Ecke 24th St/South Van Ness Ave.

Die viktorianischen Häuser

Am bekanntesten sind zweifelsohne die sieben »bemalten Damen« am Alamo Square (**Painted Ladies** ➢ rechts), schon allein wegen des tollen Kontrasts mit den sich dahinter erhebenden modernen Wolkenkratzern von *Downtown*. Die umliegenden Stadtviertel wie **Haight-Ashbury**, **Pacific Heights** und **Noe Valley** haben aber auch einiges zu bieten. Da diese hügelige Region vom verheerenden Großbrand nach dem 1906er-Erdbeben großteils verschont blieb, findet man dort heute noch die eine oder andere architektonische Perle aus viktorianischer Zeit.

Farbenfroh und schön herausgeputzt reihen sie sich an der Central und Masonic Avenue sowie entlang der Haight und Waller Street. Die unten abgebildete Häuserzeile befindet sich an der Ecke Waller/Masonic, jene auf dem Foto ➢ umseitig unweit der Straßenkreuzung Central/Haight.

Für Interessierte werden 2,5-stündige **Historical Walking Tours** durch Pacific Heights angeboten; Mo+Sa 11 Uhr; $25 in bar; www.victorianhomewalk.com. Dabei geht es u.a. zum Haus des »stacheligen Kindermädchens« *Mrs. Doubtfire* (gespielt von Robin Williams) in der 2640 Steiner Street.

Viktorianische Schmückstücke

Mission Dolores Park

Wer sich näher dafür interessiert, schaut am besten im **Precita Eyes Mural Arts & Visitor Center** in der 2981 24th Street vorbei und bucht ggf. eine geführte Tour. Jede Menge Fotos präsentiert auch das Internetportal www.precitaeyes.org.

»Schmelz-tiegel«

Eine kleine Kuriosität befindet sich an der 3134 22nd Street. Dort wurde eine hübsche evangelische Kirche in den buddhistischen **Hua Zang Si Temple** umgewandelt. Hinter den Bleiglasfenstern und neben den alten Orgelpfeifen sitzen seit 2004 buddhistische Nonnen und eine übergroße Buddhastatue; www.huazangsi.org.

Castro District

Entlang der **Castro Street** schlägt das Herz des schwulen und lesbischen San Francisco. Die Ecke Market/Castro Street wurde nach dem ersten offen homosexuellen Lokalpolitiker San Franciscos, der 1978 zusammen mit Bürgermeister *Moscone* in der City Hall erschossen worden war, in **Harvey Milk Plaza** umbenannt.

Sehens- und erlebenswert ist das **Castro Theatre**, ein Kino mit Orgel, in dem schwerpunktmäßig Filmklassiker und Avantgarde in Originalsprache (oft auch Deutsch) auf die Leinwand kommen; 429 Castro Street, www.castrotheatre.com.

Abkürzung Scenic Drive/ Abschluss

Die Weiterführung des offiziellen *Scenic Drive* über die Dolores Street nach Süden und zurück über die I-280 nach *Downtown* leuchtet ein. Von der *Mission Dolores* bzw. aus dem Bereich Castro nimmt man am besten die Dolores bzw. van Ness Ave nach Norden und schließt den Kreis der Rundfahrt über die Market Street in *Downtown* ab. In Frage kommen aber auch noch weitere Anlaufpunkte westlich von *Downtown*, so ab Haight-Ashbury bzw. direkt ab *Golden Gate Park* der **Alamo Square** mit seinen *Painted Ladies*, **Japantown** und **St. Mary's Cathedral**.

Painted Ladies

Egal, auf welcher Straße man zwischen *Golden Gate Park* und *Downtown* unterwegs ist, zum hochgelegenen **Alamo Square Park** und den bunt angestrichenen »Damen« geht's am besten über die Steiner Street. Die hübsch exponierte viktorianische Häuserzeile ist dabei nicht zu verfehlen; ➤ Foto Seite 696.

Ihr Spitzname wurde ebenfalls dem späten 19. Jahrhundert entlehnt und ist nicht gerade schmeichelhaft. Als »Painted Ladies« bezeichnete man damals die Damen aus dem Rotlichtmileu, die auffälliger geschminkt waren als jene aus der feinen Gesellschaft.

Japantown

Zwei Blocks westlich des Alamo Square verläuft die breite Webster St. Gut eine halbe Meile nördlich erreicht man auf ihr *Japantown* (zwischen Geary Blvd und Post bis Fillmore bzw. Laguna St). Der Bereich besteht im Wesentlichen aus einem *Shopping Center* mit einigen reizvollen architektonischen Akzenten, darunter die auffällige *Peace Pagoda* und die »Rainbow Stairs« im Bekleidungsgeschäft *Uniqlo*. Diese in Regenbogenfarben leuchtenden LED-Stufen sind ein recht beliebter Hintergrund für *Selfies*. Rund um die Friedenspagode finden an Sommerwochenenden folkloristische Veranstaltungen statt; www.sfjapantown.org.

St. Mary's/ Holy Virgin Cathedral

Von *Japantown* sind es bis zum modernen Marmorbau der **St. Mary's Cathedral** auf dem Geary Blvd je nach Ausgangspunkt nur zwei bis vier Blocks nach Osten. Diese Kathedrale kann Mo-Sa 10-12 Uhr und So nach der Messe besichtigt werden (Spende); www.stmarycathedralsf.org. Wer sich für Kirchenarchitektur interessiert, wird auch die **Holy Virgin Cathedral**, eine russisch-orthodoxe Basilica, eindrucksvoll finden, ebenfalls am Geary Blvd, aber weiter westlich (#6210). Leider ist das beachtliche Innere des Baus nur bei Teilnahme am Gottesdienst zugänglich; aktuelle Zeiten im Internet unter http://sfsobor.com.

Civic Center

Auf der Market Street passiert man unmittelbar östlich der Van Ness Ave das *Civic Center*. Dort gruppieren sich die *City Hall* mit Säulenportal und einer dem Petersdom nachempfundenen Kuppel sowie Verwaltungsgebäude und Kulturtempel um eine zentrale, parkartige Plaza. Neben dem Rathaus verdienen außerdem das **War Memorial Opera House** und die Architektur der **Symphony Hall** Beachtung – beide liegen unverfehlbar an der Van Ness Ave (#101).

Asian Art Museum

Die *Civic Center Plaza* östlich der *City Hall* trennt das Gebäude vom **Asian Art Museum** in der 200 Larkin Street. Es verfügt über eine außergewöhnlich große Sammlung asiatischer Kunstgegenstände, von denen immer nur ein Teil in der Ausstellung zu sehen ist. Geöffnet Di-So 10-17 Uhr, Do bis 21 Uhr im Sommer; Eintritt $20/$15, an Wochenenden +$5; www.asianart.org.

Zu unterschiedlichen Anlässen erstrahlt die San Francisco City Hall im farbenfrohen Gewand

Point Bonita Lighthouse

6.2   Von San Francisco hinauf an die Oregon-Küste

Wer seine Reise durch den Nordwesten der USA in San Francisco beginnt, den trennen nach der Überquerung der *Golden Gate*-Brücke rund 400 mi Hwy #1/101 von der *Oregon Coast* (➤ Seite 672). Die Fahrt ist rein rechnerisch in nur 1-2 Tagen zu bewältigen. Die kurvenreiche Streckenführung bedingt allerdings geringe Durchschnittsgeschwindigkeiten, auch verdienen die nordkalifornischen Küstenabschnitte und Mammutbäume weitaus mehr Beachtung. Die mindestens 2-3 Tage bis Brookings/Oregon bedürfen einer guten Vorausplanung, denn in der Region sind die Unterkünfte eher dünn gesät und während der Hochsaison immer gut ausgelastet. Camper finden entlang der Pazifikküste und in den Wäldern einige ruhige und landschaftlich sehr reizvolle *State Parks.*

Die gleich zu Beginn im **Kapitel 6.2.1** beschriebenen Ausflugsziele in der nördlichen *Bay Area* sind auch noch für alle von Interesse, die San Francisco lediglich im Zuge einer Städtereise besuchen.

6.2.1   Ziele nördlich von San Francisco

Marin Headlands, Sausalito und Tiburon

Conzelman Road

In den **Marin Headlands** jenseits der *Golden Gate Bridge* befindet sich entlang der **Conzelman Road** eine Reihe sehr lohnenswerter **Aussichtpunkte** auf Brücke, Bucht und City (➤ Foto Seite 690); *Exit Alexander Ave* von der #101 am Nordende der Brücke, dann – von SF kommend – links unter der Autobahn hindurch und rechts halten; bei Anfahrt von Norden erst links und dann rechts bleiben. Weiter oben an der Straße passiert man alte Batteriestellungen (Einbahnstraße) und gelangt schließlich zum **Bird Island Overlook** sowie zum **Point Bonita Lighthouse** in exponierter Lage hoch über dem Pazifik; zugänglich nur Sa-Mo 12.30-15.30 Uhr. Anschließend geht es auf der Field und Bunker Road vorbei an *Nike*-Flugabwehrraketen aus dem Kalten Krieg. Die Abschussrampe *SF-88* kann Do-Sa 12.30-15.30 Uhr besichtigt werden; www.nps.gov/goga.

Kurz hinter dem in einer alten Militärkapelle untergebrachten *Marin Headlands Visitor Center* führt die Stichstraße Mitchell Road am Nordufer der *Rodeo Lagoon* entlang bis zum Parkplatz der **Rodeo Beach** beim *Fort Cronkhite*.

Als preiswerte Ausgangspunkte im Grünen für einen SF-Besuch bieten sich auf den *Headlands* der **Campground Bicentennial** (nur Zelte) oder das **Marin Headlands Hostel** an; ✆ (415) 331-2777, Betten ab $33, DZ ab ca. $80; www.norcalhostels.org/marin.

Sausalito

Nach einem langen Tunnel stößt man bei Rückkehr von diesem Abstecher wieder auf die Alexander Ave. Sie führt in Richtung Nordosten nach Sausalito hinein, einem Vorort für Besserverdienende, der mit der größten **Yachthafenkonzentration** der Bay gesegnet ist. Die Durchgangsstraße Bridgeway, an der sich eine an **Yachtsport-** und **Aprés Sail**-Bedürfnissen orientierte Infrastruktur drängt, verläuft gleich hinter den Marinas.

Die Hafenluft macht Appetit; für mehr als *Fast Food* gut sind die Restaurants **Saylors** (2009 Bridgeway) und **Scoma's** (588 Bridgeway; hochpreisig auf einem eigenen Pier über der Bucht).

Hausboot in Sausalito

Eine richtige Sehenswürdigkeit von Sausalito ist die am Nordende des Ortes verankerte **Armada von Hausbooten**. Ordnungsgemäß vertäut an endlosen Stegen dümpeln dort neben vielen simplen Schwimmhäusern (*Floating Homes*) eigens fürs Wasser konzipierte Luxusvillen und auf Flöße oder alte Schuten gesetzte Fantasiekonstrukte.

Genial ist das, was zum Teil am *Main*, *Liberty* und *Isaaquah Dock* an der Gate 5 Road liegt. Der wacklige, alternative *Gate 5 Cooperative Pier* mittendrin trägt nicht ohne Grund die Aufschrift »*Enter at your own risk*«. An Wochenenden werden 3-stündige Rundgänge angeboten; $50/Person; www.sausalitowoodenboattour.com.

Bay Model

Für technisch Interessierte ist das **Bay Model** des *U.S. Army Corps of Engineers* ein Leckerbissen, 2100 Bridgeway Blvd, Zufahrt ausgeschildert. Die Bucht von San Francisco mit allen Nebenarmen und Zuflüssen wurde in einer riesigen Halle maßstabsgerecht nachgebildet, um den Effekt von Ebbe und Flut zu simulieren. Ein 24-Std-Rhythmus wird dort in 14 min mit 500.000 Litern Wasser nachvollzogen. *Visitor Center* im Sommer Di-Fr 9-16 Uhr, Sa 10-17 Uhr, sonst Di-Sa 9-16 Uhr; Eintritt frei. Ob und wann im Modell Wasser fließt, erfährt man unter ✆ (415) 332-3871 oder www.spn.usace.army.mil/Missions/Recreation/Bay-Model-Visitor-Center.

Tiburon

Den noch einige Meilen weiter nördlich gelegenen **Nobelvorort Ti-buron** erreicht man über die #101 und den gleichnamigen Boule-vard (zugleich Straße #131, Abfahrt #447). Noch ca. 5 mi sind es bis zum kleinen Zentrum mit Fußgängerzonen an der Bucht Belvedere Cove. Am Yachthafen warten hübsche **Restauraterrassen**.

Dort legt auch die Fähre nach San Francisco und zur gegenüberlie-genden *Angel Island* ab, in Gänze ein *State Park*, in dem man mit Weitblick auf San Francisco wandern, joggen und *biken* (*Bike Ren-tal* vor Ort) und sogar zelten kann, ➢ Seite 705.

Die **Angel Island-Fähre** kostet $15 (Kinder $5-$13; nur Barzahlung!) retour inkl. Eintritt in den *State Park*, ab *Pier 41* oder *Ferry Buil-ding* $16 bzw. Kinder (5-11) $9. Sie ersetzt glatt eine **Bay-Rund-fahrt**. Bei knapper Zeit sollte man einen Abstecher bis Tiburon nicht unbedingt ins Auge fassen, da reicht auch Sausalito.

Über Muir Woods und Point Reyes bis Bodega Bay

Muir Woods

Eintritt $15/Person oder Interagency Jahrespass

Die Küstenstraße #1 nach Norden, der *Shoreline Highway*, sepa-riert sich oberhalb von Sausalito bei **Marin City** wieder vom *Free-way* #101. Auf ihm verlässt man die Autobahn und biegt nach ein paar Meilen auf den *Panoramic Hwy* ab und folgt der Ausschilde-rung zum **Muir Woods Nat'l Monument**; ➢ Foto Seite 24. Dort gibt es einen kleinen **Redwood**-Bestand, dessen Besuch zum festen Programm aller größeren Stadtrundfahrten gehört. Wer aber die weit eindrucksvolleren Küstenmammutbaum-Haine in Nordka-lifornien (u.a. *Avenue of the Giants* und *Redwood National Park*) noch auf dem Programm hat, für den ist das Nationalmonument keine Pflicht. Der Bestand in *Muir Woods* hat nur ein mittleres Alter; der höchste Baum misst dort 78 m. Anderorts können über 1.000 Jahre alte *Redwoods* bis zu 110 m hoch werden.

Ausgehend vom *Visitor Center* haben Besucher die Wahl zwischen einem 0,5-, 1- oder 1,5-stündigen Rundweg.

Anfahrt per Bus	Das Parkplatzangebot vor den Toren des *Nat'l Monument* ist sehr begrenzt, Wohnmobile können dort nicht abgestellt werden. Den Sommer über gelangt man auch mit öffentlichen Verkehrsmitteln dorthin: An Wochenenden und Feiertagen holt der **Muir Woods Shuttle** (**#66**) Besucher vom *Pohono Street Park & Ride* in Mill Valley (100 Shoreline Highway) ab, von der Anlegestelle der *Sausalito Ferry* verkehrt die **Buslinie #66F** auch wochentags; www.marintransit.org/routes/66.html.

Mount Tamalpais

Von *Muir Woods* geht es (zurück auf dem *Panoramic Hwy*) weiter nordwestlich zum **Mount Tamalpais State Park** und von dort ggf. dann auf der Pan Toll Road und dem Ridgecrest Blvd bis zum Ostgipfel des Mount Tamalpais (ca. 800 m). Von der Höhe genießt man eine grandiose Aussicht (➤ Seite 704), selbst wenn der typische Nebel über der *Golden Gate Bridge* und der San Francisco Bay liegt. Weiße Wolkenberge unterhalb des Beobachters und die ferne City in der Sonne sorgen dort oft für interessante Fotomotive.

Campen ist auf dem kleinen Platz am *Panoramic Hwy* nur mit Zelt möglich (*Pantoll Campground*, $25). Auf dem Parkplatz dürfen aber **Wohnmobile** über Nacht stehen, ➤ Seite 704.

Ein besonderer Tipp ist die herrliche Panoramaterrasse im Restaurant des **Mountain Home Inn**; auch DZ ab $200; 810 Panoramic Hwy; © (415) 381-9000, www.mtnhomeinn.com.

Nach Stinson Beach

Mit oder ohne Stopp an den *Redwoods* oder Abstecher zum Mount Tamalpais ist bei Weiterfahrt in Richtung *Stinson Beach* der **Panoramic Highway** die beste Route. Für den Rückweg wählt man dann die in diesem Sektor und dieser Fahrtrichtung spektakuläre Straße #1 (Shoreline Highway). Von den Serpentinen hoch über dem Pazifik fällt der Blick auf die **Skyline** von San Francisco.

Stinson Beach mit allen Einrichtungen fürs Badeleben gilt als **der Strand** von San Francisco. An Schönwetter-Wochenenden baden dort Tausende in der Sonne und Abgehärtete sogar im Wasser. Besonders beliebt ist *Stinson Beach* in der Homosexuellenszene.

Bolinas

Wenige Meilen weiter nördlich am südlichen Rand der *Point Reyes National Seashore* liegt **Bolinas**, ein bis heute als solches noch erkennbares Dorf der **Alternativkultur** aus der Zeit der *Flower Power*-Bewegung (ca. 1 mi von der #1, jeder Hinweis an der Zufahrt Oleme-Bolinas Road ab dem nördlichen Ende der Lagune hinter *Stinson Beach* fehlt). Das hübsche Dorf zwischen Wald, Hügeln und Meer wird nach wie vor von Leuten bewohnt, die ein Leben etwas **außerhalb des *American Way of Life*** bevorzugen. Westlich des Ortes befindet sich im *Agate Beach County Park* der **beste Strand** weit und breit.

Point Reyes National Seashore

Von **Olema**, auf dem Shoreline Highway #1 gut 15 mi nördlich von Stinson Beach, sind es noch 2 mi zum **Bear Valley Visitor Center** mit einem Informationsprogramm zu Flora und Fauna des Parks und zur **Erdbebenproblematik** der Region, verursacht durch die Nähe des St. Andreas Verwerfung, ➤ Seite 694.

Die *National Seashore* ist ein weiteres beliebtes Naherholungsgebiet für den Großraum San Francisco und schützt interessante einsame Steilküstenabschnitte, die sich den Besuchern größtenteils nur auf längeren Wanderungen erschließen. Wer nur wenig Zeit hat, für den ist **Point Reyes** nicht der richtige Platz! Allein für die (eher eintönige) Fahrt vom Besucherzentrum zum **Lighthouse** (nur Fr-Mo 10-16.30 Uhr geöffnet) am Ende des Sir Francis Drake Blvd braucht man schon eine gute 3/4 Stunde *one-way*.

Besuchern mit mehr Zeit steht ein Wanderwegenetz von knapp 250 km zur Verfügung. Eine empfehlenswerte Route startet am Parkplatz der **Limantour Beach**. Von dort sind es 3 km in südöstliche Richtung bis zur **Sculptured Beach**, die mit einigen Felsbögen und stark erodiertem Gestein aufwartet, aber nur bei Niedrigwasser begehbar ist (alternativer Zugang u.a. über einen *Trail*, der beim *Hostel* beginnt, ➤ unten).

Populär ist auch die Wanderung zu den **Alamere Falls**, die von den Klippen auf einen einsamen Strand stürzen; 13,5 km retour ausgehend vom *Palomarin Trailhead* im Süden des Point Reyes Naturreservats. Der kurze Abstieg zum Strand ist aber nicht so ohne bzw. recht steil. Detaillierte Infos und Karten im Besucherzentrum oder im Internet unter www.nps.gov/pore.

Im Naturschutzgebiet gibt es nur **Walk-in-Campgrounds**. Einen schön gelegenen Platz für Zelte und Campmobile hat der **Samuel Taylor State Park**, einige Meilen landeinwärts von Olema auf dem Sir Francis Drake Blvd ($35; ✆ (415) 488-9897), ebenso der **Olema Ranch Campground** an der #1 (Zelte ab $44, RVs ab $53; ✆ 1-800-655-2267; www.olemacampground.net).

Ein **Hostel** befindet sich an der Limantour Rd (✆ (415) 663-8811, Betten ab $30, DZ ca. $100), zusätzliche Unterkünfte gibt's in **Olema**, darunter einige *B&Bs* und die **Lodge at Point Reyes** mit hübscher Gartenanlage (Zimmer ab ca. $250 inkl. Frühstück; ✆ 1-800-404-5634; www.thelodgeatptreyes.com).

Alamere Falls, ein beliebtes Wanderziel im Point Reyes Naturreservat

Weiter bis Bodega Bay

Rund 30 mi sind es auf der hier zunächst malerisch an der Tomales Bay entlang laufenden Straße #1 von Olema nach Bodega Bay. Der Ort liegt am ***Bodega Harbor***, einer Bucht, die durch eine lange Sandnehrung vor den Wellen des Pazifik geschützt wird und nur über eine schmale Ausfahrt verfügt. Bekannt wurde **Bodega Bay** durch *Hitchcocks* Horror-Klassiker »Die Vögel«, heute ist es vor allem durch Fischerei- und Yachthäfen gekennzeichnet. Die um die Bucht führende Westshore Road endet an einem kleinen von Felsen umrahmten **Sandstrand**.

Hinsichtlich Preis-Leistung überzeugt das einfache ***Bodega Harbor Inn*** mit Zimmern ab $85 (u.a. in einem Wasserturm) und *Cottages* ab $150; ✆ (707) 875-3594, www.bodegaharborinn.com. Von den **Campingplätzen** ist der im ***Doran City Park*** auf der sandigen Nehrung unschlagbar: $35; http://parks.sonomacounty.ca.gov/Visit/Doran-Regional-Park/.

Von Bodega Bay zur #101

Von Bodega Bay lässt sich via Jenner (Straße #1) und die streckenweise sehr schön am Fluss entlang geführte Straße #116 durch die Region **Russian River Valley** eine Verbindung zur Autobahn #101 zurück nach San Francisco oder auch in die Weingebiete Sonoma und Napa Valley herstellen, ➢ Exkurs rechts.

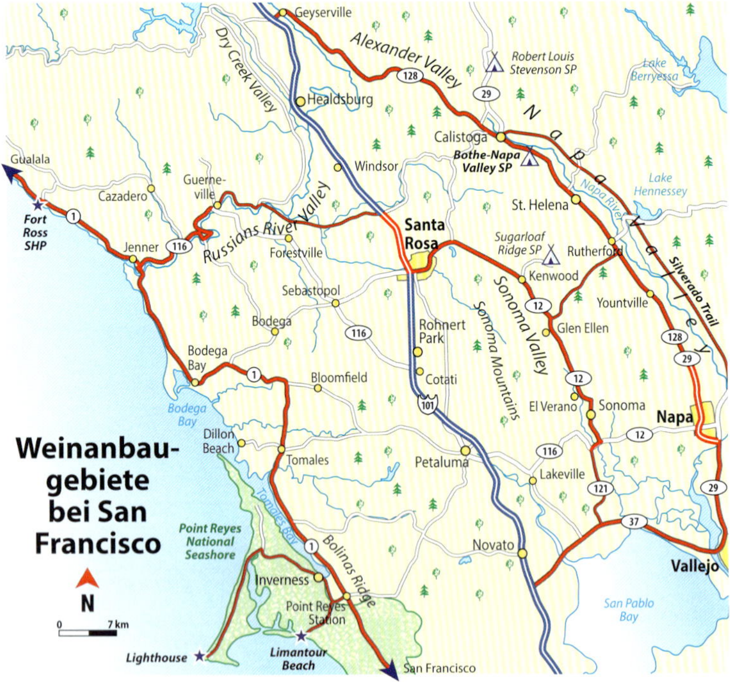

Weinanbaugebiete bei San Francisco

Die Weinanbaugebiete bei San Francisco

Die edlen Tropfen aus Kalifornien sind weltbekannt, allen voran der *Zinfandel*, die Rotweine *Cabernet Sauvignon* und *Merlot* sowie die Weißweine *Chardonnay* und *Sauvignon Blanc*. Bei knapper Reisezeit und ohne größere Weinkennerschaft/-begeisterung sollte man Folgendes bedenken: Das wichtigste Anbaugebiet, die **Region Napa Valley**, liegt zwar nur eine gute Autostunde nordöstlich von San Francisco, aber romantische Weindörfer oder landschaftliche Höhepunkte darf man dort nicht erwarten. Auch handelt es sich bei vielen der über 400 *Wineries* um moderne Produktionsbetriebe mit teils ordentlichen Eintrittspreisen und begrenzten Öffnungszeiten (10-17/18 Uhr) fürs rationell abgewickelte **Wine Tasting** in überwiegend schlichten Probierstuben. Ähnliches gilt für die angrenzenden *Wine Valleys* **Sonoma**, **Russian River**, **Alexander** und **Dry Creek**. Eine Handvoll Weingüter mit guten Touren und Weinverkostungen verdient dennoch eine extra Erwähnung, dazu zählen:

- das **Castello di Amorosa**, ein auf alt getrimmtes burgartiges Anwesen mit hübsch dekoriertem *Wine Tasting Room* 7 mi südlich von Calistoga; 4045 St Helena Hwy (= Straße #29); www.castellodiamorosa.com
- das Landgut der ältesten noch betriebenen Kellerei **Beringer Vineyards** (seit 1876) steht in St. Helena an der 2000 Main St; www.beringer.com
- die **Robert Mondavi Winery** im spanischen Kolonialstil, der *Big Player* des kalifornischen Weinbaus; 7801 St Helena Hwy; www.robertmondaviwinery.com
- die **Jarvis Estate** mit ihrem beeindruckenden unterirdischen Weinkeller; 2970 Monticello Rd, Napa; www.jarviswines.com
- das italienisch angehauchte **Sattui**, eines der beliebtesten Weingüter des Napa Valley an der 1111 White Lane in St Helena; www.vsattui.com.

Weniger bekannt und besucht sind die Winzerbetriebe an der vielleicht attraktivsten Strecke, dem zwischen Napa und Calistoga parallel zur #29 verlaufenden **Silverado Trail** mit über 40 Weingütern; www.silveradotrail.com.

Für eine Übernachtung eignen sich die Orte Napa und Sonoma oder die *Spa*-Resorts mit heißen Quellen im attraktiven Calistoga. Fürs Campen empfiehlt sich der schön gelegene *Sugarloaf Ridge State Park*; www.napavalley.com.

Castello di Amorosa im Napa Valley

Anfahrt ab San Francisco über die *Golden Gate* oder die *Bay Bridge*: **Von der #101 North** geht es über die Ausfahrt 460A auf die #37 und nach Überquerung des Petaluma River auf der #121 weiter in die beiden Zielgebiete. Durchs Sonoma Valley führt dann die #12 North, durchs Napa Valley die #29 North. Wer die *Bay Bridge* wählt, fährt am besten auf der I-80 bis zur Ausfahrt 33 und nimmt dann die #37 nach Westen vorbei am Vergnügungspark *Discovery Kingdom* in Vallejo.

Oakland und Berkeley

Bay Bridge

Nach Oakland geht es über die doppelstöckige *Bay Bridge*. Genaugenommen handelt es sich hier nicht um eine einzige Brücke, sondern um zwei hintereinander geschaltete Hängebrücken zwischen San Francisco und Yerba Buena Island (3,2 km) und östlich der Insel um 19 sog. Fachwerkbrücken in dichter Folge (3,1 km). Das Teilstück über Land auf *Yerba Buena Island* führt durch einen 165 m langen Tunnel. Eine Unterbrechung der Fahrt dort (Abfahrt *Treasure Island*) wird mit **schönem Blick zurück auf die City** belohnt. Die *Toll Plazas* stehen hier auf der Oakland-Seite. Wer aus SF kommt, zahlt daher zunächst nichts; http://baybridgeinfo.org.

Oakland

Oakland, eine der wichtigsten Hafenstädte der US-Pazifikküste, hat im Gegensatz zum Nachbarn auf der Westseite der *Bay* touristisch nur wenig zu bieten und seit Jahrzehnten mit massiver Arbeitslosigkeit und Gewaltkriminalität zu kämpfen. **Tagsüber** muss man in *Downtown* zwar nicht mehr Vorsicht als in anderen Städten vergleichbarer Größe walten lassen, aber nach Einbruch der Dunkelheit sollte man Oaklands Straßen zu Fuß besser meiden.

Die offizielle **Touristeninformation** befindet sich im zentralen Bereich an der 481 Water Street; im Sommer Mo-Fr 9-17 Uhr, Sa+So 10-16 Uhr, sonst kürzer; ✆ (510) 839-9000; www.visitoakland.org.

Art Deco Palast

Sehenswert in *Downtown* Oakland ist das *Paramount Theatre* an der 2025 Broadway (Ecke 21st Street), ein wunderschöner *Art-Deco Entertainment Palace* aus den frühen 1930er-Jahren. Bis heute gibt es dort Filmklassiker, Konzerte von Rock, Soul und Jazz, Symphonien und Ballett. Jeden ersten und dritten Sa im Monat um 10 Uhr Führungen ($5); www.paramounttheatre.com/tour.html.

Bay Bridge nach Sonnenuntergang

Oakland Museum of California

Wer sich für kalifornische (nicht nur lokale Oakland-) Geschichte interessiert, wird den Besuch im beachtlichen *Oakland Museum of CA* lohnenswert finden (1000 Oak Street, Mi-Do 11-17 Uhr, Fr bis 21 Uhr und Sa+So 10-18 Uhr, Eintritt $16/$7, Fr ab 17 Uhr $7,50 und Kinder frei, www.museumca.org).

Von dort sind es nur noch ein paar hundert Meter zum **Lake Merritt**. Am Seeufer stehen das populäre *Seafood*-Restaurant **Lake Chalet** (gehobene Preise) sowie die architektonisch beachtliche *Cathedral of Christ the Light* (➢ Foto links). Ein Uferweg (ca. 5 km) für Jogger und Biker umrundet den See. An seiner nördlichen Einbuchtung (Grand/Bellevue Ave) erstreckt sich der *Lakeside Park* mit dem *Children's Fairyland*, Badestrand, Bootsverleih u.a.m. Etwas östlich befindet sich noch ein sehenswerter **Bonsaigarten**.

Jack London Square

Da der Schriftsteller *Jack London* (Der Seewolf, Ruf der Wildnis u.a.) Kindheit, Jugend und einen Teil der späteren Jahre seines nur 40-jährigen Lebens in Oakland verbrachte, wird dieser Umstand kräftig vermarktet. *Jack London Square* & *Village* im Hafenbereich mit den Hauptachsen Embarcadero und Water Street zwischen Webster und Clay bis zur Wasserlinie bieten *Shops*, Restaurants und an Wochenenden im Sommer *Open-air*-Programm; www.jacklondonsquare.com. Das einzig Originelle am *Square* ist genaugenommen nur der urige *First and Last Chance Saloon* an der Ecke Webster/Water Street; www.heinoldsfirstandlastchance.com.

USS Potomac

An Oaklands große Schiffbauvergangenheit erinnert die 50 m lange »Büroyacht« *USS Potomac*, die Präsident *Franklin Delano Roosevelt* als »schwimmendes Weißes Haus« nutzte. Der eindrucksvolle Nostalgiedampfer liegt am Ende der Clay Street und kann nicht nur besichtigt werden, sondern sticht auch für kurze Bay-Rundtouren in See (*Dockside Tour*s, Mi+Fr+So 11-14.30 Uhr; $10; Kinder bis 12 frei); www.usspotomac.org/events/dockside.php.

Berkeley

Nördlich von Oakland liegt **Berkeley**, Sitz einer der renommiertesten Universitäten der USA. Anfahrt am besten über die I-80, *Exit* University Ave, oder noch besser mit den Zügen des BART-Systems bis *Downtown Berkeley*, denn Parkplätze sind in Berkeley Mangelware. Dort ist man mitten im quirligen Zentrum des von den Bedürfnissen der Studenten geprägten *Business* und der Gastronomie gleich östlich des Universitätsgeländes.

Die **Touristeninformation** befindet sich in der 2030 Addison Street (südliche Parallele zur University Ave, einen halben Block westlich Shattuck Ave); ✆ (510) 549-7040, www.visitberkeley.com.

Berkeley Campus

Die staatliche *University of California* mit über 40.000 Studenten besitzt einen Campus, über den europäische Besucher nur staunen können. Wer sich dafür interessiert, steuert zunächst das *Koret Visitor Center* am *California Memorial Stadium* an (2227 Piedmont

Ave/Ecke Bancroft Way). Mit **Lageplan** in der Hand fällt ein gezielter **Rundgang** nicht schwer. Die Karte samt Info zu einzelnen Anlaufpunkten kann man sich auch auf das *Smartphone* laden; http://visit.berkeley.edu. Für die kostenlosen, 90-minütigen Führungen ist eine Reservierung erforderlich.

Campanile

Ob mit oder ohne Tour, nicht auslassen sollte man den Blick vom 94 m hohen **Sather Tower** (*Campanile*) über Universitätsgelände, Berkeley und die *San Francisco Bay* (Auffahrt Mo-Fr 10-15.45 Uhr; Sa bis 16.45 Uhr, So 10-13.30 und 15-16.45 Uhr, $3 in bar).

Kunstmuseum

Von den verschiedenen Museen der Universität sticht das **Berkeley Art Museum** (*BAM*) hervor mit – in erster Linie – asiatischer und amerikanischer Gegenwartskunst (einschließlich 20. Jahrhundert); 2155 Center Street; $12; Mi-So 11-17 Uhr, Fr+Sa bis 21 Uhr; www.bampfa.berkeley.edu.

Botanischer Garten

Auch ohne ausgeprägtes Interesse an botanischen Gärten lohnt sich der **UC Botanical Garden** im *Strawberry Canyon*; täglich 9-17 Uhr; $12/$7; Anfahrt vom Campus am besten per **Shuttlebus** (nur Mo-Fr); http://botanicalgarden.berkeley.edu.

Zahlreiche kulturelle Veranstaltungen auf dem Campus wie im Umfeld und eine gute **Kneipenszene** sind für manchen sicher ein zusätzlicher Anreiz für den Abstecher nach Berkeley. In den Sommerferien (Juni bis Ende August) ist weniger los, dann kommt man ggf. auch preiswert unter in den **University Residences** (bei Bedarf im Besucherzentrum danach fragen).

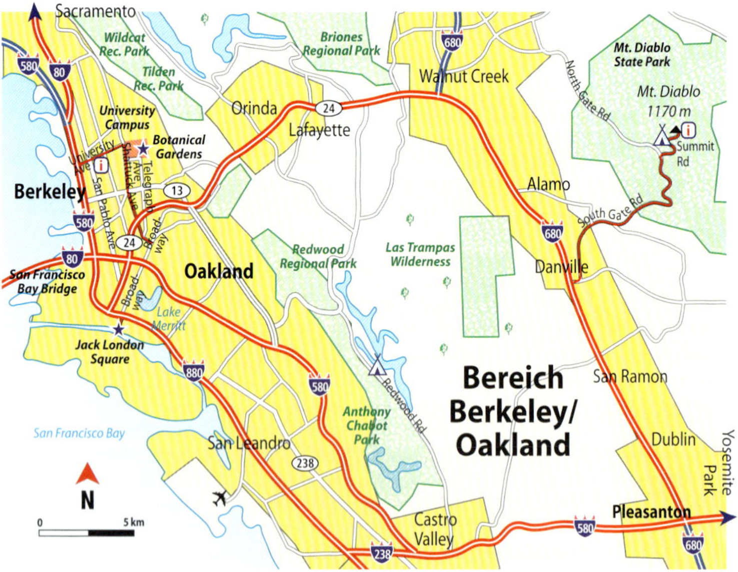

Nicht nur die weltberühmten Klippen am Big Sur südlich von San Francisco sind spektakulär, auch der nordkalifornische Pazifikabschnitt ist sehenswert; hier südlich von Jenner unweit des Duncan's Point

6

6.2.2   Die Küstenstraßen #101 und #1

Die in diesem Kapitel beschriebene Strecke folgt ab Marin City an der #101 (➤ Seite 737) dem Verlauf des **Hwy #1** durch weniger bekannte, ruhigere Küstenregionen, die landschaftlich aber durchaus mit populäreren Naturparks konkurrieren können. Erst nach knapp 200 mi wendet sich die #1 vom Meer ab und mündet bei Leggett in die dort nur noch zweispurige #101. Auf ihr geht es dann im Landesinneren weiter durch prächtige *Redwood*-Haine. Erst kurz vor Eureka erreicht man wieder die Pazifikküste, die auf ihren letzten 100 Meilen bis zur Oregon-Grenze wiederum einige reizvolle Abschnitte aufweist.

Wie an der Oregon-Küste ist auch hier der fast DIN A3-große **Guide** *»101 Things to do«* ein empfehlenswerter Begleiter, zu finden in den Besucherzentren oder online unter www.101things.com (*Sonoma, Mendocino County, Humboldt* und *Del Norte*, dort dann jeweils »online magazine« oder »digital mag« anklicken).

Sonoma Coast

Sonoma Coast State Park

Der **Sonoma Coast SP** schützt einen schmalen, langgezogenen Küstenstreifen zwischen *Bodega Head* und der *Russian Gulch State Beach* (nicht zu verwechseln mit dem schöneren, gleichnamigen *State Park* bei Mendocino). Ein erster Stopp bietet sich schon nach wenigen Meilen bei der kleinen Parkbucht oberhalb der **Rock Point Beach** an für einen kurzen Blick zurück; ➤ Foto oben.

Jenner

Keine 10 mi nördlich von Bodega Bay führt – noch vor der Brücke über den Russian River – eine Stichstraße hinunter zu den Picknickplätzen in der Bucht des **Goat Rock** mit einem hübschen vorgelagerten Felsbogen. Die Mini-Ortschaft **Jenner** verfügt nur über zwei teurere Unterkünfte, das gute **Jenner Inn** sowie die *Cabins* des *River's End Inn* (das angeschlossene **Restaurant** ist perfekt für einen romantischen Sonnenuntergang am Meer!); www.ilovesunsets.com.

Der Name des Fort Ross leitet sich vermutlich von »Rossija« (=Russland) ab und zeugt ebenso wie der Russian River oder die Russian Gulch von der russischen Präsenz im 18./19. Jh.

Fort Ross State Historic Park

Im Park gibt es dafür gleich vier Campplätze in Strand- oder Flussnähe – alle eher einfach und ohne *hook-up*, nur **Bodega Dunes** ganz im Süden hat warme Duschen; www.parks.ca.gov/?page_id=451.

Über zahllose Kurven geht es weiter in Richtung Norden bis zum **Fort Ross**, das 1812 von der Russisch-Amerikanischen Handelskompanie errichtet wurde. Zu besichtigen sind restaurierte bzw. rekonstruierte Gebäude, da die Originale beim Erdbeben von 1906 schwer beschädigt wurden. Ein *Visitor Center* erläutert die Geschichte des einzigen russischen Handels- und Militärpostens an der Westküste; $8/Auto; täglich 10-16.30 Uhr; www.fortross.org.

Salt Point State Park

Das erste **große Highlight** erreicht man 7 mi weiter: Derart schön und stark verwitterte Sandsteinformationen wie im **Salt Point State Park** kennt man sonst nur aus dem US-Südwesten. Der beste Bereich mit einem hübschen gelblichen Felsbogen (Foto ➤ Seite 48) befindet sich etwa 1,5 km nördlich der **Gerstle Cove** entlang des **Salt Point Trail** (in Richtung *Stump Beach Cove*). Dort sollte man sich unbedingt etwas die Füße vertreten und den Fotoapparat nicht vergessen! Broschüre und Karte: www.parks.ca.gov/?page_id=453; *day-use fee* $8. Die *Campgrounds* ($35) füllen sich rasch, von Mai bis Oktober empfiehlt sich daher eine Reservierung.

Ende Mai/Anfang Juni lohnt sich dort auch ein Abstecher ins Landesinnere in die **Kruse Rhododendron State Natural Reserve**, dann stehen die Rhododendren in dem Wäldchen meist in voller Blüte; Zufahrt ab Meile 43 über eine sehr schmale Straße (4 mi); www.parks.ca.gov/?page_id=448.

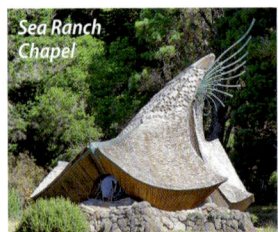

Sea Ranch Chapel

Kapelle

Richtiggehend »bezaubernd« ist linker Hand des Hwy #1 bei Meile 55,5 die kleine **Sea Ranch Chapel**, deren Form an einen Magierhut erinnert. Sie kann auch von innen besichtigt werden; www.thesearanchchapel.org.

Mendocino Coast

Gualala

Der Gualala River bildet die Grenze zwischen dem Sonoma und Mendocino County. Die meisten Unterkünfte an diesem Küstenabschnitt befinden sich kurz darauf in **Gualala**. Die Mini-Ortschaft eignet sich daher gut als Ziel der ersten Tagesetappe und bietet auch gute Möglichkeiten den Proviant wieder aufzufüllen.

Im gemütlichen **Gualala County Inn** kosten die Zimmer $135-$190 mit gutem Frühstücksbuffet; www.gualalacountryinn.com. Ein echter »Hingucker« ist das **St. Orres** an der #1 nördlich des Ortes mit seinen rustikalen Zwiebeltürmchen und bunten Fensterglasern. Neben preiswerteren Unterkünften ($95 mit Gemeinschaftsbad) und exklusiven *Cottages* befindet sich dort ein **Edelrestaurant**; ✆ (707) 884-3303, www.saintorres.com.

Erste Wahl fürs Campen ist der privat geführte **Gualala River Redwood Park** mit schönen ruhigen Plätzen und Bademöglichkeiten im nahen Fluss; *hook-up* $47, die *river sites* kosten $7 extra; www.gualalapark.com. Etwas kleinere Stellplätze bietet der **Gualala Point Regional Park** auf der anderen (steileren) Uferseite, er hat aber weder *hook-up* noch einen leichten Flusszugang.

Bowling Balls

Vom Nordende eines unscheinbaren Parkplatzes mit dem Schild »*Park facing south only*« bei Meile 11,4 geht es zunächst in Richtung Strand, dann nach rechts über abenteuerliche Holzleitern hinunter zur **Bowling Ball Beach** und dort rund 1 km nach Norden bis zu der **kuriosen Steinkugelansammlung** unterhalb der Klippen. Sie erinnnern entfernt an die neuseeländischen *Moeraki Boulders*, weisen aber einen deutlich kleineren Durchmesser auf, circa 0,5-1 m. Der Besuch lohnt sich **nur bei Niedrigwasser**, denn bei einem Wasserstand von 3 Fuß und mehr sind die Steine nicht sichtbar! Die Gezeiten entnımmt man am besten der *NOAA*-Seite: https://tidesand currents.noaa.gov/noaatidepredic tions/NOAATidesFacade.jsp?Sta tionid=9416841.

Nur 3 mi weiter erreicht man die Ortschaft **Point Arena** mit dem gleichnamigen Leuchtturm kurz dahinter.

Faszinierende Sandstein-formationen im Salt Point State Park, noch leicht verhüllt vom Morgennebel

Küste bei
Point Arena

Point Arena

Aus 35 m Höhe bietet das **Point Arena Lighthouse** eine grandiose Aussicht auf die wild zerklüftete *Mendocino Coast* (geöffnet täglich 10-15.30/16.30 Uhr). Das von Präsident *Clinton* zum Schutz der Küstengewässer geschaffene *California Coastal National Monument* wurde Anfang 2017 durch Präsident *Obama* um vier Einheiten an Land erweitert, darunter auch die **Point Arena-Stornetta Public Lands** rund um den Leuchtturm; ➤ Foto oben.

Elk

Die Küste präsentiert sich auch im Anschluss weiterhin spannend und lädt immer wieder zu Zwischenstopps ein. Bei **Elk** sollte man sich z.B. am Ende der **Cuffey's Cove** den Blick zurück auf eine Bucht voller grüner Inselchen nicht entgehen lassen (➤ Foto Seite 778) und der kurzen Pfad direkt nördlich des *Greenwood State Beach Visitor Center* führt zu einem Küstenabschnitt mit einer unglaublichen Ansammlung an Felsbögen (➤ Foto Seite 23).

Camping

Unter den vielen staatlichen *Campgrounds* am Weg stechen hervor: die primitiven *first-come, first-served*-Plätze in traumhafter Lage an der **Navarro Beach** unweit der Einmündung der #128 in die #1 sowie jene im **Van Damme State Park**, die alle (mit Ausnahme der 9 Zeltplätze im Hinterland) reserviert werden können. Je geringer die Nummer der *campsite*, desto schneller der Zugang zum Meer, optimal sind #1-15; www.parks.ca.gov/?page_id=433.

Mendocino

Ein gleichnamiger Ohrwurm aus den späten 1960er-Jahren machte **Mendocino** über Nacht zum bekanntesten nordkalifornischen Küstenort. Dabei standen die Bewohner ein Jahrzehnt zuvor – nach dem Ende des Holz-Booms – fast vor dem Nichts, erst mit der Gründung des *Art Center* (1957) konnte die Siedlung als **populäres Künstlerrefugium** erfolgreich ihre Renaissance feiern. Das *Center* in der Little Lake Street vermittelt heute noch einen guten Eindruck vom Schaffen lokaler Künstler; www.visitmendocino.com.

In erster Linie ist Mendocino aber wegen seiner phantastischen Küste besuchenswert. Die schroffen **Mendocino Headlands** mit ihren zahlreichen Felsbögen und die Landschaft ringsum (u.a. das attraktive *Big River Valley*) gehören mit zum Besten zwischen San Francisco und der Oregon-Küste. Auch im **Russian Gulch SP**, keine 2 mi nördlich des Ortes, und in der idyllischen **Jughandle**

Nordwestliches Kalifornien

State Natural Reserve noch etwas weiter im Norden schlängeln sich schöne Wanderpfade entlang der Küstenlinie oder durch verwunschene *Redwood*-Wälder. *Sea Cave Nature Tours* im Kayak und *Whale Watching* (großes Festival im März, wenn die Grauwale vorbeiziehen!) runden das Angebot ab.

Müde *Hiker* finden in Mendocino auch gleich eine Bleibe für die Nacht. Die Auswahl an gediegenen B&Bs, Inns und Resorts ist verhältnismäßig groß; www.mendocino.com/lodging.html.

Eine gute, nicht so preisintensive Wahl wäre z.B. das *Nicholson House Inn* & *Spa* mit kleinen, aber feinen Zimmern ab ca. $140 inkl. Frühstück, ℂ (707) 937-0934, www.nicholsonhouse.com. Wer sich in Kalifornien einen stilvollen *Afternoon Tea* gönnen möchte, wird im *Glendeven Inn* bestens bedient; immer samstags und nur mit Reservierung; DZ und Frühstück ab ca. $220; ℂ 1-800-822-4536, www.glendeven.com.

Das hübsche *Point Cabrillo Light* mit Zufahrt nördlich der Brücke über die *Russion Gulch* hat man im Jahr 1908 errichtet, um weitere Schiffbrüche zu verhindern. Als nach dem Erdbeben der Bedarf an Konstruktionsmaterial in San Francisco besonders groß war, wurde die *Mendocino Coast* zu einem wichtigen Umschlagplatz und das Holz von hier per Schiff weitertransportiert.

Die mit Abstand größte Ortschaft des *County* ist **Fort Bragg** mit knapp 7.300 Einwohnern – zwar unattraktiv, aber dafür mit etwas besserer Infrastruktur: *Safeway*, Kettenhotels (u.a. *Motel 6*) etc.

Von dort kämpft sich im Sommer täglich ein als *Skunk* (Stinktier) bezeichneter *Ausflugszug* durch die Küstenberge und *Redwood*-Bestände bis nach Willitis an der #101; auch 1-Std-Kurztrips (*Pudding Creek Express* $25/$15); Zufahrt zum Bahnhof ab der #1 über die Pine oder Laurel St; www.skunktrain.com.

Eine Meile südlich von Fort Bragg liegen die großen und liebevoll gepflegten *Mendocino Coast Botanical Gardens*; täglich 9-17/16 Uhr; $14, Kinder 5-17 Jahre $5; www.gardenbythesea.org.

MacKerricher State Park

Die Klippen von Fort Bragg trugen einst den wenig schmeichelhaften Beinamen »The Dumps«. Alles, was keine Verwendung mehr fand, wurde dort noch bis Mitte des 20. Jh. einfach abgeladen. Die unermüdliche Kraft der Wellen spülte im Lauf der Zeit den Müll

Glass Beach, ein Strand voller »Abfall«

ins Meer und reduzierte die zahllosen Glasflaschen zu bunt schillernden, runden »Kieselsteinchen«. Sammeln darf man sie nicht mehr, denn die ungewöhnliche *Glass Beach* ist heute die größte Attraktion der Stadt und Teil des *MacKerricher State Park*. Da sich aber nicht alle an das Verbot halten und es keinen »Nachschub« gibt, hat der Strand leider seine besten Zeiten schon hinter sich. Der Parkplatz am *Trailhead* des kurzen Wegs hinunter zur *Beach* liegt am Ende der Elm St/Ecke Old Haul Rd; www.parks.ca.gov/?page_id=436.

Der *SP-Campground* hat Stellplätze rund um den Lake Cleone 3 mi nördlich von Fort Bragg. Ein Brettersteg führt von dort hinaus zum *Laguna Point*, wo sich meist viele **Robben** (*seals*) tummeln.

Pferdeliebhaber können in Fort Bragg bei der *Ricochet Ridge Ranch* einen Aktivurlaub buchen oder nur kurz 'mal den Strand entlang galoppieren (1 Std. kostet ca. $60); www.horse-vacation.com.

Leggett

Hinter Rockport wendet sich die #1 schließlich vom Pazifik ab und mündet bei **Leggett** in den Hwy 101. In dieser kleinen Ortschaft hat man bereits für $5 die erste Gelegenheit einen »untertunnelten« Baumgiganten per Auto zu durchfahren (*Drive-Thru-Tree-Park*; www.drivethrutree.com). Eine ähnlich gute Möglichkeit bietet sich noch weiter nördlich an der #101 bei Klamath.

Spätestens ab Leggett folgen auch alle, die sich in San Francisco für die schnellere #101 entschieden haben (eigentlich nur bei knapp bemessener Zeit, flauer Wetterlage oder mit Umweg über die Weinanbaugebiete Napa und Sonoma Valley empfehlenswert!), nun der beschriebenen Route durchs *Humboldt County*.

Für die Weiterfahrt in Richtung Norden gibt es vorerst keine vernünftige Alternative, es sei denn über abenteuerliche *Backroads*, die viel Zeit kosten. Die folgenden 60 mi bis Stafford bilden aber ohnehin den besten Abschnitt der #101 abseits der Küste. Am Wege liegen, noch südlich von Garberville, das »weltbekannte« *Tree House* in einem 4.000 Jahre alten *Redwood* (nur noch von außen zu besichtigen) sowie zwei tolle *State Parks*: *Richardson Grove* und *Standish-Hickey*, beide mit Rotholz-Hainen, Bade- und Campingplätzen am im Sommer/Herbst warmen South Fork Eel River.

_____ **Humboldt County**

Garberville

Das hochgelegene **Garberville** gilt bereits als südliches Einfallstor zur berühmten *Avenue of the Giants* und ist mit seiner auffällig dichten gastronomischen Infrastruktur gut auf Touristen eingestellt. Schmackhaftes Essen wird z.B. im *Cecil's New Orleans Bistro* serviert. Nur die Zahl an Unterkünften ist auch hier wieder sehr überschaubar (darunter ein gutes, aber nicht ganz billiges *Best Western Plus*); www.garberville.org. Es sind aber nicht nur die *Redwood*-Giganten, die dem Städtchen zu Ruhm verhalfen. In den Wäldern der Umgebung scheint Hanf ganz besonders gut zu gedeihen, so dass sein Anbau – schon lange vor der Legalisierung – die Holzfällerei als wichtigen Wirtschaftssektor ablöste; ➢ Exkurs umseitig.

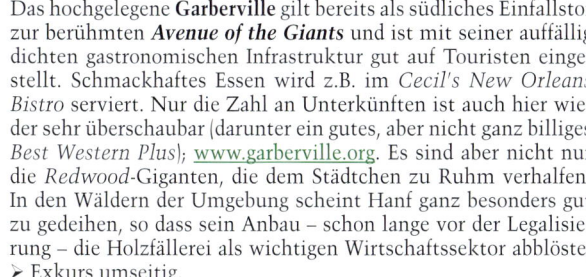

Avenue of the Giants

Die *Avenue of the Giants* (**#254**) beginnt nur 6 mi nördlich von Garberville als **Alternativroute zur #101** (*Exit 645*), die hier autobahnmäßig ausgebaut ist. Die #254 endet nach 31 mi bei Stafford (*Exit 674*), aber auch zwischendurch gibt es noch fünf #101-Auf-/Abfahrten; www.aveofthegiants.com. Die kurvenreiche Strecke am Eel River entlang führt durch mehrere Rotholz-Haine des *Humboldt Redwoods State Park*; kostenloser Eintritt bis auf *Williams Grove*; www.parks.ca.gov/?page_id=425.

150 km Wanderwege durchziehen das Naturschutzgebiet. Infos und Karten liegen im **Besucherzentrum** aus; täglich April-Sept. 9-17 Uhr, sonst 10-16 Uhr. **Tipp:** Bestens beschrieben werden sämtliche Wanderwege der Region sowie des *Redwood Nat'l Park* weiter im Norden auch unter www.redwoodhikes.com.

Rund 3 mi südlich des *Visitor Center* steht in Myers Flat der mächtig schiefe/ramponierte **Shrine Drive Thru Tree**.

Die Höhepunkte der *Avenue* warten weiter im Norden, darunter der 2 km lange Rundweg **Founders Grove Loop** rechter Hand der Straße unweit des Abzweigs der **Mattole Road**. Wer nicht ohnehin dieser *Backroad* bis Ferndale folgt (➢ Exkurs Seite 754), sollte sie bis mindestens **Big Trees Grove** (ca. 5 mi ab der #101) fahren. Schon der erste Teil – dort wird sie noch als **Bull Creek Flats Road**

Die neue (Gold-)Rauschära

Seit über zwei Jahrzehnten gab es das *Medical Marijuana* auf Rezept für alle Kalifornier älter als 16 Jahre. Die modernen »Medizinmänner« sorgten für den passenden »Rausch« bei Kopfweh, Stress oder ähnlichem Leiden. Die Mengen waren aber begrenzt, auch der Anbau. Nur nahmen es Farmer und Behörden mancherorts nicht ganz so genau. Unter dem Deckmantel der Medizin verdienten sich die *Green Doctors* von Venice Beach eine goldene Nase, in aller Munde waren auch die »Schokotrüffel« aus dem *Golden Gate Park*. Schon vor der Legalisierung des Anbaus schätzte man die Anzahl der Cannabis-Büsche im praktisch unbesiedelten, schlecht zugänglichen Hinterland des *Humboldt County* auf über 100.000, dabei durften auf dem Papier selbst lizenzierte Farmer nur wenige Pflänzchen sprießen lassen. Und im Herbst, wenn die große Ernte anstand (*pot harvest*), raschelte es besonders laut im Gebüsch. Nach **Garberville**, *California's Pot Capital*, verirrten sich dann zahllose, meist junge Abenteurer und verdienten an die $500/Tag. Bis Ende 2017 allerdings immer mit einem Bein im Gefängnis…

Mit der Legalisierung am 1. Januar 2018 änderte sich das schlagartig: Der weltgrößte legale Marihuana-Markt wurde eröffnet. Vielerorts in Kalifornien ist es seither als Genussmittel zu bekommen. Ähnlich wie in einem *liquor store*, sucht man sich in sog. **dispensaries** (mit staatlicher Zulassung) seine feinsortierte und gut in Schaugläsern präsentierte Ware aus (ab 21 Jahre!). Bei dieser sog. *Recreational Marijuana* ist Kalifornien kein Vorreiter, einige andere US-Bundesstaaten haben sie schon etwas früher legalisiert: 2012 (Colorado, Washington), 2014 (Alaska, Oregon), 2015 (District of Columbia) und 2016 (Nevada, Massachusetts, Maine), jeder einzelne jedoch mit unterschiedlichen Grenzwerten und anderen gesetzlichen Feinheiten. Kurios bleibt vor allem die rechtliche Lage vor der obersten US-Justiz: Während in den jeweiligen Bundesstaaten der Cannabis-Anbau und Konsum legal sind, stehen ebensolche landesweit nach wie vor unter Strafe.

Das »Pot-Potential« darf nicht unterschätzt werden, hier hat sich eine neue Goldgrube aufgetan, die Gouverneure fortan mit Aberhunderten von Steuermillionen versorgt. Je nach Bundesstaat werden **8%-25% state sales tax** beim *weed*-Shoppen fällig, hinzu kommen noch allerlei andere Gebühren. Nur »medizinisch Bedürftige« sind nach wie vor davon ausgenommen, ihnen ist es auch erlaubt größere Mengen zu kaufen und bei sich zu tragen.

Im **Herbst 2018** zog ein ganzes Land nach: **Kanada** setzte der Prohibition von Marihuana ein Ende, diesen Schritt hatte zuvor nur Uruguay gewagt. Durch die staatliche Regulierung von Produktion, Verkauf, Besitz und Konsum soll gezielt der Handel mit zweifelhafter Ware am Schwarzmarkt unterbunden und durch Aufklärungskampagnen die Jugend von sämtlichen Drogen fern gehalten werden. Trotz langer Vorlauf- und Vorbereitungszeit war das kanadische Vertriebs- und Lizenzsystem nach der Legalisierung dann doch überfordert und überrumpelt vom großen Ansturm. Landesweite Lieferengpässe waren die Folge. Ob das »Gesetz zum Gesundheitsschutz« tatsächlich alle erwünschten Auswirkungen (u.a. Konsumreduzierung) zeigt, bleibt abzuwarten.

bezeichnet – ist beeindruckend. Die Fahrspuren sind viel enger als bei der *Avenue of the Giants*, die Küstenmammutbäume stehen äußerst dicht und wirken so fast noch gigantischer. Auch der 1 km lange **Rockefeller Grove Loop Trail** gleich zu Beginn dieser Strecke ist »touristische Pflicht«. Dort lassen sich die Bäume mit mehr Ruhe genießen als direkt an der stark befahrenen #101 oder #254.

Sehr hübsch, etwas weiter nördlich an der #254, ist dann noch das Wirwarr aus schmalen Pfaden durch den **Grieg-French-Bell Grove**, der sich mit seinem üppig grünen Waldteppich deutlich von anderen Rotholz-Hainen unterscheidet. Startpunkt ist die eher unauffällige Parkbucht (nicht ausgeschildert!) linker Hand der Straße kurz vor dem *Drury-Chaney Grove*. Aber Achtung, in diesem Wäldchen kann man relativ leicht die Orientierung verlieren.

Übernachten

Entlang der *Avenue of Giants* gibt es gerade mal eine Handvoll Unterkünfte. Hotelübernachter haben die größte Auswahl in **Garberville** oder weiter im Norden in **Fortuna** (dort stehen auch Häuser der Ketten *Comfort Inn*, *Super 8* etc.).

Ein recht guter privater Platz ist das **Giant Redwoods RV & Camp** in Myers Flat (Zelte $35, *hook-ups* $45-$50; http://giantredwoodsrv.com), die mit Abstand beste Wahl ist aber der wunderschön teils im Rotholz-Wald, teils am Rande alter Obstgärten angelegte **State Park Campground Albee Creek** an der Mattole Road kurz hinter der *Big Trees Grove*; für die Sommermonate möglichst lange im Voraus reservieren unter www.reservecalifornia.com.

Ausweichoptionen bieten die **SP-Campgrounds Hidden Springs** an der #254 bei Myers Flat (nur von Mai bis *Labor Day* geöffnet) sowie **Burlington** beim Besucherzentrum (eine herrliche Abkühlung an heißen Sommertagen verschaffen dort die nahen **Gould Bar Swimming Holes** am Eel River). Zelte oder RVs auf allen *State Park*-Plätzen $35; keine *Dump*-Möglichkeiten.

Avenue of the Giants

Abstecher an die »Lost Coast«

Der Tourismus an der nordkalifornischen Küste konzentriert sich voll und ganz auf die Straßen #1, #101 und #254. Einsame *Backroads* durch kaum berührtes Hinterland bleiben Entdeckern vorbehalten. Wer sich etwas abseits der üblichen Pfade bewegen möchte, kann z.B. im *Humboldt County* anstatt der #101 von der *Avenue of the Giants* weiter in Richtung Norden zu folgen, Ferndale auch über die **Lost Coast** ansteuern. Die Route über die *Bull Creek Flats Rd* und **Mattole Road** ist fast doppelt so lang (75 mi anstelle von 40 mi), der Zeitbedarf aber wegen der vielen Schlaglöcher und engen Serpentinen gut 4x höher. Der extra Aufwand lohnt sich nur, wenn nicht gerade Seenebel die »verlorene Küste« verhüllt! Außerdem ist die Strecke mit größeren RVs eine arge Plackerei, bis zur Größe *Van Camper* sollte man aber in der Regel keine Probleme haben.

Die nahezu unberührte *Lost Coast* reicht von Ferndale bis hinunter an die Kurve, in der sich der Hwy #1 bei Rockport vom Meer abwendet. Sie zeichnet sich vor allem durch ihre Steilheit und Unzugänglichkeit aus. Hartgesottene *Backpacker* und Abenteurer finden auf dem Abschnitt des **Califonia Coastal Trail** wilde, schroffe Klippen und Meeresbuchten, die es sogar mit dem berühmten *Big Sur* aufnehmen können und ihn in puncto Einsamkeit weit übertreffen.

Was man bei dem Ausflug aber unbedingt wissen sollte: Von der *Lost Coast* wird man entlang der *Mattole Road* nur wenig sehen, denn mit dem Auto zugänglich ist nur ein 6 mi kurzer Abschnitt beim **Cape Mendocino** nördlich vom winzigen Nest Petrolia, wo der erste Ölbohrturm Kaliforniens stand (1865).

Ansonsten geht es nur auf Stichstraßen hinaus zum Meer: Auf der *Lighthouse Road* südlich von Petrolia sind es 6 Meilen (+5 km Strandwanderung ab dem einfachen *Mattole Beach Campground*) bis zum **Punta Gorda**-Leuchtturm. Ab Honeydew gelangt man über die *Wilder Ridge* und *Briceland Thorn Road* nach **Shelter Cove**, einem Fischerdorf mit immerhin knapp 700 Einwohnern, etlichen Kneipen, *Inns* und sogar einem eigenen Flugplatz (30 mi *one-way*). Am *Point Delgada* direkt neben dem *RV Park* (mit *hook-up*) steht das kleine **Cape Mendocino Lighthouse**, das im Jahr 2000 vom Kap hierher übersiedelt wurde. Der Abstecher nach Shelter Cove ist ab Garberville/Redway deutlich kürzer, dann nur ca. 20 mi bzw. eine gute 3/4 Std. Fahrt auf der *Briceland Thorn Road* (mit ebenfalls mehr oder weniger gutem Asphaltbelag).

Außer dem etwas größeren *General Store* in Shelter Cove und zwei winzigen in Petrolia bzw. Honeydew gibt es unterwegs keine Versorgungsmöglichkeiten. Für Camper bietet der **Arthur W. Way County Park** zwischen Honeydew und Petrolia schöne Campingplätze auf großzügigem Gelände (*first-come, first-served*, einfach, keine Duschen; $25). Eine herrliche Abkühlung in den Schwimmlöchern am Mattole River können dort auch Tagesausflügler genießen ($5 *day-use*).

Nur ca. 13 mi sind es auf der #36 von Fortuna bis zum **Van Duzen County Park** mit Schwimm-*Pools* im warmen Flusswasser vor steilen Felswänden und herrlichen Picknick- und Campingplätzchen unter hohen Küstenmammutbäumen; $25, *first-come, first-served*. Nur wenig weiter östlich liegt der **Grizzly Creek Redwoods SP** mit weiteren Badestellen am Van Duzen River und einem schönen *Campground*; $35; www.parks.ca.gov/?page_id=421.

Victorian Inn in Ferndale, im Jahr 1890 aus dem Holz der Küstenmammutbäume errichtet

Ferndale

Von Fortuna ist es nur noch ein Katzensprung bis nach **Ferndale** an der #211, einem **Städtchen wie aus dem Bilderbuch**. Der 5-mi-Abstecher von der #101 lohnt sich! Dort ist ausnahmsweise nichts nachgebaut, die pastellfarbenen viktorianischen Hausfassaden sind echt. Ende des 19. Jh. war Ferndale das agrarische Zentrum des *Humboldt County*. Aber die einseitige Ausrichtung auf die Landwirtschaft führte bald zum Niedergang, weitsichtige Leute sorgten später für die Erhaltung der alten Substanz; www.victorianferndale.com.

Schwer zu toppen ist das urige ***Gingerbread Mansion B&B*** an der 400 Berding Street, zwar eher im höherpreisigen Segment angesiedelt (Suiten ab ca $220), aber dafür nicht nur von außen, sondern auch hinsichtlich Innendekoration ein viktorianisches Juwel; www.gingerbread-mansion.com. Ähnlich stimmig ist die Atmosphäre im ***Victorian Inn*** an der 400 Ocean Avenue mit Zimmern inkl. Frühstück ab ca. $140; www.victorianvillageinn.com.

Auf dem ***Fairground*** der Stadt campt man mit *hook-up* für $25, im Zelt kostet es $12; www.humboldtcountyfair.org/rv-park.

Rennen zw. Arcata und Ferndale

Ein Spaß ist die immer am *Memorial Day*-Wochenende ausgetragene ***Kinetic Grand***-Meisterschaft. Das große Rennen startet in Arcata, die Teilnehmer müssen auf dem Weg nach Ferndale in ihren selbstgebastelten, mit Muskelkraft angetriebenen Amphibienfahrzeugen auch allerlei unwegsames Gelände überwinden (Schlamm, Sand, Wasser etc.). Dabei kommen die skurrilsten Vehikel zum Einsatz, von vieläugigen Riesenmonstern bis hin zu fahrenden Untertassen oder Kloschüsseln; www.kineticgrandchampionship.com.

Wildlife Refuge

Für Naturinteressierte könnte sich auf der Weiterfahrt ein Zwischenstopp im ***Humboldt Bay National Wildlife Refuge*** lohnen mit *Visitor Center* an der 1020 Ranch Road in Loleta. Im Frühling und im Herbst legen Hunderttausende Zugvögel in den ausgedehnten Feuchtgebieten an der *Humboldt Bay* eine Rast ein.

Eureka

Die »Metropole« der Holzindustrie **Eureka** (27.000 Einwohner) liegt nur 20 mi nördlich von Ferndale an der #101 und ist Verwaltungssitz des *Humboldt County*. Auch diese Stadt ist bekannt für ihre ordentlich restaurierten viktorianischen Häuser, das **Carson Mansion** von 1880 an der Ecke M/2nd Street ist sicherlich das meistfotografierte von allen. Die **Pink Lady** gleich gegenüber kann sich aber auch sehen lassen. Die denkmalgeschützte **Old Town** ist recht überschaubar und man hat dort schnell alles besucht. Das *Visitor Center* mit *Historical Museum* steht an der 240 E Street.

Der Rest der Stadt ist wenig attraktiv. Ein Anlaufpunkt wäre noch der **Fort Humboldt State Historic Park** (Militärposten, der 1853 nach den Goldfunden am Trinity River errichtet wurde) oder für Familien mit Kindern ggf. noch der **Sequoia Park** mit seinem kleinen **Zoo**; Eintritt $10/$6; www.sequoiaparkzoo.net.

Eine Institution ist das historische **Samoa Cookhouse** auf der gleichnamigen vorgelagerten Halbinsel. Wie einst die Holzfäller, bekommt man auch heute dort noch sein gutbürgerliches Frühstück, Mittag- oder Abendessen auf Gemeinschaftstischen serviert.

Eine gemütliche Option für die Übernachtung bieten die gepflegten **Carter House Inns** an der 301 L Street mit Zimmern in unterschiedlichen Häusern ab $190 oder viktorianischen *Cottages* (mit Küche etc.) ab $250; www.carterhouse.com.

Auf Camper warten in Eureka der *Shoreline RV Park* (full hookup $42-$55; www.shorelinervpark.com) und 7 mi weiter nördlich in **Arcata** noch der *Mad River Rapids RV Park* mit *full hook-up*, Jacuzzi und Pool für $52; www.madriverrv.com.

Die **Azalea State Reserve** bei McKinleyville schmückt sich im April/Mai mit einem Blütenmeer. Dann lohnt ein kurzer Spaziergang entlang der schön angelegten Naturlehrpfade.

Luffenholtz Beach

Noch südlich von Trinidad empfiehlt es sich ab *Exit* 726A dem *Scenic Drive* bis zum **Luffenholtz Beach County Park** zu folgen (eintrittsfrei; nach der Autobahnabfahrt links halten und dann sofort rechts; teils einspurig und kurvenreich, nicht für große RVs!).

Memorial Lighthouse in Trinidad

Trinidad

Patrick's Point SP

Humboldt Lagoons State Park

Redwood Parks

Schilder am Cathedral Tree Trail

Ein kurzer, steiler Pfad führt hinunter in die malerische *Luffenholtz*-Bucht, wo sich bei Ebbe etliche Gezeitenbecken bilden.

Trinidad ist ein charmantes kleines Fischer- und Touristendorf (www.trinidadcalif.com) mit einem *Lighthouse* an der Edwards St und einer versteckten *State Beach* mit vorgelagerten Felsen und Inselchen (Parkplatz am Ende der Leuchtturm-Straße unterhalb von *Trinidad Head*). Bei Niedrigwasser geht es am Nordende des Strandes durch ein Felstor in eine weitere idyllische Bucht. Zur *College Cove* gelangt man aber noch schneller über die enge Stagecoach Road (dort auch schöner Blick vom *Omenoku Point Trail*!).

Wer bei Trindad noch mehr von der Pazifikküste sehen möchte, kann für die Weiterfahrt in Richtung Norden den 5,5 mi parallel zur #101 verlaufenden *Patrick's Point Drive* wählen. Der gleichnamige *State Park* hat einen Achatsandstrand und tolle Stellplätze oberhalb der Klippen, *first-come, first-served* von Oktober bis April sonst reservierbar: www.parks.ca.gov/?page_id=417.

Ebenso hervorragend campt man kurz darauf an der #101 beim **Big Lagoon County Park** mit Bademöglichkeit; $5 *day-use*; *first-come, first-served* Plätze ($25) für Zelte oder kleinere RVs.

Bei den quellengespeisten Süßwasserlagunen *Stone* und *Big Lagoon* begleiten breite Parkspuren den Hwy 101 über Meilen. Nur wer dort auch anhält, bekommt die Schönheit dieses Küstenstreifens und des Naturschutzgebietes richtig mit. Zwischen den Lagunen und dem Pazifik befinden sich Dünen und Strände, mittendrin der *Walk-in*-Zeltplatz **Dry Lagoon Beach** (zwischen *Stone* und *Big Lagoon*); www.parks.ca.gov/?page_id=416.

Nur wenige Meilen nördlich beginnt bei **Orick** eine ungewöhnliche Kombination von geographisch zusammenhängenden *State* und *National Parks*, welche die letzten größeren Rotholz-Bestände Nordkaliforniens vor den Sägen der *Logging Companies* gerettet hat. Die Naturschutzgebiete reichen fast bis hinauf an die Oregon-Grenze bei Crescent City, dem nördlichen Tor zu den *Redwood Parks*. Die Baumriesen, von denen einzelne ein Alter von bis zu 2.000 Jahren, über 100 m Höhe und 6 m Durchmesser am Boden erreichen können, säumen in wechselnder Dichte den gesamten Verlauf der #101. Die größten Exemplare stehen jedoch in besonderen Hainen (*Groves*) abseits der Straßen.

Die *Redwood Parks* besitzen einen breiten, weitgehend unberührten Küstenstreifen. Mit dem Auto befahrbar sind nur die 9 mi lange **Coastal Drive Loop** bei Klamath (keine RVs!) sowie die Stichstraße zur *Gold Bluffs Beach* und *Fern Canyon* im *Prairie Creek Redwoods State Park*. Rund 50 km **Coastal Trail** verlaufen durch urwüchsige Uferlandschaften und verbinden dabei die verschiedenen Parkbereiche. Gute Übersichtskarten findet man im Web unter www.nps.gov/redw/planyourvisit/maps.htm oder im großen **Thomas H. Kuchel Visitor Center** mitten in den Dünen kurz hinter der letzten *Humboldt Lagoon* (ausgeschildert; im Sommer täglich 9-17 Uhr). Auch ein toller Platz fürs Picknick zwischendurch!

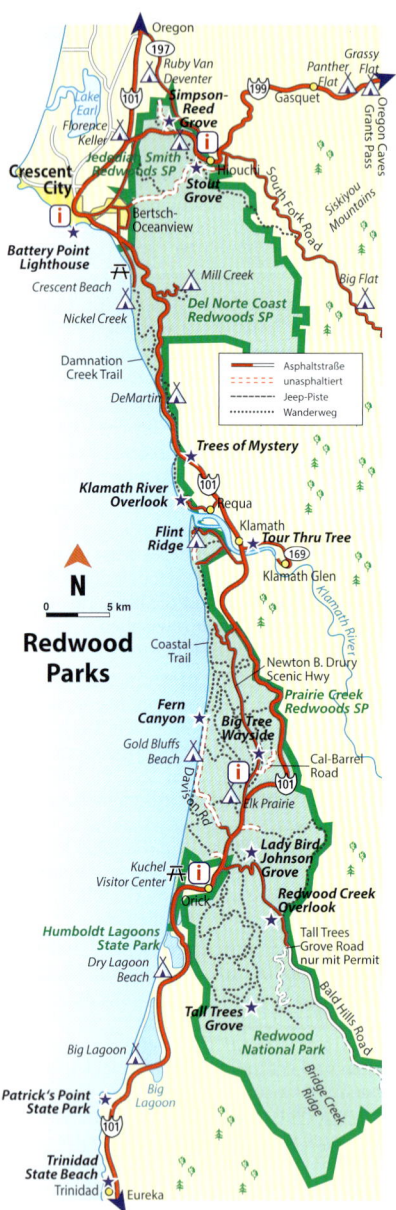

N

0 ———— 5 km

Redwood Parks

Bald Hills Road

Sie erschließt den südöstlichen Bereich des *Redwoods NP* (Abzweig von der #101 rund 1 mi nördlich von Orick). Schnell und leicht zu erreichen ist der **Lady Bird Johnson Grove** im Anfangsbereich der Straße ohne Zufahrtsrestriktionen; 2,3 km *Loop Trail* durch mäßig hohe Rotholz-Bäume.

Eine enge, ungeteerte Stichstraße ab der *Bald Hills Road* bringt Besucher etwas näher an die **höchsten Küstenmammutbäume** in der **Tall Trees Grove**. Dafür wird ein *Permit* benötigt, das vorab in einem der Besucherzentren besorgt werden muss. Das Kontingent ist begrenzt, wird aber meist nur an Sommerwochenenden voll ausgeschöpft. Zeitbedarf 3-4 Std. für Anfahrt + 6 km Rundwanderung; RVs dürfen nicht länger als 21 Fuß sein!

Alternativ erreicht man die *Tall Trees* ab der *Bald Hills Rd* auch auf dem **Redwood Creek Trail** (25 km retour, Startpunkt unweit der #101).

Davison Road

Zurück an der #101 führt kurz darauf die größtenteils nicht asphaltierte, kurvenreiche *Davison Road* zum **Fern Canyon** im *Prairie Creek Redwoods SP* (aktuelle Infos zum Straßenzustand im Besucherzentrum; $8/Auto; RVs bis zu 24 Fuß!). Vom Parkplatz am Straßenende nach 7 Meilen sind es noch etwa 400 m bis zum Eingang in diese über und über mit Moosen und Farnen bewachsene Schlucht. Der Bachlauf muss ein paar Mal gekreuzt werden, ganz trocken wird man also nicht bleiben. Die Stimmung im Inneren des Canyons ist aber phantastisch, auch – oder sogar vor allem – wenn sich Seenebel übers Land legt. 1-2 Std. sollte man für den Ausflug einplanen.

Fern Canyon

Der bis zu 20 m hohe *Fern Canyon* ist – auch wenn es so aussieht – nicht natürlichen Ursprungs. Der Name der **Gold Bluffs Beach** (mit *first-come, first-served campsites*; $35) an der Zufahrt deutet es bereits an: Hier wurde im 19. Jahrhundert mehr oder weniger erfolgreich nach Gold geschürft (*hydraulic mining*).

Immer wieder ein toller Anblick sind die imposanten *Roosevelt Elks*, eine *Wapiti*-Hirsch-Unterart, die dort oft direkt am Strand stehen oder sich auch gerne beim **Elk Prairie Campground** aufhalten; $35, *Cabins* $80; sehr hübsch, teils unter *Redwoods* angelegt; am besten vorab reservieren: www.parks.ca.gov/?page_id=415.

Newton B. Drury Scenic Parkway

Der Campingplatz liegt unweit des **Besucherzentrums** (im Sommer täglich 9-17 Uhr) am *Scenic Parkway*, der mitten durch den *Prairie Creek Redwoods SP* führt. Er ist ein Teil des alten Hwy 101, der neue läuft als 4-spurige Umgehung um den Park herum.

Das *Prairie Creek Visitor Center* ist Ausgangspunkt für einige empfehlenswerte Ausflüge: Alle, die in einem größeren Wohnmobil unterwegs sind, gelangen auch auf Schusters Rappen zum *Fern Canyon* (**James Irvine Trail** durch urwüchsige Rotholz-Wälder; 8 km *one-way*). Sehr schön ist die **5-km-Rundwanderung**, bei der es über den *Prarie Creek Trail* zur **Big Tree Wayside** und zurück auf dem *Cathedral Tree Trail* geht. Die *Wayside* ist allerdings auch leicht über die Parkstraße mit dem Auto zu erreichen.

Ein besonders tolles Erlebnis ist das Abfahren der **Cal-Barrel Road**, die nördlich des Besucherzentrums vom *Parkway* abzweigt und sich als enger Waldweg 1,5 mi durch die Baumgiganten schlängelt – neben der *Mattole Road* (➤ Seite 754) und *Howland Hill Road* (➤ Seite 763) eine der besten Möglichkeiten die *Redwoods* durch das Autofenster zu erleben (nur mit Pkw/SUV machbar!). Zu Fuß kann die Strecke mit dem **Rhododendron Trail** und einem Teil des *Cathedral Tree Trail* zu einem 14-km-Tagestrip kombiniert werden – am schönsten zur Blütezeit Anfang/Mitte Juni!

Nach der Einmündung des *Newton B. Drury Scenic Parkway* in den Hwy 101 ist auch schon bald die Grenze des *Del Norte County* und die Siedlung Klamath erreicht.

Del Norte County

Coastal Drive

Noch vor der Überquerung des Klamath River können Pkw- oder SUV-Fahrer einen Abstecher hinaus an die Küste unternehmen. Vom *Exit 768* folgt man dafür zunächst der Ausschilderung »Kamp Klamath« bis zum *Bridge Memorial*, das an die Flutkatastrophe von 1964 erinnert, die 98% der Siedlung Klamath zerstörte. Dort biegt man nach links ab und folgt dem **Coastal Drive** im Uhrzeigersinn, denn der mittlere abenteuerliche Abschnitt zwischen *Alder Camp* und *Klamath Beach* ist als Einbahn ausgewiesen.

Die *Coastal Drive Loop* ist in etwa 9 mi lang und bietet zwar einige schöne Ausblicke, aber nichts, was man anderorts in Kalifornien nicht schon gesehen hätte. Für RVs oder Anhänger ist sie verboten.

Vom Tourismus noch weitestgehend unberührt *Redwood*-Wälder findet man auf den ersten 3 km die **Flint Ridge Section** des **Coastal Trail**, die gleich zu Beginn der *Coastal Loop* startet; Karte und Details unter www.redwoodhikes.com/RNP/Flint.html.

Klamath

Im Mini-Nest **Klamath** und im benachbarten **Klamath Glen** stehen gerade mal eine Handvoll *Lodges* und *Inns*, darunter aber ein sehr gutes *Holiday Inn Express* mit Zimmern ab ca. $115. Mehr Auswahl bietet Crescent City, 20 mi weiter im Norden (➤ rechts).

TOUR THRU TREE

Über 1.200 Stellplätze gibt es rund um Klamath, die Vielfalt ist entsprechend groß: am Strand, mitten im Regenwald oder am Klamath River. Abseits des lauten Hwy 101 liegt z.B. der **Kamp Klamath RV Park** an der 1661 Klamath Beach Road (Abfahrt #768); Zelte $34,50, RVs mit *full hook-up* $39,50; www.kampklamath.com. Besonders gut ist auch der **Klamath River RV Park** südlich des Flusses mit einer ordentlichen Wiese für Zelte ($35) oder RVs ($50); www.klamathriverrv.com.

Östlich des Hwy 101 und oft in der Sonne, wenn die Küste im Nebel steckt, befindet sich das **Terwer Park Resort** (641 Terwer Riffle Rd; *Exit 769*, dann 4 mi auf der #169). Man kann dort in der Nähe aber z.T. auch **kostenfrei** am Ufer des Klamath River übernachten. Noch besser fürs *Boondocking* eignet sich aber das südliche Flussufer; Zufahrt gleich bei der #101-Brücke. Die *National Forest*-Webseite hat eine interaktive Karte und Infos zu allen Möglichkeiten: www.fs.usda.gov/activity/klamath/recreation/camping-cabins/.

Beim *Exit 769* steht der **Tour Thru Tree**, ein weiterer für Fahrzeuge untertunnelter, lebender Küstenmammutbaum ($5). Er ähnelt dem *Chandelier Tree* in Leggett (➤ Seite 750) und eignet sich ebenso bestens für ein schnelles Souvenirfoto.

Ausgehend von Klamath werden auch **Jet Boat-**Touren angeboten; Start nördlich des Ortes; 2-stündige Trips flussaufwärts $47, Kinder $27-$37, unter 4 Jahre frei; www.jetboattours.com. Deutlich interessanter sind allerdings die Ausflüge durch den *Hellgate Canyon* ab Grants Pass weiter nördlich in Oregon (➤ Seite 670).

Del Norte SP

Hinter Klamath verläuft der Hwy 101 durch den *Del Norte Coast Redwoods State Park* mit weiteren Rotholz-Beständen. Von den Wanderwegen dieses Parks besonders zu empfehlen ist der *Damnation Creek Trail*, auf dem es zunächst durch einen außergewöhnlich schönen *Redwood*-Hain geht, bevor man zu einem unberührten Küstenstrich absteigt, wo u.a. ein dreieckiger Felsbogen wartet (800 m relativ eben bis zur Kreuzung mit dem *Coastal Trail*, dann steilere 2,5 km hinunter zum Strand; rund 350 Höhenmeter). Ab Ende Mai beginnen sich die zahlreichen Rhododendron-Sträucher entlang des Weges mit rosaroten Blüten zu schmücken und bieten viele tolle Motive für die Kamera, ➢ Foto links.

Blühender Rhododendron

Schön untergebracht im Landesinneren zwischen relativ jungen Küstenmammutbäumen sind die 143 Stellplätze des *Mill Creek Campground*; ohne *hook-up*; reservierbar unter ✆ 1-800-444-7275 bzw. www.parks.ca.gov/?page_id=414. Wegen der 2 Meilen langen, serpentinenreichen Zufahrt ist er selbst im Sommer manchmal nicht voll belegt.

Trees of Mystery

Im kurzen parkfreien Bereich zwischen Klamath und dem *Del Norte SP* gibt es diverse Motels, einige private *Campgrounds* sowie das kommerzielle *Redwood*-Paradies *Trees of Mystery*. Trotz ein paar ungewöhnlich gewachsener Bäume, origineller Schnitzfiguren (speziell *Paul Bunyan,* größter Holzfäller aller Zeiten, der das Publikum durch persönliche Ansprache verblüfft und bereits vom Parkplatz aus zu bewundern ist), einer Seilbahn über den Bäumen mit streckenweisem Blick auf den nahen Pazifik erscheint der Eintritt nicht ganz billig: $18 und Kinder (6-12 Jahre) $9. Im Riesen-*Giftshop* samt kleinem, ganz nettem **Indianermuseum** kann man noch mehr Geld lassen. Im Sommer 8.30-18.30 Uhr; September-Mai 9-16 Uhr; www.treesofmystery.net.

Crescent City

Crescent City, ein Städtchen am Meer mit ca. 6.700 Bewohnern und einer voll auf den *Redwood*-Tourismus ausgerichteten Infrastruktur, eignet sich insbesondere für **Motelübernachter** gut als Basis- oder Zwischenstation für den Besuch der nördlichen Parks.

Wer aus Oregon anreist und noch Infomaterial benötigt, kann die **Headquarter Information** an der 1111 2nd Street ansteuern (im Sommer 9-17 Uhr) oder das **Visitor Center** der Stadt und des *Del Norte County* an der Hafenbucht (1001 Front Street). Fürs kurze Picknick zwischendurch oder zum Austoben mit Kindern (schöner Spielplatz!) eignet sich der **Beach Front Park** gleich nebenan an der (treffend benannten) Play Street.

6

Übernachten

An der Durchgangsstraße #101 (Redwood Hwy), zugleich inner-örtliche Hauptstraße als L- und M-Street, findet man unabhängige Quartiere und die Häuser der bekannten Ketten, darunter ein *Quality Inn* und *Motel 6*. Nur das **Crescent Beach Motel**, ca. 1 mi südlich des Zentrums, steht direkt am Strand mit Terrassen zur Seeseite; einfache DZ ab $105; www.crescentbeachmotel.com.

Ein gutes Preis-Leistungs-Verhältnis (im Sommer ca. $120 inklusive Frühstück) bieten auch das **Lighthouse Inn** (℘ (707) 464-3993, www.thelighthouseinncrescentcity.com) und das **Oceanview Inn** (℘ 1-855-623-2611, www.oceanviewinncrescentcity.com).

An der durch lange Molen künstlich geschaffenen Bucht befindet sich der **Shoreline RV Park** mit etwas holprigen Grasplätzen direkt am Wasser und Blick auf den Sonnenuntergang; Zelte oder *hook-ups* $38; ℘ (707) 464-2473. Landschaftlich reizvoller sind indes die Möglichkeiten im nahe *Jedediah Smith State Park*, ➤ rechts.

Battery Point Lighthouse

Eine kleine Sehenswürdigkeit in der »Stadt des Halbmonds« ist das hübsche **Battery Point Lighthouse** samt Wärterhaus auf einer winzigen Insel ca. 50 m vor der Küste. Bei Niedrigwasser kann man hinüberlaufen. Man erreicht es über die Front St, dann nach links zum Parkplatz am Beginn des Lighthouse Way, der über die ca. 1 km lange die Bucht schützende Westmole verläuft. Was nur wenige wissen: Crescent City ist in der Vergangenheit so heftig und oft wie kaum eine andere US-Westküstenstadt von Tsunamis heimgesucht worden. Das Karfreitagsbeben 1964 vor der Küste Alaskas hinterließ hier verheerende Schäden und zahlreiche Todesopfer. Auch die vom Fukushima-Beben 2011 ausgehenden Wellen zerstörten Teile des Hafens von Crescent City und rissen fünf Leute in den Tod.

Scenic Drive

Wer ausgehend vom *Lighthouse* weiter am Meer entlang fahren möchte, kommt via West 6th Street zum **Pebble Beach Drive**, der vorbei an Villen der hier »ausgefransten« felsigen Küste folgt. Über die Pacific Ave geht es dann zurück ins Zentrum, auf dem West Washington Blvd zum Hwy 101 und weiter in Richtung Norden.

Jedediah Smith State Park

Nicht auslassen sollte man einen kürzeren oder längeren Abstecher ab *Exit* 794 in den Nordteil des **Jedediah Smith Redwoods SP**, in dem einige der beeindruckendsten Rotholz-Wälder Kaliforniens zu sehen gibt. Der Haupteingang des Parks liegt an der #199, nur einige Meilen landeinwärts von Crescent City; www.parks.ca.gov/?page id=413.

Leuchtturm am Battery Point in Crescent City

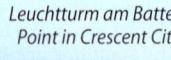
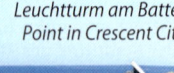

Howland Hill Road

Der größte Teil des Areals erstreckt sich südlich des Smith River. Der in einer Flussbiegung untergebrachte **Jedediah Smith Campground** hat die schönsten Plätze weit und breit; $35 (mit Feuerstellen, Picknicktischen und Bademöglichkeiten, aber ohne *hook-up*), rustikale *Cabins* $80; unbedingt im Voraus reservieren! Über eine wacklige Fußgängerbrücke gelangt man den Sommer über (wird im Herbst abgebaut!) schon von dort zum **Stout Memorial Grove** am gegenüberliegenden Flussufer. Ein 1 km kurzer Rundparcous führt durch die in diesem Hain besonders eng stehenden Baumriesen.

Mit Info-Material kann man sich im kleinen *Campground*-Besucherzentrum versorgen oder im **Hiouchi Visitor Center** in unmittelbarer Nähe an der #199; beide im Sommer 9-17 Uhr. Ausführliche *Trail*-Beschreibungen mit Karte findet man vorab auch im Web unter www.redwoodhikes.com/JedSmith/JedSmith.html.

Howland Hill Road

Unbestrittenes Highlight des Parks ist die ungeteerte **Howland Hill Road**, die sich durch einen großartigen *Redwood*-Regenwald windet (10 mi abschnittsweise enge Schotterpiste, ungeeignet für *Motorhomes* über 24 Fuß!). Los geht es 2 mi östlich des *Hiouchi Info Center* beim Abzweig hinter der Brücke über den Myrtle Creek (den Schildern zur »Stout Grove« folgend). Wer die **Stout Memorial Grove** (➤ oben) noch nicht gesehen hat, kann dies nun nachholen. Die meisten Besucher werden aber auch an diversen anderen Stellen kurz anhalten, um das scheinbar winzige, von Mammutbäumen eingezwängte Fahrzeug abzulichten. Zusätzliche Farbtupfer verleihen den Wäldern die **Ende Mai-Mitte Juni blühenden (wilden) Rhododendren**. Zurück in die Stadt geht es über die Elk Valley Road, die ebenso gut auch als Startpunkt der **Rundtour** dienen kann (Abzweig von der #101 beim *Quality Inn*). Zeitbedarf: mind. 1-2 Stunden, leicht auch noch etwas länger.

Anschluss an die Oregon-Routen

Attraktiv sind auch noch die nächsten 20 Meilen auf der #199 im malerischen Tal des Smith River in Richtung Oregon. Rund 180 mi sind es von Crescent City bis zum **Crater Lake Nationalpark**, am Weg liegen u.a. das *Oregon Caves Nat'l Monument* und die Stadt Grants Pass (Route **Kapitel 5.2.4**, ➤ Seite 670).

Noch schneller gelangt man von Crescent City nach Oregon über den Hwy 101. Er passiert nach nur 20 mi die Grenze und wenig später bereits den **ersten Höhepunkt**, den *Samuel Boardman SP*. Die Fortsetzung der **Reise ab Brookings** entlang der traumhaften **Oregon Coast** findet sich in **Kapitel 5.3** (➤ Seite 672ff).

Verlauf des Hwy #1 nördlich von Jenner in Kalifornien

**Routenvorschläge
für 2, 3 oder 4
Wochen Reisezeit**

1. ROUTENVORSCHLÄGE

Routen im Reiseteil und individuelle Reiseroute

Wie eingangs der Reisekapitel erläutert (➤ Seite 162f) existieren wegen der großen Dichte an attraktiven Zielen und Strecken im Südwesten Kanadas sowie im Nordwesten der USA vielfältige Möglichkeiten zur Gestaltung einer individuellen Tour. Die vorhergehenden Kapitel sind so aufgebaut, dass die jeweils beschriebenen Routen in unterschiedlichster Weise über die vorhandenen Berührpunkte und Verbindungen – je nach Urlaubszeit und Interessen – leicht zur persönlich optimalen Reise miteinander kombiniert werden können, ➤ Routenübersicht in der vorderen Umschlagklappe.

Die folgenden Vorschläge reduzieren die in den Reisekapiteln bereits überwiegend als Rundfahrten angelegten Routenbeschreibungen auf eine vorgegebene Reisezeit von 2-4 Wochen und beinhalten möglichst viele attraktive Ziele und Straßenverläufe. Für kürzere Aufenthalte sind die Möglichkeiten in Abhängigkeit vom Startpunkt begrenzter; Erweiterungen hingegen kein Problem.

Distanzen

Die **Kilometer-/Meilenangaben** beziehen sich auf die Summe der Entfernungen zwischen allen Punkten einer Route. **Die effektiv zurückgelegten Distanzen** werden deutlich über dieser Zahl liegen, da Stadtverkehr, Unterkunfts- und/oder Campingplatzsuche, Fahrten innerhalb von Nationalparks und zum Einkauf/für Unternehmungen nicht berücksichtigt wurden. Dafür fallen leicht zusätzlich 15%-30% der Entfernungskilometer an.

Zeitbedarf

Die Angaben zum Zeitbedarf beinhalten nur einen »Akklimatisierungs«tag am Ankunftsort – in Vancouver bzw. Calgary (ggf. Edmonton) oder Seattle, San Francisco bzw. Denver (ggf. Salt Lake City) – und beziehen sich auf Rundfahrten ohne längere Zwischenaufenthalte. Zwar bleibt auf Basis der jeweiligen Wochenangaben durchaus Zeit für Aktivitäten wie kurze bis zu Halbtageswanderungen, für ein Entspannen in heißen Quellen und den Besuch eines Museums, auch für volle Tage etwa in Banff oder Jasper, aber nicht für ausgedehnteres, spontanes Verweilen etwa an einem einsamen See während einiger Schönwettertage, einen längeren Trip per Kanu oder Pferd etc. Wer diese Art einer ruhigen und erholsamen Reise vorzieht, braucht für die vorgeschlagenen Routen 25%-40% mehr Zeit als hier vorkalkuliert oder muss sie kürzen bzw. Abstriche machen.

Icefields Parkway/Kanada

Route 1: 2 bis 4 Wochen – Durch den Südwesten Kanadas

Ausgangspunkte: Vancouver, Calgary
ggf. auch Edmonton oder Seattle/USA

Eckpunkte der Route:

Vancouver – Whistler – Duffey Lake Road – Lillooet – 100 Mile House – Clearwater – Wells Gray PP – Mt. Robson PP – Jasper NP – Abstecher Maligne Lake – Icefields Parkway – Banff NP – Lake Louise – Banff – Rundfahrt Kootenay/Yoho NP – Calgary – Head-Smashed-In Buffalo Jump – Waterton Lakes NP – Fort Steele – Cranbrook – Creston – Balfour – Kaslo – Nakusp Hot Springs – Vernon – Okanagan Valley – Osoyoos – E. C. Manning PP – Vancouver

Streckenlänge: mit allen Abstechern rund 3.500 km/2.200 mi. Ab und bis Edmonton verlängert sich die Tour um über 700 km. Bei Start/Ende in Seattle folgt man am besten nach Osoyoos der Strecke durch den North Cascades Nationalpark (Hwy 20).

Zeitbedarf: 3 Wochen

Empfohlener Reisebeginn: Da man am Icefields Parkway bis Mitte Juni noch und ab Mitte September mit widrigen Witterungen rechnen muss, nicht vor Juni und auch nicht später als Anfang September. Ideal wäre die zweite Augusthälfte, wenn der Reiseverkehr langsam abnimmt. Anfang September ist man dann im warmen Süden von British Columbia.

Bemerkungen: Der Hauptakzent dieser Route liegt auf dem Besuch der kanadischen Rocky Mountain-Nationalparks mit viel Natur »am Wege«, auf heißen Quellen und Badeseen. Die Rundfahrt lässt sich bequem in drei Wochen bewältigen.

Abweichungen: Auf dem Rückweg nach Vancouver könnte man die Ziele südlich von Calgary (Head-Smashed-In Buffalo Jump und Waterton Lakes NP) zu Gunsten der Nationalparks Mount Revelstoke und Glacier (Kanada!) streichen. Dies empfiehlt sich vor allem zur Blütezeit am Meadows-in-the-Sky Parkway des Mount Revelstoke (Ende Juli/Anfang August!).

Rückfahrt ab den Rocky Mountains dann z.B.: Banff – Calgary – Kootenay NP – Glacier NP – Mount Revelstoke NP – Nakusp Hot Springs – Vernon – Okanagan Valley – Osoyoos – Vancouver.

Ähnliches gilt bei nur **zwei Urlaubswochen**, in diesem Fall folgt man am besten auch westlich von Revelstoke dem Trans-Canada Highway zurück bis nach Vancouver.

Erweiterungsmöglichkeiten (4 Wochen): Jede Reise ab Vancouver/Seattle kann mit einem Abstecher nach Vancouver Island schön abgerundet werden. Dabei sollte man zumindest Victoria und den Pacific Rim Nationalpark ansteuern. Der minimale zusätzliche Zeitbedarf beträgt 4-5 Tage, die Streckenlänge erweitert sich um rund 550 km bzw. ca. 750 km, wenn man sich für die Rückfahrt über die »Sunshine Coast« nördlich von Vancouver entschließt.

ROUTEN

Route 2: 4 Wochen – Rocky Mountains & Vancouver Island

Ausgangspunkte: Vancouver, Calgary
ggf. auch Edmonton oder Seattle/USA

Eckpunkte der Route:
Vancouver – Victoria – Nanaimo – Pacific Rim NP (Ucluelet & Tofino) – Port Hardy mit Fähre nach Prince Rupert – Abstecher Stewart/Hyder – Yellowhead Hwy – Mt. Robson PP – Jasper – Abstecher Maligne Lake – Icefields Parkway – Banff NP – Lake Louise – Banff – Rundfahrt Kootenay/Yoho NP – Calgary – Head-Smashed-In Buffalo Jump – Waterton Lakes NP – Fort Steele – Cranbrook – Creston – Balfour – Kaslo – Nakusp Hot Springs – Vernon – Okanagan Valley – Osoyoos – E. C. Manning PP – Vancouver

Streckenlänge: ca. 5.200 km/3.200 mi; ab und bis Edmonton verlängert sich die Strecke um 700 km.

Zeitbedarf: 4 Wochen

Empfohlener Reisebeginn:
Anfang Juni bis Anfang September, ➢ dazu »Route 1«

Abweichungen: auch hier ➢ »Route 1«

Bemerkungen: Die 16-stündige Fährfahrt von Port Hardy nach Prince Rupert muss unbedingt vorgebucht werden.

Erweiterungsmöglichkeiten: Ab Prince George ließe sich der *Yellowhead Highway* (Straße #16) durch folgende Route umgehen: Prince George – Quesnel – Barkerville/Bowron Lake – 100 Mile House – Wells Gray PP – Tête Jaune Cache und dann weiter nach Jasper wie gehabt. Plus 700 km und zusätzliche 3 Tage.

Route 3: 4 Wochen – Grenzübergreifende Route

Ausgangspunkte: Vancouver, Calgary, Seattle
ggf. auch Edmonton oder Salt Lake City

Eckpunkte der Route:
Vancouver – Whistler – Duffey Lake Rd   Lillooet – 100 Mile House – Clearwater – Wells Gray PP – Mt. Robson PP – Jasper NP – Abstecher Maligne Lake – Icefields Parkway – Banff NP – Lake Louise – Banff – Rundfahrt Kootenay/Yoho NP – Calgary – Head-Smashed-In Buffalo Jump – Waterton Lakes NP – Glacier NP (USA) – Yellowstone NP – Grand Teton NP – Jackson – Craters of the Moon NM – Oregon Trail Interpretive Center – John Day Fossil Beds NM – Bend – Salem – Oregon-Küste (Cape Kiwanda & Cannon Beach) – Portland – Olympic NP – Seattle – Vancouver

Streckenlänge:
Mit allen oben aufgeführten Abstechern rund 6.400 km/4.000 mi. Ab und bis Edmonton verlängert sich die Strecke um 700 km.

Zeitbedarf: 4 Wochen

Empfohlener Reisebeginn: Mitte Juni bis Ende August

ROUTEN

Diese Rundtour sollte man möglichst nicht zu spät im Jahr starten, denn ab Mitte/Ende September muss im Yellowstone NP bereits mit ersten Schneefällen gerechnet werden.

Erweiterungsmöglichkeiten: Nach dem Aufenthalt im Grand Teton NP kann – bei Interesse – noch die Mormonenhauptstadt Salt Lake City besucht werden (eine zusätzliche Übernachtung erforderlich): Grand Teton NP – Jackson – Bear Lake – Salt Lake City – Antelope Island – Golden Spike Nat'l Historic Site – und wie gehabt dann weiter über Craters of the Moon NM usw.

Wer gegen Ende des Urlaubs noch 2-3 Tage übrig hat und von Vancouver die Heimreise antritt, könnte einen Umweg über Vancouver Island in Betracht ziehen (Fährverbindung ab Port Angeles beim Olympic NP und dann ab Nanaimo weiter bis nach Vancouver).

Route 4:   4 Wochen – US-Nordwesten ab Seattle

Ausgangspunkte: **Seattle**, ggf. auch Vancouver/Kanada

Eckpunkte der Route:
Seattle – North Cascades NP – Winthrop – Lake Chelan – Grand Coulee Dam – Republic – südlicher Abschnitt der International

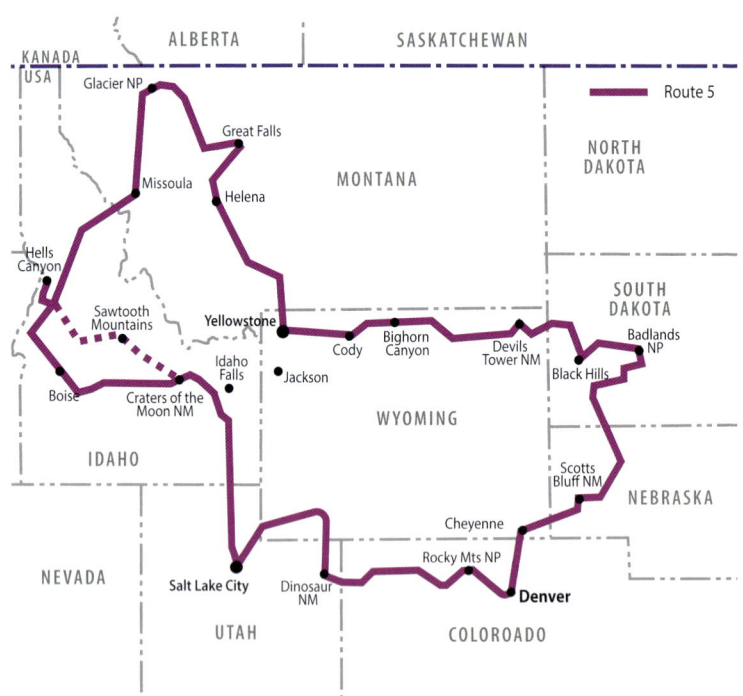

Selkirk Mts Loop – Glacier NP (USA) – Yellowstone NP – Grand Teton NP – Jackson – Craters or the Moon NM – Oregon Trail Interpretive Center – John Day Fossil Beds NM – Bend – Newberry Crater – Crater Lake NP – Grants Pass – Oregon Caves NM – Jedediah Smith Redwoods SP – Crescent City – Brookings – Samuel Boardman State Scenic Corridor – Bandon – Cape Arago & Shore Acres SP – Oregon Dunes – Zentrale Oregon-Küste – Three Capes Scenic Drive – Cannon Beach – Portland – Mount St. Helens (Windy Ridge) – Mount Rainier NP – Olympic NP – Seattle

Streckenlänge: über 6.300 km/3.900 mi

Zeitbedarf: 4 Wochen

Empfohlener Reisebeginn: Mitte Juni-Ende August; ähnlich wie bei der »Route 3« aufgrund des Yellowstone NP am besten vor Mitte August starten. Perfekt getimt hat die Rundtour, wer den Mount Rainier Nationalpark in der ersten Augustwoche erreicht (meist Höhepunkt der alpinen Wildblumenblüte bei *Paradise*).

Bemerkungen: *NP-Lodges* sowie Unterkünfte in der Umgebung der Nationalparks Glacier, Yellowstone, Crater Lake und Mount Rainier müssen unbedingt langfristig im Voraus reserviert werden.

Erweiterungsmöglichkeiten: Ab Port Angeles auf der Olympischen Halbinsel, ist mit ein paar Reisetagen mehr, ein Abstecher nach Vancouver Island realisierbar – ein kurzer mit Besuch von Victoria, des Juan de Fuca PP und Rückfahrt ab Nanaimo mit der Fähre nach Vancouver und dann auf dem Landweg zurück nach Seattle (plus drei Tage mindestens) oder inklusive Tofino (Pacific Rim Nationalpark), dafür werden aber insgesamt fünf Tage und mehr benötigt.

Route 5: 3 oder 4 Wochen – Zentraler Nordwesten ab Denver

Ausgangspunkte: Denver, alternativ auch Salt Lake City

Eckpunkte der Route:

Denver – Rocky Mountains NP – Dinosaur NM – Flaming Gorge – Salt Lake City – Antelope Island – Golden Spike NHS – Craters of the Moon NM – Shoshone/Twin Falls/Boise (alternativ durch die Sawtooth Mountains) – Hells Canyon – Nez Perce Nat'l Historic Park – Lolo Pass – Missoula – Nat'l Bison Range – Glacier NP – Yellowstone NP – (Buffalo Bills) Cody – Bighorn Canyon – Devils Tower NM – Spearfish Canyon – Black Hills (mehrtägiger Aufenthalt mit Badlands NP) – Scotts Bluff NM – Cheyenne – Denver

Streckenlänge: über 6.000 km bzw. 3.700 mi

Zeitbedarf: 4 Wochen (bei 3 Wochen ohne Hells Canyon-Umweg, sondern über die #93 von den Sawtooth Mts direkt zum Glacier NP)

Empfohlener Reisebeginn: Mitte Juni bis Anfang September,
➢ dazu auch »Route 3«

Bemerkungen: Glacier und Yellowstone-Quartiere langfristig vorbuchen, in den Black Hills Anfang August (Motorcycle Rally).

ROUTEN

Route 6:   3 Wochen – Pazifikküste & Vulkane ab Seattle

Eckpunkte der Route:

Seattle – Mount Rainer NP – Mount St. Helens (Johnston Ridge Observatory) – Portland – Salem – Silver Falls SP – Opal Creek Wilderness – Sisters (ohne RV mit Abstecher MacKenzie Pass) – Bend – Abstecher Smith Rock SP & Painted Hills – Newberry Crater – Crater Lake NP – Grants Pass – Oregon Caves NM – Jedediah Smith Redwoods SP – Crescent City – Brookings – Samuel Boardman State Scenic Corridor – Bandon – Cape Arago & Shore Acres SP – Oregon Dunes – Zentrale Oregon-Küste – Three Capes Scenic Drive – Cannon Beach – Olympic NP – Seattle

Ausgangspunkte: Seattle, ggf. auch Vancouver

Streckenlänge: rund 3.000 km/1.900 mi

Zeitbedarf: 4 Wochen

Empfohlener Reisebeginn: Ende Juni bis Anfang September Idealer Start Ende Juli/Anfang August aufgrund der Wildblumenblüte im Mount Rainier NP

Bemerkungen: *NP-Lodges* sowie Quartiere beim Mount Rainier und Crater Lake lange im Voraus reservieren.

Erweiterungsmöglichkeiten: ➢ »Route 4« (Vancouver Island) oder »Route 7« (Mount Baker Scenic Drive).

Route 7:   3 Wochen – Küste & Vulkane ab San Francisco

Eckpunkte der Route:

San Francisco – Mendocino – Avenue of the Giants – Redwood Parks – Crescent City – Jedediah Smith Redwoods SP – Brookings – Oregon-Küste bis Cannon Beach – Portland – Salem – Silver Falls SP – Sisters (ohne RV mit Abstecher MacKenzie Pass) – Bend – Newberry Crater – Smith Rock SP – Abstecher Painted Hills – Hood River – Wasserfälle im Gifford Pinchot Nationalforst – Mount St. Helens (Windy Ridge) – Mount Rainier NP – Olympic NP – Port Angeles – Bellingham – Mount Baker Scenic Drive (Straße #542) – Everett (Boeing) – Seattle

Ausgangspunkt: San Francisco   Endpunkt: Seattle

Streckenlänge: 3.700 km bzw. rund 2.300 mi

Zeitbedarf: 3 Wochen; bei 2 Wochen ohne den Schlenker über Salem /Bend, sondern dann gleich Portland – Mount St. Helens usw.

Empfohlener Reisebeginn: Ende Mai bis Mitte September

Bemerkungen: Bei dieser Route entfällt bei einigen Vermietern die Einwegmiete (z.B. bei *Alamo*). Unbedingt die ersten zwei Nächte in San Francisco vorbuchen sowie die Unterkünfte an der kalifornischen Küste und im Mount Rainier NP (nicht nur zum Höhepunkt der Wildblumenblüte in der ersten Augustwoche).

Erweiterungsmöglichkeiten: ➢ dazu »Route 4«

ANHANG

*Chihuly
Glaskunst
in Seattle*

ANHANG   Steckbrief Kanada

Unabhängigkeitsjahr		
1867	de facto im *Britisch North America Act*	
1931	nominell im *Statute of Westminster*	
1982	eigene Verfassung im *Constitution Act*	

Staatsform: Parlamentarische Monarchie

Staatsoberhaupt: Queen Elizabeth II.

Premierminister Justin Trudeau

Staatsflagge: Ahornblatt, seit 1965

Nationalfeiertag: 1. Juli, Canada Day

Fläche: 9.984.670 km^2
(einschl. 891.163 km^2 Binnengewässer)

Einwohner: 36,3 Mio.

Bevölkerungsdichte: 4 Einwohner/km^2

Hauptstadt: Ottawa (seit 1857)

Größte Städte		
(jeweils Einzugsbereich)	Toronto	5,9 Mio. Einwohner
im Westen	Montréal	4,1 Mio. Einwohner
	Vancouver	2,5 Mio. (Platz 3)
	Calgary	1,4 Mio. (Platz 4)
	Edmonton	1,3 Mio. (Platz 6)

Provinzen (10): **Alberta, British Columbia**, Manitoba, New Brunswick, Newfoundland, Nova Scotia, Ontario, Prince Edward Island, Québec und Saskatchewan

Territorien (3): Northwest Territories, Nunavut, Yukon

Amtssprachen: Englisch und Französisch

Höchste Berge: Mount Logan 5.959 m

Längste Flüsse:	Mackenzie River	4.241 km
	Yukon River	3.185 km

Größte Insel: Baffin Island 507.451 km^2

Größter See: Lake Superior 82.100 km^2

Hauptexportländer: USA 76%   China 4%   Großbritannien 2%

Hauptimportländer: USA 53%   China 12%   Mexiko 5,9%

Exportprodukte: Maschinen, Kraftfahrzeuge/teile, *Aircraft*

Importprodukte: Maschinen, Kraftfahrzeuge/teile

Alberta, *Motto*: ***Fortis et liber (Strong and free)***
Hauptstadt: Edmonton; **Fläche**: 626.000 km²; **Bevölkerung:** 4,3 Mio.
Besucherinformation: Alberta Tourism; https://www.travelalberta.com

Riesige, seenreiche Waldgebiete bedecken etwa zwei Drittel der Fläche Albertas nördlich und westlich von Edmonton, wohingegen die Prärien nur ein Drittel ausmachen. Die Hochgebirgsregion spielt flächenmäßig kaum eine Rolle. Ausgedehnte Badlands mit kargen Sandsteinformationen und tiefeingeschnittene Täler entlang des Red Deer und Milk River verhindern vor allem im Südosten die großflächige agrarische Nutzung der Prärie. Neben den Badlands unterbrechen zahlreiche Flussläufe, Seen und kleinere Hügelgebiete die Landschaft – am markantesten die Cypress Hills an der Grenze zu Saskatchewan. Der überwiegende Teil der Bevölkerung Albertas lebt entlang der Nord-Süd-Achse Lethbridge–Calgary–Red Deer–Edmonton. Sieht man ab von der Handvoll kleinerer Städte wie Medicine Hat, Fort McMurray und Grande Prairie und ihrem jeweiligen Umfeld ist der gesamte Rest der Provinz nur spärlich, der Norden so gut wie gar nicht besiedelt. In den Sommermonaten sind in der Prärie – einschließlich Calgary und Edmonton – Tageshöchsttemperaturen von 25°C die Regel, aber am Icefields Parkway in den Nationalparks Jasper und Banff kommen selbst im Juli Frost und Schnee vor. Im an sich bitterkalten Winter sorgt gelegentlich der Chinook, ein vom Pazifik über die Berge ins südliche Alberta steigender Föhn, innerhalb weniger Stunden für Temperaturwechsel von über 20°C.

British Columbia, *Motto*: ***Splendor sine occasu (Splendour without diminishment)***
Hauptstadt: Victoria **Fläche**: 955.000 km²; **Bevölkerung:** 5,0 Mio.
Besucherinformation: BC Tourism; http://britishcolumbia.com

Als Provinz trat British Columbia dem Dominion of Canada 1871 bei. Hauptstadt wurde Victoria, damals einzige nennenswerte Stadt. Die Felsbarriere der Rocky Mountains und weiterer Gebirgszüge erschwerte lange Zeit die Kommunikation zwischen BC und dem restlichen Kanada. Die Situation änderte sich 1885 nach Fertigstellung der transkontinentalen Canadian Pacific Railway. Bald florierte auch der Handel mit Asien. British Columbia stieg zur wirtschaftlich bedeutendsten Provinz des Westens auf und wurde zu einer Art kanadischem Kalifornien. Heute ist die Wirtschaft mehr denn je auf den pazifischen Raum ausgerichtet. Die Region Vancouver gilt als die reichste Kanadas. Die Geographie der Provinz wird durch zahlreiche Gebirgszüge bestimmt, die überwiegend parallel und hintereinander in Südost-Nordwest-Richtung verlaufen. Zwischen den Gebirgen erstrecken sich bewaldete Ebenen, durchzogen von Seenplatten und Flüssen, darunter das riesige Interior Plateau. Das von mildem Klima begünstigte Seengebiet im Okanagan Valley ist nach den Nationalparks meistfrequentierte Touristenregion der Provinz. Vor der zerklüfteten Küste liegen fast 7.000 Inseln, darunter mit Vancouver Island die größte Nordamerikas. Die Bevölkerung konzentriert sich auf den Süden der Provinz. Zwei Drittel der Einwohner leben in den Großräumen Vancouver und Victoria und weitere 20% im Einzugsbereich des Okanagan Valley einschließlich Kamloops und in Orten am Crowsnest Highway entlang der US-Grenze.

Touristische Infos für ganz Kanada: https://de-keepexploring.canada.travel

Steckbrief USA

Unabhängigkeitsjahr	1776 von Großbritannien	
Staatsform:	Präsidialsystem	
Staatsoberhaupt:	Präsident Donald Trump	
Staatsflagge:	*Stars & Stripes*, seit 1960	
Nationalfeiertag:	4. Juli, Independence Day	
Fläche:	9.833.520 km^2 (einschl. 685.930 km^2 Binnengewässer)	
Einwohner:	325,7 Mio.	
Bevölkerungsdichte:	33 Einwohner/km^2	
Hauptstadt:	Washington D.C.	
Größte Städte: (jeweils Einzugsbereich)	New York	18,4 Mio. Einwohner
	Los Angeles	12,1 Mio. Einwohner
	Chicago	8,6 Mio. Einwohner
im Nordwesten	San Francisco	3,3 Mio. (Platz 13)
	Seattle	3,1 Mio. (Platz 14)
	Denver	2,4 Mio. (Platz 18)
US-Bundesstaaten (50):	Alabama, Alaska, Arizona, Arkansas, **Colorado**, Connecticut, Delaware, Florida, Georgia, Hawaii, **Idaho**, Illinois, Indiana, Iowa, **Kalifornien**, Kansas, Kentucky, Louisiana, Maine, Maryland, Massachusetts, Michigan, Minnesota, Mississippi, Missouri, **Montana, Nebraska**, Nevada, New Hampshire, New Jersey, New Mexico, New York, North Carolina, **North Dakota**, Ohio, Oklahoma, **Oregon**, Pennsylvania, Rhode Island, South Carolina, **South Dakota**, Tennessee, Texas, **Utah**, Vermont, Virginia, **Washington**, West Virginia, Wisconsin, **Wyoming**	
Amtssprache:	Englisch	
Höchste Berge:	Denali (Alaska)	6.190 m
Längste Flüsse:	Missouri River	3.768 km
	Mississippi River	3.544 km
Größte Insel:	Hawaii (Big Island)	10.433 km^2
Größter See:	Lake Superior	82.100 km^2
Hauptexportländer:	Kanada 16% Mexiko 14% China 9,2%	
Hauptimportländer:	China 21% Mexiko 14% Kanada 13%	
Exportprodukte:	Flugzeuge, Autos, Refined Petroleum	
Importprodukte:	Autos, Crude Petroleum, Computer	

California, *The Golden State*   Staat der USA seit 1850
Hauptstadt: Sacramento; **Fläche**: 424.000 km²; **Bevölkerung:** 39,5 Mio.
Besucherinformation: California Office of Tourism; www.visitcalifornia.com

Colorado, *The Centennial State*   Staat der USA seit 1876
Hauptstadt: Denver; **Fläche**: 270.000 km²; **Bevölkerung:** 5,6 Mio.
Besucherinformation: Colorado Tourism Office; www.colorado.com

Idaho, *The Gem State*   Staat der USA seit 1890
Hauptstadt: Boise; **Fläche**: 217.000 km²; **Bevölkerung:** 1,7 Mio.
Besucherinformation: Idaho Tourism; www.visitidaho.org

Montana, *Big Sky Country*   Staat der USA seit 1889
Hauptstadt: Helena; **Fläche**: 381.000 km²; **Bevölkerung:** 1,05 Mio.
Besucherinformation: Travel Montana; www.visitmt.com

Nebraska, *The Cornhusker State*   Staat der USA seit 1867
Hauptstadt: Lincoln; **Fläche**: 200.000 km²; **Bevölkerung:** 1,9 Mio
Besucherinformation: Nebraska Tourism; www.visitnebraska.com

North Dakota, *Peace Garden State*   Staat der USA seit 1889
Hauptstadt: Bismarck; **Fläche**: 184.000 km²; **Bevölkerung:** 755.000
Besucherinformation: Department of Tourism; www.ndtourism.com

Oregon, *The Beaver State*   Staat der USA seit 1859
Hauptstadt: Salem; **Fläche**: 255.000 km²; **Bevölkerung:** 4,1 Mio.
Besucherinformation: Oregon Tourism; www.traveloregon.com

South Dakota, *Mount Rushmore State*   Staat der USA seit 1889
Hauptstadt: Pierre; **Fläche**: 200.000 km²; **Bevölkerung:** 870.000
Besucherinformation: Department of Tourism; www.travelsd.com

Utah, *The Beehive State*   Staat der USA seit 1896
Hauptstadt: Salt Lake City; **Fläche**: 220.000 km²; **Bevölkerung:** 3,1 Mio.
Besucherinformation: Utah Office of Tourism; www.utah.com

Washington, *Evergreen State*   Staat der USA seit 1889
Hauptstadt: Olympia; **Fläche**: 185.000 km²; **Bevölkerung:** 7,4 Mio.
Besucherinformation: Washington State Tourism; www.experiencewa.com

Wyoming, *The Equality State*   Staat der USA seit 1890
Hauptstadt: Cheyenne; **Fläche**: 254.000 km²; **Bevölkerung**.: 580.000
Besucherinformation: Wyoming Travel & Tourism;
www.wyomingtourism.org

Touristische Infos für alle US-Staaten: www.discoveramerica.com

ANHANG

Fotonachweis

Heiko Boeck, Zwickau: Seiten 37 und 557
Bernhard Czermak, Wien: Seite 207 unten
Horst Deuerlein/Petra Pokar, Schwarzenbruck: Seiten 533, 567, 586, 588 und 591
Tilman Früh, Erlangen: Seiten 256, 257 und Foto unten
Rainer Gerhard, Wielenbach (www.flywest.de): Seite 101
Björn Göhringer, Karlsruhe (www.westernskies.de): Seiten 613, 627 und 630
Hans Grundmann, Westerstede: Seiten 77 und 468
Thomas Löffler, Dresden: Seiten 529, 698, 699 unten, 726 und 742
Yvette Paul, Oberhausen (www.yp-travel-photography.de): Seiten 52, 58, 129, 190, 390, 391,
393, 400 oben, 402 und 757
Peter Felix Schäfer, Ottersheim (www.hike-wild.de): Seite 214
Andreas Scheidle, Augsburg (www.trailheads.de): Seiten 95, 461 und 477
Steffen Synnatschke, Dresden (www.synnatschke.com): Seiten 48, 378 unten, 422/423,
485, 576, 577, 579, 648 und 676
Jürgen von Wirth, Monschau: Seiten 180, 187, 251, 262 oben, 270, 330, 349 und 350

Media Images Seite
Boulder CVB/Rich Grant 540
Buffalo Bill CoW 592, 593
Crab Pot 431

Ivar's Salmon House 440
Lady of the Lake 478
Pendleton Round-up 645
Portland Rose Festival 515

Tillicum Indian Village 436
Travel Alberta 301, 340, 342
Visit Cheyenne 587

©**iStockphoto.com** Seite

Arthurpreston 23, Matthew Singer 151, peterspiro 176, kavram 193, Derek Galon 208, drial7m1 218,
IMNATURE 223, jewhyte 248, Rachel_Web_Design 258, AutumnSkyPhotography 272, MrPants 294,
BrendanHunter 309, northforklight 312, jewhyte 326, Jillian Cooper 336, InStock 337, jewhyte 345,
wolv 351, AlbertPego 352/353, GROGL 408, A-Shropshire-Lad 409, phudui 430, Mlenny 434 oben,
T.Girondel 442, fdastudillo 449, RobynPhoto 462, dszc 463, csfotoimages 479, Bkamprath 483 unten, creativephoto 505, Roman Khomlyak 506, benkrut 532, RondaKimbrow 543 oben, kjschoen 545,
joshbeckner 569, hwho 580, DC_Colombia 607, SL_Photography 607, PatHH 608 oben, Wirepec
609, DC_Colombia 610, Lynnae_Lowe 614, StefaniePayne 617, scampdesigns 668, wbgorex 685,
Lenin_RzSz 700, elf0724 714, DavidCallan 728, DNY59 741 oben, KenCanning Titelbild

©**shutterstock.com** Seite

2009fotofriends: 368 oben, 370, 385 oben+unten, 386 und 467
EQRoy: 510, 605, 612 und 716 oben
Everett Historical: 51, 491 und 694
Josef Hanus: 60, 67, 186, 196, 211, 219, 292, 293, 296, 303 und 401
Joshua Rainey Photography: 513, 516 und 669 unten
Jeff Whyte: 6, 267, 315, 316, 320 oben, 324 und 339

Illustrationen Fisch
von istock/seamartini,
ATV von Alexander
Brandt (München)

Cuffey's Cove bei Elk/
Nordkalifornien

©**shutterstock.com** Seite

Dan Breckwoldt Titelei, Lucky-photographer 12, Sean Xu 12, Pung 12, Nick Fox 13, Phil Lowe 13, Zack Frank 13, Ellen V Baker 13, Pierre Leclerc 14/15, Lucky-photographer 16, Dan Breckwoldt 17, Sveta Imnadze 21, MNStudio 24 (+Umschlagklappe Nr.2), Andrew S 26, Rostislav Stach 27, Pi-Lens links, Dennis W Donohue 30 rechts, Maks Ershov 38, Refluo 40, i viewfinder 41, Sharon Day 46 unten, Ellen V Baker 59, alexmillos 70 oben, GTS Productions 70 unten, Montri Nipitvittaya 75 links, Vladimir Sazonov 75 rechts, Pixeljoy 76, Eric Buermeyer 79, Vytautas Kielaitis 81, i viewfinder 99, Andrew Bertino 107, EdwinM 112/113, Robert Vincelli 114, Cheryl Casey 117 oben, Mike Focus 118, Sopotnicki 131, Lester Balajadia 143 oben, A&W Phil McKinnon 143 unten, Monkey Business Images 157, Nick Fox 160/161, Beileger-Karte, Russ Heinl 166/167, Sergei Bachlakov 170, Autumn Sky Photography 172 (+Umschlagklappe Nr.5), 1Roman Makedonsky 175, Anton Uralev 177, Max Lindenthaler 179, Dan Breckwoldt 181, Frank Fell 182, Ronnie Chua 188, Hugo Sena 189, Lukas Uher 194, Mark Skalny 194/195, John Crux 197, EB Adventure Photography 198 oben, Marina Poushkin 198 unten, Nick Fox 199, karamysh 200, Harry Beugelink 202, EdwinM 204, Kath Watson 207 oben, ElenaGwynne 213, David J. Mitchell 217, Timothy Yue 220, chbaum 221, Kelly vanDellen 231, Corey Chi-Chung Tse 232, Brian Lasenby 234 oben, Don Mammoser 234 unten, Stas Moroz 236, Regien Paassen 238, Leonard Zhukovsky 239, Yongyut Kumsri 242 oben, TRphotos 243, FloridaStock 258, r.classen 263 (+Umschlagklappe Nr.1), TRphotos 264, jlazouphoto 265, Sarka Kocourova 268, SNEHIT 271, Pavel Tvrdy 273, Lijuan Guo 281, ImagineGolf 285 oben, Tony Craddock 287, Marina Poushkina 290, Jessie Eldora Robertson 305, Justin Kral 306, karamysh 311, steve estvanik 318, Bill Perry 320 unten, Dolce Vita, 327, Nick Fox 328, Elena Elisseeva 329, Scott Prokop 331, Phil McDonald 332, canadastock 333, alarico 341, Nick Fox 346, wwing 347, FrankHH 354, Tory Kallman 355, John Crux 359, meunierd 367 oben, Steve Boyko 368 unten, pr2is 371, poemnist 372, Russ Heinl 373, Anton Bielousov 376, GagliardiImages 379, Ronnie Chua 382, karamysh 383, poemnist 388, JeniFoto 389, riekephotos 392, Rachel Lambert 394, P Sahota 395, StaceyL 396, Birdiegal 397, Florian Lubich 398, Rachel Lambert 400 unten, ABB Photo 404, jacquiebo 405, Reinhard Tiburzy 407, RUBEN M RAMOS 410+411, SandyS 412, Galyna Andrushko 414 (+Umschlagklappe Nr.6), Tomas Nevesely 415+417, oksana.perkins 416, Christian Heiling 418, Ludmila Ruzickova 419, Anne08 421, Checubus 433, lembi 435, Elena_Suvorova 443, OmegaRainForest 446, zschnepf 453 (+Umschlag hinten), 4kclips 454 oben, William Cushman 456, Susan Ridley 457, John Kropewnicki 459, Mana Arabi 460, Leksele 465, Zack Frank 469, Asif Islam 470 oben, Pierdelune 470 unten, Edmund Lowe Photography 471, Robert Brown Stock 480, Nagel Photography 481, Robert Larsen 486, OLOS 488, Hugh K Telleria 494, panoglobe 495, Diane Fetzner 498, frankazoidtrvl 499, Jim Schwabel 502, f11photo 509, ARTYOORAN 512, Png Studio Photography 514, OLOS 520, saraporn 521, kan_khampanya 522, JPL Designs 523, f11photo 528, Oscity 531, photo.ua 534, EdgeOfReason 535, Capture Light 536, Infinite_Eye 537, Sharon Day 538, Eric Francis 541, moosehenderson 543 unten, Colin D. Young 544, Zack Frank 547, Galyna Andrushko 550, Moonborne 553, Nagel Photography 554, Johnny Adolphson 558, Lee Prince 559, Ritu Manoj Jethani 560 oben, languste 561, Astrid Hinderks 564 oben, Jason Patrick Ross 564 unten, f11photo 571, saraporn 572, Bertl123 581, Joseph Sohm 594, Sascha Burkard 595, photo.eccles 597, David Harmantas 600 oben, Nagel Photography 601, Jess Kraft 602, Peek Creative Collective 603, Jim Parkin 606, trent mayer 608, Steve Cukrov 611, BMJ 615, NaturePhotoStock 616, Steve Bower 619 oben, Laurens Hoddenbagh 619 unten, Christopher Boswell 620/621, Zack Frank 623 oben, marekuliasz 623 unten, Gary Gilardi 629, DM Larson 631 oben, Gregory Johnston 631 unten, christiannafzger 634, B Brown 635, Charles Knowles 637, Gene Lee 638, Hanjo Hellmann 643 oben, Tony Baggett 644, Quinn Aikens 647, Sam Strickler 649, Maralee Park 652, Victoria Ditkovsky 653, Fractal7 654 oben, Marisa Estivill 657, JPL Designs 658, jared ropelato 660, James Curzio 661, Manuela Durson 662, Timothy Epp 663, Bandersnatch 664, Tristan Brynildsen 665, Andrew Zarivny 666, Heartwood Films 669 oben, Bob Pool 680, Stas Moroz 682, B Norris 683, Zhukova Valentyna 686, Albert Pego 689, Phitha Tanpairoj 690/691, Anton_Ivanov 693, Pius Lee 695, ventdusud 696, Mariusz S. Jurgielewicz 697, Joseph Sohm 702, Michiko Kurokawa 703, Pung 704, cdrin 705, Luciano Mortula - LGM 706, f8grapher 709, Richard Langs 710, R Scapinello 712, Christophe Testi 713, f11photo 715, Alfred Sonsalla 717, Naeblys 718, Diego Grandi 719, Anton_Ivanov 721, TanyaBird 723, Oscity 724 oben, Joseph M. Arseneau 724 unten, Asif Islam 727, Checubus 729, thetahoeguy 730, OFFFSTOCK 731 oben, Uladzik Kryhin 731 unten, Tono Balaguer 732, Uladzik Kryhin 733, Nickolay Stanev 734, Lucky-photographer 735, Christophe Testi 739, Andrew Zarivny 741 unten, cdrin 743, travelview 745, JNP 746 oben, Sherry Scholl 748, Wollertz 750, Kelvin Wong 752, 4kclips 753, Radoslaw Lecyk 755, Bob Pool 761, yhelfman 764, Stas Moroz 766, Ludovic Farine 773, SLdesign 774/775, Thomas Kaluaja Umschlagklappe (Nr.4).

Alle anderen Fotos von Isabel Synnatschke

ANHANG

Kanada entdecken!
Ost und West –

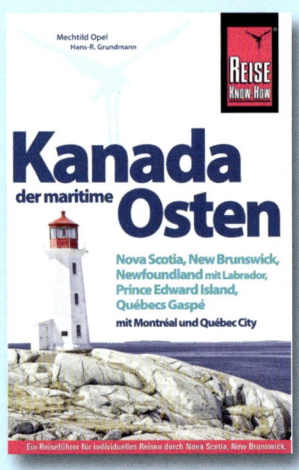

Kanada Osten
468 Seiten, 22,50 €

Nova Scotia, New Brunswick, Newfoundland, Prince Edward Island werden oft nur stiefmütterlich behandelt. Hier kommen ihre Geschichte, Landschaften und Sehenswürdigkeiten ausführlich zur Geltung.

Kanada Westen mit Alaska
632 Seiten, 25,- €

Der umfassende Reiseführer zu Kanadas Westen und Alaska. Jetzt auch mit Start in Seattle. Der Reiseteil bietet ein dichtes Netz von Routen – inklusive Anfahrt von Toronto/Niagara Falls nach Westen auf dem TCH.

Alle Titel auch als E-Book

grenzübergreifend!

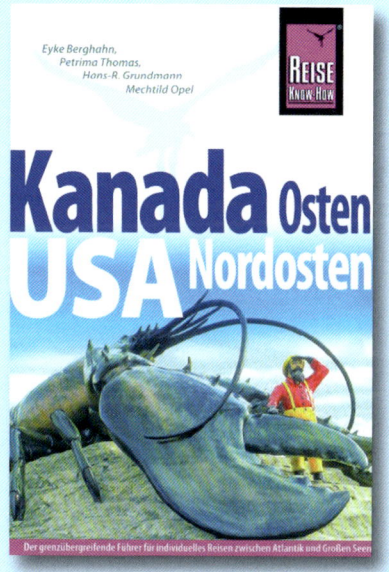

Kanada Osten / USA NO
800 Seiten, 25,- €

Dieser Reiseführer wendet sich gezielt und exklusiv
an Leser, die diese geographisch-geologisch zusammenhängende Region grenzübergreifend auf
eigene Faust entdecken wollen. Geballte Informationen und tolle Routen. Mit Karte und einem extra beigelegten Stadtführer zu New York City.

The Golden State ...

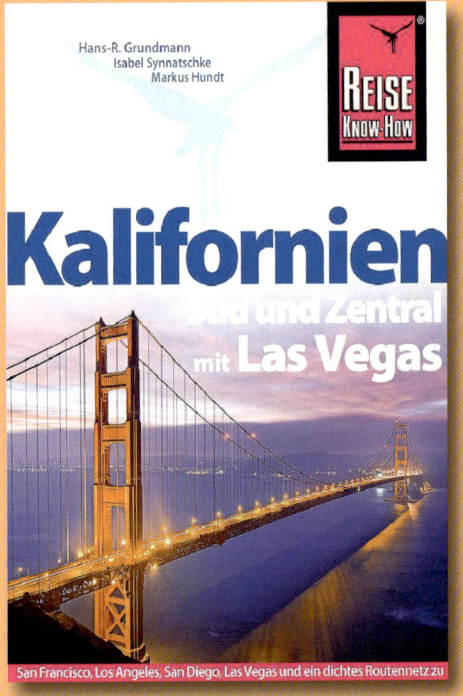

Hans-R. Grundmann
Isabel Synnatschke
Markus Hundt

REISE KNOW-HOW

Kalifornien
Süd und Zentral
mit Las Vegas

San Francisco, Los Angeles, San Diego, Las Vegas und ein dichtes Routennetz zu

Kalifornien, 656 Seiten, 23,50 €

Zwischen Pazifikküste, Hochgebirge und Wüstengebieten – mit einer hohen Dichte an Naturwundern und städtischen Attraktionen – kann man die vielen spannenden Facetten Kaliforniens mit wenig vergleichen. Inklusive Abstecher nach Nevada in die Spielerstädte Reno und Las Vegas (über 50 Seiten).

Alle Titel auch als E-Book

We know the West!
»Bibel« und Bestseller:

USA, der ganze Westen
852 Seiten, 26,50 €

Nicht selten als die 'Bibel' der
USA-Reiseführer bezeichnet:
Unser Standardwerk zu allen
13 Weststaaten – von den
Autoren Hans-R. Grundmann
und Isabel Synnatschke.

USA Südwesten
752 Seiten, 25,- €

Unser Bestseller beschreibt
das Kerngebiet des USA-West-
Tourismus. Neben ganz Kalifornien sind dies der südliche
Teil Nevadas (mit Las Vegas),
der Süden Utahs und Colorados sowie der Westen von New
Mexico und ganz Arizona.

Reise Know-How Verlag Grundmann, Oldenburg

Nordamerika ist toll!
Und nächstes Jahr?

**Teneriffa
620 Seiten, 23,50 €**

Der umfassendste Teneriffa-
Reiseführer auf dem Markt.
Plus Inselkarte und
Wander/Bike-Führer.

**Ibiza mit Formentera
336 Seiten, 14,90 €**

Mit neuem Top-Preis bei unver-
ändert über 300 Seiten! Und
mit einem extra großen Night-
life-Kapitel und Serviceteil.

Alle Titel auch als E-Book

Vielleicht 'ne Insel?

Mallorca, 524 Seiten, 22,50 €

Das Handbuch für den optimalen Urlaub. Für echte Inselkenner und alle, die es werden wollen. Plus Natur- und Wanderführer, dem Beileger 'Optimal unterkommen' und Inselkarte.

Alphabetisches Register – Index

Im Register finden sich alle Ortsnamen, Sehenswürdigkeiten und geographischen Bezeichnungen ebenso wie alle wichtigen Sachbegriffe. Egal, wonach man sucht, seien es Infos zur Automiete, zu einer Stadt oder einem Nationalpark, alles ist alphabetisch eingeordnet.

ANHANG

ANHANG

ANHANG

ANHANG

ANHANG

Wichtige Kurzformen und englische Begriffe

Kurzbezeichnung der Bundesstaaten und Provinzen

AB	Alberta	MT	Montana	SD	South Dakota
BC	British Columbia	ND	North Dakota	WA	Washington
CA	Kalifornien	NE	Nebraska	WY	Wyoming
CO	Colorado	NV	Nevada	UT	Utah
ID	Idaho	OR	Oregon		

> Alle $-Preise in CAD im Reiseteil Kanada (**blaue Griffmarken**) und in USD in den USA-Kapiteln (**grüne Griffmarken**)

Abkürzungen bei Naturschutzgebieten

BLM	Bureau of Land Management	NWR	National Wildlife Refuge
NF	National Forest	PP	Provincial Park
NHS	National Historic Site	SB	State Beach
NHP	National Historical Park	SP	State Park
N(V)M	National (Volcanic) Monument	SHP	State Historical Park
NP(R)	National Park (Reserve)	SRA/S	State Recreation Area/Site
NPS	National Park Service	SVRA	State Vehicular Recreation Area
NRA	National Recreation Area	WSA	Wilderness Study Area

Kurzformen bei Adressen und geographischen Angaben

Ave	Avenue	Fwy	Freeway	mi	mile (Meile)
Bldg	Building	Hwy	Highway	Mt(s)	Mountain(s)
Blvd	Boulevard	I	Interstate	Rd	Road
CR	Country Road	Ln	Lane	SF	San Francisco
Dr	Drive	Pkwy	Parkway	SLC	Salt Lake City
ft	foot (Fuß)	Pl	Place	Sq	Square
FR	Forest Road	Pt	Point	St	Street

\# Nr./No.   **N/W/S/E** Himmelsrichtungen   EW Einwohner   HM Höhenmeter

Englische Begriffe rund ums Camping

black water	Abwasser aus der Toilette	backcountry	im Hinterland
boondocking	kostenloses Campen	coin laundry	Münzwaschsalon
dispersed camping	kostenloses Campen	dry camping	Platz ohne Anschlüsse
dump station	Abwasserentsorgung	fee	Gebühr
fire pits	Feuerstellen	firewood	Feuerholz
first-come, first-served	Platzvergabe in der Reihenfolge der Ankunft,	full hook-up	Vollanschluss mit Strom/Wasser/Abwasser
grey water	Abwasser aus Dusche/Spüle	hook-up	nur Strom und Wasser
host	Platzwart	plug	Stecker
pull-through site	Stellplatz bei dem man vorwärts rein-/rausfährt	RV	Wohnmobil
		tent	Zell
sewage	Abwasser	shower	Dusche

Kurzformen bei Fahrzeugen

4WD	four wheel drive (4-Rad-Antrieb)
AAA	American Automobile Association (*triple A*)
AC	Air Condition
ATV/ORV	All Terrain/Off-road Vehicle (Quad)
RV	Recreational Vehicle (Wohnmobil)
SUV	Sport Utility Vehicle (geländetaugliches Fahrzeug)

Weitere Kurzformen

4 rent/sale	zu vermieten/verkaufen	nite	night (Nacht)
AM/PM	vormittags/nachmittags	U-Pick	You pick (zum Selbstpflücken)
a.s.a.p.	so rasch wie möglich	Xing	Crossing (Kreuzung); PedXing (Fußgängerkreuzung)
mart	market (Markt)		
MT/PT	Mountain/Pacific Time Zone	XP	Extra Person

ANHANG

Bekannteste Schutzgebiete auf einen Blick

(die laufende Nummer entspricht der Kennzeichnung in der Klappenkarte rechts,
die Seitenzahl nennt die Buchseite, bei Fettdruck existiert eine eigene Karte)

Echo Park im Dinosaur NM/USA